UPPSC

स्टाफ नर्स - प्रारंभिक परीक्षा

नवीनतम संस्करण
अभ्यास किट

10 टेस्ट्स

10 मॉक टेस्ट्स

वास्तविक परीक्षा प्रारूप पर आधारित टेस्ट

✓ पूर्णतः संशोधित और अद्यतन

✓ सभी बहुविकल्पीय प्रश्नो का विस्तृत विश्लेषण

<table>
<tr><td>शीर्षक</td><td>: UPPSC स्टाफ नर्स – प्रारंभिक परीक्षा</td></tr>
<tr><td>लेखक का नाम</td><td>: Mr. Rohit Manglik</td></tr>
<tr><td>प्रकाशक</td><td>: EduGorilla Community Pvt. Ltd.</td></tr>
<tr><td>प्रकाशक का पता</td><td>: 12/651 प्रथम तल, अरविन्दो पार्क के सामने, निकट जामा मस्जिद, इंदिरा नगर लखनऊ, उत्तर प्रदेश, 226016, भारत।</td></tr>
</table>

कॉपीराइट EduGorilla

अस्वीकरण EduGorilla

Compiled and created by EduGorilla Community Pvt. Ltd

EduGorilla Community Pvt. Ltd. द्वारा मुद्रित

रोहित मांगलिक
सीईओ, *EduGorilla*

प्रिय छात्रों,

एक बहुत ही प्रचलित कहावत है कि "सफलता उन्हीं को मिलती है जो उसके लिए कड़ी मेहनत करते हैं।" लेकिन मैंने लोगों को उनकी परीक्षाओं के लिए दिन-रात एक करके मेहनत करते हुए देखा है, पर फिर भी वे सफल नहीं हो पाते। तो वहीं दूसरी ओर, कुछ लोग बस आधी मेहनत करके परीक्षा में सफलता प्राप्त करते हैं। तो, क्या वे किस्मत वाले हैं? नहीं मेरा मानना है, कि ऐसा इसलिए है क्योंकि वे सिर्फ कड़ी नहीं बल्कि कुशल तरीके से अपनी तैयारी करते हैं। इसी तरह आपको भी अपनी परीक्षाओं की तैयारी के लिए अपनी योजना बनानी चाहिए, ताकि आपकी भी सफलता की संभावना बढ़ सके। तो तैयार हो जाइये *EduGorilla* के साथ अपनी परीक्षा में चयन होने की संभावना को 16 गुना बढ़ाने के लिए।

EduGorilla आपको न केवल कड़ी मेहनत करने में मदद करता है, बल्कि एक स्मार्ट और योजनाबद्ध तरीके से तैयारी करने में भी सहायता प्रदान करता है। *EduGorilla* की तैयारी पैकेज के साथ आप अपने परीक्षा में चयन होने के रास्ते को सहज और मनोरंजक बना सकते हैं। अपनी तैयारी के लिए सही रास्ता खोजना मुश्किल हो सकता है, यदि आप ये नहीं जानते कि आपको किस दिशा में जाना है। चिंता न करें हम आपके साथ खड़े हैं! *EduGorilla* आपकी सफलता में आपका मार्गदर्शक बनेगा। हमारे तैयारी पैकेज के साथ आप रणनीतिक रूप से तैयारी कर, अपनी परीक्षा में सिर्फ एक ही प्रयास में सफल हो सकते हैं।

EduGorilla के तैयारी पैकेज में शामिल हैं-

• टेस्ट सीरीज़

• किताबें

हमारे तैयारी पैकेज को सभी तरह के नये बदलवों, विशेषज्ञों की राय एवं छात्रों के प्रतिक्रिया के अनुसार तैयार किया गया है। जो आपको परीक्षा के प्रत्येक चरण की चयन प्रक्रिया को पार करने के योग्य बनाता है।

हमारी किताबें शिक्षकों और विशेषज्ञों द्वारा आपकी परीक्षा के लिए तैयार की गई हैं, 150+ वर्षों के अनुभव के साथ; ताकि आपको आसान, कुशल और प्रभावी शिक्षण प्रदान किया जा सके। हमारी स्मार्ट किताबें न सिर्फ आपको प्रश्नों के उत्तर देने की समझ देती हैं, अपितु आपके अभ्यास के लिए समान रूप के प्रश्न भी प्रदान करती हैं।

EduGorilla की सक्षम टेस्ट सीरीज आपको वास्तविक अनुभव और आत्मविश्वास प्रदान करती हैं, जिसके माध्यम से आप केवल एक प्रयास में अपनी ऑफलाइन अथवा ऑनलाइन परीक्षा पास कर सकते हैं। वर्तमान में हम 83,000+ मॉक टेस्ट्स और 1,440+ प्रतियोगी एवं शैक्षणिक परीक्षाओं की तैयारी कराते हैं।

अर्थात, *EduGorilla* आपकी तैयारी में आपकी सहायता करने का कोई भी मौका नहीं छोड़ता है और परीक्षा के सभी चरणों को कवर करता है, ताकि परीक्षा की तैयारी के लिए आपको कहीं और भटकना ना पड़े।

हम आपको डिफेन्स, बैंकिंग, टीचिंग और अन्य राष्ट्रीय एवं राज्य स्तरीय परीक्षाओं के लिए सम्पूर्ण तैयारी पैकेज प्रदान करते हैं। अतः इससे कोई फर्क नहीं पड़ता कि आप किस परीक्षा के लिए तैयारी कर रहे हैं, क्योंकि आप सफलता हासिल करेंगे।

आपको परीक्षा की शुभकामनाएं!

रोहित मांगलिक,
संस्थापक और मुख्य कार्यकारी अधिकारी, *EduGorilla*

प्रस्तावना

EduGorilla छात्रों को उनकी परीक्षा में सफल होने के लिए मार्गदर्शन प्रदान करता है। जिसको ध्यान में रखते हुए हमारे कुल 150+ वर्षों का अनुभव रखने वाले प्रतिष्ठित विशेषज्ञों ने कड़े प्रयासों के द्वारा "UPPSC : स्टाफ नर्स - प्रारंभिक परीक्षा" को तैयार किया है। इस किताब के प्रश्नों को हाल ही में परीक्षा के पाठ्यक्रम और पैटर्न में हुए सभी बदलावों को ध्यान में रखकर बनाया गया है। वो प्रश्न जिनकी UPPSC Staff Nurse परीक्षा में आने कि संभवना काफी प्रबल है, उनको इस किताब मे रखा गया है। आप EduGorilla की "UPPSC : स्टाफ नर्स - प्रारंभिक परीक्षा" के माध्यम से अपनी सफलता की संभावना को 16 गुना बढ़ा सकते हैं।

EduGorilla ये अपनी संपूर्ण तैयारी पैकेज के माध्यम से साकार करता है। इस किट में आपको प्रश्न अच्छी तरह अवधारित एवं संरचित रूप मे मिलेंगे जिन्हे आपकी जरूरतों के अनुसार बनाया गया है। इसके माध्यम से आपको स्मार्ट तरीके से परीक्षा के लिए अभ्यास करने में मदद मिलेगी। साथ ही आपको सहायक, समाधान और स्मार्ट उत्तर पत्रिका भी प्रदान की जायेंगी। जिससे आप अपना मूल्यांकन स्वयं कर सकते हैं। आप स्वयं की समीक्षा कर, उन सभी बिन्दुओं पर खुद को बेहतर तरीके से तैयार कर सकते हैं।

EduGorilla आपको अपनी परीक्षा में सफ़लता दिलाने और आपके लक्ष्य को हासिल करने में आपकी सहायता करने का वादा करता हैं। हम अपने प्रतिभागियों पर पूरा भरोसा करते हैं और उन्हें मेरिट सूची के शीर्ष पर देखते हैं। शीर्ष स्थान की ओर आपका पहला कदम है हमारे साथ तैयारी शुरू करना। EduGorilla की "UPPSC : स्टाफ नर्स - प्रारंभिक परीक्षा" की विशेषताएं कुछ इस प्रकार हैं।

- ➤ अच्छी तरह से शोध किया हुआ पाठ्यक्रम

- ➤ उच्च गुणवत्ता

- ➤ विस्तृत उत्तर और विश्लेषण

- ➤ स्मार्ट उत्तर पत्रिका

- ➤ परीक्षा सुसंगत प्रश्न

इस प्रकार EduGorilla आपकी तैयारी को मजबूत और आपको परीक्षा में सफल होने के योग्य बनाता है।

UPPSC Staff Nurse
परीक्षा की योग्यता, परीक्षा पैटर्न, विषय को जानने
के लिए **QR** कोड को स्कैन करें।

Book ID: 1039

विषय-सूची

General Knowledge

Q.1 28 और 29 अक्टूबर, 2022 को आयोजित संयुक्त राष्ट्र सुरक्षा परिषद (यूएनएससी) की आतंकवाद-विरोधी समिति की एक विशेष बैठक किस स्थान पर आयोजित की गई?

A. मुंबई

B. दिल्ली

C. जयपुर

D. (A) और (B) दोनों

Q.2 अगस्त 2022 में छात्रों के लिए भारत का पहला वर्चुअल स्कूल किसने लॉन्च किया?

A. अरविंद केजरीवाल

B. शिवराज सिंह चौहान

C. अमित शाह

D. जीतेन्द्र सिंह

Q.3 भारतीय विज्ञान संस्थान (IISc) और ___________ ने अगस्त 2022 में विमानन अनुसंधान और विकास पर सहयोग करने के लिए एक समझौता ज्ञापन पर हस्ताक्षर किए हैं।

A. भारतीय नौसेना

B. भारतीय सेना

C. भारतीय वायु सेना

D. भारतीय तटरक्षक

Q.4 अगस्त 1858 में, ब्रिटिश संसद ने एक अधिनियम पारित किया जिसने कंपनी के शासन को समाप्त कर दिया, इसे _______ कहा गया।

A. भारत सरकार अधिनियम

B. भारतीय न्यास अधिनियम

C. काजिस अधिनियम

D. फोर्ट विलियम अधिनियम

Q.5 मौलिक अधिकार के संरक्षक के रूप में कौन कार्य करता है?

A. राष्ट्रपति

B. प्रधानमंत्री

C. संसद

D. सर्वोच्च न्यायालय

Q.6 एक कमीज का क्रय मूल्य 262.40 रुपये है। बाजार मूल्य पर 18% छूट देने के बाद 14% लाभ प्राप्त करने के लिए इसे किस मूल्य पर अंकित किया जाना चाहिए?

[SSC Selection Post Phase IX, 2020]

A. 364.80 रुपये

B. 356 रुपये

C. 358.40 रुपये

D. 352 रुपये

Q.7 यदि $A:B = 7:3$, $\dfrac{AB+B^2}{A^2-B^2}$ का मान ज्ञात करें।

A. $\frac{3}{4}$

B. $\frac{4}{3}$

C. $\frac{7}{3}$

D. $\frac{3}{7}$

Q.8 पंचायती राज संस्थाएं ____ के तहत अस्तित्व में आयी।

A. 42 वें संशोधन अधिनियम

B. 86 वें संशोधन अधिनियम

C. 63 वें संशोधन अधिनियम

D. 73 वें संशोधन अधिनियम

Q.9 6 संख्याओं का औसत 20 है। यदि प्रत्येक संख्या में 5 जोड़ा जाता है, तो नया औसत क्या होगा?

A. 25

B. 24

C. 21

D. 23

Q.10 निम्नलिखित दो देशों में से कौन सा यूनेस्को के सांस्कृतिक निकाय पर 'इज़राइल विरोधी पूर्वग्रह' का आरोप लगाते हुए, यूनेस्को से हट गया है?

A. संयुक्त राज्य अमेरिका और इज़राइल

B. ब्रिटेन और इज़राइल

C. संयुक्त अरब अमीरात और इज़राइल

D. ईरान और इज़राइल

Q.11 निम्नलिखित में से कौन सी रबी फसलें हैं?

1. सरसों
2. मूंगफली
3. चना
4. मक्का

A. 1 और 2

B. 2 और 4

C. 3 और 4

D. 1 और 3

Q.12 कांस्य तांबे और _____ का मिश्र धातु है।

[UPSC Central Armed Police Forces AC, 2017]

A. निकल

B. लोहा

C. टिन

D. अल्युमिनियम

Q.13 वायु की नमी को मापने के लिए निम्नलिखित में से किस उपकरण का उपयोग किया जाता है?

[UPSC Central Armed Police Forces AC, 2017]

A. हाइड्रोमीटर

B. हाइग्रोमीटर

C. हाइपोमीटर

D. पायकनोमीटर

Q.14 कार्बनिक खेती के बारे में निम्नलिखित में से कौन सा सही नहीं है?

[UPSC Central Armed Police Forces AC, 2017]

A. यह आनुवंशिक रूप से संशोधित बीजों का उपयोग नहीं करता है

B. सिंथेटिक कीटनाशकों या उर्वरकों का उपयोग नहीं किया जाता है

C. यह न्यूनतम फसल चक्रण का उपयोग करता है

D. यह पारिस्थितिक रूप से सुरक्षात्मक प्रथाओं का उपयोग करता है

Q.15 पत्तियों के हरे वर्णक में निम्नलिखित में से कौन सा तत्व मौजूद है?

[UPSC Central Armed Police Forces AC, 2017]

A. मैग्नीशियम

B. लोहा

C. कैल्शियम

D. तांबा

Q.16 एक संख्या में पहले 20% की कमी हुई और फिर 10% की वृद्धि हुई। प्राप्त संख्या मूल संख्या से 12 कम है। मूल संख्या क्या है?

A. 200

B. 100

C. 400

D. 80

Q.17 'स्वदेशी' और 'बहिष्कार' को बंगाल में संघर्ष के तरीकों के रूप में अपनाया गया था उसी समय वंदे मातरम आंदोलन किस स्थान पर हुआ था?

A. तमिलनाडु

B. पंजाब

C. आंध्र प्रदेश

D. पूना

Q.18 मॉर्ले-मिंटो सुधारों द्वारा किस समुदाय के लिए सीटें आरक्षित की गईं?

A. यहूदियों

B. मुसलमानों

C. ईसाइयों

D. सिखों

Q.19 निम्नलिखित यूरोपीय लोगों में से कौन स्वतंत्रता-पूर्व भारत में व्यापारियों के रूप में आने वाले अंतिम व्यक्ति थे?

A. डच

B. अंग्रेज़ी

C. फ्रेंच

D. पुर्तगाली

Q.20 2021 में डेविस कप का खिताब किस देश ने जीता?

A. स्पेन

B. रूस

C. क्रोएशिया

D. सर्बिया

Q.21 'स्वर्ण क्रांति' किससे संबंधित है?

A. कीमती खनिज

B. दलहन

C. जूट

D. बागवानी और शहद

Q.22 राज्य वित्त आयोग एक है:
- **A.** कानूनी निकाय
- **B.** गैर-सांविधिक निकाय
- **C.** संवैधानिक निकाय
- **D.** इनमें से कोई नहीं

Q.23 'सर्वेंट्स ऑफ इंडिया सोसाइटी' की स्थापना किसके द्वारा की गई थी?

[DSSSB TGT Social Science, 2014]
- **A.** श्रीनिवास शास्त्री
- **B.** पंडित हृदय नाथ कुंझरु
- **C.** गोपाल कृष्ण गोखले
- **D.** बाल गंगाधर तिलक

Q.24 निम्नलिखित में से कौन सा स्थान "केंद्रीय तंबाकू अनुसंधान संस्थान" भारत में स्थित है?
- **A.** राजमुंदरी
- **B.** कटक
- **C.** गुवाहाटी
- **D.** पणजी

Q.25 मणि कंचन, मणि धवल और मेघा निम्न में से किसकी किस्में हैं?
- **A.** चना
- **B.** मक्का
- **C.** जवार
- **D.** गेहूं

Q.26 उत्तर प्रदेश में मलिहाबाद _____ का सबसे बड़ा उत्पादक है।
- **A.** दशहरी आम
- **B.** गेहूं
- **C.** गन्ना
- **D.** कपास

Q.27 भारत के निम्नलिखित राज्यों में से किसका मानव विकास सूचकांक में सर्वोच्च स्थान है?
- **A.** तमिलनाडु
- **B.** केरल
- **C.** पंजाब
- **D.** हरियाणा

Q.28 खुली अर्थव्यवस्था प्रणाली के संबंध में निम्नलिखित में से कौन सा सही है?
- **A.** उनके पास अर्थव्यवस्था में प्रवेश पर कुछ बाधाएं हैं।
- **B.** यह विश्व बाजारों में वस्तुओं और सेवाओं की खरीद और बिक्री की अनुमति देता है।
- **C.** यह अंतरराष्ट्रीय आर्थिक उतार-चढ़ाव से प्रभावित है।
- **D.** उपरोक्त सभी

Q.29 स्विफ्ट के बारे में निम्नलिखित में से कौन सा कथन सही नहीं है?
- **A.** स्विफ्ट वित्तीय संस्थानों को सॉफ्टवेयर और सेवाएं बेचता है
- **B.** स्विफ्ट धन हस्तांतरण की सुविधा नहीं देता है
- **C.** सभी अंतरराष्ट्रीय इंटरबैंक संदेश स्विफ्ट नेटवर्क का उपयोग करते हैं।
- **D.** उपर्युक्त में से कोई नहीं

Q.30 मुद्रास्फीति का क्या कारण है?
- **A.** धन की आपूर्ति में वृद्धि
- **B.** उत्पादन में गिरावट
- **C.** मुद्रा आपूर्ति में वृद्धि और उत्पादन में गिरावट
- **D.** मुद्रा आपूर्ति में कमी और उत्पादन में गिरावट

General Hindi

Q.31 निम्न चार विकल्पों में से शुद्ध वर्तनी वाला शब्द पहचानिए।
- **A.** पैतरिक
- **B.** पाइत्रिक
- **C.** पैतृक
- **D.** पैत्रिक

Q.32 निम्नलिखित प्रश्न में, चार विकल्पों में से उस विकल्प का चयन करें जो दिए गए वाक्य का सही अर्थ वाला विकल्प है।

अनायास का शाब्दिक अर्थ क्या होता है?
- **A.** अत्यंत आवश्यक
- **B.** उद्देश्यपूर्ण यात्रा
- **C.** बिना मेहनत के
- **D.** लगातार

Q.33 निम्नलिखित चार विकल्पों में से, उस विकल्प का चयन करें, जो अशुद्ध वाक्य के शुद्ध रूप का सबसे अच्छा विकल्प है।

'आटा पिसाने के लिए उस घर से दूर जाना पड़ता है।'
- **A.** आटा बनाने के लिए उसे घर से दूर जाना पड़ता है।
- **B.** गेहूं रखाने के लिए उसे घर से दूर जाना पड़ता है।
- **C.** आटा चखने के लिए उसे घर से दूर जाना पड़ता है।
- **D.** गेहूं पिसाने के लिए उसे घर से दूर जाना पड़ता है।

Q.34 "आँखों के सामने" घटित घटना पर विश्वास तो करना ही पड़ेगा। रेखांकित वाक्यांश के लिए एक शब्द का चयन कीजिए-
- **A.** प्रत्यक्ष
- **B.** परोक्ष
- **C.** प्रारूपत:
- **D.** प्रत्येक

Q.35 ममता "कम बोलती" है। रेखांकित वाक्यांश के लिए एक शब्द का चयन कीजिए-
- **A.** समभाषी
- **B.** मृतभाषी
- **C.** मितभाषी
- **D.** मृदुभाषी

Q.36 दिए गए वाक्य में सार्थक शब्द ज्ञात कीजिए।
आवश्यकता से अधिक खर्च करने वाला।
- **A.** अय्याशी
- **B.** अपव्ययी
- **C.** मितव्ययी
- **D.** इनमें से कोई नहीं

Q.37 'घर' का तत्सम क्या होगा?
- **A.** धान
- **B.** भवन
- **C.** गृह
- **D.** सदन

Q.38 खीरा' का तत्सम क्या होगा?
- **A.** क्षीरक
- **B.** क्षीर
- **C.** खर्बुज
- **D.** क्षार

Q.39 गेहूँ का तत्सम क्या होगा?
- **A.** अन्न
- **B.** कनक
- **C.** गोधूम
- **D.** जीवन

Q.40 'वहाँ भयंकर दुर्घटना हुई है।' रेखांकित पद _____ है।

[Allahabad High Court Review Officer (RO), 2017]
- **A.** विशेषण
- **B.** क्रियाविशेषण
- **C.** प्रविशेषण
- **D.** सार्वनामिक विशेषण

Q.41 'दुबई कितना सुंदर देश है।' रेखांकित पद _____ है।

[Allahabad High Court Review Officer (RO), 2017]
- **A.** प्रविशेषण
- **B.** संख्यावाची विशेषण
- **C.** परिमाण वाचक विशेषण
- **D.** विधेय विशेषण

Q.42 'नीली कमीज वाला लड़का अभी-अभी गया है।' रेखांकित पद _____ है।

[Allahabad High Court Review Officer (RO), 2017]
- **A.** संज्ञा उपवाक्य
- **B.** विशेषण उपवाक्य
- **C.** क्रिया-विशेषण उपवाक्य
- **D.** प्रधान उपवाक्य

Q.43 दिए गए विकल्पों में से 'उग्र' शब्द का विलोम क्या होगा?
- **A.** उदात्त
- **B.** अनुपमा
- **C.** सौम्य
- **D.** विरत

Q.44 दिए गए विकल्पों में से 'निष्ठुर' शब्द का विलोम क्या होगा?
- **A.** सहृदयी
- **B.** क्रूर
- **C.** कृपालु
- **D.** करुण

Q.45 दिए गए विकल्पों में से 'अनायास' शब्द का विलोम क्या होगा?
- **A.** आभास
- **B.** सायास
- **C.** प्रयास
- **D.** इनमें से कोई नहीं

Q.46 दिए गए विकल्पों में से 'प्रवर' शब्द का विलोम क्या होगा?
- **A.** अवर
- **B.** अधम
- **C.** अंदर
- **D.** आदर

Q.47 दिए गए विकल्पों में से 'सम्पन्न' शब्द का विलोम क्या होगा?
- **A.** भाग्यवान
- **B.** उन्नति
- **C.** विपन्न
- **D.** धनी

Q.48 दिए गए विकल्पों में से 'अधो' शब्द का विलोम क्या होगा?
- **A.** उऋण
- **B.** ऊर्ध्व
- **C.** उद्धत
- **D.** उदात्त

Q.49 दिए गए विकल्पों में से 'वाचाल' शब्द का विलोम क्या होगा?

A. शांत   B. आलसी   C. मूक   D. चुप

Q.50 दिए गए विकल्पों में से 'मौन' शब्द का विलोम क्या होगा?

A. खामोश   B. शांत   C. मुखर   D. चुप

Main Subject Nursing

Q.51 प्रदूषक मनुष्यों तक कैसे पहुँचते हैं?

A. बाहरी कारकों द्वारा

B. आंतरिक कारकों द्वारा

C. प्रदूषक इंसानों तक कभी नहीं पहुंचते

D. प्रदूषक नाम की कोई चीज नहीं होती

Q.52 निम्नलिखित में से कौन विकिरण के उच्च जोखिम का परिणाम है?

A. श्वेत रक्त कणिकाओं की हानि

B. बाल झड़ना

C. दांतों में सड़न

D. पैर का फ्रैक्चर

Q.53 वह शब्द क्या कहलाता है जो आहार पोषक तत्वों के अस्वास्थ्यकर सेवन को दर्शाता है?

A. स्वस्थ भोजन   B. अशुद्ध भोजन

C. कुपोषण   D. पोषक भोजन

Q.54 संक्रामक रोगों का अन्य नाम क्या है?

A. गैर - संचारी रोग   B. संचारी रोग

C. गैर-संक्रमणीय रोग   D. आनुवंशिक रोग

Q.55 स्वास्थ्य संबंधी खतरे कितने प्रकार के होते हैं?

A. एक   B. दो   C. तीन   D. चार

Q.56 इस अधिनियम के पारित होने के कारण, रोगी सुरक्षा, देखभाल की गुणवत्ता और दी गई देखभाल के लिए जवाबदेही की मांगों को पूरा करने के लिए स्वास्थ्य सेवा प्रौद्योगिकी का विस्तार हो रहा है। इस अधिनियम का नाम क्या है?

A. अफोर्डेबल केयर एक्ट (एसीए)

B. हेल्थकेयर इम्प्लीमेंटेशन एक्ट (एचआईए)

C. टेक्नोलॉजी एक्सपेंशन एक्ट (टीईए)

D. हेल्थ इंश्योरेंस पोर्टेबिलिटी और एकाउंटेबिलिटी एक्ट (एचआईपीएए)

Q.57 टेलीमेडिसिन के संदर्भ में, हब ________ है।

A. कम्युनिकेशन की एक फिजिकल लाइन

B. प्रोवाइडर एक प्राइमरी क्लीनिक साइट तक पहुंच

C. एक रिमोट साइट पर रिसीव करने के अंत में प्रोवाइडर

D. प्राप्त करने वाले अंत में रोगी जो अपने घर में हो

Q.58 स्वास्थ्य देखभाल प्रणालियाँ जो कर्मचारियों और प्रदाताओं के बीच रोगी देखभाल के समन्वय में सुधार करती हैं, प्रौद्योगिकी का उपयोग करके गुणवत्ता और सुरक्षा में सुधार करती हैं, और बेहतर डेटा संग्रह के लिए स्वास्थ्य सेवा प्रौद्योगिकी का विस्तार करती हैं, निम्नलिखित में से किसके तहत मेडिकेयर और मेडिकेड की पहल के लिए पात्र हो सकती हैं?

A. अफोर्डेबल केयर एक्ट (एसीए)

B. स्वास्थ्य बीमा सुवाहता और जवाबदेही अधिनियम (एच आईपीएए)

C. आर्थिक और नैदानिक स्वास्थ्य के लिए स्वास्थ्य सूचना प्रौद्योगिकी (एचआईटीई सीएच)

D. खाद्य एवं औषधि प्रशासन सुरक्षा और नवाचार अधिनियम (एफडीएएसआईए)

Q.59 क्लीनिकल डिसीजन सपोर्ट क्या है?

A. यह एक समस्या-समाधान दृष्टिकोण है जो रोगी के लिए सर्वोत्तम संभव देखभाल प्रदान करने के लिए वर्तमान शोध और क्लीनिकल

दिशानिर्देशों का उपयोग करता है।

B. यह वह तरीका है जिससे अस्पताल डेटा एकत्र करते हैं, संग्रहीत करते हैं और साझा करते हैं, और प्रदाताओं और उनके रोगियों के बीच होने वाले संचार का वर्णन करते हैं।

C. यह एक उपाय है जो दस्तावेज़ीकरण या आदेश प्रसंस्करण के दौरान असामान्य मूल्यों के प्रवेश को चिह्नित करता है, और स्वास्थ्य देखभाल टीम के सदस्यों को वर्तमान दवा की जानकारी और सर्वोत्तम अभ्यास कौशल जैसे संसाधन भी प्रदान करता है।

D. इनमें से कोई नहीं

Q.60 निम्नलिखित में से कौन स्वास्थ्य देखभाल में डेटा गुणवत्ता की विशेषता नहीं है?

A. ओपन एक्सेस   B. एक्यूरेसी

C. कंसिस्टेंसी   D. रिलेवंसी

Q.61 सूचना प्रणाली में प्रक्रियाओं को ________ के साथ संरेखित करना चाहिए।

A. नेटवर्क संचार   B. प्रौद्योगिकी

C. कर्मचारियों   D. कंपनी के लक्ष्य

Q.62 मेडलाइन डेटाबेस के अलावा निम्नलिखित सभी सत्य हैं:

A. इसमें केवल पुरानी संग्रहीत पत्रिकाएँ हैं।

B. यह यूएस नेशनल लाइब्रेरी ऑफ मेडिसिन द्वारा लिखा गया है।

C. पत्रिकाओं का चयन एक योग्य समिति द्वारा किया जाता है।

D. कुछ, लेकिन सभी नहीं, उद्धरणों में एक मुफ्त पूर्ण पाठ लेख का लिंक होता है।

Q.63 निम्नलिखित में से कौन सी वेबसाइट मुख्य रूप से रोगी शिक्षा के लिए तैयार है और व्यक्तियों को उम्र या लिंग से विभाजित जानकारी तक पहुंचने की अनुमति देती है?

A. www.healthfinder.gov

B. www.medlineplus.gov

C. www.cdc.gov

D. ये सभी

Q.64 अकेले 2015 में डेटा उल्लंघनों में कितने यू.एस. आधारित स्वास्थ्य रिकॉर्ड से समझौता किया गया था?

A. 300 मिलियन   B. 80 मिलियन

C. 30 मिलियन   D. 112 मिलियन

Q.65 एक व्यक्ति का नाम, जन्म तिथि और सामाजिक सुरक्षा संख्या ________ के उदाहरण हैं।

A. एचआईपीएए के तहत व्यक्तिगत रूप से पहचान योग्य डेटा।

B. टाइगर के तहत निजी स्वास्थ्य सूचना।

C. एचआईपीएए के तहत संरक्षित स्वास्थ्य सूचना।

D. एचआईपीएए के तहत व्यक्तिगत पहचान की जानकारी।

Q.66 नर्सिंग पेशे में आचार संहिता का पहला कोड ______ में अपनाया गया था।

A. 1948   B. 1953   C. 1965   D. 1978

Q.67 नर्सिंग में आचार संहिता को ______ द्वारा अपनाया और प्रकाशित किया गया था।

A. भारतीय नर्सिंग परिषद

B. राजस्थान नर्सिंग परिषद

C. विश्व स्वास्थ्य संगठन

D. नर्सों की अंतर्राष्ट्रीय परिषद

Q.68 पेशेवर कर्तव्य, अभ्यास या कौशल में विफलता जो रोगी को चोट या नुकसान पहुंचाती है, उसे ______ कहा जाता है।

A. कदाचार   B. लापरवाही

C. अपराध

D. गलतफ़हमी

Q.69 भारतीय रेड क्रॉस सोसाइटी की स्थापना _______ में हुई थी।

A. 1925   B. 1920   C. 1948   D. 1932

Q.70 भारत में बेसिक बी.एससी. नर्सिंग कार्यक्रम _______ में शुरू किया गया था।

A. 1946   B. 1953   C. 1962   D. 1966

Q.71 निम्नलिखित में से कौन एमनियोसेंटेसिस की संभावित जटिलता है?

A. गर्भपात

B. आरएच संवेदीकरण

C. नीडलस्टिक की चोट

D. ये सभी

Q.72 एक गर्भवती महिला की मौलिक ऊंचाई _______ से मापी जाती है।

A. जघन की हड्डी के बीच में गर्भाशय के शीर्ष तक

B. जघन की हड्डी के ऊपर गर्भाशय के मध्य तक

C. जघन की हड्डी के नीचे गर्भाशय के ऊपर तक

D. जघन की हड्डी के ऊपर से गर्भाशय के ऊपर तक

Q.73 एलेक्स 17 सप्ताह की गर्भवती है। वह अल्फा-भ्रूणप्रोटीन परीक्षण कराने के लिए क्लिनिक में आती है। एक निम्न परिणाम _______ को छोड़कर निम्नलिखित सभी को इंगित कर सकता है।

A. प्रीक्लेम्पसिया

B. बच्चे की गर्भकालीन आयु गलत है

C. भ्रूण ट्राइसॉमी 21

D. भ्रूण ट्राइसॉमी 18

Q.74 नर्स प्रसव में महिला का आकलन कर रही है। वह जानता है कि भ्रूण की मंदनाड़ी तब होती है जब हृदय गति _______ से कम हो जाती है।

A. 100 बीट प्रति मिनट

B. 120 बीट प्रति मिनट

C. 110 बीट प्रति मिनट

D. 130 बीट प्रति मिनट

Q.75 ऐनी, एक 32 वर्षीय महिला, अपनी पहली प्रसवपूर्व यात्रा के लिए प्रस्तुत करती है। डॉक्टर सीबीसी (पूर्ण रक्त गणना) का आदेश देते हैं। निम्नलिखित में से कौन सीबीसी में शामिल नहीं है।

A. हेमाटोक्रिट

B. प्लेटलेट्स

C. हीमोग्लोबिन

D. रक्त प्रकार

Q.76 35 वर्ष की आयु के श्री बिकास को गुर्दे की पथरी है। माना जाता है कि उनके गुर्दे में एक छोटी पथरी है जो अनायास निकल जाएगी। गुर्दे की पथरी के ठीक हो जाने की संभावना को बढ़ाने के लिए, नर्स क्लाइंट को तरल पदार्थ देने और _____ करने का निर्देश देगी।

A. एंबुलेट

B. बेड रेस्ट पर रहें

C. सभी मूत्र तनाव

D. उसे आराम देने के लिए दवाएं मांगें

Q.77 रोगी को मलाशय से गंभीर रक्तस्राव होता है, एक दिन में 16 बार दस्त होते हैं, पेट में तेज दर्द होता है, निर्जलीकरण होता है और टेनेसमस होता है। इन लक्षणों के कारण नर्स को किस रोग से जुड़ी अन्य समस्याओं के प्रति सतर्क रहना चाहिए?

A. विपुटीप्रदाह

B. क्रोन्स रोग

C. अल्सरेटिव कोलाइटिस

D. पेरिटोनिटिस

Q.78 नर्स को बुजुर्गों के दर्द की शिकायतों का सावधानीपूर्वक आकलन करने की जरूरत है क्योंकि बूढ़े लोग-

A. दर्द की थ्रेशहोल्ड करें

B. मानसिक कार्य बदल दिया है

C. पुराने दर्द का अनुभव होने की उम्मीद है

D. कम संवेदी धारणा का अनुभव

Q.79 56 वर्षीय एक निर्माण श्रमिक को इमारत से गिरने के बाद अस्पताल लाया जाता है। आकलन से पता चला तो नर्स को सबसे ज्यादा चिंतित होना चाहिए -

A. एक उदास फॉन्टानेल

B. कान से रक्तस्राव

C. एक ऊंचा तापमान

D. प्रतिक्रियाशील पुतली

Q.80 एक रोगी, जिसे फियोक्रोमोसाइटोमा है, पसीने, धड़कन और सिरदर्द की शिकायत। नर्स को सबसे पहले कौन सा मूल्यांकन करना आवश्यक है?

A. पुतली की प्रतिक्रिया

B. हाथ के ग्रिप

C. रक्त ग्लूकोज

D. रक्त चाप

Q.81 मधुमेह शिक्षण योजना में निम्नलिखित में से किसे शामिल करना अनुपयुक्त होगा?

A. परिसंचरण बढ़ाने के लिए प्रति घंटा स्थिति बदलें

B. किसी भी बदलाव के लिए रोजाना पैरों और पैरों का निरीक्षण करें

C. सोते समय पैरों को 2 तकियों पर ऊंचा रखें

D. रेफ्रिजरेटर में इंसुलिन का उपयोग न करें

Q.82 वलसाल्वा मंदनाड़ी के परिणामस्वरूप ब्रैडीकार्डिया हो सकता है। निम्नलिखित में से कौन सी गतिविधि वलसाल्वा के कौशल को प्रोत्साहित नहीं करेगी?

A. स्टूल सॉफ्टनर का उपयोग

B. एनीमा प्रशासन

C. टूथब्रश करते समय गैगिंग

D. भारी वस्तुओं को उठाना

Q.83 बिलरोथ II सर्जरी के बाद, क्लाइंट ने डंपिंग सिंड्रोम विकसित किया। निम्नलिखित में से किसे देखभाल योजना में नर्स को बाहर रखा जाना चाहिए?

A. भोजन के बाद कम से कम 30 मिनट तक सीधे बैठें

B. ठोस भोजन के टुकड़ों के बीच केवल H_2O की घूंट लें

C. हर 2-3 घंटे में छोटा भोजन करें

D. आहार में सरल कार्बोहाइड्रेट की मात्रा कम करें

Q.84 नर्स द्वारा रोगी को इंसुलिन के लिए इंजेक्शन साइट को घुमाने का निर्देश देने का सबसे अच्छा कारण क्या है?

A. लिपोडिस्ट्रॉफी का परिणाम बेहद दर्दनाक हो सकता है

B. खराब रोटेशन तकनीक सतही रक्तस्राव का कारण बन सकती है

C. लिपोडिस्ट्रोफिक क्षेत्रों का परिणाम हो सकता है, जिससे इनमें से अनियमित इंसुलिन अवशोषण दर हो सकती है

D. इंजेक्शन साइटों का कभी भी पुन: उपयोग नहीं किया जा सकता है

Q.85 पैरासेन्टेसिस से गुजरने से पहले क्लाइंट को क्या निर्देश दिया जाना चाहिए?

A. प्रक्रिया से 12 घंटे पहले एनपीओ

B. प्रक्रिया से पहले खाली मूत्राशय

C. प्रक्रिया के बाद सख्त बिस्तर पर आराम

D. प्रक्रिया से पहले खाली आंत

Q.86 कामोत्तेजना के दौरान _______ आवेगों के कारण लिंग की धमनियों का वासोडिलेशन होता है।

A. सहानुकंपी   B. सहानुभूति   C. दैहिक   D. दिमाग

Q.87 कौन सी पुरुष संरचना महिला भगशेफ के समरूप है?

A. वृषणकोश   B. लिंग   C. जघनरोम   D. वृषण

Q.88 कौन सी रक्त कोशिकाएं एंटीबॉडी का स्राव करती हैं?

A. इयोस्नोफिल्स   B. मोनोसाइट्स

C. लिम्फोसाइट   D. न्यूट्रोफिल

Q.89 प्रोस्टेट का मुख्य कार्य है:

A. शुक्राणुजनन
B. शुक्राणु कोशिकाओं की परिपक्वता
C. क्षारीय मस्कस का स्राव
D. ग्लाइकोजन का उत्पादन

Q.90 प्रोस्टेट में टेस्टोस्टेरोन _________ में परिवर्तित हो जाता है।

A. डायहाइड्रोटेस्टोस्टेरोन
B. कोलेस्ट्रॉल
C. एस्ट्रोजन
D. प्रोजेस्टेरोन

Q.91 मौली, संदिग्ध रूमेटिक बुखार के वजह से, बाल चिकित्सा यूनिट में भर्ती है। बच्चे का इतिहास प्राप्त करते समय, नर्स किस जानकारी को सबसे महत्वपूर्ण मानती है?

A. बुखार जो 3 दिन पहले शुरू हुआ
B. भोजन में रुचि की कमी
C. फैरिन्जाइटिस का एक हालिया प्रकरण
D. 2 दिन से उल्टी

Q.92 नर्स इस बात से अवगत है कि अल्सरेटिव कोलाइटिस वाले बच्चे में सबसे आम आकलन _______ है।

A. इंटेंस एब्डोमिनल क्रैम्स
B. प्रोफ्यूज डायरिया
C. अनल फ़िस्सुरेस
D. एब्डोमिनल डिस्टेंशन

Q.93 अस्पताल में भर्ती बच्चे की देखभाल की योजना विकसित करते समय, नर्स मैरी जानती है कि किस आयु वर्ग के बच्चों में बीमारी को कुकर्मों की सजा के रूप में देखने की सबसे अधिक संभावना है?

A. बचपन
B. पूर्वस्कूली उम्र
C. विद्यालय युग
D. किशोरावस्था

Q.94 6 साल की एक बच्ची को नियमित जांच के लिए स्वास्थ्य क्लिनिक लाया जाता है। बच्चे की दृष्टि का आकलन करने के लिए, नर्स को _______ से पूछना चाहिए।

A. "क्या आपको अलग-अलग रंग देखने में कोई समस्या है?"
B. "क्या आपको रात में देखने में परेशानी होती है?"
C. "क्या आपको चकाचौंध की समस्या है?"
D. "आप विद्यालय में कैसे हैं?"

Q.95 22 साल की हिमांशी 7 महीने की प्रेग्नेंट हैं। एक किशोर को पालन-पोषण कौशल सिखाते समय, नर्स जानती है कि कौन सी शिक्षण रणनीति कम से कम प्रभावी है?

A. एक जीवित शिशु मॉडल का उपयोग करके एक-एक प्रदर्शन प्रदान करना और वापसी प्रदर्शन का अनुरोध करना
B. पहली और दूसरी बार माताओं के साथ एक किशोर माता-पिता सहायता समूह की शुरुआत करना
C. भावनाओं और कौशल की चर्चा दिखाने वाले दृश्य-श्रव्य साधनों का उपयोग करना
D. आयु-उपयुक्त पठन सामग्री प्रदान करना

Q.96 निम्नलिखित में से किसके पास एक सीरस बाहरी परत नहीं है?

A. बड़ी आंत
B. छोटी आंत
C. ग्रासनली
D. आमाशय

Q.97 ग्लूकैगन हॉर्मोन स्रावित होता है:

A. पीयूष ग्रंथि
B. अधिवृक्क
C. लैंगरहैंस कोशिका गुच्छ की बीटा कोशिकाएँ
D. लैंगरहैंस कोशिका गुच्छ की α कोशिकाएँ

Q.98 Hb का O_2 पृथक्करण वक्र क्या है?

A. अतिपरवलीय
B. रेखीय
C. सिग्माभ
D. अचल

Q.99 रक्त समूह AB में शामिल हैं:

A. कोई प्रतिजन नहीं
B. कोई प्रतिरक्षी नहीं
C. कोई स्कंदक गुण नहीं
D. इनमें से सभी

Q.100 मानव वृक्क में निस्यंदन दाब लगभग कितना होता है?

A. 15 मिमी एचजी
B. 75 मिमी एचजी
C. 45 मिमी एचजी
D. इनमे से कोई नहीं

Q.101 त्वचा के रूखेपन को ठीक करने के लिए सबसे महत्वपूर्ण नर्सिंग हस्तक्षेप _________ है।

A. रोगी की चर्बी बढ़ाने के बारे में आहार विशेषज्ञ से सलाह लें, और संक्रमण को रोकने के लिए आवश्यक उपाय करें
B. चिकित्सक से रोगी को त्वचा विशेषज्ञ के पास रेफर करने के लिए कहें, और सुझाव दें कि रोगी होम-लॉन्ड्रेड स्लीपवियर पहनें
C. रोगी को अपने तरल पदार्थ का सेवन बढ़ाने के लिए प्रोत्साहित करें, रोगी को नहलाते समय परेशान नहीं करने वाले साबुन का उपयोग करें और संबंधित क्षेत्रों पर लोशन लगाएं
D. जब तक स्थिति ठीक न हो जाए तब तक रोगी को न नहलाएं और चिकित्सक को सूचित करें

Q.102 रोगी के हाथ-पैरों को नहलाते समय, नर्स को दूरस्थ से समीपस्थ क्षेत्रों तक लंबे, दृढ़ स्ट्रोक का उपयोग करना चाहिए। यह तकनीक:

A. त्वचा मूल्यांकन के लिए एक अवसर प्रदान करता है
B. नर्स पर अनुचित दबाव से बचा जाता है
C. शिरापरक रक्त वापसी बढ़ाता है
D. वाहिकासंकीर्णन का कारण बनता है और परिसंचरण को बढ़ाता है

Q.103 जब एक नर्स एक सफाई एनीमा दे रही है, तो रोगी पेट में ऐंठन की रिपोर्ट करता है। निम्नलिखित में से कौन उपयुक्त हस्तक्षेप है?

A. रोगी को कुछ देर के लिए सांस रोककर रखने के लिए कहें
B. द्रव स्थापना बंद करें
C. रोगी को याद दिलाएं कि इस समय ऐंठन होना आम है
D. एनीमा द्रव कंटेनर को कम करें

Q.104 एक नर्स नैदानिक प्रक्रिया की तैयारी के लिए एक वयस्क रोगी को सफाई एनीमा देने की तैयारी कर रही है। नर्स के लिए निम्नलिखित में से कौन सा उचित कदम उठाना है?

A. स्थापना से पहले एनीमा घोल गर्म करें
B. रोगी को बायीं ओर रखें और दाहिना पैर आगे की ओर झुकाये
C. रेक्टल ट्यूब या नोजल को लुब्रिकेट करें
D. उपरोक्त सभी

Q.105 एक नर्स एक मरीज से बात कर रही है जो कब्ज की रिपोर्ट करता है। जब नर्स आहार परिवर्तन पर चर्चा करती है जो कब्ज को रोकने में मदद कर सकता है, तो नर्स को निम्नलिखित में से किस खाद्य पदार्थ की सिफारिश करनी चाहिए?

A. मेकरोनी और चीज
B. ताजे फल और साबुत गेहूं का टोस्ट
C. चावल का हलवा और पके केले
D. रोस्ट चिकन और सफेद चावल

Q.106 निम्नलिखित में से _______ को छोड़कर सभी मस्तिष्क मृत्यु की अभिव्यक्ति हैं।

A. मधुमेह इन्सिपिडस
B. छात्र प्रकाश पर प्रतिक्रिया नहीं करते हैं
C. नाड़ी दर एट्रोपिन के प्रति अनुत्तरदायी
D. ईईजी(इलेक्ट्रोएन्सेफ्लोग्राम) केवल डेल्टा तरंगें दिखाता है

Q.107 कोल्ड कैलोरी टेस्ट _______ के कामकाज की जांच करने के लिए प्रयोग किया जाता है।

A. हृदय **B.** हाइपोथेलेमस
C. ब्रेन स्टेम **D.** पोंस

Q.108 एक नर्स एक पुरुष रोगी के गुर्दे के कार्य का मूल्यांकन कर रही है। मूत्र की मात्रा और विशेषताओं का दस्तावेजीकरण करने के बाद, नर्स यह आकलन करती है कि कौन से संकेत गुर्दे के कार्य के सर्वोत्तम संकेतक के रूप में हैं?

A. रक्तचाप **B.** चेतना
C. मूत्राशय का फैलाव **D.** पल्स दर

Q.109 एक नर्स एक मरीज की देखभाल कर रही है जो घर पर मलीय गुप्त रक्त परीक्षण करेगा। रोगी को प्रक्रिया समझाते समय नर्स को निम्नलिखित में से कौन सी जानकारी शामिल करनी चाहिए?

A. परीक्षण से पहले अधिक प्रोटीन खाना इष्टतम है
B. एक मल नमूना परीक्षण के लिए पर्याप्त है
C. लाल रंग का परिवर्तन सकारात्मक परीक्षण का संकेत देता है
D. नमूना मूत्र से दूषित नहीं हो सकता

Q.110 एक नर्स रोगी को मल त्याग करने का प्रयास करते समय अत्यधिक दबाव डालने से हतोत्साहित करती है। शौच पर जोर देने से बचने के लिए मुख्य रूप से किस शारीरिक प्रतिक्रिया को रोका जा सकता है?

A. असंयमिता **B.** अतालता
C. मल प्रभाव **D.** रेक्टल बवासीर

Q.111 एक योग्य दंपत्ति को गर्भनिरोधक तरीके अपनाने के लिए प्रेरित करने के लिए स्वास्थ्य संचार की सबसे अच्छी विधि कौन सी है?

A. समूह चर्चा **B.** इंटरनेट का प्रयोग
C. आमने-सामने संचार **D.** इनमें से कोई नहीं

Q.112 एक नर्स जानती है कि सक्रिय क्षय रोग का सबसे सकारात्मक प्रमाण ______________ है।

A. सकारात्मक त्वचा परीक्षण परिणाम
B. कुल ल्यूकोसाइट की गिनती में वृद्धि
C. छाती का सकारात्मक एक्स-रे निष्कर्ष
D. बलगम जीवाणुओं की वृद्धि

Q.113 किसी समुदाय में 'जांच परीक्षण' की उपयोगिता ____________ पर निर्भर करती है।

A. विश्वसनीयता **B.** संवेदनशीलता
C. विशेषता **D.** साख

Q.114 रोड टू हेल्थ कार्ड का उपयोग ____________ के लिए किया जाता है।

A. सड़क के आकार को मापना
B. बच्चों में वृद्धि निगरानी
C. वयस्कों में विकास की निगरानी
D. ये सभी

Q.115 पर्टुसिस की मुख्य जटिलता ____________ है।

A. ब्रोंकाइटिस **B.** ब्रोन्कोपमोनिया
C. ब्रोन्किइक्टेसिस **D.** उपरोक्त सभी

Q.116 फ्लुमाज़ेनिल (रोमाज़िकॉन) को एक पुरुष रोगी के लिए आदेश दिया गया है जिसने ऑक्साज़ेपम (सैरेक्स) पर ओवरडोज़ किया है। दवा देने से पहले, नर्स को किस सामान्य प्रतिकूल प्रभाव के लिए तैयार रहना चाहिए?

A. दौरे **B.** कांपना
C. चिंता **D.** छाती में दर्द

Q.117 बुलिमिया के निदान वाले रोगी की देखभाल एक नर्स कर रही है। बुलिमिया से पीड़ित रोगी के लिए सबसे उपयुक्त प्रारंभिक लक्ष्य ______ है।

A. बड़ी मात्रा में भोजन की खरीदारी से बचें।
B. खाने के आवेग पर नियंत्रण रखें।
C. चिंता पैदा करने वाली स्थितियों की पहचान करें।
D. दिन में केवल तीन बार भोजन करें।

Q.118 एक महिला रोगी जो आत्महत्या के लिए उच्च जोखिम में है, उसे निकट पर्यवेक्षण की आवश्यकता होती है। रोगी की सुरक्षा को सर्वोत्तम रूप से सुनिश्चित करने के लिए, नर्स को क्या करना चाहिए?

A. रात भर अनियमित अंतराल पर रोगी की बार-बार जाँच करें।
B. रोगी को विश्वास दिलाएं कि नर्स रोगी की किसी भी बात पर विश्वास रखेगी।
C. रोगी के साथ पिछले आत्महत्या के प्रयासों पर बार-बार चर्चा करें।
D. अवहेलना करने से रोगी का संचार कम हो जाता है क्योंकि आत्महत्या करने वाले रोगियों में यह आम बात है।

Q.119 प्रसवोत्तर निगरानी के दौरान, बुलिमिया नर्वोसा वाली एक महिला रोगी नर्स से कहती है, "आप मेरे साथ बैठ सकते हैं, लेकिन आप अपना समय बर्बाद कर रहे हैं। कल जब आप मेरे साथ बैठे थे, तब भी मैं शुद्ध करने में सक्षम था। आज, मेरा लक्ष्य इसे दो बार करना है।" नर्स की सबसे अच्छी प्रतिक्रिया क्या है?

A. "मुझे विश्वास है कि आप शुद्ध नहीं करेंगे।"
B. "आप कैसे शुद्ध कर रहे हैं और आप इसे कब करते हैं?"
C. "चिंता मत करो। मैं आज तुम्हें शुद्ध करने की अनुमति नहीं दूंगा।"
D. "मुझे पता है कि आपके लिए नियंत्रण महसूस करना महत्वपूर्ण है, लेकिन मैं आपके खाने के 90 मिनट बाद तक आपकी निगरानी करूंगा।"

Q.120 मादक द्रव्यों के सेवन के इलाज के लिए मनोरोग इकाई में भर्ती एक पुरुष रोगी नर्स से कहता है, "नशे में होना बहुत अच्छा लगा।" निम्नलिखित में से सबसे उपयुक्त प्रतिक्रिया कौन सी है?

A. "यदि आप इसी तरह बात करना जारी रखते हैं, तो मैं आपसे बात करना बंद कर दूंगा।"
B. "आपने मुझे बताया था कि पूरी रात ड्रग्स लेने के बाद कई दिनों तक लापता रहने के कारण आपको अपनी पिछली नौकरी से निकाल दिया गया था।"
C. "मुझे इस बारे में और बताएं कि नशे में होना कैसा लगा।"
D. "क्या आप नहीं जानते कि ड्रग्स का उपयोग करना अवैध है?"

Q.121 एनोरेक्सिया नर्वोसा वाली महिला रोगी के लिए, नर्स को पता होता है कि कौन सा लक्ष्य सर्वोच्च प्राथमिकता लेता है?

A. रोगी पर्याप्त दैनिक पोषण का सेवन स्थापित करेगा।
B. रोगी उस नर्स के साथ एक अनुबंध करेगा जो लक्ष्य वजन निर्धारित करती है।
C. रोगी शरीर के आकार के बारे में आत्म-धारणाओं की पहचान अवास्तविक के रूप में करेगा।
D. रोगी आत्म-भुखमरी के संभावित शारीरिक परिणामों को मौखिक रूप से बताएगा।

Q.122 एक घायल बच्चे के माता-पिता का साक्षात्कार करते समय, निम्नलिखित में से कौन सबसे मजबूत संकेतक है कि बाल शोषण एक समस्या हो सकती है?

A. चोट इतिहास या बच्चे की उम्र के अनुरूप नहीं है।
B. जो हुआ उसके बारे में माता-पिता अलग-अलग कहानियां बताते हैं।
C. परिवार गरीब है।
D. माता-पिता तर्कशील हैं और आपातकालीन विभाग के कर्मियों के साथ मांग कर रहे हैं।

Q.123 एनोरेक्सिया नर्वोसा के साथ एक महिला रोगी के लिए, नर्स रोगी के साथ माता-पिता को चिकित्सा सत्र में शामिल करने की योजना बना रही है। एनोरेक्सिया नर्वोसा के रोगियों के माता-पिता के विशिष्ट होने के लिए नर्स को क्या तथ्य याद रखना चाहिए?

A. वे अपने बच्चों को ओवरप्रोटेक्ट करते हैं।
B. उनके पास आमतौर पर मादक द्रव्यों के सेवन का इतिहास होता है।
C. वे अपने बच्चों से भावनात्मक दूरी बनाए रखते हैं।
D. वे बारी-बारी से अपने बच्चों से प्यार करने और उन्हें नकारने का काम करते हैं।

Q.124 आपातकालीन विभाग में चेहरे पर घाव की एक मरीज का कहना है कि उसके पति ने उसे जूते से पीटा। स्वास्थ्य देखभाल टीम द्वारा उसके घावों की मरम्मत के बाद, वह संकट सेवन नर्स द्वारा देखे जाने की प्रतीक्षा करती है, जो हिंसा के निरंतर खतरे का मूल्यांकन करेगी। अचानक रोगी का पति आता है, चिल्लाता है कि वह "काम खत्म करना चाहता है।" इस दृश्य को देखने वाले स्वास्थ्य देखभाल कार्यकर्ता की पहली प्राथमिकता क्या है?

A. रोगी के साथ रहना और शांत रहना।
B. एक सुरक्षा गार्ड और एक अन्य स्टाफ सदस्य को सहायता के लिए बुलाना।
C. रोगी के पति से कहो कि उसे तुरन्त जाना चाहिए।
D. यह निर्धारित करना कि पति को इतना गुस्सा क्यों आता है।

Q.125 नर्स बुलिमिया वाले क्लाइंट की देखभाल कर रही है। आहार सेवन का सख्त प्रबंधन आवश्यक है। कौन सा हस्तक्षेप भी महत्वपूर्ण है?

A. रोगी के मेनू को भरें और सुनिश्चित करें कि वह अपनी ट्रे में कम से कम आधा खाती है।
B. रोगी को अपना भोजन अकेले में खाने दें। फिर प्रत्येक भोजन के बाद कम से कम 2 घंटे के लिए उसे सामाजिक गतिविधियों में शामिल करें।
C. रोगी को अपना भोजन स्वयं चुनने दें। यदि वह वह सब कुछ खाती है जो वह आदेश देती है, तो प्रत्येक भोजन के बाद 1 घंटे के लिए उसके साथ रहें।
D. यदि रोगी चाहें तो परिवार द्वारा लाया गया खाना खाने दें, लेकिन उसे सख्त कैलोरी काउंट रखना चाहिए।

Q.126 निम्नलिखित कथनों में से कौन सही है?

A. स्वास्थ्य शिक्षा किसी भी घटना, प्रक्रिया या गतिविधि को संदर्भित कर सकता है जो व्यक्तियों, समूहों, समुदायों या आबादी के स्वास्थ्य की स्थिति की सुरक्षा या सुधार की सुविधा प्रदान करता है।
B. स्वास्थ्य शिक्षा का उद्देश्य जीवन को लम्बा करना और जीवन की गुणवत्ता में सुधार करना है।
C. स्वास्थ्य शिक्षा अभ्यास को अक्सर इस बात से आकार दिया जाता है कि स्वास्थ्य की अवधारणा कैसे की जाती है।
D. ये सभी

Q.127 निम्नलिखित में से किस चार्टर ने स्वास्थ्य शिक्षा को 'लोगों को अपने स्वास्थ्य पर नियंत्रण बढ़ाने, और सुधार करने में सक्षम बनाने की प्रक्रिया' के रूप में परिभाषित किया।

A. संयुक्त राष्ट्र का चार्टर (1945)
B. टोक्यो चार्टर (1946)
C. ओटावा चार्टर (1986)
D. इनमें से कोई नहीं

Q.128 स्वास्थ्य शिक्षा के लिए _______ दृष्टिकोण इस धारणा पर आधारित है कि मनुष्य तर्कसंगत निर्णय लेने वाले हैं, यह दृष्टिकोण कुछ व्यवहारों के जोखिमों और लाभों के बारे में जानकारी के प्रावधान पर बहुत अधिक निर्भर करता है।

A. व्यवहार परिवर्तन
B. सामुदायिक विकास
C. जैव चिकित्सा
D. इनमें से कोई नहीं

Q.129 स्वास्थ्य शिक्षा के लिए _____ दृष्टिकोण का उद्देश्य समुदाय के भीतर स्वास्थ्य के सामाजिक-आर्थिक और पर्यावरणीय निर्धारकों को संबोधित करते हुए स्वास्थ्य में सुधार करना और उसे बढ़ावा देना है।

A. व्यवहार परिवर्तन दृष्टिकोण
B. सामुदायिक विकास दृष्टिकोण
C. जैव चिकित्सा दृष्टिकोण
D. इनमें से कोई नहीं

Q.130 स्वास्थ्य शिक्षा के लिए _____ दृष्टिकोण का उद्देश्य स्वास्थ्य और बीमारी के कारणों के बारे में व्यक्तियों के ज्ञान को बढ़ाना है।

A. व्यवहार परिवर्तन
B. सामुदायिक विकास
C. जैव चिकित्सा
D. इनमें से कोई नहीं

Q.131 स्वास्थ्य शिक्षा की _________ पद्धति में लोग अपने विचारों और अनुभवों का आदान-प्रदान करके सीखते हैं।

A. संगोष्ठी
B. उद्योगशाला
C. रोल प्ले
D. समूह चर्चा

Q.132 _______ सामुदायिक स्वास्थ्य का एक अनिवार्य उपकरण है।

A. स्वास्थ्य शिक्षा
B. दर्शन
C. मनोविज्ञान
D. इनमें से कोई नहीं

Q.133 निम्नलिखित में से कौन स्वास्थ्य शिक्षा के लिए व्यवहार परिवर्तन दृष्टिकोण की आलोचना है?

A. यह खराब स्वास्थ्य के प्रमुख कारणों को लक्षित करने में असमर्थ है।
B. किस व्यवहार को लक्षित करना है इसका चुनाव 'विशेषज्ञों' के पास है, जिनका कार्य जनता के लिए इस विकल्प को संप्रेषित करना और उचित ठहराना है।
C. व्यवहार परिवर्तन प्रतिमान मानवीय क्रियाओं को प्रभावित करने वाले संज्ञान के अलावा अन्य कई चरों को संबोधित नहीं करता है।
D. ये सभी

Q.134 निम्नलिखित में से कौन स्वास्थ्य शिक्षा के लिए सामुदायिक विकास उपागम की विशेषता है?

A. सफल स्वास्थ्य शिक्षा के लिए व्यक्तिगत दृष्टिकोण और विश्वासों में सुधार करना महत्वपूर्ण है।
B. व्यक्तिगत स्वास्थ्य और उसके सामाजिक और भौतिक संदर्भों के बीच घनिष्ठ संबंध है, इसलिए परिवर्तन के लिए पहल विकसित करते समय प्रासंगिक हैं।
C. व्यक्तियों को स्वास्थ्य को बढ़ावा देने के लिए पर्यावरण को बदलने के बजाय व्यक्तिगत व्यवहार को बदलने की जरूरत है।
D. ये सभी

Q.135 कहानी सुनाना स्वास्थ्य शिक्षा की एक _________ पद्धति है।

A. आधुनिक
B. परंपरागत
C. एक तरफ़ा रास्ता
D. इनमें से कोई नहीं

Q.136 एक मानक शौचालय टैंक में कितना पानी होता है?

A. 1.6 गैलन या उससे कम
B. 2 गैलन
C. 3 गैलन
D. 4 गैलन

Q.137 अधिकांश शहरी घरेलू शौचालय इससे जुड़े हुए हैं:

A. भूमिगत सीवर
B. सेप्टिक टैंक
C. शुष्क शौचालय
D. इनमें से कोई नहीं

Q.138 मोल्ड, यीस्ट और कवक इसके उदाहरण हैं:

A. शारीरिक जोखिम
B. रासायनिक खतरा
C. रोगजनक जीवाणु
D. जैविक खतरा

Q.139 दुनिया के छह अरब लोगों में से कितने सुरक्षित पानी के बिना रहते हैं?

A. 10.1 अरब
B. 1.1 अरब
C. 10.1 करोड़
D. 10.2 लाख

Q.140 2 अक्टूबर 2014 को नई दिल्ली में स्वच्छ भारत रन का आयोजन किया गया:

A. रजतघाटी
B. प्रगति मैदान
C. राष्ट्रपति भवन
D. इनमें से कोई नहीं

Q.141 सीवेज मुख्य रूप से इनमें से किससे उत्पन्न होता है?

A. घर   B. कारखाना   C. कार्यालय   D. अस्पताल

Q.142 जीवाणुओं के जीवित रहने के लिए शर्तें हैं:

A. भोजन, तापमान, तनाव, ऑक्सीजन, अम्लता, समय

B. भोजन, तापमान, नमी, विकिरण, अम्लता, समय

C. खाद्य नमी, अम्लता, ऑक्सीजन, समय, तापमान

D. इनमें से कोई नहीं

Q.143 बेहोश हताहत के वायुमार्ग को कैसे खोलना चाहिए?

A. सिर झुकाना और ठुड्डी उठाना

B. जबड़ा धकेलना

C. सिर का झुकाव और जबड़ा धकेलना

D. ठुड्डी को ऊपर उठाएं

Q.144 आप कितने समय तक जांच करेंगे कि कोई बेहोश व्यक्ति सामान्य रूप से सांस ले रहा है या नहीं?

A. 10 सेकंड से अधिक नहीं

B. लगभग 10 सेकंड

C. ठीक 10 सेकंड

D. कम से कम 10 सेकंड

Q.145 आप एक अकेले प्राथमिक उपचारकर्ता हैं और एक बेहोशी में सांस न लेने वाले वयस्क हैं, तो आपको सबसे पहले क्या करना चाहिए?

A. सीपीआर को 30 चेस्ट कंप्रेशन के साथ शुरू करें।

B. पाँच प्रारंभिक बचाव साँसें दें।

C. एईडी (डिफाइब्रिलेटर) और एम्बुलेंस का अनुरोध करते हुए 911/112 पर कॉल करें।

D. दो प्रारंभिक बचाव साँसें दें।

Q.146 एक वयस्क हताहत के सीपीआर में उपयोग के लिए सांसों को बचाने के लिए छाती के संकुचन का सही अनुपात कौन सा है?

A. 2 संकोचन : 30 बचाव सांस

B. 5 संकोचन : 1 बचाव सांस

C. 15 संकोचन : 2 बचाव सांस

D. 30 संकोचन : 2 बचाव सांस

Q.147 जीवित रहने की श्रृंखला के लिए निम्नलिखित में से कौन सा क्रम सही है?

A. 911/112, सीपीआर, डिफिब्रिलेशन, उन्नत देखभाल

B. सीपीआर, डिफिब्रिलेशन, 911/112, उन्नत देखभाल

C. डिफिब्रिलेशन, सीपीआर, 911/112, उन्नत देखभाल

D. डिफिब्रिलेशन, 911/112, सीपीआर, उन्नत देखभाल

Q.148 सूक्ष्म जीव विज्ञान क्या है?

A. मानव आंखों को दिखाई देने वाले अणुओं का अध्ययन

B. जानवरों और उनके परिवार का अध्ययन

C. उन जीवों का अध्ययन जो नग्न आंखों को दिखाई नहीं देते

D. सूक्ष्मदर्शी का अध्ययन

Q.149 सूक्ष्म जीव विज्ञान के पिता के रूप में किसे जाना जाता है?

A. एडविन जॉन बटलर

B. फर्डिनेंड कोहन

C. रॉबर्ट कोच

D. एंटोनी वैन लीउवेनहोएक

Q.150 निम्नलिखित में से कौन सा सूक्ष्मजीव प्रकाश का उपयोग करके प्रकाश संश्लेषण करता है?

A. कवक

B. वायरस

C. साइनोबैक्टीरिया

D. साइनोबैक्टीरिया, कवक और वायरस

Q.151 संयुक्त सूक्ष्मदर्शी का कौन-सा भाग देखे जाने वाले नमूने पर प्रकाश किरणों को एकत्रित करने और फोकस करने में मदद करता है?

A. कंडेनसर लेंस   B. आवर्धक लैन्स

C. उद्देश्य लेंस   D. ऐपिस लेंस

Q.152 निम्न में से कौन सा सूक्ष्मजीवों द्वारा निर्मित होता है?

A. मादक पेय   B. किण्वित डेयरी उत्पाद

C. ब्रेड   D. उपरोक्त सभी

Q.153 डाइनोकोकस परिवार से संबंधित कोक्सी मुख्य रूप से पाए जाते हैं:

A. टेट्राड्स   B. डिप्लोकॉसी

C. स्ट्रेप्तोकोच्ची   D. स्टेफिलोकोसी

Q.154 प्रकाश माइक्रोस्कोपी में सबसे बड़ा संकल्प प्राप्त किया जा सकता है:

A. प्रयुक्त दृश्य प्रकाश की सबसे छोटी तरंगदैर्घ्य

B. प्रयुक्त दृश्य प्रकाश की सबसे लंबी तरंगदैर्घ्य

C. न्यूनतम संख्यात्मक एपर्चर वाला एक उद्देश्य

D. उपयोग किए गए दृश्य प्रकाश की सबसे छोटी तरंग दैर्ध्य और अधिकतम संख्यात्मक एपर्चर वाला एक उद्देश्य

Q.155 निम्नलिखित में से किसका प्रयोग इलेक्ट्रॉन सूक्ष्मदर्शी में किया जाता है?

A. इलेक्ट्रॉन बीम और चुंबकीय क्षेत्र

B. प्रकाश तरंग

C. चुंबकीय क्षेत्र

D. इलेक्ट्रॉन बीम

Q.156 निम्नलिखित में से कौन "स्पाइरोकेट्स" हैं?

A. स्पाइरोकेट्स एसपी

B. ट्रैपोनेमा पैलिडम

C. स्पिरललयम वोलुटान्स

D. कोरिनेबैक्टीरियम डिप्थीरिया

Q.157 कोशिकाओं के दोनों ध्रुवों पर फ्लैगेला के समूहों वाले जीवाणु कहलाते हैं?

A. एम्फीट्रिचस   B. मोनोट्रिचस

C. पेरिट्रिचस   D. लोफोट्रिचस

Q.158 प्रायोगिक मनोविज्ञान के जनक कौन है?

A. विल्हेम वुंड्ट   B. कार्ल जंग

C. सिगमंड फ्रॉयड   D. अल्बर्ट बंडुरा

Q.159 मनोविज्ञान को ____ और _____ का वैज्ञानिक अध्ययन कहा जाता है।

A. व्यवहार, मानसिक प्रक्रियाएं

B. मानसिक बीमारी, मानसिक स्वास्थ्य

C. शारीरिक अवस्थाएँ, मानसिक अवस्थाएँ

D. इनमे से कोई नहीं

Q.160 आने वाले संदेशों के जवाब में मस्तिष्क का निम्नलिखित में से कौन सा हिस्सा उच्च केंद्रों को सिग्नल "अलर्ट" भेजता है?

A. रेक्टिकुलर फार्मेशन   B. हिप्पोकैम्पस

C. लिम्बिक सिस्टम   D. प्रमस्तिष्कखंड

Q.161 निम्नलिखित में से कौन लोगों के प्रति नकारात्मक दृष्टिकोण का उदाहरण है?

A. स्टिरियोटाइप   **B.** प्रोटोटाइप
C. पूर्वग्रह   **D.** भेदभाव

Q.162 मस्तिष्क का निम्न में से कौन सा भाग अल्पकालिक स्मृति को दीर्घकालिक स्मृति में स्थानांतरित करने के लिए जिम्मेदार है?
A. अनुमस्तिष्क   **B.** हिप्पोकैम्पस
C. प्रमस्तिष्कखंड   **D.** उपरोक्त में से कोई नहीं

Q.163 अलग-अलग लोग अक्सर एक ही स्थिति पर अलग-अलग प्रतिक्रिया देते हैं। मनोविज्ञान में, इसे कहा जाता है:
A. नेटिविज्म   **B.** इंडिविजुअल डिफरेंस
C. मल्टीपल डेटर्मिनेन्ट्स   **D.** उपरोक्त में से कोई नहीं

Q.164 निम्नलिखित में से कौन सा यह विश्वास है कि मन शरीर से मौलिक रूप से भिन्न है?
A. मन-शरीर द्वैतवाद   **B.** विशेषज्ञता प्राप्त करना
C. केंद्रवाद   **D.** मानसिकता

Q.165 निम्नलिखित में से कौन सा विचार है जिसके द्वारा हम किसी के चेहरे का अध्ययन करके उसके व्यक्तित्व तक पहुँच सकते हैं?
A. फिजियोलॉजी   **B.** फ्रेनोलॉजी
C. फिजियोलॉजी   **D.** सोमाटोलॉजी

Q.166 जब लोग _____ होते हैं तो लोगों का वास्तविकता से संपर्क टूट जाता है।
A. मनोरोगी   **B.** मानसिक   **C.** उन्मत्त   **D.** न्यूरोटिक

Q.167 निम्नलिखित में से कौन मनोसामाजिक डोमेन का एक हिस्सा है?
A. निर्णय   **B.** व्यवहार करने की शैली
C. स्मृति   **D.** मोटर कौशल

Q.168 हाथ कब धोना चाहिए?
A. भोजन करने से पहले और बाद में
B. शौचालय का उपयोग करने के बाद
C. खाना बनाने से पहले
D. उपरोक्त सभी

Q.169 बीमारी के संचरण को रोकने का एकमात्र सबसे प्रभावी तरीका क्या है?
A. एंटीबायोटिक्स
B. केवल पानी से हाथ धोना
C. साबुन और पानी से हाथ धोना
D. इनमें से कोई नहीं

Q.170 हाथों को धोने के बाद सूखाने का क्या कारण है?
A. ताकि आप हर जगह पानी न टपकाएं
B. क्योंकि गीले हाथों से कीटाणु और बैक्टीरिया ज्यादा आसानी से फैलते हैं
C. गीले होने पर आपके हाथ फिसलन भरे होते हैं, और आप रसोई के बर्तनों को ठीक से पकड़ नहीं पाएंगे
D. उपरोक्त सभी

// स्मार्ट उत्तर पुस्तिका //

सही उत्तर — उन छात्रों का प्रतिशत जिन्होंने प्रश्नों का सही उत्तर दिया था।

छोड़ दिया — उन छात्रों का प्रतिशत जिन्होंने प्रश्नों को छोड़ दिया था।

प्रश्न संख्या	उत्तर	सही उत्तर / छोड़ दिया
1	D	45.53 % / 49.11 %
2	A	42.67 % / 55.37 %
3	A	51.36 % / 34.89 %
4	A	45.63 % / 47.11 %
5	D	51.19 % / 32.92 %
6	A	65.52 % / 30.32 %
7	A	57.09 % / 32.7 %
8	D	55.13 % / 43.84 %
9	A	48.55 % / 33.66 %
10	A	81.48 % / 16.16 %
11	D	89.31 % / 10.53 %
12	C	81.83 % / 12.11 %
13	B	81.22 % / 17.69 %
14	C	63.29 % / 34.16 %
15	A	78.51 % / 12.85 %
16	B	82.58 % / 16.34 %
17	C	41.63 % / 46.43 %
18	B	52.24 % / 43.75 %
19	C	89.07 % / 10.5 %
20	B	52.14 % / 44.77 %
21	D	49.09 % / 38.77 %

प्रश्न संख्या	उत्तर	सही उत्तर / छोड़ दिया
22	C	87.35 % / 12.22 %
23	C	45.74 % / 31.9 %
24	A	80.34 % / 18.65 %
25	B	48.51 % / 43.96 %
26	A	54.3 % / 32.95 %
27	B	52.43 % / 44.37 %
28	D	46.99 % / 40.79 %
29	C	45.02 % / 53.11 %
30	C	55.37 % / 38.21 %
31	C	65.62 % / 32.97 %
32	C	51.35 % / 46.78 %
33	D	63.9 % / 35.57 %
34	A	48.25 % / 41.43 %
35	C	54.52 % / 41.5 %
36	B	49.31 % / 38.47 %
37	C	83.92 % / 11.36 %
38	A	28.19 % / 67.52 %
39	C	58.28 % / 31.88 %
40	A	32.95 % / 67.01 %
41	D	64.57 % / 31.34 %
42	B	61.29 % / 35.62 %

प्रश्न संख्या	उत्तर	सही उत्तर / छोड़ दिया
43	C	61.63 % / 37.68 %
44	D	63.1 % / 31.48 %
45	B	18.93 % / 67.32 %
46	A	52.13 % / 30.2 %
47	C	52.7 % / 41.11 %
48	B	18.83 % / 78.85 %
49	C	50.06 % / 31.07 %
50	C	65.55 % / 30.4 %
51	A	67.55 % / 31.62 %
52	A	52.99 % / 46.72 %
53	C	47.65 % / 49.5 %
54	B	40.59 % / 55.23 %
55	C	44.05 % / 37.63 %
56	A	68.12 % / 31.11 %
57	B	53.73 % / 37.36 %
58	A	65.89 % / 33.26 %
59	C	18.13 % / 73.06 %
60	A	66.19 % / 30.77 %
61	D	60.76 % / 37.7 %
62	A	29.02 % / 69.61 %
63	D	67.87 % / 32.06 %

प्रश्न संख्या	उत्तर	सही उत्तर / छोड़ दिया
64	D	66.31 % / 33.6 %
65	C	64.83 % / 33.79 %
66	B	80.86 % / 18.37 %
67	D	52.18 % / 38.14 %
68	B	32.6 % / 67.14 %
69	B	52.1 % / 43.88 %
70	A	89.86 % / 10.12 %
71	D	84.27 % / 13.73 %
72	D	46.48 % / 53.06 %
73	A	43.13 % / 51.45 %
74	C	68.23 % / 30.34 %
75	D	40.02 % / 41.63 %
76	A	30.79 % / 68.14 %
77	C	31.75 % / 67.33 %
78	D	65.09 % / 32.72 %
79	B	67.89 % / 31.58 %
80	D	67.35 % / 31.9 %
81	C	60.05 % / 35.51 %
82	A	30.53 % / 68.74 %
83	A	24.44 % / 74.06 %
84	C	44.16 % / 33.69 %

प्रश्न संख्या	उत्तर	सही उत्तर / छोड़ दिया
85	B	47.67 % / 43.11 %
86	A	63.45 % / 31.2 %
87	B	85.29 % / 11.99 %
88	C	12.79 % / 67.45 %
89	C	17.17 % / 78.37 %
90	A	13.74 % / 70.73 %
91	C	57.27 % / 37.1 %
92	B	81.47 % / 11.95 %
93	B	86.91 % / 11.54 %
94	D	47.84 % / 43.15 %
95	D	61.13 % / 35.29 %
96	C	61.61 % / 34.61 %
97	D	56.06 % / 31.07 %
98	C	59.48 % / 35.09 %
99	B	88.74 % / 10.87 %
100	A	12.43 % / 85.05 %
101	C	51.59 % / 31.29 %
102	C	67.26 % / 30.3 %
103	D	20.11 % / 74.77 %
104	D	14.81 % / 77.49 %
105	B	66.82 % / 30.97 %

प्रश्न संख्या	उत्तर	सही उत्तर / छोड़ दिया
106	D	83.8 % / 15.11 %
107	C	77.4 % / 16.91 %
108	A	82.95 % / 12.19 %
109	D	44.76 % / 45.57 %
110	B	64.05 % / 30.82 %
111	C	42.37 % / 37.22 %
112	C	87.28 % / 12.65 %
113	B	45.1 % / 46.69 %
114	B	46.06 % / 31.82 %
115	D	48.98 % / 44.08 %
116	A	68.62 % / 30.16 %
117	C	43.16 % / 48.07 %
118	A	61.26 % / 38.2 %
119	D	63.71 % / 35.03 %
120	A	64.71 % / 33.2 %
121	A	60.21 % / 35.93 %
122	A	67.34 % / 30.2 %
123	A	53.3 % / 46.51 %
124	B	77.44 % / 18.99 %
125	C	43.29 % / 40.23 %
126	D	68.66 % / 30.68 %

प्रश्न संख्या	उत्तर	सही उत्तर छोड़ दिया	प्रश्न संख्या	उत्तर	सही उत्तर छोड़ दिया	प्रश्न संख्या	उत्तर	सही उत्तर छोड़ दिया	प्रश्न संख्या	उत्तर	सही उत्तर छोड़ दिया	प्रश्न संख्या	उत्तर	सही उत्तर छोड़ दिया	प्रश्न संख्या	उत्तर	सही उत्तर छोड़ दिया
127	C	65.99 % 33.29 %	135	B	62.18 % 35.34 %	143	A	54.39 % 33.81 %	151	A	45.42 % 34.18 %	159	A	64.65 % 35.17 %	167	B	60.47 % 34.4 %
128	A	63.89 % 31.4 %	136	A	42.7 % 48.41 %	144	A	86.05 % 11.73 %	152	D	56.27 % 39.62 %	160	A	62.36 % 32.5 %	168	D	64.7 % 31.16 %
129	B	69.24 % 30.1 %	137	B	44.1 % 46.74 %	145	C	47.52 % 45.1 %	153	A	65.5 % 34.01 %	161	C	83.82 % 14.66 %	169	C	48.45 % 35.13 %
130	A	87.94 % 11.94 %	138	D	48.32 % 44.82 %	146	D	57.59 % 35.28 %	154	D	56.91 % 37.39 %	162	B	78.47 % 15.26 %	170	D	55.71 % 44.0 %
131	D	77.81 % 11.35 %	139	B	41.1 % 32.37 %	147	A	64.48 % 32.55 %	155	A	66.65 % 31.67 %	163	B	47.66 % 46.86 %			
132	A	40.49 % 37.16 %	140	B	69.71 % 30.27 %	148	C	84.99 % 10.02 %	156	B	32.06 % 67.8 %	164	A	89.45 % 10.0 %			
133	D	30.76 % 68.29 %	141	A	50.38 % 30.14 %	149	D	79.91 % 11.8 %	157	A	62.8 % 36.65 %	165	A	87.38 % 10.62 %			
134	B	42.52 % 57.42 %	142	C	67.68 % 30.18 %	150	C	40.45 % 53.72 %	158	A	63.68 % 33.05 %	166	B	80.21 % 14.82 %			

//संकेत और समाधान//

1. संयुक्त राष्ट्र सुरक्षा परिषद (यूएनएससी) की आतंकवाद-विरोधी समिति की एक विशेष बैठक 28 और 29 अक्टूबर, 2022 को मुंबई और दिल्ली में आयोजित की गई थी।

बैठक का विषय 'आतंकवादी उद्देश्यों के लिए नई और उभरती प्रौद्योगिकियों के उपयोग का मुकाबला' था। भारत वर्तमान में वर्ष 2022 के लिए संयुक्त राष्ट्र सुरक्षा परिषद की आतंकवाद विरोधी समिति का अध्यक्ष है।

अतः विकल्प (D) सही है।

2. दिल्ली के मुख्यमंत्री अरविंद केजरीवाल ने 31 अगस्त 2022 को देश के पहले वर्चुअल स्कूल की शुरुआत की। देश भर के छात्र प्रवेश के लिए पात्र होंगे। स्कूल 9-12वीं कक्षा के लिए है और दिल्ली मॉडल वर्चुअल स्कूल (DMVS) के लिए आवेदन प्रक्रिया उसी दिन शुरू हुई थी। कक्षाएं ऑनलाइन होंगी और रिकार्डेड लेक्चर भी ऑनलाइन अपलोड किए जाएंगे।

अतः विकल्प (A) सही है।

3. बेंगलुरु स्थित भारतीय विज्ञान संस्थान (IISc) और भारतीय नौसेना ने विमानन अनुसंधान और विकास पर सहयोग करने के लिए एक समझौता ज्ञापन पर हस्ताक्षर किए हैं। समझौता ज्ञापन के तहत सहयोग के क्षेत्र डिजाइन और शिक्षा प्रौद्योगिकी सहित एरोस्पेस/वैमानिकी इंजीनियरिंग के क्षेत्र में आएंगे।

अतः विकल्प (A) सही है।

4. अगस्त 1858 में, ब्रिटिश संसद ने एक अधिनियम पारित किया जिसने कंपनी के शासन को समाप्त कर दिया, इसे भारत सरकार अधिनियम कहा जाता था।

भारत में कंपनी के शासन को 'भारत सरकार अधिनियम' 1858 द्वारा समाप्त कर दिया गया था। इस अधिनियम द्वारा, भारत के शासन का नियंत्रण 'ब्रिटिश सम्राट' को सौंप दिया गया था।

अब भारत सरकार की पूरी जिम्मेदारी 'भारत के सचिव' पर थी। ब्रिटिश सरकार के एक मंत्री को 'भारत का सचिव' कहा जाता था। भारतीय न्यास अधिनियम, 1882 निजी न्यासों और न्यासियों से संबंधित है।

अतः विकल्प (A) सही है।

5. सर्वोच्च न्यायालय मौलिक अधिकार के संरक्षक के रूप में कार्य करता है।

लोकतंत्र के तीन स्तंभ अर्थात् विधायिका, कार्यपालिका और न्यायपालिका है।

विधायिका कानून बनाने के लिए जिम्मेदार है, कार्यकारी योजनाओं को लागू करने के लिए जिम्मेदार है और निर्णय की समीक्षा करने के लिए न्यायपालिका है।

उपरोक्त निकायों में से कोई भी एक दूसरे के मामले में अंतःक्रिया नहीं कर सकता है।

भारतीय न्यायपालिका भारतीय संविधान के संरक्षक के रूप में कार्य करती है। यदि कोई कानून संविधान के प्रावधानों का उल्लंघन करता है, तो सर्वोच्च न्यायालय अपनी न्यायिक शक्ति का उपयोग कर सकता है।

यह मौलिक अधिकारों के रक्षक के रूप में कार्य करता है। यदि किसी मौलिक अधिकार का उल्लंघन किया जाता है, तो एक व्यक्ति सीधे सर्वोच्च न्यायालय का रुख कर सकता है।

अतः विकल्प (D) सही है।

6. दिया है,

क्रय मूल्य = 262.40 रुपये

विक्रय मूल्य = [क्रय मूल्य × (लाभ% + 100)]/100

माना एक कमीज का अंकित मूल्य a रुपये है।

छूट के बाद विक्रय मूल्य $= a \times \dfrac{(100-18)}{100} = \dfrac{82a}{100}$ रुपये

तदनुसार,

$$\frac{82a}{100} = 262.40 \times \frac{(100+14)}{100}$$

$$\Rightarrow \frac{82a}{100} = \frac{262.40 \times 114}{100}$$

$$\Rightarrow a = 364.80$$

∴ एक कमीज का अंकित मूल्य 364.80 रुपये है।

अतः विकल्प (A) सही है।

7. दिया है-

$$A:B = 7:3$$

माना कि $A = 7k, B = 3k$ है।

A और B का मान रखने पर,

$$\frac{AB+B^2}{A^2-B^2}$$

$$= \frac{(7k \times 3k)+(3k)^2}{(7k)^2-(3k)^2}$$

$$= \frac{21k^2+9k^2}{49k^2-9k^2}$$

$$= \frac{30k^2}{40k^2}$$

$$= \frac{3}{4}$$

अतः विकल्प (A) सही है।

8. पंचायती राज संस्था को 73वें संविधान संशोधन अधिनियम, 1992 के माध्यम से जमीनी स्तर पर लोकतंत्र के निर्माण के लिए संवैधानिक बनाया गया था और देश में ग्रामीण विकास का कार्य सौंपा गया था। यह अधिनियम 24 अप्रैल, 1993 को संविधान (73वां संशोधन) अधिनियम, 1992 के रूप में लागू हुआ।

अतः विकल्प (D) सही है।

9. दिया गया है,

6 संख्याओं का औसत 20 है

औसत = अंशों का योग / अंशों की संख्या

कुल $= 6 \times 20$

$= 120$

प्रत्येक संख्या में 5 जोड़ा जाता है

$= 120 + (5 \times 6)$

$= 150$

नया औसत $= \dfrac{150}{6}$

= 25

अतः विकल्प (A) सही है।

10. संयुक्त राज्य अमेरिका और इज़राइल ने यूनेस्को से सांस्कृतिक निकाय 'इज़राइल विरोधी पूर्वग्रह' का आरोप लगाते हुए वापस ले लिया है। यूनेस्को का पूर्ण रूप संयुक्त राष्ट्र शैक्षिक, वैज्ञानिक और सांस्कृतिक संगठन है। इसका मुख्यालय पेरिस, फ्रांस में है। इसकी स्थापना 1945 में हुई थी। ऑड्रे अज़ोले वर्तमान प्रमुख हैं।

अतः विकल्प (A) सही है।

11. भारत में तीन फसल मौसम - रबी, खरीफ और ज़ैद होते हैं। रबी फसलों को अक्टूबर से दिसंबर तक सर्दियों में बोया जाता है और अप्रैल से जून तक गर्मियों में काटा जाता है। रबी की कुछ महत्वपूर्ण फसलें गेहूं, जौ, मटर, चना और सरसों हैं। खरीफ फसलें देश के विभिन्न भागों में मानसून की शुरुआत के साथ उगाई जाती हैं और इनकी कटाई सितंबर-अक्टूबर में की जाती है। इस मौसम में उगाई जाने वाली महत्वपूर्ण फसलें धान, मक्का, ज्वार, बाजरा, तूर (अरहर), मूंग, उड़द, कपास, जूट, मूंगफली, और सोयाबीन हैं। मूंगफली और मक्का खरीफ फसलें हैं। इसलिए, कथन 2 और 4 सही नहीं हैं।

अतः विकल्प (D) सही है।

12. कांस्य तांबे का एक मिश्र धातु है, लेकिन इसमें 12-12.5% टिन होता है। तो, यह तांबे और टिन दोनों का एक मिश्र धातु है।

अतः विकल्प (C) सही है।

13. हाइग्रोमीटर वह उपकरण है जिसका उपयोग आर्द्रता को मापने के लिए किया जाता है। इस उपकरण को साइक्रोमीटर के रूप में भी जाना जाता है।

अतः विकल्प (B) सही है।

14. जैविक खेती में हम आनुवंशिक रूप से संशोधित बीजों का उपयोग करते हैं और उसमें खेती के लिए किसी भी कीटनाशक का उपयोग नहीं किया जाता है और खेती के उस तरीके में हम फसल चक्र का उपयोग करते हैं क्योंकि फसल चक्रण के कारण मिट्टी के कार्बनिक पदार्थ जल्दी खराब हो जाते हैं।

अतः विकल्प (C) सही है।

15. पत्तियों के हरे वर्णक में मैग्नीशियम उपस्थित होता है। प्रकाश संश्लेषण के दौरान क्लोरोफिल के लिए सूर्य की ऊर्जा को अधिकृत करने के लिए मैग्नीशियम की आवश्यकता होती है, अर्थात पत्तियों को हरा रंग देने के लिए मैग्नीशियम की आवश्यकता होती है।

अतः विकल्प (A) सही है।

16. दिया है:

एक संख्या में पहले 20% की कमी हुई और फिर 10% की वृद्धि हुई। प्राप्त संख्या मूल संख्या से 12 कम है।

$$X\% \text{ का } Y = Y \times \frac{X}{100}$$

मान लीजिए संख्या $= X$

इसलिए,

$$X \times 0.8 \times 1.1 = X - 12$$

$$\Rightarrow 0.12 \times X = 12$$

$$\Rightarrow X = 100$$

अतः विकल्प (B) सही है।

17. 'स्वदेशी' और 'बहिष्कार' को बंगाल में संघर्ष के तरीकों के रूप में अपनाया गया था, उसी समय वंदे मातरम आंदोलन आंध्र प्रदेश में हुआ था।

यह बंगाल में सबसे महत्वपूर्ण आंदोलन था और आंध्र प्रदेश में वंदे मातरम आंदोलन के रूप में जाना जाता था। 1911 में यह आन्दोलन समाप्त हो गया। सरकार ने बंगाल के विभाजन निर्णय दिसंबर 1903 में किया था।

अतः विकल्प (C) सही है।

18. मॉर्ले-मिंटो सुधारों द्वारा मुसलमान समुदाय के लिए सीटें आरक्षित की गईं।

मॉर्ले-मिंटो सुधारों को भारत परिषद अधिनियम 1909 के रूप में भी जाना जाता है, इस अधिनियम ने अलग और भेदभावपूर्ण मतदान प्रक्रिया की शुरुआत की। यह पहली बार था कि, विधायी निकायों में सीटें मुसलमानों के लिए धर्म के आधार पर आरक्षित थीं।

अतः विकल्प (B) सही है।

19. स्वतंत्रता पूर्व भारत में व्यापारियों के रूप में आने वाले यूरोपीय लोगों में फ्रांसीसी अंतिम थे।

फ्रांस व्यापार के लिए भारत आने वाले अंतिम यूरोपीय थे। फ्रेंच ईस्ट इंडिया कंपनी की स्थापना वर्ष 1664 CE में 1 सितंबर को हुई थी। फ्रांसीसी ईस्ट इंडिया कंपनी केवल व्यापार के उद्देश्य से भारत आई थी न कि देश में शासन करने के लिए। इंडिगो, डाई, कॉटन, सिल्क और मसाले फ्रांसीसी कंपनी के व्यापार की कुछ महत्वपूर्ण वस्तुएं थीं।

अतः विकल्प (C) सही है।

20. फाइनल में क्रोएशिया को हराकर रूसी टेनिस महासंघ ने खिताब जीता। एकल और युगल दोनों में 6 -1 से आगे बढ़ने के बाद एंड्री रुबलेव को टूर्नामेंट का सबसे मूल्यवान खिलाड़ी चुना गया।

अतः विकल्प (B) सही है।

21. स्वर्ण क्रांति का संबंध बागवानी और शहद से है।

1991 से 2000 के बीच की अवधि को भारत में स्वर्ण क्रांति का काल कहा जाता है। स्वर्ण क्रांति के जनक निर्पख तुतज हैं, गोल्डन फाइबर क्रांति जूट उत्पादन से संबंधित है।

अतः विकल्प (D) सही है।

22. राज्य वित्त आयोग एक संवैधानिक निकाय है, क्योंकि यह 73वें संवैधानिक संशोधन अधिनियम 1992 के तहत बनता है।

अनुच्छेद 280 के तहत, केंद्र के वित्त आयोग की तर्ज पर 1993 से भारत के सभी राज्यों में राज्य वित्त आयोग की स्थापना की गयी थी।

अतः विकल्प (C) सही है।

23. 'सर्वेन्ट्स ऑफ इंडिया सोसाइटी' की स्थापना 12 जून, 1905 को पुणे, महाराष्ट्र में गोपाल कृष्ण गोखले ने की थी।

सोसाइटी का गठन भारतीय समाज में शिक्षा, स्वच्छता, स्वास्थ्य देखभाल को बढ़ावा देने के लिए किया गया था। इन उद्देश्यों के साथ, नेता और उसके अन्य सदस्य जैसे नटेश अप्पाजी द्रविड़, गोपाल कृष्ण देवधर और अनंत पटवर्धन भी छुआछूत और भेदभाव, शराब, गरीबी, महिलाओं के उत्पीड़न और घरेलू शोषण के सामाजिक को दूर करना चाहते थे।

अतः विकल्प (C) सही है।

24. भारत में तम्बाकू का अधिकतम उत्पादन आंध्र प्रदेश में होता है। तंबाकू का अनुसंधान केंद्र आंध्र प्रदेश के राजमुंदरी में स्थित है।

भारत में, तम्बाकू को पुर्तगालियों द्वारा पेश किया गया था। वर्जीनिया तंबाकू का भारत में अधिकतम उपयोग किया जाता है। विश्व में तम्बाकू का अधिकतम उत्पादन चीन द्वारा किया जाता है।

अतः विकल्प (A) सही है।

25. मणि कंचन, मणि धवल और मेघा मक्का की किस्में हैं।

मकई- जिसे मक्के के रूप में भी जाना जाता है, वैज्ञानिक नाम ज़िया मेस सबस्प से जाना जाता है, जो मेस और पोएसी के घास प्रजाति के परिवार का एक हिस्सा है।

राजस्थान राज्य में प्रमुख मक्का उत्पादक जिले भीलवाड़ा, चित्तौड़गढ़, उदयपुर, बांसवाड़ा और बूंदी हैं। आरएसीपी के तहत महत्वपूर्ण मक्का उत्पादक क्लस्टर मनोहरथाना, गुढ़ा, उरई बस्सी, कुशलगढ़ और जाखम हैं।

राज्य में उगाई जाने वाली मक्का की प्रमुख किस्में P3522, P1864, CoH (M)9 आदि हैं।

अतः विकल्प (B) सही है।

26. उत्तर प्रदेश का मलिहाबाद दशहरी आम का सबसे बड़ा उत्पादक है।

दशहरी उत्तर प्रदेश में आमों की सबसे लोकप्रिय किस्म है। मलिहाबाद लखनऊ जिले का एक क़स्बा और एक नगर पंचायत है। यह उत्तर भारत का मैंगो बेल्ट है और अंतरराष्ट्रीय स्तर पर प्रशंसित है।

अतः विकल्प (A) सही है।

27. केरल को 0.790 के समग्र सूचकांक मूल्य के साथ शीर्ष स्थान पर रखा गया है जिसके बाद दिल्ली, हिमाचल प्रदेश, गोवा और पंजाब का स्थान है।

जैसा कि अपेक्षित था, बिहार, ओडिशा और छत्तीसगढ़ जैसे राज्य भारत के 23 प्रमुख राज्यों में सबसे नीचे हैं। ऐसी स्थिति के लिए कई सामाजिक-राजनीतिक, आर्थिक और ऐतिहासिक कारण हैं।

लगभग सौ प्रतिशत साक्षरता हासिल करने में अपने प्रभावशाली प्रदर्शन के कारण केरल एचडीआई में उच्चतम मूल्य दर्ज कर सकता है।

अतः विकल्प (B) सही है।

28. खुली आर्थिक व्यवस्था के संबंध में उपरोक्त सभी सही हैं।

एक खुला बाजार एक ऐसी प्रणाली है जिसमें कोई टैरिफ, कर, लाइसेंसिंग आवश्यकताएं, सब्सिडी और कोई अन्य नियम नहीं हैं जो मुक्त-बाजार गतिविधि में हस्तक्षेप करते हैं। वे प्रवेश के लिए कुछ बाधाओं के साथ अत्यधिक सुलभ हैं, लेकिन प्रवेश पर कोई नियामक बाधा नहीं है।

एक खुली अर्थव्यवस्था अन्य देशों के साथ निम्नलिखित दो तरीकों से सम्बन्ध है:

- यह विश्व वित्तीय बाजारों में पूंजीगत संपत्ति खरीदता और बेचता है।
- यह विश्व उत्पाद बाजारों में वस्तुओं और सेवाओं को खरीदता और बेचता है।

अतः विकल्प (D) सही है।

29. स्विफ्ट नेटवर्क का उपयोग करने वाले सभी अंतरराष्ट्रीय इंटरबैंक संदेश स्विफ्ट के बारे में सही नहीं हैं।

सोसाइटी फॉर वर्ल्डवाइड इंटरबैंक फाइनेंशियल टेलीकम्युनिकेशन (स्विफ्ट) एक नेटवर्क प्रदान करता है जो दुनिया भर में वित्तीय संस्थानों को एक सुरक्षित, मानकीकृत और विश्वसनीय वातावरण में वित्तीय लेनदेन के बारे में जानकारी भेजने और प्राप्त करने में सक्षम बनाता है।

स्विफ्ट वित्तीय संस्थानों को भी सॉफ्टवेयर और सेवाएं बेचता है, इसका अधिकांश उपयोग स्विफ्ट नेट नेटवर्क पर होता है। अधिकांश अंतरराष्ट्रीय इंटरबैंक संदेश स्विफ्ट नेटवर्क का उपयोग करते हैं। इसलिए, विकल्प (C) सही नहीं है।

अतः विकल्प (C) सही है।

30. मुद्रास्फीति का कारण मुद्रा आपूर्ति में वृद्धि और उत्पादन में गिरावट है।

एक अर्थव्यवस्था में यह वस्तुओं और सेवाओं की बढ़ती कीमतों के कारण भी होता है। जब मुद्रास्फीति होती है तो यह भोजन जैसी बुनियादी आवश्यकताओं के लिए उच्च कीमतों की ओर ले जाती है, इसका समाज पर नकारात्मक प्रभाव पड़ सकता है।

मुद्रास्फीति के कारण:

- मांग और आपूर्ति के बीच एक बेमेल
- जब मांग आपूर्ति से अधिक हो जाती है।
- मुद्रा आपूर्ति में वृद्धि और उत्पादन में गिरावट
- मांग पक्ष या आपूर्ति पक्ष या दोनों में परिवर्तन के कारण

अतः विकल्प (C) सही है।

31. उपरोक्त विकल्पों में सही विकल्प 'पैतृक' है।

पैतृक विशेषण शब्द है जिसका अर्थ पिता संबंधी, पुश्तैनी या पुरखों होता है।

अतः विकल्प (C) सही है।

32. अनायास अर्थात बिना मेहनत के।

यह क्रिया-विशेषण शब्द है।

जो शब्द क्रिया की विशेषता बताते हैं क्रिया विशेषण शब्द कहलाते हैं।

अतः विकल्प (C) सही है।

33. उपरोक्त सभी विकल्पों में शुद्ध वाक्य 'गेहूं पिसाने के लिए उसे घर से दूर जाना पड़ता है।'

अन्य विकल्पों में क्रिया संबंधी अशुद्धि है।

वाक्य में क्रिया का प्रयोग कर्ता के लिंग एवं वचन के अनुसार किया जाता है अन्यथा वह वाक्य अशुद्ध समझा जाता है। इस अशुद्धि को वाक्य की क्रिया संबंधी अशुद्धि कहा जाता है।

कर्ता द्वारा जो कार्य किया जाता है वह क्रिया कहलाता है।

अतः विकल्प (D) सही है।

34. जो आँखों के सामने हो उसे 'प्रत्यक्ष' कहते हैं।

प्रत्यक्ष का अन्य अर्थ-

स्पष्ट दिखाई पड़नेवाला।

जिसका ज्ञान इंद्रिय द्वारा स्पष्ट हो (जैसे—प्रत्यक्ष बात)।

अतः विकल्प (A) सही है।

35. जो कम बोलने वाला उसे 'मितभाषी' कहते हैं।

मितभाषी का अन्य अर्थ-

थोड़ा बोलनेवाला।

कम तथा आवश्यकतानुसार बोलनेवाला।

समझ बूझकर बात कहनेवाला।

अतः विकल्प (C) सही है।

36. 'अपव्ययी' का अर्थ है 'अनुचित व्यय करने वाला' इसलिए इसका सही उत्तर 'अपव्ययी' है।

अय्याशी का अर्थ है विलासिता।

मितव्ययी का अर्थ है कम खर्च करने वालाv

अतः विकल्प (B) सही है।

37. 'घर' का तत्सम रूप गृह है।

तत्सम शब्द संस्कृत भाषा के दो शब्दों, तत् + सम् से मिलकर बना है। तत् का अर्थ है – उसके, तथा सम् का अर्थ है – समान। जिन शब्दों को संस्कृत से बिना किसी परिवर्तन के ले लिया जाता है, उन्हें तत्सम शब्द कहते हैं। इनमें ध्वनि परिवर्तन नहीं होता है।

उदाहरण:

- निधि ने कहा, "चल आज मेरे घर चल।
- निश्चित समय पर वे उसके गृह आ पहुंचे।

अतः विकल्प (A) सही है।

38. खीरा' का तत्सम क्षीरक है।

तत्सम शब्द संस्कृत भाषा के दो शब्दों, तत् + सम् से मिलकर बना है। तत् का अर्थ है – उसके, तथा सम् का अर्थ है – समान। जिन शब्दों को संस्कृत से बिना किसी परिवर्तन के ले लिया जाता है, उन्हें तत्सम शब्द कहते हैं। इनमें ध्वनि परिवर्तन नहीं होता है।

उदाहरण:

- खीरा खाने से बाल स्वस्थ रहतें हैं।
- क्षीरक ब्लड प्रेशर को सन्तुलित रखता है!

अतः विकल्प (A) सही है।

39. गेहूँ का तत्सम गोधूम है।

तत्सम शब्द संस्कृत भाषा के दो शब्दों, तत् + सम् से मिलकर बना है। तत् का अर्थ है – उसके, तथा सम् का अर्थ है – समान। जिन शब्दों को संस्कृत से बिना किसी परिवर्तन के ले लिया जाता है, उन्हें तत्सम शब्द कहते हैं। इनमें ध्वनि परिवर्तन नहीं होता है।

उदाहरण:

- गोधूम ब्राह्मणों को दान में दिया गया।

अतः विकल्प (A) सही है।

40. संज्ञा या सर्वनाम की विशेषता बताने वाले शब्द विशेषण कहलाते हैं।

उपर्युक्त वाक्य में रेखांकित पद 'भयंकर' विशेषण है। यह 'दुर्घटना' शब्द की विशेषता बता रहा है।

अत: विकल्प (A) सही है।

41. जो विशेषण विशेष्य और क्रिया के बीच आये, वहाँ विधेय विशेषण होता हैं। जैसे- मेरा कुत्ता लाल हैं, मेरा लड़का आलसी है।

उपर्युक्त वाक्य का रेखांकित पद 'सुंदर' विधेय विशेषण है। यह वाक्य के विधेय पद 'देश' की विशेषता बताता है।

अत: विकल्प (D) सही है।

42. विशेषण उपवाक्य शब्दों का वह समूह है, जो अपना एक उद्देश्य एवं विधेय रखे तथा विशेषण का कार्य करे।

उपर्युक्त वाक्य का रेखांकित पद 'नीली कमीज वाला लड़का' विशेषण उपवाक्य है।

अत: विकल्प (B) सही है।

43. दिए गए विकल्पों में से 'उग्र' शब्द का विलोम सौम्य है।

उग्र का अर्थ - भयानक, तीव्र

सौम्य का अर्थ - शीतल, सुंदर

अतः विकल्प (C) सही है।

44. दिए गए विकल्पों में से 'निष्ठुर' शब्द का विलोम करुण है।

निष्ठुर का अर्थ - कठोर, निर्दयी

करुण का अर्थ - दयालु, दयावान

अतः विकल्प (D) सही है।

45. दिए गए विकल्पों में से 'अनायास' शब्द का विलोम सायास है।

अनायास का अर्थ - बिना प्रयास के

सायास का अर्थ - प्रयास के साथ, प्रयत्नपूर्वक

अतः विकल्प (B) सही है।

46. दिए गए विकल्पों में से 'प्रवर' शब्द का विलोम अवर है।

प्रवर का अर्थ - श्रेष्ठ

अवर का अर्थ - निचला, कनिष्ठ

अतः विकल्प (A) सही है।

47. दिए गए विकल्पों में से 'सम्पन्न' शब्द का विलोम विपन्न है।

संपन्न का अर्थ - अमीर, धनी, धनवान

विपन्न का अर्थ - विपत्तिग्रस्त, दुःखी

अतः विकल्प (C) सही है।

48. दिए गए विकल्पों में से 'अधो' शब्द का विलोम ऊर्ध्व है।

अधो का अर्थ - नीचे की ओर

ऊर्ध्व का अर्थ - ऊपर की ओर

अतः विकल्प (B) सही है।

49. दिए गए विकल्पों में से 'वाचाल' शब्द का विलोम मूक है।

वाचाल का अर्थ - बातूनी, ज्यादा बोलने वाला

मूक का अर्थ - गूंगा, कम बोलने वाला

अतः विकल्प (C) सही है।

50. दिए गए विकल्पों में से 'मौन' शब्द का विलोम मुखर है।

मौन का अर्थ - शांति, चुप्पी

मुखर का अर्थ - वाचाल, वाकपटु

अतः विकल्प (C) सही है।

51. हमारे द्वारा खाए जाने वाले भोजन, हम जो पानी पीते हैं, और जिस हवा में हम सांस लेते हैं, उसके माध्यम से प्रदूषक मनुष्यों तक पहुंचते हैं और हमारे स्वास्थ्य को तत्काल और लंबे समय तक चलने वाले दोनों तरीकों से खतरे में डालते हैं। ये प्रदूषक मानव स्वास्थ्य और पर्यावरण के लिए भी विभिन्न समस्याओं का कारण बनते हैं।

अतः विकल्प (A) सही है।

52. विकिरण की उच्च खुराक हानिकारक हो सकती है या यहां तक कि यह मनुष्यों के लिए घातक भी हो सकती है और यह पर्यावरण को भी नुकसान पहुंचाती है। 100 रेम्स से ऊपर की खुराक आमतौर पर विकिरण के पहले लक्षणों का कारण बनती है। सफेद रक्त कोशिकाओं का नुकसान विकिरण के अधिक संपर्क के कारण होता है।

अतः विकल्प (A) सही है।

53. कुपोषण शब्द का तात्पर्य आहार पोषक तत्वों के अस्वास्थ्यकर सेवन से है। कुपोषण अपर्याप्त या अधिक मात्रा में भोजन के सेवन, आहार पोषक तत्वों के असंतुलन या हमारे द्वारा खाए जाने वाले भोजन का उपयोग करने से उत्पन्न हो सकता है। कुपोषण से तात्पर्य किसी व्यक्ति के ऊर्जा और/या पोषक तत्वों के सेवन में कमी, अधिकता या असंतुलन से है। कुपोषण शब्द में स्थितियों के 2 व्यापक समूह शामिल हैं। कुपोषण हर देश में लोगों को प्रभावित करता है।

अतः विकल्प (C) सही है।

54. संक्रामक रोगों को संक्रामक रोगों या संचारी रोगों के रूप में भी जाना जाता है, जिसमें रोगजनक जैविक एजेंटों के संक्रमण, उपस्थिति और वृद्धि के परिणामस्वरूप नैदानिक रूप से बीमारी शामिल है। संक्रामक रोग जीवों के कारण होने वाले विकार हैं - जैसे बैक्टीरिया, वायरस, कवक या परजीवी। कई जीव हमारे शरीर में और उस पर रहते हैं। वे आम तौर पर हानिरहित या सहायक भी होते हैं। लेकिन कुछ शर्तों के तहत, कुछ जीव बीमारी का कारण बन सकते हैं। कुछ संक्रामक रोग एक व्यक्ति से दूसरे व्यक्ति में फैल सकते हैं।

अतः विकल्प (B) सही है।

55. तीन प्रकार के स्वास्थ्य खतरे भौतिक खतरे, रासायनिक खतरे और जैविक खतरे हैं। भौतिक खतरे ग्लोबल वार्मिंग, यूवी विकिरण, रेडियोधर्मी आदि हैं। रासायनिक खतरे जीवाश्म ईंधन, कीटनाशकों, भारी धातुओं आदि का दहन हैं। जैविक खतरे बैक्टीरिया, वायरस आदि हैं।

अतः विकल्प (C) सही है।

56. इस अधिनियम का नाम अफोर्डेबल केयर एक्ट (एसीए) है। इस अधिनियम के पारित होने के कारण, रोगी सुरक्षा, देखभाल की गुणवत्ता और दी गई देखभाल के लिए जवाबदेही की मांगों को पूरा करने के लिए स्वास्थ्य सेवा प्रौद्योगिकी का विस्तार हो रहा है। अभूतपूर्व रोगी संरक्षण और अफोर्डेबल केयर एक्ट (एसीए) नर्सों को अगली पीढ़ी की लागत नियंत्रण, गुणवत्ता अग्रिम और रोगी पहुंच सुधार के प्रावधान में प्रमुख हितधारकों के रूप में नवाचार, परिवर्तनकारी नेतृत्व और देखभाल समन्वय जारी रखने के लिए मजबूर करता है।

अतः विकल्प (A) सही है।

57. टेलीमेडिसिन के संदर्भ में, हब प्राइमरी क्लीनिकल साइट से पहुंचने वाला प्रोवाइडर है। टेलीमेडिसिन का अभ्यास एक हब से किया जाता है, जो वह स्थान है जहां से दूर के चिकित्सक दूरसंचार प्रणाली के माध्यम से सेवा प्रदान करते हैं। सबसे पहले, सिस्टम से जुड़े स्टेथोस्कोप या ईकेजी मॉनिटर जैसे अनुकूलित क्लीनिकल परिधीय उपकरणों के साथ विशेष वीडियोकांफ्रेंसिंग उपकरण आवश्यक थे।

अतः विकल्प (B) सही है।

58. हेल्थकेयर सिस्टम जो कर्मचारियों और प्रदाताओं के बीच रोगी देखभाल के समन्वय में सुधार करते हैं, प्रौद्योगिकी का उपयोग करके गुणवत्ता और सुरक्षा में सुधार करते हैं, और बेहतर डेटा संग्रह के लिए स्वास्थ्य देखभाल प्रौद्योगिकी का विस्तार करते हैं, वह किफायती देखभाल अधिनियम (एसीए) के तहत मेडिकेयर और मेडिकेड की पहल के लिए पात्र हो सकते हैं। "किफायती देखभाल अधिनियम" (एसीए) व्यापक स्वास्थ्य देखभाल सुधार कानून और इसके संशोधनों का नाम है। कानून स्वास्थ्य बीमा कवरेज, स्वास्थ्य देखभाल लागत और निवारक देखभाल को संबोधित करता है।

अतः विकल्प (A) सही है।

59. क्लीनिकल डिसीजन सपोर्ट प्रणाली एक उपाय है जो दस्तावेज़ीकरण या आदेश प्रसंस्करण के दौरान असामान्य मूल्यों के प्रवेश को चिह्नित करता है, और स्वास्थ्य देखभाल टीम के सदस्यों को वर्तमान दवा की जानकारी और सर्वोत्तम अभ्यास कौशल जैसे संसाधन भी प्रदान करता है। सीडीएसएस कंप्यूटर सॉफ्टवेयर उपकरण हैं। जिन्हें रोगी की स्थिति के साथ साक्ष्य जोड़ने के माध्यम से निर्णय लेने की सुविधा के लिए डिज़ाइन किया गया है। सीडीएसएस का उपयोग चेतावनियों और सलाह के माध्यम से दिशानिर्देशों के अनुपालन में सुधार कर सकता है।

अतः विकल्प (C) सही है।

60. ओपन एक्सेस स्वास्थ्य सेवा में डेटा गुणवत्ता की विशेषता नहीं है। मॉडल का प्रोसेसर कोर गुणवत्तापूर्ण स्वास्थ्य डेटा है। डेटा गुणवत्ता के लक्षण डेटा गुणवत्ता प्रबंधन मॉडल में उत्पन्न होते हैं। ये विशेषताएँ एक्सेसिबिलिटी, कंसिस्टेंसी, करेंसी, ग्रनुलारिटी, प्रिसिशन, एक्यूरेसी, कम्प्रहेंसिवनेस, डेफिनिशन, रिलेवंसी और टाइमलिनेस है।

अतः विकल्प (A) सही है।

61. सूचना प्रणाली में प्रक्रियाओं को कंपनी के लक्ष्यों के साथ संरेखित करना चाहिए। सीआईएस के प्रमुख लक्ष्यों में सूचना प्राप्त करना शामिल है, अधिमानतः सबसे विश्वसनीय स्रोत से एक बार; "जस्ट-इन-टाइम" निर्णय समर्थन का वितरण; और संवर्द्धन और शोधन सूचना का अनुवाद नहीं है क्योंकि यह संस्थागत या नैदानिक विशेषज्ञता के एक क्षेत्र से दूसरे क्षेत्र में जाता है। नर्सिंग सूचना प्रणाली कंप्यूटर सिस्टम हैं जो विभिन्न प्रकार के स्वास्थ्य देखभाल वातावरण से नैदानिक डेटा का प्रबंधन करती हैं और नर्सों को रोगी देखभाल में सुधार करने में सहायता के लिए समय पर और व्यवस्थित फैशन में उपलब्ध कराती हैं।

अतः विकल्प (D) सही है।

62. यह यू.एस. नेशनल लाइब्रेरी ऑफ मेडिसिन द्वारा लिखा गया है, पत्रिकाओं का चयन एक योग्य समिति द्वारा किया जाता है और कुछ, लेकिन सभी नहीं, उद्धरणों में एक मुफ्त पूर्ण पाठ लेख का लिंक होता है जो मेडलाइन डेटाबेस के बारे में सच है, सिवाय इसके कि इसमें केवल पुराने संग्रहीत जर्नल शामिल हैं। मेडलाइन नेशनल लाइब्रेरी ऑफ मेडिसिन (एनएलएम) का प्रमुख ग्रंथ सूची डेटाबेस है जिसमें बायोमेडिसिन पर एकाग्रता के साथ जीवन विज्ञान में जर्नल लेखों के 28 मिलियन से अधिक संदर्भ शामिल हैं। मेडलाइन की एक विशिष्ट विशेषता यह है कि रिकॉर्ड्स को एनएलएम मेडिकल सब्जेक्ट हेडिंग (एमईएसएच) के साथ अनुक्रमित किया जाता है।

अतः विकल्प (A) सही है।

63. वेबसाइट जो मुख्य रूप से रोगी शिक्षा के लिए तैयार हैं और व्यक्तियों को उम्र या लिंग से विभाजित जानकारी तक पहुंचने की अनुमति देती हैं, वे www.healthfinder.gov, www.medlineplus.gov और www.cdc.gov हैं। इनमें उपयोगकर्ताओं को इंटरनेट पर सबसे अच्छी, सबसे विश्वसनीय स्वास्थ्य जानकारी लाने के लिए 1,600 से अधिक सरकारी और गैर-लाभकारी संगठनों से चुने गए स्वास्थ्य विषयों की एक विस्तृत श्रृंखला पर संसाधन शामिल हैं। इसमें स्वास्थ्य समाचार, खोजने योग्य उपकरण, स्वास्थ्य देखभाल सुधार के बारे में जानकारी, अपने आस-पास की सेवाएं, खरीदारी सूचियां और अतिरिक्त संसाधन शामिल हैं।

अतः विकल्प (D) सही है।

64. अकेले 2015 में डेटा उल्लंघनों में 112 मिलियन यू.एस. आधारित स्वास्थ्य रिकॉर्ड से समझौता किया गया था। बेहतर नीतियों और प्रक्रियाओं और एन्क्रिप्शन के उपयोग ने इन आसानी से रोके जा सकने वाले उल्लंघनों को कम करने में मदद की है। हमारे हेल्थकेयर डेटा उल्लंघन के आंकड़े बताते हैं कि हेल्थकेयर डेटा उल्लंघनों के मुख्य कारण अब हैकिंग/आईटी घटनाएं हैं, अनधिकृत एक्सेस/डिस्क्लोजर की घटनाएं भी आम हैं।

अतः विकल्प (D) सही है।

65. एक व्यक्ति का नाम, जन्म तिथि और सामाजिक सुरक्षा संख्या एच आईपीएए के तहत संरक्षित स्वास्थ्य सूचना के सभी उदाहरण हैं। निदान, उपचार की जानकारी, चिकित्सा परीक्षण के परिणाम, और नुस्खे की जानकारी जैसी स्वास्थ्य जानकारी को एचआईपीएए के तहत संरक्षित स्वास्थ्य जानकारी माना जाता है, जैसे कि राष्ट्रीय पहचान संख्याएं और जनसांख्यिकीय जानकारी जैसे जन्म तिथि, लिंग, जातीयता, और संपर्क और आपातकालीन संपर्क।

अतः विकल्प (C) सही है।

66. नर्सों के लिए पहला अंतरराष्ट्रीय आचार संहिता 1953 में इंटरनेशनल काउंसिल ऑफ नर्स (ICN) द्वारा अपनाया गया था। अमेरिकन नर्स एसोसिएशन (ANA) और कैनेडियन नर्स एसोसिएशन (CAN) द्वारा तैयार किए गए दो कोड नर्सों के लिए राष्ट्रीय आचार संहिता के उदाहरण हैं।

अतः विकल्प (B) सही है।

67. नर्सों के लिए एक अंतरराष्ट्रीय आचार संहिता को पहली बार 1953 में नर्सों की अंतर्राष्ट्रीय परिषद (ICN) द्वारा अपनाया गया था।

नर्सों के लिए ICN आचार संहिता नर्सों की भूमिकाओं, कर्तव्यों, जिम्मेदारियों, व्यवहारों, पेशेवर निर्णय और रोगियों के साथ संबंधों, नर्सिंग देखभाल या सेवाएं

प्राप्त करने वाले अन्य लोगों, सहकर्मियों और संबद्ध पेशेवरों के संबंध में नैतिक मार्गदर्शन प्रदान करती है।

अतः विकल्प (D) सही है।

68. पेशेवर कर्तव्य, अभ्यास या कौशल में विफलता जो रोगी को चोट या नुकसान पहुंचाती है, उसे लापरवाही कहा जाता है।

हेल्थकेयर संगठनों के प्रत्यायन पर संयुक्त आयोग (जेसीएएचओ) लापरवाही को "ऐसी देखभाल का उपयोग करने में विफलता के रूप में परिभाषित करता है क्योंकि एक उचित विवेकपूर्ण और सावधान व्यक्ति समान परिस्थितियों में उपयोग करेगा।"

अतः विकल्प (B) सही है।

69. भारतीय रेड क्रॉस सोसायटी की स्थापना 1920 में हुई थी।

भारतीय रेड क्रॉस सोसायटी भारत में स्थित मानव जीवन और स्वास्थ्य की रक्षा के लिए एक स्वैच्छिक मानवीय संगठन है। यह अंतरराष्ट्रीय रेड क्रॉस और रेड क्रिसेंट मूवमेंट का हिस्सा है और इंटरनेशनल रेड क्रॉस और रेड क्रिसेंट मूवमेंट के मौलिक सिद्धांतों को साझा करता है। समाज का मिशन आपदाओं/आपातकाल के समय राहत प्रदान करना और कमजोर लोगों और समुदायों के स्वास्थ्य और देखभाल को बढ़ावा देना है। पूरे भारत में इसकी 700 से अधिक शाखाओं का नेटवर्क है। सोसायटी अन्य अंतरराष्ट्रीय रेड क्रॉस समाजों के साथ आम तौर पर एक प्रतीक के रूप में रेड क्रॉस का उपयोग करती है। 1920 में अपनी स्थापना के बाद से ही भारतीय रेड क्रॉस सोसायटी के केंद्र में स्वयंसेवा है, जिसमें युवा और जूनियर स्वयंसेवी प्रोग्रामर हैं। सोसायटी भारत में सेंट जॉन एम्बुलेंस के साथ घनिष्ठ रूप से जुड़ी हुई है।

अतः विकल्प (B) सही है।

70. प्रथम चार वर्षीय बेसिक बी.एससी. कार्यक्रम 1946 में दिल्ली में आरएके कॉलेज ऑफ नर्सिंग और वेल्लोर में सीएमसी कॉलेज ऑफ नर्सिंग में स्थापित किया गया था। 1960 में एम.एससी. आरएके कॉलेज ऑफ नर्सिंग, दिल्ली में स्थापित किया गया था। 1951 में पंजाब के सेंट मैरी अस्पताल में दो वर्षीय एएनएम कोर्स की स्थापना की गई।

अतः विकल्प (A) सही है।

71. गर्भपात, आरएच संवेदीकरण, और नीडलस्टिक की चोट ये सभी एमनियोसेंटेसिस की संभावित जटिलता हैं।

एमनियोसेंटेसिस के कई जोखिम हैं, जिनमें गर्भपात, संक्रमण, सुई की चोट और आरएच संवेदीकरण शामिल हैं (लेकिन इन्हीं तक सीमित नहीं हैं)। एमनियोसेंटेसिस के कारण गर्भपात की दर 300 में 1 और 500 में 1 के बीच है। सूचीबद्ध अन्य जटिलताएं अपेक्षाकृत दुर्लभ हैं।

गर्भपात तब होता है जब गर्भावस्था के 20 सप्ताह से पहले गर्भ में बच्चे की मृत्यु हो जाती है। कुछ महिलाओं का गर्भपात होने से पहले ही उन्हें पता चल जाता है कि वे गर्भवती हैं।

आरएच संवेदीकरण तब हो सकता है जब आरएच-नकारात्मक रक्त वाला व्यक्ति आरएच-पॉजिटिव रक्त के संपर्क में आता है। ज्यादातर महिलाएं जो संवेदनशील हो जाती हैं, वे बच्चे के जन्म के दौरान ऐसा करती हैं, जब उनका रक्त उनके भ्रूण के आरएच-पॉजिटिव रक्त के साथ मिल जाता है।

नीडलस्टिक की चोट नीडल के कारण होने वाले घाव हैं जो गलती से त्वचा को पंचर कर देते हैं।

अतः विकल्प (D) सही है।

72. एक गर्भवती महिला की मौलिक ऊंचाई को जघन की हड्डी के ऊपर से लेकर गर्भाशय के ऊपर तक मापा जाता है।

मौलिक ऊंचाई (कभी-कभी मैकडॉनल्ड्स नियम के रूप में संदर्भित) को जघन हड्डी के शीर्ष से गर्भाशय के शीर्ष तक सेंटीमीटर में मापा जाता है। गर्भाशय के

शीर्ष को गर्भाशय का कोष भी कहा जा सकता है। इसका उपयोग गर्भ के अंदर भ्रूण की वृद्धि और विकास का आकलन करने के लिए किया जाता है।

अतः विकल्प (D) सही है।

73. एक कम परिणाम प्रीक्लेम्पसिया को छोड़कर निम्नलिखित सभी को इंगित कर सकता है।

अल्फा-भ्रूणप्रोटीन भ्रूण द्वारा बनाया जाता है। जन्मजात असामान्यताएं (भ्रूण ट्राइसॉमी 18, भ्रूण ट्राइसॉमी 21) इस प्रोटीन के निम्न स्तर से जुड़ी हैं। इसके अतिरिक्त, हाइडैटिडिफॉर्म तिल भी। Hydatidiform तिल गर्भाशय के अंदर एक असामान्य द्रव्यमान या वृद्धि की उपस्थिति है। कम परिणाम के आधार पर, चिकित्सक आगे परीक्षण करना चाह सकता है। प्रीक्लेम्पसिया उच्च रक्तचाप की विशेषता वाली एक खतरनाक चिकित्सा स्थिति है। यह अल्फा-भ्रूणप्रोटीन से जुड़ा नहीं है।

अतः विकल्प (A) सही है।

74. नर्स प्रसव में महिला का आकलन कर रही है। वह जानता है कि भ्रूण की मंदनाड़ी तब होती है जब हृदय गति 110 बीट प्रति मिनट से कम हो जाती है।

भ्रूण ब्रैडीकार्डिया तब पहचाना जाता है जब भ्रूण की हृदय गति 10 मिनट या उससे अधिक समय तक 110 बीट प्रति मिनट से कम हो जाती है। सामान्य भ्रूण की हृदय गति 120 बीट प्रति मिनट और 160 बीट प्रति मिनट के बीच होती है। भ्रूण तचीकार्डिया 160 बीट प्रति मिनट से ऊपर की हृदय गति है।

अतः विकल्प (C) सही है।

75. रक्त प्रकार सीबीसी में शामिल नहीं है।

रक्त के प्रकार का आकलन करने के लिए ''प्रकार और स्क्रीन'' नामक एक अलग परीक्षण की आवश्यकता होती है। पूर्ण रक्त गणना (सीबीसी) में आमतौर पर हीमोग्लोबिन और हेमटोक्रिट, प्लेटलेट काउंट, श्वेत रक्त कोशिका की गिनती और कई अन्य उपायों के बीच लाल रक्त कोशिका की गिनती होती है। वे प्रदाताओं द्वारा सबसे अधिक बार आदेशित प्रयोगशाला परीक्षणों में से हैं। चिकित्सक इस जानकारी का उपयोग एनीमिया जैसी स्थितियों के निदान के लिए करेगा।

अतः विकल्प (D) सही है।

76. 35 वर्ष की आयु के श्री बिकास को गुर्दे की पथरी है। माना जाता है कि उनके गुर्दे में एक छोटी पथरी है जो अनायास निकल जाएगी। गुर्दे की पथरी के ठीक हो जाने की संभावना को बढ़ाने के लिए, नर्स क्लाइंट को तरल पदार्थ देने और एंबुलेट करने का निर्देश देगी।

मूत्र पथ में अनासक्त पत्थरों को पेशाब के साथ बाहर निकाला जा सकता है जो पथरी को गतिमान कर सकता है और तरल पदार्थ का सेवन बढ़ा सकता है जो पेशाब के दौरान पथरी को बाहर निकाल देगा।

अतः विकल्प (A) सही है।

77. रोगी को मलाशय से गंभीर रक्तस्राव होता है, एक दिन में 16 बार दस्त होते हैं, पेट में तेज दर्द होता है, निर्जलीकरण होता है, टेनेसमस होता है। इन लक्षणों के कारण नर्स को अल्सरेटिव कोलाइटिस से जुड़ी अन्य समस्याओं के प्रति सतर्क रहना चाहिए।

लक्षण अल्सरेटिव कोलाइटिस से जुड़े हो सकते हैं। यह सूजन और अल्सर पैदा करने वाली एक पुरानी सूजन की स्थिति है जो पूरे कोलन को प्रभावित कर सकती है। व्रणों के कारण खाँसी आती है जिसके कारण दिन में कम से कम 20 बार मल आता है जो रक्त, श्लेष्मा और मवाद से भर जाता है। समस्या के साथ अन्य लक्षणों का उल्लेख किया गया है।

अतः विकल्प (C) सही है।

78. नर्स को बुजुर्गों के दर्द की शिकायतों का सावधानीपूर्वक आकलन करने की आवश्यकता है क्योंकि वृद्ध लोग कम संवेदी धारणा का अनुभव करते हैं।

वृद्धावस्था में अपक्षयी परिवर्तन होते हैं। स्पर्श की कम तीक्षणता, तंत्रिका मार्गों के विकल्प, और संवेदी डेटा की कम प्रक्रिया के कारण वृद्धों में दर्द की प्रतिक्रिया कम हो सकती है।

अत: विकल्प (D) सही है।

79. 56 वर्षीय एक निर्माण श्रमिक को एक इमारत से गिरने के बाद अस्पताल लाया जाता है। यदि मूल्यांकन में कानों से रक्तस्राव का पता चलता है तो नर्स को सबसे अधिक चिंतित होना चाहिए।

नर्स को पूरी तरह से आकलन करना चाहिए जो मस्तिष्क के कार्यों में बदलाव, इंट्राक्रैनील दबाव में वृद्धि, फ्रैक्चर और रक्तस्राव का संकेत दे सकता है। कानों से रक्तस्राव केवल बेसल खोपड़ी के फ्रैक्चर के साथ होता है जो बढ़े हुए इंट्राक्रैनायल दबाव और मस्तिष्क हर्नियेशन में योगदान करते हैं।

अत: विकल्प (B) सही है।

80. एक रोगी, जिसे फियोक्रोमोसाइटोमा है, पसीने, धड़कन और सिरदर्द की शिकायत है। नर्स को पहले करने के लिए रक्तचाप का आकलन आवश्यक है।

फियोक्रोमोसाइटोमा अधिवृक्क मज्जा का एक ट्यूमर है जो कैटेकोलामाइंस के स्राव को बढ़ाता है जो रक्तचाप को बढ़ा सकता है।

अत: विकल्प (D) सही है।

81. सोते समय पैरों को 2 तकियों पर ऊंचा रखना मधुमेह शिक्षण योजना में शामिल करना अनुचित होगा।

डीएम वाले क्लाइंट ने माइक्रोएंगियोपैथी के कारण परिधीय परिसंचरण में कमी की है। इसलिए, सोते समय पैरों को ऊंचा रखने से रक्त संचार में और कमी आएगी।

अत: विकल्प (C) सही है।

82. वलसाल्वा मंदनाड़ी के परिणामस्वरूप ब्रैडीकार्डिया हो सकता है। स्टूल सॉफ्टनर का उपयोग वलसाल्वा के कौशल को प्रोत्साहित नहीं करेगी।

तनाव और गतिविधियों को कम करने से वेगस तंत्रिका उत्तेजना हो सकती है जो ब्रैडीकार्डिया की ओर ले जाती है। स्टूल सॉफ्टनर का उपयोग आसान आंत्र निकासी को बढ़ावा देता है जो तनाव या वलसाल्वा मंदनाड़ी को रोकता है।

अत: विकल्प (A) सही है।

83. बिलरोथ II सर्जरी के बाद, क्लाइंट ने डंपिंग सिंड्रोम विकसित किया। भोजन के बाद कम से कम 30 मिनट तक सीधे बैठना नर्स को देखभाल योजना से बाहर रखा जाना चाहिए।

पेप्टिक अल्सर के कारणों में से H एक पाइलोरी संक्रमण है। यह एक विष छोड़ता है जो गैस्ट्रिक और डुओडनल म्यूकोसा को नष्ट कर देता है जो गैस्ट्रिक एपिथेलियम के एसिड पाचन के प्रतिरोध को कम कर देता है। एंटीबायोटिक्स देने से संक्रमण नियंत्रित होगा और रैनिटिडिन जो हिस्टामाइन-2 ब्लॉकर है, अल्सर पैदा करने वाले एसिड के स्राव को कम करेगा।

अत: विकल्प (A) सही है।

84. लिपोडिस्ट्रोफिक क्षेत्रों का परिणाम हो सकता है, इनमें से अनियमित इंसुलिन अवशोषण दर नर्स के लिए रोगी को इंसुलिन के लिए इंजेक्शन साइटों को घुमाने के निर्देश देने का सबसे अच्छा कारण है।

इंजेक्शन साइट के बार-बार उपयोग के कारण इंजेक्शन स्थल पर फाइब्रोफैटी द्रव्यमान का विकास लिपोडिस्ट्रॉफी। इन घायल क्षेत्रों में इंसुलिन को इंजेक्ट करने से इंसुलिन बुरी तरह अवशोषित हो सकता है और अनियमित प्रतिक्रियाएं हो सकती हैं।

अत: विकल्प (C) सही है।

85. प्रक्रिया से पहले खाली मूत्राशय को पैरासेन्टेसिस से गुजरने से पहले क्लाइंट को निर्देश दिया जाना चाहिए।

पैरासेन्टेसिस में नाभि के नीचे बने एक पंचर के माध्यम से पेरिटोनियल गुहा से जलोदर द्रव को निकालना शामिल है। प्रक्रिया के दौरान एक विकृत मूत्राशय के आकस्मिक पंचर को रोकने के लिए क्लाइंट को प्रक्रिया से पहले शून्य करने की आवश्यकता होती है।

अत: विकल्प (B) सही है।

86. कामोत्तेजना के दौरान सहानुकंपी आवेग लिंग की धमनियों के वासोडिलेशन का कारण बनते हैं।

पेनाइल इरेक्शन शारीरिक तंत्रिका और संवहनी कारक की एक जटिल बातचीत का परिणाम है। पैरासिम्पेथेटिक आवेगों द्वारा शारीरिक निर्माण शुरू हो जाता है, धमनियां फैल जाती हैं और रक्त प्रवाह बढ़ जाता है।
अतः विकल्प (A) सही है।

87. लिंग पुरुष यौन अंग है। यह मूत्रवाहिनी के रूप में भी कार्य करता है। महिला का भगशेफ लिंग की नोक के समरूप होता है। पुरुषों के लिंग में और महिला भगशेफ में समजात अंग। उनकी संरचना से, कोई कह सकता है कि वे बहुत भिन्न हैं लेकिन ऐसा नहीं है। वे सहवास के दौरान एक द्वारा अनुभव किए गए संभोग के लिए जिम्मेदार होते हैं।
अतः विकल्प (B) सही है।

88. लिम्फोसाइट एक प्रकार की श्वेत रक्त कोशिका है जो प्रतिरक्षा प्रणाली का एक हिस्सा है। लिम्फोसाइट के 2 मुख्य प्रकार हैं: B कोशिकाएं और T कोशिकाएं। B कोशिकाएं एंटीबॉडी का उत्पादन करती हैं जिनका उपयोग हमलावर बैक्टीरिया, वायरस और विषाक्त पदार्थों पर हमला करने के लिए किया जाता है।
अतः विकल्प (C) सही है।

89. प्रोस्टेट का मुख्य कार्य क्षारीय मस्कस का स्राव है।

प्रोस्टेट ग्रंथि का मुख्य कार्य एक क्षारीय द्रव का स्राव करना है जिसमें लगभग 70% वीर्य मात्रा शामिल है। स्खलन में क्षारीय तरल पदार्थ वीर्य प्लग के द्रवीकरण में परिणाम देता है और अम्लीय योनि वातावरण को बेअसर करने में मदद करता है।
अतः विकल्प (C) सही है।

90. डायहाइड्रोटेस्टोस्टेरोन को स्टैनोलोन के रूप में भी जाना जाता है। यह एक अंतर्जत एण्ड्रोजन सेक्स स्टेरॉयड और हार्मोन है। विल्सन 7 ने अनुमान लगाया कि यह डायहाइड्रोटेस्टोस्टेरोन (डीएचटी) था, जो अत्यधिक जैविक रूप से सक्रिय मेटाबोलाइट है जो प्रोस्टेट में टेस्टोस्टेरोन से आइसोनिजेस 5α-रिडक्टेस टाइप 1 (5AR1) और टाइप 2 (5AR2) द्वारा परिवर्तित होता है, जो एआर को सक्रिय करने के लिए जिम्मेदार था।
अतः विकल्प (A) सही है।

91. फैरिन्जाइटिस का एक हालिया प्रकरण रूमेटिक बुखार के निदान को स्थापित करने में सबसे महत्वपूर्ण कारक है। जन्मजात प्रतिरक्षा प्रणाली का सक्रियण एक फैरियंगेअल संक्रमण से शुरू होता है जो T और B कोशिकाओं के लिए S पाइोजेन्स एंटीजन की प्रस्तुति की ओर जाता है। CD $4 + $ T कोशिकाएं सक्रिय होती हैं और B कोशिकाओं द्वारा विशिष्ट IgG और IgM एंटीबॉडी का उत्पादन होता है (कनिंघम, समूह A स्ट्रेप्टोकोकल संक्रमण का पैथोजेनेसिस, 2000)।

अतः विकल्प (C) सही है।

92. नर्स इस बात से अवगत है कि अल्सरेटिव कोलाइटिस वाले बच्चे में सबसे आम आकलन प्रोफ्यूज डायरिया है।

अल्सरेटिव बृहदांत्रशोथ वाले बच्चे में पाया जाने वाला सबसे आम मूल्यांकन प्रोफ्यूज डायरिया है। अल्सरेटिव कोलाइटिस का मुख्य लक्षण बलगम के साथ या बिना ब्लडली डायरिया है। अन्य लक्षणों में शौचालय में, टॉयलेट पेपर पर या मल में रक्त शामिल है। विशेष रूप से, इसमें बृहदान्त के म्यूकोसा और सबम्यूकोसा तक सीमित सूजन शामिल है। आमतौर पर, रोग मलाशय में शुरू होता है और लगभग निरंतर तरीके से फैलता है।
अतः विकल्प (B) सही है।

93. पूर्वस्कूली उम्र के बच्चों में बीमारी को कुकर्मों की सजा के रूप में देखने की सबसे अधिक संभावना है। जब इस आयु वर्ग के बच्चे गंभीर रूप से बीमार हो जाते हैं, तो वे सोच सकते हैं कि यह उनके द्वारा की गई या सोची गई किसी चीज की सजा है। उन्हें समझ नहीं आता कि उनके माता-पिता उन्हें इस बीमारी से कैसे नहीं बचा सकते थे।
अतः विकल्प (B) सही है।

94. स्कूल में बच्चे की खराब प्रगति दृश्य गड़बड़ी का संकेत दे सकती है। अधिकांश बच्चों में छह साल की उम्र के बाद तक $20/20$ दृष्टि नहीं होती है, लेकिन किसी भी उम्र में, आंखों के बीच दृश्य तीक्ष्णता लगभग बराबर होनी चाहिए। बहु-जातीय बाल चिकित्सा नेत्र रोग अध्ययन ने ढाई से छह वर्ष की आयु के बच्चों में दृश्य तीक्ष्णता के लिए अद्यतन मानदंड प्रदान किए।
अतः विकल्प (D) सही है।

95. आयु-उपयुक्त पठन सामग्री प्रदान करना कम से कम प्रभावी है क्योंकि किशोर पढ़ने के माध्यम से कम जानकारी को ग्रहण करते हैं, किशोरों को पेरेंटिंग कौशल सिखाने के लिए आयु-उपयुक्त पठन सामग्री प्रदान करना सबसे कम प्रभावी तरीका है। किशोर गर्भावस्था कार्यक्रम कार्यालय (ओएपीपी) के माध्यम से आयोजित किशोर पारिवारिक जीवन (एएफएल) प्रदर्शन परियोजनाओं का उद्देश्य सामाजिक समर्थन और चिकित्सा देखभाल के माध्यम से युवा परिवारों का समर्थन करना है।
अतः विकल्प (D) सही है।

96. अंदर से बाहर तक के ग्रासनली में चार परतें होती हैं: अंतरतम श्लेष्मलता, उप-श्लेष्मा, पेशी प्रोप्रिया और सबसे बाहरी एडिटिविया है। इसकी बाहरी परत के रूप में सीरोसा या सीरस नहीं है क्योंकि सीरोसा एक आंतों के पेरिटोनियम द्वारा पंक्तिबद्ध होता है जबकि एक आंतों की पेरिटोनियम जबकि ग्रासनली की सबसे बाहरी परत किसी भी आंतों के पेरिटोनियम द्वारा पंक्तिबद्ध नहीं होती है।

अतः विकल्प (C) सही है।

97. ग्लूकैगन हॉर्मोन लैंगरहैंस कोशिका गुच्छ की α कोशिकाओं द्वारा स्रावित होता है।

लैंगरहैंस कोशिका गुच्छ अग्न्याशय में मौजूद निःस्रोत ग्रंथियां होती हैं। वे अग्न्याशय के अंतःस्रावी हिस्से का निर्माण करती हैं। लैंगरहैंस कोशिका गुच्छ में 2 प्रकार की कोशिकाएँ α कोशिकाएँ और β कोशिकाएँ होती हैं, α कोशिकाएँ β कोशिकाओं को घेरती हैं। α कोशिकाएं ग्लूकैगन का स्राव करती हैं, जबकि इंसुलिन β कोशिकाओं द्वारा स्रावित होता है।
अतः विकल्प (D) सही है।

98. Hb का O_2 पृथक्करण वक्र सिग्माभ है।

O_2 के साथ हीमोग्लोबिन का प्रतिशत संतृप्ति pO_2 । इस वक्र को ऑक्सीजन पृथक्करण वक्र कहा जाता है। हीमोग्लोबिन के साथ ऑक्सीजन का बंधन मुख्य रूप से O_2 के आंशिक दबाव से संबंधित है, CO_2 हाइड्रोजन आयन एकाग्रता और तापमान का आंशिक दबाव अन्य कारक हैं जो इस बंधन में हस्तक्षेप कर सकते हैं।
अतः विकल्प (C) सही है।

99. रक्त समूह AB में कोई प्रतिरक्षी नहीं होती है।

रक्त समूह AB वाले लोगों के प्रतिजन A और B दोनों उनके रक्तप्रवाह में मौजूद होते हैं, उनमें कोई प्रतिरक्षी मौजूद नहीं होता है। रक्त में प्रतिरक्षी की अनुपस्थिति के कारण, उन्हें सार्वभौमिक प्राप्तकर्ता कहा जाता है क्योंकि वे किसी अन्य प्रकार से रक्त प्राप्त कर सकते हैं।

अतः विकल्प (B) सही है।

100. मानव वृक्क में निस्यंदन दाब लगभग 15 मिमी एचजी होता है।

निस्यंदन दाब जो केशिकास्तवक निस्यंदन का कारण बनता है, वह तीन दाब द्वारा निर्धारित किया जाता है:

1. केशिकास्तवक जलस्थैतिक दाब

2. रक्त का कोलॉइड परासरण दाब

3. सम्पुटी जलस्थैतिक दाब

केशिकास्तवक केशिकाओं में केशिकास्तवक जलस्थैतिक दाब (GHP) रक्तचाप है। यह अभिवाही और अपवाही धमनी के व्यास में अंतर के कारण है। यह 60 से 76 मिमी एचजी है।

कोलॉइड परासरण दाब प्लाज्मा प्रोटीन के कारण केशिकास्तवक केशिकाओं के रक्त में उत्पादित आसमाटिक दाब है। यह 30 से 32 मिमी एचजी है।

सम्पुटी जलस्थैतिक दाब द्रव द्वारा निर्मित दाब है जो बोमन के सम्पुटी में पहुंचता है और निस्यंदन को रोकता है। यह लगभग 10 से 18 मिमी एचजी है।
अतः विकल्प (A) सही है।

101. सूखी त्वचा अंततः फट जाएगी, जिससे रोगी को संक्रमण का खतरा अधिक होगा। इसे रोकने के लिए, नर्स को तरल पदार्थ के सेवन के माध्यम से पर्याप्त जलयोजन प्रदान करना चाहिए, रोगी को नहलाते समय परेशान नहीं करने वाले साबुन या साबुन का उपयोग नहीं करना चाहिए, और रोगी की त्वचा को लोशन से चिकना करना चाहिए। ज्यादातर मामलों में, शुष्क त्वचा जीवन शैली के उपायों के लिए अच्छी प्रतिक्रिया देती है, जैसे कि मॉइस्चराइज़र का उपयोग करना और लंबे गर्म स्नान और स्नान से बचना। पानी को निकलने से रोकने के लिए मॉइस्चराइज़र त्वचा पर एक सील प्रदान करते हैं। दिन में कई बार और नहाने के बाद मॉइस्चराइजर लगाएं।

अतः विकल्प (C) सही है।

102. दूरस्थ से समीपस्थ क्षेत्रों में धोने से शिरापरक रक्त प्रवाह उत्तेजित होता है, जिससे शिरापरक ठहराव को रोका जा सकता है। त्वचा के स्वास्थ्य के लिए अच्छी व्यक्तिगत स्वच्छता आवश्यक है, लेकिन आत्म-सम्मान और जीवन की गुणवत्ता को बनाए रखने में भी इसकी महत्वपूर्ण भूमिका है। व्यक्तिगत स्वच्छता बनाए रखने के लिए मरीजों की सहायता करना नर्सिंग देखभाल का एक मूलभूत पहलू है।

अतः विकल्प (C) सही है।

103. रोगी की परेशानी को दूर करने के लिए, नर्स को एनीमा समाधान कंटेनर की ऊंचाई कम करके स्थापना की दर धीमी करनी चाहिए। मल बनने या मल त्याग करने में समस्या होने पर एनीमा मददगार हो सकता है। बृहदान्त्र, जिसे बड़ी आंत भी कहा जाता है, पेट में एक लंबा, खोखला अंग है। यह पचे हुए पदार्थ से पानी निकालकर और मल (मल) बनाकर पाचन में महत्वपूर्ण भूमिका निभाता है। कुछ परिस्थितियों में, आहार, चिकित्सा स्थिति, या दवा के कारण, अन्य संभावित कारणों के साथ, आंत्र मल का निर्माण कर सकता है जिसे आसानी से पारित करना मुश्किल होता है जिसके परिणामस्वरूप कब्ज होता है।

अतः विकल्प (D) सही है।

104. उपरोक्त सभी नर्स के लिए उचित कदम हैं।

नर्स को एनीमा के घोल को गर्म करना चाहिए क्योंकि ठंडे तरल पदार्थ से पेट में ऐंठन हो सकती है और गर्म तरल पदार्थ आंतों के म्यूकोसा को घायल कर सकता है। रोगी को बायीं ओर रखें और दाहिना पैर आगे की ओर झुकाने से सिग्मॉइड बृहदान्त्र के प्राकृतिक संरचनात्मक वक्र के साथ गुरुत्वाकर्षण द्वारा समाधान के नीचे की ओर प्रवाह की अनुमति देता है। स्नेहन मलाशय के म्यूकोसा को आघात या जलन को रोकता है।

अतः विकल्प (D) सही है।

105. एक उच्च फाइबर आहार सामान्य आंत्र उन्मूलन को बढ़ावा देता है। ताजे फल और साबुत गेहूं का टोस्ट का चुनाव सबसे ज्यादा फाइबर वाला विकल्प है। एक उच्च फाइबर आहार मल त्याग को सामान्य करता है। आहार फाइबर आपके मल के वजन और आकार को बढ़ाता है और इसे नरम करता है। भारी मल आसानी से निकल जाता है, जिससे कब्ज की संभावना कम हो जाती है।

अतः विकल्प (B) सही है।

106. इलेक्ट्रोएन्सेफलोग्राम (ईईजी) में डेल्टा तरंगें आमतौर पर एनआरईएम नींद के गहरे चरण 3 (धीमी-लहर नींद के रूप में भी जानी जाती हैं) से जुड़ी होती हैं। ब्रेन डेथ के मामले में, ईईजी मस्तिष्क की कोई गतिविधि नहीं दिखाता है।

मस्तिष्क मृत्यु के लक्षणों में शामिल हैं:

- छात्र प्रकाश पर प्रतिक्रिया नहीं करते हैं
- दर्द की कोई प्रतिक्रिया नहीं
- कॉर्नियल रिफ्लेक्स का अभाव
- ओकुलोसेफेलिक रिफ्लेक्स का अभाव (सिर हिलाने पर आंखें नहीं हिलती)
- ओकुलोवेस्टिबुलर रिफ्लेक्स की अनुपस्थिति (बर्फ का पानी कान में डालने पर आंखें नहीं चलती हैं)
- गैगिंग रिफ्लेक्स का अभाव
- वेंटिलेटर बंद होने पर सांस की कमी
- ईईजी में कोई मस्तिष्क गतिविधि नहीं

अतः विकल्प (D) सही है।

107. ब्रेन स्टेम के कामकाज की जांच के लिए कोल्ड कैलोरी टेस्ट का इस्तेमाल किया जाता है।

कैलोरी उत्तेजना एक परीक्षण है जो ध्वनिक तंत्रिका को नुकसान का निदान करने के लिए तापमान में अंतर का उपयोग करता है। यह तंत्रिका है जो सुनने और संतुलन में शामिल है। परीक्षण ब्रेन स्टेम को नुकसान की भी जाँच करता है।

अतः विकल्प (C) सही है।

108. नर्स रक्तचाप का मूल्यांकन गुर्दे के कार्य के सर्वोत्तम संकेतक के रूप में करती है।

रक्तचाप से परफ्यूज़न का सबसे अच्छा अनुमान लगाया जा सकता है, जो कार्डियक आउटपुट की पर्याप्तता का अप्रत्यक्ष प्रतिबिंब है। समय के साथ, अनियंत्रित उच्च रक्तचाप गुर्दे के आसपास की धमनियों को संकीर्ण, कमजोर या सख्त कर सकता है। ये क्षतिग्रस्त धमनियां गुर्दे के ऊतकों को पर्याप्त रक्त नहीं पहुंचा पाती हैं। क्षतिग्रस्त गुर्दे की धमनियां रक्त को अच्छी तरह से फिल्टर नहीं करती हैं। गुर्दे में छोटे, उंगली जैसे नेफ्रॉन होते हैं जो रक्त को छानते हैं।

अतः विकल्प (A) सही है।

109. घर पर मल के गुप्त रक्त परीक्षण के लिए, मल के नमूनों को पानी या मूत्र से दूषित नहीं किया जा सकता है। मल में गुप्त रक्त का आकलन करने के लिए फेकल मनोगत रक्त परीक्षण (एफओबीटी) एक नैदानिक परीक्षण है। इस परीक्षण का उपयोग आमतौर पर कोलोरेक्टल कैंसर स्क्रीनिंग के लिए किया जाता है, खासकर विकसित देशों में। जब स्क्रीनिंग के लिए सही तरीके से उपयोग किया जाता है, तो इस परीक्षण पद्धति ने रुग्णता और मृत्यु दर में कमी के साथ जुड़ाव स्थापित किया है। घर पर प्रदर्शन करते समय, मल को सूखे, साफ कंटेनर में एकत्र किया जाना चाहिए।

अतः विकल्प (D) सही है।

110. शौच पर दबाव डालने पर व्यक्ति को नीचे झुकते समय सांस रोककर रखने की आवश्यकता होती है। यह पैंतरेबाज़ी इंट्राथोरेसिक और इंट्राक्रैनील दबावों को बढ़ाती है, जिससे डिसिथमिया, मस्तिष्क का दौरा और श्वसन संबंधी कठिनाइयाँ हो सकती हैं; यह सब जीवन के लिए खतरा हो सकता है। मल पर तनाव रक्तचाप में वृद्धि का कारण बनता है, जो हृदय संबंधी घटनाओं जैसे कि हृदय की विफलता, अतालता, तीव्र कोरोनरी रोग और महाधमनी विच्छेदन को गति प्रदान कर सकता है।

अतः विकल्प (B) सही है।

111. एक योग्य दंपत्ति को गर्भनिरोधक अभ्यास अपनाने के लिए प्रेरित करने के लिए आमने-सामने संचार, स्वास्थ्य संचार का सबसे अच्छा तरीका है।

आमने-सामने संचार को व्यक्तिगत संचार के रूप में भी जाना जाता है क्योंकि इस प्रकार की संचार प्रक्रिया के माध्यम से लोग एक-एक करके महत्वपूर्ण जानकारी दे सकते है और प्राप्त कर सकते हैं।

अत: सही विकल्प (C) है।

112. एक नर्स जानती है कि सक्रिय क्षय रोग का सबसे सकारात्मक प्रमाण सकारात्मक छाती का एक्स-रे निष्कर्ष है। क्षय रोग (टीबी) माइकोबैक्टीरियम ट्यूबरकुलोसिस नामक जीवाणु के कारण होता है। क्षय रोग (टीबी) एक संभावित गंभीर संक्रामक रोग है जो मुख्य रूप से फेफड़ों को प्रभावित करता है।

जब कोई संक्रमित व्यक्ति खांसता या छींकता है तो टीबी पैदा करने वाले बैक्टीरिया फैलते हैं। क्षय रोग पैदा करने वाले जीवाणु से संक्रमित अधिकांश लोगों में लक्षण नहीं होते हैं। जब लक्षण होते हैं, तो उनमें आमतौर पर खांसी, वजन कम होना, रात को पसीना और बुखार शामिल होते हैं।

अत: सही विकल्प (C) है।

113. किसी समुदाय में 'जांच परीक्षण' की उपयोगिता उसकी संवेदनशीलता पर निर्भर करती है। उन लोगों में संभावित स्वास्थ्य विकारों या बीमारियों का पता लगाने के लिए एक स्क्रीनिंग टेस्ट किया जाता है, जिनमें बीमारी के कोई लक्षण होते हैं। स्क्रीनिंग टेस्ट के उदाहरण हैं पैप स्मीयर, मैमोग्राम, क्लिनिकल ब्रेस्ट टेस्ट, ब्लड प्रेशर निर्धारण, कोलेस्ट्रॉल स्तर, आंखों की जांच/दृष्टि परीक्षण और यूरिन एनालिसिस ।

अत: सही विकल्प (B) है।

114. रोड टू हेल्थ कार्ड का उपयोग बच्चों में विकास की निगरानी के लिए किया जाता है। विकास की निगरानी को विकास की पर्याप्तता का आकलन करने और जल्दी लड़खड़ाने की पहचान करने के लिए आवधिक, लगातार मानवशास्त्रीय माप द्वारा एक मानक की तुलना में एक बच्चे की वृद्धि दर का पालन करने की प्रक्रिया के रूप में परिभाषित किया गया है।

अत: सही विकल्प (B) है।

115. पर्टुसिस की मुख्य जटिलता ब्रोंकाइटिस, ब्रोन्कोपमोनिया और ब्रोन्किएक्टेसिस सभी हैं।

पर्टुसिस, जिसे काली खांसी के रूप में भी जाना जाता है, एक अत्यधिक संक्रामक श्वसन रोग है। यह जीवाणु बोर्डेटेला पर्टुसिस के कारण होता है। पर्टुसिस को अनियंत्रित, तेज़ खांसी के लिए जाना जाता है जिससे अक्सर सांस लेने में कठिनाई होती है।

अत: सही विकल्प (D) है।

116. बेंजोडायजेपाइन ओवरडोज को कम करने के लिए फ्लुमाज़ेनिल का उपयोग करने का सबसे आम गंभीर प्रतिकूल प्रभाव दौरे हैं। यदि रोगी के पास संयुक्त ट्राइसाइक्लिक एंटीडिप्रेसेंट और बेंजोडायजेपाइन ओवरडोज है तो प्रभाव बढ़ जाता है। बेंजोडायजेपाइन उत्क्रमण का दौरे के साथ संबंध है। लंबे समय तक बेहोश करने की क्रिया के लिए बेंजोडायजेपाइन लेने वाले या गंभीर ट्राइसाइक्लिक एंटीडिप्रेसेंट ओवरडोज के लक्षण दिखाने वाले रोगियों में दौरे अधिक बार हो सकते हैं। दौरे का प्रबंधन करने के लिए चिकित्सकों द्वारा फ्लुमाज़ेनिल की आवश्यक खुराक को मापा और तैयार किया जाना चाहिए। दौरे का प्रबंधन करने के लिए बेंजोडायजेपाइन पर निर्भर रोगियों में फ्लुमाज़ेनिल के उपयोग में सावधानी की आवश्यकता होती है।

अत: विकल्प (A) सही है।

117. बुलिमिया के निदान वाले रोगी की देखभाल एक नर्स कर रही है। बुलिमिया के निदान वाले रोगी के लिए सबसे उपयुक्त प्रारंभिक लक्ष्य चिंता पैदा करने वाली स्थितियों की पहचान करना है।

रोगी को चिंता पैदा करने वाली स्थितियों की पहचान करनी चाहिए जो बुलिमिक व्यवहार को प्रोत्साहित करती हैं और फिर चिंता से निपटने के नए तरीके सीखना चाहिए। बुलिमिया नर्वोसा एक ऐसी स्थिति है जो आमतौर पर किशोर महिलाओं में होती है, जो वजन बढ़ने से रोकने के लिए द्वि घातुमान खाने और अनुचित प्रतिपूरक व्यवहार की विशेषता है।

अतः विकल्प (C) सही है।

118. एक महिला रोगी जो आत्महत्या के लिए उच्च जोखिम में है, उसे निकट पर्यवेक्षण की आवश्यकता होती है। रोगी की सुरक्षा को सर्वोत्तम रूप से सुनिश्चित करने के लिए, नर्स को रात भर अनियमित अंतराल पर रोगी की बार-बार जाँच करनी चाहिए।

रोगी की बार-बार जाँच करना लेकिन अनियमित अंतराल पर रोगी को यह अनुमान लगाने से रोकता है कि अवलोकन कब होगा और इस समय भ्रामक तरीके से व्यवहार को बदल देता है। एक बार जब रोगी को आत्महत्या के लिए जोखिम में समझा जाता है, तो हस्तक्षेप के कदम तुरंत शुरू किए जाने चाहिए। व्यक्ति को अकेला नहीं छोड़ना चाहिए। घर पर रहते हुए किसी सहायक व्यक्ति की मदद लें। आत्महत्या करने वाले व्यक्ति का इलाज सुरक्षित स्थान पर किया जाना चाहिए। साथ ही जगह की निगरानी भी करनी होगी।

अतः विकल्प (A) सही है।

119. नर्स की सबसे अच्छी प्रतिक्रिया है "मुझे पता है कि आपके लिए नियंत्रण महसूस करना महत्वपूर्ण है, लेकिन मैं आपके खाने के 90 मिनट बाद तक आपकी निगरानी करूंगी।"

यह प्रतिक्रिया स्वीकार करती है कि रोगी परीक्षण सीमाएँ कर रहा है और नर्स स्व-प्रेरित उत्सर्जन को रोकने के लिए पोस्टप्रैन्डियल निगरानी करके उन्हें स्थापित कर रही है। बुलिमिया नर्वोसा के रोगियों को आहार पर नियंत्रण महसूस करने की आवश्यकता है क्योंकि उन्हें लगता है कि उनके जीवन के अन्य सभी पहलुओं पर उनका नियंत्रण नहीं है। चूंकि रिकवरी में मरीजों को अपने सबसे गहरे, सबसे दर्दनाक और अभिघातजन्य विचारों और भावनाओं का सामना करना पड़ता है, इसलिए इलाज के दौरान उनका समर्थन करना नर्सों के लिए भावनात्मक रूप से चुनौतीपूर्ण हो सकता है। यह भावनात्मक चुनौती तब और बढ़ सकती है जब रोगी को जुनूनी-बाध्यकारी विकार (ओसीडी), अवसाद या मादक द्रव्यों के सेवन का भी निदान किया गया हो, क्योंकि इसके लिए अधिक गहन एक-से-एक समर्थन की आवश्यकता हो सकती है।

अतः विकल्प (D) सही है।

120. सबसे उपयुक्त प्रतिक्रिया है "आपने मुझे बताया था कि पूरी रात ड्रग्स लेने के बाद कई दिनों तक लापता रहने के कारण आपको अपनी पिछली नौकरी से निकाल दिया गया था।"

मादक द्रव्यों के सेवन के परिणामों के साथ रोगी का सामना करने से इनकार करने में मदद मिलती है। वास्तविकता उन्मुखीकरण की सुविधा के लिए रोगी के साथ समय बिताकर वास्तविकता प्रस्तुत करें क्योंकि आपकी भौतिक उपस्थिति वास्तविकता है। रोगी से बात करते समय सरल, प्रत्यक्ष और संक्षिप्त रहें। रोगी के साथ ठोस या परिचित चीजों के बारे में बात करें, वैचारिक या सैद्धांतिक चर्चा से बचें। अमूर्त या जटिलताओं को संसाधित करने की रोगी की क्षमता क्षीण होती है।

अतः विकल्प (B) सही है।

121. मास्लो के जरूरतों के पदानुक्रम के अनुसार, सभी मनुष्यों को पहले बुनियादी शारीरिक जरूरतों को पूरा करने की जरूरत है। क्योंकि एनोरेक्सिया नर्वोसा वाला रोगी बहुत कम या कुछ भी नहीं खाता है, नर्स को पहले रोगी को इस बुनियादी, तत्काल शारीरिक आवश्यकता को पूरा करने में मदद करने की योजना बनानी चाहिए। एनोरेक्सिया नर्वोसा का उपचार पोषण पुनर्वास और मनोचिकित्सा पर केंद्रित है। लंबे समय तक भूखे रहने के बाद रीफीडिंग सिंड्रोम हो सकता है। चूंकि शरीर ग्लूकोज का उपयोग एडेनोसिन ट्राइफॉस्फेट (एटीपी) के अणुओं का उत्पादन करने के लिए करता है, यह फॉस्फोरस के शेष भंडार को समाप्त कर देता है। इसके अलावा, कोशिकाओं में ग्लूकोज का प्रवेश

इंसुलिन द्वारा मध्यस्थ होता है और भोजन के बिना लंबी अवधि के बाद तेजी से होता है। दोनों इलेक्ट्रोलाइट असामान्यताएं जैसे हाइपोफॉस्फेटेमिया और हाइपोकैलिमिया का कारण बनते हैं, जिससे हृदय और श्वसन समझौता होता है। रीफीडिंग सिंड्रोम के संकेतों के लिए मरीजों का सावधानीपूर्वक पालन किया जाना चाहिए और इलेक्ट्रोलाइट्स की बारीकी से निगरानी की जानी चाहिए।

अतः विकल्प (A) सही है।

122. जब बच्चे की चोटें बच्चे की उम्र और विकास के चरण के कारण दिए गए इतिहास या असंभव के साथ असंगत होती हैं, तो आपातकालीन विभाग की नर्स को संदेह होना चाहिए कि बाल दुर्व्यवहार हो रहा है। शारीरिक संकेतकों में एक बच्चे को गंभीर चोटें शामिल हो सकती हैं, जो एक पैटर्न में होती हैं, या अक्सर होती हैं। ये चोटें चोट के निशान से लेकर टूटी हुई हड्डियों से लेकर जलने या असामान्य घावों तक होती हैं। बच्चा दुर्व्यवहार से असंबंधित देखभाल के लिए उपस्थित हो सकता है, और दुर्व्यवहार संयोगवश पाया जा सकता है।

अतः विकल्प (A) सही है।

123. एनोरेक्सिया नर्वोसा के मरीज आमतौर पर ऐसे माता-पिता वाले परिवार से आते हैं जो नियंत्रित और अति-सुरक्षात्मक होते हैं। ये रोगी अपने जीवन के एक पहलू पर नियंत्रण पाने के लिए खाने का उपयोग करते हैं। इसी तरह, चिंता, अवसाद और व्यसन जैसे मुद्दे भी परिवारों में चल सकते हैं और यह भी पाया गया है कि एक व्यक्ति में खाने की बीमारी विकसित होने की संभावना बढ़ जाती है। एनोरेक्सिया वाले बहुत से लोग रिपोर्ट करते हैं कि, बच्चों के रूप में, उन्होंने हमेशा नियमों का पालन किया और महसूस किया कि चीजों को करने का एक "सही तरीका" है।

अतः विकल्प (A) सही है।

124. एक सुरक्षा गार्ड और एक अन्य स्टाफ सदस्य को सहायता के लिए बुलाना स्वास्थ्य देखभाल कार्यकर्ता की पहली प्राथमिकता है जो इस दृश्य को देखता है।

इस दृश्य को देखने वाले स्वास्थ्य देखभाल कार्यकर्ता को व्यक्तिगत और साथ ही रोगी सुरक्षा सुनिश्चित करने के लिए सावधानी बरतनी चाहिए, लेकिन अकेले शारीरिक रूप से आक्रामक व्यक्ति को प्रबंधित करने का प्रयास नहीं करना चाहिए। इसलिए, पहली प्राथमिकता एक सुरक्षा गार्ड और अन्य स्टाफ सदस्य को बुलाना है। घरेलू हिंसा को शादी, डेटिंग, परिवार या सहवास जैसे अंतरंग संबंधों में एक साथी द्वारा दूसरे के खिलाफ अपमानजनक व्यवहार के एक पैटर्न के रूप में परिभाषित किया गया है। इस परिभाषा में, घरेलू हिंसा कई रूप लेती है, जिसमें शारीरिक आक्रामकता या हमला, यौन शोषण, भावनात्मक शोषण, नियंत्रण या दबंग व्यवहार, डराना, पीछा करना, निष्क्रिय / गुप्त दुर्व्यवहार और आर्थिक अभाव शामिल हैं।

अतः विकल्प (B) सही है।

125. रोगी को अपना भोजन स्वयं चुनने दें। यदि वह जो कुछ भी आदेश देती है वह खाती है, तो प्रत्येक भोजन के बाद 1 घंटे के लिए उसके साथ रहें, यह भी एक महत्वपूर्ण हस्तक्षेप है।

रोगी को मेनू से अपने स्वयं के भोजन का चयन करने की अनुमति देने से उसे नियंत्रण की भावना महसूस करने में मदद मिलेगी। रोगियों को मजबूत बने रहने और उपचार का पालन करने में सहायता करने के लिए नर्सों को एक ऐसा रिश्ता विकसित करने की आवश्यकता होती है जो देखभाल करने वाला, सहानुभूतिपूर्ण और भरोसेमंद हो, और देखभाल के लिए व्यक्ति-केंद्रित दृष्टिकोण के अनुरूप हो। खाने के विकारों से प्रभावित मरीजों को अपनी स्थिति को बेहतर ढंग से समझने, अपनी पहचान को फिर से खोजने, खुद को स्वीकार करना सीखने, सकारात्मक शरीर की छवि और आत्म-मूल्य की भावना को बढ़ाने और अपने जीवन में संतुलन हासिल करने के लिए व्यक्तिगत समर्थन की आवश्यकता होती है ताकि वे बेहतर स्वास्थ्य और भलाई की ओर बढ़ सकें।

अतः विकल्प (C) सही है।

126. ये सभी कथन सही हैं।

स्वास्थ्य शिक्षा लोगों को अपने स्वास्थ्य पर नियंत्रण बढ़ाने और उसमें सुधार करने में सक्षम बनाने की प्रक्रिया है। यह स्वस्थ सार्वजनिक नीतियों के निर्माण, सहायक वातावरण बनाने और सामुदायिक कार्रवाई और व्यक्तिगत कौशल को मजबूत करने के द्वारा पूरा किया जाता है। स्वास्थ्य शिक्षा, स्वास्थ्य में समानता प्राप्त करने पर केंद्रित है। स्वास्थ्य शिक्षा कार्रवाई का उद्देश्य वर्तमान स्वास्थ्य स्थिति में अंतर को कम करना और सभी लोगों को उनकी पूर्ण स्वास्थ्य क्षमता प्राप्त करने में सक्षम बनाने के लिए समान अवसर और संसाधन सुनिश्चित करना है।

अत: विकल्प (D) सही है।

127. ओटावा चार्टर (1986) ने स्वास्थ्य शिक्षा को 'लोगों को अपने स्वास्थ्य पर नियंत्रण बढ़ाने, और सुधार करने में सक्षम बनाने की प्रक्रिया' के रूप में परिभाषित किगा।

ओटावा चार्टर एक वैश्विक स्वास्थ्य मील का पत्थर है, और स्वास्थ्य संवर्धन के लिए एक महत्वपूर्ण संदर्भ बना हुआ है। चार्टर स्वास्थ्य संवर्धन कार्रवाई के पांच घटकों और स्वास्थ्य के लिए पूर्वापेक्षाओं की पहचान करता है, जिसमें शांति, आश्रय, शिक्षा, भोजन, आय, एक स्थिर पारिस्थितिकी तंत्र, स्थायी संसाधन, सामाजिक न्याय और समानता शामिल हैं।

ओटावा चार्टर ने स्वास्थ्य के लिए एक सकारात्मक परिभाषा प्रदान की (कुछ ऐसा करने के लिए, कुछ से बचने के बजाय) और स्वास्थ्य को बढ़ावा देने के लिए सहयोगी दृष्टिकोण को प्रोत्साहित किया जिसका उद्देश्य स्वास्थ्य के सामाजिक निर्धारकों को बदलने के माध्यम से स्वास्थ्य को बढ़ावा देना है।

अत: विकल्प (C) सही है।

128. स्वास्थ्य शिक्षा के लिए व्यवहार परिवर्तन दृष्टिकोण इस धारणा पर आधारित है कि मनुष्य तर्कसंगत निर्णय लेने वाले हैं, यह दृष्टिकोण कुछ व्यवहारों के जोखिमों और लाभों के बारे में जानकारी के प्रावधान पर बहुत अधिक निर्भर करता है।

व्यवहार परिवर्तन दृष्टिकोण जीवन शैली में व्यक्तिगत परिवर्तनों के माध्यम से स्वास्थ्य को बढ़ावा देता है जो लोगों की सेटिंग के लिए उपयुक्त हैं। सरल तर्क यह है कि कुछ व्यवहार खराब स्वास्थ्य की ओर ले जाते हैं, और इसलिए लोगों को सीधे अपने व्यवहार को बदलने के लिए राजी करना बीमारी को कम करने का सबसे कुशल और प्रभावी तरीका होना चाहिए।

अत: विकल्प (A) सही है।

129. स्वास्थ्य शिक्षा के लिए सामुदायिक विकास दृष्टिकोण का उद्देश्य समुदाय के भीतर स्वास्थ्य के सामाजिक-आर्थिक और पर्यावरणीय निर्धारकों को संबोधित करते हुए स्वास्थ्य में सुधार करना और उसे बढ़ावा देना है।

सामुदायिक विकास दृष्टिकोण समुदायों और लोगों के साथ एजेंडा निर्धारित करने और व्यवस्थित करने के लिए काम करने का एक तरीका है। सामुदायिक विकास एक दीर्घकालिक मूल्य आधारित प्रक्रिया है जिसका उद्देश्य सत्ता में असंतुलन को दूर करना और सामाजिक न्याय, समानता और समावेश पर आधारित परिवर्तन लाना है। सामाजिक न्याय और मानवाधिकार।

अत: विकल्प (B) सही है।

130. स्वास्थ्य शिक्षा के लिए व्यवहार परिवर्तन दृष्टिकोण का उद्देश्य स्वास्थ्य और बीमारी के कारणों के बारे में व्यक्तियों के ज्ञान को बढ़ाना है।

व्यवहार परिवर्तन दृष्टिकोण एक निवारक दृष्टिकोण है और जीवन शैली व्यवहार पर केंद्रित है जो स्वास्थ्य पर प्रभाव डालता है। यह व्यक्तियों को स्वस्थ जीवन शैली व्यवहार अपनाने, निवारक स्वास्थ्य सेवाओं का उपयोग करने और अपने स्वयं के स्वास्थ्य की जिम्मेदारी लेने के लिए राजी करना चाहता है।

अत: विकल्प (A) सही है।

131. स्वास्थ्य शिक्षा की समूह चर्चा पद्धति में लोग अपने विचारों और अनुभवों का आदान-प्रदान करके सीखते हैं।

समूह चर्चा में एक सूत्रधार और दो या दो से अधिक प्रतिभागियों के बीच संचार का मुक्त प्रवाह शामिल होता है। अधिकांश समूह चर्चाओं में चर्चा का विषय लिया जा सकता है और समूह के सभी सदस्यों द्वारा समान रूप से साझा किया जा सकता है।

अत: विकल्प (D) सही है।

132. स्वास्थ्य शिक्षा सामुदायिक स्वास्थ्य का एक अनिवार्य उपकरण है।

स्वास्थ्य शिक्षा एक सामाजिक विज्ञान है जो शिक्षा-संचालित स्वैच्छिक व्यवहार परिवर्तन गतिविधियों के माध्यम से स्वास्थ्य को बढ़ावा देने और बीमारी, विकलांगता और अकाल मृत्यु को रोकने के लिए जैविक, पर्यावरण, मनोवैज्ञानिक, भौतिक और चिकित्सा विज्ञान से आकर्षित होता है।

अत: विकल्प (A) सही है।

133. ये सभी स्वास्थ्य शिक्षा के व्यवहार परिवर्तन दृष्टिकोण की आलोचना हैं।

स्वास्थ्य शिक्षा का व्यवहार और व्यवहार परिवर्तन के साथ हमेशा कुछ हद तक अस्पष्ट संबंध रहा है। एक ओर, स्वास्थ्य शिक्षा का उदय और सार्वजनिक स्वास्थ्य के एक प्रमुख घटक के रूप में इसकी स्थिति जीवन शैली कारकों की पहचान में पुरानी स्थितियों और चोटों के प्रमुख कारणों के रूप में निहित है जो समकालीन समाज में बीमारी का मुख्य बोझ हैं। दूसरी ओर, स्वास्थ्य शिक्षा ने भी व्यक्तिगत व्यवहार परिवर्तन पर एक संकीर्ण ध्यान देने से खुद को दूर कर लिया है। स्वास्थ्य को निर्धारित करने वाले पर्यावरणीय, सामाजिक और राजनीतिक कारकों के दायरे को व्यक्ति से व्यापक करके, ओटावा चार्टर स्वास्थ्य शिक्षा की संकीर्ण अवधारणा से परे चला गया, जिसका उद्देश्य संरचनात्मक और नीतिगत परिवर्तनों को प्रोत्साहित करने के लिए व्यवहार को बदलना है जो व्यक्तियों और समुदायों को उनके स्वास्थ्य को नियंत्रित करने के लिए सशक्त बनाता है।

अत: विकल्प (D) सही है।

134. व्यक्तिगत स्वास्थ्य और उसके सामाजिक और भौतिक संदर्भों के बीच एक घनिष्ठ संबंध है, इस प्रकार प्रासंगिक हैं जब निम्नलिखित में परिवर्तन के लिए पहल विकसित करना स्वास्थ्य शिक्षा के लिए सामुदायिक विकास दृष्टिकोण की विशेषता है।

वयस्क जो सामाजिक रूप से सक्रिय हैं वे अपने अधिक अलग-थलग साथियों की तुलना में अधिक समय तक जीवित रहते हैं और स्वस्थ होते हैं। अच्छे स्वास्थ्य को बनाए रखने के लिए सामाजिक संबंध महत्वपूर्ण हैं। इसके विपरीत, सामाजिक अलगाव स्वास्थ्य जोखिम पैदा करता है। अध्ययनों से पता चला है कि कोरोनरी धमनी की बीमारी वाले रोगियों के लिए, सामाजिक अलगाव मृत्यु का अतिरिक्त जोखिम पैदा करता है। भूमिकाओं, सामाजिक नेटवर्क और स्थिति के माध्यम से कार्य करना, सामाजिक संरचना स्वास्थ्य, मूल्यों, व्यावसायिक प्राप्ति और समाज में अपनेपन की भावना को प्रभावित कर सकती है। कई अध्ययनों से पता चलता है कि जो लोग सामाजिक नेटवर्क का हिस्सा हैं, उनके तनावपूर्ण जीवन की घटनाओं से नकारात्मक रूप से प्रभावित होने की संभावना कम होती है और उनके बीमार होने की संभावना कम होती है।

अत: विकल्प (B) सही है।

135. कहानी सुनाना स्वास्थ्य शिक्षा का एक पारंपरिक तरीका है।

कहानी सुनाना, किसी कहानी को पढ़ने के बजाय स्मृति से सुनाने की कला, प्रागैतिहासिक काल तक पहुँचने वाली सभी कलाओं में सबसे पुरानी है। कहानी सुनाना शिक्षण का मूल रूप है और इसमें भावनात्मक बुद्धिमत्ता को बढ़ावा देने और बच्चे को मानव व्यवहार में अंतर्दृष्टि प्राप्त करने में मदद करने की क्षमता है।

अत: विकल्प (B) सही है।

136. एक मानक शौचालय टैंक में 1.6 गैलन या उससे कम पानी होता है। संयुक्त राज्य पर्यावरण संरक्षण एजेंसी शौचालयों को घर में पानी के उपयोग के सबसे बड़े स्रोत के रूप में सूचीबद्ध करती है, जो घर के पानी की खपत का

लगभग 30 प्रतिशत हिस्सा है। पुराने, कम कुशल शौचालय प्रत्येक फ्लश के साथ 7 गैलन पानी का उपयोग कर सकते हैं।

अतः विकल्प (A) सही है।

137. अधिकांश शहरी घरेलू शौचालय सेप्टिक टैंक से जुड़े हैं। सेप्टिक टैंक का उपयोग अक्सर ग्रामीण क्षेत्रों, कैम्प ग्राउंड और पिकनिक क्षेत्रों में सीवर सिस्टम के स्थान पर मानव अपशिष्ट के उपचार और अपशिष्ट जल में ठोस और तरल पदार्थ को अलग करने के लिए किया जाता है। कचरे के तरल हिस्से को एक नाली क्षेत्र के माध्यम से निपटाया जाता है जहां मिट्टी में प्राकृतिक फ़िल्टरिंग होती है।

अतः विकल्प (B) सही है।

138. जैविक खतरों में बैक्टीरिया, वायरस, मोल्ड, यीस्ट और परजीवी शामिल हैं जो शरीर में सीधे या त्वचा में टूटने के माध्यम से तीव्र और पुराने संक्रमण का कारण बन सकते हैं। उनकी विशेषताओं की बुनियादी समझ होना महत्वपूर्ण है ताकि आप जान सकें कि कैसे उन्हें नियंत्रित करने के लिए।

अतः विकल्प (D) सही है।

139. दुनिया के छह अरब लोगों में से 1.1 अरब सुरक्षित पानी के बिना रहते हैं। शुद्ध पानी आमतौर पर नल या भूजल होता है जिसे बैक्टीरिया, कवक और परजीवी जैसे हानिकारक पदार्थों को हटाने के लिए इलाज किया जाता है। इसका मतलब है कि इसे पीना सुरक्षित होने की काफी गारंटी है।

अतः विकल्प (B) सही है।

140. 2 अक्टूबर 2014 को राष्ट्रपति भवन में नई दिल्ली में स्वच्छ भारत रन का आयोजन किया गया। इसके उद्देश्य हैं:

- व्यक्तिगत, क्लस्टर और सामुदायिक शौचालयों का निर्माण।
- खुले में शौच को खत्म करना या कम करना। खुले में शौच हर साल हजारों बच्चों की मौत के मुख्य कारणों में से एक है।
- शौचालय निर्माण ही नहीं स्वच्छ भारत मिशन शौचालय उपयोग की निगरानी के लिए एक जवाबदेह तंत्र स्थापित करने की पहल भी करेगा।
- खुले में शौच से होने वाली कमियों और शौचालय के उपयोग को बढ़ावा देने के बारे में भी लोगों को जागरूक किया जाएगा।
- व्यवहार में बदलाव लाने और शौचालय के उपयोग को बढ़ावा देने के लिए उचित, समर्पित ग्राउंड स्टाफ की भर्ती की जाएगी।
- स्वच्छता के उचित उपयोग के लिए, मिशन का उद्देश्य लोगों के दृष्टिकोण, मानसिकता और व्यवहार को बदलना होगा।
- ठोस एवं तरल अपशिष्ट प्रबंधन से गांवों को स्वच्छ रखना होगा।
- ग्राम पंचायतों के माध्यम से ठोस और तरल अपशिष्ट प्रबंधन।
- 2019 तक सभी घरों में पानी की आपूर्ति सुनिश्चित करते हुए सभी गांवों में पानी की पाइपलाइन बिछाना।
- सभी को शौचालय की सुविधा उपलब्ध कराकर 2019 तक भारत को खुले में शौच मुक्त (ODF) भारत बनाना।
- दिनांक 15.8.2015 तक सभी विद्यालयों में बालक एवं बालिकाओं के लिए पृथक-पृथक शौचालय उपलब्ध कराना।
- सभी आंगनबाडियों को शौचालय उपलब्ध कराना

अतः विकल्प (B) सही है।

141. सीवेज मुख्य रूप से घरों से उत्पन्न होता है। सीवेज एक प्रकार का अपशिष्ट जल है जो लोगों के एक समुदाय द्वारा उत्पादित किया जाता है। यह आमतौर पर एक सीवर सिस्टम के माध्यम से ले जाया जाता है। सीवेज में घरों और इलाके में मौजूद वाणिज्यिक, संस्थागत और सार्वजनिक सुविधाओं से निकलने वाले अपशिष्ट जल होते हैं। सीवेज के उप-प्रकार हैं ग्रेवाटर (सिंक, बाथटब, शावर, डिशवॉशर और कपड़े धोने वाले से) और काला पानी

(शौचालय को फ्लश करने के लिए इस्तेमाल किया जाने वाला पानी, मानव अपशिष्ट के साथ मिलकर जो इसे बहा देता है)।

अतः विकल्प (A) सही है।

142. जीवाणुओं के जीवित रहने की शर्तें हैं खाद्य नमी, अम्लता, ऑक्सीजन, समय, तापमान। फैटम बैक्टीरिया के विकास के लिए आवश्यक शर्तों का वर्णन करने के लिए इस्तेमाल किया जाने वाला एक संक्षिप्त नाम: भोजन, अम्लता, समय, तापमान, ऑक्सीजन और नमी। बैक्टीरिया के लिए आवश्यक पोषक तत्व, ऊर्जा और अन्य घटकों के प्रावधान के कारण खाद्य पदार्थ बैक्टीरिया के विकास के लिए एक आदर्श वातावरण प्रदान करते हैं।

अतः विकल्प (C) सही है।

143. सिर झुकाकर और ठुड्डी को ऊपर उठाकर आपको बेहोश हताहत के वायुमार्ग को खोलना चाहिए।

वायुमार्ग को खोलने के लिए, 1 हाथ पीड़ित के माथे पर रखें और धीरे से उनके सिर को पीछे की ओर झुकाएं, 2 अंगुलियों का उपयोग करके ठुड्डी के सिरे को ऊपर उठाएं। यह जीभ को गले के पिछले हिस्से से दूर ले जाता है। मुंह के फर्श पर धक्का न दें, क्योंकि यह जीभ को ऊपर की ओर धकेलेगा और वायुमार्ग को बाधित करेगा।

अतः विकल्प (A) सही है।

144. यह देखने के लिए कि क्या कोई बेहोश व्यक्ति सामान्य रूप से सांस ले रहा है, आपको 10 सेकंड से अधिक समय नहीं लेना चाहिए।

यह जांचने के लिए कि क्या कोई व्यक्ति अभी भी सांस ले रहा है: देखें कि क्या उनकी छाती उठ रही है और गिर रही है। सांस लेने की आवाज़ के लिए उनके मुंह और नाक पर सुनें। 10 सेकंड के लिए उसकी सांस को अपने गाल पर महसूस करें।

अतः विकल्प (A) सही है।

145. अगर आप अकेले प्राथमिक उपचारकर्ता हैं और बेहोशी में सांस न लेने वाले वयस्क हैं, तो आपको एईडी (डिफाइब्रिलेटर) और एम्बुलेंस का अनुरोध करने के लिए 911/112 पर कॉल करना चाहिए।

एईडी, या स्वचालित बाहरी डिफाइब्रिलेटर, का उपयोग अचानक कार्डियक अरेस्ट का अनुभव करने वालों की मदद के लिए किया जाता है। यह एक परिष्कृत, अभी तक उपयोग में आसान, चिकित्सा उपकरण है जो हृदय की लय का विश्लेषण कर सकता है और यदि आवश्यक हो, तो दिल को एक प्रभावी लय को फिर से स्थापित करने में मदद करने के लिए एक बिजली का झटका, या डिफिब्रिलेशन प्रदान करता है।

अतः विकल्प (C) सही है।

146. एक वयस्क हताहत के सीपीआर में उपयोग के लिए बचाव सांसों के लिए छाती संकुचन का सही अनुपात 30 संकोचन : 2 बचाव सांस है।

अपनी हतेली को व्यक्ति की छाती के केंद्र पर रखें, फिर दूसरे हाथ को ऊपर रखें और 5 से 6 सेमी (2 से 2.5 इंच) तक 100 से 120 बार प्रति मिनट की स्थिर दर से दबाएं। प्रत्येक 30 छाती संकोचन के बाद, 2 बचाव सांस दें।

अतः विकल्प (D) सही है।

147. जीवित रहने की श्रृंखला के लिए सही क्रम 911/112, सीपीआर, डिफिब्रिलेशन, उन्नत देखभाल है।

अंतर्राष्ट्रीय दूरसंचार संघ ने भविष्य में देशों के उपयोग के लिए आधिकारिक तौर पर 911/112 दो मानक आपातकालीन फोन नंबर निर्धारित किए हैं। 911 वर्तमान में उत्तरी अमेरिका में उपयोग किया जाता है, जबकि 112 यूरोपीय संघ और दुनिया भर के कई अन्य देशों में मानक है।

कार्डियोपल्मोनरी रिससिटेशन (सीपीआर) एक जीवन रक्षक तकनीक है जो कई आपात स्थितियों में उपयोगी है, जैसे कि दिल का दौरा या डूबने के करीब, जिसमें किसी की सांस या दिल की धड़कन बंद हो गई हो।

डिफाइब्रिलेटर ऐसे उपकरण हैं जो दिल को इलेक्ट्रिक पल्स या शॉक भेजकर सामान्य दिल की धड़कन को बहाल करते हैं।

अत: विकल्प (A) सही है।

148. जीवों का अध्ययन जो नग्न आंखों को दिखाई नहीं देता है, सूक्ष्म जीव विज्ञान के रूप में जाना जाता है। इन जीवों को देखने के लिए सूक्ष्मदर्शी नामक एक विशेष उपकरण की आवश्यकता होती है। उदाहरण: बैक्टीरिया, वायरस, कवक, आदि।

अत: विकल्प (C) सही है।

149. एंटोनी वैन लीउवेनहोक को सूक्ष्म जीव विज्ञान के पिता के रूप में जाना जाता है। एंटोनी वैन लीउवेनहोएक ने वर्ष 1674 में सूक्ष्मजीवों की खोज की।

अत: विकल्प (D) सही है।

150. प्रकाश संश्लेषण करने के लिए साइनोबैक्टीरिया को ऊर्जा के स्रोत के रूप में प्रकाश की आवश्यकता होती है। कवक और वायरस प्रकाश संश्लेषण करने में असमर्थ होते हैं और विषमपोषी होते हैं। साइनोबैक्टीरिया ग्राम-नकारात्मक बैक्टीरिया का एक समूह है जो प्रकाश संश्लेषण के माध्यम से ऊर्जा प्राप्त करता है।

अत: विकल्प (C) सही है।

151. कंपाउंड माइक्रोस्कोप में तीन अलग-अलग लेंस सिस्टम होते हैं। कंडेनसर लेंस को प्रकाश स्रोत और नमूने के बीच रखा जाता है और यह नमूना देखने के लिए सूक्ष्म क्षेत्र के विमान में प्रकाश किरणों को इकट्ठा और केंद्रित करता है।

अत: विकल्प (A) सही है।

152. हमारे द्वारा खाए जाने वाले भोजन के उत्पादन के लिए कई उद्योगों में सूक्ष्मजीवों का उपयोग किया जाता है, जैसे कि किण्वित डेयरी उत्पाद (खट्टा क्रीम, दही), साथ ही किण्वित खाद्य पदार्थ जैसे अचार, ब्रेड और मादक पेय आदि।

अत: विकल्प (D) सही है।

153. डाइनोकोकस परिवार से संबंधित कोक्सी मुख्य रूप से टेट्राड्स में पाए जाते हैं।

डोमेन बैक्टीरिया के भीतर परिवार डीइनोकोकासी, कुछ प्रजातियों को शामिल करने के लिए सबसे प्रसिद्ध है, जैसे कि डीइनोकोकस रेडियोड्यूरन और डीइनोकोकसडेसर्टी, जो डीएनए डबल-स्ट्रेन का सामना करने की असाधारण क्षमता प्रदर्शित करते हैं।

अत: विकल्प (A) सही है।

154. संख्यात्मक एपर्चर (NA) और संकल्प के बीच संबंध है:

संकल्प (d) = तरंग दैर्घ्य/2(NA)

इस प्रकार दृश्य प्रकाश की न्यूनतम तरंग दैर्घ्य और अधिकतम NA के साथ एक उद्देश्य के साथ अधिकतम संकल्प प्राप्त किया जाता है।

अत: विकल्प (D) सही है।

155. इलेक्ट्रॉन माइक्रोस्कोप छवि बनाने के लिए इलेक्ट्रॉन बीम और चुंबकीय क्षेत्र का उपयोग करता है, जबकि प्रकाश माइक्रोस्कोप प्रकाश तरंगों और कांच के लेंस का उपयोग करता है। इलेक्ट्रॉन माइक्रोस्कोपी में, इलेक्ट्रॉन बीम के अत्यंत कम तरंग दैर्घ्य के साथ बहुत अधिक रिज़ॉल्यूशन प्राप्त किया जाता है।

अत: विकल्प (A) सही है।

156. स्पाइरोकेट्स लचीले होते हैं और अपने आकार को मोड़ और विकृत कर सकते हैं, जबकि स्पिरिला अपेक्षाकृत कठोर होते हैं। ट्रैपोनेमा पैलिडम स्पाइरोकेट्स समूह से संबंधित है और स्पिरिलम वॉल्यूटन स्पिरिला समूह से संबंधित है।

अत: विकल्प (B) सही है।

157. एम्फीट्रिचस में, फ्लैगेला या तो अकेले या दोनों कोशिका ध्रुवों पर समूहों में होते हैं। लोफोट्रिचस ध्रुवीय फ्लैगेला के एक समूह को संदर्भित करता है, पेरिट्रिचस पार्श्व फ्लैगेला से घिरा हुआ है और मोनोट्रिचस एकल ध्रुवीय फ्लैगेला के लिए है।

अतः विकल्प (A) सही है।

158. विल्हेम मैक्सिमिलियन वुंड्ट को प्रायोगिक मनोविज्ञान के जनक के रूप में जाना जाता है।

वुंड्ट को मनोविज्ञान में पहला औपचारिक प्रयोग करने का श्रेय दिया जाता है, जहां उन्होंने यह माप कर विचार की गति का आकलन करने की कोशिश की कि परीक्षण विषयों को निर्णय लेने में कितना समय लगा। उन्होंने एक पेंडुलम स्विंग की वास्तविक और कथित स्थिति के बीच विसंगति को मापा और अनुमान लगाया कि ये संख्याएं विचार की गति का प्रतिनिधित्व करती हैं। यह अब प्रभावशाली नहीं लग सकता है, लेकिन उस समय यह एक बहुत ही रचनात्मक विचार था।

अतः विकल्प (A) सही है।

159. मनोविज्ञान को व्यवहार और मानसिक प्रक्रियाओं का वैज्ञानिक अध्ययन कहा जाता है।

मनोविज्ञान व्यक्तियों की मानसिक प्रक्रियाओं और व्यवहार की व्याख्या करता है। यह व्यवहार और मानसिक प्रक्रियाओं का वैज्ञानिक अध्ययन है। इसमें विचार, व्यवहार, मन और व्यवहार के अवचेतन तंत्रिका संबंधी आधारों का अध्ययन शामिल है।

अतः विकल्प (A) सही है।

160. मस्तिष्क का रेक्टिकलार फार्मेशन भाग आने वाले संदेशों के जवाब में उच्च केंद्रों को "अलर्ट" संकेत भेजता है।

रेक्टिकलार फार्मेशन परस्पर जुड़े नाभिक का एक समूह है जो पूरे ब्रेनस्टेम में स्थित होता है। यह शारीरिक रूप से अच्छी तरह से परिभाषित नहीं है, क्योंकि इसमें मस्तिष्क के विभिन्न हिस्सों में स्थित न्यूरॉन्स शामिल हैं।

अतः विकल्प (A) सही है।

161. पूर्वग्रह लोगों के प्रति नकारात्मक दृष्टिकोण का एक उदाहरण है।

पूर्वग्रह को किसी चीज के बारे में एक विचार, पूर्वधारणा या विश्वास कहा जाता है। पूर्वग्रह को एक समूह, एक व्यक्ति या उनकी कथित विशेषताओं के खिलाफ निर्देशित शत्रुता के एक तर्कहीन रवैये के रूप में परिभाषित किया जा सकता है। यह लोगों के प्रति नकारात्मक रवैये का एक उदाहरण है।

अतः विकल्प (C) सही है।

162. मस्तिष्क का हिप्पोकैम्पस हिस्सा अल्पकालिक स्मृति को दीर्घकालिक स्मृति में स्थानांतरित करने के लिए जिम्मेदार होता है।

हिप्पोकैम्पस मस्तिष्क का एक क्षेत्र है जो मुख्य रूप से स्मृति से जुड़ा होता है। यह ग्रीक शब्द हिप्पोकैम्पोस (जहां हिप्पो का अर्थ है 'घोड़ा' और काम्पोस का अर्थ 'समुद्री घोड़ा') से लिया गया है क्योंकि इसकी संरचना का आकार हिप्पोकैम्पस के समान है। यह शॉर्ट-टर्म मेमोरी से लेकर लॉन्ग-टर्म मेमोरी तक सूचना के समेकन में महत्वपूर्ण भूमिका निभाता है।

अतः विकल्प (B) सही है।

163. अलग-अलग लोग अक्सर एक ही स्थिति पर अलग-अलग प्रतिक्रिया देते हैं। मनोविज्ञान में, इसे इंडिविजुअल डिफरेंस के रूप में जाना जाता है।

इंडिविजुअल डिफरेंस कम या अधिक स्थायी मनोवैज्ञानिक विशेषताएं हैं जो एक व्यक्ति को दूसरे से अलग करती हैं। यह प्रत्येक व्यक्ति के व्यक्तित्व को परिभाषित करने में मदद करता है। इंडिविजुअल डिफरेंस किसी एक विशेषता या विशेषताओं की संख्या के संबंध में व्यक्तियों के बीच भिन्नता या विचलन के लिए होती हैं।

अतः विकल्प (B) सही है।

164. मन-शरीर द्वैतवाद एक मान्यता है कि मन शरीर से मौलिक रूप से अलग है।

आम तौर पर मनुष्यों को मन (गैर-भौतिक) और शरीर/मस्तिष्क (भौतिक) दोनों के रूप में वर्णित किया जाता है। इसे द्वैतवाद के रूप में जाना जाता है। द्वैतवाद यह विचार है कि मन और शरीर दोनों अलग-अलग संस्थाओं के रूप में मौजूद हैं।
अतः विकल्प (A) सही है।

165. फिजियोलॉजी वह विचार है जिसके द्वारा हम किसी के चेहरे का अध्ययन करके उसके व्यक्तित्व तक पहुँच सकते हैं।

फिजियोलॉजी किसी के व्यक्तित्व को उनके बाहरी रूप, मुख्य रूप से चेहरे से एक्सेस करने की एक प्रथा है। यह एक विचार है कि किसी के व्यक्तित्व का आकलन उसके चेहरे की विशेषताओं से किया जा सकता है।
अतः विकल्प (A) सही है।

166. मानसिक अवस्था में लोगों का वास्तविकता से संपर्क टूट जाता है।

मानसिक अवसाद किसी को ऐसी चीजें सुनने या देखने का कारण बन सकता है जो वास्तव में वहां नहीं हैं। कोई व्यक्ति जो मानसिक अनुभव करता है वह वास्तविकता के संपर्क से बाहर भ्रम (या झूठी मान्यताएं) या मतिभ्रम (झूठी दृष्टि या ध्वनि) का अनुभव करता है।
अतः विकल्प (B) सही है।

167. व्यवहार की शैली मनोसामाजिक डोमेन का एक हिस्सा है।

एक व्यवहार शैली का तात्पर्य केवल यह है कि कोई व्यक्ति किसी एक समय में कैसे कार्य करता है। जिन चार व्यवहार शैलियों में हम मुख्य रूप से रुचि रखते हैं वे हैं आक्रामक, निष्क्रिय, मुखर और परेशान करने वाली शैलियाँ।
अतः विकल्प (B) सही है।

168. भोजन करने से पहले और बाद में, शौचालय का उपयोग करने के बाद और खाना बनाने से पहले हाथ धोना चाहिए। कीटाणुओं को फैलने से रोकने के लिए खाना बनाते समय अपने हाथों को बार-बार धोएं। कुछ महत्वपूर्ण समय के दौरान हाथ धोना विशेष रूप से महत्वपूर्ण होता है जब रोगाणु आसानी से फैल सकते हैं: किसी भी भोजन को तैयार करने से पहले, दौरान और बाद में।

अतः विकल्प (D) सही है।

169. बीमारी के संचरण को रोकने के लिए साबुन और पानी से हाथ धोना सबसे प्रभावी तरीका है। खाद्य संचालकों द्वारा भोजन को दूषित होने से बचाने के लिए हाथ धोना महत्वपूर्ण है। ई कोलाई, साल्मोनेला और स्टैफिलोकोकस ऑरियस जैसे हानिकारक बैक्टीरिया और खाद्य श्रमिकों के हाथों पर मौजूद वायरस (जैसे नोरोवायरस) को उचित हाथ धोने की तकनीक द्वारा हटा दिया जाता है।

अतः विकल्प (C) सही है।

170. हाथों को धोने के बाद सूखाने का कारण यह है कि गीले हाथों से कीटाणु और बैक्टीरिया अधिक आसानी से फैल जाते हैं। यह स्पष्ट नहीं है कि हाथ सुखाने का कौन सा तरीका सबसे अच्छा है। चाहे आप कागज़ के तौलिये या हैंड ड्रायर का उपयोग कर रहे हों, कुंजी अपने हाथों को पूरी तरह से सुखाना है। यदि आप घर पर हैं, तो पुन: प्रयोज्य तौलिये एक व्यावहारिक विकल्प हैं। बस तौलिये को बदलना सुनिश्चित करें जब वे दिखने में गंदे हो जाएं।

अतः विकल्प (D) सही है।

General Knowledge

Q.1 अगस्त 2022 में किस देश ने रूसी राज्य द्वारा संचालित परमाणु ऊर्जा कंपनी 'एएसई' के साथ 2.25 बिलियन डॉलर का समझौता किया है?

[RBI Assistant, 2020], [UPSSSC Rajasva Lekhpal, 2015]

A. भारत   **B.** चीन
C. जापान   **D.** दक्षिण कोरिया

Q.2 किस संस्थान ने 'इंडिया डिजिटल समिट 2022' की शुरुआत की?

[UPSSSC Rajasva Lekhpal, 2015]

A. इंटरनेट एंड मोबाइल एसोसिएशन ऑफ इंडिया (आईएमएआई)
B. भारतीय उद्योग परिसंघ (सीआईआई)
C. इलेक्ट्रॉनिक्स और आईटी मंत्रालय
D. नीति आयोग

Q.3 महिला और बाल विकास मंत्रालय ने पीएम केयर्स फॉर चिल्ड्न योजना को 28 __________ तक बढ़ा दिया था।

A. फरवरी 2022   **B.** मार्च 2022
C. फरवरी 2022   **D.** दिसंबर 2022

Q.4 एक व्यक्ति 2.5% प्रति माह की दर से कुछ राशि ऋण पर लेता है। यदि वह अपना बकाया कम करने के लिए 6 माह के बाद 13110 रुपये का भुगतान करता है, तो व्यक्ति द्वारा भुगतान की गई ब्याज की राशि ज्ञात कीजिए।

A. 1840 रुपये   **B.** 1690 रुपये
C. 1710 रुपये   **D.** 1660 रुपये

Q.5 राज्य का संवैधानिक प्रमुख कौन है?
A. मुख्यमंत्री
B. उच्च न्यायालय के मुख्य न्यायाधीश
C. राज्यपाल
D. विधानसभा अध्यक्ष

Q.6 राष्ट्रीय खाद्य सुरक्षा अधिनियम कब लागू किया गया था?
A. 2004   **B.** 2010   **C.** 2013   **D.** 2000

Q.7 'प्रधानमंत्री भारत जोड़ो परियोजना' किस से सम्बंधित है?
A. संचार   **B.** सामजिक एकता
C. नदियों को जोड़ना   **D.** राजमार्गों का विकास

Q.8 लिंग असमानता सूचकांक (GII) को मापने के लिए प्रमुख आयाम निम्न में से कौन सा है?
A. श्रमिक बाज़ारी सहभागिता
B. प्रजनन स्वास्थ्य
C. सशक्तिकरण
D. उपरोक्त सभी

Q.9 ग्रामीण गरीबों की मदद करने के उद्देश्य से भारत में स्वयं सहायता समूह (SHG) स्थापित किए गए हैं, विशेष रूप से:
A. बेरोजगार युवा   **B.** महिला
C. बच्चे   **D.** वरिष्ठ नागरिक

Q.10 यदि किसी त्रिभुज के कोण $3x, 4x + 10$ और $3x - 30$ हैं, तो यह कौन सा त्रिभुज है?

A. अधिककोण त्रिभुज   **B.** समद्विबाहु त्रिभुज
C. समकोण त्रिभुज   **D.** न्यूनकोण त्रिभुज

Q.11 निम्नलिखित में से कौन भारत में पंचायती राज व्यवस्था वाला पहला राज्य है?
A. मध्य प्रदेश   **B.** राजस्थान
C. पश्चिम बंगाल   **D.** उत्तर प्रदेश

Q.12 दो आदमी एक ही समय में यात्रा शुरू करते हैं, एक उत्तर प्रदेश से गोवा और दूसरा गोवा से उत्तर प्रदेश। यदि वे एक दूसरे को पार करने के बाद क्रमशः 225 घंटे और 256 घंटे में गोवा और उत्तर प्रदेश पहुंचे, तो यदि पहले आदमी की गति 40 किमी थी, तो दूसरे आदमी की गति क्या थी?
A. 25.5 किमी/घंटा   **B.** 32.5 किमी/घंटा
C. 35 किमी/घंटा   **D.** 37.5 किमी/घंटा

Q.13 मौलिक अधिकारों से संबंधित पी.आई.एल. याचिका दायर की जा सकती है:

[Rajasthan Police Sub Inspector, 2016]

A. केवल सर्वोच्च न्यायालय
B. केवल उच्च न्यायालय
C. कोई भी न्यायालय
D. सर्वोच्च न्यायालय और उच्च न्यायालय दोनों

Q.14 गणेश और भीम 6 दिनों में एक काम पूरा कर सकते हैं। यदि गणेश अकेले इसे 10 दिनों में पूरा कर सकते हैं, तो भीम कितने दिनों में काम पूरा कर सकता है?
A. 18   **B.** 14   **C.** 12   **D.** 15

Q.15 जनवरी 2022 में, ICC विमेंस क्रिकेटर ऑफ द ईयर के लिए रेचल हेहो फ्लिंट ट्रॉफी के विजेता के रूप में किसे नामित किया गया है?
A. स्मृति मंधाना   **B.** कविशा दिलहारी
C. एलिसे पेरी   **D.** आयशा नसीम

Q.16 वायुमंडल के निम्नलिखित में से किस स्तर में न्यूनतम तापमान अवलोकित किया गया है?

[UPSC Central Armed Police Forces AC, 2018]

A. समतापमंडल   **B.** मध्यमंडल
C. बाह्य वायुमंडल   **D.** क्षोभमंडल

Q.17 भारत की सबसे महत्वपूर्ण यूरेनियम खदान स्थित कहा है?
A. मनावलकुरिचि   **B.** गौरीबिदानुर
C. वाशी   **D.** जादूगोड़ा

Q.18 उदयपुर की जवार खदानें __________ के लिए प्रसिद्ध हैं।
A. संगमरमर   **B.** जस्ता   **C.** ग्रेनाइट   **D.** बॉक्साइट

Q.19 भारत में किस राज्य में सबसे अधिक मात्रा में सोना उत्पन्न होता है?
A. कर्नाटक   **B.** केरल   **C.** झारखंड   **D.** ओडिशा

Q.20 __________ ऊर्जा यूरेनियम और थोरियम से उत्पन्न होती है।
A. भूतापीय   **B.** नाभिकीय   **C.** ज्वारीय   **D.** सौर

Q.21 निम्न में से एक गैस ने वर्ष 1984 में भोपाल गैस त्रासदी का कारण बना था।

[UPSC Central Armed Police Forces AC, 2017]

A. मिथाइल आइसोसाइनेट
B. हेक्सामेथिलीन डायसोसायनेट
C. आइसोफोरोन डायसोसायनेट
D. आइसोथियोसाइनेट

Q.22 निम्नलिखित में से कौन सी बीमारी पारा और नाइट्रेट द्वारा दूषित पानी की खपत के कारण होती है?

[UPSC Central Armed Police Forces AC, 2017]

A. मिनमाटा रोग और ऑस्टियोपोरोसिस
B. ऑस्टियोपोरोसिस और ब्लू बेबी सिंड्रोम
C. मिनमाटा रोग और ब्लू बेबी सिंड्रोम
D. ऑस्टियोपोरोसिस और मिनमाटा रोग

Q.23 निम्नलिखित में से कौन सा पॉलिमर प्रोटीन से बना है?

[UPSC Central Armed Police Forces AC, 2017]

A. रबर   B. कपास   C. ऊन   D. जूट

Q.24 निम्नलिखित में से कौन सा कृत्रिम मिठास संशोधित चीनी है?

[UPSC Central Armed Police Forces AC, 2017]

A. एस्पर्टेम   B. सैकरीन   C. सुक्रालोज   D. ऐलिटेम

Q.25 कलिंग युद्ध ने अशोक को अपराध और भारी तपस्या का कारण बनाया, जिसके कारण उन्होंने "भृमघोष" के बजाय "धम्मघोष" का उपयोग करना शुरू कर दिया। यहाँ, "धम्मघोष" शब्द निम्नलिखित में से किसे दर्शाता है?

A. सैन्य विजय
B. सांस्कृतिक उद्घोष
C. क्षेत्रीय जनजातियों द्वारा विजय
D. ब्राह्मणवादी परंपराओं द्वारा विजय

Q.26 किसने कहा था कि साइमन कमीशन की रिपोर्ट को कचरे के ढेर पर फेंक देना चाहिए?

A. महात्मा गांधी   B. शिवास्वामी अय्यर
C. मोहम्मद अली जिन्नाह   D. जवाहर लाल नेहरू

Q.27 मुस्लिम लीग द्वारा किस दिन को प्रत्यक्ष कार्रवाई दिवस के रूप में घोषित किया गया था?

A. 3 सितंबर 1946   B. 16 अगस्त 1946
C. 16 मई 1946   D. 4 दिसंबर 1946

Q.28 राज्य सभा के संदर्भ में निम्नलिखित में से कौन-सा कथन सही है?

A. मंत्री परिषद राज्य सभा के प्रति उत्तरदायी होती है।
B. विश्वास मत राज्य-सभा में लाया जा सकता है।
C. राज्य सूची के किसी विषय पर संसद कानून बना सकती है, अगर राज्य-सभा दो तिहाई बहुमत से पारित करे कि राज्य-सूची का संदर्भगत विषय राष्ट्रीय महत्व का हो गया है।
D. धन विधेयक राज्य-सभा में लाया जा सकता है।

Q.29 भारत के लिए जिला मजिस्ट्रेट से मुक्त "फोर पिलर स्टेट" की अवधारणा _______ द्वारा सुझाई गई थी।

[Officers Training Academy (OTA), 2019], [Indian Military Academy (IMA), 2019]

A. लाला लाजपत राय   B. राम मनोहर लोहिया
C. राजा राम मोहन राय   D. सुभाष चंद्र बोस

Q.30 निम्नलिखित में से कौन सा देश यूरेनियम का प्रमुख उत्पादक है?

A. ऑस्ट्रेलिया   B. कनाडा
C. कजाखस्तान   D. रूस

General Hindi

Q.31 "योग्य व्यक्ति ही पहचाना जाता है" वाक्य में 'योग्य' शब्द क्या है?

[UP Police Sub Inspector, 2017]

A. परिमाणवाचक विशेषण   B. संख्यावाचक विशेषण
C. सार्वनामिक विशेषण   D. गुणवाचक विशेषण

Q.32 न्यूनतम विशेषण की कौन-सी अवस्था है?

[UP Police Sub Inspector, 2017]

A. मूलावस्था   B. प्रथमावस्था
C. उत्तरावस्था   D. उत्तमावस्था

Q.33 इनमें गुणवाचक विशेषण शब्द है:

A. कुछ   B. थोड़ा   C. आठ   D. ईमानदार

Q.34 निर्देश: नीचे लिखे वाक्य के लिए एक शब्द बताइए।
अयोग्य होते हुए भी अभिमान करना।

A. अद्भुत   B. अहंकार   C. दंभ   D. अभिमान

Q.35 'दोपहर के बाद का समय' – के लिए निम्नलिखित शब्दों में से कौन-सा उपयुक्त है?

A. संध्या   B. अपराह्न   C. पूर्वह   D. दिन

Q.36 "जिसका मूल नहीं है" वाक्य के लिए एक शब्द होगा:

A. निरुपाय   B. निरामिष   C. नातिलघु   D. निर्मूल

Q.37 दिए गए विकल्पों में से 'हिय' का तत्सम शब्द _______ है।

A. मन   B. हृदय   C. छाती   D. उर

Q.38 "आग" शब्द का तत्सम _______ है।

A. अग्रि   B. अगनी   C. अग्री   D. अगिन

Q.39 इन शब्दों में से तत्सम शब्द पहचानिए।

A. वधू   B. घर   C. सूत   D. दूध

Q.40 वाक्य के कितने प्रकार है?

[UP Police Constable, 2018]

A. तीन   B. चार
C. एक   D. कोई प्रकार नहीं

Q.41 निम्नलिखित वाक्यों में से सम्बन्ध कराक वाले वाक्य को पहचानिए।

[UP Police Constable, 2018]

A. राम खाना खाता है।
B. राधा का कुत्ता बहुत तेज दौड़ता है।
C. रामु ने रावण को मारा
D. मां अपने बच्चे को मारती है।

Q.42 निर्देशः प्रश्न में एक वाक्य दिया हुआ है। वाक्य के किसी भाग में गलती हो सकती है या वाक्य शुद्ध हो सकता है। वाक्य के जिस भाग में गलती हो, (A), (B) या (C) वही भाग उत्तर होगा। यदि कोई गलती न हो, तो आपका उत्तर (D) होगा।

(A) हरीश /(B) सभी कार्यों का /(C) निपुण है। /(D) कोई त्रुटि नहीं

A. A   B. B   C. C   D. D

Q.43 'दीपक' शब्द के उचित पर्यायवाची युग्म का चयन करे:

A. प्रदीप, दीया, दीप   B. दिन, वासर, अहः
C. खल, पामर, दुष्ट   D. सुर, देव, अमर

Q.44 'अरि' का पर्यायवाची शब्द है:

| A. मित्र | B. शत्रु | C. अभद्र | D. कठोर |

Q.45 'दर्प' किसका पर्यायवाची शब्द है:

A. तिरस्कार   B. स्वाभिमान   C. अहंकार   D. खतरा

Q.46 'अनिल' का पर्यायवाची शब्द है:

A. अनल   B. पवन   C. पावस   D. शिवा

Q.47 'प्रसून' का पर्यायवाची शब्द है:

A. पुष्प   B. वृक्ष   C. चन्द्रमा   D. एकाक्ष

Q.48 निम्न विकल्पों में से उस विकल्प का चयन करें जो दिए गए विलोम शब्द का विकल्प है।

संक्षेप

A. लम्बाई   B. विस्तार   C. विशालता   D. अलंकृत

Q.49 निम्नलिखित में से शब्द के विलोम अर्थ का उपर्युक्त युग्म है?

A. चिरंतन-नश्वर   B. करुण-दयालु

C. उपसर्ग-अपसर्ग   D. आज़ादी-स्वराज

Q.50 'विधि' शब्द का विलोम होता है:

A. निषेध   B. संधि   C. विधान   D. विधाता

Main Subject Nursing

Q.51 थायरॉइड फॉलिकल्स में किस प्रकार का उपकला पाया जाता है?

A. स्कैमस   B. घनाकार

C. संक्रमणकालीन   D. स्तंभकार

Q.52 रक्त में कैल्शियम और फास्फोरस के स्तर को नियंत्रित करने वाला हार्मोन किसके द्वारा स्रावित होता है?

A. थाइरॉयड ग्रंथि   B. पैराथाइरॉइड ग्रंथि

C. पीयूष ग्रंथि   D. थाइमस

Q.53 पैराथाइरॉइड किस हार्मोन का उत्पादन करता है?

A. कैल्सीटोनिन   B. पीटीएच

C. पीएफएच   D. इंसुलिन

Q.54 पैराथाइरॉइड ग्रंथि में किस प्रकार की कोशिकाएँ पाई जाती हैं?

A. अल्फा और बीटा कोशिकाएं

B. मुख्य कोशिकाएं और ऑक्सीफिल

C. पैराफॉलिक्युलर और फॉलिकल सेल्स

D. पिट्यूसाइट और बेसोफिल कोशिकाएं

Q.55 थाइमस स्थित है:

A. गर्दन

B. इंटेस्टिनल वॉल के पास

C. छाती का ऊपरी अग्र भाग

D. डायाफ्राम के ऊपर उदर गुहा में

Q.56 एक्स्ट्रानेट क्या है?

A. एक निजी नेटवर्क जो केवल कंपनी कर्मियों के लिए सुलभ है और बाहरी उपयोगकर्ताओं जैसे विक्रेताओं और ग्राहकों के लिए स्वीकृत है।

B. खतरों और अनपेक्षित आगंतुकों को एक निजी नेटवर्क तक पहुँचने से रोकने के लिए डिज़ाइन किया गया सॉफ़्टवेयर।

C. एक सुरक्षित नेटवर्क जो नामित उपयोगकर्ताओं को कंपनी के इंट्रानेट को एक सुरक्षित, वर्चुअल कनेक्शन प्रदान करने के लिए प्रदान किया जाता है।

D. इंटरनेट पर परिवहन के दौरान जानकारी को सुरक्षित और निजी रखने के लिए डेटा का एनकैप्सुलेशन।

Q.57 संगठनात्मक विकास के लिए इंट्रानेट और एक्स्ट्रानेट का अस्तित्व कैसे महत्वपूर्ण है?

A. वे संचार की सुविधा और सहयोग को बढ़ावा देते हैं।

B. वे रचनात्मकता और संचार को बढ़ावा देते हैं।

C. वे सुनिश्चित करते हैं कि संगठन अपने प्रतिस्पर्धियों की तुलना में बेहतर उत्पाद प्रदान करता है।

D. वे कर्मचारियों को दूरस्थ पदों के लिए अर्हता प्राप्त करने में सक्षम बनाते हैं।

Q.58 निम्नलिखित में से कौन सी नकारात्मक घटनाएं हैं जहां कोई संभावित या वास्तविक घटना है जो रोगी को नुकसान पहुंचा सकती है या घायल कर सकती है?

A. कार्यस्थल दुर्घटनाएं   B. रोगी सुरक्षा उल्लंघन

C. रोगी सुरक्षा घटनाएं   D. रोगी दुर्घटनाएं

Q.59 रोगी-केंद्रित आईटी का उपयोग _______ को कार्य करता है।

A. स्वास्थ्य देखभाल प्रदाताओं के लिए रोगी की जानकारी तक पहुंच को और अधिक कठिन बनाएं।

B. नियमित डॉक्टर परीक्षाओं की जरूरतों को बदलें।

C. रोगियों को उनकी स्वयं की देखभाल में अधिक शामिल होने में सहायता करें।

D. चिकित्सा उपकरण प्रौद्योगिकी की लागत में कटौती।

Q.60 स्वास्थ्य सूचना का आदान-प्रदान प्रदाताओं के बीच स्वास्थ्य जानकारी भेजना, साझा करना और प्राप्त करना। ऐसा होने के लिए स्वास्थ्य देखभाल प्रणालियों के भीतर क्या आवश्यक है?

A. ट्रांसपेरेंसी   B. इंटरऑपरेबिलिटी

C. ओपन-सिस्टम   D. कोहेरेंसी

Q.61 परिणामों के पुख्ता सबूत होने पर कौन सा चरण सबसे अच्छा निष्पादित किया जाता है?

A. स्वास्थ्य सूचना निदान   B. कार्यान्वयन

C. मूल्यांकन   D. स्वास्थ्य सूचना योजना

Q.62 निम्नलिखित में से किस चरण में रोगी की स्थिति और उसकी प्रतिक्रियाओं की उचित समझ शामिल है?

A. स्वास्थ्य सूचना निदान

B. स्वास्थ्य सूचना आकलन

C. मूल्यांकन

D. कार्यान्वयन

Q.63 नर्स का कौन सा कथन नर्सिंग इंफॉर्मेटिक्स की परिभाषा की अंडरस्टैंडिंग को इंडीकेट करता है?

A. नर्सिंग इंफॉर्मेटिक्स हॉस्पिटल नर्सिंग का एक विशेष क्षेत्र है जिसमें कंप्यूटर के माध्यम से पेशेंट केयर का मैनेजमेंट किया जाता है।

B. नर्सिंग इंफॉर्मेटिक्स कई सूचना प्रबंधन के साथ नर्सिंग विज्ञान को एकीकृत करने वाली नर्सिंग की विशेषता है।

C. नर्सिंग इंफॉर्मेटिक्स में इलेक्ट्रॉनिक डेटा के माध्यम से रोगी के संपूर्ण मेडिकल हिस्ट्री का इनपुट और रिट्रीवल शामिल है।

D. नर्सिंग इंफॉर्मेटिक्स हॉस्पिटल में भर्ती होने की अवधि के दौरान पेशेंट केयर डेटा प्रदान करने और रिट्रीवल करने के लिए कंप्यूटर सिस्टम डिजाइन और एनालिसिस का एक क्षेत्र है।

Q.64 इसमें स्वास्थ्य देखभाल सेवाओं की एक विस्तृत श्रृंखला शामिल है जो उन रोगियों के लिए प्रदान की जाती हैं जिन्हें रात भर अस्पताल में भर्ती नहीं किया जाता है:

A. एम्बुलेटरी केयर इंफॉर्मेशन सिस्टम

B. कम्युनिटी हेल्थ इंफॉर्मेटिक्स

C. क्रिटिकल केयर इंफॉर्मेशन सिस्टम

D. ये सभी

Q.65 निम्नलिखित में से कौन से एम्बुलेटरी केयर इंफॉर्मेटिक्स के लाभ हैं?

A. बेहतर कार्यप्रवाह

B. मरीजों के मेडिकल रिकॉर्ड के लिए रियल-टाइम और आसान एक्सेस।

C. अस्पताल सूची प्रबंधन में सुधार।

D. ये सभी

Q.66 नर्सिंग में भविष्य की सबसे प्रासंगिक प्रवृत्ति क्या है?

A. टेलीहेल्थ का निरंतर विकास

B. बढ़ी हुई विशेषज्ञता

C. नर्स नेविगेटर का उदय

D. सूचना विज्ञान की बढ़ती भूमिका

Q.67 एक पंजीकृत नर्स दवा देने के लिए जिम्मेदार हो सकती है, दूसरी नर्स प्रवेश और छुट्टी के लिए जिम्मेदार हो सकती है जबकि नर्सिंग परिचारक लिनन बदलते हैं, स्वच्छ देखभाल प्रदान करते हैं या सरल प्रक्रियाएं करते हैं जिसके लिए उन्होंने प्रशिक्षित किया है। नर्सिंग अभ्यास के इस मॉडल को कहा जाता है:

A. कार्यात्मक नर्सिंग   B. टीम नर्सिंग

C. प्राथमिक नर्सिंग   D. कुल रोगी देखभाल

Q.68 किस नर्सिंग देखभाल वितरण मॉडल में एक पंजीकृत नर्स द्वारा संपूर्ण रोगी देखभाल शामिल है?

A. कार्यात्मक नर्सिंग   B. टीम नर्सिंग

C. प्राथमिक नर्सिंग   D. इनमें से कोई नहीं

Q.69 निम्नलिखित में से कौन सी नेतृत्व शैली नर्सिंग में सबसे प्रभावी है?

A. लाईसेज़-फेयर लीडरशिप

B. निरंकुश नेतृत्व

C. लोकतांत्रिक नेतृत्व

D. नौकरशाही नेतृत्व

Q.70 नर्सिंग में पारंपरिक चार्टिंग क्या है?

A. नर्सिंग देखभाल के दस्तावेजीकरण की विधि

B. समस्या उन्मुख चिकित्सा रिकॉर्ड

C. डीएआर

D. इनमें से कोई नहीं

Q.71 एब्लेटिव सर्जरी से तात्पर्य है:

A. दर्द को दूर करने या किसी बीमारी के कारण होने वाले लक्षणों को कम करने के उद्देश्य से की जाने वाली सर्जरी

B. सर्जरी जो खराब संरचनाओं को बदल देती है

C. संरचना या कार्य को बहाल करने के लिए इस्तेमाल की जाने वाली सर्जरी

D. रोग शरीर के अंगों को हटाने के लिए की गई सर्जरी

Q.72 मिनिमली इनवेसिव सर्जरी को _______ भी कहा जाता है।

A. रचनात्मक सर्जरी   B. कीहोल सर्जरी

C. एब्लेटिव सर्जरी   D. प्रशामक सर्जरी

Q.73 एक एंजायलिटिक है:

A. स्राव को सुखाने के लिए इस्तेमाल की जाने वाली दवा

B. एक प्रकार की संवेदनाहारी

C. एक दवा या कोई अन्य हस्तक्षेप जो चिंता से राहत देता है

D. एक नियंत्रित दवा

Q.74 एंटीएम्बोलिक स्टॉकिंग्स कम करने में मदद कर सकते हैं:

A. थ्रोम्बोएम्बोलिज्म   B. दर्द

C. दबाव घाव   D. अवकुंचन

Q.75 इंट्राऑपरेटिव चरण तब शुरू होता है जब:

A. मरीज थिएटर विभाग में आता है

B. रोगी रिकवरी रूम छोड़ देता है

C. ऑपरेशन थिएटर में मरीज पहुँचता है

D. सर्जन पहला चीरा लगाता है

Q.76 क्लिनिकल सेटिंग में किसी गतिविधि में गुणवत्ता सुधार प्रक्रिया को लागू करने का पहला कदम _______________ है।

A. गतिविधि की समीक्षा और संशोधन के लिए एक टीम को इकट्ठा करना

B. गतिविधि की स्थिति को मापने के लिए डेटा एकत्र करना

C. सुधार के लिए एक गतिविधि का चयन करना

D. गतिविधि के लिए एक मापने योग्य मानक निर्धारित करना

Q.77 पेरिऑपरेटिव केयर में इनके बीच घनिष्ठ संबंध होता है:

A. संचार और तकनीक

B. संचार और संक्रमण नियंत्रण

C. संचार और सुरक्षा

D. ऊपर के सभी

Q.78 पूर्व-संचालन जांच करने का व्यापक उद्देश्य है:

A. विश्वास नीति का पालन करें

B. रॉयल कॉलेज ऑफ नर्सिंग की आचार संहिता का पालन करें

C. होने वाली त्रुटियों के जोखिम को कम करें

D. इनमे से कोई भी नहीं

Q.79 NEWS से जुड़े छह शारीरिक मापदंड हैं:

A. श्वसन दर, नाड़ी दर, सिस्टोलिक रक्तचाप, तापमान, चेतना का स्तर और ऑक्सीजन संतृप्ति

B. श्वसन दर, नाड़ी दर, सिस्टोलिक रक्तचाप, तापमान, दर्द का स्तर और ऑक्सीजन संतृप्ति

C. श्वसन दर, नाड़ी की दर, सिस्टोलिक रक्तचाप, तापमान, चेतना का स्तर और पारित मूत्र की मात्रा

D. श्वसन दर, रक्त ग्लूकोज, सिस्टोलिक रक्तचाप, तापमान, चेतना का स्तर और ऑक्सीजन संतृप्ति

Q.80 परिवर्णी शब्द SBAR _____________ को संदर्भित करता है।

A. सनसनी, पृष्ठभूमि, आकलन और सिफारिश

B. स्थिति, विश्वास, आकलन और सिफारिश

C. स्थिति, पृष्ठभूमि, आकलन और सिफारिश

D. स्थिति, पृष्ठभूमि, आकलन और संबंध

Q.81 निम्नलिखित में से कौन गर्भावधि उच्च रक्तचाप की परिभाषा है?

A. 130/85 mmHg से अधिक रक्तचाप या 35 mmHg से अधिक सिस्टोलिक या 20 mmHg डायस्टोलिक से अधिक बेसलाइन का बढ़ना

B. 160/95 mmHg से अधिक रक्तचाप या 30 mmHg से अधिक सिस्टोलिक या 15 mmHg डायस्टोलिक से अधिक बेसलाइन का बढ़ना

C. 140/90 mmHg से अधिक रक्तचाप या 40 mmHg से अधिक सिस्टोलिक या 25 mmHg डायस्टोलिक से अधिक बेसलाइन की वृद्धि

D. 140/90 mmHg से अधिक रक्तचाप या 30 mmHg से अधिक सिस्टोलिक या 15 mmHg डायस्टोलिक से अधिक बेसलाइन का बढ़ना

Q.82 गर्भावस्था के किस बिंदु पर प्रीक्लेम्पसिया विकसित होने की सबसे अधिक संभावना है?

A. 32 सप्ताह के बाद   B. 12-24 सप्ताह

C. 0-12 सप्ताह   D. 20-32 सप्ताह

Q.83 निम्नलिखित में से कौन एक्टोपिक गर्भावस्था के खतरे को बढ़ाता है?

A. पैल्विक सूजन की बीमारी का इतिहास

B. एंडोमेट्रियोसिस

C. पोस्ट-ट्यूबल बंधन
D. उपर्युक्त सभी

Q.84 निम्नलिखित में से कौन सी स्थिति माँ और भ्रूण के बीच Rh असंगतता के कारण उत्पन्न हो सकती है?
A. हाइपरमेसिस ग्रेविडारु
B. प्राक्गर्भाक्षेपक
C. प्रसवोत्तर रक्तस्राव
D. नवजात शिशु के हेमोलिटिक रोग

Q.85 निम्नलिखित में से कौन सा मातृ/भ्रूण रक्त प्रकार नवजात शिशु के हेमोलिटिक रोग का कारण बन सकता है?
A. आरएच पॉजिटिव मां, आरएच पॉजिटिव भ्रूण
B. आरएच नेगेटिव मां, आरएच पॉजिटिव भ्रूण
C. आरएच नेगेटिव मां, आरएच नेगेटिव भ्रूण
D. आरएच पॉजिटिव मां, आरएच नेगेटिव भ्रूण

Q.86 नर्स एलिजाबेथ एक बच्चे को अंतर्गभिशयी मार्ग के माध्यम से दवा दे रही है। अंतर्गभिशयी दवा प्रशासन आमतौर पर तब उपयोग किया जाता है जब बच्चा ________ होता है।
A. 3 वर्ष से कम
B. 3 वर्ष से अधिक
C. गंभीर रूप से बीमार और 3 वर्ष से कम
D. गंभीर रूप से बीमार और 3 वर्ष से अधिक

Q.87 नर्स शार्लोट को संदेह है कि एक बच्चे की उम्र 4 साल है, जिसकी शारीरिक रूप से उपेक्षा की जा रही है। बच्चे के पोषण स्तर का सर्वोत्तम आकलन करने के लिए, नर्स को माता-पिता से कौन सा प्रश्न पूछना चाहिए?
A. "क्या आपका बच्चा हमेशा से इतना पतला रहा है?"
B. "क्या आपका बच्चा अचार खाता है?"
C. "आपके बच्चे ने नाश्ते में क्या खाया?"
D. "क्या आपको लगता है कि आपका बच्चा पर्याप्त खाता है?"

Q.88 मैंडी, जिसकी उम्र 12 साल है, जिसे एक संदिग्ध खाने के विकार के मूल्यांकन के लिए क्लिनिक लाया जाता है। बच्चे के पोषण सेवन पर भूमिका और संबंध पैटर्न के प्रभावों का सर्वोत्तम मूल्यांकन करने के लिए, नर्स को यह पूछना चाहिए:
A. "आप दिन के दौरान किन गतिविधियों में संलग्न होते हैं?"
B. "क्या आपको खाद्य पदार्थों से कोई एलर्जी है?"
C. "क्या आप खुद को शारीरिक रूप से पसंद करते हैं?"
D. "आप किस तरह का खाना खाना पसंद करते हैं?"

Q.89 एक बच्चे को विल्म्स ट्यूमर का पता चला है। मूल्यांकन के दौरान, प्रभारी नर्स का पता लगाने की उम्मीद है:
A. पूर्ण रक्तमेह
B. पेशाब में जलन
C. जी मिचलाना और उल्टी
D. पेट-संबंधी रोग

Q.90 नर्स नैन्सी पाइलोरिक स्टेनोसिस वाले बच्चे का आकलन कर रही है; वह निम्नलिखित में से किस पर ध्यान देने की संभावना है?
A. "करंट जेली" मल
B. प्रत्यावहन
C. स्टीटोरिया
D. उल्टी का प्रक्षेप्य

Q.91 छोटी आंत में अवशोषण के आगे की प्रक्रिया ________ होती है।
A. अंतर्ग्रहण
B. अंतर्लयन
C. बहिक्षेपण
D. विऐमीनीकरण

Q.92 ________ फेफड़ों में हवा के छोटे थैले होते हैं जहां ऑक्सीजन और कार्बन डाइऑक्साइड का आदान-प्रदान होता है।

A. श्वासनालिका
B. कृपिका
C. केशिका
D. विवर

Q.93 श्वास नलिका में भोजन के प्रवेश को क्या रोकता है?
A. श्वास नली
B. स्वरयंत्र
C. कंठच्छद (उपकंठ/ एपिग्लॉटिस)
D. ग्रसनी

Q.94 लाल अस्थि मज्जा का कार्य क्या है?
A. रक्त कोशिकाओं का निर्माण
B. ग्लूकोज
C. वसा का भंडारण
D. (A) और (B) दोनों

Q.95 रुधिर वाहिकाओं में रुधिर के स्कंदन को ________ द्वारा रोका जाता है।
A. एल्बुमिन
B. हेपरिन
C. ग्लोब्युलिन
D. फाइब्रिनोजेन

Q.96 एक चिकित्सक पेट फूलने वाले वयस्क रोगी के लिए वापसी प्रवाह एनीमा (हैरिस फ्लश ड्रिप) का आदेश देता है। इस एनीमा को प्रशासित करने की तैयारी करते समय नर्स वापसी प्रवाह एनीमा के चरणों की तुलना सफाई एनीमा से करती है। नर्स को क्या करना चाहिए जो रिटर्न फ्लो एनीमा के लिए अद्वितीय है?
A. रेक्टल ट्यूब के अंतिम 2 इंच को लुब्रिकेट करें
B. गुदा में लगभग 4 इंच की मलाशय की नली डालें
C. घोल के पात्र को गुदा से लगभग 12 इंच ऊपर उठाएँ
D. लगभग 150 एमएल घोल डालने के बाद घोल कंटेनर को नीचे करें

Q.97 डायवर्टिकुलोसिस के निदान वाले रोगी को फाइबर में उच्च आहार खाने की सलाह दी जाती है। नर्स को क्या सलाह देनी चाहिए कि रोगी बल्क और फेकल सामग्री को सर्वोत्तम रूप से बढ़ाए?
A. साबुत गेहूँ की ब्रेड
B. सफ़ेद चावल
C. पास्ता
D. गोभी

Q.98 एक नर्स यह निर्धारित करती है कि रोगी के लिए एक फ्रैक्चर बेडपैन का उपयोग किया जाना चाहिए जो ________।
A. रीढ़ की हड्डी में चोट लगी है
B. बेडरेस्ट पर है
C. मनोभ्रंश है
D. मोटापे से ग्रस्त है

Q.99 निम्नलिखित में से कौन सबसे अधिक मान्य है कि एक रोगी को आंतों से रक्तस्राव का अनुभव हो रहा है?
A. हल्के पीले तरल मल के साथ मिश्रित वसा की बड़ी मात्रा
B. भूरा, गठित मल
C. काला टार रंग का मल
D. संकीर्ण, पेंसिल के आकार का मल

Q.100 पेट की सर्जरी के कई दिनों बाद नर्स मरीज के पेट का आकलन करती है। यह दृढ़, फैला हुआ और तालु के लिए दर्दनाक है। रोगी "फूला हुआ" महसूस करता है। नर्स सर्जन से सलाह लेती है, जो एनीमा का आदेश देता है। नर्स किस तरह का एनीमा देने की तैयारी करती है?
A. साबुनसूद
B. प्रतिधारण
C. वापसी प्रवाह
D. तेल प्रतिधारण

Q.101 एक नए रंध्र वाला रोगी, जिसने पिछले सप्ताह सर्जरी के बाद से मल त्याग नहीं किया है, मिचली आने की रिपोर्ट करता है। उपयुक्त नर्सिंग कार्रवाई क्या है?
A. कोलोस्टॉमी की सिंचाई करने की तैयारी करें

B. रंध्र और आसपास की त्वचा का आकलन करने के बाद, सर्जन को सूचित करें

C. आंत्र की आवाज़ का आकलन करें और एंटीमैटिक का प्रबंध करें

D. बल्क फॉर्मिंग रेचक का प्रशासन करें, और बढ़े हुए तरल पदार्थ और व्यायाम को प्रोत्साहित करें

Q.102 नर्स द्वारा स्थापित कोलोस्टॉमी वाले रोगी के लिए प्राथमिक देखभाल प्रदाता को रिपोर्ट करने की सबसे अधिक संभावना है?

A. रंध्र पेट से $\frac{1}{2}$ इंच ऊपर फैला हुआ है

B. उपकरण को हटाने के बाद उपकरण के नीचे की त्वचा थोड़ी लाल दिखाई देती है

C. रंध्र का रंग गहरा गुलाबी होता है

D. एक आरोही कोलोस्टॉमी सिर्फ तरल मल बचाता है

Q.103 एक मरीज को कोलोनोस्कोपी के लिए निर्धारित किया जाता है। नर्स मरीज को किस प्रकार के एनीमा के बारे में जानकारी देगी?

A. तेल प्रतिधारण   **B.** वापसी प्रवाह

C. उच्च बड़ी मात्रा   **D.** कम, छोटी मात्रा

Q.104 एक बेहोश पुरुष वयस्क के तेजी से मूल्यांकन के दौरान रोगी को कौन सी नाड़ी ताकना चाहिए?

A. रेडियल   **B.** ब्रेकियल   **C.** फेमोरल   **D.** कैरोटिड

Q.105 एक महिला रोगी को कुल उदर हिस्टेरेक्टॉमी से गुजरना पड़ता है। 10 घंटे बाद रोगी का आकलन करते समय, नर्स किस खोज को सदमे के शुरुआती संकेत के रूप में पहचानती है?

A. बेचैनी

B. पीली, गर्म, शुष्क त्वचा

C. धड़कनों की हृदय 110 गति/मिनट

D. 30 एमएल / घंटा का मूत्र उत्पादन

Q.106 किसी समुदाय के स्वास्थ्य का निर्धारण करने का सबसे अच्छा तरीका निम्नलिखित में से कौन सा होगा?

A. किसी अग्निशामक से पूछें कि किन मोहल्लों में सबसे कम आग लगती है।

B. एक खुदरा विक्रेता से पूछें कि किस पड़ोस में सबसे महंगे घर हैं।

C. आस-पड़ोस में रहने वाले लोगों से पूछें कि क्या वे अपने निवास स्थान से खुश हैं।

D. पुलिस विभाग से पूछें कि किन मोहल्लों में अपराध दर सबसे कम है।

Q.107 एक नर्स स्वास्थ्य एजेंसी के पास पड़ोस का जायजा ले रही थी। नर्स ने आसपास की इमारतों, फुटपाथों और समुदाय के लोगों की स्थिति को देखा। निम्नलिखित में से कौन नर्स के कार्यों का सबसे अच्छा वर्णन करता है?

A. एक ड्राइव-थ्रू   **B.** एक पड़ोस अवलोकन

C. एक त्वरित अवलोकन   **D.** एक विंडशील्ड सर्वेक्षण

Q.108 एक नर्स 30 दिन के शिशु को विटामिन K की एक गोली दे रही है। निम्नलिखित में से कौन सा लक्षित क्षेत्र सबसे उपयुक्त है?

A. ग्लूटस मैक्सिमस   **B.** ग्लूटस मिनिमस

C. वैस्टस लेटरलिस   **D.** वैस्टस मेडियालिस

Q.109 हाइपरपैराथायरायडिज्म के निदान के लिए एक रोगी को अस्पताल में भर्ती कराया जाता है। रोगी की जाँच करने वाली एक नर्स प्रयोगशाला के निष्कर्षों में निम्नलिखित में से किसका निरीक्षण करेगी?

A. एलिवेटेड सीरम कैल्शियम

B. कम सीरम पैराथाइरॉइड हार्मोन (पीटीएच)

C. एलिवेटेड सीरम विटामिन डी

D. कम यूरिन कैल्शियम

Q.110 एडिसन रोग से पीड़ित एक रोगी नर्स से पोषण और आहार संबंधी सलाह मांगता है। नर्स को उसे निम्नलिखित में से कौन-सी आहार सलाह देनी चाहिए?

A. अनाज में उच्च आहार

B. पर्याप्त कैलोरी युक्त आहार

C. एक उच्च प्रोटीन आहार

D. एक प्रतिबंधित सोडियम आहार

Q.111 एक आत्मघाती रोगी की देखभाल के लिए नर्स को सौंपा गया है। प्रारंभ में, नर्स की सर्वोच्च देखभाल प्राथमिकता कौन सी है?

A. रोगी के घर के वातावरण और अस्पताल के बाहर संबंधों का आकलन करना।

B. आत्महत्या के बारे में नर्स की अपनी भावनाओं की खोज करना।

C. रोगी के साथ भविष्य पर चर्चा।

D. आत्महत्या के नैतिक प्रभावों पर चर्चा करने के लिए रोगी को पादरी के पास भेजना।

Q.112 एनोरेक्सिया नर्वोसा से पीड़ित एक 24-वर्षीय रोगी नर्स से कहता है, "जब मैं आईने में देखती हूं, तो मैं जो देखती हूं उससे नफरत करती हूं। मैं बहुत मोटी और बदसूरत दिखती हूं।" रोगी की विकृत धारणाओं और भावनाओं से निपटने के लिए नर्स को किस रणनीति का उपयोग करना चाहिए?

A. रोगी की धारणाओं और भावनाओं पर चर्चा करने से बचें।

B. भोजन और वजन पर चर्चा पर ध्यान दें।

C. वजन के बारे में अवास्तविक सांस्कृतिक मानकों पर चर्चा करने से बचें।

D. रोगी के वजन और आकर्षण के संबंध में वस्तुनिष्ठ डेटा और प्रतिक्रिया प्रदान करें।

Q.113 नर्स एक मरीज के शराबीपन का इलाज कर रही है। डिसुलफिरम (एंटाब्यूज) के साथ चिकित्सा शुरू करने से पहले, नर्स रोगी को सिखाती है कि उसे निम्नलिखित में से किस उत्पाद पर लेबल को ध्यान से पढ़ना चाहिए?

A. कार्बोनेटेड शीतल पेय   **B.** आफ्टरशेव लोशन

C. टूथपेस्ट   **D.** पनीर

Q.114 नर्स एनोरेक्सिया नर्वोसा के रोगी के लिए देखभाल की योजना विकसित कर रही है। योजना में नर्स को कौन सी कार्रवाई शामिल करनी चाहिए?

A. जब तक मरीज खाना शुरू नहीं कर देता, तब तक परिवार के साथ मिलने को प्रतिबंधित करें।

B. भोजन के दौरान गोपनीयता प्रदान करें।

C. रोगी के लिए सख्त खाने की योजना बनाएं।

D. रोगी को व्यायाम करने के लिए प्रोत्साहित करें, जिससे उसकी चिंता कम होगी।

Q.115 नर्स इस बात से अवगत है कि किस महत्वपूर्ण जानकारी के लिए घरेलू हिंसा के शिकार लोगों का मूल्यांकन किया जाना चाहिए?

A. कारण वे अपमानजनक रिश्ते में रहते हैं (उदाहरण के लिए, वित्तीय स्वायत्तता और अलगाव की कमी)।

B. अपराधी को छोड़ने की तैयारी और संसाधनों का ज्ञान।

C. नशीली दवाओं या शराब का उपयोग।

D. पिछले शिकार का इतिहास।

Q.116 मोटरसाइकिल दुर्घटना में एक पुरुष रोगी को दाहिनी फीमर और दायें ह्यूमरस के फ्रैक्चर के साथ अस्पताल में भर्ती कराया गया है। पुलिस को शक है कि हादसे के वक्त मरीज नशे में था। प्रयोगशाला परीक्षणों से रक्त में अल्कोहल का स्तर 0.2% का पता चलता है। रोगी बाद में वर्षों से भारी मात्रा में शराब पीना स्वीकार करता है। अस्पताल में भर्ती होने के दौरान, रोगी को समय-समय पर हाथों और पैरों में झुनझुनी और सुन्नता की

शिकायत होती है। नर्स को पता चलता है कि ये लक्षण शायद _________ के कारण होते हैं।

A. एसीटेट संचय

B. थायमिन की कमी

C. ट्राइग्लिसराइड बिल्डअप

D. एक सामान्य से कम सीरम पोटेशियम स्तर

Q.117 एक माता-पिता एक अव्यवस्थित कंधे के इलाज के लिए आपातकालीन विभाग में एक प्रीस्कूलर लाते हैं, जो कथित तौर पर तब हुआ जब बच्चा सीढ़ियों से नीचे गिर गया। कौन सी कार्रवाई से नर्स को संदेह होना चाहिए कि बच्चे के साथ दुर्व्यवहार किया गया था?

A. बच्चा परीक्षा के दौरान बेकाबू होकर रोता है।

B. बच्चा चिकित्सक के संपर्क से दूर हो जाता है।

C. कंधे की जांच करने पर बच्चा रोता नहीं है।

D. बच्चा नर्स के साथ आँख से संपर्क नहीं करता है।

Q.118 एक रोगी की देखभाल की योजना बनाते समय जिसने फेनसाइक्लिडाइन (पीसीपी) का सेवन किया है, नर्स को इस बात की जानकारी होनी चाहिए कि निम्नलिखित में से कौन सर्वोच्च प्राथमिकता है?

A. रोगी की शारीरिक जरूरतें

B. रोगी सुरक्षा की जरूरत

C. रोगी की मनोसामाजिक जरूरतें

D. रोगी की चिकित्सा आवश्यकताएं

Q.119 नर्स को इस बात की जानकारी होनी चाहिए कि एक विपक्षी अवज्ञा विकार से पीड़ित बच्चे के लिए कौन से परिणाम मानदंड उपयुक्त होंगे?

A. खुद के व्यवहार के लिए जिम्मेदारी स्वीकार करें

B. अपनी जरूरतों को मौखिक रूप देने और अधिकारों का दावा करने में सक्षम हो

C. बच्चे को अपनी सीमाएं स्थापित करने दें

D. रोगी के साथ दृढ़ और सुसंगत सीमा निर्धारित करें

Q.120 मार्को ने नर्स से संपर्क किया और सलाह मांगी कि उसकी शराब की लत से कैसे निपटा जाए। नर्स को रोगी को बताना चाहिए कि शराब के लिए एकमात्र प्रभावी उपचार _________ है।

A. मनोचिकित्सा

B. शराबी बेनामी (A.A.)

C. पूर्ण संयम

D. अवतरण चिकित्सा

Q.121 समूह शिक्षण की _________ पद्धति में, शिक्षार्थियों की कोई सक्रिय भागीदारी नहीं होती है।

A. व्याख्यान   B. समूह चर्चा   C. परिसंवाद   D. रोल प्ले

Q.122 समूह शिक्षण की _________ पद्धति में, लोगों के स्वास्थ्य अभ्यास को बदलने में विफल हो सकता है।

A. व्याख्यान   B. समूह चर्चा   C. परिसंवाद   D. रोल प्ले

Q.123 _________ एक शिक्षण सहायता है जिसमें एक श्रृंखला कार्ड होते हैं।

A. फलालैन ग्राफ   B. फ्लैश कार्ड

C. पुस्तिका   D. इनमें से कोई नहीं

Q.124 _________ समूह शिक्षण की उपदेशात्मक विधि है।

A. संगोष्ठी   B. उद्योगशाला

C. रोल प्ले   D. फलालैन ग्राफ

Q.125 एक प्रभावी समूह में सदस्यों की इष्टतम संख्या:

A. 10 - 12   B. 6 - 12   C. 10 - 20   D. 10 - 15

Q.126 स्वास्थ्य शिक्षा के लिए पैनल चर्चा में वक्ताओं की इष्टतम संख्या:

A. 10 - 12   B. 4 - 8   C. 10 - 20   D. 10 - 15

Q.127 पैनल चर्चा में_________विषय का परिचय देता है।

A. अध्यक्ष   B. रिकॉर्डर   C. सदस्य   D. ये सभी

Q.128 _________ विशेषज्ञों द्वारा चयनित विषय पर भाषणों की एक श्रृंखला है।

A. पैनल चर्चा   B. संगोष्ठी

C. अध्ययन   D. इनमें से कोई नहीं

Q.129 स्वास्थ्य शिक्षा कार्यक्रम के दौरान मानव व्यवहार को बदलने में आमतौर पर _________ अधिक प्रभावी होते हैं।

A. समूह चर्चा   B. जनसंचार माध्यम

C. उद्योगशाला   D. इनमें से कोई नहीं

Q.130 _________ के संबंध में स्वास्थ्य प्रदर्शनियां आयोजित की जाती हैं।

A. मेले   B. त्योहारों

C. जन अभियान   D. ये सभी

Q.131 निम्नलिखित में से कौन मानव स्वास्थ्य को हानि पहुँचाता है?

A. जैविक खेती   B. कीटनाशकों का प्रयोग

C. सौर वाहनों का उपयोग   D. वनों की रक्षा

Q.132 आने वाले वर्षों में _________ के कारण त्वचा संबंधी विकार और अधिक सामान्य होंगे।

A. वायु में प्रदूषक   B. डिटर्जेंट का प्रयोग

C. जल प्रदूषण   D. ओजोन परत का ह्रास

Q.133 हैलाज़ोन टैबलेट एक _________ युक्त टैबलेट है।

A. क्लोरीन   B. ओजोन

C. अमाइन   D. पोटेशियम परमैंगनेट

Q.134 झिल्लियों के रोमछिद्रों में से कौन सा झिल्ली प्रक्रिया से मेल नहीं खाता है?

A. रिवर्स ऑस्मोसिस: < 0.002 माइक्रोन

B. नैनोफिल्ट्रेशन: $0.001 - 0.01$ माइक्रोन

C. अल्ट्राफिल्ट्रेशन: $0.002 - 0.03$ माइक्रोन

D. इनमे से कोई भी नहीं

Q.135 रिवर्स ऑस्मोसिस लगभग _________ डाल्टन से अधिक आणविक भार के मोनोवैलेंट आयनों और ऑर्गेनिक्स को अस्वीकार करता है।

A. 10   B. 50   C. 100   D. 200

Q.136 जीवाणु का सबसे छोटा रूप कहलाता है :

A. विब्रियो   B. कोक्सी   C. बेसिली   D. स्पाइरिल्ला

Q.137 एक ही भवन या भूखंड में परिवारों के समूह के बीच साझा किए गए शौचालय को कहा जाता है :

A. सामुदायिक शौचालय   B. व्यक्तिगत शौचालय

C. साझा शौचालय   D. इनमें से कोई नहीं

Q.138 जल का प्रदूषण निम्न के लिए उत्तरदायी है :

A. तेल रिफाइनरियां   B. कागज के कारखाने

C. चीनी मिलें   D. उपरोक्त सभी

Q.139 घरों द्वारा छोड़ा गया अपशिष्ट जल कहलाता है:

A. सीवेज   B. कीचड़

C. गाद   D. इनमें से कोई नहीं

Q.140 अम्लीय वर्षा किसके कारण होती है?

A. बिजली संयंत्रों, कारखानों और मोटर वाहनों से सल्फर और नाइट्रोजन यौगिक

B. गर्मियों में मौसम गर्म होने पर पौधों द्वारा छोड़े गए सल्फर और नाइट्रोजन यौगिक

C. बिजली संयंत्रों, कारखानों और मोटर वाहनों से कार्बन डाइऑक्साइड

D. वसंत ऋतु में गर्म होने पर आर्कटिक मिट्टी द्वारा छोड़े गए कार्बन डाइऑक्साइड और मीथेन

Q.141 अपशिष्ट जल उपचार संयंत्र में स्पष्टीकरण या पृथक्करण चरण के दौरान क्या होता है?

A. बड़ी ठोस चीजों की जांच की जाती है

B. तरल अपशिष्ट जल से मैल और कीचड़ को अलग किया जाता है

C. रोगजनकों को मारने के लिए क्लोरीन या पराबैंगनी प्रकाश के साथ उपचार

D. ठोस पदार्थ के छोटे कणों को तोड़ने में बैक्टीरिया की मदद करने के लिए तरल अपशिष्ट जल को हवा के साथ मिलाया जाता है

Q.142 जब कोई व्यक्ति गंभीर रूप से जल गया हो तो उस स्थान पर आपकी पहली चिंता क्या होनी चाहिए?

A. सुरक्षा के लिए घटनास्थल की जांच की जा रही है

B. पीड़ितों की सांस और नाड़ी की जाँच करना

C. अपने स्थानीय आपातकालीन फोन नंबर पर कॉल करना

D. जले हुए क्षेत्र को ठंडा करना

Q.143 इसमें से कौनसा हार्ट अटैक का लक्षण नहीं है?

A. छाती में दर्द

B. लाल, गर्म या शुष्क त्वचा

C. रंग में पीला या नीला

D. विपुल पसीना

Q.144 आपको बचाव सांस कब देनी चाहिए?

A. होश में घुटन का शिकार

B. बेहोश घुटन का शिकार

C. बेहोश, नाड़ी नहीं, सांस नहीं लेना

D. बेहोश, सांस नहीं ले रहा है, लेकिन नाड़ी है

Q.145 आपकी बस के एक छात्र के मुंह में चोट लगी है और एक दांत निकल गया है, तो आपको यह करना चाहिए:

A. रक्तस्राव को नियंत्रित करें और छात्र को दांत द्वारा छोड़ी गई जगह में एक लुढ़का हुआ बाँझ ड्रेसिंग पर काट लें

B. दूध या पानी में डालकर दांत को बचाएं

C. दांत को सूखे ऊतक में लपेटें और छात्र को दंत चिकित्सक के पास ले जाने के लिए दें

D. दोनों (A) और (B)

Q.146 गर्मी की थकावट से कौन से लक्षण हैं?

A. ठंडी, नम, पीली, या दमकती त्वचा

B. तेजी से कमजोर नाड़ी

C. तेज, उथली श्वास

D. उपरोक्त सभी

Q.147 निम्नलिखित में से किस जीवाणु में कोशिका भित्ति नहीं होती है और इसलिए ये पेनिसिलिन के प्रतिरोधी होते हैं?

A. साइनोबैक्टीरीया   **B.** माइकोप्लाज्मा

C. बडेलोविब्रियोस   **D.** स्पाइरोकेटस

Q.148 ध्रुवीय कशाभिका के समूह को कहते हैं:

A. लोफोट्रिचस   **B.** एम्फीट्रिचस

C. मोनोट्रिचस   **D.** पेट्रीट्रिचस

Q.149 कशाभिका कोशिका को किसके द्वारा गतिमान करती है:

A. कई फ्लैगेला एक तुल्यकालिक, चाबुक जैसी गति में धड़कते हैं

B. एक व्यक्तिगत कशाभिका कोड़ा जैसी गति में धड़क रही है

C. एक प्रोपेलर की तरह कताई

D. आस-पास के कणों से जुड़ना और सिकुड़ना

Q.150
फ्लैगेला के हुक और तंतु जिस प्रोटीन से बने होते हैं, वह है:

A. केरातिन   **B.** फ्लैगेलिन   **C.** जेलाटीन   **D.** कैसिइन

Q.151 कोकी जो ज्यादातर एकल या जोड़े में होते हैं:

A. स्ट्रेप्टोकोकी   **B.** डिप्लोकोकी

C. टेट्राकोकी   **D.** इनमें से कोई नहीं

Q.152 निम्नलिखित में से किसमें फ़िम्ब्रिया हो सकता है?

A. ग्राम पॉजिटिव बैक्टीरिया   **B.** ग्राम-नेगेटिव बैक्टीरिया

C. A और B दोनों   **D.** इनमें से कोई नहीं

Q.153 कई ग्राम पॉजिटिव बैक्टीरिया की कोशिका भित्ति को एंजाइम द्वारा आसानी से नष्ट किया जा सकता है जिसे जाना जाता है:

A. लाइपेस   **B.** लाइसोजाइम

C. पेक्टिनेज   **D.** पेरोक्साइड

Q.154 पेप्टिडोग्लाइकन के रूप में भी जाना जाता है:

A. एन-एसिटाइल मुरमिक एसिड

B. म्यूरिन म्यूकोपेप्टाइड

C. एन एसिटाइलग्लुकोसामाइन

D. मेसोडायमिनोपाइमेटिक एसिड

Q.155
साइटोप्लाज्मिक समावेशन में शामिल हैं:

A. राइबोसोम   **B.** मेसोसोम

C. फैट ग्लोबुलेस   **D.** इनमे से सभी

Q.156 कोकी जो एक गुच्छा और अनियमित पैटर्न बनाती है वे हैं:

A. स्टेफिलोकोकी   **B.** डिप्लोकोकी

C. टेट्राकोकी   **D.** स्ट्रेप्टोकोकी

Q.157 एक बच्चे के एक-शब्द के उच्चारण का वर्णन करने के लिए इस्तेमाल किया जाने वाला शब्द है:

A. होलोफ्रेज़   **B.** टेलीग्राफिक भाषण

C. एक्सटेंशन के तहत   **D.** इनमे से कोई नहीं

Q.158 निम्नलिखित में से कौन हमारे शरीर के अंगों की गति और स्थिति को महसूस करने की क्षमता है?

A. प्रोप्रियोप्रिडिक्शन   **B.** प्रोप्रोलिक्शन

C. प्रोप्रियोसेप्शन   **D.** प्रोप्रियोएक्शन

Q.159 मस्तिष्क के बारे में जानकारी एकत्र करने की विधि जो मस्तिष्क की समग्र गतिविधि को इंगित करती है, कहलाती है:

A. पोजीट्रान एमिशन टोमोग्राफी

B. विद्युत उत्तेजना

C. इलेक्ट्रोएन्सेफलोग्राम

D. उपरोक्त में से कोई नहीं

Q.160 मान लीजिए कि एक व्यक्ति के साथ एक दुर्घटना हुई, और बाद में, वह अपने कार्यों के परिणामों से कम चिंतित, गैर-जिम्मेदार और आवेगी हो गया। ऐसा इसलिए हुआ क्योंकि व्यक्ति को इसमें नुकसान हुआ होगा:

A. पश्चकपाल पालि   **B.** पार्श्विक भाग

C. ललाट लोब   **D.** उपर्युक्त में सभी

Q.161 रचनात्मकता का वैज्ञानिक अध्ययन किसने शुरू किया?

A. मेडनिक   **B.** गिलफोर्ड   **C.** गैल्टन   **D.** टॉरेंस

Q.162 सीरियल-पोजिशन इफेक्ट शब्द किसने गढ़ा?

A. हरमन एबिंगहौस	**B.** सिगमंड फ्रॉयड
C. विल्हेम वुंड्टो	**D.** सिगमंड फ्रॉयड

Q.163 किसी कविता को याद करने के लिए निम्नलिखित में से किस विधि का उपयोग किया जाता है?

A. आनुक्रमिक याद रखना	**B.** वाक्यात्मक याद रखना
C. वितरित अभ्यास	**D.** उपरोक्त में से कोई नहीं

Q.164 वह कार्य जिसमें लोग बिना किसी कारण, मकसद के किसी की मदद करते हैं, या हम कह सकते हैं कि व्यक्तिगत हित के रूप में जाना जाता है:

A. पोषण	**B.** सामाजिक दायित्व
C. अभियोगात्मक व्यवहार	**D.** उपरोक्त में से कोई नहीं

Q.165 यदि कोई छात्र आनंद और रुचि के साथ कठिन अध्ययन और अभ्यास करता है, तो इसे इस रूप में जाना जाता है:

A. संज्ञानात्मक जुड़ाव	**B.** स्वस्थ समायोजन
C. व्यवहारिक जुड़ाव	**D.** भावनात्मक जुड़ाव

Q.166 मनोगतिकीय सिद्धांत के जनक कौन है?

A. चार्ल्स डार्विन	**B.** सिगमंड फ्रॉयड
C. विल्हेम वुंड्टो	**D.** उपरोक्त में से कोई नहीं

Q.167 गहरे कुएँ _________ से पानी का नल लगाते हैं।

A. 50%	**B.** 60%	**C.** 70%	**D.** 80%

Q.168 रेफ्रिजरेटर में सीएफ़सी का उपयोग करने की अनुशंसा नहीं की जाती है क्योंकि वे:

A. तापमान बढ़ाएँ

B. ओजोन हटाना

C. पर्यावरण को प्रभावित

D. मानव शरीर को प्रभावित

Q.169 गहरे कुएँ _________ से पानी का नल लगाते हैं।

A. पहले अभेद्य स्तर के ऊपर पानी

B. पहली झरझरा परत से पानी

C. प्रथम अभेद्य स्तर के नीचे का जल

D. दूसरे अभेद्य स्तर के नीचे का पानी

Q.170 संक्रामक रोगों को भी इस रूप में जाना जाता है:

A. गैर - संचारी रोग	**B.** संचारी रोग
C. गैर-संक्रमणीय रोग	**D.** आनुवंशिक रोग

// स्मार्ट उत्तर पुस्तिका //

सही उत्तर	उन छात्रों का प्रतिशत जिन्होंने प्रश्नों का सही उत्तर दिया था।	छोड़ दिया	उन छात्रों का प्रतिशत जिन्होंने प्रश्नों को छोड़ दिया था।

प्रश्न संख्या	उत्तर	सही उत्तर / छोड़ दिया	प्रश्न संख्या	उत्तर	सही उत्तर / छोड़ दिया	प्रश्न संख्या	उत्तर	सही उत्तर / छोड़ दिया	प्रश्न संख्या	उत्तर	सही उत्तर / छोड़ दिया	प्रश्न संख्या	उत्तर	सही उत्तर / छोड़ दिया	प्रश्न संख्या	उत्तर	सही उत्तर / छोड़ दिया
1	D	84.48 % / 12.14 %	22	C	83.34 % / 11.72 %	43	A	82.16 % / 10.7 %	64	A	84.59 % / 13.54 %	85	B	67.92 % / 30.91 %	106	C	55.85 % / 33.29 %
2	A	24.75 % / 72.39 %	23	C	48.78 % / 48.38 %	44	B	44.34 % / 40.18 %	65	D	49.63 % / 44.49 %	86	C	78.2 % / 21.75 %	107	D	54.43 % / 39.04 %
3	A	59.66 % / 36.17 %	24	C	80.94 % / 10.59 %	45	C	81.92 % / 14.91 %	66	D	78.6 % / 11.34 %	87	C	57.53 % / 40.04 %	108	C	81.58 % / 17.31 %
4	C	58.55 % / 41.13 %	25	B	65.93 % / 32.23 %	46	B	82.73 % / 16.46 %	67	A	49.11 % / 39.22 %	88	C	27.95 % / 69.24 %	109	A	14.26 % / 74.14 %
5	C	43.93 % / 53.65 %	26	B	47.76 % / 45.15 %	47	A	32.6 % / 67.32 %	68	C	63.28 % / 35.15 %	89	D	88.72 % / 10.22 %	110	D	15.09 % / 71.79 %
6	C	63.66 % / 33.59 %	27	B	11.87 % / 70.32 %	48	B	80.16 % / 11.23 %	69	C	69.36 % / 30.35 %	90	D	64.7 % / 30.11 %	111	B	54.84 % / 33.4 %
7	D	63.83 % / 35.43 %	28	C	46.48 % / 51.95 %	49	A	49.68 % / 30.32 %	70	A	89.9 % / 10.07 %	91	B	64.73 % / 33.43 %	112	D	54.62 % / 37.29 %
8	D	65.32 % / 31.81 %	29	B	61.53 % / 34.81 %	50	A	80.41 % / 16.45 %	71	D	77.41 % / 13.67 %	92	B	62.94 % / 32.94 %	113	B	47.32 % / 35.51 %
9	B	62.98 % / 30.8 %	30	C	46.54 % / 33.74 %	51	B	55.84 % / 34.49 %	72	B	41.14 % / 47.7 %	93	C	44.04 % / 50.88 %	114	C	55.06 % / 44.28 %
10	C	89.13 % / 10.16 %	31	D	28.65 % / 70.7 %	52	B	57.83 % / 39.01 %	73	C	89.85 % / 10.05 %	94	A	76.09 % / 13.37 %	115	B	47.37 % / 40.73 %
11	B	59.63 % / 40.14 %	32	D	15.27 % / 78.68 %	53	B	45.96 % / 44.45 %	74	A	53.65 % / 39.11 %	95	B	68.66 % / 30.5 %	116	B	44.62 % / 42.14 %
12	D	48.45 % / 41.25 %	33	D	63.39 % / 32.48 %	54	B	63.06 % / 35.67 %	75	C	41.27 % / 30.58 %	96	D	31.09 % / 67.61 %	117	C	69.33 % / 30.58 %
13	D	45.12 % / 37.59 %	34	C	61.61 % / 33.55 %	55	C	53.26 % / 32.8 %	76	C	19.95 % / 77.26 %	97	D	40.42 % / 38.88 %	118	B	50.67 % / 35.72 %
14	D	79.73 % / 12.05 %	35	B	86.4 % / 11.35 %	56	A	48.25 % / 51.65 %	77	D	56.02 % / 40.34 %	98	A	79.49 % / 16.27 %	119	A	63.96 % / 33.19 %
15	A	64.04 % / 31.74 %	36	D	88.28 % / 11.67 %	57	A	11.41 % / 76.35 %	78	C	46.69 % / 44.73 %	99	C	57.11 % / 42.16 %	120	C	22.27 % / 76.81 %
16	B	48.03 % / 41.59 %	37	B	83.32 % / 10.26 %	58	C	63.71 % / 30.95 %	79	A	69.55 % / 30.09 %	100	C	17.5 % / 69.31 %	121	A	60.18 % / 30.67 %
17	D	31.47 % / 67.82 %	38	A	88.42 % / 11.37 %	59	C	49.74 % / 32.88 %	80	C	51.66 % / 40.94 %	101	B	49.81 % / 33.12 %	122	A	65.82 % / 32.33 %
18	B	60.33 % / 36.96 %	39	A	80.37 % / 10.03 %	60	B	20.47 % / 68.29 %	81	D	52.97 % / 45.82 %	102	C	76.22 % / 21.55 %	123	B	56.64 % / 30.59 %
19	A	88.11 % / 11.86 %	40	A	45.42 % / 42.41 %	61	A	47.63 % / 30.85 %	82	A	47.85 % / 45.67 %	103	D	65.34 % / 34.42 %	124	D	69.51 % / 30.34 %
20	B	45.79 % / 52.71 %	41	B	68.0 % / 30.63 %	62	A	65.33 % / 33.08 %	83	D	47.07 % / 47.48 %	104	D	62.01 % / 34.19 %	125	B	86.04 % / 12.84 %
21	A	89.24 % / 10.28 %	42	B	41.76 % / 30.49 %	63	B	64.6 % / 35.02 %	84	D	11.75 % / 68.59 %	105	A	55.55 % / 43.33 %	126	B	48.26 % / 40.09 %

प्रश्न संख्या	उत्तर	सही उत्तर	छोड़ दिया
127	A	47.83 %	41.53 %
128	B	22.02 %	67.16 %
129	B	15.48 %	71.77 %
130	D	51.2 %	34.71 %
131	B	40.45 %	59.06 %
132	D	55.68 %	44.18 %
133	A	50.41 %	41.75 %
134	D	67.26 %	32.0 %

प्रश्न संख्या	उत्तर	सही उत्तर	छोड़ दिया
135	B	41.34 %	35.25 %
136	B	54.94 %	44.09 %
137	C	76.79 %	13.51 %
138	D	79.26 %	10.05 %
139	A	63.94 %	35.43 %
140	A	45.44 %	30.37 %
141	B	46.64 %	45.44 %
142	A	63.72 %	35.2 %

प्रश्न संख्या	उत्तर	सही उत्तर	छोड़ दिया
143	B	50.9 %	39.05 %
144	D	58.92 %	36.62 %
145	D	60.61 %	32.12 %
146	A	55.98 %	40.58 %
147	B	45.5 %	47.12 %
148	A	17.35 %	82.3 %
149	C	59.22 %	31.2 %
150	B	61.84 %	32.81 %

प्रश्न संख्या	उत्तर	सही उत्तर	छोड़ दिया
151	B	52.82 %	37.11 %
152	B	40.83 %	45.15 %
153	B	51.0 %	39.19 %
154	B	60.39 %	36.76 %
155	D	21.9 %	70.74 %
156	A	59.42 %	32.64 %
157	A	63.32 %	31.29 %
158	C	62.98 %	30.78 %

प्रश्न संख्या	उत्तर	सही उत्तर	छोड़ दिया
159	A	68.46 %	31.5 %
160	C	78.2 %	11.83 %
161	B	59.13 %	31.78 %
162	A	45.04 %	42.17 %
163	C	83.47 %	11.64 %
164	C	55.66 %	31.87 %
165	D	57.31 %	33.16 %
166	B	84.17 %	13.01 %

प्रश्न संख्या	उत्तर	सही उत्तर	छोड़ दिया
167	C	52.57 %	44.71 %
168	B	62.09 %	33.58 %
169	C	66.49 %	31.34 %
170	B	77.98 %	18.4 %

//संकेत और समाधान//

1. दक्षिण कोरिया ने अगस्त 2022 में एक रूसी राज्य द्वारा संचालित परमाणु ऊर्जा कंपनी 'एएसई' के साथ 2.25 अरब डॉलर के समझौते पर हस्ताक्षर किए हैं।

- मिस्र के पहले परमाणु ऊर्जा संयंत्र के लिए घटक प्रदान करने के लिए इस पर हस्ताक्षर किए गए हैं।
- एएसई एक सरकारी स्वामित्व वाले रूसी परमाणु समूह रोसाटॉम की सहायक कंपनी है।
- दक्षिण कोरिया ने संयुक्त अरब अमीरात में परमाणु ऊर्जा रिएक्टर बनाने के लिए 20 अरब डॉलर के अनुबंध पर भी हस्ताक्षर किए हैं।

अतः विकल्प (D) सही है।

2. इंडिया डिजिटल समिट 2022 के 16वें संस्करण का आयोजन इंटरनेट एंड मोबाइल एसोसिएशन ऑफ इंडिया (आईएएमएआई) द्वारा किया गया था।

शिखर सम्मेलन के दौरान '10 मिलियन डिजिटल रूप से सक्षम सूक्ष्म उद्यमियों का निर्माण' शीर्षक वाली रिपोर्ट भी जारी की गई। रिपोर्ट में कहा गया है कि रोजगार सृजन और जीडीपी में योगदान दोनों के लिए सूक्ष्म-उद्यमी भारतीय अर्थव्यवस्था का एक महत्वपूर्ण हिस्सा हैं।

अत: विकल्प (A) सही है।

3. महिला और बाल विकास मंत्रालय ने 28 फरवरी 2022 तक पीएम केयर्स फॉर चिल्ड्रन योजना को बढ़ा दिया था। पहले यह योजना 31 दिसंबर 2021 तक वैध थी। यह योजना उन सभी बच्चों को कवर करती है, जिन्होंने 11 मार्च 2020 से कोविड- 19 महामारी के कारण माता-पिता, जीवित माता-पिता, या कानूनी अभिभावक/दत्तक माता-पिता/एकल दत्तक माता-पिता दोनों को खो दिया है।

अतः विकल्प (A) सही है।

4. दिया गया है,

ब्याज दर $= 2.5\%$ प्रति माह

6 महीने के बाद भुगतान की गई राशि $= 13110$ रुपये

राशि, $A = P + SI$

साधारण ब्याज, $SI = \dfrac{P \times R \times T}{100}$

जहां,

$P \rightarrow$ मूलधन

$R \rightarrow$ ब्याज की दर

$T \rightarrow$ समय

मान लीजिए ऋण ली गई राशि x रुपये है

$SI = \dfrac{x \times 2.5 \times 6}{100} = 0.15x$

$A = x + 0.15x = 1.15x$

$1.15x = 13110$

$\Rightarrow x = 11400$

$\Rightarrow$ ब्याज की राशि $= 0.15 \times 11400$

$= 1710$ रुपये

अतः विकल्प (C) सही है।

5. राज्यपाल उस राज्य का संवैधानिक प्रमुख होता है।

राज्यपाल के पास राज्य की सभी कार्यकारी और विधायी शक्तियाँ होती हैं। राज्यपाल राज्य के पहले व्यक्ति हैं। संविधान का अनुच्छेद 153 प्रत्येक राज्य में एक राज्यपाल के लिए प्रदान करता है।

अतः विकल्प (C) सही है।

6. सितंबर में संसद ने राष्ट्रीय खाद्य सुरक्षा अधिनियम, 2013 लागू किया।

मध्य प्रदेश की राज्य सरकार ने 21 जुलाई 2017 को IAS (सेवानिवृत्त) राजकिशोर स्वैन की अध्यक्षता में चार सदस्यीय खाद्य आयोग की नियुक्ति की। आयोग को राष्ट्रीय खाद्य सुरक्षा अधिनियम (NFSA) 2013 के अनुसार नियुक्त किया गया था। आयोग राज्य में राष्ट्रीय खाद्य सुरक्षा अधिनियम 2013 के प्रावधानों के कार्यान्वयन की निगरानी के लिए जिम्मेदार होगा।

यह निगरानी के लिए जिम्मेदार होगा -

सार्वजनिक वितरण प्रणाली (पीडीएस) के तहत खाद्यान्न का वितरण।

राज्य में मध्याह्न भोजन योजना और एकीकृत बाल विकास सेवा योजना का कार्यान्वयन।

अत: विकल्प (C) सही है।

7. प्रधानमंत्री भारत जोड़ो परियोजना:

- इसकी घोषणा 2003-04 के बजट में की गई थी।
- इसमें 10,000 किलोमीटर के राजमार्गों और उच्च घनत्व वाले गलियारों को चार लेन का बनाने की परिकल्पना की गई है।
- इस परियोजना में निजी भागीदारी के साथ 10,000 किमी सड़कों को चार लेन का बनाना शामिल है।
- चार लेन की इस योजना के तहत राष्ट्रीय राजमार्ग विकास परियोजना (NHDP) से दूर सभी राज्यों की राजधानियों को चार लेन के राजमार्ग से NHDP से जोड़ा जाएगा।

अत: विकल्प (D) सही है।

8. लिंग असमानता सूचकांक (GII) लैंगिक असमानता के मापन के लिए एक सूचकांक है जिसे 2010 के मानव विकास रिपोर्ट में संयुक्त राष्ट्र विकास कार्यक्रम (UNDP) द्वारा प्रस्तुत किया गया था।

यह एक समग्र उपाय है जो लैंगिक असमानता के कारण किसी देश के भीतर उपलब्धि के हानि का आकलन करता है।

लैंगिक असमानता सूचकांक के तीन महत्वपूर्ण आयाम हैं जो प्रजनन स्वास्थ्य, सशक्तिकरण और श्रम बाजार में भागीदारी हैं।

स्वास्थ्य दर को मातृ मृत्यु अनुपात और किशोर प्रजनन दर के माध्यम से मापा जाता है। सशक्तीकरण आयाम का मूल्यांकन पुरुष और महिला द्वारा आयोजित संसदीय सीटों के हिस्से और माध्यमिक और उच्च शिक्षा प्राप्ति स्तरों द्वारा किया जाता है। कार्य बल में महिलाओं की भागीदारी से श्रम आयाम को मापा जाता है।

अत: विकल्प (D) सही है।

9. ग्रामीण गरीबों, विशेषकर महिलाओं की मदद करने के उद्देश्य से भारत में स्वयं सहायता समूह (SHG) स्थापित किए गए हैं। एक विशिष्ट स्वयं सहायता समूह में एक ही पड़ोस के 15-20 लोग शामिल होते हैं जो अपने दैनिक वेतन से कुछ पैसे बचाते हैं और उन्हें एक साथ इकट्ठा करते हैं।

एक सामान्य SHG में 15-20 सदस्य होते हैं, जो आमतौर पर एक पड़ोस से संबंधित होते हैं, जो नियमित रूप से मिलते हैं और बचत करते हैं। लोगों की बचत करने की क्षमता के आधार पर प्रति सदस्य बचत 25 रुपये से 100 रुपये

या उससे अधिक तक होती है। लोग इन समूहों से किसी आपात स्थिति के दौरान या जरूरत पड़ने पर पैसे उधार ले सकते हैं।

वे उधारकर्ताओं से न्यूनतम ब्याज दर वसूलते हैं। एक बार जब SHG एक निश्चित राशि बचाने में कामयाब हो जाता है, तो वे बैंकों से ऋण लेने के लिए भी पात्र होते हैं। इन स्वयं सहायता समूहों को शुरू करने का मुख्य उद्देश्य ग्रामीण लोगों के लिए छोटे पैमाने पर रोजगार के अवसरों को बढ़ाना था ताकि वे आजीविका कमाने के लिए एक छोटा व्यवसाय शुरू कर सकें।

अत: विकल्प (B) सही है।

10. दिया गया है:

त्रिभुज के कोण $= 3x, 4x + 10, 3x - 30$

त्रिभुज के सभी कोणों का योग $180°$ होता है।

समकोण त्रिभुज: यह एक ऐसा त्रिभुज है जिसका एक अन्तः कोण $90°$ के बराबर होता है।

त्रिभुज के सभी कोणों का योग $= 3x + 4x + 10 + 3x - 30$

$$\Rightarrow 3x + 4x + 10 + 3x - 30 = 180°$$

$$\Rightarrow 10x - 20 = 180°$$

$$\Rightarrow 10x = 200°$$

$$\Rightarrow x = 20°$$

त्रिभुज के कोण,

पहला कोण $= 3 \times 20°$

$= 60°$

दूसरा कोण $= 4 \times 20° + 10°$

$= 90°$

तीसरा कोण $= 3 \times 20° - 30°$

$= 30°$

$\therefore$ यह एक समकोण त्रिभुज है।

अत: विकल्प (C) सही है।

11. पंचायती राज व्यवस्था का वर्णन भारतीय संविधान के भाग IX में किया गया है। राजस्थान पहला राज्य है जहां पहली बार नागौर जिले में 1959 में इस प्रणाली को लागू किया गया था। बाद में, यह राज्य के सभी जिलों में इस प्रणाली को लागू करने वाला पहला राज्य भी बन गया। 73 वें संशोधन 1992 भारत में इस प्रणाली से जुड़ा है।

अत: विकल्प (B) सही है

12. माना कि $t_1 = 225$ और $t_2 = 256$

माना कि दूसरे व्यक्ति की गति x किमी/घंटा है,

प्रश्न के अनुसार,

$$\left(\frac{40}{x}\right)^2 = \left(\frac{256}{225}\right)$$

$$\Rightarrow \frac{40}{x} = \sqrt{\frac{256}{225}}$$

$$\Rightarrow \frac{40}{x} = \frac{15}{16}$$

$$\Rightarrow x = 40 \times \left(\frac{16}{15}\right)$$

$$\Rightarrow x = 37.5 \text{ किमी/घंटे}$$

$\therefore$ अन्य आदमी की गति 37.5 किमी/घंटे थी।

अत: विकल्प (D) सही है।

13. मौलिक अधिकारों से संबंधित पी.आई.एल याचिका उच्च न्यायालय और उच्च न्यायालय दोनों के पास दायर की जा सकती है।

भारत में जनहित याचिका का इतिहास (पीआईएल):

- 1979 में, कपिला हिंगोरानी ने एक याचिका दायर की और प्रसिद्ध हुसैनारा खातून मामले में पटना की जेलों से लगभग 40000 उपक्रमों को रिहा किया। हिंगोरानी एक वकील थे।

- जस्टिस पी एन भगवती की अगुवाई वाली बेंच के समक्ष यह मामला एससी में दायर किया गया था।

- इस सफल मामले के परिणामस्वरूप हिंगोरानी को 'जनहित याचिका' कहा जाता है।

- अदालत ने हिंगोरानी को एक ऐसे मामले को आगे बढ़ाने की अनुमति दी, जिसमें उनके पास कोई व्यक्तिगत ठिकाना नहीं था, जिससे जनहित याचिका भारतीय न्यायशास्त्र में एक स्थायी स्थिरता थी।

- भारत के सर्वोच्च न्यायालय और उच्च न्यायालयों को PIL जारी करने का अधिकार है।

- जनहित याचिका की अवधारणा न्यायिक समीक्षा की शक्ति से उपजी है।

- पीआईएल की अवधारणा ने लोकस स्टैंडी के सिद्धांत को पतला कर दिया है, जिसका तात्पर्य केवल उस व्यक्ति / पार्टी से है जिसके अधिकारों का उल्लंघन किया गया है, याचिका दायर कर सकते हैं।

अत: विकल्प (D) सही है।

14. जैसा कि हम जानते हैं,

यदि कोई व्यक्ति 'n' दिनों में काम पूरा करता है, तो एक दिन का काम, काम का $\frac{1}{n}$ हिस्सा होगा।

गणेश और भीम द्वारा एक काम को पूरा करने में लिया गया समय = 6 दिन

काम का वह भाग जो गणेश और भीम द्वारा 1 दिन में पूरा किया जाता हैं $= \frac{1}{6}$

गणेश द्वारा किसी काम को पूरा करने में लगने वाला समय = 10 दिन

गणेश द्वारा 1 दिन में पूरा किया जाने वाला काम $= \frac{1}{10}$

अब, हम 1 दिन में भीम द्वारा पूरा किए गए काम का हिस्सा निकालेंगे $=$

$$\frac{1}{6} - \frac{1}{10}$$

$$= \frac{(10-6)}{60}$$

$$= \frac{4}{60}$$

$$= \frac{1}{15}$$

$\therefore$ भीम पूरे काम को 15 दिनों में पूरा करता है।

अत: विकल्प (D) सही है।

15. 2021 ICC पुरस्कारों के विजेताओं की घोषणा की गई है।

ICC विमेंस क्रिकेटर ऑफ द ईयर के लिए रेचल हेहो फ्लिंट ट्रॉफी स्मृति मंधाना (भारत) को दी गई है।

ICC मेन्स T20I क्रिकेटर ऑफ द ईयर का पुरस्कार मोहम्मद रिजवान (पाकिस्तान) को दिया गया। ICC विमेंस T20I क्रिकेटर ऑफ द ईयर का पुरस्कार टैमी ब्यूमोंट (इंग्लैंड) को दिया गया। ICC अंपायर ऑफ द ईयर का पुरस्कार मराइस इरैस्मस को दिया गया।

अत: विकल्प (A) सही है।

16. क्षोभमंडल में ऊंचाई के साथ तापमान 55° तक कम हो जाता है, समताप मंडल में ओजोन की उपस्थिति के कारण तापमान अधिक होता है, इसलिए मध्यमंडल में न्यूनतम तापमान लगभग 90° होता है।

अत: विकल्प (B) सही है।

17. भारत की सबसे महत्वपूर्ण यूरेनियम खदान जादूगोड़ा में स्थित है।

जादूगोड़ा खान (जादुगोड़ा या जादूगोरा के रूप में भी लिखा जाता है) भारतीय राज्य झारखंड के पूर्वी सिंहभूम जिले के जादूगोड़ा गांव में एक यूरेनियम खदान है। इसने 1967 में परिचालन शुरू किया और यह भारत की पहली यूरेनियम खदान थी। इस खदान में जमा राशि 1951 में खोजी गई थी।

अत: विकल्प (D) सही है।

18. उदयपुर की जवार खदानें जस्ता के लिए प्रसिद्ध हैं।

ज़ावर जस्ता और सीसा के निष्कर्षण के लिए खनन कंपनी हिंदुस्तान जिंक लिमिटेड द्वारा बनाई गई एक बस्ती है। एक 80MW बिजली संयंत्र तीन प्रमुख खानों से जस्ता और सीसा खनन के लिए बिजली प्रदान करता है।

अत: विकल्प (B) सही है।

19. कर्नाटक भारत में सोने का सबसे बड़ा उत्पादक है।

कोलार गोल्ड फील्ड्स दुनिया की दूसरी सबसे गहरी खदान है।

कर्नाटक में एक और प्रसिद्ध सोने का खदान हट्टी है जो की रायचुर जिले मे है।

अत: विकल्प (A) सही है।

20. जीवाश्म ईंधन के अलावा ऊर्जा के अन्य स्रोत को ऊर्जा का वैकल्पिक स्रोत कहा जाता है। इसमें सभी नवीकरणीय और परमाणु ऊर्जा स्रोत शामिल हैं। इसे ऊर्जा के अन्य स्रोतों से अलग बनाने का सबसे बड़ा लाभ यह है कि यह कभी समाप्त नहीं होगा। क्योंकि पृथ्वी पर जीवाश्म ईंधन सीमित मात्रा में ही उपलब्ध है।

यूरेनियम और थोरियम जैसे तत्वों का उपयोग करके नाभिकीय ऊर्जा का उत्पादन किया जाता है, जिनका उत्पादन नहीं किया जा सकता है और सीमित मात्रा में अस्तित्व में हैं। नाभिकीय ऊर्जा जीवाश्म ईंधन ऊर्जा जितनी खराब नहीं है लेकिन फिर भी, इसे वैकल्पिक ऊर्जा स्रोत नहीं माना जाता है। यह वह ऊर्जा है जो एक परमाणु के नाभिक में होती है। नाभिकीय ऊर्जा नाभिकीय संलयन और नाभिकीय विखंडन प्रतिक्रियाओं से उत्पन्न होती है। नाभिकीय विखंडन: जब एक बड़े नाभिक को दो या दो से अधिक छोटे नाभिकों में विभाजित किया जाता है, तो उसे नाभिकीय विखंडन के रूप में जाना जाता है।

नाभिकीय संलयन: जब दो या दो से अधिक छोटे नाभिक आपस में मिलकर एक बड़ा और अलग नाभिक बनाते हैं, तो इसे नाभिकीय संलयन कहा जाता है। इसलिए, नाभिकीय ऊर्जा का उत्पादन यूरेनियम और थोरियम से होता है।

अत: विकल्प (B) सही है।

21. मिथाइल आइसोसाइनेट गैस के रिसाव के कारण भोपाल गैस त्रासदी हुई। यह भारत के इतिहास की सबसे घातक गैस त्रासदी थी। इसने कई पीढ़ी के लोगों के जीवन को तबाह कर दिया।

अत: विकल्प (A) सही है।

22. पारा-दूषित पानी से मिनामाता रोग होता है। यह सबसे पहले जापान के मिनामाता शहर में खोजा गया था इसलिए इसे मिनामाता रोग कहा जाता है।

नाइट्रेट-दूषित पानी के कारण ब्लू बेबी सिंड्रोम रोग होता है।

अत: विकल्प (C) सही है।

23. ऊन एक बहुलक है जो प्रोटीन से बना होता है। भेड़ों से ऊन निकाला जाता है। रबर, कपास और जूट प्रोटीन से नहीं बनते।

अत: विकल्प (C) सही है।

24. सुक्रालोज एक कृत्रिम स्वीटनर और चीनी का विकल्प है। अधिकांश अंतर्ग्रहण सुक्रालोज को शरीर द्वारा विखण्डित नहीं किया जाता है, इसलिए यह नॉनक्लोरिक है।

अत: विकल्प (C) सही है।

25. अशोक के राज्याभिषेक के बाद, उन्होंने केवल एक प्रमुख युद्ध लड़ा, जिसे कलिंग युद्ध के नाम से जाना जाता था।

इस युद्ध में हुए नरसंहार ने उन्हें दुःख से भर दिया। इस युद्ध से कलिंग के लोगों, पुजारियों, भिक्षुओं को बहुत पीड़ा हुई, जिसने अशोक को बड़ी तपस्या से भर दिया। फिर, उन्होंने "भेरीघोष" के बजाय "धम्मघोष" का उपयोग करना शुरू कर दिया और शारीरिक रूप से राज्यों पर हमला करने के बजाय सांस्कृतिक विनाश की नीतियों को अपनाया। यह कदम मौर्य साम्राज्य के पतन के लिए जिम्मेदार कारणों में से एक बन गया।

अत: विकल्प (B) सही है।

26. शिवास्वामी अय्यर ने कहा था कि साइमन कमीशन की रिपोर्ट को कूड़े के ढेर पर फेंक देना चाहिए।

शिवास्वामी अय्यर ने साइमन कमीशन की रिपोर्ट की जांच की और कहा कि इस रिपोर्ट को कचरे के ढेर पर फेंक देना चाहिए। ये शब्द शिवास्वामी अय्यर ने कहे थे जो एक प्रमुख प्रशासक, वकील और राजनेता थे जिन्होंने 1907-1911 तक मद्रास के महाधिवक्ता के रूप में कार्य किया।

अत: विकल्प (B) सही है।

27. 16 अगस्त 1946 को मुस्लिम लीग द्वारा प्रत्यक्ष कार्रवाई दिवस के रूप में घोषित किया गया था।

ब्रिटिशों द्वारा भारतीय उपमहाद्वीप छोड़ने के बाद मुस्लिम लीग परिषद ने एक अलग मुस्लिम मातृभूमि की मांग को तेज करने के लिए 16 अगस्त 1946 को 'प्रत्यक्ष कार्रवाई दिवस' के रूप में घोषित किया। उनका मुख्य उद्देश्य मुस्लिम बहुमत के साथ एक अलग देश प्राप्त करना था।

अत: विकल्प (B) सही है।

28. राज्य सूची के किसी विषय पर संसद कानून बना सकती है, अगर राज्य-सभा दो तिहाई बहुमत से पारित करे कि राज्य-सूची का संदर्भगत विषय राष्ट्रीय महत्व का हो गया। राज्य सभा के संदर्भ में सही कथन है।

भारत के संविधान के भाग V में अनुच्छेद 79 से 122 संसद से संबंधित है। संसद में राष्ट्रपति, राज्यों की परिषद (राज्य सभा) और लोक सभा (लोकसभा) होते है।

अत: विकल्प (C) सही है।

29. भारत के लिए जिला मजिस्ट्रेट से मुक्त "फोर पिलर स्टेट" की अवधारणा राम मनोहर लोहिया द्वारा सुझाई गई थी।

राम मनोहर लोहिया राजनीतिक-प्रशासनिक शक्ति के अंतरण के प्रबल पक्षधर थे। उन्होंने 'फोर-पिलर स्टेट' वाक्यांश गढ़ा, जहां उन्होंने पंचायती राज का समर्थन किया। उन्होंने 1929 में कलकत्ता विश्वविद्यालय से स्नातक किया। उन्होंने जर्मनी से 1933 में डॉक्टरेट की पढ़ाई पूरी की, जिसके बाद उन्होंने 'भारत में नमक कराधान' पर पीएचडी थीसिस लिखी।

अतः विकल्प (B) सही है।

30. कजाखस्तान खानों से यूरेनियम का सबसे बड़ा हिस्सा (2019 में खानों से दुनिया की आपूर्ति का 42%) का उत्पादन करता है, इसके बाद कनाडा (13%) और ऑस्ट्रेलिया (12%) का स्थान आता है।

खदानों से दुनिया के दो-तिहाई से अधिक यूरेनियम का उत्पादन कजाखस्तान, कनाडा और ऑस्ट्रेलिया से होता है। सीटू निक्षालन द्वारा यूरेनियम की बढ़ती मात्रा, जो अब 50% से अधिक है, का उत्पादन किया जाता है।

अतः विकल्प (C) सही है।

31. वाक्य में 'योग्य' शब्द गुण को प्रकट करता है। अत: यहाँ गुणवाचक विशेषण है।

शब्द	परिभाषा
विशेषण	जो शब्द संज्ञा या सर्वनाम शब्दों की विशेषता बताते हैं।
गुणवाचक विशेषण	वे शब्द जो संज्ञा या सर्वनाम के गुण, धर्म, स्वभाव आदि का बोध कराये।

अतः विकल्प (D) सही है।

32. विशेषण की न्यूनतम अवस्था 'उत्तमावस्था' होती है।

विशेषण की तीन अवस्थाए होती है – मूलावस्था, उत्तरावस्था, उत्तमावस्था।

मूलावस्था: इसमें विशेषणों का सामान्य प्रयोग होता है, यहाँ किसी के साथ तुलना नहीं की जाती है। जैसे- राम एक वीर बालक है।

उत्तरावस्था: इसमें दो व्यक्तियों या वस्तुओं की तुलना करके किसी एक की न्यूनता या अधिकता बताई जाती है। जैसे- सीता गीता से सुंदर है।

उत्तमावस्था: इसमें दो से अधिक व्यक्तियों या वस्तुओं की तुलना की जाती है। जैसे- राम सबसे वीर है।

अतः विकल्प (D) सही है।

33. ईमानदार शब्द गुणवाचक विशेषण है।

जो शब्द किसी संज्ञा या सर्वनाम का गुण, दोष, आकार-प्रकार रंग रूप गंध आदि बताते हैं, वे शब्द गुणवाचक विशेषण कहलाते है। जैसे: सुंदर, बलवान।

अतः विकल्प (D) सही है।

34. अनेक शब्द के बदले एक शब्द: भाषा में कई शब्दों के स्थान पर एक शब्द बोलकर हम भाषा को प्रभावशाली एवं आकर्षक बनाते हैं उसे अनेक शब्द के बदले में एक शब्द कहा जाता है।

जैसे अयोग्य होते हुए भी अभिमान करने को दंभ (आडंबर, पाखंड) कहते हैं। अद्भुत का अर्थ आश्चर्यजनक या अनोखा होता है तथा अहंकार तथा अभिमान का अर्थ घमंड से सम्बंधित है।

अतः विकल्प (C) सही है।

35. अनेक शब्द के बदले एक शब्द: भाषा में कई शब्दों के स्थान पर एक शब्द बोलकर हम भाषा को प्रभावशाली एवं आकर्षक बनाते हैं उसे अनेक शब्द के बदले में एक शब्द कहा जाता है।

'दोपहर के बाद का समय' को अपराह्न कहलाता है।

दिन का पहला भाग = पूर्वाह

अतः विकल्प (B) सही है।

36. निर्मूल - जिसका मूल नहीं है

निरुपाय - जिसका कोई उपाय नहीं है

निरामिष - जो मांस नहीं खाता है

नातिलघु- जो बहुत छोटा नहीं है

अतः विकल्प (D) सही है।

37. 'हिय' का तत्सम शब्द हृदय है।

मन का अर्थ अंत:करण या चाहत होता है।

छाती और उर शब्द हृदय के पर्यायवाची हैं।

अत: विकल्प (B) सही है।

38. तत्सम: ऐसे शब्द जो ,संस्कृत से आये हुए हैं , जब उनका प्रयोग हिंदी में किया जाता है , तब उन शब्दों का प्रयोग ज्यों का त्यों होता है । ऐसे शब्द को हम तत्सम शब्द कहते हैं।

उदाहरण: ग्रह, अक्षि, कार्य, ग्राम, प्रस्तर आदि।

"आग" शब्द का तत्सम अग्नि है।

अतः विकल्प (A) सही है।

39. दिए गए विकल्पों में से 'वधू' शब्द तत्सम है।

जिसका तद्भव शब्द बहू होगा।

बहू स्त्रीलिंग शब्द है जिसका अर्थ 'नव विवाहिता स्त्री, दुल्हन' होगा।

अतः विकल्प (A) सही है।

40. वाक्य तीन प्रकार के होते हैं सरल वाक्य, संयुक्त वाक्य तथा मिश्र वाक्य-

सरल वाक्य: सरल वाक्य में एक उद्देश्य के साथ-2 केवल एक ही समायिका और एक विधेय होते हैं सरल वाक्य कहलाते हैं। उदाहरण:- बच्चे क्रिकेट खेलते हैं।

संयुक्त वाक्य: दो या दो से अधिक सरल वाक्य योजक शब्दों के द्वारा जुड़कर बनते हैं संयुक्त वाक्य को विभाजित करने पर पुनः सरल वाक्य प्राप्त होते हैं। उदाहरण:- राम आया और सो गया।

मिश्र वाक्य: जिन वाक्यों में एक प्रधान उपवाक्य और इस उपवाक्य पर एक या एक से अधिक आश्रित उपवाक्य होते हैं यह सभी आपस में कि, जो, की, इतना, उतना, इधर, उधर, कब, कितना, जब ,तब जैसा, वैसा, वह, आदि, शब्दों, से जुड़े होते हैं।

अतः विकल्प (A) सही है।

41. दिए गए प्रश्न में राधा का कुत्ता बहुत तेज दौड़ता है वाक्य में "का" शब्द सम्बन्ध सूचक शब्द है।

सम्बन्ध कारक- जो एक शब्द का दूसरे से सम्बन्ध जोड़े,

जैसे- का, की, के, रा, री, रे

अतः विकल्प (B) सही है।

42. सभी कार्य का के स्थान पर सभी कार्यों में आयेगा।

इसलिए सही वाक्य होगा - हरीश सभी कार्यों में निपुण है।
अतः विकल्प (B) सही है।

43. दीपक' शब्द का उचित पर्यायवाची युग्म प्रदीप, दीया, दीप है।

दीपक के पर्यायवाची शब्द – आदित्य, दीप, प्रदीप, दीया इत्यादि है।

अतः विकल्प (A) सही है।

44. 'अरि' का पर्यायवाची शब्द 'शत्रु' है।

अरि के पर्यायवाची शब्द- शत्रु, वैरी, बैरी, दुश्मन, विरोधी इत्यादि है।

अतः विकल्प (B) सही है।

45. 'दर्प' का पर्यायवाची शब्द 'अहंकार' है।

'दर्प' के पर्यायवाची शब्द- घमंड, अहंकार, अभिमान, गर्व, ताव, इत्यादि है।

अतः विकल्प (C) सही है।

46. 'अनिल' का पर्यायवाची शब्द 'पवन' है।

अनिल के पर्यायवाची शब्द- पवन, वायु, समीर, वात, मरुत, पवमान ,बयार, हवा, इत्यादि है।

अतः विकल्प (B) सही है।

47. 'प्रसून' का पर्यायवाची शब्द 'पुष्प' है।

'प्रसून' का पर्यायवाची शब्द- पुष्प, फूल, सुमन, कुसुम, मंजरी, इत्यादि है।

अतः विकल्प (A) सही है।

48. 'संक्षेप' शब्द का विलोम शब्द 'विस्तार' है। 'संक्षेप' का अर्थ थोड़े में कोई बात करना होता है जबकि 'विस्तार' का अर्थ फैलने का भाव होगा।

अतः विकल्प (B) सही है।

49. दिए गए विकल्पों में से 'चिरंतन' शब्द का उचित विलोम शब्द 'नश्वर' होगा।

चिरंतन शब्द का पर्यायवाची शब्द - बहुत दिनों का, पुरातन, पुराना।

नश्वर शब्द के पर्यायवाची शब्द - फानी, क्षयी, क्षर, भंगुर, मर्त्य।

अतः विकल्प (A) सही है।

50. 'विधि' शब्द का विलोम 'निषेध' होता है।

विधि यानी व्यवस्था आदि का ढंग, प्रणाली।

निषेध यानी मना करना।

अतः विकल्प (A) सही है।

51. घनाकार उपकला थायरॉइड फॉलिकल्स में पाया जाता है।

थायराइड फॉलिकल्स थायराइड हार्मोन के उत्पादन और स्राव के लिए उचित होते हैं। वे घनाकार उपकला से बने होते हैं। थायरॉइड कूपिक कोशिकाएं एक साधारण घनाकार उपकला बनाती हैं और कोलाइड के रूप में जाने जाने वाले द्रव से भरे स्थान के आसपास गोलाकार थायरॉयड रोम में व्यवस्थित होती हैं।

अतः विकल्प (B) सही है।

52. रक्त में कैल्शियम और फास्फोरस के स्तर को नियंत्रित करने वाला हार्मोन पैराथाइरॉइड ग्रंथि द्वारा स्रावित होता है।

पैराथाइरॉइड ग्रंथि छोटी ग्रंथियां होती हैं। यह शरीर में कैल्शियम के स्तर को नियंत्रित करता है। प्रत्येक ग्रंथि चावल के दाने के आकार की होती है। पैराथाइरॉइड हार्मोन बाह्य तरल पदार्थ में कैल्शियम और फास्फोरस एकाग्रता का सबसे महत्वपूर्ण अंतःस्रावी नियामक है। यह हार्मोन पैराथाइरॉइड ग्रंथियों की कोशिकाओं से स्रावित होता है और हड्डी और गुर्दे में अपने प्रमुख लक्ष्य कोशिकाओं को ढूंढता है।

अतः विकल्प (B) सही है।

53. पीटीएच को पैराथाइरॉइड हार्मोन के रूप में जाना जाता है। यह पैराथायरॉइड ग्रंथि द्वारा स्रावित होता है। यह हड्डी रीमॉडेलिंग में महत्वपूर्ण है। पैराथायरायड ग्रंथियां दो जोड़ी छोटी, अंडाकार आकार की ग्रंथियां हैं। वे गर्दन में दो थायरॉयड ग्रंथि लोब के बगल में स्थित हैं। प्रत्येक ग्रंथि आमतौर पर एक मटर के आकार की होती है।

अतः विकल्प (B) सही है।

54. मुख्य कोशिकाएं और ऑक्सीफिल पैराथाइरॉइड ग्रंथि में पाई जाने वाली कोशिकाओं के प्रकार हैं।

पैराथाइरॉइड ऑक्सीफिल सेल पैराथाइरॉइड ग्रंथि में पाए जाने वाले दो प्रकार की कोशिकाओं में से एक है, दूसरी पैराथाइरॉइड मुख्य कोशिका है। यह माना जाता है कि ऑक्सीफिल कोशिकाएं युवावस्था में मुख्य कोशिकाओं से प्राप्त की जा सकती हैं, क्योंकि वे जन्म के समय मुख्य कोशिकाओं की तरह मौजूद नहीं

होती हैं।

अतः विकल्प (B) सही है।

55. थाइमस छाती के ऊपरी अग्र भाग में, पूर्वकाल सुपीरियर मीडियास्टिनम में, उरोस्थि के पीछे और हृदय के सामने स्थित होता है। यह दो पालियों से बना होता है, जिनमें से प्रत्येक में एक केंद्रीय मज्जा और एक बाहरी प्रांतस्था होती है, जो एक कैप्सूल से घिरी होती है।

अतः विकल्प (C) सही है।

56. एक्स्ट्रानेट एक निजी नेटवर्क है जो केवल कंपनी कर्मियों के लिए सुलभ है और बाहरी उपयोगकर्ताओं जैसे विक्रेताओं और ग्राहकों के लिए स्वीकृत है। एक्स्ट्रानेट एक नियंत्रित निजी नेटवर्क है जो भागीदारों, विक्रेताओं और आपूर्तिकर्ताओं या ग्राहकों के अधिकृत समूह तक सामान्य रूप से किसी संगठन के इंट्रानेट से सुलभ जानकारी के सबसेट तक पहुंचने की अनुमति देता है।

अतः विकल्प (A) सही है।

57. संगठनात्मक विकास के लिए महत्वपूर्ण इंट्रानेट और एक्स्ट्रानेट का अस्तित्व यह है कि वे संचार की सुविधा प्रदान करते हैं और सहयोग को बढ़ावा देते हैं। इंट्रानेट एक निजी सुरक्षित नेटवर्क है जिसे सहयोग की सुविधा के लिए डिज़ाइन किया गया है और वास्तविक समय में दस्तावेजों को संवाद और साझा करना आसान बनाता है, यह एक संगठन के भीतर कंप्यूटरों का एक निजी नेटवर्क है जहां कई कंप्यूटर एक सर्वर से जुड़े होते हैं; सभी कंप्यूटरों का डेटा इस सर्वर में संग्रहीत किया जाता है और उसी के अनुसार प्रतिक्रिया दी जाती है। इंट्रानेट दो कंप्यूटरों के रूप में सरल हो सकता है जो घर पर एक-दूसरे से जुड़े हों या निजी स्वामित्व वाले, गैर-सार्वजनिक नेटवर्क लिंक के माध्यम से जुड़े बैंक के 1000 शाखा कार्यालयों के रूप में विशाल हों। इंट्रानेट को एक निजी नेटवर्क में होस्ट किया जाता है, जिसका अर्थ है कि केवल नेटवर्क के अंदर अधिकृत उपयोगकर्ता ही इसे एक्सेस कर सकते हैं। अगर बाहरी यूजर इंट्रानेट के डाटा को एक्सेस करना चाहता है तो इंटरनेट की मदद से यूजर इंट्रानेट से डाटा एक्सेस कर सकता है। इस पूरे संयोजन या स्थिति को एक्स्ट्रानेट कहा जाता है। एक्स्ट्रानेट मूल रूप से एक निजी नेटवर्क है जिसे विशेष रूप से इन व्यक्तियों (ग्राहकों, विक्रेताओं, आपूर्तिकर्ताओं, भागीदारों, आदि) को संगठन और उसके कर्मचारियों के साथ एक बंद डिजिटल कार्यक्षेत्र में संवाद करने की अनुमति देने के लिए डिज़ाइन किया गया है।

अतः विकल्प (A) सही है।

58. जहां कोई संभावित या वास्तविक घटना है जो रोगी को नुकसान पहुंचा सकती है या घायल कर सकती है तो रोगी सुरक्षा घटनाएं नकारात्मक घटनाएं होती हैं। एक रोगी सुरक्षा घटना एक घटना, घटना या स्थिति है जिसके परिणामस्वरूप रोगी को नुकसान हो सकता है या हो सकता है। एक रोगी सुरक्षा घटना हो सकती है, लेकिन जरूरी नहीं है, एक दोषपूर्ण प्रणाली या प्रक्रिया का परिणाम एक सिस्टम ब्रेकडाउन उपकरण विफलता या मानवीय त्रुटि का परिणाम है।

अतः विकल्प (C) सही है।

59. रोगी-केंद्रित आईटी का उपयोग रोगियों को अपनी देखभाल में अधिक शामिल होने में मदद करता है। रोगी-केंद्रित देखभाल (पीसीसी) में बहु-रुग्णता वाले रोगियों की आवश्यकताओं के अनुरूप देखभाल करने की क्षमता है। पीसीसी को "ऐसी देखभाल प्रदान करने के रूप में परिभाषित किया जा सकता है जो व्यक्तिगत रोगी वरीयताओं, जरूरतों और मूल्यों के प्रति सम्मानजनक और उत्तरदायी है और यह सुनिश्चित करता है कि रोगी मूल्य सभी नैदानिक निर्णयों का मार्गदर्शन करते हैं"।

अतः विकल्प (C) सही है।

60. स्वास्थ्य सूचना का आदान-प्रदान प्रदाताओं के बीच स्वास्थ्य जानकारी भेजना, साझा करना और प्राप्त करना है। इसके लिए स्वास्थ्य देखभाल प्रणालियों के अंदर इंटरोऑपरेबिलिटीआवश्यक है। स्वास्थ्य देखभाल में इंटरोऑपरेबिलिटी इलेक्ट्रॉनिक स्वास्थ्य डेटा के समय पर और सुरक्षित पहुंच, एकीकरण और उपयोग को संदर्भित करती है ताकि इसका उपयोग व्यक्तियों

और आबादी के लिए स्वास्थ्य परिणामों को अनुकूलित करने के लिए किया जा सके। इंटरोऑपरेबिलिटी रोगी डेटा को अधिक सुरक्षित रखने में मदद करती है क्योंकि यह मैन्युअल डेटा ट्रांसक्रिप्शन और कॉपी करने की आवश्यकता को कैसे सीमित करता है। जब कंप्यूटर सिस्टम को अधिकतम इंटरोऑपरेबिलिटी के लिए स्थापित किया जाता है, तो डेटाबेस और अन्य अनुप्रयोगों को जोड़ने और जानकारी साझा करने के साथ कर्मचारी अधिक उत्पादक रूप से काम करेंगे।

अतः विकल्प (B) सही है।

61. स्वास्थ्य सूचना निदान चरण को सर्वोत्तम रूप से तब क्रियान्वित किया जाता है जब परिणामों के पुख्ता सबूत हों। निदान चरण में एक रोगी के साथ संभावित या वास्तविक स्वास्थ्य समस्या के बारे में शिक्षित निर्णय लेने वाली नर्स शामिल होती है। कभी-कभी एक रोगी के लिए कई निदान किए जाते हैं। नर्सिंग प्रक्रिया एक महत्वपूर्ण सोच प्रक्रिया है जिसका उपयोग पेशेवर नर्स स्वास्थ्य और बीमारी (अमेरिकन नर्स एसोसिएशन, 2010) के मानवीय कार्यों और प्रतिक्रियाओं की देखभाल और बढ़ावा देने के लिए सर्वोत्तम उपलब्ध साक्ष्य को लागू करने के लिए करती है। इसमें मूल्यांकन (डेटा संग्रह), नर्सिंग निदान, योजना, कार्यान्वयन और मूल्यांकन शामिल है।

अतः विकल्प (A) सही है।

62. स्वास्थ्य सूचना निदान फेज में रोगी की स्थिति और उसकी प्रतिक्रियाओं की उचित धारणा शामिल है। समिति ने निदान प्रक्रिया में चार प्रकार की सूचना एकत्र करने की गतिविधियों की पहचान की:

- एक क्लीनिकल इतिहास और साक्षात्कार लेना।
- एक शारीरिक परीक्षा करना।
- क्लीनिकल परीक्षण प्राप्त करना।
- किसी मरीज को रेफरल या परामर्श के लिए भेजना।

अतः विकल्प (A) सही है।

63. एएनए ने इंफॉर्मेटिक्स को उस विशेषता के रूप में परिभाषित किया है जो नर्सिंग अभ्यास में डेटा, सूचना, ज्ञान और ज्ञान की पहचान, परिभाषित, प्रबंधन और संचार करने के लिए कई सूचना प्रबंधन और विश्लेषणात्मक विज्ञान के साथ नर्सिंग विज्ञान को एकीकृत करता है। नर्सिंग सूइंफॉर्मेटिक्स कई सूचना प्रबंधन के साथ नर्सिंग विज्ञान को एकीकृत करने वाली नर्सिंग की विशेषता है।

अतः विकल्प (B) सही है।

64. एम्बुलेटरी केयर इंफॉर्मेशन सिस्टम स्वास्थ्य देखभाल सेवाओं की एक विस्तृत श्रृंखला को कवर करता है जो उन रोगियों के लिए प्रदान की जाती हैं जिन्हें अस्पताल में रात भर भर्ती नहीं किया जाता है। यह डेटा और सूचनाओं की स्वचालित प्रसंस्करण प्रदान करता है जैसे कि एलर्जी और चिकित्सा अलर्ट, रोगी लेखा प्रणाली जैसे चार्जिंग, बिलिंग, छूट और रियायतें, डायग्नोस्टिक इमेजिंग उपचार, और आदि।

अतः विकल्प (A) सही है।

65. एम्बुलेटरी केयर इंफॉर्मेटिक्स के लाभ हैं:

1. बेहतर कार्यप्रवाह जो व्यापक रोगी परामर्श और समीक्षा के लिए अधिक समय देता है।
2. मरीजों के मेडिकल रिकॉर्ड के लिए रीयल-टाइम और आसान एक्सेस।
3. अस्पताल सूची प्रबंधन में सुधार।
4. विभिन्न ऑटोमेशन इंजन यानी ड्रग इंटरेक्शन इंजन की उपलब्धता के साथ त्रुटियों में कमी; चिकित्सा चेतावनी इंजन; रोगी बिलिंग इंजन, आदि।
5. स्वचालित और एकीकृत बैक-एंड प्रक्रिया जैसे कि फ़ार्मेसी, बिलिंग, क्रय, इन्वेंट्री प्रबंधन, आदि।

6. नुस्खे, उपभोग्य सामग्रियों, डॉक्टर की फीस आदि की लागतों की बेहतर निगरानी और प्रबंधन।

अतः विकल्प (D) सही है।

66. सूचना विज्ञान की बढ़ती भूमिका नर्सिंग में भविष्य की सबसे प्रासंगिक प्रवृत्ति है।

इस प्रवृत्ति का अस्पतालों और अन्य अमेरिकी देखभाल संगठनों में नर्सिंग अभ्यास पर महत्वपूर्ण प्रभाव पड़ रहा है। सूचना विज्ञान की बढ़ती भूमिका नर्सों द्वारा रोगी की जानकारी को रिकॉर्ड करने और संचार करने के तरीके को बदल रही है, देखभाल का समन्वय कैसे किया जाता है और साक्ष्य-आधारित प्रथाओं का विकास होता है।

अतः विकल्प (D) सही है।

67. एक पंजीकृत नर्स दवा देने के लिए जिम्मेदार हो सकती है, दूसरी नर्स प्रवेश और छुट्टी के लिए जिम्मेदार हो सकती है जबकि नर्सिंग परिचारक लिनन बदलते हैं, स्वच्छ देखभाल प्रदान करते हैं या सरल प्रक्रियाएं करते हैं जिसके लिए उन्होंने प्रशिक्षित किया है। नर्सिंग अभ्यास के इस मॉडल को कार्यात्मक नर्सिंग कहा जाता है।

कार्यात्मक नर्सिंग एक नर्सिंग मॉडल है जो दक्षता पर ध्यान केंद्रित करता है और कम से कम समय में अधिक से अधिक कार्यों को पूरा करता है। यह कार्य-उन्मुख है क्योंकि इसमें प्रत्येक कार्यकर्ता को एक विशेष नर्सिंग कार्य देना शामिल है। पंजीकृत नर्सों की कमी वाले अस्पतालों में यह अक्सर मददगार मॉडल होता है।

अतः विकल्प (A) सही है।

68. मिनेसोटा विश्वविद्यालय में स्टाफ नर्सों द्वारा 1969 में शुरू किया गया, प्राथमिक नर्सिंग नर्सिंग देखभाल वितरण की एक प्रणाली है जो एक पंजीकृत नर्स (आरएन) के साथ देखभाल और जिम्मेदारी स्वीकृति की निरंतरता पर जोर देती है, जिसे अक्सर एक लाइसेंस प्राप्त व्यावहारिक नर्स (एलपीएन) के साथ जोड़ा जाता है।

अतः विकल्प (C) सही है।

69. लोकतांत्रिक नेतृत्व शैली नर्सिंग में सर्वाधिक प्रभावी है।

नर्सिंग में लोकतांत्रिक लीडरशिप: एक लोकतांत्रिक नेता नौकरी की संतुष्टि और कर्मचारियों के विकास पर नजर रखने के साथ संबंध बनाने पर ध्यान केंद्रित करता है। लोकतांत्रिक नेतृत्व का उद्देश्य व्यक्तिगत टीम के सदस्यों को गलतियों के लिए दोष देने के बजाय सिस्टम और प्रक्रियाओं में सुधार करना है। यह सर्वसम्मति निर्माण को प्रोत्साहित करता है।

अतः विकल्प (C) सही है।

70. नर्सिंग देखभाल का दस्तावेजीकरण करने का पारंपरिक चार्टिंग सबसे परिचित तरीका है। यह कालानुक्रमिक क्रम में एक डायरी या कहानी का प्रारूप है। इसका उपयोग रोगी की स्थिति, देखभाल, घटनाओं, उपचारों और हस्तक्षेपों के प्रति रोगी की प्रतिक्रिया का दस्तावेजीकरण करने के लिए किया जाता है।

अतः विकल्प (A) सही है।

71. एब्लेटिव सर्जरी शरीर के रोग अंगों को हटाने के लिए की जाने वाली सर्जरी को संदर्भित करती है। एब्लेटिव सर्जरी शरीर में क्षतिग्रस्त या हस्तक्षेप करने वाले ऊतक को हटाने या पुनः प्रोग्राम करने की एक प्रकार की प्रक्रिया है। उदाहरण के लिए, एक डॉक्टर दिल के ऊतकों की एक छोटी मात्रा को नष्ट करने के लिए एक पृथक प्रक्रिया का उपयोग कर सकता है जो असामान्य हृदय ताल पैदा कर रहा है या फेफड़े, स्तन, थायरॉयड, यकृत या शरीर के अन्य क्षेत्रों में ट्यूमर का इलाज करने के लिए उपयोग कर सकता है।

अतः विकल्प (D) सही है।

72. मिनिमली इनवेसिव सर्जरी को कीहोल सर्जरी भी कहा जाता है। मिनिमली इनवेसिव सर्जरी किसी भी सर्जिकल प्रक्रिया को संदर्भित करती है जो बड़े चीरों

के बजाय छोटे चीरों के माध्यम से की जाती है। क्योंकि आपका सर्जन छोटे चीरे लगाएगा, आपको पारंपरिक ओपन सर्जरी की तुलना में जल्दी ठीक होने और कम दर्द होने की संभावना है, लेकिन पारंपरिक सर्जरी के समान लाभ के साथ।

अत: विकल्प (B) सही है।

73. एक एंजायलिटिक एक दवा या कोई अन्य हस्तक्षेप है जो चिंता से राहत देता है। एंजायलिटिक, या चिंता-विरोधी दवाएं, चिंता को रोकने और कई चिंता विकारों से संबंधित चिंता का इलाज करने के लिए उपयोग की जाने वाली दवाओं की एक श्रेणी है।

इसमे शामिल है:

- अल्प्राजोलम (ज़ानाक्स)
- क्लोर्डियाज़ेपॉक्साइड (लिब्रियम)
- क्लोनाज़ेपम (क्लोनोपिन)
- डायजेपाम (वैलियम)
- लोराज़ेपम (एटिवन)

अत: विकल्प (C) सही है।

74. एंटीएम्बोलिक स्टॉकिंग्स थ्रोम्बोएम्बोलिज़्म को कम करने में मदद कर सकते हैं। एंटीएम्बोलिक स्टॉकिंग्स, जिन्हें टेड होज़ के रूप में भी जाना जाता है, विशेष रूप से गैर-मोबाइल रोगियों या बिस्तर तक सीमित लोगों के लिए डिज़ाइन किए गए हैं। वे कम लागत वाले अस्थायी समाधान हैं जो आमतौर पर नर्सिंग होम में रोगियों के लिए और सर्जरी के बाद गहरी शिरा घनास्रता (DVT) को रोकने के लिए उपयोग किए जाते हैं।

अत: विकल्प (A) सही है।

75. इंट्राऑपरेटिव चरण तब शुरू होता है जब रोगी ऑपरेटिंग थियेटर में पहुँचता है। इंट्राऑपरेटिव चरण तब शुरू होता है जब रोगी को ऑपरेटिंग कमरे के बिस्तर पर स्थानांतरित कर दिया जाता है और पोस्टनेस्थेसिया केयर यूनिट (PACU) या किसी अन्य क्षेत्र में स्थानांतरण के साथ समाप्त होता है जहां तत्काल पोस्टसर्जिकल रिकवरी देखभाल दी जाती है।

अत: विकल्प (C) सही है।

76. क्लिनिकल सेटिंग में किसी गतिविधि में गुणवत्ता सुधार प्रक्रिया को लागू करने का पहला कदम सुधार के लिए एक गतिविधि का चयन करना है। नर्सिंग में गुणवत्ता सुधार नर्सिंग में निरंतर गुणवत्ता सुधार और समग्र स्वास्थ्य सेवा में निरंतर गुणवत्ता सुधार के समान है। निरंतर गुणवत्ता सुधार और गुणवत्ता सुधार शब्द अक्सर स्वास्थ्य देखभाल में एक दूसरे के स्थान पर उपयोग किए जाते हैं, जैसा कि पुराने शब्द गुणवत्ता आश्वासन है।

अत: विकल्प (C) सही है।

77. पेरिऑपरेटिव केयर में, उपरोक्त सभी विकल्पों के बीच घनिष्ठ संबंध है। पेरिऑपरेटिव केयर, जिसे पेरिऑपरेटिव मेडिसिन भी कहा जाता है, सर्जरी के चिंतन के क्षण से पूरी तरह ठीक होने तक रोगियों की रोगी-केंद्रित, बहु-विषयक और एकीकृत चिकित्सा देखभाल का अभ्यास है।

अत: विकल्प (D) सही है।

78. पूर्व-संचालन जांच करने का व्यापक उद्देश्य त्रुटियों के होने के जोखिम को कम करना है। प्रीऑपरेटिव मेडिकल असेसमेंट का अंतिम लक्ष्य रोगी की सर्जिकल और एनेस्थेटिक पेरिऑपरेटिव रुग्णता या मृत्यु दर को कम करना है, और उसे जल्द से जल्द वांछनीय कार्य करने के लिए वापस करना है।

अत: विकल्प (C) सही है।

79. NEWS से जुड़े छह शारीरिक मानदंड श्वसन दर, नाड़ी दर, सिस्टोलिक रक्तचाप, तापमान, चेतना का स्तर और ऑक्सीजन संतृप्ति हैं। NEWS रॉयल कॉलेज ऑफ फिजिशियन द्वारा विकसित एक उपकरण है जो वयस्क रोगियों में क्लीनिकल ह्रास का पता लगाने और प्रतिक्रिया में सुधार करता है और रोगी की सुरक्षा और रोगी के परिणामों में सुधार का एक प्रमुख तत्व है।

अत: विकल्प (A) सही है।

80. स्थिति, पृष्ठभूमि, आकलन और सिफारिश के लिए एक संक्षिप्त शब्द SBAR है; एक ऐसी तकनीक जिसका उपयोग शीघ्र और उचित संचार की सुविधा के लिए किया जा सकता है। SBAR का प्रारूप पेशेवरों के बीच सूचना के संक्षिप्त, संगठित और पूर्वानुमेय प्रवाह की अनुमति देता है।

अत: विकल्प (C) सही है।

81. गर्भावधि उच्च रक्तचाप को 140/90 mmHg से अधिक रक्तचाप या 30 mmHg से अधिक सिस्टोलिक या 15 mmHg डायस्टोलिक से अधिक बेसलाइन के रूप में परिभाषित किया गया है। यह आमतौर पर गर्भावस्था के 20वें सप्ताह के बाद विकसित होता है और प्रसव के बाद सामान्य हो जाता है।

गर्भावधि उच्च रक्तचाप गर्भावस्था में उच्च रक्तचाप है। यह स्थिति क्रोनिक रक्तचाप से अलग है।

रक्तचाप को दो संख्याओं का उपयोग करके मापा जाता है: पहली संख्या, जिसे सिस्टोलिक रक्तचाप कहा जाता है, जब आपका दिल धड़कता है तो आपकी धमनियों में दबाव को मापता है। दूसरा नंबर, जिसे डायस्टोलिक ब्लड प्रेशर कहा जाता है, आपकी धमनियों में दबाव को मापता है जब आपका दिल धड़कनों के बीच आराम करता है।

अत: विकल्प (D) सही है।

82. गर्भावस्था में 32 सप्ताह के बिंदु के बाद प्रीक्लेम्पसिया विकसित होने की सबसे अधिक संभावना है।

गर्भावस्था लगभग 280 दिन या 40 सप्ताह तक चलती है। प्रीक्लेम्पसिया पिछले 8 सप्ताह में या गर्भावस्था के 32 सप्ताह के बाद होता है। पहले की गर्भकालीन उम्र में एक घटना माँ और भ्रूण दोनों के लिए बढ़ी हुई गंभीरता और खराब परिणामों से जुड़ी होती है।

अत: विकल्प (A) सही है।

83. उपर्युक्त सभी एक्टोपिक गर्भावस्था के खतरे को बढ़ाते हैं।

एक्टोपिक गर्भावस्था एक गंभीर स्थिति है जिसमें एक भ्रूण गर्भाशय के बाहर ऊतक में प्रत्यारोपित होता है। जोखिम कारकों में श्रोणि सूजन की बीमारी, ट्यूबल बंधन, एंडोमेट्रोसिस, तंबाकू धूम्रपान, बांझपन का इतिहास, और सहायक प्रजनन तकनीक का उपयोग शामिल है।

एंडोमेट्रियोसिस अक्सर एक दर्दनाक विकार होता है जिसमें ऊतक ऊतक के समान होता है जो सामान्य रूप से आपके गर्भाशय के अंदर की रेखा बनाता है।

यदि आप ट्यूबल लिगेशन के बाद गर्भधारण करती हैं, तो अस्थानिक गर्भावस्था होने का खतरा होता है। इसका मतलब है कि निषेचित अंडा गर्भाशय के बाहर प्रत्यारोपित होता है, आमतौर पर फैलोपियन ट्यूब में।

पेल्विक सूजन की बीमारी (पीआईडी) महिला प्रजनन अंगों का संक्रमण है। यह अक्सर तब होता है जब यौन संचारित बैक्टीरिया आपकी योनि से आपके गर्भाशय, फैलोपियन ट्यूब या अंडाशय में फैल जाते हैं।

अत: विकल्प (D) सही है।

84. नवजात शिशु की हेमोलिटिक रोग मां और भ्रूण के बीच Rh की असंगति से शुरू हो सकती है।

सूचीबद्ध शर्तों में से, केवल एक जो मां और भ्रूण के बीच Rh असंगतता से जुड़ा है, वह नवजात शिशु की हेमोलिटिक बीमारी है (अन्यथा भ्रूण और नवजात शिशु के हेमोलिटिक रोग के रूप में जाना जाता है)। इस स्थिति में, मां के रक्त से एंटीबॉडी भ्रूण के रक्त पर हमला करते हैं। यह भ्रूण और नवजात मृत्यु दर और रुग्णता का एक प्रमुख कारण है।

अत: विकल्प (D) सही है।

85. आरएच नेगेटिव मां, आरएच पॉजिटिव भ्रूण मातृ/भ्रूण रक्त प्रकार नवजात शिशु के हेमोलिटिक रोग का कारण बन सकता है।

नवजात शिशु की हीमोलिटिक बीमारी तब होती है जब एक आरएच नकारात्मक मां एक आरएच पॉजिटिव भ्रूण ले जा रही हो। मां को पहले एक आरएच पॉजिटिव भ्रूण होना चाहिए और गर्भपात, गर्भावस्था (प्लेसेंटल टूटने के कारण), या प्रसव के दौरान आरएच-डी एंटीजन के प्रति संवेदनशील हो जाना चाहिए। फिर, दूसरी गर्भावस्था के दौरान, मां की प्रतिरक्षा प्रणाली से एंटी-आरएचडी एंटीबॉडी प्लेसेंटा को पार कर सकते हैं और भ्रूण की रक्त कोशिकाओं पर हमला कर सकते हैं, जिससे हेमोलिटिक एनीमिया हो सकता है।

अत: विकल्प (B) सही है।

86. नर्स एलिजाबेथ एक बच्चे को अंतर्गर्भाशयी मार्ग के माध्यम से दवा दे रही है। अंतर्गर्भाशयी दवा प्रशासन आमतौर पर तब उपयोग किया जाता है जब बच्चा गंभीर रूप से बीमार और 3 वर्ष से कम होता है।

एक आपात स्थिति में, अंतर्गर्भाशयी दवा प्रशासन का उपयोग आमतौर पर तब किया जाता है जब कोई बच्चा गंभीर रूप से बीमार हो और उसकी उम्र 3 से कम हो। आईओ एक्सेस दवाओं, ग्लूकोज और तरल पदार्थों को प्रशासित करने का एक साधन प्रदान करता है, साथ ही (संभावित रूप से) रक्त के नमूने प्राप्त करने का एक साधन प्रदान करता है।

अत: विकल्प (C) सही है।

87. नर्स को बच्चे के पोषण सेवन के बारे में वस्तुनिष्ठ जानकारी प्राप्त करनी चाहिए, जैसे कि यह पूछकर कि बच्चे ने एक विशिष्ट भोजन के लिए क्या खाया। एक बच्चे के पोषण सेवन की पर्याप्तता का आकलन करने के लिए, आहार विशेषज्ञों को उपभोग किए गए सभी खाद्य और पेय के बारे में विस्तृत जानकारी की आवश्यकता होती है। चूंकि अस्पताल में भर्ती सभी बच्चों को पोषण की कमी का खतरा होता है, इसलिए सभी रोगियों पर एक आहार रिकॉर्ड शुरू किया जाना चाहिए, हालांकि बाद में उचित समझे जाने पर इसे बंद कर दिया जा सकता है।

अत: विकल्प (C) सही है।

88. बच्चे के पोषण सेवन पर भूमिका और संबंध पैटर्न के प्रभावों का सर्वोत्तम मूल्यांकन करने के लिए, नर्स को यह पूछना चाहिए कि "क्या आप खुद को शारीरिक रूप से पसंद करते हैं?"

भूमिका और संबंध पैटर्न शरीर की छवि और दूसरों के साथ रोगी के संबंधों पर ध्यान केंद्रित करते हैं, जो आमतौर पर भोजन के सेवन से जुड़े होते हैं। जीवन के पहले वर्षों के दौरान खाने का व्यवहार विकसित होता है; बच्चे भोजन के साथ प्रत्यक्ष अनुभवों और दूसरों के खाने के व्यवहार को देखकर सीखते हैं कि क्या, कब और कितना खाना है।

अत: विकल्प (C) सही है।

89. विल्म्स ट्यूमर का सबसे साधारण लक्षण एक दर्द रहित, स्पष्ट पेट-संबंधी रोग है, कभी-कभी पेट की परिधि में वृद्धि के साथ होता है। विल्म्स ट्यूमर आमतौर पर अधिकांश बच्चों में एक स्पर्शोन्मुख पेट-संबंधी रोग के रूप में प्रस्तुत होता है। शिशु को नहलाने के दौरान माँ ने इस रोग का पता लगाया होगा।

अत: विकल्प (D) सही है।

90. प्रक्षेप्य उल्टी पाइलोरिक स्टेनोसिस का एक प्रमुख संकेत है। पाइलोरिक स्टेनोसिस, जिसे इन्फैंटाइल हाइपरट्रॉफिक पाइलोरिक स्टेनोसिस (IHPS) के रूप में भी जाना जाता है, शिशुओं में एक असामान्य स्थिति है, जो पेट में पाइलोरस की मांसपेशियों के असामान्य रूप से मोटा होने की विशेषता है, जिससे गैस्ट्रिक आउटलेट में रुकावट होती है। चिकित्सकीय रूप से शिशु जन्म के समय ठीक होते हैं। फिर, 3 से 6 सप्ताह की उम्र में, "प्रक्षेप्य" उल्टी के साथ उपस्थित होने वाले शिशु, संभावित रूप से निर्जलीकरण और वजन घटाने का कारण बनते हैं।

अत: विकल्प (D) सही है।

91. छोटी आंत में अवशोषण के आगे की प्रक्रिया अंतर्लयन है। अंतर्लयन के दौरान, अवशोषित भोजन को रक्त वाहिकाओं के माध्यम से शरीर के विभिन्न अंगों में पहुंचाया जाता है जहां इसका उपयोग शरीर के लिए आवश्यक प्रोटीन जैसे जटिल पदार्थों के निर्माण के लिए किया जाता है।

अत: विकल्प (B) सही है।

92. कृपिका फेफड़ों में हवा के छोटे थैले होते हैं जहां ऑक्सीजन और कार्बन डाइऑक्साइड का आदान-प्रदान होता है।

ह एक खोखले कप के आकार का गुहा है जहां गैसीय विनिमय होता है। दूसरे शब्दों में, कृपिका वायु और रक्त प्रवाह के बीच ऑक्सीजन और कार्बन डाइऑक्साइड के गैसीय विनिमय की सुविधा देता है। मानव फेफड़ों की एक विशिष्ट जोड़ी में लगभग 480 मिलियन कृपिका होते हैं।

अत: विकल्प (B) सही है।

93. हमारे पास ऊपरी होठों के ऊपर बाहरी नाक की एक युग्म है। यह नासा मार्ग के माध्यम से एक नासा कक्ष की ओर जाता है। नासिका कक्ष ग्रसनी में खुलता है, जिसका एक हिस्सा भोजन और हवा के लिए सामान्य मार्ग है। ग्रसनी स्वरयंत्र क्षेत्र के माध्यम से श्वास नली में खुलती है। उपजिह्वा वह द्वार है जो स्वरयंत्र के माध्यम से श्वास नली की ओर जाता है इसलिए निगलने के दौरान उपजिह्वा एक पतली लोचदार उपस्थिमय प्रालंब द्वारा आवरण हो जाता है जिसे कंठच्छद (उपकंठ/ एपिग्लॉटिस) कहा जाता है ताकि श्वास नली (ट्रेकिआ) में भोजन के प्रवेश को रोका जा सके।

अत: विकल्प (C) सही है।

94. लाल अस्थि मज्जा का कार्य रक्त कोशिकाओं का निर्माण करना है।

रक्त कोशिकाओं के कार्य:

- RBC द्वारा ऑक्सीजन को शरीर की कोशिकाओं में पहुंचाया जाता है जबकि WBC शरीर को प्रतिरक्षा प्रतिक्रिया प्रदान करता है और संक्रमण से लड़ता है।

- प्लेटलेट्स रक्त के जमाव में मदद करते हैं और इस प्रकार शरीर में रक्त की अतिरिक्त हानि को रोकते हैं।

- उपर्युक्त बिंदुओं से स्पष्ट है कि लाल अस्थि मज्जा शरीर के लिए सबसे महत्वपूर्ण है।

अत: विकल्प (A) सही है।

95. रुधिर वाहिकाओं में रुधिर के स्कंदन को हेपरिन द्वारा रोका जाता है। यह बेसोफिल कोशिकाओं द्वारा स्रावित होता है। हेपरिन सबसे शक्तिशाली एंटीकोआगुलंट है। यह रुधिर प्लाज्मा में मौजूद एंटीथ्रोमबिन ||| को सक्रिय करता है। एंटीथ्रॉम्बिन सीरम स्कंदन कारकों को बांधता है और निष्क्रिय करता है, यह रुधिर के स्कंदन को रोकता है।

अत: विकल्प (B) सही है।

96. घोल के कंटेनर को नीचे करने से साइफन प्रभाव पैदा होता है जो कि डाले गए द्रव को रेक्टल ट्यूब के माध्यम से समाधान कंटेनर में वापस खींच लेता है। वापसी प्रवाह आंतों से गैस की निकासी को बढ़ावा देता है। इस तकनीक का उपयोग केवल वापसी प्रवाह एनीमा के साथ किया जाता है। यह क्रिया सभी प्रकार के एनीमा के लिए उपयुक्त है।

अत: विकल्प (D) सही है।

97. गोभी आहार फाइबर का एक उत्कृष्ट स्रोत है। $3\frac{1}{2}$ औंस गोभी की एक सर्विंग में 6.6 ग्राम आहार फाइबर होता है। फाइबर हमारे आहार का एक बहुत ही महत्वपूर्ण घटक है और पौधे आधारित खाद्य स्रोतों (फल, सब्जियां, फलियां और साबुत अनाज) से आता है। विभिन्न खाद्य स्रोतों में विभिन्न प्रकार के फाइबर और प्रतिरोधी स्टार्च होते हैं और दुष्प्रभाव व्यक्ति के माइक्रोबायोम (आंत बैक्टीरिया) पर निर्भर करते हैं। फाइबर से पूरी तरह परहेज करने के बजाय, आप कुछ प्रकार के खाद्य पदार्थों की पहचान करना चाहेंगे जो संकट का कारण बनते हैं।

अत: विकल्प (D) सही है।

98. एक फ्रैक्चर बेडपैन में कम पीठ होती है जो कि बेडपैन पर रोगी की पीठ के निचले हिस्से के कार्य को बढ़ावा देती है। विशिष्ट रोगी आबादी के साथ उपयोग में आसानी के लिए फ्रैक्चर पैन का एक सपाट सिरा होता है: यानी हिप फ्रैक्चर, हिप रिप्लेसमेंट, या निचले छोर के फ्रैक्चर। शौचालय का उपयोग करना सभी लिंगों के बीच असुविधा और शर्मिंदगी का स्रोत हो सकता है। अर्ध-निजी कमरे या साझा वार्ड और अस्पताल में भीड़भाड़ रोगी की गोपनीयता के लिए एक चुनौती है।

अतः विकल्प (A) सही है।

99. ऊपरी जीआई पथ में रक्त काला और रुका हुआ होता है। गैस्ट्रोइंटेस्टाइनल (जीआई) रक्तस्राव पाचन तंत्र में एक विकार का लक्षण है। रक्त अक्सर मल या उल्टी में दिखाई देता है लेकिन हमेशा दिखाई नहीं देता है, हालांकि इससे मल काला या रुका हुआ दिख सकता है। रक्तस्राव का स्तर हल्के से लेकर गंभीर तक हो सकता है और जीवन के लिए खतरा हो सकता है।

अतः विकल्प (C) सही है।

100. यह पोस्टऑपरेटिव फ्लैटस से राहत प्रदान करता है, आंत्र गतिशीलता को उत्तेजित करता है। विकल्प एक, दो और चार कब्ज का प्रबंधन करते हैं और पेट फूलने से राहत नहीं देते हैं। एक वापसी-प्रवाह एनीमा, या हैरिस फ्लश, का उपयोग आंतों की गैस को हटाने और क्रमाकुंचन को उत्तेजित करने के लिए किया जाता है। एक बड़ी मात्रा में तरल पदार्थ का उपयोग किया जाता है लेकिन द्रव को $100 - 200$ मिलीलीटर की वृद्धि में डाला जाता है। फिर, कंटेनर को आंत्र के स्तर से नीचे करके द्रव को बाहर निकाला जाता है। यह द्रव के साथ फ्लैटस को बाहर लाता है।

अतः विकल्प (C) सही है।

101. रोगी के पास सर्जरी की जटिलताओं के अनुरूप मूल्यांकन निष्कर्ष हैं। एक एकीकृत टीम दृष्टिकोण के रूप में कोलोस्टॉमी की कई जटिलताओं को देखने के लिए प्रदाताओं और नर्सों को नियमित अंतराल पर रंध्र की निगरानी करनी चाहिए। कुछ जटिलताएं रोगियों के लिए अत्यंत कष्टदायक होती हैं, और वे इन प्रस्तुतियों के साथ अस्पताल आते हैं, लेकिन अन्य अधिक मनोगत हो सकते हैं और उन्हें तलाशना पड़ता है।

अतः विकल्प (B) सही है।

102. एक स्थापित रंध्र बुक्कल म्यूकोसा के रंग की तरह गहरा गुलाबी होना चाहिए और पेट से थोड़ा ऊपर उठा हुआ होना चाहिए। एक रंध्र पूर्वकाल पेट की दीवार से आंत्र के एक लूप का बाहरीकरण होता है, जो एक शल्य प्रक्रिया के दौरान किया जाता है। यह शेष आंत्र के मोड़ या विघटन के लिए किया जाता है। यह अस्थायी या स्थायी हो सकता है, यह उस संकेत पर निर्भर करता है जिसके लिए इसे किया गया था। अधिकांश रंध्र असंयम होते हैं, जिसका अर्थ है कि रंध्र से पेट और मल के पारित होने पर कोई स्वैच्छिक नियंत्रण नहीं है।

अतः विकल्प (C) सही है।

103. इस प्रक्रिया के लिए ग्राहक को तैयार करने के लिए अन्य तैयारियों के साथ छोटी मात्रा के एनीमा का उपयोग किया जाता है। छोटी मात्रा वाले एनीमा का उपयोग बृहदान्त्र या सिग्मॉइड के निचले हिस्से को साफ करने के लिए किया जाता है। इस प्रकार की सफाई एनीमा का उपयोग अक्सर उस रोगी के लिए किया जाता है जिसे कब्ज होता है लेकिन उसे उच्च बृहदान्त्र की सफाई की आवश्यकता नहीं होती है। उपयोग की गई मात्रा 500 मिली से कम है और बैग को 12 इंच से अधिक नहीं उठाया गया है।

अतः विकल्प (D) सही है।

104. तेजी से मूल्यांकन के दौरान, नर्स की पहली प्राथमिकता उसके वायुमार्ग, श्वास और परिसंचरण का आकलन करके रोगी के महत्वपूर्ण कार्यों की जांच करना है। रोगी के परिसंचरण की जाँच करने के लिए, नर्स को उसके हृदय और संवहनी नेटवर्क के कार्य का आकलन करना चाहिए। यह उसकी त्वचा के रंग, तापमान, मानसिक स्थिति, और सबसे महत्वपूर्ण, उसकी नब्ज की जाँच करके किया जाता है। रोगी के परिसंचरण की जांच के लिए नर्स को कैरोटिड धमनी का उपयोग करना चाहिए।

अतः विकल्प (D) सही है।

105. सदमे की शुरुआत में, सहानुभूति तंत्रिका तंत्र की सक्रियता से एपिनेफ्रीन स्राव बढ़ जाता है, जो आमतौर पर रोगी को बेचैन, चिंतित, घबराहट और चिड़चिड़ा बना देता है। यह त्वचा में ऊतक के द्रवनिवेशन को भी कम करता है, जिससे पीली, ठंडी, चिपचिपी त्वचा हो जाती है। शॉक की विशेषता ऑक्सीजन वितरण में कमी और ऑक्सीजन की खपत में वृद्धि या अपर्याप्त ऑक्सीजन उपयोग से सेलुलर और ऊतक हाइपोक्सिया की ओर जाता है। यह परिसंचरण विफलता की एक जीवन-धमकी वाली स्थिति है और आमतौर पर हाइपोटेंशन (90 मिमी एचजी से कम सिस्टोलिक रक्तचाप या एमएपी 65 मिमीएचएचजी से कम) के रूप में प्रकट होता है।

अतः विकल्प (A) सही है।

106. एक स्वस्थ समुदाय वह होता है जिसमें निवासी अपनी पसंद के स्थान से खुश होते हैं और उन विशेषताओं का प्रदर्शन करते हैं जो दूसरों को उस स्थान की ओर आकर्षित करती हैं। इस प्रकार, समुदाय के स्वास्थ्य को निर्धारित करने का सबसे अच्छा तरीका इसमें रहने वाले लोगों से बात करना है।

अतः विकल्प (C) सही है।

107. विंडशील्ड सर्वेक्षण एक अनौपचारिक सर्वेक्षण है जहां स्वास्थ्य पेशेवर उस समुदाय/क्षेत्र के चारों ओर भ्रमण करते हैं जिस पर वे शोध कर रहे हैं, और अपनी टिप्पणियों को रिकॉर्ड करते हैं। यह डेटा समुदाय में काम करने या सामुदायिक मूल्यांकन करने के लिए पृष्ठभूमि और संदर्भ प्रदान करता है। यह एक तरीका है जिससे नर्स समुदाय के लिए एक ऐसा अनुभव प्राप्त कर सकती है जिसे केवल इसके बारे में पढ़ने से प्राप्त नहीं किया जा सकता है।

अतः विकल्प (D) सही है।

108. एक नर्स 30 दिन के शिशु को विटामिन K की एक गोली दे रही है। लक्षित क्षेत्र वैस्टस लेटरलिस सबसे उपयुक्त होगा। दवाओं को विशाल पार्श्व जांघ की मांसपेशी के सबसे बड़े हिस्से में इंजेक्ट किया जाता है, पेशी जांघ के पार्श्व भाग पर स्थित होती है।

विटामिन K रक्त के थक्के जमने में मदद करता है और गंभीर रक्तस्राव को रोकता है। नवजात शिशुओं में, विटामिन के इंजेक्शन दुर्लभ, लेकिन संभावित रूप से घातक, रक्तस्राव विकार को रोक सकता है जिसे 'विटामिन K की कमी से रक्तस्राव' (वीकेडीबी) कहा जाता है, जिसे 'नवजात शिशु में रक्तस्रावी रोग' (एचडीएन) भी कहा जाता है।

अतः विकल्प (C) सही है।

109. हाइपरपैराथायरायडिज्म के निदान के लिए आए हुए रोगी की जाँच करने वाली एक नर्स प्रयोगशाला के निष्कर्षों में एलिवेटेड सीरम कैल्शियम का निरीक्षण करेगी।

हाइपरपैराथायरायडिज्म एक ऐसी स्थिति है जिसमें आपकी एक या अधिक पैराथाइरॉइड ग्रंथियां अति सक्रिय हो जाती हैं और बहुत अधिक पैराथाइरॉइड हार्मोन (पीटीएच) छोड़ती हैं। इससे आपके रक्त में सीरम कैल्शियम का स्तर बढ़ जाता है, ऐसी स्थिति को हाइपरलकसीमिया कहा जाता है।

अतः विकल्प (A) सही है।

110. एडिसन रोग से पीड़ित नर्स रोगी को मरीजों को एक प्रतिबंधित सोडियम आहार की सलाह देना चाहिए।

एडिसन रोग, जिसे अधिवृक्क अपर्याप्तता भी कहा जाता है, एक असामान्य विकार है जो तब होता है जब शरीर पर्याप्त हार्मोन का उत्पादन नहीं करता है। एडिसन रोग में, गुर्दे के ठीक ऊपर स्थित अधिवृक्क ग्रंथियां बहुत कम कोर्टिसोल और बहुत कम एल्डोस्टेरोन का उत्पादन करती हैं। एल्डोस्टेरोन की कमी के कारण शरीर बड़ी मात्रा में सोडियम का उत्सर्जन करता है और पोटेशियम को बनाए रखता है, जिससे सोडियम का निम्न स्तर और रक्त में पोटेशियम का उच्च स्तर होता है।

अतः विकल्प (D) सही है।

111. एक आत्मघाती रोगी की देखभाल के लिए नर्स को सौंपा गया है। प्रारंभ में, आत्महत्या के बारे में नर्स की अपनी भावनाओं की खोज करना नर्स की सर्वोच्च देखभाल प्राथमिकता है।

आत्म-विनाशकारी व्यवहार के प्रति नर्स के मूल्य, विश्वास और दृष्टिकोण आत्मघाती रोगी की प्रतिक्रियाओं को प्रभावित करते हैं, इस तरह की प्रतिक्रियाएं नर्स-रोगी संबंधों के लिए समग्र मनोदशा निर्धारित करती हैं। इसलिए, रोगी को नकारात्मक भावनाओं को व्यक्त करने से बचने के लिए नर्स को शुरू में आत्महत्या के बारे में व्यक्तिगत भावनाओं का पता लगाना चाहिए।

अतः विकल्प (B) सही है।

112. रोगी के वजन और आकर्षण के बारे में वस्तुनिष्ठ डेटा और प्रतिक्रिया प्रदान करना एक ऐसी रणनीति है जिसका उपयोग नर्स को रोगी की विकृत धारणाओं और भावनाओं से निपटने के लिए करना चाहिए।

वास्तविकता पर ध्यान केंद्रित करके, यह रणनीति रोगी को अधिक यथार्थवादी शरीर की छवि विकसित करने और आत्म-सम्मान प्राप्त करने में मदद कर सकती है। एनोरेक्सिया नर्वोसा एक खाने का विकार है जिसे आवश्यकताओं के सापेक्ष ऊर्जा सेवन के प्रतिबंध द्वारा परिभाषित किया गया है, जिससे शरीर का वजन काफी कम हो जाता है। मरीजों को वजन बढ़ने और विकृत शरीर की छवि का एक तीव्र डर होगा, जो उनके काफी कम शरीर के वजन की गंभीरता को पहचानने में असमर्थता होगी। मानसिक स्वास्थ्य नर्स को रोगी को व्यवहार में बदलाव, तनाव कम करने और किसी भी भावनात्मक मुद्दों पर काबू पाने के बारे में शिक्षित करना चाहिए।

अतः विकल्प (D) सही है।

113. डिसुलफिरम (एंटाब्यूज) के साथ चिकित्सा शुरू करने से पहले, नर्स रोगी को सिखाती है कि उसे आफ्टरशेव लोशन पर लेबल को ध्यान से पढ़ना चाहिए।

पुरानी शराब के दुरुपयोग वाले रोगियों को डिसुलफिरम दिया जा सकता है जो आवेग पीने को रोकना चाहते हैं। डिसुलफिरम अल्कोहल के ऑक्सीकरण को अवरुद्ध करके काम करता है, एसीटैल्डिहाइड को एसीटेट में बदलने से रोकता है। जैसे ही एसिटालडिहाइड रक्त में बनता है, रोगी को हानिकारक और असहज लक्षणों का अनुभव होता है। यहां तक कि शराब को त्वचा पर रगड़ने से भी प्रतिक्रिया हो सकती है। डिसुलफिरम प्राप्त करने वाले रोगी को आफ्टरशेव लोशन जैसे अल्कोहल युक्त उत्पादों से बचने के लिए सामग्री लेबल को ध्यान से पढ़ना सिखाया जाना चाहिए। प्रतिकूल घटनाओं की बारीकी से निगरानी आवश्यक है, विशेष रूप से, पॉलीसब्सटेंस दुरुपयोग वाले रोगियों में। डिसुलफिरम लेने वाले मरीजों को हेपेटाइटिस के लक्षणों और लक्षणों की निगरानी की आवश्यकता होती है, जिसमें थकान, कमजोरी, एनोरेक्सिया, मतली, उल्टी, पीलिया, अस्वस्थता और गहरे रंग का मूत्र शामिल है।

अतः विकल्प (B) सही है।

114. नर्स एनोरेक्सिया नर्वोसा के रोगी के लिए देखभाल की योजना विकसित कर रही है। नर्स को रोगी के लिए सख्त खाने की योजना बनानी चाहिए।

इस विकार के लिए लगातार खाने की योजना बनाना और रोगी के वजन की निगरानी करना महत्वपूर्ण है। न्यूनतम वजन लक्ष्य और दैनिक पोषण संबंधी आवश्यकताओं को स्थापित करें। कुपोषण एक मनोदशा बदलने वाली स्थिति है, जो अवसाद और उत्तेजना की ओर ले जाती है और संज्ञानात्मक कार्य और निर्णय लेने को प्रभावित करती है। बेहतर पोषण स्थिति सोचने की क्षमता को बढ़ाती है, जिससे मनोवैज्ञानिक कार्य शुरू करने की अनुमति मिलती है। एक चयनात्मक मेनू उपलब्ध कराएं, और रोगी को यथासंभव विकल्पों को नियंत्रित करने की अनुमति दें। एक रोगी जो खुद पर विश्वास हासिल करता है और पर्यावरण के नियंत्रण में महसूस करता है, उसके पसंदीदा खाद्य पदार्थ खाने की अधिक संभावना होती है।

अतः विकल्प (C) सही है।

115. घरेलू हिंसा के पीड़ितों का मूल्यांकन अपराधी को छोड़ने की उनकी तत्परता और उनके लिए उपलब्ध संसाधनों के बारे में उनकी जानकारी के लिए किया जाना चाहिए। नर्सें तब पीड़ितों को जानकारी और विकल्प प्रदान कर सकती हैं ताकि वे तैयार होने पर उन्हें छोड़ने में सक्षम हों। घरेलू हिंसा का सामना करने वाली महिलाओं की पहचान और वकालत सेवाओं के लिए रेफरल में सुधार करने के लिए चिकित्सकों और प्रशासनिक कर्मचारियों के लिए प्रशिक्षण और सहायता कार्यक्रमों को दिखाया गया है। ED में घरेलू हिंसा अधिवक्ता के उपयोग के परिणामस्वरूप साहित्य में रिपोर्ट किए गए आंकड़ों की तुलना में तीव्र हिंसा की घटनाओं का पता लगाने की अधिक घटना हुई।

अतः विकल्प (B) सही है।

116. नर्स को पता चलता है कि ये लक्षण शायद थायमिन की कमी के कारण होते हैं।

हाथों और पैरों में सुन्नता और झुनझुनी परिधीय पोलीन्यूराइटिस के लक्षण हैं, जो विटामिन बी 1 (थायमिन) के अपर्याप्त सेवन से लंबे समय तक और अत्यधिक शराब के सेवन के परिणामस्वरूप होता है। उपचार में शराब का सेवन कम करना, आहार और विटामिन की खुराक के माध्यम से पोषण संबंधी कमियों को ठीक करना और पैर और कलाई ड्रॉप जैसी अवशिष्ट अक्षमताओं को रोकना शामिल है।

अतः विकल्प (B) सही है।

117. जब कंधे की जांच की जाती है तो बच्चा रोता नहीं है इस कार्रवाई से नर्स को संदेह होना चाहिए कि बच्चे के साथ दुर्व्यवहार किया गया था।

दुर्व्यवहार करने वाले बच्चों का विशिष्ट व्यवहार रोने की कमी है जब वे एक दर्दनाक प्रक्रिया से गुजरते हैं या स्वास्थ्य देखभाल पेशेवर द्वारा जांच की जाती है। इसलिए, नर्स को बाल शोषण पर संदेह करना चाहिए। शारीरिक शोषण में पीटना, जलना और काटना शामिल हो सकता है। शारीरिक दंड को दुर्व्यवहार के रूप में परिभाषित करने की सीमा स्पष्ट नहीं है। रिब फ्रैक्चर शारीरिक शोषण से जुड़ी सबसे आम खोज है। दो साल से कम उम्र का कोई भी बच्चा जिसके लिए शारीरिक शोषण की चिंता है, उसका कंकाल सर्वेक्षण होना चाहिए।

अतः विकल्प (C) सही है।

118. फेनसाइक्लिडाइन (पीसीपी) लेने वाले रोगी के लिए सर्वोच्च प्राथमिकता रोगी के साथ-साथ कर्मचारियों की सुरक्षा आवश्यकताओं को पूरा करना है। दवा का प्रभाव अप्रत्याशित और लंबे समय तक रहता है, और रोगी आसानी से नियंत्रण खो सकता है। फेनसाइक्लिडाइन (पीसीपी) एक असामाजिक संवेदनाहारी है जो आमतौर पर इस्तेमाल की जाने वाली मनोरंजक दवा है। पीसीपी एक क्रिस्टलीय पाउडर है जिसे मौखिक रूप से लिया जा सकता है, अंतःशिरा में इंजेक्ट किया जा सकता है, श्वास लिया जा सकता है या धूम्रपान किया जा सकता है। पीसीपी पाउडर, क्रिस्टल, लिक्विड और टैबलेट के रूप में उपलब्ध है। यह सीएनएस की उत्तेजना और अवसाद दोनों पैदा करता है। पीसीपी एनएमडी एरिसेप्टर का एक गैर-प्रतिस्पर्धी विरोधी है, जो एनाल्जेसिया, एनेस्थीसिया, संज्ञानात्मक दोष और मनोविकृति का कारण बनता है।

अतः विकल्प (B) सही है।

119. विपक्षी अवज्ञा विकार वाले बच्चे अक्सर दूसरों के अधिकारों का उल्लंघन करते हैं। वे उद्दंड, अवज्ञाकारी हैं, और अपने कार्यों के लिए दूसरों को दोष देते हैं। उनके कार्यों के लिए जवाबदेही विपक्षी बच्चे की प्रगति को प्रदर्शित करेगी। विपक्षी अवज्ञा विकार (ODD) एक प्रकार का बचपन विघटनकारी व्यवहार विकार है जिसमें मुख्य रूप से भावनाओं और व्यवहारों के आत्म-नियंत्रण के साथ समस्याएं शामिल होती हैं। डायग्नोस्टिक एंड स्टैटिस्टिकल मैनुअल ऑफ मेंटल डिसऑर्डर, फिफ्थ एडिशन (DSM- 5) के अनुसार, ODD की मुख्य विशेषता गुस्सा या चिड़चिड़े मूड, तर्कपूर्ण या उद्दंड व्यवहार, या दूसरों के प्रति प्रतिशोध का लगातार पैटर्न है।

अतः विकल्प (A) सही है।

120. शराबबंदी के लिए पूर्ण संयम ही एकमात्र प्रभावी उपचार है। संयम पर परामर्श देने से कुछ पीने की समस्या वालों को दर्दनाक परिणाम भुगतने से पहले मदद प्राप्त करने के लिए विश्वास में लिया जा सकता है। मध्यम या "नियंत्रित" पीने में अनुसंधान से पता चला है कि यह रणनीति उन रोगियों के लिए सफल हो सकती है जिन्होंने अभी तक शराब के दुरुपयोग का एक व्यापक पैटर्न विकसित नहीं किया है, या जिन्होंने पीने से कुछ नकारात्मक परिणामों का अनुभव किया है। यह एक स्थिर सामाजिक स्थिति में युवा, महिला, नियोजित, और संयमित सेवन के बारे में आश्वस्त होने में भी मदद करता है। लक्ष्य रोगियों को निर्भरता में रेखा पार करने से पहले लक्ष्य और पीने की सीमा निर्धारित करने में मदद करना है।

अतः विकल्प (C) सही है।

121. समूह शिक्षण की व्याख्यान पद्धति में शिक्षार्थियों की कोई सक्रिय भागीदारी नहीं होती है।

व्याख्यान स्वास्थ्य शिक्षण का सबसे लोकप्रिय तरीका है। इसमें संचार ज्यादातर एकतरफा होता है, यानी लोग केवल निष्क्रिय श्रोता होते हैं 'सीखने में उनकी ओर से कोई सक्रिय भागीदारी नहीं होती है।

व्याख्यान विधि शिक्षण की सबसे पुरानी विधि है। यह आदर्शवाद के दर्शन पर आधारित है। यह विधि छात्रों को विषय की व्याख्या करने के लिए संदर्भित करती है। सामग्री की प्रस्तुति पर जोर दिया गया है।

अतः विकल्प (A) सही है।

122. समूह शिक्षण की व्याख्यान पद्धति में, लोगों के स्वास्थ्य अभ्यास को बदलने में विफल हो सकता है।

एक व्याख्यान विषय पर बुनियादी जानकारी प्रदान करता है, लेकिन यह लोगों के स्वास्थ्य व्यवहार को बदलने में विफल हो सकता है। फिर भी छोटे समूहों की स्वास्थ्य शिक्षा में व्याख्यानों का महत्वपूर्ण स्थान है।

शिक्षण की व्याख्यान विधि के चरण:

चरण 1: उद्घाटन- व्याख्यान का उद्देश्य बताएं।

चरण 2: प्रस्तुति- विस्तार मल्टी-मीडिया संसाधन।

चरण 3: शिक्षार्थी-प्रशिक्षक दोतरफा बातचीत। सक्रिय शिक्षण मल्टी-मीडिया स्ट्रीमिंग को प्रोत्साहित करना।

चरण 4: फॉर्मेटिव असेसमेंट।

चरण 5: निष्कर्ष

अतः विकल्प (A) सही है।

123. फ्लैश कार्ड एक शिक्षण सहायता है जिसमें श्रृंखला कार्ड होते हैं।

फ्लैश कार्ड में कार्ड की एक श्रृंखला होती है, लगभग 10 x 12 इंच - प्रत्येक में एक कहानी या बात से संबंधित एक उदाहरण दिया जाता है। प्रत्येक कार्ड "फ्लैश" होता है या समूह के सामने प्रदर्शित होता है क्योंकि बात चल रही है। कार्ड पर संदेश संक्षिप्त और बिंदु तक होना चाहिए।

वे एक क्रम में व्यवस्थित चित्र हैं, जो एक कहानी का चित्रण करते हैं जो छाती के सामने कार्डों को सहारा देते हैं और शिक्षण को प्रभावी बनाने के लिए अभ्यास करते हैं। पॉइंटर का उपयोग करें ताकि चित्र आपके हाथ से न ढके।

अतः विकल्प (B) सही है।

124. फलालैन ग्राफ समूह शिक्षण की उपदेशात्मक विधि है।

फलालैन ग्राफ में एक लकड़ी का बोर्ड होता है जिसके ऊपर खुरदुरे फलालैन कपड़े या खादी का एक टुकड़ा चिपकाया जाता है या तय किया जाता है। यह कट आउट चित्रों और अन्य चित्रों को प्रदर्शित करने के लिए एक उत्कृष्ट पृष्ठभूमि प्रदान करता है। ये चित्र और कटे हुए चित्र सैंड-पेपर, फेल्ट या खुरदरे कपड़े के टुकड़ों को चिपकाकर एक खुरदरी सतह के साथ प्रदान किए जाते हैं, और वे एक ही बार में फलालैन पर रख देते हैं। फलालैन ग्राफ एक बहुत ही

प्रमुख माध्यम है, परिवहन के लिए आसान और विचार और आलोचना को बढ़ावा देता है। दिए जाने वाले भाषण के आधार पर चित्रों को उचित क्रम में व्यवस्थित किया जाना चाहिए।

अतः विकल्प (D) सही है।

125. एक प्रभावी समूह में सदस्यों की इष्टतम संख्या 6 -12 है।

इष्टतम संख्या के रूप में 6 -12 सदस्य, बड़े व्यावसायिक संचालन के लिए 6 अधिक उपयुक्त और छोटे संगठन या स्पोर्टिंग क्लब के लिए 12 अधिक उपयुक्त हैं। एक साधारण फिल्टर स्टाफिंग व्यवस्था है।

अतः विकल्प (B) सही है।

126. पैनल चर्चा में वक्ताओं की इष्टतम संख्या 4 - 8 है।

4 - 8 योग्य व्यक्ति बड़े दर्शकों के सामने विषय पर बैठकर बात करते हैं।

पैनल में शामिल हैं:

- एक अध्यक्ष (मॉडरेटर)
- 4 - 8 स्पीकर

पैनल चर्चा:

1. अध्यक्ष बैठक बुलाता है।
2. ग्रुप का स्वागत है।
3. पैनल वक्ताओं का परिचय ।
4. विषय का परिचय देता है।
5. पैनल के वक्ताओं को अपनी बात रखने के लिए आमंत्रित करता है।
6. चर्चा शुरू होती है।

अतः विकल्प (B) सही है।

127. पैनल चर्चा में अध्यक्ष विषय का परिचय देता है।

वह व्यक्ति जो किसी बैठक, समिति या घटना का प्रभारी होता है, जो किसी कंपनी या संगठन का प्रभारी होता है, अध्यक्ष कहलाता है।

अध्यक्ष बैठक का उद्घाटन करते है।

A. समूह का स्वागत करता है।

B. पैनल स्पीकर का परिचय देता है।

C. विषय का परिचय देता है।

D. पैनल के वक्ताओं को अपनी बात रखने के लिए आमंत्रित करता है।

E. चर्चा शुरू होती है।

अतः विकल्प (A) सही है।

128. समूह शिक्षण की संगोष्ठी पद्धति पर विशेषज्ञों द्वारा कोई चर्चा नहीं की जाती है।

संगोष्ठी एक चयनित विषय पर भाषणों की एक श्रृंखला है। प्रत्येक विशेषज्ञ विषय के एक पहलू को संक्षेप में प्रस्तुत करता है। पैनल चर्चा के विपरीत विशेषज्ञों के बीच कोई चर्चा नहीं होती है। अंत में, दर्शक सवाल उठा सकते हैं। अध्यक्ष पूरे सत्र के अंत में एक व्यापक सारांश बनाता है।

अतः विकल्प (B) सही है।

129. आम तौर पर जनसंचार माध्यम मानव व्यवहार को बदलने में कम प्रभावी होते हैं।

जनसंचार माध्यम अभियानों का व्यापक रूप से मौजूदा मीडिया, जैसे टेलीविजन, रेडियो और समाचार पत्रों के नियमित उपयोग के माध्यम से संदेशों के लिए बड़ी आबादी के उच्च अनुपात को उजागर करने के लिए उपयोग

किया जाता है। इसलिए, ऐसे संदेशों का एक्सपोजर आम तौर पर निष्क्रिय होता है। इस तरह के अभियान अक्सर कारकों के साथ प्रतिस्पर्धा कर रहे हैं, जैसे कि व्यापक उत्पाद विपणन, शक्तिशाली सामाजिक मानदंड और व्यसन या आदत से प्रेरित व्यवहार।

इस समीक्षा में हम विभिन्न स्वास्थ्य-जोखिम वाले व्यवहारों (जैसे, तंबाकू, शराब और अन्य दवाओं का उपयोग, हृदय रोग जोखिम कारक, सेक्स-संबंधी व्यवहार, सड़क सुरक्षा, कैंसर जांच और रोकथाम के संदर्भ में जनसंचार माध्यम अभियानों के परिणामों पर चर्चा करते हैं। , बाल उत्तरजीविता, और अंग या रक्तदान)।

हम यह निष्कर्ष निकालते हैं कि जनसंचार माध्यम अभियान बड़ी आबादी में सकारात्मक बदलाव ला सकते हैं या स्वास्थ्य संबंधी व्यवहारों में नकारात्मक बदलावों को रोक सकते हैं। हम मूल्यांकन करते हैं कि इन परिणामों में क्या योगदान है, जैसे आवश्यक सेवाओं और उत्पादों की समवर्ती उपलब्धता, समुदाय-आधारित कार्यक्रमों की उपलब्धता, और नीतियां जो व्यवहार परिवर्तन का समर्थन करती हैं।

अतः विकल्प (B) सही है।

130. मेलों, त्योहारों और जन अभियानों के संबंध में स्वास्थ्य प्रदर्शनियों का आयोजन किया जाता है।

स्वास्थ्य मेला एक शैक्षिक और संवादात्मक कार्यक्रम है जिसे आउटरीच के लिए डिज़ाइन किया गया है ताकि समुदाय के लोगों या कार्यस्थल पर कर्मचारियों को कार्यस्थल कल्याण के संयोजन में बुनियादी निवारक दवा और चिकित्सा जांच प्रदान की जा सके।

स्वास्थ्य अभियानों को आम तौर पर स्वास्थ्य खतरों के बारे में जागरूकता बढ़ाने और लक्षित दर्शकों को सार्वजनिक स्वास्थ्य के समर्थन में कार्रवाई करने के लिए दोनों के लिए डिज़ाइन किया गया है। उदाहरण के लिए, सार्वजनिक स्वास्थ्य अभियान अक्सर लक्षित दर्शकों के सदस्यों को स्वस्थ व्यवहार में संलग्न होने के लिए प्रोत्साहित करते हैं जो गंभीर स्वास्थ्य खतरों का प्रतिरोध प्रदान करते हैं।

अतः विकल्प (D) सही है।

131. कीटनाशक मानव स्वास्थ्य को नुकसान पहुंचा सकते हैं यदि वे पर्यावरण में अधिक अनुपात में किए जाते हैं। कीटनाशक अभिप्रायपूर्वक जहरीले पदार्थ होते हैं जो कैंसर, जन्म दोष, उत्परिवर्तन और अन्य स्वास्थ्य समस्याओं जैसे विभिन्न रोगों से जुड़े होते हैं।

अतः विकल्प (B) सही है।

132. आने वाले वर्षों में ओजोन परत के ह्रास के कारण त्वचा संबंधी विकार और अधिक सामान्य होंगे। ओजोन परत के पतले होने से पृथ्वी की सतह तक पहुँचने वाली पराबैंगनी विकिरणों की मात्रा बढ़ जाती है। बढ़ी हुई यूवी-बी विकिरण मोतियाबिंद, त्वचा कैंसर दाद, आंखों की रोशनी कम होना, फोटो बर्निंग, स्नो ब्लाइंडनेस और प्रतिरक्षा प्रणाली के खराब कामकाज की घटनाओं को बढ़ाती है।

अतः विकल्प (D) सही है।

133. हैलाज़ोन टैबलेट एक क्लोरीन युक्त टैबलेट है। हैलाज़ोन एक सफेद, क्रिस्टलीय पाउडर है जो क्लोरीन यौगिक से बना होता है। यह पानी को क्लोरीन का एक मजबूत स्वाद और गंध प्रदान करता है। पीने के लिए पानी कीटाणुरहित करने के लिए हैलाज़ोन गोलियों का उपयोग किया गया है, खासकर जहां उपचारित नल का पानी उपलब्ध नहीं है। एक सामान्य खुराक 4 मिलीग्राम/लीटर। हैलाज़ोन टैबलेट आमतौर पर द्वितीय विश्व युद्ध के दौरान अमेरिकी सैनिकों द्वारा पोर्टेबल जल शोधन के लिए उपयोग किया जाता था।

अतः विकल्प (A) सही है।

134. रिवर्स ऑस्मोसिस फिल्टर का छिद्र आकार लगभग 0.0001 माइक्रोन होता है।

एक नैनोफिल्ट्रेशन फिल्टर का छिद्र आकार $0.001 - 0.01$ माइक्रोन के आसपास होता है। नैनोफिल्ट्रेशन अधिकांश कार्बनिक अणुओं, लगभग सभी विषाणुओं, अधिकांश प्राकृतिक कार्बनिक पदार्थों और कई प्रकार के लवणों को हटा देता है।

अल्ट्राफिल्ट्रेशन का छिद्र आकार लगभग 0.002 से 0.1 माइक्रोन होता है। अल्ट्राफिल्ट्रेशन (UF) एक जल शोधन प्रक्रिया है जिसमें पानी को एक अर्धपारगम्य झिल्ली के माध्यम से मजबूर किया जाता है।

अतः विकल्प (D) सही है।

135. रिवर्स ऑस्मोसिस लगभग 50 डाल्टन से अधिक आणविक भार के मोनोवैलेंट आयनों और ऑर्गेनिक्स को अस्वीकार करता है। अलवणीकरण प्रक्रिया में प्रमुख तकनीक रिवर्स ऑस्मोसिस है। इस प्रक्रिया में समुद्र के पानी को निरंतर प्रवाह की स्थिति में दबाव में अर्ध-पारगम्य झिल्लियों के खिलाफ मजबूर किया जाता है।

अतः विकल्प (B) सही है।

136. जीवाणुओं के सबसे छोटे रूप को कोक्सी कहते हैं। ग्राम-पॉजिटिव कोक्सी मनुष्यों के प्रमुख रोगजनक हैं। यह अनुमान लगाया गया है कि वे मनुष्यों के सभी जीवाणु संक्रमणों का कम से कम एक तिहाई उत्पादन करते हैं, जिनमें स्ट्रेप थ्रोट, निमोनिया, ओटिटिस मीडिया, मेनिन्जाइटिस, फूड पॉइज़निंग, विभिन्न त्वचा रोग और गंभीर प्रकार के सेप्टिक शॉक शामिल हैं।

अतः विकल्प (B) सही है।

137. एक ही इमारत या भूखंड में घरों के समूह के बीच साझा किए गए शौचालय को साझा शौचालय के रूप में जाना जाता है। साझा शौचालयों की सफाई के मामले में, यदि साझा शौचालय के सभी उपयोगकर्ताओं ने इसे साफ नहीं करने का फैसला किया, तो वे सभी कम भुगतान प्राप्त करेंगे, जैसे कि गंदे शौचालय से बीमारियों के जोखिम के संपर्क में आना।

अतः विकल्प (C) सही है।

138. जल प्रदूषण के लिए तेल रिफाइनरी, कागज कारखाने, कपड़ा और चीनी मिलें, रासायनिक कारखाने जिम्मेदार हैं। ये उद्योग हानिकारक रसायनों को नदियों और नालों में बहाते हैं और पानी को प्रदूषित करते हैं। जारी रसायनों में आर्सेनिक, सीसा और फ्लोराइड शामिल हैं जो पौधों और जानवरों में विषाक्तता पैदा करते हैं।

अतः विकल्प (D) सही है।

139. घरों द्वारा छोड़े गए अपशिष्ट जल को सीवेज कहा जाता है। सीवेज घरों, उद्योगों, अस्पतालों, कार्यलयों आदि से मानवीय गतिविधियों द्वारा उत्पादित तरल और ठोस अपशिष्ट दोनों युक्त अपशिष्ट जल है। सीवेज में रोग पैदा करने वाले बैक्टीरिया और अन्य रोगाणुओं सहित विभिन्न संदूषक होते हैं।

अतः विकल्प (A) सही है।

140. बिजली संयंत्रों, कारखानों और मोटर वाहनों से निकलने वाले सल्फर और नाइट्रोजन यौगिकों के कारण अम्लीय वर्षा होती है। और यह एक रासायनिक प्रतिक्रिया के कारण होता है जो तब शुरू होती है जब सल्फर डाइऑक्साइड और नाइट्रोजन ऑक्साइड जैसे यौगिक हवा में छोड़े जाते हैं। ये पदार्थ वातावरण में बहुत अधिक बढ़ सकते हैं, जहां वे पानी, ऑक्सीजन और अन्य रसायनों के साथ मिश्रित और प्रतिक्रिया करते हैं और अधिक अम्लीय प्रदूषक बनाते हैं, जिसे अम्लीय वर्षा के रूप में जाना जाता है।

अतः विकल्प (A) सही है।

141. अपशिष्ट जल उपचार संयंत्र में स्पष्टीकरण या पृथक्करण चरण के दौरान, मैल और कीचड़ को तरल अपशिष्ट जल से अलग किया जाता है। स्पष्टीकरण में पानी से सभी प्रकार के कण, तलछट, तेल, प्राकृतिक कार्बनिक पदार्थ और रंग को साफ करने के लिए निकालना शामिल है। एक स्पष्टीकरण कदम अपशिष्ट और सतही जल उपचार के पारंपरिक उपचार का पहला भाग है।

अतः विकल्प (B) सही है।

142. सुरक्षा के लिए घटनास्थल की जांच करना उस स्थान पर आपकी पहली चिंता होनी चाहिए जहाँ कोई व्यक्ति गंभीर रूप से जल गया हो।

जब कोई जल गया था, तो एक महत्वपूर्ण पहला कदम सबसे उपयुक्त ऑन-सीन देखभाल की पहचान करना है। अक्सर इसका मतलब है पीड़ित को हटाना, जलन को ठंडा करना और एबीसी को संबोधित करना: वायुमार्ग, श्वास और परिसंचरण है।

अत: विकल्प (A) सही है।

143. लाल, गर्म या शुष्क त्वचा हार्ट अटैक का लक्षण नहीं है। यह किसी भी एलर्जी की स्थिति के लक्षण हो सकते हैं।

हार्ट अटैक के लक्षण:

- सीने में दर्द या बेचैनी
- कमजोर, हल्का-हल्का या बेहोशी महसूस करना
- जबड़े, गर्दन या पीठ में दर्द या बेचैनी
- एक या दोनों बाहों या कंधों में दर्द या बेचैनी
- साँसों की कमी

अत: विकल्प (B) सही है।

144. बेहोश, सांस नहीं ले रहा है, लेकिन नाड़ी है हो तो बचाव श्वास दी जानी चाहिए।

यदि व्यक्ति सांस नहीं ले रहा है, लेकिन उसकी नाड़ी है, तो प्रत्येक 5 से 6 सेकंड में 1 बचाव सांस या प्रति मिनट लगभग 10 से 12 सांस दें। यदि व्यक्ति सांस नहीं ले रहा है और उसकी नाड़ी नहीं है और आप सीपीआर में प्रशिक्षित नहीं हैं, तो बचाव सांसों के बिना केवल हाथों से छाती को सीपीआर दें।

अत: विकल्प (D) सही है।

145. आपकी बस के एक छात्र के मुंह में चोट लगी है और एक दांत बाहर निकल गया है तो आपको रक्तस्राव को नियंत्रित करना चाहिए और छात्र को दांत द्वारा छोड़ी गई जगह में एक लुढ़का हुआ साफ ड्रेसिंग पर दबा लेना चाहिए और इसे दूध में रखकर दांत को बचाना चाहिए या पानी।

अत: विकल्प (D) सही है।

146. ठंडी, नम, पीली, या दमकती त्वचा ऐसे लक्षण हैं जो गर्मी की थकावट से जुड़े हैं। गर्मी की थकावट हीट स्ट्रोक की तुलना में कम गंभीर स्थिति है। लक्षणों में शामिल हो सकते हैं: सामान्य या केवल थोड़ा ऊंचा शरीर का तापमान, ठंडा, नम (चिपचिपा), पीली त्वचा आदि।

अत: विकल्प (A) सही है।

147. माइकोप्लाज्मा बैक्टीरिया में कोशिका भित्ति की कमी होती है और इसलिए वे पेनिसिलिन के प्रतिरोधी होते हैं।

माइकोप्लाज्मा सबसे छोटे मुक्त-जीवित सूक्ष्मजीव हैं, जिनका व्यास लगभग 300 एनएम है। वे एक ट्रिपल-लेयर्ड झिल्ली से बंधे होते हैं और पारंपरिक बैक्टीरिया के विपरीत, एक कठोर सेल दीवार नहीं होती। इसलिए, वे पेनिसिलिन और अन्य एंटीबायोटिक दवाओं के लिए अतिसंवेदनशील नहीं हैं जो इस संरचना पर कार्य करते हैं।

अत: विकल्प (B) सही है।

148.

ध्रुवीय कशाभिका के समूह को लोफोट्रिचस कहा जाता है।

लोफोट्रिचस बैक्टीरिया में बैक्टीरिया की सतहों पर एक ही स्थान पर स्थित कई फ्लैगेला होते हैं जो बैक्टीरिया को एक ही दिशा में चलाने के लिए एक साथ काम करते हैं। हा लोफोट्रिचस में कोशिका के ध्रुव पर दो या दो से अधिक कशाभिकाएं होती हैं, इसका अर्थ है कि इसमें ध्रुवीय कशाभिका का समूह है यदि वह समूह नहीं देगा तो यह एक त्रिशंकु हो सकता है क्योंकि इसमें एकल ध्रुवीय कशाभिका है।

अत: विकल्प (A) सही है।

149.

कशाभिका प्रोपेलर की तरह घूमते हुए कोशिका को गतिमान करती है।

वे प्लाज्मा झिल्ली में लंगर डाले हुए हैं। प्रत्येक कोशिका में मौजूद फ्लैगेला की संख्या एक से कई सौ तक हो सकती है। फ्लैगेला कॉर्कस्क्रू गति में अपनी धुरी के चारों ओर घूमते हुए कोशिका को आगे बढ़ाता है। वे एक रासायनिक एकाग्रता ढाल के जवाब में आगे बढ़ते हैं, जो एक संवेदी प्रतिक्रिया विनियमन प्रणाली का संकेत देते हैं।

अत: विकल्प (C) सही है।

150. फ्लैगेल्ला के हुक और तंतु जिस प्रोटीन से बने होते हैं, वह फ्लैगेलिन होता है।

बैक्टीरियल फ्लैगेलम प्रोटीन फ्लैगेलिन से बना होता है। इसका आकार एक 20-नैनोमीटर-मोटी खोखली नली है। यह पेचदार है और बाहरी झिल्ली के ठीक बाहर एक तेज मोड़ है; यह "हुक" हेलिक्स की धुरी को सीधे सेल से दूर इंगित करने की अनुमति देता है।

अत: विकल्प (B) सही है।

151. कोकी जो ज्यादातर एकल या जोड़े में होते हैं, डिप्लोकोकी हैं।

एक डिप्लोकोकी एक गोल जीवाणु है जो आम तौर पर दो शामिल कोशिकाओं के रूप में होता है। कोकी एकल कोशिकाओं के रूप में हो सकता है। डिप्लोकोकी कोक्सी (जैसे स्ट्रेप्टोकोकस न्यूमोनिया और निसेरिया गोनोरिया) के जोड़े हैं।

अत: विकल्प (B) सही है।

152. ग्राम-नेगेटिव बैक्टीरिया में फ़िम्ब्रिया होता है।

फ़िम्ब्रिया और पिली कई बैक्टीरिया के साइटोप्लाज्मिक झिल्ली से निकलने वाली पतली, प्रोटीन ट्यूब होती हैं। वे लगभग सभी ग्राम-नेगेटिव बैक्टीरिया में पाए जाते हैं लेकिन कई ग्राम-पॉजिटिव बैक्टीरिया में नहीं होते हैं।

अत: विकल्प (B) सही है।

153. कई ग्राम पॉजिटिव बैक्टीरिया की कोशिका भित्ति को लाइसोजाइम नामक एंजाइम द्वारा आसानी से नष्ट किया जा सकता है। लाइसोजाइम, जिसे मुरामिडेस या एन-एसिटाइलमुरामाइड ग्लाइकेनहाइड्रोलेज़ के रूप में भी जाना जाता है, जानवरों द्वारा निर्मित एक रोगाणुरोधी एंजाइम है जो जन्मजात प्रतिरक्षा प्रणाली का हिस्सा होता है।

अत: विकल्प (B) सही है।

154. पेप्टिडोग्लाइकन को म्यूरिन म्यूकोपेप्टाइड के रूप में भी जाना जाता है।

पेप्टिडोग्लाइकन शब्द पेप्टाइड्स और शर्करा (ग्लाइकेन) से लिया गया था जो एक अणु बनाते हैं; इसे 'म्यूरिन' या 'म्यूकोपेप्टाइड' भी कहा जाता है। यह चीनी बहुलक और अमीनो एसिड का एक जटिल इंटरवॉवन नेटवर्क है, जो पूरे जीवाणु कोशिका को घेरता है।

अत: विकल्प (B) सही है।

155.

साइटोप्लाज्मिक समावेशन में राइबोसोम, मेसोसोम और वसा ग्लोब्यूल्स शामिल हैं।

राइबोसोम राइबोसोमल आरएनए अणुओं और प्रोटीन से बना एक जटिल अणु है जो कोशिकाओं में प्रोटीन संश्लेषण के लिए एक कारखाना बनाता है। मेसोसोम बैक्टीरिया का एक अंग है जो प्लाज्मा झिल्ली के आक्रमण के रूप में प्रकट होता है और डीएनए प्रतिकृति और कोशिका विभाजन या एक्सोएंजाइम के उत्सर्जन में कार्य करता है। मानव कोशिका जीव विज्ञान में वसा के ग्लोब्यूल्स एडिपोसाइट्स (वसा कोशिकाओं) के अलावा सेल प्रकारों के अंदर इंट्रासेल्युलर वसा के अलग-अलग टुकड़े होते हैं।

अत: विकल्प (D) सही है।

156. कोकी जो एक गुच्छा और अनियमित पैटर्न बनाती है, स्टेफिलोकोकी हैं।

स्टेफिलोकोकी प्रजातियों को कई सरल परीक्षणों द्वारा अन्य एरोबिक और वैकल्पिक अवायवीय, ग्राम-पॉजिटिव कोकी से अलग किया जा सकता है। स्टैफिलोकोकी प्रजातियां ऐच्छिक अवायवीय हैं (एरोबिक और एनारोबिक दोनों तरह से विकास में सक्षम)। सभी प्रजातियां पित्त लवण की उपस्थिति में बढ़ती हैं।

अतः विकल्प (A) सही है।

157. एक बच्चे के एक-शब्द के उच्चारण का वर्णन करने के लिए इस्तेमाल किया जाने वाला शब्द होलोफ्रेज़ है।

जब बच्चा लगभग बारह महीने का होता है, तो वह कुछ शब्द कहना शुरू कर देता है, आमतौर पर एक शब्द। इन एकल शब्दों को होलोफ्रेज़ कहा जाता है। एक उदाहरण के रूप में, एक बच्चा 'मेरा' कहता है जिसका अर्थ है 'यह खिलौना मेरा है', और इसी तरह, जब बच्चा बोलना शुरू करता है तो एक से अधिक शब्द बोलते हैं।

अतः विकल्प (A) सही है।

158. प्रोप्रियोसेप्शन हमारे शरीर के अंगों की गति और स्थिति को समझने की क्षमता है।

प्रोप्रियोसेप्शन को किनेस्थेसिया भी कहा जाता है। यह शरीर की अपने स्थान, चाल और भागों को महसूस करने की क्षमता है। प्रोप्रियोसेप्शन के उदाहरणों में पैरों को देखे बिना लात मारने या चलने की क्षमता या बंद आँखों से नाक को छूने की क्षमता शामिल है।

अतः विकल्प (C) सही है।

159. मस्तिष्क के बारे में जानकारी एकत्र करने की विधि जो मस्तिष्क की समग्र गतिविधि को इंगित करती है, पोजीट्रान एमिशन टोमोग्राफी कहलाती है।

पोजीट्रान एमिशन टोमोग्राफी या पीईटी मस्तिष्क की क्रिया में इमेजिंग के लिए एक तकनीक है। पीईटी छवियां सक्रिय मस्तिष्क क्षेत्रों को दिखाती हैं। पोजीट्रान एमिशन टोमोग्राफी तकनीक एक स्कैनिंग विधि है जो डॉक्टरों और मनोवैज्ञानिकों को बिना सर्जरी के मस्तिष्क का अध्ययन करने में सक्षम बनाती है।

अतः विकल्प (A) सही है।

160. मान लीजिए कि एक व्यक्ति के साथ एक दुर्घटना हुई, और बाद में, वह अपने कार्यों के परिणामों से कम चिंतित, गैर-जिम्मेदार और आवेगी हो गया। ऐसा इसलिए हुआ क्योंकि व्यक्ति को ललाट लोब में क्षति का सामना करना पड़ा होगा।

ललाट लोब मस्तिष्क का एक हिस्सा है। यह मनुष्यों के महत्वपूर्ण संज्ञानात्मक कौशल, जैसे स्मृति, भाषा, समस्या-समाधान, भावनात्मक अभिव्यक्ति और अन्य को नियंत्रित करता है। ललाट लोब को नुकसान पहुंचाने के लक्षण व्यवहार में बदलाव, रचनात्मकता में कमी, स्वाद और गंध की भावना में कमी, समस्या-समाधान या कार्यों को व्यवस्थित करने में असमर्थता, अवसाद आदि हैं।

अतः विकल्प (C) सही है।

161. गिलफोर्ड ने रचनात्मकता का वैज्ञानिक अध्ययन शुरू किया।

गिलफोर्ड ने माना कि किसी समस्या के कई समाधानों की कल्पना करने की क्षमता रचनात्मकता के मूल में है। उन्होंने इस प्रक्रिया को भिन्न सोच और इसके विपरीत सभी विकल्पों को एक समाधान के लिए सीमित करने की प्रवृत्ति को अभिसरण सोच कहा है।

अतः विकल्प (B) सही है।

162. हरमन एबिंगहौस ने धारावाहिक-स्थिति प्रभाव शब्द गढ़ा।

धारावाहिक-स्थिति प्रभाव की खोज सबसे पहले हरमन एबिंगहौस ने की थी। वह एक अमेरिकी मनोवैज्ञानिक थे। धारावाहिक-स्थिति प्रभाव को एक प्रवृत्ति के रूप में परिभाषित किया जा सकता है जिसमें सूची में पहली और अंतिम वस्तुओं को वापस बुलाने की सटीकता अधिक होती है, और बीच में वस्तुओं को वापस बुलाने की सटीकता सबसे खराब होती है।

अतः विकल्प (A) सही है।

163. किसी कविता को याद करने के लिए वितरित अभ्यास पद्धति का उपयोग किया जाता है।

वितरित अभ्यास को स्पेस्ड प्रैक्टिस या स्पेस रिपीटेशन के रूप में भी जाना जाता है। यह एक सीखने की रणनीति है जहां अभ्यास लंबे समय तक विभिन्न छोटे सत्रों में होता है। प्रत्येक सत्र के बीच एक मात्रा में स्थान होता है।

अतः विकल्प (C) सही है।

164. वह कार्य जिसमें लोग बिना किसी कारण, उद्देश्य के किसी की सहायता करते हैं, या हम कह सकते हैं कि व्यक्तिगत हित, अभियोगात्मक व्यवहार के रूप में जाना जाता है।

अभियोगात्मक व्यवहार एक ऐसा व्यवहार है जो समाज या अन्य लोगों को लाभान्वित करता है और इसमें दान, साझा करने, मदद करने और सहयोग करने जैसी कई प्रकार की कार्रवाइयां शामिल हैं। नियमों का पालन करना और सामाजिक रूप से स्वीकृत व्यवहारों के अनुकूलन जैसे कि किराने के सामान का भुगतान करना या स्टॉप साइन पर रुकना भी प्रोसोशल व्यवहार के रूप में माना जाता है।

अतः विकल्प (C) सही है।

165. यदि कोई छात्र आनंद और रुचि के साथ कठिन अध्ययन और अभ्यास करता है, तो इसे भावनात्मक जुड़ाव के रूप में जाना जाता है।

भावनात्मक जुड़ाव एक छात्र की स्कूल में भागीदारी और उत्साह है। जब छात्र भावनात्मक रूप से जुड़े होते हैं, तो वे स्कूल में भाग लेना चाहते हैं, और वे उस भागीदारी का अधिक आनंद लेते हैं।

अतः विकल्प (D) सही है।

166. मनोगतिकीय सिद्धांत के जनक सिगमंड फ्रॉयड हैं।

सिगमंड फ्रॉयड ने सिद्धांतों का एक समूह विकसित किया है जिसने मनोगतिक दृष्टिकोण का आधार बनाया है। मनोगतिकीय सिद्धांत में कुछ मान्यताएँ हैं, जैसे कि मानसिक स्वास्थ्य के मुद्दों सहित एक वयस्क का व्यवहार और भावनाएँ बचपन के अनुभवों आदि में निहित हैं।

अतः विकल्प (B) सही है।

167. मानव शरीर में ज्यादातर 70% पानी होता है। ग्रह पर केवल 2.5% पानी पीने योग्य है और यह स्पष्ट हो जाता है क्योंकि हमारे शरीर में 70% पानी होता है जो हमारी जल आपूर्ति की रक्षा करना इतना महत्वपूर्ण है। भी जीवित चीजों के लिए पानी का बहुत महत्व है; कुछ जीवों में, उनके शरीर के वजन का 90% तक पानी से आता है।

अतः विकल्प (C) सही है।

168. ओजोन-क्षयकारी पदार्थ (ओडीएस) ऐसे पदार्थ हैं, जो समताप मंडल में मौजूद ओजोन के साथ प्रतिक्रिया करते हैं और उसे नष्ट कर देते हैं। प्रमुख ओडीएस क्लोरोफ्लोरोकार्बन (कुल कमी का 14 प्रतिशत), नाइट्रोजन ऑक्साइड (कुल कमी का 3 से 5 प्रतिशत), सल्फर डाइऑक्साइड, हैलोन, कार्बन टेट्राक्लोराइड, मीथेन, मिथाइल क्लोरोफॉर्म आदि हैं।

अतः विकल्प (B) सही है।

169. पहले अभेद्य स्तर के नीचे के पानी से गहरे कुएँ नल का पानी। गहरे कुएँ वे होते हैं जो मिट्टी जैसे अभेद्य स्तर से पहले एक जलभृत में खोदे जाते हैं। चूंकि पानी बहिर्वाह से कुएं के स्थान तक लंबी दूरी तय करता है, यह मिट्टी के लेखों के प्राकृतिक फिल्टर के कारण शुद्ध हो जाता है। पानी आमतौर पर कठोर होता है क्योंकि इसमें घुले हुए लवण होते हैं।

अतः विकल्प (C) सही है।

170. संक्रामक रोगों को संक्रामक रोगों या संचारी रोगों के रूप में भी जाना जाता है, जिसमें रोगजनक जैविक एजेंटों के संक्रमण, उपस्थिति और वृद्धि के परिणामस्वरूप नैदानिक रूप से बीमारी शामिल है। संक्रामक रोग जीवों के कारण होने वाले विकार हैं - जैसे बैक्टीरिया, वायरस, कवक या परजीवी। कई जीव हमारे शरीर में और उस पर रहते हैं। वे आम तौर पर हानिरहित या

सहायक भी होते हैं। लेकिन कुछ शर्तों के तहत, कुछ जीव बीमारी का कारण बन सकते हैं। कुछ संक्रामक रोग एक व्यक्ति से दूसरे व्यक्ति में फैल सकते हैं।

अतः विकल्प (B) सही है।

मॉक टेस्ट 03

General Knowledge

Q.1 29 अप्रैल 2022 को किस मिशन के तहत INS घड़ियाल महत्वपूर्ण जीवन रक्षक दवाएं वितरित के लिए कोलंबो पहुंचा?

A. MAITRI-22
B. DOSTI-IV
C. MISSION DOSTI
D. SAGAR IX

Q.2 निम्नलिखित में से किसे जुलाई 2022 में भारत के 15वें राष्ट्रपति के रूप में चुना गया है?

A. निर्मला सीतारमण
B. स्वाति पीरामली
C. हिमा कोहली
D. द्रौपदी मुर्मू

Q.3 किस संस्थान ने 'महिलाएं और लड़कियां पीछे छूट गईं: महामारी प्रतिक्रियाओं में स्पष्ट अंतराल' रिपोर्ट जारी की?

[Delhi Forest Guard, 2021]

A. विश्व आर्थिक मंच
B. विश्व बैंक
C. यूएन वुमैन
D. नीति आयोग

Q.4 2022 में संयुक्त राष्ट्र महिला कोर बजट में भारत का क्या योगदान है?

[Delhi Forest Guard, 2021], [HSSC Canal Patwari, 2021]

A. यूएसडी 10,000
B. यूएसडी 50,000
C. यूएसडी 100,000
D. यूएसडी 500,000

Q.5 भारत एक धर्मनिरपेक्ष राज्य है, किस वाक्यांश में निहित है:

A. सामाजिक न्याय
B. व्यक्तियों की गरिमा
C. स्थिति की समानता
D. आस्था और पूजा की स्वतंत्रता

Q.6 निम्नलिखित में से कौन सा अनुच्छेद राज्य सरकारों को पंचायतों को संगठित करने का निर्देश देता है?

[Bihar PSC, 2018]

A. अनुच्छेद 33
B. अनुच्छेद 40
C. अनुच्छेद 48
D. अनुच्छेद 50

Q.7 भारतीय संविधान के निम्नलिखित में से किस अनुच्छेद में मौलिक कर्तव्य हैं?

A. 45 A
B. 51 A
C. 42
D. 30 B

Q.8 एक व्यक्ति 15% की हानि पर एक वस्तु बेचता है। यदि उसने इसे 450 रुपये में बेचा होता, तो उसे 10% का लाभ होता। इस वस्तु की लागत मूल्य ज्ञात कीजिए।

A. 1800
B. 1600
C. 1700
D. 1500

Q.9 मृदा में किस तत्व की मात्रा सर्वाधिक होती है?

A. ऑक्सीजन
B. सिलिकॉन
C. आयरन
D. ऐलुमिनियम

Q.10 यदि $X^2 + 4Y^2 = 4XY$, $X^3 : Y^3$ का मान ज्ञात करें।

A. 27:1
B. 1:64
C. 8:1
D. 1:8

Q.11 A, B, C, D और E की औसत आयु 40 साल है। A और B की औसत आयु 35 वर्ष है और C और D की औसत आयु 42 वर्ष है। E की उम्र है:

A. 46
B. 48
C. 32
D. इनमे से कोई नही

Q.12 एक चुनाव में, दो उम्मीदवार अरविंद और मनोज थे। यदि 20% मतों को अमान्य घोषित किया गया और अरविंद को मनोज से 20% अधिक मत मिले। यदि अरविंद 480 मतों से जीता तो मतदान करने वाले व्यक्तियों की कुल संख्या का ज्ञात कीजिये।

A. 3000
B. 30000
C. 2400
D. 9600

Q.13 निम्नलिखित में से किसके नेतृत्व में बंगाल 18वीं सदी में धीरे-धीरे मुगल नियंत्रण से अलग हो गया?

A. अलीवर्दी खान
B. नादिर शाह
C. मुर्शिद कुली खान
D. निज़ाम-उल-मुल्क असफ़ जाह

Q.14 निम्न मिलान कीजिये-

	प्रांत		राजधानी
A.	केन्द्रीय प्रान्त	1.	पाटलिपुत्र
B.	उत्तरापथ	2.	तोशाली
C.	प्रज्ञा	3.	तक्षिला
D.	दक्षिणापथ	4.	सुवर्णगिरी
E.	अवंति रस्त	5.	उज्जैन

A. A(3), B(5), C(1), D(4), E(2)
B. A(1), B(4), C(3), D(5), E(2)
C. A(1), B(3), C(2), D(4), E(5)
D. A(4), B(3), C(4), D(2), E(5)

Q.15 भारत में गवर्नर-जनरल का शासन कब समाप्त हुआ?

A. 15 अगस्त 1947
B. 9 अगस्त 1948
C. 26 जनवरी 1950
D. 2 अक्टूबर 1950

Q.16 भारत के शासन में एक प्रतिनिधि और लोकप्रिय तत्व को शामिल करने का पहला प्रयास किसके द्वारा किया गया था-

A. भारतीय परिषद अधिनियम, 1861
B. भारतीय परिषद अधिनियम, 1892
C. भारतीय परिषद अधिनियम, 1909
D. भारतीय परिषद अधिनियम, 1919

Q.17 सबसे बड़े दलहन उत्पादक राज्य निम्न क्रम में आते हैं:

[UPPSC Staff Nurse, 2017]

A. महाराष्ट्र > मध्य प्रदेश > उत्तर प्रदेश
B. मध्य प्रदेश > उत्तर प्रदेश > महाराष्ट्र
C. उत्तर प्रदेश > मध्य प्रदेश > महाराष्ट्र
D. मध्य प्रदेश > महाराष्ट्र > उत्तर प्रदेश

Q.18 भारत के जलवायु सुभेद्यता सूचकांक में 0.42 के स्कोर के साथ ___ को अपेक्षाकृत कम असुरक्षित पाया गया।

A. सिक्किम
B. मेघालय
C. मणिपुर
D. रांची

Q.19 ओलेरीकल्चर शब्द ______ को संदर्भित करता है?

A. फलों की खेती
B. सब्जियों की खेती
C. तिलहन की खेती
D. नकदी फसलों की खेती

Q.20 विश्व निवेश रिपोर्ट किसके द्वारा प्रकाशित की जाती है?

A. सेबी
B. सार्क
C. यूएनसीटीएडी
D. इनमें से कोई नहीं

Q.21 भारत में महिलाओं की श्रम भागीदारी का प्रतिशत कितना है?

A. 10%　　B. 20%　　C. 30%　　D. 40%

Q.22 भारत के प्रमुख राज्यों में सर्वाधिक नगरीकृत राज्य है?

A. उत्तर प्रदेश
B. मध्य प्रदेश
C. बिहार
D. तमिलनाडु

Q.23 जीएनपी और एनएनपी में क्या अंतर है?

A. यह टिकाऊ वस्तुओं पर उपभोक्ता व्यय के बराबर है
B. यह अप्रत्यक्ष कर राजस्व के बराबर है
C. यह अप्रत्यक्ष कर राजस्व के बराबर है
D. इनमें से कोई नहीं

Q.24 निम्नलिखित में से कौन ब्रह्मपुत्र नदी की सहायक नदी नहीं है?

A. तीस्ता　　B. सियांग　　C. टोंस　　D. मानस

Q.25 निम्नलिखित में से किस हिमालय पर्वतमाला में बनिहाल दर्रा स्थित है?

A. महान हिमालय
B. पीर पंजाल
C. लद्दाख
D. ज़स्कर

Q.26 निम्नलिखित में से कौन संयुक्त राष्ट्र सुरक्षा परिषद का वर्तमान अस्थाई सदस्य है?

A. पाकिस्तान
B. ऑस्ट्रेलिया
C. भारत
D. ये सभी

Q.27 पृथ्वी उपग्रह आर्यभट्ट को भारत द्वारा कक्षा में स्थापित किया गया था:

A. अक्टूबर 20, 1978
B. 14 नवंबर 1978
C. 26 जनवरी, 1979
D. 19 अप्रैल, 1975

Q.28 हाइग्रोमीटर एक उपकरण है जिसका उपयोग ______ को मापने के लिए किया जाता है।

A. द्रव का घनत्व
B. वातावरण की सापेक्ष आर्द्रता
C. प्रकाश की तीव्रता
D. हवा का तापमान

Q.29 निम्नलिखित में से कौन सा अंग प्रोकैरियोटिक कोशिका से समानता दर्शाता है?

A. माइटोकॉन्ड्रिया
B. क्लोरोप्लास्ट
C. क्लोरोप्लास्ट और माइटोकॉन्ड्रिया दोनों
D. इनमें से कोई नहीं

Q.30 आहार नली में अंगों द्वारा स्रावित कौन सा रस वसा के पाचन में महत्वपूर्ण भूमिका निभाता है?

A. अग्राशयी रस, लार
B. हाइड्रोक्लोरिक अम्ल, श्लेम
C. पित्त रस, अग्राशयी रस
D. लार, हाइड्रोक्लोरिक अम्ल

General Hindi

Q.31 'बनारस से बनारसी' कौन-से विशेषण का उदाहरण है?

A. व्यक्तिवाचक
B. सम्बन्धवाचक
C. गुणवाचक
D. इनमें से कोई नहीं

Q.32 मुझे थोड़ा सा दूध दे दो- में कौन सा विशेषण है?

A. संख्यावाचक विशेषण
B. परिमाणवाचक विशेषण
C. सार्वनामिक विशेषण
D. तुलनाबोधक विशेषण

Q.33 प्रत्येक इंसान की अपनी विशेषताएं हैं- वाक्य में रेखांकित विशेषण कौन सा है?

A. संख्यावाचक विशेषण
B. संबंधवाचक विशेषण
C. तुलनाबोधक विशेषण
D. सार्वनामिक विशेषण

Q.34 अशुद्ध शब्द का चयन करें।

A. समय　　B. अन्वेषण　　C. सन्सार　　D. उच्चारण

Q.35 निम्नलिखित में से कौन सा वाक्य शुद्ध है?

A. एक फूलों की माला लाओ।
B. मेरी बात सुनने की कृपा करें।
C. नेता जी का का राष्ट्र आभारी है।
D. यहां शुद्ध गाय का दूध मिलता है।

Q.36 निर्देश: इस वाक्य को विस्मय वाचक वाक्य में बदल कर लिखिए। वह बहुत ज़ोर से हँस रहा है।

A. अरे ! वह बहुत ज़ोर से हँस रहा है।
B. वह बहुत ज़ोर से क्यों हँस रहा है।
C. वह बहुत ज़ोर से नहीं हँस रहा है।
D. अरे वह बहुत ज़ोर से हँस ! रहा है।

Q.37 इन शब्दों में से तद्भव शब्द पहचानिए:

[Allahabad High Court Review Officer (RO), 2019]

A. उपवास　　B. वधू　　C. शत　　D. अचरज

Q.38 इन शब्दों में से तत्सम शब्द पहचानिए:

[Allahabad High Court Review Officer (RO), 2019]

A. अज्ञानी　　B. अदरक　　C. किवाड़　　D. गाँव

Q.39 इन शब्दों में से तत्सम शब्द पहचानिए:

[Allahabad High Court Review Officer (RO), 2019]

A. वधू　　B. घर　　C. सूत　　D. दूध

Q.40 दिए गए विकल्पों में से 'एकाधिकार' शब्द का विलोम क्या होगा?

A. पराधिकार
B. सर्वाधिकार
C. परमाधिकार
D. इनमें से कोई नहीं

Q.41 दिए गए विकल्पों में से 'कृपण' शब्द का विलोम क्या होगा?

A. कर्षण　　B. दरिद्र　　C. उदार　　D. स्थूल

Q.42 दिए गए विकल्पों में से 'आनंद' शब्द का विलोम क्या होगा?

A. वेदना　　B. उत्साह　　C. शांत　　D. क्लांत

Q.43 दिए गए विकल्पों में से 'अनुरक्त' शब्द का विलोम क्या होगा?

A. अनुग्रह　　B. कोप　　C. विरक्त　　D. अमृत

Ques (44-45): दिए गए वाक्यांश के लिए एक शब्द बताइए।

Q.44 पहाड़ के ऊपर की समतल जमीन

A. अधित्यका　　B. अन्तेवासी　　C. अकिंचन　　D. अमर

Q.45 कनिष्ठा (सबसे छोटी) और मध्यमा के बीच की उँगली

A. अकाट्य　　B. अनामिका　　C. अगाध　　D. अवर्णनीय

Q.46 दिए गए वाक्यांश के लिए एक शब्द बताइए।
जो दूसरों का बुरा करे

A. अकाट्य
B. अनुवादक
C. अपकारी
D. अनुकरणीय

Q.47 "सरसिज" शब्द का पर्यायवाची शब्द निम्नलिखित में से कौन सा है?

A. नौकर   B. नलिन   C. आदेश   D. द्रग

Q.48 'प्रद्युम्न' का पर्यायवाची शब्द बताइए:

A. कपिध्वज   B. गरुड़ध्वज   C. मकरध्वज   D. वृषध्वज

Q.49 निम्नलिखित में कौन-सा पर्यायवाची का सही मेल नहीं है?

A. कमल - अरविन्द   B. बादल - मेघ

C. अग्नि - अनिल   D. रात्रि - यामिनी

Q.50 निम्नलिखित विकल्पों में से कौन सा एक विकल्प शेष तीन का पर्यायवाची नहीं है?

A. लोक   B. जगत   C. विख्याति   D. विश्व

Main Subject Nursing

Q.51 स्वच्छ भारत मिशन की शुरुआत किस मंत्रालय ने की?

A. पर्यावरण और वन मंत्रालय

B. शहरी विकास मंत्रालय

C. पेयजल और स्वच्छता मंत्रालय

D. इनमें से कोई नहीं

Q.52 _________ एक अवांछित ध्वनि है जो एक अड़चन और तनाव का स्रोत है।

A. मृदा प्रदूषण   B. जल प्रदूषण

C. ध्वनि प्रदूषण   D. इनमें से कोई नहीं

Q.53 आप कैसे बता सकते हैं कि भोजन में भोजन की विषाक्तता पैदा करने के लिए पर्याप्त जीवाणु हैं या नहीं?

A. यह गंध करेगा

B. आप नहीं कर सकते, यह सामान्य प्रतीत होगा

C. इसका एक अलग रंग होगा

D. इसका स्वाद अलग होगा

Q.54 राष्ट्रीय शहरी स्वच्छता नीति (NUSP) किस वर्ष शुरू की गई थी?

A. 2008   B. 2010   C. 2012   D. 2014

Q.55 स्वच्छता अपशिष्ट के खतरों के साथ मानव संपर्क की रोकथाम के माध्यम से स्वास्थ्य को बढ़ावा देने का _____ साधन है।

A. स्वच्छ   B. उचित   C. बेहतर   D. उत्तम

Q.56 देखभाल योजना दस्तावेज, और प्रभावी संचार किस विकल्प में शामिल है?

A. स्वास्थ्य विकास   B. नर्सिंग प्रणाली

C. स्वास्थ्य सूचना प्रणाली   D. कंप्यूटर सूचना प्रणाली

Q.57 रोगी के निगरानी उपकरणों को कॉमन इंटरफेस से जोड़ने का एक जर्नलाइज्ड मेथड क्या प्रदान करता है?

A. स्पेशल सॉफ्टवेयर   B. मेडिकल इंफॉर्मेशन बस

C. मेडिकल रिकॉर्ड   D. ये सभी

Q.58 कंप्यूटर सिस्टम, कंप्यूटर प्रोग्राम और कम्युनिकेशन सिस्टम के ऑप्टीमल एप्लीकेशन को क्या प्रोत्साहित करता है?

A. क्रिटिकल केयर इंफार्मेशन सिस्टम।

B. एम्बुलेटरी केयर इंफार्मेशन सिस्टम।

C. कम्युनिटी हेल्थ इंफार्मेशन सिस्टम।

D. कंप्यूटर इंफार्मेशन सिस्टम।

Q.59 निम्नलिखित में से किसमें इलाज या नियंत्रित लोगों की कुल संख्या के बारे में संग्रह और माप या अवलोकन शामिल हैं?

A. प्रयोग   B. स्वास्थ्य सर्वेक्षण

C. सर्वेक्षण   D. ये सभी

Q.60 निम्नलिखित में से कौन मेडिकल डिवाइस और डिवाइस मैनेजर के लिए कम्युनिकेशन इंटरफेस प्रदान करता है?

A. डिवाइस कम्युनिकेशन कंट्रोलर

B. बेडसाइड डेटा कंट्रोलर

C. डिवाइस डेटा कंट्रोलर

D. बेडसाइड कम्युनिकेशन कंट्रोलर

Q.61 स्वास्थ्य जानकारी की सुरक्षा का कौन सा साधन व्यक्ति द्वारा अधिकृत है?

A. मतदान   B. गोपनीयता   C. स्वीकृति   D. सॉर्टिंग

Q.62 कौन सा आइटम नर्सिंग इन्फार्मेटिक्स की भूमिका का एक प्रमुख कॉम्पोनेन्ट नहीं है?

A. प्रोजेक्ट मैनेजर   B. एडुकेटर

C. प्रोडक्ट डेवलपर   D. डायटीशियन

Q.63 नर्सिंग के अभ्यास और नर्सिंग देखभाल के वितरण का समर्थन करने के लिए नर्सिंग डेटा, सूचना और ज्ञान के प्रबंधन और प्रसंस्करण में सहायता के लिए संयुक्त रूप से नर्सिंग सूचना विज्ञान को कंप्यूटर विज्ञान, सूचना विज्ञान और नर्सिंग विज्ञान के रूप में किसने परिभाषित किया?

A. स्किविरियन   B. टर्ली

C. एना   D. ग्रोव्स और कोरकोरन

Q.64 मॉडल के एक छोर से दूसरे छोर तक संचारित की जाने वाली सूचना, विचार या अवधारणा कहलाती है?

A. सोर्स   B. एनकोडर   C. मैसेज   D. रिसीवर

Q.65 ईएचआर की परिभाषा क्या है?

A. रोगी चिकित्सा जानकारी को स्टोर करने, एक्सेस करने और उपयोग करने के लिए कार्यात्मकताओं की एक पूरी श्रृंखला के साथ सॉफ्टवेयर।

B. स्वास्थ्य देखभाल प्रदाता द्वारा रोगी को देखभाल का समय और स्थान दिया जा रहा है।

C. एक पोर्टेबल, हैंडहेल्ड कंप्यूटर, एक स्टाइलस पेन के साथ सीधे स्क्रीन पर दस्तावेज़ करने की क्षमता के साथ।

D. Software capable of voice recognition systems to document patient health insurance information.

Q.66 अंतर्राष्ट्रीय नर्स परिषद _______ में स्थापित की गई थी।

A. 1920   B. 1905   C. 1922   D. 1899

Q.67 नर्सिंग को एक पेशे के रूप में माना जाता है क्योंकि _______।

A. इसमें एक नर्स पैसे कमाती है

B. यह विज्ञान और कला पर आधारित है

C. यह व्यापक स्वास्थ्य सेवाएं प्रदान करता है

D. नर्सिंग एक पेशे के सभी मानदंडों को पूरा करती है

Q.68 अंतर्राष्ट्रीय नर्स परिषद का मुख्यालय _______ में स्थित है।

A. नई दिल्ली   B. जिनेवा   C. न्यूयॉर्क   D. लंदन

Q.69 कौन सा संगठन इंटरनेशनल नर्सिंग समीक्षा _______ प्रकाशित करता है।

A. टीएनएआइ   B. आईएनसी

C. आईसीएन   D. डब्लूएचओ

Q.70 भारतीय नर्सिंग परिषद की स्थापना _______ में हुई थी।

A. 1922   B. 1939   C. 1947   D. 1949

Q.71 वेज रिसेक्शन में :

A. पूरा फेफड़ा निकाल दिया जाता है

B. फेफड़े के ऊतकों का एक पहलू हटा दिया जाता है

C. बायोप्सी ली जाती है

D. इनमे से कोई नहीं

Q.72 सेगमेंटेक्टॉमी से तात्पर्य है:

A. कीमोथेरेपी के प्रकार को संदर्भित करता है

B. प्लीहा की चिंता

C. फेफड़े के किसी एक भाग को निकालना शामिल है

D. द्विपक्षीय न्यूमोनेक्टॉमी शामिल है

Q.73 मीडियास्टिनम में शामिल हैं:

A. हृदय और जिगर

B. हृदय, फेफड़े, श्वासनली, बड़ी वाहिकाएँ, घेघा

C. गुर्दे, फेफड़े, महान वाहिकाएं

D. हृदय, पेट, घेघा

Q.74 श्वासक्षिप्रता शब्द का अर्थ है:

A. श्वास का बंद होना

B. चेयने-स्टोक्स की श्वास

C. श्वसन दर में कमी

D. श्वसन दर में वृद्धि

Q.75 फुप्फुस स्थान है:

A. एक संभावित स्थान

B. एक जगह संक्रमित

C. दिल के चारों ओर एक गुहा

D. डायाफ्राम के रूप में भी जाना जाता है

Q.76 हीमोथौरैक्स है:

A. फुप्फुस स्थान में हवा का संग्रह

B. फुप्फुस स्थान में मवाद का संग्रह

C. फुप्फुस स्थान में रक्त का संग्रह

D. फुप्फुस स्थान में श्लेष द्रव का संग्रह

Q.77 एक संदिग्ध स्ट्रोक के लिए भर्ती किए गए रोगी का संपूर्ण न्यूरोलॉजिकल और शारीरिक मूल्यांकन पूरा करने के बाद, मेडिकल-सर्जिकल नर्स इस रोगी की तत्काल देखभाल में अगले चरण को शामिल करने की उम्मीद करती है:

A. प्रशासन ऊतक प्लास्मिनोजेन उत्प्रेरक

B. बिना कंट्रास्ट के सिर का कंप्यूटेड टोमोग्राफी स्कैन प्राप्त करना

C. एक न्यूरोसर्जिकल परामर्श प्राप्त करना

D. कैरोटिड डॉप्लर अल्ट्रासोनोग्राफी की तैयारी

Q.78 T4 स्तर से नीचे लकवाग्रस्त रोगी की जांच करते समय, मेडिकल-सर्जिकल नर्स को यह पता लगाने की उम्मीद है:

A. ऊपरी छोरों की शिथिलता

B. हाइपररिफ्लेक्सिया और ऊपरी छोरों की चंचलता

C. एक बिगड़ा हुआ डायाफ्रामिक कार्य जिसमें वेंटिलेटर समर्थन की आवश्यकता होती है

D. ऊपरी छोरों और कुशल खांसी का स्वतंत्र उपयोग

Q.79 स्टेम सेल ट्रांसप्लांटेशन का दूसरा नाम है:

A. बोन मैरो ट्रांसप्लांट

B. तिल्ली ट्रांसप्लांटेशन

C. बीओप्सी

D. कीमोथेरपी

Q.80 स्टेम सेल प्रत्यारोपण में एंटीबायोटिक्स, इम्यूनोसप्रेसेन्ट दवा और स्टेरॉयड उपचार के लिए दिए जा सकते हैं:

A. सदमा

B. रक्तस्राव

C. ग्राफ्ट-वेर्सुस-होस्ट रोग

D. संक्रमण

Q.81 नर्स गर्भवती रोगी में भ्रूण की हृदय गति का आकलन कर रही है। नर्स प्रति मिनट 82 बीट की नाड़ी रिकॉर्ड करती है। नर्स को _________ चाहिए।

A. एक और डॉप्लर डिवाइस आज़माएं

B. डॉप्लर की सतह पर स्नेहक जोड़ें

C. तुरंत चिकित्सक को बुलाओ

D. डॉप्लर डिवाइस ले जाएँ

Q.82 ब्रिटनी 40 सप्ताह की गर्भवती है और कॉल करती है क्योंकि वह पहली बार गुलाबी रंग का निर्वहन देख रही है। नर्स को ब्रिटनी को _________ को बताना चाहिए।

A. उसकी पीठ के बल लेट जाएं और उसके पैरों को हवा में तब तक रखें जब तक मदद न आ जाए

B. ऐम्बुलेंस बुलाएं

C. निगरानी जारी रखें

D. तुरंत अस्पताल ले जाएँ

Q.83 साराह एक सत्रह वर्षीय महिला है जिसे पहली माहवारी नहीं हुई है और वह एक परीक्षा के लिए अपने डॉक्टर के पास जा रही है। उसने कई माध्यमिक यौन विशेषताओं की सामान्य वृद्धि और विकास को प्रदर्शित किया है। नर्स डॉक्टर को बताएगी कि सारा _________ के लक्षण दिखा रही है।

A. ओलिगोमेनोरिया

B. माध्यमिक एमेनोरिया

C. प्राथमिक एमेनोरिया

D. माध्यमिक कष्टार्तव

Q.84 एम्बर एक 39 वर्षीय महिला है जो माध्यमिक कष्टार्तव का अनुभव कर रही है। नर्स जानती है कि एम्बर निम्नलिखित में से किससे पीड़ित हो सकता है?

A. एंडोमेट्रियोसिस

B. एल्डोस्टेरोन का निम्न स्तर

C. रजोरोध

D. प्रोस्टाग्लैंडीन का उच्च स्तर

Q.85 एक नर्स एक 18 वर्षीय महिला का आकलन कर रही है जो द्विपक्षीय पेट दर्द के लिए आपातकालीन विभाग में आई है। निम्नलिखित में से किसे अस्थानिक गर्भावस्था के लिए नर्स को जोखिम कारक नहीं मानना चाहिए?

A. एंडोमेट्रियोसिस

B. क्लैमाइडिया ट्रैकोमैटिस

C. गर्भाशय फाइब्रॉएड

D. यीस्ट संक्रमण

Q.86 5 साल की एक बच्ची कृति को हाल ही में कावासाकी बीमारी का पता चला है। रोग के पहचाने गए लक्षणों के अलावा, उसे निम्नलिखित में से कौन सा विकसित होने की संभावना है?

A. सेप्सिस

B. मेनिनजाइटिस

C. माइट्रल वाल्व रोग

D. एन्यूरिज्म फार्मेशन

Q.87 निम्नलिखित में से कौन नर्स टोनी अपने रोगी क्ले को हृदय गति रुकने का निदान करने के लिए एक कार्डिनल अभिव्यक्ति या डिगॉक्सिन विषाक्तता के लक्षण के रूप में मानती है?

A. सिरदर्द

B. सांस लेने में परेशानी

C. एक्सट्रीम ब्रैडीकार्डिया

D. कब्ज

Q.88 बेटी एक 9 वर्षीय लड़की है जिसे सिस्टिक फाइब्रोसिस का निदान किया गया है। बच्चे के लिए देखभाल योजना विकसित करते समय नर्स आर्ची को निम्नलिखित में से किसे ध्यान में रखना चाहिए?

A. फुफ्फुसीय स्राव असामान्य रूप से मोटे होते हैं

B. पसीने में पोटेशियम का ऊंचा स्तर पाया जाता है

C. CF एक ऑटोसोमल प्रमुख वंशानुगत विकार है

D. अंतःस्रावी ग्रंथियों का अवरोध होता है

Q.89 एलिस को एक तीव्र, गंभीर लंबे समय तक अस्थमा के दौरे के दौरान आपातकालीन विभाग में ले जाया जाता है और सामान्य उपचार के लिए अनुत्तरदायी होता है। स्थिति को निम्नलिखित में से किसके रूप में संदर्भित किया जाता है?

A. स्टेटस अस्थमेटिकस

B. प्रतिक्रियाशील वायुमार्ग रोग

C. इन्ट्रिंसिक अस्थमा

D. एक्सट्रिंसिक अस्थमा

Q.90 बेबी मेलोडी एक नवजात शिशु है जिसका जन्म के समय वजन बहुत कम होता है। नर्स जोसी निम्नलिखित में से किसको रोकने के लिए श्वसन दबाव और ऑक्सीजन (O_2) एकाग्रता की सावधानीपूर्वक निगरानी करती है?

A. मेकोनियम एस्पिरेशन सिंड्रोम

B. ब्रोंकोपुलमोनरी डिस्प्लेसिया (बीपीडी)

C. रेस्पिरेटरी सिंकाइटियल वायरस (RSV)

D. रेस्पिरेटरी डिस्ट्रेस सिंड्रोम (आरडीएस)

Q.91 इनमें से किस कपाल तंत्रिका को शुद्ध रूप से अभिवाही तंत्रिका नहीं माना जाता है?

A. घ्राण संबंधी

B. दृष्टि संबंधी

C. अपसरणीतंत्रिका

D. वेस्टिबुलोकोकलियर

Q.92 कोशिका में कमी वाले अक्षतंतु हैं:

A. अतंत्रिकक्षी कोशिकाएं

B. कफ्फर की कोशिकाएँ

C. पार्श्विक कोशिकाएं

D. घ्राण कोशिकाएं

Q.93 मांसपेशियों में विशेष प्रोटीन होते हैं जिन्हें _______ कहा जाता है।

A. लिपोप्रोटीन

B. संकुचित प्रोटीन

C. ग्लाइकोल-प्रोटीन

D. न्युक्लियोप्रोटीन

Q.94 महिलाओं में यौवन की शुरुआत के लिए कौन सा अंतःस्राव जिम्मेदार है?

A. स्तनप्रेरक

B. ऑक्सीटोसिन

C. पुटक-उद्दीपक अंतःस्राव

D. इनमे से सभी

Q.95 सामान्य श्वास के दौरान अंतःश्वसित या निःश्वसित वायु की मात्रा होती है:

A. शेष मात्रा

B. श्वसन आरक्षित मात्रा

C. श्वसन मात्रा

D. श्वसन आरक्षित मात्रा

Q.96 जैक्सन-प्रैट घाव नाली के आसपास के क्षेत्र की सफाई करते समय नर्स प्रभारी द्वारा कौन सी कार्रवाई आवश्यक है?

A. एक गोलाकार गति में केंद्र से बाहर की ओर सफाई

B. त्वचा को साफ करने से पहले नाली को हटाना

C. शराब के साथ स्थल के चारों ओर तेजी से सफाई

D. रोगाणुहीन दस्ताने और मास्क पहनना

Q.97 एक महिला रोगी को सबलिंगुअल टैबलेट लेना सिखाते समय, नर्स को रोगी को टेबल को इस पर रखने का निर्देश देना चाहिए:

A. जुबान के ऊपर

B. मुंह का ऊपरी हिस्सा

C. मुंह का तल

D. गाल के अंदर

Q.98 लगातार एंटरल फीडिंग प्रदान करते समय कौन सी नर्सिंग क्रिया आवश्यक है?

A. बिस्तर के सिर को ऊपर उठाना

B. रोगी को बायीं ओर पोजिशन करना

C. इसे प्रशासित करने से पहले सूत्र को गर्म करना

D. एक बार में पूरे दिन के फॉर्मूले का उपयोग करें

Q.99 चिकित्सक एक दवा के 250 mg मिलीग्राम निर्धारित करता है। दवा की शीशी 500 mg/ml इंगित करती है। नर्स को कितनी दवा देनी चाहिए?

A. 2 ml

B. 1 ml

C. $\frac{1}{2}$ ml

D. $\frac{1}{4}$ ml

Q.100 मूल्यांकन के दौरान प्रभारी नर्स द्वारा माना गया कौन सा मानवीय तत्व औषधि प्रशासन को प्रभावित कर सकता है?

A. मरीज के ठीक होने की क्षमता

B. रोगी के व्यावसायिक खतरे

C. रोगी की सामाजिक आर्थिक स्थिति

D. रोगी की संज्ञानात्मक क्षमता

Q.101 एक मरीज बाथरूम में है जब नर्स एक निर्धारित दवा देने के लिए प्रवेश करती है। प्रभारी नर्स को क्या करना चाहिए?

A. रोगी के बिस्तर पर दवा छोड़ दें

B. रोगी को दवा लेने के लिए सुनिश्चित करने के लिए कहें और फिर उसे बेडसाइड पर छोड़ दें

C. रोगी के कमरे में शीघ्र ही लौटें और जब तक रोगी दवा न ले, तब तक वहीं रहें

D. रोगी के बिस्तर पर लौटने की प्रतीक्षा करें, और फिर दवा को बेडसाइड पर छोड़ दें

Q.102 ऑपरेटिंग रूम में एक स्क्रब नर्स की कौन सी जिम्मेदारी होती है?

A. रोगी की स्थिति

B. गाउनिंग और ग्लोविंग में सहायता करना

C. सर्जन को सर्जिकल उपकरणों को संभालना

D. सर्जिकल ड्रेस लगाना

Q.103 मोतियाबिंद के ऑपरेशन के बाद एक महिला मरीज को डिस्चार्ज किया जा रहा है। दवा सिखाने के बाद, नर्स मरीज को निर्देश दोहराने के लिए कहती है। नर्स कौन सी पेशेवर भूमिका निभा रही है?

A. प्रबंधक

B. शिक्षक

C. देखभालकर्ता

D. मरीज अधिवक्ता

Q.104 वृद्धावस्था के पुरुष रोगी को ड्रग थेरेपी देते समय, नर्स को प्रतिकूल प्रभावों के लिए विशेष रूप से सतर्क रहना चाहिए। कौन सा कारक वृद्धावस्था के रोगियों पर दवा के प्रतिकूल प्रभाव डालता है?

A. तेजी से दवा निकासी

B. उम्र बढ़ने से संबंधित शारीरिक परिवर्तन

C. न्यूरॉन की मात्रा में वृद्धि

D. जीआई पथ में रक्त प्रवाह में वृद्धि

Q.105 एक निर्धारित दवा की शाम की खुराक देने से पहले, शाम की पाली में नर्स को रोगी की दवा की दराज में एक बिना लेबल वाली, भरी हुई सिरिंज मिलती है। प्रभारी नर्स को क्या करना चाहिए?

A. दवा त्रुटि से बचने के लिए सिरिंज को त्यागें

B. फार्मेसी से सिरिंज के लिए एक लेबल प्राप्त करें

C. सिरिंज का उपयोग करें क्योंकि ऐसा लगता है कि इसमें वही दवा है जिसे नर्स देने के लिए तैयार की गई थी

D. सिरिंज की सामग्री को सत्यापित करने के लिए दिन की नर्स को बुलाएं

Q.106 मधुमेह मेलिटस के इतिहास वाला एक रोगी कोलेसिस्टेक्टोमी के बाद दूसरे पोस्टऑपरेटिव दिन होता है। उसे जी मचलने की शिकायत की है और ठोस खाद्य पदार्थ खाने में सक्षम नहीं है। रोगी को भ्रमित और कांपता हुआ देखने के लिए नर्स कमरे में प्रवेश करती है। निम्नलिखित में से कौन रोगी के लक्षणों के लिए सबसे अधिक संभावित स्पष्टीकरण है?

A. एनेस्थीसिया रिएक्शन

B. हाइपरग्लेसीमिया

C. हाइपोग्लाइसीमिया

D. मधुमेह केटोएसिडोसिस

Q.107 एक नर्स, हेपेटाइटिस A के निदान के साथ क्लिनिक के रोगी का आकलन करती है। निम्नलिखित में से कौन रोग के संचरण का सबसे संभावित कारण है?

A. संक्रमित साथी से यौन संपर्क

B. दूषित भोजन

C. रक्त आधान

D. अवैध दवा का उपयोग

Q.108 ल्यूकेमिया के रोगी का एक रिश्तेदार होता है जो आधान के लिए रक्तदान करना चाहता है। एक नर्स इसके लिए निम्नलिखित में से कौन सी चिकित्सा स्थिति की जांच करेगी?

A. हेपेटाइटिस सी का इतिहास

B. एक साल पहले के कोलेसिस्टेक्टोमी का इतिहास

C. स्पर्शोन्मुख डायवर्टिकुलोसिस

D. उपरोक्त में से कोई नहीं

Q.109 जठरशोथ के रोगी की देखभाल करने वाली एक नर्स इस रोगी के लिए निम्नलिखित में से कौन सी दवा की सिफारिश नहीं करेगी?

A. नेपरोक्सन सोडियम   **B.** कैल्शियम कार्बोनेट

C. क्लैरिथ्रोमाइसिन   **D.** फ़्यूरोसेमाइड

Q.110 कोलेसिस्टिटिस के रोगी के लिए पोषण परामर्श देने वाली नर्स द्वारा निम्नलिखित में से कौन सी जानकारी बताना महत्वपूर्ण है?

A. रोगी को कम कैलोरी वाला आहार लेना चाहिए।

B. रोगी को उच्च प्रोटीन/कम कार्बोहाइड्रेट वाला आहार लेना चाहिए।

C. रोगी को मिठाई और शर्करा युक्त पेय सीमित मात्रा में लेना चाहिए।

D. रोगी को वसायुक्त भोजन सीमित मात्रा में लेना चाहिए।

Q.111 नर्स एक पुरुष रोगी की देखभाल कर रही है जो वास्तविकता में बिना किसी आधार के झूठी संवेदी धारणाओं का अनुभव करता है। इस धारणा के रूप में जाना जाता है:

A. मतिभ्रम   **B.** भ्रम

C. ढीली एसोसिएशन   **D.** नियोगवाद

Q.112 नर्स एक महिला रोगी की देखभाल कर रही है जिसमें आत्महत्या की प्रवृत्ति है। रोगी के साथ शौचालय में जाते समय, नर्स को चाहिए:

A. उसे गोपनीयता दें

B. उसे पेशाब करने की अनुमति दें

C. खिड़की खोलो और उसे कुछ ताजी हवा लेने दो

D. उसका निरीक्षण करें

Q.113 भव्यता के भ्रम के निदान के साथ एक महिला रोगी को भर्ती किया जाता है। यह निदान इस विश्वास को दर्शाता है कि व्यक्ति _______ है।

A. मारा जा रहा

B. अत्यधिक प्रसिद्ध और महत्वपूर्ण

C. एक दुष्ट दुनिया के लिए जिम्मेदार

D. रोगी से जुड़ा हुआ है जो स्वयं से संबंधित नहीं है

Q.114 एक 20 वर्षीय रोगी को आश्रित व्यक्तित्व विकार का पता चला था। कौन सा व्यवहार अप्रभावी व्यक्ति का मुकाबला करने का प्रमाण होने की सबसे अधिक संभावना नहीं है?

A. आवर्तक आत्म-विनाशकारी व्यवहार

B. रिश्तों से परहेज

C. एकान्त गतिविधियों में रुचि दिखाना

D. सलाह के बिना चुनाव और निर्णय लेने में असमर्थता

Q.115 एक पुरुष रोगी को स्किज़ोटाइपल व्यक्तित्व विकार का निदान किया जाता है। सामाजिक स्थिति के दौरान यह रोगी कौन से लक्षण प्रदर्शित करेगा?

A. पागल विचार

B. भावनात्मक प्रभाव

C. स्वतंत्रता की आवश्यकता

D. आक्रामक व्यवहार

Q.116 नर्स बुलिमिया से पीड़ित एक मरीज की देखभाल कर रही है। बुलिमिया के निदान वाले रोगी के लिए सबसे उपयुक्त प्रारंभिक लक्ष्य कौन सा है?

A. खाने से परहेज करने के लिए करें प्रेरित

B. चिंता पैदा करने वाली स्थितियों की पहचान करें

C. दिन में केवल तीन बार भोजन करें

D. बहुत सारे किराने का सामान खरीदने से बचें

Q.117 एक 75 वर्षीय रोगी को अल्जाइमर प्रकार और अवसाद के मनोभ्रंश के निदान के साथ अस्पताल में भर्ती कराया जाता है। वह लक्षण जो अवसाद से संबंधित नहीं है, वह होगा:

A. पर्यावरण के प्रति उदासीन प्रतिक्रिया

B. "मुझे नहीं पता" सवालों के जवाब

C. प्रयोगशाला प्रभाव का उथला

D. व्यक्तिगत स्वच्छता की उपेक्षा

Q.118 नर्स एक मानसिक स्वास्थ्य सुविधा में काम कर रही है, बुलिमिया नर्वोसा के साथ एक नए भर्ती रोगी के लिए नर्स की प्राथमिकता नर्सिंग हस्तक्षेप होगा:

A. रोगी को । और ० मापना सिखाएं

B. रोगी को दैनिक भोजन की योजना बनाने में शामिल करें

C. भोजन के दौरान रोगी का निरीक्षण करें

D. लगातार रोगी की निगरानी करें

Q.119 नर्स एक परेशान रोगी में उत्तेजना को कम कर सकती है:

A. उत्तेजना बढ़ाकर

B. अनावश्यक बातचीत को सीमित करना

C. उचित संवेदी धारणा बढ़ाना

D. निरंतर रोगी और स्टाफ संपर्क सुनिश्चित करना

Q.120 जुनूनी-बाध्यकारी विकार के साथ एक 39 वर्षीय मां अपने विस्तृत हाथ धोने और चलने की रस्मों से स्थिर हो गई है। नर्स पहचानती है कि O.C विकार अक्सर होता है:

A. बहुत अधिक कर्तव्यनिष्ठ होने की समस्या

B. क्रोध और पछतावे की समस्या

C. अपराध बोध और अपर्याप्तता की भावना

D. अयोग्यता और निराशा की भावना

Q.121 गंभीर अवसाद के निदान के साथ एक रोगी जिसने आत्महत्या करने का प्रयास किया है, नर्स से कहता है, 'मुझे मर जाना चाहिए था! मैं हमेशा असफल रहा हूं। मेरे लिए कभी भी कुछ भी ठीक नहीं होता है।' कौन सी प्रतिक्रिया चिकित्सीय संचार को प्रदर्शित करती है?

A. "आपके पास जीने के लिए सब कुछ है।"

B. "आप खुद को असफल क्यों देखते हैं?"

C. "ऐसा महसूस करना उदास होने का एक हिस्सा है।"

D. "आप कुछ समय से असफल महसूस कर रहे हैं?"

Q.122 जब सामुदायिक स्वास्थ्य नर्स घर पर किसी मरीज से मिलने जाती है, तो रोगी कहता है, 'मैं पिछली कुछ रातों से सोया नहीं।' नर्स द्वारा कौन सी प्रतिक्रिया इस रोगी के लिए चिकित्सीय संचार प्रतिक्रिया को दर्शाती है?

A. "समझा।"

B. "सचमुच?"

C. "आपको सोने में कठिनाई हो रही है?"

D. "कभी-कभी, मुझे सोने में भी परेशानी होती है।"

Q.123 अशांत विचार प्रक्रियाओं का अनुभव करने वाले रोगी का मानना है कि उसका भोजन जहर हो गया है। रोगी को खाने के लिए प्रोत्साहित करने के लिए नर्स को किस संचार तकनीक का उपयोग करना चाहिए?

A. खुले प्रश्न और मौन का उपयोग करना

B. भोजन विकल्पों के संबंध में व्यक्तिगत वरीयता साझा करना

C. रोगी क्यों खाना नहीं चाहता है इसके कारणों का दस्तावेजीकरण

D. पर्याप्त पोषण की आवश्यकता के बारे में राय देना

Q.124 स्वास्थ्य शिक्षा __________ में वांछनीय परिवर्तन में मदद करती है।

A. ज्ञान

B. दृष्टिकोण

C. अभ्यास परिवर्तन

D. ये सभी

Q.125 टर्मिनल कैंसर से पीड़ित एक मरीज नर्स से कहता है, "मैं मरने जा रही हूं, और काश मेरा परिवार इलाज की उम्मीद करना बंद कर देता! जब वे इस तरह से काम करते हैं तो मुझे बहुत गुस्सा आता है। आखिर मैं ही तो हूं जो मर रहा है।"नर्स द्वारा कौन सी प्रतिक्रिया चिकित्सीय संचार कौशल है?

A. "क्या आपने अपनी भावनाओं को अपने परिवार के साथ साझा किया है?"

B. "मुझे लगता है कि हमें आपके गुस्से के बारे में आपके परिवार से और बात करनी चाहिए।"

C. "तुम्हें गुस्सा आ रहा है कि तुम्हारा परिवार तुम्हारे ठीक होने की आशा कर रहा है?"

D. "आप शायद बहुत उदास हैं, जो इस तरह के निदान से समझ में आता है।"

Q.126 सम्मेलन का उपयोग स्वास्थ्य शिक्षा के __________ दृष्टिकोण में एक विधि के रूप में किया जा सकता है।

A. व्यक्ति

B. समूह

C. जनसमुदाय

D. इनमें से कोई नहीं

Q.127 __________ स्वास्थ्य शिक्षा कार्यक्रम की योजना बनाने का पहला कदम है।

A. जरूरतों का आकलन

B. सामुदायिक संसाधनों की पहचान

C. सामग्री का चयन

D. पाठ योजना

Q.128 निम्नलिखित में से कौन नर्सिंग के दृष्टिकोण से संचार के बारे में सही नहीं है?

A. इसमें सूचनाओं, विचारों या विचारों का आदान-प्रदान शामिल है

B. रोगी की सुरक्षा और प्रदान की जाने वाली देखभाल की गुणवत्ता को प्रभावित नहीं करता है

C. यह इंटरैक्टिव है

D. उपर्युक्त सभी

Q.129 स्वास्थ्य देखभाल संचार में संलग्न होने पर गैर मौखिक व्यवहार में शामिल हैं:

A. आसन

B. आवाज़ का लहज़ा

C. चेहरे की अभिव्यक्ति

D. उपर्युक्त सभी

Q.130 एक मानसिक स्वास्थ्य क्लिनिक में कार्यरत नर्स को एक स्थानीय किराना स्टोर में एक पड़ोसी द्वारा बधाई दी जाती है। पड़ोसी नर्स से पूछते हैं, "मैरी कैसी है? वह मेरी सबसे अच्छी दोस्त है और हर हफ्ते आपके क्लिनिक में देखी जाती है।" सबसे उपयुक्त नर्सिंग प्रतिक्रिया कौन सी है?

A. "मैं आपके साथ किसी भी मरीज की स्थिति पर चर्चा नहीं कर सकता।"

B. "यदि आप मैरी के बारे में जानना चाहते हैं, तो आपको खुद उससे पूछना होगा।"

C. "केवल इसलिए कि आप एक दोस्त के बारे में चिंतित हैं, मैं आपको बताऊंगा कि वह सुधार कर रही है।"

D. "उसकी दोस्त होने के नाते, आप जानते हैं कि वह मुश्किल समय से गुजर रही है और वह अपनी निजता की हकदार है।"

Q.131 एक्सो-एक्टिंग एंजाइम जो पॉलीसेकराइड स्टार्च के हाइड्रोलिसिस को, β ग्लूकोज मुक्त करने के लिए उत्प्रेरित करता है, को क्या कहते हैं?

A. सेल्लुलास

B. ग्लुकोमायलैसेस

C. β - एमिलेज

D. α - एमिलेज

Q.132 ग्लाइकोलाइसिस में हो सकता है:

A. एनारोबिक कोशिकाएं

B. एरोबिक कोशिकाएं

C. न तो एरोबिक और न ही एनारोबिक कोशिकाएं

D. एरोबिक और एनारोबिक दोनों कोशिकाएं

Q.133 निम्नलिखित में से कौन सा एंजाइम अपनी 5'-न्यूक्लिज गतिविधि के साथ RNA प्राइमर को हटा देता है?

A. डीएनए पोलीमरेज़ III

B. आरएनए पोलीमरेज़

C. डीएनए पोलीमरेज़ I

D. डीएनए पोलीमरेज़ II

Q.134 खमीर और मोल्ड काउंट निर्धारण के लिए __________ की आवश्यकता है।

A. पोषक तत्व अगार

B. अम्लीकृत आलू ग्लूकोज अगार

C. मैककॉन्की अगार

D. बैंगनी लाल पित्त अगार

Q.135 जीवाणु स्टैफिलोकोकस ऑरियस किस प्रकार का जीवाणु है?

A. मेसोफाइल

B. साइकोफाइल

C. थर्मोफाइल

D. मेसोफाइल और साइकोफाइल

Q.136 बैक्टीरिया या सूक्ष्मजीवों की वृद्धि का उल्लेख है:

A. कुल जनसंख्या में परिवर्तन

B. कोशिकाओं की संख्या में वृद्धि

C. एक व्यक्तिगत जीव के आकार में वृद्धि

D. एक व्यक्तिगत जीव के द्रव्यमान में वृद्धि

Q.137 जीवाणुओं की संख्या मात्रात्मक रूप से निर्धारित करने के लिए निम्नलिखित में से किस विधि का उपयोग किया जा सकता है?

A. स्प्रेड-प्लेट

B. स्ट्रीक प्लेट

C. पॉयर प्लेट और स्प्रेड प्लेट

D. पॉयर प्लेट

Q.138 निम्नलिखित में से कौन माइक्रोएरोफिलिक बैक्टीरिया हैं?

A. ट्रेपोनिमा

B. बोरेलिया

C. स्पाइरोचेटा

D. क्रिस्टिस्पिरा

Q.139 कवक की कोशिका भित्ति के संरचनात्मक घटक क्या हैं?

A. पेप्टिडोग्लाइकन

B. सेल्यूलोज

C. काइटिन

D. इनमे से सभी

Q.140 क्रिप्टोकॉकोसिस एक बीमारी है:

A. विषाणुजनित संक्रमण

B. माइकोटिक संक्रमण

C. परजीवी संक्रमण

D. जीवाणु संक्रमण

Q.141 एनजाइना का कारण क्या है?

A. फेफड़ों तक अपर्याप्त रक्त पहुँचना

B. मस्तिष्क तक अपर्याप्त रक्त पहुँचना

C. हृदय की मांसपेशियों तक अपर्याप्त रक्त पहुँचना

D. पैर की मांसपेशियों तक अपर्याप्त रक्त पहुँचना

Q.142 गंभीर एलर्जी से पीड़ित व्यक्ति को हर समय क्या रखना चाहिए?

A. इन्सुलिन

B. एसिटामिनोफेन / पैरासिटामोल

C. एड्रेनालाईन (एपिपेन)

D. एस्पिरीन

Q.143 यदि आपको संदेह है कि किसी व्यक्ति को आघात हुआ है तो आपको कौन सा परीक्षण करना चाहिए?

A. चेहरा, हथियार, भाषण, परीक्षण

B. चेतावनी, आवाज, दर्द, अनुत्तरदायी

C. प्रतिक्रिया, वायुमार्ग, श्वास, परिसंचरण

D. नाड़ी, श्वसन दर, तापमान

Q.144 निम्नलिखित में से कौन स्ट्रोक का कारण बन सकता है?

A. मस्तिष्क की धमनी में रक्त का थक्का

B. हृदय की धमनी में रक्त का थक्का

C. पैर की धमनी में खून का थक्का

D. फेफड़ों में धमनी में खून का थक्का

Q.145 बिजली के जलने का इलाज करते समय आपकी पहली कार्रवाई क्या होनी चाहिए?

A. सुनिश्चित करें कि पीड़ित अभी भी सांस ले रहा है।

B. जले को ठंडे पानी से धो लें।

C. खतरे की जाँच करें और सुनिश्चित करें कि विद्युत स्रोत से संपर्क टूट गया है।

D. प्रतिक्रिया के स्तर की जाँच करें।

Q.146 निम्नलिखित में से कौन-सी अयुग्मित ग्रंथि है?

A. बुलबोरेथ्रल ग्रंथि **B.** प्रोस्टेट ग्रंथि

C. वीर्य पुटिका **D.** वृषण

Q.147 बुलबोरेथ्रल ग्रंथि को इस रूप में भी जाना जाता है:

A. काउपर की ग्रंथि **B.** प्रोस्टेट ग्रंथि

C. शुक्रीय पुटिका **D.** बार्थोलिन ग्रंथि

Q.148 बल्बोरेथ्रल ग्रंथि महिला शरीर में मौजूद _______ के अनुरूप है।

A. अंडाशय **B.** स्तन ग्रंथि

C. बार्थोलिन ग्रंथि **D.** योनि

Q.149 शुक्राणु को _______ से एक शर्करा द्रव द्वारा पोषित किया जाता है।

A. काउपर की ग्रंथि **B.** प्रोस्टेट ग्रंथि

C. लाभदायक पुटिका **D.** वास डेफरेंस

Q.150 वीर्य पुटिका में क्या उत्पन्न होता है?

A. स्पर्म सेल्स **B.** टेस्टोस्टेरोन

C. फ्रुक्टोज से भरपूर द्रव **D.** एस्ट्रोजन

Q.151 अपशिष्ट जल उपचार संयंत्र में कीटाणुशोधन चरण के दौरान क्या होता है?

A. तरल अपशिष्ट जल से मैल और कीचड़ को अलग किया जाता है

B. रोगजनकों को मारने के लिए क्लोरीन या पराबैंगनी प्रकाश के साथ उपचार

C. ठोस पदार्थ के छोटे कणों को तोड़ने में बैक्टीरिया की मदद करने के लिए तरल अपशिष्ट जल को हवा के साथ मिलाया जाता है

D. बड़ी ठोस चीजों की जांच की जाती है

Q.152 पेट्रोल और डीजल जैसे ईंधन का अधूरा दहन देता है:

A. नाइट्रोजन ऑक्साइड **B.** सल्फर डाइऑक्साइड

C. कार्बन मोनोआक्साइड **D.** कार्बन डाइआक्साइड

Q.153 निम्नलिखित में से कौन जल प्रदूषण का एक प्रमुख कारण है?

A. फ्लाई ऐश **B.** विमान

C. ऑटोमोबाइल निकास **D.** कीटनाशकों

Q.154 युट्रोफाईड झील का BOD होगा :

A. अधिकतम

B. कम

C. संतुलित

D. किसी भी अन्य झील के समान

Q.155 निम्नलिखित में से कौन-सा एक जीवाणु रोग नहीं है?

A. मलेरिया **B.** डेंगू

C. खसरा **D.** उपरोक्त सभी

Q.156 साफ-सफाई, शारीरिक व्यायाम, आराम और नींद _______ के अंग हैं।

A. स्वच्छता **B.** सामाजिक स्वच्छता

C. व्यक्तिगत स्वच्छता **D.** इनमे से कोई भी नहीं

Q.157 निम्नलिखित में से कौन सी एक अस्वास्थ्यकर आदत है?

A. भोजन साझा करना

B. दिन में दो बार स्नान करना

C. उबला पानी पीना

D. बिना हाथ धोए भोजन करना

Q.158 निम्नलिखित में से किस रोग को "साल्मोनेला एंटरिका सीरोटाइप टाइफी" भी कहा जाता है?

A. टाइफाइड **B.** मलेरिया **C.** डायरिया **D.** पीत ज्वर

Q.159 निम्नलिखित में से कौन हेपेटाइटिस वायरस के संचरण का मुख्य कारण है?

A. मच्छर का काटना **B.** दवा सुई साझा करना

C. दूषित जल पीना **D.** उपरोक्त सभी

Q.160 प्रदूषण के बारे में निम्नलिखित में से कौन सा कथन सत्य है?

A. कीट के काटने से कीटाणुओं के प्रवेश से संदूषण होता है

B. किसी जानवर के काटने से कीटाणुओं के प्रवेश के कारण संदूषण होता है

C. पीने के पानी या खाने योग्य खाद्य पदार्थों में कीटाणुओं के प्रवेश के कारण संदूषण होता है

D. इनमे से कोई भी नहीं

Q.161 समायोजन की प्रक्रिया है:

A. गतिशील **B.** स्थिर

C. (A) और (B) दोनों **D.** उपरोक्त में से कोई नहीं

Q.162 व्यक्तित्व की उपप्रणाली जो हमारी जैविक जरूरतों को पूरा करने में महत्वपूर्ण भूमिका निभाती है, सही तरीके से सोचती है और _______ को व्यवहार करने का सही तरीका दिखाती है।

A. आईडी **B.** महा-अहंकार

C. अहंकार आदर्श **D.** अहंकार

Q.163 दृष्टिकोण का एक घटक जो कार्य करने या व्यवहार करने के स्तर से संबंधित है।

A. संज्ञानात्मक **B.** प्रभावी

C. भावात्मक **D.** क्रियात्मक

Q.164 जब कोई व्यक्ति काम के बीच आराम के बिना बहुत मेहनत करता है, तो उसे मिलेगा:

A. प्रेरणा **B.** निराशा **C.** उदासी **D.** दबाव

Q.165 होमोस्टैसिस की स्थिति को बनाए रखने में मस्तिष्क का कौन सा भाग महत्वपूर्ण भूमिका निभाता है?

A. हाइपोथेलेमस **B.** थैलेमस

C. अनुमस्तिष्क **D.** मेरुदण्ड

Q.166 जब किसी व्यक्ति को कार्यालय में तनाव होता है, तो वह घर पहुंचकर अपनी पत्नी और बच्चों को पीटता है ताकि वह अपना तनाव मुक्त कर सके, वह निम्नलिखित रक्षा तंत्र _____ का उपयोग कर रहा है।

A. युक्तिकरण **B.** दमन **C.** विस्थापन **D.** प्रक्षेपण

Q.167 प्रतिगमन का अर्थ है:

A. संतुलित तरीके से व्यवहार करना

B. सोच प्रक्रिया में बाधा डालना

C. परिपक्व तरीके से व्यवहार करना

D. व्यवहार के बचकाने स्तर के लिए पुनरावर्ती

Q.168 किस रक्षा तंत्र में, हम जो कर रहे हैं उसके लिए वास्तविक कारण से भिन्न कारण बताते हुए बहाना बनाते हैं?

A. प्रक्षेपण **B.** युक्तिकरण

C. विस्थापन **D.** प्रतिक्रिया गठन

Q.169 किस रक्षा तंत्र में, एक व्यक्ति अपने मजबूत और सामाजिक रूप से अस्वीकार्य ड्राइव या उसमें से आग्रह को सामाजिक रूप से स्वीकार्य है?

A. पहचान **B.** बौद्धिकता

C. उध्वपातक **D.** रूपांतरण

Q.170 आक्रामक भावना रखने वाला व्यक्ति समाज में इन बातों को भले ही व्यक्त न कर पाए लेकिन एक मुक्केबाज बन सकता है। यह इसका एक उदाहरण है:

A. दमन **B.** उध्वपातक

C. रूपांतरण **D.** इनमें से कोई नहीं

// स्मार्ट उत्तर पुस्तिका //

सही उत्तर — उन छात्रों का प्रतिशत जिन्होंने प्रश्नों का सही उत्तर दिया था। **छोड़ दिया** — उन छात्रों का प्रतिशत जिन्होंने प्रश्नों को छोड़ दिया था।

प्रश्न संख्या	उत्तर	सही उत्तर / छोड़ दिया	प्रश्न संख्या	उत्तर	सही उत्तर / छोड़ दिया	प्रश्न संख्या	उत्तर	सही उत्तर / छोड़ दिया	प्रश्न संख्या	उत्तर	सही उत्तर / छोड़ दिया	प्रश्न संख्या	उत्तर	सही उत्तर / छोड़ दिया	प्रश्न संख्या	उत्तर	सही उत्तर / छोड़ दिया
1	D	41.72 % / 48.99 %	22	D	23.76 % / 68.34 %	43	C	61.44 % / 35.41 %	64	C	51.23 % / 39.31 %	85	D	23.07 % / 70.75 %	106	C	55.92 % / 41.77 %
2	D	86.38 % / 12.2 %	23	D	52.37 % / 39.51 %	44	A	42.71 % / 30.49 %	65	A	17.38 % / 79.71 %	86	D	56.94 % / 33.19 %	107	B	60.95 % / 34.35 %
3	C	46.08 % / 45.04 %	24	C	55.0 % / 42.92 %	45	B	67.06 % / 31.19 %	66	D	49.49 % / 44.16 %	87	C	45.07 % / 30.93 %	108	A	67.6 % / 30.09 %
4	D	80.4 % / 14.88 %	25	B	50.31 % / 42.61 %	46	C	87.77 % / 12.01 %	67	D	48.18 % / 46.7 %	88	A	54.41 % / 33.95 %	109	A	67.65 % / 30.53 %
5	D	54.02 % / 35.98 %	26	C	56.73 % / 42.25 %	47	B	55.81 % / 41.06 %	68	B	87.57 % / 11.02 %	89	A	50.83 % / 46.22 %	110	D	44.06 % / 42.78 %
6	B	62.0 % / 30.45 %	27	D	43.2 % / 46.24 %	48	C	85.02 % / 10.3 %	69	C	47.26 % / 43.66 %	90	B	51.91 % / 45.15 %	111	A	81.04 % / 10.12 %
7	B	44.51 % / 30.26 %	28	B	78.39 % / 21.11 %	49	C	29.82 % / 68.09 %	70	C	78.08 % / 14.49 %	91	C	11.32 % / 84.79 %	112	D	50.27 % / 43.43 %
8	A	61.38 % / 32.07 %	29	C	14.43 % / 69.43 %	50	C	49.86 % / 36.38 %	71	B	81.29 % / 14.5 %	92	A	79.76 % / 19.92 %	113	B	64.23 % / 30.29 %
9	A	44.16 % / 31.82 %	30	C	64.75 % / 33.04 %	51	C	69.35 % / 30.49 %	72	C	89.78 % / 10.12 %	93	B	53.63 % / 38.71 %	114	D	15.82 % / 76.25 %
10	C	14.1 % / 78.84 %	31	A	54.28 % / 35.31 %	52	C	65.1 % / 32.41 %	73	B	41.75 % / 55.5 %	94	C	46.5 % / 36.36 %	115	A	51.44 % / 41.81 %
11	A	86.26 % / 11.78 %	32	B	89.86 % / 10.05 %	53	B	45.3 % / 41.39 %	74	D	60.21 % / 34.12 %	95	C	56.6 % / 35.76 %	116	B	54.88 % / 33.72 %
12	A	10.85 % / 79.7 %	33	A	83.44 % / 10.19 %	54	A	55.0 % / 35.49 %	75	A	83.4 % / 10.71 %	96	A	51.99 % / 36.71 %	117	C	54.68 % / 37.85 %
13	C	87.65 % / 11.9 %	34	C	89.91 % / 10.08 %	55	A	44.97 % / 38.37 %	76	C	81.72 % / 16.45 %	97	C	76.59 % / 19.22 %	118	D	81.42 % / 13.87 %
14	C	44.66 % / 46.32 %	35	B	76.32 % / 15.17 %	56	C	47.56 % / 41.64 %	77	B	23.68 % / 74.48 %	98	A	51.58 % / 43.27 %	119	B	89.55 % / 10.38 %
15	C	11.53 % / 75.91 %	36	A	55.37 % / 33.68 %	57	B	69.28 % / 30.69 %	78	D	67.32 % / 31.11 %	99	C	50.78 % / 35.24 %	120	C	64.97 % / 31.44 %
16	A	15.04 % / 68.84 %	37	D	78.12 % / 20.37 %	58	C	50.61 % / 41.38 %	79	A	66.76 % / 30.03 %	100	D	63.4 % / 30.95 %	121	D	59.53 % / 33.41 %
17	D	40.44 % / 36.2 %	38	A	59.56 % / 35.08 %	59	C	51.75 % / 38.27 %	80	C	30.33 % / 68.82 %	101	C	60.01 % / 31.77 %	122	C	77.73 % / 16.56 %
18	A	50.3 % / 34.44 %	39	A	87.84 % / 10.13 %	60	D	65.4 % / 33.44 %	81	D	43.11 % / 47.01 %	102	C	79.9 % / 11.28 %	123	A	55.1 % / 38.32 %
19	B	79.4 % / 20.15 %	40	B	46.35 % / 40.65 %	61	B	69.0 % / 30.73 %	82	C	63.59 % / 36.31 %	103	B	59.87 % / 34.97 %	124	D	68.7 % / 30.6 %
20	C	86.51 % / 12.6 %	41	C	46.75 % / 32.59 %	62	D	67.01 % / 30.93 %	83	C	10.68 % / 80.12 %	104	B	13.11 % / 82.24 %	125	C	56.89 % / 31.19 %
21	B	54.21 % / 38.4 %	42	A	56.33 % / 34.66 %	63	D	59.48 % / 33.2 %	84	A	59.7 % / 36.16 %	105	A	56.34 % / 31.63 %	126	B	54.8 % / 36.08 %

प्रश्न संख्या	उत्तर	सही उत्तर / छोड़ दिया	प्रश्न संख्या	उत्तर	सही उत्तर / छोड़ दिया	प्रश्न संख्या	उत्तर	सही उत्तर / छोड़ दिया	प्रश्न संख्या	उत्तर	सही उत्तर / छोड़ दिया	प्रश्न संख्या	उत्तर	सही उत्तर / छोड़ दिया	प्रश्न संख्या	उत्तर	सही उत्तर / छोड़ दिया	प्रश्न संख्या	उत्तर	सही उत्तर / छोड़ दिया
127	A	54.7 % / 33.57 %	135	A	66.08 % / 31.28 %	143	A	57.08 % / 33.04 %	151	B	40.97 % / 49.96 %	159	B	49.95 % / 32.88 %	167	D	63.22 % / 32.25 %
128	D	45.18 % / 44.2 %	136	B	60.34 % / 35.11 %	144	A	85.8 % / 14.2 %	152	C	51.77 % / 34.14 %	160	C	44.0 % / 47.41 %	168	B	13.05 % / 72.11 %
129	D	68.27 % / 30.01 %	137	C	21.99 % / 77.16 %	145	C	53.47 % / 30.58 %	153	D	46.95 % / 35.76 %	161	A	88.11 % / 10.3 %	169	C	28.27 % / 68.05 %
130	A	65.45 % / 31.53 %	138	B	40.37 % / 43.57 %	146	B	48.35 % / 43.03 %	154	A	69.76 % / 30.17 %	162	D	63.99 % / 30.77 %	170	B	40.96 % / 40.38 %
131	B	64.23 % / 35.21 %	139	D	53.91 % / 40.43 %	147	A	42.53 % / 45.01 %	155	D	40.02 % / 56.41 %	163	D	55.86 % / 35.62 %			
132	D	80.73 % / 12.96 %	140	B	64.11 % / 30.95 %	148	C	57.93 % / 41.01 %	156	C	48.38 % / 33.06 %	164	D	55.57 % / 42.55 %			
133	C	10.05 % / 71.02 %	141	C	86.19 % / 12.85 %	149	B	57.32 % / 42.27 %	157	D	59.76 % / 30.15 %	165	A	26.04 % / 73.19 %			
134	B	53.38 % / 44.58 %	142	C	57.15 % / 38.3 %	150	C	83.61 % / 11.9 %	158	A	66.97 % / 30.33 %	166	C	69.8 % / 30.03 %			

//संकेत और समाधान//

1. INS घड़ियाल, मिशन SAGAR IX के हिस्से के रूप में, 29 अप्रैल 2022 को कोलंबो पहुंचा और 107 प्रकार की महत्वपूर्ण जीवनरक्षक दवाओं के 760 किलोग्राम से अधिक का वितरण किया। इसका उद्देश्य चल रहे संकट के दौरान श्रीलंका को महत्वपूर्ण चिकित्सा सहायता प्रदान करना था। मई 2020 से, भारतीय नौसेना ने 18 मित्र देशों में दस जहाजों को तैनात करते हुए, ऐसे आठ मिशन सफलतापूर्वक संपन्न किए हैं।

अतः विकल्प (D) सही है।

2. झारखंड के पूर्व राज्यपाल और राष्ट्रीय जनतांत्रिक गठबंधन की उम्मीदवार द्रौपदी मुर्मू को 21 जुलाई 2022 को भारत के 15वें राष्ट्रपति के रूप में चुना गया है।

वह इस पद के लिए चुनी जाने वाली पहली आदिवासी महिला हैं और सबसे कम उम्र की भी हैं।

उन्होंने निर्वाचक मंडल के वोटों का 64.03% जीतकर विपक्षी उम्मीदवार यशवंत सिन्हा को हराया।

अतः विकल्प (D) सही है।

3. यूएन वुमैन ने हाल ही में 'महिलाएं और लड़कियां पीछे छूट गईं: महामारी प्रतिक्रियाओं में स्पष्ट अंतराल' शीर्षक से एक नई रिपोर्ट जारी की।

रिपोर्ट के अनुसार, महिलाओं को सरकार से कोविड 19 राहत मिलने की संभावना कम थी। बच्चों के साथ रहने वाले 20 प्रतिशत कामकाजी पुरुष की तुलना में बच्चों के साथ रहने वाली 29 प्रतिशत कामकाजी माताओं ने अपनी नौकरी खो दी। रिपोर्ट के अनुसार, बच्चों के साथ रहने वाली एकल महिलाओं को अधिक पीछे छोड़ दिया गया।

अतः विकल्प (C) सही है।

4. भारत ने अपने मुख्य बजट के लिए संयुक्त राष्ट्र महिला, लैंगिक समानता और महिला सशक्तिकरण के लिए संयुक्त राष्ट्र एजेंसी के लिए 500,000 अमरीकी डालर का योगदान दिया है।

संयुक्त राष्ट्र में भारत के स्थायी प्रतिनिधि टी.एस.तिरुमूर्ति ने घोषणा की कि भारत ने महिलाओं के नेतृत्व वाले विकास और लैंगिक समानता की अपनी साझेदारी की पुष्टि की है। संयुक्त राष्ट्र महिला कार्यकारी निदेशक, सीमा बहौस ने भारत को इसके योगदान के लिए धन्यवाद दिया।

अतः विकल्प (D) सही है।

5. इसका अर्थ है कि भारत में आस्था और पूजा की स्वतंत्रता है, जिसका तात्पर्य भारत के धर्मनिरपेक्ष राज्य से है। भारतीय संविधान भारत को एक धर्मनिरपेक्ष राज्य घोषित करता है, इसका अर्थ है कि राज्य धर्म को नागरिक का निजी मामला मानता है और इस आधार पर भेदभाव नहीं करता है।

- धर्मनिरपेक्ष का अर्थ है कि भारत किसी विशिष्ट धर्म/एक धर्म को आधिकारिक रूप से स्थापित नहीं करता है।
- धर्मनिरपेक्षता के तहत, किसी देश के पास लोगों को धर्म, जिसका वे पालन करना चाहते हैं, के आधार पर दंडित करने या भेदभाव करने की शक्ति नहीं है।
- भारतीय संविधान के अनुसार, प्रत्येक व्यक्ति को धर्म को मानने, अभ्यास करने और प्रचार करने, जैसा वह मानता है, का अधिकार है।

अतः विकल्प (D) सही है।

6. अनुच्छेद 40 राज्य सरकारों को पंचायतों को संगठित करने का निर्देश देता है।

अनुच्छेद 40- ग्राम पंचायतों का संगठन :-

- राज्य ग्राम पंचायतों को संगठित करने के लिए कदम उठाएगा और उन्हें ऐसी शक्तियाँ और अधिकार प्रदान करेगा जो उन्हें स्वशासन की इकाइयों के रूप में कार्य करने में सक्षम बनाने के लिए आवश्यक हों।

अतः विकल्प (B) सही है।

7. नागरिकों के मौलिक कर्तव्यों का उल्लेख भारतीय संविधान के अनुच्छेद 51 A में किया गया है।

अनुच्छेद 51-A में कहा गया है कि "भारत के प्रत्येक नागरिक का यह कर्तव्य होगा कि वह जंगलों, झीलों, नदियों और वन्य जीवन सहित प्राकृतिक पर्यावरण की रक्षा और सुधार करे और जीवित प्राणियों के प्रति दया रखे।"

अतः विकल्प (B) सही है।

8. प्रश्नानुसार,

व्यक्ति जब नुकसान में वस्तु बेचता है,

हानि प्रतिशत = x% = 15%

लागत मूल्य = 100

विक्रय मूल्य = 100 - x = 100 - 15 = 85

अब, यदि वह 10% का लाभ अर्जित करने के लिए वस्तु बेचता है,

लाभ प्रतिशत = x% = 10%

लागत मूल्य = 100

विक्रय मूल्य = 100 + x = 100 + 10 = 110

विक्रय मूल्य में अंतर = 110 - 85 = 25

और प्रश्न में वाक्य कहता है "यदि उत्पाद 450 रुपये में बेचा गया था" जिसका अर्थ है कि राशि का अंतर 450 रुपये है।

इसलिए, 25% = 450

और हमें लागत मूल्य निर्धारित करने की आवश्यकता है जो कि 100% है, इसलिए

100% = ?

गणना के लिए समीकरण

$$\frac{450}{25} \times 100 = 1800 \text{ (लागत मूल्य)}$$

अतः विकल्प (A) सही है।

9. मृदा में ऑक्सीजन की मात्रा सर्वाधिक होती है। ऑक्सीजन पृथ्वी के अनेक पदार्थों में रहता है और वास्तव में अन्य तत्वों की तुलना में इसकी मात्रा सबसे अधिक है। ऑक्सीजन वायुमंडल में स्वतंत्र रूप में मिलता है और आयतन के अनुसार उसका लगभग पाँचवाँ भाग है। यौगिक रूप में पानी, खनिज तथा चट्टानों का यह महत्त्वपूर्ण अंश है।

अतः विकल्प (A) सही है।

10. दिया है-

$$X^2 + 4Y^2 = 4XY$$

$$\Rightarrow X^2 + 4Y^2 - 4XY = 0$$

$$\Rightarrow (X - 2Y)^2 = 0$$

$$\Rightarrow X - 2Y = 0$$

$$\Rightarrow X = 2Y$$

$$\Rightarrow \frac{X}{Y} = \frac{2}{1}$$

दोनों तरफ घन करने पर,

$$\Rightarrow \left(\frac{X}{Y}\right)^3 = \left(\frac{2}{1}\right)^3$$

$$\Rightarrow \frac{X^3}{Y^3} = \frac{8}{1}$$

$$\Rightarrow X^3 : Y^3 = 8 : 1$$

अतः विकल्प (C) सही है।

11. A, B, C, D और E का औसत 40 साल है।

इसलिए, $\dfrac{A+B+C+D+E}{5} = 40$

$$A + B + C + D + E = 200$$

$$A + B = 70$$

$$C + D = 84$$

$$E = 200 - 70 - 84$$

$$= 200 - 154$$

$$= 46$$

अतः विकल्प (A) सही है।

12. दिया है:

अमान्य मत = कुल मतों का 20%

अरविंद 480 मतों से जीता।

और अरविंद को मनोज से 20% अधिक मत मिले।

माना कि कुल मत x है।

अमान्य मत = x का 20% = 0.2x

मान्य मत = x – 0.2x = 0.8x

अरविंद और मनोज को 0.8x मत मिले।

अरविंद को मनोज से 20% अधिक मत मिले।

⇒ अरविन्द को मान्य मतों का 60% और मनोज को मान्य मतों का 40% मिलते हैं।

⇒ अरविंद को मिले मत $= 0.8x \times \dfrac{60}{100} = 0.48$

⇒ मनोज को मिले मत = 0.8x - 0.48x = 0.32x

अरविंद के मत – मनोज के मत = 480

⇒ 0.48x - 0.32x = 480

⇒ 0.16x = 480

⇒ x = 3000

∴ मतदान करने वाले व्यक्तियों की कुल संख्या 3000 है।

अतः विकल्प (A) सही है।

13. मुर्शिद कुली खान के नेतृत्व में बंगाल 18वीं सदी में धीरे-धीरे मुगल नियंत्रण से अलग हो गया।

17 वीं शताब्दी के अंत तक, मुगल साम्राज्य ने कई संकटों का सामना करना शुरू कर दिया। सम्राट औरंगजेब, जो अंतिम शक्तिशाली मुगल सम्राट था, ने दक्कन में एक लंबा युद्ध लड़कर अपने साम्राज्य के सैन्य और वित्तीय संसाधनों को समाप्त कर दिया था। तीन मुगल प्रांत जो प्रमुख रूप से खड़े हैं, वे अवध, हैदराबाद और बंगाल हैं।

अतः विकल्प (C) सही है।

14.

	प्रांत		राजधानी
A.	केन्द्रीय प्रान्त	1.	पाटलिपुत्र
B.	उत्तरापथ	2.	तोशाली
C.	प्रज्ञा	3.	तक्षिला
D.	दक्षिणापथ	4.	सुवर्णगिरी
E.	अवंति रस्त	5.	उज्जैन

मौर्य साम्राज्य भारत पर शासन करने वाले सबसे महान साम्राज्यों में से एक था। इसका बड़ा ऐतिहासिक महत्व है। मौर्यों के शासन ने 322 से शासन किया 185 ई.पू. और उनके अधीन, भारत के बहुमत महान संस्थापक सम्राट चंद्रगुप्त मौर्य द्वारा एकल राज्य के रूप में एकजुट रहे। चाणक्य की मदद से, चंद्रगुप्त मौर्य ने इस महान मौर्य साम्राज्य की नींव रखी।

अतः विकल्प (C) सही है।

15. भारत में गवर्नर-जनरल का शासन 26 जनवरी 1950 को समाप्त हो गया।

अगस्त 1947 में स्वतंत्रता के बाद, वायसराय की उपाधि समाप्त कर दी गई। ब्रिटिश संप्रभु के प्रतिनिधि को एक बार फिर भारत के गवर्नर-जनरल के रूप में जाना जाने लगा। सी. राजगोपालाचारी भारत के अंतिम गवर्नर जनरल थे और इस पद को 26 जनवरी 1950 में समाप्त कर दिया गया था।

अतः विकल्प (C) सही है।

16. भारत के शासन में एक प्रतिनिधि और लोकप्रिय तत्व को शामिल करने का पहला प्रयास भारतीय परिषद अधिनियम, 1909 द्वारा किया गया था।

भारतीय परिषद अधिनियम, 1861 ने भारतीयों को कानून बनाने की प्रक्रिया से जोड़कर प्रतिनिधि संस्थाओं की शुरुआत की। यह प्रावधान करता है कि वायसराय को कुछ भारतीयों को अपनी विस्तारित परिषद के गैर-अधिकारिक सदस्यों के रूप में नामित करना चाहिए। 1862 में, तत्कालीन वायसराय लॉर्ड कैनिंग ने तीन भारतीयों को अपनी विधान परिषद में नामित किया- बनारस के राजा, पटियाला के महाराजा और सर दिनकर राव।

अतः विकल्प (A) सही है।

17. शीर्ष पांच दलहन उत्पादक राज्य मध्य प्रदेश, महाराष्ट्र, उत्तर प्रदेश, राजस्थान और आंध्र प्रदेश हैं।

- मध्य प्रदेश अन्य भारतीय राज्यों में दालों का सबसे बड़ा उत्पादक 32.14 प्रतिशत है।
- राजस्थान देश में 13 प्रतिशत दालों का दूसरा सबसे बड़ा उत्पादक था।

कुल उत्पादन में लगभग 40 प्रतिशत की हिस्सेदारी के साथ चना सबसे प्रमुख दाल है, इसके बाद तुअर/अरहर 15 से 20 प्रतिशत और उड़द/काली मटपे और मूंग प्रत्येक में लगभग 8-10 प्रतिशत की हिस्सेदारी है।

अतः विकल्प (D) सही है।

18. भारत के जलवायु सुभेद्यता सूचकांक में 0.42 के स्कोर के साथ सिक्किम अपेक्षाकृत कम असुरक्षित पाया गया।

असम, आंध्र प्रदेश, महाराष्ट्र, कर्नाटक और बिहार भारत में बाढ़, सूखा और चक्रवात जैसी चरम जलवायु घटनाओं के लिए सबसे अधिक संवेदनशील हैं। जबकि 27 भारतीय राज्य और केंद्र शासित प्रदेश चरम जलवायु घटनाओं की चपेट में हैं, 640 में से 463 जिले चरम मौसम की घटनाओं की चपेट में हैं।

अतः विकल्प (A) सही है।

19. ओलेरीकल्चर शब्द सब्जियों की खेती को संदर्भित करता है। बागवानी की एक शाखा जो सब्जियों के उत्पादन, भंडारण, प्रसंस्करण और विपणन से संबंधित है।

ओलेरीकल्चर खाद्य भागों के उपयोग के लिए पौधों का उत्पादन है।

उदाहरण: पोथरब और साग - पालक और कोलार्ड

अतः विकल्प (B) सही है।

20. व्यापार और विकास पर संयुक्त राष्ट्र सम्मेलन (UNCTAD) द्वारा 1991 से विश्व निवेश रिपोर्ट प्रतिवर्ष प्रकाशित की जाती रही है।

रिपोर्ट का फोकस दुनिया भर में प्रत्यक्ष विदेशी निवेश (एफडीआई) के रुझान के आकलन पर है। व्यापार और विकास पर संयुक्त राष्ट्र सम्मेलन (UNCTAD) संयुक्त राष्ट्र का एक निकाय है जिसका उद्देश्य विकासशील देशों में अवसरों, निवेश और व्यापार को विकसित करना है। ऐसे अंतरराष्ट्रीय निकाय और कार्यक्रम आईएएस परीक्षा के लिए प्रासंगिक हैं।

अतः विकल्प (C) सही है।

21. विश्व बैंक के अनुमानों के अनुसार, भारत में महिला श्रम भागीदारी दर 2019 में 20.3 % से गिरकर 2005 में 26% से अधिक हो गई थी, जबकि पड़ोसी बांग्लादेश में 30.5 % और श्रीलंका में 33.7% थी।

अतः विकल्प (B) सही है।

22. प्रमुख राज्यों में, तमिलनाडु शहरी क्षेत्रों में रहने वाली 48.4 प्रतिशत आबादी के साथ सबसे अधिक शहरीकृत राज्य बना हुआ है, जिसके बाद अब केरल (47.7 प्रतिशत) महाराष्ट्र (45.2 प्रतिशत) से आगे है।

अतः विकल्प (D) सही है।

23. सकल राष्ट्रीय उत्पाद, या जीएनपी में वह शामिल है जो घरेलू स्तर पर उत्पादित होता है और जो एक वर्ष में घरेलू श्रम और विदेश में व्यापार द्वारा उत्पादित होता है। राष्ट्रीय आय में अर्जित सभी आय शामिल हैं: मजदूरी, लाभ, किराया और लाभ आय। शुद्ध राष्ट्रीय उत्पाद, या एनएनपी, जीएनपी घटा मूल्यह्रास है।

अतः विकल्प (D) सही है।

24. टोंस नदी एक प्रमुख बारहमासी हिमालयी नदी है जो उत्तराखंड के गढ़वाल डिवीजन से होकर बहती है और हिमाचल प्रदेश को छूती है।

- यह यमुना नदी की सबसे बड़ी सहायक नदी है।
- जिसकी लंबाई 148 किमी है।
- इस नदी का स्रोत बंदरपूछ पर्वत है।
- टोंस नदी उत्तराखंड में देहरादून शहर के पास कलसी के नीचे बहती है।

अतः विकल्प (C) सही है।

25. बनिहाल दर्रा पीर पंजाल हिमालयन रेंज में स्थित है।

पीर पंजाल रेंज हिमाचल प्रदेश, भारतीय राज्य और जम्मू और कश्मीर, भारतीय केंद्र शासित प्रदेश के माध्यम से पूर्व-दक्षिण पूर्व (ईएसई) से पश्चिम-उत्तर-पश्चिम (डब्ल्यूएनडब्ल्यू) तक फैले आंतरिक हिमालयी पहाड़ों की एक श्रृंखला है।

पीर पंजाल लघु हिमालय की सबसे बड़ी श्रेणी है। पीर पंजाल रेलवे सुरंग, 11,215 मीटर की एक रेल सुरंग जम्मू और कश्मीर की पीर पंजाल रेंज से होकर गुजरती है।

अतः विकल्प (B) सही है।

26. भारत संयुक्त राष्ट्र सुरक्षा परिषद का वर्तमान अस्थाई सदस्य है।

संयुक्त राष्ट्र सुरक्षा परिषद:

- संयुक्त राष्ट्र सुरक्षा परिषद संयुक्त राष्ट्र के छह मुख्य अंगों में से एक है, और यह मुख्य रूप से अंतरराष्ट्रीय शांति और सुरक्षा बनाए रखने के लिए जिम्मेदार है।
- इसमें 15 सदस्य होते हैं - पांच स्थायी सदस्य और 10 अस्थायी सदस्य।

अतः विकल्प (C) सही है।

27. आर्यभट्ट अंतरिक्ष यान, प्रसिद्ध भारतीय खगोलशास्त्री के नाम पर, भारत का पहला उपग्रह था; यह पूरी तरह से भारत में डिजाइन और निर्मित किया गया था और 19 अप्रैल, 1975 को कपुस्टिन यार से सोवियत कॉसमॉस -3 एम रॉकेट द्वारा लॉन्च किया गया था।

अतः विकल्प (D) सही है।

28. हाइग्रोमीटर एक उपकरण है जिसका उपयोग वातावरण की सापेक्ष आर्द्रता को मापने के लिए किया जाता है।

आर्द्रता माप उपकरण आमतौर पर कुछ अन्य मात्राओं जैसे तापमान, दबाव, द्रव्यमान, किसी पदार्थ में यांत्रिक या विद्युत परिवर्तन के माप पर निर्भर करते हैं क्योंकि नमी अवशोषित हो जाती है। अंशांकन और गणना द्वारा, इन मापी गई मात्राओं से आर्द्रता का मापन हो सकता है।

अतः विकल्प (B) सही है।

29. माइटोकॉन्ड्रिया और क्लोरोप्लास्ट दोनों एक प्रोकैरियोटिक कोशिका के समान हैं।

प्रोकैरियोटिक कोशिकाएं एकल-कोशिका वाले सूक्ष्मजीव हैं जिन्हें पृथ्वी पर सबसे पहले जाना जाता है। प्रोकैरियोट्स में बैक्टीरिया और आर्किया शामिल हैं।

एक प्रोकैरियोटिक कोशिका में एक झिल्ली होती है और इसलिए, सभी प्रतिक्रियाएं साइटोप्लाज्म के भीतर होती हैं। वे मुक्त-जीवित या परजीवी हो सकते हैं।

अतः विकल्प (C) सही है।

30. अंगों द्वारा स्रावित पित्त रस, अग्राशयी रस वसा के पाचन में महत्वपूर्ण भूमिका निभाता है।

पित्त रस यकृत द्वारा स्रावित होता है।

- इसमें किसी भी प्रकार के एंजाइम नहीं होते हैं।
- पित्त रस भोजन को क्षारीय बनाने और वसा के अणुओं को तोड़ने में सहायता करता है।

अग्राशयी रस अग्राशय द्वारा स्रावित होता है।

- इसमें एमाइलेज, ट्रिप्सिन, अग्राशयी लाइपेज, न्यूक्लियस, एमाइलेज और लाइपेज जैसे एंजाइम होते हैं।
- अग्राशयी रस का स्राव हार्मोन स्रावी और कोलेसिस्टोकिनिन द्वारा नियंत्रित किया जाता है।

अतः विकल्प (C) सही है।

31. 'बनारस से बनारसी' व्यक्तिवाचक विशेषण का उदाहरण है।

व्यक्तिवाचक संज्ञा शब्दों से बने विशेषणों को व्यक्तिवाचक विशेषण कहते हैं एवं विशेषण शब्दों की रचना भी करते हैं।

जैसे- इलाहाबाद से इलाहाबादी, जयपुर से जयपुरी, बनारस से बनारसी, लखनऊ से लखनवी आदि।

अतः विकल्प (A) सही है।

32. मुझे थोड़ा सा दूध दे दो- वाक्य में 'परिमाणवाचक विशेषण' है।

परिमाणवाचक विशेषण: ऐसे शब्द जो संज्ञा या सर्वनाम की मात्रा का बोध कराते हैं।

उदाहरण: चार किलो, एक मीटर, दो लीटर, थोड़ा, बहुत आदि।

अत: विकल्प (B) सही है।

33. <u>प्रत्येक</u> इंसान की अपनी विशेषताएं हैं- वाक्य में 'संख्यावाचक विशेषण' है।

संख्यावाचक विशेषण: ऐसे शब्द जो संज्ञा या सर्वनाम की संख्या का बोध कराते हैं।

उदाहरण: दो, तीनों, चार गुना, प्रत्येक आदि।

अत: विकल्प (A) सही है।

34. 'सन्सार' शब्द की वर्तनी अशुद्ध है। अन्य सभी शब्दों की वर्तनी शुद्ध हैं।

'सन्सार' की शुद्ध वर्तनी होगी - 'संसार'।

'संसार' का अर्थ 'जगत' होता है।

अत: विकल्प (C) सही है।

35. 'मेरी बात सुनने की कृपा करें।' यह वाक्य व्याकरण की दृष्टि से शुद्ध है।

- अशुद्ध वाक्य : एक फूलों की माला लाओ।
- शुद्ध वाक्य : फूलों की एक माला लाओ।
- अशुद्ध वाक्य : नेता जी का का राष्ट्र आभारी है।
- शुद्ध वाक्य : नेताजी का राष्ट्र आभारी है।
- अशुद्ध वाक्य : यहां शुद्ध गाय का दूध मिलता है।
- शुद्ध वाक्य : यहाँ गाय का शुद्ध दूध मिलता है।

अत: विकल्प (B) सही है।

36. उपर्युक्त वाकय का विस्मयवाचक वाक्य: अरे ! वह बहुत ज़ोर से हँस रहा है।

विस्मयवाचक वाक्य: जिन वाक्यों में आश्चर्य (अरे), दुःख (ओह), घृणा (छिः), हर्ष (शाबाश) आदि भाव व्यक्त किए जाते हैं वह विस्मयादिबोधक वाक्य होते हैं।

अत: विकल्प (A) सही है।

37. दिए गए विकल्पों में से 'अचरज' शब्द तद्भव है। अचरज का तत्सम आश्चर्य होता है। अन्य सभी शब्द तत्सम हैं।

- उपवास का तद्भव उपास होता है।
- वधू का तद्भव बहू होता है।
- शत का तद्भव सौ होता है।

अत: विकल्प (D) सही हैं।

38. दिए गए विकल्पों में से 'अज्ञानी' शब्द तत्सम है।

ज्ञानी शब्द में 'अ' उपसर्ग के योग से 'अज्ञानी' शब्द बना है।

अज्ञानी विशेषण शब्द है जिसका अर्थ होता है - मूर्ख या नासमझ।

- अदरक का तत्सम शब्द आर्द्रक होता है।
- किवाड़ का तत्सम शब्द कपाट होता है।
- गाँव का तत्सम शब्द ग्राम होता है।

अत: विकल्प (A) सही हैं।

39. दिए गए विकल्पों में से 'वधू' शब्द तत्सम है।

जिसका तद्भव शब्द बहू होगा।

बहू स्त्रीलिंग शब्द है जिसका अर्थ 'नव विवाहिता स्त्री, दुलहिन' होगा।

- घर तद्भव शब्द है जिसका तत्सम शब्द 'गृह' होगा।
- सूत तद्भव शब्द है जिसका तत्सम शब्द 'सूत्र' होगा।
- दूध तद्भव शब्द है जिसका तत्सम शब्द 'दुग्ध' होता है।

अत: विकल्प (A) सही हैं।

40. दिए गए विकल्पों में से 'एकाधिकार' शब्द का विलोम सर्वाधिकार है।

एकाधिकार का अर्थ - किसी एक का अधिकार

सर्वाधिकार का अर्थ - सभी का अधिकार

अतः विकल्प (B) सही है।

41. दिए गए विकल्पों में से 'कृपण' शब्द का विलोम उदार है।

कृपण का अर्थ - कंजूस

उदार का अर्थ - दानी

अतः विकल्प (C) सही है।

42. दिए गए विकल्पों में से 'आनंद' शब्द का विलोम वेदना है।

आनंद का अर्थ - खुशी, सुख

वेदना का अर्थ - दुख, कष्ट

अतः विकल्प (A) सही है।

43. दिए गए विकल्पों में से 'अनुरक्त' शब्द का विलोम विरक्त है।

अनुरक्त का अर्थ – वफ़ादार

विरक्त का अर्थ – आसक्तिरहित

अतः विकल्प (C) सही है।

44. पहाड़ के ऊपर की समतल जमीन — अधित्यका

जो कभी मरता न हो — अमर

जिसके पास कुछ न हो अर्थत् दरिद्र — अकिंचन

गुरु के पास रहकर पढ़ने वाला — अन्तेवासी

अतः विकल्प (A) सही है।

45. कनिष्ठा (सबसे छोटी) और मध्यमा के बीच की उँगली — अनामिका

जिसको काटा न जा सके — अकाट्य

जो बहुत गहरा हो — अगाध

जिसका वर्णन न हो सके — अवर्णनीय

अतः विकल्प (B) सही है।

46. दिए गए विकल्पों में वाक्यांश 'जो दूसरों का बुरा करे' के लिए उपयुक्त शब्द 'अपकारी' है। अन्य विकल्प असंगत हैं। अतः सही विकल्प 'अपकारी' है।

अन्य विकल्प

शब्द	परिभाषा
अकाट्य	जिसे काटा न जा सके।
अनुवादक	अनुवाद करनेवाला।
अनुकरणीय	नक़ल करने योग्य।
अभिलाषा	किसी विशेष वस्तु की इच्छा रखना।

अतः विकल्प (C) सही है।

47. नलिन यहाँ सही विकल्प है, अन्य असंगत है।

सरसिज तथा नलिन दोनों कमल के पर्यायवाची है। इसके अन्य पर्यायवाची जलज, पंकज आदि है। अत: सही विकल्प 2 नलिन है।

* ऐसे शब्द जो दिखने में असमान हो किन्तु उनका अर्थ समान हो, पर्यायवाची शब्द कहलाते है।

अतः विकल्प (B) सही है।

48. मकरध्वज प्रद्युम्र का पर्यायवाची है।

प्रद्युम्र का शाब्दिक अर्थ - श्री कृष्ण और रुक्मिणी के पुत्र, रतिपति, कामदेव

पर्यायवाची - रतिपति, अनंग, मकरध्वज, कदर्प, काम आदि।

अतः विकल्प (C) सही है।

49. 'अग्रि' का मतलब 'आग' होता है और 'अनिल' का मतलब 'हवा' होता है। इसलिए ये सही मेल नहीं हैं।

अग्रि के पर्यायवाची- अनल, पावक, दहन, ज्वलन आदि।

अनिल के पर्यायवाची- वायु, हवा, समीर, वात, मारुत आदि।

अतः विकल्प (C) सही है।

50. दिए गए विकल्पों में 'विख्याति' शब्द शेष सभी विकल्पों के अर्थ से भिन्न है।

विख्याति का अर्थ है 'कीर्ति, प्रसिद्धि, यश, शोहरत'। अतः सही विकल्प विख्याति है।

अन्य विकल्प

* 'लोक, जगत तथा विश्व' ये तीनों शब्द 'संसार' के पर्यायवाची हैं।

अतः विकल्प (C) सही है।

51. पेयजल और स्वच्छता मंत्रालय ने स्वच्छ भारत मिशन की शुरुआत की।

स्वच्छ भारत अभियान मिशन को दो उप मिशन "ग्रामीण" और "शहरी" में बांटा गया है। ग्रामीण स्वच्छ भारत अभियान पेयजल और स्वच्छता मंत्रालय के तहत संचालित होता है। शहरी स्वच्छ भारत अभियान आवास और शहरी मामलों के मंत्रालय के तहत संचालित होता है।

अतः विकल्प (C) सही है।

52. ध्वनि प्रदूषण एक अवांछित ध्वनि है जो एक अड़चन और तनाव का स्रोत है। शोर को एक अप्रिय और अवांछित ध्वनि के रूप में परिभाषित किया जा सकता है। ध्वनि प्रदूषण स्वास्थ्य और व्यवहार दोनों को प्रभावित करता है। अवांछित ध्वनि (शोर) मनोवैज्ञानिक स्वास्थ्य को नुकसान पहुंचा सकती है। ध्वनि प्रदूषण उच्च रक्तचाप, उच्च तनाव स्तर, टिनिटस, श्रवण हानि, नींद में गड़बड़ी और अन्य हानिकारक प्रभाव पैदा कर सकता है।

ध्वनि अवांछित हो जाती है जब यह या तो सामान्य गतिविधियों जैसे कि नींद, बातचीत या किसी के जीवन की गुणवत्ता को बाधित या कम करती है।

अतः विकल्प (C) सही है।

53. आप भोजन की विषाक्तता का कारण बनने वाले सभी जीवाणुओं का स्वाद, देख या सूंघ भी नहीं सकते हैं, और दूषित भोजन का एक छोटा सा स्वाद गंभीर बीमारी का कारण बन सकता है। हानिकारक बैक्टीरिया के बढ़ने से पहले सभी समाप्त हो चुके भोजन को फेंक दें। सब्जियों, फलों, ब्रेड और शाकाहारी बचे हुए जैसे पौधों पर आधारित खाद्य पदार्थों की खाद बनाने पर विचार करें।

अतः विकल्प (B) सही है।

54. राष्ट्रीय शहरी स्वच्छता नीति 2008 में भारत के शहरी विकास मंत्रालय द्वारा शुरू की गई थी, जिसमें संस्थागत मजबूती, जागरूकता पैदा करने, व्यवहार परिवर्तन, गरीब समर्थक दृष्टिकोण और लागत प्रभावी प्रौद्योगिकियों सहित एकीकृत शहर-व्यापी स्वच्छता योजनाओं को परिभाषित करने की आवश्यकता पर बल दिया गया था। राज्य की स्वच्छता रणनीतियाँ और शहर

की स्वच्छता योजनाएँ, जो खुले में शौच मुक्त शहरों के साथ-साथ सभी मानव और तरल अपशिष्टों के स्वच्छता और सुरक्षित निपटान की ओर ले जाएँ।

अतः विकल्प (A) सही है।

55. स्वच्छता अपशिष्ट के खतरों के साथ मानव संपर्क की रोकथाम के माध्यम से स्वास्थ्य को बढ़ावा देने का स्वच्छ साधन है। स्वच्छता का तात्पर्य शौचालय से मानव मल के सुरक्षित प्रबंधन के लिए सुविधा और सेवाओं के प्रावधान और भंडारण और उपचार ऑनसाइट या वाहन, उपचार और अंतिम सुरक्षित अंत उपयोग या निपटान के लिए है। अधिक व्यापक रूप से स्वच्छता में ठोस अपशिष्ट और पशु अपशिष्ट का सुरक्षित प्रबंधन भी शामिल है।

अतः विकल्प (A) सही है।

56. स्वास्थ्य सूचना प्रणाली में देखभाल योजना, प्रलेखन और प्रभावी संचार शामिल है। "वह प्रक्रिया जिसके द्वारा स्वास्थ्य देखभाल पेशेवर और रोगी चर्चा करें, सहमत हो, और रोगी के लिए सर्वविधिक प्रासंगिक लक्ष्यों या व्यवहार परिवर्तन को प्राप्त करने के लिए एक कार्य योजना की समीक्षा करें।" एक स्वास्थ्य सूचना प्रणाली (एचआईएस) स्वास्थ्य देखभाल डेटा को प्रबंधित करने के लिए डिज़ाइन की गई प्रणाली को संदर्भित करती है। चूंकि स्वास्थ्य सूचना प्रणाली आमतौर पर संवेदनशील डेटा की बड़ी मात्रा तक पहुंच, प्रक्रिया या रखरखाव करती है, सुरक्षा एक प्राथमिक चिंता है। स्वास्थ्य सूचना प्रौद्योगिकी (एचआईटी) में स्वास्थ्य सूचना प्रणाली का विकास शामिल है।

अतः विकल्प (C) सही है।

57. मेडिकल इंफॉर्मेशन बस एक रोगी के निगरानी उपकरणों को कॉमन इंटरफेस से जोड़ने का एक जर्नलाइज्ड मेथड प्रदान करती है। यह इंटरफेस अद्वितीय निर्माता डेटा कम्युनिकेशन प्रोटोकॉल को एक स्टैंडराइज्ड हार्डवेयर और सॉफ्टवेयर सिस्टम में परिवर्तित करता है। यह इस तरह के डिवाइस को इंटरफेस करने के लिए वर्तमान में आवश्यक कस्टम कनेक्टर और सॉफ्टवेयर की आवश्यकता को समाप्त करता है। क्लीनिकल कंप्यूटर सिस्टम पर क्लीनिकल मेडिकल रिकॉर्ड में शामिल करने के लिए भेजी गई इंफॉर्मेशन को फ़िल्टर करने, स्टोर करने और चुनने की क्षमता रखता है। इन्फ्यूजन पंप, वेंटिलेटर, पल्स और अन्य रोगी उपकरण अब क्लीनिकल डेटा रिपोर्टिंग और निर्णय लेने में उपयोग के लिए क्लीनिकल इंफॉर्मेशन प्रसारित कर रहे हैं।

अतः विकल्प (B) सही है।

58. कम्युनिटी हेल्थ इनफार्मेशन सिस्टम कंप्यूटर सिस्टम, कंप्यूटर प्रोग्राम और कम्युनिकेशन सिस्टम के ऑप्टीमल एप्लीकेशन को प्रोत्साहित करती है। कम्युनिटी हेल्थ इनफार्मेशन सिस्टम (सीएचआईएस) एक एकीकृत, रोगी-केंद्रित, वेब-आधारित एप्लीकेशन है जो हेल्थकेयर मैनेजमेंट में सभी हितधारकों की सहायता करता है। इस पेपर का फोकस तकनीकी बिल्डिंग ब्लॉक्स जैसे निर्णय लेने की प्रक्रिया, सिस्टम मॉडल और कार्यात्मक घटकों पर है।

अतः विकल्प (C) सही है।

59. सर्वेक्षण में इलाज या नियंत्रित लोगों की कुल संख्या के बारे में संग्रह और माप या अवलोकन शामिल हैं। व्यक्तियों के नमूने से जानकारी एकत्र करने की एक विधि। सटीक और उपयोगी जानकारी एकत्र करने के लिए एक शक्तिशाली, वैज्ञानिक उपकरण। जानकारी एकत्र करना, जनसंख्या के नमूने से प्रश्न पूछना। सर्वेक्षण समुदायों में अनुसंधान के बेसिक उपकरण का गठन करते हैं। सर्वेक्षण मुख्य रूप से व्यक्तियों के बजाय समूहों या आबादी से संबंधित हैं। सर्वेक्षण के परिणाम समूह के कुल योग का प्रतिनिधित्व करते हैं और प्रत्येक व्यक्ति की चिंता या रुचि को प्रतिबिंबित नहीं कर सकते हैं।

अतः विकल्प (C) सही है।

60. बेडसाइड कम्युनिकेशन कंट्रोलर मेडिकल डिवाइस और डिवाइस मैनेजर के लिए एक कम्युनिकेशन इंटरफेस प्रदान करता है। बीसीसी एक कम्युनिकेशन कंट्रोलर ऑब्जेक्ट है जिसका उपयोग मेडिकल डिवाइस द्वारा प्रबंधक मैनेजर सिस्टम (एसोसिएशन अनुरोधकर्ता) के रूप में संचालित किया जाता है। बीसीसी में एक या अधिक डिवाइस इंटरफेस ऑब्जेक्ट होंगे। बीसीसी का रजिस्ट्रेशन अथॉरिटी मेडिकल डिवाइस कम्युनिकेशन इंडस्ट्री ग्रुप है।

अतः विकल्प (D) सही है।

61. स्वास्थ्य जानकारी की सुरक्षा का गोपनीयता साधन व्यक्ति द्वारा अधिकृत है। फॉर्म या रिकॉर्ड की हार्ड कॉपी कभी न छोड़ें जहां अनधिकृत व्यक्ति उन तक पहुंच सकें। रोगी की अनुमति के बिना (ऑफ-ड्यूटी घंटों के दौरान परिवार और दोस्तों सहित) रोगी के मामले पर कभी भी किसी के साथ चर्चा न करें। व्यक्तिगत गोपनीयता की रक्षा करने का प्राथमिक औचित्य व्यक्तियों के हितों की रक्षा करना है। इसके विपरीत, स्वास्थ्य अनुसंधान के लिए व्यक्तिगत रूप से पहचान योग्य स्वास्थ्य जानकारी एकत्र करने का प्राथमिक औचित्य समाज को लाभ पहुंचाना है। लेकिन इस बात पर जोर देना महत्वपूर्ण है कि गोपनीयता का सामाजिक स्तर पर भी महत्व है, क्योंकि यह जटिल गतिविधियों की अनुमति देता है, जिसमें अनुसंधान और सार्वजनिक स्वास्थ्य गतिविधियों को ऐसे तरीके से किया जाना चाहिए जो व्यक्तियों की गरिमा की रक्षा करें।

अतः विकल्प (B) सही है।

62. एक डायटीशियन नर्सिंग इन्फॉर्मेटिक्स की भूमिका का एक प्रमुख कॉम्पोनेन्ट नहीं है। नर्सिंग इन्फॉर्मेटिक्स एक विशेषता है जो नर्सिंग अभ्यास में डेटा, सूचना, ज्ञान और ज्ञान का प्रबंधन और संचार करने के लिए नर्सिंग विज्ञान, कंप्यूटर विज्ञान और सूचना विज्ञान को एकीकृत करती है। सूचना विज्ञान नर्सिंग विज्ञान, सूचना विज्ञान और कंप्यूटर विज्ञान का एक संयोजन है। नर्सिंग एक ऐसा क्षेत्र है जहां रोगी केंद्रित देखभाल सर्वोच्च प्राथमिकताओं में से एक है।

अतः विकल्प (D) सही है।

63. जे आर ग्रोव्स और एस कोरकोरन ने नर्सिंग इन्फॉर्मेटिक्स को कंप्यूटर विज्ञान, सूचना विज्ञान और नर्सिंग विज्ञान के रूप में परिभाषित किया, जो नर्सिंग के अभ्यास और नर्सिंग देखभाल के वितरण का समर्थन करने के लिए नर्सिंग डेटा, सूचना और ज्ञान के प्रबंधन और प्रसंस्करण में सहायता करता है। नर्सिंग सूचना विज्ञान के अध्ययन के आयोजन के लिए एक रूपरेखा प्रस्तुत की गई है। नर्सिंग डेटा, सूचना विज्ञान और नर्सिंग विज्ञान के प्रबंधन और प्रसंस्करण को अध्ययन के लिए एक क्षेत्र के रूप में प्रस्तावित किया गया है। इस तरह के अध्ययन के लिए परिसर और प्रमुख अवधारणाओं और संबंधों पर चर्चा की जाती है। नर्सिंग इन्फॉर्मेटिक्स नर्सिंग के अभ्यास और नर्सिंग देखभाल के वितरण का समर्थन करेगा।

अतः विकल्प (D) सही है।

64. मॉडल के एक छोर से दूसरे छोर तक जो सूचना, विचार या अवधारणा संप्रेषित की जाती है, उसे मैसेज कहा जाता है। संचार का लीनियर या संचरण मॉडल संचार को एकतरफा प्रक्रिया के रूप में वर्णित करता है जिसमें एक सेंडर इंटेंशनली एक मैसेज को एक रिसीवर तक पहुंचाता है। यह मॉडल कम्युनिकेशन इनकाउंटर के अंदर सेंडर और मैसेज पर केंद्रित है।

अतः विकल्प (C) सही है।

65. एक ईएचआर को सॉफ्टवेयर के रूप में परिभाषित किया गया है जिसमें रोगी चिकित्सा जानकारी को स्टोर करने, एक्सेस करने और उपयोग करने के लिए कार्यात्मकताओं की पूरी श्रृंखला है।

उदाहरण के लिए, ईएचआर रोगी देखभाल में सुधार कर सकता है:

मेडिकल रिकॉर्ड की सटीकता और स्पष्टता में सुधार करके चिकित्सा त्रुटि की घटनाओं को कम करना। स्वास्थ्य संबंधी जानकारी उपलब्ध कराना, परीक्षणों के दोहराव को कम करना, उपचार में देरी को कम करना और रोगियों को बेहतर निर्णय लेने के लिए अच्छी तरह से सूचित करना। मेडिकल रिकॉर्ड की सटीकता और स्पष्टता में सुधार करके चिकित्सा त्रुटि को कम करना है।

इलेक्ट्रॉनिक स्वास्थ्य रिकॉर्ड (ईएचआर) स्वास्थ्य देखभाल को बदलने की दिशा में पहला कदम है। इलेक्ट्रॉनिक स्वास्थ्य रिकॉर्ड के लाभों में शामिल हैं: सुरक्षा, प्रभावशीलता, रोगी-केंद्रितता, संचार, शिक्षा, समयबद्धता, दक्षता और इक्विटी सहित रोगी देखभाल के सभी पहलुओं में सुधार करके बेहतर स्वास्थ्य देखभाल।

अतः विकल्प (A) सही है।

66. अंतर्राष्ट्रीय नर्स परिषद (ICN) 130 से अधिक देशों में राष्ट्रीय नर्स संघों का एक संघ है। अंतरराष्ट्रीय स्तर पर नर्सों और अग्रणी नर्सिंग द्वारा संचालित, आईसीएन विश्व स्तर पर सभी के लिए गुणवत्तापूर्ण नर्सिंग देखभाल और अच्छी स्वास्थ्य नीतियों को सुनिश्चित करने के लिए काम करता है। 1899 में स्थापित, आईसीएन स्वास्थ्य पेशेवरों के लिए दुनिया का पहला और व्यापक पहुंच वाला अंतरराष्ट्रीय संगठन है और इसका मुख्यालय जिनेवा, स्विट्जरलैंड में है।

अतः विकल्प (D) सही है।

67. नर्सिंग को एक पेशे के रूप में माना जाता है क्योंकि नर्सिंग एक पेशे के सभी मानदंडों को पूरा करती है।

नर्सिंग को एक पेशे के रूप में इस मानदंड के आधार पर पहचाना जाता है कि एक पेशे में ज्ञान का एक व्यवस्थित निकाय होना चाहिए जो पेशे के अभ्यास के लिए रूपरेखा प्रदान करता है, मानकीकृत औपचारिक उच्च शिक्षा, एक ऐसी सेवा प्रदान करने की प्रतिबद्धता जो व्यक्तियों और समुदाय को लाभ पहुंचाती है, एक अद्वितीय रखरखाव भूमिका जो मानकों के माध्यम से पेशे की अभ्यास जिम्मेदारी की स्वायत्तता, जिम्मेदारी और जवाबदेही नियंत्रण को पहचानती है और पेशेवर संगठनों और गतिविधियों के माध्यम से पेशे के सदस्यों के लिए नैतिकता साक्ष्य आधारित अभ्यास और प्रतिबद्धता का एक कोड है।

अतः विकल्प (D) सही है।

68. अंतरराष्ट्रीय नर्स परिषद का मुख्यालय जिनेवा में स्थित है।

1899 में स्थापित, आईसीएन स्वास्थ्य पेशेवरों के लिए दुनिया का पहला और व्यापक पहुंच वाला अंतरराष्ट्रीय संगठन है और इसका मुख्यालय जिनेवा, स्विट्जरलैंड में है।

अतः विकल्प (B) सही है।

69. इंटरनेशनल नर्सिंग समीक्षा स्विट्जरलैंड के जिनेवा में इंटरनेशनल कॉउन्सिल ऑफ नर्सिंग (आईसीएन) की आधिकारिक पत्रिका है। यह ब्लाइंड पीयर रिव्यू प्रोसेस का इस्तेमाल करते हुए एक त्रैमासिक पत्रिका है, और मुख्य रूप से नर्सिंग नीति, स्वास्थ्य नीति और इंटरनेशनल स्तर पर नर्सों के लिए प्रासंगिक सामाजिक नीति के मुद्दों पर केंद्रित है।

आईएनआर का उद्देश्य नर्सिंग का प्रतिनिधित्व करके, पेशे को आगे बढ़ाते हुए और स्वास्थ्य नीति और नर्सिंग नीति को आकार देकर आईसीएन के वैश्विक मिशन को बढ़ावा देना है। आईसीएन इंटरनेशनल परिप्रेक्ष्य पर आईएनआर में अपने नियमित खंड के साथ इंटरनेशनल स्तर पर नर्सिंग के चल रहे विकास में भी योगदान देता है। आईएनआर के विविध इंटरनेशनल पाठक लगभग 135 देशों में स्थित हैं। हार्ड कॉपी और ऑनलाइन दोनों में प्रकाशित, आईएनआर दुनिया भर में नर्सिंग और स्वास्थ्य नीति निर्माताओं के लिए एक प्रमुख संसाधन है। सभी पेपरों में नर्सों और नर्सिंग के पेशे पर स्पष्ट ध्यान देने की आवश्यकता है।

अतः विकल्प (C) सही है।

70. भारतीय नर्सिंग परिषद का गठन 1947 में भारतीय नर्सिंग परिषद अधिनियम 1947 के तहत किया गया था। तब से परिषद केंद्रीय स्वास्थ्य और परिवार कल्याण मंत्रालय के तहत एक स्वायत्त निकाय के रूप में कार्य कर रही है।

परिषद के दिन-प्रतिदिन के कामकाज से संबंधित मामले जो सचिव और अध्यक्ष की शक्ति से परे हैं, उन्हें निर्णय के लिए कार्यकारी समिति के पास भेजा जाता है। परिषद के शासी निकाय की बैठक में महत्वपूर्ण नीतिगत मामलों पर हमेशा चर्चा की जाती है जो वर्ष में कम से कम एक बार बुलाई जाती है।

अतः विकल्प (C) सही है।

71. वेज रिसेक्शन में, फेफड़े के ऊतकों का एक पहलू हटा दिया जाता है। वेज रिसेक्शन एक या दोनों, फेफड़ों से ऊतक के पच्चर के आकार के हिस्से का शल्य चिकित्सा हटाने है। आमतौर पर छोटे फेफड़े के पिंड के निदान या

उपचार के लिए वेज रिसेक्शन किया जाता है। फेफड़े की बायोप्सी एक ऐसी प्रक्रिया है जिसमें पसलियों के बीच एक छोटे से चीरे के माध्यम से फेफड़े के ऊतकों का एक छोटा सा नमूना निकाला जाता है।

अत: विकल्प (B) सही है।

72. सेगमेंटेक्टॉमी में फेफड़े के एक लोब के हिस्से को हटाना शामिल है। एक सेगमेंटेक्टॉमी, या सेगमेंट रिसेक्शन, एक शल्य चिकित्सा उपचार है जो प्रारंभिक चरण, गैर-छोटे सेल फेफड़ों के कैंसर (NSCLC) के इलाज का विकल्प हो सकता है। इसमें कैंसरग्रस्त ट्यूमर को पूरी तरह से हटाने के लिए फेफड़े के एक लोब के हिस्से को हटाना शामिल है।

अत: विकल्प (C) सही है।

73. मीडियास्टिनम में हृदय, फेफड़े, श्वासनली, बड़ी वाहिकाएँ, अन्नप्रणाली होती है। मीडियास्टिनम वक्ष में एक स्थान है जिसमें अंगों, वाहिकाओं, नसों, लसीका और उनके आसपास के संयोजी ऊतक का एक समूह होता है। यह प्रत्येक फेफड़े के फुफ्फुस के बीच छाती की मध्य रेखा में स्थित है और उरोस्थि से कशेरुक स्तंभ तक फैली हुई है।

अत: विकल्प (B) सही है।

74. श्वासक्षिप्रता शब्द श्वसन दर में वृद्धि को दर्शाता है। श्वासक्षिप्रता शब्द श्वसन दर में वृद्धि को दर्शाता है। श्वासक्षिप्रता तेज, तेज और उथली श्वास है। इस स्थिति में व्यक्ति की श्वसन दर सामान्य सीमा (12-20 श्वास प्रति मिनट) से अधिक होती है। यह श्वसन गैसों के बीच असंतुलन के कारण होता है जिससे रक्त में ऑक्सीजन की आपूर्ति कम हो जाती है और कार्बन डाइऑक्साइड बढ़ जाता है।

अत: विकल्प (D) सही है।

75. फुफ्फुस स्थान एक संभावित स्थान है। यह फुफ्फुस से घिरा हुआ स्थान है, जो ऊतक की एक पतली परत है जो फेफड़ों को कवर करती है और छाती गुहा की आंतरिक दीवार को रेखाबद्ध करती है। फुफ्फुस गुहा, इसके संबंधित फुफ्फुस के साथ, सांस लेने के दौरान फेफड़ों के इष्टतम कामकाज में सहायता करता है। फुफ्फुस गुहा में फुफ्फुस द्रव भी होता है, जो सेहक के रूप में कार्य करता है और श्वसन गतिविधियों के दौरान फुफ्फुस को एक दूसरे के खिलाफ आसानी से स्लाइड करने की अनुमति देता है।

अत: विकल्प (A) सही है।

76. हेमोथोरैक्स फुफ्फुस स्थान में रक्त का एक संग्रह है। हेमोथोरैक्स का अब तक का सबसे आम कारण आघात है। फेफड़े, हृदय, बड़ी वाहिकाओं, या छाती की दीवार की मर्मज्ञ चोटें हीमोथोरैक्स के स्पष्ट कारण हैं; वे मूल रूप से आकस्मिक, जानबूझकर या आईट्रोजेनिक हो सकते हैं।

अत: विकल्प (C) सही है।

77. एक संदिग्ध स्ट्रोक के लिए भर्ती किए गए रोगी का संपूर्ण न्यूरोलॉजिकल और शारीरिक मूल्यांकन पूरा करने के बाद, मेडिकल-सर्जिकल नर्स इस रोगी की तत्काल देखभाल में अगले चरण की उम्मीद करती है, जिसमें बिना कंट्रास्ट के सिर का कंप्यूटेड टोमोग्राफी स्कैन प्राप्त करना शामिल है। एक तंत्रिका संबंधी मूल्यांकन में मानसिक स्थिति, कपाल नसों, मोटर और संवेदी कार्य, प्यूपिलरी प्रतिक्रिया, सजगता, सेरिबैलम और महत्वपूर्ण संकेतों का आकलन करना शामिल होगा।

अत: विकल्प (B) सही है।

78. T4 स्तर से नीचे लकवाग्रस्त रोगी की जांच करते समय, मेडिकल-सर्जिकल नर्स ऊपरी छोरों और कुशल खांसी का स्वतंत्र उपयोग खोजने की अपेक्षा करती है। उदाहरण के लिए, T4 हड्डी में रीढ़ की हड्डी की नसों में पूरी तरह से चोट लगने को T4 पैरापलेजिया के रूप में जाना जाता है। वही इसके नीचे काठ के क्षेत्र में लागू होता है जहां पहले कशेरुका को L1 कहा जाता है जो नीचे की ओर L5 तक जाता है और फिर इसके नीचे फिर से त्रिक क्षेत्र में होता है।

अत: विकल्प (D) सही है।

79. स्टेम सेल ट्रांसप्लांटेशन का दूसरा नाम बोन मैरो ट्रांसप्लांट। अस्थि मज्जा ट्रांसप्लांट एक चिकित्सा उपचार है जो आपके अस्थि मज्जा को स्वस्थ कोशिकाओं से बदल देता है। प्रतिस्थापन कोशिकाएं या तो आपके अपने शरीर से या किसी दाता से आ सकती हैं। अस्थि मज्जा ट्रांसप्लांट को स्टेम सेल ट्रांसप्लांट या, विशेष रूप से, हेमटोपोइएटिक स्टेम सेल ट्रांसप्लांट भी कहा जाता है। ट्रांसप्लांट का उपयोग कुछ प्रकार के कैंसर, जैसे ल्यूकेमिया, मायलोमा, और लिम्फोमा, और अन्य रक्त और प्रतिरक्षा प्रणाली की बीमारियों के इलाज के लिए किया जा सकता है जो अस्थि मज्जा को प्रभावित करते हैं।

अत: विकल्प (A) सही है।

80. स्टेम सेल प्रत्यारोपण में ग्राफ्ट-वर्सुस-होस्ट रोग (GvHD) के इलाज के लिए एंटीबायोटिक्स, इम्यूनोसप्रेसेन्ट दवाएं और स्टेरॉयड दिए जा सकते हैं। GvHD तब होता है जब दान की गई स्टेम कोशिकाओं या अस्थि मज्जा में विशेष प्रकार की श्वेत रक्त कोशिका (T कोशिकाएं) आपके शरीर की कोशिकाओं पर हमला करती हैं। ऐसा इसलिए है क्योंकि दान की गई कोशिकाएं (ग्राफ्ट) आपके शरीर की कोशिकाओं (होस्ट) को विदेशी के रूप में देखती हैं और उन पर हमला करती हैं।

अत: विकल्प (C) सही है।

81. नर्स गर्भवती रोगी में भ्रूण की हृदय गति का आकलन कर रही है। नर्स प्रति मिनट 82 बीट की नाड़ी रिकॉर्ड करती है। नर्स को डॉप्लर डिवाइस को हिलाना चाहिए।

82 बीट प्रति मिनट की रीडिंग मां की हृदय गति हो सकती है, यह दर्शाता है कि नर्स के पास सही स्थिति में डॉप्लर नहीं है। एक सामान्य भ्रूण की हृदय गति 120 से 160 बीट प्रति मिनट के बीच होती है। भ्रूण की हृदय गति का आकलन करने से पहले नर्स को हमेशा मां की नब्ज लेना याद रखना चाहिए। चिकित्सक को बुलाने से पहले, यह निर्धारित करना महत्वपूर्ण है कि डेटा सटीक है। भ्रूण को ऑक्सीजन का छिड़काव बढ़ाने के लिए, मां को अपनी बाईं ओर लेटने के लिए कहें।

अत: विकल्प (D) सही है।

82. ब्रिटनी 40 सप्ताह की गर्भवती है और कॉल करती है क्योंकि वह पहली बार गुलाबी रंग का निर्वहन देख रही है। नर्स को ब्रिटनी को निगरानी जारी रखने के लिए कहना चाहिए।

श्रम की शुरुआत में यह सबसे सामान्य 'खूनी प्रदर्शन' होने की संभावना है। तुरंत अस्पताल पहुंचने, स्थिति बदलने, या हल्का आहार खाने की कोई आवश्यकता नहीं है। जब रोगी नियमित संकुचन का अनुभव करता है जो अधिक तीव्र और लगातार होता जा रहा है, तो उसे निगरानी करना और कॉल बैक करना या देखभाल करना जारी रखना चाहिए।

अत: विकल्प (C) सही है।

83. नर्स डॉक्टर को बताएगी कि सारा प्राथमिक एमेनोरिया के लक्षण दिखा रही है।

प्राथमिक एमेनोरिया तब होता है जब एक महिला चौदह वर्ष की होती है और उसे अपनी पहली अवधि नहीं मिली है और उसने माध्यमिक यौन विशेषताओं को विकसित नहीं किया है। प्राथमिक एमेनोरिया तब भी होता है जब सोलह वर्ष या उससे अधिक उम्र की महिला ने अपनी पहली अवधि प्राप्त नहीं की है, लेकिन माध्यमिक यौन विशेषताओं को विकसित किया है। प्राथमिक कष्टार्तव दर्दनाक माहवारी को संदर्भित करता है जो एक शारीरिक विकार से जुड़ा नहीं है। माध्यमिक कष्टार्तव एंडोमेट्रियोसिस जैसे अंतर्निहित कारण के कारण दर्दनाक माहवारी को संदर्भित करता है। ओलिगोमेनोरिया एक अवधि की अनुपस्थिति को संदर्भित करता है, आमतौर पर कम से कम 35 दिनों के लिए।

अत: विकल्प (C) सही है।

84. नर्स जानती है कि एम्बर एंडोमेट्रियोसिस से पीड़ित हो सकती है।

माध्यमिक कष्टार्तव एक अंतर्निहित स्थिति के कारण दर्दनाक माहवारी को संदर्भित करता है। एंडोमेट्रियोसिस, एक ऐसी स्थिति का एक उदाहरण जो

अक्सर माध्यमिक कष्टार्तव का कारण बनता है, अंडाशय या मलाशय जैसे अनुपयुक्त स्थानों में गर्भाशय के ऊतकों की वृद्धि को संदर्भित करता है। प्रोस्टाग्लैंडीन के उच्च स्तर अक्सर प्राथमिक कष्टार्तव वाली महिलाओं में पाए जाते हैं जो एक अंतर्निहित स्थिति के बिना दर्दनाक माहवारी है। एल्डोस्टेरोन के निम्न स्तर की संभावना दर्दनाक माहवारी का कारण नहीं होगी। टर्नर सिंड्रोम एक क्रोमोसमल विकार है जो अक्सर एमेनोरिया या अवधि की अनुपस्थिति का कारण बन सकता है।

अत: विकल्प (A) सही है।

85. नर्स को यीस्ट संक्रमण को अस्थानिक गर्भावस्था के लिए जोखिम कारक नहीं मानना चाहिए।

एंडोमेट्रियोसिस और गर्भाशय फाइब्रॉएड जैसी गर्भाशय की स्थिति एक्टोपिक गर्भावस्था के जोखिम को बढ़ाती है। एंडोमेट्रियोसिस गर्भाशय के बाहर गर्भाशय के ऊतकों की अनुचित वृद्धि है। गर्भाशय फाइब्रॉएड गर्भाशय के भीतर सौम्य ट्यूमर हैं। यौन संचारित संक्रमणों से पेल्विक इंफ्लेमेटरी डिजीज नामक स्थिति पैदा हो सकती है, जिसके परिणामस्वरूप निशान पड़ सकते हैं। प्रजनन प्रणाली पर निशान पड़ने से अस्थानिक गर्भावस्था और बांझपन का खतरा बहुत बढ़ जाता है। एंटीबायोटिक चिकित्सा के बाद यीस्ट संक्रमण आम हैं और ओवर-द-काउंटर दवा के साथ इलाज किया जाता है। वे आम तौर पर शरीर को स्थायी नुकसान नहीं पहुंचाते हैं।

अत: विकल्प (D) सही है।

86. कावासाकी रोग एक दुर्लभ बचपन की बीमारी है जो रक्त वाहिकाओं को प्रभावित करती है। हस्तक्षेप न करने पर 20% से 25% बच्चे एन्यूरिज्म फार्मेशन कर सकते हैं। उपचार रोग की डिग्री पर निर्भर करता है लेकिन अक्सर IV गामा ग्लोब्युलिन या एस्पिरिन के साथ तत्काल उपचार होता है। कॉर्टिकोस्टेरॉइड्स कभी-कभी आने वाली जटिलताओं को कम कर सकते हैं। जो बच्चे इस बीमारी का अनुभव करते हैं उन्हें आमतौर पर हृदय स्वास्थ्य पर नजर रखने के लिए आजीवन अनुवर्ती मुलाकातों की आवश्यकता होती है।

अतः विकल्प (D) सही है।

87. एक्सट्रीम ब्रैडीकार्डिया डिगॉक्सिन विषाक्तता का एक प्रमुख संकेत है। Na-K ट्रांसपोर्टर के विषाक्तता से बढ़े हुए इंट्रासेल्युलर कैल्शियम और बढ़े हुए योनि स्वर से AV नोडल नाकाबंदी, डिगॉक्सिन विषाक्तता के प्राथमिक कारण हैं। पूर्व स्वचालितता और इनोट्रॉपी में वृद्धि की ओर जाता है; उत्तरार्द्ध ड्रोमोट्रॉपी में कमी की ओर जाता है।
अतः विकल्प (C) सही है।

88. CF की पहचान असामान्य रूप से मोटे फुफ्फुसीय स्राव से होती है। शोधकर्ता अब जानते हैं कि सिस्टिक फाइब्रोसिस एक्सोक्राइन ग्रंथि समारोह का एक ऑटोसोमल रीसेसिव डिसऑर्डर है जो आमतौर पर उत्तरी यूरोपीय मूल के व्यक्तियों को 3500 में 1 की दर से प्रभावित करता है। यह एक पुरानी बीमारी है जो अक्सर पुरानी साइनोपल्मोनरी संक्रमण और अग्नाशयी अपर्याप्तता की ओर ले जाती है। मृत्यु का सबसे आम कारण अंतिम चरण फेफड़ों की बीमारी है।
अतः विकल्प (A) सही है।

89. स्थिति अस्थमाटिकस एक तीव्र, लंबे समय तक, गंभीर अस्थमा का दौरा है जो सामान्य उपचार के लिए अनुत्तरदायी है। आमतौर पर, बच्चे को अस्पताल में भर्ती होने की आवश्यकता होती है। संयुक्त राज्य अमेरिका में आपातकालीन कक्ष यात्राओं के सबसे सामान्य कारणों में से एक है स्टेटस अस्थमाटिकस, ब्रोन्कियल अस्थमा का एक तीव्र, आकस्मिक प्रकरण जो मानक चिकित्सीय उपायों के लिए खराब रूप से उत्तरदायी है।
अतः विकल्प (A) सही है।

90. बीपीडी को रोकने के लिए श्वसन दबाव और O_2 एकाग्रता की बारीकी से निगरानी आवश्यक है जो उच्च श्वसन दबाव और O_2 सांद्रता के उपयोग से संबंधित है, विशेष रूप से बहुत कम जन्म के वजन में और फेफड़ों के विकारों के साथ बेहद कम जन्म वजन वाले नवजात शिशुओं में। यांत्रिक वेंटिलेशन और प्रतिक्रियाशील ऑक्सीजन प्रजातियों से समय से पहले फेफड़ों तक की चोट,

समय से पहले के नवजात शिशुओं में बीपीडी के रोगजनन के आधार के रूप में बीपीडी के लिए फेफड़ों की भविष्यवाणी करने वाले प्रसवपूर्व कारकों की उपस्थिति में।
अतः विकल्प (B) सही है।

91. अपसरणीतंत्रिका को शुद्ध रूप से अभिवाही तंत्रिका नहीं माना जाता है।

कपाल तंत्रिकाएं घ्राण संबंधी, नेत्र संबंधी और वेस्टिबुलोकोक्लियर को शुद्ध रूप से तंत्रिका तंत्र में अभिवाही तंत्रिका माना जाता है।अपसरणीतंत्रिका छठी कपाल तंत्रिका है जिसे विशुद्ध रूप से अपवाही तंत्रिका माना जाता है। अभिवाही तंत्रिका एक संवेदी अंग से एक संकेत प्राप्त करते हैं और इसे प्रसंस्करण के लिए सीएनएस को भेजते हैं।

अतः विकल्प (C) सही है।

92. कोशिका में कमी वाले अक्षतंतु अतंत्रिकक्षी कोशिकाएं हैं। अतंत्रिकक्षी कोशिकाए रेटिना में आंतरिक रूप से होती हैं। ये कोशिकाएं रेटिनल गैंगलियन कोशिकाओं के इनपुट के 70% के लिए जिम्मेदार हैं। वे रेटिना के आंतरिक परमाणु और गैंगलियन सेल परतों में स्थित हैं। अतंत्रिकक्षी कोशिकाएअधुवी या अधुवीय स्नायुहैं यानी अक्षतन्तु की जरूरत नहीं है। अधुवी या अधुवीय स्नायु- कोई निश्चित डेंड्रोन(द्रुमिका) / अक्षतंतु नहीं। सेल प्रक्रिया या तो अनुपस्थित है या अक्षतन्तु और स्नायु में विभजित नहीं है। तंत्रिका आवेग सभी दिशाओं में विकीर्ण होते हैं।

अतः विकल्प (A) सही है।

93. मांसपेशियों में विशेष प्रोटीन होते हैं जिन्हें संकुचित प्रोटीन कहा जाता है।

संकुचित प्रोटीन वे प्रोटीन होते हैं जो किसी कोशिका के साइटोपंजर और हृदय और कंकाल की मांसपेशी के सिकुड़ते तंतुओं (संकुचन) की मध्यस्थता करते हैं। सिकुड़े हुए प्रोटीन को नियमित रेशों में व्यवस्थित किया जाता है जो कि सर्कोमियर की विशिष्ट उपस्थिति का कारण बताते हैं।

अतः विकल्प (B) सही है।

94. महिलाओं में यौवन की शुरुआत के लिए पुटक-उद्दीपक अंतःस्राव जिम्मेदार है।

यौवन के इस चरण में, FSH अन्तः स्राव शुरू होता है और अंडाशय के विकास को प्रेरित करता है जिसके परिणामस्वरूप स्त्री-हार्मोन होता है। यह अन्तः स्राव द्वितीयक यौन चरित्र के विकास के लिए भी जिम्मेदार है; आवाज परिवर्तन, शरीर के बाल, स्तन, स्त्री आकार और बाहरी जननांग को प्रेरित करता है।
अतः विकल्प (C) सही है।

95. सामान्य श्वास के दौरान अंतःश्वसित या निःश्वसित वायु की मात्रा श्वसन मात्रा होती है।

श्वसन के दौरान (500 मिलीलीटर) वायु आम तौर पर फेफड़ों के अंदर और बाहर जाती है। एक स्वस्थ व्यक्ति द्वारा श्वास के दौरान अंतःश्वसन या निःश्वसन वायु की मात्रा प्रति मिनट लगभग 6000 से 8000 मिलीलीटर होती है।

अतः विकल्प (C) सही है।

96. जैक्सन-प्रैट घाव नाली के आसपास के क्षेत्र की सफाई करते समय नर्स प्रभारी द्वारा एक परिपत्र गति कार्रवाई में केंद्र से बाहर की ओर सफाई आवश्यक है।

नर्स को हमेशा घाव के नाले के चारों ओर सफाई करनी चाहिए, केंद्र से बाहर की ओर कभी-कभी बड़े घेरे में जाना चाहिए, क्योंकि नाली स्थल के पास की त्वचा साइट की तुलना में अधिक दूषित होती है। एक जैक्सन-प्रैट (जेपी) नाली का उपयोग सर्जरी के बाद शरीर के एक क्षेत्र में बनने वाले तरल पदार्थ को निकालने के लिए किया जाता है। जेपी ड्रेन एक बल्ब के आकार का उपकरण है जो एक ट्यूब से जुड़ा होता है। सर्जरी के दौरान ट्यूब का एक सिरा क्लाइंट के अंदर रखा जाता है। दूसरा सिरा त्वचा में एक छोटे से कट के माध्यम से निकलता है। बल्ब इसी सिरे से जुड़ा हुआ है। ट्यूब को पकड़ने के लिए रोगी के पास एक स्टिच हो सकता है

अतः विकल्प (A) सही है।

97. नर्स को रोगी को जीभ की नोक को मुंह का ऊपरी हिस्सा तक छूने का निर्देश देना चाहिए और फिर सबलिंगुअल टैबलेट को मुंह के तल पर रखना चाहिए। सब्लिशिंग दवाएं जीआई और यकृत प्रणालियों को दरकिनार करते हुए सीधे मौखिक श्लेष्मा से रक्तप्रवाह में अवशोषित हो जाती हैं। जीभ के ऊपर या मुंह की छत पर कोई दवा नहीं दी जाती है।

अतः विकल्प (C) सही है।

98. एंटरल फीडिंग के दौरान बिस्तर के सिर को ऊपर उठाना ऐस्परेशन के जोखिम को कम करता है और फार्मूला को रोगी की आंतों में प्रवाहित करने की अनुमति देता है। भोजन के दौरान प्रवण से ऐस्परेशन का खतरा बढ़ जाता है और इसलिए जहां नैदानिक रूप से संभव हो, रोगी को एक सीधी स्थिति में रखा जाना चाहिए। यदि बोलस फीड के लिए बैठने में असमर्थ हों या यदि लगातार फीडिंग प्राप्त कर रहे हों, तो फीडिंग के दौरान बिस्तर के सिर को $30 - 45$ डिग्री ऊपर और फीड के बाद कम से कम 30 मिनट तक ऐस्परेशन के जोखिम को कम करने के लिए ऊपर उठाया जाना चाहिए।

अतः विकल्प (A) सही है।

99. नर्स को $\frac{1}{2}$ ml दवा देनी चाहिए। खुराक की गणना इस प्रकार की जाती है:

$$\frac{250\ mg}{x} = \frac{500\ mg}{1\ ml}$$

$$500x = 250$$

$$x = \frac{1}{2}\ ml$$

अतः विकल्प (C) सही है।

100. दवा के निर्देशों को समझने के लिए नर्स को रोगी की संज्ञानात्मक क्षमताओं पर विचार करना चाहिए। यदि नहीं, तो नर्स को घर की सेटिंग में दवाओं के प्रशासन की जिम्मेदारी लेने के लिए परिवार के किसी सदस्य या अन्य महत्वपूर्ण व्यक्ति को ढूंढना होगा। रोगी की ठीक होने की क्षमता, व्यावसायिक खतरे और सामाजिक आर्थिक स्थिति दवा प्रशासन को प्रभावित नहीं करती है।

अतः विकल्प (D) सही है।

101. नर्स को जल्द ही रोगी के कमरे में शीघ्र ही लौटें और जब तक रोगी दवा न ले , तब तक वहीं रहना चाहिए जब तक कि रोगी यह सत्यापित करने के लिए दवा नहीं लेता कि यह निर्देशानुसार ली गई थी। अधिकांश बीमारियों के लिए प्राथमिक हस्तक्षेप के रूप में दवा चिकित्सा पर बढ़ती निर्भरता के साथ, दवा हस्तक्षेप प्राप्त करने वाले रोगियों को संभावित नुकसान के साथ-साथ लाभों का भी सामना करना पड़ता है। बीमारी का प्रभावी प्रबंधन, रोग की धीमी प्रगति, और कुछ त्रुटियों के साथ बेहतर रोगी परिणाम हैं। दवाओं से नुकसान अनपेक्षित परिणामों के साथ-साथ दवा त्रुटि (गलत दवा, गलत समय, गलत खुराक, आदि) से उत्पन्न हो सकता है।

अतः विकल्प (C) सही है।

102. स्क्रब नर्स सर्जन को उचित सर्जिकल उपकरण और आपूर्ति प्रदान करके, सख्त सर्जिकल एसेप्सिस बनाए रखने और सर्कुलेटिंग नर्स के साथ, सभी धुंध, स्पंज, सुइयों और उपकरणों के लिए लेखांकन में सहायता करती है। परिसंचारी नर्स सर्जन और स्क्रब नर्स की सहायता करती है, रोगी को स्थिति देती है, उपयुक्त उपकरण और सर्जिकल ड्रेप्स लागू करती है, गाउनिंग और ग्लोविंग में सहायता करती है, और सर्जन और स्क्रब नर्स को आपूर्ति प्रदान करती है।

अतः विकल्प (C) सही है।

103. डिस्चार्ज होने से पहले एक मरीज को दवाओं के बारे में पढ़ाते समय, नर्स एक शिक्षक के रूप में कार्य कर रही है। वे स्थापित स्वास्थ्य देखभाल सेटिंग्स के भीतर विशेष मरीज देखभाल बढ़ाने के लिए मरीजों और देखभाल प्रदाताओं को शैक्षिक नेतृत्व प्रदान करते हैं। देखभाल की निरंतरता में शैक्षिक आवश्यकताओं, समस्या समाधान और स्वास्थ्य प्रबंधन के साथ मरीजों और देखभाल करने वालों की सहायता करता है।

अतः विकल्प (B) सही है।

104. वृद्धावस्था से संबंधित शारीरिक परिवर्तन जेरियाट्रिक रोगियों में प्रतिकूल दवा प्रतिक्रियाओं की बढ़ती उम्र के लिए जिम्मेदार हैं। एडीई (प्रतिकूल दवा प्रभाव) को तीव्र जराचिकित्सा चिकित्सा प्रवेश के 5 से 28 में इंगित किए जाने का अनुमान है। रोकथाम योग्य एडीई (प्रतिकूल दवा प्रभाव) वृद्ध वयस्कों में अनुचित दवा के उपयोग के गंभीर परिणामों में से एक है।

अतः विकल्प (B) सही है।

105. सुरक्षा एहतियात के तौर पर, नर्स को एक बिना लेबल वाली सिरिंज को छोड़ देना चाहिए जिसमें दवा हो। अन्य विकल्पों को असुरक्षित माना जाता है क्योंकि वे त्रुटि को बढ़ावा देते हैं।

अतः विकल्प (A) सही है।

106. एक पोस्टऑपरेटिव मधुमेह रोगी जो खाने में असमर्थ है, उसके हाइपोग्लाइसीमिया से पीड़ित होने की संभावना है। भ्रम और अशक्तता सामान्य लक्षण हैं। सेरेब्रल ग्लूकोज की उपलब्धता में कमी (यानी, न्यूरोग्लाइकोपेनिया) भ्रम, एकाग्रता में कठिनाई, चिड़चिड़ापन, मतिभ्रम, फोकल हानि (जैसे, हेमिप्लेजिया), और, अंततः, कोमा और मृत्यु के रूप में प्रकट हो सकती है।

हाइपोग्लाइसीमिया एक ऐसी स्थिति है जिसमें आपके रक्त शर्करा (ग्लूकोज) का स्तर सामान्य से कम होता है। ग्लूकोज शरीर का मुख्य ऊर्जा स्रोत है। हाइपोग्लाइसीमिया अक्सर मधुमेह के उपचार से संबंधित होता है।

अतः विकल्प (C) सही है।

107. हेपेटाइटिस A दूषित भोजन के माध्यम से फेकल-ओरल मार्ग से फैलता है।

यह रोग हेपेटाइटिस ए वायरस युक्त मल (मल) से दूषित भोजन या पानी खाने या पीने से होता है। बिना छिलके वाले और बिना पके फल और सब्जियां, शंख, बर्फ और पानी रोग के सामान्य स्रोत हैं।

अतः विकल्प (B) सही है।

108. एक नर्स उस ल्यूकेमिया रोगी के हेपेटाइटिस सी के इतिहास की जांच करेगी। हेपेटाइटिस सी एक वायरल संक्रमण है जो रक्त जैसे शारीरिक तरल पदार्थों के माध्यम से फैलता है, जिससे यकृत की सूजन हो जाती है। प्राप्तकर्ता में संक्रमण के उच्च जोखिम के कारण हेपेटाइटिस सी के रोगी आधान के लिए रक्तदान नहीं कर सकते हैं।

अतः विकल्प (A) सही है।

109. गैस्ट्रिटिस रोगी की देखभाल करने वाली एक नर्स, इस रोगी के लिए नेप्रोक्सन सोडियम दवाओं की सिफारिश नहीं करेगी।

नेप्रोक्सन सोडियम एक नॉनस्टेरॉइडल एंटी-इंफ्लेमेटरी दवा है जो ऊपरी जीआई पथ की सूजन का कारण बन सकती है। इस कारण से, गैस्ट्रिटिस वाले रोगी में यह निषेधात्मक है। नेप्रोक्सन का उपयोग विभिन्न स्थितियों जैसे सिरदर्द, मांसपेशियों में दर्द, टेंडोनाइटिस, दांतों में दर्द और मासिक धर्म में ऐंठन से दर्द को दूर करने के लिए किया जाता है।

अतः विकल्प (A) सही है।

110. कोलेसिस्टिटिस के रोगी के लिए पोषण परामर्श देने वाली नर्स रोगी को वसायुक्त भोजन सीमित मात्रा में लेने का परामर्श देगी ।

कोलेसिस्टिटिस, पित्ताशय की थैली की सूजन, आमतौर पर पित्त पथरी की उपस्थिति के कारण होती है, जो पित्त (वसा के अवशोषण के लिए आवश्यक) को आंतों में प्रवेश करने से रोक सकती है। पित्ताशय की थैली की जलन से

बचने के लिए मरीजों को वसायुक्त मांस, तले हुए खाद्य पदार्थ और मलाईदार डेसर्ट जैसे खाद्य पदार्थों को सीमित करके आहार वसा कम करना चाहिए।

अतः विकल्प (D) सही है।

111. मतिभ्रम दृश्य, श्रवण, स्वाद, स्पर्श या घ्राण धारणाएं हैं जिनका वास्तविकता में कोई आधार नहीं है। शब्द "मतिभ्रम" लैटिन से आया है और इसका अर्थ है "मानसिक रूप से भटकना।" मतिभ्रम को "एक गैर-मौजूद वस्तु या घटना की धारणा" और "संवेदी अनुभव जो संबंधित संवेदी अंगों की उत्तेजना के कारण नहीं होते हैं" के रूप में परिभाषित किया गया है। सिज़ोफ्रेनिया और द्विध्रुवी विकार सहित मनोरोग स्थितियों वाले लोगों में मतिभ्रम अक्सर होता है, हालांकि, मतिभ्रम का अनुभव करने के लिए आपको मानसिक बीमारी होने की आवश्यकता नहीं है।

अतः विकल्प (A) सही है।

112. गंभीर रूप से आत्महत्या करने वाले रोगी पर लगातार नजर रखने की जिम्मेदारी नर्स की होती है। नर्स को सुराग के लिए देखना चाहिए, जैसे आत्मघाती विचारों और संदेशों को संप्रेषित करना, दवाओं की जमाखोरी और मौत के बारे में बात करना। सबसे पहले और सबसे महत्वपूर्ण, रोगी की सुरक्षा सुनिश्चित की जानी चाहिए, यही हस्तक्षेप है। हस्तक्षेप नैदानिक जांच के साथ जोखिम कारकों के अनुप्रयोग पर आधारित है।

अतः विकल्प (D) सही है।

113. भव्यता का भ्रम एक गलत धारणा है कि व्यक्ति अत्यधिक प्रसिद्ध और महत्वपूर्ण है। भव्यता का भ्रम स्वयं की श्रेष्ठता, महानता या बुद्धि में झूठा विश्वास है। भव्यता के भ्रम का अनुभव करने वाले लोगों में केवल उच्च आत्म-सम्मान नहीं होता है; इसके बजाय, वे इसके विपरीत भारी सबूतों के बावजूद भी अपनी महानता और महत्व में विश्वास करते हैं। उदाहरण के लिए, कोई यह मान सकता है कि पारस्परिक संबंधों में कोई नेतृत्व अनुभव और कठिनाइयों के बावजूद, उन्हें दुनिया का नेता बनना तय है। भव्यता के भ्रम उनकी वढ़ता की विशेषता है। वे केवल कल्पना या भविष्य की आशा के क्षण नहीं हैं।

अतः विकल्प (B) सही है।

114. सलाह के बिना विकल्प और निर्णय लेने में असमर्थता अप्रभावी व्यक्तिगत मुकाबला का प्रमाण होने की सबसे अधिक संभावना नहीं है।

आश्रित व्यक्तित्व विकार वाले व्यक्ति आमतौर पर अनिर्णय, विनम्रता और अडिग व्यवहार दिखाते हैं ताकि दूसरे उनके साथ निर्णय ले सकें। आश्रित व्यक्तित्व विकार (डीपीडी) एक प्रकार का चिंतित व्यक्तित्व विकार है। डीपीडी से ग्रसित लोग अक्सर खुद की देखभाल करने में असहाय, विनम्र या असमर्थ महसूस करते हैं। उन्हें सरल निर्णय लेने में परेशानी हो सकती है। लेकिन, मदद से एक आश्रित व्यक्तित्व वाला व्यक्ति आत्मविश्वास और आत्मनिर्भरता सीख सकता है।

अतः विकल्प (D) सही है।

115. स्किज़ोटाइपल व्यक्तित्व विकार वाले मरीज़ अत्यधिक सामाजिक चिंता का अनुभव करते हैं जिससे पागल विचार हो सकते हैं। स्किज़ोटाइपल व्यक्तित्व विकार वाले लोगों को अक्सर अजीब या विलक्षण के रूप में वर्णित किया जाता है और आमतौर पर कुछ करीबी रिश्ते होते हैं। वे आम तौर पर यह नहीं समझते हैं कि रिश्ते कैसे बनते हैं या उनके व्यवहार का दूसरों पर क्या प्रभाव पड़ता है। वे दूसरों की प्रेरणाओं और व्यवहारों की गलत व्याख्या भी कर सकते हैं और दूसरों के प्रति एक महत्वपूर्ण अविश्वास विकसित कर सकते हैं। इन समस्याओं से गंभीर चिंता हो सकती है और सामाजिक स्थितियों से बचने की प्रवृत्ति हो सकती है क्योंकि स्किज़ोटाइप व्यक्तित्व विकार वाले व्यक्ति अजीबोगरीब विश्वास रखते हैं और सामाजिक संकेतों के लिए उचित प्रतिक्रिया देने में कठिनाई हो सकती है।

अतः विकल्प (A) सही है।

116. बुलिमिया विकार आम तौर पर तनाव और अंतर्निहित मुद्दों के लिए एक कुत्सित मुकाबला प्रतिक्रिया है। रोगी को चिंता पैदा करने वाली स्थितियों की पहचान करनी चाहिए जो बुलिमिक व्यवहार को उत्तेजित करती हैं और फिर

चिंता से निपटने के नए तरीके सीखती हैं। भावनाओं से निपटने के लिए खाने के अलावा अन्य रणनीतियाँ सीखने में रोगी की सहायता करें। रोगी को भावनाओं की डायरी रखने के लिए कहें, खासकर भोजन के बारे में सोचते समय। भावनाएं अंतर्निहित मुद्दा हैं, और रोगी अक्सर भावनाओं से उचित तरीके से निपटने के बजाय भोजन का उपयोग करता है। रोगी को भावनाओं को पहचानना और उन्हें स्पष्ट रूप से व्यक्त करना सीखना चाहिए।

अतः विकल्प (B) सही है।

117. लक्षण जो अवसाद से संबंधित नहीं है वह प्रयोगशाला प्रभाव का उथला होगा।

अवसाद के साथ, बहुत कम या कोई भावनात्मक भागीदारी नहीं होती है इसलिए प्रभाव में बहुत कम परिवर्तन होता है। सभी अवसादग्रस्तता विकारों की सामान्य विशेषताएं उदासी, खालीपन या चिड़चिड़ी मनोदशा हैं, साथ में दैहिक और संज्ञानात्मक परिवर्तन होते हैं जो व्यक्ति की कार्य करने की क्षमता को महत्वपूर्ण रूप से प्रभावित करते हैं।

अतः विकल्प (C) सही है।

118. नर्स एक मानसिक स्वास्थ्य सुविधा में काम कर रही है, बुलिमिया नर्वोसा के साथ एक नए भर्ती रोगी के लिए नर्स की प्राथमिकता नर्सिंग हस्तक्षेप लगातार रोगी की निगरानी करेगा। ये रोगी अक्सर भोजन छिपाते हैं या उल्टी करते हैं, इसलिए उनकी सावधानीपूर्वक निगरानी की जानी चाहिए। खाने के दौरान या खाने के बाद उल्टी को रोकने के लिए भोजन के दौरान और भोजन के बाद एक निर्दिष्ट अवधि (आमतौर पर एक घंटे) के दौरान रोगी की निगरानी करें। स्व-प्रेरित उल्टी को रोकने के लिए रोगी के उन्मूलन पैटर्न की पहचान करें।

अतः विकल्प (D) सही है।

119. अनावश्यक बातचीत को सीमित करने से घबराहट में कमी आएगी। उत्तेजनाओं में तत्काल परिवेश कम रखें (मंद प्रकाश, कुछ लोग, साधारण सजावट), एक उत्तेजक वातावरण चिंता के स्तर को बढ़ा सकता है। रोगी को उसकी बचाव और सुरक्षा के बारे में आश्वस्त करना, यह नर्स की शारीरिक उपस्थिति से अवगत कराया जा सकता है, इस समय रोगी को अकेला न छोड़ें।

अतः विकल्प (B) सही है।

120. नर्स पहचानती है कि O.C विकार अक्सर अपराध बोध और अपर्याप्तता की भावना है। इस विकार में देखे जाने वाले कर्मकांड व्यवहार का उद्देश्य व्यवहार के एक पूर्ण सेट पैटर्न को बनाए रखते हुए अपराधबोध और अपर्याप्तता को नियंत्रित करना है। अनिश्चितता का सामना करने में असमर्थता, जिम्मेदारी की बढ़ती भावना के साथ-साथ जादुई सोच उन्हें जुनूनी-बाध्यकारी आदतों के लिए प्रेरित करती है।

अतः विकल्प (C) सही है।

121. "आप कुछ समय से असफल महसूस कर रहे हैं?" प्रतिक्रिया चिकित्सीय संचार को प्रदर्शित करती है। एक रोगी द्वारा व्यक्त की गई भावनाओं का जवाब देना एक प्रभावी चिकित्सीय संचार तकनीक है। सही विकल्प रीस्टेटिंग के उपयोग का एक उदाहरण है। नर्सों के लिए यह अक्सर उपयोगी होता है कि इस तथ्य के बाद रोगियों ने क्या कहा। यह रोगियों को प्रदर्शित करता है कि नर्स सुन रही थी और नर्स को बातचीत का दस्तावेजीकरण करने की अनुमति देती है। 'क्या यह सही लगता है?' जैसे वाक्यांश के साथ सारांश समाप्त करना यदि आवश्यक हो तो रोगियों को सुधार करने की स्पष्ट अनुमति देता है।

अतः विकल्प (D) सही है।

122. "आपको सोने में कठिनाई हो रही है?" नर्स द्वारा प्रतिक्रिया इस रोगी के लिए एक चिकित्सीय संचार प्रतिक्रिया को दर्शाती है।

सही विकल्प पुनर्कथन की चिकित्सीय संचार तकनीक का उपयोग करता है। यद्यपि पुनर्कथन एक ऐसी तकनीक है जिसमें एक प्रेरक घटक होता है, यह रोगी के प्रमुख विषय को दोहराता है, जो रोगी से समस्या की अधिक विशिष्ट धारणा प्राप्त करने में नर्स की सहायता करता है।

अत: विकल्प (C) सही है।

123. रोगी को खाने के लिए प्रोत्साहित करने के लिए नर्स को खुले प्रश्नों और मौन संचार तकनीक का उपयोग करना चाहिए।

खुले प्रश्न वह है जो एक-शब्द प्रतिक्रियाओं को आमंत्रित नहीं करता है, बल्कि व्यक्ति को बातचीत की दिशा को नियंत्रित करने के लिए प्रोत्साहित करता है, जो उसे सुरक्षित महसूस करने और खुद को व्यक्त करने में सक्षम होने में मदद कर सकता है।

अत: विकल्प (A) सही है।

124. स्वास्थ्य शिक्षा ज्ञान, दृष्टिकोण और अभ्यास परिवर्तन में वांछनीय परिवर्तन में मदद करती है।

स्वास्थ्य शिक्षा स्वास्थ्य के लिए अनुकूल स्वैच्छिक क्रियाओं को सुविधाजनक बनाने के लिए डिज़ाइन किए गए सीखने के अनुभवों का कोई भी संयोजन है। स्वास्थ्य संवर्धन स्वास्थ्य के लिए अनुकूल कार्यों और जीवन स्थितियों के लिए शैक्षिक और पर्यावरणीय समर्थन का संयोजन है, जिससे स्वास्थ्य शिक्षा भी शामिल है।

अत: विकल्प (D) सही है।

125. "तुम्हें गुस्सा आ रहा है कि तुम्हारा परिवार तुम्हारे ठीक होने की आशा कर रहा है?" नर्स द्वारा प्रतिक्रिया चिकित्सीय संचार कौशल है।

रेस्टेटिंग एक चिकित्सीय संचार तकनीक है जिसमें नर्स मरीज की समझ दिखाने के लिए और जो कहा गया था उसकी समीक्षा करने के लिए दोहराती है। मरीज को वापस उसी कथन को दोहराकर मरीज के संदेश को स्पष्ट करने के लिए रीस्टेटिंग की जाती है।

अत: विकल्प (C) सही है।

126. सम्मेलन का उपयोग स्वास्थ्य शिक्षा के समूह दृष्टिकोण में एक विधि के रूप में किया जा सकता है।

समूह कई हैं - माताएं, स्कूली बच्चे, रोगी, औद्योगिक श्रमिक - जिनके लिए हम स्वास्थ्य शिक्षा को निर्देशित कर सकते हैं। समूह स्वास्थ्य शिक्षण में विषय का चुनाव बहुत महत्वपूर्ण है; यह सीधे समूह के हित से संबंधित होना चाहिए। उदाहरण के लिए, माताओं को शिशु देखभाल के बारे में सिखाया जा सकता है; मौखिक स्वच्छता के बारे में स्कूली बच्चे; तपेदिक के बारे में टीबी रोगियों का एक समूह, और दुर्घटनाओं के बारे में औद्योगिक श्रमिकों का समूह।

अत: विकल्प (B) सही है।

127. स्वास्थ्य शिक्षा कार्यक्रम की योजना बनाने में पहला कदम जरूरतों का आकलन करना है।

जरूरतों का आकलन एक व्यवस्थित प्रक्रिया है जो इस बात की जांच करती है कि वांछित परिणाम तक पहुंचने के लिए किन मानदंडों को पूरा किया जाना चाहिए। उदाहरण के लिए, कंपनी द्वारा प्रत्यक्ष ईमेल अभियानों के संचालन के लिए उपयोग किए जाने वाले सॉफ़्टवेयर को बदलने के लिए एक व्यावसायिक मामले के निर्माण के लिए मार्केटिंग की आवश्यकता के आकलन का उपयोग किया जा सकता है।

अत: विकल्प (A) सही है।

128. उपर्युक्त सभी एक नर्सिंग दृष्टिकोण से संचार के लिए सही नहीं हैं।

नर्सें संचार के केंद्र के रूप में कार्य करती हैं, चिकित्सकों, देखभाल करने वालों, परिवार के सदस्यों और रोगियों के बीच सूचना को रिले और व्याख्या करती हैं। नर्सिंग में प्रभावी संचार स्थापित करने की क्षमता सर्वोत्तम देखभाल और रोगी परिणाम संभव प्रदान करने के लिए अनिवार्य है।

अत: विकल्प (D) सही है।

129. स्वास्थ्य देखभाल संचार में संलग्न होने पर गैर मौखिक व्यवहार में आसन, आवाज का लहज़ा और चेहरे की अभिव्यक्ति शामिल है।

मनुष्यों में, संचार के साधनों में से एक शरीर की मुद्रा है, चेहरे के भाव, व्यक्तिगत दूरियां, हावभाव और शरीर की गतिविधियों के अलावा। आसन के बारे में जानकारी देता है: पारस्परिक संबंध। व्यक्तित्व लक्षण जैसे आत्मविश्वास, विनम्रता और खुलेपन।

संचार में आवाज के स्वर को 'जिस तरह से व्यक्ति किसी से बात करता है' के रूप में परिभाषित किया जाता है। इस तरह आप अपनी बात मनवाने के लिए अपनी आवाज का इस्तेमाल करते हैं।

मानव चेहरा बेहद अभिव्यंजक है, बिना एक शब्द कहे अनगिनत भावनाओं को व्यक्त करने में सक्षम है। और गैर मौखिक संचार के कुछ रूपों के विपरीत, चेहरे के भाव सार्वभौमिक होते हैं। खुशी, उदासी, क्रोध, आश्चर्य, भय और घृणा के चेहरे के भाव सभी संस्कृतियों में समान हैं।

अत: विकल्प (D) सही है।

130. "मैं आपके साथ किसी भी मरीज की स्थिति पर चर्चा नहीं कर सकता।" सबसे उपयुक्त नर्सिंग प्रतिक्रिया है।

नर्स को रोगी और रोगी की देखभाल के संबंध में गोपनीयता बनाए रखने की आवश्यकता होती है। गोपनीयता चिकित्सीय संबंध के लिए बुनियादी है और रोगी का अधिकार है। पड़ोसी को सबसे उपयुक्त प्रतिक्रिया उस जिम्मेदारी का प्रत्यक्ष, लेकिन विनम्र तरीके से बयान है। एक स्पष्ट बयान जो यह स्वीकार नहीं करता है कि नर्स रोगी की जानकारी क्यों प्रकट नहीं कर सकती है, उसे अपमानजनक और लापरवाह माना जा सकता है।

अत: विकल्प (A) सही है।

131. ग्लूकोमाइलेज एक्सो-एक्टिंग एंजाइम हैं जो β ग्लूकोज मुक्त करने के लिए गैर-कम करने वाले छोर से पॉलीसेकेराइड स्टार्च के हाइड्रोलिसिस को उत्प्रेरित करते हैं। एक सैकरीफाइंग एंजाइम भी कहा जाता है।

मुख्य रूप से एस्परगिलस नाइजर और एस्परगिलस अवामोरी द्वारा उत्पादित। अधिकांश ग्लूकोमाइलेज कम तापमान पर स्थिर होते हैं।

अत: विकल्प (B) सही है।

132. ग्लाइकोलाइसिस एरोबिक और एनारोबिक दोनों कोशिकाओं में हो सकता है।

ग्लाइकोलाइसिस को ऑक्सीजन की उपस्थिति की आवश्यकता नहीं होती है और इसलिए एरोबिक और एनारोबिक दोनों कोशिकाओं में हो सकता है। अवायवीय कोशिकाओं में ग्लूकोज किण्वन उत्पादों में और एरोबिक कोशिकाओं में ग्लूकोज कार्बन डाइऑक्साइड और पानी में अवक्रमित होता है।
अत: विकल्प (D) सही है।

133. डीएनए पोलीमरेज़ मैं आरएनए प्राइमर को अपनी 5"-न्यूक्लिज़ गतिविधि के साथ हटाता हूं, साथ ही यह अपनी 3'-पोलीमरेज़ गतिविधि के माध्यम से डीएनए के साथ अंतर को भरता है। डीएनए पोलीमरेज़ (डीएनएपी) एक प्रकार का एंजाइम है जो न्यूक्लिक एसिड अणुओं के रूप में डीएनए की नई प्रतियां बनाने के लिए जिम्मेदार है।
अत: विकल्प (C) सही है।

134. खमीर और मोल्ड काउंट निर्धारण के लिए अम्लीकृत आलू ग्लूकोज अगार की आवश्यकता होती है।

अम्लीय आलू ग्लूकोज अगार समृद्ध कवक विकास को प्रोत्साहित करता है। इसका उपयोग खमीर और मोल्ड काउंट के निर्धारण में किया जाता है।

अत: विकल्प (B) सही है।

135. स्टैफिलोकोकस ऑरियस एक मेसोफिलिक बैक्टीरिया है जो 6.5-46 डिग्री सेल्सियस के तापमान रेंज में बढ़ सकता है और इसका इष्टतम तापमान 30-37 डिग्री सेल्सियस होता है।
अत: विकल्प (A) सही है।

136. बैक्टीरिया या सूक्ष्मजीवों की वृद्धि कोशिकाओं की संख्या में वृद्धि को संदर्भित करती है। वृद्धि मूल इनोकुलम में मौजूद कोशिकाओं की संख्या से

अधिक वृद्धि को दर्शाती है। यह किसी व्यक्तिगत जीव के आकार या द्रव्यमान में वृद्धि का उल्लेख नहीं करता है।
अतः विकल्प (B) सही है।

137. उच्च स्तर के कमजोर पड़ने के कारण, एक नमूने में मौजूद बैक्टीरिया की संख्या निर्धारित करने के लिए पॉयर प्लेट और स्प्रेड प्लेट तकनीकों को मात्रात्मक तरीके से किया जा सकता है।
अतः विकल्प (C) सही है।

138. बोरेलिया माइक्रोएरोफिलिक बैक्टीरिया हैं। बोरेलिया स्पिरोचेट फाइलम के बैक्टीरिया का एक जीनस है। यह लाइम रोग का कारण बनता है, जिसे लाइम बोरेलिओसिस भी कहा जाता है, एक जूनोटिक, वेक्टर-जनित रोग जो मुख्य रूप से टिक्स और जूँ द्वारा फैलता है, जो बैक्टीरिया की प्रजातियों पर निर्भर करता है।
अतः विकल्प (B) सही है।

139. पेप्टिडोग्लाइकन, सेल्युलोज और काइटिन कवक की कोशिका भित्ति के संरचनात्मक घटक हैं। कवक की कोशिका भित्ति के संरचनात्मक घटक चिटिन, सेल्युलोज या हेमिकेलुलोज हैं जबकि जीवाणु कोशिका भित्ति पेप्टिडोग्लाइकन से बनी होती है।
अतः विकल्प (D) सही है।

140. क्रिप्टोकॉकोसिस माइकोटिक संक्रमण की एक बीमारी है। क्रिप्टोकोकस नियोफॉर्मन्स मनुष्यों का एक महत्वपूर्ण बेसिडिओमाइसीटस रोगजनक़ है, जिससे क्रिप्टोकॉकोसिस होता है, एक सामान्यीकृत माइकोटिक संक्रमण जिसमें रक्तप्रवाह के साथ-साथ फेफड़े, केंद्रीय तंत्रिका तंत्र और अन्य अंग शामिल होते हैं।
अतः विकल्प (B) सही है।

141. एनजाइना का कारण हृदय की मांसपेशियों तक अपर्याप्त रक्त पहुंचना है।

एनजाइना आमतौर पर हृदय की मांसपेशियों को रक्त की आपूर्ति करने वाली धमनियों के कारण होता है जो वसायुक्त पदार्थों के निर्माण से संकुचित हो जाती हैं। इसे एथेरोस्क्लेरोसिस कहते हैं।

अतः विकल्प (C) सही है।

142. गंभीर एलर्जी से पीड़ित व्यक्ति को हर समय एड्रेनालाईन (एपिपेन) ले जाना चाहिए।

एड्रेनालाईन (एपिपेन) दवा का उपयोग आपात स्थिति में कीड़े के डंक / काटने, खाद्य पदार्थ, दवाओं या अन्य पदार्थों से बहुत गंभीर एलर्जी के इलाज के लिए किया जाता है। एपिनेफ्रीन श्वास में सुधार करने, हृदय को उत्तेजित करने, गिरते रक्तचाप को बढ़ाने, पित्ती को उलटने और चेहरे, होंठ और गले की सूजन को कम करने के लिए तेजी से कार्य करता है।

अतः विकल्प (C) सही है।

143. यदि आपको संदेह है कि किसी व्यक्ति को आघात हुआ है, तो आपको चेहरा, हाथ, भाषण, परीक्षण का उपयोग करना चाहिए।

यदि आपको लगता है कि किसी को आघात हो रहा है, तो कोई भी त्वरित परीक्षण कर सकता है। इसे फास्ट टेस्ट कहा जाता है।

- F = चेहरा (व्यक्ति को मुस्कुराने के लिए कहें। क्या मुस्कान असमान है?)
- A = भुजा (व्यक्ति को अपनी दोनों भुजाओं को ऊपर उठाने के लिए कहें। क्या एक हाथ दूसरे से कमजोर है?)
- S = भाषण (व्यक्ति से कुछ कहने के लिए कहें। क्या यह धीमा या मजाकिया लगता है?)
- T = समय (अगर व्यक्ति इनमें से कोई भी काम नहीं कर सकता है, तो मदद के लिए 911 पर कॉल करें।)

अतः विकल्प (A) सही है।

144. मस्तिष्क की धमनी में रक्त का थक्का स्ट्रोक का कारण बन सकता है।इस्केमिक स्ट्रोक में अवरुद्ध रक्त प्रवाह रक्त के थक्के या एथेरोस्क्लेरोसिस के कारण हो सकता है, यह एक ऐसी बीमारी है जो समय के साथ धमनियों के संकुचन का कारण बनती है।

मस्तिष्क में धमनी के थक्कों को स्ट्रोक कहा जाता है। दिल की धमनियों में थक्के बन सकते हैं, जिससे दिल का दौरा पड़ सकता है। पेट की रक्त वाहिकाओं में रक्त के थक्के भी बन सकते हैं, जिससे दर्द और/या मतली और उल्टी हो सकती है।

अतः विकल्प (A) सही है।

145. खतरे की जांच करें और सुनिश्चित करें कि विद्युत स्रोत से संपर्क टूट गया है, बिजली के जलने का इलाज करते समय पहली कार्रवाई होनी चाहिए।

क्षेत्र में बिजली की आपूर्ति को डिस्कनेक्ट / स्विच ऑफ करें। घटनास्थल पर तभी पहुंचें जब आप सुनिश्चित हों कि ऐसा करना सुरक्षित है। मूल्यांकन करें कि क्या पीड़ित सांस ले रहा है, यह सुनिश्चित करने के लिए उनके वायुमार्ग की जाँच करें कि उन्होंने अपनी जीभ को निगला नहीं है। यदि आवश्यक हो तो सीपीआर करने के लिए तैयार रहें।

अतः विकल्प (C) सही है।

146. प्रोस्टेट ग्रंथि अयुग्मित ग्रंथि है।

यह अखरोट के आकार की ग्रंथि है। यह अयुग्मित है। यह तरल पदार्थ को गुप्त करता है जो शुक्राणु को पोषण और सुरक्षा प्रदान करता है। प्रोस्टेट ग्रंथि एक अयुग्मित पुरुष सहायक सेक्स ग्रंथि है जो मूत्राशय और वास डिफेरेंस के ठीक नीचे मूत्रमार्ग में खुलती है। स्खलन के दौरान यह एक क्षारीय द्रव को स्रावित करता है जो वीर्य का हिस्सा बनता है।
अतः विकल्प (B) सही है।

147. बल्बोरेथ्रल ग्रंथि को काउपर ग्रंथि के नाम से भी जाना जाता है।

यह मटर के आकार की ग्रंथि है जो झिल्लीदार मूत्रमार्ग के पश्च पार्श्व में स्थित होती है। बल्बोयूरेथ्रल ग्रंथि को काउपर ग्रंथि के रूप में भी जाना जाता है और यह पुरुषों में मौजूद होती है। यह प्रोस्टेट ग्रंथि के नीचे और लिंग की शुरुआत में स्थित होता है।
अतः विकल्प (A) सही है।

148. बल्बोरेथ्रल ग्रंथि महिला शरीर में मौजूद बार्थोलिन ग्रंथि के समरूप है।

बार्थोलिन ग्रंथि मादा जनन पथ में पाई जाने वाली 2 मटर के आकार की ग्रंथि है। वे योनि को चिकनाई देने के लिए बलगम का स्राव करते हैं। बल्बोरेथ्रल ग्रंथि या काउपर की ग्रंथि कई नर स्तनधारियों की प्रजनन प्रणाली में दो छोटी बहिःस्रावी ग्रंथियों में से एक है। वे महिलाओं में बार्थोलिन की ग्रंथियों के अनुरूप हैं।
अतः विकल्प (C) सही है।

149. प्रोस्टेट ग्रंथि से एक शर्करा तरल पदार्थ द्वारा शुक्राणु का पोषण किया जाता है।

जिस तरह से शुक्राणु को प्रोस्टेट ग्रंथि से एक शर्करा तरल पदार्थ द्वारा पोषित किया जाता है जो पुरुषों में कैंसर के लिए सबसे आम साइट है, और काउपर ग्रंथि से तरल पदार्थ जो मूत्राशय के पास स्थित दो छोटी ग्रंथियां हैं।

अतः विकल्प (B) सही है।

150. वीर्य पुटिका द्रव का एक महत्वपूर्ण अनुपात स्रावित करती है जो अंततः वीर्य बन जाता है। यह फ्रुक्टोज सामग्री में बहुत समृद्ध है।

वीर्य पुटिकाएं मूत्राशय के आधार के पश्च-पार्श्व पहलू पर युग्मित नलिका संरचनाएं होती हैं और तरल पदार्थ का स्राव करती हैं जो वीर्य का हिस्सा बनेगा। इस द्रव में प्रोटीन, एंजाइम, बलगम और फ्रुक्टोज जैसे पोषक तत्व होते हैं।
अतः विकल्प (C) सही है।

151. अपशिष्ट जल उपचार संयंत्र में कीटाणुशोधन चरण के दौरान, रोगजनकों को मारने के लिए क्लोरीन या पराबैंगनी प्रकाश के साथ उपचार करें।

कीटाणुशोधन वह प्रक्रिया है जिसे अनिवार्य रूप से सभी रोगजनक जीवों सहित अपशिष्ट जल में अधिकांश सूक्ष्मजीवों को मारने या निष्क्रिय करने के लिए डिज़ाइन किया गया है।

अतः विकल्प (B) सही है।

152. पेट्रोल और डीजल जैसे ईंधन का अधूरा दहन कार्बन मोनोऑक्साइड देता है। जब कार्बन मोनोऑक्साइड वायुमंडल में उत्सर्जित होती है तो यह ग्रीनहाउस गैसों की मात्रा को प्रभावित करती है, जो जलवायु परिवर्तन और ग्लोबल वार्मिंग से जुड़ी होती हैं। इसका मतलब है कि भूमि और समुद्र का तापमान पारिस्थितिक तंत्र में बदल जाता है, तूफान की गतिविधि बढ़ जाती है और अन्य चरम मौसम की घटनाएं होती हैं।

अतः विकल्प (C) सही है।

153. कीटनाशक जल प्रदूषण का एक प्रमुख कारण है। फसलों और पौधों पर छिड़कने पर कीटनाशक भी खेत में पानी में मिल जाते हैं और जल प्रदूषण का कारण बनते हैं जो पर्यावरणीय स्वच्छता के लिए हानिकारक है। कीटनाशक मिट्टी, पानी, टर्फ और अन्य वनस्पतियों को दूषित कर सकते हैं। कीटों या खरपतवारों को मारने के अलावा, कीटनाशक पक्षियों, मछलियों, लाभकारी कीटों और गैर-लक्षित पौधों सहित कई अन्य जीवों के लिए विषाक्त हो सकते हैं।

अतः विकल्प (D) सही है।

154. यूट्रोफाइड झील का BOD अधिकतम होगा। फसल के खेतों में जोड़े गए उर्वरकों का एक हिस्सा सतही प्रवाह के माध्यम से बारिश के दौरान जल निकायों में चला जाता है। अतिरिक्त पोषक तत्वों की उपस्थिति से पौधे और पशु जीवन की सघन वृद्धि होती है। घटना को यूट्रोफिकेशन कहा जाता है। यूट्रोफिकेशन से जैविक लोडिंग, ऑक्सीजन की कमी होती है जिससे जानवरों की मृत्यु हो जाती है, पानी की गड़बड़ी होती है और जैविक ऑक्सीजन की मांग या BOD में वृद्धि होती है।

अतः विकल्प (A) सही है।

155. मलेरिया, डेंगू और खसरा कोई जीवाणु रोग नहीं है। जीवाणु जीवाणु संक्रमण का कारण बनते हैं। यह जानना महत्वपूर्ण है कि क्या बैक्टीरिया या वायरस संक्रमण का कारण बनते हैं, क्योंकि उपचार अलग-अलग होते हैं। जीवाणु संक्रमण के उदाहरणों में काली खांसी, गले में खराश, कान का संक्रमण और मूत्र पथ के संक्रमण (UTI) शामिल हैं।

अतः विकल्प (D) सही है।

156. साफ-सफाई, शारीरिक व्यायाम, आराम और नींद व्यक्तिगत स्वच्छता के अंग हैं। उचित पोषण, शारीरिक व्यायाम, आराम और नींद, साफ-सफाई और चिकित्सा देखभाल अच्छे स्वास्थ्य को बनाए रखने के आवश्यक अंग हैं। स्वास्थ्य में व्यक्तिगत और सामुदायिक स्वास्थ्य दोनों शामिल हैं। स्वस्थ और रोगों से मुक्त रहने के लिए स्वयं की देखभाल करना व्यक्तिगत स्वास्थ्य है।

अतः विकल्प (C) सही है।

157. बिना हाथ धोए भोजन करना एक अस्वास्थ्यकर आदत है। व्यक्तिगत स्वच्छता का तात्पर्य शरीर की स्वच्छता को बनाए रखना है। स्वच्छता गतिविधियों को निम्नलिखित में बांटा जा सकता है: घर और रोजमर्रा की स्वच्छता, व्यक्तिगत स्वच्छता, चिकित्सा स्वच्छता, नींद की स्वच्छता और खाद्य स्वच्छता।

अतः विकल्प (D) सही है।

158. टाइफाइड को "साल्मोनेला एंटरिका सीरोटाइप टाइफी" भी कहा जाता है। साल्मोनेला एंटरिका सीरोटाइप टाइफी (एस टाइफी) एक एनारोबिक ग्राम-नेगेटिव एंटरिक रॉड है जो दूषित भोजन या पानी के सेवन, टाइफाइड बुखार और गर्भावस्था में बीमारी का कारण बनने पर संक्रमण का कारण बनता है।

अतः विकल्प (A) सही है।

159. हेपेटाइटिस वायरस के संचरण का मुख्य कारण दवा की सुइयों को साझा करना है। सुई साझा करना अंतःशिरा दवा-उपयोगकर्ताओं का अभ्यास है जिसके द्वारा हेरोइन, स्टेरॉयड और हार्मोन जैसी अंतःशिरा दवाओं को प्रशासित करने के लिए कई व्यक्तियों द्वारा एक सुई या सिरिंज साझा की जाती है।

अतः विकल्प (B) सही है।

160. 'पीने के पानी या खाने योग्य खाद्य पदार्थों में कीटाणुओं के प्रवेश के कारण संदूषण होता है।' सत्य है। संदूषण एक अवांछित घटक, दूषित पदार्थों को या सामग्री में अशुद्धता, भौतिक शरीर, प्राकृतिक वातावरण, कार्यस्थल, आदि की उपस्थिति है।

अतः विकल्प (C) सही है।

161. समायोजन की प्रक्रिया गतिशील है। समायोजन, मनोविज्ञान में, वह व्यवहार प्रक्रिया है जिसके द्वारा मनुष्य और अन्य जानवर अपनी विभिन्न आवश्यकताओं के बीच या अपनी आवश्यकताओं और अपने वातावरण की बाधाओं के बीच संतुलन बनाए रखते हैं। समायोजन का क्रम तब शुरू होता है जब कोई आवश्यकता महसूस होती है और जब वह पूरी हो जाती है तो समाप्त हो जाती है। उदाहरण के लिए, भूखे लोग भोजन की तलाश में अपनी शारीरिक स्थिति से प्रेरित होते हैं। जब वे खाते हैं, तो वे उस उत्तेजक स्थिति को कम कर देते हैं जो उन्हें गतिविधि के लिए प्रेरित करती है, और इस प्रकार वे इस विशेष आवश्यकता के लिए समायोजित हो जाते हैं।

अतः विकल्प (A) सही है।

162. व्यक्तित्व की उपप्रणाली जो हमारी जैविक जरूरतों को पूरा करने में महत्वपूर्ण भूमिका निभाती है, सही तरीके से सोचती है और अहंकार को व्यवहार करने का सही तरीका दिखाती है। अपने प्रसिद्ध मनोविश्लेषणात्मक सिद्धांत में, फ्रायड ने कहा है कि व्यक्तित्व तीन तत्वों से बना है जिसे आईडी, अहंकार और महा-अहंकार के रूप में जाना जाता है। ये तत्व जटिल मानव व्यवहार बनाने के लिए मिलकर काम करते हैं।

अतः विकल्प (D) सही है।

163. एक दृष्टिकोण का घटक जो व्यवहार या व्यवहार के स्तर से संबंधित है, क्रियात्मक के रूप में जाना जाता है।

दृष्टिकोण के घटक:

- प्रभावी पहलू: भावनात्मक घटक को भावात्मक पहलू के रूप में जाना जाता है।
- व्यवहार (क्रियात्मक) का पहलू: कार्य करने या करने की प्रवृत्ति को व्यवहार (या क्रियात्मक) पहलू कहा जाता है।
- संज्ञानात्मक पहलू: विचार घटक को संज्ञानात्मक पहलू कहा जाता है।

अतः विकल्प (D) सही है।

164. जब कोई व्यक्ति काम के बीच आराम के बिना बहुत मेहनत करता है, तो वह दबाव महसूस करेगा। इसके कारण वे अक्सर तनावग्रस्त, चिड़चिड़े और चिंतित रहते हैं, जिससे सहकर्मियों, परिवार के सदस्यों या अगले व्यक्ति के साथ संघर्ष हो सकता है जो उन्हें बात करते वक्त रोकता है। शारीरिक परिणामों में उच्च रक्तचाप, लगातार तनाव सिरदर्द, माइग्रेन, सीने में दर्द और हृदय रोग शामिल हैं।

अतः विकल्प (D) सही है।

165. हाइपोथैलेमस मस्तिष्क का हिस्सा है जो होमोस्टैसिस की स्थिति को बनाए रखने में महत्वपूर्ण भूमिका निभाता है। यह पिट्यूटरी ग्रंथि के पास, मस्तिष्क के आधार पर स्थित है। हाइपोथैलेमस कई महत्वपूर्ण कार्यों में महत्वपूर्ण भूमिका निभाता है, जिनमें शामिल हैं:

- हार्मोन जारी करना
- शरीर के तापमान को नियंत्रित करना
- दैनिक शारीरिक चक्र बनाए रखना

- भूख को नियंत्रित करना
- यौन व्यवहार का प्रबंधन
- भावनात्मक प्रतिक्रियाओं को विनियमित करना

अतः विकल्प (A) सही है।

166. जब किसी व्यक्ति को कार्यालय में तनाव होता है, तो वह घर पहुंचकर अपनी पत्नी और बच्चों को पीटता है ताकि वह अपना तनाव मुक्त कर सके, वह विस्थापन रक्षा तंत्र का उपयोग कर रहा है। विस्थापन एक मनोवैज्ञानिक रक्षा तंत्र है जिसमें एक व्यक्ति एक नकारात्मक भावना को उसके मूल स्रोत से कम खतरे वाले प्राप्तकर्ता की ओर पुनर्निर्दिशित करता है। रक्षा का एक उत्कृष्ट उदाहरण विस्थापित आक्रामकता है।

अतः विकल्प (C) सही है।

167. प्रतिगमन का अर्थ बचकाने स्तर के व्यवहार की पुनरावृत्ति है। मनोविज्ञान में, प्रतिगमन विकास के पहले चरणों में वापसी है और बाद के चरणों में से एक में उत्पन्न होने वाले खतरों या संघर्षों से प्रेरित संतुष्टि के परित्यक्त रूपों से संबंधित है। उदाहरण के लिए, एक युवा पत्नी अपने पति के साथ अपने पहले झगड़े के बाद अपने माता-पिता के घर की सुरक्षा के लिए पीछे हट सकती है।

अतः विकल्प (D) सही है।

168. युक्तिकरण में हम जो कर रहे हैं, उसके लिए हम वास्तविक कारण से भिन्न कारण बताते हुए बहाना बनाते हैं। युक्तिकरण एक रक्षा तंत्र है जिसमें अचेतन सहज आवेगों से प्रेरित व्यवहार को सही ठहराने के लिए स्पष्ट तार्किक कारण दिए जाते हैं।

उदाहरण के लिए, उदाहरण के लिए, एक व्यक्ति जिसे किसी तिथि के लिए ठुकरा दिया गया है, यह कहकर स्थिति को युक्तिसंगत बना सकता है कि वे वैसे भी दूसरे व्यक्ति के प्रति आकर्षित नहीं थे। एक छात्र अपनी तैयारी की कमी के बजाय प्रशिक्षक पर खराब परीक्षा स्कोर को दोष दे सकता है।

अतः विकल्प (B) सही है।

169. उध्वपातक रक्षा तंत्र में, एक व्यक्ति अपने मजबूत और सामाजिक रूप से अस्वीकार्य ड्राइव या उस से आग्रह करता है जो सामाजिक रूप से स्वीकार्य है। मनोविज्ञान में, उध्वपातक एक परिपक्व प्रकार का रक्षा तंत्र है, जिसमें सामाजिक रूप से अस्वीकार्य आवेगों या आदर्शों को सामाजिक रूप से स्वीकार्य कार्यों या व्यवहार में बदल दिया जाता है, जिसके परिणामस्वरूप संभवतः प्रारंभिक आवेग का दीर्घकालिक रूपांतरण होता है।

अतः विकल्प (C) सही है।

170. आक्रामक भावना रखने वाला व्यक्ति समाज में इन बातों को भले ही व्यक्त न कर पाए लेकिन एक मुक्केबाज बन सकता है। यह उच्च बनाने की क्रिया का एक उदाहरण है। मनोविज्ञान में, उध्वपातक एक परिपक्व प्रकार का रक्षा तंत्र है, जिसमें सामाजिक रूप से अस्वीकार्य आवेगों या आदर्शों को सामाजिक रूप से स्वीकार्य कार्यों या व्यवहार में बदल दिया जाता है, जिसके परिणामस्वरूप संभवतः प्रारंभिक आवेग का दीर्घकालिक रूपांतरण होता है।

अतः विकल्प (B) सही है।

General Knowledge

Q.1 चैंपियंस लीग 2022 के लिए सेंट पीटर्सबर्ग के प्रतिस्थापन के रूप में यूनियन ऑफ यूरोपियन फुटबॉल एसोसिएशन (यूईएफए) द्वारा किस शहर को चुना गया है?

[Delhi Forest Guard, 2021]

A. पेरिस **B.** ब्रसेल्स **C.** लंदन **D.** म्यूनिख

Q.2 वर्ष 2022 में, रेलवे सुरक्षा बल (RPF) ने किस अभियान के तहत कथित टिकट कालाबाज़ारी करने वालों के खिलाफ एक अखिल भारतीय अभियान चलाया है?

A. ऑपरेशन उपलब्ध **B.** ऑपरेशन ताकत
C. ऑपरेशन नजर **D.** ऑपरेशन हमसफर

Q.3 निम्नलिखित में से किस राष्ट्रीय उद्यान में आठ अफ्रीकी चीतों को स्थानांतरित किया गया है?

[Delhi Forest Guard, 2020]

A. कुनो पालपुर नेशनल पार्क
B. जिम कॉर्बेट नेशनल पार्क
C. रणथंभौर नेशनल पार्क
D. काजीरंगा नेशनल पार्क

Q.4 यदि 2 वर्ष के लिए 10% ब्याज दर पर साधारण ब्याज रु 500 है उसी समय के लिए चक्रवृद्धि ब्याज ज्ञात कीजिए।

A. 525 रुपये **B.** 500 रुपये **C.** 200 रुपये **D.** 210 रुपये

Q.5 सरकार द्वारा संपत्तियों की बिक्री या परिसमापन, आमतौर पर केंद्रीय और राज्य के सार्वजनिक उपक्रमों, परियोजनाओं या अन्य अचल संपत्तियों, को _____ कहा जाता है।

A. अवमूल्यन **B.** पूंजीकरण **C.** विनिवेश **D.** निजीकरण

Q.6 निम्नलिखित में से कौन सा शब्द "मर्चेंट डिस्काउंट रेट" शब्द का वर्णन करता है जिसे कभी-कभी समाचारों में देखा जाता है?

[UPSC Prelims, 2018]

A. उस बैंक से संबंधित डेबिट कार्ड के माध्यम से भुगतान स्वीकार करने के लिए किसी बैंक द्वारा किसी व्यापारी को दिया गया प्रोत्साहन।
B. वस्तुओं या सेवाओं की खरीद के लिए वित्तीय लेनदेन के लिए डेबिट कार्ड का उपयोग करने पर बैंकों द्वारा अपने ग्राहकों को वापस भुगतान की गई राशि।
C. बैंक के डेबिट कार्ड के माध्यम से अपने ग्राहकों से भुगतान स्वीकार करने के लिए बैंक द्वारा एक व्यापारी को प्रभार।
D. सरकार द्वारा व्यापारियों को प्वाइंट ऑफ सेल (PoS) मशीनों और डेबिट कार्ड के माध्यम से डिजिटल भुगतान को बढ़ावा देने के लिए प्रोत्साहन दिया जाता है।

Q.7 समचतुर्भुज की भुजा 15 सेमी है और इसके विकर्ण की लम्बाई इसकी भुजा की लम्बाई से 60% अधिक है। समचतुर्भुज के दूसरे विकर्ण की लम्बाई क्या है?

A. 18 **B.** 12 **C.** 16 **D.** 20

Q.8 हाल ही में किस बैडमिंटन खिलाड़ी ने 'इंडोनेशिया मास्टर्स' का खिताब जीता है?

A. कैरोलिना मारिन **B.** रत्त्वानोक इंतानोन
C. पी वी सिंधु **D.** नोज़ोमी ओकुहारा

Q.9 एक पुलिसकर्मी 100 मीटर की दूरी पर 12 किमी/घंटे की गति से भागते हुए चोर को देखता है। पुलिसकर्मी 1 मिनट तक इंतजार करता है और फिर 16 किमी/घंटे की गति से चोर का पीछा करना शुरू कर देता है। चोर को पकड़ने में पुलिसकर्मी को कितना समय लगेगा?

A. 4 मिनट **B.** 4.5 मिनट **C.** 5 मिनट **D.** 5.5 मिनट

Q.10 भारतीय संविधान के किस भाग में नागरिकों के मौलिक अधिकार हैं?

A. संविधान का भाग III
B. संविधान का भाग IV
C. संविधान की सातवीं अनुसूची
D. इनमें से कोई भी नहीं

Q.11 A 10 दिनों में एक काम कर सकता है और B इसे 15 दिनों में कर सकता है। यदि वे एक साथ काम करते हैं तो काम पूरा करने के लिए दिनों की संख्या है:

A. 6 दिन **B.** 9 दिन **C.** 7 दिन **D.** 5 दिन

Q.12 वित्त आयोग से प्राप्त पंचायती राज संस्थाओं के लिए सहायता अनुदान किसे जारी किया जाना है?

A. जिला परिषद **B.** पंचायत समिति
C. ग्राम पंचायत **D.** कलेक्टर

Q.13 'सैडल पर्वत' _______ में स्थित अंडमान और निकोबार द्वीप समूह की सबसे ऊंची चोटी है।

A. ग्रेट निकोबार **B.** मध्य अंडमान
C. छोटा अंडमान **D.** उत्तरी अंडमान

Q.14 पूसा किरण _____ की एक किस्म है।

A. गेहूँ **B.** दालें **C.** कपास **D.** चावल

Q.15 निम्नलिखित में से किस खनिज को भूरे हीरे के रूप में जाना जाता हैं?

A. मैंगनीज **B.** अभ्रक **C.** लोहा **D.** लिग्नाइट

Q.16 कुओं और नलकूपों द्वारा सिंचाई किये जाने वाले कुल क्षेत्र को प्रतिशत के आधार पर, निम्नलिखित राज्यों को छोटे से बड़े की ओर व्यवस्थित कीजिये।

1) महाराष्ट्र
2) तमिलनाडु
3) राजस्थान
4) उत्तरप्रदेश

A. 3-1-2-4 **B.** 2-1-3-4 **C.** 2-4-1-3 **D.** 3-2-1-4

Q.17 हीरे की चमक किसके कारण होती है?

[UPSC Central Armed Police Forces AC, 2019]

A. प्रकाश का व्यतिकरण
B. प्रकाश का विवर्तन
C. प्रकाश का ध्रुवीकरण
D. प्रकाश का कुल आंतरिक परावर्तन

Q.18 निम्नलिखित में से कौन एक विद्युत चुम्बकीय तरंग नहीं है?

[UPSC Central Armed Police Forces AC, 2019]

A. प्रकाश तरंग **B.** रेडियो तरंगे
C. ध्वनि तरंगे **D.** माइक्रो तरंग

Q.19 विद्युत चुम्बकीय तरंग के लिए निम्नलिखित में से कौन सा सही नहीं है?

[UPSC Central Armed Police Forces AC, 2019]

A. विद्युत चुम्बकीय तरंग ऊर्जा और संवेग का परिवहन करती है

B. एक विद्युत चुम्बकीय तरंग को ध्रुवीकृत और प्रतिबिंबित किया जा सकता है

C. एक विद्युत चुम्बकीय तरंग अनुदैर्घ्य है

D. विद्युत चुम्बकीय तरंग प्रसार अलग-अलग विद्युत और चुंबकीय क्षेत्रों द्वारा वर्णित है

Q.20 निम्नलिखित में से कौन सा जीव त्वचा से सांस लेता है?

A. साँप   B. केंचुआ   C. बन्दर   D. मनुष्य

Q.21 मुंबई को अंग्रेजी ईस्ट इंडिया कंपनी ने कहाँ से लिया था:

A. पुर्तगाली   B. डच   C. चार्ल्स 1   D. चार्ल्स 2

Q.22 'पाकिस्तान' शब्द की कल्पना सबसे पहले किसके द्वारा की गई थी?

A. मुहम्मद इकबाल   B. एम. ए. जिन्नाह

C. शौकत अली   D. रहमत अली

Q.23 18वीं शताब्दी में, लंदन एक त्रिपक्षीय व्यापार नेटवर्क का केंद्र था जिसमें इंग्लैंड, अफ्रीका और _______ शामिल थे।

A. अमेरिका   B. ऑस्ट्रेलिया

C. भारत   D. वेस्ट इंडीज

Q.24 सन् 1856 में निम्नलिखित गवर्नर जनरलों में से किसने यह निर्णय किया था कि बहादुर शाह ज़फर आखिरी मुगल बादशाह होंगे और उनकी मृत्यु के बाद उनके किसी वंशज को बादशाह नहीं माना जाएगा?

A. हेस्टिंग्स   B. कॉर्नवालिस

C. कैनिंग   D. डलहौज़ी

Q.25 निम्नलिखित में से कौन सा राज्य भारत में बॉक्साइट के अधिकतम उत्पादन के लिए उत्तरदायी है?

A. ओडिशा   B. राजस्थान

C. कर्नाटक   D. पश्चिम बंगाल

Q.26 निम्नलिखित में से कौन से स्थान भारत में पवन ऊर्जा का कुशलतापूर्वक उपयोग करते हैं?

A. नागरकोयिल और जैसलमेर

B. जोधपुर और अजमेर

C. अजमेर और जैसलमेर

D. जैसलमेर और जोधपुर

Q.27 भारतीय संविधान का अनुच्छेद 29 निम्नलिखित अधिकारों में से कौन सा अधिकार प्रदान करता है?

A. अपराधों के लिए सजा के संबंध में संरक्षण सम्बन्धी

B. मानव तस्करी को निषिद्ध करने सम्बन्धी

C. अल्पसंख्यकों के हितों के संरक्षण सम्बन्धी

D. धार्मिक आधार पर करों की रोक सम्बन्धी

Q.28 यह मानने वाला पहला समाजवादी कौन था कि महिलाओं को शामिल किए बिना सामान्य कल्याण अधूरा है?

A. डेविड डेल   B. विलियम थॉम्पसन

C. चार्ल्स फूरियर   D. मैटी कुरिक्का

Q.29 भारत में 'श्वेत क्रांति' के प्रणेता कौन हैं?

A. एम. एस. स्वामीनाथन   B. वर्गीज कुरियन

C. अमृता पटेल   D. एपीजे अब्दुल कलाम

Q.30 भारतीय बीमा विनियामक और विकास प्राधिकरण (आईआरडीएआई) का मुख्य कार्यालय किस शहर में स्थित है?

A. शिमला   B. कोलकाता   C. चंडीगढ़   D. हैदराबाद

General Hindi

Q.31 निम्नलिखित में से कौन सा वाक्य अशुद्ध है?

A. श्याम को बुलाना चाहिए

B. तुम कल को आओगे

C. अमरूद मीठे हैं

D. लगभग सब खत्म हो गया

Q.32 निम्नलिखित में से कौन सा वाक्य अशुद्ध है?

A. इस वर्ष फसल अच्छा हुआ है।

B. मेरे साथ चल सकते हो।

C. तुम बहुत अच्छे हो।

D. अमित सो रहा है।

Q.33 अशुद्ध वर्तनी का चयन कीजिये।

A. दैहिक   B. कवियत्रि   C. दृष्टि   D. घनिष्ठ

Q.34 विशेषण शब्द है:

A. मोटा   B. दुर्बल

C. पठारी   D. उपरोक्त सभी

Q.35 'आजन्म' में कौन सा क्रिया-विशेषण है?

A. यौगिक क्रिया- विशेषण

B. स्थानीय क्रिया-विशेषण

C. स्थानवाचक क्रिया-विशेषण

D. मूल क्रिया-विशेषण

Q.36 'दिन जल्दी-जल्दी ढल रहा है।' निम्नलिखित वाक्य में कौन सा क्रिया विशेषण है?

A. रीतिवाचक क्रिया-विशेषण

B. साधारण क्रिया-विशेषण

C. यौगिक क्रिया-विशेषण

D. इनमें से कोई नहीं

Q.37 'परिवा' का तत्सम रूप क्या है?

A. परवा   B. परेवा   C. प्रतिपदा   D. पड़ीवा

Q.38 निम्नलिखित में तद्भव शब्द है:

A. अचरज   B. अंधकार   C. अंगरक्षक   D. आशा

Q.39 निम्नलिखित में से 'तत्सम' शब्द है:

A. उछाह   B. उजला   C. उल्लू   D. ओष्ठ

Q.40 निम्न विकल्पो में से दन्त का पर्यायवाची शब्द बताइए:

A. द्विज   B. वनिता   C. तरी   D. पिक

Q.41 समुद्र निम्न में से किसका पर्यायवाची नहीं है?

A. सागर   B. सिंधु   C. उदधि   D. महीप

Q.42 'चतुर' का पर्यायवाची शब्द है:

A. पटु   B. अंचल   C. किंकर   D. निर्जर

Q.43 'अपमान' का पर्यायवाची शब्द है:

A. निषेध   B. अनादर   C. उत्कंठित   D. अलंकार

Q.44 निम्नलिखित प्रश्न में, चार विकल्पों में से, उस सही विकल्प का चयन करें जो वाक्यांशों के लिए एक शब्द का विकल्प हो।

जो भविष्य में आने वाला हो:

A. दूरदर्शी   B. अतिथि   C. आगामी   D. प्रत्यक्ष

Q.45 'जिसकी पहले से आशा हो' के लिए एक शब्द होगा:

A. अप्रत्याशित	B. सम्भावित

C. भावी	D. प्रत्याशित

Q.46 'पत्र या प्रश्नादि के उत्तर की अपेक्षा करने वाला' वाक्यांश के लिए एक शब्द है:

A. उत्तरीय	B. उत्तराधिकारी

C. उत्तरायणी	D. उत्तरापेक्षी

Q.47 दिए गए विकल्पों में से "ऋजु" का विलोम शब्द कौन सा है?

A. सरस	B. वक्र	C. मिथ्या	D. सुर

Q.48 "अधुनातन' का विलोम शब्द है:

A. अशक्त	B. आधुनिक	C. अनधिकृत	D. पुरातन

Q.49 ओजस्वी – का निम्न में से कौन सा सही विलोम शब्द है?

A. ओजहिन	B. औजहीन	C. ओजाहीन	D. ओजहीन

Q.50 शुद्ध विलोम युक्त विकल्प है:

[RSMSSB Village Development Officer, 2016]

A.	अपकर्ष - उत्कर्ष, अभिज्ञ - भिज्ञ, अनुराग - विराग

B.	सरल - कठिन, सम्मुख - विमुख, क्षम्य - अक्षम

C.	विज्ञ - सुविज्ञ, लघु - गुरु, कृत - अकृत

D.	अनिवार्य - वैकल्पिक, एकाग्रचित - अन्यमनस्क, अनुमोल - प्रतिमोल

Main Subject Nursing

Q.51 टी लिम्फोसाइट्स परिपक्व होते हैं:

A. स्प्लीन	B. थाइमस

C. रेड बोन मेर्रो	D. थाइरोइड

Q.52 अंतःस्रावी ग्रंथि को जैविक घड़ी की स्थापना और प्रजनन कार्य को प्रभावित करने में शामिल माना जाता है:

A. पिट्यूटरी ग्रंथि	B. थाइमस ग्रंथि

C. एड्रिनल ग्रंथि	D. पीनियल ग्रंथि

Q.53 मानव मस्तिष्क की पीनियल ग्रंथि संबंधित मेलाटोनिन का स्राव करती है:

A. क्रोध	B. शरीर का तापमान

C. गंध	D. त्वचा का रंग

Q.54 पीनियल ग्रंथि _________ का स्राव करती है।

A. मेलाटोनिन	B. वैसोप्रेसिन	C. एमएसएच	D. प्रोलैक्टिन

Q.55 पीनियल ग्रंथि कहाँ स्थित है?

A.	एडम के सेब के ठीक नीचे

B.	हाइपोथैलेमस से नीचे लटकना

C.	मस्तिष्क के दाएं और बाएं गोलार्ध के बीच

D.	मस्तिष्क के ललाट लोब में

Q.56 गैस्ट्रिक ग्रंथियों में पेप्टिक कोशिका स्रावित करती है:

A. आंतरिक कारक	B. म्यूकस

C. एचसीएल	D. पेप्सिनोजेन

Q.57 संचित रक्त किसके बनने के कारण भूरा हो जाता है:

A. हेमोएरिथ्रिन	B. मेटहीमोग्लोबिन

C. हीमोग्लोबिन	D. ऑक्सी-हीमोग्लोबिन

Q.58 छोटी आंत की आंतरिक दीवारों में हज़ारों अंगुलियों की तरह संरचना होते हैं। इन्हें क्या कहा जाता है?

A. गांठ	B. मयोमस	C. विली	D. सौम्य

Q.59 कौन सी ग्रंथि अन्य अंतःस्रावी ग्रंथियों के कामकाज को नियंत्रित करती है?

A. थाइरॉयड ग्रंथि	B. पीनियल ग्रंथि

C. पीनियल ग्रंथि	D. पीयूष ग्रंथि

Q.60 ग्लेनॉइड गुहा में पाया जाता है:

A. विनोदी	B. उरास्थि

C. पेक्टोरल करधनी	D. पेडु करधनी

Q.61 कोई भी घटना जो नियमित रोगी देखभाल के अनुरूप नहीं है और इसका उपयोग तब किया जाता है जब रोगी देखभाल सुविधा या अपेक्षित देखभाल के राष्ट्रीय मानकों के अनुरूप नहीं होती है:

A. घटना रिपोर्ट	B. कार्डेक्स या रैंड सिस्टम

C. हस्तक्षेप दिशानिर्देश	D. नर्सिंग देखभाल योजना

Q.62 नर्सिंग में निम्नलिखित नेतृत्व शैली में से यह स्वास्थ्य क्षेत्र के लिए उपयुक्त नहीं है, जो अक्सर युवा अनुभवहीन नर्सों में देखा जाता है:

A. निरंकुश नेतृत्व	B. लोकतांत्रिक नेतृत्व

C. परिवर्तनकारी नेतृत्व	D. लाईसेज़-फेयर नेतृत्व

Q.63 डिस्चार्ज प्लानिंग आदर्श रूप से कब शुरू होती है?

A. प्रवेश के दौरान	B. प्रवेश के बाद

C. प्रवेश से पहले	D. प्रवेश के बिना

Q.64 स्थिति के उपचार के संबंध में विशिष्ट निर्देश इस प्रकार हैं:

A. नर्सिंग प्रोटोकॉल	B. नर्सिंग अनुसंधान

C. आचार संहिता	D. नर्सिंग सिद्धांत

Q.65 श्रमिकों के वेतन, काम करने की स्थिति, लाभ और श्रमिकों के मुआवजे और श्रमिकों के अधिकारों के अन्य पहलुओं को विनियमित करने के लिए समझौतों के उद्देश्य से नियोक्ताओं और कर्मचारियों के एक समूह के बीच बातचीत की प्रक्रिया है:

A. समझौता वार्ता	B. सौदेबाजी

C. विचार - विमर्श	D. सामूहिक सौदेबाजी

Q.66 प्लीहा इसका हिस्सा है:

A.	हृदय प्रणाली

B.	रेटिकुलोऐंडोथैलियल प्रणाली

C.	जठरांत्र प्रणाली

D.	मूत्र प्रणाली

Q.67 जब प्लीहा खराब प्रदर्शन कर रहा होता है तो इसे इस रूप में जाना जाता है:

A. स्प्लेनोमेगेली	B. हिपेटोमिगेली

C. हाइपोस्प्लेनिज्म	D. हाइपरस्प्लेनिज्म

Q.68 कोरोनरी धमनी बाईपास ग्राफ्ट में मुख्य उद्देश्य है:

A.	जीवन का विस्तार करना

B.	हृदय में रक्त प्रवाह और ऑक्सीजन की आपूर्ति में सुधार करना

C.	फेफड़ों में रक्त के प्रवाह और ऑक्सीजन की आपूर्ति में सुधार करना

D.	दर्द से छुटकारा पाना

Q.69 अधिकांश कोरोनरी धमनी बाईपास ग्राफ्ट निम्न पर किए जाते हैं:

A.	60 वर्ष और उससे अधिक आयु की महिलाएं

B.	फेफड़े के कैंसर वाले पुरुष

C.	फेफड़े के कैंसर से पीड़ित महिलाएं

D.	60 वर्ष और उससे अधिक आयु के पुरुष

Q.70 आलिंद फिब्रिलेशन है:

A.	एक प्रकार का संक्रमण

B. एक अस्थिरीमिया

C. एक घातक स्थिति

D. शारीरिक रूप से सक्रिय लोगों में अधिक आम है

Q.71 पोस्टऑपरेटिव कोरोनरी धमनी बाईपास ग्राफ्ट में, व्यक्ति को निम्न के लिए प्रोत्साहित किया जाना चाहिए:

A. गतिशीलता कम करें

B. जितनी जल्दी हो सके 3 लीटर तरल पिएं

C. खांसते और हिलते समय चीरा लगाएं

D. खांसते समय आंखें बंद कर लें

Q.72 कार्डिएक वाल्व इसके लिए अनुमति देते हैं:

A. एकतरफा, कम प्रतिरोध वाला रक्त प्रवाह

B. दोतरफा, कम प्रतिरोध वाला रक्त प्रवाह

C. एकतरफा, उच्च प्रतिरोध रक्त प्रवाह

D. दो-तरफा, उच्च प्रतिरोध रक्त प्रवाह

Q.73 वाल्व की असामान्यता की पहचान इस प्रकार की जाती है:

A. फैलाव या रेगुर्गिटेशन

B. स्टेनोसिस, रेगुर्गिटेशन या फैलाव

C. स्टेनोसिस या रेगुर्गिटेशन

D. रेगुर्गिटेशन

Q.74 आमतौर पर बदला जाने वाला वाल्व है:

A. इलियोकेकल वाल्व

B. एओर्टिक वाल्व

C. पल्मोनरी वाल्व

D. हाइड्रोसेफेलिक वाल्व

Q.75 एक एसोफैगोस्कोपी के बाद एक ग्राहक अपने कमरे में लौट आया है। तरल पदार्थ देने से पहले, नर्स को ग्राहक के मूल्यांकन को प्राथमिकता देनी चाहिए:

[UPPSC Staff Nurse, 2017]

A. चैतन्य का स्तर

B. टी.पी.आर और बी.पी

C. मूत्र उत्पादन

D. गैग रिफ्लेक्स

Q.76 आरएच पॉजिटिव भ्रूण को ले जाने वाली आरएच नकारात्मक मां में आरएच-डी एंटीजन के प्रति संवेदनशीलता के विकास को कौन सा उपचार रोक सकता है?

A. चिकित्सीय गर्भपात

B. शॉर्ट-कोर्स इम्यूनोसप्रेसेन्ट उपचार

C. आरएचओ (डी) प्रतिरक्षा ग्लोब्युलिन

D. आरएचओ (डी) भ्रूण सीरम इंजेक्शन

Q.77 नर्स को पता है कि एक अक्षम गर्भाशय ग्रीवा के लिए की जाने वाली प्रक्रिया को _________ कहा जाता है।

A. डाइलेशन और क्यूरेटेज

B. कोलपोराफी

C. ट्यूबल लिगेशन

D. शिरोडकर प्रक्रिया

Q.78 43 सप्ताह के गर्भ में एक गर्भवती महिला को ऑक्सीटोसिन जलसेक के साथ श्रम में वृद्धि हो रही है। निम्नलिखित में से कौन इस विशेष दवा को सर्वश्रेष्ठ श्रेणी में रखता है?

A. एरिथ्रोपोइटीन

B. हार्मोन में वृद्धि

C. एन्टिडायुरेटिक हार्मोन

D. प्रोलैक्टिन

Q.79 एक महिला को संदिग्ध प्लेसेंटा प्रिविया के साथ भर्ती कराया गया है। निदान की पुष्टि के लिए नर्स किस परीक्षण की अपेक्षा करती है?

A. आंतरिक परीक्षा

B. गैर-तनाव परीक्षण

C. ऑक्सीटोसिन चुनौती परीक्षण

D. अल्ट्रासाउंड टेस्ट

Q.80 आप एक 28 वर्षीय G3P2 की देखभाल करने वाली नर्स हैं, जो 33 सप्ताह के गर्भ में है। वह प्रसव पीड़ा में चली जाती है और चिकित्सक एक टॉलीटिक दवा देने का आदेश देता है। निम्नलिखित में से कौन सी दवा एक टोलिटिक है?

A. टेरबिनाफाइन

B. टरबुटालाइन

C. सेर्टलाइन

D. लिसीनोप्रिल

Q.81 एक _______ का मुख्य उद्देश्य स्वच्छ वातावरण प्रदान करके और रोग के चक्र को तोड़कर मानव स्वास्थ्य की रक्षा और बढ़ावा देना है।

A. जल निकासी प्रणाली

B. फ्लश प्रणाली

C. शौचालय प्रणाली

D. स्वच्छता प्रणाली

Q.82 जब हानिकारक पदार्थ जैसे सीवेज, जहरीले रसायन पानी में मिल जाते हैं, तो:

A. पानी अधिक शुद्ध हो जाता है

B. जल प्रदूषित हो जाता है

C. पानी का स्वाद नहीं बदलता

D. इनमें से कोई नहीं

Q.83 _______ का उद्देश्य कारणों और जोखिम कारकों को नियंत्रित करके रोग की घटनाओं को सीमित करना है।

A. तृतीयक रोकथाम

B. प्राथमिक रोकथाम

C. माध्यमिक रोकथाम

D. इनमें से कोई नहीं

Q.84 NUSP (राष्ट्रीय शहरी स्वच्छता नीति) के उद्देश्य क्या हैं?

A. स्वच्छता संबंधी मुद्दों का समाधान करने और शहर की स्वच्छता योजना तैयार करने के लिए

B. शहरी निवासियों को सुरक्षित स्थानों पर स्थानांतरित करने के लिए

C. शहरी लोगों को अपने घरों को साफ करने के लिए झाड़ू प्रदान करना

D. इनमें से कोई नहीं

Q.85 दांतों की सड़न रोकने के लिए पानी में कौन सा तत्व मिलाया जाता है?

A. क्लोरीन

B. फ्लोराइड

C. चीनी

D. इनमें से कोई नहीं

Q.86 नर्स सुधार के संकेतों के लिए तीव्र पोस्ट स्ट्रेटोकोकल ग्लोमेरुलोनेफ्राइटिस वाली एक महिला का मूल्यांकन कर रही है। कौन सी खोज आमतौर पर सुधार का सबसे पहला संकेत है?

A. मूत्र उत्पादन में वृद्धि

B. भूख में वृद्धि

C. ऊर्जा स्तर में वृद्धि

D. दस्त में कमी

Q.87 नर्स करेन डस्टिन के लिए पोस्टऑपरेटिव देखभाल प्रदान कर रही है, जिसके पास खण्डतालु (CP) है; उसे बच्चे को निम्नलिखित में से किस स्थान पर रखना चाहिए?

A. एक शिशु सीट में

B. लापरवाह स्थिति में

C. प्रवण स्थिति में

D. उसकी तरफ

Q.88 श्रीमती जॉनसन नर्स से कहती हैं कि वह बहुत चिंतित हैं क्योंकि उनका 2 साल का बच्चा अपना खाना खत्म नहीं करता है। नर्स को माँ को क्या सलाह देनी चाहिए?

A. भोजन समाप्त होने तक बच्चे को परिवार के साथ भोजन कक्ष में बैठाएं

B. भोजन से पहले बच्चे को शांत वातावरण प्रदान करें

C. भोजन से पहले बच्चे को नाश्ता न दें

D. बच्चे को कुर्सी पर बिठाकर खिलाएं

Q.89 निकलॉस हाइपोस्पेडिया के साथ पैदा हुआ था; बच्चे की ऐसी स्थिति होने पर निम्नलिखित में से किससे बचना चाहिए?

A. सर्जरी

B. परिशुद्ध करण

C. अंतःशिरा पाइलोग्राफी (IVP)

D. कैथीटेराइजेशन

Q.90 12 साल की कैरोलिन को आवर्ती नेफ्रोटिक सिंड्रोम है। चल रहे नर्सिंग देखभाल की योजना बनाते समय संभावित गड़बड़ी के निम्नलिखित क्षेत्रों में से कौन सा मुख्य विचार होना चाहिए?

A. शरीर की छवि
B. यौन परिपक्वता
C. मांसपेशी समन्वय
D. बौद्धिक विकास

Q.91 वह सीक्वेंस क्या है जिसके द्वारा डेटा को नॉलेज में परिवर्तित किया जाता है?

A. नॉलेज, इनफार्मेशन, डेटा
B. डेटा, इनफार्मेशन, नॉलेज
C. इनफार्मेशन, नॉलेज, डेटा
D. डेटा, नॉलेज, इनफार्मेशन

Q.92 परिवर्तन सिद्धांत के जनक कौन है ?

A. जॉन टर्ली
B. कर्ट लेविन
C. अल्बर्ट ग्रोस
D. एरिक वीवर

Q.93 एनओसी, एनआईसी, ओएमएएचए के रूप में जाना जाता है:

A. सिस्टम
B. टर्मिनोलॉजी
C. नर्सिंग डायग्नोसिस
D. नर्सिंग आउटकम

Q.94 एएनए-मान्यता प्राप्त नर्सिंग टर्मिनोलॉजी में से कौन-सी एक है?

A. एनएएनडीए
B. एसपीएसएसएस इंक
C. पीडीए
D. आईसीडी-9

Q.95 एक रेगुलेटरी एजेंसी या आवश्यकता का एक उदाहरण क्या है जो इंफॉर्मेटिक्स के संबंध में हेल्थ केयर पॉलिसी को प्रभावित करेगा?

A. हेल्थ इन्शुरन्स पोर्टेबिलिटी और अकाउंटेबिलिटी एक्ट (एचआईपीएए)
B. अमेरिकन नर्सिंग क्रेडेंशियल सेंटर (एएनसीसी)
C. अमेरिकन नर्सेज एसोसिएशन (एएनए)
D. मेडीकेयर/मेडिकल अथॉरिटी

Q.96 सब्जेक्ट नर्सिंग इन्फार्मेटिक्स लेने के बाद निम्नलिखित में से कौन सी कॉम्पेटेनइस परिणाम के रूप में शामिल नहीं है?

A. बेसिक कंप्यूटर स्किल
B. इनफार्मेशन लिटरेसी
C. बेसिक इन्फार्मेटिक्स कॉम्पेटेनइस
D. एडवांस इन्फॉर्मेटिक कॉम्पेटेनइस

Q.97 निम्नलिखित में से कौन सा क्षेत्र सूचना प्रौद्योगिकी से प्रभावित था?

A. नर्सिंग शिक्षा
B. नर्सिंग अनुसंधान
C. नर्सिंग प्रशासन
D. ये सभी

Q.98 नर्सिंग में छात्र अपने प्रशिक्षक से दूरस्थ शिक्षा के बारे में पूछ रहा है। इनमें से कौन ई-लर्निंग का सबसे अच्छा वर्णन करेगा?

A. इसमें प्रत्येक प्रतिभागी को एक ही समय में लॉग ऑन करना आवश्यक है।
B. यह असंरचित प्रकार की शिक्षा प्रदान करता है।
C. उन लोगों को वैकल्पिक शिक्षा प्रदान करें जो पारंपरिक स्कूली शिक्षा तक नहीं पहुंच सकते हैं।
D. सिंक्रोनस 24/7 शेड्यूल सेशन प्रदान करते हैं।

Q.99 एक नर्स को दूर-शिक्षण का सामना करने में परेशानी हो रही है लेकिन उसका कार्यक्रम पारंपरिक स्कूली शिक्षा में फिट नहीं हो सकता है। आपको निम्न में से कौन सी सलाह नर्स को देनी चाहिए?

A. एसिंक्रोनस मॉडल लें।
B. हाइब्रिड प्रकार की दूर-शिक्षण लें।
C. हाइब्रिड प्रकार की दूर-शिक्षण लें।

D. ट्रेडिशनल स्कूलिंग की ओर वापस आओ।

Q.100 निम्नलिखित में से कौन वर्चुअल रियलिटी (वीआर) का सबसे अच्छा वर्णन करता है?

A. यह शिक्षार्थी को दूसरी वास्तविकता में लाता है, भले ही वह मौजूद न हो।
B. यह एक केस स्टडी प्रदान करता है।
C. यह सभी प्रतिभागियों के लिए प्रतिस्पर्धा पैदा करता है।
D. यह विभिन्न मामलों और स्थितियों का अनुकरण करता है।

Q.101 एक महिला रोगी जो थोड़ी सी अंग्रेजी बोलती है, उसकी पित्ताशय की थैली की आपातकालीन सर्जरी होती है, डिस्चार्ज की तैयारी के दौरान, कौन सी नर्सिंग क्रिया इस रोगी को घाव की देखभाल के निर्देश को समझने में सबसे अच्छी मदद करेगी?

A. बार-बार पूछना कि क्या मरीज निर्देश को समझता है
B. दुभाषिए से रोगी को निर्देश फिर से चलाने के लिए कहना
C. निर्देशों को लिखना और परिवार के किसी सदस्य को रोगी को पढ़कर सुनाना
D. प्रक्रिया का प्रदर्शन करना और रोगी को प्रदर्शन वापस करना

Q.102 निम्नलिखित में से कौन-सा तल शरीर को अनुदैर्ध्य रूप से अग्र और पश्च क्षेत्रों में विभाजित करता है?

A. फ्रॉन्टल प्लेन
B. सग्गिटल प्लेन
C. मिडसगिटल प्लेन
D. ट्रांसवर्स प्लेन

Q.103 एक पुरुष रोगी के पास एक नरम कलाई-सुरक्षा उपकरण होता है। नर्स को कौन-सी आकलन खोज असामान्य समझनी चाहिए?

A. एक स्पष्ट रेडियल पल्स
B. एक स्पष्ट उलनार पल्स
C. ठंडी, पीली उंगलियां
D. गुलाबी नेल बेड

Q.104 नर्स एक पोस्टऑपरेटिव वयस्क रोगी का आकलन कर रही है। निम्नलिखित में से कौन सा नर्स को व्यक्तिपरक डेटा के रूप में दस्तावेज करना चाहिए?

A. महत्वपूर्ण संकेत
B. प्रयोगशाला परीक्षण परिणाम
C. रोगी का दर्द का विवरण
D. इलेक्ट्रोकार्डियोग्राफिक (ईसीजी) तरंग

Q.105 पेट दर्द वाले रोगी की जांच करते समय प्रभारी नर्स को यह आकलन करना चाहिए:

A. कोई भी प्रथम चतुर्थांश
B. प्रथम रोगसूचक चतुर्थांश
C. अंतिम रोगसूचक चतुर्थांश
D. दूसरा या तीसरा रोगसूचक चतुर्थांश

Q.106 कौन सा हस्तक्षेप प्राथमिक रोकथाम का एक उदाहरण है?

A. हृदय गति रुकने वाले रोगी को डिगॉक्सिन (लैनॉक्सिकैप्स) देना
B. एक शिशु को खसरा, कण्ठमाला और रूबेला टीकाकरण देना
C. सर्वाइकल कैंसर की जांच के लिए पैपनिकोलाउ स्मीयर प्राप्त करना
D. रोगी को गठिया से निपटने में मदद करने के लिए व्यावसायिक चिकित्सा का उपयोग करना

Q.107 प्रभारी नर्स मरीज के पेट का आकलन कर रही है। नर्स को पहले कौन सी परीक्षा तकनीक का प्रयोग करना चाहिए?

A. ऑस्केल्टेशन
B. परीक्षण
C. पर्क्यूशन
D. पल्पेशन

Q.108 हृदय ध्वनि के संबंध में कौन सा कथन सही है?

A. S1 और S2 पूरे हृदय क्षेत्र में समान रूप से तेज आवाज करते हैं
B. शीर्ष पर S1 और S2 ध्वनि फीकी पड़ती है

C. आधार पर S1 और S2 ध्वनि फीकी पड़ती है

D. S1 शीर्ष पर सबसे ऊंचा है, और S2 आधार पर सबसे ऊंचा है

Q.109 पीआरएन (प्रो री नाटा) का अर्थ निम्नलिखित में से क्या है?

A. कोई जरूरत नहीं है

B. अनियमित दवाएं

C. जब आवश्यक हो

D. उपरोक्त में से कोई नहीं

Q.110 हॉजकिन की बीमारी से निदान एक नए भर्ती रोगी को स्थानीय संज्ञाहरण के तहत एक एक्सिसनल सरवाइकल लिम्फ नोड बायोप्सी से गुजरना पड़ता है। प्रक्रिया के बाद नर्स पहले क्या आकलन करती है?

A. महत्वपूर्ण संकेत

B. चीरा स्थल

C. वायुमार्ग

D. चेतना का स्तर

Q.111 मेडिकल टर्मिनेशन ऑफ प्रेग्नेंसी को गर्भावस्था के कितने सप्ताह तक सुरक्षित माना जाता है?

A. 6 सप्ताह   **B.** 8 सप्ताह   **C.** 12 सप्ताह   **D.** 18 सप्ताह

Q.112 राष्ट्रीय ग्रामीण स्वास्थ्य मिशन शुरू किया गया था।

A. मई 2004

B. जून 2006

C. अप्रैल 2005

D. जनवरी 2007

Q.113 निम्नलिखित में से कौन सा नैदानिक लक्षण रोगी की मृत्यु की स्थिति की पुष्टि करने से संबंधित नहीं है?

A. नाड़ी का कोई सबूत नहीं

B. अंगों की हलचल

C. (A) और (B) दोनों

D. इनमें से कोई नहीं

Q.114 एंडोमेट्रियल चक्र में, ______________ का चरण वह चरण है, जो इस्किमिया के लिए सर्पिल धमनियों के टूटने के रूप में शुरू होता है, गर्भाशय में रक्त छोड़ता है और एंडोमेट्रियल अस्तर का ढलान शुरू करता है।

A. इस्केमिक चरण

B. प्रोलिफ़ेरेटिव चरण

C. स्रावी चरण

D. मासिक धर्म चरण

Q.115 पांच वर्ष से कम आयु के क्लीनिक का केंद्र चिन्ह निम्नलिखित में से किसका प्रतिनिधित्व करता है?

A. स्वास्थ्य शिक्षा

B. परिवार नियोजन

C. प्रतिरक्षा

D. पर्याप्त पोषण

Q.116 मारियो अन्य रोगियों से शिकायत कर रहा है कि कर्मचारियों द्वारा अपने कमरे में भोजन रखने की अनुमति नहीं दी जा रही है। निम्नलिखित में से कौन सा हस्तक्षेप सबसे उपयुक्त होगा?

A. अपने कमरे में नाश्ता रखने की अनुमति देना

B. रोगी को फटकार

C. रोगी के व्यवहार को अनदेखा करना

D. व्यवहार पर सीमा निर्धारित करना

Q.117 बॉर्डरलाइन व्यक्तित्व विकार वाला एक रोगी जिसे जल्द ही छुट्टी मिलनी है, छुट्टी मिलने पर खुद को "कुछ करने" की धमकी देता है। नर्स द्वारा निम्नलिखित में से कौन सी क्रिया सबसे महत्वपूर्ण होगी?

A. परिवार के किसी सदस्य को अस्थायी रूप से रोगी के साथ घर पर रहने के लिए कहें

B. उसके साथ रोगी के बयान के अर्थ पर चर्चा करें

C. रोगी के लिए तत्काल विस्तार का अनुरोध करें

D. मरीज के बयान पर ध्यान न दें क्योंकि यह हेरफेर का संकेत है

Q.118 असामाजिक व्यक्तित्व विकार से ग्रसित रोगी जॉय जोर-जोर से डकार लेता है। एक स्टाफ सदस्य जॉय से पूछता है, "क्या आप जानते हैं कि लोग आपको घृणास्पद क्यों पाते हैं?" इस कथन की सबसे अधिक संभावना है कि निम्नलिखित में से कौन सी रोगी प्रतिक्रिया प्राप्त करेगा?

A. रक्षात्मकता

B. शर्मिंदगी

C. लज्जा

D. पछताना

Q.119 निम्नलिखित में से कौन सा दृष्टिकोण आत्ममुग्ध व्यक्तित्व विकार से पीड़ित रोगी के साथ उपयोग करने के लिए सबसे उपयुक्त होगा जब रोगी क्या कहता है और वास्तव में क्या मौजूद है के बीच विसंगतियां मौजूद हैं?

A. युक्तिकरण

B. सहायक टकराव

C. सीमा सेटिंग

D. संगतता

Q.120 निम्नलिखित में से कौन सा खाद्य पदार्थ नर्स रोगी के आहार से समाप्त कर देगी जो चिंता और उत्तेजना की भावनाओं की ओर ले जाती है?

A. दूध

B. संतरे का रस

C. सोडा

D. नियमित कॉफी

Q.121 एक महिला रोगी के साथ एक खुला और भरोसेमंद संबंध स्थापित करने के लिए जिसे गंभीर चिंता के साथ अस्पताल में भर्ती कराया गया है, प्रभारी नर्स को क्या करना चाहिए?

A. रोगी के साथ लगातार बातचीत करने के लिए कर्मचारियों को प्रोत्साहित करें।

B. रोगी के साथ गतिविधि साझा करें।

C. व्यवहार पर रोगी प्रतिक्रिया दें।

D. व्यक्तिगत स्थान के लिए रोगी की आवश्यकता का सम्मान करें।

Q.122 नर्स यह मानती है कि पर्यावरण (MILIEU) चिकित्सा का फोकस है:

A. व्यवहार में सकारात्मक बदलाव लाने के लिए पर्यावरण में हेरफेर करें।

B. रोगी को यह निर्धारित करने की स्वतंत्रता दें कि वे गतिविधियों में शामिल होंगे या नहीं।

C. व्यक्तिगत जरूरतों को पूरा करने के लिए रोल प्ले लाइफ इवेंट्स।

D. व्यवहार को नियंत्रित करने के लिए दवाओं के बजाय प्राकृतिक उपचार का प्रयोग करें।

Q.123 नर्स उम्मीद करेगी कि प्रतिक्रियाशील लगाव विकार के निदान वाले बच्चे को:

A. माता से अधिक पिता के साथ अधिक सकारात्मक संबंध रखें।

B. माँ से लिपटना और बिछड़ने पर रोना।

C. दूसरों के साथ केवल सतही संबंध विकसित करने में सक्षम हों।

D. शारीरिक शोषण किया गया है।

Q.124 बचपन के अवसाद के बारे में माता-पिता को पढ़ाते समय नर्सों को कहना चाहिए?

A. यह व्यवहार से बाहर अभिनय प्रतीत हो सकता है।

B. पारंपरिक उपचार का जवाब नहीं देता है।

C. अवधि कम है और आसानी से हल हो जाती है।

D. लगभग वयस्क अवसाद के समान दिखता है।

Q.125 नर्स इस बात से अवगत है कि ऑटिस्टिक बच्चे में भाषा का विकास होता है:

A. अवलोकन भाषण

B. भाषण अंतराल

C. हकलाने

D. शब्दानुकरण

Q.126 ______ एक प्रकार का संचार है जो स्वीकृत रूप, नियम या प्रथा का उपयोग करता है।

A. औपचारिक संचार

B. अनौपचारिक संचार

C. अनकहा संचार

D. इनमें से कोई नहीं

Q.127 फीडबैक का दूसरा नाम______ है।

A. ऑडियंस

B. रिस्पांस

C. रिप्लाई

D. दोनों (A) और (B)

Q.128 एक प्रकार का संचार जिसमें प्राप्तकर्ता के पास प्रश्न पूछने और संदेहों को दूर करने का अवसर होता है-

A. एकतरफा संचार	**B.** द्विमार्गीय संदेशवाहन
C. अनकहा संचार	**D.** इनमें से कोई नहीं

Q.129 __________ संचार दो या तीन लोगों के बीच या परिवार जैसे छोटे समूहों में होता है।

A. आमने - सामने

B. द्रव्यमान

C. दोनों

D. इनमें से कोई नहीं

Q.130 संचार के ________ पैटर्न में, हेड नर्स कुछ अन्य व्यक्ति के माध्यम से सदस्यों से संवाद करती है।

A. व्हील

B. चैन

C. सभी चैन

D. इनमें से कोई नहीं

Q.131 चर्चा समूह संचार के ________ पैटर्न का एक उदाहरण है।

A. पहिया

B. जंजीर

C. ऑल-चैनल

D. इनमें से कोई नहीं

Q.132 ______एक संचार विधि है जिसमें वक्ता कथन के लिए 'के लिए' या 'विरुद्ध' बोलते हैं।

A. अध्ययन

B. अध्ययन यात्रा

C. वाद-विवाद

D. नकली सीखने का अनुभव

Q.133 संचार के ________ तरीके में, अंत में, अध्यक्ष एक वोट लेता है।

A. अध्ययन

B. अध्ययन यात्रा

C. वाद-विवाद

D. नकली सीखने का अनुभव

Q.134 संचार के शैनन और वीवर (1949) मॉडल में निम्नलिखित घटक हैं:

A. पूर्वचिंतन, चिंतन, तैयारी, क्रिया, रखरखाव

B. उत्पाद, मूल्य, स्थान, प्रचार

C. स्रोत, ट्रांसमीटर, चैनल, रिसीवर, गंतव्य

D. इनमें से कोई नहीं

Q.135 निम्नलिखित में से कौन सी स्वास्थ्य संचार शैली रोगी के ज्ञान और अनुभव का उपयोग करती है?

A. डॉक्टर केंद्रित संचार

B. रोगी केंद्रित संचार

C. व्यवसायी-केंद्रित संचार

D. इनमें से कोई नहीं

Q.136 निम्नलिखित में से कौन-सा रोग जीवाणु से नहीं होता है?

A. टाइफाइड

B. पोलियो

C. क्षय रोग

D. उपरोक्त सभी

Q.137 संक्रामक रोग का मुख्य कारण ________ है।

A. दूषित वायु

B. दूषित भोजन

C. खराब स्वास्थ्यकर स्थितियां

D. उपरोक्त सभी

Q.138 नीचे दो कथन दिए गए हैं:

कथन I: शहरी क्षेत्रों में प्रकाश-रासायनिक स्मॉग के निर्माण के लिए सूर्य का प्रकाश एक पूर्व-आवश्यकता है।

कथन II: फोटोकैमिकल स्मॉग भारत के शहरी क्षेत्रों में सर्दी और गर्मी के मौसम में एक आवर्ती घटना है।

उपरोक्त कथनों के आलोक में, नीचे दिए गए विकल्पों में से सबसे उपयुक्त उत्तर का चयन करें:

A. कथन I और कथन II दोनों सत्य हैं

B. कथन I और कथन II दोनों असत्य हैं

C. कथन I सही है लेकिन कथन II गलत है

D. कथन I गलत है लेकिन कथन II सत्य है

Q.139 सूची I को सूची II के साथ सुमेलित करें-

सूची I	सूची II
उत्सर्जित प्रदूषक	पर्यावरणीय प्रभाव
A. कार्बन डाइऑक्साइड	I. अम्ल वर्षा का निर्माण
B. कार्बन मोनोऑक्साइड	II. विषाक्त और कार्सिनोजेनिक हैं
C. नाइट्रोजन ऑक्साइड	III. विषाक्त और श्वसन संबंधी रोग पैदा कर सकता है
D. बेंजीन और हाइड्रोकार्बन	IV. ग्लोबल वार्मिंग में योगदान

नीचे दिए गए विकल्पों में से सही उत्तर चुनिए।

A. A - IV, B - III, C - I, D - II

B. A - IV, B - II, C - I, D - III

C. A - IV, B - II, C - III, D - I

D. A - I, B - III, C - II, D - IV

Q.140 नीचे दो कथन दिए गए हैं:

कथन I: बहुत अधिक जहरीले पदार्थ की एकल खुराक या उप-घातक खुराक के निरंतर संपर्क से होने वाले पुराने विषाक्त प्रभाव।

कथन II: तीव्र विषाक्त प्रभाव लंबे समय तक चलने वाले और अपरिवर्तनीय होते हैं जो मुख्य रूप से विषाक्त पदार्थों के लंबे समय तक संपर्क में रहने के कारण होते हैं और जीवित रहने की दर बहुत कम होती है।

उपरोक्त कथनों के आलोक में नीचे दिए गए विकल्पों में से सही उत्तर का चयन कीजिए:

A. कथन I और कथन II दोनों सत्य हैं

B. कथन I और कथन II दोनों असत्य हैं

C. कथन I सही है लेकिन कथन II गलत है

D. कथन I गलत है लेकिन कथन II सत्य है

Q.141 निम्नलिखित में से किस प्राथमिक प्रदूषक के मामले में, वैश्विक उत्सर्जन में मानव निर्मित योगदान (प्रति वर्ष मिलियन टन) प्राकृतिक स्रोतों की तुलना में अधिक है?

A. सल्फर डाइऑक्साइड

B. नाइट्रिक ऑक्साइड

C. मीथेन

D. कार्बन डाइऑक्साइड

Q.142 निम्नलिखित में से कौन सा प्रदूषक भारत में वायु गुणवत्ता सूचकांक में शामिल है?

A. कार्बन डाइऑक्साइड

B. क्लोरोफ्लोरो कार्बन

C. सल्फर डाइऑक्साइड

D. मीथेन

Q.143 निम्नलिखित में से किसे द्वितीयक वायु प्रदूषक माना जाता है?

[UGC NET Sociology, 2019]

A. नाइट्रिक ऑक्साइड

B. ओजोन

C. सल्फर डाइऑक्साइड

D. कार्बन मोनोऑक्साइड

Q.144 निम्नलिखित में से कौन सी ग्रीन हाउस गैस पूरी तरह से मानवीय गतिविधियों से उत्पन्न होती है?

[Maharashtra Public Service Commission, 2018]

A. मीथेन

B. कार्बन डाइऑक्साइड

C. नाइट्रस ऑक्साइड

D. क्लोरोफ्लोरोकार्बन

Q.145 इनहेलेशन या भोजन की खपत के माध्यम से मनुष्यों में उच्च-स्तरीय लेड (Pb) एक्सपोजर का कारण हो सकता है:

1. मानसिक मंदता

2. उच्च रक्तचाप

3. केंद्रीय तंत्रिका तंत्र का विकार

नीचे दिए गए कूट से सही उत्तर का चयन कीजिए :

A. केवल 1 और 2
B. केवल 2 और 3
C. केवल 3 और 1
D. 1, 2 और 3

Q.146 15 साल के एक लड़के ने अपने चेहरे पर एक केमिकल छिड़का है। किसी को एम्बुलेंस के लिए कॉल करने के लिए भेजने के बाद, आप क्या करेंगे?

A. जले हुए क्षेत्र को ढकें
B. एम्बुलेंस आने तक पीड़ित को शांत रहने दें
C. एम्बुलेंस आने तक जले हुए क्षेत्र को बड़ी मात्रा में पानी से धोएं
D. पीड़ित को तुरंत अस्पताल पहुंचाएं

Q.147 छाती के खुले घाव वाले पीड़ित की देखभाल करने के लिए, आप क्या करेंगे?

A. घाव को पूरी तरह से साफ धुंध पैड से ढक दें
B. घाव को ऐसी ड्रेसिंग से ढक दें जो हवा को अंदर न जाने दे
C. घाव पर आइस पैक लगाएं
D. दोनों (A) और (C)

Q.148 आपकी बस में एक छात्र के कमर क्षेत्र में एक गंभीर कट है, आप क्या करते हैं?

A. घाव को एक साफ ड्रेसिंग के साथ सीधे दबाव डालने के साथ कवर करें
B. छात्र के पैरों को ऊपर उठाएं और घाव पर एक साफ ड्रेसिंग लागू करें, कमर क्षेत्र पर दबाव डालें
C. बस को नजदीकी अस्पताल या दमकल केंद्र तक ले जाएं
D. घाव को साफ ड्रेसिंग से ढकें और ऊरु धमनी के दबाव पर दबाव डालें

Q.149 बस में बैठा एक लड़का डायबिटिक शॉक में चला जाता है, आप क्या करते हैं?

A. सीधे अस्पताल के लिए बस चलाएं
B. उससे पूछें कि उसका इंसुलिन कहाँ है और उसे एक शॉट दें
C. उसे खाना या पीना मत देना
D. उसे सहज बनाओ; उसे एक गैर-आहार पेय, कैंडी, या उसमें चीनी के साथ कुछ दें

Q.150 ईएमएस प्रणाली को प्रभावी ढंग से काम करने में आपकी भूमिका में चार चरण शामिल हैं।

A. ऊपर उठाना, पहचानना, निर्णय लेना, निष्पादित करना
B. चेक, कॉल, केयर, प्रोटेक्ट
C. पहचानें, निर्णय लें, कॉल करें, प्रदान करें
D. इनमे से कोई भी नहीं

Q.151 बैक्टीरिया की गतिशीलता के लिए जिम्मेदार संरचना है:

A. पिलि
B. फ्लैगेला
C. शीथ
D. कैप्सूल

Q.152

कोकी जो एक श्रृंखला बनाती है वह है:

A. स्ट्रेप्टोकोकाइ
B. डिप्लोकोकी
C. स्टेफिलोकोकी
D. टेट्राकोकि

Q.153 वह व्यवस्था, जिसमें कशाभिका जीवाणु कोशिका के चारों ओर वितरित होती है, कहलाती है:

A. लोफोट्रिचस
B. एम्फीट्रिचस
C. पेरिट्रिचस
D. मोनोट्रिचस

Q.154 निम्नलिखित में से किसमें कोशिका भित्ति के प्रमुख घटक के रूप में पेप्टिडोग्लाइकन होता है?

A. ग्राम-नकारात्मक बैक्टीरिया
B. ग्राम पॉजिटिव बैक्टीरिया
C. कवक
D. इनमें से कोई नहीं

Q.155 जीवाणुओं के लिए सामान्य शब्द जो हेलिकली कर्व्ड रॉड हैं, वह है:

A. कोकी
B. प्लेमॉर्फिक
C. बेसिलस
D. स्पाइरल

Q.156 होलोज़ोइक पोषण की विशेषता है:

A. ठोस पोषक तत्वों का फागोसाइटोसिस और बाद में फागोसाइटिक रिक्तिका का निर्माण
B. ठोस पोषक तत्वों का पिनोसाइटोसिस और बाद में फागोसाइटिक रिक्तिका का निर्माण
C. घुलनशील पोषक तत्वों का फागोसाइटोसिस और बाद में फागोसाइटिक रिक्तिका का निर्माण
D. फोटोसिंथेसिस

Q.157

सप्रोज़ोइक पोषण की विशेषता है:

A. ठोस पोषक तत्वों का फागोसाइटोसिस और बाद में फागोसाइटिक रिक्तिका का निर्माण
B. ठोस पोषक तत्वों का पिनोसाइटोसिस और बाद में फागोसाइटिक रिक्तिका का निर्माण
C. ठोस पोषक तत्वों का संचयन और बाद में स्रावी रिक्तिका का निर्माण
D. घुलनशील पोषक तत्वों का पिनोसाइटोसिस और बाद में फागोसाइटिक रिक्तिका का निर्माण

Q.158 निम्नलिखित में से किसमें कठोर कोशिका भित्ति होने की संभावना सबसे कम होती है?

A. बेक्टीरियम
B. आर्कियन
C. फंगस
D. प्रोटोजोआ

Q.159

निम्नलिखित में से कौन प्रोटोजोआ के लिए सही नहीं है?

A. कोशिका भित्ति की कमी
B. कोई सपोरबेयरिंग संरचनाओं का उत्पन्न न करें
C. फाइटोप्लांकटन के रूप में जानी जाने वाली माइक्रोबियल आबादी का संकलन करें
D. सक्रिय फीडिंग फॉर्म को ट्रोफोजोइट्स कहा जाता है

Q.160 रोमक प्रोटोजोआ में यौन प्रजनन सबसे अधिक होता है:

A. कोंजूगेशन
B. गैमेटांगियल कांटेक्ट
C. बाइनरी फिशन
D. बाइनरी फ्यूजन

Q.161 मनोविज्ञान की निम्नलिखित में से कौन-सी शाखा पशु व्यवहार के अध्ययन से संबंधित है?

A. तुलनात्मक मनोविज्ञान
B. विभेदक मनोविज्ञान
C. सामाजिक मनोविज्ञान
D. असामान्य मनोविज्ञान

Q.162 फ्रेनोलॉजिस्ट ने किसी के व्यक्तित्व का पता लगाने की कोशिश की:

A. किसी व्यक्ति की खोपड़ी को महसूस करना
B. जातक की कुंडली पढ़ना
C. व्यक्ति के हाथों को देखते हुए
D. इनमें से कोई नहीं

Q.163 बुद्धि में आयु संबंधी परिवर्तनों को किस सिद्धांत में सबसे अच्छी तरह समझाया गया है?

A. जेन्सेन का सिद्धांत
B. स्टर्नबर्ग का सिद्धांत
C. कैटेल का सिद्धांत
D. इनमे से कोई नहीं

Q.164 किसी व्यक्ति के गुणों का अध्ययन कहलाता है:

A. नाममात्र का दृष्टिकोण
B. मुहावरेदार दृष्टिकोण
C. सामान्य पहुंच
D. इनमे से कोई नहीं

Q.165 निम्नलिखित में से कौन सा ओवेर्ट बेहवियर है?

A. प्रत्येक काम करो

B. एक व्यक्ति वही करता है जो वह समझता है

C. एक व्यक्ति वही करता है जो वह देखता है

D. इनमे से कोई नहीं

Q.166 निम्नलिखित में से कौन सिज़ोफ्रेनिया के लक्षण हैं?

A. चक्कर आना

B. बहरापन

C. दृष्टिभ्रम

D. उपर्युक्त में सभी

Q.167 बुद्धि का एकल कारक सिद्धांत किसके द्वारा दिया गया था:

A. अल्फ्रेड एडलर

B. अल्फ्रेड बिने

C. डेविड हल्ल

D. इनमे से कोई नहीं

Q.168 न्यूरोसिस की विशेषता है:

A. पागलपन

B. किसी दिए गए तनाव के लिए लंबे समय तक भावनात्मक प्रतिक्रिया

C. सिर में दर्द

D. आक्षेप के दौरे

Q.169 मानसिक रोग की प्रवृत्ति है:

A. एक बच्चे के लिए अतिरिक्त स्नेह

B. झगड़ालू परिवार

C. गरीबी और अवसरों की कमी

D. आनुवंशिकता

Q.170 मानसिक बीमारी के सामाजिक उपचार के लिए आवश्यक है:

A. मनोविकृति का उपचार

B. सामुदायिक स्वास्थ्य का रखरखाव

C. मानसिक रूप से बीमार व्यक्तियों का पुनर्वास

D. लत की रोकथाम

// स्मार्ट उत्तर पुस्तिका //

सही उत्तर — उन छात्रों का प्रतिशत जिन्होंने प्रश्नों का सही उत्तर दिया था।   छोड़ दिया — उन छात्रों का प्रतिशत जिन्होंने प्रश्नों को छोड़ दिया था।

प्रश्न संख्या	उत्तर	सही उत्तर	छोड़ दिया	प्रश्न संख्या	उत्तर	सही उत्तर	छोड़ दिया	प्रश्न संख्या	उत्तर	सही उत्तर	छोड़ दिया	प्रश्न संख्या	उत्तर	सही उत्तर	छोड़ दिया	प्रश्न संख्या	उत्तर	सही उत्तर	छोड़ दिया	प्रश्न संख्या	उत्तर	सही उत्तर	छोड़ दिया
1	A	47.86 %	48.83 %	22	D	45.99 %	46.4 %	43	B	57.86 %	42.08 %	64	A	48.77 %	43.03 %	85	B	40.47 %	38.82 %	106	B	54.16 %	30.49 %
2	A	28.34 %	70.68 %	23	A	65.01 %	33.23 %	44	C	84.66 %	13.45 %	65	D	56.32 %	41.24 %	86	A	64.22 %	31.12 %	107	B	31.23 %	68.11 %
3	A	87.29 %	10.45 %	24	C	16.21 %	77.18 %	45	D	83.56 %	10.38 %	66	B	43.92 %	54.38 %	87	C	47.88 %	30.9 %	108	D	60.79 %	37.24 %
4	A	55.05 %	30.95 %	25	A	56.05 %	42.17 %	46	D	31.24 %	67.06 %	67	C	65.25 %	34.01 %	88	C	53.33 %	44.63 %	109	C	82.16 %	13.71 %
5	C	62.89 %	31.83 %	26	A	81.16 %	17.38 %	47	B	83.91 %	13.0 %	68	B	56.4 %	35.07 %	89	B	57.1 %	40.87 %	110	C	87.89 %	11.12 %
6	C	77.99 %	10.6 %	27	C	47.98 %	38.56 %	48	D	62.52 %	31.14 %	69	D	55.18 %	40.2 %	90	A	44.72 %	46.89 %	111	C	58.82 %	30.86 %
7	A	66.48 %	31.15 %	28	C	32.34 %	67.33 %	49	D	40.56 %	40.13 %	70	B	85.73 %	13.57 %	91	B	69.43 %	30.02 %	112	C	59.65 %	37.03 %
8	B	44.41 %	33.69 %	29	B	48.76 %	31.86 %	50	D	11.16 %	68.81 %	71	C	65.25 %	34.74 %	92	B	48.12 %	45.14 %	113	B	89.46 %	10.05 %
9	B	55.0 %	36.54 %	30	D	50.49 %	34.51 %	51	B	22.51 %	69.06 %	72	A	84.69 %	15.12 %	93	B	23.61 %	72.8 %	114	D	69.83 %	30.15 %
10	A	52.0 %	41.47 %	31	B	46.64 %	30.28 %	52	D	40.32 %	48.79 %	73	C	67.29 %	30.16 %	94	A	60.4 %	37.97 %	115	B	42.77 %	40.32 %
11	A	88.73 %	10.68 %	32	A	51.97 %	38.0 %	53	D	43.09 %	47.48 %	74	B	80.9 %	12.09 %	95	A	40.43 %	46.98 %	116	D	31.41 %	68.07 %
12	C	58.48 %	36.04 %	33	B	79.96 %	14.23 %	54	A	60.23 %	33.45 %	75	D	68.68 %	30.19 %	96	D	52.19 %	31.09 %	117	B	66.22 %	31.63 %
13	D	61.93 %	34.3 %	34	D	62.28 %	33.65 %	55	C	43.9 %	38.44 %	76	C	29.67 %	69.1 %	97	D	25.28 %	67.08 %	118	A	76.03 %	10.03 %
14	A	85.46 %	11.03 %	35	A	24.33 %	68.18 %	56	D	46.72 %	44.85 %	77	D	64.71 %	32.64 %	98	C	60.97 %	38.71 %	119	B	67.24 %	31.12 %
15	D	88.4 %	10.59 %	36	A	47.69 %	30.19 %	57	B	23.11 %	73.13 %	78	C	67.67 %	30.5 %	99	C	58.75 %	35.39 %	120	B	60.34 %	31.63 %
16	C	56.95 %	34.3 %	37	C	88.33 %	11.28 %	58	C	66.44 %	30.87 %	79	D	44.43 %	34.66 %	100	A	81.83 %	18.16 %	121	D	67.2 %	30.53 %
17	D	58.51 %	38.21 %	38	A	50.15 %	41.18 %	59	D	85.09 %	13.67 %	80	B	49.52 %	38.7 %	101	D	18.27 %	72.5 %	122	A	13.53 %	85.63 %
18	C	59.1 %	35.35 %	39	D	86.59 %	11.95 %	60	C	47.93 %	37.83 %	81	D	49.41 %	35.39 %	102	A	48.98 %	36.26 %	123	C	58.27 %	37.26 %
19	C	61.87 %	30.39 %	40	A	54.09 %	37.5 %	61	A	52.5 %	41.18 %	82	B	50.88 %	36.56 %	103	C	79.9 %	12.95 %	124	A	46.41 %	43.06 %
20	B	84.84 %	14.67 %	41	D	61.69 %	35.81 %	62	D	44.1 %	37.62 %	83	B	42.83 %	50.69 %	104	C	40.12 %	56.37 %	125	D	63.92 %	35.04 %
21	D	52.76 %	46.77 %	42	A	65.29 %	30.22 %	63	A	63.43 %	31.61 %	84	A	43.89 %	44.94 %	105	C	87.4 %	12.48 %	126	A	62.0 %	36.72 %

प्रश्न संख्या	उत्तर	सही उत्तर छोड़ दिया	प्रश्न संख्या	उत्तर	सही उत्तर छोड़ दिया	प्रश्न संख्या	उत्तर	सही उत्तर छोड़ दिया	प्रश्न संख्या	उत्तर	सही उत्तर छोड़ दिया	प्रश्न संख्या	उत्तर	सही उत्तर छोड़ दिया	प्रश्न संख्या	उत्तर	सही उत्तर छोड़ दिया
127	D	89.18 % 10.59 %	135	B	43.8 % 51.53 %	143	B	41.0 % 44.59 %	151	B	60.89 % 30.09 %	159	C	45.28 % 43.58 %	167	B	16.33 % 73.45 %
128	B	23.2 % 67.72 %	136	C	60.4 % 38.83 %	144	D	53.47 % 34.04 %	152	A	56.52 % 38.47 %	160	A	42.87 % 51.08 %	168	B	56.92 % 35.34 %
129	A	66.06 % 33.3 %	137	D	47.98 % 41.83 %	145	D	69.4 % 30.1 %	153	C	46.32 % 33.39 %	161	A	68.35 % 30.9 %	169	D	83.11 % 14.7 %
130	B	47.75 % 38.55 %	138	C	47.09 % 42.55 %	146	C	65.84 % 33.45 %	154	B	45.64 % 40.75 %	162	A	66.78 % 32.15 %	170	C	41.87 % 47.93 %
131	C	57.38 % 34.08 %	139	A	68.62 % 30.55 %	147	B	79.1 % 11.76 %	155	D	63.0 % 30.7 %	163	C	83.76 % 11.36 %			
132	C	60.03 % 32.77 %	140	A	16.62 % 79.0 %	148	A	69.42 % 30.05 %	156	A	50.8 % 37.09 %	164	B	41.21 % 35.15 %			
133	C	61.88 % 36.59 %	141	D	52.11 % 46.53 %	149	D	49.33 % 33.36 %	157	D	68.28 % 31.43 %	165	C	69.97 % 30.01 %			
134	C	23.76 % 71.69 %	142	C	44.75 % 47.63 %	150	C	58.2 % 40.22 %	158	D	52.57 % 40.83 %	166	C	66.49 % 31.48 %			

//संकेत और समाधान//

1. रूस को यूईएफए द्वारा चैंपियंस लीग फाइनल की मेजबानी से 25 फरवरी 2022 को हटा दिया गया था और यूक्रेन पर रूस के आक्रमण के बाद सेंट पीटर्सबर्ग की जगह पेरिस ने ले ली थी। फ्रांस ने आखिरी बार 16 साल पहले चैंपियंस लीग फाइनल की मेजबानी की थी, जब बार्सिलोना ने 2006 के फाइनल में आर्सेनल को हराया था।

अतः विकल्प (A) सही है।

2. वर्ष 2022 में, रेलवे सुरक्षा बल (RPF) ने ऑपरेशन उपलब्ध के तहत कथित टिकट कालाबाज़ारी करने वालों के खिलाफ एक अखिल भारतीय अभियान चलाया था। इससे पहले फरवरी 2022 में आरपीएफ द्वारा ऑपरेशन आहट नाम से मानव तस्करी पर अंकुश लगाने हेतु एक राष्ट्रव्यापी अभियान शुरू किया गया था। ऑपरेशन उपलब्ध के तहत महीने भर के अभियान ने दलालों या कालाबाज़ारी करने वालों की गतिविधियों पर काफी हद तक अंकुश लगाने और आम आदमी को रेलवे टिकट उपलब्ध कराने में सक्षम बनाया है।

अतः विकल्प (A) सही है।

3. दक्षिण अफ्रीका के नामीबिया के आठ अफ्रीकी चीतों को मध्य प्रदेश के कुनो पालपुर राष्ट्रीय उद्यान में स्थानांतरित किया गया है।

चीतों के राष्ट्रीय उद्यान में आने के बाद, वे बड़े बाड़ों में स्थानांतरित होने से पहले संगरोध चरण के दौरान छोटे बाड़ों में रहेंगे। 1952 के बाद से भारत में धीरे-धीरे चीते विलुप्त होने शुरू हो गए, उसके बाद तब 2009 में 'अफ्रीकी चीता इंट्रोडक्शन प्रोजेक्ट इन इंडिया' शुरू किया गया था।

अतः विकल्प (A) सही है।

4. मान लो कि मूलधन 'P' हैं।

साधारण ब्याज = (मूल × दर × समय) /100

$\Rightarrow 500 = $ (मूल × दर × समय)/100

$\Rightarrow$ मूलधन $= 2500$

चक्रवृद्धि ब्याज = मूलधन $[(1 + $ दर $/100)^t - 1]$

$\Rightarrow 2500\left[\left(1 + \frac{10}{100}\right)^2 - 1\right]$

$\Rightarrow 525$

$\therefore$ चक्रवृद्धि व्याज 525 रु है।

अतः विकल्प (A) सही है।

5. सरकार द्वारा संपत्ति की बिक्री या परिसमापन, आमतौर पर केंद्रीय और राज्य के सार्वजनिक क्षेत्र के उद्यमों, परियोजनाओं, या अन्य अचल संपत्तियों, को विनिवेश कहा जाता है।

विनिवेश:

- सरकार राजकोष पर राजकोषीय बोझ को कम करने या विशिष्ट जरूरतों को पूरा करने के लिए धन जुटाने के लिए विनिवेश करती है, जैसे कि अन्य नियमित स्रोतों से राजस्व की कमी को पूरा करना।

- सामरिक विनिवेश एक सार्वजनिक क्षेत्र की इकाई के स्वामित्व और नियंत्रण को किसी अन्य इकाई (ज्यादातर निजी क्षेत्र की इकाई को) का हस्तांतरण है।

- साधारण विनिवेश के विपरीत, रणनीतिक बिक्री का तात्पर्य एक प्रकार का निजीकरण है।

- विनिवेश आयोग रणनीतिक बिक्री को 50% तक के केंद्रीय सार्वजनिक क्षेत्र के उद्यम (सीपीएसई) के सरकारी शेयरधारिता के एक बड़े हिस्से की बिक्री के रूप में परिभाषित करता है, या प्रबंधन नियंत्रण के हस्तांतरण के साथ-साथ सक्षम प्राधिकारी द्वारा निर्धारित उच्च प्रतिशत की बिक्री के रूप में परिभाषित करता है।

- वित्त मंत्रालय के तहत निवेश और सार्वजनिक संपत्ति प्रबंधन विभाग (दीपम) सार्वजनिक क्षेत्र के उपक्रमों (पीएसयू) में रणनीतिक हिस्सेदारी बिक्री के लिए नोडल विभाग है।

अतः विकल्प (C) सही है।

6. कभी-कभी समाचारों में देखा जाने वाला शब्द "मर्चेंट डिस्काउंट रेट" एक बैंक द्वारा अपने ग्राहकों से बैंक के डेबिट कार्ड के माध्यम से भुगतान स्वीकार करने के लिए एक व्यापारी से लिया जाने वाला शुल्क है। मर्चेंट डिस्काउंट रेट एक शुल्क है जिसे व्यापारियों को अपने व्यवसाय की समग्र लागतों का प्रबंधन करते समय विचार करना चाहिए।

स्थानीय व्यापारियों और ई-कॉमर्स व्यापारियों में आमतौर पर अलग-अलग शुल्क और सेवा स्तर समझौते होंगे। डेबिट और क्रेडिट कार्ड स्वीकार करने के लिए, व्यापारियों को इस सेवा को स्थापित करना चाहिए और दर से सहमत होना चाहिए।

अधिकांश व्यापारी प्रत्येक लेनदेन के भुगतान प्रसंस्करण के लिए 1% से 3% शुल्क का भुगतान करने की उम्मीद कर सकते हैं। सभी प्रकार के व्यापारी भुगतानों का समर्थन करने के लिए भुगतान प्रोसेसर में अच्छी तरह से स्थापित आधारभूत संरचनाओं और शुल्क अनुसूची व्यवस्था है।

अतः विकल्प (C) सही है।

7. दिया है:

समचतुर्भुज की भुजा, $a = 15$ सेमी

समचतुर्भुज के विकर्ण की लम्बाई $= 15 \times \left[\frac{160}{100}\right] = 24$ सेमी जैसा कि हम जानते हैं,

$\Rightarrow a^2 = \frac{d_1^2}{4} + \frac{d_2^2}{4}$

$\Rightarrow 225 = \left(\frac{24}{2}\right)^2 + \left(\frac{d2}{2}\right)^2$

$\Rightarrow 225 = 144 + \left(\frac{d_2}{2}\right)^2$

$\Rightarrow \left(\frac{d_2}{2}\right)^2 = 81$

$\Rightarrow \frac{d_2}{2} = 9$

$\Rightarrow d_2 = 18$ सेमी

अतः विकल्प (A) सही है।

8. थाईलैंड की बैडमिंटन खिलाड़ी रत्चानोक इंतानोन ने हाल ही में जकार्ता में आयोजित इंडोनेशिया मास्टर्स टूर्नामेंट के महिला एकल फाइनल मैच में स्पेन की कैरोलिना मारिन को हराया। 2010 में जीत के बाद इंडोनेशियाई मास्टर्स स्पर्धा में यह उनकी दूसरी जीत है।

रत्चानोक इंतानोन 2013 में महिला एकल में विश्व चैंपियन बनीं और महिला एकल में नंबर 1 बनने वाली पहली थाई खिलाड़ी बनीं। कैरोलिना मारिन वर्तमान ओलंपिक चैंपियन और तीन बार की विश्व चैंपियन हैं।

अतः विकल्प (B) सही है।

9. दिया गया:

पुलिसकर्मी 100 मीटर की दूरी पर 12 किमी/घंटे की गति से भागते हुए चोर को देखता है।

पुलिसकर्मी की गति = 16 किमी/घंट

चूंकि चोर के पास 100 मीटर और 1 मिनट की शुरुआती बढ़त है ($= 60$ सेकेंड)

⇒ पुलिसकर्मी द्वारा पीछा करने से पहले चोर द्वारा पूरी की गई दूरी $= \frac{10}{3} \times 60$

⇒ पूरी की गई दूरी $= 200$ मीटर

⇒ चोर के पास 300 मीटर की शुरुआती बढ़त है $= (100 + 200)$

⇒ सापेक्षिक गति $= \frac{40}{9} - \frac{10}{3}$

⇒ सापेक्षिक गति $= \frac{10}{9} \, m/s$

⇒ पुलिसकर्मी द्वारा चोर को पकड़ने में लगा समय $= \frac{300}{(10/9)}$

⇒ पुलिसकर्मी द्वारा चोर को पकड़ने में लगा समय $= 270$ सेकेंड (या 4.5 मिनट)

अतः विकल्प (B) सही है।

10. मौलिक अधिकार (FRs) भारतीय संविधान के आधार के रूप में जाने जाते हैं और संविधान के भाग III में उल्लिखित हैं।

वे राज्य के अनुचित हस्तक्षेप को रोकते हैं और अपनी कार्यपालिका और विधायिका को अधिनायक बनने से रोकते हैं , इसलिए राज्य सत्ता की सीमित सीमाएं लगाते हैं।

उनके उल्लंघन के मामले में किसी के एफआर का निवारण करने के लिए मौलिक कर्तव्यों का पालन आवश्यक है।

अतः विकल्प (A) सही है।

11. दिया हुआ,
A 10 दिनों में काम कर सकता है।

A का 1 दिन का काम $= \frac{1}{10}$

B 15 दिनों में काम कर सकता है।

B का 1 दिन का काम $= \frac{1}{15}$

(A + B) का 1 दिन का काम $= \frac{1}{10} + \frac{1}{15}$

$= \frac{(3+2)}{30}$

$= \frac{1}{6}$

∴ साथ में वे 6 दिनों में काम पूरा कर सकते हैं।
अतः विकल्प (A) सही है।

12. वित्त आयोग से प्राप्त पंचायती राज संस्थाओं के लिए सहायता अनुदान ग्राम पंचायत से जारी किया जाना है।

तृतीय राज्य वित्त आयोग की अनुशंसा के अनुसार हस्तांतरण अनुदान ग्राम पंचायतों, पंचायत संघों और जिला पंचायतों को क्रमशः $60 : 32 : 8$ के अनुपात में वितरित किया गया। समानता के उपाय के रूप में प्रत्येक ग्राम पंचायत को न्यूनतम 3 लाख रुपये का अनुदान प्रदान किया गया, शेष राशि को जनसंख्या के आधार पर वितरित किया गया।
अतः विकल्प (C) सही है।

13. अंडमान और निकोबार द्वीप समूह की सबसे ऊंची चोटी 'सैडल पर्वत' उत्तर अंडमान द्वीप के शहर दिगलीपुर में स्थित है।

यह 731 मीटर (2,418 फीट) की लंबाई के साथ बंगाल की खाड़ी में द्वीपसमूह का उच्चतम बिंदु है, जिसके बाद ग्रेट निकोबार पर 2,106 फीट (642 मीटर) पर माउंट थुलियर और दक्षिण अंडमान में 1,717 फीट (365 मीटर) पर माउंट हैरियट है। यह सैडल पीक नेशनल पार्क से घिरा हुआ है।

अतः विकल्प (D) सही है।

14. पूसा किरण गेहूं की एक किस्म है।

पूसा मालवी भी गेहूँ की एक किस्म है।

ICAR (भारतीय कृषि अनुसंधान संस्थान), नई दिल्ली ने गेहूँ की इस किस्म को जारी किया है।

अतः विकल्प (A) सही है।

15. लिग्नाइट एक खनिज है जिसे भूरे हीरे के रूप में जाना जाता है। 60-70% तक कार्बन सामग्री के साथ आसानी से दहनशील है।
अतः विकल्प (D) सही है।

16. कुओं और नलकूपो द्वारा कुल सिंचित क्षेत्र का प्रतिशत:

राज्य	प्रतिशत
गुजरात	86.6
राजस्थान	77.2
मध्य प्रदेश	66.5
महाराष्ट्र	65
उत्तर प्रदेश	58.21
पश्चिम बंगाल	57.6
तमिल नाडू	54.7

अतः विकल्प (C) सही है।

17. हीरे की चमक प्रकाश के पूर्ण आंतरिक परावर्तन के कारण होती है।

हीरे का अपवर्तनांक बहुत बड़ा होता है और हीरे की संरचना ऐसी होती है कि जब प्रकाश हीरे के अंदर प्रवेश करता है, तो एक 'पूर्ण आंतरिक परावर्तन' होता है जो हीरे में होता है, अर्थात प्रकाश हीरे की एक आंतरिक सतह से परावर्तित हो जाता है और आगे सतह के अन्य भागों से परावर्तित होता है। यह घटना कई बार दोहराई जाती है। इस घटना के कारण हीरा चमकता है।

अतः विकल्प (D) सही है।

18. ध्वनि तरंगें यांत्रिक तरंगों के उदाहरण हैं, जबकि प्रकाश तरंगें, रेडियो तरंगें और माइक्रो तरंग विद्युत चुम्बकीय तरंगों के उदाहरण हैं। विद्युत चुम्बकीय तरंगें विद्युत आवेश के कंपन से बनती हैं। यह कंपन एक तरंग बनाता है जिसमें विद्युत और चुंबकीय घटक दोनों होते हैं। ध्वनि तरंगें अनुदैर्ध्य तरंगें हैं जिन्हें यात्रा करने के लिए एक माध्यम की आवश्यकता होती है, और यह निर्वात के माध्यम से यात्रा नहीं कर सकती। प्रकाश आम तौर पर दृश्य प्रकाश को संदर्भित करता है, जो विद्युत चुम्बकीय विकिरण है जो मानव आंखों से देखा जाता है और दृष्टि की भावना के लिए भी जिम्मेदार है।

अतः विकल्प (C) सही है।

19. विद्युत चुम्बकीय तरंगें (EM तरंगें) अनुप्रस्थ प्रकृति की होती हैं, अनुदैर्ध्य नहीं।

विद्युत चुम्बकीय तरंगों के लिए अनुप्रयोग:

- विद्युतचुंबकीय तरंगें निर्वात के माध्यम से या बिना किसी माध्यम का उपयोग करके ऊर्जा के संचरण को पूरा करती हैं।
- चूंकि EM तरंगें ऊर्जा का संचार करती हैं, यह संचार प्रौद्योगिकी सहित हमारे दैनिक जीवन में एक आवश्यक भूमिका निभाती हैं।

- इनका उपयोग लघु/लंबी-तरंग दैर्ध्य रेडियो तरंगों को प्रसारित करने के लिए भी किया जाता है।

- इनका उपयोग टीवी या वायरलेस सिग्नल और ऊर्जा को प्रसारित करने के लिए भी किया जाता है।

- ईएम तरंगें माइक्रोवेव, दृश्य प्रकाश, पराबैंगनी प्रकाश, अवरक्त विकिरण, गामा किरणों और एक्स-रे के रूप में ऊर्जा के संचरण के लिए जिम्मेदार हैं।

अतः विकल्प (C) सही है।

20. केंचुए और उभयचर, जैसे मेंढक, अपनी त्वचा से सांस लेते हैं। वे जानवरों के एक समूह से संबंधित हैं जो जमीन पर रहते हैं और उनकी त्वचा इतनी पतली होती है कि गैसें गुजर सकती हैं। ये जानवर अपनी पारगम्य त्वचा के माध्यम से सांस लेने में सक्षम हैं, जिसे नम रहने की जरूरत है।

अतः विकल्प (B) सही है।

21. मुंबई को अंग्रेजी ईस्ट इंडिया कंपनी ने चार्ल्स 2 से अपने कब्जे में ले लिया था।

ईस्टइंडिया कंपनी ने चार्ल्स द्वितीयसे बॉम्बे ले लिया था। 21 मई 1662 को, इंग्लैंड के चार्ल्स द्वितीयऔर पुर्तगाल के राजा जॉनचतुर्थ की बेटी कैथरीनऑफ ब्रैगेंज़ा की विवाह संधिने, चार्ल्स को कैथरीन केदहेज के हिस्से केरूप में, बॉम्बे को ब्रिटिश साम्राज्यके कब्जे में रखा।

अतः विकल्प (D) सही है।

22. 'पाकिस्तान' शब्द की कल्पना सबसे पहले रहमत अली ने की थी।

देश का नाम 1933 में एक पाकिस्तानी आंदोलन कार्यकर्ता चौधरी रहमत अली द्वारा गढ़ा गया था। 1933 के एक पैम्फलेट, नाउ ऑर नेवर में, रहमत अली और कैम्ब्रिज के तीन सहयोगियों ने पंजाब, अफगानिस्तान (उत्तर-पश्चिम सीमा प्रांत), कश्मीर और सिंधु-सिंध के लिए एक संक्षिप्त नाम के रूप में नाम गढ़ा, जो बलूचिस्तान (बलूचिस्तान) से -स्तान प्रत्यय के साथ संयुक्त था।)

अतः सही विकल्प (D) है।

23. 18 वीं शताब्दी लंदन के लिए तेजी से विकास की अवधि थी, जो बढ़ती हुई राष्ट्रीय आबादी, औद्योगिक क्रांति की शुरुआती हलचल और विकसित ब्रिटिश साम्राज्य के केंद्र में लंदन की भूमिका को दर्शाती है।

कैरेबियन में उपनिवेश तम्बाकू, नील, चीनी और कॉफी के महत्वपूर्ण आपूर्तिकर्ता थे। हालाँकि, यूरोपीय लोग दूर और अपरिचित देशों में काम करने के लिए तैयार नहीं थे, इससे बागानों में श्रमिकों की कमी हो गई। इस कमी को यूरोप, अफ्रीका और अमेरिका के बीच त्रिकोणीय दास व्यापार से पूरा किया गया।

अतः विकल्प (A) सही है।

24. 1856 में, लॉर्ड कैनिंग ने तय किया कि बहादुर शाह ज़फ़र अंतिम मुगल राजा होगा और उसकी मृत्यु के बाद, उसके वंशजों में से किसी को भी शासक के रूप में मान्यता नहीं दी जाएगी - वे सिर्फ प्रधान कहलाएंगे।

- मुगल सम्राट के प्रति यह अपमानजनक व्यवहार भी 1857 के विद्रोह के राजनीतिक कारणों में से एक है।

- लॉर्ड कैनिंग भारत के पहले वायसराय बने और वर्ष 1858 - 1862 तक सेवा की।

- उन्होंने 1856 - 1862 से "भारत के गवर्नर-जनरल" के रूप में भी कार्य किया।

- उन्होंने "डॉक्ट्रिन ऑफ लैप्स" को समाप्त कर दिया और बॉम्बे, कलकत्ता और मद्रास में तीन विश्वविद्यालयों की स्थापना की।

अतः विकल्प (C) सही है।

25. भारत में बॉक्साइट के अधिकतम उत्पादन के लिए ओडिशा जिम्मेदार है। अकेले ओडिशा में 52 (लगभग) प्रतिशत आंध्र प्रदेश में 18 प्रतिशत है। प्रमुख

बॉक्साइट संसाधन ओडिशा और आंध्र प्रदेश में पूर्वी तट में हैं। ओडिशा मैंगनीज का प्रमुख उत्पादक भी है।

भारत के पास 3896 मिलियन टन बॉक्साइट संसाधन हैं जो घरेलू और निर्यात दोनों मांगों के लिए पर्याप्त हैं। कालाहांडी और कोरापुट ओडिशा में मुख्य बॉक्साइट बेल्ट है। यह आंध्र प्रदेश तक भी फैला हुआ है।

अतः विकल्प (A) सही है।

26. जैसलमेर पवन पार्क 1064 मेगावाट की स्थापित क्षमता के लिए जाना जाता है और यह न केवल भारत में सबसे बड़े पवन खेतों में से एक है बल्कि दुनिया भर में डिजाइन का गौरव है।

तमिलनाडु में नागरकोयिल पवन चक्की 1500 मेगावाट की स्थापित क्षमता पर काम करती है और यह तमिलनाडु राज्य की बिजली की लगभग 20% आवश्यकताओं को पूरा करती है।

अतः विकल्प (A) सही है।

27. भारतीय संविधान का अनुच्छेद 29 यह अधिकार प्रदान करता है कि अल्पसंख्यकों के हितों के संरक्षण सम्बन्धी है।

- भारत के क्षेत्र में रहने वाले नागरिकों का कोई भी वर्ग या कोई भाग जिसकी एक अलग भाषा, लिपि या अपनी संस्कृति हो, उसे स्वयं को संरक्षित करने का अधिकार होगा।

- राज्य के किसी भी शैक्षणिक संस्थान में प्रवेश के लिए किसी भी नागरिक को नकारा नहीं जायेगा या केवल धर्म, वंश, जाति, भाषा या इनमें से किसी के आधार पर राज्य निधि से सहायता प्राप्त होगी।

अतः विकल्प (C) सही है।

28. चार्ल्स फूरियर एक फ्रांसीसी समाजवादी थे जिन्होंने फालंगेस के नाम से जाने जाने वाले उत्पादकों के सांप्रदायिक संघों के आधार पर समाज के पुनर्निर्माण की वकालत की।

उनकी प्रणाली को फूरियरवाद के रूप में जाना जाने लगा। चार्ल्स फूरियर फ्रांसीसी समाजवाद के भीतर एक नारीवादी परंपरा के संस्थापक थे। वह यह मानने वाले पहले समाजवादी थे कि महिलाओं को शामिल किए बिना सामान्य कल्याण अधूरा है।

अतः विकल्प (C) सही है।

29. डॉ वर्गीज कुरियन को भारत में श्वेत क्रांति के जनक के रूप में जाना जाता है।

भारत में श्वेत क्रांति, जिसे ऑपरेशन फ्लड के रूप में भी जाना जाता है, 1970 के दशक में भारत को दूध उत्पादन में आत्म-निर्भर बनाने के लिए शुरू किया गया था। श्वेत क्रांति दूध उत्पादन में तेज वृद्धि से जुड़ी है।

वर्तमान में भारत दुनिया का सबसे बड़ा दूध उत्पादक है। भारत में उत्तर प्रदेश, राजस्थान, आंध्र प्रदेश, पंजाब और हरियाणा प्रमुख दुग्ध उत्पादक राज्य हैं। भारत दुनिया में भैंस के दूध का सबसे बड़ा उत्पादक भी है।

अतः विकल्प (B) सही है।

30. भारतीय बीमा नियामक और विकास प्राधिकरण (आईआरडीएआई) का मुख्य कार्यालय हैदराबाद में स्थित है।

भारतीय बीमा नियामक और विकास प्राधिकरण (आईआरडीएआई):

- यह 1999 में मल्होत्रा समिति की रिपोर्ट की सिफारिशों द्वारा गठित किया गया था।

- यह एक स्वायत्त निकाय है।

- यह बीमा उद्योग को नियंत्रित और विकसित करता है।

- आईआरडीएआई को अप्रैल 2000 में एक सांविधिक निकाय के रूप में सम्मिलित किया गया था।

अतः विकल्प (D) सही है।

31. 'तुम कल को आओगे' अशुद्ध वाक्य है क्योंकि इसमें कारक संबंधी त्रुटि है।

इसमें कर्म कारक 'को' का अनावश्यक आगम है।

अतः विकल्प (B) सही है।

32. 'इस वर्ष फसल अच्छा हुआ है।' अशुद्ध वाक्य है क्योंकि इसमें लिंग संबंधी त्रुटि है जैसे 'अच्छा हुआ है'।

यहाँ पर फसल स्त्रीलिंग शब्द है और क्रिया 'हुआ है' पुल्लिंग है। इसलिए ये असंगत है।

अतः विकल्प (A) सही है।

33. दिये गए विकल्पों में अशुद्ध वर्तनी विकल्प 'कवियत्री' है।

'कवियत्री' शब्द में वर्तनीगत त्रुटि है, क्योंकि इसका सही रूप व्याकरणिक दृष्टि और राजभाषा मानकीकरण दोनों ही दृष्टि से सही नहीं लिखा गया है।

अशुद्ध रूप - कवियत्री

शुद्ध रूप - कवयित्री

अतः विकल्प (B) सही है।

34. विशेषण: संज्ञा तथा सर्वनाम की विशेषता (गुण, दोष, संख्या आदि) बताने वाले शब्दों को विशेषण कहते हैं। जैसे – सुन्दर, बूढ़ा, चार किलो, भारी, गोल, चौकोर, एक, दो आदि।

मोटा, दुर्बल, पठारी सभी विशेषण शब्द है।

अतः विकल्प (D) सही है।

35. 'आजन्म' शब्द यौगिक क्रिया-विशेषण का उदाहरण है।

ऐसे क्रिया-विशेषण जो किसी दूसरे शब्दों में प्रत्यय या पद आदि लगाने से बनते हैं, ऐसे क्रिया-विशेषण यौगिक क्रिया-विशेषणों की श्रेणी में आते हैं।

जैसे - रातभर, बहुधा, यहाँ, वहाँ, खाते, पीते आदि।

अतः विकल्प (A) सही है।

36. रीतिवाचक: जो शब्द किसी क्रिया के करने के तरीके/रीति का बोध कराए वह रीतिवाचक क्रिया-विशेषण कहलाते है।

जैसे धीरे–धीरे, जल्दी, रोज़ आदि।

अतः विकल्प (A) सही है।

37. प्रतिपदा ही परिवा का तत्सम रूप है। अन्य सभी विकल्प असंगत है।

प्रतिपदा हिन्दू महिने का प्रथम दिन होता है।

तत्सम: संस्कृत भाषा के वे शब्द जो हिन्दी में अपने वास्तविक रूप में प्रयुक्त होते है, उन्हें तत्सम शब्द कहते है।

उदाहरण:

- दुग्ध - दूध
- हस्त - हाथ
- कुब्ज - कुबड़ा

अतः विकल्प (C) सही है।

38. 'अचरज' शब्द तद्भव शब्द है। इसलिए, विकल्प (A) 'अचरज' सही उत्तर है। अन्य विकल्प असंगत हैं।

'अचरज' का अर्थ है – आश्चर्य उत्पन्न करने वाली वस्तु। आश्चर्य तत्सम शब्द है। जिसका तद्भव शब्द अचरज है।

अतः विकल्प (A) सही है।

39. ओष्ठ यहाँ सही विकल्प है, क्योंकि ओष्ठ शब्द तत्सम शब्द है।

ओष्ठ का तद्भव - होंठ होगा।

अतः विकल्प (D) सही है।

40. 'दन्त' का पर्यायवाची शब्द 'द्विज' है।

'दन्त' के पर्यायवाची शब्द -दशन, दंश, रदन, रद, द्विज, मुखखुर इत्यादि है।

अतः विकल्प (A) सही है।

41. 'महीप' समुद्र का समानार्थी शब्द नहीं हैं।

'महीप' के पर्यायवाची शब्द -राजा, नरेश, महीपाल, भूप, भूपति, भूपाल इत्यादि है।

अतः विकल्प (D) सही है।

42. 'चतुर' का पर्यायवाची शब्द 'पटु' है।

'चतुर' का पर्यायवाची शब्द - दक्ष, नागर, प्रवीण, योग्य, कुशल, प्रवीण इत्यादि है।

अतः विकल्प (A) सही है।

43. 'अपमान' का पर्यायवाची शब्द 'अनादर' है।

'अपमान' का पर्यायवाची शब्द - अवज्ञा, अवहेलना, तिरस्कार, अवमानना, परिभव इत्यादि है।

अतः विकल्प (B) सही है।

44. आगामी अर्थत जो भविष्य में आने वाला हो।

दूरदर्शी: जो दूर का देख सकें।

अतिथि: जो बिना तिथि आता हो।

प्रत्यक्ष: जो आँखों सामने हो।

अतः विकल्प (C) सही है।

45. जिसकी आशा या प्रत्याशा की गई हो, जिसकी आशा या अपेक्षा पहले की गई हो, जिसका पहले से अनुमान किया गया हो, जैसे प्रत्येक वाक्य के लिए एक शब्द **प्रत्याशित** होगा।

अतः विकल्प (D) सही है।

46. 'पत्र या प्रश्नादि के उत्तर की अपेक्षा करने वाला' के लिए उपयुक्त शब्द 'उत्तरापेक्षी' है।

कम से कम शब्दों में अधिकाधिक अर्थ को प्रकट करना वाक्यांश कहलाता है।

वाक्यांश के प्रयोग से वाक्य रचना में संक्षिप्तता, सुन्दरता तथा गंभीरता आ जाती है।

अतः विकल्प (D) सही है।

47. वक्र, यहाँ सही विकल्प है। अन्य विकल्प असंगत है।

ऋजु का अर्थ सीधा होता है जबकि वक्र का अर्थ तिरछा या टेढ़ा है। अतः ये परस्पर विरुद्धार्थी शब्द है।

अतः विकल्प (B) सही है।

48. अधुनातन का विलोम शब्द 'पुरातन' होता है। अतः पुरातन विकल्प संगत है ,अन्य सभी विकल्प असंगत है |

अन्य विलोम:

- अधुनातन - पुरातन
- आधुनिक - प्राचीन

- अनधिकृत - अधिकृत
- अशक्त - सशक्त

अतः विकल्प (D) सही है।

49. दिए गए विकल्पों में से 'ओजस्वी' का विलोम शब्द ओजहीन है। अन्य विकल्प असंगत है। अतः सही विकल्प ओजहीन है।

अन्य महत्वपूर्ण विलोम शब्द

शब्द	विलोम
प्रभावित	अप्रभावित
पोषण	कुपोषण
प्रवेश	निकास

अतः विकल्प (D) सही है।

50. सही विलोम युक्त युग्म अनिवार्य - वैकल्पिक, एकाग्रचित - अन्यमनस्क, अनुलोम - प्रतिलोम।

विकल्प - B में क्षम्य - अक्षम, में वर्तनी सम्बन्धी त्रुटि है। अक्षम्य सही शब्द है।

विकल्प - C में विज्ञ का विलोम अज्ञ होगा। सुविज्ञ गलत उत्तर है।

विकल्प - A में अपकर्ष - उत्कर्ष, अभिज्ञ - अनभिज्ञ, अनुराग - विराग

अतः विकल्प (D) सही है।

51. टी लिम्फोसाइट्स थाइमस में परिपक्व होते हैं।

टी लिम्फोसाइट्स सेल मध्यस्थता प्रतिरक्षा में एक केंद्रीय भूमिका निभाते हैं, इसमें कोशिका की सतह पर एक रिसेप्टर होता है। टी लिम्फोसाइट्स थाइमस में परिपक्व होते हैं। टी-कोशिकाएं थाइमस ग्रंथि या लिम्फ नोड्स में परिपक्व होती हैं। चूंकि वयस्क में थाइमस केवल 10-15% कार्यात्मक होता है, लिम्फ नोड्स परिपक्वता प्रक्रिया में अधिक महत्व लेते हैं।

अतः विकल्प (B) सही है।

52. अंतःस्रावी ग्रंथि को जैविक घड़ी स्थापित करने और पीनियल ग्रंथि के प्रजनन कार्य को प्रभावित करने में शामिल माना जाता है। पीनियल ग्रंथि छोटी अंतःस्रावी ग्रंथि है। यह हार्मोन को गुप्त करता है जो नींद/जागने के पैटर्न और फोटोपेरियोडिक कार्यों के मॉड्यूलेशन को प्रभावित करता है।
अतः विकल्प (D) सही है।

53. मानव मस्तिष्क की पीनियल ग्रंथि त्वचा के रंग से संबंधित मेलाटोनिन का स्राव करती है।

मेलाटोनिन पीनियल ग्रंथि द्वारा स्रावित एक हार्मोन है। इसे एन-एसिटाइल-5-मेथॉक्सी ट्रिप्टामाइन के रूप में भी जाना जाता है। रेनी डेसकार्टेस द्वारा पीनियल ग्रंथि को "आत्मा की सीट" के रूप में वर्णित किया गया था और यह मस्तिष्क के केंद्र में स्थित है। पीनियल ग्रंथि का मुख्य कार्य पर्यावरण से प्रकाश-अंधेरे चक्र की स्थिति के बारे में जानकारी प्राप्त करना और इस जानकारी को हार्मोन मेलाटोनिन का उत्पादन और स्रावित करना है।
अतः विकल्प (D) सही है।

54. पीनियल ग्रंथि मेलाटोनिन का स्राव करती है।

यह नींद और जागने को नियंत्रित करता है। मेलाटोनिन पूरक का उपयोग जेट लैग या नींद की समस्याओं के इलाज के लिए किया जाता है। पीनियल ग्रंथि द्वारा स्रावित मेलाटोनिन शरीर के सर्केडियन टाइमिंग सिस्टम का एक महत्वपूर्ण हिस्सा है और दैनिक लय को सिंक्रनाइज़ कर सकता है।
अतः विकल्प (A) सही है।

55. मस्तिष्क के दाएं और बाएं गोलार्द्ध के बीच पीनियल ग्रंथि स्थित होती है।

पीनियल ग्रंथि दो गोलार्द्धों के बीच मस्तिष्क के केंद्र के पास एपिथेलमस में स्थित होती है, जो एक खांचे में बंधी होती है जहां थैलेमस के दो हिस्से जुड़ते हैं। पिछली बार इस ग्रंथि के कार्य की खोज की गई थी।
अतः विकल्प (C) सही है।

56. गैस्ट्रिक ग्रंथियों में पेप्टिक कोशिका पेप्सिनोजेन का स्राव करती है।

उदर के म्यूकोसा में जठरीय (गैस्ट्रिक) ग्रंथियां होती हैं। जठरीय (गैस्ट्रिक) ग्रंथियों में तीन प्रमुख प्रकार की कोशिकाएँ होती हैं:

- म्यूकस ग्रीवा कोशिकाएं म्यूकस का स्राव करती हैं
- पेप्टिक या मुख्य कोशिकाएं जो प्रोएंजाइम पेप्सिनोजेन का स्राव करती हैं
- पार्श्विका या ऑक्सीनेटिक कोशिकाएं जो हाइड्रोक्लोरिक और आंतरिक कारक का स्राव करती हैं

अतः विकल्प (D) सही है।

57. मेथेमोग्लोबिन बनने के कारण संचित रक्त भूरा हो जाता है।

जब रक्त को लंबे समय तक संग्रहीत किया जाता है, तो हीमोग्लोबिन (fe^{2+}) के हेम समूह को फेरिक स्थिति (fe^{3+}) में ऑक्सीकरण हो जाता है, और हीमोग्लोबिन मेटहेमोग्लोबिन में परिवर्तित हो जाता है जो एक भूरे रंग का वर्णक है (यह भूरा रंग रक्त देता है)। मेटहेमोग्लोबिन भी O_2 अणुओं के परिवहन के लिए अक्षम है।

अतः विकल्प (B) सही है।

58. छोटी आंत की आंतरिक दीवारों में हज़ारों अंगुलियों की तरह संरचना होते हैं। इन्हें विली कहा जाता है।

छोटी आंत की आंतरिक सतह पर छोटे छोटे संरचना जो पचे हुए भोजन को अवशोषित करने में मदद करते हैं, विली कहलाते हैं। वे भोजन से आवश्यक पोषक तत्वों को अवशोषित करने के लिए अपने सतह क्षेत्र को बढ़ाने के लिए छोटी आंत के अंदर अंगुली -जैसे विक्षेप। उनके पास पतली दीवारें हैं और ज्यादातर रक्त केशिकाओं के एक पतले चैनल के साथ कवर किए गए हैं, ताकि पोषक तत्वों को रक्त और आसानी से परिवहन द्वारा अवशोषित किया जा सके।
अतः विकल्प (C) सही है।

59. पीयूष ग्रंथि अन्य अंतःस्रावी ग्रंथियों के कामकाज को नियंत्रित करती है। पीयूष को अक्सर मास्टर ग्रंथि कहा जाता है क्योंकि इसके हार्मोन थायरॉयड ग्रंथियों, अंडाशय और वृषण जैसे अंतःस्रावी तंत्र के एक अन्य भाग को नियंत्रित करते हैं।

पीयूष ग्रंथि के दो भाग होते हैं जो अग्र लोब और पश्च लोब होते हैं। दोनों भागों के अलग-अलग कार्य हैं। यह ग्रंथि मस्तिष्क के आधार पर स्थित है और यह एक इंच व्यास का एक तिहाई है।

अतः विकल्प (D) सही है।

60. पेक्टोरल करधनी में ग्लेनॉइड गुहा पाई जाती है।

पेक्टोरल करधनी को कंधे की कमरबंद के रूप में भी जाना जाता है। हंसली और स्कैपुला के जंक्शन पर कप जैसा अवसाद होता है जिसे ग्लेनॉइड कैविटी कहा जाता है, जिसमें ह्यूमरस का सिर फिट बैठता है और कंधे का जोड़ बनाता है।

अतः विकल्प (C) सही है।

61. नर्सिंग में एक घटना रिपोर्ट एक रिपोर्ट है जो एक ऐसी घटना का विवरण देती है जहां एक व्यक्ति घायल हो जाता है, या संपत्ति क्षतिग्रस्त हो जाती है। यदि चिकित्सा सुविधा संपत्ति पर ये स्थितियां होती हैं, तो एक घटना रिपोर्ट का पूरा होना आवश्यक है।

अतः विकल्प (A) सही है।

62. नर्सिंग में लाईसेज़-फेयर नेतृत्व अक्सर नए या अनुभवहीन नर्स नेताओं में देखा जाता है। आमतौर पर "हैंड्स-ऑफ" दृष्टिकोण के रूप में जाना जाता है, लाईसेज़-फेयर नर्सिंग लीडर शायद ही कभी अपनी टीम को दिशा या प्रतिक्रिया प्रदान करते हैं, बल्कि मजबूत पर्यवेक्षण के बिना टीम को अपनी पसंद के अनुसार कार्य करने की अनुमति देते हैं।

अतः विकल्प (D) सही है।

63. डिस्चार्ज प्लानिंग मरीज के भर्ती होने पर शुरू होनी चाहिए। कुछ इसे वित्तीय मानते हैं क्योंकि हम पैसे बचाने और मरीजों को तेजी से छुट्टी दिलाने की कोशिश कर रहे हैं।

डिस्चार्ज प्लानिंग में प्रवेश के 48 घंटे बाद तक देरी नहीं होनी चाहिए। मरीज के अस्पताल में भर्ती होते ही इसकी शुरुआत हो जाती है। डिस्चार्ज प्लानिंग स्वास्थ्य देखभाल प्रदाता के दवा के पर्चे पर निर्भर नहीं है; इसे नर्स द्वारा शुरू किया जा सकता है।

अतः विकल्प (A) सही है।

64. नर्सिंग प्रोटोकॉल के तहत स्थिति के उपचार के संबंध में विशेष निर्देश आ रहे हैं।

एक विशिष्ट लिखित प्रक्रिया जो किसी स्थिति में नर्सिंग क्रियाओं को निर्धारित करती है। स्वास्थ्य एजेंसियां और चिकित्सक देखभाल की निरंतरता और गुणवत्ता सुनिश्चित करने के लिए प्रोटोकॉल स्थापित करते हैं। एक प्रोटोकॉल आक्रामक उपकरणों को स्थापित करने और बनाए रखने के लिए अनिवार्य नर्सिंग आकलन, व्यवहार और प्रलेखन का वर्णन कर सकता है; विशिष्ट दवाओं को प्रशासित करने के तरीके; कुछ विकारों वाले रोगियों के लिए विशेष देखभाल के तौर-तरीके; रोगी देखभाल के अन्य घटक; अधिकार की पंक्तियाँ; या विशेष परिस्थितियों में संचार के चैनल।

अतः विकल्प (A) सही है।

65. सामूहिक सौदेबाजी वह प्रक्रिया है जिसमें काम करने वाले लोग, अपनी यूनियनों के माध्यम से, वेतन, लाभ, घंटे, छुट्टी, नौकरी की स्वास्थ्य और सुरक्षा नीतियों, काम और परिवार को संतुलित करने के तरीके आदि सहित अपने रोजगार की शर्तों को निर्धारित करने के लिए अपने नियोक्ताओं के साथ अनुबंध पर बातचीत करते हैं।

अतः विकल्प (D) सही है।

66. प्लीहा रैटिकुलोऐंडोथैलियल प्रणाली का हिस्सा है। रैटिकुलोऐंडोथैलियल प्रणाली (RES) व्यवस्थित रूप से स्थिर ऊतकों में फैगोसाइटिक कोशिकाओं की एक विषम आबादी है जो परिसंचरण और ऊतकों में कणों और घुलनशील पदार्थों की निकासी में महत्वपूर्ण भूमिका निभाते हैं, और प्रतिरक्षा प्रणाली का हिस्सा बनते हैं।

अतः विकल्प (B) सही है।

67. जब प्लीहा खराब प्रदर्शन कर रहा होता है तो इसे हाइपोस्लेनिज्म के रूप में जाना जाता है। हाइपोस्लेनिज्म प्लीहा समारोह की हानि से मेल खाती है। यह एक गंभीर स्थिति है क्योंकि प्लीहा संक्रमण के खिलाफ प्रतिरक्षाविज्ञानी और यांत्रिक सुरक्षा में एक प्रमुख भूमिका निभाता है। प्लीहा की शिथिलता का निदान इसके फ़िल्टरिंग कार्य के माप पर आधारित है।

अतः विकल्प (C) सही है।

68. कोरोनरी धमनी बाईपास ग्राफ्ट में मुख्य उद्देश्य हृदय में रक्त प्रवाह और ऑक्सीजन की आपूर्ति में सुधार करना है। कोरोनरी धमनी बाईपास ग्राफ्ट में शरीर के दूसरे भाग (आमतौर पर छाती, पैर या हाथ) से रक्त वाहिका को लेना और इसे संकुचित क्षेत्र या रुकावट के ऊपर और नीचे कोरोनरी धमनी से जोड़ना शामिल है। इस नई रक्त वाहिका को ग्राफ्ट के रूप में जाना जाता है।

अतः विकल्प (B) सही है।

69. अधिकांश कोरोनरी धमनी बाईपास ग्राफ्ट 60 वर्ष और उससे अधिक आयु के पुरुषों पर किए जाते हैं। अधिकांश कोरोनरी बाईपास सर्जरी छाती में एक लंबे चीरे के माध्यम से की जाती है, जबकि एक हृदय-फेफड़े की मशीन आपके शरीर में रक्त और ऑक्सीजन का प्रवाह बनाए रखती है। इसे ऑन-पंप कोरोनरी बाईपास सर्जरी कहा जाता है। सर्जन ब्रेस्टबोन के साथ छाती के केंद्र को काटता है और हृदय को उजागर करने के लिए पसली के पिंजरे को खोलता है।

अतः विकल्प (D) सही है।

70. आलिंद फिब्रिलेशन एक अस्थिरीमिया है। आलिंद फिब्रिलेशन एक कंपकंपी या अनियमित दिल की धड़कन (अतालता) है जो रक्त के थक्के, स्ट्रोक, दिल की विफलता और अन्य हृदय संबंधी जटिलताओं को जन्म दे सकती है। कम से कम 2.7 मिलियन अमेरिकी आलिंद फिब्रिलेशन के साथ जी रहे हैं।

अतः विकल्प (B) सही है।

71. पोस्टऑपरेटिव कोरोनरी आर्टरी बाईपास ग्राफ्ट (CABG) में, व्यक्ति को खांसते और हिलते समय चीरा लगाने के लिए प्रोत्साहित किया जाना चाहिए। पोस्टऑपरेटिव देखभाल के निम्नलिखित पहलू उन सभी रोगियों पर लागू होते हैं जिनकी CABG सर्जरी हुई है:

- वायुमार्ग की धैर्य बनाए रखें।
- महत्वपूर्ण संकेतों की निगरानी करें और प्रति घंटा सेवन और आउटपुट रिकॉर्ड करें।
- रोगी के हेमोडायनामिक और हृदय की स्थिति का आकलन करें।
- पहले 8 घंटों के लिए प्रति घंटा परिधीय और न्यूरोवास्कुलर आकलन करें।

अतः विकल्प (C) सही है।

72. कार्डिएक वाल्व एकतरफा, कम प्रतिरोध वाले रक्त प्रवाह की अनुमति देते हैं। ये वाल्व रक्त के पिछड़े प्रवाह को रोकते हैं। ये वाल्व वास्तविक फ्लैप होते हैं जो दो निलय (हृदय के निचले कक्ष) के प्रत्येक छोर पर स्थित होते हैं। वे वेंट्रिकल के एक तरफ रक्त के एकतरफा प्रवेश के रूप में कार्य करते हैं और एक वेंट्रिकल के दूसरी तरफ रक्त के एकतरफा आउटलेट के रूप में कार्य करते हैं।

अतः विकल्प (A) सही है।

73. वाल्व की असामान्यता को स्टेनोसिस या रेगुगिटेशन के रूप में पहचाना जाता है। रेगुगिटेशन उन वाल्वों को संदर्भित करता है जो ठीक से बंद नहीं होते हैं, स्टेनोसिस हृदय वाल्व को संदर्भित करता है जो पूरी तरह से और ठीक से नहीं खुलते हैं, जिसके परिणामस्वरूप रक्त प्रवाह का मार्ग संकुचित हो जाता है, जिससे हृदय कठिन काम करता है और शरीर की ऑक्सीजन की आपूर्ति को कम करता है।

अतः विकल्प (C) सही है।

74. सबसे अधिक प्रतिस्थापित वाल्व एओर्टिक वाल्व है। एओर्टिक वाल्व बाएं वेंट्रिकल (निचला हृदय पंपिंग कक्ष) और एओर्टिक के बीच स्थित है, जो शरीर की सबसे बड़ी धमनी है। वाल्व हृदय के माध्यम से एकतरफा रक्त प्रवाह को बनाए रखते हैं।

अतः विकल्प (B) सही है।

75. एसोफैगोस्कोपी लोकल एनेस्थीसिया के तहत किए गए एसोफैगस की जांच करने के लिए एक नैदानिक प्रक्रिया है। इस प्रक्रिया के बाद तरल पदार्थ देने से पहले नर्स को गैग रिफ्लेक्स की उपस्थिति का आकलन करना चाहिए।

गैग रिफ्लेक्सिस की अनुपस्थिति में तरल पदार्थ नहीं दिए जाते हैं क्योंकि वे तरल पदार्थ की आकांक्षा का कारण बन सकते हैं और श्वसन में रुकावट पैदा कर सकते हैं।

एसोफैगोस्कोपी के बाद तरल पदार्थ देने के लिए गैग रिफ्लेक्स का आकलन एक प्राथमिकता वाला हस्तक्षेप है।

अतः विकल्प (D) सही है।

76. आरएचओ (डी) प्रतिरक्षा ग्लोब्युलिन उपचार आरएच पॉजिटिव भ्रूण को ले जाने वाली आरएच नकारात्मक मां में आरएच-डी एंटीजन के प्रति संवेदनशीलता के विकास को रोक सकता है।

आरएच संवेदीकरण को आरएच नकारात्मक मां के 28 सप्ताह में आरएचओ (डी) इम्युनोग्लोबुलिन के साथ इलाज करके रोका जा सकता है, फिर प्रसव के 72 घंटों के भीतर।

आरएचओ (डी) प्रतिरक्षा ग्लोब्युलिन का उपयोग आरएच-पॉजिटिव रक्त वाले रोगियों में प्रतिरक्षा थ्रोम्बोसाइटोपेनिक पुरपुरा (आईटीपी) के इलाज के लिए किया जाता है।

अत: विकल्प (C) सही है।

77. नर्स को पता है कि एक अक्षम गर्भाशय ग्रीवा के लिए की जाने वाली प्रक्रिया को शिरोडकर प्रक्रिया कहा जाता है।

शिरोडकर प्रक्रिया में गर्भाशय ग्रीवा को बंद रखने के लिए और उसके चारों ओर एक सीवन सिलाई करना शामिल है। यह आमतौर पर पहली तिमाही के भीतर किया जाता है और बाद में गर्भपात का खतरा कम होने पर हटा दिया जाता है।

अत: विकल्प (D) सही है।

78. एन्टिडायय्यूरेटिक हार्मोन इस विशेष दवा को सबसे अच्छी तरह से वर्गीकृत करता है।

ऑक्सीटोसिन अक्सर संकुचन को प्रेरित करके श्रम को बढ़ाने में मदद करने के लिए प्रयोग किया जाता है। एन्टिडायय्यूरेटिक हार्मोन स्वाभाविक रूप से शरीर में बनता है और एक मूत्रवर्धक हार्मोन के रूप में काम करता है (इस प्रकार पानी के उत्सर्जन को बढ़ावा देता है)। श्रम में, यह हार्मोन गर्भाशय की सिकुड़न को उत्तेजित करने का भी काम करता है।

अत: विकल्प (C) सही है।

79. निदान की पुष्टि के लिए नर्स को अल्ट्रासाउंड टेस्ट की उम्मीद है।

प्लेसेंटा प्रीविया एक ऐसी स्थिति है जिसमें प्लेसेंटा गर्भाशय में बहुत नीचे होता है और गर्भाशय ग्रीवा के सभी या हिस्से को कवर करता है।

अल्ट्रासाउंड स्कैन किसी व्यक्ति की आंतरिक शरीर संरचनाओं की एक छवि बनाने के लिए उच्च आवृत्ति वाली ध्वनि तरंगों का उपयोग करता है। डॉक्टर आमतौर पर एक विकासशील भ्रूण (अजन्मे बच्चे), एक व्यक्ति के पेट और श्रोणि अंगों, मांसपेशियों और टेंडन, या उनके दिल और रक्त वाहिकाओं का अध्ययन करने के लिए अल्ट्रासाउंड का उपयोग करते हैं।

अत: विकल्प (D) सही है।

80. टरबुटालाइन दवा एक टोलिटिक है।

टरबुटालाइन के रूप में, एक बीटा-2-एड्रीनर्जिक एगोनिस्ट सूचीबद्ध एकमात्र दवा है जिसमें टोकोलिटिक या श्रम-दमन (संकुचन-विरोधी) गुण होते हैं। यह गर्भवती महिलाओं में टोकोलिसिस के लिए उपयोग की जाने वाली सबसे आम दवाओं में से एक है। एक अन्य आमतौर पर इस्तेमाल किया जाने वाला टोलिटिक एजेंट निफेडिपिन है, जो कैल्शियम-चैनल अवरोधक है।

अत: विकल्प (B) सही है।

81. एक स्वच्छता प्रणाली का मुख्य उद्देश्य स्वच्छ वातावरण प्रदान करके और बीमारी के चक्र को तोड़कर मानव स्वास्थ्य की रक्षा और बढ़ावा देना है। स्वच्छता प्रणाली विभिन्न कार्यात्मक इकाइयों का एक संयोजन है जो लोगों और पर्यावरण की रक्षा के लिए घरों, संस्थानों, कृषि या उद्योगों से विभिन्न अपशिष्ट प्रवाह के प्रबंधन और पुन: उपयोग या निपटान की अनुमति देती है।

अत: विकल्प (D) सही है।

82. जब हानिकारक पदार्थ जैसे सीवेज, जहरीले रसायन, गाद आदि पानी में मिल जाते हैं तो पानी शुद्ध नहीं रहता और उसका स्वाद बदल सकता है। यह उस स्थिति की ओर ले जाता है जहां हम कहते हैं कि पानी प्रदूषित है जो पर्यावरणीय स्वच्छता के लिए हानिकारक है। पानी का प्रदूषण किसी मानवीय आवश्यकता या पारिस्थितिकी तंत्र में प्राकृतिक कार्य के लिए इसके उपयोग को प्रतिबंधित करता है।

अत: विकल्प (B) सही है।

83. प्राथमिक रोकथाम का उद्देश्य कारणों और जोखिम कारकों को नियंत्रित करके रोग की घटनाओं को सीमित करना है। प्राथमिक रोकथाम अपने आप को एक बीमारी होने से रोकने की कोशिश कर रहा है। माध्यमिक रोकथाम एक बीमारी का जल्दी पता लगाने और इसे खराब होने से रोकने की कोशिश कर रहा है। तृतीयक रोकथाम आपके जीवन की गुणवत्ता में सुधार करने और आपके पास पहले से मौजूद बीमारी के लक्षणों को कम करने का प्रयास कर रही है।

अत: विकल्प (B) सही है।

84. NUSP (राष्ट्रीय शहरी स्वच्छता नीति) के उद्देश्य हैं:

- स्वच्छता संबंधी मुद्दों का समाधान करने और शहर में स्वच्छता संयंत्र तैयार करने के लिए
- नागरिकों के बीच स्वच्छता और व्यवहार परिवर्तन के बारे में जागरूकता पैदा करना
- 100% खुले में शौच मुक्त शहर प्राप्त करने के लिए
- पुन: उन्मुख और मानव संसाधनों को मजबूत करने के साथ स्वच्छता को मुख्य धारा में लाना
- मानव मल और तरल अपशिष्ट के 100% स्वच्छता और सुरक्षित निपटान को प्राप्त करने के लिए
- सभी स्वच्छता प्रतिष्ठानों के उचित संचालन और रखरखाव को सुनिश्चित करने के लिए

अत: विकल्प (A) सही है।

85. दांतों की सड़न को रोकने के लिए पानी में फ्लोराइड तत्व मिलाया जाता है। फ्लोराइड दांत की सतह, या तामचीनी के पुनर्निर्माण और मजबूत करने में मदद करता है। फ्लोराइड के निम्न स्तर के साथ लगातार और सुसंगत संपर्क प्रदान करके जल फ्लोराइडेशन दांतों की सड़न को रोकता है। दांतों को मजबूत और ठोस रखने से फ्लोराइड कैविटी को बनने से रोकता है और यहां तक कि दांत की सतह का पुनर्निर्माण भी कर सकता है।

अत: विकल्प (B) सही है।

86. मूत्र उत्पादन में वृद्धि, गुर्दे में सुधार का संकेत, आमतौर पर पहला संकेत है कि तीव्र पोस्ट-स्ट्रेप्टोकोकल ग्लोमेरुलोनेफ्राइटिस (APSGN) वाले बच्चे में सुधार हो रहा है। APSGN आमतौर पर हेमट्यूरिया, ओलिगुरिया, उच्च रक्तचाप और एडिमा जैसे नेफ्रिटिक सिंड्रोम की विशेषताओं के साथ प्रस्तुत करता है, हालांकि यह महत्वपूर्ण प्रोटीनूरिया के साथ भी उपस्थित हो सकता है।

अत: विकल्प (A) सही है।

87. पोस्टऑपरेटिव रूप से, CP वाले बच्चों को जल निकासी की सुविधा के लिए उनके पेट पर रखा जाना चाहिए। जिन बच्चों के होंठ फटे हुए हैं, उन्हें बिस्तर पर अपना चेहरा रगड़ने से बचाने के लिए उनकी तरफ या पीठ पर रखा जाना चाहिए। केवल खण्डतालु के इलाज वाला बच्चा अपने पेट के बल सो सकता है। टांके को साफ और बिना पपड़ी के रखना महत्वपूर्ण है।

अत: विकल्प (C) सही है।

88. यदि बच्चा भूखा है तो उसके भोजन समाप्त करने की संभावना अधिक होती है। इसलिए मां को सलाह दी जानी चाहिए कि बच्चे को नाश्ता न दें। भोजन और नाश्ते के लिए समय निर्धारित करें और उन पर टिके रहने की कोशिश करें। एक बच्चा जो भोजन छोड़ देता है, उसे यह जानकर सुकून मिलता है कि अगले भोजन की उम्मीद कब की जाए। भोजन से ठीक पहले स्नैक्स देने या भूखे बच्चों को एक कप दूध या जूस देने से बचें - इससे उनकी भूख कम हो सकती है और पेश किए जा रहे नए भोजन की कोशिश करने की उनकी इच्छा कम हो सकती है।

अत: विकल्प (C) सही है।

89. निकलॉस हाइपोस्पेडिया के साथ पैदा हुआ था; बच्चे की ऐसी स्थिति होने पर परिशुद्ध करण से बचना चाहिए।

हाइपोस्पेडिया एक ऐसी स्थिति को संदर्भित करता है जिसमें मूत्रमार्ग का उद्घाटन ग्लान्स लिंग के नीचे या पेनाइल शाफ्ट के उदर सतह (नीचे) के साथ कहीं भी स्थित होता है। उदर चमड़ी की कमी है, और बाहर का भाग एक हुड का आभास देता है। परिशुद्ध करण से बचने के लिए प्रारंभिक पहचान महत्वपूर्ण है; चमड़ी का उपयोग सर्जरी के लिए किया जाता है।

अत: विकल्प (B) सही है।

90. नेफ्रोटिक सिंड्रोम से जुड़े एडिमा के कारण, संभावित आत्म-अवधारणा, उपस्थिति और सामाजिक अलगाव में परिवर्तन से संबंधित शरीर की छवि की गड़बड़ी पर विचार किया जाना चाहिए। नेफ्रोटिक सिंड्रोम एक ऐसी स्थिति है जिसमें किडनी मूत्र में बड़ी मात्रा में प्रोटीन का रिसाव करती है। इससे शरीर के ऊतकों की सूजन और संक्रमण को पकड़ने की अधिक संभावना सहित कई समस्याएं हो सकती हैं।

अत: विकल्प (A) सही है।

91. जिस क्रम से डेटा को ज्ञान में परिवर्तित किया जाता है वह डेटा, इनफार्मेशन, नॉलेज है। डेटा, इनफार्मेशन और कंटेंट की विशेषताएं जैसे कि असंरचित कंटेंट और असंरचित डेटा, संरचित डेटा, स्ट्रीमिंग डेटा, बड़ा डेटा और अर्ध-संरचित जानकारी। जानकारी का उत्पादन करने के लिए डेटा को संसाधित किया जा सकता है। डेटा और इनफार्मेशन नॉलेज के निर्माण के लिए बिल्डिंग ब्लॉक हैं।

अत: विकल्प (B) सही है।

92. कर्ट लेविन परिवर्तन सिद्धांत के जनक हैं। नर्सिंग इन्फार्मेटिक्स को परिभाषित करने में सहायता करने वाले सिद्धांतों में सिस्टम सिद्धांत, संज्ञानात्मक सिद्धांत, और प्रौद्योगिकी के परिवर्तन सिद्धांत और रोगियों के शरीर प्रणाली शामिल हैं।

परिवर्तन सिद्धांत: परिवर्तन सिद्धांत को नर्सिंग इन्फार्मेटिक्स के साथ शामिल गतिशील प्रक्रियाओं को देखने में लागू किया जाता है।

अत: विकल्प (B) सही है।

93. एनओसी, एनआईसी, ओएमएएचए को टर्मिनोलॉजी के रूप में जाना जाता है। स्टैंडराइज्ड टर्मिनोलॉजी केवल एक सामान्य भाषा, नामकरण, वर्गीकरण या वर्गीकरण है जिसे उपयोगकर्ताओं के बीच साझा करने के लिए डिज़ाइन किया गया है। स्वास्थ्य देखभाल सेटिंग्स में, ग्राहक मूल्यांकन, देखभाल और परिणामों को स्पष्ट रूप से और सटीक रूप से दस्तावेज करने के लिए स्टैंडराइज्ड टर्मिनोलॉजी का उपयोग आवश्यक है। सात नर्सिंग टर्मिनोलॉजी या वर्गीकरण हैं जिन्हें यू.एस. में नर्सिंग अभ्यास का समर्थन करने के लिए एक मानक माना जाता है।

अत: विकल्प (B) सही है।

94. एनएएनडीए, एएनए द्वारा मान्यता प्राप्त नर्सिंग टर्मिनोलॉजी में से एक है। नर्सिंग अभ्यास पर लागू होने वाले मानकों के रूप में अमेरिकन नर्स एसोसिएशन द्वारा मान्यता प्राप्त 10 टर्मिनोलॉजी या क्लासिफिकेशन। इनमें क्लिनिकल केयर क्लासिफिकेशन (सीसीसी पूर्व में होम हेल्थ केयर क्लासिफिकेशन), इंटरनेशनल क्लासिफिकेशन फॉर नर्सिंग प्रैक्टिस (आईसीएनपी), एनएएनडीए-इंटरनेशनल (एनएएनडीए-आई नर्सिंग डायग्नोसिस क्लासिफिकेशन) शामिल हैं।

अत: विकल्प (A) सही है।

95. हेल्थ इन्शुरन्स पोर्टेबिलिटी और अकाउंटेबिलिटी एक्ट (एचआईपीएए) एक रेगुलेटरी आवश्यकता का एक उदाहरण है जो इंफॉर्मेटिक्स के संबंध में हेल्थ केयर पॉलिसी को प्रभावित करेगा। अमेरिकन नर्सेज एसोसिएशन (एएनए) एक पेशेवर नर्सिंग संगठन है। मेडिकेयर और मेडिकेड सरकारी संगठन हैं जो सेवाएं प्रदान करते हैं। वे हेल्थ केयर पॉलिसी को रेगुलेट नहीं करते हैं।

अत: विकल्प (A) सही है।

96. नर्सिंग इन्फार्मेटिक्स का सब्जेक्ट लेने के बाद एक्सपेक्टेड आउटकम के रूप में अग्रिम इन्फार्मेटिक्स कॉम्पेटेनइस को शामिल नहीं किया जाता है। पिछले एक दशक में, प्रदाता रोगियों और चिकित्सा कर्मचारियों को लाभान्वित करने के लिए प्रौद्योगिकियों का उत्पादक रूप से उपयोग करने के लिए काम कर रहे हैं। कई प्रयास सभी स्तरों पर नर्सों को इन्फार्मेटिक्स दक्षता विकसित करने और वितरित करने पर केंद्रित हैं।

2006 में, प्रमुख नर्सों के एक समूह ने स्वास्थ्य सेवा में सूचना प्रौद्योगिकी (आईटी) कौशल और इन्फार्मेटिक्स कॉम्पेटेनइस के उपयोग को आगे बढ़ाने के लिए प्रौद्योगिकी सूचना विज्ञान मार्गदर्शक शैक्षिक सुधार (टीआईजीईआर) पहल शुरू की। टीआईजीईआरने रॉबर्ट वुड जॉनसन फाउंडेशन सहित संगठनों के समर्थन से कमाई करने वाली भाप को जल्दी से उठाया।

अत: विकल्प (D) सही है।

97. नर्सिंग शिक्षा, नर्सिंग प्रशासन और नर्सिंग अनुसंधान क्षेत्र सूचना प्रौद्योगिकी से प्रभावित थे। नर्सिंग में मोबाइल प्रौद्योगिकी के उपयोग से छात्रों (और काम करने वाली नर्सों) को दवा के संदर्भ, निदान, चिकित्सा पाठ्यपुस्तकों और स्मार्टफोन और टैबलेट पर ऐप और ऑनलाइन गाइड का उपयोग करने के लिए त्वरित पहुंच मिलती है, जिससे यह नर्सिंग शिक्षा को प्रभावित करता है।

अत: विकल्प (D) सही है।

98. नर्सिंग में छात्र अपने प्रशिक्षक से दूरस्थ शिक्षा के बारे में पूछ रहा है। उन लोगों को वैकल्पिक शिक्षा प्रदान करना जो पारंपरिक स्कूली शिक्षा तक नहीं पहुंच सकते, ई-लर्निंग का सबसे अच्छा वर्णन करेंगे। ई-लर्निंग या इलेक्ट्रॉनिक लर्निंग का मतलब ऑनलाइन मॉड्यूल या पाठ्यक्रमों तक पहुंचने और उनमें भाग लेने के लिए इंटरनेट का उपयोग करना है। ई-लर्निंग में भाग लेने वाली अधिकांश नर्सें इसका उपयोग सतत शिक्षा (सीई) क्रेडिट अर्जित करने, किसी विशेष विषय में प्रमाण पत्र प्राप्त करने, या यहां तक कि एक अकादमिक डिग्री प्राप्त करने के लिए करती हैं।

अत: विकल्प (C) सही है।

99. एक नर्स को दूर-शिक्षण का सामना करने में परेशानी हो रही है लेकिन उसका कार्यक्रम ट्रेडिशनल स्कूलिंग में फिट नहीं हो सकता है। हाइब्रिड प्रकार की दूरस्थ शिक्षा लेने की सलाह नर्स को दी जानी चाहिए। हाइब्रिड लर्निंग एक शैक्षिक मॉडल है जहां कुछ छात्र व्यक्तिगत रूप से कक्षा में शामिल होते हैं, जबकि अन्य घर से ही कक्षा में शामिल होते हैं। वीडियो कॉन्फ्रेंसिंग हार्डवेयर और सॉफ्टवेयर जैसे उपकरणों का उपयोग करके शिक्षक एक ही समय में दूरस्थ और व्यक्तिगत रूप से छात्रों को पढ़ाते हैं।

अत: विकल्प (C) सही है।

100. वर्चुअल रियलिटी (वीआर) का सबसे अच्छा वर्णन इस कथन द्वारा किया जा सकता है कि यह शिक्षार्थी को दूसरी वास्तविकता में लाता है, भले ही वह मौजूद न हो। वीआर नर्सिंग शिक्षा में ज्ञान को प्रभावी ढंग से सुधार सकता है, लेकिन यह कौशल, संतुष्टि, आत्मविश्वास और प्रदर्शन समय के क्षेत्रों में अन्य शिक्षा विधियों की तुलना में अधिक प्रभावी नहीं था। वर्चुअल नर्सिंग सिमुलेशन एक प्रकार का क्लीनिकल अनुभव है जहां रोगियों के साथ बातचीत वस्तुतः कंप्यूटर या अन्य डिजिटल सीखने के माहौल पर की जाती है, इस तरह से कि समानांतर वास्तविक दुनिया में जुड़ाव होता है।

अत: विकल्प (A) सही है।

101. रोगी द्वारा वापसी प्रदर्शन के साथ नर्स द्वारा प्रदर्शन यह सुनिश्चित करता है कि रोगी घाव की देखभाल सही ढंग से कर सकता है। संयुक्त राज्य अमेरिका में चिकित्सा त्रुटियों के प्रमुख कारणों में से एक रोगियों और प्रदाताओं के बीच गलत संचार है। जब सीमित अंग्रेजी दक्षता (एलईपी) वाले रोगी अपनी आवश्यकताओं के बारे में पर्याप्त रूप से संवाद नहीं कर सकते हैं, तो उनके चिकित्सा निर्देशों का पालन करने और महत्वपूर्ण सेवाएं प्राप्त करने की संभावना कम होती है।

अत: विकल्प (D) सही है।

102. फ्रॉन्टल प्लेन शरीर को पूर्वकाल और पीछे के क्षेत्रों में विभाजित करने वाले एक समकोण पर अनुदैर्ध्य रूप से चलता है। राज्याभिषेक तल या फ्रॉन्टल प्लेन (ऊर्ध्वाधर) शरीर को पृष्ठीय और उदर (पीछे और आगे, या पश्च और पूर्वकाल) भागों में विभाजित करता है। संरचनात्मक प्लेन संरचनाओं के स्थान या आंदोलनों की दिशा का वर्णन करने के लिए शरीर को पार करने के लिए उपयोग किया जाने वाला एक काल्पनिक विमान है।

अतः विकल्प (A) सही है।

103. कलाई पर एक सुरक्षा उपकरण रक्त परिसंचरण को बाधित कर सकता है और शरीर के ऊतकों को रक्त की आपूर्ति को प्रतिबंधित कर सकता है। इसलिए, नर्स को खराब परिसंचरण के लक्षणों के लिए रोगी का आकलन करना चाहिए, जैसे कि ठंडी, पीली उंगलियां। एक स्पष्ट रेडियल या चंद्र नाड़ी और गुलाबी नाखून बेड सामान्य निष्कर्ष हैं।

अतः विकल्प (C) सही है।

104. व्यक्तिपरक डेटा सीधे रोगी से आता है और आमतौर पर प्रत्यक्ष उद्धरण के रूप में दर्ज किया जाता है जो किसी स्थिति के बारे में रोगी की राय या भावनाओं को दर्शाता है। विषयपरक डेटा संभावित शारीरिक, मनोवैज्ञानिक और सामाजिक समस्याओं का सुराग प्रदान करते हैं। वे नर्स को ऐसी जानकारी भी प्रदान करते हैं जो किसी समस्या के लिए रोगी के जोखिम के साथ-साथ रोगी के लिए ताकत के क्षेत्रों को प्रकट कर सकती है। जानकारी साक्षात्कार के माध्यम से प्राप्त की जाती है। महत्वपूर्ण संकेत, प्रयोगशाला परीक्षण के परिणाम और ईसीजी तरंग वस्तुनिष्ठ डेटा के उदाहरण हैं।

अतः विकल्प (C) सही है।

105. पेट दर्द के रोगी की जांच करते समय प्रभारी नर्स को अंतिम रोग सूचक चतुर्थांशिका आकलन करना चाहिए।

नर्स को पेट के सभी क्षेत्रों का व्यवस्थित रूप से मूल्यांकन करना चाहिए, यदि समय और रोगी की स्थिति अनुमति देती है, तो रोगसूचक क्षेत्र के साथ समाप्त होता है। अन्यथा, नर्स को रोगसूचक क्षेत्र में दर्द हो सकता है, जिससे अन्य क्षेत्रों में मांसपेशियां कसने लगती हैं। इससे आगे के आकलन में बाधा आएगी। इस वजह से, नर्सों को भी हल्के दबाव से शुरू करने के लिए प्रोत्साहित किया जाता है और फिर चिंता के विशिष्ट क्षेत्र की पहचान करने के लिए आवश्यक होने पर ही गहरी पैल्पेशन में जाने के लिए प्रोत्साहित किया जाता है। पर्क्यूशन का उपयोग शरीर की सतहों को टैप करके और हवा या ठोस द्रव्यमान के संभावित स्थान की पहचान करने के लिए परिणामी ध्वनियों को सुनकर भी किया जा सकता है।

अतः विकल्प (C) सही है।

106. एक शिशु को खसरा, कण्ठमाला और रूबेला टीकाकरण देना एक उदाहरण है, जिसका उद्देश्य स्वास्थ्य समस्याओं को रोकना है। प्राथमिक रोकथाम में वे निवारक उपाय शामिल हैं जो बीमारी या चोट की शुरुआत से पहले और रोग प्रक्रिया शुरू होने से पहले आते हैं। उदाहरणों में भविष्य में विकसित होने वाली स्वास्थ्य समस्याओं को रोकने के लिए टीकाकरण और नियमित व्यायाम करना शामिल है।

अतः विकल्प (B) सही है।

107. शारीरिक परीक्षण करते समय निरीक्षण हमेशा पहले आता है। रोगी के पेट की सामान्य जांच के साथ पूरी तरह से लापरवाह स्थिति में शुरू करना महत्वपूर्ण है। निम्नलिखित में से किसी भी लक्षण की उपस्थिति विशिष्ट विकारों का संकेत दे सकती है। पेट के पर्क्यूशन और पल्पेशन आंत्र गतिशीलता को प्रभावित कर सकते हैं और इसलिए ऑस्केल्टेशन का पालन करना चाहिए।

अतः विकल्प (B) सही है।

108. S1 ध्वनि - "लब" ध्वनि - हृदय के शीर्ष पर सबसे ऊँची होती है। यह S2 ध्वनियों की तुलना में वहां लंबा, निचला और तेज लगता है। S2 - "डब" ध्वनि - आधार पर सबसे तेज है। यह S1 की तुलना में वहां छोटा, तेज, ऊंचा और जोर से लगता है। हृदय चक्र के दौरान हृदय के वाल्व खुलते और बंद होते हैं, हृदय कक्षों के माध्यम से बहने वाले रक्त से हृदय की आवाजें पैदा होती हैं। रक्त

प्रवाह से इन संरचनाओं के कंपन श्रव्य धनियाँ पैदा करते हैं - रक्त प्रवाह जितना अधिक अशांत होता है, उतने ही अधिक कंपन उत्पन्न होते हैं।

अतः विकल्प (D) सही है।

109. पीआरएन लैटिन शब्द "प्रो रे नाटा" का संक्षिप्त रूप है। अनुवाद के आधार पर "प्रो रे नाटा" का अर्थ है "आवश्यकतानुसार," "आवश्यक के रूप में," "जैसी परिस्थिति उत्पन्न होती है"। यह एक अस्पताल से दूसरे अस्पताल में अलग-अलग होगा। कभी-कभी एक ही अस्पताल प्रणाली में विभाग से विभाग तक। पीआरएन पदों को रखने का प्राथमिक उद्देश्य स्टाफ की कमी को भरना या पूर्णकालिक नर्सों के बीमार होने या छुट्टी पर होने पर भरना है।

अतः विकल्प (C) सही है।

110. प्रक्रिया के बाद नर्स को पहले वायुमार्ग का आकलन करना चाहिए।

खुले वायुमार्ग का आकलन करना प्राथमिकता है। प्रक्रिया में गर्दन शामिल है, एनेस्थीसिया ने निगलने वाली पलटा को प्रभावित किया हो सकता है या वायुमार्ग पर सूजन बंद हो सकती है जिससे अप्रभावी वायु विनिमय हो सकता है। जब सुन्नता गले से उतर जाती है तो कई दिनों तक खरोंच महसूस हो सकती है। परीक्षण के बाद, खांसी पलटा 1 से 2 घंटे में वापस आ जाएगा। तब रोगी सामान्य रूप से खा और पी सकता है।

अतः विकल्प (C) सही है।

111. मेडिकल टर्मिनेशन ऑफ प्रेग्नेंसी को गर्भावस्था के 12 सप्ताह की अवधि तक सुरक्षित माना जाता है।

मेडिकल टर्मिनेशन ऑफ प्रेग्नेंसी को एमटीपी भी कहा जाता है। एमटीपी का उपयोग अवांछित गर्भधारण और गर्भधारण से छुटकारा पाने के लिए किया जाता है जो मां या भ्रूण दोनों के लिए हानिकारक या घातक हो सकता है। एमटीपी 12 सप्ताह यानी पहली तिमाही या गर्भावस्था तक सुरक्षित हैं। भारत सरकार ने 1971 में एमटीपी को वैध बनाया।

अतः विकल्प (C) सही है।

112. ग्रामीण आबादी, विशेष रूप से कमजोर समूहों को सुलभ, सस्ती और गुणवत्तापूर्ण स्वास्थ्य देखभाल प्रदान करने के लिए, 12 अप्रैल 2005 को माननीय प्रधान मंत्री द्वारा राष्ट्रीय ग्रामीण स्वास्थ्य मिशन (एनआरएचएम) की शुरुआत की गई थी।

मिशन का लक्ष्य लोगों द्वारा, विशेषकर ग्रामीण क्षेत्रों में रहने वाले गरीबों, महिलाओं और बच्चों के लिए गुणवत्तापूर्ण स्वास्थ्य देखभाल की उपलब्धता और पहुंच में सुधार करना है। महिलाओं के स्वास्थ्य, बाल स्वास्थ्य, पानी, स्वच्छता और स्वच्छता, टीकाकरण और पोषण जैसी सार्वजनिक स्वास्थ्य सेवाओं के लिए सार्वभौमिक पहुंच।

अतः विकल्प (C) सही है।

113. अंगों की हलचल नैदानिक लक्षण रोगी की मृत्यु की स्थिति की पुष्टि करने से संबंधित नहीं है।

रोगी की मृत्यु की स्थिति की पुष्टि करने से संबंधित नैदानिक लक्षण:

- नाड़ी का कोई सबूत नहीं
- पुतलियाँ स्थिर और फैली हुई
- श्वसन या रक्तचाप का कोई सबूत नहीं

अतः विकल्प (B) सही है।

114. एंडोमेट्रियल चक्र में मासिक धर्म का चरण वह चरण है जो इस्किमिया के लिए सर्पिल धमनियों के टूटने के रूप में शुरू होता है, गर्भाशय में रक्त छोड़ता है, और एंडोमेट्रियल अस्तर का धीमा होना शुरू करता है।

मासिक धर्म योनि के माध्यम से शरीर से गर्भाशय (एंडोमेट्रियम) की मोटी परत का उन्मूलन है। मासिक धर्म के तरल पदार्थ में रक्त, गर्भाशय की परत (एंडोमेट्रियल कोशिकाएं) और बलगम की कोशिकाएं होती हैं। अवधि की औसत अवधि तीन दिन और एक सप्ताह के बीच होती है।

अतः विकल्प (D) सही है।

115. अंडर फाइव क्लिनिक का प्रतीक आकार में त्रिकोणीय है। केंद्रीय त्रिकोण परिवार नियोजन का प्रतिनिधित्व करता है। पांच वर्ष से कम आयु के क्लिनिक एक ऐसा केंद्र है, जहां एक छत के नीचे पांच वर्ष से कम उम्र के बच्चों को निवारक, प्रोत्साहन, उपचारात्मक, रेफरल और शैक्षिक सेवाएं प्रदान की जाती हैं।

अतः विकल्प (B) सही है।

116. रोगी को दुराचारी व्यवहार को नियंत्रित करने में मदद करने के लिए नर्स को रोगी के जोड़-तोड़ व्यवहार पर सीमा निर्धारित करने की आवश्यकता होती है। हेरफेर को कम करने के लिए कर्मचारियों द्वारा एक सुसंगत दृष्टिकोण आवश्यक है। सीमा-निर्धारण तकनीकों को नियोजित करने जैसे हस्तक्षेप रोगियों और कर्मचारियों दोनों के लिए तनाव और शत्रुता को कम करने में मदद करते हैं। समस्या व्यवहार को सफलतापूर्वक सीमित करने के लिए, परिवार और सभी स्वास्थ्य देखभाल कर्मियों सहित सभी के लिए सीमाएं सुसंगत और सुदृढ़ होनी चाहिए। जोड़-तोड़ करने वाले रोगियों के साथ काम करने वाले कर्मचारी सबसे अच्छे तरीके से तैयार होते हैं जब वे ऐसे दृढ़ नियम स्थापित करते हैं जिनकी कठोर व्याख्या की जाती है और स्वास्थ्य देखभाल टीम के सभी सदस्यों के बीच लगातार लागू किया जाता है। रोगी की प्रगति के बारे में बार-बार चर्चा करने से कर्मचारियों की हताशा और अलगाव को कम करने में मदद मिल सकती है और कर्मचारियों को विभाजित करने के रोगी के प्रयासों को कम किया जा सकता है।

अतः विकल्प (D) सही है।

117. किसी भी आत्मघाती बयान का मूल्यांकन नर्स द्वारा किया जाना चाहिए। आत्महत्या के संदर्भ में इसका अर्थ निर्धारित करने के लिए नर्स को उसके साथ रोगी के बयान पर चर्चा करनी चाहिए। निर्धारित करें कि क्या व्यक्ति के मन में खुद को चोट पहुँचाने का कोई विचार है। आत्महत्या का विचार पूर्ण आत्महत्या से अत्यधिक जुड़ा हुआ है। कुछ अनुभवहीन चिकित्सकों को यह प्रश्न पूछने में कठिनाई होती है। उन्हें डर है कि पूछताछ बहुत दखल देने वाली हो सकती है या वे व्यक्ति को आत्महत्या का विचार दे सकते हैं। वास्तव में, रोगी इस प्रश्न को चिकित्सक की चिंता के प्रमाण के रूप में महत्व देते हैं। एक सकारात्मक प्रतिक्रिया के लिए आगे की जांच की आवश्यकता है।

अतः विकल्प (B) सही है।

118. जब स्टाफ सदस्य रोगी से पूछता है कि क्या वह सोचता है कि दूसरे उसे घृणास्पद क्यों पाते हैं, तो रोगी को रक्षात्मक महसूस करने की संभावना है क्योंकि प्रश्न छोटा है। स्वाभाविक प्रवृत्ति आत्म-छवि के लिए खतरे का मुकाबला करने की है।

अतः विकल्प (A) सही है।

119. नर्स विशेष रूप से रोगी के साथ एक सहायक टकराव का उपयोग करेगी ताकि यह इंगित किया जा सके कि रोगी क्या कहता है और वास्तव में खुद के लिए जिम्मेदारी बढ़ाने के लिए क्या मौजूद है। सहायक टकराव का मतलब है कि हम कुछ विशिष्ट कौशल का उपयोग करते हुए, एक मूल्य या सिद्धांत को संबोधित करने के लिए अच्छी ऊर्जा और प्रयास कर रहे हैं जो डिस्कनेक्ट या सरेखण से बाहर लगता है। समय के साथ हम इसे रिश्तों को गहरा करने, टीमों को मजबूत करने और अपने संगठनों को बढ़ाने के अवसर के रूप में देखते हैं।

अतः विकल्प (B) सही है।

120. नियमित कॉफी में कैफीन होता है जो साइकोमोटर उत्तेजक के रूप में कार्य करता है और चिंता और उत्तेजना की भावना पैदा करता है। रोगी को कॉफी देने से कंपकंपी या जागने की समस्या बढ़ सकती है। तीव्र अल्कोहल सेवन के दौरान, कैफीन A 1 रिसेप्टर्स को अवरुद्ध करके अल्कोहल के "अवांछित" प्रभावों का काफी हद तक विरोध करता है, जो अल्कोहल के सोमनोजेनिक और एटैक्सिक प्रभावों को मध्यस्थ करता है। दूसरी ओर, एडीनोसिन की बाह्य कोशिकीय सांद्रता में अल्कोहल-प्रेरित वृद्धि कैफीन के A 1 रिसेप्टर-मध्यस्थता वाले "अवांछित" एंगियोजेनिक प्रभाव को कम कर सकती

है। "अवांछित" प्रभावों का पारस्परिक विरोध "वांछित" प्रबलिंग प्रभावों की खोज में दोनों दवाओं के सेवन में उल्लेखनीय वृद्धि की संभावना देता है।

अतः विकल्प (D) सही है।

121. एक महिला रोगी के साथ एक खुला और भरोसेमंद संबंध स्थापित करने के लिए, जिसे गंभीर चिंता के साथ अस्पताल में भर्ती कराया गया है, प्रभारी नर्स को व्यक्तिगत स्थान के लिए रोगी की आवश्यकता का सम्मान करना चाहिए।

रोगी के निजी स्थान पर जाने से खतरे की भावना बढ़ जाती है, जिससे चिंता बढ़ जाती है। एक शांत और शांतिपूर्ण वातावरण रखकर संवेदी उत्तेजनाओं को कम करें, "खतरनाक" उपकरण को दृष्टि से दूर रखें। रोगी के आस-पास अत्यधिक बातचीत, शोर और उपकरणों के साथ चिंता घबराहट की स्थिति में तेज हो सकती है।

अतः विकल्प (D) सही है।

122. नर्स यह मानती है कि पर्यावरण (MILIEU) थेरेपी का फोकस व्यवहार में सकारात्मक बदलाव लाने के लिए पर्यावरण में हेरफेर करना है।

MILIEU थेरेपी एक रोगी के तत्काल जीवन परिस्थितियों और पर्यावरण में पर्याप्त परिवर्तन करके मानसिक विकार या कुसमायोजन का उपचार है जो चिकित्सा के अन्य रूपों की प्रभावशीलता को बढ़ाएगा। परिवेश चिकित्सा का लक्ष्य पर्यावरण में हेरफेर करना है ताकि रोगी के अस्पताल के अनुभव के सभी पहलुओं को चिकित्सीय माना जा सके।

अतः विकल्प (A) सही है।

123. नर्स उम्मीद करेगी कि प्रतिक्रियाशील लगाव विकार के निदान वाले बच्चे को दूसरों के साथ केवल सतही संबंध विकसित करने में सक्षम होना चाहिए।

जिन बच्चों ने प्राथमिक देखभाल करने वाले के साथ लगाव की कठिनाइयों का अनुभव किया है, वे दूसरों पर भरोसा करने में सक्षम नहीं हैं और इसलिए सतही रूप से संबंधित हैं। प्रतिक्रियाशील लगाव विकार (RAD) एक ऐसी स्थिति है जिसमें एक शिशु या छोटा बच्चा अपने प्राथमिक देखभाल करने वालों (माता-पिता के आंकड़े) के साथ एक सुरक्षित, स्वस्थ भावनात्मक बंधन नहीं बनाता है।

अतः विकल्प (C) सही है।

124. माता-पिता को बचपन के अवसाद के बारे में पढ़ाते समय नर्स को कहना चाहिए "यह व्यवहार से बाहर अभिनय प्रतीत कर सकता है"।

बच्चों को मौखिक रूप से अपनी भावनाओं को व्यक्त करने में कठिनाई होती है, व्यवहार करना, जैसे कि गुस्सा नखरे, अंतर्निहित अवसाद का संकेत दे सकते हैं। प्रारंभिक चिकित्सा अध्ययन "नकाबपोश" अवसाद पर केंद्रित थे, जहां एक बच्चे के उदास मनोदशा को अभिनय या क्रोधित व्यवहार से प्रमाणित किया गया था। हालांकि ऐसा होता है, विशेष रूप से छोटे बच्चों में, कई बच्चे उदास या उदास वयस्कों के समान उदास या कम मूड प्रदर्शित करते हैं। अवसाद के प्राथमिक लक्षण उदासी, निराशा की भावना और मनोदशा में बदलाव के इर्द-गिर्द घूमते हैं।

अतः विकल्प (A) सही है।

125. नर्स इस बात से अवगत है कि ऑटिस्टिक बच्चे में भाषा का विकास शब्दानुकरण से मिलता जुलता है।

ऑटिस्टिक बच्चा दूसरों द्वारा बोली जाने वाली ध्वनियों या शब्दों को दोहराता है। शब्दानुकरण भाषण का एक अनूठा रूप है, और यदि बच्चे को आत्मकेंद्रित है तो यह उन पहले तरीकों में से एक हो सकता है जिसमें बच्चा संवाद करने के लिए भाषण का उपयोग करता है। इस प्रकार, जबकि इसे ऑटिज्म के लक्षण के रूप में वर्णित किया जा सकता है, यह माता-पिता या भाषण-भाषा चिकित्सक के लिए बच्चे के साथ काम करना शुरू करने के लिए भी एक बढ़िया जगह हो सकती है।

अतः विकल्प (D) सही है।

126. औपचारिक संचार एक प्रकार का संचार है जो स्वीकृत रूप, नियम या प्रथा का उपयोग करता है।

औपचारिक संचार उचित, पूर्वनिर्धारित चैनलों और मार्गों के माध्यम से आधिकारिक सूचना के प्रवाह को संदर्भित करता है। कर्मचारी अपने कर्तव्यों का पालन करते हुए औपचारिक संचार चैनलों का पालन करने के लिए बाध्य हैं। औपचारिक संचार को प्रभावी माना जाता है क्योंकि यह संचार का एक सामयिक और व्यवस्थित प्रवाह है।

अत: विकल्प (A) सही है।

127. फीडबैक का दूसरा नाम ऑडियंस रिस्पांस एंड रिप्लाई है।

ऑडियंस रिस्पांस एंड रिप्लाई एक प्रकार की बातचीत या संचार है जो दर्शकों की प्रतिक्रिया प्रणाली के उपयोग से जुड़ा है, एक प्रस्तुतकर्ता और उसके दर्शकों के बीच अंत:क्रियाशीलता बनाने के लिए। सह-स्थित ऑडियंस के लिए सिस्टम वायरलेस हार्डवेयर को प्रेजेंटेशन सॉफ्टवेयर के साथ जोड़ते हैं, और दूरस्थ ऑडियंस के सिस्टम टेलीविजन या इंटरनेट के माध्यम से देखने वाले दर्शकों के लिए टेलीफोन या वेब पोल का उपयोग कर सकते हैं।

अत: विकल्प (D) सही है।

128. द्विमार्गीय संदेशवाहन एक प्रकार का संचार है जिसमें रिसीवर के पास प्रश्न पूछने और संदेह को दूर करने का मौका होता है।

द्विमार्गीय संदेशवाहन में रिसीवर से प्रेषक तक प्रतिक्रिया शामिल होती है। यह प्रेषक को यह जानने की अनुमति देता है कि संदेश प्राप्तकर्ता द्वारा सटीक रूप से प्राप्त किया गया था। संचार पर भी बातचीत की जाती है जिसका अर्थ है कि प्रेषक और रिसीवर एक दूसरे को सुनते हैं, संदेश तब प्रतिक्रिया देने के लिए जानकारी एकत्र करते हैं।

अत: विकल्प (B) सही है।

129. आमने-सामने संचार दो या तीन लोगों के बीच या परिवार जैसे छोटे समूहों में होता है।

आमने-सामने संचार दो या तीन लोगों के बीच की बातचीत को संदर्भित करता है जहां हर कोई एक दूसरे के सीधे संपर्क में होता है। इसे व्यक्तिगत संचार के रूप में भी जाना जाता है क्योंकि इस प्रकार की संचार प्रक्रिया के माध्यम से लोग एक-एक करके महत्वपूर्ण जानकारी भेज और प्राप्त कर सकते हैं।

अत: विकल्प (A) सही है।

130. संचार के चैन पैटर्न में, हेड नर्स किसी अन्य व्यक्ति के माध्यम से सदस्यों से संवाद करती है।

संचार के चैन पैटर्न में पदानुक्रम के माध्यम से ऊपर और नीचे जाता है। रिपोर्टिंग संबंधों के संदर्भ में प्रत्येक व्यक्ति केवल ऊपर या नीचे के व्यक्ति के साथ संचार करता है। चैन पैटर्न कड़ाई से आदेश की औपचारिक चैन का अनुसरण करता है।

अत: विकल्प (B) सही है।

131. एक चर्चा समूह संचार के ऑल-चैनल पैटर्न का एक उदाहरण है।

एक ऑल-चैनल नेटवर्क में, समूह के सभी सदस्यों के बीच संचार ऊपर की ओर, नीचे की ओर और बाद में प्रवाहित होता है। संचार का यह पैटर्न एक समतावादी, (समान, अप्रतिबंधित) सहभागी संस्कृति का समर्थन करता है और क्रॉस-फंक्शनल प्रयासों को बढ़ावा देता है (बढ़ावा देता है, खेती करता है)।

अत: विकल्प (C) सही है।

132. वाद-विवाद एक संचार विधि है जिसमें वक्ता वक्तव्य 'के लिए' या उनके 'विरुद्ध' बोलते हैं।

वाद-विवाद एक ऐसी प्रक्रिया है जिसमें किसी विशेष विषय पर औपचारिक प्रवचन शामिल होता है। एक वाद-विवाद में, अक्सर विरोधी दृष्टिकोणों के लिए तर्क दिए जाते हैं।

अत: विकल्प (C) सही है।

133. संचार की वाद-विवाद पद्धति में, अंत में, अध्यक्ष एक वोट लेता है।

वाद-विवाद संचार का अभ्यास करने का एक मूल्यवान तरीका है। वाद-विवाद की मुख्य गतिविधि किसी की राय प्रस्तुत करना और साक्ष्य के साथ उसका समर्थन करना है, जैसे कि आँकड़े या तथ्य।

"कॉलिंग द क्वेश्न", "क्लोज़ डिबेट", "कॉलिंग फॉर ए वोट", "वोट नाउ", (या अन्य समान रूपों) को आम तौर पर एक लंबित प्रस्ताव पर बहस को समाप्त करने और इसे तत्काल वोट के लिए लाने के प्रस्ताव के रूप में अध्यक्ष के द्वारा उपयोग किया जाता है।

अत: विकल्प (C) सही है।

134. संचार के शैनन और वीवर (1949) मॉडल में निम्नलिखित घटक स्रोत, ट्रांसमीटर, चैनल, रिसीवर, गंतव्य हैं।

संचार का शैनन और वीवर मॉडल संचार का एक गणितीय सिद्धांत है जो तर्क देता है कि मानव संचार को 6 प्रमुख अवधारणाओं में विभाजित किया जा सकता है: प्रेषक, एन्कोडर, चैनल, शोर, डिकोडर और रिसीवर।

स्रोत संदेश का प्रेषक है।

ट्रांसमीटर एक इलेक्ट्रॉनिक उपकरण है जिसका उपयोग दूरसंचार में रेडियो तरंगों का उत्पादन करने के लिए किया जाता है ताकि एंटीना की सहायता से डेटा संचारित या भेजा जा सके।

संचार चैनल ऐसे माध्यम हैं जिनके माध्यम से आप अपने इच्छित दर्शकों को संदेश भेज सकते हैं।

रिसीवर वह व्यक्ति होता है जो संदेश प्राप्त करता है और यह समझने की कोशिश करता है कि प्रेषक वास्तव में क्या संदेश देना चाहता है और फिर उसी के अनुसार प्रतिक्रिया करता है।

गंतव्य का अर्थ उस व्यक्ति से है जिसके लिए स्रोत कई माध्यमों से संदेश पहुंचाता है।

अत: विकल्प (C) सही है।

135. रोगी-केंद्रित संचार शैली रोगी के ज्ञान और अनुभव का उपयोग करती है।

संचार के लिए एक रोगी-केंद्रित दृष्टिकोण समस्या की एक साझा समझ, उपचार के लक्ष्यों और उस उपचार और कल्याण के लिए बाधाओं को विकसित करने के लिए पूरे व्यक्ति, उनके व्यक्तित्व, जीवन इतिहास और सामाजिक संरचना को स्वीकार करना है।

अत: विकल्प (B) सही है।

136. क्षय रोग जीवाणु के कारण नहीं होता है। क्षय रोग (TB) एक संभावित गंभीर संक्रामक रोग है जो मुख्य रूप से फेफड़ों को प्रभावित करता है। क्षय रोग का कारण बनने वाले जीवाणु खांसी और छींक के माध्यम से हवा में छोड़ी गई छोटी बूंदों के माध्यम से एक व्यक्ति से दूसरे व्यक्ति में फैलते हैं।

अत: विकल्प (C) सही है।

137. संक्रामक रोग का मुख्य कारण दूषित वायु, दूषित भोजन और खराब स्वास्थ्यकर स्थिति है। संक्रामक रोग आमतौर पर बैक्टीरिया, वायरस या अन्य कीटाणुओं के एक व्यक्ति से दूसरे व्यक्ति में सीधे स्थानांतरण के माध्यम से फैलता है। यह तब हो सकता है जब जीवाणु या वायरस वाला कोई व्यक्ति किसी ऐसे व्यक्ति को छूता है, खांसता है या छींकता है जो संक्रमित नहीं है।

अत: विकल्प (D) सही है।

138. कथन I: शहरी क्षेत्रों में प्रकाश-रासायनिक स्मॉग के निर्माण के लिए सूर्य का प्रकाश एक पूर्व-आवश्यकता है।

- फोटोकैमिकल स्मॉग एक भूरा-भूरा धुंध है जो हाइड्रोकार्बन और नाइट्रोजन के ऑक्साइड से प्रदूषित वातावरण पर सौर पराबैंगनी विकिरण की क्रिया के कारण होता है।

- इसमें मानवजनित वायु प्रदूषक, मुख्य रूप से ओजोन, नाइट्रिक एसिड और कार्बनिक यौगिक होते हैं, जो तापमान के उलट होने से जमीन के पास फंस जाते हैं। ये प्रदूषक और कुछ अन्य भी मानव स्वास्थ्य को प्रभावित कर सकते हैं और पौधों को नुकसान पहुंचा सकते हैं।

- फोटोकैमिकल स्मॉग में अक्सर इसके कुछ गैसीय घटकों के कारण एक अप्रिय गंध होता है।

- फोटोकैमिकल स्मॉग, जिसे "लॉस एंजिल्स स्मॉग" के रूप में भी जाना जाता है, शहरी क्षेत्रों में सबसे प्रमुख रूप से होता है, जहां बड़ी संख्या में ऑटोमोबाइल होते हैं।

इस प्रकार, कथन I सही है लेकिन कथन II गलत है।

अतः विकल्प (C) सही है।

139. कार्बन डाइआक्साइड:

- ग्रीनहाउस गैस के रूप में ग्लोबल वार्मिंग में योगदान

- सतह के तापमान में तेजी से वृद्धि

- जलवायु परिवर्तन को प्रभावित करें

- ऊष्मीय विस्तार और महासागरीय अम्लीकरण भी कार्बन डाई ऑक्साइड के बढ़ने के कारण होता है।

- सिरदर्द, बेचैनी, चक्कर आना, सांस लेने में कठिनाई आदि भी कार्बन डाई ऑक्साइड के बढ़ने के कारण होते हैं।

कार्बन मोनोआक्साइड:

- विषाक्त और सांस की बीमारियों का कारण बन सकता है

- ग्रीनहाउस प्रभाव के कारण

नाइट्रोजन ऑक्साइड:

- अम्लीय वर्षा का निर्माण

- जमीनी स्तर के जोन के निर्माण में मदद

- फेफड़ों की बीमारी का कारण

बेंजीन और हाइड्रोकार्बन:

- विषाक्त और कार्सिनोजेनिक हैं

- कार्सिनोजेनिक पदार्थ कैंसर का कारण बनते हैं

- एक कार्सिनोजेन एक पदार्थ, रेडियोन्यूक्लाइड या विकिरण है

- बेंजीन तीव्र माइलॉयड ल्यूकेमिया का कारण बनता है

- अत्यधिक एक्सपोजर लाल और सफेद रक्त कोशिकाओं दोनों के उत्पादन को कम कर सकता है

अतः विकल्प (A) सही है।

140. कई स्थानों पर होने वाले जहरीले प्रभावों को व्यवस्थित विषाक्तता के रूप में जाना जाता है। विभिन्न प्रकार के व्यवस्थित विषाक्तता निम्नानुसार हैं,

जीर्ण विषाक्त प्रभाव: विशिष्ट अंग प्रणालियों को संचयी क्षति और एक पहचानने योग्य नैदानिक रोग बनने में कई महीने या साल लगते हैं। यह बहुत अधिक जहरीले पदार्थ की एकल खुराक या उप-घातक खुराक के निरंतर संपर्क के परिणामस्वरूप होता है।

तीव्र विषाक्त प्रभाव: एक्सपोजर के तुरंत बाद होता है, आमतौर पर, एक खुराक या खुराक की एक श्रृंखला 24 घंटों के भीतर प्राप्त होती है। जीवित रहने की दर बहुत कम है, मृत्यु एक प्रमुख चिंता का विषय है।

कथन I और कथन II दोनों सत्य हैं

अतः विकल्प (A) सही है।

141. कार्बन डाइऑक्साइड वैश्विक उत्सर्जन (प्रति वर्ष मिलियन टन) में मानव निर्मित योगदान में प्राकृतिक स्रोतों की तुलना में अधिक योगदान देता है।

सल्फर डाइऑक्साइड:

- रिलीज फॉर्म रासायनिक उद्योग और ज्वालामुखी विस्फोट

नाइट्रिक ऑक्साइड:

- मुख्य रूप से आंधी के दौरान उत्पादित

मीथेन:

- यह एक वाष्पशील कार्बनिक यौगिक है

कार्बन डाइऑक्साइड:

- ग्रीन हाउस गैस और प्रमुख प्रदूषक

- जीवाश्म ईंधन का जलना और औद्योगिक उपयोग इसका मुख्य स्रोत है

अतः विकल्प (D) सही है।

142. AQI को एक समग्र योजना के रूप में परिभाषित किया गया है जो व्यक्तिगत वायु प्रदूषण से संबंधित मापदंडों (SO_2, CO, दृश्यता, आदि) के भारित मूल्यों को एकल संख्या या संख्याओं के सेट में बदल देती है।

यह एक ऐसा पैमाना है जिसे किसी को यह समझने में मदद करने के लिए डिज़ाइन किया गया है कि किसी के स्वास्थ्य के लिए हवा की गुणवत्ता का क्या मतलब है।

सल्फर डाइऑक्साइड (SO_2): यह जलीय माध्यम में घुलनशील है और नाक और ऊपरी श्वसन पथ के श्लेष्म झिल्ली को प्रभावित करता है।

अतः विकल्प (C) सही है।

143. ओजोन को द्वितीयक वायु प्रदूषक माना जाता है। वायु प्रदूषक ऐसे पदार्थ हैं जो वातावरण में ऐसे स्तरों पर मौजूद होते हैं जो मानव स्वास्थ्य या पर्यावरण पर संभावित रूप से नकारात्मक प्रभाव डाल सकते हैं। ये प्रदूषक प्राकृतिक स्रोतों या मानवजनित गतिविधियों से उत्पन्न हो सकते हैं। उन्हें प्राथमिक और माध्यमिक में वर्गीकृत किया गया है।

प्राथमिक वायु प्रदूषक वे प्रदूषक हैं जो विशेष स्रोतों से सीधे बनते और उत्सर्जित होते हैं। उदाहरण कण, कार्बन मोनोऑक्साइड, नाइट्रोजन ऑक्साइड और सल्फर ऑक्साइड हैं।

द्वितीयक प्रदूषक प्रदूषक हैं जो वातावरण में बनते हैं। ये प्रदूषक सीधे किसी स्रोत (जैसे वाहन या बिजली संयंत्र) से उत्सर्जित नहीं होते हैं।

अतः विकल्प (B) सही है।

144. क्लोरोफ्लोरोकार्बन (CFC) एक ग्रीनहाउस गैस है जो पूरी तरह से मानवीय गतिविधियों से उत्पन्न होती है।

मीथेन, कार्बन डाइऑक्साइड, नाइट्रस ऑक्साइड और क्लोरोफ्लोरोकार्बन सभी ग्रीनहाउस गैसें हैं।

क्लोरोफ्लोरोकार्बन का उपयोग आमतौर पर शीतलन उद्देश्यों के लिए रेफ्रिजरेंट के रूप में किया जाता है।

अतः विकल्प (D) सही है।

145. इनहेलेशन या भोजन की खपत के माध्यम से मनुष्यों में उच्च-स्तरीय लेड (Pb) एक्सपोजर का कारण हो सकता है:

- मानसिक मंदता

- उच्च रक्तचाप

- केंद्रीय तंत्रिका तंत्र का विकार

लेड एक शक्तिशाली जहर है और बहुत कम मात्रा में भी हानिकारक है। एक बार शरीर में अवशोषित होने के बाद, लेड कुछ एंजाइमों के साथ जुड़ जाता है और उनके कामकाज को रोकता है - अक्सर गंभीर शारीरिक या तंत्रिका संबंधी परिणामों के साथ। रोग के वैश्विक बोझ का अनुमान है कि कुल रोग भार का 0.9% सीसा है।

इस प्रकार, कथन 1, 2 और 3 सही है।

अतः विकल्प (D) सही है।

146. 15 साल के एक लड़के ने अपने चेहरे पर एक केमिकल छिड़का है। एम्बुलेंस बुलाने के लिए किसी को भेजने के बाद, आप जले हुए क्षेत्र को बड़ी मात्रा में पानी से तब तक धोएं जब तक कि एम्बुलेंस नहीं आ जाती।

केमिकल बर्न होने पर तुरंत ये उपाय करें:

- जलने के कारण को दूर करें। कम से कम 10 मिनट के लिए ठंडे बहते पानी से त्वचा से रसायन को हटा दें।
- उन कपड़ों या गहनों को हटा दें जो रसायन से दूषित हो गए हैं।
- जले पर पट्टी बांधें।
- जरूरत पड़ने पर फिर से फ्लश करें।

अतः विकल्प (C) सही है।

147. छाती के खुले घाव वाले पीड़ित की देखभाल करने के लिए, आप घाव को एक ऐसी ड्रेसिंग से ढँक देंगे जो हवा को गुजरने नहीं देती है खुले छाती के घावों के लिए तत्काल रोड़ा भरने की आवश्यकता होती है। पिछले कुछ वर्षों में एल्युमिनियम फॉयल, डक्ट टेप और सिलोफ़न और वैसलीन गॉज़ जैसे कई सुझाए गए फील्ड समीचीन ड्रेसिंग हैं।

अतः विकल्प (B) सही है।

148. आपकी बस में एक छात्र के कमर क्षेत्र में एक गंभीर कट है, आपको घाव को एक साफ ड्रेसिंग के साथ सीधे दबाव लागू करना चाहिए।

एक ड्रेसिंग का उपयोग घाव की रक्षा और संक्रमण को रोकने के लिए किया जाता है, लेकिन उपचार की अनुमति देने के लिए भी किया जाता है। एक ड्रेसिंग घाव को पूरी तरह से ढकने के लिए पर्याप्त बड़ी होनी चाहिए, घाव से परे सभी तरफ लगभग 2.5 सेमी की सुरक्षा मार्जिन के साथ।

अतः विकल्प (A) सही है।

149. बस में एक लड़का डायबिटिक शॉक में चला जाता है, आप उसे आराम से करना चाहिए; उसे एक गैर-आहार पेय, कैंडी, या उसमें चीनी के साथ कुछ दें।

यदि यह आपके लक्ष्य स्तर से नीचे या 70 से नीचे है, तो 15 से 20 ग्राम कार्बोहाइड्रेट खाएं या पिएं। आप जूस, हार्ड कैंडी या ग्लूकोज की गोलियां ले सकते हैं। यह आमतौर पर आपके लक्षणों को दूर करने में मदद करेगा।

अतः विकल्प (D) सही है।

150. ईएमएस प्रणाली को प्रभावी ढंग से काम करने में आपकी भूमिका में चार चरण शामिल हैं: पहचानें, निर्णय लें, कॉल करें, प्रदान करें।

आपातकालीन चिकित्सा सेवाएं, जिसे आमतौर पर ईएमएस के रूप में जाना जाता है, एक ऐसी प्रणाली है जो आपातकालीन चिकित्सा देखभाल प्रदान करती है। एक बार जब यह किसी ऐसी घटना से सक्रिय हो जाता है जो गंभीर बीमारी या चोट का कारण बनती है, तो ईएमएस का फोकस रोगी की आपातकालीन चिकित्सा देखभाल है।

अतः विकल्प (C) सही है।

151. बैक्टीरिया की गतिशीलता के लिए जिम्मेदार संरचना फ्लैगेला है।

बैक्टीरियल फ्लैगेलम एक हेलिकल फिलामेंटस ऑर्गेनेल है जो गतिशीलता के लिए जिम्मेदार है। कोशिका के बाहरी भाग में फ्लैगेला रखने वाली जीवाणु

प्रजातियों में, लंबे पेचदार फ्लैगेलर फिलामेंट थ्रस्ट उत्पन्न करने के लिए आणविक पेंच के रूप में कार्य करता है।

अतः विकल्प (B) सही है।

152. कोकाइ जो एक श्रृंखला बनाती है वह स्ट्रेप्टोकोकाइ है।

स्ट्रेप्टोकोकाइ कोकाइ (जैसे स्ट्रेप्टोकोकस पाइोजेन्स) की श्रृंखलाएं हैं। स्टैफिलोकोकाइ कोकाइ के अनियमित समूह हैं (जैसे स्टैफिलोकोकि ऑरियस)। टेट्राड एक ही तल के भीतर व्यवस्थित चार कोकाइ के समूह हैं।

अतः विकल्प (A) सही है।

153. वह व्यवस्था, जिसमें कशाभिका जीवाणु कोशिका के चारों ओर वितरित होती है, पेरिट्रिचस कहलाती है।

फ्लैगेलम एकवचन है जबकि फ्लैगेला बहुवचन है जो अक्सर हरकत के लिए उपयोग किया जाता है। एक फ्लैगेलेट एक कोशिका या जीव भी हो सकता है जिसमें एक या एक से अधिक चाबुक जैसे उपांग होते हैं जिन्हें फ्लैगेला कहा जाता है। पेरिट्रिचस में साइटोस्टोम पेरिट्रिचस प्रोटोजोअन के चारों ओर संशोधित सिलिया की एक सर्पिल रेखा होती है।
अतः विकल्प (C) सही है।

154. ग्राम-पॉजिटिव बैक्टीरिया में कोशिका भित्ति के प्रमुख घटक के रूप में पेप्टिडोग्लाइकन होता है।

जीवाणु कोशिका भित्ति का प्रमुख घटक पेप्टिडोग्लाइकन या म्यूरिन है। पेप्टिडोग्लाइकन की यह कठोर संरचना, जो केवल प्रोकैरियोट्स के लिए विशिष्ट है, कोशिका को आकार देती है और साइटोप्लाज्मिक झिल्ली को घेर लेती है। एनएजी और एनएएम स्ट्रैंड बैक्टीरिया के साइटोसोल में संश्लेषित होते हैं।
अतः विकल्प (B) सही है।

155.

जीवाणुओं के लिए सामान्य शब्द जो हेलली कर्व्ड रॉड हैं, स्पाइरल जीवाणु है।

स्पाइरल जीवाणु, सर्पिल (पेचदार) आकार के जीवाणु, रॉड के आकार के बेसिली और गोल कोक्सी के साथ प्रोकैरियोट्स की तीसरी प्रमुख रूपात्मक श्रेणी बनाते हैं। स्पाइरल जीवाणुओं को प्रति कोशिका मरोड़ की संख्या, कोशिका की मोटाई, कोशिका के लचीलेपन और गतिशीलता के आधार पर उपवर्गीकृत किया जा सकता है।

अतः विकल्प (D) सही है।

156.

होलोज़ोइक पोषण ठोस पोषक तत्वों के फागोसाइटोसिस और बाद में फागोसाइटिक रिक्तिका के गठन की विशेषता है।

होलोज़ोइक पोषण एक प्रकार का विषमपोषी पोषण है जो आंतरिककरण (अंतर्ग्रहण) और तरल पदार्थ या ठोस खाद्य कणों के आंतरिक प्रसंस्करण की विशेषता है।
अतः विकल्प (A) सही है।

157. सप्रोज़ोइक पोषण घुलनशील पोषक तत्वों के पिनोसाइटोसिस और बाद में पिनोसाइटोसिस रिक्तिका के गठन की विशेषता है।

सप्रोज़ोइक पोषण जीव की पोषण संबंधी जरूरतों को पूरा करने के लिए पर्यावरण से सरल कार्बनिक अणुओं और घुलित नमक के अवशोषण पर जोर देता है। सैप्रोफाइटिक पोषण पोषण का वह तंत्र है जिसमें एक जीव मृत और सड़ने वाले कार्बनिक पदार्थ से पोषक तत्व प्राप्त करता है।
अतः विकल्प (D) सही है।

158. प्रोटोजोआ में कठोर कोशिका भित्ति होने की संभावना कम से कम होती है।

प्रोटोजोआ एकल कोशिका वाले जीव हैं। वे अमीबा से लेकर कई अलग-अलग आकार और आकार में आते हैं जो अपने आकार को अपने निश्चित आकार

और जटिल संरचना के साथ पैरामीशियम में बदल सकते हैं। वे ताजे पानी, समुद्री वातावरण और मिट्टी सहित विभिन्न प्रकार के नम आवासों में रहते हैं।

अतः विकल्प (D) सही है।

159. फाइटोप्लांकटन के रूप में जानी जाने वाली माइक्रोबियल आबादी प्रोटोजोआ के लिए सही नहीं है।

प्रोटोजोआ एकल कोशिका वाले जीव हैं। वे अमीबा से लेकर कई अलग-अलग शेप और साइज में आते हैं जो अपने निश्चित आकार और जटिल संरचना से अपना आकार बदलकर पैरामीशियम कर सकता है। वे ताजे पानी, समुद्री वातावरण और मिट्टी सहित विभिन्न प्रकार के नम आवासों में रहते हैं।

अतः विकल्प (C) सही है।

160. रोमक प्रोटोजोआ के बीच यौन कोंजूगेशन का रूप ले लेता है। इस प्रक्रिया के परिणामस्वरूप संख्या में वृद्धि नहीं होती है बल्कि दो अलग-अलग कोशिकाओं के बीच आनुवंशिक सामग्री का एक सरल आदान-प्रदान होता है।

अतः विकल्प (A) सही है।

161. तुलनात्मक मनोविज्ञान पशु व्यवहार के अध्ययन से संबंधित मनोविज्ञान की शाखा है।

यह पशु व्यवहार का अध्ययन करने के लिए एक तुलनात्मक पद्धति का उपयोग करता है। तुलनात्मक मनोविज्ञान गैर-मानव जानवरों के व्यवहार और मानसिक प्रक्रियाओं के वैज्ञानिक अध्ययन को संदर्भित करता है, विशेष रूप से ये फ़ाइलोजेनेटिक इतिहास से संबंधित हैं।

अतः विकल्प (A) सही है।

162. फ्रेनोलॉजिस्ट ने किसी व्यक्ति की खोपड़ी को महसूस करना द्वारा किसी के व्यक्तित्व का पता लगाने की कोशिश की थी।

फ्रेनोलॉजी क्षमता और चरित्र का पता लगाने के लिए लोगों के सिर के आकार और आकार का अध्ययन है। फ्रेनोलॉजिस्ट वे हैं जो खोपड़ी के आकार से चरित्र को पढ़ने में सक्षम होने का दावा करते हैं। फ्रेनोलॉजी एक छद्म विज्ञान है जिसमें मानसिक लक्षणों की भविष्यवाणी करने के लिए खोपड़ी पर धक्कों की माप शामिल है।

अतः विकल्प (A) सही है।

163. कैटेल के सिद्धांत में बुद्धि में उम्र से संबंधित परिवर्तनों को सबसे अच्छी तरह समझाया गया है।

कैटेल का सिद्धांत व्यक्तित्व विवरण के लिए एक दृष्टिकोण है जो कारक विश्लेषण के माध्यम से लक्षणों की पहचान और सतह के लक्षणों में उनके वर्गीकरण और 16 स्रोत लक्षणों के आधार पर होता है। कैटेल के अनुसार, व्यक्तित्व लक्षणों की एक निरंतरता है। दूसरे शब्दों में, प्रत्येक व्यक्ति में ये सभी 16 लक्षण कुछ हद तक होते हैं, लेकिन वे कुछ लक्षणों में उच्च और दूसरों में निम्न हो सकते हैं।

अतः विकल्प (C) सही है।

164. किसी व्यक्ति के गुणों के अध्ययन को मुहावरेदार दृष्टिकोण कहा जाता है।

मनोविज्ञान में, मुहावरेदार व्यक्ति के अध्ययन का वर्णन करता है, जिसे एक अद्वितीय जीवन इतिहास के साथ एक अद्वितीय एजेंट के रूप में देखा जाता है, जिसमें गुण उन्हें अन्य व्यक्तियों से अलग करते हैं। मुहावरेदार दृष्टिकोण उन अनुसंधान लक्ष्यों का वर्णन करता है जो पूरी आबादी पर व्यक्तिगत परिणामों पर ध्यान केंद्रित करने या सामान्य करने के बजाय व्यक्ति पर ध्यान केंद्रित करते हैं।

अतः विकल्प (B) सही है।

165. एक व्यक्ति वह करता है जो वह देखता है यह एक प्रकार का ओवर्ट बेहवियर है।

ओवर्ट शब्द को ऐसी चीज के रूप में परिभाषित किया जा सकता है जो स्पष्ट रूप से और खुले तौर पर प्रदर्शित हो। चलने, बात करने, हंसने जैसे देखने योग्य व्यवहार, जिन्हें आसानी से देखा जा सकता है, को खुले व्यवहार के रूप में वर्गीकृत किया जाता है।

अतः विकल्प (C) सही है।

166. दृष्टिभ्रम सिज़ोफ्रेनिया के लक्षण हैं।

इनमें आमतौर पर उन चीजों को देखना या सुनना शामिल होता है जो मौजूद नहीं हैं। फिर भी सिज़ोफ्रेनिया वाले व्यक्ति के लिए, उनके पास सामान्य अनुभव की पूरी ताकत और प्रभाव होता है। माया किसी भी इंद्रिय में हो सकता है, लेकिन आवाज सुनना सबसे आम माया है।

अतः विकल्प (C) सही है।

167. बुद्धि का एकल कारक सिद्धांत अल्फ्रेड बिनेट द्वारा दिया गया था।

अल्फ्रेड बिनेट एक 'फ्रांसीसी मनोवैज्ञानिक' थे जिन्होंने बुद्धि परीक्षण विकसित किया जिसका प्रयोग अक्सर किया जाता है जिसे बुद्धि के लिए सबसे व्यापक रूप से उपयोग किया जाने वाला परीक्षण माना जाता है। उन्होंने बुद्धि की अवधारणा को एक समान क्षमताओं के समूह के रूप में माना जिसका उपयोग किसी व्यक्ति के वातावरण में किसी भी या हर समस्या को हल करने के लिए किया जा सकता है। उनकी बुद्धि के सिद्धांत को यूनी या बुद्धि का एक कारक सिद्धांत कहा जाता है।

अतः विकल्प (B) सही है।

168. न्यूरोसिस किसी दिए गए तनाव के लिए लंबे समय तक भावनात्मक प्रतिक्रिया की विशेषता है।

न्यूरोटिक का अर्थ है कि आप न्यूरोसिस से पीड़ित हैं, एक ऐसा शब्द जो 1700 के दशक से मानसिक, भावनात्मक या शारीरिक प्रतिक्रियाओं का वर्णन करने के लिए उपयोग किया जाता है जो कठोर और तर्कहीन हैं। इसके मूल में, एक विक्षिप्त व्यवहार गहरी चिंता को प्रबंधित करने के लिए एक स्वचालित, अचेतन प्रयास है।

अतः विकल्प (B) सही है।

169. मानसिक रोग की प्रवृत्ति आनुवंशिकता है।

मानसिक बीमारियां कभी-कभी परिवारों में चलती हैं, यह सुझाव देती हैं कि जिन लोगों के परिवार के सदस्य मानसिक बीमारी से ग्रस्त हैं, उनके स्वयं के विकसित होने की संभावना कुछ अधिक हो सकती है। परिवारों में जीन के माध्यम से संवेदनशीलता पारित की जाती है।

अतः विकल्प (D) सही है।

170. मानसिक रूप से बीमार व्यक्तियों के पुनर्वास के लिए मानसिक बीमारी की सामाजिक चिकित्सा आवश्यक है।

सामाजिक चिकित्सा एक प्रकार की समूह चिकित्सा है जो मनोवैज्ञानिक विकारों वाले रोगियों के लिए की जाती है। समूह चिकित्सा में, रोगियों के लिए चर्चा और गतिविधियों का उपयोग चिकित्सकों और मनोवैज्ञानिकों के साथ-साथ सामाजिक कार्यकर्ताओं द्वारा भी किया जाता है।

अतः विकल्प (C) सही है।

General Knowledge

Q.1 किस राज्य में, भारत का पहला शुद्ध हरित हाइड्रोजन संयंत्र अप्रैल 2022 में चालू हुआ?

A. असम   B. कर्नाटक   C. गुजरात   D. पंजाब

Q.2 मानव विकास सूचकांक, 2018 में भारत का स्थान है:

[Super TET Paper - I, 2019]

A. 128 वाँ   B. 129 वाँ   C. 130 वाँ   D. 131 वाँ

Q.3 चार्टर्ड एकाउंटेंट दिवस का कौन सा संस्करण 1 जुलाई 2022 को मनाया गया?

A. 72वां   B. 72वां   C. 74वां   D. 76वां

Q.4 निम्नलिखित में से कौन सा निकाय सूक्ष्म, लघु और मध्यम उद्यम (एमएसएमई) क्षेत्र के संवर्धन, वित्तपोषण और विकास के लिए प्रमुख वित्तीय संस्थान के रूप में कार्य करता है?

A. नेशनल बैंक फॉर एग्रीकल्चर एंड रूरल डेवलपमेंट (नाबार्ड)

B. भारतीय स्टेट बैंक (एसबीआई)

C. भारतीय रिजर्व बैंक (आरबीआई)

D. भारतीय लघु उद्योग विकास बैंक (सिडबी)

Q.5 निम्नलिखित में से कौन सा समूह राज्यों में झूम खेती या शिफ्टिंग खेती का अभ्यास करता है?

A. जम्मू और कश्मीर और हिमाचल प्रदेश

B. पंजाब और हरियाणा

C. मिजोरम और नागालैंड

D. उत्तरांचल और सिक्किम

Q.6 भारत की कौन सी राज्य सरकार एशिया का पहला चावल प्रौद्योगिकी पार्क स्थापित करेगी?

A. ओडिशा   B. झारखंड

C. कर्नाटक   D. उत्तर प्रदेश

Q.7 भारत का कौन सा राज्य मिर्च और हल्दी का सबसे बड़ा उत्पादक है?

A. उत्तर प्रदेश   B. आंध्र प्रदेश

C. पश्चिम बंगाल   D. महाराष्ट्र

Q.8 पंचायती समिति में मुख्य अधिकारी कौन होता है?

A. प्रसार अधिकारी   B. विकास अधिकारी

C. अकाउंटेंट   D. कार्यालय अधीक्षक

Q.9 राम विभिन्न विषयों में विभिन्न अंक प्राप्त करता है। उसके अंक 70, 50, 60, 65 और 75 हैं। तो उसके औसत अंक 320 का कितने प्रतिशत हैं?

A. 20%   B. 25%   C. 12.5%   D. 37.5%

Q.10 दो क्रमिक वर्षों में, एक विद्यालय के 100 और 200 छात्र अंतिम परीक्षा में शामिल हुए। उनमें से क्रमशः 80% और 60% उत्तीर्ण हुए। 2 वर्ष में संचयी उत्तीर्ण प्रतिशत ज्ञात कीजिए।

A. 50%   B. 60%   C. 66.67%   D. 65%

Q.11 सोवियत संघ और संयुक्त राज्य अमेरिका के बीच भू-राजनीतिक तनाव की अवधि को शीत युद्ध काल कहा जाता है, यह कौन सी अवधि है?

A. 1914-1919   B. 1939-1945

C. 1947-1991   D. 1991-2001

Q.12 भारत छोड़ो आंदोलन के समय वायसराय कौन था?

A. लॉर्ड माउंटबेटन   B. लॉर्ड वेवेल

C. लॉर्ड लिटन   D. लॉर्ड लिनलिथगो

Q.13 किस भारतीय तेज गेंदबाज ने 200 टेस्ट विकेट का खिताब हासिल किया है?

A. मोहम्मद शमी   B. रविचंद्रन अश्विन

C. रवींद्र जडेजा   D. जसप्रीत बुमराह

Q.14 एक वस्तु का विक्रय मूल्य 144 रुपए है। यदि लाभ प्रतिशत वस्तु की क्रय मूल्य के बराबर है, तो वस्तु की क्रय मूल्य क्या है?

A. 80   B. 60   C. 90   D. 120

Q.15 निम्नलिखित में से किसमें महिलाओं के लिए विशेष प्रावधान मिल सकते हैं?

A. मौलिक अधिकार

B. राज्य नीति का निर्देश सिद्धांत

C. मौलिक कर्तव्य

D. उपरोक्त सभी

Q.16 पाक जलडमरूमध्य _____ देशों के बीच स्थित है।

A. श्रीलंका और मालदीव

B. भारत और श्रीलंका

C. भारत और मालदीव

D. इंडोनेशिया और मालदीव

Q.17 भारत का पहला बायोस्फीयर रिजर्व कौन सा है?

A. नंदा देवी   B. सुंदरबन

C. नीलगिरि   D. ग्रेट निकोबार

Q.18 _____ के अनुसार, दाब उस क्षेत्र द्वारा विभाजित बल के बराबर होता है जिस पर वह कार्य करता है।

A. स्टीफन-बोल्ट्जमैन नियम

B. न्यूटन का नियम

C. पास्कल का नियम

D. हुक का नियम

Q.19 एक जीएम काउंटर का उपयोग क्या पता लगाने के लिए किया जाता है?

[MP Sub Inspector (MPSI), 2017]

A. रेडियोधर्मिता   B. भूमिगत जल

C. भूमिगत तेल   D. कोयला

Q.20 रामू अन्य प्रत्येक माह की तुलना में जुलाई में तीन गुना अधिक धनराशि अर्जित करता है। जुलाई की अर्जित धनराशि और वार्षिक अर्जित धनराशि का अनुपात है:

[Telangana Police Constable, 2018]

A. 3 : 13   B. 3 : 14   C. 3 : 11   D. 3 : 12

Q.21 निम्नलिखित में से किसे 'हरित शैवाल' भी कहा जाता है?

A. पोर्फिरीडियम   B. क्लोरोफाइसी

C. रोडोफाइसी   D. फियोफाइसी

Q.22 किस खनिज की कमी से अस्थिसुषिरता हो सकती है?

A. लोहा   B. कैल्शियम   C. सोडियम   D. फ्लोराइड

Q.23 ऐतिहासिक लखनऊ समझौते पर हस्ताक्षर किस वर्ष में किए गए थे?
A. 1910   **B.** 1916   **C.** 1920   **D.** 1919

Q.24 निम्न में से कौन सा वक्र बेरोजगारी और मुद्रास्फीति की दर के बीच विपरीत संबंध को दर्शाता है?
A. उदासीनता वक्र   **B.** IS वक्र
C. पूर्ति वक्र   **D.** फिलिप्स वक्र

Q.25 निम्नलिखित में से क्या अकुशल श्रमिकों के प्रवास का कारण है?
A. जनसंख्या   **B.** गरीबी   **C.** प्रदूषण   **D.** परिवेश

Q.26 निम्नलिखित में से कौन सा प्रत्यक्ष कर का उदाहरण है?
A. सीमा-शुल्क (कस्टम ड्यूटी)
B. सेवा कर (सर्विस टैक्स)
C. उत्पाद कर (एक्साइज टैक्स)
D. आय कर (इनकम टैक्स)

Q.27 मौलिक कर्त्तव्यों में निम्नलिखित में से किस शब्द का उल्लेख नहीं है?
A. आध्यात्मिक उत्थान
B. वैज्ञानिक सोच
C. मानवतावाद
D. जांच और सुधार की भावना

Q.28 निम्नलिखित में से कौन सा राज्य मंत्रिपरिषद का कार्य नहीं है?
A. सरकार की नीति तय करना
B. उच्च स्तरीय नियुक्ति के समय राज्यपाल को सलाह देना
C. बजट का गठन करना
D. बहुमत के लिए समय सीमा तय करना/सलाह देना

Q.29 खालसा पंथ के संस्थापक कौन थे?
[Territorial Army Officer, 2019]
A. गुरु नानक देव   **B.** गुरु अर्जुन देव
C. गुरु तेग बहादुर   **D.** गुरु गोविंद सिंह

Q.30 कपिलधारा जलप्रपात भारत के निम्नलिखित में से किस राज्य में स्थित है?
A. उड़ीसा   **B.** तमिलनाडु
C. मध्य प्रदेश   **D.** हिमाचल प्रदेश

General Hindi

Q.31 दिए गये विकल्पों में से सही वर्तनी का चुनाव करें:
[Allahabad High Court ARO, 2020]
A. कीत्यर्यनिष्ठा   **B.** कर्त्वनिष्ठा
C. कर्त्वयनिष्ठा   **D.** कत्वनिष्ठा

Q.32 निर्देशः प्रश्न में एक वाक्य दिया हुआ है। वाक्य के किसी भाग में गलती हो सकती है या वाक्य शुद्ध हो सकता है। वाक्य के जिस भाग में गलती हो, (A), (B) या (C) वही भाग उत्तर होगा। यदि कोई गलती न हो, तो आपका उत्तर (D) होगा।

(A) वह /(B) प्रकाशक की जिम्मेदारी /(C) बखूबी निभाता है। /(D) कोई त्रुटि नहीं।
A. A   **B.** B
C. C   **D.** कोई त्रुटि नहीं

Q.33 'वीर पुत्र को जन्म देने वाली माता' के लिये एक शब्द निम्न में से कौन सा है?
[MP Jail Prahari, 2018]

A. वीरप्रसू   **B.** वीरप्रसव्   **C.** वीरप्रसून   **D.** वीरप्रभू

Q.34 'शाक-सब्जी खाने वाला' के लिये एक शब्द निम्न में से कौन सा है?
[MP Jail Prahari, 2018]
A. शक आहार   **B.** शाकी
C. सब्जहार   **D.** शाकाहारी

Q.35 'जिसे बुलाया न गया हो', इस वाक्यांश के लिए एक शब्द का चयन कीजिए, जो अर्थ की दृष्टि से समान है।
A. अपरिमेय   **B.** अप्रत्याशित
C. अनवगत   **D.** अनाहूत

Q.36 निम्नलिखित में से कौन-सा शब्द तद्भव नहीं है?
A. कुँआ   **B.** काठ   **C.** आँख   **D.** मध्य

Q.37 तत्सम - तद्भव शब्द का कौन-सा युग्म उपयुक्त नहीं है?
A. ग्रंथि - ग्रंथ   **B.** गृह - घर
C. दूर्वा - दूब   **D.** कर्म - काम

Q.38 निम्नलिखित में से कौन-सा शब्द तत्सम का शुद्ध रूप है?
A. सम्मुख   **B.** घनिष्ट   **C.** संगृहित   **D.** आर्शिवाद

Q.39 निम्नलिखित में से क्रिया विशेषण है:
[Rajasthan Teachers Eligibility Test - Level 1 Primary Level (RTET), 2021]
A. यह   **B.** धीरे - धीरे   **C.** बाहरी   **D.** रंगीन

Q.40 दिए गए विकल्पों में से किसमें संख्यावाचक विशेषण का प्रयोग हुआ है?
A. भारी बोझ   **B.** उस किताब में
C. लाल निशान   **D.** दूसरा दिन

Q.41 नीचे दिए गए वाक्य के रेखांकित भाग में किस विशेषण का प्रयोग हुआ है?
राम, दुकान से **चार किलो** आटा लाया।
A. अनिश्चित परिमाणवाचक   **B.** सार्वनामिक
C. निश्चित परिमाणवाचक   **D.** गुणवाचक

Q.42 दिए गए विकल्पों में से 'अतल' शब्द का विलोम क्या होगा?
A. अश्रु   **B.** अधिक   **C.** वितल   **D.** अग्र

Q.43 दिए गए विकल्पों में से 'औपचारिक' शब्द का विलोम क्या होगा?
A. अनौचित्य   **B.** अनौपचारिक
C. ओजस्वी   **D.** औपन्यासिक

Q.44 दिए गए विकल्पों में से 'आयात' शब्द का विलोम क्या होगा?
A. आधार   **B.** आतुर   **C.** निर्यात   **D.** आय

Q.45 दिए गए विकल्पों में से 'स्थूल' शब्द का विलोम क्या होगा?
A. सरस   **B.** सूक्ष्म   **C.** सुगंध   **D.** समास

Q.46 निम्नलिखित में से कौन-सा शब्द शुद्ध है?
A. उच्छवास   **B.** नीहारिका   **C.** छत्रछाया   **D.** महात्मागण

Q.47 कौन सा शब्द 'व्योम' का पर्यायवाची नहीं है?
A. अन्तरिक्ष   **B.** अम्बर   **C.** पीयूष   **D.** नभ

Q.48 'दवा' का पर्यायवाची ज्ञात करें।
A. केसरी   **B.** कानन   **C.** औषधि   **D.** अगम

Q.49 निम्नलिखित विकल्पों में कौन सा शब्द 'सूरज' का पर्यायवाची है?
A. रवि   **B.** दिनकर

C. भानु **D.** उपरोक्त सभी

Q.50 निम्न में से क्या मनुष्य का पर्यायवाची नहीं है?

A. जन **B.** उमापति **C.** मनुज **D.** मानुष

Main Subject Nursing

Q.51 वीर्य में फ्रुक्टोज का कार्य है:

A. शुक्राणु द्वारा एटीपी उत्पादन के लिए ऊर्जा स्रोत प्रदान करना

B. महिला प्रजनन पथ में वीर्य के जमाव को बढ़ावा देना

C. महिला प्रजनन पथ में बफर एसिड

D. वीर्य में बैक्टीरिया के विकास को रोकना

Q.52 वीर्य पुटिका स्थित हैं:

A. मूत्रजननांगी पथ के भीतर प्रोस्टेट से अवर

B. गुर्दे में

C. शुक्राणु कॉर्ड के भीतर

D. मलाशय के सामने मूत्राशय के पीछे और नीचे की ओर

Q.53 _______ शुक्राणु में द्रव जोड़ता है।

A. लाभदायक पुटिका

B. प्रोस्टेट ग्रंथि

C. बल्बोयूरेथ्रल ग्रंथि, काउपर ग्रंथि

D. वीर्य स्खलन नलिका

Q.54 निम्नलिखित में से कौन सी संरचना पुरुष मूत्रमार्ग की लंबाई को सबसे अधिक बनाती है?

A. झिल्लीदार मूत्रमार्ग **B.** प्रोस्टेटिक मूत्रमार्ग

C. वीर्य स्खलन नलिका **D.** स्पंजी मूत्रमार्ग

Q.55 शुक्राणु एक्रोसोम _______।

A. पोषक तत्व होते हैं

B. एंजाइम होते हैं

C. रक्त-वृषण बाधा प्रदान करें

D. धड़कता है ताकि शुक्राणु तैर सकें

Q.56 टेलीहेल्थ विभिन्न स्थानों पर रोगियों को देखभाल प्रदान करने का एक वैकल्पिक तरीका प्रदान करता है। निम्नलिखित में से कौन सा कानूनी मुद्दा इस प्रथा को प्रभावित कर सकता है?

A. एक व्यवसायी के लाइसेंस को एक स्थान से उस क्षेत्र में सम्मानित नहीं किया जा सकता है जहां से ग्राहक निवास कर रहा है।

B. अलग-अलग संस्कृति टेलीहेल्थ नर्सिंग को स्वीकार नहीं कर सकती है।

C. कोई कानूनी निहितार्थ नहीं।

D. देखभाल के वितरण में भाषा की बाधा एक प्रमुख कानूनी प्रभाव डाल सकती है।

Q.57 निम्नलिखित में से कौन सा इलेक्ट्रॉनिक उपकरण एक गंभीर रोगी को सांस लेने में सहायता करता है?

A. गोमको मशीन

B. डीफिब्रिलेटर मशीन

C. वेंटिलेटर मशीन

D. ऑक्सीजन ह्यूमिडिफायर

Q.58 छात्र को पत्रिकाओं और लेखों के लिए शोध करने में समस्या हो रही है जो उसके अध्ययन का समर्थन करेंगे। आपको निम्नलिखित में से किस पुस्तक सूची साइट की सिफारिश करनी चाहिए?

A. Google.com **B.** CINAHL

C. ERICA **D.** MODONLINE

Q.59 नर्सिंग प्रशासन भी सूचना प्रौद्योगिकी से प्रभावित है। निम्नलिखित में से किसे आईटी से लाभ के रूप में माना जा सकता है?

A. केसेस, रोगियों और मेडिकल डायग्नोसिस के संदर्भ में रुझानों का प्रक्षेपण किया जा सकता है।

B. यह विभिन्न क्षेत्रों में त्रुटियों को सीमित करता है।

C. विभिन्न कर्मचारियों से संवाद करने में मदद करें।

D. ये सभी

Q.60 निम्नलिखित में से किसे सूचना प्रौद्योगिकी के संदर्भ में सामुदायिक स्वास्थ्य नर्सिंग में प्रमुख विकास माना जा सकता है?

A. दवा वितरण

B. टेलीहेल्थ

C. रोगी निगरानी

D. गुणवत्ता देखभाल के माध्यम से महामारी विज्ञान की बीमारियों की रोकथाम।

Q.61 OB-Gyne यूनिट में ड्यूटी पर तैनात नर्स नेटवर्क में प्रॉब्लम होने के कारण चिड़चिड़ी हो जाती है, जिसके परिणामस्वरूप अस्पताल के अंदर कम्युनिकेशन सिस्टम की अनुपलब्धता हो जाती है। यह इसका एक उदाहरण है:

A. त्रुटि **B.** दोष

C. असफलता **D.** डिबग

Q.62 स्वास्थ्य सूचना विज्ञान प्रतिमान बदलाव में चरण 1 में क्या शामिल नहीं है?

A. क्लाइंट से समर्थन

B. परियोजना की शुरुआत

C. डेटा एकत्र करना और विश्लेषण करना

D. डेटा का जानकारी में अनुवाद करें

Q.63 नव भर्ती रोगी एक 28 वर्षीय महिला है और उसे निमोनिया का पता चला है। प्रवेश पर उसके महत्वपूर्ण संकेत बीपी 110/80 मिमी एचजी, आरआर 32 सीपीएम, एचआर 62 बीपीएम, तापमान 38 सेल्सियस और वजन 65 है। यह इसका एक उदाहरण है:

A. डेटा **B.** जानकारी **C.** ज्ञान **D.** बुद्धिमत्ता

Q.64 स्वास्थ्य जानकारी की सुरक्षा के साधन के रूप में क्या कहा जाता है ताकि इसका उपयोग या खुलासा न किया जाए, सिवाय इसके कि व्यक्ति द्वारा अधिकृत किया गया हो?

A. प्राइवेसी **B.** कॉन्फिडेंटिएलिटी

C. सिक्योरिटी **D.** ये सभी

Q.65 यदि इलिगन सिटी में विभिन्न संस्थानों में सूचना प्रौद्योगिकी पर प्रणाली लागू की जाती है। समुदाय और पूरे समाज को अनिवार्य रूप से शिक्षित करने के लिए क्या आवश्यक है?

A. प्रशिक्षण **B.** सेमिनार

C. कार्यशाला **D.** जागरूकता

Q.66 एक राज्य नर्सिंग परिषद में पंजीकरण के बाद, दूसरे राज्य नर्सिंग पंजीकरण परिषद द्वारा आपसी मान्यता की शर्त को _______ कहा जाता है।

A. आचार संहिता **B.** पारस्परिकता

C. एकरूपता **D.** रेड क्रीसेंट

Q.67 भारत में पेशेवर नर्सों की सबसे बड़ी संख्या का प्रतिनिधित्व करने वाला संगठन _______ है।

A. आईसीएन **B.** टीएनएआई

C. यूनिसेफ **D.** एसएनए

Q.68 नर्सिंग के क्षेत्र में परामर्श की क्या आवश्यकता है?

A. उचित पहचान स्थापित करने में नर्सिंग छात्रों की मदद करना

B. जीवन के प्रति सकारात्मक दृष्टिकोण विकसित करने में उनकी मदद करना

C. अशांति और भ्रम की अवधि को दूर करने में मदद करने के लिए

D. उपरोक्त सभी

Q.69 नर्सिंग में नैतिकता का क्या अर्थ है?

[UPPSC Staff Nurse, 2017]

A. नर्स की प्रक्रियाएं
B. सही व्यवहार के नियम
C. एक नर्स की नौकरी की जिम्मेदारियां
D. एक आदर्श नर्स के लक्षण

Q.70 भारत के प्रशिक्षित नर्स संघ की स्थापना कब की गई थी?

A. 1930   **B.** 1947   **C.** 1908   **D.** 1940

Q.71 एक महिला जो 20 सप्ताह की गर्भवती है, क्लिनिक को कॉल करती है क्योंकि उसे पहली बार गुलाबी रंग का स्राव हो रहा है। नर्स को रोगी को ________ को सलाह देनी चाहिए।

A. अगर वह श्रोणि दबाव में वृद्धि का अनुभव करती है तो वापस कॉल करें
B. तुरंत चिकित्सा की तलाश करें
C. उसके गतिविधि स्तर को कम करें
D. 24 घंटे में लक्षण कम नहीं होने पर वापस कॉल करें

Q.72 हैना एक 21 वर्षीय महिला है जो गंभीर योनि रक्तस्राव के लिए आपातकालीन कक्ष में पेश कर रही है। वह 32 सप्ताह की गर्भवती है। आगे की जांच में, वह एबट्रियो प्लेसेंटा से पीड़ित पाई गई। निम्नलिखित में से कौन सा मूल्यांकन निष्कर्ष नर्स के लिए कम से कम चिंता का विषय होगा?

A. साँसों की कमी
B. मौखिक श्लेष्मा से रक्तस्राव
C. त्वचा पर छोटे लाल बिंदु
D. एक कोमल गर्भाशय

Q.73 नर्स अपने श्रमिक रोगी पर एक ग्रीवा परीक्षा पूरी करती है। वह निर्धारित करती है कि उसके रोगी के गर्भाशय ग्रीवा की लंबाई 1 सेमी है। नर्स इस लंबाई का वर्णन कैसे करेगी?

A. 30% मिटा दिया   **B.** 25% मिटा दिया
C. 50% मिटा दिया   **D.** 100% मिटा दिया

Q.74 नर्स एक स्वस्थ बच्ची को जन्म देने में स्वास्थ्य सेवा टीम की मदद करती है। प्लेसेंटा की डिलीवरी पर, नर्स ने नोटिस किया कि यह 100% बरकरार नहीं है। नर्स की पहली चिंता क्या है?

A. फुफ्फुसीय अंतःशल्यता   **B.** गहरी नस घनास्रता
C. रक्तस्राव   **D.** ऊतक छिड़काव

Q.75 एक श्रमिक रोगी की निगरानी करते समय, नर्स ने देखा कि बेसलाइन पर भ्रूण की हृदय गति 110-145 बीट प्रति मिनट से भिन्न होती है। नर्स की पहली क्रिया निम्नलिखित में से कौन सी होगी?

A. माँ को बायीं ओर घुमाएं
B. IV तरल पदार्थ घटाएं
C. किसी कार्रवाई की आवश्यकता नहीं है
D. माँ को सहन करो

Q.76 पोस्टऑपरेटिव की अवधि में प्रमुख चिंताएं हैं:

A. अनिद्रा   **B.** रक्तस्राव और सूजन
C. कुपोषण   **D.** कब्ज

Q.77 विच्छेदन क्यों किया जाता है इसका सबसे आम कारण है:

A. परिधीय संवहनी रोग के कारण
B. आघात के कारण
C. संक्रमण के परिणामस्वरूप
D. जन्मजात रोग के कारण

Q.78 ट्रांस्टिबियल विच्छेदन के परिणामस्वरूप ________ में विच्छेदन होता है।

A. टखने   **B.** मिडकाफ
C. मध्य जांघ   **D.** घुटने का जोड़

Q.79 तीव्र ग्लोमेरुलोनेफ्राइटिस के उपचार का मुख्य लक्ष्य है:

A. गतिविधि को प्रोत्साहित करें
B. उच्च प्रोटीन सेवन को प्रोत्साहित करें
C. द्रव संतुलन बनाए रखें
D. आंतरायिक मूत्र कैथीटेराइजेशन सिखाएं

Q.80 यदि ग्लूकोमा का इलाज नहीं किया जाता है, तो यह होता है:

A. कंजक्टिविटीज़
B. ट्रेकोमा
C. रेट्रोलेंटल फाइब्रोप्लासिया
D. अंधापन

Q.81 मास्टोइडेक्टोमी ___ की जटिलताओं का इलाज कर सकता है।

A. टिनिटस
B. तीव्र ओटिटिस मीडिया
C. क्रोनिक ओटिटिस मीडिया
D. उपरोक्त सभी

Q.82 नर्सिंग निदान ज्यादातर चिकित्सा निदान से भिन्न होते हैं, जिसमें वे हैं:

A. उचित हस्तक्षेप की दिशा के लिए चिकित्सा निदान पर निर्भर
B. मुख्य रूप से देखभाल से संबंधित है, जबकि चिकित्सा निदान मुख्य रूप से इलाज से संबंधित है
C. मुख्य रूप से मानव प्रतिक्रिया से संबंधित है, जबकि चिकित्सा निदान मुख्य रूप से विकृति विज्ञान से संबंधित है
D. मुख्य रूप से मनोसामाजिक मापदंडों से संबंधित है, जबकि चिकित्सा निदान मुख्य रूप से शारीरिक मापदंडों से संबंधित है

Q.83 हाइटल हर्निया का मुख्य नैदानिक लक्षण हैं:

A. उल्टी
B. दस्त
C. हार्टबर्न
D. पेट के निचले हिस्से में दर्द

Q.84 पहले 24 घंटों में जलने की चोट के प्रबंधन का सबसे महत्वपूर्ण पहलू है:

A. ड्रेसिंग   **B.** एंटीबायोटिक चिकित्सा
C. द्रव का पुनर्जीवन   **D.** प्लास्टिक सर्जरी

Q.85 पेरिटोनियल डायलिसिस की सबसे महत्वपूर्ण जटिलता है?

A. गहरी नस घनास्रता   **B.** संग्रहणी
C. पेरिटोनिटिस   **D.** उच्च रक्तचाप

Q.86 ओटिटिस मीडिया के साथ रेगी के माता-पिता के लिए नर्स चेरिल को अपनी शिक्षण योजना में निम्नलिखित में से कौन सा निर्देश शामिल करना चाहिए?

A. बोतल से दूध पिलाने के लिए बच्चे को लापरवाह स्थिति में रखना
B. खाली पेट निर्धारित एमोक्सिसिलिन (एमोक्सिल) देना
C. रुई के फाहे से कान की नलिकाओं के अंदर की सफाई करना
D. ऊपरी श्वसन पथ के संक्रमण वाले लोगों के संपर्क से बचना

Q.87 डस्टिन जिसे हिर्शस्प्रुंग रोग का निदान किया गया था, उसे बुखार और पानी जैसा दस्त है। निम्न में से कौन सबसे पहले नर्स जॉयस क्या करेगी?

A. तुरंत चिकित्सक को सूचित करें
B. माता-पिता को तुरंत सूचित करें
C. हर 30 मिनट में बच्चे की निगरानी

D. इनमें से कोई नहीं

Q.88 निम्नलिखित में से कौन प्रोसस वेजिनेलिस के निचले खंड के भीतर सीमित अवशिष्ट पेरिटोनियल तरल पदार्थ से निकलने वाले दोष पर लागू होता है?

A. इनगुइनल हर्निया
B. इनकर्करेटेड हर्निया
C. कम्युनिकेटिंग हाइड्रोसील
D. नॉन कम्युनिकेटिंग हाइड्रोसील

Q.89 मिस्टर एंड मिस बेयर्स का बच्चा जन्म के बाद पहले 24 घंटों के भीतर मेकोनियम पारित करने में विफल रहा; यह निम्न में से किसका संकेत कर सकता है?

A. सीलिएक रोग
B. इंतुसुसेप्शन
C. हिर्शस्प्रुंग रोग
D. एब्डोमिनल वाल डिफेक्ट

Q.90 स्टीव को सीलिएक रोग का निदान किया गया है और ऊपरी श्वसन पथ के संक्रमण के लिए माध्यमिक सीलिएक संकट का अनुभव करता है; नर्स नैन्सी निम्नलिखित में से किसका आकलन करने की अपेक्षा करेगी?

A. लिथर्गी
B. मेटाबोलिक सिंड्रोम
C. रेस्पिरेटरी डिस्ट्रेस
D. वाटरय डायरिया

Q.91 ग्लाइकोलाइसिस का दूसरा नाम है:
A. कार्बन चक्र
B. TCA मार्ग
C. EMP मार्ग
D. HMS मार्ग

Q.92 अवायवीय श्वसन का श्वसन लब्धि है:
A. ∞
B. शून्य
C. >1
D. 1

Q.93 निम्नलिखित में से कौन-सा हार्मोन ऑक्सिन नहीं है?
A. IBA
B. 2, 4, D
C. IAA
D. ABA

Q.94 ट्रेस तत्व वे तत्व हैं जिनकी आवश्यकता ______ मात्रा में होती है।
A. 0.1 मिमोल/किग्रा
B. 10 मिमोल/किग्रा से कम
C. 1 मिमोल/किग्रा से कम
D. 5 मिमोल/किग्रा

Q.95 लैंगरहैंस के आइलेट्स द्वारा स्रावित हार्मोन हैं:
A. इंसुलिन, ग्लूकागन
B. इंसुलिन, ग्लूकागन, सोमैटोस्टैटिन
C. इंसुलिन, ग्लूकागन, एसीटीएच
D. इंसुलिन, एसीटीएच, सोमैटोस्टैटिन

Q.96 निम्नलिखित में से कौन स्वास्थ्य संवर्धन में नर्स की भूमिका है?
A. स्वास्थ्य जोखिम मूल्यांकन
B. रोगियों को प्रभावी स्वास्थ्य उपभोक्ता बनना सिखाना
C. कार्यस्थल कल्याण
D. उपरोक्त में से कोई नहीं

Q.97 एक मरीज को प्लेटलेट ट्रांसफ्यूजन मिल रहा है। नर्स यह निर्धारित करती है कि रोगी इस चिकित्सा से लाभ प्राप्त कर रहा है यदि रोगी निम्न में से कौन सा प्रदर्शित करता है?
A. कम बार-बार होने वाले ज्वर के एपिसोड
B. हेमटोक्रिट का बढ़ा हुआ स्तर
C. रक्तस्राव के कम एपिसोड
D. हीमोग्लोबिन का बढ़ा हुआ स्तर

Q.98 कम हीमोग्लोबिन और हेमटोक्रिट स्तर वाले रोगी के लिए पैक्ड लाल रक्त कोशिकाएं निर्धारित की गई हैं। रक्त चढ़ाने से पहले नर्स मरीज का तापमान लेती है और 100.8 °F रिकॉर्ड करती है। नर्स को कौन सी कार्रवाई करनी चाहिए?

A. ज्वरनाशक दवा दें और आधान शुरू करें
B. आधान के साथ आगे बढ़ें
C. एक एंटीहिस्टामाइन का प्रशासन करें और आधान शुरू करें
D. खून लटकाने में देरी करें और चिकित्सक को सूचित करें

Q.99 प्रभारी नर्स नर्सिंग प्रक्रिया के किस चरण के दौरान वास्तविक या संभावित स्वास्थ्य समस्याओं के प्रति रोगी की प्रतिक्रियाओं की पहचान करती है?

A. आकलन
B. नर्सिंग निदान
C. योजना
D. मूल्यांकन

Q.100 नर्स प्रभारी को प्रतिकूल दवा प्रतिक्रिया के लिए क्लोरैम्फेनिकॉल प्राप्त करने वाले रोगी की निगरानी करनी चाहिए। क्लोरैम्फेनिकॉल के लिए सबसे विषैली प्रतिक्रिया क्या है?

A. घातक अतालता
B. घातक उच्च रक्तचाप
C. स्थिति एपिलेप्टिकस
D. अस्थि मज्जा दमन

Q.101 नर्स हाइपरकेलेमिया के रोगी को पोटैशियम में कम खाद्य पदार्थ चुनने के महत्व पर निर्देश दे रही है। नर्स को रोगी को निम्नलिखित में से किस खाद्य पदार्थ को सीमित करना सिखाना चाहिए?

A. अंगूर
B. गाजर
C. हरी बीन्स
D. सलाद

Q.102 पेट दर्द और दस्त की मुख्य शिकायत के साथ वॉक-इन रोगी क्लिनिक में प्रवेश करता है। इसके बाद नर्स मरीज का वाइटल साइन लेती है। नर्स द्वारा यहां नर्सिंग प्रक्रिया का कौन सा वाक्यांश लागू किया जा रहा है?

A. आकलन
B. निदान
C. योजना
D. कार्यान्वयन

Q.103 एक महिला रोगी को डीप-वेन थ्रॉम्बोसिस का पता चलता है। इस समय किस नर्सिंग निदान को सर्वोच्च प्राथमिकता मिलनी चाहिए?

A. बढ़े हुए रक्त प्रवाह से संबंधित बिगड़ा हुआ गैस विनिमय
B. परिधीय संवहनी रोग से संबंधित द्रव मात्रा अतिरिक्त
C. एडिमा से संबंधित चोट का जोखिम
D. परिवर्तित परिधीय ऊतक छिड़काव शिरापरक भीड़ से संबंधित

Q.104 कौन सा नर्सिंग हस्तक्षेप सर्जरी के बाद पर्याप्त हवादार विनिमय सुनिश्चित करता है?

A. वायुमार्ग को तभी निकालें जब रोगी पूरी तरह से होश में हो
B. फेफड़ों का गुदाभ्रंश करके हाइपोवेंटिलेशन का आकलन करें
C. रोगी की गर्दन को आगे की ओर फैलाकर रखें
D. नाक प्रवेशनी के माध्यम से आर्द्रीकृत ऑक्सीजन बनाए रखें

Q.105 मानक सावधानियों के सिद्धांतों का उपयोग करते हुए, नर्स किस नर्सिंग हस्तक्षेप में दस्ताने पहनेगी?

A. पीठ की मालिश करना
B. रोगी को भोजन कराना
C. बालों की देखभाल प्रदान करना
D. मौखिक स्वच्छता प्रदान करना

Q.106 मायोकार्डियल रोधगलन के साथ अस्पताल में भर्ती एक मरीज को गंभीर फुफ्फुसीय एडिमा होती है। रोगी में नर्स निम्नलिखित में से किस लक्षण की अपेक्षा करेगी?

A. धीमी और गहरी सांसें
B. स्ट्राइडर (सांस लेने के दौरान शोर या तेज आवाज)
C. मंदनाड़ी
D. सांस फूलना

Q.107 एक नर्स पल्मोनरी एम्बोलिज्म से पीड़ित एक मरीज की देखभाल कर रही है। रोगी में नर्स निम्नलिखित में से कौन से लक्षण देखेगी?

A. परिवार के प्रति रोगी की प्रतिक्रिया में कमी

B. रोगी को अचानक सीने में दर्द और सांस लेने में तकलीफ की शिकायत होती है।

C. रोगी को गीली खाँसी हो गई है और नर्स फेफड़ों के गुदाभ्रंश पर चटकने की आवाज सुनती है।

D. रोगी को बुखार होता है, ठंड लगती है और भूख कम लगती है।

Q.108 आपातकालीन विभाग की एक नर्स 4 साल के बच्चे को साइकिल से गिरने के बाद बढ़े हुए इंट्राक्रैनील दबाव के संकेत देख रही है, जिसके परिणामस्वरूप सिर में चोट लगी है। निम्नलिखित में से कौन सा संकेत या लक्षण चिंता का कारण होगा?

A. उभरा हुआ अग्रवर्ती फॉन्टानेल

B. बार-बार उल्टी होना

C. जल्दी सो जाने के लक्षण

D. छोटे शब्दों को पढ़ने में असमर्थता

Q.109 एक समुदाय में, चकत्तों वाले अप्रतिरक्षित बच्चे होते हैं। निम्नलिखित में से कौन सा अवलोकन इंगित करता है कि बच्चों को रूबेला (खसरा) हो सकता है?

A. म्यूकोसा पर छोटे-छोटे नीले-सफेद धब्बे दिखाई देते हैं।

B. दाने गले से शुरू होकर बाहर की ओर फैलते हैं।

C. हल्का बुखार

D. घावों की उपस्थिति

Q.110 विल्म्स ट्यूमर, चरण ।। के निदान के साथ एक बच्चे को अस्पताल में भर्ती कराया जाता है। निम्नलिखित में से कौन सा कथन इस चरण का सबसे सटीक वर्णन करता है?

A. ट्यूमर आकार में 3 सेमी से कम है और कीमोथेरेपी की आवश्यकता नहीं है।

B. ट्यूमर गुर्दे से आगे नहीं बढ़ा और पूरी तरह से रिस गया है।

C. ट्यूमर गुर्दे से आगे बढ़ गया है लेकिन पूरी तरह से हटा दिया गया है।

D. ट्यूमर उदर गुहा में फैल गया है और बचाया नहीं जा सकता है।

Q.111 एक 60-वर्षीय महिला रोगी जो अकेली रहती है, सामुदायिक स्वास्थ्य केंद्र की नर्स से कहती है, "मुझे वास्तव में किसी से बात करने की आवश्यकता नहीं है"। टीवी मेरा सबसे अच्छा दोस्त है। नर्स यह मानती है कि रोगी _______ नामक रक्षा तंत्र का उपयोग कर रहा है।

A. विस्थापन

B. प्रक्षेप

C. ऊर्ध्वपातन

D. प्रत्याख्यान

Q.112 काली बिल्लियों के बारे में फोबिया से पीड़ित पुरुष रोगी के साथ काम करते समय, नर्स को यह अनुमान लगाना चाहिए कि इस रोगी के लिए एक समस्या _______ होगी।

A. फोबिया के बारे में चर्चा करते समय चिंता

B. भयभीत वस्तु के प्रति क्रोध

C. इस बात से इनकार करना कि फोबिया मौजूद है

D. दैनिक दिनचर्या को पूरा करते समय वास्तविकता का विरूपण

Q.113 लिंडा फर्श पर चल रही है और बेहद चिंतित दिखाई दे रही है। लिंडा की चिंता को कम करने के प्रयास में ड्यूटी नर्स पास आती है। नर्स द्वारा सबसे अधिक चिकित्सीय प्रश्न _______ होगा।

A. क्या आप टीवी देखना पसंद करेंगे ?

B. क्या आप चाहते हैं कि मैं आपके साथ बात करूँ?

C. क्या आप अब परेशान महसूस कर रहे हैं?

D. रोगी को नज़रअंदाज करें

Q.114 नर्स इस बात से अवगत है कि अन्य चिंता विकार से अभिघातजन्य तनाव विकार के बाद के लक्षणों को अलग करने वाले लक्षण _______ होंगे।

A. स्थिति और कुछ गतिविधियों से बचना जो तनाव से मिलते जुलते अभिघातजन्य स्थिति पर चर्चा करते समय अवसाद और एक धुंधला प्रभाव

B.

C. परिवार और अन्य लोगों में रुचि का अभाव

D. सपने या फ्लैशबैक में आघात का फिर से अनुभव करना

Q.115 नर्स एक पुरुष रोगी के साथ पदार्थ-प्रेरित स्थायी मनोभ्रंश के साथ संवाद कर रही है, रोगी तथ्यों को याद नहीं रख पाता है और रिक्त स्थान को काल्पनिक सूचनाओं से भर देता है। नर्स जानती है कि यह _______ की विशेषता है।

A. फ्लाइट ऑफ़ आइडियाज

B. अस्सोसिएटिव लूजेननेस

C. कन्फैब्यूलेशन

D. कंक्रीटिज्म

Q.116 नर्स इस बात से अवगत है कि एनोरेक्सिया के निदान के लिए जो लक्षण और लक्षण सबसे विशिष्ट होंगे, वे _______ हैं।

A. अत्यधिक वजन कम होना, एमेनोरिया और पेट का बढ़ना

B. धीमी नाड़ी, 10% वजन घटना और गंजापन

C. बाध्यकारी व्यवहार, अत्यधिक भय और जी मिचलाना

D. अत्यधिक गतिविधि, याददाश्त कम होना और नाड़ी का बढ़ना

Q.117 नर्स इस बात से अवगत है कि अत्यधिक अवसादग्रस्त रोगी उन सेटिंग्स में सर्वश्रेष्ठ प्रदर्शन करते हैं जहां उनके पास _______ है।

A. एकाधिक उत्तेजना

B. नियमित गतिविधियां

C. न्यूनतम निर्णय लेना

D. विविध गतिविधियां

Q.118 एक रोगी की आत्मघाती क्षमता का और अधिक आकलन करने के लिए। नर्स को रोगी की _______ की अभिव्यक्ति के प्रति विशेष रूप से सतर्क रहना चाहिए।

A. निराशा और मृत्यु का भय

B. क्रोध और आक्रोश

C. घबराहट और अकेलापन

D. लाचारी और निराशा

Q.119 द्विध्रुवीय विकार वाले पुरुष रोगी के लिए एक नर्सिंग देखभाल योजना में _______ शामिल होना चाहिए।

A. एक संरचित वातावरण उपलब्ध कराना

B. ऐसी गतिविधियों को डिजाइन करना जिनमें रोगी को वास्तविकता से संपर्क बनाए रखने की आवश्यकता

C. करंट अफेयर्स के बारे में बातचीत में रोगी को शामिल करना

D. रोगी को छूना आश्वासन प्रदान करना

Q.120 कर्मकांडी अनुष्ठान का उपयोग करते हुए एक महिला रोगी की देखभाल की योजना बनाते समय, नर्स को यह पहचानना चाहिए कि यह अनुष्ठान _______ है।

A. वास्तविकता से निपटने में असमर्थता पर रोगी को ध्यान केंद्रित करने में सहायता करता

B. रोगी को चिंता को नियंत्रित करने में मदद करता

C. रोगी के जागरूक नियंत्रण में

D. मुख्य रूप से माध्यमिक लाभ के लिए रोगी द्वारा उपयोग किया जाता

Q.121 प्रभावी संचार बढ़ाने के लिए कार्य करने से निम्नलिखित हो सकते हैं:

A. देखभाल की बेहतर गुणवत्ता

B. रोगी सुरक्षा में कमी

C. टीम एकजुटता की कमी

D. नर्स की संतुष्टि में कमी

Q.122 फोन और ई-मेल द्वारा रोगी संचार में देयता को सीमित करने में मदद करने के लिए सुरक्षा उपायों में शामिल हैं:

A. सुविधा के भीतर किसी भी स्टाफ सदस्य को समूह ई-मेल द्वारा प्रोटोकॉल को आधिकारिक रूप से बदलने की अनुमति दें

B. रोगियों को सभी प्रोटोकॉल पर हस्ताक्षर करने की आवश्यकता है

C. सालाना प्रोटोकॉल की समीक्षा करें और बंद किए गए लोगों को बनाए रखें

D. प्रोटोकॉल के लिए चेकलिस्ट प्रारूप का उपयोग करें

Q.123 वेंटिलेटर पर निर्भर रोगियों के लिए संचार के वैकल्पिक तरीके निम्नलिखित में से कौन-से हैं?

A. सिग्नल सिस्टम
B. कलम और कागज
C. संचार बोर्ड
D. ये सभी

Q.124 प्रत्येक मरीज के अधिकारों का सम्मान सुनिश्चित करने के संबंध में कौन सा कथन नर्स की भूमिका की सर्वोत्तम समझ को प्रदर्शित करता है?

A. ''स्वायत्तता प्रत्येक मरीज का मौलिक अधिकार है।''

B. ''एक मरीज के अधिकारों की गारंटी राज्य और संघीय दोनों कानूनों द्वारा दी जाती है।''

C. ''सम्मानजनक और चिंतित होने से यह सुनिश्चित होगा कि मैं अपने मरीज के अधिकारों के प्रति चौकस हूं।''

D. ''मरीज की स्थितियों के बावजूद, सभी नर्सों का कर्तव्य है कि वे मरीज के अधिकारों का सम्मान करें।''

Q.125 इस नर्स-मरीज बातचीत में किस संचार तकनीक का इस्तेमाल किया जा रहा है?

मरीज : ''जब मुझे गुस्सा आता है, तो मैं अपनी पत्नी के साथ लड़ाई में पड़ जाता हूं, या मैं इसे बच्चों से निकाल देता हूं।''

नर्स: ''मैंने देखा कि आप इस शारीरिक हिंसा के बारे में बात करते हुए मुस्कुरा रहे हैं।''

A. तुलना को प्रोत्साहित करना
B. तलाश
C. कार्ययोजना तैयार करना
D. अवलोकन करना

Q.126 इस नर्स-क्लाइंट बातचीत में किस चिकित्सीय संचार तकनीक का उपयोग किया जा रहा है?

ग्राहक: ''मेरे पिता ने मुझे अक्सर पीटा।''

नर्स: ''आपके पिता एक कठोर अनुशासक थे।''

A. रिस्टेटमेंट
B. सामान्य लीड की पेशकश
C. ध्यान केंद्रित
D. स्वीकार करना

Q.127 इस नर्स-क्लाइंट बातचीत में किस संचार कुशलता का उपयोग किया जा रहा है?

क्लाइंट: ''जब मैं चिंतित होता हूं, तो केवल एक चीज जो मुझे शांत करती है, वह है शराब।''

नर्स: ''शराब पीने के अलावा, आपने चिंता कम करने के लिए और क्या विकल्प तलाशे हैं?''

A. दशिति
B. अवलोकन करना
C. कार्य योजना तैयार करना
D. पहचान देना

Q.128 नर्स पैट्रिक एक नव भर्ती मनोरोग ग्राहक का साक्षात्कार कर रही है। कौन सा नर्सिंग बयान, सामान्य लीड देने का एक उदाहरण है?

A. ''क्या आप जानते हैं कि आप यहाँ क्यों हैं?''
B. ''क्या आप उदास या चिंतित महसूस कर रहे हैं?''

C. ''हाँ, मैं देखती हूँ। जारी रखें।''

D. ''क्या आप कालानुक्रमिक रूप से उन घटनाओं का आदेश दे सकते हैं जिनके कारण आपका प्रवेश हुआ?''

Q.129 एक नर्स एक क्लाइंट से कहती है, ''रात की अच्छी नींद के बाद कल चीजें बेहतर दिखेंगी।'' यह किस संचार कुशलता का उदाहरण है?

A. सलाह देने
B. बचाव
C. वास्तविकता प्रस्तुत करने की
D. झूठे आश्वासन देने की

Q.130 अभिघातजन्य तनाव विकार के निदान वाले एक ग्राहक को मूल्यांकन और दवा स्थिरीकरण के लिए एक इनपेशेंट मनोरोग इकाई में भर्ती कराया जाता है। नर्स द्वारा उपयोग की जाने वाली कौन सी संचार तकनीक व्यापक उद्घाटन का एक उदाहरण है?

A. ''बलात्कार से पहले क्या हुआ था, और आप आपातकालीन विभाग में कब गए थे?''

B. ''आप किस बारे में बात करना पसंद करेंगे ?''

C. ''मैंने देखा है कि आप इस पर चर्चा करने में असहज लग रहे हैं।''

D. ''यहां रहने के दौरान हम आपको सुरक्षित महसूस करने में कैसे मदद कर सकते हैं?''

Q.131 गर्भनिरोधक की विधि जो यौन संचारित रोगों के संचरण को रोकने में मदद करती है वह ___ है।

A. कंडोम
B. शल्य चिकित्सा (सर्जरी)
C. मौखिक (ओरल) गोलियां
D. इनमे से कोई भी नहीं

Q.132 निम्नलिखित में से कौन-सा एक यौन संचारित रोग नहीं है?

A. क्लैमाइडिया
B. प्रमेह (गोनोरिया)
C. टायफस
D. हेपेटाइटिस बी

Q.133 किस डेसीबल पर झिल्ली का तात्कालिक टूटना होता है?

A. 100 B. 120 C. 146 D. 150

Q.134 घरेलू स्तर पर पीने के पानी के उपचार के लिए निम्नलिखित में से कौन सी विधि है?

A. क्लोरीन या आयोडीन का उपयोग करके रासायनिक कीटाणुशोधन
B. उबालना
C. सिरेमिक फिल्टर का उपयोग कर निस्पंदन
D. उपरोक्त सभी

Q.135 इनमें से कौन सी बीमारी सीधे संपर्क से फैलती है?

A. चिकन पॉक्स
B. खसरा
C. दाद
D. उपरोक्त सभी

Q.136 ब्लू-बेबी सिंड्रोम पानी में किस घटक की अधिकता के कारण हो सकता है?

[UGC NET Hindi, 2019]

A. कैल्शियम
B. मैगनीशियम
C. नाइट्रेट
D. कीटनाशकों

Q.137 शिस्टोसोमियासिस, एक सामान्य जल संपर्क रोग, निम्नलिखित में से किसके द्वारा फैलता है?

A. जिआर्डिया B. ई कोलाई C. सेर्केरिया D. अमीबा

Q.138 प्लाज्मोडियम का गतिशील युग्मनज पाया जाता है :

A. मानव यकृत
B. मानव लाल रक्त कोशिकाएं

C. मादा एनोफिलीज की लार ग्रंथियां

D. मादा एनोफिलीज की आंत

Q.139 एस्केरिस संक्रमण किसके द्वारा फैलता है:

A. मच्छर का डंक

B. निद्रा रोग उत्पन्न करने वाली एक प्रकार की अफ्रीकी मक्खी

C. सूअर का मांस

D. एस्केरिस के अंडे के साथ दूषित पानी पीना

Q.140 निम्नलिखित में से कौन-सा रोग और उससे संबंधित वेक्टर का गलत सुमेलित युग्म है?

A. लीशमैनियासिस - एनोफिलीज क्युलिसीफेसीज

B. डेंगू बुखार – एडीज एजिप्टी

C. फाइलेरिया - क्यूलेक्स पिपियन्स

D. नींद की बीमारी - ग्लोसिना पल्पलिस

Q.141 मलेरिया में बार-बार ठंड लगना और बुखार का कारण है:

A. WBCs द्वारा सूक्ष्म और मैक्रोगैमेटोसाइट्स का विनाश

B. तेजी से गुणा करके और हीमोजोइन के निकलने से लाल रक्त कोशिकाओं का टूटना

C. ट्रोफोज़ोइट्स से जारी विषाक्त पदार्थ

D. स्पोरोज़ोइट्स लाल रक्त कोशिकाओं से मुक्त होते हैं और तेजी से तिल्ली में मारे जा रहे हैं

Q.142 मलेरिया परजीवी के स्पोरोज़ोइट्स पाए जाते हैं:

A. मादा एनोफिलीज मच्छर की लार, जो ताजा पिघली होती है

B. संक्रमित मादा एनोफिलीज मच्छर की लार

C. एक संक्रमित इंसान की RBCs

D. एक संक्रमित मानव की तिल्ली

Q.143 किस प्रदूषण के कारण जीवों में श्रवण हानि होती है?

A. वायु प्रदूषण   **B.** ध्वनि प्रदूषण

C. जल प्रदूषण   **D.** मृदा प्रदूषण

Q.144 वाहित-मल का प्राथमिक शुद्धिकरण (उपचार) है:

A. भौतिक प्रक्रम   **B.** जैविक प्रक्रम

C. रासायनिक प्रक्रम   **D.** जैव-रासायनिक प्रक्रम

Q.145 अस्थायी श्रवण हानि के लिए क्या कहा जाता है?

A. अस्थायी कान दर्द

B. अस्थायी श्रवण समस्या

C. अस्थायी थ्रेशोल्ड शिफ्ट

D. अस्थायी सुनवाई शिफ्ट

Q.146 एक खुला फ्रैक्चर क्या है?

A. एक फ्रैक्चर जिसमें हड्डी कोने से घूम सकती है।

B. एक फ्रैक्चर जिसमें त्वचा के फटने से हड्डी उजागर हो जाती है।

C. एक फ्रैक्चर जो एक छिद्रित फेफड़े जैसी जटिलताओं का कारण बनता है।

D. एक फ्रैक्चर जिसमें हड्डी मुड़ी हुई और विभाजित हो गई है।

Q.147 गंभीर रक्त हानि से कौन सी चिकित्सा स्थिति विकसित होगी?

A. हाइपोवॉल्मिक शॉक   **B.** हाइपोग्लाइकेमिया

C. तीव्रग्राहिता   **D.** अल्पोष्णता

Q.148 जलने की तीन अलग-अलग गहराई को क्या नाम दिए गए हैं?

A. छोटा, मध्यम और बड़ा

B. पहली, दूसरी और तीसरी

C. मामूली, मध्यम और गंभीर

D. सतही, आंशिक मोटाई, पूर्ण मोटाई

Q.149 बेहोशी क्या है?

A. डर की प्रतिक्रिया

B. एक अप्रत्याशित पतन

C. थोड़े समय के लिए होश खो देना

D. फ्लू का संकेत

Q.150 नाक से रक्तस्राव को नियंत्रित करने के लिए आप क्या कदम उठाएंगे?

A. कैजुअल्टी नीचे बैठें, आगे झुकें और नाक के नरम हिस्से को चुटकी लें।

B. कैजुअल्टी नीचे बैठें, पीछे की ओर झुकें और नाक के नरम हिस्से को चुटकी लें।

C. कैजुअल्टी लेट जाएं और नाक के कोमल हिस्से पर चुटकी लें।

D. कैजुअल्टी लेट जाएं और नाक के ऊपर चुटकी लें।

Q.151 निम्नलिखित में से कौन मनुष्यों के लिए रोगजनक शैवाल है?

A. सेफलेयूरोस   **B.** एकैंथोपेल्टिस

C. क्लोरेला   **D.** प्रोटोथेका

Q.152 क्राइसोलमिनारिन आरक्षित भोजन है:

A. बेसिलारियोफाइकोफाइटा

B. ज़ैंथोफाइकोफ़ाइटा

C. क्लोरोफाइकोफाइटा

D. फियोफाइकोफाइटा

Q.153 अन्य जीवों को खाने वाले प्रोटोजोआ कहलाते हैं:

A. पैरासाइटिक   **B.** म्यूटुलिस्टिक

C. होलोज़ोइक   **D.** सैप्रोफाइटिक

Q.154 प्लाजमोडियम निम्नलिखित में से किस विधि से सबसे अधिक विभाजित होता है?

A. पुनर्जनन   **B.** नवोदित

C. बाइनरी विखंडन   **D.** एकाधिक विखंडन

Q.155 निम्नलिखित में से कौन लैम्ब्डा फेज वायरस का परिवार है?

A. स्टाइलोविरिडे   **B.** कॉर्टिकोविरिडे

C. माइक्रोविरिडे   **D.** पेडोविरिडे

Q.156 जीवाणु गुणसूत्र से जुड़ने के बाद वायरल डीएनए क्या बनता है?

A. प्लाज़्मिड   **B.** प्लेक   **C.** प्रोफ़ेज   **D.** जीन

Q.157 टीकाकरण का आविष्कार किसके द्वारा किया गया था:

A. वाटसन   **B.** जेनर   **C.** क्रिक   **D.** पाश्चर

Q.158 किस वायरल रोग के लिए हाल ही में टिश्यू कल्चर के उपयोग के माध्यम से टीका विकसित किया गया है?

A. एस मॉलपॉक्स   **B.** रेबीज

C. मम्प्स   **D.** मीसल्स

Q.159 निम्नलिखित में से कौन डीएनए प्रतिकृति को रोकता है?

A. एक्स-रे   **B.** गामा किरणें

C. यूवी प्रकाश   **D.** कैथोड किरणें

Q.160 वह पहला रोग कौन सा था जिसके लिए कीमोथेराप्यूटिक एजेंट का उपयोग किया गया था?

A. चेचक   **B.** उपदंश   **C.** एड्स   **D.** मलेरिया

Q.161 पक्षाघात एक है:

A. मिरगी   **B.** पार्किंसंस   **C.** पोलियो   **D.** अल्जाइमर

Q.162 कोलीन एसिटाइलट्रांसफेरेज़ का नुकसान होता है:

A. एक प्रकार का मानसिक विकार

B. हनटिंग्टन रोग
C. पार्किंसंस रोग
D. अल्जाइमर रोग

Q.163 जब शिशुओं को एक दृश्य चट्टान के बीच में रखा जाता है, तो वे आमतौर पर:

A. स्थिर
B. तंत्र के उथले तरफ ले जाएँ
C. तंत्र के गहरे हिस्से में ले जाएँ
D. बुलाए जाने पर उनकी मां के पास जाएं, चाहे इसके लिए उथले या गहरे पक्ष में जाने की आवश्यकता हो

Q.164 प्रक्रियात्मक स्मृति निम्न को नुकसान से प्रभावित होगी:

A. मस्तिष्क
B. सेरिबैलम
C. मोटर प्रांतस्था
D. लिम्बिक सिस्टम

Q.165 केवल एक या दो सेकंड तक चलने वाली स्मृति के रूप में जाना जाता है:

A. दीर्घकालीन स्मृति
B. अल्पकालिक स्मृति
C. ईडिटिक स्मृति
D. संवेदी स्मृति

Q.166 निम्नलिखित में से कौन व्यक्तित्व मापन की प्रक्षेपी तकनीक है?
[UPTET Social Studies, 2019], [UPTET Science and Maths, 2019]

A. रेटिंग स्केल
B. अवलोकन
C. साक्षात्कार
D. थेमैटिक एपरेसिएशन टेस्ट

Q.167 ____________ को बकवास सिलेबल्स को याद करने और भूलने की अवस्था की साजिश रचने के लिए जाना जाता है।

A. लुरिया
B. स्मृति सहायक
C. एब्बिनघास
D. लोफ़्टस

Q.168 आपके पिछले जन्मदिन के बारे में आपकी यादें आपकी ________ स्मृति में संग्रहीत हैं।

A. प्रासंगिक
B. अर्थ
C. पूर्वव्यापी
D. लघु अवधि

Q.169 यदि आपने कोई अपराध देखा है और आपसे अपराधी को लाइनअप से बाहर निकालने के लिए कहा जाता है, तो आप किस प्रकार का स्मृति कार्य कर रहे होंगे?

A. ईदेटिक इमेजरी
B. पुनः सीखना
C. रिकॉल
D. मान्यता

Q.170 अंतर्मुखी व्यक्तित्व और बहिर्मुखी व्यक्तित्व का वर्गीकरण किसने किया है?

A. फ्रायड
B. कार्ल जंग
C. मुन्न
D. आलपोर्ट

// स्मार्ट उत्तर पुस्तिका //

सही उत्तर — उन छात्रों का प्रतिशत जिन्होंने प्रश्नों का सही उत्तर दिया था। **छोड़ दिया** — उन छात्रों का प्रतिशत जिन्होंने प्रश्नों को छोड़ दिया था।

प्रश्न संख्या	उत्तर	सही उत्तर / छोड़ दिया	प्रश्न संख्या	उत्तर	सही उत्तर / छोड़ दिया	प्रश्न संख्या	उत्तर	सही उत्तर / छोड़ दिया	प्रश्न संख्या	उत्तर	सही उत्तर / छोड़ दिया	प्रश्न संख्या	उत्तर	सही उत्तर / छोड़ दिया	प्रश्न संख्या	उत्तर	सही उत्तर / छोड़ दिया
1	A	49.47% / 40.62%	22	B	67.57% / 30.36%	43	B	83.02% / 14.85%	64	A	81.39% / 13.82%	85	C	66.22% / 33.33%	106	D	12.83% / 83.02%
2	C	57.33% / 36.08%	23	B	61.55% / 32.62%	44	C	51.43% / 38.0%	65	D	60.03% / 32.33%	86	D	24.46% / 73.73%	107	B	44.58% / 37.27%
3	C	69.34% / 30.11%	24	D	68.45% / 31.43%	45	B	62.45% / 31.02%	66	B	85.78% / 13.1%	87	B	68.21% / 30.58%	108	B	40.62% / 33.09%
4	D	69.06% / 30.44%	25	B	51.94% / 33.15%	46	C	53.36% / 33.4%	67	B	89.42% / 10.31%	88	D	54.65% / 42.74%	109	A	12.69% / 69.66%
5	C	60.18% / 33.61%	26	D	65.59% / 30.54%	47	C	41.04% / 42.74%	68	D	68.79% / 30.78%	89	C	60.3% / 35.12%	110	C	59.1% / 37.85%
6	C	42.81% / 51.72%	27	A	41.65% / 36.22%	48	C	68.4% / 30.7%	69	B	42.14% / 31.16%	90	D	41.57% / 34.19%	111	D	23.47% / 75.69%
7	B	53.77% / 44.24%	28	D	46.24% / 43.19%	49	D	88.47% / 10.66%	70	C	12.79% / 72.05%	91	C	60.11% / 38.83%	112	A	50.1% / 32.57%
8	B	85.84% / 10.02%	29	D	53.66% / 45.78%	50	B	59.1% / 32.38%	71	B	59.64% / 33.26%	92	A	12.09% / 74.99%	113	B	50.52% / 32.26%
9	A	46.0% / 47.3%	30	C	80.4% / 17.05%	51	A	69.57% / 30.11%	72	D	61.99% / 34.85%	93	D	46.84% / 42.89%	114	D	87.37% / 12.31%
10	C	77.89% / 13.17%	31	C	86.31% / 10.99%	52	D	54.8% / 35.22%	73	C	45.1% / 38.82%	94	B	52.97% / 43.51%	115	C	60.29% / 35.99%
11	C	60.57% / 33.11%	32	D	80.83% / 13.59%	53	D	83.44% / 12.98%	74	C	80.34% / 17.43%	95	B	56.74% / 40.83%	116	A	44.01% / 55.07%
12	D	15.81% / 68.67%	33	A	87.18% / 10.98%	54	D	30.57% / 68.87%	75	A	48.9% / 40.62%	96	B	61.77% / 34.28%	117	B	84.75% / 15.2%
13	A	58.32% / 34.62%	34	D	78.72% / 11.22%	55	B	83.83% / 13.92%	76	B	62.92% / 35.22%	97	C	42.59% / 53.93%	118	D	62.29% / 34.42%
14	A	50.93% / 32.28%	35	D	66.48% / 31.07%	56	A	63.1% / 32.72%	77	A	43.98% / 33.12%	98	D	15.01% / 68.66%	119	A	77.39% / 11.3%
15	D	56.83% / 32.11%	36	D	68.51% / 30.77%	57	C	46.44% / 31.35%	78	B	50.85% / 48.78%	99	B	24.09% / 67.42%	120	B	43.53% / 33.01%
16	B	44.9% / 33.45%	37	A	23.85% / 68.57%	58	B	87.63% / 12.08%	79	C	57.78% / 41.41%	100	D	46.84% / 48.18%	121	A	56.88% / 42.49%
17	C	61.68% / 34.57%	38	A	44.54% / 49.28%	59	D	68.82% / 30.01%	80	D	81.82% / 16.76%	101	B	81.14% / 11.21%	122	D	44.55% / 31.83%
18	C	65.16% / 32.98%	39	B	40.44% / 53.0%	60	B	44.52% / 42.46%	81	C	58.55% / 36.48%	102	A	63.19% / 31.69%	123	D	58.67% / 32.58%
19	A	58.65% / 38.95%	40	D	80.56% / 12.76%	61	C	47.31% / 40.73%	82	C	17.71% / 79.4%	103	D	44.12% / 54.7%	124	C	47.31% / 33.13%
20	B	55.04% / 39.58%	41	C	86.03% / 12.8%	62	A	69.22% / 30.37%	83	C	65.52% / 32.84%	104	C	87.18% / 10.31%	125	D	79.8% / 16.2%
21	B	44.94% / 36.89%	42	C	51.72% / 30.82%	63	A	53.2% / 33.97%	84	C	68.78% / 31.14%	105	D	27.41% / 68.63%	126	A	43.38% / 35.06%

प्रश्न संख्या	उत्तर	सही उत्तर / छोड़ दिया	प्रश्न संख्या	उत्तर	सही उत्तर / छोड़ दिया	प्रश्न संख्या	उत्तर	सही उत्तर / छोड़ दिया	प्रश्न संख्या	उत्तर	सही उत्तर / छोड़ दिया	प्रश्न संख्या	उत्तर	सही उत्तर / छोड़ दिया	प्रश्न संख्या	उत्तर	सही उत्तर / छोड़ दिया	प्रश्न संख्या	उत्तर	सही उत्तर / छोड़ दिया
127	C	40.6 % / 32.38 %	135	D	62.29 % / 32.05 %	143	B	49.04 % / 30.57 %	151	D	64.8 % / 34.21 %	159	C	46.19 % / 39.89 %	167	C	53.64 % / 34.67 %
128	C	85.46 % / 11.0 %	136	C	59.48 % / 35.12 %	144	A	41.24 % / 31.83 %	152	B	50.93 % / 42.26 %	160	B	53.63 % / 42.77 %	168	A	68.27 % / 31.16 %
129	D	53.14 % / 41.36 %	137	C	55.87 % / 43.12 %	145	C	46.59 % / 48.63 %	153	C	43.66 % / 38.54 %	161	B	44.34 % / 48.73 %	169	D	50.73 % / 34.22 %
130	B	60.39 % / 39.11 %	138	D	51.91 % / 39.12 %	146	B	41.4 % / 37.31 %	154	D	83.58 % / 14.57 %	162	D	76.44 % / 15.97 %	170	B	45.13 % / 51.29 %
131	A	59.84 % / 30.4 %	139	D	43.77 % / 36.52 %	147	A	87.77 % / 11.35 %	155	A	41.6 % / 52.68 %	163	B	89.83 % / 10.08 %			
132	C	54.1 % / 30.93 %	140	A	18.34 % / 78.25 %	148	D	62.44 % / 32.54 %	156	C	56.6 % / 41.87 %	164	B	42.43 % / 36.25 %			
133	D	47.81 % / 47.69 %	141	B	68.76 % / 30.57 %	149	C	78.2 % / 14.44 %	157	B	85.86 % / 10.85 %	165	D	46.96 % / 42.06 %			
134	D	11.1 % / 87.72 %	142	B	46.05 % / 37.41 %	150	A	57.95 % / 36.22 %	158	D	45.73 % / 36.62 %	166	D	55.97 % / 34.68 %			

//संकेत और समाधान//

1. ऑयल इंडिया लिमिटेड ने 20 अप्रैल 2022 को असम में अपने जोरहाट पंप स्टेशन पर भारत का पहला 99.999% शुद्ध हरित हाइड्रोजन पायलट संयंत्र चालू किया। इसकी प्रति दिन 10 किलोग्राम की स्थापित क्षमता है और इसे 3 महीने के रिकॉर्ड समय में चालू किया गया था। संयंत्र मौजूदा 500kW सौर संयंत्र द्वारा 100 kW आयन एक्सचेंज मेम्ब्रेन (AEM) इलेक्ट्रोलाइज़र ऐरे का उपयोग करके उत्पन्न बिजली से हरित हाइड्रोजन का उत्पादन करता है।

भारत में पहली बार AEM तकनीक का इस्तेमाल किया जा रहा है। इस संयंत्र से भविष्य में हरित हाइड्रोजन का उत्पादन 10 किलो प्रति दिन से बढ़ाकर 30 किलो प्रतिदिन करने की उम्मीद है। कंपनी ने प्राकृतिक गैस के साथ हरित हाइड्रोजन के सम्मिश्रण और OIL के मौजूदा बुनियादी ढांचे पर इसके प्रभाव पर IIT गुवाहाटी के सहयोग से एक विस्तृत अध्ययन शुरू किया है। कंपनी मिश्रित ईंधन के वाणिज्यिक अनुप्रयोगों के लिए उपयोग के मामलों का अध्ययन करने की भी योजना बना रही है।

अतः विकल्प (A) सही है।

2. मानव विकास सूचकांक, 2018 में भारत 130 वाँ स्थान है।

रिपोर्ट के अनुसार, भारत 189 देशों और क्षेत्रों में से 131वें स्थान पर है। इंडेक्स में 2018 में भारत 130वें स्थान पर था।

संयुक्त राष्ट्र विकास कार्यक्रम (यूएनडीपी) संयुक्त राष्ट्र का वैश्विक विकास नेटवर्क है। यूएनडीपी लगभग 170 देशों और क्षेत्रों में काम करता है, गरीबी उन्मूलन, असमानताओं और बहिष्कार को कम करने में मदद करता है, और लचीलापन बनाता है ताकि देश प्रगति को बनाए रख सकें। संयुक्त राष्ट्र की विकास एजेंसी के रूप में, यूएनडीपी सतत विकास लक्ष्यों को प्राप्त करने में देशों की महत्वपूर्ण भूमिका निभाती है।

अतः विकल्प (C) सही है।

3. 74वां चार्टर्ड एकाउंटेंट दिवस का संस्करण 1 जुलाई 2022 को मनाया गया।

यह दिन इंस्टीट्यूट ऑफ चार्टर्ड अकाउंटेंट्स ऑफ इंडिया (ICAI) द्वारा मनाया जाता है। ICAI की स्थापना भारत की संसद द्वारा 1949 में की गई थी। यह दुनिया भर में दूसरा सबसे बड़ा लेखा और वैधानिक निकाय है। भारत में, ICAI वित्तीय लेखा परीक्षा और लेखा पेशे के लिए एकमात्र लाइसेंसिंग और नियामक निकाय है।

अत: विकल्प (C) सही है।

4. भारतीय लघु उद्योग विकास बैंक (सिडबी) 2 अप्रैल 1990 को भारतीय संसद के एक अधिनियम के तहत स्थापित किया गया था। यह सूक्ष्म, लघु और मध्यम उद्यम (एमएसएमई) क्षेत्र के संवर्धन, वित्त पोषण और विकास के लिए प्रमुख वित्तीय संस्थान के साथ-साथ समान गतिविधियों में लगे संस्थानों के कार्यों के समन्वय के लिए कार्य करता है।

अतः विकल्प (D) सही है।

5. यह एक स्लैश है और कृषि को जलाता है। किसान अपने परिवारों को बनाए रखने के लिए भूमि का एक टुकड़ा साफ करते हैं और अनाज और अन्य खाद्य फसलों का उत्पादन करते हैं। जब मिट्टी की उर्वरता कम हो जाती है, तो किसान खेती के लिए भूमि के एक नए पैच को स्थानांतरित कर देते हैं। इस प्रकार की स्थानांतरण प्रकृति को प्राकृतिक प्रक्रियाओं के माध्यम से मिट्टी की उर्वरता को फिर से भरने की अनुमति देता है।

पूर्वोत्तर भारत के पहाड़ी इलाकों में, झूमिंग एक प्रमुख आर्थिक गतिविधि है। पहाड़ियों पर रहने वाले 86 प्रतिशत से अधिक लोग शिफ्टिंग खेती पर निर्भर हैं।

अतः विकल्प (C) सही है।

6. एशिया का पहला चावल प्रौद्योगिकी पार्क कर्नाटक सरकार द्वारा कोप्पल जिले के गंगावती में स्थापित किया जाएगा। इसके अलावा, मक्का प्रौद्योगिकी पार्क भी हवेरी जिले के रानीबेन्नूर में स्थापित किया जाएगा। पार्क चावल और मक्का उत्पादकों की समस्याओं को हल करने के लिए सार्वजनिक-निजी भागीदारी मॉडल पर आधारित होंगे। यह तुंगभद्रा कमांड क्षेत्र और कृष्णा कमांड क्षेत्र के धान की खेती में भी मदद करता है। इसके अतिरिक्त, प्रौद्योगिकी पार्क में चावल का आटा, चावल का रवा, चावल की भूसी का तेल, नूडल्स, चावल पर आधारित शराब, पशु और पोल्ट्री फीड, और बिजली उत्पादन और ईंट बनाने के लिए उपयोग किए जाने वाले धान की भूसी की सुविधाएं होंगी।

अतः विकल्प (C) सही है।

7. आंध्र प्रदेश भारत में मिर्च का सबसे बड़ा उत्पादक है और मिर्च के तहत कुल क्षेत्र में लगभग 26% का योगदान देता है, इसके बाद महाराष्ट्र (15%), कर्नाटक (11%), उड़ीसा (11%), मध्य प्रदेश (7%), और अन्य राज्य मिर्च के अंतर्गत कुल क्षेत्रफल में लगभग 22% का योगदान करते हैं।

अतः विकल्प (B) सही है।

8. पंचायत समिति पंचायती राज संस्थाओं का एक मध्यवर्ती स्तर है। पंचायत समिति के मुख्य कार्यपालन अधिकारी प्रखंड विकास पदाधिकारी हैं। विकास अधिकारी राज्य सिविल सेवा का एक अधिकारी होता है। पंचायत समिति को जनपद पंचायत के नाम से भी जाना जाता है।

अतः विकल्प (B) सही है।

9. सूत्र:

औसत = कुल योग/ कुल विषय

गणना:

अंकों का योग = 70 + 50 + 60 + 65 + 75

= 320

औसत अंक = कुल अंक / विषयों की संख्या

$$= \frac{320}{5}$$

= 64

औसत अंक 320 का प्रतिशत है = $\frac{64}{320} \times 100$

= 20%

∴ 320 का प्रतिशत औसत अंक 20% है।

अत: विकल्प (A) सही है।

10. दिया है:

दो क्रमिक वर्षों में, एक विद्यालय के 100 और 200 छात्र अंतिम परीक्षा में उपस्थित हुए। उनमें से क्रमशः 80% और 60% उत्तीर्ण हुए।

प्रयुक्त सूत्र:

$X\%$ का $Y = Y \times \dfrac{X}{100}$

2 वर्षों में शामिल छात्रों की कुल संख्या = 100 + 200 = 300

और

2 वर्ष में उत्तीर्ण छात्रों की कुल संख्या = 100 × 0.8 + 200 × 0.6

= 80 + 120

= 200

इसलिए,

अभीष्ट प्रतिशत = $\left[\dfrac{200}{300}\right] \times 100 = 66.67\%$

अतः विकल्प (C) सही है।

11. 1947-1991 में, सोवियत संघ और संयुक्त राज्य अमेरिका के बीच भू-राजनीतिक तनाव की अवधि को शीत युद्ध काल कहा जाता है।

शीत युद्ध द्वितीय विश्व युद्ध के बाद सोवियत संघ और संयुक्त राज्य अमेरिका और उनके संबंधित सहयोगियों, पूर्वी ब्लॉक और पश्चिमी ब्लॉक के बीच भू-राजनीतिक तनाव का दौर था।

इस अवधि को आम तौर पर 1991 से 1947 तक सोवियत संघ के विघटन की अवधि माना जाता है।

"शीत" शब्द का उपयोग किया जाता है क्योंकि दोनों महाशक्तियों के बीच सीधे तौर पर कोई बड़े पैमाने पर लड़ाई नहीं हुई थी, लेकिन वे प्रत्येक समर्थित प्रमुख क्षेत्रीय संघर्षों को प्रतिनिधि युद्धों के रूप में जानते थे।

पश्चिम का नेतृत्व संयुक्त राज्य अमेरिका के साथ-साथ पश्चिमी ब्लॉक के अन्य प्रथम विश्व राष्ट्रों ने किया था जो आम तौर पर उदार लोकतांत्रिक थे लेकिन सत्तावादी राज्यों के एक जाल से बंधे थे, जिनमें से अधिकांश उनके पूर्व उपनिवेश थे।

अतः विकल्प (C) सही है।

12. भारत छोड़ो आंदोलन के समय वायसराय लॉर्ड लिनलिथगो था।

1939 में, भारतीय राष्ट्रवादी इस बात से नाराज़ थे कि भारत के ब्रिटिश गवर्नर-जनरल लॉर्ड लिनलिथगो ने उनसे परामर्श किए बिना भारत को युद्ध में ला दिया। यह भारत छोड़ो आंदोलन के प्रमुख कारणों में से एक था।

भारत छोड़ो आंदोलन, या 'भारत छोड़ो आंदोलन' 8 अगस्त, 1942 को शुरू हुआ, जिसकी नींव 1939 में रखी गई जब भारत के गवर्नर-जनरल लॉर्ड लिलिंगथो थे।

भारत छोड़ो आंदोलन, जिसे अगस्त आंदोलन के रूप में भी जाना जाता है, द्वितीय विश्व युद्ध के दौरान महात्मा गांधी द्वारा अखिल भारतीय कांग्रेस कमेटी के बॉम्बे सत्र में शुरू किया गया एक आंदोलन था, जिसमें भारत में ब्रिटिश शासन को समाप्त करने की मांग की गई थी।

अतः विकल्प (D) सही है।

13. मोहम्मद शमी ने दक्षिण अफ्रीका के खिलाफ पहले टेस्ट के दौरान 200 टेस्ट विकेट का खिताब हासिल किया।

31 वर्षीय गेंदबाज लैंडमार्क तक पहुंचने वाले भारतीय तेज गेंदबाजों में तीसरे सबसे तेज हैं, क्योंकि उन्होंने अपने 55 वें टेस्ट मैच में यह उपलब्धि हासिल की थी। वह फिलहाल कपिल देव (434), इशांत शर्मा (311), जहीर खान (311) और जवागल श्रीनाथ (236) से पीछे हैं।

अतः विकल्प (A) सही है।

14. माना कि वस्तु का क्रय मूल्य x रुपये है।

लाभ % = (विक्रय मूल्य − क्रय मूल्य)/क्रय मूल्य $\times$ 100

$\Rightarrow x = \left(\dfrac{144-x}{x}\right) \times 100$

$\Rightarrow x^2 = 14400 - 100x$

$\Rightarrow x^2 + 100x - 14400 = 0$

$\Rightarrow x^2 + 180x - 80x - 14400 = 0$

$\Rightarrow (x + 180)(x - 80) = 0$

$\Rightarrow x = 80$

$\therefore$ वस्तु का क्रय मूल्य $= 80$ रुपए

अतः विकल्प (A) सही है।

15. भारत के संविधान द्वारा महिलाओं को दिए गए विशेष प्रावधान इस प्रकार हैं:

- संविधान की प्रस्तावना
  - स्थिति और अवसर की समानता
  - न्याय: सामाजिक, आर्थिक और राजनीतिक
- मौलिक अधिकार
  - अनुच्छेद 14: कानून के समक्ष समानता और कानूनों की समान सुरक्षा।
  - अनुच्छेद 15: धर्म, जाति, जाति, लिंग या जन्म स्थान के आधार पर भेदभाव से निषेध।
    - अनुच्छेद 15(1) और (2) किसी भी नागरिक को धर्म, जाति, जाति, लिंग, जन्म स्थान, या उनमें से किसी भी एक के आधार पर भेदभाव करने से रोकता है।
    - अनुच्छेद 15(3) राज्य के लिए महिलाओं और बच्चों के हितों की रक्षा के लिए विशेष प्रावधान बनाना संभव बनाता है।
    - अनुच्छेद 15(4) समाज के सामाजिक और शैक्षिक रूप से पिछड़े वर्गों के हितों और कल्याण को बढ़ावा देने के लिए विशेष व्यवस्था बनाने के लिए राज्य को कैपेसिट करता है।
  - अनुच्छेद 16: राज्य के अधीन किसी भी कार्यालय में रोजगार या नियुक्ति से संबंधित मामलों में सभी नागरिकों के लिए अवसर की समानता।
- राज्य नीति के निर्देशक सिद्धांत
  - अनुच्छेद 39 में राज्य को पुरुषों और महिलाओं के लिए अपनी आजीविका के पर्याप्त साधनों के अधिकार के लिए अपनी नीति को निर्देशित करने की आवश्यकता है [अनुच्छेद 39 (A)]: और पुरुषों और महिलाओं दोनों के लिए समान काम के लिए समान वेतन [अनुच्छेद 39(d)].
  - अनुच्छेद 39A राज्य को न्याय को बढ़ावा देने के लिए समान अवसर के आधार पर और उपयुक्त कानून या एक योजना या किसी अन्य तरीके से मुफ्त कानूनी सहायता को बढ़ावा देने का निर्देश देता है ताकि यह सुनिश्चित किया जा सके कि आर्थिक या अन्य अक्षमताओं के कारण किसी भी नागरिक को न्याय प्राप्त करने के अवसरों से वंचित नहीं किया जाता है।
  - अनुच्छेद 42 राज्य को न्याय और मानवीय परिस्थितियों को सुरक्षित रखने और मातृत्व राहत के लिए प्रावधान करने का निर्देश देता है।
- मौलिक कर्तव्य
  - अनुच्छेद 51A (e) महिलाओं की गरिमा के लिए अपमानजनक प्रथाओं का त्याग करने के लिए प्रत्येक नागरिक पर निर्भर करता है।
- संवैधानिक अधिकार
  - अनुच्छेद 243 D (3) और अनुच्छेद 243 T(3) पंचायतों और नगरपालिकाओं की कुल सीटों की एक तिहाई से कम नहीं के आरक्षण के लिए प्रदान करते

हैं, महिलाओं के लिए विभिन्न निर्वाचन क्षेत्रों के रोटेशन द्वारा आवंटित किया जाना है।

– अनुच्छेद 243 D(4) T(4) प्रदान करता है कि महिलाओं के लिए आरक्षित किए जाने के लिए प्रत्येक स्तर पर पंचायत और नगर पालिकाओं में अध्यक्षों की कुल संख्या के एक तिहाई से कम नहीं है।

– संवैधानिक जनादेश को कायम रखने के लिए, राज्य ने समान अधिकार सुनिश्चित करने, सामाजिक भेदभाव और हिंसा और अत्याचार के विभिन्न रूपों का मुकाबला करने और विशेष रूप से कामकाजी महिलाओं को सहायता सेवाएं प्रदान करने के लिए विभिन्न विधायी उपाय लागू किए हैं।

अतः विकल्प (D) सही है।

16. पाक जलडमरूमध्य भारत और श्रीलंका के बीच स्थित है।

पाक जलडमरूमध्य:

- यह भारत के तमिलनाडु राज्य और श्रीलंका के द्वीप राष्ट्र के उत्तरी प्रांत के जाफना जिले के बीच एक जलडमरूमध्य है।

- जलडमरूमध्य 40 से 85 मील (64 से 137 किमी) चौड़ा, 85 मील लंबा और 330 फीट (100 मीटर) से कम गहरा है।

- वैगई (भारत) सहित इसमें कई नदियाँ मिलती हैं, और इसमें श्रीलंका की ओर कई द्वीप हैं।

- सेतुसमुद्रम शिप कैनाल प्रोजेक्ट (SSCP) 167 किलोमीटर लंबी शिपिंग नहर है और जहाजों की आवाजाही को सुविधाजनक बनाने के लिए मन्नार की खाड़ी से बंगाल की खाड़ी तक एक नौगम्य नहर के निर्माण की परिकल्पना की गई है।

अतः विकल्प (B) सही है।

17. नीलगिरि, भारत का पहला बायोस्फीयर रिजर्व है।

नीलगिरि बायोस्फीयर रिजर्व:

- नीलगिरि जैव मंडल आरक्षित क्षेत्र भारत का पहला और सबसे पुराना जैव मंडल आरक्षित क्षेत्र है, जिसे वर्ष 1986 में स्थापित किया गया था।

- यह पश्चिमी घाटों में स्थित है और इसमें भारत के 10 जैव-भौगोलिक प्रांतों में से 2 शामिल हैं।

- नीलगिरि जैव मंडल आरक्षित क्षेत्र मालाबार वर्षा वन के जैवभौगोलिक क्षेत्र के अंतर्गत आता है।

- मुदुमलाई वन्यजीव अभयारण्य, वायनाड वन्यजीव अभयारण्य बांदीपुर राष्ट्रीय उद्यान, नागरहोल राष्ट्रीय उद्यान, मुकुर्ती राष्ट्रीय उद्यान और साइलेंट वैली इस आरक्षित क्षेत्र के भीतर मौजूद संरक्षित क्षेत्र हैं।

अतः विकल्प (C) सही है।

18. पास्कल के नियम के अनुसार, दाब उस क्षेत्र द्वारा विभाजित बल के बराबर होता है जिस पर वह कार्य करता है।

पास्कल का नियम: पास्कल का नियम ब्लेज़ पास्कल द्वारा दिए गए तरल यांत्रिकी में एक सिद्धांत है जिसमें कहा गया है कि एक सीमित अपरिमेय तरल पदार्थ में किसी भी बिंदु पर एक दाब परिवर्तन पूरे तरल पदार्थ में प्रसारित होता है जैसे कि हर जगह एक ही परिवर्तन होता है।

अतः विकल्प (C) सही है।

19. रेडियोधर्मिता का पता लगाने के लिए एक जीएम काउंटर का उपयोग किया जाता है।

एक जीएम काउंटर जिसे गीजर-मुलर ट्यूब भी कहा जाता है, जिसका उपयोग सभी प्रकार के विकिरणों यानी अल्फा, बीटा और गामा विकिरण का पता लगाने और मापने के लिए किया जाता है। यह वर्ष 1928 में पाया गया था।

एक जीएम ट्यूब एक अक्रिय गैस जैसे हीलियम, नियॉन, आर्गन आदि से भरी होती है। जब ट्यूब में एक उच्च वोल्टेज लगाया जाता है तो यह एक विद्युत नाड़ी बनाता है जब विकिरण ट्यूब में दीवार या गैस के साथ संपर्क करता है। इन कम्पनों को उपकरण पर पढ़ने के रूप में पाया जाता है।

अतः विकल्प (A) सही है।

20. माना रामू की प्रत्येक माह की अर्जित धनराशि x है।

प्रत्येक माह की तुलना में जुलाई में तीन गुना अधिक धनराशि अर्जित की गई है

जुलाई की अर्जित धनराशि = 3x

वार्षिक अर्जित धनराशि = 3x + (x × 11) = 3x + 11x = 14x

जुलाई की अर्जित धनराशि और वार्षिक अर्जित धनराशि का अनुपात = $\dfrac{3x}{14x}$

∴ जुलाई की अर्जित धनराशि और वार्षिक अर्जित धनराशि का अनुपात 3 : 14 है।

अतः विकल्प (B) सही है।

21. क्लोरोफाइसी को 'हरित शैवाल' भी कहा जाता है।

- शैवाल जलीय जीवों का एक विविध समूह है जिसमें प्रकाश संश्लेषण करने की क्षमता होती है।

- हरे शैवाल क्लोरोफाइटा डिविजन के सदस्य हैं।

- ये प्रमुख प्रकाश संश्लेषक वर्णक के रूप में क्लोरोफिल a और b होने की विशेषता वाले जीव हैं।

- अधिकांश क्लोरोफाइट्स में एक या एक से अधिक भंडारण निकाय होते हैं जिन्हें पाइरेनोइड्स कहा जाता है जो क्लोरोप्लास्ट के आसपास स्थानीयकृत होते हैं।

अतः विकल्प (B) सही है।

22. कैल्शियम की कमी से अस्थिसुषिरता होता है।

- कैल्शियम की कमी से हड्डियों की ताकत कम हो जाती है जिससे अस्थिसुषिरता होता है।

- कैल्शियम हड्डियों और दांतों को विटामिन के साथ मजबूती प्रदान करता है।

- कैल्शियम रक्त निर्माण में महत्वपूर्ण भूमिका निभाता है।

अतः विकल्प (B) सही है।

23. वर्ष 1916 में ऐतिहासिक लखनऊ समझौते पर हस्ताक्षर किए गए थे।

लखनऊ समझौता (1916):

- लखनऊ में, कांग्रेस और ऑल इंडिया मुस्लिम लीग ने अपने पुराने मतभेदों को खत्म किया और लखनऊ समझौते के रूप में प्रसिद्ध ऐतिहासिक कांग्रेस-लीग समझौते पर हस्ताक्षर करके सरकार के सामने सामान्य राजनीतिक मांगें रखीं।

- दोनों को एकसाथ लाने में महत्वपूर्ण भूमिका लोकमान्य तिलक और मोहम्मद अली जिन्ना ने निभाई थी, क्योंकि दोनों का मानना था कि भारत केवल हिंदू-मुस्लिम एकता के माध्यम से स्व-सरकार जीत सकता है।

- दिसंबर 1916 का लखनऊ समझौता कांग्रेस और मुस्लिम लीग (उत्तर प्रदेश-आधारित "युवदार" द्वारा नियंत्रित) के बीच एक संधि थी और मध्यस्थों, उग्रवादियों और मुस्लिम लीग के लिए एक संयुक्त राजनीतिक मंच प्रदान किया।

अतः विकल्प (B) सही है।

24. फिलिप्स वक्र का कहना है कि मुद्रास्फीति और बेरोजगारी का एक स्थिर और उलटा संबंध है। इसका नाम विलियम फिलिप के नाम पर रखा गया है। यह दावा करता है कि आर्थिक विकास में मुद्रास्फीति आती है, जिसके कारण अधिक रोजगार और कम बेरोजगारी पैदा होनी चाहिए। लेकिन इसे कम समय में ही सही कहा जाता है।

लंबे समय में बढ़ती महंगाई से बेरोजगारी कम नहीं होगी। लंबे समय तक फिलिप्स वक्र को बेरोजगारी की प्राकृतिक दर पर एक ऊर्ध्वाधर रेखा के रूप में देखा जाता है, जहां मुद्रास्फीति की दर का बेरोजगारी पर कोई प्रभाव नहीं पड़ता है। बेरोजगारी की गैर-त्वरित मुद्रास्फीति दर (NAIRU) विशिष्ट बेरोजगारी दर है जिस पर मुद्रास्फीति की दर स्थिर हो जाती है और मुद्रास्फीति न तो बढ़ेगी और न ही घटेगी।

अतः विकल्प (D) सही है।

25. अकुशल श्रमिकों के पलायन का एक कारण गरीबी है। अकुशल श्रमिक अपने परिवारों का भरण-पोषण करने और अपने मूल देशों में बेरोजगारी, युद्ध या गरीबी से बचने के तरीकों की तलाश में पलायन करते हैं। भारतीय जनगणना (2011) के आंकड़ों ने गणना की कि अंतर और अंतरराज्यीय आवाजाही के लिए आंतरिक प्रवासियों की कुल संख्या 450 मिलियन है, जो 2001 की जनगणना (De, 2019) के बाद से 45% की वृद्धि है।

अतः विकल्प (B) सही है।

26. 'आयकर' प्रत्यक्ष कर का एक उदाहरण है।

प्रत्यक्ष कर:

- जो कर सीधे सरकार को दिया जाता है, सीधे करदाता पर लगाया जाता है और कर का दायित्व अन्य करदाताओं पर नहीं डाला जा सकता है।
- प्रत्यक्ष करों के कुछ उदाहरण आयकर, निगमित कर, न्यूनतम वैकल्पिक कर, लाभांश वितरण कर, प्रतिभूति लेनदेन कर, पूंजीगत लाभ कर आदि हैं।

अप्रत्यक्ष कर:

- अप्रत्यक्ष कर एक व्यक्ति या संस्था पर लगाया जाने वाला कर है, जो अन्य व्यक्तियों को दिया जाता है।
- यह उन उत्पादों या सेवाओं पर लगाया जाता है जो ग्राहक द्वारा उपयोग किए जाते हैं।
- अप्रत्यक्ष करों के सामान्य उदाहरण माल और सेवा कर, उत्पाद शुल्क, बिक्री कर आदि हैं।

अतः विकल्प (D) सही है।

27. मौलिक कर्त्तव्यों में आध्यात्मिक उत्थान का उल्लेख नहीं है।

मौलिक कर्त्तव्य:

- वे मूल रूप से संविधान में मौजूद नहीं हैं और इसके बजाय 42वें संविधान संशोधन अधिनियम, 1976 के माध्यम से संविधान में जोड़े गए थे।
- उन्हें संविधान के भाग IV A के तहत जोड़ा गया था और मूल रूप से 10 FD जोड़े गए थे।
- 11वें संवैधानिक कर्त्तव्य को 86वें संविधान संशोधन अधिनियम, 2002 द्वारा जोड़ा गया।

अतः विकल्प (A) सही है।

28. बहुमत के लिए समय सीमा तय करना/सलाह देना राज्य मंत्रिपरिषद का कार्य नहीं है।

राज्य मंत्रिपरिषद केंद्रीय मंत्रिपरिषद के समान है। राज्य परिषद की अध्यक्षता मुख्यमंत्री करते हैं। परिषद में मुख्यमंत्री की सिफारिश पर राज्यपाल द्वारा नियुक्त मंत्री शामिल होते हैं।

मंत्रिपरिषद की तीन श्रेणियां हैं:

- केबिनेट मंत्री
- राज्य मंत्री
- उप मंत्री

अतः विकल्प (D) सही है।

29. खालसा पंथ के संस्थापक गुरु गोविंद सिंह थे।

खालसा सिख समुदाय की स्थापना 300 साल पहले वैसाखी के फसल उत्सव के दौरान हुई थी। 'खालसा' शब्द का अर्थ है 'शुद्ध'। खालसा का हिस्सा होना सिख धर्म में दायित्व का संकेत है। सिख जो खालसा के सदस्य बनना चाहते हैं, अमृत संस्कार समारोह में भाग लेकर अपना दायित्व दिखाते हैं।

अतः विकल्प (D) सही है।

30. कपिलधारा जलप्रपात मध्य प्रदेश के अमरकंटक जिले में स्थित है। इसका नाम हिंदू दर्शन के सांख्य विद्यालय के संस्थापक ऋषि कपिला के नाम पर रखा गया है।

अतः विकल्प (C) सही है।

31. कर्त्तव्यनिष्ठा शुद्ध वर्तनी है।

- 'कर्त्तव्यनिष्ठा' का अर्थ 'कर्त्तव्य करने में निपुण' होता है।
- वाक्य - वो एक कर्त्तव्यनिष्ठा सुलझी महिला थीं।

अतः विकल्प (C) सही है।

32. दिये वाक्य "वह प्रकाशक की जिम्मेदारी बखूबी निभाता है" में कोई त्रुटि नहीं है।
अतः विकल्प (D) सही है।

33. 'वीर पुत्र को जन्म देने वाली माता' के लिये एक शब्द वीरप्रसू है।

वाक्य प्रयोग: महारानी जयवंताबाई ने महाराणा प्रताप जैसे वीर पुत्र को जन्म दिया, इसलिए उन्हें वीरप्रसू कह सकते हैं।

अतः विकल्प (A) सही है।

34. दिए गए विकल्पों में से 'शाक-सब्जी खाने वाला' के लिये एक शब्द शाकाहारी है।

जब अनेक शब्दों के स्थान पर केवल एक शब्द का प्रयोग किया जाता है तो उसे वाक्यांश के लिए एक शब्द कहा जाता है।

उदाहरण: अमर – जो कभी न मरे।

अतः विकल्प (D) सही है।

35. अनाहूत – जिसे बुलाया न गया हो।

अपरिमेय – जिसका परिमाण जाना न जा सके।

अप्रत्याशित – जिसकी पहले से आशा न की गई हो।

अनवगत – जो जाना न गया हो, जो अवगत न हो।

अतः विकल्प (D) सही है।

36. मध्य, शब्द तद्भव नहीं है।

मध्य तत्सम शब्द है।

मध्य का तद्भव रूप: मध्यम, बीच का

संस्कृत से हिंदी में आने पर जिन शब्दों का रूप बदल गया हो, तद्भव कहलाते हैं।

अतः विकल्प (D) सही है।

37. दिए गये विकल्पों में से 'तत्सम -तद्भव' शब्द युग्म का 'ग्रंथि - ग्रंथ' यह विकल्प सही नहीं है।

क्योंकि ग्रंथि शब्द का अर्थ गाँठ होता है, ग्रन्थ नही। अन्य सभी विकल्प सही है।

अतः विकल्प (A) सही है।

38. दिए गये सभी तत्सम शब्दों में से 'सम्मुख' शब्द शुद्ध स्वरूप में लिखे हुए है।

सम्मुख यानी जो सामने मौजूद हो।

उदाहरण: पर उसे अपने सम्मुख प्रेम का उपहार हाथ में लिए देखकर वह स्थिर न रह सकी।

अतः विकल्प (A) सही है।

39. 'धीरे - धीरे' क्रिया विशेषण का उदाहरण है।

जो शब्द क्रिया की रीति या ढंग बताते है उन्हें रीतिवाचक क्रिया विशेषण कहते है।

उदाहरण:

* सुनील मधुर बोलता है।
* हिरण तेज दौड़ता है।

अतः विकल्प (B) सही है।

40. संख्यावाचक विशेषण, ऐसा विशेषण शब्द है जो किसी संज्ञा या सर्वनाम की संख्या का बोध कराता है।

विकल्प (D) में दिए गए शब्द- **दूसरा दिन**, में संख्यावाचक विशेषण का प्रयोग हुआ है क्योंकि इसमें दूसरे का प्रयोग हुआ जो संख्या बता रहा है।

अतः विकल्प (D) सही है।

41. राम, दुकान से <u>चार किलो</u> आटा लाया।

दिए गए वाक्य के रेखांकित भाग में निश्चित परिमाणवाचक विशेषण का प्रयोग हुआ है क्योंकि वाक्य में चार किलो लिखा है जो एक निश्चित परिमाण है।

अतः विकल्प (C) सही है।

42. दिए गये विकल्पों में से 'अतल' शब्द का विलोम वितल है।

अतल का अर्थ – तल रहित

वितल का अर्थ – तल सहित

अतः विकल्प (C) सही है।

43. दिए गये विकल्पों में से 'औपचारिक' शब्द का विलोम अनौपचारिक है।

औपचारिक का अर्थ – रूपात्मक

अनौपचारिक का अर्थ – अरूपात्मक

अतः विकल्प (B) सही है।

44. दिए गए विकल्पों में से 'आयात' शब्द का विलोम निर्यात है।

आयात का अर्थ – माल मंगवाना

निर्यात का अर्थ – माल भेजना

अतः विकल्प (C) सही है।

45. दिए गए विकल्पों में से 'स्थूल' शब्द का विलोम सूक्ष्म है।

स्थूल का अर्थ – मोटा

सूक्ष्म का अर्थ – बारीक

अतः विकल्प (B) सही है।

46. दिए गए विकल्पों में छत्रछाया शब्द की वर्तनी शुद्ध है। अतः सही विकल्प (C) 'छत्रछाया' है। अन्य सभी शब्दों की वर्तनी त्रुटि पूर्ण हैं।

'छत्रछाया' का अर्थ 'शरण, पनाह' है।

अन्य विकल्प –

शुद्ध वर्तनी	अशुद्ध वर्तनी	अर्थ
उच्छ्वास	उच्छवास	लम्बा श्वास
निहारिका	नीहारिका	ओस की बूँद
महात्मगण	महात्मागण	महात्मा लोग

अतः विकल्प (C) सही है।

47. 'व्योम' का पर्यायवाची शब्द 'पीयूष' नहीं है। 'पीयूष' शब्द 'अमृत' का पर्यायवाची है।

'पीयूष' के अन्य पर्यायवाची शब्द हैं 'अमृत, अमिय, अमी, सुधा, सोम, जीवनोदक' इत्यादि।

अतः विकल्प (C) सही है।

48. 'दवा' का पर्यायवाची 'दवाई, औषध, औषधि' होता है। अन्य विकल्पों के पर्यायवाची भिन्न हैं।

अन्य विकल्प:

* केसरी: केहरी, केशी, पशुराज, सिंह, मृगराज, शेर, वनराज, शार्दूल
* कानन: वन, अरण्य, गहन, अख्य, कान्तार, जंगल, विपिन
* अगम: दुष्कर, कठिन, दुःसाध्य, अगम्य

अतः विकल्प (C) सही है।

49. 'रवि, दिनकर तथा भानु' सूरज के ही पर्यायवाची शब्द हैं। सूरज के अन्य पर्यायवाची शब्द हैं 'प्रभाकर, दिवाकर, भास्कर, सविता, दिनेश, मार्तण्ड, अंशुमाली, सूर्य'।

अतः विकल्प (D) सही है।

50. 'जन', 'मनुज', 'मानुष' यह सभी मनुष्य के पर्यायवाची हैं। इसके अतिरिक्त 'उमापति' शब्द का प्रयोग शिव के सन्दर्भ में किया जाता है।

अतः विकल्प (B) सही है।

51. वीर्य में फ्रुक्टोज का कार्य शुक्राणु द्वारा एटीपी उत्पादन के लिए एक ऊर्जा स्रोत प्रदान करना है।

वीर्य में 11mmol/L तक मुक्त फ्रुक्टोज होता है। यह उनके इक्का में डिंब के लिए शुक्राणु कोशिकाओं के लिए प्रमुख ऊर्जा स्रोत है। इसलिए शुक्राणु में प्राथमिक ऊर्जा स्रोत के रूप में फ्रुक्टोज होता है न कि ग्लूकोज।

अतः विकल्प (A) सही है।

52. वीर्य पुटिकाएं मलाशय के सामने मूत्राशय के पीछे और नीचे की ओर स्थित होती हैं।

यह पुरुष प्रजनन प्रणाली का एक हिस्सा है। यह शुक्राणुओं के निर्माण में मदद करता है। वीर्य पुटिकाएं मलाशय से बेहतर श्रोणि में स्थित होती हैं, मूत्राशय के कोष से नीची और प्रोस्टेट के पीछे होती हैं। प्रोस्टेट की तरह, उन्हें डेनोनविलियर के प्रावरणी द्वारा मलाशय से अलग किया जाता है।

अतः विकल्प (D) सही है।

53. वीर्य स्खलन नलिका शुक्राणु में द्रव जोड़ती है।

शुक्राणु सबसे पहले प्रोस्टेट ग्रंथि के ठीक ऊपर के एम्पुला में पहुंचते हैं। यहां, एम्पुला के पास में स्थित वीर्य पुटिका से स्राव जुड़ते हैं। स्खलन नलिका की लंबाई लगभग 2 सेमी है और यह वीर्य पुटिका की वाहिनी के साथ वास डेफेरेंस के साथ विलीन हो जाती है। वे शुक्राणु और तरल पदार्थ का परिवहन करते हैं।

अतः विकल्प (D) सही है।

54. स्पंजी मूत्रमार्ग संरचनाएं पुरुष मूत्रमार्ग की लंबाई का सबसे अधिक हिस्सा बनाती हैं।

स्पंजी मूत्रमार्ग पुरुष मूत्रमार्ग का सबसे लंबा हिस्सा है, और लिंग के कॉर्पस स्पोंजियोसम में निहित है। स्पंजी मूत्रमार्ग पुरुष मूत्रमार्ग का सबसे लंबा हिस्सा है, और एक लिंग में निहित है।

अतः विकल्प (D) सही है।

55. शुक्राणु एक्रोसोम में एंजाइम होते हैं।

सामान्य शुक्राणु कोशिकाओं में एक अंडाकार आकार का सिर होता है जिसमें एक्रोसोम नामक टोपी जैसा आवरण होता है। एक्रोसोम में एंजाइम होते हैं जो अंडे की कोशिका की बाहरी झिल्ली को तोड़ते हैं, जिससे शुक्राणु अंडे को निषेचित कर सकते हैं।

अतः विकल्प (B) सही है।

56. टेलीहेल्थ विभिन्न स्थानों पर रोगियों को देखभाल प्रदान करने का एक वैकल्पिक तरीका प्रदान करता है। कानूनी समस्या जो इस प्रथा को प्रभावित कर सकती है वह यह है कि एक स्थान से एक व्यवसायी का लाइसेंस उस क्षेत्र में सम्मानित नहीं किया जा सकता है जहां से ग्राहक निवास कर रहा है। फेडरल नियमों के अनुसार चिकित्सक के पास उस राज्य में दवा का अभ्यास करने का लाइसेंस होना आवश्यक है जहां परामर्श के समय रोगी स्थित है। नियंत्रित पदार्थों के उचित प्रिस्क्राइबिंग और डिस्पेंसिंग की जिम्मेदारी प्रिस्क्राइबिंग प्रैक्टिशनर की होती है। एक चिकित्सक जो राज्य के कानून के तहत दवा के अनधिकृत अभ्यास में संलग्न है, वह अपने पेशेवर अभ्यास के सामान्य पाठ्यक्रम में काम नहीं कर रहा है और इस प्रकार फेडरल कानून का उल्लंघन करता है।

अतः विकल्प (A) सही है।

57. वेंटिलेटर मशीन गंभीर मरीज को सांस लेने में मदद करती है। वेंटिलेटर एक ऐसी मशीन है जो बीमार होने, घायल होने या ऑपरेशन के लिए बेहोश होने पर आपको सांस लेने में मदद करती है। यह आपके फेफड़ों में ऑक्सीजन युक्त हवा को पंप करता है। यह आपको कार्बन डाइऑक्साइड को बाहर निकालने में भी मदद करता है, एक हानिकारक अपशिष्ट गैस जिसे आपके शरीर से छुटकारा पाने की आवश्यकता होती है।

माइक्रोप्रोसेसर वेंटिलेटर: वेंटिलेटरी कार्यों, अलार्म और क्लाइंट मापदंडों की निरंतर निगरानी की अनुमति देने के लिए एक कंप्यूटर या माइक्रोप्रोसेसर को वेंटिलेटर में बनाया गया है। इस प्रकार का वेंटिलेटर उन ग्राहकों के लिए अधिक प्रतिक्रियाशील होता है जिन्हें फेफड़ों की गंभीर बीमारी होती है।

अतः विकल्प (C) सही है।

58. छात्र को पत्रिकाओं और लेखों के लिए शोध करने में समस्या हो रही है जो उसके अध्ययन का समर्थन करेंगे। जिस पुस्तक सूची साइट की सिफारिश की जानी चाहिए वह CINAHL है। CINAHL नर्सिंग और संबद्ध स्वास्थ्य साहित्य के लिए संचयी सूचकांक के लिए है, और CINAHL पूर्ण डेटाबेस आपको सैकड़ों नर्सिंग पत्रिकाओं में लेखों की खोज करने की अनुमति देता है। जर्नल लेखों के अलावा, आपको साक्ष्य-आधारित देखभाल पत्रक, त्वरित पाठ, कानूनी मामले, नैदानिक परीक्षण और भी बहुत कुछ मिलेगा।

अतः विकल्प (B) सही है।

59. नर्सिंग प्रशासन भी सूचना प्रौद्योगिकी से प्रभावित है। निम्नलिखित को आईटी से लाभ के रूप में माना जा सकता है:

1. विभिन्न कर्मचारियों से संवाद करने में मदद करें।

2. केसेस, रोगियों और मेडिकल डायग्नोसिस के संदर्भ में रुझानों का प्रक्षेपण किया जा सकता है।

3. यह विभिन्न क्षेत्रों में त्रुटियों को सीमित करता है।

4. डेटा को स्टोर और पुनर्प्राप्त करने की इसकी क्षमता।

5. एक सुपाठ्य प्रारूप में रोगी की जानकारी को तेजी से संप्रेषित करने की क्षमता।

6. बढ़ी हुई सुगमता के माध्यम से बेहतर दवा सुरक्षा, जो संभावित रूप से दवा त्रुटियों के जोखिम को कम करती है।

7. रोगी जानकारी की पुनर्प्राप्ति में आसानी।

अतः सही विकल्प (D) है।

60. सूचना प्रौद्योगिकी के मामले में टेलीहेल्थ को सामुदायिक स्वास्थ्य नर्सिंग में एक प्रमुख विकास माना जा सकता है। टेलीहेल्थ स्वास्थ्य देखभाल सेवाओं को दूरस्थ रूप से एक्सेस करने और आपकी स्वास्थ्य देखभाल का प्रबंधन करने के लिए कंप्यूटर और मोबाइल उपकरणों जैसी डिजिटल सूचना और संचार तकनीकों का उपयोग है। ये वे प्रौद्योगिकियां हो सकती हैं जिनका आप घर से उपयोग करते हैं या जिनका उपयोग आपका डॉक्टर स्वास्थ्य देखभाल सेवाओं में सुधार या समर्थन के लिए करता है।

अतः विकल्प (B) सही है।

61. OB-Gyn यूनिट में ड्यूटी पर तैनात नर्स नेटवर्क में प्रॉब्लम होने के कारण चिड़चिड़ी हो जाती है, जिसके परिणामस्वरूप अस्पताल के अंदर कम्युनिकेशन सिस्टम की अनुपलब्धता हो जाती है। यह असफलता का एक उदाहरण है। कम्युनिकेशन में बाधाएं मुख्य रूप से गैर-चिकित्सीय कम्युनिकेशन के परिणामस्वरूप होती हैं। इस असफलता के अच्छे उदाहरणों में शामिल हैं:

1. संदेश का गलत या अनुचित डिकोडिंग।

2. शब्दों का खराब चुनाव।

3. **गलत स्वर:** उठी हुई आवाज, आदि।

4. **सुनने में असफलता:** अरुचि के संकेत के रूप में दूर देखने या अन्य काम करने से नहीं सुनना। गलत पर्यावरण या खराब पर्यावरण नियंत्रण: आसपास का शोर या वातावरण।

5. **गलत समय:** जब ग्राहक खा रहा हो या कुछ कर रहा हो या दर्द में हो। नर्स या स्वास्थ्य पेशेवर द्वारा ध्यान न देना- ग्राहक खाना खा रहा है या सो रहा है, नर्स तैयार नहीं है या प्रतीक्षा करने के लिए तैयार नहीं है।

अतः विकल्प (C) सही है।

62. क्लाइंट से समर्थन स्वास्थ्य सूचना विज्ञान प्रतिमान बदलाव में चरण 1 में शामिल नहीं है। विज्ञान में एक महत्वपूर्ण प्रतिमान (या वर्ल्डव्यू) बदलाव हो रहा है जो नर्सिंग शिक्षा, अभ्यास और अनुसंधान की प्रकृति को प्रभावित करता है। प्रत्यक्षवाद से उत्तर-आधुनिकतावाद और अब नव-आधुनिकतावाद में बदलाव पर अमेरिकी नर्सिंग में बहुत कम ध्यान दिया गया है और इस तरह के बदलाव से संबंधित कई अवसरों को रोक सकता है।

अतः विकल्प (A) सही है।

63. नव भर्ती रोगी एक 28 वर्षीय महिला है और उसे निमोनिया का पता चला है। प्रवेश पर उसके महत्वपूर्ण संकेत बीपी 110/80 मिमी एचजी, आरआर 32 सीपीएम, एचआर 62 बीपीएम, तापमान 38 सेल्सियस और वजन 65 है। यह डेटा का एक उदाहरण है। जानकारी का उत्पादन करने के लिए डेटा को संसाधित किया जा सकता है। डेटा और सूचना ज्ञान के निर्माण के लिए बिल्डिंग ब्लॉक हैं। लेकिन नर्सिंग का अभ्यास और बदले में नर्सिंग सूचना विज्ञान का अभ्यास तब होता है जब डेटा, सूचना और ज्ञान का उपयोग व्यक्तियों, परिवारों, समूहों और समुदायों की स्वास्थ्य आवश्यकताओं को पूरा करने के लिए किया जाता है।

अतः विकल्प (A) सही है।

64. प्राइवेसी को स्वास्थ्य जानकारी की सुरक्षा के साधन के रूप में संदर्भित किया जाता है ताकि व्यक्ति द्वारा अधिकृत के अलावा इसका उपयोग या खुलासा न किया जाए।

प्राइवेसी: एक व्यक्ति की व्यक्तिगत रूप से पहचान योग्य स्वास्थ्य जानकारी की रक्षा करने में रुचि और उचित सूचना प्रथाओं के माध्यम से उन हितों का सम्मान करने के लिए उस जानकारी तक पहुंचने, उपयोग करने या प्रकट करने के लिए उन व्यक्तियों और संस्थाओं के संबंधित दायित्व होता है।

अतः विकल्प (A) सही है।

65. यदि इलिगन सिटी में विभिन्न संस्थानों में सूचना प्रौद्योगिकी पर प्रणाली लागू की जाती है। अनिवार्य रूप से समुदाय और पूरे समाज को शिक्षित करने के लिए जागरूकता आवश्यक है। स्वास्थ्य पेशेवरों की नैदानिक अभ्यास के लिए एक उपकरण के रूप में इन्फॉर्मेटिक्स के बारे में जागरूकता और इसके आगे बढ़ने में नर्सिंग के प्रमुख मुद्दों पर चर्चा करता है। यह डिजिटल स्वास्थ्य जानकारी के संग्रह, उपयोग और साझा करने में प्रौद्योगिकी के उपयोग के बारे में पाठकों की जागरूकता का विस्तार करेगा। स्वास्थ्य इन्फॉर्मेटिक्स की कई शाखाएँ हैं, लेकिन यह मुख्य रूप से नर्सिंग इन्फॉर्मेटिक्स है।

अतः विकल्प (D) सही है।

66. एक राज्य नर्सिंग परिषद में पंजीकरण के बाद, दूसरे राज्य नर्सिंग पंजीकरण परिषद द्वारा पारस्परिक मान्यता की शर्त को पारस्परिकता कहा जाता है।

नर्स की प्रतिक्रिया के साथ क्लाइंट के व्यवहार को जोड़कर साझा बातचीत के माध्यम से पारस्परिकता की मांग की गई थी। व्यवहार के समूहों को दोहराया जाना चाहिए, चिंता से राहत देनी चाहिए, और आंशिक रूप से नर्स और क्लाइंट दोनों की जरूरतों को पूरा करना चाहिए जिन्हें पारस्परिक माना जाना चाहिए।

अतः विकल्प (B) सही है।

67. भारत में पेशेवर नर्सों की सबसे बड़ी संख्या का प्रतिनिधित्व करने वाला संगठन टीएनएआइ है।

भारत का प्रशिक्षित नर्स संघ (टीएनएआइ) भारत में नर्सों का सबसे बड़ा राष्ट्रीय पेशेवर संघ है। इसकी स्थापना 1922 में हुई थी।

भारत में प्रशिक्षित नर्स संघ के लक्ष्य:

नर्सिंग पेशे की गरिमा और सम्मान को बनाए रखना। सभी नर्सों के बीच एकता की भावना को बढ़ावा देना, सदस्यों को उनके पेशे से संबंधित मामलों पर एक साथ चर्चा करने में सक्षम बनाना।

अतः विकल्प (B) सही है।

68. परामर्श व्यक्ति के साथ सीधे संपर्क की एक श्रृंखला है जिसका उद्देश्य उसे दृष्टिकोण और व्यवहार को बदलने में सहायता प्रदान करना है।

नर्सिंग शिक्षा में मार्गदर्शन और परामर्श की आवश्यकता:

1. नर्सिंग छात्रों को उचित पहचान स्थापित करने में मदद करना।
2. उन्हें जीवन के प्रति सकारात्मक दृष्टिकोण विकसित करने में मदद करना।
3. अशांति और भ्रम की अवधि को दूर करने में मदद करने के लिए।
4. छात्रों को उनके नेतृत्व गुणों को विकसित करने में मदद करना।

अतः विकल्प (D) सही है।

69. नर्सिंग नैतिकता लागू अनुशासन है जो नर्सिंग अभ्यास की नैतिक विशेषताओं को संबोधित करता है। यह स्वास्थ्य देखभाल नैतिकता या जैवनैतिकता का एक सबसेट है। नर्सिंग नैतिकता के तीन आयाम परस्पर संबंधित हैं क्योंकि वे नैतिक मानदंडों को निर्धारित करते हैं, नर्सिंग के नैतिक पहलुओं का वर्णन करते हैं, और नैतिक मार्गदर्शन उत्पन्न करते हैं।

इसलिए, सही व्यवहार के नियम नर्सिंग में नैतिकता के साधन हैं।

अतः विकल्प (B) सही है।

70. भारतीय प्रशिक्षित नर्स संघ (TNAI) विभिन्न स्तरों पर नर्स पेशेवरों का एक राष्ट्रीय संगठन है। यह 1908 में स्थापित किया गया था और शुरू में नर्सिंग अधीक्षकों के संघ के रूप में जाना जाता था। भारत सरकार ने 1950 में TNAI को एक सेवा संगठन के रूप में मान्यता दी है।

अतः विकल्प (C) सही है।

71. नर्स को रोगी को तुरंत चिकित्सा सहायता लेने की सलाह देनी चाहिए।

यह महिला प्री-टर्म लेबर का अनुभव कर सकती है। 20 सप्ताह की गर्भविस्था को व्यवहार्य नहीं माना जाता है। गर्भाशय ग्रीवा की कमी (गर्भाशय ग्रीवा का समय से पहले फैलाव) जैसा कोई कारण है या नहीं, यह निर्धारित करने के लिए उसे तुरंत देखा जाना चाहिए।

अतः विकल्प (B) सही है।

72. एक कोमल गर्भाशय मूल्यांकन निष्कर्ष नर्स के लिए कम से कम चिंता का विषय होगा।

अब्रप्टियो प्लेसेंटा एक गंभीर स्थिति है जहां प्लेसेंटा अनुपयुक्त और समय से पहले गर्भाशय से अलग हो जाता है। प्रसूति संबंधी जटिलताओं वाली महिलाएं जैसे एबप्टियो प्लेसेंटा जल्दी से प्रसारित इंट्रावस्कुलर कोगुलेशन (डीआईसी) विकसित कर सकती हैं। डीआईसी एक क्लॉटिंग डिसऑर्डर है जिसमें रक्त अनुपयुक्त रूप से क्लॉट करता है। क्लॉटिंग प्रोटीन कम होने के कारण गंभीर रक्तस्राव भी हो सकता है। डीआईसी के लक्षणों में रक्त के थक्के, और त्वचा और मौखिक श्लेष्मा जैसे ऊतकों में रक्तस्राव शामिल हैं। डीआईसी और एबप्टियो प्लेसेंटा के संयोजन के कारण होने वाले गंभीर रक्तस्राव के कारण रक्तचाप में कमी आ रही है। सांस की तकलीफ रक्त के थक्के की उपस्थिति का संकेत दे सकती है। हालांकि गर्भाशय की कोमलता चिंता का विषय है, यह एबप्टियो प्लेसेंटा के साथ आम है और यह तुरंत जीवन-हानि की स्थिति का संकेत नहीं देता है।

अतः विकल्प (D) सही है।

73. सामान्य ग्रीवा नहर की लंबाई 2 सेमी है। प्रयास गर्भाशय ग्रीवा का पतला होना है क्योंकि शरीर प्रसव के लिए तैयार होता है। इस प्रकार, 2 सेमी गर्भाशय ग्रीवा 0% मिट जाती है और 0 सेमी गर्भाशय ग्रीवा 100% मिट जाती है। इस प्रकार रोगी का गर्भाशय ग्रीवा 1 सेमी लंबा होता है और 50% मिट जाता है।

अतः विकल्प (C) सही है।

74. रक्तस्राव नर्स की पहली चिंता है।

यदि प्रसव के समय प्लेसेंटा पूर्ण नहीं है, तब भी गर्भाशय में एक टुकड़ा मौजूद हो सकता है। यह गर्भाशय के आकार में सिकुड़ने की क्षमता को रोकता है और रक्तस्राव का कारण बन सकता है। लापता टुकड़े का तुरंत पता लगाने की जरूरत है।

अतः विकल्प (C) सही है।

75. नर्स की पहली क्रिया मां को बाईं ओर मोड़ना होगा।

25 बीट प्रति मिनट या उससे अधिक की चिह्नित भ्रूण की हृदय गति आधारभूत परिवर्तनशीलता चिंता का कारण हो सकती है। इसी तरह के निष्कर्ष यह संकेत दे सकते हैं कि भ्रूण का खराब ऑक्सीजन। माँ को बाईं ओर घुमाएँ (छिड़काव बढ़ाने के लिए) और चिकित्सक को सूचित करें। ध्यान दें कि यह अभी भी एक श्रमिक रोगी (लगभग 130 बीट्स प्रति मिनट) के लिए भ्रूण की हृदय गति के लिए सामान्य सीमा में है और इस स्पेक्ट्रम का निचला सिरा थोड़ा अधिक चिंता का विषय है।

अतः विकल्प (A) सही है।

76. पोस्टऑपरेटिव अवधि में प्रमुख चिंताएं रक्तस्राव और एडिमा हैं। इंट्रासेरेब्रल हेमोरेज (ICH) के बाद ब्रेन एडिमा का गठन हर्नियेशन से संबंधित

मौत और गंभीर न्यूरोलॉजिकल घाटे का कारण बनता है। हालांकि ICH के बाद एडिमा के गठन के तंत्र पूरी तरह से निर्धारित नहीं हैं, हमारे पिछले अध्ययन ने संकेत दिया था कि एरिथ्रोसाइट लसीका और हीमोग्लोबिन विषाक्तता मस्तिष्क शोफ में देरी में योगदान करते हैं।

अतः विकल्प (B) सही है।

77. विच्छेदन का सबसे आम कारण परिधीय संवहनी रोग के कारण होता है। अंगच्छेदन एक हाथ, पैर, पैर, हाथ, पैर की अंगुली, या उंगली जैसे अंग या छोर के सभी या हिस्से का शल्य चिकित्सा हटाने है। लगभग 1.8 मिलियन अमेरिकी विच्छेदन के साथ जी रहे हैं। सामान्य और संवहनी सर्जन अब अधिकांश विच्छेदन करते हैं, और भौतिक चिकित्सक पुनर्वास की देखरेख करते हैं।

अतः विकल्प (A) सही है।

78. ट्रांस्टिबियल विच्छेदन के परिणामस्वरूप मिडकाफ में विच्छेदन होता है। ट्रांस्टिबियल विच्छेदन, या नीचे घुटने का विच्छेदन, एक शल्य प्रक्रिया है जो आघात, जन्मजात दोष या बीमारी के कारण क्षतिग्रस्त निचले अंग को पूरी तरह से हटाने के लिए की जाती है। ट्रांस्टिबियल विच्छेदन में सभी निचले अंगों के विच्छेदन का 23% शामिल है।

अतः विकल्प (B) सही है।

79. तीव्र ग्लोमेरुलोनेफ्राइटिस के उपचार का मुख्य लक्ष्य द्रव संतुलन बनाए रखना है। फार्माकोथेरेपी का लक्ष्य रुग्णता को कम करना और जटिलताओं को रोकना है। पुरानी ग्लोमेरुलोनेफ्राइटिस के इलाज के लिए उपयोग की जाने वाली दवाओं में एंजियोटेंसिन-परिवर्तित एंजाइम (एसीई) अवरोधक (एसीईआई), मूत्रवर्धक, कैल्शियम चैनल ब्लॉकर्स, बीटा-एड्रीनर्जिक ब्लॉकर्स और अल्फा-एड्रीनर्जिक एगोनिस्ट शामिल हैं।

अतः विकल्प (C) सही है।

80. यदि ग्लूकोमा का उपचार नहीं किया जाता है तो यह अंधेपन की ओर ले जाता है। ग्लूकोमा आंखों की स्थिति का एक समूह है जो ऑप्टिक तंत्रिका को नुकसान पहुंचाता है। यह क्षति अक्सर आपकी आंख में असामान्य रूप से उच्च दबाव के कारण होती है। ग्लूकोमा 60 वर्ष से अधिक उम्र के लोगों के लिए अंधेपन के प्रमुख कारणों में से एक है।

अतः विकल्प (D) सही है।

81. मास्टोइडेक्टोमी क्रोनिक ओटिटिस मीडिया की जटिलताओं का इलाज कर सकता है। मास्टोइडेक्टोमी एक शल्य प्रक्रिया है जो रोगग्रस्त मास्टॉयड वायु कोशिकाओं को हटा देती है। मास्टॉयड आपके कान के पीछे स्थित आपकी खोपड़ी का हिस्सा है। यह हड्डी से बनी वायु कोशिकाओं से भरा होता है और छत्ते की तरह दिखता है। रोगग्रस्त कोशिकाएं अक्सर एक कान के संक्रमण का परिणाम होती हैं जो आपकी खोपड़ी में फैल गई है।

अतः विकल्प (C) सही है।

82. नर्सिंग निदान ज्यादातर चिकित्सा निदान से भिन्न होते हैं, जिसमें वे मुख्य रूप से मानव प्रतिक्रिया से संबंधित होते हैं, जबकि चिकित्सा निदान मुख्य रूप से विकृति विज्ञान से संबंधित होते हैं। नर्सिंग निदान ज्यादातर चिकित्सा निदान से भिन्न होते हैं, जिसमें वे हैं: उचित हस्तक्षेप की दिशा के लिए चिकित्सा निदान पर निर्भर। मुख्य रूप से देखभाल से संबंधित है, जबकि चिकित्सा निदान मुख्य रूप से इलाज से संबंधित है।

अतः विकल्प (C) सही है।

83. हार्टबर्न एक हाइटल हर्निया का मुख्य नैदानिक लक्षण है। हाइटल हर्निया एक ऐसी स्थिति है जिसमें आपके पेट का ऊपरी हिस्सा आपके डायाफ्राम में एक उद्घाटन के माध्यम से उभारता है। यह किसी भी उम्र और किसी भी लिंग के लोगों को हो सकता है। एक हाइटल हर्निया में हमेशा लक्षण नहीं होते हैं, लेकिन जब ऐसा होता है तो वे गर्ड के लक्षणों के समान होते हैं।

अतः विकल्प (C) सही है।

84. पहले 24 घंटों में जलने की चोट के प्रबंधन का सबसे महत्वपूर्ण पहलू द्रव पुनर्जीवन है। द्रव पुनर्जीवन के लक्ष्यों में रक्तस्राव को नियंत्रित करना, खोए हुए रक्त की मात्रा को बहाल करना और ऊतक छिड़काव और अंग कार्य को पुनः प्राप्त करना शामिल है।

अतः विकल्प (C) सही है।

85. पेरिटोनिटिस पेरिटोनियल डायलिसिस की सबसे महत्वपूर्ण जटिलता है।

पेरिटोनिटिस आमतौर पर बैक्टीरिया या कवक से संक्रमण के कारण होता है। अनुपचारित छोड़ दिया, पेरिटोनिटिस तेजी से रक्त (सेप्सिस) और अन्य अंगों में फैल सकता है, जिसके परिणामस्वरूप कई अंग विफलता और मृत्यु हो सकती है।

अतः विकल्प (C) सही है।

86. ओटिटिस मीडिया आमतौर पर ऊपरी श्वसन पथ के संक्रमण से उपजी है। इसलिए, ओटिटिस से ग्रस्त बच्चों को ऊपरी श्वसन पथ के संक्रमण वाले लोगों से बचना चाहिए। ऊपरी श्वसन संक्रमण के बाद आपातकालीन विभाग में तीव्र ओटिटिस मीडिया दूसरा सबसे आम बाल रोग निदान है। हालांकि ओटिटिस मीडिया किसी भी उम्र में हो सकता है, यह आमतौर पर 6 से 24 महीने की उम्र के बीच देखा जाता है।

अतः विकल्प (D) सही है।

87. हिर्स्चस्प्रुंग की बीमारी वाले बच्चे के लिए, बुखार और दस्त एंटरोकोलाइटिस का संकेत देते हैं, जो एक खतरनाक बीमारी वाली स्थिति है। इसलिए चिकित्सक को सीधे सूचित किया जाना चाहिए। संदिग्ध एचडी वाले रोगियों के इतिहास में और महत्वपूर्ण बिंदुओं में हिर्स्चस्प्रुंग के संबद्ध एंटरोकोलाइटिस (एचएईसी) की नैदानिक विशेषताएं, अतिप्रवाह कब्ज के कई एपिसोड और नरम विकृत पेट शामिल हैं।

अतः विकल्प (B) सही है।

88. एक नॉन कम्युनिकेटिंग हाइड्रोसील, जो आमतौर पर जन्म के समय देखा जाता है, अवशिष्ट पेरिटोनियल तरल पदार्थ प्रोसस वेजिनेलिस (ट्यूनिका वेजिनेलिस) के निचले खंड में फंस जाता है। पेरिटोनियल गुहा के साथ कोई संचार नहीं है और द्रव आमतौर पर जन्म के बाद पहले महीनों के दौरान ग्रहण होता है।

अतः विकल्प (D) सही है।

89. जन्म के बाद पहले 24 घंटों के भीतर मेकोनियम को पारित करने में विफलता हिर्स्चस्प्रुंग रोग का संकेत हो सकता है, एक जन्मजात विसंगति जिसके परिणामस्वरूप आंतों के खंड में कमजोर गतिशीलता के कारण यांत्रिक रुकावट होती है। जीवन के पहले 48 घंटों के दौरान मेकोनियम पारित करने में विफलता के साथ वयस्कता तक प्रारंभिक नवजात अवधि के दौरान होने वाली कॉलोनिक बाधा का इतिहास, जो प्रभावित रोगियों के 90% तक प्रस्तुत करता है, एचडी के प्रभाव के साथ अत्यधिक संगत है।

अतः विकल्प (C) सही है।

90. सीलिएक संकट के एपिसोड संक्रमण, लस के अंतर्ग्रहण, लंबे समय तक उपवास, या एंटीकोलिनर्जिक्स के संपर्क में आने से होते हैं। सीलिएक संकट आमतौर पर गंभीर वाटरय डायरिया से होता है। सीलिएक संकट एक जीवन-धमकाने वाला सिंड्रोम है जिसमें सीलिएक रोग के रोगियों को अत्यधिक डिस्ट्रेस और गंभीर मेटाबोलिक संबंधी गड़बड़ी होती है।

अतः विकल्प (D) सही है।

91. ग्लाइकोलाइसिस का दूसरा नाम EMP मार्ग है।

ग्लाइकोलिसिस की योजना गुस्ताव एंबेड, ओटो मेयरहोफ और जे.परनास द्वारा दी गई थी, और इसे अक्सर EMP मार्ग के रूप में जाना जाता है। अवायवीय जीवों में, श्वसन में यह एकमात्र प्रक्रिया है। ग्लाइकोलिसिस कोशिका के कोशिका द्रव्य में होता है और सभी जीवित जीवों में मौजूद होता है। इस प्रक्रिया में, ग्लूकोज आंशिक ऑक्सीकरण से गुजरता है जो पाइरुविक एसिड के दो

अणुओं को बनाता है।

अतः विकल्प (C) सही है।

92. अवायवीय श्वसन का श्वसन लब्धि ∞ है।

श्वसन लब्धि को CO_2 की मुक्त मात्रा और उपभोग O_2 की मात्रा के अनुपात के रूप में परिभाषित किया गया है। ऑक्सीजन की अनुपस्थिति में अवायवीय श्वसन होता है। प्रतिक्रिया के दौरान ऑक्सीजन के शून्य मोल की खपत होती है। तो, अवायवीय श्वसन में श्वसन भाग अनंत (∞) है।

अतः विकल्प (A) सही है।

93. ABA (एब्सिसिक एसिड) तनाव हार्मोन के रूप में भी जाना जाता है क्योंकि यह पौधों को पानी के तनाव जैसी चरम पर्यावरणीय स्थितियों से बचाता है। ABA, पत्तियों और फलों की उम्र बढ़ने और विगलन (गिरने) को बढ़ावा देता है। यह कोशिका विभाजन और कोशिका बढ़ाव की प्रक्रिया को रोकता है।
अतः विकल्प (D) सही है।

94. ट्रेस तत्व वे तत्व हैं जिनकी आवश्यकता 10 मिमोल/किग्रा से कम मात्रा में होती है।

पौधे के विकास और चयापचय के लिए आवश्यक आवश्यक तत्व दो मुख्य श्रेणियों में विभाजित हैं:

माइक्रोन्यूट्रिएंट्स/मॉइक्रोइलेमेन्ट्स:

इसे ट्रेस तत्व भी कहा जाता है। इन्हें बहुत कम मात्रा में (10 मिमोल/किग्रा से कम शुष्क पदार्थ) की आवश्यकता होती है।

इनमें लोहा, मैंगनीज, तांबा, मोलिब्डेनम, जस्ता, बोरान, क्लोरीन और निकल शामिल हैं।

मैक्रोन्यूट्रिएंट्स/मैक्रोइलेमेन्ट्स:

मैक्रोन्यूट्रिएंट्स आम तौर पर बड़ी मात्रा में पौधे के ऊतकों में मौजूद होते हैं (10 मिमोल/किग्रा शुष्क स्थिति से अधिक)।

मैक्रोन्यूट्रिएंट्स में कार्बन, हाइड्रोजन, ऑक्सीजन, नाइट्रोजन, फॉस्फोरस, सल्फर, पोटेशियम, कैल्शियम और मैग्नीशियम शामिल हैं।
अतः विकल्प (B) सही है।

95. लैंगरहैंस के आइलेट्स द्वारा स्रावित हार्मोन इंसुलिन, ग्लूकागन और सोमैटोस्टैटिन हैं।

लैंगरहैंस के आइलेट्स में अल्फा, बीटा और डेल्टा कोशिकाएं होती हैं जो क्रमशः ग्लूकागन, इंसुलिन और सोमैटोस्टैटिन का उत्पादन करती हैं। एक चौथे प्रकार की आइलेट सेल, एफ (या पीपी) सेल, आइलेट्स की परिधि में स्थित होती है और अग्न्याशयी पॉलीपेप्टाइड को स्रावित करता है।

अतः विकल्प (B) सही है।

96. नर्सें बीमारी की रोकथाम और स्वास्थ्य को बढ़ावा देने में बहुत बड़ी भूमिका निभाती हैं। नर्सें वेलनेस के राजदूत की भूमिका निभाती हैं। विश्व स्वास्थ्य संगठन (डब्ल्यूएचओ) लोगों को अपने स्वास्थ्य पर नियंत्रण बढ़ाने और अपने स्वास्थ्य में सुधार करने में सक्षम बनाने की प्रक्रिया के रूप में स्वास्थ्य संवर्धन को परिभाषित करता है (डब्ल्यूएचओ, 1986)। नर्सें अपनी विशेषज्ञता के कारण स्वास्थ्य प्रमोटर की नौकरी लेने के लिए सबसे योग्य हैं। ऐसे कुछ स्वास्थ्य देखभाल व्यवसाय हैं जिनके पास उच्च स्तर की स्वास्थ्य शिक्षा ज्ञान, कौशल, सिद्धांत और अनुसंधान है जो रोकथाम पर ध्यान केंद्रित करने में सक्षम हैं क्योंकि इसे उनके पेशेवर विकास फोकस का हिस्सा माना जाता है।

अतः विकल्प (B) सही है।

97. प्लेटलेट काउंट कम होने पर रक्तस्राव को रोकने के लिए प्लेटलेट ट्रांसफ्यूजन दिया जा सकता है। थ्रोम्बोसाइटोपेनिक रोगियों में रक्तस्राव जोखिम के एक अध्ययन में, वेबर्ट एट अल ने ध्यान दिया कि अधिकांश गंभीर रक्तस्राव कम गंभीरता के रक्तस्राव से पहले हुए थे। यहां तक कि पेटीचिया (डब्ल्यूएचओ

ग्रेड 1 रक्तस्राव) वाले रोगियों में अगले दिन नैदानिक रूप से महत्वपूर्ण रक्तस्राव का अनुभव होने की संभावना 2.5 अधिक थी; डब्ल्यूएचओ ग्रेड 1 या 2 रक्तस्राव का अनुभव करने वाले रोगियों को अगले दिन गंभीर रक्तस्राव होने की तीन गुना अधिक संभावना थी।

अतः विकल्प (C) सही है।

98. यदि रोगी का तापमान 100.8 डिग्री फ़ारेनहाइट से अधिक है, तो रक्त की इकाई को तब तक लटका दिया जाना चाहिए जब तक कि चिकित्सक को सूचित न किया जाए और उसे आगे के आदेश देने का अवसर न मिले। हालांकि, बुखार और/या ठंड लगना आमतौर पर एक ज्वरनाशक, गैर-हेमोलिटिक प्रतिक्रिया से जुड़ा होता है; वे अधिक गंभीर तीव्र हेमोलिटिक प्रतिक्रिया, TRALI, या सेप्टिक आधान प्रतिक्रिया का पहला संकेत भी हो सकते हैं।

अतः विकल्प (D) सही है।

99. नर्स नर्सिंग प्रक्रिया के नर्सिंग निदान चरण के दौरान वास्तविक या संभावित स्वास्थ्य समस्याओं के लिए मानवीय प्रतिक्रियाओं की पहचान करती है। नैदानिक निर्णय को नियोजित करके एक नर्सिंग निदान का निर्माण रोगी देखभाल की योजना और कार्यान्वयन में सहायता करता है। उत्तर अमेरिकी नर्सिंग डायग्नोसिस एसोसिएशन (नंदा) नर्सों को नर्सिंग निदान की अद्यतन सूची प्रदान करती है। नंदा के अनुसार, नर्सिंग निदान को रोगी, परिवार या समुदाय की ओर से वास्तविक या संभावित स्वास्थ्य समस्याओं के प्रति प्रतिक्रिया के बारे में नैदानिक निर्णय के रूप में परिभाषित किया गया है।

अतः विकल्प (B) सही है।

100. क्लोरैम्फेनिकॉल की सबसे जहरीली प्रतिक्रिया अस्थि मज्जा दमन है। क्लोरैम्फेनिकॉल एक कृत्रिम रूप से निर्मित व्यापक स्पेक्ट्रम एंटीबायोटिक है। इसे शुरू में 1948 में बैक्टीरिया स्ट्रेप्टोमाइसेस वेनेजुएला से अलग किया गया था और यह पहला थोक उत्पादित सिंथेटिक एंटीबायोटिक था। हालांकि, संयुक्त राज्य अमेरिका में क्लोरैम्फेनिकॉल शायद ही कभी इस्तेमाल की जाने वाली दवा है क्योंकि इसके ज्ञात गंभीर प्रतिकूल प्रभाव, जैसे अस्थि मज्जा विषाक्तता और ग्रे बेबी सिंड्रोम। क्लोरैम्फेनिकॉल को घातक अतालता, घातक उच्च रक्तचाप या स्थिति मिर्गी का कारण नहीं माना जाता है।

अतः विकल्प (D) सही है।

101. प्रति 100 मिलीग्राम सेवारत गाजर में 320 मिलीग्राम पोटेशियम होता है जबकि प्रति 100 मिलीग्राम सेवारत में हरी बीन्स 209 मिलीग्राम पोटैशियम देती हैं, सलाद 194 मिलीग्राम पोटेशियम देता है, और अंगूर 191 मिलीग्राम पोटेशियम देते हैं। अन्य खाद्य पदार्थ जिनमें पोटेशियम की मात्रा कम होती है उनमें सेब की चटनी, ब्लूबेरी, अनानास और पत्ता गोभी शामिल हैं। पोटेशियम बिल्डअप को कम करने के लिए, क्रोनिक किडनी रोग वाले व्यक्ति को प्रति दिन 1,500 और 2,000 मिलीग्राम (मिलीग्राम) के बीच कम पोटेशियम वाले आहार का पालन करना चाहिए। गुर्दे की शिथिलता वाले लोगों के लिए फास्फोरस, सोडियम और तरल पदार्थों को सीमित करना भी महत्वपूर्ण हो सकता है।

अतः विकल्प (B) सही है।

102. आकलन नर्सिंग प्रक्रिया का पहला चरण है जहां एक नर्स रोगी के बारे में जानकारी एकत्र करती है। आकलन पहला कदम है और इसमें महत्वपूर्ण सोच कौशल और डेटा संग्रह शामिल है; व्यक्तिपरक और उद्देश्य। विषयपरक डेटा में रोगी या देखभाल करने वाले के मौखिक बयान शामिल होते हैं। उद्देश्य डेटा मापने योग्य, मूर्त डेटा जैसे महत्वपूर्ण संकेत, सेवन और आउटपुट, और ऊंचाई और वजन है।

अतः विकल्प (A) सही है।

103. शिरापरक जमाव से संबंधित परिवर्तित परिधीय ऊतक छिड़काव" सर्वोच्च प्राथमिकता लेता है क्योंकि शिरापरक सूजन और थक्का बनना गहरी

शिरा घनास्त्रता वाले रोगी में रक्त के प्रवाह को बाधित करता है। एक गहरी शिरा घनास्त्रता (डीवीटी) एक रक्त का थक्का है जो गहरी नसों के भीतर बनता है, आमतौर पर पैर की, लेकिन बाहों की नसों और मेसेंटेरिक और सेरेब्रल नसों में हो सकता है। गहरी शिरा घनास्त्रता एक आम और महत्वपूर्ण बीमारी है। यह शिरापरक थ्रोम्बोम्बोलिज्म विकारों का हिस्सा है जो दिल के दौरे और स्ट्रोक के बाद हृदय रोग से मृत्यु का तीसरा सबसे आम कारण है।

अतः विकल्प (D) सही है।

104. रोगी की गर्दन को आगे की ओर फैलाकर रखने से वायुमार्ग बाधित नहीं होता है, जिससे स्राव और ऑक्सीजन और कार्बन डाइऑक्साइड विनिमय की निकासी हो सकती है। यह स्थिति अधिकतम छाती के विस्तार के माध्यम से ऑक्सीजन को बढ़ावा देती है और श्वसन संकट की घटनाओं के दौरान लागू की जाती है। रोगी को नीचे की ओर न खिसकने दें, इससे पेट डायाफ्राम को संकुचित कर देता है, जिससे श्वसन परिवर्तन हो सकता है।

अतः विकल्प (C) सही है।

105. मौखिक देखभाल करने के लिए नर्स को दस्ताने पहनने की आवश्यकता होती है। मानक सावधानियां सभी रोगियों की देखभाल पर लागू होती हैं, भले ही उनकी बीमारी की स्थिति कुछ भी हो। ये सावधानियां तब लागू होती हैं जब (1) रक्त के संभावित जोखिम का जोखिम होता है; (2) शरीर के सभी तरल पदार्थ, स्राव और उत्सर्जन, पसीने को छोड़कर, चाहे उनमें दृश्य रक्त हो या न हो; (3) असमय त्वचा, और (4) श्लेष्मा झिल्ली। इसमें हाथ की स्वच्छता और व्यक्तिगत सुरक्षा उपकरण (पीपीई) का उपयोग शामिल है, जिसमें हाथ की स्वच्छता बीमारी के संचरण को रोकने के लिए सबसे महत्वपूर्ण साधन है।

अतः विकल्प (D) सही है।

106. फुफ्फुसीय एडिमा के रोगियों को सांस फूलना, चिंता और अशांति का अनुभव होता है। लक्षणों में खांसी से खून आना या खूनी झाग भी शामिल हो सकते हैं। लेटते समय उन्हें सांस लेने में कठिनाई होती है। वे "डूबते हुए" भी महसूस करते हैं (इस भावना को "पैरॉक्सिसमल नोक्टर्नल डिस्पेनिया" कहा जाता है यदि यह आपको सोने के 1 से 2 घंटे बाद जगाती है)।

अतः विकल्प (D) सही है।

107. नर्स देखेगी कि मरीज को अचानक सीने में दर्द और सांस लेने में तकलीफ है।

रोगी को अचानक सीने में दर्द और सांस लेने में तकलीफ की शिकायत पल्मोनरी एम्बोलिज्म का लक्षण है। फुफ्फुसीय अन्तः शल्यता के विशिष्ट लक्षणों में सीने में दर्द, सांस की तकलीफ और चिंता शामिल हैं।

अतः विकल्प (B) सही है।

108. चिंता का एक कारण बार-बार उल्टी होना होगा। रक्तस्राव या खोपड़ी के भीतर सूजन के कारण बढ़ता दबाव नाजुक मस्तिष्क के ऊतकों को नुकसान पहुंचा सकता है और जीवन के लिए खतरा बन सकता है। बार-बार उल्टी होना दबाव का शुरुआती संकेत हो सकता है क्योंकि मज्जा के भीतर उल्टी केंद्र उत्तेजित होता है।

अतः विकल्प (B) सही है।

109. रूबेला संक्रमण में म्यूकोसा पर छोटे नीले-सफेद धब्बे दिखाई देते हैं।

धब्बे छोटे नीले-सफेद धब्बे होते हैं जो मौखिक श्लेष्मा पर दिखाई देते हैं और खसरे के संक्रमण के लक्षण हैं। ये धब्बे आमतौर पर दाने की उपस्थिति से 1-2 दिन पहले दिखाई देते हैं और दाने के प्रकट होने के 2 दिनों तक बने रहते हैं। जैसे ही दाने दिखाई देते हैं, वे गायब होने लगते हैं।

अतः विकल्प (A) सही है।

110. विल्म्स ट्यूमर, चरण II के निदान के साथ एक बच्चे को अस्पताल में भर्ती कराया जाता है।बच्चे का ट्यूमर गुर्दे से आगे बढ़ गया है लेकिन पूरी तरह से हटा दिया गया है यह कथन इस चरण का सबसे सटीक वर्णन करता है।

विल्म्स ट्यूमर के स्टेजिंग की पुष्टि सर्जरी में इस प्रकार की जाती है:

स्टेज I, ट्यूमर किडनी तक सीमित होता है और पूरी तरह से रिसता है;

चरण II, ट्यूमर गुर्दे से आगे तक फैला हुआ है, लेकिन पूरी तरह से उखड़ा हुआ है;

चरण III, अवशिष्ट गैर-हेमटोजेनस ट्यूमर पेट तक ही सीमित है;

चरण IV, हेमटोजेनस मेटास्टेसिस पेट में फैल गया है;

चरण V, निदान में द्विपक्षीय गुर्दे की भागीदारी मौजूद है।

अतः विकल्प (C) सही है।

111. रोगी का कथन प्रत्याख्यान के उपयोग का एक उदाहरण है, एक बचाव जो अनजाने में समस्याओं को स्वीकार करने से इनकार करता है कि वे मौजूद हैं। यह स्वीकार करने से प्रत्याख्यान करना कि कुछ गलत है, भावनात्मक संघर्ष, तनाव, दर्दनाक विचार, धमकी भरी जानकारी और चिंता से निपटने का एक तरीका है। रोगी किसी भी चीज़ से इनकार कर सकता है जो उन्हें कमजोर महसूस कराता है या उनके नियंत्रण की भावना को खतरा देता है, जैसे कि बीमारी, व्यसन, खाने का विकार, व्यक्तिगत हिंसा, वित्तीय समस्याएं या रिश्ते संघर्ष। वे अपने साथ या किसी और के साथ कुछ होने से प्रत्याख्यान कर सकते हैं।

अतः विकल्प (D) सही है।

112. आशंकित वस्तु की चर्चा वस्तु के प्रति भावनात्मक प्रतिक्रिया उत्पन्न करती है। एक विशिष्ट फोबिया वाले मरीजों को अत्यधिक और अनुचित भय के साथ उच्च स्तर की चिंता और घबराहट के दौरे का अनुभव होता है, जो या तो जोखिम के कारण या किसी भयभीत उत्तेजना के संपर्क में आने की आशंका के कारण होता है। नतीजतन, ये रोगी किसी भी हद तक चिंता-उत्तेजक उत्तेजना से बचने की कोशिश करेंगे।

अतः विकल्प (A) सही है।

113. नर्स की उपस्थिति रोगी को सहायता और नियंत्रण की भावना प्रदान कर सकती है। रोगी के साथ काम करते समय शांत ढंग से काम करें। चिंता संक्रामक है और स्वास्थ्य देखभाल प्रदाता से रोगी या इसके विपरीत स्थानांतरित की जा सकती है। एक शांत कर्मचारी व्यक्ति की उपस्थिति में रोगी सुरक्षा की भावना विकसित करता है। हर समय रोगी के साथ रहें जब चिंता का स्तर अधिक हो (गंभीर या घबराहट), रोगी को उसकी सुरक्षा और सुरक्षा के बारे में आश्वस्त करना। रोगी की सुरक्षा सर्वोच्च प्राथमिकता है। अत्यधिक चिंतित रोगी को अकेला नहीं छोड़ा जाना चाहिए क्योंकि उसकी चिंता बढ़ जाएगी।

अतः विकल्प (B) सही है।

114. सपने या फ्लैशबैक में वास्तविक आघात का अनुभव करना प्रमुख लक्षण है जो अन्य चिंता विकारों से अभिघातजन्य तनाव विकार को अलग करता है। PTSD के लक्षणों में दर्दनाक घटना, घुसपैठ विचार, दुःस्वप्न, फ्लैशबैक, पृथक्करण (स्वयं या वास्तविकता से अलगाव), और तीव्र नकारात्मक भावनात्मक (उदासी, अपराध) और दर्दनाक अनुस्मारक के संपर्क में आने पर शारीरिक प्रतिक्रिया का लगातार अनुभव करना शामिल है।

अतः विकल्प (D) सही है।

115. कन्फैब्यूलेशन के साथ स्मृति अंतराल को भरना या भरना एक रक्षा तंत्र है जिसका उपयोग स्मृति घाटे का अनुभव करने वाले लोगों द्वारा किया जाता है। कन्फैब्यूलेशन एक प्रकार की मेमोरी एरर है जिसमें किसी व्यक्ति की मेमोरी में अंतराल अनजाने में मनगढंत, गलत व्याख्या या विकृत जानकारी से भर जाता है। जब कोई भ्रमित करता है, तो वे वास्तविक यादों के साथ उन चीजों को भ्रमित कर रहे हैं जिनकी उन्होंने कल्पना की है। एक व्यक्ति जो भ्रमित कर रहा है वह झूठ नहीं बोल रहा है।

अतः विकल्प (C) सही है।

116. ये एनोरेक्सिया नर्वोसा के प्रमुख लक्षण हैं। वजन कम होना अत्यधिक (15% अपेक्षित वजन का है)। मरीज एमेनोरिया, ठंड असहिष्णुता, कब्ज,

चरम शोफ, थकान और चिड़चिड़ापन जैसे लक्षणों की रिपोर्ट करेंगे। वे भोजन से संबंधित प्रतिबंधात्मक व्यवहारों का वर्णन कर सकते हैं जैसे कैलोरी की गिनती या भाग नियंत्रण, और शुद्ध करने के तरीके, उदाहरण के लिए, स्व-प्रेरित उल्टी या मूत्रवर्धक या जुलाब का उपयोग। कई लोग लंबे समय तक अनिवार्य रूप से व्यायाम करते हैं। एनोरेक्सिया नर्वोसा वाले मरीजों में लंबे समय तक भुखमरी और शुद्धिकरण व्यवहार से संबंधित कई जटिलताएं विकसित होती हैं।

अतः विकल्प (A) सही है।

117. अवसाद आमतौर पर भावनात्मक और शारीरिक दोनों होता है। एक साधारण दैनिक दिनचर्या सबसे अच्छी, कम से कम तनावपूर्ण और कम से कम चिंता पैदा करने वाली होती है। प्रारंभ में, ऐसी गतिविधियाँ प्रदान करें जिनमें न्यूनतम एकाग्रता की आवश्यकता हो (जैसे, ड्राइंग, साधारण बोर्ड गेम खेलना)। उदास लोगों में एकाग्रता और याददाश्त की कमी होती है। ऐसी गतिविधियाँ जिनमें कोई "सही या गलत" या "विजेता या हारने वाला" नहीं है, रोगी के लिए खुद को नीचे रखने के अवसरों को कम करता है।

अतः विकल्प (B) सही है।

118. इन भावनाओं की अभिव्यक्ति यह संकेत दे सकती है कि यह रोगी जीवन के संघर्ष को जारी रखने में असमर्थ है। आत्म-विनाशकारी कृत्यों के साथ कई विचार और व्यवहार जुड़े हुए हैं। हालांकि कई लोग मानते हैं कि जो लोग आत्महत्या के बारे में बात करते हैं वे इसके साथ पालन नहीं करेंगे, इसके विपरीत सच है, आत्महत्या का खतरा पूर्ण कार्य को जन्म दे सकता है, और आत्मघाती व्यवहार आत्मघाती व्यवहार से अत्यधिक सहसंबद्ध है।

अतः विकल्प (D) सही है।

119. संरचना आंदोलन और चिंता को कम करती है और रोगी की सुरक्षा की भावना को बढ़ाती है। एक नर्स या सहयोगी की सहायता से संरचित एकान्त गतिविधियाँ प्रदान करें। संरचना फोकस और सुरक्षा प्रदान करती है। थकावट को रोकने के लिए लगातार आराम की अवधि प्रदान करें।

अतः विकल्प (A) सही है।

120. जुनूनी-बाध्यकारी विकार वाले रोगी द्वारा उपयोग किए जाने वाले अनुष्ठान कार्रवाई के एक निर्धारित पैटर्न को बनाए रखते हुए चिंता के स्तर को नियंत्रित करने में मदद करते हैं। जुनूनी-बाध्यकारी विकार (ओसीडी) अक्सर एक अक्षम करने वाली स्थिति होती है जिसमें परेशान करने वाले दखल देने वाले विचार होते हैं जो असुविधा की भावना पैदा करते हैं।

इन विचारों से जुड़ी चिंता और संकट को कम करने के लिए, रोगी मजबूरी या अनुष्ठान कर सकता है। ये अनुष्ठान व्यक्तिगत और निजी हो सकते हैं, या इनमें भाग लेने के लिए दूसरों को शामिल किया जा सकता है; अनुष्ठान जुनूनी विचारों की अहंकार-डायस्टोनिक भावनाओं की भरपाई करने के लिए हैं और कार्य में महत्वपूर्ण गिरावट का कारण बन सकते हैं।

अतः विकल्प (B) सही है।

121. प्रभावी संचार बढ़ाने के लिए कार्य करने से देखभाल की गुणवत्ता में सुधार हो सकता है।

गुणवत्ता रणनीति में सुधार के लिए प्रभावी संचार रोगियों, परिवारों और चिकित्सकों के लिए प्रभावी संचार व्यवहार की पहचान करता है जो पूरे अस्पताल में रहने के लिए साझेदारी की नींव हैं। रणनीति व्यक्तिगत उपकरणों के माध्यम से व्यवहार परिवर्तन का समर्थन करती है।

अतः विकल्प (A) सही है।

122. फोन और ई-मेल द्वारा रोगी संचार में देयता को सीमित करने में मदद करने के लिए सुरक्षा उपायों में प्रोटोकॉल के लिए एक चेकलिस्ट प्रारूप का उपयोग करना शामिल है।

चेकलिस्ट का उद्देश्य प्रोटोकॉल लिखने के लिए एक प्रारूप का सुझाव देने और उन मुद्दों की पहचान करने में सहायता के रूप में है, जिन पर वैज्ञानिकों को विचार करना चाहिए क्योंकि वे एक अध्ययन या निगरानी प्रणाली तैयार करते

हैं। चेकलिस्ट का उपयोग करते समय, जांचकर्ताओं को उन वस्तुओं का चयन करना चाहिए जो उनकी विशिष्ट परियोजना पर लागू होती हैं। यह अपेक्षा नहीं की जाती है कि जाँच सूची की प्रत्येक वस्तु अध्ययन या निगरानी प्रणाली के प्रत्येक प्रोटोकॉल पर लागू हो।

अतः विकल्प (D) सही है।

123. सिग्नल सिस्टम, कलम और कागज और संचार बोर्ड वेंटिलेटर पर निर्भर मरीजों के लिए संचार के वैकल्पिक तरीके हैं।

श्वास नली के कारण यांत्रिक वेंटिलेशन के दौरान रोगी मुखर नहीं हो पाता है। इसके अलावा, हवादार रोगियों को बेहोश किया जा सकता है या चेतना में उतार-चढ़ाव हो सकता है; संचार को समझने या उसमें भाग लेने की उनकी क्षमता में भी उतार-चढ़ाव हो सकता है। मरीजों में अक्सर अन्य पहले से मौजूद संचार दोष होते हैं - कई सुनने में कठिन होंगे और लगभग 80% चश्मा पहनने वाले होंगे, हालांकि, अधिकांश के पास बिस्तर पर आसानी से उपलब्ध चश्मा या श्रवण यंत्र नहीं होंगे। हाथ/उंगलियों में सूजन, मांसपेशियों में कमजोरी या समन्वय की कमी के कारण लेखन बाधित हो सकता है।

अतः विकल्प (D) सही है।

124. "सम्मानजनक और चिंतित होने से यह सुनिश्चित होगा कि मैं अपने मरीज के अधिकारों के प्रति चौकस हूं।' कथन प्रत्येक मरीज के अधिकारों का सम्मान सुनिश्चित करने के संबंध में नर्स की भूमिका की सर्वोत्तम समझ को प्रदर्शित करता है।

नर्स को मरीज का सम्मान करना चाहिए और उसकी चिंता करनी चाहिए; यह मरीज के अधिकारों की रक्षा के लिए महत्वपूर्ण है। मरीज अधिकार मानव अधिकारों का एक उपसमूह है। जबकि मानव अधिकारों की अवधारणा न्यूनतम मानकों को संदर्भित करती है, जिस तरह से व्यक्ति दूसरों के द्वारा व्यवहार किए जाने की उम्मीद कर सकते हैं, नैतिकता की अवधारणा लोगों को दूसरों के साथ व्यवहार करने के तरीकों के लिए प्रथागत मानकों को संदर्भित करती है।

अतः विकल्प (C) सही है।

125. इस नर्स-मरीज बातचीत में अवलोकन करना संचार तकनीक का उपयोग किया जा रहा है।

नर्स यह देखते हुए अवलोकन करने की संचार तकनीक का उपयोग कर रही है कि मरीज शारीरिक हिंसा के बारे में बात करते समय मुस्कुराता है। अवलोकन करने की तकनीक मरीज को नर्स की व्यक्तिगत धारणाओं के साथ तुलना करने के लिए प्रोत्साहित करती है।

अतः विकल्प (D) सही है।

126. इस नर्स-क्लाइंट बातचीत में रिस्टेटमेंट संचार तकनीक का इस्तेमाल किया जा रहा है।

नर्स रिस्टेटमेंट की चिकित्सीय संचार तकनीक का उपयोग कर रही है। पुनर्कथन में ग्राहक ने जो कहा है उसके मुख्य विचार को दोहराना शामिल है। नर्स इस तकनीक का उपयोग यह बताने के लिए करती है कि क्लाइंट के बयान को सुना और समझा गया है।

अतः विकल्प (A) सही है।

127. इस नर्स-क्लाइंट बातचीत में कार्य योजना तैयार करने की संचार कुशलता का उपयोग किया जा रहा है।

नर्स क्लाइंट को शराब पीने के विकल्प तलाशने में मदद करने के लिए कार्य योजना तैयार करने की संचार कुशलता का उपयोग कर रही है। इस कुशलता का उपयोग, क्लाइंट की खराब परछती पसंद के संबंध में सीधे टकराव के बजाय, क्रोध या चिंता को बढ़ने से रोकने के लिए काम कर सकता है।

अतः विकल्प (C) सही है।

128. नर्स का बयान, ''हाँ, मैं देखती हूँ। जारी रखें।'' एक सामान्य लीड की संचार कुशलता का एक उदाहरण है। एक सामान्य नेतृत्व की पेशकश से ग्राहक को जानकारी साझा करना जारी रखने के लिए प्रोत्साहित किया जाता है।

सामान्य लीड इंगित करते हैं कि नर्स बातचीत के लिए पहल किए बिना ग्राहक जो कह रही है उसे सुन रही है और उसका पालन कर रही है।

अतः विकल्प (C) सही है।

129. यह झूठा आश्वासन संचार कुशलता देने का एक उदाहरण है।

नर्स का बयान, ''रात की अच्छी नींद के बाद कल चीजें बेहतर दिखेंगी।'' झूठा आश्वासन देने की गैर-चिकित्सीय तकनीक का एक उदाहरण है। झूठा आश्वासन देना क्लाइंट को इंगित करता है कि चिंता का कोई कारण नहीं है, जिससे क्लाइंट की भावनाओं का अवमूल्यन होता है।

अतः विकल्प (D) सही है।

130. नर्स का बयान, ''आप किस बारे में बात करना चाहेंगे?'' व्यापक उद्घाटन देने की संचार तकनीक का एक उदाहरण है। एक व्यापक उद्घाटन का उपयोग करने से ग्राहक को विषय को पेश करने में पहल करने की अनुमति मिलती है और बातचीत में ग्राहक की भूमिका के महत्व पर जोर दिया जाता है।

व्यापक उद्घाटन वक्तव्य रोगी को विषय चुनने, स्वयं को व्यक्त करने की पहल करने और बातचीत की दिशा निर्धारित करने की अनुमति देते हैं।

अतः विकल्प (B) सही है।

131. कंडोम पतली रबर / लेटेक्स आवरण से बने अवरोध होते हैं जिनका उपयोग पुरुष में लिंग या महिलाओं में योनि और गर्भाशय ग्रीवा को ढकने के लिए किया जाता है। यह स्खलित वीर्य को महिला की योनि में जमा होने से रोकता है। कंडोम यौन संचारित रोगों के संचरण को रोकने में मदद करता है, क्योंकि कंडोम संभोग के दौरान यौन अंगों के सीधे संपर्क के बीच एक बाधा के रूप में कार्य करता है।

अवांछित गर्भधारण को रोकने के लिए जिन उपायों का उपयोग किया जाता है, गर्भ निरोध उपाय या गर्भनिरोधक कहा जाता है। विभिन्न गर्भनिरोधक विधियां हैं:

1. प्राकृतिक/पारंपरिक तरीके
2. अवरोध विधियां - कंडोम, डायाफ्राम, सरवाइकल कैप्स
3. अंतर्गर्भाशयी उपाय (IUDs) - लिप्स लूप, कॉपर टी, कॉपर 7
4. गर्भनिरोधक गोली - सहेली
5. इंजेक्शन और प्रत्यारोपण
6. सर्जिकल तरीके - पुरुष नसबंदी और ट्यूबेक्टोमी

अतः विकल्प (A) सही है।

132. टायफस, जिसे टायफस बुखार के रूप में भी जाना जाता है, संक्रामक रोगों का एक समूह है जिसमें महामारी टायफस, स्क्रब टायफस और मुराइन टायफस शामिल हैं। सामान्य लक्षणों में बुखार, सिरदर्द और एक दाने शामिल हैं। रोग विशिष्ट प्रकार के जीवाणु संक्रमण के कारण होते हैं।

- क्लैमाइडिया एक यौन संचारित संक्रमण (एसटीआई) है जो क्लैमाइडिया ट्रैकोमैटिस नामक बैक्टीरिया से होता है।
- गोनोरिया एक यौन संक्रमित जीवाणु के कारण होने वाला एक संक्रमण है जो पुरुषों और महिलाओं दोनों को संक्रमित करता है।
- हेपेटाइटिस बी तब फैलता है जब वायरस से संक्रमित व्यक्ति के रक्त, वीर्य या शरीर के अन्य तरल पदार्थ किसी ऐसे व्यक्ति के शरीर में प्रवेश कर जाते हैं जो संक्रमित नहीं है।

कुछ आम यौन संचारित रोग हैं - पेल्विक इंफ्लेमेटरी डिजीज (पीआईडी), जननांग मौसा और ह्यूमन पैपिलोमावायरस (एचपीवी), जननांग हरपीज (एचएसवी -1, एचएसवी -2), सिफलिस, आदि।

अतः विकल्प (C) सही है।

133. झिल्लियों का तात्कालिक टूटना 150 डेसिबल पर होता है। थ्रेसहोल्ड ऑफ़ पैन 146 के डेसिबल पर होती है। यदि शोर का स्तर 150 डेसिबल तक बढ़ जाता है तो कुछ ही समय में झिल्ली तत्काल टूट जाएगी।

अतः विकल्प (D) सही है।

134. घरेलू स्तर पर पीने के पानी के उपचार के लिए निम्न विधि शामिल हैं:

- क्लोरीन या आयोडीन का उपयोग करके रासायनिक कीटाणुशोधन
- उबलना
- सिरेमिक फिल्टर का उपयोग कर निस्पंदन
- सौर कीटाणुशोधन एक प्रभावी तरीका है, खासकर जब कोई रासायनिक कीटाणुनाशक उपलब्ध नहीं है।
- यूवी विकिरण समुदाय या घरेलू यूवी सिस्टम बैच या प्रवाह हो सकते हैं-हालांकि। लैंप को जल चैनल के ऊपर निलंबित किया जा सकता है या जल प्रवाह में डूबा जा सकता है।
- पाउडर के पाउच के रूप में उपलब्ध संयुक्त फ्लॉक्यूलेशन/कीटाणुशोधन प्रणालियां जो पानी में जमा और फ्लोकुलेटिंग तलछट द्वारा कार्य करती हैं और उसके बाद क्लोरीन छोड़ती हैं।
- पोर्टेबल जल शोधन उपकरण

अतः विकल्प (D) सही है।

135. कई बीमारियां सीधे संपर्क संचरण से फैलती हैं। उदाहरण के लिए: चिकन पॉक्स, खसरा, दाद, सामान्य सर्दी, नेत्रश्लेष्मलाशोथ (पिंक आई), हेपेटाइटिस A और B, हर्पिज सिम्प्लेक्स (कोल्ड सोर), इन्फ्लूएंजा, खसरा, मोनोन्यूक्लिओसिस।

संक्रामक रोग एक व्यक्ति से दूसरे व्यक्ति में प्रत्यक्ष या अप्रत्यक्ष रूप से संपर्क द्वारा प्रेषित होते हैं। कुछ प्रकार के वायरस, बैक्टीरिया, परजीवी और कवक सभी संक्रामक रोग पैदा कर सकते हैं। मलेरिया, खसरा और सांस की बीमारियां संक्रामक रोगों के उदाहरण हैं।

अतः विकल्प (D) सही है।

136. पानी में नाइट्रेट की अधिकता के कारण ब्लू-बेबी सिंड्रोम हो सकता है। शिशु मेथेमोग्लोबिनेमिया को "ब्लू बेबी सिंड्रोम" भी कहा जाता है। यह एक ऐसी स्थिति है जिसमें बच्चे की त्वचा नीली हो जाती है। ऐसा तब होता है जब रक्त में पर्याप्त ऑक्सीजन नहीं होती है।

अतः विकल्प (C) सही है।

137. इंसानों के साथ-साथ जानवरों को भी कई संक्रामक रोगों के संपर्क में आने का खतरा होता है। विभिन्न संक्रामक रोगों के संचरण के तरीके विविध हैं। जलजनित रोग दूषित भोजन या पानी के संपर्क में आने या उसके सेवन से फैलते हैं।

शिस्टोसोमियासिस / बिलहार्ज़िया:

- यह एक जल जनित रोग है जिसे उपेक्षित उष्णकटिबंधीय रोगों (NTDs) में से एक माना जाता है।
- यह शिस्टोसोमा जीनस का एक तीव्र और पुराना परजीवी रोग है जो परजीवी कृमियों के कारण होता है।
- सिस्टोसोमियासिस का कारण बनने वाले परजीवी कुछ प्रकार के मीठे पानी के घोंघे में रहते हैं।

- परजीवी का संक्रामक रूप, जिसे सेरकेरिया के रूप में जाना जाता है, घोंघे से पानी में निकलता है। दूषित मीठे पानी के संपर्क में आने पर त्वचा संक्रमित हो सकती है।

- यह रोग उष्णकटिबंधीय और उपोष्णकटिबंधीय क्षेत्रों में प्रचलित है, विशेष रूप से गरीब समुदायों में सुरक्षित पेयजल और पर्याप्त स्वच्छता तक पहुंच के बिना।

- इस रोग का विनाशकारी प्रभाव मलेरिया के बाद दूसरे स्थान पर है।

अतः विकल्प (C) सही है।

138. प्लास्मोडियम के गतिशील युग्मनज मलेरिया की मादाओं के पेट के भीतर मौजूद होते हैं जो वेक्टर को एनोफिलीज मच्छर कहते हैं। आरबीसी' के साथ, मैक्रोगैमेटोफाइट और मेगागामेटोफाइट दोनों आंत में प्रवेश करते हैं जहां वे एक द्विगुणित गतिशील युग्मज के उत्पादन में परिणाम के लिए एकजुट होते हैं।

अतः विकल्प (D) सही है।

139. एस्केरिस के अंडों के साथ दूषित पानी पीने से एस्केरिस संक्रमण फैलता है। एस्केरिस के अंडों के साथ दूषित पानी पीने से एस्केरिस संक्रमण फैलता है। एस्केरिस आंत में रहता है और एस्केरिस अंडे संक्रमित व्यक्तियों के मल में पारित हो जाते हैं। यदि संक्रमित व्यक्ति बाहर (झाड़ियों के पास, बगीचे या खेत में) शौच करता है, या यदि संक्रमित व्यक्ति के मल को उर्वरक के रूप में उपयोग किया जाता है, तो अंडे मिट्टी पर जमा हो जाते हैं।

अतः विकल्प (D) सही है।

140. लीशमैनियासिस - एनोफिलीज क्यूलिफैसिस एक बीमारी और उससे जुड़े वेक्टर का गलत मिलान वाला जोड़ा है। लीशमैनियासिस एक परजीवी बीमारी है जो उष्णकटिबंधीय, उपोष्णकटिबंधीय और दक्षिणी यूरोप के कुछ हिस्सों में पाई जाती है। इसे उपेक्षित उष्णकटिबंधीय रोग (NTD) के रूप में वर्गीकृत किया गया है। लीशमैनियासिस लीशमैनिया परजीवी के संक्रमण के कारण होता है, जो फ़्लेबोटोमाइन रेत मक्खियों के काटने से फैलता है।

अतः विकल्प (A) सही है।

141. मलेरिया में बार-बार होने वाली ठंड लगना और बुखार, हीमोजोइन के तेजी से गुणन और रिलीज होने से लाल रक्त कोशिकाओं के फटने के कारण होता है। गंभीर फाल्सीपेरम मलेरिया में, परजीवी लाल कोशिकाएं, केशिकाओं और पोस्टकेपिलरी वेन्यूल्स को बाधित कर सकती हैं, जिससे स्थानीय हाइपोक्सिया और विषाक्त सेलुलर उत्पादों की रिहाई हो सकती है।

अतः विकल्प (B) सही है।

142. संक्रमित मादा एनोफिलीज मच्छर की लार में मलेरिया परजीवी के स्पोरोजोइट्स पाए जाते हैं। मलेरिया का संक्रमण तब शुरू होता है जब एक संक्रमित मादा एनोफिलीज मच्छर किसी व्यक्ति को काटती है, प्लास्मोडियम परजीवी को स्पोरोजोइट्स के रूप में रक्तप्रवाह में इंजेक्ट करती है। स्पोरोजोइट्स जल्दी से मानव जिगर में चले जाते हैं। स्पोरोजोइट्स अगले 7 से 10 दिनों में यकृत कोशिकाओं में अलैंगिक रूप से गुणा करते हैं, जिससे कोई लक्षण नहीं होता है।

अतः विकल्प (B) सही है।

143. ध्वनि प्रदूषण मनुष्यों और अन्य जीवों पर विभिन्न स्वास्थ्य प्रभावों का कारण बन सकता है। यह स्वास्थ्य प्रभाव विभिन्न मुद्दों जैसे मानसिक स्वास्थ्य में कमी, अस्थायी या स्थायी सुनवाई हानि, दक्षता में कमी और कई अन्य मुद्दों की ओर जाता है।

अतः विकल्प (B) सही है।

144. सीवेज नगरपालिका का अपशिष्ट जल है जिसमें बड़ी मात्रा में मानव मल होता है। सीवेज उपचार की आवश्यकता होती है क्योंकि इसमें कार्बनिक पदार्थ और रोगजनक रोगाणुओं की उच्च सांद्रता होती है। प्राकृतिक निकायों में छोड़े जाने से पहले इसे कम प्रदूषणकारी बनाने के लिए सीवेज का उपचार किया जाता है।

वेज उपचार दो चरणों में किया जाता है:

प्राथमिक उपचार (शारीरिक प्रक्रिया):

- यह सीवेज से छोटे और बड़े कणों को भौतिक रूप से हटाने की प्रक्रिया है।

- तैरते हुए मलबे को पहले अनुक्रमिक निस्पंदन में तार जाल स्क्रीन के माध्यम से निस्यंदन द्वारा हटा दिया जाता है।

- फिर, बसने वाले टैंकों में अवसादन द्वारा ग्रिट को हटा दिया जाता है।

- तलछट को प्राथमिक कीचड़ के रूप में जाना जाता है , और सतह पर तैरनेवाला को बहिःस्राव के रूप में जाना जाता है।

- माध्यमिक उपचार के लिए प्रवाहित किया जाता है।

माध्यमिक उपचार (जैविक प्रक्रिया):

- यह सीवेज या इसी तरह के अपशिष्ट जल से बायोडिग्रेडेबल कार्बनिक पदार्थ को हटाना है।

- यह आमतौर पर सूक्ष्मजीवों की मदद से किया जाता है, इसलिए इसे जैविक उपचार कहा जाता है।

- सूक्ष्मजीव अपशिष्ट जल में मौजूद कार्बनिक पदार्थों पर फ़ीड करते हैं जिससे अपशिष्ट जल के जैविक भार को कम किया जाता है और पानी को शुद्ध किया जाता है।

तृतीयक उपचार (रासायनिक प्रक्रिया):

- जैविक उपचार उपचार प्रक्रिया में रासायनिक उपचार से पहले होता है।

- रासायनिक उपचार को अब एक तृतीयक उपचार के रूप में माना जाता है जिसे अधिक व्यापक रूप से "रासायनिक उपचार से जुड़ी प्रक्रिया द्वारा अपशिष्ट जल का उपचार" के रूप में परिभाषित किया जा सकता है।

- सबसे अधिक कार्यान्वित रासायनिक उपचार प्रक्रियाएं हैं: रासायनिक वर्षा, बेअसर, सोखना, कीटाणुशोधन (क्लोरीन, ओजोन, पराबैंगनी प्रकाश), और आयन विनिमय।

अतः विकल्प (A) सही है।

145. अस्थायी श्रवण हानि को अक्सर 'अस्थायी थ्रेशोल्ड शिफ्ट' कहा जाता है। इस स्थिति से पीड़ित लोग कमजोर आवाजों का पता लगाने में असमर्थ होते हैं। यदि किसी व्यक्ति को यह समस्या है, तो आमतौर पर एक महीने के भीतर सुनने की क्षमता ठीक हो जाती है।

अतः विकल्प (C) सही है।

146. एक खुला फ्रैक्चर, एक फ्रैक्चर जिसमें त्वचा के फटने से हड्डी उजागर हो जाती है।

एक खुला फ्रैक्चर जिसे कंपाउंड फ्रैक्चर भी कहा जाता है, एक फ्रैक्चर होता है जिसमें टूटी हुई हड्डी की जगह के पास की त्वचा में एक खुला घाव या टूटना होता है। अक्सर, यह घाव चोट के समय त्वचा के माध्यम से हड्डी के टुकड़े के टूटने के कारण होता है।

अतः विकल्प (B) सही है।

147. हाइपोवॉल्मिक शॉक गंभीर रक्त हानि से विकसित होगा।

हाइपोवॉल्मिक शॉक एक आपातकालीन स्थिति है जिसमें गंभीर रक्त या अन्य तरल पदार्थ की कमी से हृदय शरीर को पर्याप्त रक्त पंप करने में असमर्थ हो जाता है। इस तरह के झटके से कई अंग काम करना बंद कर सकते हैं।

अतः विकल्प (A) सही है।

148. सतही, आंशिक मोटाई, पूर्ण मोटाई जलने की तीन अलग-अलग गहराई को दिए गए नाम हैं।

जलने को पहले-, दूसरे-, तीसरे-डिग्री या चौथे-डिग्री के रूप में वर्गीकृत किया जाता है, जो इस बात पर निर्भर करता है कि वे त्वचा की सतह में कितनी गहराई से और गंभीर रूप से प्रवेश करते हैं।

फर्स्ट-डिग्री (सतही) जलता है। फर्स्ट-डिग्री जलना केवल त्वचा की बाहरी परत, एपिडर्मिस को प्रभावित करता है। जली हुई जगह लाल, दर्दनाक, सूखी और बिना किसी फफोले के होती है। हल्की धूप की कालिमा इसका एक उदाहरण है। लंबे समय तक ऊतक क्षति दुर्लभ है और अक्सर त्वचा के रंग में वृद्धि या कमी होती है।

सेकेंड-डिग्री (आंशिक मोटाई) जलता है। सेकेंड-डिग्री जलने में एपिडर्मिस और त्वचा की निचली परत का हिस्सा, डर्मिस शामिल होता है। जली हुई जगह लाल, फफोलेदार दिखती है, और सूजन और दर्द हो सकता है।

थर्ड-डिग्री (पूर्ण मोटाई) जलता है। थर्ड-डिग्री बर्न एपिडर्मिस और डर्मिस को नष्ट कर देता है। वे त्वचा की अंतरतम परत, चमड़े के नीचे के ऊतक में जा सकते हैं। जली हुई जगह सफेद या काली और जली हुई दिख सकती है।

फोर्थ-डिग्री जलना त्वचा की दोनों परतों और अंतर्निहित ऊतक के साथ-साथ गहरे ऊतकों से होकर गुजरता है, संभवतः मांसपेशियों और हड्डी को शामिल करता है। तंत्रिका अंत नष्ट होने के बाद से क्षेत्र में कोई भावना नहीं होती है।

अत: विकल्प (D) सही है।

149. थोड़े समय के लिए होश खो देना बेहोशी होती है।

बेहोशी तब होती है जब आप थोड़े समय के लिए होश खो देते हैं क्योंकि आपके मस्तिष्क को पर्याप्त ऑक्सीजन नहीं मिल रही है। बेहोशी के लिए चिकित्सा शब्द सिंकोपे है, लेकिन इसे आमतौर पर "पासिंग आउट" के रूप में जाना जाता है। बेहोशी का असर आमतौर पर कुछ सेकंड से लेकर कुछ मिनटों तक रहता है। आपके बेहोश होने से पहले कभी-कभी चक्कर आना, कमजोर या मिचली महसूस होती है।

अत: विकल्प (C) सही है।

150. नकसीर से रक्तस्राव को नियंत्रित करने के लिए कैजुअल्टी नीचे बैठें, आगे की ओर झुकें और नाक के नरम हिस्से को चुटकी में लें।

बैठ जाओ और अपनी नाक के नरम हिस्से को अपने नथुने के ठीक ऊपर, कम से कम 10-15 मिनट के लिए मजबूती से पकड़ें।

आगे झुकें और अपने मुंह से सांस लें - इससे खून आपके गले के पिछले हिस्से के बजाय आपकी नाक में जाएगा।

अत: विकल्प (A) सही है।

151. प्रोटोथेका को मनुष्यों के संभावित रोगजनक के रूप में पाया गया है। यह प्रणालीगत और चमड़े के नीचे के संक्रमणों के साथ-साथ बर्सांइटिस में भी पाया गया है। प्रोटोथेका एककोशिकीय शैवाल हैं जिनमें क्लोरोफिल की कमी होती है और एंडोस्पोरुलेशन द्वारा प्रजनन करते हैं।
अत: विकल्प (D) सही है।

152. क्राइसोलमिनारिन ज़ैंथोफाइकोफाइटा का आरक्षित भोजन है जो तेलों के साथ पीला-हरा शैवाल है। ज़ैंथोफाइसीएक वर्ग है जिसमें ज़ैंथोफाइट्सया पीले-हरे शैवाल शामिल हैं। रंग ज़ैंथोफिल्सऔर बीटा कैरोटीन जैसे वर्णक की उपस्थिति के कारण होता है।
अत: विकल्प (B) सही है।

153. प्रोटोजोआ, जो अन्य जीवों को खाते हैं, होलोजोइक के रूप में जाने जाते हैं। होलोजोइक प्रोटोजोआ वे प्रोटोजोआ हैं जो अन्य जीवों को खाते हैं। पैरामीशियमकी प्रजातियां होलोजोइक हैं और उनके पास बैक्टीरिया या अन्य प्रोटोजोआ की आपूर्ति होनी चाहिए।
अत: विकल्प (C) सही है।

154. मलेरिया परजीवी, प्लास्मोडियम कई विखंडन की प्रक्रिया से विभाजित होता है जहां इसे स्किज़ोगोनी के रूप में जाना जाता है और परजीवी को जल्दी से मेजबान में फैलाने का काम करता है।
अत: विकल्प (D) सही है।

155. स्टाइलोविरिडे लैम्ब्डा फेज वायरस का एक परिवार है। सिफोफेज में एक लंबी, गैर-संकुचनात्मक और लचीली पूंछ होती है जो एक आईकोसाहेड्रल या प्रोलेट कैप्सिड से जुड़ी होती है जिसमें बाद में इसके डीएसडीएनए जीनोम होते हैं।
अत: विकल्प (A) सही है।

156. लाइसोजेनी में समशीतोष्ण चरण के वायरल डीएनए, कोशिका के जीन के कार्यों को लेने के बजाय, मेजबान डीएनए में शामिल हो जाते हैं और एक जीन के रूप में कार्य करते हुए, जीवाणु गुणसूत्र में एक प्रोफेज बन जाते हैं।
अत: विकल्प (C) सही है।

157. टीकाकरण का आविष्कार जेनर ने किया था। 1796 में जेनर ने पहली बार 8 साल के लड़के को गाय से निकाली गई सामग्री से टीका लगाया और इससे चेचक के वायरस से सुरक्षा मिली।
अत: विकल्प (B) सही है।

158. जिन विषाणु रोगों के टीके हाल ही में टिशू कल्चर के उपयोग के माध्यम से विकसित किए गए हैं उनमें खसरा (रूबेला) है। मीसल्स एक तीव्र वायरल श्वसन रोग है। यह बुखार के एक प्रकोप (105° F जितना अधिक) और अस्वस्थता, खांसी, कोरिज़ा और नेत्रश्लेष्मलाशोथ की विशेषता है।
अत: विकल्प (D) सही है।

159. पराबैंगनी प्रकाश कई सेलुलर सामग्रियों द्वारा अवशोषित किया जाता है, लेकिन सबसे महत्वपूर्ण न्यूक्लिक एसिड द्वारा जहां यह सबसे अधिक नुकसान करता है। पाइरीमिडीन डिमर बनते हैं जिसके कारण डीएनए प्रतिकृति बाधित हो जाती है और उत्परिवर्तन हो सकता है।
अत: विकल्प (C) सही है।

160. उपदंश पहली ज्ञात बीमारी है जिसके लिए कीमोथेराप्यूटिक एजेंट का उपयोग किया गया था। इस बीमारी के इलाज के लिए 1910 में पॉल एर्लिच द्वारा साल्वर्सन नामक एक आर्सेनिक यौगिक को संश्लेषित किया गया था।
अत: विकल्प (B) सही है।

161. पक्षाघात एक पार्किंसंस रोग है।

पार्किंसंस रोग, जिसे प्राथमिक पार्किंसनिज़्म, पक्षाघात आंदोलन, या अज्ञातहेतुक पार्किंसनिज़्म भी कहा जाता है, एक अपक्षयी तंत्रिका संबंधी विकार है जो कंपकंपी की शुरुआत, मांसपेशियों की कठोरता, गति में धीमापन (ब्रैडीकिनेसिया), और रुकी हुई मुद्रा (पोस्टुरल अस्थिरता) की विशेषता है।
अत: विकल्प (B) सही है।

162. कोलीन एसिटाइलट्रांसफेरेज की हानि अल्जाइमर रोग में होती है।

अल्जाइमर रोग एक पुरानी न्यूरोडीजेनेरेटिव बीमारी है। यह ज्यादातर कोलीन एसिटाइलट्रांसफेरेज एंजाइम को प्रभावित करता है जो एसिटाइलकोलाइन (न्यूरोट्रांसमीटर) के संश्लेषण के लिए जिम्मेदार है। इसके परिणामस्वरूप कोलीन एसिटाइलट्रांसफेरेज़ और एसिटाइलकोलाइन दोनों की सांद्रता में कमी आती है। एसिटाइलकोलाइन स्मृति और सीखने की प्रक्रिया के लिए जिम्मेदार है और इस बीमारी से पीड़ित लोग मनोभ्रंश (स्मृति और पहचान में कठिनाई) से पीड़ित हैं।
अत: विकल्प (D) सही है।

163. जब शिशुओं को एक दृश्य चट्टान के बीच में रखा जाता है, तो वे आमतौर पर तंत्र के उथले हिस्से में चले जाते हैं।

चूंकि शिशु 'चट्टान' की ओर से खतरे का पता लगाने में सक्षम थे, गिब्सन और वॉक ने निष्कर्ष निकाला कि उनकी गहराई की धारणा जन्मजात हो सकती है, जैसे ही वे क्रॉल कर सकते थे कम से कम मौजूद थे।
अत: विकल्प (B) सही है।

164. सेरिबैलम को नुकसान से प्रक्रियात्मक स्मृति प्रभावित होगी।

मस्तिष्क के कुछ क्षेत्रों जैसे सेरिबैलम और बेसल गैन्ग्लिया को नुकसान प्रक्रियात्मक सीखने को प्रभावित कर सकता है। जैसे-जैसे संज्ञानात्मक कार्य में गिरावट आती है, प्रक्रियात्मक स्मृति की तुलना में घोषणात्मक और प्रासंगिक स्मृति तेजी से बिगड़ती है।
अतः विकल्प (B) सही है।

165. वह स्मृति जो केवल एक या दो सेकंड तक चलती है संवेदी स्मृति कहलाती है।

संवेदी स्मृति कई प्रकार की स्मृतियों में से एक है जो आपके द्वारा देखी गई चीज़ों को संसाधित करने और याद रखने की आपकी क्षमता को बनाती है। संवेदी स्मृति अल्पकालिक स्मृति का एक संक्षिप्त अग्रदूत है जो आपको अपने द्वारा ली जाने वाली संवेदनाओं को संसाधित करने और याद करने की अनुमति देती है।
अतः विकल्प (D) सही है।

166. विषयगत धारणा परीक्षण व्यक्तित्व मापन की प्रक्षेपी तकनीक है।

एक अमेरिकी मनोवैज्ञानिक हेनरी मरे ने 'थीमैटिक एप्रिसिएशन टेस्ट' का निर्माण कर इतिहास रच दिया। इस परीक्षण में प्रतिभागियों को अस्पष्ट चित्र या परीक्षण सामग्री दी जाती है। यह परीक्षण किसी व्यक्ति के वास्तविक व्यक्तित्व, भावनात्मक नियंत्रण की उनकी क्षमता को उजागर कर सकता है। यह अस्पष्ट परीक्षण सामग्री पर प्रतिक्रिया देते समय किसी व्यक्ति की रुचियों, दृष्टिकोण, अवलोकन शक्ति, विचार के पैटर्न आदि को प्रकट और मूल्यांकन करने के लिए डिज़ाइन किया गया है।
अतः विकल्प (D) सही है।

167. एबिंगहॉस को बकवास सिलेबल्स को याद रखने और भूलने की अवस्था की साजिश रचने के लिए जाना जाता है।

एबिंगहॉस ने पाया कि उनमें से उनकी याददाश्त जल्दी से क्षीण हो गई। सीखने और तुरंत भूलने की इस घटना से कोई भी परिचित होगा जिसने परीक्षा से एक रात पहले रटने की कोशिश की है। हालांकि, एबिंगहॉस ने यह भी पाया कि उनकी याददाश्त अंततः समाप्त हो गई।
अतः विकल्प (C) सही है।

168. आपके पिछले जन्मदिन के बारे में आपकी यादें आपकी प्रासंगिक स्मृति में संग्रहीत हैं।

एपिसोडिक मेमोरी हर दिन की घटनाओं की स्मृति है जिसे स्पष्ट रूप से कहा या जोड़ा जा सकता है। यह पिछले व्यक्तिगत अनुभवों का संग्रह है जो विशेष समय और स्थानों पर हुआ है; उदाहरण के लिए, किसी के 7वें जन्मदिन पर पार्टी।
अतः विकल्प (A) सही है।

169. मान्यता स्मृति कार्य आपको एक अपराध देखने में मदद करता है और अपराधी को एक लाइनअप से बाहर निकालने के लिए कहा गया था।

मान्यता स्मृति, घोषणात्मक स्मृति की एक उपश्रेणी, पहले से सामना की गई घटनाओं, वस्तुओं या लोगों को पहचानने की क्षमता है। जब पहले अनुभव की गई घटना का पुन: अनुभव किया जाता है, तो इस पर्यावरणीय सामग्री को संग्रहीत स्मृति अभ्यावेदन से मिलान किया जाता है, मेल खाने वाले संकेतों को प्राप्त करता है।
अतः विकल्प (D) सही है।

170. कार्ल जंग ने अंतर्मुखी व्यक्तित्व और बहिर्मुखी व्यक्तित्व को वर्गीकृत किया है।

1960 में, मनोवैज्ञानिक कार्ल जंग ने पहली बार व्यक्तित्व तत्वों पर चर्चा करते हुए अंतर्मुखी और बहिर्मुखी का वर्णन किया। जंग ने दो प्रकार के व्यक्तित्वों को बहिर्मुखी और अंतर्मुखी प्रस्तावित किया। जिन व्यक्तियों में जीवन ऊर्जा (कामेच्छा) भीतर की ओर प्रवाहित होती है उन्हें अंतर्मुखी कहा जाता है, जबकि जिन व्यक्तियों की जीवन ऊर्जा बाहर की ओर प्रवाहित होती है उन्हें बहिर्मुखी कहा जाता है।
अतः विकल्प (B) सही है।

General Knowledge

Q.1 हरियाणा विधानसभा, जो अक्टूबर 2019 के चुनावों के बाद गठित की गई है :

[HTET PGT - Computer Science, 2020]

A. 12 वीं   **B.** 13 वीं   **C.** 14 वीं   **D.** 15 वीं

Q.2 किस बैंक ने कर संग्रह के लिए केंद्रीय प्रत्यक्ष कर बोर्ड (CBDT) और केंद्रीय अप्रत्यक्ष कर और सीमा शुल्क बोर्ड (CBIC) के साथ एक समझौता ज्ञापन पर हस्ताक्षर किए हैं?

A. कोटक महिंद्रा बैंक   **B.** धनलक्ष्मी बैंक
C. फेडरल बैंक   **D.** डीसीबी बैंक

Q.3 निम्नलिखित में से कौन मार्च 2021 में उत्तराखंड के मुख्यमंत्री बने?

[SSC CGL, 2022]

A. मदन कौशिक   **B.** धन सिंह रावत
C. बी. सी खंडूरी   **D.** तीरथ सिंह रावत

Q.4 3 वर्ष के लिए प्रति वर्ष 8% साधारण ब्याज पर बैंक में एक राशि निवेश की गयी। यदि इसे 4 वर्ष के लिए म्यूचुअल फंड में 8.5% प्रति वर्ष साधारण ब्याज पर निवेश किया जाता, तो लाभ 500 रुपये अधिक होता। निवेश की गयी राशि क्या है?

A. 5000   **B.** 5500   **C.** 5550   **D.** 4500

Q.5 भारत के संविधान का निम्नलिखित में से कौन-सा अनुच्छेद असम राज्य के लिए विशेष उपबंध से संबंधित है?

[Indian Military Academy (IMA), 2018], [Officers Training Academy (OTA), 2018]

A. अनुच्छेद 371A   **B.** अनुच्छेद 371B
C. अनुच्छेद 371C   **D.** अनुच्छेद 371D

Q.6 निम्नलिखित कथनों में से कौन सही है?

A. सार्वजनिक क्षेत्र के उद्यम वाणिज्य और उद्योग मंत्रालय द्वारा चलाए जाते हैं।
B. राष्ट्रपति केंद्रीय सार्वजनिक क्षेत्र के उद्यमों को नवरत्न, मिनीरत्न और महारत्न का दर्जा प्रदान करते हैं।
C. इन CPSE द्वारा किए गए लाभ के आधार पर यह दर्जा दिया गया हैं।
D. मिनीरत्न श्रेणी सबसे हालिया रही हैं।

Q.7 विश्व विकास संकेतक की रिपोर्ट किसके द्वारा प्रकाशित की जाती है?

A. विश्व बैंक
B. संयुक्त राष्ट्र विकास कार्यक्रम
C. संयुक्त राष्ट्र आर्थिक और सामाजिक परिषद
D. विश्व स्वास्थ्य संगठन

Q.8 स्थानीय सरकार की त्रि-स्तरीय प्रणाली में ________ शामिल नहीं है।

A. पंचायत समिति   **B.** ग्राम समिति
C. ग्राम पंचायत   **D.** जिला परिषद

Q.9 खराब मौसम के कारण, एक विमान की गति धीमी हो गई थी और नतीजतन, यात्रा की औसत गति 400 किमी/घंटा तक कम हो गई थी और उड़ान का समय 3 घंटे तक बढ़ गया था। यदि विमान 2400 किमी की दूरी तय करता है तो उड़ान की वास्तविक अवधि क्या है?

A. 3 घंटे   **B.** 4 घंटे   **C.** 6 घंटे   **D.** 1 घंटे

Q.10 निम्नलिखित में से किस समिति ने भारतीय संविधान में मौलिक कर्तव्यों को शामिल करने का सुझाव दिया था?

A. मल्होत्रा समिति   **B.** राघवन समिति
C. स्वर्ण सिंह समिति   **D.** नरसिम्हन समिति

Q.11 24 मई 2020 को सरकारी एजेंसियों द्वारा गेहूं की खरीद 2019 के 341.31 लाख टन के आंकड़े को पार करके 2020 में कितने लाख टन हुई?

A. 341.45   **B.** 341.56   **C.** 341.78   **D.** 342.12

Q.12 भारत में थारू जनजाति कहाँ रहती है?

[UPTET Paper - I, 2019]

A. थार रेगिस्तान
B. उत्तराखंड
C. उत्तर प्रदेश का तराई क्षेत्र
D. झारखंड

Q.13 A, B, और C क्रमशः 24, 16 और 12 दिनों में कार्य कर सकते हैं। यदि तीनों एक साथ कार्य करने का फैसला करते हैं, तो कार्य पूरा होने में कितने दिन लगेंगे?

A. $5\frac{1}{3}$ दिन   **B.** $5\frac{2}{3}$ दिन   **C.** $5\frac{1}{2}$ दिन   **D.** $5\frac{3}{4}$ दिन

Q.14 स्वतंत्रता संग्राम के दौरान भारतीय राज्यों (कश्मीर, निज़ाम के हैदराबाद, त्रावणकोर, आदि जैसे भारतीय शासकों द्वारा शासित राज्यों में) में एक समानांतर आंदोलन शुरू किया गया था:

A. राज्य जन आंदोलन   **B.** प्रजा मंडल आंदोलन
C. (A) और (B) दोनों   **D.** स्वराज आंदोलन

Q.15 खिलाफत आंदोलन किसके द्वारा आयोजित किया गया था:

A. जिन्ना
B. मौलाना अबुल कलाम आज़ाद
C. अली बंधु
D. आगा खान

Q.16 किस भारतीय खिलाड़ी ने बैडमिंटन में पहला ओलंपिक पदक जीता?

A. किदांबी श्रीकांत   **B.** साइना नेहवाल
C. प्रकाश पादुकोण   **D.** पी. गोपीचंद

Q.17 निम्नलिखित में से कौन महारत्न सेंट्रल पब्लिक सेक्टर एंटरप्राइजेज की सूची में है?

A. सेंट्रल कोलफील्ड्स लिमिटेड
B. कोचीन शिपयार्ड
C. भारत पर्यटन विकास निगम
D. कोल इंडिया लिमिटेड

Q.18 नौकरियों के बीच समय अंतराल जब कोई व्यक्ति नई नौकरी की तलाश कर रहा है या नौकरियों के बीच स्विच कर रहा है, तो परिणाम होता है:

A. प्रच्छन्न बेरोजगारी   **B.** संरचनात्मक बेरोजगारी
C. आंशिक बेरोजगारी   **D.** चक्रीय बेरोजगारी

Q.19 एक त्रिभुज के कोण 3 : 7 : 10 के अनुपात में हैं। वह कौन सा त्रिभुज है?

A. अधिकोण   **B.** समकोण   **C.** समद्विबाहु   **D.** समबाहु

Q.20 पश्चिम बनास नदी राजस्थान के किस जिले से निकलती है?

A. जालौर   B. राजसमंद   C. सिरोही   D. पाली

Q.21 राजस्थान की निम्नलिखित झीलों में से किसे रामसर आर्द्रभूमि स्थलों की सूची में शामिल किया गया है?

A. जयसमंद झील   B. अन्नासागर झील
C. राजसमंद झील   D. सांभर झील

Q.22 यूनानियों ने इस फसल को 'सिंधोन' के रूप में संदर्भित किया जो सिंध शब्द से निकला है। यह कौन सी फसल है?

A. चावल   B. गेहूं   C. कपास   D. ज्वार

Q.23 बरनवापारा वन्यजीव अभयारण्य निम्नलिखित में से किस भारतीय राज्य में स्थित है?

A. असम   B. छत्तीसगढ   C. कर्नाटक   D. सिक्किम

Q.24 पनामा नहर जोड़ता है:

A. कैरेबियन सागर और अटलांटिक महासागर
B. लाल सागर और भूमध्य सागर
C. अटलांटिक महासागर और प्रशांत महासागर
D. बाल्टिक सागर और उत्तरी सागर

Q.25 संघ लोक सेवा आयोग के सदस्य ______ होते हैं।

A. राष्ट्रपति द्वारा नियुक्त
B. लोगो द्वारा चुना गया
C. संसद द्वारा चुना गया
D. गृह मंत्रालय द्वारा नियुक्त किए जाते हैं

Q.26 एक उच्चायी ट्रांसफार्मर ______ को ______ में परिवर्तित करता है।

A. कम धारा पर कम वोल्टेज, उच्च धारा पर उच्च वोल्टेज
B. कम धारा पर उच्च वोल्टेज, उच्च धारा पर कम वोल्टेज
C. उच्च धारा पर उच्च वोल्टेज, कम धारा पर कम वोल्टेज
D. उच्च धारा पर कम वोल्टेज, कम धारा पर उच्च वोल्टेज

Q.27 खाद्य ऊर्जा को कैसे मापा जाता है?

A. मीटर   B. किलोवाट   C. कैलोरी   D. किलोग्राम

Q.28 विद्युत ऊर्जा की वाणिज्यिक इकाई ______ है।

A. किलोवाट-घंटा   B. किलोवाट
C. वाट   D. जूल

Q.29 'वेदों की ओर लौट चलो' का नारा किसने दिया था?

A. महात्मा गाँधी   B. गुरु नानक देव
C. दयानंद सरस्वती   D. भीमराव अम्बेडकर

Q.30 निम्नलिखित में से किसने जलियांवाला बाग नरसंहार के पीछे व्यक्ति जनरल माइकल ओ डायर, की हत्या की थी?

[AFCAT, 2021]

A. उधम सिंह   B. भगत सिंह
C. अरविंदा घोष   D. बाल गंगाधर तिलक

General Hindi

Q.31 वह किधर गया ? वाक्य में 'किधर' शब्द है

A. गुणवाचक विशेषण
B. स्थानवाचक क्रियाविशेषण
C. प्रश्नवाचक सर्वनाम
D. इनमें से कोई नहीं

Q.32 निम्नलिखित में से किस वाक्य में गलत विशेषण प्रयुक्त हुआ है?

A. कुछ लोग हमेशा झूठ बोलते है।
B. मेरी बहन पांचवी कक्षा में पढ़ती है।
C. आपके पिताजी कब लौट रहे है।
D. एक मदन अच्छा लड़का है।

Q.33 विशेषण कितने प्रकार के होते हैं?

A. 10   B. 4   C. 5   D. 6

Q.34 नीचे दिए गए वाक्य के लिए उपयुक्त एक शब्द का चयन कीजिए- जिसका संबंध पृथ्वी से हो

A. पार्थिव   B. यायावर   C. पृथ्व्य   D. युयुत्सु

Q.35 'स्वेद से उत्पन्न होने वाला' वाक्यांश के लिए एक शब्द है:

A. स्वेदज   B. अण्डज   C. पिण्डज   D. उभयज

Q.36 'जो ममत्व से रहित हो' वाक्यांश के लिए कौन सा शब्द उपयुक्त है?

A. निरुपम   B. निर्मम   C. निर्णायक   D. निष्काम

Q.37 खांसी का तद्भव है:

A. कुक्कर   B. कषाय   C. कास   D. कफ

Q.38 'अंगीठी' शब्द का तत्सम रूप कौन सा है?

A. अफेम   B. अफिम   C. अहि-फेन   D. अफिष्म

Q.39 'अंगीठी' शब्द का तत्सम रूप कौन सा है:

A. अग्निष्ठिका   B. अंगीठीका   C. अग्निठिका   D. अंगिष्ठ

Q.40 शुद्ध वर्तनी का चयन कीजिए।

A. अन्वेषण   B. अनवेषण   C. अन्वेशन   D. अन्वेशण

Q.41 सही वर्तनी वाले शब्द का चयन करें।

A. जनमंध   B. जन्मांध   C. जनमाध   D. जन्मांद

Q.42 निम्नलिखित में से कौन सा वाक्य शुद्ध है?

A. भीड़ किसी का भी नहीं सुनता।
B. बैल ने खेत में बहुत उत्पात मचाई।
C. मन से शुद्ध लोग सबके प्रिय हो जाते हैं।
D. अनुज के साथ एक छोटी बच्ची था।

Q.43 'गंगा' का पर्यायवाची शब्द है:

A. कालिन्दी   B. सरिता   C. नदी   D. मंदाकिनी

Q.44 'भास्कर' का पर्यायवाची शब्द है:

A. रश्मि   B. मयूख   C. दिवाकर   D. मरीचि

Q.45 'प्रचण्ड' का पर्यायवाची शब्द है:

A. उग्र   B. प्रीति   C. विपुल   D. प्रण

Q.46 'पराश्रित' का पर्यायवाची शब्द है:

A. पश्चाताप   B. परिवर्तन   C. प्रेक्षागार   D. परतन्त्र

Q.47 निम्नलिखित विकल्पों में से 'कृश' का विलोम शब्द चुनिए।

A. हृष्ट-पुष्ट   B. कायर   C. भाव   D. विरत

Q.48 'अनादर' का विलोम शब्द है:

A. मान   B. सम्मान   C. आदर   D. सत्कार

Q.49 'अक्षत' का विलोम है:

A. क्षति   B. क्षीण   C. क्षीण   D. पूर्ण

Q.50 किस युग्म में विलोम शब्द नहीं है?

A. प्रवृत्ति – निवृत्ति   B. बहिरंग – अंतरंग
C. प्रत्यक्ष – परवर्ती   D. पदोन्नत – पदावनत

Main Subject Nursing

Q.51 रोगों की घटनाओं और प्रसार को कम करने के सर्वोत्तम तरीकों में से एक यह नहीं है:

A. हाथ धोने का सही तरीका

B. वैक्सीन लगवाना

C. खराब स्वच्छता

D. डॉक्टरों और क्लीनिकों की सलाह और दिशानिर्देशों का पालन करना

Q.52 संचारी और गैर संचारी रोगों दोनों को रोकने के लिए इनमें से कौन से उपाय सामान्य हैं?

A. संगरोध

B. संतुलित आहार

C. टीका

D. एंटीसेप्टिक केमिकल का छिड़काव

Q.53 निम्नलिखित में से कौन व्यक्तिगत स्वच्छता का घटक है?

A. चेहरे की स्वच्छता

B. पैर की स्वच्छता

C. पर्यावरण स्वच्छता

D. उपरोक्त सभी

Q.54 निम्नलिखित में से कौन व्यक्तिगत स्वच्छता का महत्व है?

A. इसमें हमारे शरीर और कपड़ों की स्वच्छता बनाए रखना शामिल है।

B. यह स्वयं को स्वच्छता प्रथाओं को बढ़ावा देता है।

C. इसका उपयोग संचारी रोगों की घटनाओं और प्रसार को रोकने या कम करने के लिए किया जाता है।

D. उपरोक्त सभी

Q.55 निम्नलिखित में से किस संक्रमण के लिए आपको साबुन और पानी से हाथ धोना चाहिए?

A. क्लोस्ट्रीडियम डिफिसाइल

B. हेपेटाइटिस ए वायरस

C. न्यूमोनिया

D. मेथिसिलिन - प्रतिरोधी स्टैफाइलोकोकस आरेयस

Q.56 निम्नलिखित को छोड़कर इलेक्ट्रॉनिक स्वास्थ्य रिकॉर्ड में संग्रहीत डेटा के प्रकार निम्नलिखित हैं:

A. रोगी प्रोफ़ाइल

B. निर्भरता

C. चिकित्सा का इतिहास

D. बिलिंग रिकॉर्ड

Q.57 यह सभी हॉस्पिटल डिपार्टमेंट्स की सभी इनफार्मेशन और डेटा को एकीकृत करता है और मॉडर्न इनफार्मेशन तकनीकों का उपयोग करके हेल्थ इनफार्मेशन का प्रबंधन करता है:

A. नर्सिंग न्यूनतम डेटा सेट

B. डिपेंडेबल सिस्टम

C. इलेक्ट्रॉनिक हेल्थ रिकॉर्ड सिस्टम

D. क्लीनिकल और हॉस्पिटल इनफार्मेशन सिस्टम

Q.58 स्वास्थ्य देखभाल वितरण प्रक्रिया के लिए महत्वपूर्ण क्लीनिकल इनफार्मेशन एकत्र करने, स्टोरिंग, मैनिपुलेट करने और बनाने के लिए कौन सी कंप्यूटर-आधारित सिस्टम तैयार की गई है?

A. क्लीनिकल और हॉस्पिटल इनफार्मेशन सिस्टम

B. रोगी इनफार्मेशन सिस्टम

C. क्लीनिकल इनफार्मेशन सिस्टम

D. इलेक्ट्रॉनिक स्वास्थ्य रिकॉर्ड

Q.59 यह उस पॉइंट से डेटा के एक मूवमेंट को संदर्भित करता है जहां इसे उस पॉइंट पर एकत्र किया गया था जहां इसे एकत्रित किया जा सकता है और एनालिसिस के लिए तैयार किया जा सकता है:

A. एप्लीकेशन

B. इंटरवेंशन

C. प्रोसेसिंग

D. एनालिसिस

Q.60 चीको अपने रोगी के लिए डीक्यूबिटस अल्सर के साथ प्राथमिकताएं निर्धारित करता है और अपेक्षित परिणाम की भविष्यवाणी करता है, और समय सारिणी स्थापित करता है। यह नर्सिंग प्रक्रिया का कौन सा चरण है?

A. इंटरवेंशन

B. प्लानिंग

C. डायग्नोसिस

D. इवैल्यूएशन

Q.61 नर्सिंग इन्फॉर्मेटिक्स के बारे में निम्नलिखित में से कौन सा सत्य है?

A. यह सूचना के प्रसंस्करण, प्रबंधन और पुनर्प्राप्ति का अध्ययन है।

B. कॉम्प्लेक्स सिस्टम, इंटरेक्शन और सोशल साइंस का अध्ययन।

C. किसी भी नर्सिंग कार्यों के संबंध में सूचना प्रौद्योगिकी का उपयोग।

D. इनमें से कोई नहीं

Q.62 एएनए के अनुसार, नर्सिंग इन्फॉर्मेटिक्स एक विशेषता है जो विज्ञान के 3 क्षेत्रों को एकीकृत करती है। यह है ?

A. नर्सिंग, कंप्यूटर और सूचना

B. नर्सिंग, स्वास्थ्य और प्रौद्योगिकी

C. स्वास्थ्य, कंप्यूटर और पर्यावरण

D. डेटा, ज्ञान और सूचना

Q.63 मानक न्यूनतम डेटा सेट का उपयोग करते हुए नर्स-सेंसिटिव आउटकम मेजर का मूल्यांकन, एनआई का एक उदाहरण है जो इस पर लागू होता है:

A. क्लिनिकल अभ्यास

B. शिक्षा

C. प्रशासन

D. अनुसंधान

Q.64 गीगाहर्ट्ज़ में मापा गया:

A. सीपीयू प्रोसेसर

B. रैम की मात्रा

C. टाइम सीक

D. इनपुट प्रोसेसिंग टाइम

Q.65 20 वर्षीय छात्र सनी, ग्राफिक प्रभावों की एक विस्तृत श्रृंखला का उपयोग करने और बनाने और मैक्रो कमांड की पूर्ण महारत हासिल करने में सक्षम था। उनकी योग्यता का स्तर है:

A. बिगनर

B. इंटरमीडिएट

C. एडवांस

D. मॉडिफायर

Q.66 डिस्चार्ज किए गए मरीजों के रिकॉर्ड और चार्ट की जांच कर नर्सिंग देखभाल का मूल्यांकन कहलाता है:

A. नर्सिंग प्रबंधन लेखा परीक्षण

B. समवर्ती लेखा परीक्षण

C. पूर्वव्यापी लेखा परीक्षण

D. सामान्य लेखा परीक्षण

Q.67 नर्सिंग देखभाल की गुणवत्ता का आकलन या रोगी देखभाल की गुणवत्ता के मूल्यांकन में सहायता के रूप में एक रिकॉर्ड के उपयोग को कहा जाता है:

A. नर्सिंग ऑडिट

B. नर्सिंग मूल्यांकन

C. पर्यवेक्षण

D. दिशा निर्देश

Q.68 कैथरीन एक स्टाफ़ से कहती है, "मेरे पास अभी इस मामले पर आपसे चर्चा करने का समय नहीं है। मुझे बाद में मेरे कार्यालय में मिलें" जब बाद वाले पूछते हैं कि क्या वे किसी मुद्दे के बारे में बात कर सकते हैं। उसने निम्नलिखित में से किस संघर्ष समाधान रणनीति का उपयोग किया?

A. चौरसाई

B. समझौता

C. बचना

D. बंधन

Q.69 कैथलीन जानती है कि उसका एक कर्मचारी बर्नआउट का अनुभव कर रहा है। निम्नलिखित में से उसके लिए सबसे अच्छा काम कौन सा है?

A. अपने कर्मचारियों को छुट्टी पर जाने की सलाह दें।

B. उसकी टिप्पणियों पर ध्यान न दें; इसे बिना किसी हस्तक्षेप के भी हल किया जाएगा।

C. संस्था के प्रति वफादारी दिखाने के लिए उसे याद दिलाएं।

D. कर्मचारियों को उसकी भावनाओं को व्यक्त करने दें और पूछें कि वह कैसे मदद कर सकती है।

Q.70 प्रदर्शन मूल्यांकन के बारे में निम्नलिखित में से कौन सा कथन सही नहीं है?

A. कर्मचारियों को उनके काम के विशिष्ट छापों के बारे में सूचित करने से उनके प्रदर्शन को बेहतर बनाने में मदद मिलती है।

B. एक लिखित रिपोर्ट के लिए एक मौखिक मूल्यांकन एक स्वीकार्य विकल्प है।

C. कार्मिक मूल्यांकन के संबंध में जानकारी का सबसे अच्छा स्रोत रोगी हैं।

D. निष्पादन मूल्यांकन का परिणाम मुख्य रूप से कर्मचारियों पर निर्भर करता है।

Q.71 बेसल शरीर का तापमान _________ द्वारा निर्धारित किया जाता है।

A. सोने से पहले तापमान लेना

B. दोपहर में तापमान लेना

C. मध्य सुबह तापमान लेना

D. बढ़ने से पहले तापमान लेना

Q.72 एक नर्सिंग छात्र एक श्रम और वितरण इकाई पर नैदानिक अभ्यास में भाग ले रहा है। वह संकुचन को मापना सीख रहा है। वह जानता है कि संकुचन आवृत्ति, अवधि और तीव्रता से मापा जाता है। कौन सी समय सीमा सही ढंग से बताती है कि छात्र को संकुचन की आवृत्ति को कैसे मापना चाहिए?

A. पहले संकुचन की वृद्धि से पहले की कमी

B. पहले संकुचन का एक्मे दूसरे के एक्मे तक

C. पहले संकुचन की वृद्धि दूसरे की वृद्धि के लिए

D. दूसरे के एक्मे में पहले संकुचन की वृद्धि

Q.73 एक श्रमिक रोगी की देखभाल करते समय, नर्स को कमरे में बुलाया जाता है क्योंकि उसके रोगी को तरल पदार्थ का एक ''झटका'' महसूस होता है। निम्नलिखित में से कौन सी नर्स की अगली कार्रवाई होनी चाहिए?

A. माँ को दाहिनी ओर घुमाएँ

B. भ्रूण की हृदय गति का आकलन करें

C. चिकित्सक को सचेत करें

D. शीट को बदलना

Q.74 निम्नलिखित में से कौन सा लक्षण गर्भावस्था का खतरनाक संकेत नहीं है?

A. बुखार या ठंड लगना

B. चेहरे या उंगलियों में सूजन

C. पेशाब में वृद्धि

D. इनमें से कोई नहीं

Q.75 गर्भावस्था के दौरान भ्रूण में न्यूरल ट्यूब दोष के जोखिम का आकलन करने के लिए निम्नलिखित में से किस परीक्षण का उपयोग किया जा सकता है?

A. कोरियोनिक विलस सैंपलिंग (CVS)

B. अल्ट्रासाउंड

C. गैर-तनाव परीक्षण (एनएसटी)

D. अल्फा-भ्रूणप्रोटीन (एएफपी) परीक्षण

Q.76 बेल्स पाल्सी _____ के घाव से जुड़ा है।

A. 11वीं कपाल तंत्रिका **B.** 9वीं कपाल तंत्रिका
C. 7वीं कपाल तंत्रिका **D.** तीसरी कपाल तंत्रिका

Q.77 प्राथमिक पित्त सिरोसिस की सबसे प्रारंभिक और सामान्य नैदानिक विशेषता:

A. दर्द **B.** प्रुइटस **C.** बुखार **D.** पीलिया

Q.78 मस्तिष्क रोधगलन का सबसे आम कारण है:

A. एम्बोलिज्म **B.** शिरापरक घनास्त्रता
C. एन्यूरिज्म **D.** धमनी घनास्त्रता

Q.79 प्राथमिक जलशीर्ष का सबसे आम कारण ___ है।

A. CSF का अधिक उत्पादन

B. CSF प्रवाह में रुकावट

C. धीमी पुनअवशोषण

D. इनमें से कोई नहीं

Q.80 जोन को एक टूटे हुए एन्यूरिज्म का पता चलता है। वह सोचती है कि उसे इसके बारे में उसके वार्षिक भौतिक परीक्षण में क्यों नहीं पता चला। आप यह कहकर उत्तर देते हैं:

A. चिकित्सक ने एक्स-रे को गलत तरीके से पढ़ा होगा।

B. एन्यूरिज्म भौतिक के बाद से विकसित होना चाहिए।

C. एन्यूरिज्म अक्सर स्पर्शोन्मुख होते हैं।

D. ज्यादा चिंता न करें क्योंकि ऐसा हर समय होता है।

Q.81 मैरी जिसे ऑस्टियोमाइलाइटिस का डायग्नोज किया गया है। वह ठीक नहीं हो सकती है जब तक कि उसके पास _____ न हो।

A. क्षेत्र का मलत्याग और जल निकासी

B. क्षेत्र का स्थिरीकरण

C. नम गर्मी के साथ बारी-बारी से आइस पैक, बाहरी रूप से लगाया जाता है

D. आंतरिक निर्धारण उपकरण डाला गया

Q.82 एपेंडिसाइटिस के रोगी के उपचार में शामिल हैं:

A. खून की कमी को बदलने के लिए आधान

B. सफाई के लिए आंत्र तैयारी

C. अपेंडिक्स का सर्जिकल निष्कासन

D. पेट के भीतर PH कम करने के लिए दवाएं

Q.83 लकवाग्रस्त आंत्रप्रवेश वाले मरीजों में आमतौर पर होता है:

A. अंतःशिरा द्रव प्रतिस्थापन और चूषण से जुड़ी एक नासोगैस्ट्रिक ट्यूब

B. समस्या का सर्जिकल सुधार

C. बोटुलिनम विष या ग्रासनली फैलाव का एंडोस्कोपिक इंजेक्शन

D. व्यापक स्पेक्ट्रम एंटीबायोटिक दवाओं के साथ बायोप्सी की अनुमति देने के लिए एंडोस्कोपी

Q.84 जोन को ऑस्टियोपोरोसिस है। उसके लिए एक बढ़ा खतरा है:

A. हड्डी में संक्रमण

B. परिधीय रक्त का थक्का बनना

C. फ्रैक्चर होने

D. दर्दनाक जोड़ सूजन

Q.85 स्टीव, जिसे हाल ही में इंट्राथोरेसिक सर्जरी के बाद निमोनिया का निदान किया गया है, को निर्धारित किया जाएगा:

A. सेफलोस्पोरिन, जैसे सेफ़ाज़ोलिन

B. पेनिसिलिन, जैसे एमोसिलीन

C. फ्लोरोकिनोलोन, जैसे लिवोफ़्लॉक्सासिन

D. फ़ेट्रासाइक्लिन, जैसे डॉक्सीसाइक्लिन

Q.86 नर्स नैन्सी मिस्टर एंड मिसेज डियाज़ को लेड पॉइज़निंग के शुरुआती लक्षणों के बारे में सिखा रही हैं। निम्नलिखित में से कौन-सा यदि दंपत्ति द्वारा कहा जाए तो मामले को और अधिक समझने की आवश्यकता को इंगित करेगा?

A. रक्ताल्पता **B.** सेइजुरेस (Seizures)
C. चिड़चिड़ापन **D.** एनोरेक्सिया

Q.87 रेये सिंड्रोम एक दुर्लभ और गंभीर बीमारी है जो बच्चों और किशोरों को प्रभावित करती है। इसके विकास को एस्पिरिन के उपयोग से जोड़ा जाता है तो निम्नलिखित में से क्या होगा?

A. मैनिन्जाइटिस

B. इंसेफेलाइटिस

C. खराब गला

D. छोटी चेचक

Q.88 नर्स डोरोथी श्रेणी A के नियर ड्रोनिंग वाले बच्चे की देखभाल कर रही है; उसे निम्न में से क्या करना चाहिए?

A. 12 से 24 घंटे में डिस्चार्ज की योजना बनाएं।

B. इलेक्ट्रोलाइट असंतुलन की जाँच करें।

C. आदेश के अनुसार ऑक्सीजन प्रदान करें।

D. ऊपर के सभी

Q.89 केटी को डायबिटिक कीटोएसिडोसिस के लिए नर्सस्लैब्स मेडिकल सेंटर की गहन चिकित्सा इकाई में भर्ती कराया गया है। बच्चे की देखभाल करते समय निम्नलिखित में से कौन सा प्राथमिक महत्व है?

A. उच्च खुराक में IV NPH इंसुलिन देना

B. हृदय संबंधी असामान्यताओं के लिए बच्चे का मूल्यांकन

C. बढ़ते मस्तिष्क की सूजन को रोकने के लिए तरल पदार्थ सीमित करना

D. उच्च रक्तचाप के लिए बच्चे के महत्वपूर्ण संकेतों की निगरानी और रिकॉर्डिंग

Q.90 तारा 11 साल की एक लड़की है जिसे टाइप 1 डायबिटीज मेलिटस (DM) है। वह अपनी नर्स से पूछती है कि वह अपनी दादी की तरह इंजेक्शन के बजाय गोली क्यों नहीं ले सकती। निम्नलिखित में से कौन सा नर्स का सबसे अच्छा जवाब होगा?

A. "यदि आपके रक्त शर्करा के स्तर को नियंत्रित किया जाता है, तो आप गोलियों का उपयोग कर सकते हैं।"

B. "गोलियां वसा और प्रोटीन चयापचय को सही करती हैं, कार्बोहाइड्रेट चयापचय को नहीं।"

C. "आपका शरीर इंसुलिन नहीं बनाता है, इसलिए इंसुलिन इंजेक्शन इसे बदलने में मदद करते हैं।"

D. "गोलियां वयस्क अग्न्याशय पर काम करती हैं, आप 18 साल की उम्र से इसे ले सकते हैं।"

Q.91 लार में _____ एंजाइम होता है।

A. पेप्सिन   **B.** टायलिन   **C.** ट्रिप्सिन   **D.** रेनिन

Q.92 उत्सर्जन तंत्र संबंधित है:

A. किडनी   **B.** कान   **C.** फेफड़े   **D.** त्वचा

Q.93 निम्नलिखित में से क्या मानव शरीर में केंद्रीय तंत्रिका तंत्र का गठन करता है?

A. सिर्फ रक्त

B. सिर्फ मस्तिष्क

C. सिर्फ मेरुदण्ड

D. दोनों (B) और (C)

Q.94 सिर और ऊपरी जबड़े के बीच की संधि किसका उदाहरण है?

A. कंदुक और खल्लिका संधि

B. हिंज संधि

C. श्रोणि संधि

D. अचल संधि

Q.95 एक सहायक अंग के रूप में "फ्लेम कोशिकाओं" वाले फाइलम का नाम बताइए?

A. प्लेटिहेल्मिंथ

B. मोलस्का

C. क्रस्टेशियस

D. केंचुआ

Q.96 नर्स को स्टेथोस्कोप के डायफ्राम का उपयोग निम्नलिखित में से किसका ऐस्कल्टेट करने के लिए करना चाहिए?

A. हृदय में मर्मरध्वनि

B. जुगुलर वेनस हयूम्स

C. आंत की ध्वनि

D. कैरोटिड ब्रूट्स

Q.97 7 साल के बच्चे के लिए नर्स को परीक्षा में कैसे बदलाव करना चाहिए?

A. माता-पिता को परीक्षा से पहले कमरा छोड़ने के लिए कहें

B. इसका उपयोग करने से पहले उपकरण का प्रदर्शन करें

C. बच्चे को परीक्षा में मदद करने दें

D. अंतिम आक्रामक प्रक्रियाएं (उदा. ओटोस्कोपिक) निष्पादित करें

Q.98 सांस की तकलीफ के साथ एक मरीज को भर्ती किया जाता है, इसलिए नर्स तुरंत उसकी सांस की आवाज सुनती है। नर्स किस प्रकार का मूल्यांकन कर रही है?

A. चल रहा मूल्यांकन

B. व्यापक शारीरिक मूल्यांकन

C. केंद्रित शारीरिक मूल्यांकन

D. मनोसामाजिक मूल्यांकन

Q.99 नर्सें के लिए आत्म-ज्ञान के महत्वपूर्ण होने का सबसे बुनियादी कारण क्या है?

A. व्यक्तिगत पूर्वग्रहों की पहचान करें जो उसकी सोच और कार्यों को प्रभावित कर सकते हैं

B. एक रोगी के लिए सबसे प्रभावी हस्तक्षेप की पहचान करें

C. सहकर्मियों, रोगियों और परिवारों के साथ अधिक कुशलता से संवाद करें

D. नई प्रक्रियाओं और तकनीकों को सीखें और याद रखें

Q.100 रुग्ण रूप से मोटे रोगी के लिए, त्वचा की सिलवटों द्वारा बनाए गए दबाव का प्रतिकार करने के लिए नर्स को किस हस्तक्षेप का चयन करना चाहिए?

A. गद्दे को भेड़ की खाल से ढक दें

B. लिनेन को शिकन मुक्त रखें

C. तौलिये से त्वचा की सिलवटों को अलग करें

D. पेट्रोलेटम बैरियर क्रीम लगाएं

Q.101 एक रोगी शारीरिक मूल्यांकन के दौरान निम्नलिखित सभी प्रदर्शित करता है। इनमें से किसे संक्रमण से प्राथमिक बचाव माना जाता है?

A. बुखार   **B.** अक्षुण्ण त्वचा

C. उत्तेजन   **D.** सुस्ती

Q.102 स्टेज 2 प्रेशर अल्सर वाले क्लाइंट में घाव से मेथिसिलिन प्रतिरोधी स्टैफिलोकोकस ऑरियस (MRSA) होता है। संपर्क सावधानियां शुरू की गई हैं। संपर्क सावधानियों का पालन करने के लिए किस नियम का पालन करना चाहिए?

A. रोगी के संपर्क में आने पर एक साफ गाउन और दस्ताने पहने जाने चाहिए

B. कमरे में प्रवेश करने वाले प्रत्येक व्यक्ति को $N-95$ रेस्पिरेटर मास्क पहनना होगा

C. सभी लिनन और कचरे को दूषित के रूप में चिह्नित किया जाना चाहिए और बायोहाज़र्ड कचरे को भेजना चाहिए

D. रोगी को ऊपरी श्वसन संक्रमण वाले ग्राहक वाले कमरे में रखें

Q.103 एक रोगी को सुरक्षात्मक अलगाव की आवश्यकता होती है। रोगी देखभाल कार्य में इस रोगी के साथ किस रोगी को सुरक्षित रूप से जोड़ा जा सकता है?

A. एक अस्थिर मधुमेह मेलिटस के साथ भर्ती कराया गया

B. जिसने एक छिद्रित आंत्र की शल्य चिकित्सा की मरम्मत की

C. एक चरण 3 त्रिक दबाव अल्सर के साथ

D. एक को यूरिनरी ट्रैक्ट इन्फेक्शन होने पर भर्ती कराया गया

Q.104 एक नव नियुक्त नर्स को OR विभाग को सौंपा गया है। कौन-सी क्रिया रोगाणुहीन तकनीक में विराम प्रदर्शित करती है?

A. गैर-बाँझ क्षेत्रों से 1 फुट दूर शेष

B. बाँझ वस्तुओं को बाँझ क्षेत्र पर रखना

C. बाँझ पर्दे की सीमा से बचना

D. बाँझ क्षेत्र से 1 फुट ऊपर पहुंचना

Q.105 निम्नलिखित में से किस घटना के लिए नर्स को एक घटना रिपोर्ट को पूरा करने की आवश्यकता होती है?

A. निर्धारित खुराक समय के 30 मिनट बाद दवा दी जाती है

B. स्थानांतरण के बाद मरीज के डेन्चर खो गए थे।

C. एक IV इन्फ्यूजन पंप पर पहना हुआ विद्युत कॉर्ड पहना हुआ है।

D. प्रशासन के मार्ग के बिना प्रिस्क्रिप्शन देना

Q.106 ग्रे बेबी सिंड्रोम, शिशुओं में देखा जाता है, जो 3-4 दिनों में प्रगतिशील पेट की दूरी, पीलापन, सायनोसिस और वासोमोटर पतन की विशेषता है, __________ के उपयोग के साथ जोड़ा जाता है।

A. सल्फाडियाज़िन   **B.** क्लिंडामाइसिन

C. क्लोरैम्फेनिकॉल   **D.** वैनकॉमायसिन

Q.107 रेड मैन सिंड्रोम किसके साथ संबंधित है?

A. वैनकॉमायसिन   **B.** क्लोरैम्फेनिकॉल

C. टेट्रासाइक्लिन   **D.** एरिथ्रोमाइसिन

Q.108 निम्नलिखित में से किस नर्सिंग सिद्धांतकार ने इस विश्वास के आधार पर वैचारिक मॉडल विकसित किया कि बीमार व्यक्ति स्वयं की देखभाल प्राप्त करने का प्रयास करता है?

A. डोरोथिया ओरेम   **B.** फ्लोरेंस नाइटेंगल

C. सिस्टर कैलिस्टा   **D.** मार्था रोजर्स

Q.109 निम्नलिखित में से कौन सा संकेत AFB के लिए थूक की जांच की आवश्यकता को दर्शाता है?

A. खून की उल्टी   **B.** वजन बढ़ना

C. 3 सप्ताह तक खांसी   **D.** 1 सप्ताह से सीने में दर्द

Q.110 एनएचपी 2002 में वेक्टर जनित रोगों के लिए लक्ष्य क्या था?

A. मृत्यु दर में 50% की कमी

B. मृत्यु दर में 30% की कमी

C. मृत्यु दर में 80% की कमी

D. मृत्यु दर में 100% की कमी

Q.111 एक 32 वर्षीय पुरुष स्नातक छात्र, जो तेजी पीछे हट गया है और अपने काम और व्यक्तिगत स्वच्छता की उपेक्षा कर रहा है, उसको उसके माता-पिता द्वारा मनोरोग अस्पताल में लाया जाता है। विस्तृत मूल्यांकन के बाद, सिज़ोफ्रेनिया का निदान किया जाता है। यह संभावना नहीं है कि रोगी __________ प्रदर्शित करेगा।

A. कम आत्मसम्मान   **B.** पक्की सोच

C. प्रभावी आत्म-सीमाएँ   **D.** कमजोर अहंकार

Q.112 एक 23-वर्षीय रोगी, जिसे सिज़ोफ्रेनिया के निदान के साथ भर्ती कराया गया है, नर्स से कहता है, "हां, यह मार्च है, मार्च एक छोटी महिला है"। यह शाब्दिक है जिसे आप जानते हैं"। ये कथन __________ को दर्शाते हैं।

A. निओलोजिज्म

B. इकोलिया

C. फ्लाइट ऑफ़ आइडियाज

D. लूसनिंग ऑफ़ एसोसिएशन

Q.113 एक पुरुष रोगी जो भोजन के विषाक्त होने के बारे में अव्यवस्थित सोच का अनुभव कर रहा है, उसे मानसिक स्वास्थ्य इकाई में भर्ती कराया

गया है। रोगी को रात का खाना खाने के लिए प्रोत्साहित करने के लिए नर्स किस संचार तकनीक का उपयोग करती है?

A. अपने स्वयं के भोजन वरीयता के स्वयं प्रकटीकरण पर ध्यान केंद्रित करना

B. ओपन-एंडेड प्रश्नों और चुप्पी का उपयोग करना

C. खाने की आवश्यकता के बारे में राय प्रस्तुत करना

D. मौखिक रूप से कारण बताते हैं कि रोगी खाने का विकल्प नहीं चुन सकता

Q.114 नर्स एक प्रलाप के रोगी की देखभाल कर रही है और कहती है कि "दीवार पर मकड़ियों को देखो।" नर्स को मरीज को क्या जवाब देना चाहिए?

A. "आपको मतिभ्रम हो रहा है, इस कमरे में बिल्कुल भी मकड़ियाँ नहीं हैं"

B. "मैं दीवारों पर मकड़ियों को देख सकता हूं, लेकिन वे आपको चोट नहीं पहुँचाने वाले हैं"

C. "क्या आप चाहते हैं कि मैं मकड़ियों को मारूं"

D. "मुझे पता है कि आप डरे हुए हैं, लेकिन मुझे दीवार पर मकड़ियां नहीं दिख रही हैं"

Q.115 नर्स अवसाद के रोगी की देखभाल कर रही है जिसने अवसादरोधी दवा का प्रतिसाद नहीं दिया है। नर्स अनुमान लगाती है कि कौन सी उपचार प्रक्रिया निर्धारित की जा सकती है?

A. न्यूरोलेप्टिक औषधि   **B.** शॉर्ट टर्म एकांत

C. साइकोसर्जरी   **D.** इलेक्ट्रोकोनवल्सी थेरेपी

Q.116 मारियो को आपातकालीन कक्ष में भर्ती कराया गया है, जिसमें निर्धारित एंटीसाइकोटिक दवा के अधिक अंतर्ग्रहण से संबंधित दवा-शामिल चिंता है। सबसे महत्वपूर्ण जानकारी जो नर्स प्रभारी को शुरू में प्राप्त करनी चाहिए, वह __________ है।

A. दवा लेने में लगने वाला समय

B. अंतर्ग्रहण की गई दवा का नाम और अंतर्ग्रहण की गई मात्रा

C. आत्महत्या की कोशिश की वजह

D. निकटतम रिश्तेदार का नाम और उनका फोन नंबर

Q.117 हाल ही में कोकीन की लत के इलाज के लिए भर्ती एक महिला रोगी की निगरानी करते समय, नर्स ने नोट किया कि धमनी रक्तचाप और हृदय गति में अचानक वृद्धि हुई है। इन समस्याओं को ठीक करने के लिए, नर्स चिकित्सक से __________ को लिखने की अपेक्षा करती है।

A. नॉरपेनेफ्रिन (लेवोफेड) और लिडोकेन (ज़ाइलोकेन)

B. निफेडिपिन (प्रोकार्डिया) और लिडोकेन

C. नाइट्रोग्लिसरीन (नाइट्रो-बिड IV) और एस्मोलोल (ब्रेविब्लॉक)

D. निफेडिपिन और एस्मोलोल

Q.118 एक पुरुष रोगी को असामाजिक व्यक्तित्व विकार के मूल्यांकन के लिए अदालत के आदेश द्वारा एक मनोरोग सुविधा में भर्ती कराया जाता है। इस मरीज का जानवरों से लड़ने और गाली देने का एक लंबा इतिहास रहा है और हाल ही में एक पड़ोसी के कुत्ते को आग लगाने के आरोप में गिरफ्तार किया गया था। हिंसा की संभावना के लिए इस रोगी का मूल्यांकन करते समय, नर्स को किस व्यवहार संबंधी सुराग का आकलन करना चाहिए?

A. एक कठोर मुद्रा, बेचैनी, और चकाचौंध

B. अवसाद और शारीरिक वापसी

C. मौन और गैर-अनुपालन

D. अति सतर्कता और पिछले हिंसक कृत्यों की बात

Q.119 एक पुरुष रोगी को परिवार के सदस्यों द्वारा मनोरोग क्लिनिक में लाया जाता है, जो भर्ती करने वाली नर्स को बताते हैं कि रोगी बार-बार नशे में गाड़ी चलाता है, बावजूद इसके कि वह रुकने की गुहार लगाता है। नर्स के साथ एक साक्षात्कार के दौरान, रोगी का कौन सा कथन मनो-सक्रिय पदार्थ के दुरुपयोग के निदान का सबसे अधिक समर्थन करता है?

A. "मुझे शराब की लत नहीं है। वास्तव में, मैं पहले की तुलना में बिना

प्रभावित हुए अधिक पी सकता हूं।"

B. "मैं अपनी तनख्वाह का केवल आधा हिस्सा बार में खर्च करता हूं।"

C. "मैं सिर्फ काम के बाद आराम करने के लिए पीता हूं।"

D. "मुझे पता है कि मुझे शराब पीने और गाड़ी चलाने के लिए तीन बार गिरफ्तार किया गया है, लेकिन पुलिस मुझे परेशान करने की कोशिश कर रही है।"

Q.120 सीमा रेखा व्यक्तित्व विकार वाली महिला रोगी को मनोरोग इकाई में भर्ती किया जाता है। प्रारंभिक नर्सिंग मूल्यांकन से पता चलता है कि हाल ही में आत्महत्या के प्रयास से मरीज की कलाई पर खरोंच आई है। इस खोज के आधार पर, नर्स को _______ का नर्सिंग निदान तैयार करना चाहिए।

A. अपराध बोध की भावनाओं से संबंधित अप्रभावी व्यक्ति का मुकाबला

B. स्थितिजन्य कम आत्मसम्मान नियंत्रण के नुकसान की भावनाओं से संबंधित है

C. हिंसा के लिए जोखिम: आवेगी विकृत कृत्यों से संबंधित स्व-निर्देशित

D. हिंसा के लिए जोखिम: मौखिक धमकियों से संबंधित अन्य लोगों की ओर निर्देशित

Q.121 संचार की प्रभावशीलता का मूल्यांकन _______ द्वारा किया जाता है

A. टीम वर्क
B. फीडबैक
C. आईपीसी कौशल
D. प्रश्नावली

Q.122 प्रश्न – उत्तर एक स्वास्थ्य शिक्षक द्वारा अपनाई गई पद्धति संचार की एक _______ शैली है।

A. सहभागी
B. गैर भागीदारी
C. (A) और (B) दोनों
D. इनमें से कोई नहीं

Q.123 निम्नलिखित में से कौन-सा/से सिद्धांत स्वास्थ्य संचार की रोगी-केंद्रित शैली का हिस्सा है/हैं?

A. रोग और अनुभव दोनों की खोज
B. पूरे अनुभव को समझना
C. रोकथाम और स्वास्थ्य संवर्धन को शामिल करना
D. ये सभी

Q.124 अभ्यास परिवर्तन _______ स्तर पर परिवर्तन लाता है।

A. संज्ञानात्मक
B. उत्तेजित करनेवाला
C. साइको-मोटर
D. इनमें से कोई नहीं

Q.125 स्वास्थ्य देखभाल के लिए डिजिटल सूचना और संचार प्रौद्योगिकी के अनुप्रयोग को संदर्भित करने के लिए निम्नलिखित में से कौन सा सामान्य शब्द है?

A. डिजी-स्वास्थ्य
B. ई-स्वास्थ्य
C. आई-स्वास्थ्य
D. तकनीक-स्वास्थ्य

Q.126 खाद्य अपमिश्रण निवारण अधिनियम सार्वजनिक स्वास्थ्य में _______ दृष्टिकोण का एक उदाहरण है।

A. नियामक
B. सेवा
C. प्राथमिक स्वास्थ्य देखभाल
D. शिक्षात्मक

Q.127 स्वास्थ्य संबंधी उद्देश्यों के लिए मोबाइल और वायरलेस एप्लिकेशन (जैसे, एसएमएस, ऐप, पहनने योग्य उपकरण, रिमोट सेंसिंग और सोशल मीडिया, जैसे फेसबुक, ट्विटर और इंस्टाग्राम का उपयोग) का उपयोग _______ का वर्णन करता है।

A. ई-स्वास्थ्य
B. आई-स्वास्थ्य
C. एस-स्वास्थ्य
D. एम-स्वास्थ्य

Q.128 निम्नलिखित में से कौन एक कार्यक्रम को संदर्भित करता है जिसका उद्देश्य रोगियों को स्वास्थ्य और स्वास्थ्य देखभाल के लिए सूचना और संचार प्रौद्योगिकी का बेहतर उपयोग करने में सक्षम बनाना है?

A. रोगी सूचना विज्ञान
B. आईसीटी स्वास्थ्य
C. स्वास्थ्य तकनीक
D. इनमें से कोई नहीं

Q.129 संचार के चार C हैं:

A. स्पष्ट, संक्षिप्त, नैदानिक, पूर्ण
B. पूर्ण, केस-दर-मामला, संक्षिप्त, सही
C. स्पष्ट, संक्षिप्त, सही, पूर्ण
D. संक्षिप्त, सहमति, सही, पूर्ण

Q.130 डराने-धमकाने की संस्कृति, जो डराने-धमकाने वाले या कृपालु व्यवहार करने वाली हो सकती है, प्रभावित करती है:

A. नर्स
B. मरीजों
C. चिकित्सकों
D. उपर्युक्त सभी

Q.131
जटिल जीवन चक्र वाले जीव जिनमें एक स्तनधारी मेजबान और एक कीट मेजबान शामिल हैं और चक्र के हिस्से के रूप में स्किज़ोगोनी शामिल हैं, प्रोटोजोआ के किस संघ से संबंधित हैं?

A. सरकोमास्टिगोफोरा
B. माइक्रोस्पोरा
C. एपिकोम्प्लेक्सा
D. मायक्सोज़ोआ

Q.132 एक प्रोटोजोआ को इस प्रकार परिभाषित किया गया है:

A. मोटाइल प्रोकैरियोटिक एककोशिकीय प्रोटिस्ट
B. मोटाइल यूकेरियोटिक एककोशिकीय प्रोटिस्ट
C. मोटाइल यूकेरियोटिक एककोशिकीय प्रकाश संश्लेषक प्रोटिस्ट
D. मोटाइल यूकेरियोटिक बहुकोशिकीय प्रोटिस्ट

Q.133
वे जीव जिनके जीवन चक्र में बीजाणु बनने की अवस्था होती है और जिनमें विशेष गतिमान अंगक नहीं होते, प्रोटोजोआ के किस संघ से संबंधित हैं?

A. माइक्रोस्पोरा
B. मायक्सोज़ोआ
C. सिलियोफोरा
D. एपिकोम्प्लेक्सा

Q.134 प्रोटोजोआ में सबसे अधिक अलैंगिक प्रजनन होता है:

A. कोंजूगेशन
B. गैमेटांगियल कांटेक्ट
C. बाइनरी फिशन
D. बाइनरी फ्यूज़न

Q.135 प्रोटोजोआ आम तौर पर नहीं होते हैं:

A. बहुकोशिकीय
B. सूक्ष्म
C. कोशिका भित्ति का अभाव
D. यूकेरियोटिक

Q.136 निम्नलिखित में से कौन सा कीटाणुनाशक वायरस के खिलाफ प्रभावी है?

A. हाइड्रोजन पेरोक्साइड
B. हाइपोक्लोराइट
C. फॉर्मलडिहाइड
D. इनमे से सभी

Q.137
ऊर्जा उत्पन्न करने या संश्लेषित करने के लिए वायरस में बड़े पैमाने पर स्वयं की चयापचय मशीनरी की कमी होती है:

A. प्रोटीन
B. कार्बोहाइड्रेट
C. अल्कोहल
D. इनमे से सभी

Q.138 वृद्धि के लिए विषाणुओं को _______ की आवश्यकता होती है।

A. खनिज पदार्थ
B. जीवित कोशिकाओं
C. मृत कोशिकाओं
D. साधारण शर्करा

Q.139 रिवर्स ट्रांसक्रिपटेस एक उपयोगी एंजाइम है जब:

A. एक आरएनए वायरस अपने आरएनए को डीएनए में परिवर्तित करता है

B. कोई होस्ट सेल मौजूद नहीं हैं

C. पोषक तत्व दुर्लभ हैं

D. नए वायरस में स्पाइक्स बन रहे हैं

Q.140
जब कोई वायरस किसी कोशिका में प्रवेश करता है लेकिन तुरंत प्रतिकृति नहीं बनाता है, तो स्थिति कहलाती है:

A. लाइसोजेनी   **B.** फेरमेंटेशन

C. सिम्बायोसिस   **D.** सिनेर्गिस्म

Q.141 मधुमक्खी के डंक से एलर्जी की प्रतिक्रिया के संकेत हैं:

A. छाती और गले में जकड़न महसूस होना

B. चेहरे की गर्दन और जीभ की सूजन

C. दाने, चक्कर आना, या भ्रम

D. ऊपर के सभी

Q.142 आठ साल का बच्चा बेहोश है और वायुमार्ग अवरुद्ध है। तुम्हे करना चाहिए:

A. छाती पर जोर दें   **B.** सीपीआर शुरू करें

C. बचाव श्वास शुरू करें   **D.** उपरोक्त सभी

Q.143 एक आदमी को दिल का दौरा पड़ रहा है, उसके पास दवा है, आपको क्या करना चाहिए?

A. जीभ के नीचे रखकर उसे दवा दें, 911 पर कॉल करें

B. दवा के साथ उसकी सहायता करें, 911 पर कॉल करें, सहायता आने तक उसे आश्वस्त करें

C. 911 पर कॉल करें, मुंह में दवा डालें और सीपीआर शुरू करें

D. क्या पीड़ित को लेटा दिया गया है, 911 पर कॉल करें

Q.144 किसी ऐसे छात्र की देखभाल करते समय जिसे मधुमक्खियों से एलर्जी है और जिसे अभी-अभी काटा गया है, आपको यह करना चाहिए:

A. उन्हें उनके एपि-पेन के साथ एक इंजेक्शन दें

B. दर्द कम करने के लिए हीट पैक लगाएं

C. ठंडा पैक लगाएं

D. दोनों (A) और (C)

Q.145 शिशु सीपीआर या बचाव श्वास करते समय, शिशु के पेट में हवा के दबाव से बचने के लिए आपको किस तरह की सांसें देनी चाहिए?

A. कठोर और मजबूत से   **B.** चिकना और तेज से

C. धीरे और कोमलता से   **D.** लंबा और कठोर से

Q.146 ग्लूकोज, ऑक्सीजन और हाइड्रोजन आयनों की रक्त सांद्रता में परिवर्तन का पता लगाया जाता है:

A. बैरोरिसेप्टर   **B.** केमोरिसेप्टर

C. नोसिसेप्टर   **D.** प्रोप्रियोसेप्टर

Q.147 इनमें से कौन सा रिसेप्टर्स मांसपेशियों में खिंचाव या लंबा होने का पता लगाता है?

A. नोसिसेप्टर   **B.** मांसपेशी स्पिंडल

C. गोली कण्डरा अंग   **D.** मीस्नर का कोरस्कल

Q.148 तापमान, स्पर्श, दबाव और दर्द की अनुभूति होती है:

A. टेम्परल लोब   **B.** पश्चकपाल लोब

C. पार्श्विक लोब   **D.** ललाट लोब

Q.149 ओसीसीपिटल लोब में निम्नलिखित में से कौन सा प्राथमिक संवेदी क्षेत्र होता है?

A. दृश्य   **B.** स्वाद   **C.** श्रवण   **D.** सूंघनेवाला

Q.150 निम्नलिखित में से कौन-सा तंत्रिका तंत्र पर वृद्धावस्था का प्रभाव है?

A. मुक्त तंत्रिका समाप्ति की संख्या में कमी

B. स्पर्श उत्तेजना के बारे में जागरूकता में कमी

C. अधिक आसानी से स्पर्श करके वस्तुओं को पहचानें

D. दो पिंट भेदभाव की भावना बढ़ जाती है

Q.151 किस रक्षा तंत्र में, बिना किसी जैविक कारण के शारीरिक बीमारी या शारीरिक लक्षण द्वारा भावनात्मक संघर्ष व्यक्त किया जाता है?

A. उध्र्वपातक   **B.** रूपांतरण

C. पुरस्कार   **D.** दमन

Q.152 भावना है:

A. एक जटिल अनुभव की स्थिति

B. एक व्यक्ति की सचेत उत्तेजित अवस्था

C. विशिष्ट व्यवहार के साथ मनोवैज्ञानिक उत्तेजना को शामिल करने वाली व्यक्तिपरक भावना स्थिति

D. उपरोक्त सभी

Q.153 संज्ञानात्मक विकास का सिद्धांत किसके द्वारा प्रस्तावित किया गया था?

A. गुलिफ़ोर्ड   **B.** जीन पियाजे

C. बिने   **D.** टर्मन

Q.154 धारणा है:

A. संवेदना और व्याख्या   **B.** संवेदना और भाषा

C. संवेदना और स्मृति   **D.** संवेदना और छवियां

Q.155 व्यक्तित्व विकास का मनोविश्लेषणात्मक सिद्धांत किसके द्वारा प्रस्तुत किया गया था?

A. कार्ल जंग   **B.** सिगमंड फ्रॉयड

C. गिलफोर्ड   **D.** हरमन रॉर्शोक

Q.156 बुद्धि को मापने के लिए विकसित किया गया पहला IQ परीक्षण करने का किसके द्वारा निर्णय लिया गया था?

A. विलियम्स स्टर्न

B. वेश्लर

C. अल्फ्रेड बिने और थियोडोर साइमन

D. टर्मन और RB कैटल

Q.157 कौन सा परीक्षण दिए गए क्षेत्र में व्यक्ति के ज्ञान के स्तर को निर्धारित करता है?

A. योग्यता परीक्षण   **B.** उपलब्धि परीक्षण

C. व्यक्तित्व परिक्षण   **D.** दिमागी परिक्षण

Q.158 व्यक्तित्व को किसी व्यक्ति की संरचना, व्यवहार के तरीके, रुचियों, दृष्टिकोण, क्षमताओं, क्षमताओं और योग्यता के सबसे विशिष्ट एकीकरण के रूप में परिभाषित किया जा सकता है। यह परिभाषा दी गई है:

A. गॉर्डन ऑलपोर्ट   **B.** फ्रायड

C. एन.एल. मन   **D.** एरिक्सन

Q.159 निम्नलिखित में से कौन व्यक्तित्व की विशेषता है?

A. व्यक्तित्व अद्वितीय और विशिष्ट है।

B. यह आनुवंशिकता और पर्यावरण का उत्पाद है।

C. व्यक्तित्व में सभी व्यवहार पैटर्न शामिल हैं जो संज्ञानात्मक, रचनात्मक और प्रभावशाली डोमेन हैं।

D. उपरोक्त सभी

Q.160 व्यक्तित्व को बहिमुखी और अंतर्मुखी के रूप में किसने वर्गीकृत किया?

A. गॉर्डन ऑलपोर्ट   **B.** कार्ल जंग

C. वाटसन   **D.** ब्रूनर

Q.161 स्वच्छ भारत अभियान किस तारिख को शुरू किया गया?

A. 15 अगस्त 2014   **B.** 26 जनवरी 2015

C. 2 अक्टूबर 2014   **D.** 2 जनवरी 2015

Q.162 निम्न में से किसकी अधिक उपस्थिति बच्चों के दाँतों के क्षरण का कारण बनती है?

A. फ्लोराइड   **B.** क्लोराइड

C. कठोरता   **D.** उपरोक्त सभी

Q.163 अशुद्ध जल के प्रयोग से कौन-सा रोग होता है?

A. आंत्र ज्वर   **B.** हैजा और पेचिश

C. पीलिया   **D.** उपरोक्त सभी

Q.164 धात्विक जल प्रदूषण से होने वाले रोग मिनामाटा और इटाई-इटाई क्रमशः किन निम्न धातुओं से होता है?

A. Hg और Cd   **B.** Hg और Ni

C. Hg और Cu   **D.** Hg और Zn

Q.165 जल में ___________ स्थायी कठोरता के कारण होता है।

A. ग्रीशियम कार्बोनेट   **B.** मैग्नीशियम बाइकार्बोनेट

C. मैग्नीशियम सल्फेट   **D.** उपरोक्त सभी

Q.166 जल प्रदूषण का सामान्य सूचक _________ है।

A. एण्टअमीबा हिस्टोलिटिका

B. ई. कोलाई

C. इकोमिया क्रेसीपस

D. लेमिना पोनकीकोस्टाटा

Q.167 BHC किस प्रकार का प्रदूषक है?

A. गुणात्मक एवं द्वितीयक

B. मात्रात्मक एवं जैव-अपघटनीय

C. जैव-अपघटनीय

D. अजैव-अपघटनीय

Q.168 कभी-कभी मिल में वाटर ब्लूम्स का पाया जाना प्रदर्शित करता है।

A. पोषण की कमी

B. ऑक्सीजन की कमी

C. अत्यधिक पोषण की उपलब्धता

D. झील में शाकाहारियों की अनुपस्थिति

Q.169 ____ सबसे शुद्ध और श्रेष्ठ है।

A. वर्षा का जल   **B.** कुएं का जल

C. समुद्र का जल   **D.** नदियों का जल

Q.170 किस वाहित-मल उपचार के बाद जल प्राकृतिक स्रोत में भेजा जा सकता है?

A. प्राथमिक उपचार   **B.** तृतीयक उपचार

C. द्वितीयक उपचार   **D.** उपरोक्त में से कोई नहीं

// स्मार्ट उत्तर पुस्तिका //

सही उत्तर उन छात्रों का प्रतिशत जिन्होंने प्रश्नों का सही उत्तर दिया था। **छोड़ दिया** उन छात्रों का प्रतिशत जिन्होंने प्रश्नों को छोड़ दिया था।

प्रश्न संख्या	उत्तर	सही उत्तर / छोड़ दिया	प्रश्न संख्या	उत्तर	सही उत्तर / छोड़ दिया	प्रश्न संख्या	उत्तर	सही उत्तर / छोड़ दिया	प्रश्न संख्या	उत्तर	सही उत्तर / छोड़ दिया	प्रश्न संख्या	उत्तर	सही उत्तर / छोड़ दिया	प्रश्न संख्या	उत्तर	सही उत्तर / छोड़ दिया	प्रश्न संख्या	उत्तर	सही उत्तर / छोड़ दिया
1	C	43.87 % / 43.47 %	22	C	60.77 % / 36.28 %	43	D	69.05 % / 30.18 %	64	A	46.93 % / 48.12 %	85	C	25.22 % / 69.63 %	106	C	30.73 % / 67.1 %
2	B	55.69 % / 34.41 %	23	B	64.27 % / 30.28 %	44	C	76.43 % / 18.12 %	65	C	42.35 % / 44.72 %	86	B	67.04 % / 30.8 %	107	A	45.39 % / 47.99 %
3	D	45.67 % / 41.96 %	24	C	68.65 % / 30.64 %	45	A	62.21 % / 31.27 %	66	C	47.56 % / 47.55 %	87	D	43.28 % / 30.9 %	108	A	59.33 % / 38.3 %
4	A	47.38 % / 33.24 %	25	A	42.46 % / 50.52 %	46	D	22.58 % / 76.03 %	67	A	65.15 % / 33.05 %	88	D	51.32 % / 41.97 %	109	C	10.52 % / 79.16 %
5	B	58.64 % / 32.8 %	26	D	45.3 % / 47.42 %	47	A	53.03 % / 42.91 %	68	C	64.69 % / 30.65 %	89	B	52.95 % / 37.15 %	110	A	51.45 % / 43.07 %
6	C	89.49 % / 10.32 %	27	C	46.14 % / 32.4 %	48	C	80.34 % / 12.55 %	69	D	48.93 % / 45.85 %	90	C	24.63 % / 70.98 %	111	C	85.11 % / 14.47 %
7	A	89.46 % / 10.34 %	28	A	79.6 % / 19.73 %	49	C	43.6 % / 37.14 %	70	C	54.52 % / 45.46 %	91	B	76.98 % / 12.73 %	112	D	52.89 % / 46.7 %
8	B	68.85 % / 30.46 %	29	C	62.16 % / 36.87 %	50	C	45.98 % / 48.4 %	71	D	81.06 % / 15.92 %	92	A	69.0 % / 30.88 %	113	B	65.7 % / 32.61 %
9	A	77.45 % / 18.7 %	30	A	46.22 % / 47.87 %	51	C	80.49 % / 10.77 %	72	C	11.08 % / 88.3 %	93	D	85.76 % / 14.22 %	114	D	86.26 % / 11.29 %
10	C	52.74 % / 35.6 %	31	B	59.57 % / 35.45 %	52	B	52.71 % / 43.1 %	73	B	69.53 % / 30.05 %	94	D	53.39 % / 38.06 %	115	D	76.74 % / 10.4 %
11	B	40.78 % / 44.12 %	32	D	84.56 % / 10.11 %	53	D	64.85 % / 32.58 %	74	C	86.5 % / 11.08 %	95	A	15.09 % / 76.7 %	116	B	54.52 % / 32.63 %
12	C	82.89 % / 16.35 %	33	C	43.6 % / 31.42 %	54	D	30.69 % / 67.12 %	75	D	60.11 % / 33.45 %	96	C	61.26 % / 37.2 %	117	D	59.7 % / 38.85 %
13	A	88.46 % / 10.82 %	34	A	41.46 % / 36.13 %	55	A	56.41 % / 38.18 %	76	C	52.05 % / 37.49 %	97	B	67.59 % / 31.99 %	118	A	63.95 % / 34.5 %
14	C	32.41 % / 67.14 %	35	A	52.53 % / 32.1 %	56	B	49.96 % / 43.22 %	77	D	77.03 % / 11.84 %	98	C	83.4 % / 10.17 %	119	D	23.92 % / 72.83 %
15	C	67.83 % / 31.42 %	36	B	87.78 % / 10.59 %	57	C	56.92 % / 37.64 %	78	A	64.79 % / 34.08 %	99	A	51.3 % / 36.07 %	120	C	41.47 % / 48.07 %
16	B	57.48 % / 30.91 %	37	C	78.18 % / 18.48 %	58	C	41.8 % / 50.95 %	79	A	61.75 % / 30.18 %	100	C	59.83 % / 30.28 %	121	B	88.93 % / 10.02 %
17	D	65.24 % / 30.85 %	38	C	80.74 % / 16.5 %	59	C	41.98 % / 42.5 %	80	C	11.12 % / 76.01 %	101	B	88.45 % / 10.9 %	122	A	42.86 % / 39.8 %
18	C	51.15 % / 33.01 %	39	A	53.73 % / 34.28 %	60	B	88.32 % / 10.01 %	81	A	10.26 % / 71.08 %	102	A	24.94 % / 70.39 %	123	D	56.29 % / 40.68 %
19	B	51.59 % / 44.72 %	40	A	32.46 % / 67.04 %	61	C	40.33 % / 57.25 %	82	C	40.09 % / 58.59 %	103	A	69.3 % / 30.28 %	124	C	64.36 % / 30.34 %
20	C	65.3 % / 30.55 %	41	B	67.08 % / 32.14 %	62	A	54.5 % / 34.3 %	83	A	11.46 % / 69.8 %	104	D	64.67 % / 32.6 %	125	B	10.13 % / 85.67 %
21	D	41.92 % / 42.12 %	42	C	21.35 % / 68.54 %	63	D	41.31 % / 40.85 %	84	C	65.57 % / 30.49 %	105	B	69.88 % / 30.07 %	126	A	66.86 % / 31.43 %

प्रश्न संख्या	उत्तर	सही उत्तर छोड़ दिया	प्रश्न संख्या	उत्तर	सही उत्तर छोड़ दिया	प्रश्न संख्या	उत्तर	सही उत्तर छोड़ दिया	प्रश्न संख्या	उत्तर	सही उत्तर छोड़ दिया	प्रश्न संख्या	उत्तर	सही उत्तर छोड़ दिया	प्रश्न संख्या	उत्तर	सही उत्तर छोड़ दिया	प्रश्न संख्या	उत्तर	सही उत्तर छोड़ दिया
127	D	47.53 % 48.96 %	135	A	76.58 % 22.75 %	143	B	63.88 % 30.61 %	151	B	47.99 % 49.59 %	159	D	18.84 % 69.93 %	167	D	46.4 % 34.5 %
128	A	42.5 % 50.58 %	136	D	21.97 % 75.72 %	144	C	81.01 % 12.49 %	152	D	86.92 % 11.19 %	160	B	58.7 % 35.92 %	168	B	52.6 % 36.59 %
129	C	87.94 % 12.02 %	137	A	46.11 % 41.19 %	145	C	45.32 % 38.47 %	153	B	57.48 % 33.22 %	161	C	86.74 % 11.07 %	169	A	52.05 % 42.35 %
130	D	69.95 % 30.01 %	138	B	58.67 % 38.51 %	146	B	81.43 % 12.15 %	154	A	89.72 % 10.1 %	162	A	58.84 % 34.73 %	170	B	48.59 % 39.81 %
131	C	14.74 % 80.43 %	139	A	49.86 % 38.3 %	147	B	54.68 % 38.11 %	155	B	49.79 % 47.07 %	163	D	40.71 % 44.62 %			
132	C	45.16 % 41.09 %	140	A	46.7 % 51.51 %	148	C	58.18 % 37.54 %	156	C	81.65 % 13.57 %	164	A	68.48 % 31.51 %			
133	D	63.87 % 34.54 %	141	D	88.95 % 10.92 %	149	A	82.23 % 15.25 %	157	B	66.17 % 31.44 %	165	C	63.08 % 32.97 %			
134	C	59.03 % 40.62 %	142	A	14.16 % 69.94 %	150	B	21.82 % 71.75 %	158	C	27.32 % 67.41 %	166	B	86.64 % 11.85 %			

//संकेत और समाधान//

1. हरियाणा की 14th विधानसभा, जिसका गठन अक्टूबर, 2019 के चुनाव के बाद किया गया है।

परिणाम 24 अक्टूबर 2019 को घोषित किए गए थे। भारतीय जनता पार्टी सबसे बड़ी पार्टी के रूप में उभरी और जननायक जनता पार्टी और सात निर्दलीय विधायकों के साथ चुनाव के बाद गठबंधन में सरकार बनाई।

अतः विकल्प (C) सही है।

2. धनलक्ष्मी बैंक ने अप्रैल 2022 को कर संग्रह के लिए केंद्रीय प्रत्यक्ष कर बोर्ड (CBDT) और केंद्रीय अप्रत्यक्ष कर और सीमा शुल्क बोर्ड (CBIC) के साथ एक समझौते पर हस्ताक्षर किए हैं। यह समझौता ज्ञापन ग्राहकों को बैंक के शाखा नेटवर्क और डिजिटल प्लेटफॉर्म के माध्यम से अपने प्रत्यक्ष कर और जीएसटी भुगतान और अन्य अप्रत्यक्ष करों का भुगतान करने में मदद करेगा। विभिन्न करों के संग्रह के लिए लेखा महानियंत्रक की सिफारिश के आधार पर बैंक को भारतीय रिजर्व बैंक (RBI) द्वारा अधिकृत किया गया है।

अतः विकल्प (B) सही है।

3. मार्च 2021 में तीरथ सिंह रावत उत्तराखंड के मुख्यमंत्री बने।

- वह उत्तराखंड के पूर्व मुख्यमंत्री और भारत में एक सेवारत संसद सदस्य हैं।
- 2019 के भारतीय आम चुनाव में वह भारतीय जनता पार्टी के सदस्य के रूप में गढ़वाल निर्वाचन क्षेत्र से 17 वीं लोकसभा के लिए चुने गए।
- 9 फरवरी 2013 से 31 दिसंबर 2015 तक वह भारतीय जनता पार्टी उत्तराखंड के दल प्रमुख और 2012 से 2017 तक चौबट्टाखाल निर्वाचन क्षेत्र से उत्तराखंड विधानसभा के पूर्व सदस्य थे।
- वे उत्तराखंड के पहले शिक्षा मंत्री भी थे।

अतः विकल्प (D) सही है।

4. दिया गया:

प्रारंभिक दर $= 8\%$

समय $= 3$ वर्ष

म्यूचुअल फंड में दर $= 8.5\%$ और समय $= 4$ वर्ष

साधारण ब्याज $= \dfrac{P \times R \times T}{100}$

माना कि राशि x रुपये है

बैंक से साधारण ब्याज $= \dfrac{x \times 8 \times 3}{100}$

$\Rightarrow \dfrac{24x}{100}$

म्यूचुअल फंड से ब्याज के रूप में लाभ $= \dfrac{(x \times 8.5 \times 4)}{100}$

$\Rightarrow \dfrac{34x}{100}$

प्रश्न के अनुसार:

$\dfrac{34x}{100} - \dfrac{24x}{100} = 500$ रुपये

$\Rightarrow 10x = 50000$ या $x = 5000$

$\therefore$ निवेश की गयी राशि $= 5000$ रुपये

अतः विकल्प (A) सही है।

5. अनुच्छेद 371B राष्ट्रपति को संविधान के लिए प्रदान करने में सक्षम बनाता है, साथ ही राज्य विधान सभा की समिति के कार्यों में असम के जनजातीय क्षेत्रों से चुने गए सदस्य शामिल होते हैं।

भारतीय संविधान के अनुसार देश के कुछ राज्यों को अनुच्छेद 371 (अनुच्छेद 371) के तहत सीमित स्वायत्तता दी गई है। ऐसे राज्यों में नगालैंड समेत पूर्वोत्तर के कुछ राज्य शामिल हैं। आर्टिकल 371 (A-J) नगालैंड, असम, मणिपुर, सिक्किम, मिजोरम, अरुणाचल प्रदेश आदि राज्यों के लिए विशेष प्रावधान किए गए हैं।

अतः विकल्प (B) सही है।

6. सार्वजनिक क्षेत्र के उद्यम भारी उद्योग और सार्वजनिक उद्यम मंत्रालय के सार्वजनिक उद्यम विभाग के तहत सरकार द्वारा चलाए जाते हैं। इसलिए, विकल्प A गलत है।

सरकार इन CPSE द्वारा किए गए लाभ के आधार पर केंद्रीय सार्वजनिक क्षेत्र के उद्यमों को नवरत्न, मिनीरत्न और महारत्न का दर्जा देती है। इसलिए, विकल्प B गलत है और C सही है।

महारत्न श्रेणी 2009 के बाद से सबसे हालिया रही है, अन्य दो 1997 से कार्य कर रही हैं। इसलिए, विकल्प D गलत है।

अतः विकल्प (C) सही है।

7. विश्व विकास संकेतक की रिपोर्ट विश्व बैंक द्वारा प्रकाशित की जाती है।

विश्व विकास संकेतक की रिपोर्ट (विकास से संबंधित) हर वर्ष प्रकाशित की जा रही हैं:

- भारत सरकार (आर्थिक सर्वेक्षण)
- संयुक्त राष्ट्र विकास कार्यक्रम (मानव विकास रिपोर्ट)
- विश्व बैंक (विश्व विकास संकेतक)

विश्व विकास संकेतक आधिकारिक रूप से मान्यता प्राप्त अंतरराष्ट्रीय स्रोतों से संकलित विकास संकेतकों का प्राथमिक विश्व बैंक संग्रह है। यह उपलब्ध सबसे वर्तमान और सटीक वैश्विक विकास डेटा प्रस्तुत करता है और इसमें राष्ट्रीय, क्षेत्रीय और वैश्विक अनुमान शामिल हैं।

अतः विकल्प (A) सही है।

8. बलवंत राय मेहता समिति मूल रूप से सामुदायिक विकास कार्यक्रम और राष्ट्रीय विस्तार सेवा के कामकाज की जांच के लिए भारत सरकार द्वारा नियुक्त एक समिति थी।

16 जनवरी 1957 को समिति का गठन किया गया था। बलवंत राय मेहता इस समिति के अध्यक्ष थे। त्रिस्तरीय पंचायती राज व्यवस्था की स्थापना इस समिति की प्रमुख सिफारिशों में से एक है।

इस समिति द्वारा अनुशंसित तीन स्तरीय प्रणाली हैं:

1. ग्राम स्तर पर ग्राम पंचायत।
2. प्रखंड स्तर पर पंचायत समिति।
3. जिला स्तर पर जिला परिषद।

अतः विकल्प (B) सही है।

9. माना आरंभिक चाल x किमी/घंटे है

सूत्र $d = \dfrac{xy}{(x-y)} \times \Delta t$ का प्रयोग करने पर,

$2400 = \dfrac{x(x-400)}{400} \times 3$

$x(x - 400) = 800 \times 400$

$\Rightarrow x = 800$

वास्तविक अवधि $= \dfrac{2400}{800}$

$= 3$ घंटे

अतः विकल्प (A) सही है।

10. भारतीय कर्तव्य संविधान (फोर्टी-सेकंड अमेंडमेंट) अधिनियम, 1976 द्वारा स्वर्ण सिंह समिति की सिफारिशों पर मौलिक कर्तव्यों को शामिल किया गया था।

अतः विकल्प (C) सही है।

11. 24 मई 2020 को सरकारी एजेंसियों द्वारा गेहूं की खरीद 2019 के 341.31 लाख टन के आंकड़े को पार करके 2020 में 341.56 लाख टन हुई।

- गेहूं की कटाई आम तौर पर मार्च के अंत में शुरू होती है और हर साल अप्रैल के पहले सप्ताह में खरीद शुरू होती है।
- हालांकि, 25 मार्च से लॉकडाउन लागू होने के साथ, सभी कार्य एक ठहराव पर आ गए।

अतः विकल्प (B) सही है।

12. थारू जनजाति उत्तर प्रदेश के तराई क्षेत्र में रहती है। थारू जनजाति की अधिकांश आबादी वनवासी हैं और कुछ कृषि करते हैं। वे थारू की बोलियाँ बोलते हैं जो इंडो-आर्यन उपसमूह की एक भाषा है। तराई क्षेत्र एक स्थलाकृति और जलोढ़ गंगा नदी द्वारा किए गए मैदानों है अन्य मैदान भाबर, तराई, भांगर, और खद्दर उत्तर से दक्षिण तक फैले हुए हैं। तराई क्षेत्र का पूर्वी भाग बांग्लादेश में डुआर्स के रूप में जाना जाता है।

अतः विकल्प (C) सही है।

13. दिया हुआ,

A कार्य को 24 दिनों में कर सकता है।

B कार्य को 16 दिनों में कर सकता है।

C कार्य को 12 दिनों में कर सकता है।

दक्षता = कुल कार्य/लिया गया समय

24, 16 और 12 का लघुत्तम समापवर्त्य = 48 = कुल कार्य

A की दक्षता $= \frac{48}{24} = 2$ इकाई/दिन

B की दक्षता $= \frac{48}{16} = 3$ इकाई/दिन

C की दक्षता $= \frac{48}{12} = 4$ इकाई/दिन

A, B और C की एकसाथ कुल दक्षता $= (2 + 3 + 4) = 9$ इकाई/दिन

A, B और C द्वारा लिया गया समय $= \frac{48}{9} = \frac{16}{3} = 5\frac{1}{3}$ दिन

∴ यदि वे सभी एक साथ कार्य करते हैं तो उनके द्वारा लिया गया समय $5\frac{1}{3}$ दिन है।

अतः विकल्प (A) सही है।

14. ऑल इंडिया स्टेट्स पीपुल्स कॉन्फ्रेंस (एआईएसपीसी) ब्रिटिश राज की रियासतों में राजनीतिक आंदोलनों का एक समूह था, जिन्हें विभिन्न रूप से प्रजा मंडल या लोक परिषद कहा जाता था। प्रजा मंडल आंदोलन 1920 के दशक से भारतीय स्वतंत्रता आंदोलन का एक हिस्सा था जिसमें रियासतों में रहने वाले लोग, जो ब्रिटिश राज के बजाय स्थानीय अभिजात वर्ग के शासन के अधीन थे, ने उन सामंती शासकों के खिलाफ अभियान चलाया, और कभी-कभी ब्रिटिश भी प्रशासन, उनके नागरिक अधिकारों में सुधार के प्रयासों में।

अतः विकल्प (C) सही है।

15. खिलाफत आंदोलन का आयोजन अली बंधुओं ने किया था।

खिलाफत आंदोलन, जिसे भारतीय मुस्लिम आंदोलन (1919–24) के रूप में भी जाना जाता है, ब्रिटिश भारत के मुसलमानों द्वारा शुरू किया गया एक अखिल-इस्लामी राजनीतिक विरोध अभियान था, जिसका नेतृत्व शौकत अली, मोहम्मद अली जौहर और अबुल कलाम आज़ाद ने तुर्क के ख़लीफ़ा को बहाल करने के लिए किया था। खलीफा को सुन्नी मुसलमानों का नेता माना जाता था।

अतः विकल्प (C) सही है।

16. साइना नेहवाल एक भारतीय खिलाड़ी हैं जिन्होंने बैडमिंटन में पहला ओलंपिक पदक जीता था।

- एक पूर्व विश्व नंबर 1, उन्होंने 24 अंतरराष्ट्रीय खिताब जीते हैं, जिसमें सुपरसीरीज में ग्यारह खिताब शामिल हैं।
- जबकि वह 2009 में दूसरी विश्व रैंकिंग में पहुंची थी, केवल 2015 में ही वह नंबर 1 विश्व रैंकिंग पार करने में सक्षम हो गई थी, जो भारत की एकमात्र महिला खिलाड़ी बन गई थी और प्रकाश पादुकोण के बाद, सामान्य रूप से यह उपलब्धि हासिल करने वाली दूसरी भारतीय खिलाड़ी थीं।
- उन्होंने ओलंपिक में तीन बार भारत का प्रतिनिधित्व किया, अपनी दूसरी उपस्थिति में कांस्य पदक अर्जित किया।
- वह पहली ओलंपिक पदक विजेता भारतीय बैडमिंटन खिलाड़ी हैं, जो बीडब्ल्यूएफ विश्व चैम्पियनशिप के फाइनल में पहुंचने वाली पहली भारतीय हैं, और बीडब्ल्यूएफ या जूनियर विश्व चैंपियनशिप जीतने वाली एकमात्र भारतीय हैं।
- वह 2006 में 4-स्टार टूर्नामेंट जीतने वाली पहली भारतीय महिला और सबसे कम उम्र की एशियाई बनीं।
- वह दो राष्ट्रमंडल खेल एकल स्वर्ण पदक (2010 और 2018) जीतने वाली पहली भारतीय बनीं।

श्रीकांत किदांबी एक भारतीय बैडमिंटन खिलाड़ी हैं, जिन्होंने अप्रैल 2018 में विश्व नंबर 1 के रूप में बीडब्ल्यूएफ रैंकिंग में स्थान बनाया था।

पुलेला गोपीचंद भारतीय बैडमिंटन के पूर्व खिलाड़ी हैं जो भारतीय बैडमिंटन टीम के मुख्य राष्ट्रीय कोच हैं। 2001 में उन्होंने प्रकाश पादुकोण के बाद दूसरे भारतीय बनते हुए ऑल इंग्लैंड ओपन बैडमिंटन चैंपियनशिप जीतकर यह उपलब्धि हासिल की।

प्रकाश पादुकोण के बाद दूसरे भारतीय बन गए, जिन्होंने यह उपलब्धि हासिल की। प्रकाश पादुकोण एक पूर्व भारतीय बैडमिंटन खिलाड़ी हैं; जो 1980 में विश्व नंबर 1 स्थान पर थे।

अतः विकल्प (B) सही है।

17. कोल इंडिया लिमिटेड भारत में एक महारत्न केंद्रीय सार्वजनिक क्षेत्र का उद्यम है।

- कोल इंडिया लिमिटेड नवंबर 1975 में अस्तित्व में आया।
- 1 अप्रैल 2021 तक, कोल इंडिया लिमिटेड दुनिया का सबसे बड़ा कोयला उत्पादक है और 2,59,016 जनशक्ति के साथ सबसे बड़े कॉर्पोरेट नियोक्ताओं में से एक है।
- यह भारत सरकार के कोयला मंत्रालय के स्वामित्व में है।
- कोल इंडिया लिमिटेड का मुख्यालय कोलकाता, पश्चिम बंगाल में है।

अतः विकल्प (D) सही है।

18. आंशिक बेरोजगारी जिसे खोज बेरोजगारी भी कहा जाता है, नौकरियों के बीच के समय के अंतराल को संदर्भित करता है जब कोई व्यक्ति नई नौकरी की तलाश कर रहा होता है या नौकरियों के बीच स्विच कर रहा होता है।

- दूसरे शब्दों में, एक कर्मचारी को एक नई नौकरी की तलाश करने या मौजूदा से एक नई नौकरी में स्थानांतरित करने के लिए समय

की आवश्यकता होती है, यह अपरिहार्य समय की देरी आंशिक बेरोजगारी का कारण बनती है।

- इसे अक्सर स्वैच्छिक बेरोजगारी माना जाता है क्योंकि यह नौकरियों की कमी के कारण नहीं होता है, बल्कि वास्तव में, बेहतर अवसरों की तलाश में श्रमिक स्वयं अपनी नौकरी छोड़ देते हैं।

अतः विकल्प (C) सही है।

19. माना कि कोण 3x, 7x और 10x हैं।

हम जानते हैं कि एक त्रिभुज के तीनों कोणों के माप का योग = 180°

तो, हम लिख सकते हैं कि,

3x + 7x + 10x = 180°

⇒ 20x = 180°

⇒ x = 9

तो, वे कोण (3 × 9), (7 × 9) और (10 × 9) = 27°, 63° और 90° हैं।

∴ यह त्रिभुज एक समकोण त्रिभुज है।

अतः विकल्प (B) सही है।

20. पश्चिम बनास नदी राजस्थान के सिरोही जिले में दक्षिणी अरावली पर्वत श्रृंखला से निकलती है। यह शुरू में अरावली पहाड़ियों के माउंट आबू रेंज में सिरोही और पिंडवाड़ा के पास एक घाटी से बहती है।

अतः विकल्प (C) सही है।

21. सांभर झील को 23 मार्च 1990 को रामसर आर्द्रभूमि स्थलों की सूची में जोड़ा गया था।

- यह 464वां रामसर स्थल है और लगभग 240 वर्ग किलोमीटर के क्षेत्र में फैला हुआ है।
- यह पूर्व-मध्य राजस्थान में जयपुर से लगभग 80 किमी दक्षिण पश्चिम में स्थित है।
- स्थल विभिन्न प्रकार के सर्दियों के लिए महत्वपूर्ण है, जिसमें बड़ी संख्या में राजहंस शामिल हैं।

अतः विकल्प (D) सही है।

22. सिंधु लोग दुनिया में कपास का उत्पादन करने वाले पहले व्यक्ति थे, जिन्हें यूनानियों ने सिंध शब्द से प्राप्त 'सिंधोन' कहा था।

कपास:

- कपास की फसल के उत्पादन के लिए काली मिट्टी की आवश्यकता होती है।
- भारत में सबसे अधिक कपास का उत्पादन गुजरात में होता है।
- कपास को भारत में 'सफेद सोने' के रूप में भी जाना जाता है।

अतः विकल्प (C) सही है।

23. बरनवापारा वन्यजीव अभयारण्य छत्तीसगढ़ के बलौदाबाजार जिले में स्थित है।

- इसका नाम बार और नवापारा वन गांवों के नाम पर रखा गया है।
- अभयारण्य के अच्छी तरह से भंडारित वनों को चाय, साल और मिश्रित वनों के रूप में वर्गीकृत किया गया है।
- यह अभयारण्य भारतीय बाइसन (गौर) के बार-बार देखे जाने के लिए प्रसिद्ध है चीतल, सांभर, नीलगाय, जंगली सूअर आमतौर पर देखे जाते हैं।

- छत्तीसगढ़ पर अन्य वन्यजीव अभयारण्य- अचानकमार वन्यजीव अभयारण्य, बादलखोल वन्यजीव अभयारण्य, सीता नदी अभयारण्य, आदि।

अतः विकल्प (B) सही है।

24. पनामा नहर अटलांटिक महासागर और प्रशांत महासागर को जोड़ती है।

- अटलांटिक और प्रशांत महासागरों को जोड़ने वाली पनामा नहर पनामा के इस्थमस के पार एक जल मार्ग है जहां यह 20 वीं शताब्दी में वैश्विक व्यापार मार्गों के विस्तार का एक महत्वपूर्ण घटक साबित हुआ।
- पनामा नहर 1914 में फ्रांस द्वारा अपने निर्माण के स्टार्टअप के बाद से 1914 में खोला गया था, बाद में 1904 में अमेरिका को सौंप दिया गया था।
- नहर में कृत्रिम झीलें, कई सुधरे हुए और कृत्रिम चैनल और बाँध के तीन समूह के साथ-साथ एक अतिरिक्त कृत्रिम झील, अलाजुएला झील (जिसे मैडेन लेक के रूप में अमेरिकी युग के दौरान जाना जाता है) शामिल हैं, जो नहर के लिए एक जलाशय के रूप में कार्य करता है।

अतः विकल्प (C) सही है।

25. संघ लोक सेवा आयोग के अध्यक्ष और अन्य सदस्यों की नियुक्ति राष्ट्रपति द्वारा की जाती है।

- आयोग के अध्यक्ष और सदस्य छः वर्ष की अवधि के लिए या जब तक वे 65 वर्ष की आयु प्राप्त नहीं कर लेते हैं, जो भी पहले हो, नियुक्त किये जाते हैं।
- सदस्य अपना इस्तीफा राष्ट्रपति को भेजकर इस्तीफा दे सकते हैं।
- उन्हें राष्ट्रपति द्वारा भी हटाया जा सकता है।

अतः विकल्प (A) सही है।

26. एक उच्चायी ट्रांसफार्मर उच्च धारा पर कम वोल्टेज को कम धारा पर उच्च वोल्टेज में परिवर्तित करता है।

ट्रांसफार्मर: एक विद्युत उपकरण जिसका उपयोग विद्युत ऊर्जा को एक विद्युत परिपथ से दूसरे में स्थानांतरित करने के लिए किया जाता है, ट्रांसफार्मर कहलाता है।

ट्रांसफार्मर दो प्रकार के होते हैं:

- उच्चायी ट्रांसफार्मर
- अपचायी ट्रांसफार्मर

अतः विकल्प (D) सही है।

27. खाद्य ऊर्जा को कैलोरी में मापा जाता है।

एक किलोकैलोरी (1 kcal) 4.18 किलोजूल (4.18 kJ) के सामान है।

खाद्य	ऊर्जा
वसा	9 Kcal/gram
अल्कोहोल	7 Kcal/gram
प्रोटीन	4 Kcal/gram
कार्बोहाइड्रेट	3.75 Kcal/gram

अन्य:

मीटर लंबाई या दूरी की इकाई है।

किलोवाट शक्ति की इकाई है।

किलोग्राम द्रव्यमान की इकाई है।

अतः विकल्प (C) सही है।

28. विद्युत ऊर्जा की वाणिज्यिक इकाई किलोवाट-घंटा (kWh) है।

1 किलोवाट घंटा = 3.6 × 10⁶ जूल

किलोवाट घंटा: यह ऊर्जा की इकाई है और 1 किलोवाट की दर से 1 घंटे के लिए परिपथ में खपत ऊर्जा के बराबर है।

अतः विकल्प (A) सही है।

29. स्वामी दयानंद सरस्वती ने आर्य समाज की स्थापना की। उन्होंने "वेदों की ओर लौट चलो" का नारा दिया। आर्य समाज की स्थापना स्वामी दयानंद सरस्वती ने 1875 में की थी।

उन्होंने वेदों का अनुवाद किया और सत्यार्थ प्रकाश, वेद भाष्य भूमिका और वेद भाष्य नामक तीन पुस्तकें लिखीं। दयानंद आंग्ल वैदिक (D.A.V) स्कूल उनके दर्शन और शिक्षाओं के आधार पर स्थापित किए गए थे।

अतः विकल्प (C) सही है।

30. 13 मार्च, 1940 को, उधम सिंह ने लंदन के कैक्सटन हॉल में जनरल माइकल ओ डायर को गोली मार दी, जिसने जलियांवाला बाग हत्याकांड का आदेश दिया था।

जनरल माइकल ओ डायर, ने पंजाब प्रांत में "कानून और व्यवस्था" को बहाल करने के लिए ब्रिगेडियर-जनरल रेजिनाल्ड डायर की प्रतिनियुक्ति की थी। जनरल रेजिनाल्ड डायर ने 13 अप्रैल 1919 को जलियांवाला बाग (पंजाब) में इकट्ठा हुए लोगों पर गोलियां चलाईं।

अतः विकल्प (A) सही है।

31. वाक्य में 'किधर' शब्द स्थानवाचक क्रियाविशेषण है।

स्थानवाचक क्रियाविशेषण वे शब्द होते हैं जो क्रिया के होने वाली जगह का बोध कराते है। यानी जहां क्रिया हो रही है उस जगह का बोध कराने वाले शब्द ही स्थानवाचक क्रियाविशेषण कहलाते हैं।

जैसे: यहाँ, वहाँ, कहाँ, जहाँ, तहाँ, सामने, नीचे, ऊपर, आगे, भीतर, बाहर, दूर, पास, अंदर, किधर, इस ओर, उस ओर, इधर, उधर, जिधर, दाएँ, बाएँ, दाहिने आदि सभी शब्द स्थानवाचक क्रियाविशेषण शब्द है।

अतः विकल्प (B) सही है।

32. प्रश्न में दिए गये विकल्पों में विकल्प (D) त्रुटिपूर्ण वाक्य है। 'एक मदन अच्छा लड़का है' वाक्य में शब्द क्रम दोष है।

सही वाक्य होगा: मदन एक अच्छा लड़का है।

अतः विकल्प (D) सही है।

33. संज्ञा या सर्वनाम की विशेषता बताने वाले शब्द को विशेषण कहते हैं।

हिंदी में विशेषण 5 प्रकार के होते है। यथा-

1. गुणवाचक विशेषण

2. परिमाणवाचक विशेषण

3. संख्यावाचक विशेषण

4. सार्वनामिक विशेषण

5. व्यक्तिवाचक विशेषण

अतः विकल्प (C) सही है।

34. जिसका संबंध पृथ्वी से हो, वह पार्थिव कहलाता है।

अतः विकल्प (A) सही है।

35. स्वेदज का अर्थ स्वेद (पसीना) से उत्पन्न होने वाला होता है।

अण्डज का अर्थ अन्डे से उत्पन्न होने वाला होता है।

पिण्डज का अर्थ पिण्ड अथवा गर्भ से उत्पन्न होने वाला होता है।

अतः विकल्प (A) सही है।

36. 'जो ममत्व से रहित हो' वाक्यांश के लिए एक शब्द निर्मम है।

निर्मम- जिसमें ममत्व की भावना न हो।

अतः विकल्प (B) सही है।

37. तत्सम शब्दों में समय और परिस्थितियों के कारण कुछ परिवर्तन होने से जो शब्द बने हैं उन्हें तद्भव कहते हैं। तद्भव का शाब्दिक अर्थ है – उससे बने (तत् + भव = उससे उत्पन्न), अर्थात जो उससे (संस्कृत से) उत्पन्न हुए हैं। खांसी का तद्भव कास है।

अतः विकल्प (C) सही है।

38. 'अंगीठी' शब्द का तत्सम रूप अहि-फेन है। तत्सम शब्द संस्कृत भाषा के दो शब्दों, तत् + सम् से मिलकर बना है। तत् का अर्थ है - उसके, तथा सम् का अर्थ है: समान।

अर्थात - ज्यों का त्यों। जिन शब्दों को संस्कृत से बिना किसी परिवर्तन के ले लिया जाता है, उन्हें तत्सम शब्द कहते हैं।

अतः विकल्प (C) सही है।

39. 'अंगीठी' शब्द का तत्सम रूप अग्निष्ठिका है। तत्सम शब्द संस्कृत भाषा के दो शब्दों, तत् + सम् से मिलकर बना है। तत् का अर्थ है - उसके, तथा सम् का अर्थ है – समान। अर्थात - ज्यों का त्यों। जिन शब्दों को संस्कृत से बिना किसी परिवर्तन के ले लिया जाता है, उन्हें तत्सम शब्द कहते हैं।

अतः विकल्प (A) सही है।

40. शुद्ध वर्तनी 'अन्वेषण' है।

वर्तनी: लिखने की रीति को वर्तनी या अक्षरी कहते हैं।

अतः विकल्प (A) सही है।

41. दिए गए विकल्पों में से 'सही वर्तनी वाला शब्द जन्मांध है'। अन्य विकल्प त्रुटियुक्त है, अर्थात असंगत है।

अतः विकल्प (B) सही है।

42. 'मन से शुद्ध लोग सबके प्रिय हो जाते हैं।' -वाक्य शुद्ध है।

अन्य विकल्पों में क्रमशः लिंग, क्रिया और लिंग संबंधी त्रुटियाँ हैं।

- विकल्प (A) में 'किसी का' के स्थान पर 'किसी की' उचित होगा।
- विकल्प (B) में 'मचाई' के स्थान पर 'मचाया' उचित होगा।
- विकल्प (D) में 'था' के स्थान पर 'थी' उचित होगा।

अतः विकल्प (C) सही है।

43. 'गंगा' का पर्यायवाची शब्द 'मंदाकिनी' है।

'गंगा' के पर्यायवाची शब्द - देवनदी, मंदाकनी, भगीरथी, विश्वुपगा, देवपगा, ध्रुवनंदा, सुरसरि, त्रिपथगा, जाह्नवी, सुरसरिता, सुरधुनी, इत्यादि है।

अतः विकल्प (D) सही है।

44. 'भास्कर' का पर्यायवाची शब्द 'दिवाकर' है।

'भास्कर' का पर्यायवाची शब्द - सूरज, सूर्य, रवि, दिनकर, दिवाकर, प्रभाकर इत्यादि है।

अतः विकल्प (C) सही है।

45. 'प्रचण्ड' का पर्यायवाची शब्द 'उग्र' है।

'प्रचण्ड' के पर्यायवाची शब्द - उग्र, भीषण, भयंकर, अग्रि, दीपन, ज्वलन इत्यादि है।

अतः विकल्प (A) सही है।

46. 'पराश्रित' का पर्यायवाची शब्द 'परतन्त्र' है।

'पराश्रित' के पर्यायवाची शब्द - मातहत, आश्रित, परतन्त्र, परवश, अधीन इत्यादि है।

अतः विकल्प (D) सही है।

47. 'कृश' का विलोम 'हृष्ट-पुष्ट' है। शेष विकल्प असंगत हैं।

'कृश' का अर्थ 'दुबला-पतला' होता है।

अन्य विकल्प:

- कायर : साहसी
- भाव : अभाव
- विरत : निरत

अतः विकल्प (A) सही है।

48. 'अनादर' का विलोम 'आदर' है। शेष विकल्प असंगत हैं।

अन्य विकल्प:

- मान : अपमान
- सम्मान : असम्मान
- सत्कार : तिरस्कार

अतः विकल्प (B) सही है।

49. 'अक्षत' का विलोम 'विक्षत' है। शेष विकल्प असंगत हैं।

अन्य विकल्प:

- क्षति : लाभ
- क्षीण : स्वस्थ
- पूर्ण : अपूर्ण

अतः विकल्प (C) सही है।

50. उपर्युक्त युग्मों में से 'प्रत्यक्ष - परवर्ती' विलोम शब्द नहीं है।

'प्रत्यक्ष' का विलोम 'परोक्ष या अप्रत्यक्ष' होता है। अन्य विकल्प विलोम की दृष्टि से सही हैं।

अतः विकल्प (C) सही है।

51. बीमारियों की घटनाओं और प्रसार को कम करने के सर्वोत्तम तरीकों में से एक खराब स्वच्छता नहीं है। खराब स्वच्छता हैजा, दस्त, पेचिश, हेपेटाइटिस A, टाइफाइड और पोलियो जैसी बीमारियों के संचरण से जुड़ी है और स्टंटिंग को बढ़ा देती है।

अतः विकल्प (C) सही है।

52. संचारी और गैर संचारी रोगों दोनों को रोकने के लिए संतुलित आहार सामान्य है। संतुलित आहार वह है जो व्यक्ति की सभी पोषण संबंधी आवश्यकताओं की पूर्ति करता है। स्वस्थ रहने के लिए मनुष्य को एक निश्चित मात्रा में कैलोरी और पोषक तत्वों की आवश्यकता होती है। एक संतुलित आहार सभी पोषक तत्व प्रदान करता है जो एक व्यक्ति को अनुशंसित दैनिक कैलोरी सेवन करने की आवश्यकता होती है।

अतः विकल्प (B) सही है।

53. व्यक्तिगत स्वच्छता के घटक:

व्यक्तिगत स्वच्छता में कई घटक होते हैं, इन घटकों का पालन करके व्यक्ति अपनी स्वच्छता को आगे बढ़ाने में सक्षम हो सकता है, निम्नलिखित कुछ इस प्रकार हैं:

- चेहरे की स्वच्छता
- नाखूनों और पैर के नाखूनों की स्वच्छता
- कान की स्वच्छता
- बालों की स्वच्छता
- पैर की स्वच्छता
- पर्यावरण स्वच्छता

अतः विकल्प (D) सही है।

54. व्यक्तिगत स्वच्छता एक अवधारणा है जिसे आमतौर पर चिकित्सा और सार्वजनिक स्वास्थ्य प्रथाओं में उपयोग किया जाता है। यह व्यक्तिगत स्तर पर और घर पर भी व्यापक रूप से प्रचलित है। इसमें हमारे शरीर और कपड़ों की स्वच्छता बनाए रखना शामिल है। व्यक्तिगत स्वच्छता व्यक्तिगत है, जैसा कि इसके नाम का तात्पर्य है। इस संबंध में, व्यक्तिगत स्वच्छता को स्वयं को स्वच्छता प्रथाओं को बढ़ावा देने वाली स्थिति के रूप में परिभाषित किया गया है। हर किसी की अपनी आदतें और मानक होते हैं जो उन्हें सिखाया गया है या जो उन्होंने दूसरों से सीखा है। आम तौर पर, व्यक्तिगत स्वच्छता का अभ्यास संचारी रोगों की घटनाओं और प्रसार को रोकने या कम करने के लिए किया जाता है।

अतः विकल्प (D) सही है।

55. क्लोस्ट्रीडियम डिफिसाइल संक्रमण के लिए आपको साबुन और पानी से हाथ धोने का उपयोग करना चाहिए। अल्कोहल क्लोस्ट्रीडियम डिफिसाइल बीजाणुओं को नहीं मारता है, इसलिए साबुन और पानी से अच्छी तरह धोने की सलाह दी जाती है।

क्लोस्ट्रीडियम डिफिसाइल एक जीवाणु है जो बड़ी आंत (कोलन) के संक्रमण का कारण बनता है। लक्षण दस्त से लेकर कोलन को जानलेवा नुकसान तक हो सकते हैं।

अतः विकल्प (A) सही है।

56. चिकित्सा इतिहास, बिलिंग रिकॉर्ड और रोगी प्रोफ़ाइल निर्भरता को छोड़कर इलेक्ट्रॉनिक स्वास्थ्य रिकॉर्ड में संग्रहीत डेटा के प्रकार हैं। एक इलेक्ट्रॉनिक स्वास्थ्य रिकॉर्ड (ईएचआर) में रोगी की स्वास्थ्य जानकारी होती है, जैसे:

1. प्रशासनिक और बिलिंग डेटा
2. रोगी जनसांख्यिकी
3. प्रगति टिप्पणी
4. महत्वपूर्ण संकेत
5. चिकित्सा इतिहास
6. डायग्नोसिस
7. दवाएं
8. टीकाकरण तिथियां

अतः विकल्प (B) सही है।

57. यह सभी हॉस्पिटल डिपार्टमेंट्स की सभी इनफार्मेशन और डेटा को एकीकृत करता है और मॉडर्न इनफार्मेशन तकनीकों का उपयोग करके हेल्थ इनफार्मेशन का प्रबंधन करता है, यह इलेक्ट्रॉनिक हेल्थ रिकॉर्ड सिस्टम है। ईएचआर रोगी केयर रिकॉर्ड है जिसे तब बनाया जाता है जब विभिन्न स्वामित्व वाली एजेंसियां अपना डेटा साझा करती हैं। इस साझाकरण को राष्ट्रव्यापी बनाने का लक्ष्य है, एक ऐसी स्थिति का निर्माण करना जिसमें किसी व्यक्ति का स्वास्थ्य रिकॉर्ड राष्ट्र में कहीं भी नामित हेल्थकेयर प्रदाताओं द्वारा पहुँचा जा सके।

अतः विकल्प (C) सही है।

58. क्लीनिकल इनफार्मेशन सिस्टम कंप्यूटर आधारित सिस्टम को स्वास्थ्य देखभाल वितरण प्रक्रिया के लिए महत्वपूर्ण क्लीनिकल इनफार्मेशन एकत्र करने, स्टोरिंग, मैनिपुलेटिंग करने और बनाने के लिए डिज़ाइन किया गया है।

"सीआईएस अनुप्रयोगों और कार्यक्षमता का एक सरणी या संग्रह है; एक साथ काम करने वाले सिस्टम, चिकित्सा उपकरणों और प्रौद्योगिकियों का समामेलन जो स्वास्थ्य देखभाल डेटा और इनफार्मेशन को एकत्र करने, स्टोरिंग करने और मैनिपुलेटिंग करने के लिए प्रतिबद्ध या समर्पित हैं और क्लाइंट केयर की निरंतरता को नेविगेट करने वाले अंतःविषय चिकित्सकों को सुरक्षित पहुंच प्रदान करते हैं। चिकित्सक की उंगलियों पर डेटा प्रदान करके देखभाल बढ़ाने के लिए वास्तविक समय में रोगी डेटा एकत्र करने के लिए डिज़ाइन किया गया है और निर्णय लेने में सक्षम बनाता है जहां इसे बेडसाइड पर होने की आवश्यकता होती है।

अतः विकल्प (C) सही है।

59. यह उस पॉइंट से डेटा के एक मूवमेंट को संदर्भित करता है जहां इसे उस पॉइंट पर एकत्र किया गया था जहां इसे एकत्रित किया जा सकता है और एनालिसिस के लिए तैयार किया जा रहा है। "कंप्यूटर विज्ञान, सूचना विज्ञान और नर्सिंग विज्ञान नर्सिंग के अभ्यास और नर्सिंग देखभाल के वितरण का समर्थन करने के लिए नर्सिंग डेटा, सूचना और ज्ञान के प्रबंधन और प्रोसेसिंग में सहायता करने के लिए संयुक्त है"।

अतः विकल्प (C) सही है।

60. चीको अपने रोगी के लिए डीक्यूबिटस अल्सर के साथ प्राथमिकताएं निर्धारित करता है और अपेक्षित परिणाम की भविष्यवाणी करता है, और समय सारिणी स्थापित करता है। यह नर्सिंग प्रक्रिया की प्लानिंग बना रहा है। रणनीतिक प्लानिंग एक संगठन को एक व्यवस्थित और व्यवस्थित तरीके से भविष्य को देखने में सक्षम बनाती है, यह सुनिश्चित करती है कि एक अस्पताल रोगी और सामुदायिक जरूरतों के लिए प्रासंगिक और उत्तरदायी बना रहे और एक स्पष्ट और सुसंगत संगठनात्मक फोकस प्रदान करता है। यह प्रगति, परिणामों और प्रभाव की निगरानी के लिए एक आधार भी प्रदान करता है।

अतः विकल्प (B) सही है।

61. किसी भी नर्सिंग कार्य के संबंध में सूचना प्रौद्योगिकी का उपयोग नर्सिंग इन्फार्मेटिक्स के बारे में सही है। नर्सिंग इन्फार्मेटिक्स सभी भूमिकाओं और सेटिंग्स में रोगियों, नर्सों और अन्य प्रदाताओं को उनके निर्णय लेने में सहायता करने के लिए डेटा, सूचना और ज्ञान के एकीकरण की सुविधा प्रदान करता है। यह समर्थन सूचना संरचनाओं, सूचना प्रक्रियाओं और सूचना प्रौद्योगिकी के उपयोग के माध्यम से प्राप्त किया जाता है।

अतः विकल्प (C) सही है।

62. एएनए के अनुसार, नर्सिंग इंफॉर्मेटिक्स एक विशेषता है जो विज्ञान के 3 क्षेत्रों को एकीकृत करती है। ये नर्सिंग, कंप्यूटर और सूचना हैं। अमेरिकन नर्सिंग एसोसिएशन के अनुसार, "नर्सिंग इंफॉर्मेटिक्स (एनआई) वह विशेषता है जो नर्सिंग अभ्यास में डेटा, सूचना, ज्ञान और ज्ञान की पहचान, परिभाषित, प्रबंधन और संचार करने के लिए कई सूचना प्रबंधन और विश्लेषणात्मक विज्ञान के साथ नर्सिंग विज्ञान को एकीकृत करती है।

अतः विकल्प (A) सही है।

63. मानक न्यूनतम डेटा सेट का उपयोग करके नर्स-सेंसिटिव आउटकम मेजर का मूल्यांकन, अनुसंधान के लिए लागू एनआई का एक उदाहरण है। "नर्सिंग अनुसंधान" में प्रयुक्त नर्सिंग सूचना अनुप्रयोगों की पहचान करें:

1. समस्या की पहचान।
2. साहित्य की समीक्षा।
3. अनुसन्धान रेखा - चित्र।
4. डेटा संग्रह और विश्लेषण।
5. अनुसंधान प्रसार।
6. अनुसंधान अनुदान।
7. मानक न्यूनतम डेटा सेट का उपयोग करके नर्स संवेदनशील परिणाम उपायों का मूल्यांकन।
8. इंटरनेट के माध्यम से ज्ञानकोषों का उपयोग।

अतः विकल्प (D) सही है।

64. सीपीयू प्रोसेसर को गीगाहर्ट्ज़ में मापा जाता है।

प्रोसेसर (सीपीयू): आईसी चिप का एक कम्पोनेंट या मस्तिष्क के आयताकार आकार और अन्य घटकों की मदद से प्रक्रिया के प्रदर्शन को नियंत्रित करने वाला कंप्यूटर। प्रोसेसर की गति की इकाई मेगाहर्ट्ज़ (मेगाहर्ट्ज़) या गीगाहर्ट्ज़ (1000 मेगाहर्ट्ज़) है। मान जितना बड़ा होगा, कंप्यूटर पर निष्पादन की प्रक्रिया उतनी ही तेज़ होगी।

अतः विकल्प (A) सही है।

65. 20 वर्षीय छात्र सनी, ग्राफिक प्रभावों की एक विस्तृत श्रृंखला का उपयोग करने और बनाने और मैक्रो कमांड की पूर्ण महारत हासिल करने में सक्षम था। उनकी योग्यता का स्तर एडवांस है। कम्प्यूटरीकृत क्लिनिकल सूचना प्रणाली के डिजाइन और मूल्यांकन के लिए उन्नत पद्धति और सांख्यिकीय तकनीकों को लागू करता है। एपीआरएन भूमिकाओं में नर्स एनेस्थेटिस्ट, क्लिनिकल नर्स विशेषज्ञ, नर्स-मिडवाइफ और नर्स प्रैक्टिशनर (एनपी) शामिल हैं। इन परिणामों में से प्रत्येक के लिए विशिष्ट स्नातक कार्यक्रम मौजूद हैं, जिसमें नर्स चिकित्सकों को पारिवारिक चिकित्सा, तीव्र देखभाल, महिलाओं के स्वास्थ्य और मानसिक मानसिक स्वास्थ्य से लाइसेंस प्राप्त किया जा सकता है।

अतः विकल्प (C) सही है।

66. डिस्चार्ज किए गए मरीजों के रिकॉर्ड और चार्ट की जांच कर नर्सिंग केयर का मूल्यांकन पूर्वव्यापी लेखा परीक्षण कहलाता है।

एक पूर्वव्यापी लेखा परीक्षण रोगी की छुट्टी के बाद रोगी की देखभाल का मूल्यांकन है, जो दिए गए नर्सिंग देखभाल के प्रलेखन पर ध्यान केंद्रित करता है। इस प्रकार का लेखा परीक्षण इस धारणा पर आधारित है कि जो लिखा गया है वह प्रभावी ढंग से किया गया है।

अतः विकल्प (C) सही है।

67. नर्सिंग ऑडिट नर्सिंग रिपोर्ट और रोगी देखभाल के बारे में अन्य प्रलेखित साक्ष्य से जानकारी एकत्र करने और गुणवत्ता आश्वासन कार्यक्रमों के उपयोग द्वारा देखभाल की गुणवत्ता का आकलन करने की प्रक्रिया है।

अतः विकल्प (A) सही है।

68. यह रणनीति इस मुद्दे पर आमने-सामने चर्चा करने से बचती है और इसे बाद के समय के लिए स्थगित करना पसंद करती है। असल में, समस्या अनसुलझी बनी हुई है और दोनों पक्ष हार-हार की स्थिति में हैं। कोई व्यक्ति जो "बचने" की रणनीति का उपयोग करता है, ज्यादातर संघर्ष को नजरअंदाज करने या टालने की कोशिश करता है, उम्मीद करता है कि यह स्वयं हल हो जाएगा या समाप्त हो जाएगा।

अतः विकल्प (C) सही है।

69. बर्नआउट से निपटने के लिए कर्मचारियों तक पहुंचना और उनकी मदद करना सबसे प्रभावी रणनीति है। यह जानकर कि कोई मदद के लिए तैयार है, कर्मचारियों को महत्वपूर्ण महसूस कराता है; इसलिए उसका आत्म-मूल्य बढ़ाया जाता है। भले ही पूरी टीम बर्नआउट का अनुभव कर रही हो, व्यक्तिगत आधार पर बातचीत करें। पूरे समूह को संबोधित करना डराने वाला हो सकता है और सदस्यों के लिए इसे खोलना मुश्किल बना सकता है।

अतः विकल्प (D) सही है।

70. कर्मियों के मूल्यांकन के संबंध में मरीजों की जानकारी का सबसे अच्छा स्रोत प्रदर्शन मूल्यांकन के बारे में सही नहीं है।

रोगी कर्मचारियों के प्रदर्शन के बारे में जानकारी का स्रोत हो सकता है लेकिन यह कभी भी सबसे अच्छा स्रोत नहीं होता है। कर्मियों के मूल्यांकन के लिए कर्मचारियों का प्रत्यक्ष अवलोकन सूचना का सबसे अच्छा स्रोत है। पर्यवेक्षक कर्मचारियों के कार्य प्रदर्शन के पीछे के कारकों का विश्लेषण करता है। प्रदर्शन मूल्यांकन के माध्यम से, नियोक्ता अधीनस्थों के कौशल को समझ और स्वीकार कर सकते हैं।

अतः विकल्प (C) सही है।

71. बेसल शरीर का तापमान बढ़ने से पहले तापमान लेकर निर्धारित किया जाता है।

बेसल शरीर का तापमान एक ऐसी विधि है जिसका उपयोग कई महिलाएं यह निर्धारित करने के लिए करती हैं कि ओव्यूलेशन कब होता है। बेसल शरीर का तापमान लेने के लिए, किसी को बेसल थर्मामीटर (जो अधिक संवेदनशील होता है) का उपयोग करना चाहिए और प्रत्येक सुबह बिस्तर से बाहर निकलने (या यहां तक कि बैठने) से पहले अपने शरीर का तापमान लेना चाहिए। इस विधि का सबसे अच्छा उपयोग किया जाता है यदि कोई महिला उठती है और प्रतिदिन एक ही समय पर अपना तापमान लेती है।

अत: विकल्प (D) सही है।

72. पहले संकुचन की वृद्धि से दूसरी समय सीमा में वृद्धि सही ढंग से वर्णन करती है कि छात्र को संकुचन की आवृत्ति को कैसे मापना चाहिए।

वृद्धि संकुचन की शुरुआत या वृद्धि है। एक्मे संकुचन का चरम है। कमी संकुचन का पतन है। आवृत्ति को एक संकुचन की शुरुआत से दूसरे की शुरुआत तक मापा जाता है, इसलिए इसे पहले संकुचन की वृद्धि से दूसरे संकुचन की वृद्धि तक मापा जाना चाहिए।

अत: विकल्प (C) सही है।

73. भ्रूण की हृदय गति का आकलन नर्स की अगली कार्रवाई होनी चाहिए।

नर्स को झिल्लियों (एमनियोटिक थैली) के फटने का संदेह होना चाहिए। यदि झिल्ली का टूटना हो सकता है तो भ्रूण की हृदय गति का आकलन करें। टूटने के साथ कॉर्ड प्रोलैप्स की संभावना आती है। आधारभूत परिवर्तनशीलता के लिए भ्रूण की हृदय गति का आकलन करें। चिह्नित परिवर्तनशीलता चिंता का कारण हो सकती है और नर्स को संक्रमण के लक्षणों के लिए रोगी की निगरानी करनी चाहिए।

अत: विकल्प (B) सही है।

74. पेशाब में वृद्धि लक्षण गर्भावस्था के खतरे का संकेत नहीं है।

प्रसूति पंजीकृत नर्स के लिए गर्भावस्था के निम्नलिखित खतरे के संकेतों को पहचानना महत्वपूर्ण है: गंभीर सिरदर्द/दृश्य गड़बड़ी/पेट में दर्द, लगातार उल्टी, बुखार, ठंड लगना, या चेहरे या उंगलियों में सूजन। ये अपरा संबंधी असामान्यताओं, गर्भावस्था के उच्च रक्तचाप से ग्रस्त विकारों, मातृ संक्रमण या हाइपरमेसिस के संकेत हो सकते हैं।

अत: विकल्प (C) सही है।

75. गर्भावस्था के दौरान भ्रूण में न्यूरल ट्यूब दोष के जोखिम का आकलन करने के लिए अल्फा-भ्रूण प्रोटीन (एएफपी) परीक्षण का उपयोग किया जा सकता है।

अल्फा-भ्रूण प्रोटीन (एएफपी) एक विकासशील भ्रूण के लिवर में उत्पादित प्रोटीन है। एक बच्चे के विकास के दौरान, कुछ एएफपी प्लेसेंटा से होकर मां के रक्त में जाते हैं। एएफपी परीक्षण गर्भावस्था के दूसरे तिमाही के दौरान गर्भवती महिलाओं में एएफपी के स्तर को मापता है।

अतः सही विकल्प (D) है।

76. बेल्स पाल्सी 7वें कपाल तंत्रिका के घाव से जुड़ा है। बेल्स पाल्सी एक ऐसी स्थिति है जो चेहरे में मांसपेशियों की अस्थायी कमजोरी या पक्षाघात का कारण बनती है। यह तब हो सकता है जब आपके चेहरे की मांसपेशियों को नियंत्रित करने वाली तंत्रिका सूजन, सूजी हुई या संकुचित हो जाती है। इस स्थिति के कारण आपके चेहरे का एक हिस्सा सूखा या सख्त हो जाता है।

अतः विकल्प (C) सही है।

77. पीलिया प्राथमिक पित्त सिरोसिस की सबसे प्रारंभिक और सामान्य नैदानिक विशेषता है। प्राथमिक पित्त सिरोसिस (PBC), एक ऐसी बीमारी है जो यकृत की कार्य करने की क्षमता को हानि पहुँचाती है। यह जीर्ण है, जिसका

अर्थ है कि यह लंबे समय तक रहता है या नियमित रूप से वापस आता है। पीबीसी वाले लोगों में, पित्त नलिकाएं घायल हो जाती हैं, फिर सूजन हो जाती है, और अंततः स्थायी रूप से क्षतिग्रस्त हो जाती हैं।

अत: विकल्प (D) सही है।

78. मस्तिष्क रोधगलन का सबसे आम कारण एम्बोलिज्म है। यह मस्तिष्क को रक्त और ऑक्सीजन की आपूर्ति करने वाली धमनियों में रुकावट या संकुचन के परिणामस्वरूप होता है। मस्तिष्क रोधगलन के परिणामस्वरूप शरीर के विपरीत दिशा में कमजोरी और संवेदना का नुकसान हो जाता है। सिर के क्षेत्र की शारीरिक जांच से पुतली का असामान्य फैलाव, प्रकाश की प्रतिक्रिया और विपरीत दिशा में आंखों की गति में कमी प्रतीत होती है। यदि मस्तिष्क के बाईं ओर रोधगलन होता है, तो आवाज धीमी हो जाती है।

अतः विकल्प (A) सही है।

79. CSF का अधिक उत्पादन प्राथमिक जलशीर्ष के कारण का सबसे आम कारण है। हाइड्रोसिफ़लस मस्तिष्क के भीतर गहरे निलय (गुहा) में तरल पदार्थ का असामान्य निर्माण है। यह अतिरिक्त द्रव निलय को चौड़ा करने का कारण बनता है, जिससे मस्तिष्क के ऊतकों पर दबाव पड़ता है। मस्तिष्कमेरु द्रव (CSF) स्पष्ट, रंगहीन द्रव है जो मस्तिष्क और रीढ़ की रक्षा करता है और कुशन करता है।

अतः विकल्प (A) सही है।

80. जोन को एक टूटे हुए एन्यूरिज्म का पता चलता है। वह सोचती है कि उसे इसके बारे में उसके वार्षिक भौतिक परीक्षण में क्यों नहीं पता चला। आप यह कहकर उत्तर देते हैं कि एन्यूरिज्म अक्सर स्पर्शोन्मुख होते हैं। एन्यूरिज्म के कई कारण होते हैं जिनमें उच्च रक्तचाप और एथेरोस्क्लेरोसिस, आघात, आनुवंशिकता और जंक्शन पर असामान्य रक्त प्रवाह शामिल हैं जहां धमनियां एक साथ आती हैं। एन्यूरिज्म के अन्य दुर्लभ कारण हैं। माइकोटिक एन्यूरिज्म धमनी की दीवार के संक्रमण के कारण होता है।

अतः विकल्प (C) सही है।

81. मैरी जिसे ऑस्टियोमाइलाइटिस का डायग्नोज किया गया है। वह ठीक नहीं हो सकती है जब तक कि उसके पास क्षेत्र का मलत्याग और जल निकासी न हो। ऑस्टियोमाइलाइटिस हड्डियों में होने वाला एक प्रकार का संक्रमण है, जोकि रक्त के माध्यम से हड्डियों तक पहुंचता है। अगर आपकी हड्डियों में किसी तरह का घाव है तो जीवाणुओं की वजह से यह संक्रमण हड्डियों में भी शुरू हो सकता है। जो लोग स्मोकिंग करते हैं या जिनको स्वास्थ्य संबंधी दूसरी समस्याएं हैं जैसे कि डायबिटीज या किडनी की बीमारी तो उनमें ऑस्टियोमाइलाइटिस का खतरा ज्यादा होता है। जिन लोगों को डायबिटीज है और उनके पैरों में अल्सर भी है तो उनके पैरों में ऑस्टियोमाइलाइटिस विकसित हो सकता है। अगर आपकी हड्डियों में फ्रैक्चर हुआ है या कोई सर्जरी हुई है तब भी यह इन्फेक्शन हो सकता है।

अतः विकल्प (A) सही है।

82. एपेंडिसाइटिस के रोगी के उपचार में अपेंडिक्स का सर्जिकल निष्कासन शामिल है। और इस प्रक्रिया को अपेंडेक्टोमी कहा जाता है। लगभग 2 से 4 इंच (5 से 10 सेंटीमीटर) लंबे (लैपरोटॉमी) पेट के एक चीरे का उपयोग करके एपेंडेक्टोमी को खुली सर्जरी के रूप में किया जा सकता है। या सर्जरी कुछ छोटे पेट चीरों (लैप्रोस्कोपिक सर्जरी) के माध्यम से की जा सकती है। लैप्रोस्कोपिक एपेंडेक्टोमी के दौरान, सर्जन आपके अपेंडिक्स को हटाने के लिए आपके पेट में विशेष सर्जिकल उपकरण और एक वीडियो कैमरा का उपयोग किया जाता है।

अतः विकल्प (C) सही है।

83. पैरालिटिक इलियस वाले मरीजों में आमतौर पर अंतःशिरा द्रव प्रतिस्थापन और सक्शन से जुड़ी एक नासोगैस्ट्रिक ट्यूब होती है। पैरालिटिक इलियस वह स्थिति है जहां आंत्र की मोटर गतिविधि खराब होती है, आमतौर पर शारीरिक बाधा की उपस्थिति के बिना। यद्यपि स्थिति स्वयं सीमित हो सकती है, यह गंभीर है और यदि लंबे समय तक और इलाज न किया जाए तो मृत्यु उसी तरह हो सकती है जैसे तीव्र यांत्रिक बाधा में।

अतः विकल्प (A) सही है।

84. जोन को ऑस्टियोपोरोसिस है। उसे फ्रैक्चर होने का खतरा बढ़ जाता है। 'ऑस्टियोपोरोसिस' शब्द का अर्थ है 'छिद्रपूर्ण हड्डी।' यह एक ऐसी बीमारी है जो हड्डियों को कमजोर कर देती है, और यदि आपको यह है, तो आपको अचानक और अप्रत्याशित अस्थि फ्रैक्चर होने का अधिक खतरा होता है। ऑस्टियोपोरोसिस का मतलब है कि आपके पास हड्डियों का द्रव्यमान और ताकत कम है।

अतः विकल्प (C) सही है।

85. स्टीव, जिसे हाल ही में इंट्राथोरेसिक सर्जरी के बाद निमोनिया का निदान किया गया है, को संभवतः फ्लोरोक्निोलोन, जैसे कि लिवोफ़्लॉक्सासिन निर्धारित किया जाएगा। फ्लोरोक्विनोलोन (FQs) एंटीबायोटिक दवाओं का एक लोकप्रिय वर्ग है जिसका उपयोग विभिन्न प्रकार के संक्रमणों के इलाज के लिए किया जाता है, जैसे कि श्वसन पथ के संक्रमण, और इसमें सिप्रोफ्लोक्सासिन, लेवोफ़्लॉक्सासिन, मोक्सीफ्लोक्सासिन, ओफ़्लॉक्सासिन और डेलाफ़्लॉक्सासिन जैसी दवाएं शामिल हैं।

अतः विकल्प (C) सही है।

86. सेइज़ुरेस (Seizures) आमतौर पर एन्सेफैलोपैथी से जुड़ी होती है, जो सीसा विषाक्तता का एक संकेत है। आमतौर पर, लेड का स्तर पहले ही 70 mg/dl से अधिक हो चुका होता है। उपयुक्त नैदानिक सेटिंग में, प्रलाप, परिवर्तित मानसिक स्थिति या दौरे वाले रोगियों में सीसा एन्सेफैलोपैथी पर विचार किया जाना चाहिए। जैसा कि सीसा एन्सेफैलोपैथी अक्सर परिवर्तित सेंसरियम के साथ प्रस्तुत करता है, रोगी से सीधे इतिहास प्राप्त करना चुनौतीपूर्ण हो सकता है।

अतः विकल्प (B) सही है।

87. रेये के सिंड्रोम को वायरल संक्रमण वाले बच्चों में एस्पिरिन के घूस से जोड़ा गया है जैसे कि वैरीसेला। महामारी विज्ञान के अध्ययन में सैलिसिलेट के उपयोग और रेये सिंड्रोम के विकास के बीच एक कड़ी मिली। जबकि एस्पिरिन लेने वाले 0.1% से कम बच्चों में रेई सिंड्रोम विकसित हुआ, वहीं रेई सिंड्रोम से पीड़ित 80% से अधिक बच्चों ने पिछले 3 सप्ताह में एस्पिरिन लिया था।

अतः विकल्प (D) सही है।

88. नियर-ड्रोनिंग को ड्रोनिंग के घुटन से कम से कम 24 घंटे तक जीवित रहने के रूप में परिभाषित किया गया है। पानी की आकांक्षा के कारण प्लाज्मा फेफड़ों में खिंच जाता है, जिसके परिणामस्वरूप हाइपोक्सिमिया, एसिडोसिस और हाइपोवोल्मिया होता है। हाइपोक्सिमिया अवशोषित पानी के कारण पल्मोनरी सर्फेक्टेंट में कमी के परिणामस्वरूप होता है जो फुफ्फुसीय केशिका झिल्ली को नुकसान पहुंचाता है। श्रेणी A के पास डूबने वाले बच्चे कम से कम चोट के साथ जाग रहे हैं। देखभाल में इलेक्ट्रोलाइट की स्थिति की जाँच करना, ऑक्सीजन और वार्मिंग का प्रबंध करना और 12 से 24 घंटों में डिस्चार्ज की तैयारी करना शामिल है।

अतः विकल्प (D) सही है।

89. केटी को डायबिटिक कीटोएसिडोसिस के लिए नर्सलैक्ब्स मेडिकल सेंटर की गहन चिकित्सा इकाई में भर्ती कराया गया है। बच्चे की देखभाल करते समय हृदय संबंधी असामान्यताओं के लिए बच्चे का मूल्यांकन प्राथमिक महत्व है।

जैसे-जैसे द्रव की मात्रा में कमी होती है, शरीर में पोटेशियम की कुल कमी हो सकती है, जिससे बच्चा हाइपोकैलिमिया की चपेट में आ सकता है और बाद में कार्डियक अरेस्ट हो सकता है। नर्स को लंबे समय तक क्यूटी अंतराल, कम T तरंग, और डिप्रेस्ड ST खंड के लिए हृदय चक्र की निगरानी करनी चाहिए, जो कमजोर हृदय की मांसपेशियों और संभावित अनियमित दिल की धड़कन का संकेत देती है।

अतः विकल्प (B) सही है।

90. बच्चे के पास टाइप 1 DM है, जो अग्राशयी बीटा कोशिकाओं के काम करने की कमी और पूर्ण इंसुलिन की कमी का संकेत देता है। टाइप 1 मधुमेह एक ऑटोइम्यून स्थिति है जो अग्राशयी बीटा कोशिकाओं के विनाश की ओर ले जाती है जो बदले में अपर्याप्त इंसुलिन उत्पादन का कारण बनती है, जिसके परिणामस्वरूप हाइपरग्लेसेमिया होता है। टाइप 1 मधुमेह एक पुरानी बीमारी है जिसमें रोगी द्वारा इंसुलिन प्रतिस्थापन और गहन प्रयास की आवश्यकता होती है।

अत: विकल्प (C) सही है।

91. लार में एंजाइम लाला एमाइलेज (सलैवरी एमाइलेज) या टायलिन होता है, जो कार्बोहाइड्रेट (स्टार्च) का पाचन करता है। लगभग 30 प्रतिशत स्टार्च मुंह में ही, डाइसैकराइड - माल्टोज में हाइड्रोलाइज्ड हो जाता है - इस एंजाइम द्वारा। उचित कार्य के लिए इसे क्षारीय माध्यम (इष्टतम पीएच 6.8) की आवश्यकता होती है।

अतः विकल्प (B) सही है।

92. उत्सर्जन तंत्र किडनी से संबंधित है।

उत्सर्जन तंत्र में मूत्रवाहिनी, किडनी, मूत्राशय और मूत्रमार्ग शामिल हैं। एक मानव शरीर में उत्सर्जन तंत्र शरीर के तरल पदार्थों से अनावश्यक और अतिरिक्त सामग्री को हटाने के लिए जिम्मेदार है ताकि शरीर को किसी भी नुकसान से बचाया जा सके और आंतरिक रासायनिक समस्थिति को बनाए रखने में मदद मिल सके।

अतः विकल्प (A) सही है।

93. CNS में मस्तिष्क और मेरुदण्ड शामिल हैं और सूचना प्रसंस्करण और नियंत्रण का क्षेत्र है। मस्तिष्क एक अंग है जो तंत्रिका ऊतक के एक बड़े द्रव्यमान से बना है जो खोपड़ी के भीतर संरक्षित है। इसके कुछ मुख्य कार्यों में शामिल हैं - संवेदी जानकारी को संसाधित करना, रक्तचाप को नियंत्रित करना और सांस लेना, हार्मोन जारी करना आदि।

अतः विकल्प (D) सही है।

94. हमारे सिर में कुछ अस्थियाँ होती हैं जो कुछ संधियों पर आपस में जुड़ी होती हैं। यह अस्थियाँ इन संधियों पर हिल नहीं सकतीं। ऐसी संधियों को अचल संधि कहा जाता है। उदाहरण के लिए: सिर और ऊपरी जबड़े के बीच की संधि को हिलाया नहीं जा सकता।

अतः विकल्प (D) सही है।

95. फ्लेम कोशिकाएं प्लेटिहेल्मिंथ का उत्सर्जन अंग हैं। फ्लेम कोशिका का एक गुच्छ प्रोटोनीफ्रिडिया के रूप में जाना जाता है। फ्लेम कोशिका में सिर पर मौजूद एक कप के आकार की संरचना होती है जो आंतरिक सतह पर सिलिया और फ्लैजेला के साथ होती है। सिलिया नलिकाओं के माध्यम से अपशिष्ट को धकेलता है और उत्सर्जन छिद्रों के माध्यम से शरीर से बाहर निकालता है।

अतः विकल्प (A) सही है।

96. स्टेथोस्कोप के डायफ्राम का इस्तेमाल आंत की ध्वनि निकालने के लिए किया जाना चाहिए।

स्टेथोस्कोप का डायफ्राम सांस, आंत और सामान्य हृदय की आवाज जैसी ऊंची ध्वनि को सुनने के लिए सबसे अच्छा है। इसे व्यक्ति की त्वचा के खिलाफ मजबूती से रखा जाना चाहिए, जो एक अंगूठी के निशान को छोड़ सके। स्टेथोस्कोप की घंटी नरम, धीमी ध्वनि जैसे कि अतिरिक्त दिल की ध्वनि या बड़बड़ाहट के लिए सबसे अच्छी है।

अतः विकल्प (C) सही है।

97. नर्स को स्कूली उम्र के बच्चे की जांच करने के लिए इसका उपयोग करने से पहले उपकरण का प्रदर्शन करके अपनी परीक्षा को संशोधित करना चाहिए। शारीरिक परीक्षा अक्सर नर्स और बच्चे के बीच पहला सीधा संपर्क होता है। बच्चे और परीक्षक के बीच एक भरोसेमंद संबंध स्थापित करना महत्वपूर्ण है। परीक्षा के दौरान नर्स को बच्चों की सांस्कृतिक जरूरतों और उनके बीच मतभेदों के प्रति संवेदनशील होना चाहिए। इतिहास और शारीरिक परीक्षा के लिए एक शांत, निजी वातावरण प्रदान करना महत्वपूर्ण है। शारीरिक

परीक्षा के लिए क्लासिक व्यवस्थित दृष्टिकोण सिर से शुरू करना और पूरे शरीर से पैर की उंगलियों तक आगे बढ़ना है। हालांकि, बच्चे की जांच करते समय, परीक्षक बच्चे की उम्र और विकास के स्तर के अनुसार शारीरिक मूल्यांकन करता है।

अतः विकल्प (B) सही है।

98. नर्स एक केंद्रित शारीरिक मूल्यांकन कर रही है, जो एक पहचानी गई समस्या के बारे में डेटा प्राप्त करने के लिए किया जाता है, इस मामले में सांस की तकलीफ होती है। रोगी की वर्तमान समस्या या वर्तमान चिंता से संबंधित विशिष्ट निकाय प्रणाली का विस्तृत नर्सिंग मूल्यांकन करना होता है। इसमें एक या अधिक बॉडी सिस्टम शामिल हो सकते हैं।

अतः विकल्प (C) सही है।

99. सबसे बुनियादी कारण यह है कि आत्म-ज्ञान सीधे नर्स की सोच और उसके द्वारा चुने गए कार्यों को प्रभावित करता है। परोक्ष रूप से, सोच प्रभावी हस्तक्षेपों, संचार और सीखने की प्रक्रियाओं की पहचान करने में शामिल है। हालाँकि, क्योंकि व्यक्तिगत पूर्वग्रहों की पहचान करना अन्य सभी नर्सिंग क्रियाओं को प्रभावित करता है, यह सबसे बुनियादी कारण है।

अतः विकल्प (A) सही है।

100. रुग्ण रूप से मोटे रोगी के लिए, त्वचा की सिलवटों को तौलिये से अलग करने से त्वचा पर त्वचा को रगड़ने के दबाव से राहत मिलती है। त्वचा की सिलवटों, विशेष रूप से, रोगी के लिए अच्छी तरह से साफ करना मुश्किल हो सकता है; पेट की सिलवटों और कमर को नजरअंदाज किया जा सकता है, जिससे इन क्षेत्रों में त्वचा के टूटने का खतरा बढ़ जाता है।

अतः विकल्प (C) सही है।

101. अक्षुण्ण त्वचा को संक्रमण के खिलाफ प्राथमिक बचाव माना जाता है। आमतौर पर, त्वचा सूक्ष्मजीवों द्वारा आक्रमण को तब तक रोकती है जब तक कि वह क्षतिग्रस्त न हो (उदाहरण के लिए, किसी चोट, कीड़े के काटने या जलने से)। मुंह, नाक और पलकों की परत जैसी श्लेष्मा झिल्ली भी प्रभावी अवरोध हैं। आमतौर पर, श्लेष्म झिल्ली स्राव के साथ लेपित होते हैं जो सूक्ष्मजीवों से लड़ते हैं। उदाहरण के लिए, आंखों की श्लेष्मा झिल्ली आंसुओं से नहाती है, जिसमें लाइसोजाइम नामक एक एंजाइम होता है जो बैक्टीरिया पर हमला करता है और आंखों को संक्रमण से बचाने में मदद करता है। बुखार, उत्तेजन प्रतिक्रिया, और फागोसाइटोसिस (रोगजनकों को मारने की एक प्रक्रिया) को संक्रमण के खिलाफ माध्यमिक सुरक्षा माना जाता है।

अतः विकल्प (B) सही है।

102. जब रोगी के साथ या कमरे में दूषित वस्तुओं के साथ किसी भी संपर्क की आशंका हो तो एक साफ गाउन और दस्ताने पहने जाने चाहिए। आगंतुकों को गाउन और दस्ताने पहनने के लिए भी कहा जा सकता है। मरीजों को यथासंभव अपने अस्पताल के कमरों में रहने के लिए कहा जाता है। उन्हें उपहार की दुकान या कैफेटेरिया जैसे सामान्य क्षेत्रों में नहीं जाना चाहिए। वे उपचार और परीक्षण के लिए अस्पताल के अन्य क्षेत्रों में जा सकते हैं।

अतः विकल्प (A) सही है।

103. अस्थिर मधुमेह वाले रोगी को रोगी देखभाल कार्य में सुरक्षित रूप से जोड़ा जा सकता है क्योंकि रोगी संक्रमण से मुक्त है। सुरक्षात्मक अलगाव का उद्देश्य एक प्रतिरक्षाविज्ञानी रोगी की रक्षा करना है, जो पर्यावरण से या अन्य रोगियों, कर्मचारियों या आगंतुकों से सूक्ष्म जीवों को प्राप्त करने के उच्च जोखिम में है।

अतः विकल्प (A) सही है।

104. बाँझ वस्त्र पहनकर बाँझ क्षेत्र के ऊपर 1 फुट तक पहुँचने से बाँझ तकनीक टूट जाती है। स्टेराइल तकनीक का पालन करते समय, स्वास्थ्य कर्मियों को स्टेराइल वेश धारण करते समय गैर-बाँझ क्षेत्रों से 1 फुट की दूरी पर रहना चाहिए, प्रक्रिया के लिए आवश्यक स्टेराइल वस्तुओं को स्टेराइल ड्रेप पर रखना चाहिए, और स्टेराइल ड्रेप के 1 इंच के बॉर्डर के संपर्क में आने से

बचना चाहिए। बाँझ तकनीक के सिद्धांतों को विभिन्न तरीकों से लागू किया जाता है। यदि सिद्धांत को ही समझ लिया जाए, तो उसके अनुप्रयोग स्पष्ट हो जाते हैं।

अतः विकल्प (D) सही है।

105. स्थानांतरण के बाद मरीज के डेन्चर खो गए थे इस घटना के लिए नर्स को एक घटना रिपोर्ट पूरी करने की आवश्यकता होती है।

नर्स को एक घटना रिपोर्ट को पूरा करने की आवश्यकता होगी यदि उसे संदेह है कि रोगी की व्यक्तिगत वस्तुओं को खो जाना या चोरी हो जाना। एक घटना रिपोर्ट भी महत्वपूर्ण जानकारी प्रदान करती है, जो कि यह तय करने के लिए सुविधा की आवश्यकता होती है कि क्या बहाली की जानी चाहिए - उदाहरण के लिए, व्यक्तिगत सामान खो गया या क्षतिग्रस्त हो गया। घटना के उचित दस्तावेज़ीकरण के बिना, इन महत्वपूर्ण निर्णयों को प्रभावी ढंग से लेने का कोई तरीका नहीं है।

अतः विकल्प (B) सही है।

106. ग्रे बेबी सिंड्रोम, शिशुओं में देखा जाता है, जो प्रगतिशील पेट की दूरी, पीलापन, सायनोसिस और वासोमोटर पतन की विशेषता है, 3-4 दिनों में क्लोरैम्फेनिकॉल के उपयोग से जोड़ा जाता है।

ग्रे बेबी सिंड्रोम एक ऐसी स्थिति है जिसमें एक शिशु को एंटीबायोटिक क्लोरैम्फेनिकॉल के प्रति जीवन के लिए खतरा पैदा करने वाली प्रतिक्रिया होती है। यह समय से पहले के शिशुओं में अधिक प्रचलित है क्योंकि प्रतिकूल प्रतिक्रिया सीधे लीवर की दवा को संसाधित करने की क्षमता से संबंधित है।

अतः विकल्प (C) सही है।

107. रेड मैन सिंड्रोम वैनकोमाइसिन से संबंधित है।

वैनकोमाइसिन दो प्रकार की अतिसंवेदनशीलता प्रतिक्रियाओं का कारण बन सकता है, रेड मैन सिंड्रोम और एनाफिलेक्सिस। रेड मैन सिंड्रोम एक जलसेक से संबंधित प्रतिक्रिया है जो वैनकोमाइसिन के लिए अजीब है। इसमें आमतौर पर एक एरिथेमेटस रैश होता है, जिसमे जिसमें चेहरा, गर्दन और ऊपरी धड़ शामिल होता है।

अतः विकल्प (A) सही है।

108. नर्सिंग सिद्धांतकार डोरोथिया ओरेम ने इस विश्वास के आधार पर वैचारिक मॉडल विकसित किया कि सभी लोग आत्म-देखभाल हासिल करने का प्रयास करते हैं। डोरोथिया ओरेम का सेल्फ-केयर डेफिसिट थ्योरी प्रत्येक व्यक्ति की आत्म-देखभाल करने की क्षमता पर केंद्रित है, जिसे 'उन गतिविधियों के अभ्यास के रूप में परिभाषित किया गया है जो व्यक्ति जीवन, स्वास्थ्य और कल्याण को बनाए रखने में अपनी ओर से शुरू करते हैं और प्रदर्शन करते हैं।

अतः विकल्प (A) सही है।

109. 3 सप्ताह या उससे अधिक समय तक खांसी रहने के संकेत एएफबी के लिए थूक की जांच की आवश्यकता को इंगित करते हैं। यदि आपको सक्रिय टीबी के लक्षण हैं तो आपको एएफबी परीक्षण की आवश्यकता हो सकती है। इसमे शामिल है:

- खांसी जो तीन सप्ताह या उससे अधिक समय तक रहती है
- खून और/या बलगम वाली खांसी
- छाती में दर्द
- बुखार
- थकान
- रात को पसीना
- अस्पष्टीकृत वजन घटना

अतः विकल्प (C) सही है।

110. वेक्टर जनित रोगों के लिए एनएचपी 2002 का लक्ष्य मौजूदा संस्थानों में बुनियादी ढांचे को उन्नत करके सार्वजनिक स्वास्थ्य प्रणाली के विकेंद्रीकरण के अच्छे स्वास्थ्य के स्वीकार्य मानक को प्राप्त करना, भारत के सामाजिक और भौगोलिक खर्च में स्वास्थ्य सेवा के लिए अधिक समान पहुंच सुनिश्चित करना और मृत्यु दर को 50 प्रतिशत तक कम करना था।

अतः विकल्प (A) सही है।

111. इस विकार वाले व्यक्ति के पास पर्याप्त आत्म-सीमाएँ नहीं होंगी। परंपरागत रूप से, लक्षणों को दो मुख्य श्रेणियों में विभाजित किया गया है, सकारात्मक लक्षण जिनमें मतिभ्रम, भ्रम और औपचारिक विचार विकार शामिल हैं, और नकारात्मक लक्षण जैसे एनाडोनिया, भाषण की गरीबी और प्रेरणा की कमी शामिल हैं।

अतः विकल्प (C) सही है।

112. लूज़ एसोसिएशन ऐसे विचार हैं जो श्रोता के लिए संदेश की व्याख्या करने के लिए आमतौर पर आवश्यक तार्किक कनेक्शन के बिना प्रस्तुत किए जाते हैं। भाषण द्वारा प्रदर्शित एक विचार अशांति जो डिस्कनेक्ट और खंडित है, जिसमें व्यक्ति एक विचार से दूसरे असंबंधित या परोक्ष रूप से संबंधित विचार से कूदता है। यह अनिवार्य रूप से पटरी से उतरने के बराबर है।

अतः विकल्प (D) सही है।

113. ओपन-एंडेड प्रश्न और मौन ऐसी रणनीतियाँ हैं जिनका उपयोग रोगियों को उनकी समस्या पर वर्णनात्मक तरीके से चर्चा करने के लिए प्रोत्साहित करने के लिए किया जाता है। कभी-कभी, बिल्कुल न बोलना उपयोगी होता है। जानबूझकर की गई चुप्पी नर्सों और रोगियों दोनों को बातचीत में आगे आने वाली बातों को सोचने और संसाधित करने का अवसर दे सकती है। यह रोगियों को एक नए विषय पर चर्चा करने के लिए आवश्यक समय और स्थान दे सकता है। नर्सों को हमेशा मरीजों को चुप्पी तोड़ने देना चाहिए।

अतः विकल्प (B) सही है।

114. नर्स प्रलाप के रोगी की देखभाल कर रही है और कहती है कि "दीवार पर मकड़ियों को देखो"। नर्स को मरीज को जवाब देना चाहिए कि "मुझे पता है कि तुम डरे हुए हो, लेकिन मुझे दीवार पर मकड़ियाँ नहीं दिख रही हैं"।

जब मतिभ्रम मौजूद हो, तो नर्स को ग्राहक के साथ वास्तविकता को सुदृढ़ करना चाहिए। भटकाव की अवधि के दौरान अवास्तविकता और पुनर्रचना ग्राहक सुरक्षा की रुकावट की अवधि खतरे में है: वास्तविकता की गलत व्याख्याओं को सुधारने से ग्राहक की आत्म-मूल्य और व्यक्तिगत गरिमा की भावना बढ़ जाती है।

अतः विकल्प (D) सही है।

115. इलेक्ट्रोकोनवल्सी थेरेपी अवसाद के लिए एक प्रभावी उपचार है जिसने दवा का जवाब नहीं दिया है। इलेक्ट्रोकोनवल्सी थेरेपी (ईसीटी) एक सामान्यीकृत सेरेब्रल जब्ती बनाने के लिए विद्युत प्रवाह का उपयोग करती है। हालांकि इसका उपयोग मुख्य रूप से गंभीर अवसाद के रोगियों के इलाज के लिए किया जाता है, लेकिन सिज़ोफ्रेनिया, स्किज़ोफेक्टिव डिसऑर्डर, कैटेटोनिया, न्यूरोलेप्टिक मैलिग्नेंट सिंड्रोम और बाइपोलर डिसऑर्डर वाले रोगियों को भी लाभ हो सकता है।

अतः विकल्प (D) सही है।

116. आपात स्थिति में सबसे पहले जीवन रक्षक तथ्य प्राप्त होते हैं। इस संभावित जीवन-धमकी की स्थिति के इलाज में नाम और दवा की मात्रा अत्यंत महत्वपूर्ण। दूसरी पीढ़ी के एंटीसाइकोटिक्स में डिमेंशिया वाले बुजुर्ग मरीजों में स्ट्रोक की बढ़ती घटनाओं की एफडीए बॉक्सिंग चेतावनी होती है। क्यूटीसी अंतराल को लम्बा खींचने वाली अन्य दवाओं के साथ दूसरी पीढ़ी के एंटीसाइकोटिक्स के उपयोग से बचने की सिफारिश है।

अतः विकल्प (B) सही है।

117. इस रोगी को हृदय गति को कम करने के लिए उच्च रक्तचाप के इलाज के लिए एक वैसोडिलेटर, जैसे कि निफेडिपिन, और एस्मोलोल जैसे बीटा-

एड्रीनर्जिक अवरोधक की आवश्यकता होती है। निफेडिपिन एक कैल्शियम चैनल अवरोधक है जो डायहाइड्रोपाइरीडीन उपवर्ग से संबंधित है। यह मुख्य रूप से एक एंटीहाइपरटेन्सिव और एंटीजाइनल दवा के रूप में उपयोग किया जाता है।

एस्मोलोल (एस्मोलोल हाइड्रोक्लोराइड) एक अंतःशिरा कार्डियोसेलेक्टिव बीटा - 1 एड्रीनर्जिक विरोधी है। एस्मोलोल को सुप्रावेंट्रिकुलर टैचीकार्डिया के नियंत्रण में अल्पकालिक अवधि के उपयोग के लिए एफडीए-अनुमोदित है, जैसे कि अलिंद फिब्रिलेशन या अलिंद स्पंदन वाले रोगियों में तेजी से निलय दर।

अतः विकल्प (D) सही है।

118. व्यवहार संबंधी सुराग जो हिंसा की संभावना का सुझाव देते हैं, उनमें कठोर मुद्रा, बेचैनी, चकाचौंध, सामान्य व्यवहार में बदलाव, जकड़े हुए हाथ, अत्यधिक आक्रामक कार्य, शारीरिक वापसी, गैर-अनुपालन, अति प्रतिक्रिया, शत्रुतापूर्ण धमकियां, हाल ही में शराब का सेवन या नशीली दवाओं का उपयोग, अतीत की बातें शामिल हैं। हिंसक कृत्य, भावनाओं को व्यक्त करने में असमर्थता, दोहराव की मांग और शिकायतें, तर्क-वितर्क, गाली-गलौज, भटकाव, ध्यान केंद्रित करने में असमर्थता, मतिभ्रम या भ्रम, पागल विचार या संदेह और दैहिक शिकायतें।

अतः विकल्प (A) सही है।

119. डायग्नोस्टिक एंड स्टैटिस्टिकल मैनुअल ऑफ मेंटल डिसऑर्डर, 4वें संस्करण के अनुसार, साइकोएक्टिव मादक द्रव्यों के सेवन के लिए नैदानिक मानदंड में इस तरह के उपयोग का एक दुर्भावनापूर्ण पैटर्न शामिल है, जो लगातार या आवर्तक सामाजिक, व्यावसायिक होने के ज्ञान के बावजूद निरंतर उपयोग द्वारा इंगित किया गया है। मादक द्रव्यों के सेवन या खतरनाक स्थितियों में बार-बार उपयोग (उदाहरण के लिए, गाड़ी चलाते समय) के कारण होने वाली या तेज होने वाली मनोवैज्ञानिक, या शारीरिक समस्या।

इस रोगी के लिए, मनो-सक्रिय पदार्थ निर्भरता से इंकार किया जाना चाहिए; इस विकार के मानदंड में नशा (विकल्प A) प्राप्त करने के लिए पदार्थ की बढ़ती मात्रा की आवश्यकता, पदार्थ पर खर्च किए गए समय और धन में वृद्धि (विकल्प B), भूमिका दायित्वों को पूरा करने में असमर्थता (विकल्प C), और विशिष्ट वापसी के लक्षण शामिल हैं।

अतः विकल्प (D) सही है।

120. सीमा रेखा व्यक्तित्व विकार वाले रोगी की प्रमुख व्यवहारिक विशेषता विशेष रूप से शारीरिक रूप से आत्म-विनाशकारी प्रकार की आवेग है। यह अवलोकन कि रोगी ने कलाई को खरोंच दिया है, आवेगपूर्ण विकृत कृत्यों से संबंधित स्व-निर्देशित। सीमा रेखा व्यक्तित्व विकार (बीपीडी) अस्वीकृति के लिए अतिसंवेदनशीलता और पारस्परिक संबंधों के परिणामस्वरूप अस्थिरता, आवेगी विकृत कार्य आत्म-छवि प्रभाव और व्यवहार की विशेषता है।

अतः विकल्प (C) सही है।

121. संचार की प्रभावशीलता का मूल्यांकन फीडबैक द्वारा किया जाता है।

फीडबैक को किसी परिणाम या प्रक्रिया के लौटाए गए हिस्से के बारे में जानकारी की वापसी के रूप में परिभाषित किया गया है। फीडबैक के तीन रूप: प्रशंसा, कोचिंग और मूल्यांकन।

संचार में फीडबैक आवश्यक है ताकि यह पता चल सके कि प्राप्तकर्ता ने संदेश को उसी शब्दों में समझा है जैसा कि प्रेषक ने चाहा था और क्या वह उस संदेश से सहमत है या नहीं।

अतः विकल्प (B) सही है।

122. प्रश्न - उत्तर स्वास्थ्य शिक्षक द्वारा अपनाई गई पद्धति संचार की सहभागी शैली है।

सहभागी संचार संवाद पर आधारित एक दृष्टिकोण है, जो विभिन्न हितधारकों के बीच सूचनाओं, धारणाओं और विचारों को साझा करने की अनुमति देता है और

इस तरह उनके सशक्तिकरण की सुविधा प्रदान करता है। दोतरफा संचार शुरू से ही अपनाया जाना चाहिए और लगातार लागू किया जाना चाहिए।

अत: विकल्प (A) सही है।

123. ये सभी स्वास्थ्य संचार की रोगी-केंद्रित शैली का हिस्सा हैं।

दुर्लभ रोगों की अत्यधिक विशिष्ट उपचार प्रक्रिया में स्वास्थ्य सेवा प्रदाताओं की अपर्याप्त विशेषज्ञता एक बड़ी समस्या साबित हुई। यहां अक्सर मरीज अपनी बीमारी का विशेषज्ञ बन जाता है। इसलिए, हमने दुर्लभ बीमारियों वाले रोगियों के बीच व्यापक रूप से अनुभवी संचार पैटर्न के रूप में रोगी-निर्देशित बातचीत की पहचान की।

संचार के लिए एक रोगी-केंद्रित दृष्टिकोण समस्या की एक साझा समझ, उपचार के लक्ष्यों और उस उपचार और कल्याण के लिए बाधाओं को विकसित करने के लिए पूरे व्यक्ति, उनके व्यक्तित्व, जीवन इतिहास और सामाजिक संरचना को स्वीकार करना है।

अत: विकल्प (D) सही है।

124. अभ्यास परिवर्तन साइको-मोटर स्तर पर परिवर्तन लाता है।

साइको-मोटर डोमेन में शारीरिक गति, समन्वय और मोटर-कौशल क्षेत्रों का उपयोग शामिल है। इन कौशलों के विकास के लिए अभ्यास की आवश्यकता होती है और इसे निष्पादन में गति, सटीकता, दूरी, प्रक्रियाओं या तकनीकों के संदर्भ में मापा जाता है।

अत: विकल्प (C) सही है।

125. ई-स्वास्थ्य एक सामान्य शब्द है जिसका उपयोग स्वास्थ्य देखभाल के लिए डिजिटल सूचना और संचार प्रौद्योगिकी के अनुप्रयोग को संदर्भित करने के लिए किया जाता है।

इलेक्ट्रॉनिक प्रक्रियाओं और संचार द्वारा समर्थित स्वास्थ्य देखभाल अभ्यास के लिए ई-स्वास्थ्य अपेक्षाकृत हाल का शब्द है। इसमें स्वास्थ्य एप्लिकेशन और मोबाइल फोन पर लिंक भी शामिल हो सकते हैं, जिन्हें एम-हेल्थ कहा जाता है।

अत: विकल्प (B) सही है।

126. खाद्य अपमिश्रण निवारण अधिनियम सार्वजनिक स्वास्थ्य में एक नियामक दृष्टिकोण का एक उदाहरण है।

स्वास्थ्य देखभाल में नियामक अनुपालन एक स्वास्थ्य सेवा संगठन के कानूनों, विनियमों, दिशानिर्देशों और अपनी व्यावसायिक प्रक्रियाओं से संबंधित विशिष्टताओं के पालन के बारे में है। नियामक अनुपालन विनियमों के उल्लंघन के परिणामस्वरूप अक्सर कानूनी दंड मिलता है जिसमें संघीय जुर्माना भी शामिल है।

अत: विकल्प (A) सही है।

127. स्वास्थ्य संबंधी उद्देश्यों के लिए मोबाइल और वायरलेस एप्लिकेशन (जैसे, एसएमएस, ऐप, पहनने योग्य उपकरण, रिमोट सेंसिंग और सोशल मीडिया, जैसे फेसबुक, ट्विटर और इंस्टाग्राम का उपयोग) का उपयोग एम-स्वास्थ्य का वर्णन करता है।

एम-स्वास्थ्य के साथ, चिकित्सा प्रदाता रोगियों के निदान, उपचार, निगरानी और शिक्षा में सुधार कर सकते हैं, जिससे रोगी की व्यस्तता, बेहतर स्वास्थ्य परिणाम और कम लागत में वृद्धि हो सकती है। प्वाइंट-ऑफ-केयर टूल, जैसे कि UpToDate, रोगियों के साथ काम करते समय चिकित्सकों को नवीनतम चिकित्सा जानकारी प्रदान करते हैं।

अत: विकल्प (D) सही है।

128. रोगी सूचना विज्ञान एक ऐसे कार्यक्रम को संदर्भित करता है जिसका उद्देश्य रोगियों को स्वास्थ्य और स्वास्थ्य देखभाल के लिए सूचना और संचार प्रौद्योगिकी का बेहतर उपयोग करने में सक्षम बनाना है।

सहभागी दवा के साथ रोगी सूचना विज्ञान में बहुत कुछ समान हो सकता है, जिसे एक आंदोलन के रूप में परिभाषित किया गया है जिसमें रोगी और

स्वास्थ्य पेशेवर सक्रिय रूप से सहयोग करते हैं और देखभाल में पूर्ण भागीदारों के रूप में एक दूसरे को प्रोत्साहित करते हैं।

अत: विकल्प (A) सही है।

129. संचार के चार C हैं: स्पष्ट, संक्षिप्त, सही, पूर्ण।

हमें स्पष्ट रूप से संवाद करना चाहिए या हम जो कहते हैं उसे गलत समझा जा सकता है। हमें स्पष्ट रूप से लिखना चाहिए या हमारे लिखित संचार को गलत समझा जा सकता है। हमारे द्वारा उपयोग किए जाने वाले शब्द और वाक्यांश सभी को स्पष्ट और समझने चाहिए, अन्यथा हमारा संचार प्रभावी नहीं होगा।

हमारे संचार में, हम आगे और पीछे घूमते हैं और वास्तव में हम जो कहना चाहते हैं उसके आसपास कभी नहीं पहुंचते हैं। प्रभावी होने के लिए हमें अपने संचार में संक्षिप्त होना चाहिए।

अधूरे, गलत निर्देशों के कारण कार्यस्थल में अनगिनत समस्याएँ आती हैं। पूर्ण होने का अर्थ है सभी प्रासंगिक जानकारी देना।

हमारे संचार को प्रभावी बनाने के लिए हमें दिन-प्रतिदिन सही ढंग से संवाद करना चाहिए।

अत: विकल्प (C) सही है।

130. डराने-धमकाने की संस्कृति, जो डराने-धमकाने वाली या कृपालु व्यवहार करने वाली हो सकती है, नर्सों, मरीजों और चिकित्सकों को प्रभावित करती है।

डराना या प्रताड़ना असामाजिक व्यवहार का एक व्यक्तिगत रूप है, विशेष रूप से विशेष व्यक्तियों के उद्देश्य से। लोग दिन-ब-दिन बार-बार होने वाली घटनाओं और डराने-धमकाने और उत्पीड़न की समस्याओं का अनुभव करते हैं।

अत: विकल्प (D) सही है।

131. जटिल जीवन चक्र वाले जीव जिनमें एक स्तनधारी मेजबान और एक कीट मेजबान शामिल हैं और चक्र के हिस्से के रूप में स्किज़ोगोनी शामिल हैं, प्रोटोजोआ के एपिकोम्प्लेक्सा फाइलम से संबंधित हैं। एपिकोम्प्लेक्सन, जिसे स्पोरोज़ोअन भी कहा जाता है, (आमतौर पर) बीजाणु-उत्पादक फाइलम एपिकोम्प्लेक्सा का कोई भी प्रोटोजोआ, जिसे कुछ अधिकारियों द्वारा स्पोरोज़ोआ कहा जाता है। सभी एपिकोम्प्लेक्सन परजीवी होते हैं और उनमें संकुचनशील रिक्तिकाएं और गतिमान प्रक्रियाएं नहीं होती हैं।

अत: विकल्प (C) सही है।

132. एक प्रोटोजोआ को गतिशील यूकेरियोटिक एककोशिकीय प्रकाश संश्लेषक प्रोटिस्ट के रूप में परिभाषित किया गया है।

अपने जीवन चक्र के आहार चरण में एक प्रोटोजोआ। प्रोटोजोआ एककोशिकीय यूकेरियोटिक जीवों का एक विविध समूह है, जिनमें से कई गतिशील हैं। मूल रूप से, प्रोटोजोआ को जानवरों के साथ एककोशिकीय प्रोटिस्ट के रूप में परिभाषित किया गया था।

अत: विकल्प (C) सही है।

133. वे जीव जिनके जीवन चक्र में बीजाणु-निर्माण की अवस्था होती है और जिनमें विशेष गतिमान अंगों की कमी होती है, प्रोटोजोआ के एपिकोम्प्लेक्सा संघ के होते हैं।

एपिकोम्प्लेक्सा परजीवी एल्वियोलेट्स का एक बड़ा समूह है। एपिकोम्प्लेक्सा एक विविध समूह है जिसमें कि कोकसीडिया, ग्रेगैरिन, पाइरोप्लाज्म, हेमोग्रेगरीन और प्लास्मोडिया जैसे जीव शामिल हैं।

अत: विकल्प (D) सही है।

134.

अलैंगिक गुणन का सबसे सामान्य प्रकार द्विआधारी विखंडन है जिसमें जीवों की नकल की जाती है और प्रोटोजोआ फिर दो पूर्ण जीवों में विभाजित हो जाता है। फ्लैगलेट्स में विभाजन अनुदैर्ध्य है और सिलिएट्स में अनुप्रस्थ अमीबा में

कोई स्पष्ट पूर्वकाल-पश्च अक्ष नहीं है।

अतः विकल्प (C) सही है।

135.

प्रोटोजोआ आमतौर पर बहुकोशिकीय नहीं होते हैं।

प्रोटोजोआ एककोशिकीय यूकेरियोटिक सूक्ष्म जीव हैं जिनमें कोशिका भित्ति नहीं होती है और यह किंगडम प्रोटिस्टा से संबंधित है। प्रोटोजोआ में अपेक्षाकृत जटिल आंतरिक संरचना होती है और जटिल चयापचय गतिविधियों को अंजाम देती है। कुछ प्रोटोजोआ में प्रणोदन या अन्य प्रकार की गति के लिए संरचनाएं होती हैं।

अतः विकल्प (A) सही है।

136. हाइड्रोजन पेरोक्साइड, हाइपोक्लोराइट और फॉर्मलाडेहाइड वायरस के खिलाफ प्रभावी है।

हाइड्रोजन पेरोक्साइड यह जानकर असहज हो सकता है कि घरेलू क्लीनर के रूप में भी त्वचा उपचार का उपयोग किया जा सकता है। हाइपोक्लोराइट एक आयन है जो क्लोरीन और ऑक्सीजन से बना होता है जिसका रासायनिक सूत्र ClO– होता है। शुद्ध रूप में अस्थिर होने के कारण, हाइपोक्लोराइट का उपयोग आमतौर पर विरंजन, कीटाणुशोधन और जल उपचार उद्देश्यों के लिए नमक के रूप में किया जाता है, सोडियम हाइपोक्लोराइट। फॉर्मलडिहाइड एक रंगहीन, तेज गंध वाला, ज्वलनशील रसायन है जो औद्योगिक रूप से उत्पादित होता है और पार्टिकलबोर्ड, प्लाईवुड और अन्य दबाए गए लकड़ी के उत्पादों जैसे निर्माण सामग्री में उपयोग किया जाता है।

अतः विकल्प (D) सही है।

137.

ऊर्जा उत्पन्न करने या प्रोटीन को संश्लेषित करने के लिए वायरस में बड़े पैमाने पर स्वयं की चयापचय मशीनरी की कमी होती है।

वायरस में साइटोप्लाज्मिक ऑर्गेनेल नहीं होते हैं इसलिए, प्रोटीन के संश्लेषण के लिए राइबोसोम की कमी होती है। इसलिए वायरस एक जीवित कोशिका में सक्रिय होते हैं इसलिए वे अपने प्रोटीन के संश्लेषण के लिए मेजबान के राइबोसोम का उपयोग करते हैं।

अतः विकल्प (A) सही है।

138. एक वायरस एक छोटा संक्रामक एजेंट है जो केवल अन्य जीवों की "जीवित कोशिकाओं" के अंदर ही दोहराता है। वायरस जानवरों और पौधों से लेकर सूक्ष्मजीवों तक, बैक्टीरिया और आर्किया सहित सभी प्रकार के जीवन रूपों को संक्रमित कर सकते हैं।

अतः विकल्प (B) सही है।

139.

रिवर्स ट्रांसक्रिपटेस एक उपयोगी एंजाइम है जब एक आरएनए वायरस अपने आरएनए को डीएनए में परिवर्तित करता है।

रिवर्स ट्रांसक्रिपटेस (आरटी), जिसे आरएनए-निर्भर डीएनए पोलीमरेज़ के रूप में भी जाना जाता है, एक डीएनए पोलीमरेज़ एंजाइम है जो एकल-फंसे आरएनए को डीएनए में स्थानांतरित करता है। एक बार आरएनए को एकल-स्ट्रैंड डीएनए में पहले चरण में उलट दिया गया है, तो यह एंजाइम एक डबल हेलिक्स डीएनए को संश्लेषित करने में सक्षम है।

अतः विकल्प (A) सही है।

140. जब कोई वायरस किसी कोशिका में प्रवेश करता है लेकिन तुरंत प्रतिकृति नहीं बनाता है, तो स्थिति को लाइसोजेनी कहा जाता है।

लाइसोजेनी, जीवन चक्र का प्रकार जो तब होता है जब एक बैक्टीरियोफेज कुछ प्रकार के जीवाणुओं को संक्रमित करता है। इस प्रक्रिया में, बैक्टीरियोफेज का जीनोम (एक वायरस के न्यूक्लिक एसिड कोर में जीन का संग्रह) मेजबान जीवाणु के गुणसूत्र में मजबूती से एकीकृत होता है और इसके

साथ मिलकर प्रतिकृति बनाता है।

अतः विकल्प (A) सही है।

141. मधुमक्खी के डंक से एलर्जी की प्रतिक्रिया के संकेत छाती और गले में जकड़न, चेहरे की गर्दन और जीभ की सूजन, और दाने, चक्कर आना या भ्रम है।

मधुमक्खी के डंक से एनाफिलेक्टिक प्रतिक्रिया घटना के दो घंटे के भीतर शुरू हो सकती है और तेजी से प्रगति कर सकती है। चेहरे और शरीर पर पित्ती विकसित होगी, इसके बाद सिरदर्द, चक्कर आना, बेहोशी, मतली, उल्टी और सांस लेने और निगलने में कठिनाई जैसे अन्य लक्षण दिखाई देंगे।

अत: विकल्प (D) सही है।

142. आठ साल का बच्चा बेहोश है और वायुमार्ग अवरुद्ध है। आपको छाती पर जोर देना चाहिए।

छाती में जोर से दबाएं, जैसे कि आप व्यक्ति को ऊपर उठाने की कोशिश कर रहे हैं। प्रत्येक जोर के बाद, जांचें कि क्या रुकावट साफ हो गई है। यदि 5 बार जोर लगाने के बाद भी रुकावट साफ नहीं हुई है, तो चिकित्सा सहायता आने तक 5 बार छाती के 5 जोर के साथ बारी-बारी से 5 बार वार करते रहें।

अत: विकल्प (A) सही है।

143. एक आदमी को दिल का दौरा पड़ रहा है, उसके पास दवा है, आपको दवा के साथ उसकी सहायता करनी चाहिए, 911 पर कॉल करें, मदद आने तक उसे आश्वस्त करें। व्यक्ति को बैठने के लिए कहें, आराम करें और शांत रहने की कोशिश करें। किसी भी तंग कपड़े को ढीला करें। पूछें कि क्या व्यक्ति सीने में दर्द की कोई दवा लेता है, जैसे कि नाइट्रोग्लिसरीन, हृदय की किसी ज्ञात स्थिति के लिए, और उसे लेने में उनकी मदद करें।

911 आपातकाल तब होता है जब किसी को चोट लगने या तत्काल खतरे के कारण तुरंत सहायता की आवश्यकता होती है।

अत: विकल्प (B) सही है।

144. ऐसे छात्र की देखभाल करते समय जिसे मधुमक्खियों से एलर्जी है और जिसे अभी-अभी डंक मारा गया है, आपको एक ठंडा पैक लगाना चाहिए।

लालिमा, खुजली या सूजन को कम करने के लिए हाइड्रोकार्टिसोन क्रीम या कैलामाइन लोशन भी लगाएं। कटे क्षेत्र को खरोंचने से बचें! इससे खुजली और सूजन बढ़ जाएगी और आपके संक्रमण का खतरा बढ़ जाएगा।

अत: विकल्प (C) सही है।

145. शिशु सीपीआर या रेस्क्यू ब्रीडिंग करते समय, आपको शिशु के पेट में जबरदस्ती हवा से बचने के लिए धीरे-धीरे और कोमलता से सांस देनी चाहिए।

बचाव की साँसें करने के लिए, एक हाथ बच्चे के माथे पर रखें, और अपनी हथेली से बच्चे के सिर को पीछे की ओर झुकाएँ। एक सामान्य सांस लें (गहरी नहीं), और अपने मुंह को बच्चे के मुंह और नाक पर रखें, जिससे एक कसकर सील हो जाए। 1 सेकंड के लिए बच्चे के मुंह में फूंक मारें और देखें कि क्या बच्चे की छाती ऊपर उठती है।

अत: विकल्प (C) सही है।

146. ग्लूकोज, ऑक्सीजन और हाइड्रोजन आयनों की रक्त सांद्रता में परिवर्तन का पता रसायन रिसेप्टर्स द्वारा लगाया जाता है। ग्लूकोज, ऑक्सीजन, कार्बन डाइऑक्साइड और हाइड्रोजन आयनों जैसे रसायनों की एकाग्रता में बदलाव से केमोरिसेप्टर उत्तेजित होते हैं।

अत: विकल्प (B) सही है।

147. मांसपेशी स्पिंडल एक मांसपेशी के खिंचाव या लंबा होने का पता लगाता है।

स्नायु स्पिंडल और गोली कण्डरा अंग दोनों ही प्रोप्रियोसेप्टिव सूचना प्रसारित करते हैं। मांसपेशी स्पिंडल मांसपेशियों के भीतर स्थित होते हैं जबकि गोली

टेंडन अंग टेंडन के भीतर स्थित होते हैं।
अतः विकल्प (B) सही है।

148. प्रत्येक पार्श्विका लोब के पोस्टसेंट्रल गाइरस में तापमान, स्पर्श, दबाव और दर्द की अनुभूति होती है। पार्श्विका लोब में प्राथमिक दैहिक संवेदी प्रांतस्था होती है। थैलेमस सेरेब्रम के इस हिस्से में सामान्य दैहिक संवेदी जानकारी पेश करता है।
अतः विकल्प (C) सही है।

149. ओसीसीपिटल लोब में दृश्य प्राथमिक संवेदी क्षेत्र होते हैं।

सेरेब्रम को लोब में विभाजित किया गया है। दृश्य प्रांतस्था जहां दृश्य छवियों को संसाधित किया जाता है, ओसीसीपिटल लोब में स्थित होता है। ओसीसीपिटल लोब स्तनधारी मस्तिष्क का दृश्य प्रसंस्करण केंद्र है जिसमें दृश्य प्रांतस्था के अधिकांश संरचनात्मक क्षेत्र होते हैं।
अतः विकल्प (A) सही है।

150. स्पर्श उत्तेजना के बारे में जागरूकता में कमी तंत्रिका तंत्र पर उम्र बढ़ने का प्रभाव है।

एक उम्र के रूप में, मुक्त तंत्रिका अंत और बाल कूप रिसेप्टर्स काफी हद तक अपरिवर्तित रहते हैं, हालांकि पैसिनियन कॉर्पसकल और मीस्नर के कॉर्पसकल संख्या में कमी करते हैं और संरचनात्मक रूप से विकृत हो जाते हैं, इस प्रकार बुजुर्गों में स्पर्श और दबाव उत्तेजना के बारे में जागरूकता कम हो जाती है।
अतः विकल्प (B) सही है।

151. रूपांतरण रक्षा तंत्र में, बिना किसी जैविक कारण के शारीरिक बीमारी या शारीरिक लक्षण द्वारा एक भावनात्मक संघर्ष व्यक्त किया जाता है। रूपांतरण एक रक्षा तंत्र है जिसके द्वारा व्यक्ति मनोवैज्ञानिक पीड़ा को शारीरिक लक्षणों में परिवर्तित (परिवर्तित) करके तीव्र चिंता को कम करते हैं, जो संवेदी और मोटर कार्यों में हानि की विशेषता है।

अतः विकल्प (B) सही है।

152. भावना एक जटिल अनुभव की स्थिति है, एक व्यक्ति की सचेत उत्तेजित अवस्था और व्यक्तिपरक भावना अवस्था जिसमें शारीरिक उत्तेजना के साथ-साथ चारित्रिक व्यवहार शामिल है। भावनाएँ मनोवैज्ञानिक अवस्थाएँ हैं जो न्यूरोफिज़ियोलॉजिकल परिवर्तनों द्वारा लाई जाती हैं, जो विभिन्न रूप से विचारों, भावनाओं, व्यवहारिक प्रतिक्रियाओं और खुशी या नाराजगी की एक डिग्री से जुड़ी होती हैं। परिभाषा पर वर्तमान में कोई वैज्ञानिक सहमति नहीं है। भावनाओं को अक्सर मनोदशा, स्वभाव, व्यक्तित्व, स्वभाव या रचनात्मकता के साथ जोड़ा जाता है।

अतः विकल्प (D) सही है।

153. जीन पियाजे ने संज्ञानात्मक विकास का सिद्धांत प्रतिपादित किया था। जीन पियाजे के संज्ञानात्मक विकास के सिद्धांत से पता चलता है कि बच्चे मानसिक विकास के चार अलग-अलग चरणों से गुजरते हैं। उनका सिद्धांत न केवल यह समझने पर केंद्रित है कि बच्चे कैसे ज्ञान प्राप्त करते हैं, बल्कि बुद्धि की प्रकृति को समझने पर भी ध्यान केंद्रित करते हैं।

अतः विकल्प (B) सही है।

154. धारणा संवेदना और व्याख्या है। धारणा दुनिया का संवेदी अनुभव है। इसमें इन उत्तेजनाओं के जवाब में पर्यावरणीय उत्तेजनाओं और क्रियाओं की व्याख्या करना शामिल है। अवधारणात्मक प्रक्रिया के माध्यम से, हम पर्यावरण के गुणों और तत्वों के बारे में जानकारी प्राप्त करते हैं और उस ज्ञान की व्याख्या करते हैं जो हमारे अस्तित्व के लिए महत्वपूर्ण है।

अतः विकल्प (A) सही है।

155. व्यक्तित्व विकास का मनोविश्लेषणात्मक सिद्धांत सिगमंड फ्रायड द्वारा पेश किया गया था। मनोविश्लेषणात्मक सिद्धांत व्यक्तित्व सिद्धांत है, जो इस धारणा पर आधारित है कि एक व्यक्ति अदृश्य शक्तियों से अधिक प्रेरित होता है जो सचेत और तर्कसंगत विचार द्वारा नियंत्रित होते हैं। यह व्यवहार पर एक

नैतिक बाधा के रूप में कार्य करता है और एक व्यक्ति को अपने विवेक को विकसित करने में मदद करता है।

अतः विकल्प (B) सही है।

156. संक्षिप्त नाम "IQ" इंटेलिजेंस कॉटेंट (गुणक) शब्द से आया है, जिसे पहली बार 1900 के दशक की शुरुआत में जर्मन मनोवैज्ञानिक विलियम स्टर्न द्वारा विकसित किया गया था। इस शब्द का प्रयोग बाद में 1905 में अल्फ्रेड बिने और थियोडोर साइमन द्वारा किया गया, जिन्होंने पहला आधुनिक इंटेलिजेंस परीक्षण, बिने-साइमन इंटेलिजेंस स्केल प्रकाशित किया। क्योंकि इसे प्रशासित करना आसान था, अन्य देशों में भी बिने-साइमन पैमाने को उपयोग करने के लिए अपनाया गया था।

अतः विकल्प (C) सही है।

157. उपलब्धि परीक्षण दिए गए क्षेत्र में व्यक्ति के ज्ञान के स्तर को निर्धारित करते हैं। वर्तनी परीक्षण, समयबद्ध अंकगणितीय परीक्षण और मानचित्र प्रश्नोत्तरी सभी उपलब्धि परीक्षण के उदाहरण हैं। प्रत्येक मापता छात्र है कि किसी विशेष शैक्षणिक विषय या कौशल के अपने ज्ञान को कितनी अच्छी तरह प्रदर्शित कर सकते हैं। इस तरह के छोटे पैमाने पर उपलब्धि परीक्षण अक्सर स्कूलों में प्रशासित होते हैं।

अतः विकल्प (B) सही है।

158. एन. एल. मन के अनुसार, "व्यक्तित्व को किसी व्यक्ति की संरचना के व्यवहार, रुचियों, दृष्टिकोण, क्षमताओं, क्षमताओं और योग्यता के सबसे विशिष्ट एकीकरण के रूप में परिभाषित किया जा सकता है।" व्यक्तित्व एक व्यक्ति की आदतों, लक्षणों, दृष्टिकोणों और विचारों का एक प्रतिरूपित शरीर है, क्योंकि ये बाहरी रूप से भूमिकाओं और स्थितियों में व्यवस्थित होते हैं, और क्योंकि वे आंतरिक रूप से प्रेरणा, लक्ष्यों और स्वार्थ के विभिन्न पहलुओं से संबंधित होते हैं।

अतः विकल्प (C) सही है।

159. मनोविज्ञान में व्यक्तित्व की विशेषताएँ हैं:

- व्यक्तित्व अद्वितीय और विशिष्ट है।
- यह आनुवंशिकता और पर्यावरण का उत्पाद है।
- व्यक्तित्व में सभी व्यवहार पैटर्न शामिल हैं जो संज्ञानात्मक, रचनात्मक और प्रभावशाली डोमेन हैं।
- व्यक्तित्व विशेष रूप से किसी व्यक्ति के निरंतर गुणों को संदर्भित करता है।
- व्यक्तित्व पर्यावरण के लिए जीव के गतिशील अभिविन्यास का प्रतिनिधित्व करता है।
- व्यक्तित्व सामाजिक अंतःक्रियाओं से बहुत प्रभावित होता है।
- व्यक्तित्व निरंतर गतिशील और सामाजिक प्रवृत्ति के एक अद्वितीय संगठन का प्रतिनिधित्व करता है।

अतः विकल्प (D) सही है।

160. कार्ल जंग एक मनोवैज्ञानिक संदर्भ में अंतर्मुखी और बहिर्मुखी शब्दों को वर्गीकृत करने वाले पहले लोगों में से एक थे। जंग (1910; 1923) के अनुसार, व्यक्तित्व चार प्रकार के विरोधी प्रकारों पर आधारित है। जंग (1923) ने बहिर्मुखी को वस्तुओं की बाहरी दुनिया, संवेदी धारणा और क्रिया के साथ जुड़ने को प्राथमिकता देने के रूप में वर्णित किया। अंतर्मुखी के बारे में उन्होंने प्रतिबिंब की आंतरिक दुनिया पर अधिक ध्यान केंद्रित करने के रूप में वर्णित किया, विचारशील और व्यवहारिक हैं।

अतः विकल्प (B) सही है।

161. स्वच्छ भारत मिशन के बारे में:

इसे स्वच्छ भारत अभियान के नाम से भी जाना जाता है। स्वच्छ भारत अभियान 2 अक्टूबर 2014 को नई दिल्ली के राजघाट में शुरू किया गया था। इसका उद्देश्य 2 अक्टूबर 2019 तक "स्वच्छ भारत" की ओर है। यह हमें यह महसूस

करने में मदद करने के लिए है कि स्वच्छता हर किसी का कर्तव्य और जिम्मेदारी है। इसका मकसद खुले में शौचालय जाने पर रोक लगाना था। यह स्वच्छता और स्वच्छता पर केंद्रित है। इसका उद्देश्य उन लोगों के लिए शौचालय बनाना है जिनके पास शौचालय नहीं है।

अतः विकल्प (C) सही है।

162. फ्लोराइड की अधिक उपस्थिति से बच्चों के दाँत धब्बेदार और रंगहीन हो जाते हैं। फ्लोरोसिस एक ऐसी स्थिति है जो छोटे बच्चों में दंतवल्क के आकार को बदल देती है और यह फ्लोराइड के अत्यधिक संपर्क में आने का परिणाम है।

गंभीर फ्लोरोसिस के लक्षणों में शामिल हैं:

- दंतवल्क पर भूरे धब्बे।
- दंतवल्क का गर्तन।
- बच्चों के दाँतों का स्थायी क्षरण।

टूथपेस्ट या पेयजल में उपस्थित फ्लोराइड बच्चों के दाँतों में धब्बे पैदा कर सकता है, जो आमतौर पर आठ वर्ष से कम आयु के बच्चों के दाँतों में फ्लोराइड के अधिक संपर्क के कारण होता है।

अतः विकल्प (A) सही है।

163. जलजनित रोग:

ये रोगजनक सूक्ष्म जीवों के कारण होने वाली स्थितियां हैं जो पानी में फैलती हैं। यह रोग नहाने, धोने या पानी पीने, या संक्रमित पानी के संपर्क में आने से भोजन करने से फैल सकता है और गंभीर, जानलेवा बीमारियों का कारण बन सकता है। उदाहरण टाइफाइड बुखार, हैजा और हेपेटाइटिस ए या ई हैं। अन्य सूक्ष्मजीव दस्त जैसे कम खतरनाक रोगों को प्रेरित करते हैं।

- हैजा: हैजा एक जलजनित रोग है और प्रकृति में अतिसार है।
- टाइफाइड: यह एक और बीमारी है जो दूषित पानी पीने से फैलती है जिसमें 'साल्मोनेला टाइफी बैक्टीरिया' होता है।
- अतिसार: अतिसार सबसे आम जलजनित रोगों में से एक है जो ज्यादातर 5 वर्ष से कम उम्र के बच्चों को प्रभावित करता है।
- पेचिश: एंटाअमीबा के कारण पेट में दर्द, दस्त या खूनी दस्त।
- हेपेटाइटिस ए (पीलिया): एक अन्य प्रकार का जलजनित रोग हेपेटाइटिस ए है और यह हेपेटाइटिस ए वायरस के कारण होता है, जो यकृत को प्रभावित करता है।

कुछ सामान्य संचारी रोग हैं:

रोग का नाम	संक्रमण के स्रोत
हैज़ा	भोजन और पानी
आंत्र ज्वर	भोजन और पानी
हेपेटाइटिस (पीलिया)	भोजन और पानी
इन्फ्लुएंजा (फ्लू)	हवा से हवा
क्षय रोग (टीबी)	हवा से हवा
मलेरिया	मच्छर
धनुस्तंभ	धूल या लोहे के संपर्क में आने से कटे या घाव
पोलियो	भोजन और पानी
स्वाइन फ्लू	हवा से हवा
पेचिश	भोजन और पानी

इसलिए हैजा, पेचिश, पीलिया, टाइफाइड अशुद्ध जल के प्रयोग से होता है।

अतः विकल्प (D) सही है।

164. मिनमाटा रोग:

- मिनमाटा रोग को कभी-कभी चिसो-मिनमाटा रोग के रूप में जाना जाता है।

- मिनमाटा रोग पहली बार 1956 में जापान में खोजा गया था।
- यह एक न्यूरोलॉजिकल सिंड्रोम है जो गंभीर पारा विषाक्तता के कारण होता है।
- यह मिथाइलमर्करी (MeHg) विषाक्तता है जो उन मनुष्यों में होती है, जिन्होंने अपशिष्ट जल में छोड़े गए मिथाइलमर्करी द्वारा दूषित मछली और घोंघा का सेवन किया है।
- लक्षणों में गतिभंग, हाथों और पैरों में सुन्नता, मांसपेशियों की सामान्य कमजोरी, दृष्टि के क्षेत्र का संकुचित होना और सुनने और बोलने में नुकसान शामिल हैं।

इटाई-इटाई:

- इटाई-इटाई, जिसका शाब्दिक अर्थ है 'यहाँ दर्द होता है, यहाँ दर्द होता है' कैडमियम विषाक्तता को दिया गया नाम है।
- 1912 में जापान के टोयामा प्रान्त के स्थानीय लोगों द्वारा इस रोग को यह नाम दिया गया था।
- इस बीमारी को जापान के चार बड़े प्रदूषण रोगों के रूप में मान्यता दी गई थी।
- कैडमियम एक प्राकृतिक रूप से पाई जाने वाली जहरीली भारी धातु है।
- यह एक अत्यंत जहरीला औद्योगिक और पर्यावरणीय प्रदूषक है जिसे मानव कार्सिनोजेन के रूप में वर्गीकृत किया गया है।
- इसका उपयोग NiCd रिचार्जेबल बैटरी के निर्माण में किया जाता है।

इस प्रकार, धातु जल प्रदूषण के कारण होने वाले मिनामाता और इटाई-इटाई रोग क्रमशः Hg और Cd धातुओं के कारण होते हैं।

अतः विकल्प (A) सही है।

165. पानी की कठोरता:

पानी की कठोरता वह विशेषता है जो पर्याप्त लेदर या झाग के निर्माण को रोकती है। यह कार्बोनेट, बाइकार्बोनेट, सल्फेट, कैल्शियम और मैग्नीशियम (Ca और Mg) के क्लोराइड की उपस्थिति के कारण होता है। पानी की कठोरता Ca^{2+}, Mg^{2+}, Al^{3+}, आयरन और अन्य भारी तत्वों के घुले हुए खनिजों की उपस्थिति के कारण होती है। विशेष रूप से कैल्शियम सल्फेट, कैल्शियम बाइकार्बोनेट, कैल्शियम क्लोराइड, मैग्नीशियम सल्फेट, मैग्नीशियम बाइकार्बोनेट और मैगनीशियम क्लोराइड की वजह से।

कठोरता निम्नलिखित दो प्रकार की होती है-

अस्थायी कठोरता (कार्बोनेट कठोरता):

अस्थायी कठोरता कैल्शियम ($Ca(HCO_3)_2$), मैग्नीशियम ($Mg(HCO_3)_2$), आयरन और अन्य भारी तत्वों के विघटित बाइकार्बोनेट की उपस्थिति के कारण होती है। इसे उबालकर खत्म किया जा सकता है।

$$Ca(HCO_3)_2 \rightarrow CaCO_3\downarrow + H_2O + CO_2 \uparrow$$

$$Mg(HCO_3)_2 \rightarrow MgCO_3 + H_2O + CO_2 \uparrow$$

$$MgCO_3 \rightarrow Mg(OH)_2\downarrow + CO_2 \uparrow$$

स्थायी कठोरता (अकार्बोनेट कठोरता):

स्थायी कठोरता कैल्शियम, मैग्नीशियम, आयरन और अन्य भारी तत्वों के घुले हुए क्लोराइड और सल्फेट्स की उपस्थिति के कारण होती है। से उबालकर खत्म नहीं किया जा सकता है।

इसलिए, हम यह निष्कर्ष निकाल सकते हैं कि मैग्नीशियम सल्फेट पानी की स्थायी कठोरता के लिए जिम्मेदार है।

अतः विकल्प (C) सही है।

166. जल प्रदूषण:

जल प्रदूषण, उपसतह भूजल में या झीलों, नदियों, नदियों, मुहल्लों और महासागरों में पदार्थ की निकासी उस बिंदु तक जहां पदार्थ पानी के लाभकारी उपयोग या पारिस्थितिक तंत्र के प्राकृतिक कामकाज में हस्तक्षेप करते हैं।

ई कोलाई:

- ई. कोलाई (एस्चेरिचिया कोलाई), एक प्रकार का बैक्टीरिया है जो आम तौर पर आपकी आंतों में रहता है।
- यह कुछ जानवरों के पेट में भी पाया जाता है।
- यह स्वाभाविक रूप से मनुष्यों और जानवरों की आंतों में होता है।
- ई. कोलाई के कुछ संस्करण शिगा नामक विष बनाकर मनुष्य को बीमार कर देते हैं।
- यह विष आंत की परत को नुकसान पहुंचाता है।
- मानव मल में कोलीफॉर्म बैक्टीरिया पाए जाते हैं।
- ई. कोलाई जल प्रदूषण का सबसे आम संकेतक है।
- इसलिए यदि पीने के पानी में ई. कोलाई पाया जाता है तो यह एक गंभीर स्वास्थ्य जोखिम का संकेत देता है और उस पानी को पीने के लिए इस्तेमाल नहीं किया जाना चाहिए।
- सतही जल में ऐसे जीवाणुओं की उपस्थिति मल संदूषण का एक सामान्य संकेतक है।
- स्वच्छता कार्यक्रम परीक्षण मल के संदूषण को साफ करने के लिए पानी का पता लगाता है।
- वे आमतौर पर सीवेज में पाए जाते हैं और यदि पानी में ई. कोलाई पाया जाता है तो यह मल संदूषण का संकेत देता है।

इसलिए, जल प्रदूषण का सामान्य संकेतक ई. कोलाई है।

अतः विकल्प (B) सही है।

167. बेंजीन हेक्साक्लोराइड (BHC):

बेंजीन हेक्साक्लोराइड का उपयोग फसलों पर, वानिकी में, बीज उपचार के लिए कीटनाशक के रूप में किया जाता है। इसका उपयोग औषधियों में किया जाता है। इसका उपयोग खुजली, सिर और शरीर के जूँ के उपचार में किया जाता है। ये आम तौर पर निर्जीव वस्तुओं से प्राप्त होते हैं।

अजैव-अपघटनीय प्रदूषक:

- जो प्रदूषक अपघटित नहीं होता है या हानिरहित पदार्थ में विघटित नहीं होता है, वह एक गैर-अपघटनीय प्रदूषक है।
- बेंजीन हेक्साक्लोराइड एक अजैव-अपघटनीय प्रदूषक है क्योंकि यह विघटित घटकों में नहीं टूटता है।
- यह कचरा भराव क्षेत्रों जैसे लंबे समय तक चलने वाले प्रभाव पैदा करता है जिसमें विषैले प्रदूषक भूजल को दूषित करते हैं।
- उन्हें पुनःचक्रित नहीं किया जा सकता है इसलिए उन्हें क्षेपण स्थलों की आवश्यकता होती है।

इसलिए, BHC एक अजैव-अपघटनीय प्रदूषक है।

अतः विकल्प (D) सही है।

168. पानी खिलता है या शैवाल खिलता है:

- शैवाल प्रस्फुटन एक जलीय प्रणाली में शैवाल की आबादी में तेजी से वृद्धि या संचय है।
- मीठे पानी के साथ-साथ समुद्री वातावरण में भी शैवाल खिल सकते हैं।

- अधिकांश शैवालीय प्रस्फुटन हानिकारक नहीं होते हैं, लेकिन कुछ विष उत्पन्न करते हैं और मछली, पक्षियों, समुद्री स्तनधारियों और मनुष्यों को प्रभावित करते हैं।
- विषाक्त पदार्थ आसपास की हवा को सांस लेने में भी मुश्किल बना सकते हैं।
- इन्हें हानिकारक शैवाल ब्लूम (HABs) के रूप में जाना जाता है।
- एचएबी समुद्रतटीय क्षेत्रों और उनकी आश्रित आबादी में पौधों के मरने के कारण प्रकाश के प्रवेश को सीमित करता है।
- इन मृत जीवों को विघटित करने के लिए बड़ी मात्रा में ऑक्सीजन की खपत होती है।
- इससे पानी की बायोलॉजिकल ऑक्सीजन डिमांड (बीओडी) बढ़ जाती है।
- घुलित ऑक्सीजन कम हो जाती है और इसके परिणामस्वरूप मछलियों की मौत हो जाती है।
- सबसे खराब मामलों में, यह जल निकायों के हाइपोक्सिया की ओर जाता है, जिससे आगे मृत क्षेत्रों का निर्माण होता है जहां पानी अब जीवन का समर्थन नहीं कर सकता है।
- पानी का रंग बदल जाता है और यह एक दुर्गंधयुक्त, अप्रिय गंध भी देता है जिससे पानी पीने के लिए अनुपयुक्त हो जाता है।

इसलिए, पानी के खिलने की उपस्थिति ऑक्सीजन की कमी के कारण होती है।

अतः विकल्प (B) सही है।

169. वर्षा जल प्राकृतिक जल का सबसे शुद्ध रूप है। यह भी जल के प्रमुख स्रोतों में से एक है।

वर्षा का जल:

- वर्षा जल जल का सबसे शुद्ध और प्राकृतिक स्रोत है क्योंकि यह सूर्य की उपस्थिति में जल के संघनन से उत्पन्न होता है।
- जल सीधे तालाबों, नदियों, झीलों आदि के मीठे जल के वाष्पीकरण से आता है।
- इसमें किसी प्रकार की अशुद्धता नहीं होती है।
- वाष्पीकरण की प्राकृतिक प्रक्रिया के कारण सभी अशुद्धियाँ दूर हो जाती हैं।
- इसकी शुद्धता के कारण इसे आमतौर पर प्रयोगशालाओं में प्रयोग किया जाता है।
- वर्षा जल को विभिन्न स्थानों पर एकत्र किया जाता है और पीने के जल के रूप में उपयोग किया जाता है।

इस प्रकार, वर्षा जल सबसे शुद्ध और सर्वोत्तम होता है।

अतः विकल्प (A) सही है।

170. सीवेज ट्रीटमेंट प्रदूषित पानी को पानी के निकायों में छोड़ने से पहले साफ करने की प्रक्रिया है।

सीवेज जल उपचार तीन चरणों में किया जाता है :

प्राथमिक उपचार:

- इसमें निस्पंदन और अवसादन के माध्यम से सीवेज से कणों को भौतिक रूप से हटाना शामिल है।
- फ्लोटिंग मलबे को शुरू में अनुक्रमिक निस्पंदन के माध्यम से हटा दिया जाता है।
- फिर अवसादन द्वारा ग्रिट को हटा दिया जाता है।
- प्राथमिक कीचड़ से बसे ठोस और बहिःस्राव से सतह पर तैरनेवाला।

माध्यमिक उपचार:

- प्राथमिक बहिःस्राव को वातन टैंकों में प्रवाहित किया जाता है और यंत्रवत् रूप से लगातार उत्तेजित किया जाता है।

- इसमें हवा भरी जाती है।

- यह लाभकारी एरोबिक रोगाणुओं के विकास को बढ़ावा देता है जो अपशिष्ट में कार्बनिक पदार्थों का उपभोग करते हैं।

तृतीयक उपचार:

- यह उन्नत उपचार प्रक्रिया है जो माध्यमिक अपशिष्ट जल उपचार का अनुसरण करती है और उच्च गुणवत्ता वाले पानी का उत्पादन करती है ।

- अपशिष्ट जल के तृतीयक उपचार में फास्फोरस और नाइट्रोजन जैसे पोषक तत्वों को हटाने के साथ-साथ सभी निलंबित और कार्बनिक पदार्थों को हटाना शामिल है।

- फिर, पानी को प्राकृतिक स्रोत में भेजा जाता है।

अतः विकल्प (B) सही है।

General Knowledge

Q.1 रक्षा मंत्रालय द्वारा किस जहाज निर्माण कंपनी को ग्रीन चैनल प्रमाणन से सम्मानित किया गया है?

A. गोवा शिपयार्ड

B. कोचीन शिपयार्ड

C. गार्डन रीच शिपबिल्डर्स एंड इंजीनियर्स

D. मझगांव डॉक शिपबिल्डर्स

Q.2 इंटरनेशनल गर्ल्स इन आईसीटी डे 2022 का विषय क्या था जो हर साल अप्रैल में चौथे गुरुवार को मनाया जाता है?

A. पहुंच और सुरक्षा

B. अगली पीढ़ी को प्रेरणा

C. केस फॉर चेंज, कनेक्टेड वीमेन, IoT और टेक 4 गर्ल्स

D. शक्ति परिवर्तन: नवाचार और रचनात्मकता में महिलाएं

Q.3 निम्नलिखित में से किसने 'इंडियाज बूमिंग गिग एंड प्लेटफॉर्म इकोनॉमी' शीर्षक से एक रिपोर्ट लॉन्च की?

A. नीति आयोग

B. भारतीय रिजर्व बैंक

C. भारतीय वाणिज्य और उद्योग मंडल महासंघ

D. नैसकॉम

Q.4 1946 में, निम्नलिखित में से किसे भारतीय संविधान सभा का अंतरिम अध्यक्ष बनाया गया था?

A. सचिंद्रनाथ सन्याल   **B.** सरोजिनी नायडू

C. एस. सुब्रमण्य अय्यर   **D.** सच्चिदानंद सिन्हा

Q.5 निम्नलिखित में से किस समिति ने भारत में पंचायती राज व्यवस्था के लिए सिफारिश की थी?

A. पुंछी समिति

B. बलवंत राय मेहता समिति

C. सिंघवी समिति

D. इनमे से कोई नहीं

Q.6 शिक्षा का अधिकार कब एक मौलिक अधिकार बन गया?

[RRB (NTPC), 2017]

A. अप्रैल 2010   **B.** अप्रैल 2004

C. अप्रैल 2008   **D.** अप्रैल 2012

Q.7 एक वस्तु को इसके अंकित मूल्य पर 18% और 22% की क्रमागत छूट देकर 799.50 रुपए में बेचा जाता है। वस्तु का क्रय मूल्य 1,000 रुपए है। यदि इसे अंकित मूल्य पर बेचा जाता है, तो लाभ है:

[SSC Selection Post Phase IX, 2020]

A. 250 रुपए   **B.** 240 रुपए   **C.** 300 रुपए   **D.** 220 रुपए

Q.8 वो संख्याएँ $5:6$ के अनुपात में हैं। यदि उनमें से 8 को घटाया जाता है, तो वे $4:5$ के अनुपात में हो जाती हैं, संख्याएं हैं:

A. (40, 48)   **B.** (15, 16)   **C.** (25, 30)   **D.** (15, 18)

Q.9 5 मात्राओं का औसत 6 है। उनमें से 3 का औसत 8 है। शेष दो मात्राओं का औसत क्या है?

A. 3   **B.** 4   **C.** 5   **D.** 6

Q.10 LPG के घटक कौन से हाइड्रोकार्बन होते हैं?

A. मीथेन और ईथेन   **B.** प्रोपेन और ब्यूटेन

C. पेंटेन और बेंजीन   **D.** केवल मीथेन

Q.11 निम्नलिखित में से कौन सा कथन कपूर और अमोनियम क्लोराइड के बारे में सही है?

A. वे दोनों अकार्बनिक यौगिक हैं

B. ये दोनों ही कार्बनिक यौगिक हैं

C. दोनों ही उर्ध्वपातन होते हैं

D. (A) और (B) दोनों

Q.12 किस मानव निर्मित फाइबर को लकड़ी के गूदे से प्राप्त किया जाता है?

A. नायलॉन   **B.** रेयान   **C.** रेशम   **D.** पॉलिएस्टर

Q.13 केप्लर का दूसरा नियम इस रूप में भी जाना जाता है:

A. परिक्रमण काल का नियम

B. क्षेत्रीय चाल का नियम

C. कक्षाओं का नियम

D. ग्रहों का नियम

Q.14 किसी कारखाने में श्रमिकों की कमी की वजह से उसके उत्पादन में 25% कमी आती है। कार्य अवधि को कितना % बढ़ाया जाये, कि उत्पादन पूर्ववत बना रहे?

A. $53\frac{1}{3}\%$ **B.** $23\frac{1}{3}\%$ **C.** $40\frac{1}{3}\%$ **D.** $33\frac{1}{3}\%$

Q.15 1857 के विद्रोह की जड़ें _____ में थीं।

A. स्पष्ट रूप से भेदभावपूर्ण नीतियां

B. शोषणकारी भूमि राजस्व नीति

C. ग्रीस्ड कार्ट्रिज की नीति

D. ऊपर के सभी

Q.16 1857 के विद्रोह का प्रभाव यह था कि:

A. भारत में विद्रोह की भावना को कुचल दिया गया

B. अंग्रेज पूरी तरह से हताश हो गए

C. अंग्रेजों ने अपनी दमनकारी नीतियों को त्याग दिया

D. हिंदुओं और मुसलमानों के बीच एकता गढ़ी गई थी

Q.17 निम्नलिखित में से कौन भारत में कृषि की विशेषता नहीं है?

A. निर्वाह कृषि

B. कृषि पर आबादी का दबाव

C. मानसून पर निर्भरता

D. नकदी फसलों की प्रधानता

Q.18 जिस क्षेत्र में किसान केवल सब्जियों के विशेषज्ञ होते हैं, इस प्रकार की खेती को कहा जाता है:

A. सहकारी खेती   **B.** मिश्रित खेती

C. ट्रक खेती   **D.** सामूहिक खेती

Q.19 गेहूँ की उत्परिवर्ती किस _______ है।

A. ओएनथोरा लामार्कियाना

B. केस्टर अरुणा

C. शरबती सोनोरा

D. मिराबिलिस जलाबा

Q.20 "समानांतर कृषि" का उदाहरण कौन सा है?

[Uttarakhand Public Service Commission (UKPSC), 2016]

A. आलू + चावल
B. गेहूं + सरसों
C. कपास + गेहूं
D. ज्वार + आलू

Q.21 महिलाओं की 25 मीटर पिस्टल टीम स्पर्धा के फाइनल में, भारत ने मार्च 2022 में ISSF विश्व कप 2022 का अपना तीसरा स्वर्ण पदक जीतने के लिए किस देश को 17-13 से हराया?

A. इंडोनेशिया
B. सिंगापुर
C. मलेशिया
D. ब्रुनेई

Q.22 भारत में निर्धनता का प्रथम अनुमान किसके द्वारा लगाया गया था?

A. राष्ट्रीय आय समिति
B. बागीचा सिंह मिन्हास
C. वी. के. आर. वी. राव
D. लकड़ावाला समिति

Q.23 निम्नलिखित में से कौन सा विकास को मापने के लिए UNDP के मानदंडों में से एक है जिसका उपयोग विश्व बैंक द्वारा विभिन्न देशों को वर्गीकृत करने में भी किया जाता है?

A. शिक्षा
B. जीडीपी
C. स्वास्थ्य
D. प्रति व्यक्ति आय

Q.24 यूनियन बजट 2021-22 के अंतर्गत निम्न में से किस पर सीमा शुल्क को तर्कसंगत बनाया जाना है?

A. सोना और चांदी
B. टिन और सिल्वर
C. तांबा और सोना
D. टिन और तांबा

Q.25 सूची - 1 को सूची - 2 के साथ सुमेलित कीजिए और सूचियों के नीचे दिए गए कूट का प्रयोग कर सही उत्तर चुनिए।

सूची 1 (योजना)	सूची 2 (प्रारंभ का वर्ष)
1. प्रधानमंत्री उज्ज्वला योजना	(a) 2019
2. प्रधानमंत्री सहज बिजली हर घर योजना	(b) 2016
3. पीएम-कुसुम योजना	(c) 2015
4. अटल पेंशन योजना	(d) 2017

A. 1 - (a), 2 - (b), 3 - (c), 4 - (d)
B. 1 - (d), 2 - (c), 3 - (b), 4 - (a)
C. 1 - (c), 2 - (a), 3 - (d), 4 - (b)
D. 1 - (b), 2 - (d), 3 - (a), 4 - (c)

Q.26 विश्व में मक्का का सबसे बड़ा उत्पादक देश कौन सा है?

A. भारत
B. संयुक्त राज्य अमेरिका
C. ब्राजील
D. चीन

Q.27 विश्व की सबसे लंबी नदी नील निम्नलिखित में से किस देश से होकर बहती है?

A. दक्षिण अफ्रीका
B. सूडान
C. सोमालिया
D. चाड

Q.28 भारत के चुनाव आयोग के अनुसार, एक 'राष्ट्रीय पार्टी' के रूप में मान्यता प्राप्त करने के लिए, एक राजनीतिक दल को ____ में होनी चाहिए।

A. कम से कम दो राज्य
B. कम से कम तीन राज्य
C. कम से कम चार राज्य
D. कम से कम पांच राज्य

Q.29 उस सम्राट का नाम बताइए जिसने बेसनगर को शुंग वंश की राजधानी के रूप में स्थापित किया।

A. वसुमित्र
B. देवभुति
C. भागभद्र
D. पुलिन्दक

Q.30 चीनी यात्री ह्वेनसांग किसके शासनकाल के दौरान भारत आया था?

A. समुद्रगुप्त
B. अशोक
C. हर्षवर्धन
D. कुलोतुंग 1

General Hindi

Q.31 निम्नलिखित शब्दों में से विशेषण को पहचानिए।

[UP Police Constable, 2018]

A. ऐतिहासिक
B. उपासना
C. आश्वासन
D. अपेक्षा

Q.32 "सुन्दर" किस वाक्य में विशेषण है?

A. सुन्दर अच्छा है।
B. सीमा सुन्दर नाची।
C. वह सुन्दर लिखता है।
D. ताज महल सुन्दर है।

Q.33 "वह रमा का विद्यालय है" वाक्य में कौन सा विशेषण है?

A. गुण वाचक
B. संख्या वाचक
C. संकेत वाचक
D. इनमें से कोई नहीं

Q.34 'जिस स्त्री का पति जीवित है' के लिए उपयुक्त शब्द कौन सा है?

A. सधवा
B. विरहिणी
C. पतिव्रता
D. अन्योढ़ा

Q.35 'जिसका जन्म कन्या के गर्भ से हुआ हो' के लिए एक शब्द का चयन कीजिए:

A. कन्यापुत्र
B. कानीन
C. अवैधपूर्ण
D. कुमारीपुत्र

Q.36 "मार्ग में खाने के लिए भोजन" वाक्य के लिए एक शब्द होगा:

A. पाथेय
B. परिधेय
C. पौरुषेय
D. इनमें से कोई नहीं

Q.37 फंदा शब्द का तत्सम रूप है।

A. पाश
B. पर्पट
C. पर्ण
D. पक्क

Q.38 'कपित्थ' का तत्सम शब्द है:

A. कपूर
B. कैथा
C. केला
D. खजूर

Q.39 निम्नलिखित में तद्भव शब्द है।

A. अचरज
B. अंधकार
C. अंगरक्षक
D. आशा

Q.40 निर्देश: वर्तनी के अनुसार अशुद्ध शब्द का चयन कीजिए:

A. बरात
B. आर्शीवाद
C. श्रद्धांजलि
D. अंत्याक्षरी

Q.41 निर्देश: वर्तनी के अनुसार शुद्ध शब्द का चयन कीजिए -

A. सूषुप्ति
B. सुशुप्ति
C. सुसुप्ति
D. सुषुप्ति

Q.42 निर्देश: वर्तनी के अनुसार शुद्ध शब्द का चयन कीजिए ।

A. कवयीत्री
B. कवित्री
C. कवियित्री
D. कवयित्री

Q.43 दिए गए विकल्पों में से 'बंधन' शब्द का विलोम क्या होगा?

A. परतंत्र
B. मुक्त
C. वाचाल
D. मर्त्य

Q.44 दिए गए विकल्पों में से 'उपत्यका' शब्द का विलोम क्या होगा?

A. विरह
B. अनध्याय
C. अनुरक्ति
D. अधित्यका

Q.45 दिए गए विकल्पों में से 'आच्छादित' शब्द का विलोम क्या होगा?

A. अनिच्छित
B. आध्यात्मिक
C. अनाच्छादित
D. अवनति

Q.46 स्थावर शब्द का विलोम है-

A. सूचल
B. चंचल
C. चेतन
D. जंगम

Q.47 निम्नलिखित में से कोई एक 'मरूत' शब्द का पर्यायवाची नहीं है।

A. मेधा
B. पवन
C. वात
D. उपरोक्त में से कोई नहीं

Q.48 'अंबुनिधि' किसका पर्यायवाची है।

A. जल
B. कमल
C. सागर
D. मेघ

Q.49 निम्नलिखित में कौन सा शब्द 'अर्जुन' का पर्यायवाची है?

A. अनूठा   B. अवध्व   C. ध्वान्त   D. पार्थ

Q.50 कौन सा विकल्प 'बाण' का पर्यायवाची नहीं है?

[UPTET Social Studies, 2019], [UPTET Science and Maths, 2019]

A. आशुग   B. सारंग   C. शिलीमुख   D. विशिख

Main Subject Nursing

Q.51 पोर्टल प्रणाली में नस शामिल होती है जो रक्त को _____ से बाहर निकालती है।

A. सर और गर्दन   B. फेफड़े
C. उदर भाग   D. गुर्दे

Q.52 _____ परिसंचरण रक्त को हृदय से फेफड़ों और पीठ तक ले जाता है।

A. प्रणालीगत   B. शरीर   C. पल्मोनरी   D. रक्त

Q.53 प्रणालीगत शिरापरक प्रणाली उस नस को संदर्भित करती है जिसमें नालियां होती हैं:

A. दाहिना वैंट्रिकल   B. दायां अलिंद
C. बायां आलिंद   D. बायां वैंट्रिकल

Q.54 ऑरिकल को किस नाम से भी जाना जाता है?

A. कान का परदा   B. पिन्ना
C. सुनने वाली ट्यूब   D. राउंड विंडो

Q.55 बोनी लेबिरिंथ में _______ नामक द्रव से भरा होता है।

A. एंडोलिम्फ   B. पेरिलिम्फ
C. होलोलिम्फ   D. जुक्सटालिम्फ

Q.56 एलेक्स एशियन हॉस्पिटल के मेडिकल डायरेक्टर हैं। वह ग्राहक के इलेक्ट्रॉनिक स्वास्थ्य डेटा तक पहुँचने के लिए उपयोग की जाने वाली ग्राहक जानकारी को रिकॉर्ड करने के लिए सूचना प्रौद्योगिकी का उपयोग करता है। यह नर्सिंग इन्फॉर्मेटिक्स एरिया है:

A. नर्सिंग प्रैक्टिस   B. नर्सिंग एजुकेशन
C. नर्सिंग रिसर्च   D. नर्सिंग प्रशासन

Q.57 "INFORMATIKS" शब्द की उत्पत्ति सर्वप्रथम किसने की?

A. वाल्टर बाउर   B. एनए
C. कार्ल स्टीनबच   D. स्कोल्स और बार्बर

Q.58 यह संयुक्त शब्द सूचना और स्वचालन को संदर्भित करता है, जिसका अर्थ है स्वचालित सूचना प्रसंस्करण:

A. नर्सिंग सूचना विज्ञान   B. सूचना
C. प्रौद्योगिकी   D. इनमें से कोई नहीं

Q.59 सेंट ल्यूक हॉस्पिटल के करेन ,मेडिकल डायरेक्टर एक कम्प्यूटराइज्ड सिस्टम की मांग कर रहे थे जिसे रोगी इनफार्मेशन रिकायरमेंट्स और रोगी पंजीकरण पर इनफार्मेशन आवश्यकताओं को पूरा करने के लिए डिज़ाइन किया गया है। वह किस सिस्टम का जिक्र कर रही है:

A. स्वास्थ्य मैनेजमेंट
B. क्लीनिकल और हॉस्पिटल इनफार्मेशन सिस्टम
C. रोगी इनफार्मेशन मैनेजमेंट
D. रिकॉर्ड मैनेजमेंट

Q.60 यह सिस्टम की रिलायबिलिटी, इंटीग्रिटी और प्रदर्शन को मापता है। यह संदर्भित करता है:

A. डिपेंडेबल सिस्टम   B. नर्सिंग इंफॉर्मेटिक्स
C. न्यूनतम डेटा सेट   D. स्वास्थ्य रिकॉर्ड सिस्टम

Q.61 नर्सिंग इंफॉर्मेटिक्स किन पहलुओं का संयोजन है?

A. कंप्यूटर विज्ञान   B. इंफॉर्मेटिक्स विज्ञान
C. नर्सिंग विज्ञान   D. ये सभी

Q.62 कार्ला, नर्स एनेस्थेटिस्ट, अनुसूचित मास्टेक्टॉमी वाले रोगी के लिए प्री-ऑपरेटिंग दवाओं की गणना और प्रबंधन में कंप्यूटर का उपयोग करती है। वह जिस सिस्टम का उपयोग कर रही है वह है:

A. पेशेंट मॉनिटरिंग सिस्टम
B. लेबॉरेटरी इंफॉर्मेशन सिस्टम
C. फार्मेसी इंफॉर्मेशन सिस्टम
D. हॉस्पिटल इंफॉर्मेशन सिस्टम

Q.63 एनालिसिस और पॉसिबली बाद की कार्रवाई के लिए एकत्र किए गए वर्ण संख्या या तथ्य:

उदाहरण: 14 दिन, अफ्रीकी अमेरिकी ने 100 बीट/मिनट का डाइवोर्स ।

A. इनफार्मेशन   B. डेटा
C. नॉलेज   D. विजडम

Q.64 सांस्कृतिक रूप से विविध आबादी की देखभाल की योजना बनाते समय कौन सा कथन नर्स की भूमिका को सबसे अच्छी तरह समझाएगा? नर्स _______ की देखभाल की योजना बनाएगी।

A. ऐसी देखभाल शामिल करें जो सांस्कृतिक रूप से पूर्व निर्धारित मानदंडों से कर्मचारियों के अनुरूप हो
B. नर्स के विश्वासों और प्रथाओं की अनदेखी करते हुए केवल क्लाइंट की जरूरतों पर ध्यान दें
C. नर्स के मूल्यों को मिलाएं जो ग्राहक की भलाई के लिए हैं और देखभाल के दौरान ग्राहक के व्यक्तिगत मूल्यों और विश्वासों को कम करते हैं
D. अपने स्वयं के पूर्वग्रह से अवगत रहते हुए देखभाल प्रदान करें, स्टाफ की प्रथाओं के बजाय क्लाइंट की व्यक्तिगत जरूरतों पर ध्यान केंद्रित करें

Q.65 ट्रांसकल्चरल नर्सिंग का तात्पर्य _______ से है।

A. सांस्कृतिक रूप से उपयुक्त विशिष्ट व्यक्तिगत देखभाल प्रदान करने के लिए मानव समूहों में समानता और अंतर को समझने के लिए संस्कृतियों के तुलनात्मक अध्ययन का उपयोग करना
B. अपनी सीमाओं के भीतर नर्सिंग का अभ्यास करने के लिए दूसरी संस्कृति में काम करना
C. सभी सांस्कृतिक विश्वासों को एक अभ्यास में जोड़ना जो सभी ग्राहकों की देखभाल की समानता के लिए सांस्कृतिक बाधाओं को कम करने के लिए एक गैर-धमकी देने वाला दृष्टिकोण है
D. सभी ग्राहकों को सर्वोत्तम-सामान्यीकृत देखभाल प्रदान करने के लिए सभी सांस्कृतिक अंतरों को अनदेखा करना

Q.66 भिन्न सांस्कृतिक पृष्ठभूमि वाले क्लाइंट के लिए नर्सिंग देखभाल की योजना बनाते समय नर्स को क्या करना चाहिए?

A. परिवार को अस्पताल में रहने के दौरान देखभाल करने की अनुमति दें ताकि कोई भी अनुष्ठान या रीति-रिवाज न टूटे
B. पहचानें कि ये सांस्कृतिक चर स्वास्थ्य समस्या को कैसे प्रभावित करते हैं
C. धीरे-धीरे बोलें और यह सुनिश्चित करने के लिए चित्र दिखाएं कि क्लाइंट हमेशा समझे
D. समझाएं कि अस्पताल में प्रभावी ढंग से देखभाल करने के लिए क्लाइंट को अस्पताल की दिनचर्या के अनुकूल कैसे होना चाहिए

Q.67 एक नैदानिक सेटिंग में पेशेवर नर्सिंग अभ्यास के लिए नैतिक सिद्धांत आचरण के सिद्धांतों द्वारा निर्देशित होते हैं जिन्हें _______ के रूप में लिखा जाता है।

A. अमेरिकन नर्सेज एसोसिएशन (एएनए) की आचार संहिता
B. नर्स प्रैक्टिस एक्ट (एनपीए) राज्य के कानून द्वारा लिखित
C. अभ्यास क्षेत्र में विशेषज्ञों से देखभाल के मानक
D. नागरिक दिशानिर्देशों के लिए अच्छे सामरी कानून

Q.68 नर्सिंग की कमी के समय "सबसे अधिक आवश्यकता" वाले क्षेत्रों में नर्सों का वितरण ______ का एक उदाहरण है।

A. उपयोगितावाद सिद्धांत
B. डेंटोलॉजिकल थ्योरी
C. न्याय
D. उपकार

Q.69 प्लीहा को हटाने से क्या होगा:

A. मृत्यु
B. मनुष्य को बांझ बना देना
C. मूत्र मार्ग में संक्रमण
D. इनमे से कोई भी नहीं

Q.70 वैरिकाज़ नसें अक्सर होती हैं:

A. लंबी और मोटी
B. छोटी और पतली
C. फैली हुई और टेढ़ी-मेढ़ी
D. संकुचित और टेढ़ी-मेढ़ी

Q.71 वैरिकाज़ नसें अधिक प्रचलित हैं:

A. महिलाओं में
B. पुरुषों में
C. सफेद पुरुषों में
D. वृद्ध लोगों में

Q.72 वैरिकोसिटीज की आमतौर पर जांच की जाती है:

A. रोगी के खड़े होने के साथ
B. रोगी के साथ फ्लैट
C. बाएं पार्श्व स्थिति में रोगी के साथ
D. रोगी के गर्म स्नान करने के बाद

Q.73 न्यूमोसेफालस तब होता है जब:

A. कपाल में प्रवेश करती है हवा
B. रोगी को निमोनिया भी है
C. सिर दिल के स्तर से नीचे झुका हुआ है
D. बढ़ा हुआ इंट्राकैनायल दबाव है

Q.74 क्रैनियोटॉमी के कारणों में शामिल हैं:

A. ऊतक की बायोप्सी
B. हेमेटोमा की निकासी
C. एन्यूरिज्म की कतरन
D. उपरोक्त सभी

Q.75 एक धमनीविस्फार है:

A. धमनी की कमजोर दीवार में उभार
B. एक नस की दीवार में एक उभड़ा हुआ
C. दिल की कमजोर दीवार में उभार
D. फुफ्फुस गुहा में एक उभड़ा हुआ

Q.76 पोस्टऑपरेटिव क्रैनियोटॉमी में सबसे शुरुआती जटिलताएं होती हैं:

A. सर्जरी के बाद पहला हफ्ता
B. सर्जरी के बाद पहले 6 घंटे
C. सर्जरी के बाद पहला महीना
D. सर्जरी के बाद पहले 8 घंटे

Q.77 बढ़े हुए इंट्राकैनायल दबाव के लक्षणों और लक्षणों में शामिल हैं:

A. हाइपोटेंशन और टैचीकार्डिया
B. उच्च रक्तचाप और क्षिप्रहृदयता
C. उच्च रक्तचाप और मंदनाड़ी
D. हाइपोटेंशन और ब्रैडीकार्डिया

Q.78 विलिस का चक्र स्थित है:

A. मस्तिष्क के आधार पर
B. स्पाइनल कॉलम में
C. ड्यूरा मेटर के भीतर
D. इनमें से कोई नहीं

Q.79 निम्नलिखित में से कौन गर्भकालीन मधुमेह के लिए जोखिम कारक नहीं है?

A. उच्च रक्त चाप
B. एशियाई जातीयता
C. उन्नत मातृ आयु

D. जन्मजात विकार वाले बच्चे का पूर्व जन्म

Q.80 प्रसव केंद्र पर मूल्यांकन के लिए पहुंची महिला। वह सोचती है कि वह श्रम में हो सकती है। वह बहुपत्नी है और हर 3 मिनट में संकुचन का अनुभव कर रही है। जांच करने पर, नर्स ने नोट किया कि वह 5 सेमी फैली हुई है और 50% मिट चुकी है। महिला श्रम के किस चरण और अवस्था का अनुभव कर रही है?

A. चरण 2, अवस्था 1
B. चरण 2, अवस्था 2
C. चरण 1, अवस्था 3
D. चरण 1, अवस्था 2

Q.81 एक श्रमिक रोगी द्वारा नर्स को एक कमरे में बुलाया जाता है। रोगी पीठ दर्द की शिकायत करता है और बेचैन दिखाई देता है। उसकी उंगलियां कांप रही हैं और माथे से पसीने की बूंदें गिर रही हैं। नर्स को संदेह है कि वह प्रसव के किस चरण का अनुभव कर रही होगी?

A. चरण 3, अवस्था 1
B. चरण 1, अवस्था 3
C. चरण 2, अवस्था 2
D. चरण 1, अवस्था 2

Q.82 एंड्रिया प्रसवपूर्व यात्रा के लिए कार्यालय आती है। वह उल्लेख करती है कि हाल ही में, वह अत्यधिक भूखी, प्यासी और बहुत थकी हुई है। नर्स को निम्नलिखित में से किस पर संदेह होगा?

A. रक्ताल्पता
B. परवोवायरस बी19
C. पूर्व प्रसवाक्षेप
D. गर्भकालीन मधुमेह

Q.83 निम्नलिखित में से कौन गर्भवती महिला में अस्थमा को ट्रिगर कर सकता है?

A. पशु के बालों से
B. इसोफेजियल रिफ्लक्स
C. बिना धुली चादरें
D. उपर्युक्त सभी

Q.84 एकांत क्षेत्र को छोड़ने से पहले आपके लिए हाथ की स्वच्छता करना क्यों महत्वपूर्ण है?

A. साथी स्वास्थ्य देखभाल पेशेवरों को दूषित करने के जोखिम को कम करने के लिए।
B. आसपास के वातावरण को दूषित करने के जोखिम को कम करने के लिए।
C. आगंतुकों और अन्य ग्राहकों को दूषित करने के जोखिम को कम करने के लिए।
D. अपने आप को दूषित करने के जोखिम को कम करने के लिए।

Q.85 निम्नलिखित में से कौन-सा एक स्वच्छ दिनचर्या के अनुसार संक्रमणों का वर्गीकरण है?

A. खाद्य जनित संक्रमण
B. जल जनित संक्रमण
C. पानी से धोए गए संक्रमण
D. उपरोक्त सभी

Q.86 इबोला मनुष्य से मनुष्य में कैसे फैलता है?

A. रक्त और शारीरिक तरल पदार्थों के सीधे संपर्क से फैलता है
B. संक्रमित बूंदों के अंदर लेने से फैलता है
C. दूषित पानी से फैलता है
D. उपरोक्त में से कोई नहीं

Q.87 हैंड सैनिटाइज़र हाथ की स्वच्छता का एक स्वीकार्य रूप है क्योंकि:

A. वे आपके हाथ धोने के समान ही प्रभावी हैं।
B. वे आपके हाथों के सभी बैक्टीरिया को मार देते हैं।
C. अपने हाथ धोने की तुलना में अधिक सुरक्षा प्रदान करें।
D. यह हाथ की स्वच्छता का स्वीकार्य रूप नहीं है।

Q.88 नियमित रूप से साबुन से नहाना एवं धोकर वस्त्र पहनना निम्न में से किस रोग की रोकथाम कर सकता है?

A. दाद
B. हैजा
C. पीलिया
D. ये सभी

Q.89 बाल चिकित्सा गैस्ट्रोओसोफेगल रिफ्लक्स रोग (जीईआरडी) में, निचले एसोफेजियल स्फिंक्टर फंक्शन की अपरिपक्वता अक्सर क्षणिक निचले एसोफेजल आराम से प्रकट होती है, जिसके परिणामस्वरूप गैस्ट्रिक सामग्री के एसोफैगस में प्रतिगामी प्रवाह होता है।

अन्नप्रणाली के बारे में कौन सा कथन सत्य है?

A. इसमें ऊपरी और निचले स्फिंक्टर होते हैं

B. यह श्वासनली के सामने स्थित है

C. यह पेट तक जाने के लिए खाने-पीने की चीजों के लिए एक राजमार्ग है

D. दोनों (A) और (C)

Q.90 नर्स ऐलेना एक 7 साल के बच्चे को संभाल रही है जिसे सिस्टिटिस है। बच्चे का आकलन करते समय नर्स ऐलेना निम्नलिखित में से क्या उम्मीद करेगी?

A. डिस्यूरिया

B. कॉस्टओवरटेब्रल टेंडरनेस

C. फ्लेंक पेन

D. हाई फीवर

Q.91 निम्नलिखित में से कौन सा जीव बच्चों में यूथ्रस पथ के संक्रमण (यूटीआई) का सबसे आम कारण है?

A. क्लेबसिएला **B.** स्टेफिलोकोकस

C. एस्चेरिचिया कोली **D.** स्यूडोमोनास

Q.92 नर्स जेरेमी एक ग्राहक के द्रव सेवन और आउटपुट रिकॉर्ड का मूल्यांकन कर रही है। द्रव सेवन और यूरिन उत्पादन किस प्रकार संबंधित होना चाहिए?

A. तरल पदार्थ का सेवन यूरिन उत्पादन को दोगुना कर देना चाहिए

B. तरल पदार्थ का सेवन लगभग यूरिन उत्पादन के बराबर होना चाहिए

C. तरल पदार्थ का सेवन यूरिन उत्पादन का आधा होना चाहिए

D. तरल पदार्थ का सेवन यूरिन उत्पादन के व्युक्रमानुपाती होना चाहिए

Q.93 बौद्धिक अक्षमता (आईडी) से पीड़ित एक बच्चा नर्स ताशा की देखरेख में है। नर्स इस बात से अवगत है कि माइल्ड आईडी के संकेत और लक्षणों में निम्नलिखित में से क्या शामिल है?

A. कुछ संचार कौशल

B. चलने में आलस्य

C. एक बच्चे की मानसिक उम्र

D. ध्यान देने योग्य विकासात्मक देरी

Q.94 एक मरीज नर्स से पूछता है कि इलेक्ट्रॉनिक स्वास्थ्य रिकॉर्ड (ईएचआर) प्रणाली का उपयोग क्यों किया जा रहा है। नर्स की कौन सी प्रतिक्रिया ईएचआर प्रणाली के औचित्य की समझ को इंगित करती है?

A. इसमें असामान्य घटनाओं की संगठनात्मक रिपोर्ट शामिल है जो क्लाइंट के रिकॉर्ड का हिस्सा नहीं हैं

B. इस प्रकार की प्रणाली में संयुक्त दस्तावेज़ीकरण और दैनिक देखभाल योजनाएँ शामिल हैं

C. यह अंतःविषय सहयोग में सुधार करता है जो प्रक्रियाओं में दक्षता में सुधार करता है।

D. इस प्रकार की प्रणाली 24 घंटों में दवा प्रशासन और उपयोग को ट्रैक करती है

Q.95 नर्सिंग के निम्नलिखित में से कौन सा पहलू इसे पेशे और अनुशासन दोनों के रूप में परिभाषित करने के लिए आवश्यक है?

A. देखभाल के स्थापित मानक

B. पेशेवर संगठन

C. वैज्ञानिक अनुसंधान द्वारा समर्थित अभ्यास

D. अभ्यास के दायरे द्वारा निर्धारित गतिविधियाँ

Q.96 रोगी को आघात हुआ और उसे निगलने में कठिनाई होती है। आकांक्षा के लिए रोगी के जोखिम का आकलन करने के लिए किस स्वास्थ्य देखभाल दल के सदस्य से परामर्श किया जाना चाहिए?

A. श्वसन चिकित्सक **B.** व्यावसायिक चिकित्सक

C. दंत चिकित्सक **D.** वाक् चिकित्सक

Q.97 नर्स यह मानती है कि स्वस्थ वृद्ध वयस्कों में भी मूत्र उन्मूलन परिवर्तन निम्न में से किसके कारण हो सकते हैं?

A. मूत्राशय फूल जाता है और उसकी क्षमता बढ़ जाती है

B. वृद्ध वयस्क शून्य करने की आवश्यकता को अनदेखा करते हैं

C. मूत्र अधिक गाढ़ा हो जाता है

D. पेशाब के बाद पेशाब की मात्रा बढ़ जाती है

Q.98 कौन सी क्रिया कंडोम कैथेटर पहनने वाले क्लाइंट के उपयुक्त नर्सिंग प्रबंधन का प्रतिनिधित्व करती है?

A. सुनिश्चित करें कि लिंग की नोक कंडोम के अंत के खिलाफ अच्छी तरह से फिट बैठती है

B. लगाने के 30 मिनट बाद पर्याप्त परिसंचरण के लिए लिंग की जाँच करें

C. हर 8 घंटे में कंडोम बदलें

D. संग्रह ट्यूब को निचले पेट में टेप करें

Q.99 बिस्तर स्नान को साफ करने का सबसे महत्वपूर्ण उद्देश्य _________ है।

A. बिस्तर पर रहने वाले रोगी को शुद्ध करने, ताज़ा करने और आराम देने के लिए

B. शरीर के आवश्यक अंगों को उजागर करने के लिए

C. बिस्तर स्नान में कौशल विकसित करना

D. बिस्तर में रोगी के शरीर के तापमान की जांच करने के लिए

Q.100 नर्स को एम्पीसिलीन कैप्सूल टीआईडी पीओ देने का आदेश दिया गया है। नर्स को कितनी बार दवा देनी चाहिए?

A. मौखिक रूप से दिन में तीन बार

B. भोजन के बाद दिन में तीन बार

C. मुंह से दिन में दो बार

D. भोजन से पहले दिन में दो बार

Q.101 निम्नलिखित में से कौन इंसुलिन के लिए प्रशासन का उपयुक्त मार्ग है?

A. इंट्रामस्क्युलर **B.** इंट्राडर्मल

C. सुबकतेनोस **D.** इंट्रावेनस

Q.102 नर्स एक सफाई एनीमा का प्रबंध करती है। इस प्रक्रिया के लिए सामान्य स्थिति है?

A. सिम्स लेफ्ट लेटरल **B.** पृष्ठीय लेटा हुआ

C. सुपाइन **D.** प्रवण

Q.103 नर्स बुक्कल दवा देने की तैयारी करती है। दवा को किस क्षेत्र में रखा जाना चाहिए?

A. ग्राहक की त्वचा पर

B. रोगी के गालों और मसूड़ों के बीच

C. रोगी की जीभ के नीचे

D. रोगी के नेत्रश्लेष्मला पर

Q.104 निम्नलिखित में से कौन सी स्थिति सबसे अधिक तीव्र ग्लोमेरुलोनेफ्राइटिस का कारण बनती है?

A. एक जन्मजात स्थिति जो गुर्दे की शिथिलता का कारण बनती है

B. पिछले 10-14 दिनों के भीतर समूह A स्ट्रेप्टोकोकस के साथ पूर्व संक्रमण

C. ग्लोमेरुली का वायरल संक्रमण

D. नेफ्रोटिक सिंड्रोम

Q.105 एक नर्स परिधीय संवहनी रोग (पीवीडी) के रोगी की देखभाल कर रही है। रोगी को हाथ-पैर में जलन और झुनझुनी की शिकायत होती है और वह किसी भी प्रकार का स्पर्श बर्दाश्त नहीं कर सकता। निम्नलिखित में से कौन इन लक्षणों के लिए सबसे अधिक संभावित स्पष्टीकरण है?

A. अपर्याप्त ऊतक संलयन जिससे तंत्रिका क्षति होती है।

B. द्रव अधिभार के कारण तंत्रिका ऊतक का संपीड़न होता है।

C. मानसिक अशांति के कारण संवेदना विकृति

D. हाथ और पैर की त्वचा में सूजन

Q.106 कार्डियक अरेस्ट के इतिहास वाला एक मरीज एथेरोस्क्लेरोसिस से जुड़े जोखिम कारकों के बारे में चिंतित है। निम्नलिखित में से कौन एथेरोस्क्लेरोसिस के विकास के लिए वंशानुगत जोखिम कारक हैं?

A. हृदय रोग का पारिवारिक इतिहास

B. अधिक वजन

C. धूम्रपान

D. आयु

Q.107 एक नर्स पेरीफेरल वैस्कुलर डिजीज के मरीज को डिस्चार्ज की जानकारी दे रही है। निम्नलिखित में से कौन सी जानकारी निर्देशों में शामिल की जानी चाहिए?

A. जब भी संभव हो नंगे पांव चलें।

B. पैरों को गर्म रखने के लिए हीटिंग पैड का इस्तेमाल करें।

C. पैरों को क्रॉस करने से बचें

D. संक्रमण के खतरे में त्वचा के घावों का इलाज करने के लिए जीवाणुरोधी मलहम का प्रयोग करें।

Q.108 वैसोस्पास्टिक डिसऑर्डर (रेनॉड डिजीज) से पीड़ित एक मरीज को उंगलियों में ठंड और जकड़न की शिकायत होती है। इस विवरण में निम्नलिखित में से किस रोगी के होने की सबसे अधिक संभावना है?

A. एक किशोर पुरुष

B. एक बुजुर्ग महिला

C. एक युवती

D. एक बुजुर्ग आदमी

Q.109 नर्स इस बात से अवगत है कि रोगी को आत्महत्या के लिए सबसे ज्यादा खतरा है। नर्स को क्या करना चाहिए ?

A. जो उदास दिखाई देता है वह बार-बार मरने के बारे में सोचता है और सभी निजी संपत्ति को त्याग देता है

B. जो एक हिंसक मौत की योजना बना रहा है और उसके पास आसानी से उपलब्ध साधन हैं

C. जो दूसरों को बताता है कि अगर जीवन जल्द ही बेहतर नहीं हुआ तो वह कुछ कर सकता है

D. वह जो मरने की इच्छा रखने की बात करता है

Q.110 एनोरेक्सिया नर्वोसा के इलाज के लिए एक महिला रोगी को मनोरोग क्लिनिक में भर्ती कराया जाता है। रोगी के शारीरिक स्वास्थ्य को बढ़ावा देने के लिए नर्स को ________ की योजना बनानी चाहिए।

A. गंभीर रूप से रोगी की शारीरिक गतिविधियों को प्रतिबंधित

B. प्रतिदिन शाम के भोजन के बाद रोगी का वजन करें

C. महत्वपूर्ण संकेतों, सीरम इलेक्ट्रोलाइट स्तर और एसिड-बेस बैलेंस की निगरानी करें

D. रोगी को भोजन और तरल पदार्थ के सेवन का सटीक रिकॉर्ड रखने का निर्देश दें

Q.111 केविन को मानसिक उपचार के लिए अदालतों ने रिमांड पर लिया है। उनका पुलिस रिकॉर्ड, जो उनकी शुरुआती किशोरावस्था का है, में अपराध, भागना, ऑटो चोरी और बर्बरता शामिल है। उन्होंने 16 की उम्र में स्कूल छोड़ दिया और तब से अकेले ही रह रहे हैं। उनका इतिहास दुर्भावनापूर्ण मुकाबला करने का सुझाव देता है, जो ________ से जुड़ा है।

A. असामाजिक व्यक्तित्व दोष

B. अस्थिर व्यक्तित्व दोष

C. जुनूनी बाध्यकारी व्यक्तित्व दोष

D. आत्मकामी व्यक्तित्व दोष

Q.112 एक मरीज जिसके पति ने उसे अभी-अभी छोड़ दिया है, उसे एनोरेक्सिया नर्वोसा की पुनरावृत्ति होती है। उसकी देखभाल करने वाली नर्स को पता चलता है कि एनोरेक्सिया नर्वोसा के इस तेज होने का परिणाम रोगी के ________ के प्रयास के परिणामस्वरूप होता है।

A. पति के साथ जालसाजी करना

B. उसके जीवन के एक हिस्से पर नियंत्रण प्राप्त करें

C. आत्महत्या करना

D. अपनी मां की उम्मीदों पर खरे उतरें

Q.113 यदि एक पुरुष रोगी एमिट्रिप्टिलाइन (एलाविल) लेते समय ऑर्थोस्टेटिक हाइपोटेंशन विकसित करता है, तो कौन सा नर्सिंग हस्तक्षेप सबसे उपयुक्त होगा?

A. एक अलग प्रकार के एंटीडिप्रेसेंट को प्रतिस्थापित करने के बारे में चिकित्सक से परामर्श करना

B. बिस्तर से उठने से पहले रोगी को 1 मिनट तक बैठने की सलाह देना

C. समस्या का समाधान होने तक रोगी को खुराक दोगुनी करने का निर्देश देना

D. रोगी को सूचित करना कि यह प्रतिकूल प्रतिक्रिया 1 सप्ताह में लुप्त हो जानी चाहिए

Q.114 मिस्टर क्रूज़ अवसाद, निराशा की भावना, भूख न लगना, अनिद्रा, थकान, कम आत्मसम्मान, खराब एकाग्रता, और निर्णय लेने में कठिनाई के इलाज के लिए चिकित्सक के कार्यालय का दौरा करते हैं। रोगी का कहना है कि ये लक्षण कम से कम 2 साल पहले शुरू हुए थे। इस रिपोर्ट के आधार पर, नर्स को ________ पर संदेह होता है।

A. साइक्लोथाइमिक विकार

B. एटिपिकल अफेक्टिव विकार

C. मेजर डिप्रेशन

D. डायस्टीमिक विकार

Q.115 नर्स एक ऐसे मरीज की देखभाल कर रही है जिसे प्रलाप का पता चला है। प्रलाप के बारे में कौन सा कथन सत्य है ?

A. यह एक तीव्र शुरुआत की विशेषता है और लगभग 1 महीने तक रहता है

B. यह धीरे-धीरे विकसित होने वाली शुरुआत की विशेषता है और लगभग 1 सप्ताह तक रहता है

C. यह धीरे-धीरे विकसित होने वाली शुरुआत की विशेषता है और लगभग 1 महीने तक रहता है

D. यह एक तीव्र शुरुआत की विशेषता है और कई घंटों से लेकर कई दिनों तक रहता है

Q.116 एडवर्ड, एक 66-वर्षीय रोगी, जो मामूली स्मृति हानि और खराब एकाग्रता के साथ है, को अल्जाइमर प्रकार के प्राथमिक अपक्षयी मनोभ्रंश का निदान किया गया है। इस मनोभ्रंश के शुरुआती लक्षणों में सूक्ष्म व्यक्तित्व परिवर्तन और सामाजिक संपर्क से वापसी शामिल है। अल्जाइमर रोग के मध्य चरण में प्रगति का आकलन करने के लिए, नर्स को ________ के लिए रोगी का निरीक्षण करना चाहिए।

A. कभी-कभी चिड़चिड़ेपन

B. बिगड़ा हुआ संचार

C. सहजता का अभाव

D. स्व-देखभाल गतिविधियाँ करने में असमर्थता

Q.117 अवसाद के निदान के साथ इसाबेल को सोते समय मुंह से इमीप्रामाइन (टोफ्रेनिल), 75 मिलीग्राम पर शुरू किया जाता है। नर्स को मरीज को बताना चाहिए कि ________।

A. यह दवा आदत बनाने वाली हो सकती है और जैसे ही रोगी बेहतर महसूस करेगा, इसे बंद कर दिया जाएगा

B. इस दवा का कोई गंभीर प्रतिकूल प्रभाव नहीं है

C. रोगी को दवा लेते समय पुराने पनीर, दही और चिकन लीवर जैसे खाद्य पदार्थ खाने से बचना चाहिए

D. यह दवा शुरू में थकान का कारण बन सकती है, जो समय के साथ कम परेशान करती है

Q.118 कैथलीन को एनोरेक्सिया नर्वोसा के इलाज के लिए मनोरोग क्लिनिक में भर्ती कराया गया है। रोगी के शारीरिक स्वास्थ्य को बढ़ावा देने के लिए, नर्स को ___________ की योजना बनानी चाहिए।

A. गंभीर रूप से रोगी की शारीरिक गतिविधियों को प्रतिबंधित करें

B. प्रतिदिन शाम के भोजन के बाद रोगी का वजन करें

C. महत्वपूर्ण संकेत, सीरम इलेक्ट्रोलाइट स्तर, और एसिड-बेस बैलेंस की निगरानी करें

D. रोगी को भोजन और तरल पदार्थ के सेवन का सटीक रिकॉर्ड रखने का निर्देश दें

Q.119 मतिभ्रम की उपस्थिति के लिए एक नर्स सिज़ोफ्रेनिया से पीड़ित एक ग्राहक का आकलन कर रही है। नर्स द्वारा उपयोग की जाने वाली कौन सी संचार तकनीक अवलोकन करने का एक उदाहरण है?

A. "ऐसा लगता है कि आप किसी ऐसे व्यक्ति से बात कर रहे हैं जिसे मैं नहीं देखता।"

B. "कृपया वर्णन करें कि आप क्या देख रहे हैं।"

C. "तुम इस कमरे के कोने में बार-बार क्यों देखते हो?"

D. "यदि आप एक धुन गुनगुनाते हैं, तो आवाजें इतनी विचलित करने वाली नहीं हो सकती हैं।"

Q.120 एक प्रशिक्षक एक नर्सिंग छात्र की नैदानिक कार्यपत्रक को ठीक कर रहा है। प्रभावी प्रतिक्रिया का सबसे अच्छा उदाहरण कौन सा प्रशिक्षक कथन है?

A. "आपने अपने नैदानिक कार्यपत्रक पर क्लाइंट के नाम का उपयोग क्यों किया?"

B. "आप अपने क्लाइंट को अपने नैदानिक कार्यपत्रक पर नाम से संदर्भित करने के लिए बहुत लापरवाह थे।"

C. "निश्चित रूप से आपने जानबूझकर ऐसा नहीं किया, लेकिन आपने क्लाइंट के नाम का उपयोग करके गोपनीयता भंग कर दी।"

D. "यह निराशाजनक है कि बताए जाने के बाद भी, आप अभी भी अपने कार्यपत्रक पर क्लाइंट नामों का उपयोग कर रहे हैं।"

Q.121 मुखरता प्रशिक्षण के बाद, एक पूर्व निष्क्रिय ग्राहक समूह चिकित्सा में एक सहकर्मी का उचित रूप से सामना करता है। समूह की प्रमुख नर्स कहती हैं, "दृढ़ होने के लिए मुझे आप पर बहुत गर्व है। आप बहुत अच्छे हैं!" प्रमुख नर्स ने किस संचार तकनीक को नियोजित किया है?

A. अनुमोदन देने की गैर-चिकित्सीय तकनीक

B. व्याख्या करने की गैर-चिकित्सीय तकनीक

C. वास्तविकता पेश करने की चिकित्सीय तकनीक

D. अवलोकन करने की चिकित्सीय तकनीक

Q.122 उचित प्रतिक्रिया देने वाली नर्स का उद्देश्य क्या है?

A. ग्राहक को अच्छी सलाह देने के लिए।

B. ग्राहक को उचित व्यवहार के बारे में सलाह देना।

C. ग्राहक के व्यवहार का मूल्यांकन करने के लिए।

D. ग्राहक को महत्वपूर्ण जानकारी देने के लिए।

Q.123 समूह शिक्षण की ___________ पद्धति में, शिक्षार्थियों की कोई सक्रिय भागीदारी नहीं होती है।

A. व्याख्यान   **B.** समूह चर्चा   **C.** परिसंवाद   **D.** रोल प्ले

Q.124 स्वास्थ्य शिक्षा के उद्देश्य क्या हैं?

A. स्वास्थ्य सेवाओं की प्रभावशीलता बढ़ाएँ

B. उपचारात्मक और साथ ही निवारक

C. व्यावसायिक रोगों को कम करके उत्पादकता में सुधार करना

D. उपर्युक्त सभी

Q.125 एक ग्राहक का साक्षात्कार करते समय, नर्स को कौन सा अशाब्दिक व्यवहार करना चाहिए?

A. ग्राहक के साथ अप्रत्यक्ष नेत्र संपर्क बनाए रखना।

B. ग्राहक से पीछे हटकर स्थान प्रदान करना।

C. वर्गाकार रूप से बैठना, ग्राहक की ओर मुख करना।

D. हाथों और पैरों को क्रॉस करके खुली मुद्रा बनाए रखना।

Q.126 एक मां ने अपने चार में से दो बच्चों को घर में लगी आग से बचाया. आपातकालीन विभाग में, वह रोती है, "मुझे उन्हें लेने के लिए वापस जाना चाहिए था। मुझे मर जाना चाहिए था, उन्हें नहीं।" नर्स की सबसे अच्छी प्रतिक्रिया क्या है?

A. "धुआँ बहुत घना था। आप वापस अंदर नहीं जा सकते थे।"

B. "आप दोषी महसूस कर रहे हैं क्योंकि आप अपने बच्चों को बचाने में सक्षम नहीं थे।"

C. "इस तथ्य पर ध्यान दें कि आप अपने चारों बच्चों को खो सकते थे।"

D. "यह सबसे अच्छा है अगर आप जो हुआ उसके बारे में सोचने की कोशिश न करें। आगे बढ़ने की कोशिश करें।"

Q.127 जुनूनी-बाध्यकारी विकार (ओसीडी) से पीड़ित एक नव भर्ती ग्राहक लगातार हाथ धोता है। यह व्यवहार इकाई गतिविधि उपस्थिति को रोकता है। कौन सा नर्सिंग स्टेटमेंट इस स्थिति का सबसे अच्छा समाधान करता है?

A. "ओसीडी से पीड़ित सभी लोगों को अपने कर्मकांडों के व्यवहार को नियंत्रित करने की आवश्यकता है।"

B. "आपके लिए इन कर्मकांडों के व्यवहार को बंद करना महत्वपूर्ण है।"

C. "यदि आप यूनिट थेरेपी में भाग नहीं लेंगे तो आप मदद क्यों मांग रहे हैं?"

D. "आइए आपके लिए यूनिट गतिविधियों में भाग लेने और फिर भी अपने हाथ धोने का एक तरीका खोजें।"

Q.128 नर्सिंग प्रक्रिया के नियोजन चरण में चिकित्सीय संचार कौशल का कौन सा उदाहरण प्रभावी होगा?

A. "हमने पिछले परछती कौशल पर चर्चा की है। देखते हैं कि ये परछती कौशल अब प्रभावी हो सकते हैं या नहीं।"

B. "कृपया मुझे अपने शब्दों में बताएं कि आपको अस्पताल में क्या लाया।"

C. "इस नए दृष्टिकोण ने आपके लिए काम किया। इसे जारी रखें।"

D. "मैंने देखा है कि आप उन आवाज़ों का जवाब दे रहे हैं जिन्हें मैं नहीं सुनता।"

Q.129 रक्त का निर्माण शरीर के किस अंग में होता है?

A. लंग्स   **B.** हृदय

C. मस्तिष्क   **D.** अस्थि मज्जा

Q.130 निम्नलिखित में से किस प्रतिक्रिया के दौरान ATP का सेवन किया जाता है?

A. आइसोसाइट्रिक अम्ल से सिस एकोनाइटिक अम्ल

B. ग्लूकोज से ग्लूकोज 6 फॉस्फेट

C. साइट्रिक एसिड से आइसोसिट्रिक एसिड

D. पाइरुविक अम्ल से एसिटाइल कोएंजाइम A

Q.131 मानव हृदय में कितने वाल्व होते हैं?

A. 3   **B.** 5   **C.** 6   **D.** 4

Q.132 ___________ भोजन को आहारनाल में आगे की ओर धकेलने के लिए मांसपेशियों की तरंग जैसी गति।

A. मैस्टिकेशन   **B.** पेरिस्टलसिस

C. कागुलेशन   **D.** फिब्रिनोलिसिस

Q.133 यूरिया, यूरिक एसिड और अमोनिया द्वारा साझा की जाने वाली विशेषताएँ हैं:

A) वे नाइट्रोजनयुक्त अपशिष्ट हैं।
B) इन सभी को उत्सर्जन के लिए बहुत अधिक मात्रा में पानी की आवश्यकता होती है।
C) वे सभी समान रूप से विषैले होते हैं।
D) इनका निर्माण वृक्क में होता है।

A. केवल A
B. A और C
C. A और D
D. A, C और D

Q.134 उच्च आसमाटिक दबाव के संपर्क में आने वाले माध्यम में विकसित जीवाणु कोशिकाएं रॉड के आकार से _______ के आकार में बदल जाती हैं।

A. लम्बी
B. अनियमित
C. रॉड के आकार का
D. गोलाकार

Q.135 टायरोसिडाइन के खिलाफ अधिक प्रभावी हैं:

A. ग्राम-नकारात्मक जीव
B. ग्राम-सकारात्मक जीव
C. स्पाइरोकेट्स
D. माइकोप्लाज्मा

Q.136 एंटीबायोटिक दवाओं के माइक्रोबियल परख के लिए निम्नलिखित में से कौन सा सबसे सटीक तरीका है?

A. जैविक परख
B. रासायनिक परख
C. शारीरिक परख
D. रासायनिक और जैविक परख

Q.137 निम्नलिखित में से कौन अमोनिया-ऑक्सीकरण करने वाला जीवाणु नहीं है?

A. नाइट्रोस्पिना ग्रासिलिस
B. नाइट्रोसोकोकस ओशनस
C. नाइट्रोसोमोनस यूरोपिया
D. नाइट्रोसोविब्रियो टेनुइस

Q.138 सेल्यूलोज एंजाइम द्वारा सेलोबायोज में अवक्रमित होता है:

A. सेल्युलोज डिहाइड्रोजनेज
B. हेक्सोकाइनेज
C. बीटा-ग्लुकोसिडेस
D. सेल्युलेस

Q.139 सल्फेट्स को हाइड्रोजन सल्फाइड में अपचयित किया जाता है:

A. थियोबैसिलस थियोऑक्सिडन्स
B. रोडोस्पाइरिलम
C. डेसल्फोटोमैकुलम प्रजाति
D. प्रकाश संश्लेषक सल्फर बैक्टीरिया

Q.140 झीलों और नदियों के सूक्ष्मजीव लवण की सांद्रता में विकसित हो सकते हैं:

A. 1 प्रतिशत से ऊपर
B. 1 प्रतिशत से नीचे
C. 2.5 से 4 प्रतिशत
D. 5 प्रतिशत

Q.141 मुहाना के उन क्षेत्रों में जो पोषण की दृष्टि से खराब हैं, निम्नलिखित में से किस जीव के मिलने की संभावना अधिक होती है?

A. वायरस
B. कोलिफोर्म्स
C. फेकल स्ट्रेप्टोकोकी
D. संलग्न बैक्टीरिया

Q.142 निम्नलिखित में से किस उपचार में अपशिष्ट जल के कार्बनिक घटकों का ऑक्सीकरण शामिल है?

A. अंतिम उपचार
B. उन्नत उपचार
C. माध्यमिक उपचार
D. प्राथमिक उपचार

Q.143 निम्नलिखित में से कौन सा सूक्ष्मजीवों का समूह गाय की स्तन ग्रंथियों की नलिकाओं में पाया जाता है?

A. माइक्रोकॉसी
B. माइक्रोबैक्टीरिया
C. लैक्टोबैसिली
D. कोलिफोर्म्स

Q.144 एनाफिलेक्टिक सदमे का क्या कारण बनता है?

A. श्वसन मार्ग में अवरोध
B. एक कीट का डंक या मकड़ी का काटना
C. थर्ड डिग्री बर्न
D. दिल का दौरा

Q.145 थर्ड डिग्री बर्न के लक्षण क्या हैं?

A. जली हुई त्वचा, कोई दर्द नहीं
B. जली हुई त्वचा, दर्द
C. छाले और दर्द
D. लाल और दर्द

Q.146 गंभीर रक्तस्राव के लिए आपको सबसे पहले क्या करना चाहिए?

A. पीड़ित को ठीक होने की स्थिति में रखें
B. खून बहने वाले घाव पर एक साफ कपड़े या हाथ से सीधा दबाव डालें
C. साफ कपड़े से ढक दें
D. ऑक्सीजन दें

Q.147 किसी यात्री को उपचार प्रदान करते समय "रूट" आपातकालीन परिवहन तकनीक का मुख्य उद्देश्य क्या है?

A. यात्री को स्थानांतरित करने के लिए
B. बचाव श्वास को प्रशासित करने के लिए
C. पीड़ित के वायुमार्ग में रुकावट को दूर करने के लिए
D. पीड़ित के वायुमार्ग में रुकावट को दूर करने के लिए

Q.148 रोगी की स्थिति की जांच करते समय आपकी पहली कार्रवाई क्या होती है?

A. सांस लेने की जाँच करें
B. बीमा के लिए जाँच करें
C. पीड़ित से बात करें और उसके कंधे हिलाएं
D. बाहरी चोटों की जाँच करें

Q.149 वैज्ञानिक दृष्टिकोण _______ के बारे में प्रश्नों के उत्तर देने में _______ के बारे में प्रश्नों के उत्तर देने में अधिक उपयोगी है।

A. विचार, भावनाएं
B. मूल्य, तथ्य
C. तथ्य, मूल्य
D. भावनाएं, तथ्य

Q.150 असामाजिक व्यक्तित्व विकार वाले ग्राहक:

A. आम तौर पर संतुष्टि को स्थगित करने में असमर्थ है
B. बड़ी चिंता से ग्रस्त हैं
C. अनुभव और सजा से तेजी से सीखता है
D. दूसरों के प्रति जिम्मेदारी की एक बड़ी भावना

Q.151 निम्नलिखित में से किसे व्यक्तित्व की अवधारणा के अंतर्गत शामिल नहीं किया जा सकता है?

A. एक व्यक्ति जिस तरह से बात करता है
B. जिस तरह से एक व्यक्ति कार्य करता है
C. जिस तरह से एक व्यक्ति निर्णय लेता है
D. जिस तरह से एक व्यक्ति चलता है

Q.152 कार्ल रोजर्स के सिद्धांत में, व्यक्तित्व की मुख्य संरचना है:

A. अहंकार
B. महा-अहंकार
C. स्वयं
D. इनमे से कोई नहीं

Q.153 एक व्यक्ति के रूप में आप कौन हैं, इसका विवरण आपकी _____ से मिलता है।

A. आत्म जागरूकता

B. आत्म सम्मान

C. आत्म अवधारणा

D. स्वयं प्रकट करना

Q.154 निम्नलिखित में से किसको मापने के लिए रोर्शच इंकब्लॉट टेस्ट का उपयोग किया जाता है?

[UPTET Social Studies, 2022], [UPTET Science and Maths, 2022]

A. व्यक्तित्व

B. बुद्धि

C. रुचि

D. कौशल

Q.155 _______ स्मृति दीर्घकालिक स्मृति का वह हिस्सा है जो वातानुकूलित प्रतिक्रियाओं और सीखे गए कौशल से बनी होती है।

A. प्रासंगिक

B. सिमेंटिक

C. तथ्य

D. कौशल

Q.156 स्मृति से होशपूर्वक दर्दनाक या चिंता पैदा करने वाले विचारों को मजबूर करना कहलाता है:

A. सक्रिय निषेध

B. निग्रह

C. दमन

D. निरंतर परिहार

Q.157 शब्द "अनुभूति" में शामिल हैं:

A. सोचना, समस्या का समाधान करना, तर्क करना और सपने देखना

B. शास्त्रीय और वाद्य कंडीशनिंग

C. मेमोरी सिस्टम का उपयोग

D. एक सक्रिय प्रक्रिया जिसके द्वारा संवेदी इनपुट का चयन, संगठित और एकीकृत किया जाता है

Q.158 _______ अन्य न्यूरॉन्स से आने वाले सिग्नल प्राप्त करता है।

A. सोम

B. टर्मिनल बटन

C. माइलिन आवरण

D. डेन्ड्राइट

Q.159 सुरक्षित और स्वस्थ पानी को पानी के रूप में परिभाषित किया जाता है जो है:

A. रोगजनक एजेंटों से मुक्त

B. हानिकारक रासायनिक पदार्थों से मुक्त

C. स्वाद के लिए सुखद

D. उपरोक्त सभी

Q.160 जीवों के प्रतिशत में वृद्धि और वनस्पतियों में कमी खतरनाक हो सकती है क्योंकि यह _____ को बढ़ाती है।

A. CO_2 का प्रतिशत

B. रेडियोधर्मी गिरावट का प्रतिशत

C. O_2 का प्रतिशत

D. रोगों का प्रतिशत

Q.161 निम्नलिखित में से क्या नहीं होता है जब सीवेज को पानी में छोड़ा जाता है?

A. O_2 में वृद्धि

B. साइनोफाइसीन खिलता है

C. O_2 परतों का अवक्षेपण

D. यूट्रोफिकेशन

Q.162 बीमारी की वर्तमान दर खतरनाक गति से बढ़ रही है और अधिकांश ज्ञात _______ से निकटता से जुड़ी हुई हैं।

A. कार्सिनोजन

B. स्फूर्तिदायक

C. जैविक खेती

D. संतुलित आहार

Q.163 स्ट्रैटोस्फेरिक O_3 की कमी पैदा करने वाली फ्रीऑन गैस मुख्य रूप से निकलती है:

A. फ्रिज

B. ऑटोमोबाइल

C. ताप विद्युत संयंत्र

D. स्टील उद्योग

Q.164 एक स्वच्छता कुएं में जमीन से कम से कम _______ ऊंचाई की एक पैरापेट दीवार होनी चाहिए।

A. 90-95 सेमी

B. 70-75 सेमी

C. 50-55 सेमी

D. 100-110 सेमी

Q.165 विनाइल फर्श से निकलने वाले रसायनों को क्या कहते हैं?

A. रोगजनकों

B. विनाइल ऑक्सीकरण

C. थैलेट

D. कोरीनस

Q.166 निम्नलिखित में से कौन सा संगठन मानव स्वास्थ्य को पर्यावरणीय नुकसान से बचाने के लिए समर्पित है?

A. पर्यावरण और मानव स्वास्थ्य निगमन

B. पर्यावरण और वैज्ञानिक विज्ञान

C. पारिस्थितिक संरक्षण संगठन

D. पारिस्थितिक विज्ञान और समाधान

Q.167 शुद्धिकरण के लिए नदी के पानी के भंडारण की इष्टतम अवधि _______ दिन है।

A. 1-2

B. 3-7

C. 8-9

D. 10-14

Q.168 भारत की कुछ सबसे अधिक दबाव वाली पर्यावरणीय चिंताएँ क्या हैं?

A. वायु प्रदूषण

B. पानी का प्रदूषण

C. मृदा अपरदन

D. उपरोक्त सभी

Q.169 निर्णय लेने में समाधान सहायता निर्धारित करने के लिए कंप्यूटर का उपयोग करना कहलाता है:

A. मॉडल

B. डिसीजन ट्री

C. सिमुलेशन

D. लीनियर प्रोग्रामिंग

Q.170 अस्पताल सूचना प्रणाली नर्सों को डॉक्टर के पर्चे की त्रुटियों को रोकने में मदद करती है:

A. साइड इफेक्ट को रोकना

B. आदेशों की प्रतिलिपि बनाने से बचना

C. सही खुराक देना

D. सही तनुकरण प्रदान करना

// स्मार्ट उत्तर पुस्तिका //

सही उत्तर — उन छात्रों का प्रतिशत जिन्होंने प्रश्नों का सही उत्तर दिया था।   **छोड़ दिया** — उन छात्रों का प्रतिशत जिन्होंने प्रश्नों को छोड़ दिया था।

प्रश्न संख्या	उत्तर	सही उत्तर छोड़ दिया	प्रश्न संख्या	उत्तर	सही उत्तर छोड़ दिया	प्रश्न संख्या	उत्तर	सही उत्तर छोड़ दिया	प्रश्न संख्या	उत्तर	सही उत्तर छोड़ दिया	प्रश्न संख्या	उत्तर	सही उत्तर छोड़ दिया	प्रश्न संख्या	उत्तर	सही उत्तर छोड़ दिया
1	C	59.03 % 33.09 %	22	D	88.66 % 10.41 %	43	B	88.09 % 11.62 %	64	D	58.33 % 39.56 %	85	D	43.29 % 45.79 %	106	A	89.19 % 10.3 %
2	A	78.98 % 13.1 %	23	D	44.15 % 45.24 %	44	D	53.42 % 45.11 %	65	A	81.84 % 13.59 %	86	A	49.0 % 43.93 %	107	C	66.4 % 33.25 %
3	A	67.85 % 30.95 %	24	A	48.74 % 40.29 %	45	C	17.14 % 69.24 %	66	B	55.78 % 36.78 %	87	D	65.99 % 31.8 %	108	C	64.29 % 30.72 %
4	D	68.77 % 30.86 %	25	D	61.91 % 33.77 %	46	D	65.25 % 30.71 %	67	A	57.53 % 32.09 %	88	A	67.84 % 31.22 %	109	B	68.32 % 30.11 %
5	B	54.78 % 30.09 %	26	B	89.45 % 10.11 %	47	A	64.88 % 33.51 %	68	C	76.94 % 20.07 %	89	D	29.5 % 69.23 %	110	C	84.1 % 12.7 %
6	A	86.97 % 12.55 %	27	B	61.8 % 35.84 %	48	C	20.62 % 73.73 %	69	D	81.56 % 13.86 %	90	A	83.71 % 13.25 %	111	C	25.25 % 72.51 %
7	A	55.73 % 34.59 %	28	C	43.11 % 53.99 %	49	D	77.06 % 13.39 %	70	C	64.21 % 30.07 %	91	C	86.75 % 10.03 %	112	B	58.66 % 32.2 %
8	A	81.49 % 14.59 %	29	C	47.92 % 35.14 %	50	B	47.17 % 46.24 %	71	D	43.8 % 43.02 %	92	B	60.86 % 35.92 %	113	B	68.5 % 30.78 %
9	A	32.09 % 67.31 %	30	C	86.54 % 12.82 %	51	C	67.59 % 30.88 %	72	A	82.66 % 14.92 %	93	B	60.28 % 38.42 %	114	D	62.26 % 31.16 %
10	B	50.07 % 40.21 %	31	A	63.55 % 33.51 %	52	C	45.04 % 54.59 %	73	A	87.39 % 11.98 %	94	C	43.85 % 31.7 %	115	D	79.53 % 17.92 %
11	C	83.8 % 11.22 %	32	D	76.39 % 11.74 %	53	B	48.85 % 46.2 %	74	D	48.73 % 36.48 %	95	C	64.83 % 30.55 %	116	B	63.17 % 33.78 %
12	B	57.17 % 38.0 %	33	C	67.06 % 32.03 %	54	B	84.93 % 12.81 %	75	A	80.04 % 10.78 %	96	D	62.53 % 34.23 %	117	D	86.28 % 12.91 %
13	B	59.49 % 35.92 %	34	A	55.71 % 31.48 %	55	A	57.84 % 39.72 %	76	B	52.2 % 39.17 %	97	D	62.16 % 33.32 %	118	C	40.88 % 40.32 %
14	D	46.98 % 31.34 %	35	B	43.63 % 45.71 %	56	A	48.76 % 49.72 %	77	C	64.1 % 30.2 %	98	B	58.44 % 30.52 %	119	A	42.3 % 47.71 %
15	D	26.38 % 72.2 %	36	A	86.78 % 10.73 %	57	C	46.44 % 45.18 %	78	A	77.45 % 12.72 %	99	A	82.27 % 11.55 %	120	C	89.63 % 10.07 %
16	D	57.46 % 41.14 %	37	A	56.38 % 37.67 %	58	C	88.82 % 10.33 %	79	B	49.27 % 46.83 %	100	A	41.71 % 43.59 %	121	A	12.91 % 72.53 %
17	D	41.98 % 48.3 %	38	B	50.61 % 36.48 %	59	B	40.48 % 47.31 %	80	D	40.01 % 52.92 %	101	C	80.66 % 15.72 %	122	D	62.18 % 37.32 %
18	C	54.81 % 39.12 %	39	A	87.69 % 10.74 %	60	A	30.11 % 69.1 %	81	B	57.22 % 36.05 %	102	A	86.56 % 11.86 %	123	D	55.55 % 42.88 %
19	C	55.68 % 30.14 %	40	B	59.55 % 33.52 %	61	D	86.54 % 13.44 %	82	D	42.26 % 39.35 %	103	B	55.93 % 33.26 %	124	C	51.64 % 38.99 %
20	B	62.85 % 33.87 %	41	D	63.51 % 34.88 %	62	C	40.19 % 30.61 %	83	D	86.75 % 11.74 %	104	B	56.27 % 42.48 %	125	C	65.24 % 31.47 %
21	B	50.1 % 42.96 %	42	D	61.49 % 30.98 %	63	B	44.76 % 43.09 %	84	A	54.72 % 39.09 %	105	A	80.29 % 11.39 %	126	B	19.37 % 68.33 %

प्रश्न संख्या	उत्तर	सही उत्तर / छोड़ दिया	प्रश्न संख्या	उत्तर	सही उत्तर / छोड़ दिया	प्रश्न संख्या	उत्तर	सही उत्तर / छोड़ दिया	प्रश्न संख्या	उत्तर	सही उत्तर / छोड़ दिया	प्रश्न संख्या	उत्तर	सही उत्तर / छोड़ दिया	प्रश्न संख्या	उत्तर	सही उत्तर / छोड़ दिया	प्रश्न संख्या	उत्तर	सही उत्तर / छोड़ दिया
127	D	85.57 % / 11.84 %	135	B	83.63 % / 14.83 %	143	A	32.12 % / 67.85 %	151	C	45.3 % / 33.85 %	159	D	56.61 % / 33.91 %	167	D	66.45 % / 30.08 %
128	A	82.37 % / 16.26 %	136	B	62.88 % / 34.57 %	144	B	60.86 % / 36.01 %	152	C	79.42 % / 14.59 %	160	A	63.74 % / 30.25 %	168	D	47.27 % / 49.07 %
129	D	80.91 % / 16.24 %	137	A	22.53 % / 73.73 %	145	A	69.15 % / 30.32 %	153	C	60.55 % / 38.34 %	161	A	54.4 % / 39.32 %	169	D	55.3 % / 36.36 %
130	B	66.34 % / 32.66 %	138	D	44.19 % / 47.0 %	146	B	42.64 % / 44.05 %	154	A	63.46 % / 34.21 %	162	A	53.35 % / 39.19 %	170	B	11.07 % / 76.8 %
131	D	81.41 % / 11.64 %	139	C	51.38 % / 32.54 %	147	A	56.69 % / 36.88 %	155	D	51.5 % / 30.26 %	163	A	76.83 % / 16.23 %			
132	B	66.1 % / 32.75 %	140	B	40.76 % / 52.13 %	148	C	51.38 % / 30.8 %	156	C	51.6 % / 40.34 %	164	B	53.6 % / 31.9 %			
133	A	88.34 % / 11.57 %	141	D	86.89 % / 10.29 %	149	C	65.59 % / 31.79 %	157	A	40.41 % / 39.27 %	165	B	18.79 % / 67.75 %			
134	D	23.66 % / 69.14 %	142	C	48.51 % / 48.87 %	150	A	68.11 % / 30.5 %	158	D	47.59 % / 36.92 %	166	A	53.08 % / 43.31 %			

//संकेत और समाधान//

1. गार्डन रीच शिपबिल्डर्स एंड इंजीनियर्स लिमिटेड (जीआरएसई) को रक्षा मंत्रालय द्वारा प्रतिष्ठित ग्रीन चैनल प्रमाणन से सम्मानित किया गया है।

यह प्रमुख सार्वजनिक क्षेत्र के उपक्रमों और मिनी रत्न श्रेणी 1 शिपयार्ड में से एक है। भारतीय सेना को विभिन्न विन्यासों के पोर्टेबल स्टील ब्रिज (बेली टाइप) की आपूर्ति के लिए प्रमाणीकरण प्रदान किया गया था।

अतः विकल्प (C) सही है।

2. इंटरनेशनल गर्ल्स इन आईसीटी डे 2022 का विषय पहुंच और सुरक्षा था। यह हर साल अप्रैल में चौथे गुरुवार को मनाया जाता है। इंटरनेशनल गर्ल्स इन आईसीटी डे का उद्देश्य प्रौद्योगिकी में लड़कियों और महिलाओं के प्रतिनिधित्व को बढ़ाने के लिए एक वैश्विक आंदोलन को प्रेरित करना है।

अतः विकल्प (A) सही है।

3. नीति आयोग ने 27 जून 2022 को 'इंडियाज बूमिंग गिग एंड प्लेटफॉर्म इकोनॉमी' शीर्षक से एक रिपोर्ट लॉन्च की।

यह अपनी तरह का पहला अध्ययन है जो भारत में गिग-प्लेटफॉर्म अर्थव्यवस्था पर व्यापक दृष्टिकोण और सिफारिशें प्रस्तुत करता है।

रिपोर्ट क्षेत्र के वर्तमान आकार और रोजगार सृजन क्षमता का अनुमान लगाने के लिए एक वैज्ञानिक पद्धति संबंधी दृष्टिकोण प्रदान करती है।

अतः विकल्प (A) सही है।

4. सभा के सबसे पुराने सदस्य डॉ. सच्चिदानंद सिन्हा को सभा का अध्यक्ष चुना गया था। उनके बाद डॉ. राजेन्द्र प्रसाद 11 दिसम्बर, 1946 को संविधान सभा के अध्यक्ष चुने गए।

9 दिसंबर, 1946 ई० को संविधान सभा की प्रथम बैठक नई दिल्ली स्थित काउंसिल चैम्बर के पुस्तकालय भवन में हुई।

अतः विकल्प (D) सही है।

5. बलवंत राय मेहता समिति ने भारत में पंचायती राज व्यवस्था के लिए सिफारिश की थी।

जनवरी 1957 में भारत सरकार ने सामुदायिक विकास कार्यक्रम 1952 और राष्ट्रीय विस्तार सेवा 1953 के कामकाज की जांच करने और उनके बेहतर कामकाज के उपायों का सुझाव देने के लिए एक समिति नियुक्त की। इस समिति के अध्यक्ष बलवंत राय मेहता थे। समिति ने नवंबर 1957 में अपनी रिपोर्ट प्रस्तुत की और 'लोकतांत्रिक विकेंद्रीकरण' की योजना की स्थापना की सिफारिश की, जिसे अंततः पंचायती राज के रूप में जाना जाने लगा। समिति की सिफारिशों को राष्ट्रीय विकास परिषद ने जनवरी 1958 में स्वीकार कर लिया था।
अतः विकल्प (B) सही है।

6. शिक्षा का अधिकार 1 अप्रैल 2010 को एक मौलिक अधिकार बन गया।

बच्चों को नि:शुल्क और अनिवार्य शिक्षा के अधिकार पर क़ानून या शिक्षा के अधिकार (RTE) पर क़ानून भारत की संसद का एक अधिनियम है जिसे 4 अगस्त 2009 को प्रख्यापित किया गया था, जो भारतीय संविधान के अनुच्छेद 21A के अनुसार भारत में 6 और 14 वर्ष की आयु के बच्चों के लिए नि:शुल्क और अनिवार्य शिक्षा के मूल्य के तौर-तरीके तय करता है। RTE अधिनियम के शीर्षक में 'नि:शुल्क और अनिवार्य' शब्द शामिल हैं। भारत ने एक अधिकार-आधारित प्रणाली की ओर रुख किया है, जो संविधान के अनुच्छेद 21A में प्रतिष्ठापित बच्चे के इस मौलिक अधिकार को RTE अधिनियम 17 के प्रावधानों के साथ अनुपालन में प्रभावी बनाने के लिए केंद्र और राज्य सरकारों पर कानूनी अधिकार को लागू करता है।

अतः विकल्प (A) सही है।

7. दिया गया है:

वस्तु का विक्रय मूल्य = 799.50 रुपए

क्रमागत छूट दर = 18% और 22%

वस्तु का क्रय मूल्य = 1,000 रुपए

हम जानते हैं कि:

क्रमागत छूट $= x + y - \left(\dfrac{xy}{100}\right)$

मान लीजिये कि वस्तु का अंकित मूल्य $= a$

कुल प्रभावी छूट दर $= 18 + 22 - \left[\dfrac{(18 \times 22)}{100}\right]$

$= 36.04\%$

$\therefore$ छूट के बाद वस्तु का विक्रय मूल्य $= a - \left(\dfrac{a \times 36.04}{100}\right)$

$= \dfrac{(100a - 36.04a)}{100}$

$= \dfrac{63.96a}{100}$

$\therefore$ वस्तु का विक्रय मूल्य = 799.50 रुपए

$\therefore \dfrac{63.96a}{100} = 799.50$

$\Rightarrow a = \dfrac{(799.5 \times 100)}{63.96}$

$\Rightarrow a = 1250$

$\therefore$ वस्तु का अंकित मूल्य = 1,250 रुपए

$\therefore$ यदि वस्तु को अंकित मूल्य पर बेचा जाता है तो लाभ = अंकित मूल्य - क्रय मूल्य

$= 1250 - 1000$

$= 250$ रुपए

अतः विकल्प (A) सही है।

8. दिया गया है:
वो संख्याएँ $5:6$ के अनुपात में हैं।
यदि उनमें से 8 को घटाया जाता हें, तो वे $4:5$ के अनुपात में हो जाती हैं।
माना कि दो संख्याएँ $5x$ और $6x$ है।
प्रश्नानुसार,
$\Rightarrow \dfrac{(5x-8)}{(6x-8)} = \dfrac{4}{5}$
$\Rightarrow 5(5x - 8) = 4(6x - 8)$
$\Rightarrow 25x - 40 = 24x - 32$
$\Rightarrow x = 8$
संख्या हैं $5 \times 8 = 40, 6 \times 8 = 48$
$\therefore$ संख्याएँ $(40, 48)$ है।
अतः विकल्प (A) सही है।

9. दिया गया है,

5 मात्राओं का औसत $= 6$

इसलिए, 5 मात्राओं का योग $= 5 \times 6 = 30$

इनमें 5 में से तीन मात्राओं का औसत $= 8$

इसलिए, इन तीन मात्राओं का योग $= 3 \times 8 = 24$

शेष दो मात्राओं का योग $= 30 - 24 = 6$

इन दो मात्राओं का औसत $= \frac{6}{2} = 3$

अत: विकल्प (A) सही है।

10. LPG का अर्थ तरलीकृत पेट्रोलियम गैस है। सभी जीवाश्म ईंधन की तरह, यह ऊर्जा का एक गैर-नवीकरणीय स्रोत है।

इसे कच्चे तेल और प्राकृतिक गैस से निकाला जाता है। LPG तीन या चार कार्बन परमाणुओं से युक्त हाइड्रोकार्बन से बना होता है। इस प्रकार LPG के सामान्य घटक प्रोपेन (C_3H_8) और ब्यूटेन (C_4H_{10}) होते हैं।

अतः विकल्प (B) सही है।

11. कपूर और अमोनियम क्लोराइड दोनों ही कमरे के तापमान पर ठोस होते हैं। लेकिन गर्मी लागू होने पर वे वाष्पीकृत (गैस चरण) होते हैं।इस गुण को उच्च बनाने की क्रिया कहा जाता है।

उच्च बनाने की क्रिया की ऊष्मा - किसी तापमान पर सीधे ठोस की एक इकाई द्रव्यमान को वाष्प में बदलने के लिए आवश्यक ऊष्मा, उस तापमान पर ऊष्मा की ऊष्मा कहलाती है।

अतः विकल्प (C) सही है।

12. रेयन को लकड़ी के गूदे से प्राप्त किया जाता है । रेयान एक पुनर्जीवित सेल्युलोज फाइबर है। यह लकड़ी और कृषि उत्पादों जैसे प्राकृतिक स्रोतों से बनाया गया है।

मानव निर्मित फाइबर दो प्रकार के होते हैं।

सिंथेटिक फाइबर: सिंथेटिक फाइबर केवल प्राकृतिक गैस और पेट्रोलियम के उप-उत्पादों में पाए जाने वाले पॉलिमर से बनाए जाते हैं। उदाहरण: नायलॉन, ऐक्रेलिक, पॉलीयुरेथेन और पॉलीप्रोपाइलीन

पुनर्जीवित फाइबर: पुनर्जीवित फाइबर सेलुलोज पॉलिमर से बने होते हैं जो प्राकृतिक रूप से कपास, ऊन, सन और सन जैसे पौधों में होते हैं। उदाहरण: रेयान और एसीटेट।

अतः विकल्प (B) सही है।

13. केप्लर का दूसरा नियम कहता है कि किसी ग्रह और सूर्य को मिलाने वाली एक काल्पनिक रेखा समान समय में अंतरिक्ष के बराबर क्षेत्र को पार कर जाती है यानी सूर्य के चारों ओर ग्रह का क्षेत्रफल स्थिर होता है। इसे क्षेत्रीय चाल का नियम के रूप में भी जाना जाता है।

अतः विकल्प (B) सही है।

14. दिया गया है,

किसी कारखाने में श्रमिकों की कमी की वजह से उसके उत्पादन में कमी $= 25\%$

अत: कार्य अवधि $= \frac{25}{100-25} \times 100$

$\Rightarrow 33\frac{1}{3}\%$

अतः विकल्प (D) सही है।

15. 1857 के विद्रोह की जड़ें स्पष्ट रूप से भेदभावपूर्ण नीतियों, शोषणकारी भू-राजस्व नीति और ग्रीस्ड कार्ट्रिज की नीति में निहित थीं।

अंग्रेजों ने भारत पर लगभग दो शताब्दियों तक शासन किया। उन्होंने हिंदुओं और मुसलमानों के धार्मिक मामलों और अन्य सामाजिक प्रथाओं में हस्तक्षेप करना शुरू कर दिया और इसने भारतीयों को क्रोधित कर दिया और उनके क्रोध के परिणामस्वरूप 1857 का सशस्त्र विद्रोह हुआ। 1857 के विद्रोह की जड़ें स्पष्ट रूप से भेदभावपूर्ण नीतियों, शोषणकारी भू-राजस्व नीति और ग्रीस्ड कार्ट्रिज की नीति में निहित थीं।

अतः विकल्प (D) सही है।

16. 1857 के विद्रोह का एक प्रभाव यह हुआ कि हिंदुओं और मुसलमानों के बीच एकता कायम हो गई।

1857 के विद्रोह का सबसे महत्वपूर्ण प्रभाव यह है कि भारत का प्रशासन ईस्ट इंडिया कंपनी से ब्रिटिश क्राउन में स्थानांतरित कर दिया गया था। 1858 की रानी की घोषणा ने घोषणा की कि क्षेत्रीय विस्तार की नीति को त्याग दिया जाना था। हिंदुओं और मुसलमानों के बीच एकता गढ़ी गई थी।

अतः विकल्प (D) सही है।

17. नकदी फसलों की प्रधानता भारत में कृषि की विशेषता नहीं है।

भारतीय कृषि की विशेषताएं:

निर्वाह कृषि: किसान के पास जमीन का एक छोटा सा टुकड़ा होता है, वह अपने परिवार के सदस्यों की मदद से फसल उगाता है, और बाजार में बेचने के लिए थोड़े से अधिशेष के साथ लगभग पूरी कृषि उपज का उपभोग करता है।

कृषि पर जनसंख्या का दबाव: भारत में जनसंख्या तीव्र गति से बढ़ रही है और कृषि पर भारी दबाव डाल रही है।

मानसून पर निर्भर: भारतीय कृषि मुख्य रूप से मानसून पर निर्भर है जो अनिश्चित, अविश्वसनीय और अनियमित है।

खाद्यान्न फसलों की प्रधानता: चूंकि भारतीय कृषि को एक बड़ी आबादी को खिलाना है, इसलिए देश में लगभग हर जगह खाद्य फसलों का उत्पादन किसानों की प्राथमिकता है।

अतः विकल्प (D) सही है।

18. किसान सब्जियों में ही माहिर होते हैं, इस प्रकार की खेती को ट्रक खेती के नाम से जाना जाता है।

उन क्षेत्रों में जहां किसान केवल सब्जियों के विशेषज्ञ हैं, खेती को ट्रक खेती के रूप में जाना जाता है, और बाजार से ट्रक फार्म की दूरी उस दूरी से नियंत्रित होती है जिसे एक ट्रक रात भर में कवर कर सकता है, इसलिए इसका नाम ट्रक खेती है।

अतः विकल्प (C) सही है।

19. गेहूँ की उत्परिवर्ती किस्म शरबती सोनोरा है।

फसल सुधार में प्रेरित उत्परिवर्तन के उपयोग की प्रक्रिया को उत्परिवर्तन प्रजनन कहा जाता है। शरबती सोनोरा एक मैक्सिकन किस्म (सोनोरा 64) के गामा विकिरण द्वारा उत्परिवर्तित गेहूं के साथ विकसित किया गया था।

अतः विकल्प (C) सही है।

20. "समानांतर कृषि" का उदाहरण गेहूं + सरसों है?

ऐसी फसलों की खेती जिसमें प्राकृतिक अभ्यास भिन्न हों लेकिन प्रतिस्पर्धा शून्य हो, समानांतर कृषि कहलाती है। इसके तहत उगाई जाने वाली दोनों फसलें पोषक तत्वों के लिए प्रतिस्पर्धा नहीं करती हैं और न ही एक दूसरे पर कोई प्रभाव डालती हैं।

अतः विकल्प (B) सही है।

21. महिलाओं की 25 मीटर पिस्टल टीम स्पर्धा के फाइनल में, भारत ने 6 मार्च 2022 को ISSF विश्व कप 2022 का अपना तीसरा स्वर्ण जीतने के लिए सिंगापुर को 17-13 से हरा दिया।

राही सरनोबत, ईशा सिंह और रिदम सांगवान ने फाइनल में सिउ होंग, शुन झी और लिंग चिआओ निकोल टैन की सिंगापुर की तिकड़ी को हराया।

अतः विकल्प (B) सही है।

22. भारत में गरीबी का सबसे पहला आकलन लकड़ावाला समिति ने किया था।

समिति का गठन वर्ष 1993 में किया गया था और इसकी अध्यक्षता प्रोफेसर डी टी लकड़ावाला ने की थी। लकड़ावाला समिति के अनुसार, एक गरीब वह है जो इन औसत ऊर्जा आवश्यकताओं को पूरा नहीं कर सकता। इस समिति ने प्रति व्यक्ति परिवार का उपभोग व्यय के आधार पर गरीबी रेखा को परिभाषित किया।

अत: विकल्प (D) सही है।

23. प्रति व्यक्ति आय विकास को मापने के लिए UNDP के मानदंडों में से एक है जिसका उपयोग विश्व बैंक द्वारा विभिन्न देशों को वर्गीकृत करने में भी किया जाता है

विश्व बैंक द्वारा विभिन्न देशों को वर्गीकृत करने में उपयोग किया जाने वाला मुख्य मानदंड प्रति व्यक्ति आय या किसी देश में किसी व्यक्ति की औसत आय है। UNDP शिक्षा, स्वास्थ्य और प्रति व्यक्ति आय के मानकों पर विकास को मापता है।

अत: विकल्प (D) सही है।

24. यूनियन बजट 2021-22 के अंतर्गत सोना और चांदी पर सीमा शुल्क को तर्कसंगत बनाया जाना है?

केंद्रीय बजट 2021-22 के अंतर्गत सोने और चांदी पर सीमा शुल्क को तर्कसंगत बनाया गया है। इससे सोने और चांदी की कीमतों में कमी आएगी। वर्तमान में, सोना और चांदी 12.5% के मूल सीमा शुल्क को आकर्षित करते हैं। सोने और चांदी पर सीमा शुल्क मौजूदा 12.5% से घटाकर 7.5% किया जाएगा। गोल्ड डोर बार पर 6.9% का सीमा शुल्क लगेगा (मौजूदा दर 11.85% है)। सिल्वर डोर बार अब 6.1% (मौजूदा दर 11%) के सीमा शुल्क को आकर्षित करेगा।

अत: विकल्प (A) सही है।

25. सही उत्तर 1 - (b), 2 - (d), 3 - (a), 4 - (c) है।

प्रधानमंत्री उज्ज्वला योजना:

- प्रधान मंत्री उज्ज्वला योजना 1 मई 2016 को उत्तर प्रदेश के बलिया में प्रधान मंत्री श्री नरेंद्र मोदी द्वारा शुरू की गई थी।
- इस योजना के तहत, अगले 3 वर्षों में BPL परिवारों को 1600 रुपये प्रति कनेक्शन की सहायता से 5 करोड़ LPG कनेक्शन प्रदान किए जाएंगे।

प्रधानमंत्री सहज बिजली हर घर योजना:

- भारत सरकार ने अक्टूबर 2017 में प्रधानमंत्री सहज बिजली हर घर योजना - सौभाग्य योजना को व्यवस्थित रूप से डिजाइन और लॉन्च किया, जो देश के सभी विद्युतीकृत घरों में अंतिम मील कनेक्टिविटी और बिजली कनेक्शन पर केंद्रित है।
- सौभाग्य योजना केंद्र और राज्यों के सहयोगात्मक और समेकित प्रयासों के साथ दुनिया की सबसे बड़ी सार्वभौमिक विद्युतीकरण पहलों में से एक है।

पीएम-कुसुम योजना:

- प्रधान मंत्री किसान ऊर्जा सुरक्षा और उत्थान महाभियान (KUSUM) योजना भारत सरकार द्वारा किसानों की आय बढ़ाने और कृषि क्षेत्र को सिंचाई और डी-डीजलाइज़ करने के लिए स्रोत प्रदान करने के लिए शुरू की गई थी।
- पीएम-कुसुम योजना को मार्च 2019 में प्रशासनिक मंजूरी मिली और जुलाई 2019 में दिशा-निर्देश तैयार किए गए।

अटल पेंशन योजना:

- इस योजना को असंगठित क्षेत्र में सभी भारतीयों के लिए एक सार्वभौमिक सामाजिक सुरक्षा प्रणाली, विशेष रूप से गरीब, वंचित, और श्रमिकों बनाने के लिए 9 मई 2015 को शुरू किया गया था।

अत: विकल्प (D) सही है।

26. विश्व में मक्का का सबसे बड़ा उत्पादक देश संयुक्त राज्य अमेरिका है।

संयुक्त राज्य अमेरिका दुनिया में मक्का का सबसे बड़ा उत्पादक है। इसके बाद चीन और उसके बाद ब्राजील का स्थान आता है।

संयुक्त राज्य अमेरिका में 2019-2020 सीज़न में मक्का का उत्पादन 346.0 मिलियन मीट्रिक टन आंका गया। मक्का लगाने के लिए समर्पित रकबा मौसम के हिसाब से बदलता है, लेकिन लगभग 90 मिलियन एकड़ अमेरिकी भूमि में हर मौसम में मक्का लगाया जाता है।

अत: विकल्प (B) सही है।

27. विश्व की सबसे लंबी नदी नील सूडान देश से होकर बहती है।

नील नदी विश्व की सबसे लंबी नदी है। यह लगभग 6,853 किमी लंबा है, लेकिन इसकी सटीक लंबाई बहस का विषय है। यह पूर्वी अफ्रीका के उष्णकटिबंधीय जलवायु और भूमध्य सागर में उत्तर की ओर बहती है।

ग्यारह देश, अर्थात् तंजानिया, युगांडा, रवांडा, बुरुंडी, कांगो लोकतांत्रिक गणराज्य, केन्या, इथियोपिया, इरिट्रिया, दक्षिण सूडान, सूडान और मिस अपना पानी साझा करते हैं।

अत: विकल्प (B) सही है।

28. भारत के चुनाव आयोग के अनुसार, एक 'राष्ट्रीय पार्टी' के रूप में मान्यता प्राप्त करने के लिए, एक राजनीतिक दल को कम से कम चार राज्य में होनी चाहिए।

चुनाव आयोग राजनीतिक दलों को "राष्ट्रीय पार्टी", "राज्य पार्टी" या "पंजीकृत (गैर-मान्यता प्राप्त) पार्टी" के रूप में सूचीबद्ध करता है।एक राष्ट्रीय या एक राज्य पार्टी के रूप में सूचीबद्ध होने की शर्तें चुनाव चिह्न (आरक्षण और आवंटन) आदेश, 1968 के तहत निर्दिष्ट हैं।

अत: विकल्प (C) सही है।

29. भागभद्र जिसने बेसनगर को शुंग वंश की राजधानी के रूप में स्थापित किया था।

भागभद्र ने उत्तर, मध्य और पूर्वी भारत में 110 ईसा पूर्व के आसपास शासन किया। उन्होंने मध्य प्रदेश के बेसनगर में अपना दरबार स्थापित किया। उन्हें मध्य प्रदेश के विदिशा में हेलियोडोरस स्तंभ के एक शिलालेख से जाना जाता है।

अत: विकल्प (C) सही है।

30. चीनी यात्री ह्वेनसांग हर्षवर्धन शासनकाल के दौरान भारत आया था।

ह्युआन त्सांग (युआन च्वांग), एक चीनी बौद्ध तीर्थयात्री जो राजा हर्षवर्धन के शासनकाल में भारत आया था। वह कश्मीर, सियालकोट, कन्नौज, और नालंदा जैसे मठों में हीनयान और महायान बौद्ध धर्म का अध्ययन करते हुए, 630 साल तक रहे थे।

वह बौद्ध साहित्य के 657 पु (भागों) - हीनयान सूत्र, भाष्य और अनुशासनात्मक नियम, महायान ग्रंथ और भाष्य, और तर्क और व्युत्पत्ति पर कुछ ग्रंथों को चीन ले गए थे।

अत: विकल्प (C) सही है।

31. दिए गए प्रश्न में ऐतिहासिक शब्द विशेषण है।

विशेषण - जो शब्द संज्ञा या सर्वनाम शब्दों की विशेषता बताते हैं।

अतः विकल्प (A) सही है।

32. विशेषण वह शब्द है जो संज्ञा या सर्वनाम की विशेषता बताता है।

विकल्प (A) का वाक्य- सुन्दर अच्छा है।

इस वाक्य में सुन्दर एक संज्ञा है।

विकल्प (B) का वाक्य- सीमा सुन्दर नाची।

इस वाक्य में सुन्दर एक क्रिया-विशेषण है।

विकल्प (C) का वाक्य- वह सुन्दर लिखता है।

इस वाक्य में सुन्दर एक क्रिया-विशेषण है।

विकल्प (D) का वाक्य- ताज महल सुन्दर है।

इस वाक्य में सुन्दर एक विशेषण है क्योंकि सुन्दर ने ताज महल, जो की एक संज्ञा है, उसकी विशेषता बताई है।

अतः विकल्प (D) सही है।

33. वह रमा का विद्यालय है। वाक्य में संकेत वाचक विशेषण है। वह रमा का विद्यालय है वाक्य में "वह" शब्द संज्ञा की और संकेत करते हैं।
अतः विकल्प (C) सही है।

34. जिस स्त्री का पति जीवित है = सधवा

प्रिय या पति से बिछुड़ी हुई दुःखिनी नायिका = विरहिणी

पति धर्म ही जिसका व्रत हो, पति के प्रति अनन्य अनुराग एवं भक्ति रखनेवाली = पतिव्रता

दूसरे की विवाहित स्त्री = अन्योढ़ा

अतः विकल्प (A) सही है।

35. "जिसका जन्म कन्या के गर्भ से हुआ हो" वाक्यांश के लिए एक शब्द "कानीन" उचित है।

कानीन का अर्थ - जिसका जन्म कन्या के गर्भ से हुआ हो

कन्यापुत्र का अर्थ - कन्या का पुत्र

अवैधपूर्ण का अर्थ - जिसमें कोई वैधता न हो

कुमारीपुत्र का अर्थ - कुमारी का बेटा

अतः विकल्प (B) सही है।

36. पाथेय - मार्ग में खाने के लिए भोजन

परिधेय - जो पहनने लायक हो

पौरुषेय - मनुष्य के पुरुषार्थ द्वारा रचा गया
अतः विकल्प (A) सही है।

37. "फंदा" शब्द का तत्सम शब्द पाश है। क्योंकि यह संस्कृत से ज्यों के त्यों प्रयोग में लिया जा रहा है। अन्य विकल्प असंगत हैं, विकल्प (A) इसका सही उत्तर है।

पर्पट → पराठा

पर्ण → परा

पक्क → पक्का

अतः विकल्प (A) सही है।

38. कैथा यहाँ सही विकल्प है, अन्य विकल्प असंगत। कैथा एक कठोर वृक्ष होता है। कपित्थ का तत्सम रूप कैथा होता है।

- कपूर का तत्सम रूप - कर्पूर
- केली का तत्सम रूप - कदली
- खजूर का तत्सम रूप - खर्जूर

अतः विकल्प (B) सही है।

39. दिए गए विकल्पों में से 'अचरज' शब्द तद्भव शब्द है।

'अचरज' का अर्थ है - आश्चय उत्पन्न करने वाली वस्तु। आश्चर्य तत्सम शब्द है। जिसका तद्भव शब्द अचरज है।

अन्य शब्द:

अंधकार → अँधियारा

अंगरक्षक → अँगरखा

आशा → आस

अतः विकल्प (A) सही है।

40. दिए गए विकल्पों में आर्शीवाद शब्द की वर्तनी अशुद्ध है। आर्शीवाद शब्द की शुद्ध वर्तनी आशीर्वाद होती है।
आशीर्वाद की शुद्ध वर्तनी – आशीर्वादआशीर्वाद का अर्थ - शुभ वचन, असीसअन्य शब्दों का अर्थ –अंत्याक्षरी - कविता के अंतिम अक्षर से शुरू होनेवाला अक्षर लेकर छंद बनानाश्रद्धांजलि - श्रद्धा प्रकट करने हेतु कहे गए शब्द

अतः विकल्प (B) सही है।

41. उपरोक्त शब्दों में 'सुषुप्ति' वर्तनी के अनुसार शुद्ध रूप है। अन्य सभी शब्द वर्तनी के अनुसार गलत शब्द है।

अन्य तथ्य -

सुषुप्ति का अर्थ - सोए होने की अवस्था

सुषुप्ति का संधि विच्छेद - सु + सुप्ति (व्यंजन संधि)

सुषुप्ति का विलोम - जागृति

अतः विकल्प (D) सही है।

42. उपरोक्त शब्दों में 'कवयित्री' वर्तनी के अनुसार शुद्ध रूप है अन्य सभी शब्द वर्तनी के अनुसार गलत शब्द है।

अन्य तथ्य -

कवयित्री का अर्थ - कविता रचने वाली स्त्री

वर्तनी का अर्थ:भाषा की वर्तनी का अर्थ उस भाषा में शब्दों को वर्णों से अभिव्यक्त करने की क्रिया को कहते हैं। लिखने की रीति को वर्तनी कहते हैं।

अतः विकल्प (D) सही है।

43. दिए गए विकल्पों में से 'बंधन' शब्द का विलोम मुक्त है।

बंधन का अर्थ – कैद

मुक्त का अर्थ – खुला

अतः विकल्प (B) सही है।

44. दिए गए विकल्पों में से 'उपत्यका' शब्द का विलोम अधित्यका है।

उपत्यका का अर्थ - तराई, घाटी।

अधित्यका का अर्थ - पहाड़ के ऊपर की समतल भूमि (टेबुल लैंड)।

अतः विकल्प (D) सही है।

45. दिए गए विकल्पों में से 'आच्छादित' शब्द का विलोम अनाच्छादित है।

आच्छादित का अर्थ - छाया हुआ, ढाका हुआ

अनाच्छादित का अर्थ - जो ढाका न हो, जो छाया न हो

अतः विकल्प (C) सही है।

46. स्थावर का अर्थ है - स्थिर, स्थायी। तथा जंगम अर्थ है - चल सकता हो। स्थावर शब्द का विलोम जंगम है।

अतः विकल्प (D) सही है।

47. 'मेधा' 'मरुत' शब्द का पर्यायवाची नहीं है।

'मेधा' के अन्य पर्यायवाची शब्द 'मनीषा, मति, बुद्धि, प्रज्ञा, विचार' आदि हैं। अतः सही विकल्प 'मेधा'।

'मरुत' शब्द के अन्य पर्यायवाची 'अनिल, पवमान, प्रभंजन, प्रवात, समीरण, मातरिश्वा, बयार, वायु, हवा, समीर' आदि हैं।

अतः विकल्प (A) सही है।

48. 'अंबुनिधि' 'सागर' का पर्यायवाची है। 'अंबुनिधि' के अन्य पर्यायवाची शब्द 'समुंदर, सिंधु, जलधि, उदधि, जलेश' आदि हैं। अन्य विकल्प अनुचित हैं।

अतः विकल्प (C) सही है।

49. 'अर्जुन' का पर्यायवाची शब्द 'पार्थ' है। 'अनूठा' का अर्थ 'असाधारण', 'अवश्य' एक निरर्थक शब्द है, 'ध्वान्त' अर्थात 'अंधकार' तथा पार्थ अर्थात 'अर्जुन'।

अर्जुन के पर्यायवाची: कौन्तेय, गांडीवधर, कपिध्वज, सव्यसाची, पांडुन

अतः विकल्प (D) सही है।

50. 'बाण' का पर्यायवाची 'सारंग' नहीं है।

'बाण' के अन्य पर्यायवाची शब्द- 'सर, इषु, सायक, तीर, नाराच' आदि हैं।

'सारंग' शब्द के अन्य पर्यायवाची - 'हिरण, सुरभी, मृग, हिरन, कुरग' आदि हैं।

अतः विकल्प (B) सही है।

51. पोर्टल प्रणाली में नस शामिल होती है जो रक्त को उदर भाग से बाहर निकालती है।

पोर्टल प्रणाली में नस शामिल होती है जो उदर भाग, प्लीहा, अग्न्याशय और पित्ताशय के उदर भाग से रक्त को बाहर निकालती है। अपवाद एक मलाशय है। यह लगभग 8 सेमी लंबा होता है।

अतः विकल्प (C) सही है।

52. पल्मोनरी सर्कुलेश रक्त को हृदय से फेफड़ों और पीठ तक ले जाता है।

पल्मोनरी सर्कुलेशन वह प्रक्रिया है जिसमें ऑक्सीजन रहित रक्त दाएं वेंट्रिकल से फेफड़ों तक जाता है और ऑक्सीजन युक्त रक्त को बाएं आलिंद और हृदय के वेंट्रिकल में लौटाता है।

अतः विकल्प (C) सही है।

53. प्रणालीगत शिरापरक प्रणाली उस शिरा को संदर्भित करती है जो दाएँ अलिंद में जाती है।

प्रणालीगत शिरापरक तंत्र शिराओं के नेटवर्क के रूप में शुरू होता है जो उत्तरोत्तर बड़े व्यास की नसों का निर्माण करता है जो सभी ऊतकों से रक्त को दाहिने आलिंद में बहाते हैं। प्रणालीगत शिरापरक प्रणाली उस नस को संदर्भित करती है जो दो संवहनी बिस्तरों से गुजरे बिना दाएं आलिंद में जाती है।

अतः विकल्प (B) सही है।

54. ऑरिकल को पिन्रा के नाम से भी जाना जाता है।

मानव शरीर रचना विज्ञान में ऑरिकल, जिसे पिन्रा भी कहा जाता है, बाहरी कान का दृश्य भाग, और मानव कान और अन्य स्तनधारियों के बीच अंतर का बिंदु। मनुष्यों में अलिंद लगभग अल्पविकसित होता है और आम तौर पर गतिहीन होता है और सिर के किनारे के करीब स्थित होता है।

अतः विकल्प (B) सही है।

55. बोनी लेबिरिंथ में एंडोलिम्फ नामक द्रव से भरा होता है।

आंतरिक कान एक नाजुक, अनियमित अंग है जिसे झिल्लीदार लबिरिंथ कहा जाता है। यह लगभग समान आकार की बोनी लबिरिंथ से घिरा हुआ है। झिल्लीदार लबिरिंथ कुछ बिंदुओं पर बोनी लबिरिंथ से जुड़ी होती है, लेकिन इसका बड़ा हिस्सा बोनी लबिरिंथ से एक संकीर्ण पेरिलिम्फेटिक स्थान द्वारा अलग किया जाता है।

अतः विकल्प (A) सही है।

56. क्लाइंट के इलेक्ट्रॉनिक स्वास्थ्य डेटा तक पहुँचने के लिए उपयोग की जाने वाली क्लाइंट जानकारी को रिकॉर्ड करने की तकनीक। यह नर्सिंग इन्फार्मेटिक्स एरिया नर्सिंग प्रैक्टिस है।

नर्सिंग प्रैक्टिस को वास्तविक या संभावित स्वास्थ्य समस्याओं के लिए मानव प्रतिक्रियाओं के निदान और उपचार के रूप में नर्सिंग के रूप में परिभाषित किया गया है।

अतः विकल्प (A) सही है।

57. कार्ल स्टीनबच ने सबसे पहले इंफॉर्मेटिक्स शब्द की उत्पत्ति "INFORMATIKS" से की थी।

1957: सबसे पहले कार्ल स्टीनबच द्वारा "INFORMATIKS" के रूप में बढ़ाया गया।

1962: फिलिप ड्रेफस ने "INFORMATIQUE" का इस्तेमाल किया।

वाल्टर बाउर: उन्होंने इसका अनुवाद "INFORMATICS" में किया।

अतः विकल्प (C) सही है।

58. प्रौद्योगिकी संयुक्त शब्द सूचना और स्वचालन को संदर्भित करता है, जिसका अर्थ है स्वचालित सूचना प्रसंस्करण। सामान्य उपयोग में, स्वचालन को एक ऐसी प्रौद्योगिकी के रूप में परिभाषित किया जा सकता है जो निर्देशों के उचित निष्पादन को सुनिश्चित करने के लिए स्वचालित प्रतिक्रिया नियंत्रण के साथ संयुक्त प्रोग्राम किए गए आदेशों के माध्यम से एक प्रक्रिया को निष्पादित करने से संबंधित है। परिणामी प्रणाली मानवीय हस्तक्षेप के बिना काम करने में सक्षम है। इस प्रौद्योगिकी का विकास तेजी से कंप्यूटर और कंप्यूटर से संबंधित प्रौद्योगिकी के उपयोग पर निर्भर हो गया है।

अतः विकल्प (C) सही है।

59. सेंट ल्यूक हॉस्पिटल के चिकित्सा निदेशक करेन एक कम्प्यूटराइज्ड सिस्टम की मांग कर रहे थे जो रोगी इनफार्मेशन रिकायरमेंट्स और रोगी पंजीकरण पर इनफार्मेशन आवश्यकताओं को पूरा करने के लिए डिज़ाइन की गई हो। वह क्लीनिकल और हॉस्पिटल इनफार्मेशन सिस्टम की बात कर रही है। एक रोगी रिकॉर्ड सिस्टम एक प्रकार की क्लीनिकल इनफार्मेशन सिस्टम है, जो रोगी देखभाल के वितरण के लिए महत्वपूर्ण क्लीनिकल जानकारी एकत्र करने, स्टोरेज, मैनीपुलेशन करने और उपलब्ध कराने के लिए समर्पित है।

अतः विकल्प (B) सही है।

60. एक डिपेंडेबल सिस्टम, सिस्टम की रिलायबिलिटी, इंटीग्रिटी और प्रदर्शन को मापती है।

डिपेंडेबल सिस्टम:

- सिस्टम की रिलायबिलिटी, इंटीग्रिटी और प्रदर्शन का माप है।

- एक कंप्यूटिंग सिस्टम की विश्वसनीयता जो उसके द्वारा प्रदान की जाने वाली सेवा पर निर्भरता को उचित ठहराने की अनुमति देती है।

- उपलब्धता प्रदर्शन और इसके प्रभावित करने वाले कारक जैसे विश्वसनीयता प्रदर्शन, रखरखाव प्रदर्शन और रखरखाव समर्थन प्रदर्शन।

- स्वास्थ्य सूचना सिस्टम के उपयोग के माध्यम से स्वास्थ्य देखभाल वितरण की प्रभावशीलता, सेवा की गुणवत्ता और देखभाल की गुणवत्ता का मापन।

- डेटा, सूचना और प्रक्रिया की रिलायबिलिटी, इंटीग्रिटी, गोपनीयता और सुरक्षा शामिल है।

अतः विकल्प (A) सही है।

61. नर्सिंग इंफॉर्मेटिक्स वह विशेषता है जो नर्सिंग अभ्यास, प्रशासन, शिक्षा, अनुसंधान और नर्सिंग ज्ञान के विस्तार का समर्थन करने के लिए डेटा और सूचनाओं की पहचान, संग्रह, प्रसंस्करण और प्रबंधन में नर्सिंग विज्ञान, कंप्यूटर विज्ञान और इंफॉर्मेटिक्स को एकीकृत करती है।

अतः विकल्प (D) सही है।

62. कार्ला, नर्स एनेस्थेटिस्ट, अनुसूचित मास्टेक्टॉमी वाले रोगी के लिए प्री-ऑपरेटिंग दवाओं की गणना और प्रबंधन में कंप्यूटर का उपयोग करती है। वह जिस सिस्टम का उपयोग कर रही है वह फार्मेसी इंफॉर्मेशन सिस्टम है। हॉस्पिटल में, फार्मेसी इंफॉर्मेशन प्रणाली (पीआईएस) आमतौर पर अस्पताल सूचना सिस्टम (एचआईएस) की एक सब-सिस्टम होती है। पीआईएस दवाओं के वितरण और प्रबंधन का समर्थन करता है, दवा और चिकित्सा उपकरण सूची दिखाता है, और आवश्यक रिपोर्ट तैयार करने की सुविधा प्रदान करता है।

अतः विकल्प (C) सही है।

63. एनालिसिस के लिए एकत्र किए गए वर्ण, संख्या या तथ्य और पॉसिबली बाद की कार्रवाई डेटा है। उदाहरण के लिए, 14 दिन, अफ्रीकी अमेरिकी, डाइवोर्स, 100 बीट्स/मिनट के लिए अलग-अलग मान हैं:

1) ब्लड प्रेशर वैल्यू

- 120/76
- 118/74
- 108/68

2) क्लाइंट के महत्वपूर्ण संकेत, अस्पताल में रहने की अवधि, क्लाइंट की दौड़, वैवाहिक स्थिति या रोजगार की स्थिति।

3) व्यक्तिगत तापमान रीडिंग।

अतः विकल्प (B) सही है।

64. नर्स अपने स्वयं के पूर्वग्रह से अवगत रहते हुए देखभाल प्रदान करने की योजना बनाएगी, स्टाफ की प्रथाओं के बजाय क्लाइंट की व्यक्तिगत जरूरतों पर ध्यान केंद्रित करेगी।

अपने स्वयं के विश्वासों और मूल्यों को समझे बिना, नर्स द्वारा एक पूर्वग्रह या पूर्वकल्पित विश्वास एक क्लाइंट के लिए देखभाल की योजना में एक अप्रत्याशित संघर्ष या उपेक्षा का क्षेत्र पैदा कर सकता है (जो देखभाल से पूरी तरह से अलग कुछ की उम्मीद कर सकता है)। मूल्यांकन के दौरान मूल्यों, विश्वासों, प्रथाओं को नर्स द्वारा पहचाना जाना चाहिए और उस क्लाइंट की विशिष्ट जरूरतों/परिणामों को पूरा करने के लिए नर्स द्वारा विकल्पों की पहचान करने के लिए एक गाइड के रूप में उपयोग किया जाना चाहिए। इसलिए मूल्यों, विश्वासों और प्रथाओं की पहचान इस क्लाइंट के लिए विशिष्ट सार्थक और लाभकारी देखभाल की योजना बनाने की अनुमति देती है।

अतः विकल्प (D) सही है।

65. सांस्कृतिक रूप से उपयुक्त विशिष्ट व्यक्तिगत देखभाल प्रदान करने के लिए मानव समूहों में समानता और अंतर को समझने के लिए संस्कृतियों के तुलनात्मक अध्ययन का उपयोग करने का तात्पर्य है।

पारसांस्कृतिक देखभाल का अर्थ है कि विशिष्ट सांस्कृतिक प्रथाओं के बारे में समझ और सीखकर नर्स इन प्रथाओं को एक विशिष्ट व्यक्तिगत ग्राहक के लिए देखभाल की योजना में एकीकृत कर सकती है, जिसकी देखभाल के समग्र तरीके से ग्राहक की जरूरतों को पूरा करने के लिए समान विश्वास या प्रथाएं हैं।

अतः विकल्प (A) सही है।

66. नर्स को यह पहचानना चाहिए कि ये सांस्कृतिक चर स्वास्थ्य समस्या को कैसे प्रभावित करते हैं।

संस्कृतिक जरूरतों के आकलन और पहचान के बिना नर्स यह समझना शुरू नहीं कर सकती कि ये स्वास्थ्य समस्या या स्वास्थ्य देखभाल प्रबंधन को कैसे प्रभावित कर सकती हैं। नए नैदानिक समूहों के गठन से लेकर रोग के निदान तक जिसे रोग कहा जाता है या कोई लक्षण नहीं है और रोग के संकेतों के निर्धारण तक स्वास्थ्य में संस्कृति कई स्तरों पर प्रभावशाली है

अतः विकल्प (B) सही है।

67. एक नैदानिक सेटिंग में पेशेवर नर्सिंग अभ्यास के लिए नैतिक सिद्धांत आचरण के सिद्धांतों द्वारा निर्देशित होते हैं जिन्हें अमेरिकन नर्सेज एसोसिएशन (एएनए) की आचार संहिता के रूप में लिखा जाता है।

अमेरिकन नर्सेज एसोसिएशन (एएनए) के अनुसार, नर्सिंग आचार संहिता "नर्सिंग देखभाल में गुणवत्ता और पेशे के नैतिक दायित्वों के अनुरूप नर्सिंग जिम्मेदारियों को पूरा करने के लिए एक गाइड है।"

अतः विकल्प (A) सही है।

68. न्याय को संसाधनों के वितरण की निष्पक्षता के रूप में परिभाषित किया गया है। हालांकि, जरूरतों के एक पदानुक्रम के लिए दिशानिर्देश स्थापित किए गए हैं, जैसे अंग प्रत्यारोपण के साथ। जब फर्श पर कमी होती है तो नर्सों को सबसे ज्यादा जरूरत वाले क्षेत्रों में ले जाया जाता है। कर्मचारियों के बिना कोई मंजिल नहीं बची है, और दूसरी मंजिल जिसमें पांच कर्मचारी थे, उस मंजिल की मदद के लिए दो को छोड़ देंगे जिसमें कोई कर्मचारी नहीं था।

अतः विकल्प (C) सही है।

69. प्लीहा को हटाने से उपरोक्त में से कोई भी लक्षण/बीमारी नहीं होगी। स्प्लेनेक्टोमी प्लीहा को हटाने के लिए एक शल्य प्रक्रिया है। प्लीहा एक अंग है जो मनुष्य के पेट के ऊपरी बाईं ओर पंजर के नीचे पाया जाता है। यह संक्रमण से लड़ने में मदद करता है और रक्त से अनावश्यक सामग्री, जैसे पुरानी या क्षतिग्रस्त रक्त कोशिकाओं को निस्पंदन करता है।

अतः विकल्प (D) सही है।

70. वैरिकाज़ नसें अक्सर फैली हुई और टेढ़ी-मेढ़ी होती हैं।

वैरिकाज़ नसों के कारण:

- उम्र बढ़ने के साथ-साथ नसों में वाल्व समय के साथ कमजोर होने लगते हैं।
- वैरिकाज़ नसों वाले परिवार के सदस्यों का आनुवंशिक इतिहास।
- गर्भावस्था, जैसे-जैसे बढ़ता हुआ गर्भाशय किसी व्यक्ति की नसों पर अतिरिक्त दबाव डालता है।
- वजन ज्यादा होना।
- लंबे समय तक बैठे रहना।

अतः विकल्प (C) सही है।

71. वृद्ध लोगों में वैरिकाज़ नसें अधिक प्रचलित हैं। वैरिकाज़ नसें बढ़े हुए, सूजी हुई, मुड़ी हुई नसें होती हैं जो अक्सर क्षतिग्रस्त या दोषपूर्ण वाल्व के कारण होती हैं जो रक्त को गलत दिशा में जाने देती हैं।

अतः विकल्प (D) सही है।

72. आमतौर पर रोगी के खड़े होने पर वैरिकोसिटी की जांच की जाती है। वैरिकाज़ या वैरिकाज़ नस एक फैली हुई नस है जो मुख्य रूप से निचले अंगों में विशेष रूप से पैरों में होती है। वैरिकाज़ नसें नसों में बढ़े हुए रक्तचाप के कारण होती हैं। वैरिकाज़ नसें त्वचा की सतह (सतही) के पास की नसों में होती हैं। नसों में एकतरफा वाल्व द्वारा रक्त हृदय की ओर बढ़ता है। जब वाल्व कमजोर या क्षतिग्रस्त हो जाते हैं, तो रक्त नसों में जमा हो सकता है।

अतः विकल्प (A) सही है।

73. न्यूमोसेफालस तब होता है जब हवा कपाल में प्रवेश करती है। कपाल गुहा के भीतर हवा या गैस की उपस्थिति न्यूमोसेफालस है। यह आमतौर पर खोपड़ी के विघटन से जुड़ा होता है: सिर और चेहरे के आघात के बाद, खोपड़ी के

आधार के ट्यूमर, न्यूरोसर्जरी या ओटोरहिनोलारिंजोलॉजी के बाद, और शायद ही कभी, अनायास।

अत: विकल्प (A) सही है।

74. क्रैनियोटॉमी के कारणों में उपरोक्त सभी विकल्प शामिल हैं। एक क्रैनियोटॉमी मस्तिष्क को बेनकाब करने के लिए खोपड़ी से हड्डी के हिस्से का शल्य चिकित्सा हटाना है। हड्डी के उस हिस्से को हटाने के लिए विशेष उपकरणों का उपयोग किया जाता है जिसे बोन फ्लैप कहा जाता है। हड्डी के फ्लैप को अस्थायी रूप से हटा दिया जाता है, फिर मस्तिष्क की सर्जरी के बाद बदल दिया जाता है।

अत: विकल्प (D) सही है।

75. धमनीविस्फार एक धमनी की कमजोर दीवार में उभार है। धमनीविस्फार एक रक्त वाहिका में एक उभार है जो रक्त वाहिका की दीवार में कमजोरी के कारण होता है, आमतौर पर जहां इसकी शाखाएं होती हैं। जैसे ही रक्त कमजोर रक्त वाहिका से होकर गुजरता है, रक्तचाप एक छोटे से क्षेत्र को गुब्बारे की तरह बाहर की ओर उभारने का कारण बनता है।

अत: विकल्प (A) सही है।

76. पोस्टऑपरेटिव क्रैनियोटॉमी में सबसे शुरुआती जटिलताएं सर्जरी के बाद पहले 6 घंटों के भीतर होती हैं। किसी भी सर्जरी की सामान्य जटिलताओं में रक्तस्राव, संक्रमण, रक्त के थक्के और एनेस्थीसिया की प्रतिक्रिया शामिल हैं। क्रैनियोटॉमी से संबंधित विशिष्ट जटिलताओं में स्ट्रोक, दौरे, मस्तिष्क की सूजन, तंत्रिका क्षति, मस्तिष्कमेरु द्रव का रिसाव और कुछ मानसिक कार्यों का नुकसान शामिल हो सकता है।

अत: विकल्प (B) सही है।

77. इंट्राक्रैनील दबाव के लक्षणों और लक्षणों में उच्च रक्तचाप और ब्रैडीकार्डिया शामिल हैं। मस्तिष्क में रक्तस्राव, ट्यूमर, स्ट्रोक, धमनीविस्फार, उच्च रक्तचाप या मस्तिष्क संक्रमण के कारण बढ़ा हुआ इंट्राकैनायल दबाव हो सकता है। उपचार मस्तिष्क के आसपास बढ़े हुए इंट्राकैनायल दबाव को कम करने पर केंद्रित है। बढ़े हुए इंट्राक्रैनील दबाव में गंभीर जटिलताएं होती हैं, जिसमें दीर्घकालिक (स्थायी) मस्तिष्क क्षति और मृत्यु शामिल है।

अत: विकल्प (C) सही है।

78. विलिस का चक्र मस्तिष्क के आधार पर स्थित है। विलिस का चक्र मस्तिष्क के नीचे (अवर) तरफ कई धमनियों का जुड़ने वाला क्षेत्र है। विलिस के सर्कल में, आंतरिक कैरोटिड धमनियां छोटी धमनियों में शाखा करती हैं जो 80% से अधिक सेरेब्रम को ऑक्सीजन युक्त रक्त की आपूर्ति करती हैं।

अत: विकल्प (A) सही है।

79. एशियाई जातीयता गर्भावधि मधुमेह के लिए जोखिम कारक नहीं है।

एशियाई जातीयता को जोखिम कारक नहीं माना जाता है। हिस्पैनिक, मूल अमेरिकी और अफ्रीकी अमेरिकी जातियों को गर्भावधि मधुमेह के लिए जोखिम कारक माना जाता है। अन्य में मातृ मोटापा, गर्भकालीन मधुमेह के साथ पिछली गर्भधारण, एक बहुत बड़े बच्चे की डिलीवरी और मधुमेह का पारिवारिक इतिहास शामिल हैं।

अत: विकल्प (B) सही है।

80. महिला श्रम के 1 चरण और 2 अवस्था का अनुभव कर रही है। प्रसव का 1 चरण तब होता है जब महिला का गर्भाशय ग्रीवा 0-10 सेमी तक फैल रहा होता है। 1 चरण का 2 चरण 4-7 सेमी से फैलाव के दौरान होता है और जब गर्भाशय ग्रीवा 40-80% मिट जाती है। प्रसव का 2 चरण तब होता है जब बच्चे के जन्म तक गर्भाशय ग्रीवा 10 सेमी तक फैल जाती है। प्रसव का 3 चरण प्लेसेंटा की डिलीवरी है। श्रम का 1 चरण श्रम की शुरुआत है जब तक कि गर्भाशय ग्रीवा 3 सेमी तक फैल न जाए। श्रम का 3 चरण तब होता है जब गर्भाशय ग्रीवा पूरी तरह से 7 सेमी से 10 सेमी तक फैल जाती है।

अत: विकल्प (D) सही है।

81. नर्स को संदेह है कि वह श्रम के चरण 1, अवस्था 3 का अनुभव कर रही होगी।

श्रम के पहले चरण के तीसरे चरण के दौरान, गर्भाशय ग्रीवा 8-10 सेमी तक फैल जाती है और मलत्याग 80-100% तक पहुंच जाता है। महिला अन्य चीजों पर ध्यान केंद्रित करने में कम सक्षम होगी और सहायक व्यक्तियों से अधिक समर्थन की आवश्यकता हो सकती है। श्रम तेजी से आगे बढ़ सकता है और नर्स को श्रम के दूसरे चरण की तैयारी करनी चाहिए, जिसमें गर्भाशय ग्रीवा पूरी तरह से 10 सेमी तक फैली हुई है।

अत: विकल्प (B) सही है।

82. गर्भकालीन मधुमेह नर्स को संदेह होगा।

गर्भकालीन मधुमेह एक प्रकार का मधुमेह है जो पहली बार एक गर्भवती महिला में देखा जाता है जिसे गर्भवती होने से पहले मधुमेह नहीं था। कुछ महिलाओं में गर्भविधि मधुमेह से प्रभावित एक से अधिक गर्भावस्था होती है। गर्भकालीन मधुमेह आमतौर पर गर्भावस्था के बीच में दिखाई देता है।

अत: विकल्प (D) सही है।

83. उपरोक्त सभी गर्भवती महिला में अस्थमा को ट्रिगर करते हैं।

पालतू जानवरों की रूसी, बिल्लियों, कुत्तों, कृन्तकों, पक्षियों और फर या पंखों वाले अन्य जानवरों द्वारा बहाए गए छोटे, यहां तक कि सूक्ष्म, त्वचा के टुकड़ों से बनी होती है। त्वचा के ये टुकड़े उन लोगों में प्रतिक्रिया पैदा कर सकते हैं जिन्हें इन ट्रिगर्स से विशेष रूप से एलर्जी है।

इसोफेजियल रिफ्लक्स पेट के एसिड के कुछ बैक फ्लो को अन्नप्रणाली में अनुमति देता है, जिससे नाराज़गी हो सकती है। यह एसिड भी एक प्रतिवर्त प्रतिक्रिया का कारण बन सकता है जिसके परिणामस्वरूप अस्थमा के लक्षण हो सकते हैं। यह गर्भावस्था के दौरान अधिक आम है और इसका इलाज किया जा सकता है।

अस्थमा और एलर्जी वाले लोग बिना धुली चादर पर सोने से लक्षणों को ट्रिगर या खराब कर सकते हैं।

अत: विकल्प (D) सही है।

84. साथी स्वास्थ्य देखभाल पेशेवरों को दूषित करने के जोखिम को कम करने के लिए एक अलग क्षेत्र को छोड़ने से पहले हाथ की स्वच्छता करना आपके लिए महत्वपूर्ण है। स्वच्छ हाथ धोने में साबुन या डिटर्जेंट का उपयोग करके दूषित हाथ की सतहों से सूक्ष्मजीवों को यांत्रिक रूप से हटाना शामिल है। हाथ धोने में एक नल के नीचे या बहते पानी में एक त्वरित कुल्ला से अधिक शामिल होना चाहिए।

अत: विकल्प (A) सही है।

85. स्वच्छ दिनचर्या के अनुसार संक्रमणों का वर्गिकरण:

खाद्य जनित संक्रमण: संक्रमण जो रोगजनक युक्त भोजन खाने से फैल सकता है।

जल जनित संक्रमण: संक्रमण जो पीने के पानी के माध्यम से प्रेषित किया जा सकता है जिसमें रोगज़नक़ होता है।

पानी से धोए गए संक्रमण: रोगजनकों के कारण होने वाले संक्रमण जिनके संचरण को व्यक्तिगत स्वच्छता में सुधार करके रोका जा सकता है।

वेक्टर जनित संक्रमण: वेक्टर के माध्यम से संचरित संक्रमण। हम वेक्टर-जनित संक्रमणों का उपयोग केवल एक जैविक वेक्टर वाले संक्रमणों के लिए करते हैं, जो कि एक वेक्टर है जिसमें आगे संचरण संभव होने से पहले रोगज़नक़ (जैसे मच्छर, त्सेत्से मक्खी, शरीर की जूं) एक विकास के माध्यम से जाता है।

अतः विकल्प (D) सही है।

86. इबोला रक्त और शारीरिक तरल पदार्थों के सीधे संपर्क के माध्यम से मनुष्य से मनुष्य में फैलता है। मृत या जीवित संक्रमित व्यक्तियों के संक्रमित रक्त, साव, ऊतकों, अंगों और अन्य शारीरिक तरल पदार्थों के सीधे संपर्क से इबोला वायरस अत्यधिक संचरित होते हैं। संक्रमित शारीरिक तरल पदार्थ (फोमाइट्स) से दूषित निर्जीव वस्तुओं के माध्यम से संचरण संभव है।

अतः विकल्प (A) सही है।

87. हैंड सैनिटाइज़र हाथ की स्वच्छता का स्वीकार्य रूप नहीं है क्योंकि वे सभी प्रकार के खाद्य खतरों को नहीं मारते हैं। हैंड सैनिटाइज़र रासायनिक या भौतिक खतरों को दूर नहीं कर सकते हैं और केवल बैक्टीरिया के 99.9% को मारते हैं। चूँकि आपके हाथों पर अरबों बैक्टीरिया हैं, लाखों जीवित रहेंगे, भले ही 99.9% मारे गए हों। इन कारणों से, स्वीकार्य हाथ स्वच्छता का एकमात्र रूप अपने हाथों को अच्छी तरह धोना है।

अतः विकल्प (D) सही है।

88. नियमित रूप से साबुन से नहाना एवं धोकर वस्त्र पहनना दाद रोग की रोकथाम कर सकता है। दाद कुछ विशेष जाति का फफूँदों के कारण उत्पन्न त्वचाप्रदाह है। ये फफूँदें माइक्रोस्पोरोन, ट्राइकॉफ़ाइटॉन, एपिडर्मोफ़ाइटॉन या टीनिया जाति की होती है। दाद रोग कई रूपों में शरीर के अंगों पर आक्रमण करता है।

अतः विकल्प (A) सही है।

89. अन्नप्रणाली के ऊपरी और निचले सिरों पर स्थित ऊपरी और निचले एसोफेजल स्फिंक्टर्स, क्रमशः अन्नप्रणाली में और बाहर भोजन की गति को नियंत्रित करते हैं। यदि मुंह शरीर का प्रवेश द्वार है, तो अन्नप्रणाली भोजन और पेय के साथ-साथ पेट तक जाने के लिए एक राजमार्ग है।

अतः विकल्प (D) सही है।

90. डिस्यूरिया सिस्टिटिस जैसे निचले मूत्र पथ के संक्रमण (यूटीआई) का एक लक्षण है। सामान्य लक्षणों में आवृत्ति, डिस्यूरिया, अर्जन्सी, सुपरप्यूबिक दर्द, क्लॉउडी यूरिन, हेमट्यूरिया, नॉज़िया, उल्टी और बुखार शामिल हैं। तीव्र सीधी सिस्टिटिस के निदान के लिए एक इतिहास सबसे महत्वपूर्ण उपकरण है और इसे एक केंद्रित परीक्षा और यूरिनलिसिस द्वारा समर्थित किया जाना चाहिए।

अतः विकल्प (A) सही है।

91. एस्चेरिचिया कोली यूटीआई के विकास से जुड़ा सबसे आम जीव है। एस्चेरिचिया कोली एक बड़े अंतर से सीधी यूटीआई में सबसे आम जीव है। पैथोजेनिक बैक्टीरिया पेरिनेम से ऊपर उठते हैं, जिससे यूटीआई होता है। पुरुषों की तुलना में महिलाओं का यूथ्रस छोटा होता है और इसलिए वे यूटीआई के प्रति अधिक संवेदनशील होते हैं। बहुत कम जटिल यूटीआई रक्त जनित बैक्टीरिया के कारण होते हैं।

अतः विकल्प (C) सही है।

92. द्रव का सेवन लगभग यूरिन उत्पादन के बराबर है। कोई अन्य संबंध एक असामान्यता का संकेत देता है। सभी रोगी परिदृश्यों के लिए एक सामान्य सिद्धांत यह है कि जो भी तरल पदार्थ खो रहा है उसे यथासंभव सटीक रूप से प्रतिस्थापित करें। रोगी के द्रव के प्रबंधन की रणनीति प्रत्येक रोगी की नैदानिक स्थिति के आधार पर भिन्न होती है। यदि वे मुंह से पर्याप्त मात्रा में तरल पदार्थ पी सकते हैं, तो यह पहली पसंद होनी चाहिए। कुछ रोगी अन्य एंटरल विकल्पों को सहन कर सकते हैं, जैसे कि फीडिंग ट्यूब। IV प्लस मौखिक आदेश उन लोगों के लिए प्रभावी हैं जो अपनी कुल दैनिक द्रव आवश्यकताओं को आंतरिक रूप से पूरा करने में असमर्थ हैं।

अतः विकल्प (B) सही है।

93. बौद्धिक अक्षमता (आईडी) से पीड़ित एक बच्चा नर्स ताशा की देखरेख में है। नर्स इस बात से अवगत है कि माइल्ड आईडी के संकेत और लक्षणों में चलने में आलस्य शामिल है।

छोटे बच्चों में हल्की बौद्धिक अक्षमता न्यूनतम रूप से ध्यान देने योग्य होती है, जिसमें से एक लक्षण विकासात्मक मील के पत्थर को प्राप्त करने में देरी,

जैसे कि बाद के चरण में चलना। बौद्धिक अक्षमता वाले व्यक्तियों में न्यूरोडेवलपमेंटल कमियां होती हैं जो बौद्धिक कार्यप्रणाली और अनुकूली व्यवहार में सीमाओं की विशेषता होती हैं। ये अक्षमताएं 18 वर्ष की आयु से पहले उत्पन्न और प्रकट होती हैं और काफी संख्या में संबंधित और सह-होने वाली समस्याओं से जुड़ी हो सकती हैं।

अतः विकल्प (B) सही है।

94. यह अंतःविषय सहयोग में सुधार करता है जो प्रक्रियाओं में दक्षता में सुधार करता है नर्स द्वारा यह प्रतिक्रिया एक ईएचआर प्रणाली के औचित्य की समझ को इंगित करती है।

ईएचआर के उपयोगकर्ताओं के लिए कई लाभ हैं, जिसमें अंतःविषय सहयोग में सुधार और प्रक्रियाओं को अधिक सटीक और कुशल बनाना शामिल है। एक इलेक्ट्रॉनिक स्वास्थ्य रिकॉर्ड (ईएचआर) एक रोगी के चिकित्सा इतिहास का एक इलेक्ट्रॉनिक संस्करण है, जिसे समय के साथ प्रदाता द्वारा बनाए रखा जाता है, और इसमें जनसांख्यिकी, प्रगति सहित किसी विशेष प्रदाता के तहत उस व्यक्ति की देखभाल के लिए प्रासंगिक सभी प्रमुख प्रशासनिक नैदानिक डेटा शामिल हो सकते हैं। नोट्स, समस्याएं, दवाएं, महत्वपूर्ण संकेत, पिछले चिकित्सा इतिहास, टीकाकरण, प्रयोगशाला डेटा, और रेडियोलॉजी रिपोर्ट ईएचआर सूचना तक पहुंच को स्वचालित करता है और इसमें चिकित्सक के कार्यप्रवाह को कारगर बनाने की क्षमता होती है। ईएचआर में साक्ष्य-आधारित निर्णय समर्थन, गुणवत्ता प्रबंधन और परिणामों की रिपोर्टिंग सहित विभिन्न इंटरफेस के माध्यम से प्रत्यक्ष या अप्रत्यक्ष रूप से देखभाल से संबंधित अन्य गतिविधियों का समर्थन करने की क्षमता है।

अतः विकल्प (C) सही है।

95. वैज्ञानिक अनुसंधान द्वारा समर्थित अभ्यास नर्सिंग के इस पहलू को एक पेशे और एक अनुशासन दोनों के रूप में परिभाषित करने के लिए आवश्यक है।

एक पेशे में ऐसा ज्ञान होना चाहिए जो तकनीकी और वैज्ञानिक ज्ञान पर आधारित हो। किसी विषय का सैद्धांतिक ज्ञान अनुसंधान पर आधारित होना चाहिए, इसलिए दोनों वैज्ञानिक रूप से आधारित हैं। नर्सिंग के पेशे में राष्ट्रीय स्तर पर विनियमित, परिभाषित और निगरानी मानकों के अनुसार अनुशासन में शिक्षित व्यक्ति शामिल हैं। समाज के सदस्यों के लिए स्वास्थ्य देखभाल सुरक्षा को संरक्षित करने के लिए मानक और नियम हैं। यद्यपि अनुशासन और नर्सिंग के पेशे के अलग-अलग लक्ष्य हैं, नर्सिंग का उद्देश्य मानव जाति के लिए जीवन की गुणवत्ता में वृद्धि करना है। अनुशासन अभ्यास की कला में रहने वाले विज्ञान को प्रदान करता है।

अतः विकल्प (C) सही है।

96. आकांक्षा के लिए रोगी के जोखिम का आकलन करने के लिए एक वाक् चिकित्सक से परामर्श किया जाना चाहिए।

वाक् और भाषा चिकित्सक निगलने और भाषण की गड़बड़ी का सामना करने वाले ग्राहकों को सहायता प्रदान करते हैं। वे आकांक्षा के लिए जोखिम का आकलन करते हैं और जोखिम को कम करने के लिए एक उपचार योजना की सिफारिश करते हैं। भाषण-भाषा रोगविज्ञानी (एसएलपी) बच्चों और वयस्कों में भाषण, भाषा, सामाजिक संचार, संज्ञानात्मक-संचार, और निगलने संबंधी विकारों को रोकने, मूल्यांकन, निदान और उपचार करने के लिए काम करते हैं।

अतः विकल्प (D) सही है।

97. नर्स यह मानती है कि स्वस्थ वृद्ध वयस्कों में भी मूत्र उन्मूलन परिवर्तन हो सकते हैं क्योंकि पेशाब की मात्रा बढ़ जाने के बाद बनी रहती है।

उम्र के साथ मूत्राशय की क्षमता कम हो सकती है लेकिन मांसपेशियां कमजोर होती हैं और इससे पेशाब रुक सकता है। मांसपेशियों में परिवर्तन और प्रजनन प्रणाली में परिवर्तन मूत्राशय के नियंत्रण को प्रभावित कर सकते हैं। जैसे-जैसे मूत्राशय में पेशाब की मात्रा बढ़ती है, वैसे-वैसे उसमें दबाव भी बढ़ता जाता है। 5 से 15 मिमी एचजी की दीवार का दबाव मूत्राशय की परिपूर्णता की

अनुभूति पैदा करता है जबकि 30 मिमी एचजी और उससे अधिक दर्दनाक होता है। मूत्राशय की परिपूर्णता बढ़ने की अनुभूति ए-डेल्टा और सी दोनों तंत्रिका तंतुओं पर पुडेंडल और हाइपोगैस्ट्रिक नसों के माध्यम से रीढ़ की हड्डी तक पहुंचाई जाती है।

अतः विकल्प (D) सही है।

98. पर्याप्त परिसंचरण के लिए लिंग की जाँच करें इस क्रिया को लागू करने के 30 मिनट बाद एक कंडोम कैथेटर पहनने वाले ग्राहक के उपयुक्त नर्सिंग प्रबंधन का प्रतिनिधित्व करता है।

यह सुनिश्चित करने के लिए कि यह बहुत तंग नहीं है, आवेदन के 30 मिनट बाद लिंग और कंडोम की जाँच की जानी चाहिए। और ट्यूबिंग को पैर से टेप किया जाता है या लेग बैग से जोड़ा जाता है। कंडोम कैथेटर बाहरी मूत्र कैथेटर होते हैं जिन्हें कंडोम की तरह पहना जाता है। वे मूत्र एकत्र करते हैं क्योंकि यह आपके मूत्राशय से बाहर निकल जाता है और इसे आपके पैर में बंधे एक संग्रह बैग में भेज देता है। वे आमतौर पर उन पुरुषों द्वारा उपयोग किए जाते हैं जिन्हें मूत्र असंयम होता है (अपने मूत्राशय को नियंत्रित नहीं कर सकते)।

अतः विकल्प (B) सही है।

99. बिस्तर के स्नान को साफ करने का सबसे महत्वपूर्ण उद्देश्य रोगी को बिस्तर पर रहने के लिए शुद्ध, ताज़ा और आराम देना है।

नर्स उन रोगियों के लिए एक बिस्तर स्नान प्रदान करती है जिन्हें बिस्तर पर रहना चाहिए और उनकी देखभाल के लिए किसी और पर निर्भर रहना चाहिए। यह रोगी की दैनिक देखभाल का एक महत्वपूर्ण हिस्सा है। यह न केवल रोगी की त्वचा से पसीना, तेल और सूक्ष्म जीवों को हटाता है, बल्कि यह परिसंचरण को भी उत्तेजित करता है और रोगी की उपस्थिति में सुधार करके आत्म-मूल्य की भावना को बढ़ावा देता है। बेडरेस्ट पर बैठे मरीजों के लिए नहाना भी समाजीकरण का समय हो सकता है।

अतः विकल्प (A) सही है।

100. नर्स को एम्पीसिलीन कैप्सूल टीआईडी पीओ देने का आदेश दिया गया है। नर्स को मौखिक रूप से दिन में तीन बार दवा देनी चाहिए।

टीआईडी "टेर इन डाई" के लिए लैटिन है जिसका अर्थ है दिन में तीन बार। पी.ओ. मतलब प्रति अयस्क या मुंह के माध्यम से। दवा के प्रशासन का "समय" रोगी परामर्श के दौरान विचार करने के लिए मूल्यवान जानकारी है और रोगियों द्वारा विशेष रूप से पहली बार एक नुस्खे भरते समय एक सामान्य प्रश्न है।

अतः विकल्प (A) सही है।

101. सुबकतेनोस इंसुलिन के लिए प्रशासन का उपयुक्त मार्ग है।

पेट के सुबकटेनोस ऊतक को प्राथमिकता दी जाती है क्योंकि अन्य स्थानों में सुबकटेनोस ऊतकों की तुलना में इस स्थान से इंसुलिन का अवशोषण अधिक सुसंगत है। इंसुलिन को ऊपरी बांह के सुबकतीनोस ऊतक और जांघ, नितंबों और पेट के पूर्वकाल और पार्श्व पहलुओं में इंजेक्ट किया जा सकता है (नाभि के चारों ओर 2 इंच के दायरे वाले एक चक्र के अपवाद के साथ)।

अतः विकल्प (C) सही है।

102. नर्स एक सफाई एनीमा का प्रबंध करती है। इस प्रक्रिया के लिए सामान्य स्थिति सिम्स लेफ्ट लेटरल है।

यह स्थिति रोगी को आराम प्रदान करती है और मलाशय की प्राकृतिक वक्रता तक आसान पहुंच प्रदान करती है। एनीमा मलाशय को साफ करने या खाली करने को प्रोत्साहित करने के उद्देश्य से तरल पदार्थ के रेक्टल इंजेक्शन हैं। कुछ नैदानिक परीक्षणों या सर्जरी से पहले बृहदान्त्र को बाहर निकालने के लिए एनीमा भी निर्धारित किया जा सकता है। संक्रमण के जोखिम को कम करने और मल को रास्ते में आने से रोकने के लिए इन प्रक्रियाओं से पहले आंत्र खाली होना चाहिए।

अतः विकल्प (A) सही है।

103. नर्स बुक्कल दवा देने की तैयारी करती है। दवा को रोगी के गालों और मसूड़ों के बीच में रखना चाहिए।

बुक्कल प्रशासन में मसूड़ों और गाल के बीच एक दवा रखना शामिल है, जहां यह भी घुल जाता है और रक्त में अवशोषित हो जाता है। क्योंकि दवा जल्दी से अवशोषित हो जाती है, आपात स्थिति के दौरान इस प्रकार के प्रशासन महत्वपूर्ण हो सकते हैं जब आपको दवा को तुरंत काम करने की आवश्यकता होती है, जैसे कि दिल का दौरा पड़ने के दौरान।

अतः विकल्प (B) सही है।

104. पिछले 10-14 दिनों के भीतर समूह A स्ट्रेप्टोकोकस के साथ पूर्व संक्रमण सबसे अधिक तीव्र ग्लोमेरुलोनेफ्राइटिस का कारण बनती है। तीव्र ग्लोमेरुलोनेफ्राइटिस आमतौर पर समूह ए स्ट्रेप्टोकोकस के साथ एक पूर्व ऊपरी श्वसन संक्रमण के प्रति प्रतिरक्षा प्रतिक्रिया के कारण होता है। संक्रमण के लगभग 10-14 दिनों के बाद ग्लोमेरुलर सूजन होती है, जिसके परिणामस्वरूप कम, गहरा मूत्र और शरीर के तरल पदार्थ का प्रतिधारण होता है। निदान के समय पेरिऑरिबिटल एडिमा और उच्च रक्तचाप सामान्य लक्षण हैं।

अतः विकल्प (B) सही है।

105. अपर्याप्त ऊतक संलयन के परिणामस्वरूप परिधीय संवहनी रोग वाले मरीजों में अक्सर तंत्रिका क्षति होती है। इस्केमिक दर्द ज्यादा चिंताजनक होता है। यह अत्यधिक दर्द को संदर्भित करता है जो पीवीडी और अपर्याप्त संलयन के संयोजन के कारण होता है। इस्केमिक दर्द अक्सर खराब कार्डियक आउटपुट के कारण तेज होता है।

अतः विकल्प (A) सही है।

106. हृदय रोग का पारिवारिक इतिहास एक विरासत में मिला जोखिम कारक है जो जीवनशैली में बदलाव के अधीन नहीं है। हृदय रोग वाले किसी रिश्तेदार के होने से जोखिम में उल्लेखनीय वृद्धि देखी गई है।

एथेरोस्क्लेरोसिस एक धमनी की अंदरूनी परत में पट्टिका के निर्माण के कारण धमनियों का मोटा या सख्त हो जाना है। जोखिम कारकों में उच्च कोलेस्ट्रॉल और ट्राइग्लिसराइड का स्तर, उच्च रक्तचाप, धूम्रपान, मधुमेह, मोटापा, शारीरिक गतिविधि, और संतृप्त वसा खाने शामिल हो सकते हैं।

अतः विकल्प (A) सही है।

107. परिधीय संवहनी रोग वाले मरीजों को पैरों को क्रॉस करने से बचना चाहिए क्योंकि इससे रक्त प्रवाह बाधित हो सकता है। पीवीडी, जिसे धमनीकाठिन्य ओब्लिटरन्स के रूप में भी जाना जाता है, मुख्य रूप से एथेरोस्क्लेरोसिस का परिणाम है। एथेरोमा में रेशेदार इंट्रावास्कुलर कवरिंग के साथ प्रोटीन से जुड़े कोलेस्ट्रॉल का एक कोर होता है। एथेरोस्क्लेरोटिक प्रक्रिया धीरे-धीरे मध्यम आकार और बड़ी धमनियों के पूर्ण अवरोधन के लिए प्रगति कर सकती है।

अतः विकल्प (C) सही है।

108. रेनॉड की बीमारी युवा महिलाओं में सबसे आम है और अक्सर रुमेटोलॉजिकल विकारों से जुड़ी होती है, जैसे ल्यूपस और रुमेटीइड गठिया। धमनियों की वेसोस्पास्म उंगलियों और पैर की उंगलियों में रक्त के प्रवाह को कम कर देता है। जिन लोगों को रेनॉड है, उनमें यह विकार आमतौर पर उंगलियों को प्रभावित करता है। लगभग 40 प्रतिशत लोगों में, जिन्हें रेनॉड है, यह पैर की उंगलियों को प्रभावित करता है।

अतः विकल्प (C) सही है।

109. आत्महत्या के लिए सबसे अधिक जोखिम वाला रोगी वह है जो हिंसक मौत की योजना बना रहा है (उदाहरण के लिए, बंदूक की गोली से, पुल से कूदना, या फांसी लगाना) की एक विशिष्ट योजना है (उदाहरण के लिए, पति या पत्नी के काम पर जाने के बाद) और उसके पास आसानी से उपलब्ध साधन हैं (उदाहरण के लिए, गैरेज में छिपी राइफल)। कई आत्महत्या से संबंधित जनसांख्यिकीय कारक अक्सर एक ही व्यक्ति में होते हैं। उदाहरण के लिए यदि एक पुरुष पुलिस अधिकारी प्रमुख अवसाद और शराब के साथ एक

महत्वपूर्ण समस्या के साथ अपनी सर्विस रिवॉल्वर (जो दुर्भाग्य से अक्सर नहीं होता है) का उपयोग करके आत्महत्या करता है, तो 5 जोखिम कारक शामिल होते हैं: सेक्स, व्यवसाय, अवसाद, शराब और बंदूक की उपलब्धता।

अतः विकल्प (B) सही है।

110. एक एनोरेक्सिक रोगी जिसे अस्पताल में भर्ती होने की आवश्यकता होती है, वह भुखमरी से खराब शारीरिक स्थिति में होता है और अतालता हाइपोथर्मिया कुपोषण संक्रमण या हृदय संबंधी असामान्यताओं के परिणामस्वरूप इलेक्ट्रोलाइट असंतुलन के परिणामस्वरूप मर सकता है। इसलिए रोगी के महत्वपूर्ण संकेतों, सीरम इलेक्ट्रोलाइट स्तर और एसिड-बेस बैलेंस की निगरानी करना महत्वपूर्ण है।

अतः विकल्प (C) सही है।

111. रोगी का अपराध का इतिहास, घर से भागना, बर्बरता, और स्कूल छोड़ना असामाजिक व्यक्तित्व विकार के लक्षण हैं। व्यवहार के सामाजिक मानदंडों की अवहेलना और दूसरों से सार्थक रूप से संबंधित होने में असमर्थता के कारण यह दुर्भावनापूर्ण मुकाबला पैटर्न प्रकट होता है। असामाजिक व्यक्तित्व विकार (एएसपीडी) एक गहरी अंतर्निहित और कठोर दुष्क्रियात्मक विचार प्रक्रिया है जो बिना किसी पछतावे के शोषक, अपराधी और आपराधिक व्यवहार के साथ सामाजिक गैर-जिम्मेदारी पर केंद्रित है।

दूसरों के अधिकारों की अवहेलना और उनका उल्लंघन इस व्यक्तित्व विकार की सामान्य अभिव्यक्तियाँ हैं, जो ऐसे लक्षणों को प्रदर्शित करता है जिनमें कानून का पालन करने में विफलता, लगातार रोजगार बनाए रखने में असमर्थता, धोखे, व्यक्तिगत लाभ के लिए हेरफेर, और स्थिर संबंध बनाने में असमर्थता शामिल है।

अतः विकल्प (A) सही है।

112. खाने से इनकार करके, एनोरेक्सिया नर्वोसा वाला एक रोगी अनजाने में अपने जीवन के एकमात्र हिस्से पर नियंत्रण हासिल करने का प्रयास कर रहा है जिसे वह महसूस करती है कि वह नियंत्रित कर सकती है। यौवन और यौन भय से जुड़े परिवर्तनों का सामना करने में रोगी की सहायता करें। आवश्यकतानुसार यौन शिक्षा प्रदान करें। व्यक्तिगत विकास कार्यक्रम को अधिमानतः समूह सेटिंग में प्रोत्साहित करें। मेकअप और ग्रूमिंग के उचित उपयोग के बारे में जानकारी प्रदान करें। व्यक्तिगत उपस्थिति को बढ़ाने के तरीकों के बारे में सीखना आत्म-सम्मान और छवि की लंबी दूरी की भावना के लिए सहायक हो सकता है। दूसरों की प्रतिक्रिया आत्म-मूल्य की भावनाओं को बढ़ावा दे सकती है।

अतः विकल्प (B) सही है।

113. एमिट्रिप्टिलाइन-प्रेरित ऑर्थोस्टेटिक हाइपोटेंशन के प्रभाव को कम करने के लिए, नर्स को रोगी को बिस्तर से बाहर निकलने से पहले 1 मिनट तक बैठने की सलाह देनी चाहिए। एमिट्रिप्टिलाइन वयस्कों में अवसाद के इलाज के लिए एफडीए द्वारा अनुमोदित दवा है। इसके अल्फा-एड्रीनर्जिक रिसेप्टर नाकाबंदी के लिए माध्यमिक, यह ऑर्थोस्टेटिक हाइपोटेंशन, चक्कर आना और बेहोश करने की क्रिया का कारण बन सकता है। यह हृदय गति परिवर्तनशीलता, धीमी इंट्राकार्डियक चालन, विभिन्न अतालता को प्रेरित कर सकता है, और क्यूटीसी (सही क्यूटी) को लम्बा खींच सकता है।

अतः विकल्प (B) सही है।

114. डायस्टीमिक विकार कम से कम 2 वर्षों तक चलने वाले अवसाद की भावनाओं से चिह्नित होता है, जिसमें निम्न लक्षणों में से कम से कम दो लक्षण होते हैं: नींद की गड़बड़ी, भूख में गड़बड़ी, कम ऊर्जा या थकान कम आत्मसम्मान, खराब एकाग्रता, निर्णय लेने में कठिनाई और निराशा। ये लक्षण अपेक्षाकृत निरंतर हो सकते हैं या सामान्य मनोदशा की अवधि के बीच अलग हो सकते हैं जो कुछ दिनों से कुछ हफ्तों तक रहता है।

अतः विकल्प (D) सही है।

115. प्रलाप की तीव्र शुरुआत होती है और आमतौर पर यह कई घंटों से लेकर कई दिनों तक रह सकता है। प्रलाप, जिसे तीव्र भ्रम की स्थिति के रूप में भी जाना जाता है, एक नैदानिक सिंड्रोम है जो आमतौर पर बुजुर्गों में विकसित होता है। यह ध्यान केंद्रित करने, बनाए रखने या ध्यान स्थानांतरित करने की कम क्षमता के साथ चेतना और अनुभूति के परिवर्तन की विशेषता है।

अतः विकल्प (D) सही है।

116. अल्जाइमर रोग के मध्य चरण में प्रगति के संकेतों में स्पष्ट व्यक्तित्व परिवर्तन और बिगड़ा हुआ संचार, जैसे अनुचित बातचीत, कार्यों और प्रतिक्रियाओं के साथ तीव्र संज्ञानात्मक हानि शामिल है। अल्जाइमर रोग के लक्षण रोग की अवस्था पर निर्भर करते हैं। अल्जाइमर रोग को संज्ञानात्मक हानि की डिग्री के आधार पर प्रीक्लिनिकल या पूर्व-लक्षण, हल्के और मनोभ्रंश-चरण में वर्गीकृत किया गया है। ये चरण अल्जाइमर रोग के DSM- 5 वर्गीकरण से भिन्न हैं।

अतः विकल्प (B) सही है।

117. सेडेशन एक ट्राइसाइक्लिक एंटीडिप्रेसेंट, इमीप्रामाइन का एक सामान्य प्रारंभिक प्रतिकूल प्रभाव है, और आमतौर पर सहनशीलता विकसित होने के साथ कम हो जाती है। चूंकि इमीप्रामाइन शरीर में विभिन्न रिसेप्टर्स पर कार्य करता है, इसलिए यह कुछ अंगों और प्रणालियों पर प्रतिकूल प्रभाव डालता है। केंद्रीय और स्वायत्त तंत्रिका तंत्र में, इमीप्रामाइन के एंटीहिस्टामिनिक प्रभाव से चक्कर आना, बेहोश करने की क्रिया, भ्रम, प्रलाप, दौरे, भूख में वृद्धि और वजन बढ़ना हो सकता है।

अतः विकल्प (D) सही है।

118. एक एनोरेक्सिक रोगी जिसे अस्पताल में भर्ती होने की आवश्यकता होती है, वह भुखमरी से खराब शारीरिक स्थिति में होता है और अतालता, हाइपोथर्मिया, कुपोषण, संक्रमण, या हृदय संबंधी असामान्यताओं के परिणामस्वरूप इलेक्ट्रोलाइट असंतुलन के कारण मृत्यु हो सकती है।

इसलिए, रोगी के महत्वपूर्ण संकेतों, सीरम इलेक्ट्रोलाइट स्तर और एसिड-बेस बैलेंस की निगरानी करना महत्वपूर्ण है। वर्क-अप में एक संपूर्ण चिकित्सा इतिहास (सिस्टम, पारिवारिक और सामाजिक इतिहास की व्यापक समीक्षा, गैर-निर्धारित, पिछले चिकित्सा और मानसिक इतिहास, पूर्व दुर्व्यवहार सहित दवाएं) और शारीरिक परीक्षा (उपरोक्त जटिलताओं की तलाश) शामिल है।

अतः विकल्प (C) सही है।

119. "ऐसा लगता है कि आप किसी ऐसे व्यक्ति से बात कर रहे हैं जिसे मैं नहीं देखता।" नर्स द्वारा उपयोग की जाने वाली संचार तकनीक अवलोकन करने का एक उदाहरण है।

अवलोकन करने में जो देखा या माना जाता है उसे मौखिक रूप देना शामिल है। यह ग्राहक को विशिष्ट व्यवहारों को पहचानने और नर्स की धारणाओं के साथ तुलना करने के लिए प्रोत्साहित करता है।

अतः विकल्प (A) सही है।

120. प्रशिक्षक का बयान, "निश्चित रूप से आपने जानबूझकर ऐसा नहीं किया, लेकिन आपने क्लाइंट के नाम का उपयोग करके गोपनीयता भंग कर दी।"प्रभावी प्रतिक्रिया का एक उदाहरण है।

प्रतिक्रिया संचार का एक तरीका है जिससे दूसरों को व्यवहार में बदलाव पर विचार करने में मदद मिलती है। प्रतिक्रिया वर्णनात्मक, विशिष्ट और व्यवहार की ओर निर्देशित होनी चाहिए जिसे व्यक्ति संशोधित करने की क्षमता रखता है और उसे सलाह देने या व्यक्ति की आलोचना करने के बजाय जानकारी प्रदान करनी चाहिए।

अतः विकल्प (C) सही है।

121. अनुमोदन संचार तकनीक देने की गैर-चिकित्सीय तकनीक में प्रमुख नर्स कार्यरत है।

अनुमोदन देने का तात्पर्य है कि प्रमुख नर्स को यह निर्णय करने का अधिकार है कि ग्राहक के विचार या व्यवहार "अच्छे" हैं या "बुरे" हैं। यह ग्राहक की सशर्त स्वीकृति बनाता है।

अतः विकल्प (A) सही है।

122. उपयुक्त प्रतिक्रिया प्रदान करने का उद्देश्य ग्राहक को महत्वपूर्ण जानकारी देना है। अच्छी तरह से दी गई, प्रतिक्रिया प्राप्तकर्ता को प्रदर्शन में सुधार करने और वांछित परिणाम प्राप्त करने के लिए प्रेरित कर सकता है। कठोर रूप से दिया गया, यह विपरीत प्रभाव पैदा कर सकता है और क्रोध, आहत भावनाओं और आक्रोश को प्रेरित कर सकता है।

अतः विकल्प (D) सही है।

123. समूह शिक्षण की व्याख्यान पद्धति में शिक्षार्थियों की कोई सक्रिय भागीदारी नहीं होती है।

व्याख्यान स्वास्थ्य शिक्षण का सबसे लोकप्रिय तरीका है। इसमें संचार ज्यादातर एकतरफा होता है, यानी लोग केवल निष्क्रिय श्रोता होते हैं 'सीखने में उनकी ओर से कोई सक्रिय भागीदारी नहीं होती है।

व्याख्यान विधि शिक्षण की सबसे पुरानी विधि है। यह आदर्शवाद के दर्शन पर आधारित है। यह विधि छात्रों को विषय की व्याख्या करने के लिए संदर्भित करती है। सामग्री की प्रस्तुति पर जोर दिया गया है।

अतः विकल्प (A) सही है।

124. उपर्युक्त सभी स्वास्थ्य शिक्षा के उद्देश्य हैं।

स्वास्थ्य शिक्षा विकास के कारकों में से एक है क्योंकि यह योगदान देता है: स्वास्थ्य सेवाओं की प्रभावकारिता में वृद्धि, उपचारात्मक और साथ ही निवारक; व्यावसायिक रोगों और दुर्घटनाओं को कम करके उत्पादकता में सुधार करना; लोगों को भाग लेने के लिए प्राप्त करके समुदायों के सामाजिक माहौल को बदलने के लिए। स्वास्थ्य शिक्षा का अंतिम लक्ष्य: व्यक्तिगत और सामुदायिक स्तर के स्वास्थ्य में सुधार। रोग की घटनाओं को कम करना। विकलांगता और मृत्यु में कमी।

अतः सही विकल्प (D) है।

125. एक ग्राहक का साक्षात्कार करते समय, नर्स को ग्राहक के सामने बैठने के अशाब्दिक व्यवहार को नियोजित करना चाहिए। सक्रिय रूप से सुनने के लिए सुविधात्मक कौशल को संक्षिप्त रूप से सोलर द्वारा पहचाना जा सकता है। सोलर में ग्राहक (एस) के सामने बैठना, क्लाइंट (ओ) के साथ बातचीत करते समय खुली मुद्रा, क्लाइंट (एल) की तरफ झुकाव, आंखों से संपर्क (ई), और आराम (आर) स्थापित करना शामिल है।

अतः विकल्प (C) सही है।

126. नर्स द्वारा सबसे अच्छी प्रतिक्रिया है, 'आप अपराध की भावनाओं का अनुभव कर रहे हैं क्योंकि आप अपने बच्चों को बचाने में सक्षम नहीं थे।' यह प्रतिक्रिया प्रतिबिंब की चिकित्सीय संचार तकनीक का उपयोग करती है जो एक ग्राहक की भावनात्मक प्रतिक्रिया की पहचान करती है और इन भावनाओं को ग्राहक को वापस दर्शाती है ताकि उन्हें पहचाना और स्वीकार किया जा सके।

अतः विकल्प (B) सही है।

127. नर्स का सबसे उपयुक्त कथन है, "आइए आपके लिए यूनिट गतिविधियों में भाग लेने और फिर भी अपने हाथ धोने का एक तरीका खोजें।" यह कथन कार्य योजना तैयार करने की चिकित्सीय संचार तकनीक को दर्शाता है। नर्स चिकित्सीय संबंध को नुकसान पहुंचाए बिना या ग्राहक की चिंता को बढ़ाए बिना एक योजना विकसित करने के लिए ग्राहक के साथ काम करने का प्रयास करती है।

अतः विकल्प (D) सही है।

128. "हमने पिछले परछती कौशल पर चर्चा की है। देखते हैं कि ये मुकाबला कौशल अब प्रभावी हो सकते हैं या नहीं।" नर्स का यह कथन कार्य योजना

तैयार करने के चिकित्सीय संचार कौशल का एक उदाहरण है। इस कौशल के उपयोग से, नर्स एक तनावपूर्ण स्थिति से निपटने के लिए ग्राहक की योजना को अग्रिम रूप से मदद कर सकती है जो क्रोध और / या चिंता को असहनीय स्तर तक बढ़ने से रोक सकती है।

अतः विकल्प (A) सही है।

129. रक्त का निर्माण शरीर के अस्थि मज्जा अंग में होता है

अस्थि मज्जा हड्डियों के केंद्र में नरम, स्पंजी सामग्री है। यह शरीर की रक्त कोशिकाओं का लगभग 95% उत्पादन करता है। वयस्क शरीर का अधिकांश अस्थि मज्जा श्रोणि की हड्डियों, स्तन की हड्डी और रीढ़ की हड्डियों में होता है।

अतः विकल्प (D) सही है।

130. "ग्लूकोज से ग्लूकोज 6 फॉस्फेट" प्रतिक्रिया के दौरान एटीपी का सेवन किया जाता है।

सेल ग्लूकोज में फॉस्फोराइलेशन द्वारा ग्लूकोज से 6-फॉस्फेट बनता है और यह एंजाइम हेक्सोकाइनेज द्वारा उत्प्रेरित होता है। इस अभिक्रिया में ग्लाइकोलाइसिस में ATP के एक समतुल्य का उपभोग किया जाता है।

ग्लाइकोजन के संश्लेषण और भंडारण के लिए ग्लूकोज-6-फॉस्फेट का उपयोग किया जाता है। इसका मेटाबॉलिज्म पाइरूवेट तक बढ़ाया जाता है। ग्लाइकोलाइटिक मार्ग नियामक एंजाइमों की क्रिया के कारण होता है।

अतः विकल्प (B) सही है।

131. एक हृदय में चार वाल्व होते हैं।

1. ट्राइकसिपड दाएं परिकोष्ठ और दाएं निलय के बीच स्थित होती है।

2. पल्मोनरी वाल्व-दाएं निलय और फुफ्फुसीय धमनी के बीच स्थित होती है।

3. माइट्रल वाल्व- बाएं आलिंद और बाएं निलय के बीच स्थित होती है।

4. महाधमनी वाल्व- बाएं निलय और महाधमनी के बीच स्थित होती है।

अतः विकल्प (D) सही है।

132. पेरिस्टलसिस भोजन को आहारनाल में आगे की ओर धकेलने के लिए मांसपेशियों की तरंग जैसी गति है।

पेरिस्टलसिस मांसपेशियों के संकुचन की एक श्रृंखला है। ये संकुचन आपके पाचन तंत्र में होते हैं। गुर्दे को मूत्राशय से जोड़ने वाली नलियों में पेरिस्टलसिस भी देखा जाता है। पेरिस्टालिसिस एक स्वचालित और महत्वपूर्ण प्रक्रिया है।

अतः विकल्प (B) सही है।

133. अमोनिया, यूरिया और यूरिक एसिड विभिन्न जीवों में उत्पन्न होने वाले नाइट्रोजनयुक्त अपशिष्ट हैं।

अमोनिया सबसे विषैला होता है और इसे हटाने के लिए अधिकतम पानी की आवश्यकता होती है। यूरिक एसिड सबसे कम जहरीला होता है और इसे हटाने के लिए अधिकतम पानी की आवश्यकता होती है। अमोनिया, यूरिक एसिड और यूरिया जैसे इन यौगिकों का उन्मूलन जीव के रासायनिक होमियोस्टेसिस को सक्षम बनाता है। सभी नाइट्रोजनयुक्त अपशिष्ट प्रोटीन उपापचय से उत्पन्न होते हैं। अमोनोटेलिज्म अमोनिया और अमोनियम आयनों के उत्सर्जन की प्रक्रिया है।

अतः विकल्प (A) सही है।

134. उच्च आसमाटिक दबाव के संपर्क में आने वाले माध्यम में विकसित जीवाणु कोशिकाएं रॉड के आकार से गोलाकार आकार में आकार बदलती हैं। उच्च आसमाटिक दबाव कोशिकाओं को फटने से रोकता है। रॉड के आकार की कोशिकाएँ गोलाकार हो जाती हैं क्योंकि उनमें कोशिका संरचना की कमी होती है जो आकार प्रदान करती है।
अतः विकल्प (D) सही है।

135. ग्राम-पॉजिटिव जीवों के खिलाफ टायरोसिडाइन और ग्रैमिकिडाइन अधिक प्रभावी होते हैं जबकि पॉलीमीक्सिन ग्राम-नकारात्मक बैक्टीरिया के खिलाफ विशेष रूप से प्रभावी होते हैं।
अतः विकल्प (B) सही है।

136. रासायनिक-परख के तरीके आम तौर पर अधिक सटीक होते हैं और जैविक तरीकों की तुलना में कम समय की आवश्यकता होती है, लेकिन वे कम संवेदनशील होते हैं, और सावधानी बरतनी चाहिए ताकि जैविक रूप से निष्क्रिय गिरावट वाले उत्पाद भ्रामक परिणाम न दें।
अतः विकल्प (B) सही है।

137. नाइट्रोस्पिना ग्रासिलिस एक नाइट्राइट-ऑक्सीकरण जीवाणु है। वे नाइट्राइट से नाइट्रेट के ऑक्सीकरण में शामिल हैं। अमोनिया ऑक्सीकरण करने वाले सूक्ष्मजीव पर्यावरण में नाइट्रोजन के भाग्य के केंद्र में हैं।
अतः विकल्प (A) सही है।

138. सेल्यूलोज एंजाइम सेल्युलेस द्वारा सेलोबायोज में अवक्रमित हो जाता है। पौधों में सबसे प्रचुर मात्रा में कार्बनिक पदार्थ सेल्यूलोज है। प्रारंभिक एंजाइमेटिक अटैक सेल्युलेस द्वारा होता है जो ग्लूकोज की इस लंबी-श्रृंखला बहुलक को सेलोबायोज में विभाजित करता है जिसमें दो ग्लूकोज इकाइयां होती हैं।
अतः विकल्प (D) सही है।

139. डेसल्फोटोमैकुलम प्रजाति जैसे मिट्टी के सूक्ष्मजीवों द्वारा सल्फेट को हाइड्रोजन सल्फाइड में अपचित किया जाता है। जैसे कैल्शियम सल्फेट हमें हाइड्रोजन सल्फाइड और कैल्शियम हाइड्रॉक्साइड देता है।
अतः विकल्प (C) सही है।

140. झीलों और नदियों के सूक्ष्मजीव नमक के प्रति संवेदनशील होते हैं और 1 प्रतिशत से अधिक की नमक सांद्रता में नहीं बढ़ते हैं जबकि समुद्री सूक्ष्मजीव हेलोफिलिक होते हैं।
अतः विकल्प (B) सही है।

141. मुहाना के उन क्षेत्रों में जो पोषक रूप से खराब हैं, किसी को स्यूडोमोनैड के अलावा नवोदित और/या उपांग बैक्टीरिया मिलने की संभावना है। एक जीवाणु उपांग सूक्ष्मजीव की सतह से बाहर की ओर निकलता है।
अतः विकल्प (D) सही है।

142. माध्यमिक उपचार में अपशिष्ट जल के कार्बनिक घटकों का ऑक्सीकरण शामिल है। माध्यमिक या जैविक उपचार अपशिष्ट जल के कार्बनिक घटकों को सोखने और अंततः ऑक्सीकरण करने के लिए किया जाता है, अर्थात बीओडी को कम करने के लिए।
अतः विकल्प (C) सही है।

143. माइक्रोकॉकी जैसे माइक्रोकोकस ल्यूटस, माइक्रोकॉकस वेरिएंस गाय की स्तन ग्रंथियों और डेयरी बर्तनों की नलिकाओं में पाए जाते हैं। वे एसिड उत्पादक हैं और कमजोर रूप से प्रोटियोलिटिक हैं। माइक्रोकोकस माइक्रोकोकेसी परिवार में बैक्टीरिया का एक जीनस है।
अतः विकल्प (A) सही है।

144. कीट के डंक या मकड़ी के काटने से एनाफिलेक्टिक शॉक होता है।

कीट के डंक और काटने से गंभीर एलर्जी हो सकती है। डॉक्टर इसे ''एनाफिलेक्सिस'' कहते हैं। मकड़ी के काटने से एलर्जी की प्रतिक्रिया हो सकती है जिसे डॉक्टर "एनाफिलेक्टिक शॉक" कहते हैं। यह घातक हो सकता है। 911 पर कॉल करें यदि आपको इनमें से कोई भी लक्षण हैं: होंठ, जीभ, गले या आंखों के आसपास की तीव्र सूजन।

अतः विकल्प (B) सही है।

145. जली हुई त्वचा, कोई दर्द नहीं होना थर्ड डिग्री बर्न के लक्षण हैं।

थर्ड डिग्री बर्न में निम्नलिखित लक्षण होते हैं:

- सूखी और चमड़े की त्वचा।
- काली, सफेद, भूरी या पीली त्वचा।

- सूजन
- दर्द की कमी क्योंकि तंत्रिका अंत नष्ट हो गए हैं।

अतः विकल्प (A) सही है।

146. गंभीर रक्तस्राव के लिए आपको सबसे पहले एक साफ कपड़े या हाथ से खून बहने वाले घाव पर सीधा दबाव डालना चाहिए।

रक्तस्राव बंद होने तक एक साफ कपड़े, रुमाल या रेशमी कपड़े के टुकड़े के साथ कट या घाव पर सीधा दबाव डालें। यदि सामग्री में रक्त भीग जाता है, तो उसे न निकालें। इसके ऊपर और कपड़ा या जीवाणुरहित पट्टी रखें और दबाव डालना जारी रखें। यदि घाव हाथ या पैर पर है, तो धीमी रक्तस्राव में मदद करने के लिए, यदि संभव हो तो अंग को हृदय से ऊपर उठाएं। प्राथमिक उपचार देने के बाद और घाव को साफ करने और ड्रेसिंग करने से पहले अपने हाथ फिर से धो लें। जब तक रक्तस्राव गंभीर न हो और जलन को रोकने के लिए रोका न जाए, तब तक टूर्निकेट न लगाएं। संक्रमण के जोखिम को कम करने के लिए एंटीबायोटिक क्रीम लगाएं और एक जीवाणुरहित पट्टी के साथ कवर करें।

अतः विकल्प (B) सही है।

147. यात्री को उपचार प्रदान करते समय यात्री को स्थानांतरित करना 'रूट' आपातकालीन परिवहन तकनीक का मुख्य उद्देश्य है।

क्षेत्रीय ईटीआर को एक आपात स्थिति के दौरान तेजी से नुकसान के आकलन और मलबे की निकासी के लिए लक्षित प्राथमिकता वाले मार्गों के रूप में परिभाषित किया गया है और पहले उत्तरदाताओं के परिवहन (जैसे, पुलिस, आग और आपातकालीन चिकित्सा सेवाओं, ईंधन) सहित जीवन-बचत और जीवन-निर्वाह प्रतिक्रिया गतिविधियों को सुविधाजनक बनाने के लिए उपयोग किया जाता है।

अतः विकल्प (A) सही है।

148. रोगी की स्थिति की जांच करते समय रोगी से बात करें और उसके कंधों को हिलाएं आपकी पहली कार्रवाई होनी चाहिए।

यहां प्रस्तुत ढांचे में चरणों के निम्नलिखित अनुक्रम शामिल हैं: मूल्यांकन के उद्देश्य की पहचान करना; एक स्वास्थ्य इतिहास लेना; एक व्यापक या केंद्रित दृष्टिकोण चुनना; और निरीक्षण, तालमेल, टक्कर और गुदाभ्रंश के अनुक्रम का उपयोग करके रोगी की जांच करना।

अतः विकल्प (C) सही है।

149. वैज्ञानिक दृष्टिकोण तथ्य के बारे में प्रश्नों के उत्तर देने में मूल्य के बारे में प्रश्नों के उत्तर देने में अधिक उपयोगी है। इसलिए, मनोविज्ञान के लिए वैज्ञानिक दृष्टिकोण को लागू करने से इसकी बहुत भिन्न प्रकार की जानकारी को समझने के लिए दृष्टिकोण को मानकीकृत करने में मदद मिलती है। वैज्ञानिक दृष्टिकोण मनोवैज्ञानिक डेटा को कई उदाहरणों में, विभिन्न परिस्थितियों में, और विभिन्न शोधकर्ताओं द्वारा दोहराया और पुष्टि करने की अनुमति देता है।

अतः विकल्प (C) सही है।

150. असामाजिक व्यक्तित्व विकार से ग्रस्त सेवार्थी सामान्यतः संतुष्टि को स्थगित करने में असमर्थ होता है। असामाजिक व्यक्तित्व विकार, जिसे कभी-कभी समाजोपैथी कहा जाता है, एक मानसिक विकार है जिसमें एक व्यक्ति लगातार सही और गलत के लिए कोई सम्मान नहीं दिखाता है और दूसरों के अधिकारों और भावनाओं की उपेक्षा करता है।

अतः विकल्प (A) सही है।

151. एक व्यक्ति जिस तरह से निर्णय लेता है उसे व्यक्तित्व की अवधारणा के तहत शामिल नहीं किया जा सकता है।

किसी व्यक्ति का व्यक्तित्व आपके देखने के तरीके, आपके कपड़े पहनने के तरीके, आपके बात करने के तरीके, आपके चलने के तरीके, आपके कार्य करने के तरीके से निर्धारित होता है। "जिस तरह से एक व्यक्ति निर्णय लेता है" यह पहलू व्यक्तित्व की तुलना में मानसिक विकास की अवधारणा से अधिक

है।
अतः विकल्प (C) सही है।

152. कार्ल रोजर्स के सिद्धांत में, व्यक्तित्व की मुख्य संरचना स्वयं है।

कार्ल रोजर्स, एक अमेरिकी मानवतावादी मनोवैज्ञानिक, मानवतावाद के स्कूल के थे। उन्होंने सीखने के मानवतावादी सिद्धांतों का प्रचार किया। उन्होंने सीखने के दो प्रकारों में अंतर करने की कोशिश की- संज्ञानात्मक और अनुभवात्मक। उन्होंने संज्ञानात्मक अधिगम को अपने आप में तब तक निरर्थक बताया जब तक कि यह किसी उपयोग के अधीन न हो। ऐसी शिक्षा ज्ञान आधारित होती है। उन्होंने यह भी उल्लेख किया कि किसी की प्रगति और कल्याण के लिए अनुभवात्मक शिक्षा काफी महत्वपूर्ण है।
अतः विकल्प (C) सही है।

153. एक व्यक्ति के रूप में आप कौन हैं, इसका विवरण आपकी आत्म अवधारणा से मिलता है।

आत्म अवधारणा का उपयोग यह संदर्भित करने के लिए किया जाता है कि कोई व्यक्ति अपने बारे में कैसे सोचता है, मूल्यांकन करता है, अनुभव करता है या स्वयं का वर्णन करता है। स्वयं के बारे में जागरूक होना स्वयं की अवधारणा होना है। आत्म-अवधारणा स्वयं के बारे में ज्ञान का संचय है, जैसे व्यक्तित्व लक्षणों, शारीरिक विशेषताओं, क्षमताओं, मूल्यों, लक्ष्यों और भूमिकाओं के बारे में विश्वास। एक व्यक्ति में, आत्म-अवधारणा अधिक सारगर्भित, जटिल और श्रेणीबद्ध रूप से संज्ञानात्मक मानसिक अभ्यावेदन या स्व-स्कीमा में संगठित हो जाती है, जो स्व-प्रासंगिक जानकारी के प्रसंस्करण को निर्देशित करती है।
अतः विकल्प (C) सही है।

154. रॉर्सचाक् इंकब्लॉट टेस्ट का उपयोग व्यक्तित्व को मापने के लिए किया जाता है।

रोर्शच इंकब्लॉट टेस्ट: स्विस मनोचिकित्सक हरमन रोर्शच ने 1921 में रोर्शच इंकब्लॉट पर्सनैलिटी टेस्ट तैयार किया। परीक्षण में 10 कार्डों का एक मानक सेट होता है, जिस पर स्याही के धब्बे छपे होते हैं। रॉर्सचाक् परीक्षण बौद्धिक और गैर-बौद्धिक दोनों व्यक्तित्व लक्षणों का एक उपाय है। 10 कार्डों की श्रृंखला में पांच अक्रोमेटिक हैं, दो कार्ड काले और लाल हैं, और शेष तीन कार्ड हरे, नीले, नारंगी और गुलाबी धब्बों के संयोजन में पॉलीक्रोमैटिक हैं।
अतः विकल्प (A) सही है।

155. कौशल स्मृति दीर्घकालिक स्मृति का वह हिस्सा है जो वातानुकूलित प्रतिक्रियाओं और सीखे गए कौशल से बनी होती है।

कौशल स्मृति, जिसे प्रक्रियात्मक स्मृति के रूप में भी जाना जाता है, यह जानने का प्रभारी है कि चीजों को कैसे करना है। स्मृति उन संज्ञानात्मक क्षमताओं में से एक है जिसे हम दैनिक उपयोग करते हैं, यहां तक कि इसे जाने बिना भी। यह हमें अपने मस्तिष्क में नई जानकारी को ठीक से संग्रहीत करने की अनुमति देता है ताकि इसे बाद में आसानी से याद किया जा सके।
अतः विकल्प (D) सही है।

156. होशपूर्वक दर्दनाक या चिंता पैदा करने वाले विचारों को स्मृति से मजबूर करना दमन कहलाता है।

दमन 1892 में सिगमंड फ्रायड द्वारा प्रस्तावित दमन का स्वैच्छिक रूप है। यह अवांछित, चिंता-उत्तेजक विचारों, यादों, भावनाओं, कल्पनाओं और इच्छाओं को जागरूकता से बाहर धकेलने की सचेत प्रक्रिया है।
अतः विकल्प (C) सही है।

157. शब्द "अनुभूति" में सोच, समस्या समाधान, तर्क और सपने देखना शामिल है।

अनुभूति को 'विचार, अनुभव और इंद्रियों के माध्यम से ज्ञान और समझ प्राप्त करने की मानसिक क्रिया या प्रक्रिया' के रूप में परिभाषित किया गया है। यह संक्षेप में, सूचना को देखने और प्रतिक्रिया करने, संसाधित करने और समझने, संग्रहीत करने और पुनः प्राप्त करने, निर्णय लेने और उचित प्रतिक्रिया उत्पन्न करने की क्षमता है।
अतः विकल्प (A) सही है।

158. डेंड्राइट अन्य न्यूरॉन्स से आने वाले सिग्नल प्राप्त करते हैं।

डेंड्राइट एक न्यूरॉन की शुरुआत में पेड़ की तरह के विस्तार होते हैं जो कोशिका शरीर के सतह क्षेत्र को बढ़ाने में मदद करते हैं। ये छोटे प्रोटूशियंस अन्य न्यूरॉन्स से जानकारी प्राप्त करते हैं और विद्युत उत्तेजना को सोम तक पहुंचाते हैं। डेंड्राइट भी सिनैप्स से ढके होते हैं।
अतः विकल्प (D) सही है।

159. सुरक्षित और स्वस्थ जल को इस प्रकार परिभाषित किया जाता है:

- रोगजनक एजेंटों से मुक्त
- हानिकारक रासायनिक पदार्थों से मुक्त
- स्वाद के लिए सुखद, रंगहीन और गंधहीन
- घरेलू उद्देश्यों के लिए प्रयोग करने योग्य

यदि पानी उपरोक्त मानदंडों को पूरा नहीं करता है तो इसे प्रदूषित या दूषित कहा जाता है। मानव गतिविधि के कारण कई विकासशील देशों में जल प्रदूषण एक बढ़ता हुआ खतरा है। पर्याप्त और सुरक्षित पेयजल के बिना समुदाय को सकारात्मक स्वास्थ्य प्रदान करना संभव नहीं है।

अतः विकल्प (D) सही है।

160. जीवों के प्रतिशत में वृद्धि और वनस्पतियों में कमी खतरनाक हो सकती है क्योंकि यह CO_2 के प्रतिशत को बढ़ाती है। ऐसा इसलिए होता है क्योंकि जीव-जंतु O_2 गैस लेते हैं और वातावरण में CO_2 गैस छोड़ते हैं और प्रकाश संश्लेषण प्रक्रिया के दौरान वनस्पतियाँ CO_2 लेती हैं और O_2 छोड़ती हैं। CO_2 में वृद्धि कई तरह के स्वास्थ्य प्रभाव पैदा कर सकती है। इनमें सिरदर्द, चक्कर आना, बेचैनी, झुनझुनी या पिन या सुई महसूस होना, सांस लेने में कठिनाई, पसीना, थकान, हृदय गति में वृद्धि, उच्च रक्तचाप, कोमा, श्वासावरोध और आक्षेप शामिल हो सकते हैं।

अतः विकल्प (A) सही है।

161. जब सीवेज को पानी में छोड़ा जाता है, तो O_2 में वृद्धि नहीं होती है।

सूक्ष्मजीवों द्वारा कार्बनिक पदार्थों के अपघटन के लिए ऑक्सीजन की आवश्यकता होती है। कार्बनिक पदार्थों के कारण पानी की अशुद्धता की डिग्री को जैव रासायनिक ऑक्सीजन मांग या (बीओडी) के रूप में मापा जाता है।

बीओडी पानी में मौजूद कार्बनिक कचरे को पूरी तरह से चयापचय करने के लिए सूक्ष्मजीवों द्वारा आवश्यक ऑक्सीजन है।

जब अनुपचारित सीवेज सीधे जल निकायों में छोड़ा जाता है, तो इसे जैविक लोडिंग कहा जाता है। जल निकायों (या यूट्रोफिकेशन) में पोषक तत्वों की मात्रा में वृद्धि के लिए जैविक लोडिंग एक स्रोत है। इसके परिणामस्वरूप बीओडी में वृद्धि होती है और नीले-हरे शैवाल एक्सप्लोसिव होता है, जिसे एल्गल ब्लूम कहा जाता है। शैवाल के फूलने और सीवेज मेटाबोलाइजिंग सूक्ष्मजीवों द्वारा ऑक्सीजन की खपत में वृद्धि से पानी में घुलित ऑक्सीजन के स्तर में कमी आती है।

अतः विकल्प (A) सही है।

162. बीमारी की वर्तमान दर खतरनाक गति से बढ़ रही है और वे कार्सिनोजेन्स से जुड़ी हुई हैं। पिछले कई दशकों में हमारे पर्यावरण में कार्सिनोजेन्स प्रचुर मात्रा में हो गए हैं। इसमें कीटनाशक, कृत्रिम हार्मोन आदि होते हैं।

अतः विकल्प (A) सही है।

163. स्ट्रैटोस्फेरिक O_3 की कमी पैदा करने वाली फ्रीऑन गैस मुख्य रूप से फ्रिज से निकलती है। फ्रीऑन या एरोसोल या क्लोरोफ्लोरोकार्बन (सीएफसी) ऐसे रसायन हैं जिनका उपयोग फ्रिज, प्रोपेलेंट और ठोस प्लास्टिक फोम के रूप में किया जाता है। रसायनों को जेट द्वारा एरोसोल के रूप में भी छोड़ा जाता है। नाइट्रस ऑक्साइड के साथ, सीएफसी ओजोनोस्फीयर के ओजोन के साथ प्रतिक्रिया करते हैं और इसे समाप्त कर देते हैं।

अतः विकल्प (A) सही है।

164. एक सैनिटरी कुएं में जमीन से कम से कम 70-75 सेमी की ऊंचाई की एक पैरापेट दीवार होनी चाहिए। एक स्वच्छता कुआं वह है जो ठीक से स्थित है, अच्छी तरह से निर्मित है, और संदूषण के संभावित स्थानों से अच्छी तरह से संरक्षित है ताकि सुरक्षित पानी की आपूर्ति सुनिश्चित हो सके। अच्छी तरह से मानी जाने वाली स्वच्छता की विशेषताएं अस्तर, एप्रन, कवर और पानी खींचने वाली बाल्टी थीं। कुएं के पानी के नमूने और गुणवत्ता परीक्षण शुष्क मौसम के दौरान किए गए थे और विभिन्न प्रयोगशाला विधियों का उपयोग करके कुल ठोस, निलंबित ठोस, कुल कठोरता और कोलाई फॉर्म गिनती जैसे पैरामीटर निर्धारित किए गए थे।

अतः विकल्प (B) सही है।

165. विनाइल ऑक्सीडाइज को उन रसायनों के लिए कहा जाता है जो विनाइल फर्श से निकलते हैं।

पर्यावरण में दूषित पदार्थों के जुड़ने के कारण, यह पता चला है कि जो बच्चे विनाइल फर्श वाले घरों में रहते हैं, वे थैलेट नामक खतरनाक रसायनों का उत्सर्जन कर सकते हैं। यह बच्चों में ऑटिज्म के लक्षण विकसित करता है।

अतः विकल्प (B) सही है।

166. पर्यावरण और मानव स्वास्थ्य निगमन (ईएचएचआई) शिक्षा, अनुसंधान और सार्वजनिक नीतियों के प्रचार के माध्यम से मानव स्वास्थ्य को पर्यावरणीय नुकसान से बचाने के लिए समर्पित है। पर्यावरण और मानव स्वास्थ्य स्वास्थ्य खतरों के बारे में तेजी से चिंतित है। पर्यावरण और मानव स्वास्थ्य निगमन (ईएचएचआई) एक दस सदस्यीय, विज्ञान-आधारित संगठन है जो अनुसंधान, शिक्षा और ध्वनि सार्वजनिक नीति के प्रचार के माध्यम से मानव स्वास्थ्य को पर्यावरणीय नुकसान से बचाने के लिए समर्पित चिकित्सकों, सार्वजनिक स्वास्थ्य पेशेवरों और नीति विशेषज्ञों से बना है।

अतः विकल्प (A) सही है।

167. शुद्धिकरण के लिए नदी के पानी के भंडारण की इष्टतम अवधि 10-14 दिन है। अधिकांश गहरे भूजल को अन्य शुद्धिकरण चरणों से पहले स्क्रीनिंग की आवश्यकता नहीं होती है। भंडारण - प्राकृतिक जैविक शुद्धिकरण की अनुमति देने के लिए नदियों के पानी को कुछ दिनों और कई महीनों के बीच की अवधि के लिए किनारे के जलाशयों में भी संग्रहित किया जा सकता है। यह विशेष रूप से महत्वपूर्ण है यदि उपचार धीमी रेत फिल्टर द्वारा किया जाता है।

अतः विकल्प (D) सही है।

168. वायु प्रदूषण, कचरे का खराब प्रबंधन, पानी की बढ़ती कमी, गिरते भूजल स्तर, जल प्रदूषण, वनों का संरक्षण और गुणवत्ता, जैव विविधता की हानि, और भूमि / मिट्टी का क्षरण कुछ प्रमुख पर्यावरणीय मुद्दे हैं जिनका भारत आज सामना कर रहा है।

अतः विकल्प (D) सही है।

169. लीनियर प्रोग्रामिंग एक गणितीय मॉडल में समस्या को तैयार करके सक्रिय रूप से काम करने वाली बाधाओं को ध्यान में रखते हुए वांछित समाधान प्राप्त करने की एक तकनीक है।

यह निर्णय लेने की प्रक्रिया में मदद करता है।

अतः विकल्प (D) सही है।

170. अस्पताल की सूचना प्रणाली नर्सों को आदेश लिखने से बचकर नुस्खे की त्रुटियों को रोकने में मदद करती है क्योंकि इस प्रणाली के साथ नर्स को चिकित्सक के आदेशों को अन्य स्वास्थ्य विभागों, विशेष रूप से दवा प्रशासन रिकॉर्ड में स्थानांतरित करने की आवश्यकता नहीं होती है।

यह अनुपालन को बढ़ाता है और त्रुटियों को कम करता है।

अतः विकल्प (B) सही है।

General Knowledge

Q.1 वर्तमान में, UNO का महासचिव कौन है?

[Haryana Police Constable Commando Wing, 2021]

A. एन्टोनिओ गुटरेस
B. पॉल आर. मिल्ग्रोम
C. रॉबर्ट बी. विल्सन
D. इनमें से कोई नहीं

Q.2 1897 में पुणे के प्लेग कमिश्नर डब्ल्यू सी रैंड की हत्या किसने की?

A. गणेश सावरकर
B. चापेकर ब्रदर्स
C. वासुदेव बलवंत फड़के
D. चिपलूनकर ब्रदर्स

Q.3 किस संगठन ने छोटे और सीमांत किसानों का समर्थन करने के लिए AI, IoT, ब्लॉकचेन और ड्रोन का उपयोग करने के लिए नीति आयोग के साथ भागीदारी की है?

A. विश्व बैंक
B. डब्ल्यूईएफ
C. आईएमएफ
D. एडीबी

Q.4 एक व्यक्ति अपने दो बेटों के बैंक खाते में 8400 रुपये इस तरह से निवेश करना चाहता है कि जब वे 18 साल के हो जाएं तो उन्हें समान ब्याज प्राप्त हो। उसके 2 बेटों की वर्तमान आयु 13 वर्ष और 15 वर्ष है। यदि साधारण ब्याज की दर 5% प्रतिवर्ष है। छोटे बेटे के खाते में निवेश ज्ञात कीजिये?

A. 4050
B. 3650
C. 3150
D. 4500

Q.5 भारत में पंचायती राज व्यवस्था लाने के पीछे मुख्य उद्देश्य क्या था?

A. राजनीति के अपराधीकरण को रोकने के लिए
B. गांवों का विकास
C. आम लोगों को बिजली वितरण करना
D. चुनावी खर्च कम करने के लिए

Q.6 राम आंशिक रूप से ट्रेन द्वारा और आंशिक रूप से कार द्वारा यात्रा करता है। उसने ट्रेन द्वारा 1125 किमी की दूरी और कार द्वारा 500 किमी की दूरी तय की। वह कार से ट्रेन की तुलना में 5 घंटे कम समय व्यतीत करता है। यदि राम ने ट्रेन और कार द्वारा यात्रा के समय को उलट दिया था तो ट्रेन और कार के द्वारा की गई यात्रा की दूरी बराबर होगी। उसने ट्रेन के द्वारा कितने घंटे की यात्रा की?

A. 15 घंटे
B. 10 घंटे
C. 25 घंटे
D. 6 घंटे

Q.7 कौन सा लेख मौलिक अधिकारों के प्रवर्तन के लिए उपचारों का अधिकार देता है?

A. 32
B. 31
C. 36
D. 35

Q.8 3 पुरुष या 5 महिलाएं एक काम को 12 दिनों में पूरा कर सकते हैं तो 3 पुरुष और 7 महिलाएं उसी काम को कितने दिनों में पूरा करेंगे?

A. 5 दिन
B. 8 दिन
C. 10 दिन
D. 15 दिन

Q.9 यूरेनियम 235 तत्व के नाभिक के अंदर न्यूट्रॉन की संख्या है-

[UPSC Central Armed Police Forces AC, 2019]

A. 235
B. 92
C. 143
D. 51

Q.10 जब एक अनुदैर्ध्य तरंग एक निश्चित माध्यम से चलती है, तो माध्यम के माध्यम से प्रसारित होने वाली मात्रा होती है-

[UPSC Central Armed Police Forces AC, 2019]

A. केवल माध्यम की सामग्री
B. केवल ऊर्जा
C. माध्यम और ऊर्जा दोनों की सामग्री
D. इनमें से कोई भी नहीं

Q.11 पेपर क्रोमैटोग्राफी में शामिल सिद्धांत है-

[UPSC Central Armed Police Forces AC, 2019]

A. अवशोषण
B. विभाजन
C. घुलनशीलता
D. अस्थिरता

Q.12 इनमें से कौन सी नदी का उद्गम भारत में नहीं होता है?

A. गंगा
B. यमुना
C. ब्रह्मपुत्र
D. गोदावरी

Q.13 भारत में बॉक्साइट के उत्पादन और भंडारण में, किस राज्य का पहला स्थान है?

A. गुजरात
B. झारखण्ड
C. उड़ीसा
D. महाराष्ट्र

Q.14 नवीनीकरण ऊर्जा मंत्रालय द्वारा ग्रिड आधारित सौर ऊर्जा संयंत्र स्थापित करने संबंधी योजना का नाम क्या है?

A. आदर्श
B. स्वाभिमान
C. सुखद
D. कुसुम

Q.15 ‘किसान दिवस’ मनाया जाता है:

A. 23 अगस्त
B. 23 अक्टूबर
C. 23 दिसम्बर
D. 23 फरवरी

Q.16 भारत का प्रथम राज्य कौन सा है जिसने राज्य भूमि रिकॉर्ड को प्रधानमंत्री फसल बीमा योजना से एकीकृत किया?

A. उत्तर प्रदेश
B. महाराष्ट्र
C. छत्तीसगढ़
D. गुजरात

Q.17 देश के शासन में निम्नलिखित में से कौन सा मौलिक है?

A. मौलिक अधिकार
B. मौलिक कर्तव्य
C. प्रस्तावना
D. उपर्युक्त में से कोई नहीं

Q.18 सार्जेंट प्लान के लिए ब्रिटिश भारत सरकार ने समिति की स्थापना की, यह किससे संबंधित थी?

A. अकाल नीति
B. शिक्षा नीति
C. सिविल सेवाओं में सुधार
D. न्यायिक सुधार

Q.19 1857 के विद्रोह के प्रशासनिक परिणाम को सत्ता में स्थानांतरित किया गया था:

A. ईस्ट इंडिया कंपनी से ब्रिटिश क्राउन
B. ब्रिटिश क्राउन से ईस्ट इंडिया कंपनी
C. ईस्ट इंडिया कंपनी से गवर्नर जनरल
D. निदेशक मंडल से ब्रिटिश क्राउन

Q.20 नामधारी, या कूका, आंदोलन की उत्पत्ति सिख साम्राज्य के __________ कोने में हुई थी, जो शाही धूमधाम और भव्यता के स्थानों से दूर थी।

A. उत्तर पश्चिम
B. उत्तर - दक्षिण
C. उत्तर - पूर्व
D. दक्षिण

Q.21 पूजा जत्यान किस खेल से संबंधित हैं?

A. डिस्कस थ्रो
B. बैडमिंटन
C. तीरंदाजी
D. भाला फेंक

Q.22 एक लड़के को नरम हड्डियों, खराब दांतों के विकास का पता चला था। यह ___ की कमी के कारण है।

A. विटामिन E   B. विटामिन D
C. विटामिन K   D. विटामिन A

Q.23 यदि एक सम बहुभुज का आंतरिक कोण बाह्य कोण से 132° अधिक है, तो बहुभुज की भुजाओं की संख्या है:

A. 15   B. 14   C. 13   D. 12

Q.24 भारत के संविधान के अनुच्छेद _____ के अनुसार, अंग्रेजी देश के सभी उच्च न्यायालयों की आधिकारिक भाषा है।

A. 329 (1)   B. 348 (1)   C. 315 (1)   D. 336 (1)

Q.25 किसी भी देश के आर्थिक विकास का सबसे अच्छा संकेतक ______ है।

A. इसकी कृषि   B. उसका परिवहन
C. उसका सकल उत्पादन   D. उसकी प्रति व्यक्ति आय

Q.26 MGNREGA योजना कब शुरू की गई थी?

A. 2 फरवरी 2006   B. 2 अक्टूबर 2005
C. 26 जनवरी 2007   D. 15 अगस्त 2008

Q.27 निम्नलिखित में से किस प्रकार की आर्थिक गतिविधि सभी ग्रामीण बस्तियों में हावी है?

A. प्राथमिक   B. द्वितीयक
C. तृतीयक   D. चतुर्भगात्मक

Q.28 शहरी गरीबों के सामाजिक और आर्थिक उत्थान के लिए योजनाएं चलाने के लिए उत्तर प्रदेश में निम्नलिखित में से कौन सी एजेंसी स्थापित की गई है?

A. SUDA   B. DUDA
C. आवास विकास परिषद   D. आवास बंधु

Q.29 कौन-सा मध्यकालीन भारतीय साम्राज्य व्यापक स्तर पर स्थानीय स्वशासन के लिए प्रसिद्ध था ?

[Bihar PSC, 2020]

A. चालुक्य   B. चोल   C. सोलंकी   D. परमार

Q.30 शंकुधारी वृक्ष निम्नलिखित में से किस वन में सामान्य हैं?

A. मोंटाने वन
B. मैंग्रोव वन
C. उष्णकटिबंधीय सदाबहार वन
D. कांटेदार वन

General Hindi

Q.31 निम्नलिखित प्रश्नों में, चार विकल्पों में से, उस विकल्प का चयन करें जो दिए गए वाक्य में विशेषण शब्द की विशेषता प्रकट करता है।
सुनील बहुत अच्छा निशानेबाज है।

A. बहुत   B. अच्छा
C. निशानेबाज   D. बहुत अच्छा

Q.32 वह किताब पढ़ो। वाक्य में विशेषण है।

A. गुणवाचक   B. निश्चयवाचक
C. संकेतवाचक   D. अनिश्चयवाचक

Q.33 निम्नलिखित में कौन-सा शब्द विशेषण नहीं है?

A. हिंसक   B. मौलिक   C. प्रतिद्वंद्व   D. सुरमई

Q.34 निर्देश: निम्नलिखित में से कौन सा शब्द तत्सम है?

A. माँ   B. मछली   C. केला   D. अमूल्य

Q.35 निर्देश: निम्नलिखित प्रश्न में, चार विकल्पों में से, उस विकल्प का चयन करें जो दिए गए शब्द का सही तत्सम रूप वाला विकल्प हो।
दुगुना

A. द्विगुण   B. द्वादश   C. दधि   D. त्वरित

Q.36 निर्देश: निम्न में से 'नकुल' का तद्भव शब्द है।

A. नेउता   B. नेवला   C. नींबू   D. नीम

Q.37 निर्देश: निम्नलिखित वाक्य को ध्यान से पढ़े और बताएं इसके किस हिस्से में त्रुटि है?
मैं, तुम और प्रशांत शाम को फिल्म देखने चलेंगे।

A. मैं, तुम और प्रशांत   B. शाम को
C. फिल्म देखने   D. चलेंगे

Q.38 दिए गए वाक्यों में से शुद्ध वाक्य का चयन कीजिए।

A. राधा और राधा का पुत्र बाजार गया।
B. राधा और राधा का पुत्र बाजार गई।
C. राधा और उसका पुत्र बाजार गए।
D. राधा और उसका अपना पुत्र बाजार गया।

Q.39 'इस वृक्ष में फल नहीं लगते।' वाक्य का शुद्ध रूप पहचानों।

A. इस व्रिख में फल नहीं लगते।
B. इस व्रक्ष में फल नहीं लगते।
C. इस वृक्ष में फल नहीं लगते।
D. इस वृक्ष में फल नहीं लगते।

Q.40 इनमें से कौन सा शब्द 'इच्छा' शब्द का पर्यायवाची नहीं है, उसे पहचानिए:

[Allahabad High Court Review Officer (RO), 2019]

A. लिप्सा   B. कामना   C. वैभवी   D. स्पृहा

Q.41 'धूमकेतु' का पर्यायवाची शब्द क्या है?

A. असुर   B. अग्नि   C. अश्व   D. आकाश

Q.42 "मूक" का विलोम शब्द क्या है?

A. गूँगा   B. बधिर   C. काना   D. वाचाल

Q.43 "विज्ञ" का विलोम शब्द क्या है?

A. सर्वज्ञ   B. अज्ञ   C. अल्पज्ञ   D. निरज्ञ

Q.44 "ध्वंस" का विलोम शब्द क्या है?

A. सर्जन   B. विध्वंस   C. कलाकारी   D. साधना

Q.45 नीचे दिए गए विकल्पों में से दिए गए शब्द का पर्यायवाची शब्द चुनिए।
अम्बुद

A. बादल   B. आकाश   C. समुद्र   D. कमल

Q.46 निम्नलिखित में से कौन सा शब्द 'अग्नि' का पर्यायवाची नहीं है?

A. अनिल   B. पावक   C. कृशानु   D. वैश्वानर

Q.47 निम्नलिखित में से आकाश का पर्यायवाची शब्द क्या है?

A. अमिय   B. शून्य   C. गेह   D. सोम

Q.48 उसका अम्बर फट गया- में 'अंबर' का क्या अर्थ है?

A. आकाश   B. कपड़ा
C. दोनों   D. इनमें से कोई नहीं

Q.49 'नाग' शब्द का एक अर्थ होता है - 'सर्प'। इस शब्द का दूसरा अर्थ क्या होता है?

A. बकरा   B. गदहा   C. घोड़ा   D. हाथी

Q.50 अनेकार्थक शब्द 'सारंग' का निम्नलिखित में से एक अर्थ नहीं है

A. भौंरा   B. कामदेव   C. तलवार   D. ज्योतिषी

Main Subject Nursing

Q.51 बालों में डैन्ड्रफ होने पर _________ युक्त शैम्पू का उपयोग किया जाता है।

A. कार्बन   B. नाइट्रोजन   C. अमोनियम   D. सल्फर

Q.52 खाना खाने के कितने घण्टे के अन्दर ब्रश कर लेना चाहिए?

A. 12 घण्टे   B. 8 घण्टे   C. 4 घण्टे   D. 2 घण्टे

Q.53 मसूड़ों को स्वस्थ बनाए रखने हेतु भोजन में कौन-सा विटामिन होना चाहिए?

A. विटामिन- A   B. विटामिन- B
C. विटामिन- C   D. विटामिन- D

Q.54 कंजक्टिवाइटिस का सम्बन्ध _________ से है।

A. नासिका   B. त्वचा
C. बालों की सतह   D. नेत्र

Q.55 मासिक धर्म के दौरान सैनेटरी पैड का उपयोग क्यों किया जाता है?

A. रुधिर स्राव रोकने हेतु
B. स्वच्छता बनाए रखने हेतु
C. यौन संक्रमण रोकने हेतु
D. उपरोक्त सभी

Q.56 जानकारी की आवश्यकता होने पर पहचानने की क्षमता, साथ ही आवश्यक जानकारी को प्रभावी ढंग से खोजने, मूल्यांकन करने और उपयोग करने का कौशल:

A. कंप्यूटर साक्षरता
B. नर्सिंग साक्षरता
C. सूचना साक्षरता
D. साक्ष्य आधारित प्रैक्टिस

Q.57 एएनए आपसे अपेक्षा करता है, प्रवेश स्तर की नर्स, स्नातक स्तर पर इंफॉर्मेटिक्स से संबंधित क्या नॉलेज रखता है?

A. बेसिक कंप्यूटर साक्षरता
B. डेटा तक पहुँचने और कंप्यूटर डॉक्यूमेंटेशन करने की क्षमता।
C. क्लीनिकल प्रोसेसेस का समर्थन करने के लिए सूचना प्रौद्योगिकी का उपयोग करने की क्षमता।
D. ये सभी

Q.58 मेडिकल इंफॉर्मेटिक्स क्या है?

A. हेल्थकेयर सर्विस डिलीवरी, मैनेजमेंट और प्लानिंग में आईटी आधारित इनोवेशन के डिजाइन, डेवलपमेंट, एडॉप्शन और एप्लीकेशन का इंटरस्किप्लिनरी स्टडी।
B. सभी हेल्थ केयर डिसिप्लिन के साथ-साथ मेडिसिन के अभ्यास के लिए इंफॉर्मेटिक्स का अनुप्रयोग।
C. (A) और (B) दोनों
D. इनमें से कोई नहीं

Q.59 कंप्यूटर के उपयोग से संबंधित कौन से स्वास्थ्य जोखिम का सबसे अच्छा दस्तावेजीकरण किया गया है?

A. स्लीप एप्रिया   B. गाउट
C. कार्पल टनल सिंड्रोम   D. इनमें से कोई नहीं

Q.60 एक अस्पताल उन सभी चिकित्सक कार्यालयों के साथ डेटा साझा करने की योजना बना रहा है जो उनकी सुविधाओं का उपयोग करते हैं। निम्नलिखित में से कौन सा एप्रोच आवश्यकता को सर्वोत्तम रूप से पूरा करेगा?

A. एक्स्ट्रानेट   B. इंट्रानेट
C. (A) और (B) दोनों   D. इनमें से कोई नहीं

Q.61 सुरक्षा सभी वेबसाइटों के लिए एक महत्वपूर्ण मुद्दा है। कौन सा उपाय स्वास्थ्य-आधारित वेबसाइट की समग्र सुरक्षा की सर्वोत्तम सुरक्षा करता है?

A. फ्लॉपी डिस्क का प्रयोग करें।
B. लार्ज मेमोरी का उपयोग।
C. नर्सिंग का समर्थन करता है और प्रैक्टिस को बढ़ाता है।
D. प्रत्येक वेब सर्वर के लिए अलग फायरवॉल का निर्माण करें।

Q.62 एक नर्सिंग सूचना सिस्टम को प्रभावी माना जाता है यदि निम्नलिखित में से कौन सा लक्ष्य पूरा किया जाता है?

A. नर्सिंग का समर्थन करता है और प्रैक्टिस को बढ़ाता है।
B. पॉपुलेशन्स के स्वास्थ्य में सुधार के लिए।
C. एक व्यक्ति सूचना प्रबंधन और संचार का अनुकूलन करे।
D. ये सभी

Q.63 निम्नलिखित में से कौन इलेक्ट्रॉनिक प्रिस्क्रिप्शन का सबसे कम लाभ प्रदान करता है?

A. एक पेशेंट का इवैल्यूएशन।
B. एक लोंगिट्यूडनल प्रिस्क्रिप्शन रिकॉर्ड प्रदान करता है।
C. कॉम्पैक्ट डिस्क बर्नर का नॉलेज।
D. इनमें से कोई नहीं

Q.64 एक _________ एक फ़ाइल स्ट्रक्चर है जो एक संगठित तरीके से डेटा के स्टोरेज का सपोर्ट करती है।

उदाहरण के लिए: CINAHL

A. पर्सनल कंप्यूटर   B. सेंट्रल प्रोसेसिंग यूनिट
C. डेटाबेस   D. रैम

Q.65 एक _________ वह घटना है जो आवश्यक कार्यों को बाधित या अक्षम करती है और चल रहे संचालन के लिए आवश्यक वित्तीय, प्रशासनिक और क्लीनिकल डेटा को मिटाकर एक संगठन को नष्ट करने की क्षमता रखती है।

A. डिजास्टर   B. वेब 20
C. यूआरएल   D. इनमें से कोई नहीं

Q.66 ऐसे समय होते हैं जब कैथरीन अपने कर्मचारियों का मूल्यांकन करती हैं क्योंकि वह अपने दैनिक चक्कर लगाती हैं। निम्नलिखित में से कौन अनौपचारिक मूल्यांकन करने का लाभ नहीं है?

A. स्टाफ सदस्य एक प्राकृतिक सेटिंग में मनाया जाता है
B. आकस्मिक टकराव और सहयोग की अनुमति है
C. मूल्यांकन व्यवस्थित रूप से वस्तुनिष्ठ डेटा पर केंद्रित है
D. मूल्यांकन औपचारिक रिपोर्ट के संकलन के लिए वैध जानकारी प्रदान कर सकता है

Q.67 एलेक्जेंड्रा को अस्पताल के नए विंग को व्यवस्थित करने का काम सौंपा गया है। उसे जो ठीक लगे उसे करने का अधिकार दिया गया था। वह जानती है कि नर्सिंग के निदेशक को उसकी क्षमताओं पर पर्याप्त भरोसा और विश्वास है, नीचे और ऊपर के चैनलों के माध्यम से संचार करता है, और आमतौर पर अपने कर्मचारियों के विचारों और राय का उपयोग करता है। निम्नलिखित में से उसकी प्रबंधन की शैली कौन सी है?

A. परोपकारी - आधिकारिक
B. सलाहकार
C. शोषणकारी-आधिकारिक
D. सहभागिता

Q.68 रोजगार प्रक्रिया के किस चरण में पेरोल प्राप्त करना और दस्तावेजी आवश्यकताओं को पूरा करना शामिल है?

A. अनुस्थापन
B. अनुगम
C. चयन
D. भर्ती

Q.69 एक क्षैतिज चार्ट में, निम्नतम स्तर का कार्यकर्ता _______ में स्थित होता है।

A. सबसे बाएं बॉक्स
B. मध्य
C. सबसे दाहिने बॉक्स
D. निचला भाग

Q.70 ऑब्रे प्राथमिक नर्सिंग को देखभाल प्रदान करने की प्रणाली के रूप में सोचते हैं। निम्नलिखित में से कौन सी गतिविधि प्राथमिक नर्स द्वारा नहीं की जाती है?

A. चिकित्सक के साथ सहयोग करता है।
B. नर्सों के एक समूह के साथ रोगियों के एक समूह को देखभाल प्रदान करता है।
C. अस्पताल में रहने के दौरान 5-6 मरीजों की देखभाल करता है।
D. व्यापक प्रारंभिक मूल्यांकन करता है।

Q.71 औसत दर्जे का और पार्श्व और संपार्श्विक स्नायुबंधन ___________ करते हैं।

A. विनाश के लिए प्रवण हैं
B. पटेला के नाम से भी जाने जाते हैं
C. घुटने को अगल-बगल से स्थिर
D. किसी भी गति को बर्दिश्त नहीं

Q.72 मीडियल का मेनिस्कस _______ है।

A. घुटने के अंदर स्थित होता है
B. घुटने के बाहर स्थित होता है
C. पटेला भी कहा जाता है
D. हड्डी से बना होता है

Q.73 पेरिटोनिटिस वाले रोगी में पेट के आकलन पर, आप निम्नलिखित की अपेक्षा करेंगे:

A. आंत के साथ एक नरम पेट हर 2 से 3 सेकंड में लगता है
B. पलटाव कोमलता और रखवाली (रक्षा करना)
C. अतिसक्रिय, उच्च गति वाली आंत्र ध्वनियाँ और एक दृढ़ पेट
D. जलोदर और त्वचा पर संवहनी पैटर्न में वृद्धि

Q.74 फ्लुओक्सेटीन के साथ उपचार के बाद, अवसाद के लिए एक चयनात्मक सेरोटोनिन रीपटेक अवरोधक, मैरी शायद ही सोती है, अतिसक्रिय है, आसानी से विचलित होती है, और उत्साहित दिखाई देती है। आप उसके चिकित्सक से अपेक्षा करेंगे:

A. चयनात्मक सेरोटोनिन रिपटेक इनहिबिटर जारी रखें
B. मूड स्टेबलाइजर शुरू करें
C. ट्राइसाइक्लिक एंटीडिप्रेसेंट पर स्विच करें
D. एक मोनोअमीन ऑक्सीडेज अवरोधक जोड़ें

Q.75 वृषण कैंसर के जोखिम वाले रोगी के लिए निर्देशों में शामिल हैं:

A. आहार में पोटेशियम, फॉस्फेट, सोडियम, प्रोटीन को प्रतिबंधित करें
B. इलियल जलाशय का स्व-कैथीटेराइजेशन
C. वृषण स्व-परीक्षा
D. पेशाब के रंग में बदलाव की उम्मीद की जा सकती है

Q.76 आपके पोस्ट ऑपरेटिव रोगी के पैर में सेल्युलाइटिस विकसित होता है। आपके नर्सिंग उपचार में शामिल होंगे:

A. अपने दोनों पैरों को जितना हो सके ऊपर उठाकर रखें।
B. रक्त प्रवाह में मदद करने के लिए जितना संभव हो सके महत्वाकांक्षा को प्रोत्साहित करना।
C. सूजन को कम करने के लिए दिन में चार बार एक घंटे के लिए बर्फ लगाएं।
D. त्वचा को नम बनाए रखने के लिए दिन में तीन बार मॉइस्चराइजिंग लोशन लगाएं।

Q.77 एलोपेसिया में _____ होता है।

A. पेट की सूजन
B. शुष्क मुँह
C. बालों का झड़ना
D. निगलने में कठिनाई

Q.78 सर्जिकल टीम का कौन सा सदस्य ऑपरेटिंग रूम में स्क्रब नहीं करता है?

A. शल्य चिकित्सक
B. परिसंचारी नर्स
C. स्क्रब नर्स या सर्जिकल तकनीक
D. होल्डिंग एरिया नर्स

Q.79 नर्सिंग प्रक्रिया के मूल्यांकन चरण के दौरान मुख्य रूप से कौन सी क्रिया होती है?

A. आंकड़ा संग्रहण
B. निर्णय लेने और निर्णय
C. प्राथमिकता-निर्धारण और अपेक्षित परिणाम
D. पुनर्मूल्यांकन और लेखा परीक्षा

Q.80 आपके शारीरिक मूल्यांकन क्रम में पहली तकनीक है:

A. पैल्पेशन
B. श्रवण
C. निरीक्षण
D. टकराव

Q.81 21-24 वर्ष की आयु की महिलाओं में अनिर्धारित महत्व (एएससी-यूएस) या निम्न-श्रेणी के इंट्रापिथेलियल घाव (एलएसआईएल) के एटिपिकल स्क्वैमस कोशिकाओं का उचित प्रबंधन क्या है?

A. 6 महीने में दोहरायें कोशिका विज्ञान
B. सरवाइकल कनाइजेशन
C. 1 साल में रिपीट साइटोलॉजी
D. एलईईपी (लूप इलेक्ट्रोसर्जिकल एक्सिशन प्रक्रिया)

Q.82 एक्टोपिक गर्भावस्था के लक्षण और लक्षण क्या हैं?

A. मतली और डिप्लोपिया
B. पेट दर्द और योनि से खून बह रहा है
C. मौलिक कोमलता और चक्कर
D. ऐंठन और पेट का द्रव्यमान

Q.83 एक रोगी अपनी नर्स को बताता है कि अपनी वर्तमान गर्भावस्था के छब्बीसवें सप्ताह से, वह अपने पेट और छाती पर उभरे हुए, खुजलीदार लाल चकत्ते का अनुभव कर रही है। यह उनकी पहली गर्भावस्था है। उसने पहले कभी ऐसा नहीं किया है और उसने आहार, डिटर्जेंट या जीवन शैली में कोई अन्य बदलाव नहीं किया है। निम्नलिखित में से कौन उसकी स्थिति का वर्णन कर सकता है?

A. घमौरियां
B. जिल्द की सूजन हर्पेटिफॉर्मिस
C. एक खाद्य एलर्जी से पित्ती
D. प्रुरिटिक आर्टिकेरियल पेप्युल्स और प्लाक ऑफ प्रेग्नेंसी (PUPPP)

Q.84 सामान्य गर्भावस्था के दौरान ग्लोमेरुलर निस्पंदन दर (जीएफआर) कैसे प्रभावित होती है?

A. कोई परिवर्तन नहीं होता है
B. 50% की वृद्धि
C. 15% की कमी
D. 15% की वृद्धि

Q.85 प्लेसेंटा प्रिविया शब्द निम्नलिखित में से किस स्थिति का वर्णन करता है?

A. प्लेसेंटा का पूरा या कुछ हिस्सा भ्रूण और गर्भाशय ग्रीवा के बीच स्थित

होता है

B. भ्रूण प्लेसेंटा स्थिति से अवर है

C. प्लेसेंटा गर्भाशय की दीवार से अलग हो जाता है

D. गर्भाशय की परत के परिपक्व होने से पहले प्लेसेंटा विकसित हो जाता है

Q.86 अर्विक जिसे मधुमेह मेलिटस टाइप 1 का निदान किया गया है, वह हाइपोग्लाइसीमिया के लक्षण प्रदर्शित करता है। निम्नलिखित में से कौन सी क्रिया नर्स को माता-पिता को निर्देश देना चाहिए?

A. बच्चे को शहद (साधारण चीनी) दें।

B. बच्चे को दूध (मिश्रित चीनी) दें।

C. कुछ भी करने से पहले स्वास्थ्य सेवा प्रदाता से संपर्क करें।

D. बच्चे को मुंह से कुछ न दें।

Q.87 इंसुलिन पर डिस्चार्ज होने वाले बच्चे के माता-पिता के लिए नर्स को इंसुलिन प्रशासन निर्देश में निम्नलिखित में से क्या शामिल करना चाहिए?

A. इंजेक्शन लगाने से पहले सुई और एस्पिरेट डालें

B. अवशोषण को बढ़ाने के लिए व्यायाम करने के लिए इंसुलिन को चरम पर इंजेक्ट करें

C. स्व-प्रशासन के लिए पेट और जांघ की मांसपेशियों का उपयोग करना सबसे आसान है

D. इंजेक्शन वाली जगह को साबुन और पानी से साफ करें और शराब से बचें

Q.88 एक दुर्भाग्यपूर्ण घटना के बाद बेबी बेट्टी पर उसके कूल्हों और जांघों को स्थिर करने के लिए एक स्पाइका कास्ट लगाया गया था। निम्नलिखित में से कौन आवेदन के तुरंत बाद प्राथमिक नर्सिंग कार्रवाई है?

A. कास्ट को सूखा और साफ रखें।

B. पेरिनियल क्षेत्र को कवर करें।

C. कास्ट को ऊपर उठाएं।

D. न्यूरोवस्कुलर की जांच करें।

Q.89 पांच साल तक के बच्चों और बच्चों में, फीमर फ्रैक्चर आमतौर पर कम ऊर्जा गिरावट के परिणामस्वरूप होता है। ज्यादातर मामलों में, आर्थोपेडिक सर्जन एक गाइड के रूप में फ्लोरोस्कोपी या एक्स-रे इमेजिंग का उपयोग करके फ्रैक्चर को ठीक करता है और एक प्रकार की कास्ट में पैर को स्थिर करता है जिसे स्पाइका कास्ट कहा जाता है। 3 साल के बच्चे में फीमर की हड्डी टूटने पर ठीक होने में लगभग कितने सप्ताह लगते हैं?

A. 1 – 2 सप्ताह

B. 2 – 4 सप्ताह

C. 3 – 8 सप्ताह

D. 10 – 12 सप्ताह

Q.90 श्रीमती लॉज के बच्चे को पावलिक हार्नेस के उपयोग की आवश्यकता है। अपने बच्चे की देखभाल करने के लिए माँ की क्षमता का सर्वोत्तम मूल्यांकन करने के लिए नर्स बेट्टी निम्नलिखित में से क्या करेगी?

A. मां को दिखाएं कि डिवाइस को कैसे हटाया जाए और फिर से कैसे लगाया जाए।

B. डिस्चार्ज से पहले मां से हार्नेस को हटाने और फिर से लगाने के लिए कहें।

C. क्या मां ने उपकरण का उपयोग करने के उद्देश्य को मौखिक रूप से बताया है।

D. छुट्टी के बाद गृह स्वास्थ्य देखभाल नर्स से मिलने का अनुरोध करें।

Q.91 नर्स एक ऐसे मुवक्किल की देखभाल कर रही है जिसे सांस लेने में कठिनाई हो रही है। रोगी बिस्तर पर लेटा है और पहले से ही नाक प्रवेशनी के माध्यम से ऑक्सीजन थेरेपी प्राप्त कर रहा है। निम्नलिखित में से कौन सा हस्तक्षेप नर्स की प्राथमिकता है?

A. ऑक्सीजन का प्रवाह बढ़ाएँ

B. फाउलर की स्थिति में रोगी की सहायता करें

C. फुफ्फुसीय स्राव को हटाने को बढ़ावा देना

D. फाउलर की स्थिति में रोगी की सहायता करना नर्स की प्राथमिकता है

Q.92 यदि रोगी का भोजन से घुट रहा हो तो नर्स को सबसे पहले क्या करना चाहिए?

A. रोगी की क्सिफाइड प्रक्रिया पर जोर देने के लिए तेज प्रयोग करें

B. निर्धारित करें कि क्या रोगी कोई मौखिक आवाज कर सकता है

C. रोगी की पीठ के मध्य भाग को जोर से मारें

D. रोगी के मुंह को उंगली से साफ करें

Q.93 नर्स एक मरीज को एक प्रोत्साहन स्पाइरोमीटर का उपयोग करना सिखाती है। कौन सा रोगी परिणाम इस निष्कर्ष का समर्थन करेगा कि प्रोत्साहन स्पाइरोमीटर का उपयोग प्रभावी था?

A. पूरक ऑक्सीजन का उपयोग कम हो जाएगा

B. श्वसन की मात्रा बढ़ाई जाएगी

C. थूक निकल जाना

D. खांसी उत्तेजित होगी

Q.94 नर्स पर्क्यूशन और पोस्टुरल ड्रेनेज करने की योजना बना रही है। रोगी की देखभाल की योजना बनाने का एक महत्वपूर्ण पहलू कौन सा है?

A. दोपहर के भोजन से पहले पर्क्यूशन और पोस्टुरल ड्रेनेज किया जाना चाहिए

B. आदेश खाँसी, टक्कर, स्थिति और फिर चूषण होना चाहिए

C. पर्क्यूशन और पोस्टुरल ड्रेनेज करने का एक अच्छा समय सुबह नाश्ते के बाद होता है जब क्लाइंट अच्छी तरह से आराम करता है

D. पर्क्यूशन और पोस्टुरल ड्रेनेज हमेशा तीन मिनट 100% ऑक्सीजन से पहले होना चाहिए

Q.95 लेटते समय सांस की तकलीफ का अनुभव करने वाले रोगी का सबसे अच्छा वर्णन करने के लिए नर्स किस शब्द का दस्तावेजीकरण करती है, जिसे अधिक आराम से और प्रभावी ढंग से सांस लेने के लिए एक सीधी या बैठने की स्थिति ग्रहण करनी चाहिए?

A. श्वास कष्ट

B. हाइपरपेनिया

C. ऑर्थोपिनिया

D. एपनिया

Q.96 जबकि छाती की नलियों वाला एक रोगी एम्बुलेट कर रहा होता है, ट्यूब और पानी की सील के बीच का संबंध हट जाता है। नर्स द्वारा कौन सी कार्रवाई सबसे उपयुक्त है?

A. रोगी को बिस्तर पर वापस जाने में सहायता करें

B. ट्यूब को पानी की सील से दोबारा कनेक्ट करें

C. स्टेथोस्कोप से रोगी के फेफड़ों की आवाज का आकलन करें

D. रोगी को कई बार जबरन खांसी हो

Q.97 नर्स द्वारा कौन-सी क्रिया उचित नासॉफिरिन्जियल/नासोट्रैचियल सक्शन तकनीक का प्रतिनिधित्व करती है?

A. सम्मिलन से पहले और बीच में पेट्रोलियम जेली के साथ सक्शन कैथेटर को लुब्रिकेट करें

B. चूषण कैथेटर डालने के दौरान बीच-बीच में सक्शन लागू करें

C. सक्शन लगाते समय कैथेटर को घुमाएं

D. सक्शन से पहले और बाद में 30 मिनट के लिए 100 ऑक्सीजन के साथ हाइपर ऑक्सीजनेट करें

Q.98 एक नर्स निशाचर के साथ एक दुर्बल महिला रोगी की देखभाल कर रही है। इस रोगी की जरूरतों को पूरा करने की योजना बनाते समय कौन सा नर्सिंग हस्तक्षेप प्राथमिकता है?

A. मूत्राशय प्रशिक्षण अभ्यासों के उपयोग को प्रोत्साहित करना

B. हर चार घंटे में शौचालय बनाने में सहायता प्रदान करना

C. बेड के पास बेडसाइड कमोड लगाना

D. शाम 5 बजे के बाद तरल पदार्थ से परहेज करना सिखाएं

Q.99 एक नर्स ने पहचाना है कि रोगी को अतिप्रवाह असंयम है। इस नैदानिक अभिव्यक्ति में योगदान करने वाला एक प्रमुख कारक क्या है?

A. खाँसना

B. गतिशीलता की कमी

C. प्रोस्टेट इज़ाफ़ा   D. यूरिनरी ट्रैक्ट इन्फेक्शन

Q.100 नर्स को एक रोगी के लिए स्वच्छ आंतरायिक स्व कैथीटेराइजेशन (CISC) के रोगी के प्रदर्शन का आकलन करने की आवश्यकता होगी, जिसके साथ मूत्र डायवर्जन है?

A. इलियल कदुईक्त   B. कॉक पाउच

C. निओब्लैडर   D. वेसिकोस्टॉमी

Q.101 निम्नलिखित में से कौन-सा वेक्टर जनित रोग भूकंप के बाद सामान्यतया होता है?

A. मलेरिया   B. डेंगू   C. प्लेग   D. ये सभी

Q.102 निम्न में से कौन सा सामुदायिक स्वास्थ्य परिचर्या की विशेषता है?

A. यह नर्सिंग का एक विशेष क्षेत्र है।

B. इसका अभ्यास सार्वजनिक स्वास्थ्य को नर्सिंग के साथ जोड़ता है।

C. इसमें अंतःविषय सहयोग शामिल है।

D. उपरोक्त सभी

Q.103 निम्नलिखित में से कौन ICDS में एक जमीनी कार्यकर्ता है?

A. एएनएम

B. महिला स्वास्थ्य कार्यकर्ता

C. बच्चे की देखभाल करने वाला कार्यकर्ता

D. आंगनवाड़ी कार्यकर्ता

Q.104 आदिवासी क्षेत्र में _____ की आबादी के लिए प्राथमिक स्वास्थ्य केंद्र शामिल है।

A. 50,000   B. 30,000   C. 20,000   D. 5000

Q.105 भारत में राष्ट्रीय कुष्ठ नियंत्रण कार्यक्रम किस वर्ष शुरू किया गया था?

A. 1955   B. 1958   C. 1965   D. 1972

Q.106 पॉलीसब्सटेंस के दुरुपयोग के इतिहास के साथ सेलिया को सुविधा में भर्ती कराया गया है। प्रवेश के 24 घंटे बाद उसे मतली और उल्टी की शिकायत होती है। नर्स रोगी का आकलन करती है और पाइलोएरेशन, प्यूपिलरी फैलाव और लैक्रिमेशन को नोट करती है। नर्स को संदेह है कि रोगी निम्नलिखित में से किस निकासी से गुजर रहा है?

A. शराब निकासी   B. भांग निकासी

C. कोकीन निकासी   D. ओपिओइड निकासी

Q.107 श्री गार्सिया, एक वकील जो एक केस हारने के बाद कार्यालय के चारों ओर किताबें और फर्नीचर फेंकता है, को कानूनी फर्म के कर्मचारी सहायता कार्यक्रम में मनोरोग नर्स के पास भेजा जाता है। नर्स जानती है कि रोगी का व्यवहार सबसे अधिक संभावना किस रक्षा तंत्र के उपयोग का प्रतिनिधित्व करता है?

A. प्रतिगमन   B. प्रक्षेपण

C. प्रतिक्रिया-गठन   D. बौद्धिकीकरण

Q.108 नर्स एक पुरुष रोगी की निगरानी कर रही है जिसे हिंसक व्यवहार के कारण प्रतिबंधित कर दिया गया है। नर्स यह निर्धारित करती है कि _______ होने पर प्रतिबंधों को हटाना सुरक्षित होगा।

A. रोगी हिंसक व्यवहार के कारणों को मौखिक रूप से बताता

B. मरीज माफी मांगता है और नर्स से कहता है कि ऐसा दोबारा कभी नहीं होगा

C. चरम सीमाओं में से दो की रिहाई के 1 घंटे के भीतर आक्रामकता का कोई कार्य नहीं देखा गया है

D. दी गई दवा असर कर चुकी है

Q.109 किट्टी, एक 9 साल के बच्चे के पास बहुत सीमित शब्दावली और बातचीत कौशल है। उसका IQ 45 है। उसे किस वर्गीकरण की मानसिक मंदता का निदान किया गया है?

A. गहरा   B. हल्का   C. मध्यम   D. गंभीर

Q.110 ऑटिस्टिक बच्चे आर्मंड की देखभाल के लिए निम्नलिखित में से कौन सा चिकित्सीय दृष्टिकोण आवश्यक नहीं है?

A. अभिनय करते समय डायवर्सन गतिविधियों में संलग्न हों

B. स्वीकृति का माहौल प्रदान करें

C. सुरक्षा उपाय प्रदान करें

D. बच्चे को सक्रिय करने के लिए वातावरण को पुनर्व्यवस्थित करें

Q.111 एक 35-वर्षीय महिला को लिफ्ट की सवारी करने में बहुत डर लगता है। वह दावा करती है "जैसे कि मैं अंदर ही अंदर मर जाऊंगी।" रोगी _____ से पीड़ित है।

A. भीड़ का भय   B. सामाजिक भय

C. क्लौस्ट्रोफ़ोबिया   D. ज़ेनोफोबिया

Q.112 नर्स एक प्रति-स्थानांतरण प्रतिक्रिया विकसित करती है। यह _______ द्वारा प्रमाणित है।

A. रोगी को व्यक्तिगत जानकारी का खुलासा

B. रोगी की भावनाओं पर ध्यान केंद्रित करना

C. मौखिक या अशाब्दिक व्यवहार में विसंगतियों के बारे में रोगी का सामना करना

D. रोगी को उस नर्स के प्रति गुस्सा आता है जो उसकी माँ से मिलती जुलती है

Q.113 एक विदेशी भाषा बोलने वाले मनोरोग रोगी के साथ संचार की सुविधा के लिए कौन सा नर्सिंग हस्तक्षेप सबसे अच्छा है?

A. अशाब्दिक संचार पर भरोसा करें

B. सहायक के रूप में प्रतीकात्मक चित्रों का चयन करें

C. सार्वभौमिक वाक्यांशों में बोलें

D. दुभाषिए की सेवाओं का उपयोग करें

Q.114 नर्स एक मानसिक स्वास्थ्य देखभाल टेकनीशियन को समझाती है कि एक रोगी के जुनूनी-बाध्यकारी व्यवहार आईडी आवेगों और महा-अहंकार (या विवेक) के बीच एक अचेतन संघर्ष से संबंधित हैं। नर्स इस कथन को निम्नलिखित में से किस सिद्धांत पर आधारित करती है?

A. व्यवहार सिद्धांत

B. संज्ञानात्मक सिद्धांत

C. पारस्परिक सिद्धांत

D. मनोविश्लेषणात्मक सिद्धांत

Q.115 नर्स हॉल में रोगी को चहलकदमी करते देखती है। नर्स का कौन सा कथन रोगी को उसकी चिंता को पहचानने में मदद कर सकता है?

A. "मुझे लगता है कि आप किसी बात को लेकर चिंतित हैं, है ना?"

B. "क्या मैं आपको शांत करने में मदद करने के लिए आपको कुछ दवा दे सकता हूँ?"

C. "क्या आप बहुत समय से चहलकदमी कर रहे हैं?"

D. "मैंने देखा है कि आप चहलकदमी कर रहे हैं। आप कैसा महसूस कर रहे हैं?"

Q.116 निम्नलिखित को छोड़कर सभी प्रभावी संचार में बाधा हो सकते हैं:

A. पीढ़ीगत मतभेद   B. शिक्षा का स्तर

C. बड़ी टीम का आकार   D. सहयोग

Q.117 जिस तरह से संदेश तैयार किए जाते हैं, वह लोगों के इरादों और उनके व्यवहार को बदलने की इच्छा को प्रभावित करता है। निम्नलिखित में से कौन सा संदेश निर्माण के प्रकार को संदर्भित करता है जो एक स्वास्थ्य व्यवहार के बारे में जानकारी देता है जो कार्रवाई करने में विफल होने की लागत पर जोर देता है?

A. लाभ-फ्रेमयुक्त संदेश

B. नुकसान पहुंचाने वाले संदेश

C. तटस्थ रूप से तैयार किए गए संदेश

D. इनमें से कोई नहीं

Q.118 कुछ टेलीफोन जोखिम कम करने की युक्तियों में निम्नलिखित को छोड़कर सभी शामिल हैं:

A. एक अलग टेलीफोन वार्तालाप क्षेत्र निर्दिष्ट करें

B. जब भी संभव हो लैंडलाइन का उपयोग करें

C. उत्तर देने वाली मशीन पर, ध्वनि-मेल संदेश में, या उत्तर देने वाली सेवा के साथ संवेदनशील जानकारी केवल तभी छोड़ें जब रोगी ने आपको वह विशिष्ट फ़ोन नंबर प्रदान किया हो

D. रोगी के टेलीफोन नंबरों को नियमित रूप से अपडेट करें

Q.119 निम्नलिखित में से कौन कार्यस्थल में संचार बाधाओं को दूर करने में सहायता कर सकता है?

A. ज्ञान को साझा करना   **B.** कॉलेजियम रिश्ते

C. मतभेदों को समझना   **D.** उपर्युक्त सभी

Q.120 संभावित हिंसा की ओर झुकाव रखने वाले रोगियों के कुछ प्रमुख संकेतकों में शामिल हैं:

A. एक पुराने रोगी में आक्रामकता और भ्रम और आंदोलन का इतिहास

B. सुझाए गए उपचार के बारे में प्रश्न पूछना

C. IV दिए जाने पर घबराहट के लक्षण

D. अलार्म बेल या बेड अलार्म को हटाना

Q.121 स्वास्थ्य शिक्षा के उद्देश्य क्या हैं?

A. स्वास्थ्य सेवाओं की प्रभावशीलता बढ़ाएँ

B. उपचारात्मक और साथ ही निवारक

C. व्यावसायिक रोगों को कम करके उत्पादकता में सुधार करना

D. उपर्युक्त सभी

Q.122 टावर्सकी और कन्नमैन (1981) _____ ने प्रस्तावित किया कि लोग निर्णय लेते समय संभावित लाभ और हानि पर विचार करते हैं और इसलिए, लोगों की प्राथमिकताएं सूचना के निर्धारण के प्रति संवेदनशील होती हैं।

A. संभावना सिद्धांत

B. लाभ-हानि सिद्धांत

C. सूचना प्रसंस्करण पर सिद्धांत

D. सामाजिक पहचान सिद्धांत

Q.123 सौंपने की प्रक्रिया में एक देखभाल करने वाले से दूसरे को जानकारी देना शामिल है। इस जानकारी में शामिल हैं:

A. रोगी को दी गई सेवाएं

B. रोगी की स्थिति

C. रोगी की देखभाल, उपचार और प्रत्याशित परिवर्तन

D. उपर्युक्त सभी

Q.124 निम्नलिखित में से कौन स्वास्थ्य जानकारी और सेवाओं तक पहुँचने, समझने, मूल्यांकन करने और लागू करने और स्वास्थ्य को बढ़ावा देने और बनाए रखने के लिए उचित स्वास्थ्य निर्णय लेने की क्षमता को संदर्भित करता है?

A. स्वास्थ्य पहुंच   **B.** स्वास्थ्य मूल्यांकन

C. स्वास्थ्य साक्षरता   **D.** स्वास्थ्य संवर्धन

Q.125 निम्नलिखित में से कौन कार्यस्थल में पीढ़ीगत अंतर के बारे में सही नहीं है?

A. यह अत्यधिक संभावना है कि एक कार्यस्थल में एक साथ मिलकर काम करने वाली 4 अलग-अलग पीढ़ियां हो सकती हैं।

B. पीढ़ीगत मतभेदों के परिणामस्वरूप अक्सर गलतफहमियां और गलतफहमियां पैदा हो सकती हैं

C. पीढ़ीगत परिप्रेक्ष्य में भिन्नता को पहचानना संचार को बेहतर बनाने का एक उपकरण है

D. हालाँकि अलग-अलग पीढ़ियाँ उम्र में भिन्न होती हैं, वे सभी अपने काम को एक ही तरीके से करते हैं

Q.126 यदि किसी कारण से आंत उपकला की पार्श्विका कोशिकाएं आंशिक रूप से गैर-कार्यात्मक हो जाती हैं, तो क्या होने की संभावना है?

A. अग्नाशयी एंजाइम, विशेष रूप से ट्रिप्सिन और लाइपेज कुशलता से काम नहीं करेंगे

B. पेप्सिन द्वारा प्रोटियोज और पेप्टोन में प्रोटीन पर्याप्त रूप से हाइड्रोलाइज्ड नहीं होंगे

C. पेट का pH एकाएक गिर जाएगा

D. स्टेपसिन कारगर नहीं होगा

Q.127 जीभ _______ द्वारा मौखिक गुहा के तल से जुड़ी होती है।

A. पलटाइन   **B.** स्फेनॉयड   **C.** पेटीगॉइड   **D.** फ्रेनुलम

Q.128 अचलासिया पाचन तंत्र से संबंधित एक स्थिति है जिसका अर्थ है:

A. पाइलोरिक स्फिंक्टर को शिथिल करने में विफलता

B. गैस्ट्रोओसोफेगल (हृदय) स्फिंक्टर की छूट की विफलता

C. (A) और (B) दोनों

D. इलियोसेकल वाल्व की असामान्यता

Q.129 हृदय की लयबद्ध सिकुड़न गतिविधि को शुरू करने और बनाए रखने के लिए कौन जिम्मेदार है?

A. सिनो-एट्रियल नोड (SAN)

B. एट्रियो-वेंट्रिकुलर नोड AVN

C. पर्किनजे फाइबर

D. बंडल ऑफ हिस

Q.130 दो साल की उम्र के एक बच्चे को प्रेस्कूल में भर्ती कराया जाता है और डेंटल चेकअप से गुजरता है। दंत चिकित्सक ने देखा कि लड़के के 20 दांत थे। कौन से दांत अनुपस्थित थे?

A. कैनाइन   **B.** इंसिसर   **C.** प्री-मोलर्स   **D.** मोलर्स

Q.131 मनुष्य में निम्नलिखित में से कौन सी ग्रंथि दो से अधिक हार्मोन का उत्पादन करती है?

A. पैंक्रियास   **B.** थाइरोइड   **C.** एड्रेनल   **D.** पिट्यूटरी

Q.132 आंख के पश्च कक्ष में मौजूद द्रव को ____ के रूप में जाना जाता है।

A. विट्रियस ह्यूमर   **B.** एक्वेयस ह्यूमर

C. मैक्युला   **D.** स्क्लेरा

Q.133 हड्डियों के चार वर्गों के नाम बताएं?

A. लंबी, छोटी, नियमित, अनियमित

B. बड़ा, छोटा, चपटा, उभरा हुआ

C. लंबा, छोटी, चपटा और अनियमित

D. बड़ा, छोटा, नियमित, अनियमित

Q.134 हड्डी में मौजूद दो प्रकार के ऊतकों के नाम बताइए?

A. कैंसलॉस टिशू एंड कॉम्पैक्ट टिशू

B. कॉम्पैक्ट टिशू एंड नॉन कॉम्पैक्ट टिशू

C. कॉम्पैक्ट टिशू एंड कैंसलॉस टिशू

D. नॉन कॉम्पैक्ट टिशू एंड कैंसलॉस टिशू

Q.135

आमतौर पर वायरस मुख्य रूप से कई बड़े समूहों में विभाजित होते हैं:

A. होस्ट की प्रकृति

B. न्यूक्लिक एसिड विशेषताएं

C. कैप्सिड समरूपता

D. विरोइन या न्यूक्लियोकैप्सिड का व्यास

Q.136 एक फेज द्वारा मेजबान जीवाणु कोशिकाओं के संक्रमण में पहला कदम है:

A. एडसार्पशन
B. अब्सॉर्पशन
C. पेनेट्रेशन
D. रेप्लिकेशन

Q.137 निम्नलिखित में से कौन सा वायरस मानव कैंसर से जुड़ा नहीं है?

A. हेपेटाइटिस सी वायरस
B. हेपेटाइटिस बी वायरस
C. वैरिसेला जोस्टर विषाणु
D. हरपीज सिंप्लेक्स वायरस टाइप 2

Q.138 वायरल न्यूक्लियोकैप्सिड का संयोजन है:

A. जीनोम और कैप्सिड
B. कैप्सिड और स्पाइक्स
C. एन्वेलप और कैप्सिड
D. कैप्सोमेयर और जीनोम

Q.139 क्षीण टीके में वायरस:

A. कोई जीनोम नहीं है
B. कंटिन्यू टू रेप्लिकेट
C. आमतौर पर बैक्टीरिया से बड़े होते हैं
D. रसायनों के साथ बदल दिया गया है

Q.140 लिपटे हुए विषाणुओं का आकार ________ होता है।

A. इकोसाहेड्रल
B. हेलिकल
C. मोटे तौर पर गोलाकार
D. जटिल

Q.141 निम्नलिखित में से किस विषाणु का आवरण परपोषी कोशिका केन्द्रक से प्राप्त होता है?

A. पैरामाइक्सोवायरस
B. रेट्रोवायरस
C. ऑर्थोमिक्सोवायरस
D. हरपीज वायरस

Q.142 कैप्सोमेरेस में कई प्रोटीन सबयूनिट या अणु होते हैं जिन्हें कहा जाता है:

A. प्रोटोमर्स
B. कैप्रोप्रोटीन
C. प्रोकैप्सिड
D. इनमें से कोई नहीं

Q.143 निम्नलिखित में से कौन सा वायरस फ्लैविविरिडे परिवार से संबंधित है?

A. रूबेला वायरस
B. येलो फीवर वायरस
C. हेपेटाइटिस C वायरस
D. इनमे से सभी

Q.144 समशीतोष्ण चरण का वायरल डीएनए, कोशिका के जीन के कार्यों को लेने के बजाय, मेजबान डीएनए में शामिल हो जाता है और एक जीन के रूप में कार्य करते हुए, जीवाणु गुणसूत्र में एक प्रोफेज बन जाता है। इसमें होता है:

A. लाइसोजेनी
B. सहज प्रेरण
C. लिटिक चरण
D. इनमें से कोई नहीं

Q.145 एक महिला गिर गई है और उसका टखना ज़ख्मी हो गया है। वह कहती है कि उसने कुछ स्नैप सुना। वह पीली दिखती है और पसीना बहा रही है। आपको क्या करना चाहिये?

A. पीड़ित को ज़ख्मी टखने पर चलने के लिए कहें
B. चोट की देखभाल ऐसे करें जैसे कि वह गंभीर हो
C. गर्मी लागू करें और चोट को ऊपर उठाएं
D. एक ड्रेसिंग और ढीली पट्टी लागू करें

Q.146 एक पीड़ित के पैर में गहरी चोट लगने से काफी खून बह गया है। वह तेजी से सांस ले रहा है और नीरस और बेचैन महसूस कर रहा है। वह शायद:

A. दौरा पड़ना
B. दिल का दौरा पड़ना
C. सदमे में
D. घुट

Q.147 एक कार दुर्घटना के शिकार को अभी-अभी उल्टी हुई है और अब वह खून की खांसी कर रहा है। वह बहुत तेजी से सांस ले रहा है और उसकी नाड़ी कमजोर और तेज है। सबसे अधिक संभावना क्या गलत है?

A. उसे दौरा पड़ रहा है।
B. उसे आंतरिक रक्तस्राव है।
C. उसे दिल का दौरा पड़ रहा है।
D. उन्हें मधुमेह की आपात स्थिति है।

Q.148 नरम ऊतक घावों की देखभाल निम्न द्वारा की जानी चाहिए:

A. गर्मी और लोचदार पट्टियां
B. बर्फ और ऊंचाई
C. त्वचा के नीचे रक्तस्राव को कम करने के लिए क्षेत्र पर सीधा दबाव डालें
D. दोनों (B) और (C)

Q.149 निम्नलिखित में अधिक गंभीर क्या है?

A. तापघात
B. गर्मी निकलना
C. गर्मी की अकड़न
D. घमौरियां

Q.150 शब्द "मनोविज्ञान" किस भाषा से आया है?

A. लैटिन
B. स्पेनिश
C. ग्रीक
D. इटालियन

Q.151 मनोविज्ञान को वैज्ञानिक अध्ययन के रूप में परिभाषित किया गया है:

A. लोग और बातें
B. भावनाएं और विश्वास
C. धारणा और धर्म
D. मन और व्यवहार

Q.152 पाठ के अनुसार, व्याख्या का निचला स्तर ______ प्रक्रियाओं से मेल खाता है।

A. सामाजिक
B. सांस्कृतिक
C. जैविक
D. पारस्परिक

Q.153 मस्तिष्क में गतिविधि पर एक नई दवा के प्रभाव की खोज करने वाला एक मनोवैज्ञानिक स्पष्टीकरण के ______ स्तर पर काम कर रहा है।

A. निचला
B. मध्यम
C. ऊपरी
D. उपरोक्त सभी

Q.154 अलग-अलग लोग एक ही स्थिति पर अलग तरह से प्रतिक्रिया करते हैं। यह कहा जाता है:

A. एकाधिक निर्धारक
B. नेटिविज्म
C. सिम्पसन प्रभाव
D. वैयक्तिक भिन्नता

Q.155 ______ प्रकृति के लिए है क्योंकि ______ का पोषण करना है।

A. पर्यावरण, जीन
B. चेतन, अचेतन
C. अशुद्धि, शुद्धता
D. जीव विज्ञान, अनुभव

Q.156 शब्द "तबुला रस" व्यवहार को आकार देने में ______ के महत्व पर प्रकाश डालता है।

A. जीन
B. अनुभव
C. प्रकृति
D. पूर्वनियति

Q.157 मूल रूप से भूमिका की पहचान से संबंधित वृद्धि और विकास का चरण है:

A. मौखिक चरण
B. जननांग चरण
C. ईडिपस चरण
D. विलंबता चरण

Q.158 वृद्धावस्था के दौरान संज्ञानात्मक परिवर्तन ज्यादातर निम्नलिखित में से किस पहलू को प्रभावित करते हैं?

A. भावना
B. स्मृति
C. भावुकता
D. बुद्धि

Q.159 ______ यह विश्वास है कि मन शरीर से मौलिक रूप से अलग है।

A. मानसिकता
B. द्वैतवाद

C. केंद्रवाद

D. विशेषज्ञता प्राप्त करना

Q.160 निम्नलिखित में से कौन सी गैस पृथ्वी की जलवायु को प्रभावित करने में निर्णायक भूमिका निभाती है?

A. ऑक्सीजन

B. नाइट्रोजन

C. कार्बन डाइऑक्साइड

D. हाइड्रोजन

Q.161 नदी के पानी में बायोकेमिकल ऑक्सीजन डिमांड (बीओडी):

A. शैवाल के खिलने पर अपरिवर्तित रहता है

B. पानी में ऑक्सीजन की सांद्रता के साथ कोई संबंध नहीं है

C. पानी में साल्मोनेला की मात्रा देता है

D. जब सीवेज नदी के पानी में मिल जाता है तो बढ़ जाता है

Q.162 पेड़ हमारे पर्यावरण के प्रदूषण को कम करने में मदद करते हैं। हर साल जुलाई के महीने में लोगों द्वारा लाखों पेड़ लगाए जाते हैं। इस अवसर को ___________ कहा जाता है।

A. वन संरक्षण दिवस

B. वृक्षारोपण माह

C. वन महोत्सव

D. वन्यजीव सप्ताह

Q.163 सीवेज से मछलियाँ मर जाती हैं क्योंकि:

A. इसकी दुर्गंध से

B. यह मछलियों की खाद्य सामग्री को प्रतिस्थापित करता है

C. यह मछलियों के बीच ऑक्सीजन की प्रतिस्पर्धा को बढ़ाता है

D. CO_2 पानी में बड़ी मात्रा में मिलाया जाता है

Q.164 क्लोरीन की कीटाणुनाशक क्रिया मुख्य रूप से _______ के कारण होती है।

A. हाइपोक्लोरिक अम्ल

B. हाइपोक्लोरस अम्ल

C. हाइपोक्लोरस अम्ल

D. हाइड्रोक्लोरिक अम्ल

Q.165 निम्नलिखित में से कौन-सा रोग जीवाणु से होता है:

A. क्षय रोग

B. कण्ठमाला का रोग

C. चेचक

D. रेबीज

Q.166 निम्नलिखित में से कौन-सा एक जल जनित रोग है?

A. इन्फ्लुएंजा

B. चेचक

C. मलेरिया

D. हैजा

Q.167 अपशिष्ट जल उपचार के दौरान कौन सी प्रक्रिया कीटाणुओं को मारने में मदद करती है?

A. वातन

B. क्लोरीनीकरण

C. अवसादन

D. फ्लॉक्यूलेशन

Q.168 अपशिष्ट जल के जैविक उपचार का उद्देश्य है:

A. बीओडी घटाएं

B. बीओडी बढ़ाएँ

C. अवसादन कम करें

D. अवसादन बढ़ाएँ

Q.169 अशुद्ध जल से कौन-सा रोग फैलता है ?

A. क्षय रोग

B. चेचक

C. हैजा

D. इनमे से कोई भी नहीं

Q.170 मां के स्तन में दुग्ध उत्पादन के लिए कौन सा हॉर्मोन आवश्यक है?

[UPPSC Staff Nurse, 2021]

A. F.S.H

B. प्रोलैक्टिन

C. A.D.H.

D. ऑक्सीटोसिन

// स्मार्ट उत्तर पुस्तिका //

| सही उत्तर | उन छात्रों का प्रतिशत जिन्होंने प्रश्नों का सही उत्तर दिया था। | | छोड़ दिया | उन छात्रों का प्रतिशत जिन्होंने प्रश्नों को छोड़ दिया था। |

प्रश्न संख्या	उत्तर	सही उत्तर / छोड़ दिया	प्रश्न संख्या	उत्तर	सही उत्तर / छोड़ दिया	प्रश्न संख्या	उत्तर	सही उत्तर / छोड़ दिया	प्रश्न संख्या	उत्तर	सही उत्तर / छोड़ दिया	प्रश्न संख्या	उत्तर	सही उत्तर / छोड़ दिया	प्रश्न संख्या	उत्तर	सही उत्तर / छोड़ दिया	प्रश्न संख्या	सही उत्तर / छोड़ दिया
1	A	68.74% / 31.21%	22	B	68.44% / 31.21%	43	B	69.48% / 30.35%	64	C	61.25% / 31.99%	85	A	69.75% / 30.05%	106	D	32.18% / 67.04%
2	B	68.05% / 30.54%	23	A	55.79% / 43.87%	44	A	46.89% / 37.33%	65	A	18.54% / 76.57%	86	A	40.29% / 37.47%	107	A	82.58% / 14.51%
3	B	44.59% / 30.99%	24	B	64.03% / 31.07%	45	A	69.43% / 30.35%	66	C	30.09% / 68.06%	87	D	67.43% / 32.02%	108	C	84.95% / 12.87%
4	C	61.39% / 32.66%	25	C	48.41% / 49.01%	46	A	81.57% / 17.78%	67	B	65.39% / 30.49%	88	D	55.59% / 31.62%	109	C	82.81% / 15.76%
5	C	56.04% / 32.77%	26	A	79.44% / 16.77%	47	B	65.01% / 34.1%	68	B	67.12% / 31.69%	89	C	14.11% / 82.38%	110	D	82.25% / 16.76%
6	A	24.09% / 70.62%	27	A	53.87% / 39.55%	48	B	63.84% / 35.76%	69	C	55.13% / 40.15%	90	B	68.53% / 30.42%	111	C	56.09% / 35.09%
7	A	50.46% / 48.46%	28	A	42.29% / 55.92%	49	D	69.45% / 30.42%	70	B	62.13% / 34.56%	91	B	89.31% / 10.32%	112	A	44.66% / 35.98%
8	A	77.12% / 17.63%	29	B	41.71% / 52.98%	50	D	56.4% / 33.74%	71	C	43.7% / 52.01%	92	B	49.29% / 40.03%	113	D	89.74% / 10.24%
9	C	85.46% / 10.67%	30	A	54.12% / 30.2%	51	D	52.94% / 41.6%	72	A	68.37% / 30.04%	93	B	81.6% / 16.16%	114	D	44.71% / 52.14%
10	B	59.64% / 30.65%	31	A	49.01% / 43.23%	52	D	87.14% / 10.83%	73	B	50.03% / 42.52%	94	A	54.5% / 38.29%	115	D	47.93% / 36.24%
11	B	55.08% / 34.09%	32	C	45.48% / 48.95%	53	C	64.97% / 32.95%	74	B	16.2% / 70.42%	95	C	16.51% / 81.82%	116	D	43.96% / 48.56%
12	C	12.31% / 68.75%	33	C	58.49% / 38.51%	54	D	82.69% / 11.73%	75	D	43.63% / 35.85%	96	B	61.4% / 36.28%	117	B	12.17% / 79.32%
13	C	86.71% / 10.75%	34	D	84.28% / 12.39%	55	B	66.76% / 30.4%	76	A	12.34% / 77.36%	97	C	67.62% / 30.86%	118	C	61.15% / 30.02%
14	D	53.86% / 44.91%	35	A	78.48% / 12.25%	56	C	56.09% / 43.29%	77	C	76.68% / 11.96%	98	C	50.75% / 36.91%	119	D	43.69% / 48.27%
15	C	85.21% / 13.88%	36	B	84.34% / 10.57%	57	D	25.27% / 68.97%	78	D	50.91% / 48.64%	99	C	59.96% / 33.97%	120	A	49.87% / 40.41%
16	B	49.99% / 46.75%	37	A	87.34% / 12.37%	58	C	61.24% / 38.48%	79	D	63.77% / 30.03%	100	B	43.94% / 42.39%	121	D	46.13% / 50.28%
17	D	82.76% / 12.61%	38	C	84.05% / 12.29%	59	C	64.7% / 33.16%	80	C	68.29% / 31.06%	101	D	56.76% / 42.97%	122	A	28.37% / 70.19%
18	B	63.1% / 35.26%	39	C	44.03% / 44.24%	60	A	49.41% / 32.23%	81	C	11.26% / 85.99%	102	D	83.94% / 11.06%	123	D	48.09% / 50.68%
19	A	43.97% / 38.8%	40	C	80.08% / 15.5%	61	D	41.35% / 45.63%	82	B	54.8% / 41.45%	103	D	58.06% / 39.82%	124	C	66.09% / 32.32%
20	A	26.46% / 71.74%	41	B	66.06% / 30.81%	62	D	63.01% / 33.28%	83	D	15.25% / 76.87%	104	C	55.2% / 32.33%	125	D	67.57% / 31.74%
21	C	57.31% / 38.14%	42	D	85.46% / 12.61%	63	B	15.16% / 78.84%	84	B	52.3% / 45.03%	105	A	67.52% / 31.69%	126	B	23.73% / 71.89%

प्रश्न संख्या	उत्तर	सही उत्तर / छोड़ दिया	प्रश्न संख्या	उत्तर	सही उत्तर / छोड़ दिया	प्रश्न संख्या	उत्तर	सही उत्तर / छोड़ दिया	प्रश्न संख्या	उत्तर	सही उत्तर / छोड़ दिया	प्रश्न संख्या	उत्तर	सही उत्तर / छोड़ दिया	प्रश्न संख्या	उत्तर	सही उत्तर / छोड़ दिया
127	D	67.61 % / 30.34 %	135	A	63.71 % / 31.06 %	143	D	27.1 % / 67.54 %	151	D	54.13 % / 39.18 %	159	B	41.55 % / 49.1 %	167	B	69.0 % / 30.12 %
128	B	17.43 % / 78.82 %	136	A	45.01 % / 30.24 %	144	A	15.5 % / 75.18 %	152	C	62.69 % / 36.58 %	160	C	54.66 % / 41.9 %	168	A	55.21 % / 37.56 %
129	A	19.66 % / 75.2 %	137	C	30.08 % / 67.43 %	145	B	78.8 % / 14.43 %	153	A	65.94 % / 31.69 %	161	D	79.65 % / 18.3 %	169	C	63.37 % / 30.97 %
130	C	44.04 % / 31.62 %	138	A	57.01 % / 38.69 %	146	D	43.55 % / 49.74 %	154	D	59.66 % / 31.06 %	162	C	31.07 % / 68.68 %	170	B	57.11 % / 35.55 %
131	C	80.64 % / 12.78 %	139	B	46.78 % / 45.01 %	147	B	26.09 % / 71.54 %	155	D	52.43 % / 46.82 %	163	C	61.0 % / 35.93 %			
132	A	68.96 % / 30.62 %	140	C	56.19 % / 36.79 %	148	D	62.28 % / 31.68 %	156	B	51.92 % / 39.13 %	164	B	43.43 % / 47.72 %			
133	C	77.36 % / 15.12 %	141	D	46.28 % / 51.48 %	149	A	26.9 % / 72.03 %	157	B	65.4 % / 32.27 %	165	A	87.72 % / 11.85 %			
134	C	48.0 % / 30.0 %	142	A	49.29 % / 38.71 %	150	C	77.29 % / 19.69 %	158	B	69.17 % / 30.45 %	166	D	50.25 % / 46.44 %			

//संकेत और समाधान//

1. संयुक्त राष्ट्र के नौवें महासचिव एंटोनियो गुटेरेस ने 1 जनवरी 2017 को पदभार ग्रहण किया।

एंटोनियो मैनुअल डी ओलिवेरा गुटेरेस एक पुर्तगाली राजनीतिज्ञ और राजनयिक हैं। 2017 से, उन्होंने संयुक्त राष्ट्र के महासचिव के रूप में कार्य किया है, जो इस उपाधि को धारण करने वाले नौवें व्यक्ति हैं। पुर्तगाली सोशलिस्ट पार्टी के सदस्य, गुटेरेस ने 1995 से 2002 तक पुर्तगाल के प्रधान मंत्री के रूप में कार्य किया। गुटेरेस ने 1992 से 2002 तक सोशलिस्ट पार्टी के महासचिव के रूप में कार्य किया। वह 1995 में प्रधान मंत्री चुने गए और 2002 में उनकी पार्टी के बाद इस्तीफा दे दिया। 2001 के पुर्तगाली स्थानीय चुनावों में हार गए थे।

अतः विकल्प (A) सही है।

2. 1897 में पुणे के प्लेग कमिश्नर डब्ल्यू सी रैंड की हत्या चापेकर ब्रदर्स ने की थी।

22 जून 1897 को, भाइयों दामोदर हरि चापेकर और बालकृष्ण हरि चापेकर ने पुणे, महाराष्ट्र में ब्रिटिश अधिकारी डब्ल्यू सी रैंड और उनके सैन्य अनुरक्षण लेफ्टिनेंट आयर्स्ट की हत्या कर दी। 1857 के विद्रोह के बाद भारत में उग्रवादी राष्ट्रवाद का यह पहला मामला था।

अतः विकल्प (B) सही है।

3. विश्व आर्थिक मंच (डब्ल्यूईएफ) ने छोटे और सीमांत किसानों का समर्थन करने के लिए कृत्रिम बुद्धिमत्ता (AI), इंटरनेट ऑफ थिंग्स (IoT), ब्लॉकचेन और ड्रोन जैसी उभरती तकनीकों का उपयोग करने के लिए सरकार के थिंक-टैंक नीति आयोग के साथ भागीदारी की है।

WEF ने देश भर में विभिन्न नवीन परियोजनाओं को लागू करने के लिए भारत में 'चौथी औद्योगिक क्रांति केंद्र' की स्थापना की थी।

अतः विकल्प (B) सही है।

4. माना कि छोटे और बड़े बेटे पर निवेश की गई राशि क्रमशः 'y' और 'x' है

जब वे 18 साल के होंगे, तो उन्हें समान राशि प्राप्त होगी

समय जब बेटे की उम्र 13 वर्ष है $= 18 - 13 = 5$ वर्ष

समय जब बेटे की उम्र 15 वर्ष है $= 18 - 15 = 3$ वर्ष

प्रश्न के अनुसार:

$$\frac{(x \times 5 \times 5)}{100} = \frac{(y \times 3 \times 5)}{100}$$

$$\Rightarrow \frac{25x}{100} = \frac{15y}{100}$$

$$\Rightarrow \frac{x}{y} = \frac{3}{5} \text{ या } x : y = 3 : 5$$

दिया गया है कि उसने निवेश किया $(3 + 5) = 8$ इकाई $= 8400$ रुपये

$\therefore$ छोटा बेटा 13 वर्ष का है और उस पर निवेश की गयी राशि

$$= \left(\frac{8400}{8}\right) \times 3 \text{ इकाई}$$

$$= 3150 \text{ रुपये}$$

अतः विकल्प (C) सही है।

5. भारत में पंचायती राज व्यवस्था लाने के पीछे मुख्य उद्देश्य राजनीतिक सत्ता का विकेंद्रीकरण और आम लोगों को बिजली वितरण करना था।

पंचायती राज के गठन की मूल विचारधारा स्थानीय और ग्रामीण क्षेत्रों में राजनीतिक जागरूकता फैलाना था। मूल रूप से, पंचायती राज भारत के ग्रामीण क्षेत्रों की राजनीतिक व्यवस्था है। पंचायती राज के गठन की मूल विचारधारा स्थानीय और ग्रामीण क्षेत्रों में राजनीतिक जागरूकता फैलाना था। मूल रूप से, पंचायती राज भारत के ग्रामीण क्षेत्रों की राजनीतिक व्यवस्था है।

अतः विकल्प (C) सही है।

6. माना उसने ट्रेन द्वारा x घंटे और कार द्वारा $x - 5$ घंटे यात्रा की।

अब,

$$\Rightarrow \text{ट्रेन की गति} = \frac{1125}{x}$$

$$\Rightarrow \text{कार की गति} = \frac{500}{(x-5)}$$

यह दिया गया है कि समय को उलट दिया जाता है तो ट्रेन और कार के द्वारा की गयी यात्रा की दूरी बराबर होगी।

$\Rightarrow$ ट्रेन द्वारा यात्रा की गई दूरी = कार द्वारा यात्रा की गई दूरी

$\Rightarrow$ ट्रेन की गति $\times$ कार द्वारा लगा समय $=$ कार की गति $\times$ ट्रेन द्वारा लगा समय

$$\Rightarrow \left(\frac{1125}{x}\right) \times (x - 5) = \left\{\frac{500}{(x-5)}\right\} \times x$$

$$\Rightarrow 9(x - 5)^2 = 4x^2$$

$$\Rightarrow 9x^2 + 225 - 90x = 4x^2$$

$$\Rightarrow 5x^2 - 90x + 225 = 0$$

$$\Rightarrow x^2 - 18x + 45 = 0$$

$$\Rightarrow x^2 - 3x - 15x + 45 = 0$$

$$\Rightarrow (x - 3)(x - 15) = 0$$

$$\Rightarrow x = 3, 15$$

अब, यदि x = 3 तो यह कार द्वारा लिए गए ऋणात्मक समय को लेगा

$$\Rightarrow x = 15$$

$\therefore$ वह ट्रेन द्वारा 15 घंटे की यात्रा करता है।

अतः विकल्प (A) सही है।

7. अनुच्छेद 32 एक पीड़ित नागरिक के मौलिक अधिकारों के प्रवर्तन के लिए उपचारों करने का अधिकार देता है।

मौलिक अधिकारों को संरक्षित करने का अधिकार अपने आप में एक मौलिक अधिकार है।

यह मौलिक अधिकारों को वास्तविक बनाता है।

अतः विकल्प (A) सही है।

8. दिया हुआ,

3 पुरुष या 5 महिलाएं एक काम को 12 दिनों में पूरा कर सकते हैं।

3 पुरुषों द्वारा किया गया कार्य = 5 महिलाओं द्वारा किया गया कार्य

$$1 \text{ पुरुष} = \frac{5}{3} \times \text{महिला}$$

अब, 3 पुरुष + 7 महिलाएं $= 3 \times \left(\frac{5}{3}\right) + 7$ महिलाएं = 12 महिलाएं

जैसा कि हम जानते हैं,

$$W_1 \times D_1 = W_2 \times D_2$$

$$\therefore 5 \times 12 = 12 \times D_2$$

$$\Rightarrow D_2 = 5 \text{ दिन}$$

अत: विकल्प (A) सही है।

9. यूरेनियम-235 में 92 प्रोटॉन हैं, इसलिए 235U की प्रोटॉन संख्या 92 है। इसके नाभिक के अंदर 92 प्रोटॉन प्लस 143 न्यूट्रॉन हैं, इसलिए इसकी कुल न्यूक्लियॉन संख्या 235 है।

यूरेनियम-235 (235U) यूरेनियम का एक समस्थानिक है जो प्राकृतिक यूरेनियम का लगभग 0.72 प्रतिशत बनाता है। प्रमुख आइसोटोप यूरेनियम 238 के विपरीत, यह बहुत अधिक विखंडनीय है, अर्थात यह एक विखंडन श्रृंखला प्रतिक्रिया को बनाए रख सकता है। यह एकमात्र विखंडनीय समस्थानिक है जो प्रथम-जात है और प्रकृति में अपेक्षाकृत पर्याप्त मात्रा में पाया जाता है। यूरेनियम-235 का आधा जीवन 703.8 मिलियन वर्ष है। इसकी खोज सबसे पहले 1935 में आर्थर जेफरी डेम्पस्टर ने की थी। धीमी थर्मल न्यूट्रॉन के लिए इसका विखंडन क्रॉस-सेक्शन लगभग 584.994 बार्न है। त्वरित न्यूट्रॉन के लिए, यह 1 खलिहान के क्रम में है। अधिकतर लेकिन सभी न्यूट्रॉन अवशोषण के परिणामस्वरूप विखंडन नहीं होता है; यूरेनियम -236 बनाने के लिए एक अल्पसंख्यक भी न्यूट्रॉन पर कब्जा कर लेता है।

अत: विकल्प (C) सही है।

10. जब किसी माध्यम के भीतर विक्षोभ उत्पन्न होता है तो वह माध्यम के दोलनशील कणों द्वारा ले जाया जाता है, और विक्षोभ एक प्रकार की ऊर्जा है जिसे दोलन करने वाले कणों द्वारा अगले कण तक पहुँचाया जाता है, इस प्रकार एक अनुदैर्ध्य तरंग का प्रसार होता है। नतीजतन, ऊर्जा एक अनुदैर्ध्य तरंग में फैलती है।

अत: विकल्प (B) सही है।

11. इसमें शामिल सिद्धांत पेपर क्रोमैटोग्राफी है। इनमें द्रव अवस्थाओं के बीच पदार्थों का विभाजन या वितरण होता है। एक चरण पानी है जो फिल्टर पेपर के छिद्रों के बीच स्थिर है, और दूसरा कागज के ऊपर घूम रहा है।

जब गतिमान प्रावस्था गति करने लगेगी, तब कणों का पृथक्करण होगा। छिद्रों की केशिका क्रिया के तहत दोनों चरणों के प्रति आत्मीयता के अनुसार मिश्रण खुद को अलग कर लेगा।

अत: विकल्प (B) सही है।

12. ब्रह्मपुत्र का उद्गम तिब्बत है।

गंगा: उत्तराखंड के उत्तरकाशी जिले में गौमुख (3,900 मीटर) के पास गंगोत्री ग्लेशियर से। यहां पर इसे भागीरथी के नाम से जाना जाता है।नदी की लंबाई 2,525 किमी है। यह उत्तराखंड (110 किमी) और उत्तर प्रदेश (1,450 किमी), बिहार (445 किमी), और पश्चिम बंगाल (520 किमी) द्वारा साझा की जाता है।

यमुना- बांदरपंच रेंज (6,316 किमी) के पश्चिमी ढलान पर यमुनोत्री ग्लेशियर। यह गंगा की सबसे पश्चिमी और सबसे लंबी सहायक नदी है। यह प्रयाग (इलाहाबाद) में गंगा में मिलती है।

ब्रह्मपुत्र- तिब्बत में मानसरोवर झील के पास कैलाश रेंज का चेमायुंगडुंग ग्लेशियर। तिब्बत में, इसे सांगपो के नाम से जाना जाता है, जिसका अर्थ है 'शोधक'। रंगो त्सांगपो तिब्बत में इस नदी की प्रमुख दाहिनी-तटीय सहायक नदी है। यह अरुणाचल प्रदेश के सदिया शहर के पश्चिम से भारत में प्रवेश करती है।

गोदावरी- महाराष्ट्र का नासिक जिला। गोदावरी सबसे बड़ी प्रायद्वीपीय नदी प्रणाली है। इसकी सहायक नदियाँ महाराष्ट्र, मध्य प्रदेश, छत्तीसगढ़, ओडिशा और आंध्र प्रदेश राज्यों से होकर गुजरती हैं।

अत: विकल्प (C) सही है।

13. भारत में समग्र बॉक्साइट उत्पादन में मात्रा की दृष्टि से, सर्वाधिक (लगभग 51 फीसदी) का अंशदान उड़ीसा का है। इसके बाद गुजरात, झारखंड, छत्तीसगढ़ एवं महाराष्ट्र का स्थान है, जबकि मूल्य के अनुसार भी पहला स्थान उड़ीसा का ही है। बॉक्साइट के भण्डार की दृष्टि से भी उड़ीसा का सर्वोच्च स्थान है।

अत: विकल्प (C) सही है।

14. केंद्रीय नवीनीकरण ऊर्जा मंत्रालय ने ग्रिड आधारित सौर ऊर्जा संयंत्र स्थापित करने संबंधी योजना कुसुम की जानकारी सार्वजनिक की। इस योजना का पूरा नाम 'किसान ऊर्जा सुरक्षा एवं उत्थान महाभियान (KUSUM/कुसुम) है। इस योजना के तहत प्रत्येक ग्रामीण इलाके में 2 मेगावाट क्षमता की सौर ऊर्जा संयंत्र को ग्रिड से जोड़ा जाएगा। इस योजना के तहत किसान बिजली वितरण कंपनियों को अधिशेष विद्युत बेचकर अतिरिक्त आय प्राप्त कर सकेंगे।

अत: विकल्प (D) सही है।

15. भारत के किसानों को सम्मानित करने और देश के पांचवें प्रधानमंत्री चौधरी चरण सिंह की जयंती को चिह्नित करने के लिए राष्ट्रीय किसान दिवस, या किसान दिवस 23 दिसंबर को पूरे देश में मनाया जाता है।

अत: विकल्प (C) सही है।

16. हाल ही में महाराष्ट्र अपने भूमि रिकॉर्ड को प्रधानमंत्री फसल बीमा योजना (पीएमएफबीवाई) के वेब पोर्टल से एकीकृत करने वाला देश का पहला राज्य बन गया है। वर्तमान समय में महाराष्ट्र को पीएमएफबीवाई के तहत दावों के भुगतान के मामले में देश के शीर्ष पाँच राज्यों में गिना जाता है।

अत: विकल्प (B) सही है।

17. राज्य नीति के निर्देशक सिद्धांत देश के शासन में मौलिक होते हैं। अनुच्छेद 37 राज्यों को कानून बनाने में इन सिद्धांतों को लागू करने के लिए राज्य पर कर्तव्य बताता है। संविधान का भाग IV राज्यों के लिए निर्देशक सिद्धांतों से संबंधित है। इन्हें "कल्याणकारी राज्य" सुनिश्चित करने के लिए शामिल किया गया है और इसलिए शासन में मौलिक माना जाता है।

अत: विकल्प (D) सही है।

18. ब्रिटिश भारत सरकार ने सार्जेंट प्लान के लिए एक समिति बनाई जो शिक्षा नीति से संबंधित थी।

इसे भारत सरकार के तत्कालीन शैक्षिक सलाहकार जॉन सार्जेंट के बाद सार्जेंट प्लान के रूप में भी जाना जाता है। इसने 40 साल (1944-1984) में फैले एक चरणबद्ध कार्यक्रम में, छह से कम उम्र के बच्चों के लिए स्वैच्छिक आधार पर नर्सरी स्कूलों की स्थापना, जबकि छह से चौदह साल की उम्र के लड़के और लड़कियों दोनों के लिए मुफ्त और अनिवार्य शिक्षा का प्रस्ताव दिया।

अत: विकल्प (B) सही है।

19. 1857 के विद्रोह का प्रशासनिक परिणाम ईस्ट इंडिया कंपनी से ब्रिटिश क्राउन को सत्ता में स्थानांतरित कर दिया गया था।

1857 के विद्रोह के बाद, 1858 के भारत सरकार अधिनियम ने भारत का नियंत्रण ईस्ट इंडिया कंपनी से क्राउन को हस्तांतरित कर दिया। अब भारत पर शासन करने की शक्ति राज्य सचिव के माध्यम से क्राउन में निहित थी जो ब्रिटिश संसद के लिए जिम्मेदार था।

अत: विकल्प (A) सही है।

20. नामधारी, या कूका, आंदोलन की उत्पत्ति सिख साम्राज्य के उत्तर पश्चिम कोने में हुई थी, जो शाही धूमधाम और भव्यता के स्थानों से दूर थी।

नामधारी, या कूका, आंदोलन का मूल भी सिख साम्राज्य के उत्तर-पश्चिम कोने में, शाही धूमधाम और भव्यता के स्थानों से दूर था। इसने समुदाय की आध्यात्मिक परंपरा को ध्यान में रखते हुए जीवन के तरीके को और अधिक प्रभावित किया। इसका मुख्य उद्देश्य तावीरी रीति-रिवाजों और तौर-तरीकों से दूर सिख धर्म की सच्ची भावना का प्रसार करना था, जो सिख राजशाही की शुरुआत के बाद से इस पर बढ़ रहा था।

अत: विकल्प (A) सही है।

21. पूजा जट्यान तीरंदाजी खेलों से संबंधित हैं।

दुबई में 2022 पैरा तीरंदाजी विश्व चैंपियनशिप में पूजा जट्यन ने रजत पदक जीता भारतीय पैरा तीरंदाज पूजा जट्यान ने दुबई में पैरा तीरंदाजी विश्व चैंपियनशिप 2022 में रिकर्व महिला फाइनल में रजत पदक जीता है, वह पहली भारतीय बन गई है जिसने व्यक्तिगत वर्ग में पैरा वर्ल्ड चैंपियनशिप के रजत पदक का दावा किया है।

अतः विकल्प (C) सही है।

22. मुलायम हड्डियों और खराब दांतों के विकास से निदान वाले लड़के की हड्डियों और दांतों में कैल्शियम का स्तर कम होता है। यह विटामिन D की कमी के कारण होता है।

विटामिन D को कैल्सीफेरॉल भी कहा जाता है। यह रक्त में घुले कैल्शियम के अवशोषण में मदद करता है, यह हड्डी और दांत के कमजोर होने से बचाता है।

अतः विकल्प (B) सही है।

23. दिया है:

आंतरिक कोण - बाह्य कोण $= 132°$

प्रयुक्त अवधारणा:

प्रत्येक आंतरिक कोण का माप $= \frac{n-2}{n} \times 180$

प्रत्येक बाह्य कोण का माप $= \frac{360°}{n}$

प्रश्नानुसार:

$\frac{n-2}{n} \times 180 - \frac{360}{n} = 132$

वज्रगुणन द्वारा:

$$180n - 360 - 360 = 132n$$

$$\Rightarrow 48n = 720$$

$$\Rightarrow n = 15$$

एक बहुभुज में भुजाओं की संख्या 15 है।

अतः विकल्प (A) सही है।

24. भारत के संविधान के अनुच्छेद 348(1) के अनुसार, अंग्रेजी देश के सभी उच्च न्यायालयों की आधिकारिक भाषा है।

अनुच्छेद 348(1) सर्वोच्च न्यायालय और उच्च न्यायालयों में और साथ ही विधेयकों, अधिनियमों और आदेशों का मसौदा तैयार करने के लिए अंग्रेजी के उपयोग को निर्धारित करता है।

अतः विकल्प (B) सही है।

25. किसी भी देश के आर्थिक विकास का सबसे अच्छा संकेतक उसका सकल उत्पादन होता है।

किसी देश में सकल उत्पादन एक माप है जो किसी देश के आर्थिक उत्पादन पर सम्मिलित करना चाहता है। बड़े सकल घरेलू उत्पाद वाले देशों में उनके भीतर अधिक मात्रा में सामान और सेवाएं उत्पन्न होंगी, और आम तौर पर उच्च जीवन स्तर होगा।

अतः विकल्प (C) सही है।

26. MGNREGA योजना 2 फरवरी 2006 को शुरू की गई थी।

अगस्त 2005 में भारतीय संसद ने महात्मा गांधी राष्ट्रीय ग्रामीण रोजगार गारंटी अधिनियम (MGNREGA) पारित किया। यह 2 फरवरी 2006 को लागू हुआ।

27. प्राथमिक आर्थिक गतिविधि सभी ग्रामीण बस्तियों में हावी है।

ग्रामीण बस्ती लोगों का एक समूह है जो एक साथ रहते हैं, जिनका समुदाय अविकसित और सभ्य नहीं हैं। कृषि ग्रामीण लोगों का मौलिक व्यवसाय है और ग्रामीण अर्थव्यवस्था का आधार है।

अतः विकल्प (A) सही है।

28. उत्तर प्रदेश सरकार में "राज्य शहरी विकास एजेंसी" (SUDA) राज्य स्तर पर 'शहरी रोजगार और गरीबी उन्मूलन कार्यक्रम विभाग' के तहत काम करती है।

"राज्य शहरी विकास एजेंसी" (SUDA) को नोडल एजेंसी के रूप में गठित किया गया है। यह एजेंसी 20 नवंबर 1990 से 'सोसाइटी पंजीकरण अधिनियम' के तहत पंजीकृत है।

अतः विकल्प (A) सही है।

29. चोल वंश व्यापक रूप से स्थानीय स्वशासन के लिए जाना जाता था। राजा राज्य का सर्वोच्च अधिकारी होता था। राज्य मामलों में राजा की मदद करने के लिए मंत्रिपरिषद थी।

चोल राज्य को कई मंडलम या प्रांतों में विभाजित किया गया था जिसमें प्रांतीय गवर्नर थे। चोल राजाओं ने मंत्रियों की एक परिषद और प्रशासन की विभिन्न शाखाओं के प्रभारी अधिकारियों की मदद से अपने राज्य पर शासन किया।

अतः विकल्प (B) सही है।

30. मोंटाने के वनों में शंकुधारी पेड़ सामान्य हैं।

पर्वतीय क्षेत्रों में ऊँचाई बढ़ने के साथ तापमान में कमी से प्राकृतिक वनस्पतियों में तदनुरूपी परिवर्तन होता है। जैसे, प्राकृतिक वनस्पति पेटियों का क्रम उसी क्रम में है जैसा कि हम उष्णकटिबंधीय से टुंड्रा क्षेत्र तक देखते हैं। आर्द्र शीतोष्ण प्रकार के वन 1000 से 2000 मीटर की ऊँचाई के बीच पाए जाते हैं। सदाबहार चौड़ी पत्ती वाले पेड़, जैसे ओक और चेस्टनट प्रबल होते हैं।

अतः विकल्प (A) सही है।

31. 'सुनील बहुत अच्छा निशानेबाज है।' इस वाक्य में 'अच्छा' विशेषण शब्द है और 'बहुत' शब्द 'अच्छा' की विशेषता बता रहा है जो प्रविशेषण है।

विशेषण की भी विशेषता बताने वाले शब्द प्रविशेषण कहलाते हैं।

जो शब्द संज्ञा या सर्वनाम की विशेषता बताते हैं, विशेषण कहलाते हैं।

अतः विकल्प (A) सही है।

32. वह किताब पढ़ो। वाक्य में संकेतवाचक विशेषण है।

संकेतवाचक विशेषण: मैं, तू, वह के जब किसी संज्ञा के पहले आते हैं, तब वे 'संकेतवाचक' या 'सार्वनामिक विशेषण' कहलाते हैं। सरल शब्दों में वे सर्वनाम जो संज्ञा से पूर्व प्रयुक्त होकर उसकी ओर संकेत करते हुए विशेषण के रूप में प्रयुक्त होते हैं, 'संकेतवाचक विशेषण' कहलाते हैं।

अतः विकल्प (C) सही है।

33. दिए गए विकल्पों में 'प्रतिद्वंद्व' शब्द संज्ञा है जिसका विशेषण शब्द 'प्रतिद्वंद्वी' है।

प्रतिद्वंद्व- बराबर शक्तियों का पारस्परिक विरोध।

प्रतिद्वंद्वी – विपक्षी या प्रतिपक्षी।

अतः विकल्प (C) सही है।

34. 'दिए गए शब्दों में 'अमूल्य' शब्द तस्म है जिसका तथ्व रूप 'अनमोल' होगा।

ऐसे शब्द जो संस्कृत से ज्यों के ल्यों लिए गए, तत्सम होते हैं।

अन्य सभी शब्द तद्भव हैं।

अन्य शब्द:

- माता - माँ
- मत्स्य - मछली
- कदली - केला

अतः विकल्प (D) सही है।

35. 'दुगुना' शब्द का तत्सम रूप होगा 'द्विगुण'। इसका अर्थ है 'दूना'।

तत्सम दो शब्दों से मिलकर बना है तत् + सम, जिसका अर्थ होता है ज्यों का त्यों। जिन शब्दों को संस्कृत से बिना किसी परिवर्तन के ले लिया जाता है उन्हें तत्सम शब्द कहते हैं। इनमें ध्वनि परिवर्तन नहीं होता है।

इस आधार पर सही विकल्प द्विगुण है।

अन्य शब्द:

- द्वादश - बारह
- दधि - दही
- त्वरित - तेज़

अतः विकल्प (A) सही है।

36. 'दिए गए शब्दों में 'नकुल' शब्द तत्सम है जिसका तथ्दव रूप 'नेवला' होगा।

अन्य शब्द:

- नींबू - निम्बुक
- नीम - निम्ब

'नेउता' में वर्तनीगत अशुद्धि है।

अतः विकल्प (B) सही है।

37. दिए गए वाक्य के प्रथम भाग में त्रुटि है। क्योंकि यदि कर्ता भिन्न-भिन्न पुरुष के हों तो उनका क्रम होगा पहले मध्यम पुरुष फिर अन्य पुरुष और फिर उत्तम पुरुष।

इसलिए इसका शुद्ध रूप है - तुम, प्रशांत और मैं शाम को फिल्म देखने चलेंगे।

अतः विकल्प (A) सही है।

38. दिए गए सभी विकल्पों में शुद्ध वाक्य है - राधा और उसका पुत्र बाजार गए। अन्य विकल्पों में रचनागत और व्याकरणिक अशुद्धि हैं।

कर्ता राधा अपने पुत्र के साथ होने से नाम का प्रयोग सिर्फ एक बार ही होगा।

वाक्य शुद्धि	वाक्य भाषा की अत्यंत महत्वपूर्ण इकाई है। इसलिए लिखने या बोलने के समय यह ध्यान रखना चाहिए कि वह स्पष्ट और व्याकरणिक दृष्टि से शुद्ध हो। वाक्यों के विभिन्न अंग यथास्थान होने चाहिए।

अतः विकल्प (C) सही है।

39. दिए गए विकल्पों में से शुद्ध वाक्य है - इस वृक्ष में फल नहीं लगते। अन्य वाक्य व्याकरणिक दृष्टि से अशुद्ध हैं।

वृक्ष के पर्यायवाची शब्द हैं - पेड़, पादप, विटप, तरु, गाछ, द्रुम।

वाक्य शुद्धि	वाक्य भाषा की अत्यंत महत्वपूर्ण इकाई है। इसलिए लिखने या बोलने के समय यह ध्यान रखना चाहिए कि वह स्पष्ट और व्याकरणिक दृष्टि से शुद्ध हो। वाक्यों के विभिन्न अंग यथास्थान होने चाहिए।

अतः विकल्प (C) सही है।

40. दिए गए विकल्पों में से 'वैभवी' शब्द 'इच्छा' का पर्यायवाची नहीं है।

अन्य सभी शब्द इच्छा के पर्यायवाची शब्द हैं।

इच्छा के अन्य पर्यायवाची शब्द हैं - अभिलाषा, चाह, लालसा, मनोरथ, आकांक्षा, ईप्सा, मर्जी आदि।

वैभवी के पर्यायवाची शब्द हैं - समृद्धि, ऐश्वर्य, सम्पन्नता, सम्पदा आदि।

अतः विकल्प (C) सही है।

41. 'धूमकेतु' का पर्यायवाची शब्द 'अग्नि' है। शेष विकल्प असंगत हैं।

'धूमकेतु' के अन्य पर्यायवाची शब्द 'अनल, दहन, ज्वलन, कृशानु, हुताशन, वैश्वानर, शुचि, ज्वाला, आग' आदि हैं।

अतः विकल्प (B) सही है।

42. 'मूक' का विलोम 'वाचाल' है।

'मूक' का अर्थ होता है 'गूँगा', जबकि 'वाचाल' का अर्थ होता है 'जो बहुत बोलता हो'।

अतः विकल्प (D) सही है।

43. 'विज्ञ' का विलोम 'अज्ञ' है।

'विज्ञ' का अर्थ होता है 'जानने वाला' और 'अज्ञ' का अर्थ होता है 'न जानने वाला'।

अतः विकल्प (B) सही है।

44. 'ध्वंस' का विलोम 'सर्जन' है।

ध्वंस का अर्थ होता है विनाश करने वाला और सर्जन का अर्थ होता है जन्म देना

अतः विकल्प (A) सही है।

45. अम्बुद शब्द के पर्यायवाची: बादल, मेघ, घन, जलधर, जलद, वारिद, नीरद, पयोद, पयोधर।

इसलिए दिए गए शब्द का पर्यायवाची शब्द 'बादल' है।

अतः विकल्प (A) सही है।

46. पावक', 'कृशानु' तथा 'वैश्वानर' का अर्थ है अग्नि जबकि 'अनिल' का अर्थ है 'वायु'।

अनिल के अन्य पर्यायवाची शब्द हैं 'पवन, वायु, समीर'।

अतः विकल्प (A) सही है।

47. आकाश का पर्यायवाची शब्द 'शून्य' है।

आकाश' के अन्य पर्यायवाची शब्द 'व्योम, गगन, अम्बर, आसमान, अंतरिक्ष, नभ, अभ्र' आदि हैं।

अतः विकल्प (B) सही है।

48. उसका अम्बर फट गया - इस वाक्य में अम्बर का अर्थ 'कपड़ा' है।

अम्बर के अनेकार्थी शब्द - वस्त्र, आकाश, कपास।

कपड़ा के पर्यायवाची शब्द - वस्त्र, वसन, अंबर, पट, चीर, अंशुष्क, आच्छादन, चैल।

अतः विकल्प (B) सही है।

49. 'नाग' शब्द का एक अर्थ होता है - 'हाथी'।

'नाग' शब्द के अन्य अर्थ हैं - 'रांगा, मोथा, पान, बादल आदि।

अतः विकल्प (D) सही है।

50. 'सारंग' के अनेक अर्थ 'भौंरा, कामदेव और तलवार' हैं।

'ज्योतिषी' अर्थात ज्योतिष शास्त्र का विद्वान, दैवज्ञ। इसलिए 'ज्योतिषी' का अर्थ 'सारंग' नहीं है।

अतः विकल्प (D) सही है।

51. बालों में डैंड्रफ होने पर सल्फर युक्त शैम्पू का उपयोग किया जाता है। बालों में जरूरत से ज्यादा शैंपू करने से स्कैल्प ड्राई हो सकते हैं और डैंड्रफ की समस्या बढ़ सकती है जिसके साथ सिर में खुजली और बालों की जड़े कमजोर हो सकती हैं और इससे बाल गिरने लगते हैं। बालों की देखभाल न करने से डैंड्रफ और लिस जैसे रोग हो जाते है। बालों की देखभाल जैसे बालों में सही तरीके से तेल लगाना और समय पर धुलना आदि शामिल है।

अतः विकल्प (D) सही है।

52. खाना खाने के 2 घण्टे के अन्दर ब्रश कर लेना चाहिए। ब्रश करने का समय 2 मिनट का होना चाहिए। 2 मिनट से कम समय तक ब्रश करने से दांतों में जमा प्लाक नहीं हटता। जबकि 2 मिनट से ज्यादा समय तक दांतों को रगड़ते रहने से दांतों का इनैमल खराब हो जाता है। लेकिन खाना खाने के तुरंत बाद यह काम नहीं करें। क्योंकि ऐसा करने से आपके द्वारा खाए गए हाई एसिड वाले फूड्स के कण आपके दांतों के ऊपर जम सकते हैं। इस कारण आपके दांतों को सुरक्षा पहुंचने की जगह उसकी बाहरी कठोर परत इनेमल को नुकसान पहुंच सकता है।

अतः विकल्प (D) सही है।

53. मसूड़ों को स्वस्थ बनाए रखने हेतु भोजन में विटामिन- C होना चाहिए। विटामिन-C हमारे शरीर के लिए बहुत जरूरी तत्व माना जाता है। ये एक एंटीऑक्सीडेंट है जो कनेक्टिव टिश्यूज को बेहतर बनाता है और जोड़ों को सपोर्ट देने का काम करता है। विटामिन- C संतरे, नींबू, पालक, कीवी, आंवला और ब्रोकली आदि में पाया जाता है।

अतः विकल्प (C) सही है।

54. कंजक्टिवाइटिस का सम्बन्ध नेत्र से है। कंजक्टिवाइटिस संक्रमण, एलर्जीस, रसायनों का एक्सपोज़र के कारण होता है। कभी कभी आँखों में धुल जाने से भी इसकी समस्या हो जाती है। हमारी आंखों में एक पारदर्शी पतली झिल्ली, कंजक्टिवा होती है जो हमारी पलकों के अंदरूनी और आंखों की पुतली के सफेद भाग को कवर करती है, इसमें सूजन आने या संक्रमित होने को कंजक्टिवाइटिस या आंख आना कहते हैं।

अतः विकल्प (D) सही है।

55. मासिक धर्म के दौरान सैनेटरी पैड का उपयोग स्वच्छता बनाए रखने हेतु किया जाता है। इसके उपयोग से मासिक धर्म के दौरान होने वाले संक्रमण को रोक सकते हैं। मासिक धर्म के समय स्वच्छता नहीं रखने से जनन अंगों और मूत्र मार्ग से जुड़े फंगल या बैक्टीरियल इंफेक्शन होने का खतरा बढ़ जाता है। त्वचा में खुजली होने से परेशानी होती है और कई बार यह डर्मटाइटिस में बदल जाती है।

अतः विकल्प (B) सही है।

56. जानकारी की आवश्यकता होने पर पहचानने की क्षमता, साथ ही आवश्यक जानकारी को प्रभावी ढंग से खोजने, मूल्यांकन करने और उपयोग करने का कौशल सूचना साक्षरता है। एक सूचना साक्षर नर्स महत्वपूर्ण, प्रासंगिक शोध को पहचान सकती है और यह जान सकती है कि इसे अभ्यास में कैसे लागू किया जाए। अभ्यास को बढ़ाने के लिए अभ्यास डेटाबेस का पता लगाने और सूचना साक्षरता का उपयोग करने का तरीका है।

अतः विकल्प (C) सही है।

57. एएनए आपसे, प्रवेश स्तर की नर्स से अपेक्षा करता है कि आपके पास बेसिक कंप्यूटर साक्षरता, डेटा तक पहुँचने और कंप्यूटर डॉक्यूमेंटेशन करने की क्षमता और स्नातक स्तर पर इंफॉर्मेटिक्स से संबंधित क्लीनिकल प्रोसेसेस के नॉलेज का समर्थन करने के लिए सूचना प्रौद्योगिकी का उपयोग करने की क्षमता हो। इसका उपयोग पर्सनल कंप्यूटर के उपयोग से परिचित होने के लिए

किया जाता है, जिसमें प्रोसेसिंग, स्प्रेडशीट, डेटाबेस प्रजेंटेशन ग्राफिक्स और ईमेल जैसे सॉफ्टवेयर टूल्स का उपयोग शामिल है।

अतः विकल्प (D) सही है।

58. मेडिकल इंफॉर्मेटिक्स:

1. हेल्थकेयर सर्विस डिलीवरी, मैनेजमेंट और प्लानिंग में आईटी आधारित इनोवेशन के डिजाइन, डेवलपमेंट, एडॉप्शन और एप्लीकेशन का इंटरस्किप्लिनरी स्टडी।

2. मुख्य रूप से सूचना प्रौद्योगिकियों पर ध्यान केंद्रित करता है जिसमें पेशेंट केयर और मेडिकल निर्णय लेना शामिल होता है।

3. सभी हेल्थ केयर डिसिप्लिन के साथ-साथ मेडिसिन के अभ्यास के लिए इंफॉर्मेटिक्स का अनुप्रयोग।

अतः विकल्प (C) सही है।

59. कार्पल टनल सिंड्रोम एक स्वास्थ्य जोखिम है जो कंप्यूटर के उपयोग से संबंधित है जिसे सबसे अच्छा प्रलेखित किया गया है। कार्पल टनल सिंड्रोम माध्यिका तंत्रिका पर दबाव है यह कलाई में तंत्रिका है जो हाथ के कुछ हिस्सों को भावना और गति प्रदान करती है। इससे हाथ और उंगलियों में सुन्नता, झुनझुनी, कमजोरी या मांसपेशियों को नुकसान हो सकता है।

अतः विकल्प (C) सही है।

60. एक अस्पताल उन सभी चिकित्सक कार्यलयों के साथ डेटा साझा करने की योजना बना रहा है जो उनकी सुविधाओं का उपयोग करते हैं। एक्स्ट्रानेट एप्रोच आवश्यकताओं को सर्वोत्तम रूप से पूरा करेगा। एक्स्ट्रानेट मूल रूप से एक निजी नेटवर्क है जिसे विशेष रूप से इन व्यक्तियों (ग्राहकों, विक्रेताओं, आपूर्तिकर्ताओं, भागीदारों, आदि) को संगठन और उसके कर्मचारियों के साथ एक बंद डिजिटल कार्यक्षेत्र में संवाद करने की अनुमति देने के लिए डिज़ाइन किया गया है।

अतः विकल्प (A) सही है।

61. सुरक्षा सभी वेबसाइटों के लिए एक महत्वपूर्ण मुद्दा है। स्वास्थ्य-आधारित वेबसाइट की समग्र सुरक्षा की सबसे अच्छी सुरक्षा का उपाय प्रत्येक वेब सर्वर के लिए अलग फायरवॉल का निर्माण करना है। हैकर्स और साइबर-चोरों को संवेदनशील जानकारी तक पहुंचने से रोकने के लिए वेब सुरक्षा महत्वपूर्ण है।

अतः विकल्प (D) सही है।

62. यदि इन लक्ष्यों को प्राप्त किया जाता है तो एक नर्सिंग सूचना सिस्टम को प्रभावी माना जाता है:

- नर्सिंग का समर्थन करता है और प्रैक्टिस को बढ़ाता है।
- पॉपुलेशन्स के स्वास्थ्य में सुधार के लिए।
- एक व्यक्ति सूचना प्रबंधन और संचार का अनुकूलन करके।
- डेटा की व्याख्या और निर्णय लेते समय नर्सों के लिए सूचना और ज्ञान आवश्यक है।

अतः विकल्प (D) सही है।

63. एक लॉंगिट्यूडनल प्रिस्क्रिप्शन रिकॉर्ड प्रदान करके वे इलेक्ट्रॉनिक प्रिस्क्रिप्शन का कम से कम लाभ प्रदान कर सकते हैं। लॉंगिट्यूडनल रिकॉर्ड एक सिंगल कम्प्रेजेंसिव पेशेंट रिकॉर्ड है जिसमें स्वास्थ्य सेवा निरंतरता में कई डेटा स्रोतों से डेटा शामिल है। यह एक सहमति प्रबंधन मॉडल में लिपटे कम्प्रेजेंसिव पेशेंट मैचिंग लॉजिक का उपयोग करके प्रति पेशेंट एक रिकॉर्ड होने के लिए डिज़ाइन किया गया है।

अतः विकल्प (B) सही है।

64. डेटाबेस एक फ़ाइल स्ट्रक्चर है जो एक संगठित तरीके से डेटा के स्टोरेज का सपोर्ट करती है। उदाहरण के लिए, CINAHL दुनिया का मोस्ट कम्प्रेजेंसिव नर्सिंग और अलाइड हेल्थ रीसर्च डेटाबेस CINAHL, CINAHL डेटाबेस में अनुक्रमित सैकड़ों पत्रिकाओं के लिए पूर्ण पाठ प्रदान करता है और इसमें

अधिक संख्या में रिकॉर्ड अतिरिक्त जर्नल रिकॉर्ड 1937 और विस्तारित कंटेंट शामिल हैं।

अतः विकल्प (C) सही है।

65. एक डिजास्टर वह घटना है जो आवश्यक कार्यों को बाधित या अक्षम करती है और चल रहे संचालन के लिए आवश्यक वित्तीय, प्रशासनिक और क्लीनिकल डेटा को मिटाकर किसी संगठन को नष्ट करने की क्षमता रखती है। दूसरे शब्दों में, डिजास्टर इंफॉर्मेटिक्स को आपदाओं की तैयारी, शमन, प्रतिक्रिया या पुनर्प्राप्ति फेसेस में सूचना समस्या को बेहतर ढंग से समझने या हल करने में मदद करनी चाहिए।

अतः विकल्प (A) सही है।

66. मूल्यांकन वस्तुनिष्ठ डेटा पर केंद्रित है व्यवस्थित रूप से एक अनौपचारिक मूल्यांकन आयोजित करने का लाभ नहीं है।

एक अनौपचारिक मूल्यांकन में वस्तुनिष्ठ डेटा सिस्टम एकत्र करना प्राप्त नहीं किया जा सकता है। यह इस बात पर केंद्रित है कि प्राकृतिक कार्य सेटिंग में वास्तव में क्या होता है। अनौपचारिक मूल्यांकन एक कर्मचारी को प्रदर्शन पर अधिक वर्तमान, चल रहे परिप्रेक्ष्य प्रदान करते हैं। यह औपचारिक समीक्षा में सकारात्मक या नकारात्मक आश्रय देने से बचने में मदद करता है, जो आंतरिक संचार के लिए महत्वपूर्ण है। प्रबंधक में बेहतर प्रदर्शन को प्रेरित करने और समस्याओं को जल्दी से दूर करने की क्षमता भी होती है। अनौपचारिक मूल्यांकन का एक दोष यह है कि प्रबंधक औपचारिक समीक्षा की तरह उनके लिए योजना नहीं बनाता है।

अतः विकल्प (C) सही है।

67. एक सलाहकार प्रबंधक लगभग एक सहभागी प्रबंधक की तरह होता है। सहभागी प्रबंधक को अधीनस्थों पर पूरा भरोसा और विश्वास होता है, हमेशा अधीनस्थों के विचारों और विचारों का उपयोग करता है, और सभी दिशाओं में संचार करता है। परामर्शी नेतृत्व एक नेतृत्व शैली है जो टीम निर्माण को लक्षित करती है और योजना बनाने और निर्णय लेने के लिए दूसरों के कौशल का उपयोग करती है। नेता अपने सुझाव और राय प्राप्त करने के लिए अपनी टीम के साथ परामर्श करते हैं ताकि उन्हें सूचित और रणनीतिक निर्णय लेने में मदद मिल सके।

अतः विकल्प (B) सही है।

68. अनुगम का अर्थ है नौकरी और संगठन के लिए एक नए कर्मचारी का परिचय। यह एक कर्मचारी को प्राप्त करने और उसका स्वागत करने की प्रक्रिया है जब वह पहली बार किसी कंपनी में शामिल होता है और उसे बुनियादी जानकारी देता है जिससे उसे जल्दी और खुशी से बसने और काम शुरू करने की आवश्यकता होती है। भर्ती प्रक्रिया में यह चरण कर्मचारियों को रोजगार के लिए सभी दस्तावेजी आवश्यकताओं को जमा करने का समय देता है।

अतः विकल्प (B) सही है।

69. एक क्षैतिज चार्ट में, निम्नतम स्तर का कार्यकर्ता सबसे दाहिने बॉक्स में स्थित होता है।

सबसे बाएं बॉक्स पर उच्चतम अधिकारी का कब्जा है जबकि सबसे निचले स्तर का कार्यकर्ता सबसे दाहिने बॉक्स पर कब्जा करता है। एक क्षैतिज संगठनात्मक संरचना में आमतौर पर दो या तीन परतें होती हैं। इसमें कमांड की कई श्रृंखलाएं नहीं होती हैं।

अतः विकल्प (C) सही है।

70. नर्सों के समूह के साथ रोगियों के समूह की देखभाल प्राथमिक नर्स द्वारा नहीं की जाती है।

यह कार्य टीम नर्सिंग में किया जाता है जहां नर्स एक टीम की सदस्य होती है जो रोगियों के समूह की देखभाल करती है। प्राथमिक देखभाल नर्सिंग तब होती है जब एक एकल नर्स को उसके विशेष अस्पताल में रहने या देखभाल के अन्य एपिसोड के दौरान संपर्क के बिंदु और प्राथमिक देखभालकर्ता के रूप में

पहचाना जाता है। जैसा कि 1969 में मिनेसोटा विश्वविद्यालय में स्टाफ नर्सों द्वारा कल्पना की गई थी, प्राथमिक देखभाल नर्सिंग टीम उस लीड नर्स से बनी होती है, जो सीधे उस रोगी की देखभाल में एक लाइसेंस प्राप्त व्यावहारिक नर्स और/या नर्सिंग सहायक की सगाई की निगरानी करती है।

अतः विकल्प (B) सही है।

71. औसत दर्जे का और पार्श्व और संपार्श्विक स्नायुबंधन घुटने को अगल-बगल से स्थिर करते हैं। औसत दर्जे का संपार्श्विक बंधन (एमसीएल) ऊतक का एक चौड़ा, मोटा बैंड होता है जो घुटने के अंदरूनी हिस्से को जांघ की हड्डी (फीमर) से पिंडली (टिबिया) पर घुटने से लगभग 4 से 6 इंच की दूरी तक चलाता है। घुटने के संपार्श्विक स्नायुबंधन आपके घुटने के जोड़ के बाहरी भाग पर स्थित होते हैं। वे आपके घुटने के जोड़ के आसपास, आपके ऊपरी और निचले पैर की हड्डियों को जोड़ने में मदद करते हैं।

अतः विकल्प (C) सही है।

72. मीडियल का मेनिस्कस घुटने के अंदर स्थित होता है। घुटने के जोड़ के मेनिसिस फाइब्रोकार्टिलेज के अर्धचंद्राकार वेज होते हैं जो फेमोरोटिबियल आर्टिक्युलेशन को स्थिरता प्रदान करते हैं, अक्षीय भार वितरित करते हैं, सदमे को अवशोषित करते हैं, और घुटने के जोड़ को स्नेहन प्रदान करते हैं। मेनिसिक की चोटों को महत्वपूर्ण मस्कुलोस्केलेटल रुग्णता के कारण के रूप में पहचाना जाता है।

अतः विकल्प (A) सही है।

73. पेरिटोनिटिस वाले रोगी में पेट के आकलन पर, आप पलटाव कोमलता और रखवाली (रक्षा) खोजने की उम्मीद करेंगे। पेरिटोनिटिस के पहले लक्षण आम तौर पर खराब भूख और मतली और एक सुस्त पेट दर्द होता है जो जल्दी से लगातार, गंभीर पेट दर्द में बदल जाता है, जो किसी भी आंदोलन से खराब हो जाता है।

अतः विकल्प (B) सही है।

74. फ्लुओक्सेटीन के साथ उपचार के बाद, अवसाद के लिए एक चयनात्मक सेरोटोनिन रीपटेक अवरोधक, मैरी शायद ही सोती है, अतिसक्रिय है, आसानी से विचलित होती है, और उत्साहित दिखाई देती है। आप उसके चिकित्सक से मूड स्टेबलाइजर शुरू करने की अपेक्षा करेंगे। फ्लुओक्सेटीन एक प्रकार का एंटीडिप्रेसेंट है जिसे SSRI (सेलेक्टिव सेरोटोनिन रीपटेक इनहिबिटर) के रूप में जाना जाता है। इसका उपयोग अक्सर अवसाद, और कभी-कभी जुनूनी बाध्यकारी विकार और बुलिमिया के इलाज के लिए किया जाता है। फ्लुओक्सेटीन कई लोगों को अवसाद से उबरने में मदद करता है, और पुराने एंटीडिपेटेंट्स की तुलना में इसका अवांछित प्रभाव कम होता है।

अतः विकल्प (B) सही है।

75. वृषण कैंसर के जोखिम वाले रोगी के लिए निर्देश में शामिल है कि मूत्र के रंग में परिवर्तन अपेक्षित है। वृषण कैंसर अंडकोष (वृषण) में होता है, जो अंडकोश के अंदर स्थित होता है, लिंग के नीचे त्वचा का एक ढीला बैग। वृषण कैंसर बहुत इलाज योग्य है। जबकि कैंसर का निदान हमेशा गंभीर होता है, टेस्टिकुलर कैंसर के बारे में अच्छी खबर यह है कि 95% मामलों में इसका सफलतापूर्वक इलाज किया जाता है। यदि जल्दी इलाज किया जाए, तो ठीक होने की दर बढ़कर 98% हो जाती है।

अतः विकल्प (D) सही है।

76. पोस्टऑपरेटिव रोगी के पैर में सेल्युलाइटिस विकसित होता है। नर्सिंग उपचार में उसके दोनों पैरों को जितना संभव हो उतना ऊंचा रखना शामिल होगा। सेलुलाइटिस एक आम और गंभीर बैक्टीरियल इन्फेक्शन होता है। सेलुलाइटिस में त्वचा में सूजन व लालिमा आ जाती है, जो छूने पर गर्म लगती है और उसमें छूने पर दर्द भी महसूस होता है। सेलुलाइटिस में आमतौर पर टांगों के निचले हिस्से की त्वचा अधिक प्रभावित होती है, हालांकि यह चेहरे पर या शरीर के किसी भी हिस्से पर हो सकता है। सेलुलाइटिस आमतौर पर त्वचा की ऊपरी परत को प्रभावित करता है। कुछ गंभीर मामलों में यह आपकी त्वचा के अंदर के ऊतकों को भी प्रभावित कर सकता है और आपकी लिम्फ नोड्स व रक्त प्रवाह में फैल सकता है।

अतः विकल्प (A) सही है।

77. एलोपेसिया में बाल झड़ते है। एलोपेसिया की समस्या अनुवांशिक स्थिति की वजह से भी होती है और इसे ऑटोइम्यून डिसीस में वर्गीकृत किया गया है। एलोपेसिया में बाल सिर की त्वचा पर जगह-जगह से झड़ने लगते है, आमतौर पर जब बाल झड़ते हैं तो सिर की त्वचा पर गोल आकार के पैचेस पड़ने लगते हैं। एलोपेसिया का निदान आमतौर पर डर्मेटोलॉजिस्ट द्वारा होता है।

अतः विकल्प (C) सही है।

78. सर्जिकल टीम की होल्डिंग एरिया नर्स ऑपरेटिंग रूम में स्क्रब नहीं करती है। रोगी के इस क्षेत्र में रहने के दौरान होल्डिंग एरिया नर्स देखभाल का समन्वय और प्रबंधन करती है। जिम्मेदारियों में आगमन पर रोगी का अभिवादन करना, मेडिकल रिकॉर्ड और प्रीऑपरेटिव चेकलिस्ट की समीक्षा करना, यह सत्यापित करना कि ऑपरेटिव सहमति फॉर्म पर हस्ताक्षर किए गए हैं, और जोखिम मूल्यांकन का दस्तावेजीकरण करना शामिल है।

अतः विकल्प (D) सही है।

79. पुनर्मूल्यांकन और लेखा परीक्षा मुख्य रूप से नर्सिंग प्रक्रिया के मूल्यांकन चरण के दौरान होती है। नर्सिंग प्रक्रिया का अंतिम चरण मूल्यांकन चरण है। यह देखने के लिए हस्तक्षेपों के बाद होता है कि क्या लक्ष्यों को पूरा किया गया है। नियोजित सामान्य विधि एक मूल्यांकन फॉर्म को पूरा करना है जिसे नर्स प्रत्येक हस्तक्षेप या उपचार के लिए भरती है।

अतः विकल्प (D) सही है।

80. प्रत्येक शरीर प्रणाली का मूल्यांकन निरीक्षण से शुरू होता है। यह सबसे अधिक इस्तेमाल की जाने वाली तकनीक है और यह किसी भी अन्य तकनीक की तुलना में अधिक प्रकट कर सकती है। निरीक्षण वृश्य परीक्षा है, अर्थात दृष्टि की भावना का उपयोग करके मूल्यांकन करना। शरीर की सतहों की नमी, रंग और बनावट के साथ-साथ शरीर के आकार, स्थिति, आकार, रंग और समरूपता का आकलन करने के लिए नर्सें अक्सर वृश्य निरीक्षण का उपयोग करती हैं।

आपके शारीरिक मूल्यांकन की अन्य तकनीकें हैं:

- पैल्पेशन
- श्रवण
- टकराव

अतः विकल्प (C) सही है।

81. 21-24 वर्ष की आयु की महिलाओं में अनिधारित महत्व (एएससी-यूएस) या निम्न-श्रेणी के इंट्राएपीथेलियल घाव (एलएसआईएल) के एटिपिकल स्क्वैमस कोशिकाओं का उचित प्रबंधन 1 वर्ष में दोहराना साइटोलॉजी है।

21-24 वर्ष की आयु की महिलाओं में एएससी-यूएस या एलएसआईएल का प्रबंधन एक वर्ष में रिपीट साइटोलॉजी द्वारा किया जाना चाहिए।

साइटोलॉजी एकल कोशिका प्रकार की परीक्षा है, जैसा कि अक्सर द्रव नमूनों में पाया जाता है। इसका उपयोग मुख्य रूप से कैंसर के निदान या जांच के लिए किया जाता है। इसका उपयोग भ्रूण की असामान्यताओं के लिए, पैप स्मीयर के लिए, संक्रामक जीवों के निदान के लिए, और अन्य स्क्रीनिंग और नैदानिक क्षेत्रों में भी किया जाता है।

अतः विकल्प (C) सही है।

82. एक्टोपिक गर्भावस्था के सबसे आम लक्षण मध्यम से गंभीर पेट दर्द और योनि से खून बहना है।

पेट दर्द दर्द है जो छाती और श्रोणि क्षेत्रों के बीच होता है। पेट में दर्द ऐंठन, दर्द, सुस्त, रुक-रुक कर या तेज हो सकता है।

योनि से रक्तस्राव के ऐसे कारण हो सकते हैं जो अंतर्निहित बीमारी की वजह से नहीं हों. उदाहरणों में मासिक धर्म, शरीर में वस्तुएं (जैसे आईयूडी), दवा के दुष्प्रभाव या प्रसव शामिल हैं।

अत: विकल्प (B) सही है।

83. प्रुरिटिक अर्टिकेरियल पैपुल्स और प्लाक ऑफ प्रेग्नेंसी (PUPPP) उसकी स्थिति का वर्णन कर सकते हैं।

उसके दाने का सबसे संभावित कारण प्रुरिटिक अर्टिकेरियल पैपुल्स और प्लाक ऑफ प्रेग्नेंसी (PUPPP) है, यह एक ऐसी स्थिति है जो हर 200 गर्भधारण में से लगभग 1 को प्रभावित करती है। जबकि उसे एलर्जी की प्रतिक्रिया हो सकती है (डर्मेटाइटिस हर्पेटिफोर्मिस या पित्ती) या एक भड़काऊ विस्फोट जैसे कि हीट रैश, गर्भावस्था से पहले उनकी अनुपस्थिति और उसके आहार या जीवन शैली में किसी भी महत्वपूर्ण बदलाव की अनुपस्थिति के कारण इसकी संभावना कम होती है।

अत: विकल्प (D) सही है।

84. सामान्य गर्भावस्था के दौरान ग्लोमेरुलर निस्पंदन दर (जीएफआर) 50% बढ़ जाती है।

औसत सामान्य गर्भावस्था में, जीएफआर 50% से ऊपर बढ़ जाता है। यह रक्त प्लाज्मा की मात्रा में कुल 50% वृद्धि के साथ संबंध रखता है।

अत: विकल्प (B) सही है।

85. प्लेसेंटा प्रीविया शब्द का वर्णन करता है कि प्लेसेंटा के सभी या हिस्से को भ्रूण और गर्भाशय ग्रीवा के बीच स्थित किया जाता है।

प्लेसेंटा प्रिविया में, प्लेसेंटा इस तरह विकसित होता है कि इसका पूरा या कुछ हिस्सा गर्भाशय के निचले एक-तिहाई हिस्से में स्थित होता है, इसे भ्रूण और गर्भाशय ग्रीवा के बीच रखता है। इससे प्लेसेंटा फट सकता है और खून बह सकता है। तीसरी तिमाही में (आमतौर पर सप्ताह 32 के बाद) दर्द रहित योनि से रक्तस्राव सबसे आम लक्षण है।

अत: विकल्प (A) सही है।

86. तत्काल कार्रवाई महत्वपूर्ण है। इसलिए, कम चीनी प्रदान करने से अस्थायी रूप से निम्न सीरम ग्लूकोज स्तर ठीक हो जाता है। साधारण चीनी को प्राथमिकता दी जाती है क्योंकि यह जटिल चीनी की तुलना में अधिक तेजी से ग्लूकोज में परिवर्तित होती है। हाइपरग्लेसेमिया वाले बच्चे को निर्जलीकरण को रोकने के लिए तरल पदार्थ की आवश्यकता होती है। मरीजों को सलाह दी जानी चाहिए कि वे एक मेडिकल अलर्ट ब्रेसलेट पहनें और लक्षण उत्पन्न होने पर अपने व्यक्ति पर जेल, कैंडी, या टैबलेट जैसे ग्लूकोज स्रोत ले जाएं।

अत: विकल्प (A) सही है।

87. इंसुलिन इंजेक्शन से संक्रमण का जोखिम नगण्य है (कम से कम सामान्य वातावरण में - कुछ विशेषज्ञों का मानना है कि अस्पताल का वातावरण जोखिम भरा है), और पहली जगह में त्वचा को साफ करने के लिए अल्कोहल स्वाब एक खराब तरीका है। साबुन और गर्म पानी वास्तव में अधिक प्रभावी होते हैं।

अत: विकल्प (D) सही है।

88. पर्याप्त परिसंचरण और तंत्रिका संबंधी कार्य सुनिश्चित करने और जटिलताओं या चोट को रोकने के लिए एक नए सिरे से लागू कास्ट के मूल्यांकन में एक न्यूरोवास्कुलर मूल्यांकन की हमेशा प्राथमिकता होती है। स्थिति के आधार पर पहले 24 घंटों के लिए प्रति घंटा और फिर अगले 48 घंटों के लिए 2 – 4 घंटे के लिए न्यूरोवास्कुलर अवलोकन आयोजित तथा उपयुक्त अंग अवलोकन फ्लोशीट पर दस्तावेज़ निष्कर्ष किए जाने चाहिए।

अत: विकल्प (B) सही है।

89. ज्यादातर मामलों में, बच्चे के घायल पैर पर चलना शुरू करने से पहले तीन से छह सप्ताह का प्रारंभिक उपचार आवश्यक है। जब हड्डी पूरी तरह से ठीक हो जाती है, आमतौर पर चोट लगने के लगभग एक साल बाद, बच्चा नाखून निकालने के लिए अस्पताल लौटता है। उपचार के बाद, ऑर्थोपेडिक सर्जन कई वर्षों तक रोगी की निगरानी करना जारी रखता है ताकि यह सुनिश्चित हो सके कि अंगों की लंबाई में कोई विसंगति नहीं है।

अत: विकल्प (C) सही है।

90. डिस्चार्ज से पहले मां को हार्नेस को हटाने और फिर से लगाने से नर्स को सीधे मां की विधि और आराम के स्तर का निरीक्षण करने की अनुमति मिलती है। यह जरूरत पड़ने पर पुनर्निर्माण के लिए भी समय प्रदान करता है। एक सफल संक्रमण इस बात पर भी निर्भर करता है कि क्या अस्पतालों ने रोगियों को निदान और अनुवर्ती योजनाओं जैसे देखभाल के प्रमुख तत्वों के बारे में पर्याप्त रूप से शिक्षित किया है।

अत: विकल्प (B) सही है।

91. फाउलर की स्थिति में रोगी की सहायता करना नर्स की प्राथमिकता है।

देखभाल वितरण के लिए वायुमार्ग, श्वास, परिसंचरण दृष्टिकोण का उपयोग करते समय नर्स को प्राथमिक कार्रवाई करनी चाहिए ताकि रोगी की सांस की तकलीफ को दूर किया जा सके। फाउलर की स्थिति अधिकतम लंबे विस्तार की सुविधा प्रदान करती है और इस प्रकार श्वास को अनुकूलित करती है। इस स्थिति में ग्राहक के साथ, नर्स रोगी की सांस की तकलीफ के कारण का बेहतर आकलन और निर्धारण कर सकती है।

अत: विकल्प (B) सही है।

92. जब कोई रोगी भोजन पर घुट रहा होता है, तो पहला हस्तक्षेप यह निर्धारित करना होता है कि क्या व्यक्ति कोई मौखिक आवाज़ कर सकता है क्योंकि अगला हस्तक्षेप इस बात पर निर्भर करेगा कि यह आंशिक या पूर्ण वायुमार्ग बाधा है या नहीं। आंशिक वायुमार्ग बाधा के साथ, व्यक्ति आवाज करने में सक्षम होगा क्योंकि कुछ हवा फेफड़ों से मुखर रस्सियों के माध्यम से गुजर सकती है। इस स्थिति में, व्यक्ति के स्वयं के प्रयासों से गले और खाँसी के कोष्ठक खुलते हैं) को वायुमार्ग को साफ करने की अनुमति दी जानी चाहिए। कुल वायुमार्ग अवरोध के साथ, व्यक्ति आवाज नहीं कर पाएगा क्योंकि वायुमार्ग अवरुद्ध है और नर्स को तुरंत पेट में जोर लगाने की चाल (हेइमलिच पैंतरेबाज़ी) शुरू करनी चाहिए।

अत: विकल्प (B) सही है।

93. श्वसन की मात्रा बढ़ाई जाएगी यह रोगी परिणाम इस निष्कर्ष का समर्थन करेगा कि प्रोत्साहन स्पाइरोमीटर का उपयोग प्रभावी था।

प्रोत्साहन स्पिरोमेट्री का उद्देश्य एक निरंतर धीमी गहरी सांस की सुविधा प्रदान करना है। प्रोत्साहन स्पिरोमेट्री को रोगियों को धीमी, गहरी सांस लेने के लिए प्रोत्साहित करके प्राकृतिक उच्छास की नकल करने के लिए डिज़ाइन किया गया है। प्रोत्साहन स्पिरोमेट्री उन उपकरणों का उपयोग करके किया जाता है जो रोगियों को दृश्य संकेत प्रदान करते हैं कि वांछित प्रवाह या मात्रा प्राप्त की गई है। प्रोत्साहन स्पिरोमेट्री के आधार में रोगी को निरंतर, अधिकतम प्रेरणा लेना शामिल है।

अत: विकल्प (B) सही है।

94. दोपहर के भोजन से पहले पर्कूशन और पोस्टुरल ड्रेनेज किया जाना चाहिए यह रोगी की देखभाल की योजना बनाने का एक महत्वपूर्ण पहलू है।

पोस्टुरल ड्रेनेज के परिणामस्वरूप बड़ी मात्रा में बलगम निकलता है। रोगी कभी-कभी स्राव का हिस्सा निगल लेते हैं। स्राव भी मौखिक गुहा में एक अप्रिय स्वाद पैदा कर सकता है, जिसके परिणामस्वरूप मतली / उल्टी हो सकती है। क्लाइंट की परेशानी को कम करने के लिए यह प्रक्रिया खाली पेट की जानी चाहिए।

अत: विकल्प (A) सही है।

95. नर्स ऑर्थोपनिया शब्द का दस्तावेजीकरण करती है ताकि लेटते समय सांस की तकलीफ का अनुभव करने वाले ग्राहक का सबसे अच्छा वर्णन किया जा सके, जिसे अधिक आराम से और प्रभावी ढंग से सांस लेने के लिए एक सीधी या बैठने की स्थिति माननी चाहिए।

अन्य शारीरिक परिवर्तनों के बिना एक लेटने की स्थिति से संबंधित श्वसन कठिनाई को ऑर्थोपनी के रूप में परिभाषित किया गया है। ऑर्थोपनिया लेटा हुआ स्थिति में सांस फूलने की अनुभूति है, बैठने या खड़े होने से राहत मिलती है। लेटने के दौरान फुफ्फुसीय भीड़ के कारण ऑर्थोपनीया होता है। क्षैतिज स्थिति में, निचले छोरों और स्लेनचेनिक बेड से फेफड़ों तक रक्त की मात्रा का पुनर्वितरण होता है।

अत: विकल्प (C) सही है।

96. नर्स द्वारा सबसे उपयुक्त कार्रवाई ट्यूब को पानी की सील से फिर से जोड़ना है।

जितनी जल्दी हो सके ट्यूब को पानी की सील से फिर से जोड़ा जाना चाहिए। रोगी को बिस्तर पर वापस लाने में सहायता करना और रोगी के फेफड़ों का आकलन करना सिस्टम के फिर से जुड़ने के बाद संभावित क्रियाएं हैं। या ट्यूब के सिरे को बाँझ पानी की बोतल में रखें, जिससे पानी की सील बन जाए। रोगी को सुरक्षित रूप से बिस्तर पर लौटाते समय एक नए बाँझ छाती-ड्रेनेज संग्रह उपकरण तैयार करने के लिए एक सहयोगी को निर्देश दें, या एक नया बाँझ कनेक्टर पुनर्प्राप्त करें। श्वसन में गिरावट के लक्षणों और लक्षणों के लिए रोगी का निरीक्षण करें। फिर चेस्ट ट्यूब को नए ड्रेन से फिर से कनेक्ट करें और इसे खोल दें।

अत: विकल्प (B) सही है।

97. सक्शन लगाते समय कैथेटर को घुमाएं नर्स द्वारा यह क्रिया उचित नासोफेरीजल/नासोट्रेचियल सक्शन तकनीक का प्रतिनिधित्व करती है।

कैथेटर को घुमाने से ऊतक को कैथेटर की नोक और किनारे पर खुलने से रोकता है। सक्शन का उपयोग उन रोगियों में बनाए रखा या अत्यधिक निचले श्वसन पथ के स्राव को साफ करने के लिए किया जाता है जो अपने लिए ऐसा प्रभावी ढंग से करने में असमर्थ हैं। यह एक कृत्रिम वायुमार्ग की उपस्थिति के कारण हो सकता है, जैसे कि एंडोट्रैचियल या ट्रेकोस्टॉमी ट्यूब, या उन रोगियों में जिन्हें अत्यधिक बेहोश करने की क्रिया या न्यूरोलॉजिकल भागीदारी जैसे कई कारणों से खराब खांसी होती है।

अत: विकल्प (C) सही है।

98. इस रोगी की जरूरतों को पूरा करने की योजना बनाते समय बिस्तर के पास एक बेडसाइड कमोड की स्थिति में यह नर्सिंग हस्तक्षेप प्राथमिकता है।

कमोड के उपयोग के लिए बेडपैन का उपयोग करने की तुलना में कम ऊर्जा की आवश्यकता होती है और यह बाथरूम तक चलने की तुलना में अधिक सुरक्षित है। कमोड पर बैठने से मूत्राशय को पूरी तरह से खाली करने के लिए गुरुत्वाकर्षण का उपयोग होता है और इस प्रकार मूत्र ठहराव को रोकता है। रात में पेशाब करने के लिए नियमित रूप से रात में उठने की आवश्यकता के रूप में निक्टुरिया को परिभाषित किया गया है। निशाचर शून्य के रूप में गिनने के लिए नींद की अवधि मूत्र प्रकरण से पहले और बाद में होनी चाहिए। इसका मतलब है कि निशाचर एपिसोड का निर्धारण करते समय पहली सुबह के शून्य पर विचार नहीं किया जाता है। बेडसाइड कमोड या यूरिनल का उपयोग रात की आवृत्ति नहीं तो परेशानी को कम कर सकता है और गिरने के जोखिम को कम कर सकता है। गिरने के जोखिम को और कम करने के लिए बिस्तर और निकटतम कमोड के बीच किसी भी बाधा, ढीले आसनों या फर्नीचर को हटा दें। बाथरूम के रास्ते को रोशन करने में मदद करने के लिए रात की रोशनी का उपयोग करने पर विचार करें।

अत: विकल्प (C) सही है।

99. एक नर्स ने पहचाना है कि रोगी को अतिप्रवाह असंयम है। प्रोस्टेट इज़ाफ़ा एक प्रमुख कारक है जो इस नैदानिक अभिव्यक्ति में योगदान देता है।

एक बढ़ी हुई प्रोस्टेट मूत्रमार्ग को संकुचित करती है और मूत्र के बहिर्वाह में हस्तक्षेप करती है, जिसके परिणामस्वरूप मूत्र प्रतिधारण होता है। मूत्र प्रतिधारण के साथ, मूत्राशय के भीतर दबाव तब तक बनता है जब तक बाहरी मूत्रमार्ग दबानेवाला यंत्र अस्थायी रूप से खुल जाता है जिससे मूत्र की एक छोटी मात्रा ($25-60$ mL) बच जाती है (अतिप्रवाह असंयम)। जो पुरुष अपने मूत्राशय को पूरी तरह से खाली करने में असमर्थ होते हैं और अप्रत्याशित मूत्र रिसाव का अनुभव करते हैं, उन्हें अतिप्रवाह असंयम कहा जाता है।

अत: विकल्प (C) सही है।

100. कॉक पाउच यूरिनरी डायवर्सन वाले क्लाइंट के लिए नर्स को रोगी के क्लीन इंटरमिटेंट सेल्फ कैथीटेराइजेशन (CISC) के प्रदर्शन का आकलन करने की आवश्यकता होगी।

कोक पाउच में, त्वचा की सतह से बाहर निकलने पर एक वाल्व तंत्र के साथ टर्मिनल इलियम से एक थैली या जलाशय का निर्माण किया जाता है। यह तरल आंत्र सामग्री को एक विस्तार योग्य कंटेनर में संग्रहीत करने की अनुमति देता है जिसमें मल या गैस का रिसाव नहीं होता है और इसलिए त्वचा की कोई समस्या नहीं होती है। इलियोस्टॉमी के माध्यम से अनैच्छिक शोर और फ्लैटस की गंध से उपकरणों या बैग की कोई शर्मिंदगी की आवश्यकता नहीं है। रंध्र फ्लश और बिकनी लाइन के भीतर बनाया जाता है। रोगी थैली को दिन में औसतन तीन बार कैथीटेराइज करता है।

अतः विकल्प (B) सही है।

101. संचारी रोगों का प्रभाव आपदा के तुरंत बाद हो सकता है, लेकिन आमतौर पर घटना के कुछ सप्ताह बाद विस्थापन, उपयोगिताओं में व्यवधान और स्वास्थ्य सेवाओं तक पहुंच, और खाद्य आपूर्ति में सीमित विकल्प और बुनियादी जरूरतों तक सीमित पहुंच के कारण होता है। मलेरिया, रेबीज, डेंगू, प्लेग और त्वचीय लीशमैनियासिस कुछ ऐसे वेक्टर जनित रोग हैं जो भूकंप के बाद सामान्यतया होते हैं।

अतः विकल्प (D) सही है।

102. सभी सामुदायिक स्वास्थ्य परिचर्या की विशेषताएं हैं। सामुदायिक नर्सिंग की छह महत्वपूर्ण विशेषताएं हैं:

- यह नर्सिंग का एक विशेष क्षेत्र है।
- इसका अभ्यास सार्वजनिक स्वास्थ्य को नर्सिंग के साथ जोड़ता है।
- यह जनसंख्या आधारित है।
- यह स्वास्थ्य और बीमारी या बीमारी से बचाव पर जोर देता है।
- इसमें अंतःविषय सहयोग शामिल है।
- यह व्यक्ति की आत्म-देखभाल की जिम्मेदारी को बढ़ाता है।

अतः विकल्प (D) सही है।

103. ICDS टीम में आंगनवाड़ी कार्यकर्ता, आंगनवाड़ी सहायिका, पर्यवेक्षक, बाल विकास परियोजना अधिकारी (CDPO) और जिला कार्यक्रम अधिकारी (DPO) शामिल हैं। आंगनवाड़ी कार्यकर्ता, स्थानीय समुदाय से चुनी गई एक महिला, आईसीडीएस कार्यक्रम की एक समुदाय आधारित अग्रिम पंक्ति की मानद कार्यकर्ता है।

अतः विकल्प (D) सही है।

104. राष्ट्रीय स्वास्थ्य मिशन (एनएचएम) के तहत, एक सामान्य प्राथमिक स्वास्थ्य केंद्र में पहाड़ी, आदिवासी या दुर्गम क्षेत्रों में 20,000 की आबादी और मैदानी इलाकों में 30,000 आबादी 4-6 इनडोर / अवलोकन बिस्तरों के साथ शामिल है। प्राथमिक स्वास्थ्य देखभाल केंद्रों का उद्देश्य चिकित्सा देखभाल, परिवार नियोजन सहित मातृ-शिशु स्वास्थ्य, सुरक्षित जल आपूर्ति और बुनियादी स्वच्छता, स्थानीय स्थानिक रोगों की रोकथाम और नियंत्रण है।

अतः विकल्प (C) सही है।

105. भारत में राष्ट्रीय कुष्ठ नियंत्रण कार्यक्रम 1955 में शुरू किया गया था।

राष्ट्रीय कुष्ठ उन्मूलन कार्यक्रम स्वास्थ्य और परिवार कल्याण मंत्रालय, भारत सरकार की एक केंद्र प्रायोजित स्वास्थ्य योजना है। राष्ट्रीय कुष्ठ नियंत्रण कार्यक्रम (एनएलसीपी) देश में कुष्ठ रोग के बोझ को कम करने और कुष्ठ मुक्त देश बनाने के अपने मिशन को प्राप्त करने के लिए निजी और सार्वजनिक भागीदारी के साथ देश में कुष्ठ रोग को नियंत्रित करने के लिए एक बहु-एजेंसी प्रयास है।

अतः विकल्प (A) सही है।

106. सूचीबद्ध लक्षण ओपिओइड निकासी के लिए विशिष्ट हैं। डायग्नोस्टिक एंड स्टैटिस्टिकल मैनुअल ऑफ मेंटल डिसऑर्डर (DSM- 5) मानदंड के अनुसार, ओपिओइड निकासी के संकेतों और लक्षणों में लैक्रिमेशन या राइनोरिया, पाइलोएक्शन "हंस मांस," मायलगिया, डायरिया, मतली / उल्टी, प्यूपिलरी फैलाव और फोटोफोबिया शामिल हैं। अनिद्रा, स्वायत्त अतिसक्रियता (टैचीपनिया, हाइपररिफ्लेक्सिया, टैचीकार्डिया, पसीना, उच्च रक्तचाप, अतिताप), और जम्हाई।

ओपिओइड निकासी सिंड्रोम एक जीवन-धमकाने वाली स्थिति है जो ओपिओइड निर्भरता के परिणामस्वरूप होती है। ओपिओइड दवाओं का एक समूह है जिसका उपयोग गंभीर दर्द के प्रबंधन के लिए किया जाता है। वे आमतौर पर दुनिया भर में मनो-सक्रिय पदार्थों के रूप में भी उपयोग किए जाते हैं।

अतः विकल्प (D) सही है।

107. नर्स जानती है कि रोगी का व्यवहार सबसे अधिक संभावना प्रतिगमन रक्षा तंत्र के उपयोग का प्रतिनिधित्व करता है।

एक वयस्क जो गुस्से में नखरे करता है, जैसे कि यह एक, प्रतिगामी व्यवहार, या व्यवहार प्रदर्शित कर रहा है जो कम उम्र में उपयुक्त है। प्रतिगमन एक रक्षा तंत्र है जिसमें लोग पहले के विकास के चरण में लौटते प्रतीत होते हैं। चिंता को कम करने और मनोवैज्ञानिक रूप से सुरक्षित महसूस करने की इच्छा से प्रतिगमन उत्पन्न हो सकता है।

अतः विकल्प (A) सही है।

108. सबसे अच्छा संकेतक है कि व्यवहार को नियंत्रित किया जाता है यदि रोगी संयम के आंशिक रिलीज के बाद आक्रामकता का कोई संकेत नहीं दिखाता है। जब रोगी को अब अपने या दूसरों के लिए कोई खतरा नहीं है, तो प्रतिबंधों को तुरंत हटा दिया जाना चाहिए। व्यावसायिक सुरक्षा और स्वास्थ्य प्रशासन (ओएसएचए) ने कहा कि कार्यस्थल पर 70% वार्षिक हमले स्वास्थ्य सेवा और सामाजिक सेवा क्षेत्रों में होते हैं। जैसा कि राष्ट्रीय अपराध पीड़ित सर्वेक्षण में बताया गया है, स्वास्थ्य कर्मियों को अन्य श्रमिकों की तुलना में कार्यस्थल पर पीड़ित होने की 20% अधिक संभावना का सामना करना पड़ता है।

अतः विकल्प (C) सही है।

109. किट्टी, एक 9 साल के बच्चे के पास बहुत सीमित शब्दावली और बातचीत कौशल है। उसका IQ 45 है। उसे मध्यम वर्गीकरण की मानसिक मंदता का निदान किया गया है।

मध्यम मानसिक मंदता वाले बच्चे का IQ 35- 50 होता है। मानसिक विकारों के नैदानिक और सांख्यिकीय मैनुअल, पांचवें संस्करण (DSM- 5) के अनुसार, बौद्धिक अक्षमता के निदान के लिए बौद्धिक कार्य में कमी, अनुकूली कार्य में कमी और 18 की उम्र से पहले शुरुआत की आवश्यकता होती है। व्यक्तियों के बौद्धिक कार्य का आकलन करने के लिए IQ परीक्षण का व्यापक रूप से उपयोग किया जाता है। आईक्यू टेस्ट स्टैनफोर्ड-बिनेट इंटेलिजेंस स्केल से निकला है, जिसका इस्तेमाल फ्रांस में स्कूल प्लेसमेंट के लिए किया जाता है।

अतः विकल्प (C) सही है।

110. ऑटिस्टिक डिसऑर्डर से पीड़ित बच्चा बदलाव नहीं चाहता है। एक सुसंगत वातावरण बनाए रखना चिकित्सीय है। ऑटिज्म स्पेक्ट्रम डिसऑर्डर (एएसडी) तेजी से बढ़ती अक्षमताओं का एक समूह है। उन्हें व्यवहार, रुचियों या गतिविधियों के दोहराव वाले पैटर्न, सामाजिक बातचीत में समस्याओं की विशेषता है। ये बच्चे व्यथित हो जाते हैं जब उनके आसपास का वातावरण बदल जाता है क्योंकि उनकी अनुकूली क्षमताएँ न्यूनतम होती हैं। लक्षण बचपन से ही मौजूद होते हैं और दैनिक कामकाज को प्रभावित करते हैं।

अतः विकल्प (D) सही है।

111. क्लौस्ट्रोफ़ोबिया बंद जगह का डर है। क्लौस्ट्रोफ़ोबिया एक प्रकार का विशिष्ट फ़ोबिया है, जहाँ व्यक्ति को बंद स्थानों का भय होता है। बंद स्थानों के उदाहरण इंजन रूम, एमआरआई मशीन, लिफ्ट आदि हैं। विशिष्ट फोबिया वाले लोग आमतौर पर उस विशेष वस्तु या स्थिति के बारे में परिहार व्यवहार की रिपोर्ट करेंगे जो उनके डर को ट्रिगर करती है।

भय को फ़ोबिक परिदृश्य में नुकसान, घृणा या शारीरिक लक्षणों के अनुभव के खतरे के रूप में व्यक्त किया जा सकता है। शारीरिक लक्षणों में सांस लेने में कठिनाई, कांपना, पसीना आना, क्षिप्रहृदयता, शुष्क मुँह और सीने में दर्द शामिल हैं, लेकिन इन्हीं तक सीमित नहीं हैं। भावनात्मक लक्षणों में अत्यधिक चिंता या भय महसूस करना, नियंत्रण खोने का डर, स्थिति को छोड़ने की तीव्र आवश्यकता महसूस करना, भय को तर्कहीन समझना, लेकिन इसे दूर करने में असमर्थता शामिल हैं, लेकिन इन्हीं तक सीमित नहीं हैं।

अतः विकल्प (C) सही है।

112. नर्स एक प्रति-स्थानांतरण प्रतिक्रिया विकसित करती है। यह रोगी को व्यक्तिगत जानकारी का खुलासा द्वारा प्रमाणित है।

प्रति-स्थानांतरण रोगी पर उसकी अचेतन आवश्यकताओं और संघर्षों के आधार पर नर्स की भावनात्मक प्रतिक्रिया है। प्रति-स्थानांतरण को एक रोगी के प्रति मनोचिकित्सक की भावनाओं के पुनर्निर्देशन के रूप में परिभाषित किया जाता है, या अधिक सामान्यतः एक रोगी के साथ चिकित्सक के भावनात्मक उलझाव के रूप में।

जिस तरह स्थानांतरण एक रोगी की अवधारणा है जो चिकित्सक पर दूसरों के लिए भावनाओं को पुनर्निर्देशित करता है, प्रतिसंक्रमण एक रोगी के स्थानांतरण की प्रतिक्रिया है, जिसमें परामर्शदाता रोगी पर अनजाने में अपनी भावनाओं को प्रोजेक्ट करता है। चिकित्सा में प्रतिसंक्रमण का उपयोग कैसे किया जाता है, यह या तो सहायक या समस्याग्रस्त बना सकता है।

अतः विकल्प (A) सही है।

113. एक दुभाषिया नर्स को रोगी की समस्याओं और चिंताओं का बेहतर आकलन करने में सक्षम बनाएगा। भाषा की बाधाएं चिकित्सा पेशेवरों और रोगियों के बीच उच्च स्तर की संतुष्टि प्राप्त करने, उच्च गुणवत्ता वाली स्वास्थ्य सेवा प्रदान करने और रोगी सुरक्षा बनाए रखने के मामले में चुनौतियां पेश करती हैं। इन चुनौतियों का समाधान करने के लिए, कई बड़े स्वास्थ्य संस्थान स्वास्थ्य देखभाल, रोगी संतुष्टि और संचार में सुधार के लिए दुभाषिया सेवाएं प्रदान करते हैं।

अतः विकल्प (D) सही है।

114. मनोविश्लेषणात्मक व्यवहार के लिए अचेतन प्रेरणा के महत्व और एक दूसरे के विरोध में आईडी और महा-अहंकार की भूमिका के बारे में फ्रायड की मान्यताओं पर आधारित है। मनोविश्लेषण को मनोवैज्ञानिक सिद्धांतों और चिकित्सीय विधियों के एक समूह के रूप में परिभाषित किया गया है, जिनकी उत्पत्ति सिगमंड फ्रायड के कार्यों और सिद्धांतों में हुई है। मनोविश्लेषण की प्राथमिक धारणा यह विश्वास है कि सभी लोगों के पास अचेतन विचार, भावनाएँ, इच्छाएँ और यादें होती हैं।

मनोविश्लेषण चिकित्सा का उद्देश्य दमित भावनाओं और अनुभवों को मुक्त करना है, अर्थात अचेतन को सचेत करना। केवल एक रेचन (यानी, उपचार) अनुभव होने से ही व्यक्ति की मदद की जा सकती है और "ठीक" किया जा सकता है।

अतः विकल्प (D) सही है।

115. देखे गए व्यवहार को स्वीकार करके और रोगी को अपनी भावनाओं को व्यक्त करने के लिए कहकर नर्स रोगी को उसकी चिंता के बारे में जागरूक होने में सर्वोत्तम सहायता कर सकती है। मान्यता एक मरीज के व्यवहार को स्वीकार करती है और बिना किसी प्रशंसा के उसे उजागर करती है।

एक तारीफ को कभी-कभी कृपालु के रूप में लिया जा सकता है, खासकर जब यह बिस्तर बनाने जैसे नियमित कार्य से संबंधित हो। हालांकि, "मैंने देखा है कि

आपने अपनी सभी दवाएं ली हैं" जैसा कुछ कहना कार्रवाई पर ध्यान आकर्षित करता है और प्रशंसा की आवश्यकता के बिना इसे प्रोत्साहित करता है।

अतः विकल्प (D) सही है।

116. सहयोग को छोड़कर सभी विकल्प प्रभावी संचार में बाधक हो सकते हैं।

सहयोग का अर्थ है 'कुछ हासिल करने या करने के लिए किसी अन्य व्यक्ति या समूह के साथ काम करना'

सहयोग का अर्थ है किसी परियोजना या कार्य को पूरा करने या विचारों या प्रक्रियाओं को विकसित करने के लिए एक या एक से अधिक लोगों के साथ मिलकर काम करना। कार्यस्थल सहयोग के लिए पारस्परिक कौशल, संचार कौशल, ज्ञान साझाकरण और रणनीति की आवश्यकता होती है, और यह एक पारंपरिक कार्यालय में या एक आभासी टीम के सदस्यों के बीच हो सकता है।

अतः विकल्प (D) सही है।

117. जिस तरह से संदेश तैयार किए जाते हैं, वह लोगों के इरादों और उनके व्यवहार को बदलने की इच्छा को प्रभावित करता है। लॉस-फ्रेमयुक्त संदेश संदेश फ्रेमिंग के प्रकार को संदर्भित करता है जो एक स्वास्थ्य व्यवहार के बारे में जानकारी देता है जो कार्रवाई करने में विफल होने की लागत पर जोर देता है।

नुकसान पहुंचाने वाले संदेशों में अवांछनीय परिणाम प्राप्त करने या वांछनीय परिणाम प्राप्त नहीं करने (बचने) पर बल दिया गया है।

अतः विकल्प (B) सही है।

118. कुछ टेलीफोन जोखिम कम करने की युक्तियों में निम्नलिखित सभी शामिल हैं, केवल एक उत्तर देने वाली मशीन पर, एक ध्वनि-मेल संदेश में, या एक उत्तर देने वाली सेवा के साथ संवेदनशील जानकारी को छोड़कर, यदि रोगी ने आपको वह विशिष्ट फ़ोन नंबर प्रदान किया है।

एचआईपीएए गोपनीयता नियम स्वास्थ्य देखभाल प्रदाताओं को उनकी स्वास्थ्य देखभाल के संबंध में मरीजों के साथ संवाद करने की अनुमति देता है। इसके अलावा, नियम कवर की गई संस्थाओं को उनकी उत्तर देने वाली मशीनों पर रोगियों के लिए संदेश छोड़ने से प्रतिबंधित नहीं करता है।

अतः विकल्प (C) सही है।

119. ज्ञान साझा करना, कॉलेजियम संबंध, और मतभेदों को समझना कार्यस्थल में संचार बाधाओं पर काबू पाने में सहायता कर सकता है।

ज्ञान साझा करना संचार संतुष्टि और संचार शैली के साथ दृढ़ता से जुड़ा हुआ है। ज्ञान साझा करने से आपकी टीम की उत्पादकता बढ़ती है।

कॉलेजियलिटी एक स्कूल में स्टाफ सदस्यों के बीच संबंधों की गुणवत्ता को संदर्भित करता है। एक साथ काम करने की वास्तविक क्रियाएं स्टाफ सदस्यों के बीच संबंधों की गुणवत्ता से निर्धारित होती हैं।

मतभेदों को स्वीकार करना और सीखना न केवल एक प्रबंधक की प्रभावशीलता को मजबूत करेगा, बल्कि यह विविध कर्मचारियों के प्रति सम्मान को भी संप्रेषित करेगा।

अतः विकल्प (D) सही है।

120. संभावित हिंसा की ओर झुकाव रखने वाले रोगियों के कुछ प्रमुख संकेतकों में एक वृद्ध रोगी में आक्रामकता और भ्रम और आंदोलन का इतिहास शामिल है।

आक्रामकता शारीरिक परेशानी, पर्यावरणीय कारकों और खराब संचार सहित कई कारकों के कारण हो सकती है।

भ्रमित रोगी के साथ संवाद करने के लिए युक्तियाँ-

रोगी को सीधे संबोधित करने का प्रयास करें, भले ही उसकी संज्ञानात्मक क्षमता कम हो।

1. व्यक्ति का ध्यान आकर्षित करें।
2. स्पष्ट रूप से और स्वाभाविक गति से बोलें।
3. रोगी को उन्मुख करने में मदद करें।
4. यदि संभव हो तो रोगी के परिचित परिवेश में मिलें।

अत: विकल्प (A) सही है।

121. उपर्युक्त सभी स्वास्थ्य शिक्षा के उद्देश्य हैं।

स्वास्थ्य शिक्षा विकास के कारकों में से एक है क्योंकि यह योगदान देता है: स्वास्थ्य सेवाओं की प्रभावकारिता में वृद्धि, उपचारात्मक और साथ ही निवारक; व्यावसायिक रोगों और दुर्घटनाओं को कम करके उत्पादकता में सुधार करना; लोगों को भाग लेने के लिए प्राप्त करके समुदायों के सामाजिक माहौल को बदलने के लिए। स्वास्थ्य शिक्षा का अंतिम लक्ष्य है: व्यक्तिगत और सामुदायिक स्तर के स्वास्थ्य में सुधार। रोग की घटनाओं को कम करना। विकलांगता और मृत्यु में कमी।

अत: सही विकल्प (D) है।

122. टावर्सकी और कन्नमैन (1981) संभावना सिद्धांत ने प्रस्तावित किया कि लोग निर्णय लेते समय संभावित लाभ और हानि पर विचार करते हैं और इसलिए, लोगों की प्राथमिकताएं सूचना के निर्धारण के प्रति संवेदनशील होती हैं।

टावर्सकी और कन्नमैन ने प्रस्तावित किया कि नुकसान एक व्यक्ति पर एक समान मात्रा में लाभ की तुलना में अधिक भावनात्मक प्रभाव का कारण बनता है, इसलिए दिए गए विकल्पों ने दो तरीके प्रस्तुत किए- दोनों एक ही परिणाम की पेशकश के साथ-एक व्यक्ति कथित लाभ की पेशकश करने वाले विकल्प का चयन करेगा।

अत: विकल्प (A) सही है।

123. सौंपने की प्रक्रिया में एक देखभाल करने वाले से दूसरे को जानकारी देना शामिल है। इस जानकारी में रोगी को दी जाने वाली सेवाएँ, रोगी की स्थिति और रोगी की देखभाल, उपचार और प्रत्याशित परिवर्तन शामिल हैं।

नर्सें नर्सिंग और चिकित्सा हस्तक्षेपों के प्रति रोगी की प्रतिक्रिया, रोगी देखभाल योजना की प्रभावशीलता, और रोगी के लिए लक्ष्यों और परिणामों के मूल्यांकन के साथ अपनी हैंडऑफ रिपोर्ट को पूरा करती हैं। इस श्रेणी में देखभाल के प्रति रोगी की प्रतिक्रिया का मूल्यांकन भी शामिल है, जैसे लक्ष्यों की ओर प्रगति।

अत: विकल्प (D) सही है।

124. स्वास्थ्य साक्षरता स्वास्थ्य जानकारी और सेवाओं तक पहुँचने, समझने, मूल्यांकन करने और लागू करने और स्वास्थ्य को बढ़ावा देने और बनाए रखने के लिए उचित स्वास्थ्य निर्णय लेने की क्षमता को संदर्भित करती है।

स्वास्थ्य साक्षरता उचित स्वास्थ्य निर्णय लेने के लिए स्वास्थ्य जानकारी और सेवाओं को प्राप्त करने, संसाधित करने, समझने और लागू करने की क्षमता है। इसमें स्वास्थ्य स्थितियों के लिए पढ़ने, सुनने, अंकगणित, विश्लेषणात्मक और निर्णय लेने के कौशल सहित कौशल की एक विस्तृत श्रृंखला का उपयोग शामिल है।

अत: विकल्प (C) सही है।

125. हालाँकि अलग-अलग पीढ़ियाँ उम्र में भिन्न होती हैं, वे सभी अपने काम के लिए जाते हैं, उसी तरह, कार्यस्थल में पीढ़ीगत अंतर के बारे में सच नहीं है।

आज के जानकार स्वास्थ्य सेवा संगठन मानते हैं कि वे एक मजबूत संगठनात्मक संस्कृति बनाने के लिए पीढ़ीगत विविधता को विकसित करके रोगी के परिणामों को बढ़ा सकते हैं, उत्पादकता बढ़ा सकते हैं और देखभाल की लागत को भी कम कर सकते हैं।

प्रत्येक पीढ़ी की अनूठी अपेक्षाएं, अनुभव, पीढ़ीगत इतिहास, जीवन शैली, मूल्य और जनसांख्यिकी हैं जो उनके खरीद व्यवहार को प्रभावित करते हैं। तदनुसार, कई कंपनियां बहु-पीढ़ी के उपभोक्ताओं तक पहुंच रही हैं और इन

विविध खरीदारों को समझने और उनका ध्यान आकर्षित करने की कोशिश कर रही हैं।

अत: विकल्प (D) सही है।

126. आंत उपकला की पार्श्विका कोशिकाएं एचसीएल का स्राव करती हैं। यह एचसीएल प्रोएंजाइम पेप्सिनोजेन को सक्रिय पेप्सिन में बदलने के लिए जिम्मेदार है। इस सक्रिय पेप्सिन का कार्य प्रोटीन को प्रोटियोज और पेप्टोन में हाइड्रोलाइज करना है। यदि किसी कारण से आंत के उपकला की पार्श्विका कोशिकाएं आंशिक रूप से गैर-कार्यात्मक हो जाती हैं, तो एचसीएल स्रावित नहीं होता है जिसके परिणामस्वरूप पेप्सिनोजेन सक्रिय नहीं होता है। इस प्रकार प्रोटीन पेप्सिन द्वारा प्रोटीज और पेप्टोन में पर्याप्त रूप से हाइड्रोलाइज्ड नहीं होंगे।

अत: विकल्प (B) सही है।

127. फ्रेनुलम द्वारा जीभ मौखिक गुहा के तल से जुड़ी होती है।

मौखिक गुहा वायुकोशीय मेहराब, दांत और मसूड़े, और तालु और जीभ से बना होता है जो मुंह के तल में स्थित होता है, और मांसपेशियों द्वारा हाइपोइड हड्डी, मेम्बिबल, स्टाइलॉयड प्रक्रियाओं और ग्रसनी से जुड़ा होता है। जीभ के नीचे का भाग श्लेष्मा झिल्ली, फ्रेनुलम के मध्य भाग द्वारा मुंह के तल से जुड़ा होता है।

अत: विकल्प (D) सही है।

128. अचलासिया पाचन तंत्र से संबंधित एक स्थिति है जिसका अर्थ है गैस्ट्रोओसोफेगल (कार्डियक) स्फिंक्टर की छूट की विफलता है।

अचलासिया एक गतिशीलता विकार है जिसमें अन्नप्रणाली (भोजन नली) धीरे-धीरे खाली हो जाती है। यह अन्नप्रणाली की सामान्य, व्यवस्थित मांसपेशियों की गतिविधि (पेरिस्टलसिस) के नुकसान के साथ जुड़ा हुआ है। अचलासिया का परिणाम अन्नप्रणाली में नसों और निचले एसोफेजल वाल्व के क्षतिग्रस्त या नष्ट हो जाने से होता है जो एसोफेजल स्फिंक्टर की विफलता ओएस की शिथिलता की ओर जाता है।

अत: विकल्प (B) सही है।

129. सिनो-एट्रियल नोड (सैन) हृदय की लयबद्ध सिकुड़न गतिविधि को शुरू करने और बनाए रखने के लिए जिम्मेदार है।

मानव हृदय एक मायोजेनिक हृदय है, इसमें एक विशेष पेशी ऊतक होता है जो एसए नोड या सिनो-एट्रियल नोड (SAN) नामक आवेग उत्पन्न करता है, यह दाहिने आलिंद के दाहिने ऊपरी कोने में मौजूद होता है। सिनो-एट्रियल नोड (SAN) को हृदय का पेसमेकर भी कहा जाता है।

अत: विकल्प (A) सही है।

130. प्राइमरी डेंटिशन और III मोलर्स में भी सभी प्रीमोलर्स अनुपस्थित होते हैं। केवल बीस दांत पर्णपाती होते हैं, जो बच्चे के आगे बढ़ते हुए दांतों से बदल जाते हैं, स्तनपायी में मौजूद इंसीजर सामने के दांत होते हैं। इंसिसर के बगल में कैनाइन दांत। भोजन को फाड़ने के लिए कैनाइन की नुकीली, नुकीली सतह होती है। दाढ़ के दांत मुंह के पिछले हिस्से में बड़े और चपटे होते हैं।

अत: विकल्प (C) सही है।

131. मानव में अधिवृक्क ग्रंथि दो से अधिक हार्मोन का उत्पादन करती है जो एड्रेनालाईन, स्टेरॉयड, एल्डोस्टेरोन और कोर्टिसोल हैं जो चयापचय, प्रतिरक्षा प्रणाली, रक्तचाप, तनाव की प्रतिक्रिया और अन्य आवश्यक कार्यों को विनियमित करने में मदद करते हैं।

अत: विकल्प (C) सही है।

132. लेंस के पीछे की बड़ी जगह में एक गाढ़ा, जेल जैसा द्रव होता है। इसे विटेरस ह्यूमर या विटेरस जेल के नाम से जाना जाता है। लेंस के सामने के कक्ष एक स्पष्ट, पानी वाले तरल से भरे होते हैं, जिसे जलीय हास्य के रूप में जाना जाता है।

इन दोनों द्रवों का कार्य नेत्रगोलक के आकार को अक्षुण्ण रखना है। यह नेत्रगोलक के अंदर दबाता है।

मैक्युला नेत्रगोलक के पीछे रेटिना के केंद्र के पास स्थित है, यह ध्यान केंद्रित करने के लिए तेज, विस्तृत, केंद्रीय दृष्टि प्रदान करता है।

स्क्लेरा आंख का सफेद भाग है। यह नेत्रगोलक की सहायक दीवार बनाता है और स्पष्ट कॉर्निया के साथ निरंतर है।

अत: विकल्प (A) सही है।

133. हड्डियाँ चार वर्गों में विभाजित होती हैं: लंबी, छोटी, सपाट और अनियमित। लंबी हड्डियाँ अंगों में पाई जाती हैं, और प्रत्येक में एक शरीर या शाफ्ट और दो छोर होते हैं। कुछ अनियमित हड्डियाँ कशेरुक, त्रिकास्थि, कोक्सीक्स, टेम्पोरल, स्फेनॉइड, मैक्सिला, तालु, अवर नाक शंख, मेम्बिबल और हाइपोइड हैं। चपटी हड्डियाँ कॉम्पैक्ट ऊतक की दो पतली परतों से बनी होती हैं, जो उनके बीच रद्दी ऊतक की चर मात्रा को घेरती हैं। जहां कंकाल का एक हिस्सा सीमित गति के साथ संयुक्त शक्ति और कॉम्पैक्टनेस के लिए अभिप्रेत है, जैसे कि कार्पस और टारसस में यह कई छोटी हड्डियों से निर्मित होता है।

अत: विकल्प (C) सही है।

134. किसी भी हड्डी के एक हिस्से की जांच करने पर, यह दो प्रकार के ऊतक से बना हुआ दिखाई देता है, जिनमें से एक बनावट में घना होता है, जैसे हाथी दांत, और इसे कॉम्पैक्ट ऊतक कहा जाता है; दूसरे में पतले रेशे और लैमेला होते हैं, जो एक जालीदार संरचना बनाने के लिए जुड़ते हैं; यह, इसकी समानता से जाली-कार्य तक, रद्द ऊतक कहलाता है। कॉम्पैक्ट ऊतक को हड्डी के बाहरी हिस्से में रखा जाता है और आंतरिक रूप से रद्द कर दिया जाता है।

अत: विकल्प (C) सही है।

135.

आमतौर पर वायरस मुख्य रूप से होस्ट की प्रकृति के आधार पर कई बड़े समूहों में विभाजित होते हैं। एक परपोषी जिसमें आमतौर पर रोगजनक सूक्ष्मजीव (या परजीवी) पाया जाता है और जिसमें रोगज़नक़ अपना विकास पूरा कर सकता है।
अत: विकल्प (A) सही है।

136. बैक्टीरियल फेज द्वारा प्रतिकृति की प्रक्रिया में पहला कदम मेजबान सेल के लिए एडसार्पशन है। इसके बाद पिनिंग की जाती है जब टेल पिन कोशिका की सतह से जुड़ जाती है। एडसार्पशन एक बड़े पैमाने पर स्थानांतरण प्रक्रिया है जो ठोस या तरल सतहों द्वारा गैसों या विलेय के एडसार्पशन की घटना है।
अत: विकल्प (A) सही है।

137. वैरिसेला जोस्टर वायरस मानव कैंसर से जुड़ा नहीं है।

वैरिसेला (चिकनपॉक्स) एक तीव्र संक्रामक रोग है। यह वैरिकाला-ज़ोस्टर वायरस (वीजेडवी) के कारण होता है, जो एक डीएनए वायरस है जो हर्पीसवायरस समूह का सदस्य है। प्राथमिक संक्रमण के बाद, VZV एक गुप्त संक्रमण के रूप में शरीर में (संवेदी तंत्रिका गैन्ग्लिया में) रहता है। VZV के साथ प्राथमिक संक्रमण से वैरिसेला होता है।
अत: विकल्प (C) सही है।

138. वायरल न्यूक्लियोकैप्सिड जीनोम और कैप्सिड का संयोजन है।

न्यूक्लियोकैप्सिड शब्द वायरल जीनोम के साथ संलग्न कैप्सिड के संयोजन को संदर्भित करता है; ये वायरल जीनोम अनिवार्य रूप से रैखिक होते हैं और इन्हें बाहर निकलने के लिए पैक किया जाता है, भले ही वे अभी तक कोशिका से मुक्त नहीं हुए हों।
अत: विकल्प (A) सही है।

139.
एक क्षीण टीके में वायरस दोहराना जारी रखते हैं। एक क्षीण टीका एक ऐसा टीका है जिसे रोगज़नक़ के विषाणु को कम करके विकसित किया जाता है, यह

प्रशासन के बाद प्रतिकृति-सक्षम रहता है।
अत: विकल्प (B) सही है।

140. लिपटे हुए विषाणुओं का आकार लगभग गोलाकार होता है।

आइसोमेट्रिक वायरस के आकार मोटे तौर पर गोलाकार होते हैं, जैसे पोलियोवायरस या हर्पसविरस। लिपटे हुए वायरस में कैप्सिड के आसपास की झिल्ली होती है। एचआईवी जैसे पशु वायरस अक्सर आच्छादित होते हैं।
अत: विकल्प (C) सही है।

141. हर्पसविरस का लिफाफा मेजबान कोशिका नाभिक से प्राप्त होता है। एचएसवी में प्लाज्मा झिल्ली के साथ सीधे संलयन द्वारा या एंडोसाइटिक मार्गों के माध्यम से मेजबान कोशिकाओं में प्रवेश करने की क्षमता होती है। उत्तरार्द्ध पीएच निर्भर या स्वतंत्र हो सकता है।
अत: विकल्प (D) सही है।

142. कैप्सोमेरेस में कई प्रोटीन सबयूनिट या अणु होते हैं जिन्हें प्रोटोमर्स कहा जाता है।

प्रोटोमर्स आमतौर पर बंद बिंदु समूह समरूपता बनाने के लिए चक्रीय समरूपता में व्यवस्था करते हैं। रसायन विज्ञान में, एक तथाकथित प्रोटोमर एक अणु है जो एक प्रोटॉन की स्थिति के कारण टॉटोमेरिज़्म प्रदर्शित करता है।
अत: विकल्प (A) सही है।

143. रूबेला वायरस, येलो फीवर वायरस और हेपेटाइटिस C वायरस फ्लैविविरिडे परिवार से संबंधित हैं।

इस परिवार के सदस्य एक ही जीनस, फ्लेविवायरस से संबंधित हैं, और दुनिया भर में व्यापक रुग्णता और मृत्यु दर का कारण बनते हैं। मच्छरों द्वारा प्रेषित कुछ विषाणुओं में शामिल हैं: येलो फीवर, डेंगू बुखार, जापानी एन्सेफलाइटिस, वेस्ट नाइल वायरस और जीका वायरस।
अत: विकल्प (D) सही है।

144. लाइसोजेनी, जीवन चक्र का प्रकार जो तब होता है जब एक बैक्टीरियोफेज कुछ प्रकार के जीवाणुओं को संक्रमित करता है। इस प्रक्रिया में, बैक्टीरियोफेज का जीनोम (एक वायरस के न्यूक्लिक एसिड कोर में जीन का संग्रह) मेजबान जीवाणु के गुणसूत्र में मजबूती से एकीकृत होता है और इसके साथ मिलकर प्रतिकृति बनाता है।
अत: विकल्प (A) सही है।

145. एक महिला गिर गई है और उसका टखना ज़ख्मी हो गया है। वह कहती है कि उसने कुछ स्नैप सुना। वह पीली दिखती है और पसीना बहा रही है। आपको चोट की देखभाल इस तरह करनी चाहिए जैसे कि वह गंभीर हो। अधिक गंभीर टखने की मोच वाले लोग - अत्यधिक चोट लगने या सूजन और बिना किसी दर्द के पैर पर वजन सहन करने में असमर्थता, या जब चोट के बाद पहले कई दिनों में कोई सुधार नहीं होता है।

अत: विकल्प (B) सही है।

146. एक पीड़ित के पैर में गहरी चोट लगने से काफी खून बह गया है। वह तेजी से सांस ले रहा है और नीरस और बेचैन महसूस कर रहा है। वह शायद घुट रहा है। यदि आप देखते हैं कि किसी व्यक्ति को सांस लेने में कठिनाई हो रही है, तो वह घुट सकता है। अन्य लक्षणों में गैगिंग, घरघराहट और खांसी शामिल हैं। यदि वस्तु उनके वायुमार्ग को पूरी तरह से अवरुद्ध कर रही है, तो वे बात करने या सांस लेने में सक्षम नहीं हो सकते हैं।

अत: विकल्प (D) सही है।

147. एक कार दुर्घटना के शिकार को अभी-अभी उल्टी हुई है और अब वह खून की खांसी कर रहा है। वह बहुत तेजी से सांस ले रहा है और उसकी नाड़ी कमजोर और तेज है। सबसे अधिक संभावना है कि उसे आंतरिक रक्तस्राव है।

आंतरिक रक्तस्राव आघात के सबसे गंभीर परिणामों में से एक है। आंतरिक रक्तस्राव शरीर के कई क्षेत्रों में हो सकता है और महत्वपूर्ण स्थानीय सूजन और दर्द का कारण बन सकता है। यदि पर्याप्त रक्तस्राव होता है, तो व्यक्ति सदमे में जा सकता है।

अत: विकल्प (B) सही है।

148. नरम ऊतक घावों की देखभाल बर्फ और ऊंचाई से की जानी चाहिए, और त्वचा के नीचे रक्तस्राव को कम करने के लिए क्षेत्र पर सीधा दबाव डालना चाहिए। उपचार में सूजन वाले क्षेत्र को आराम, संपीड़न, ऊंचाई, और विरोधी भड़काऊ दवा के साथ ठीक करना शामिल है। चोट के तीव्र चरण में बर्फ का उपयोग किया जा सकता है। आगे की चोट से बचने में मदद के लिए धीरे-धीरे स्ट्रेचिंग और मजबूत करने वाले व्यायामों को जोड़ा जा सकता है।

एक नरम ऊतक की चोट पूरे शरीर में मांसपेशियों, स्नायुबंधन और टेंडन की क्षति है। सामान्य नरम ऊतक चोटें आमतौर पर मोच, खिंचाव, शरीर के किसी विशेष भाग के अत्यधिक उपयोग या चोट के कारण होती हैं।

अत: विकल्प (D) सही है।

149. तापघात अधिक गंभीर है।

तापघात एक ऐसी स्थिति है जो आपके शरीर के अधिक गर्म होने के कारण होती है, आमतौर पर उच्च तापमान में लंबे समय तक संपर्क में रहने या शारीरिक परिश्रम के परिणामस्वरूप। गर्मी की चोट, तापघात का यह सबसे गंभीर रूप तब हो सकता है जब आपके शरीर का तापमान 104° F (40° C) या इससे अधिक हो जाए।

अत: विकल्प (A) सही है।

150. साइकोलोजी या मनोविज्ञान ग्रीक भाषा के दो शब्दों साइके और लोगोस से मिलकर बना है। साइके का अर्थ 'आत्मा' तथा लोगोस का अर्थ अध्ययन करना अथवा 'विवेचना' करना होता है। इस शाब्दिक अर्थ के अनुसार मनोविज्ञान को आत्मा का अध्ययन करने वाला विषय है। आरंभिक ग्रीक दार्शनिकों जैसे अरस्तू तथा प्लेटो ने मनोविज्ञान को आत्मा का ही विज्ञान कहा।

अत: विकल्प (C) सही है।

151. मनोविज्ञान को मन और व्यवहार के वैज्ञानिक अध्ययन के रूप में परिभाषित किया गया है। मनोवैज्ञानिक मानसिक प्रक्रियाओं, मस्तिष्क कार्यों और व्यवहार के अध्ययन और समझने में सक्रिय रूप से शामिल हैं। मनोविज्ञान वास्तव में एक बहुत ही नया विज्ञान है, जिसमें पिछले 150 वर्षों में अधिकांश प्रगति हुई है। हालाँकि, इसकी उत्पत्ति का पता 400-500 वर्ष ईसा पूर्व प्राचीन ग्रीस में लगाया जा सकता है।

अत: विकल्प (D) सही है।

152. पाठ के अनुसार, स्पष्टीकरण का निचला स्तर जैविक प्रक्रियाओं से मेल खाता है। निम्नतम स्तर शारीरिक (जैविक) स्पष्टीकरणों पर विचार करता है, जहां व्यवहार को न्यूरोकेमिकल्स, जीन और मस्तिष्क संरचना के संदर्भ में समझाया जाता है; मध्य स्तर मनोवैज्ञानिक स्पष्टीकरण (जैसे संज्ञानात्मक और व्यवहारिक) पर विचार करता है और उच्चतम स्तर सामाजिक और सांस्कृतिक स्पष्टीकरण पर विचार करता है, जहां सामाजिक समूहों के प्रभाव के संदर्भ में व्यवहार की व्याख्या की जाती है।

अत: विकल्प (C) सही है।

153. मस्तिष्क में गतिविधि पर एक नई दवा के प्रभाव की खोज करने वाला एक मनोवैज्ञानिक स्पष्टीकरण के निचले स्तर पर काम कर रहा है। मनोवैज्ञानिक लोगों को तनावपूर्ण स्थितियों से निपटने, व्यसनों पर काबू पाने, उनकी पुरानी बीमारियों का प्रबंधन करने, और परीक्षण और आकलन करने में मदद कर सकते हैं जो किसी स्थिति का निदान करने में मदद कर सकते हैं या किसी व्यक्ति के सोचने, महसूस करने और व्यवहार करने के तरीके के बारे में अधिक बता सकते हैं।

अत: विकल्प (A) सही है।

154. अलग-अलग लोग एक ही स्थिति पर अलग तरह से प्रतिक्रिया करते हैं। इसे वैयक्तिक भिन्नता कहा जाता है। अर्थात जब दो लोग विभिन्न समानताएँ रखते हुए भी आपस में भिन्न व्यवहार करते हैं तो इसे "वैयक्तिक भिन्नता' कहा जाता है। वैयक्तिक भिन्नता से अभिप्राय है कि प्रत्येक व्यक्ति में जैविक,

मानसिक, सांस्कृतिक, संवेगात्मक अन्तर पाया जाना। इसी अन्तर के कारण एक व्यक्ति, दूसरे से भिन्न माना जाता है।

अत: विकल्प (D) सही है।

155. जीव विज्ञान प्रकृति के लिए है क्योंकि अनुभव पोषण करना है। जैविक दृष्टिकोण व्यवहार को हमारे आनुवंशिकी और शरीर विज्ञान के परिणाम के रूप में मानता है। जैविक उपागम के सिद्धांत पोषण पर प्रकृति का समर्थन करते हैं। हालाँकि, यह केवल प्रकृति या पोषण के संदर्भ में व्यवहार का वर्णन करने के लिए सीमित है, और ऐसा करने का प्रयास मानव व्यवहार की जटिलता को कम करके आंकता है।

अत: विकल्प (D) सही है।

156. शब्द "तबुला रस" व्यवहार को आकार देने में अनुभव के महत्व पर प्रकाश डालता है। मनोविज्ञान में, शब्द "रिक्त स्लेट," या तबुला रस, वास्तव में दो अर्थ हैं। पहला इस विश्वास को संदर्भित करता है कि जन्म के समय, सभी मनुष्य वस्तुतः कुछ भी या कोई भी बनने की क्षमता के साथ पैदा होते हैं। यह विश्वास मानव व्यक्तित्व के विकास पर आनुवंशिकी और जीव विज्ञान के प्रभावों को कम करता है।

अत: विकल्प (B) सही है।

157. मूल रूप से भूमिका की पहचान से संबंधित वृद्धि और विकास का चरण जननांग चरण है। जननांग चरण, यौवन की शुरुआत के साथ शुरू होता है। इस अवधि के दौरान, व्यक्ति द्वंद्वात्मक संबंधों में यौन आवेगों को संतुष्ट करने के तरीकों की तलाश करता है, और प्रतिस्पर्धा, शारीरिक रूप से मांग वाली गतिविधियों, व्यायाम और तर्क के माध्यम से आक्रामक आवेगों की तलाश करता है।

अत: विकल्प (B) सही है।

158. वृद्धावस्था के दौरान संज्ञानात्मक परिवर्तन ज्यादातर स्मृति को प्रभावित करते हैं। उम्र से सबसे ज्यादा प्रभावित होने वाले बुनियादी संज्ञानात्मक कार्य ध्यान और स्मृति हैं। हालांकि, इनमें से कोई भी एकात्मक कार्य नहीं है, और प्रमाण बताते हैं कि ध्यान और स्मृति के कुछ पहलू उम्र के साथ अच्छी तरह से बने रहते हैं जबकि अन्य महत्वपूर्ण गिरावट दिखाते हैं।

अत: विकल्प (B) सही है।

159. द्वैतवाद यह विश्वास है कि मन शरीर से मौलिक रूप से अलग है। यह विचार है कि मन और शरीर दोनों अलग-अलग संस्थाओं के रूप में मौजूद हैं। ज्ञानमीमांसा द्वैतवाद के उदाहरण हैं अस्तित्व और विचार, विषय और वस्तु, और भावात्मक द्वैतवाद के भाव और वस्तु और उदाहरण हैं ईश्वर और संसार, पदार्थ और आत्मा, शरीर और मन, और अच्छाई और बुराई।

अत: विकल्प (B) सही है।

160. कार्बन डाइऑक्साइड पृथ्वी की जलवायु को प्रभावित करने में निर्णायक भूमिका निभाता है। यह पर्यावरण की स्वच्छता के लिए हानिकारक है। सिद्धांत के अनुसार, कार्बन डाइऑक्साइड तापमान को नियंत्रित करता है क्योंकि हवा में कार्बन डाइऑक्साइड के अणु अवरक्त विकिरण को अवशोषित करते हैं। वायुमंडल में कार्बन डाइऑक्साइड और अन्य गैसें दृश्यमान विकिरण के लिए लगभग पारदर्शी हैं जो सूर्य की ऊर्जा को पृथ्वी तक पहुँचाती हैं।

अत: विकल्प (C) सही है।

161. सीवेज अपशिष्ट जल है जिसमें खाद्य अवशेष, पशु और मानव मल, डिटर्जेंट, औद्योगिक और वाणिज्यिक प्रतिष्ठानों से निर्वहन होता है। कार्बनिक पदार्थों के कारण पानी की अशुद्धता की डिग्री को बीओडी या जैव रासायनिक ऑक्सीजन की मांग के रूप में मापा जाता है। बीओडी मिलीग्राम में ऑक्सीजन है जो एक लीटर पानी में 20 डिग्री सेंटीग्रेड पर 5 दिनों के लिए आवश्यक है ताकि सूक्ष्मजीव जैविक कचरे को चयापचय कर सकें। यदि पानी, सीवेज और अन्य जैविक कचरे से प्रदूषित है, तो बीओडी बढ़ जाएगा।

अत: विकल्प (D) सही है।

162. हर साल जुलाई के महीने में लोगों द्वारा लाखों पेड़ लगाए जाते हैं। इस अवसर को वन महोत्सव कहा जाता है। पेड़ों के महत्व का जश्न मनाते हुए, वन महोत्सव की शुरुआत 1950 में वनों को उगाने और बचाने के महत्व को मनाने और वनों की कटाई के बुरे प्रभावों के बारे में जागरूकता पैदा करने के लिए की गई थी, जो एक महान पहल है, यह हर साल जुलाई के पहले सप्ताह में मनाया जाता है।

अतः विकल्प (C) सही है।

163. जल निकायों में सीवेज का निर्वहन कार्बनिक लोडिंग या जल निकाय के अंदर अतिरिक्त कार्बनिक पदार्थों की घटना की ओर जाता है। इसके सड़न से घुलित ऑक्सीजन में कमी आती है जिससे मछलियों के बीच ऑक्सीजन के लिए प्रतिस्पर्धा होती है। साथ ही, नीले-हरे शैवाल खिलते हैं और संख्या में वृद्धि करते हैं और विषाक्त पदार्थों को छोड़ते हैं। विषाक्तता और घटी हुई ऑक्सीजन के स्तर दोनों ही मछलियों जैसे जलीय जंतुओं को मारते हैं।

अतः विकल्प (C) सही है।

164. क्लोरीन की कीटाणुनाशक क्रिया मुख्यतः हाइपोक्लोरस अम्ल के कारण होती है। क्लोरीन की कीटाणुनाशक क्रिया के कारण, यह पर्यावरणीय जल में स्वच्छता बनाए रखता है। इस उद्देश्य के लिए उपयोग किए जाने वाले कीटाणुनाशक में क्लोरीन यौगिक होते हैं जो बैक्टीरिया और अन्य कोशिकाओं में एंजाइम जैसे अन्य यौगिकों के साथ परमाणुओं का आदान-प्रदान कर सकते हैं।

अतः विकल्प (B) सही है।

165. क्षय रोग (टीबी) माइकोबैक्टीरियम ट्यूबरकुलोसिस नामक जीवाणु के कारण होता है। बैक्टीरिया आमतौर पर फेफड़ों पर हमला करते हैं, लेकिन टीबी के बैक्टीरिया शरीर के किसी भी हिस्से जैसे कि किडनी, रीढ़ और मस्तिष्क पर हमला कर सकते हैं। टीबी बैक्टीरिया से संक्रमित हर व्यक्ति बीमार नहीं होता है।

अतः विकल्प (A) सही है।

166. हैजा जल जनित रोग है। जल जनित रोग दूषित जल के माध्यम से फैले रोगजनक रोगाणुओं के कारण होते हैं। पीने, भोजन तैयार करने और कपड़े धोने के लिए संक्रमित पानी का उपयोग करते समय इन रोगजनकों का संचरण होता है। हैजा मुख्य रूप से दूषित भोजन या पीने के पानी के सेवन से विब्रियो कोलेरी नामक बैक्टीरिया के कारण होता है। लक्षणों में दस्त, उल्टी, बुखार और पेट में ऐंठन शामिल हैं। हैजा मुख्य रूप से बच्चों में होता है, लेकिन यह वयस्कों को भी प्रभावित कर सकता है। इसमें मृत्यु दर है जो जल जनित रोगों में खतरनाक रूप से अधिक है।

अतः विकल्प (D) सही है।

167. अपशिष्ट जल उपचार के दौरान क्लोरीनीकरण प्रक्रिया कीटाणुओं को मारने में मदद करती है। पानी का क्लोरीनीकरण पानी में क्लोरीन या क्लोरीन यौगिक जैसे सोडियम हाइपोक्लोराइट मिलाने की प्रक्रिया है। इस विधि का उपयोग पानी में बैक्टीरिया, वायरस और अन्य रोगाणुओं को मारने के लिए किया जाता है। विशेष रूप से, हैजा, पेचिश और टाइफाइड जैसे जलजनित रोगों के प्रसार को रोकने के लिए क्लोरीनीकरण का उपयोग किया जाता है।

अतः विकल्प (B) सही है।

168. सूक्ष्मजीवों द्वारा कार्बनिक पदार्थों के अपघटन के लिए ऑक्सीजन की आवश्यकता होती है। कार्बनिक पदार्थों के कारण पानी की अशुद्धता की डिग्री को जैविक ऑक्सीजन मांग (बीओडी) के संदर्भ में मापा जाता है। बीओडी पानी में कार्बनिक कचरे को चयापचय करने के लिए सूक्ष्मजीवों द्वारा आवश्यक ऑक्सीजन है। अपशिष्ट जल का जैविक उपचार कार्बनिक अशुद्धियों या प्रदूषित पानी के जैविक भार को कम करेगा, इस प्रकार बीओडी के स्तर को कम करेगा।

अतः विकल्प (A) सही है।

169. हैजा रोग अशुद्ध जल से फैलता है।

ये रोगजनक सूक्ष्म जीवों के कारण होने वाली स्थितियां हैं जो पानी में फैलती हैं। यह रोग नहाने, धोने या पानी पीने, या संक्रमित पानी के संपर्क में आने से भोजन करने से फैल सकता है और गंभीर, जानलेवा बीमारियों का कारण बन सकता है।

उदाहरण टाइफाइड बुखार, हैजा और हेपेटाइटिस A या E हैं।

अतः विकल्प (C) सही है।

170. प्रोलैक्टिन हार्मोन मां के स्तन में दूध के उत्पादन के लिए आवश्यक है।

अंतःस्रावी तंत्र ग्रंथियों के माध्यम से हॉर्मोन स्रावित करके शरीर में संतुलन बनाए रखने के लिए जिम्मेदार होता है। शरीर में विभिन्न ग्रंथियां होती हैं जैसे कि पिट्यूटरी, अधिवृक्क, अग्न्याशय, पैराथायरायड और थायराइड।

हॉर्मोन शरीर की रासायनिक संरचना है जो होमोस्टैसिस, प्रजनन, वृद्धि और विकास को बनाए रखने के लिए जिम्मेदार है।

अतः विकल्प (B) सही है।

General Knowledge

Q.1 निम्नलिखित में से किसे वर्ष 2019 के लिए बिल और मेलिंडा गेट्स फाउंडेशन की ओर से 'चेंजमेकर पुरस्कार' से सम्मानित किया गया है?

[Rajasthan Police Constable, 2020]

A. पायल जांगिड़
B. सुमेधा कैलाश
C. कैलाश सत्यार्थी
D. अपूर्वी सिंह चंदेला

Q.2 विश्व पैरा एथलेटिक्स ग्रां प्री 2022 में देवेंद्र झाझरिया ने कौन सा पदक जीता?

A. स्वर्ण
B. रजत
C. कांस्य
D. इनमें से कोई नहीं

Q.3 निम्नलिखित में से किसने भारतीय संसद में 1950 में "निवारक निरोध बिल" पेश किया?

A. बलदेव सिंह
B. नराहर विष्णु गाडगिल
C. सरदार पटेल
D. जवाहर लाल नेहरू

Q.4 भारतीय संविधान की चौथी अनुसूची निम्नलिखित में से किस विकल्प के बारे में बताती है?

A. सदस्य का वेतन
B. संघ और उसके क्षेत्र
C. राज्यसभा सीटों का आवंटन
D. इनमे से कोई नहीं

Q.5 संयुक्त राष्ट्र महासभा में मतदान के हिस्से को सदस्यों के बीच _________ के आधार पर वितरित किए जाते हैं।

A. सभी सदस्यों का वोट बराबर है
B. आर्थिक आकार
C. आबादी
D. संयुक्त राष्ट्र में योगदान

Q.6 निम्नलिखित में से कौन सा "थूनी" को सबसे उचित रूप से वर्णित करता है?

A. यह केरल में प्रचलित मार्शल आर्ट का एक प्राचीन रूप है।
B. यह देवदास की एक पर्यावरण संरक्षण तकनीक है।
C. यह पूर्वोत्तर भारत में मनाया जाने वाला एक फसल त्यौहार है।
D. यह नागाओं का पारंपरिक कानून है।

Q.7 1986 में राजीव गांधी द्वारा "लोकतंत्र और विकास के लिए पंचायती राज संस्थान के पुनरोद्धार" पर नियुक्त समिति का नाम बताइए?

A. अशोक मेहता समिति
B. एलएम सिंघवी समिति
C. जीवीके राव समिति
D. बलवंत राय मेहता समिति

Q.8 एक वस्तु के क्रय मूल्य का 10%, 1245.80 रुपये है। यदि वस्तु 15% की हानि पर बेची जाती है तो विक्रय मूल्य क्या होगा: (रुपये के निकटतम मान तक)

[RRB (NTPC), 2017]

A. 12,458
B. 10589
C. 14327
D. 14657

Q.9 'कृषि लागत एवं मूल्य आयोग' कहाँ स्थित है?

A. मुम्बई
B. नई दिल्ली
C. पुणे
D. चेन्नई

Q.10 भारत में 'हरित क्रान्ति' की शुरुआत कब हुई?

A. 1960-61 ई.
B. 1964-65 ई.
C. 1966-67 ई
D. 1970-71 ई.

Q.11 विश्व में रेशम उत्पादन में अग्रणी राष्ट्र कौन-सा है?

A. भारत
B. चीन
C. जापान
D. दक्षिण कोरिया

Q.12 एक पेटी में 300 मूल्यवर्ग के सिक्के एक रुपये और पचास पैसे के हैं। उनके संबंधित मूल्यों का अनुपात 13 : 11 है। एक रुपये के सिक्के की संख्या है-

A. 150
B. 152
C. 154
D. 111

Q.13 किसी कंपनी के लगातार 11 वर्षों का औसत राजस्व रु. 66 लाख है। यदि पहले 6 वर्षों का औसत रु. 61 लाख और पिछले 6 वर्षों में रु. 73 लाख, फिर छठे वर्ष का राजस्व क्या है?

A. रु. 80 लाख
B. रु. 76 लाख
C. रु. 78 लाख
D. रु. 74 लाख

Q.14 आकाश का नीला रंग और सूर्योदय या सूर्यास्त के समय सूर्य का लाल रंग दिखाई देने का कारण है:

A. व्यतिकरण
B. प्रतिबिंब
C. अपवर्तन
D. प्रकीर्णन

Q.15 40 के वर्ग के 40% का एक चौथाई ज्ञात कीजिए।

[UP Police Constable, 2019]

A. 120
B. 140
C. 160
D. 180

Q.16 भारतीय राष्ट्रीय कांग्रेस का सबसे महत्वपूर्ण उद्देश्य था:

A. देश में जनमत का प्रशिक्षण और संगठन
B. राष्ट्रवादी राजनीतिक कार्यकर्ताओं के बीच मैत्रीपूर्ण संबंधों को बढ़ावा देना
C. लोकप्रिय मांगों का निरूपण और प्रस्तुतीकरण
D. राष्ट्रीय एकता की भावना का विकास

Q.17 भारतीय राष्ट्रीय कांग्रेस का पहला अधिवेशन कहाँ आयोजित किया गया था:

A. मुंबई
B. कलकत्ता
C. चेन्नई
D. नई दिल्ली

Q.18 'समानता के अधिकार' के अंतर्गत कितने लेख आते हैं?

A. 2
B. 3
C. 5
D. 4

Q.19 निम्नलिखित में से किसने जनवरी 2022 में सिडनी टेनिस क्लासिक का खिताब जीता?

A. डेनिस शापोवालोव
B. अलेक्जेंडर ज्वेरेव
C. असलान करासेव
D. एड्रियन मन्नारिनो

Q.20 अकबर के अधीन सैन्य प्रशासन के प्रमुख को क्या कहा जाता था?

A. मीर बख्शी
B. मुहतासिब
C. मीर सामाँ
D. वज़ीर

Q.21 भारत में निम्नलिखित में से किस राज्य में रबर का सर्वाधिक उत्पादन होता है?

A. मिजोरम
B. केरल
C. असम
D. कर्नाटक

Q.22 निम्नलिखित में से कौन सा आर्थिक अधिकार है?

A. संपत्ति का अधिकार
B. अनुबंध का अधिकार
C. शिक्षा का अधिकार
D. रोजगार का अधिकार

Q.23 बैंकों को अपनी तरल संपत्ति (Liquid assets) और कुल जमा के बीच एक निश्चित अनुपात बनाए रखने के लिए आवश्यक अनुपात को कहा जाता है:

A. CRR (नकद आरक्षित अनुपात)
B. SLR (सांविधिक तरलता अनुपात)
C. CAR (पूंजी पर्याप्तता अनुपात)
D. अंतिम अनुपात

Q.24 निम्नलिखित में से कौन सी भारत की सबसे बड़ी मीठे पानी की झील है?

A. डल झील
B. लोकटक
C. चिलका
D. वुलर

Q.25 भारत _________ देशों के साथ अपनी भूमि सीमाएँ साझा करता है।

A. सात
B. आठ
C. छह
D. नौ

Q.26 भारत के मुख्य न्यायाधीश की नियुक्ति कौन करता है?

[SSC MTS, 2019]

A. राज्यपाल
B. भारत के मुख्य न्यायाधीश
C. राष्ट्रपति
D. प्रधानमंत्री

Q.27 निम्न में से कौन सा उपकरण उच्च तापमान को मापने के लिए उपयोग किया जाता है?

A. फोटोमीटर
B. पाइरजियोमीटर
C. सोलरमीटर
D. पाइरोमीटर

Q.28 पटाखों को हरा रंग देने के लिए किस रसायन का उपयोग किया जाता है?

A. स्ट्रॉटियम कार्बोनेट
B. कैल्शियम क्लोराइड
C. सोडियम नाइट्रेट
D. बेरियम क्लोराइड

Q.29 निम्नलिखित में से कौन सा जोड़ा सही है?

सूची - I	सूची - II
A. चौसा का युद्ध	1. 1540 ई.
B. घाघरा का युद्ध	2. 1539 ई.
C. कन्नौजो का युद्ध	3. 1576 ई.
D. हल्दीघाटी का युद्ध	4. 1529 ई.

A. A - 4, B - 3, C - 2, D - 1
B. A - 1, B - 4, C - 2, D - 3
C. A - 2, B - 4, C - 1, D - 3
D. A - 2, B - 1, C - 4, D - 3

Q.30 निम्नलिखित में से क्या केवल प्राणी कोशिकाओं में मौजूद है?

A. कोशिका झिल्ली
B. कोशिका भित्ति
C. केंद्रक
D. तारककेंद्र

General Hindi

Q.31 दिए गए विकल्पों में से कौन-सा शब्द विशेषण नहीं है?

A. निंदक
B. लौकिक
C. आर्थिक
D. अंश

Q.32 'तीक्ष्ण' में किस प्रकार का विशेषण है?

A. परिमाणवाचक विशेषण
B. संख्यावाचक विशेषण
C. गुणवाचक विशेषण
D. सार्वनामिक विशेषण

Q.33 'हर एक सैनिक भारत का रक्षक है।'- इस वाक्य में प्रयुक्त विशेषण कौन सा है?

A. संख्यावाचक विशेषण
B. संबंधवाचक विशेषण
C. तुलनाबोधक विशेषण
D. सार्वनामिक विशेषण

Q.34 निम्नलिखित में से कौन-सा शब्द तत्सम है?

[UPSSSC Rajasva Lekhpal, 2015]

A. आँख
B. अग्र
C. आग
D. आज

Q.35 निम्नलिखित शब्दों में कौन-सा शब्द तद्भव रूप में है?

A. कोण
B. घटिका
C. चंचु
D. दातुन

Q.36 निम्नलिखित में से शुद्ध वर्तनी का चयन कीजिए।

A. उन्नती
B. बहिष्कार
C. परिस्थिती
D. प्रसंशा

Q.37 निम्नलिखित में से शुद्ध वर्तनी का चयन कीजिए।

A. अन्ताक्षरी
B. परिक्षा
C. प्रसन्न
D. प्रोद्योगिकी

Q.38 निम्नलिखित में से शुद्ध वर्तनी का चयन कीजिए।

A. मासूमियत
B. मासुमियत
C. मासुमीयत
D. मासुमयत

Q.39 कौन सा शब्द "रस" का अनेकार्थी नहीं है?

A. सार
B. सुख
C. अमृत
D. धर्म

Q.40 कौन सा शब्द "हंस" का अनेकार्थी नहीं है?

A. प्राण
B. पक्षी
C. सूर्य
D. रंग

Q.41 अग्नि का पर्यायवाची शब्द क्या है?

A. पावक
B. अँधेरा
C. तिमिर
D. तम

Q.42 'पर्वत' शब्द का पर्यायवाची शब्द नहीं है:

A. अद्रि
B. गिरि
C. नग
D. शैलजा

Q.43 निम्नलिखित पर्यायवाची में से 'समुद्र' का पर्यायवाची शब्द बताइए।

A. पारावार
B. हाला
C. हिब्बा
D. हिमकूट

Q.44 'संक्षेप' का विलोम शब्द क्या होगा?

A. संकीर्ण
B. विस्तार
C. अंक्षेप
D. विक्षेप

Q.45 'निष्कर्म' का विलोम शब्द है:

A. अकर्म
B. दुष्कर्म
C. सुकर्म
D. सकर्म

Q.46 'उद्यमी' का विलोम शब्द क्या होगा?

A. न्यून
B. उधार
C. आलसी
D. अनेक

Q.47 'अवनति' शब्द का विलोम कौन सा है?

A. उन्नति
B. उत्तर
C. गगन
D. बहिरंग

Q.48 'अल्पज्ञ' शब्द का विलोम कौन सा है?

A. बहुज्ञ
B. आचार
C. आयात
D. इनमे से कोई नहीं

Q.49 दिए गए विकल्पों में से 'साग' का तत्सम रूप पहचानिए।

A. श्यालक
B. शाक
C. सार्द्र
D. सर्षप

Q.50 निम्नलिखित में से बेमेल अनेकार्थक शब्द कौन सा है?

A. गो - गाय, इन्द्रिय, स्वर्ग
B. खत - पत्र, आख्यान, खजाना
C. दर्रा - पद्धति, उपाय, व्यवहार
D. ठाकुर - देवता, ईश्वर, स्वामी

Main Subject Nursing

Q.51 प्लीहा के साइनस _________ से भर जाते हैं।

A. खून   **B.** लसीका   **C.** लवण   **D.** पानी

Q.52 मध्य और भीतरी कान के बीच की सीमा किसके द्वारा बनती है?

A. इंकुस   **B.** ओवल विंडो
C. पिन्नी   **D.** टिम्पेनिक मेम्ब्रेन

Q.53 कोर्टी का अंग मौजूद है:

A. स्कैला वेस्टिबुली   **B.** स्कैला टिम्पनी
C. स्कैला मीडिया   **D.** इनमें से कोई नहीं

Q.54 एक प्रकार की नर्सिंग डॉक्यूमेंटेशन मेथड जो केवल ग्राहक की असामान्य स्थितियों का डॉक्यूमेंटेशन करती है। नर्स की समीक्षा के लिए सामान्य मानक प्रदान किए जाते हैं और फिर नर्स उन शर्तों का डॉक्यूमेंटेशन करती है जो मानदंडों के अनुरूप नहीं हैं:

A. एक्सपेशन बाय चार्टिंग   **B.** फ़्लोशीट चार्टिंग
C. नैरेटिव चार्टिंग   **D.** इनमें से कोई नहीं

Q.55 क्लाइंट डेटा तक पहुँचने के लिए क्या उपयोग किया जाता है जिसका उपयोग केयर की योजना बनाने, लागू करने और मूल्यांकन करने के लिए किया जाता है?

A. एडमिनिस्ट्रेटिव इनफार्मेशन सिस्टम
B. इनफार्मेशन सिस्टम
C. हॉस्पिटल इनफार्मेशन सिस्टम
D. क्लीनिकल इनफार्मेशन सिस्टम

Q.56 एक फिंगरप्रिंट रोगी के रिकॉर्ड में किस प्रकार के प्रमाणीकरण का उदाहरण है?

A. पीकेआई   **B.** बॉयोमीट्रिक
C. पासवर्ड   **D.** जेनेटिक कोड

Q.57 _________ डेटा का एक सेट है जो अस्पतालों में डेटा कैसे, कब और किसके द्वारा एकत्र, स्वरूपित और संग्रहीत किया जाता है, इस बारे में जानकारी प्रदान करता है।

A. मेटाडाटा   **B.** सॉफ्टवेयर
C. पीपलवेयर   **D.** इलेक्ट्रोनिक

Q.58 स्वास्थ्य सूचना प्रणाली का चयन करते समय, कोई "सही विकल्प" नहीं होता है। लेकिन रणनीतिक योजना के साथ शुरुआत करने का सबसे अच्छा तरीका है क्योंकि यह लक्ष्य निर्धारित करता है और तकनीकी जरूरतों को निर्धारित करता है। सूचना प्रणाली के इस चयन और कार्यान्वयन की प्रक्रिया सिस्टम जीवन चक्र पर आधारित होनी चाहिए:

A. आकलन की आवश्यकता है
B. प्रणाली चयन
C. व्यवस्था को लागू करना
D. ये सभी

Q.59 उपयोगकर्ता, मैनिपुलेटर जो कंप्यूटर को काम करते हैं:

A. हार्डवेयर   **B.** सॉफ्टवेयर   **C.** पीपलवेयर   **D.** इलेक्ट्रॉन

Q.60 एक स्वास्थ्य सुविधा में सही डेटा प्रविष्टि का महत्व अत्यंत महत्वपूर्ण है। इनपुट त्रुटियाँ डेटा गुणवत्ता को कम करती हैं। गुडविल हेल्थकेयर सर्विसेज के नर्सिंग डायरेक्टर के रूप में, इस चिंता को दूर करने के लिए आपके द्वारा लागू की जाने वाली 4 योजनाएं बताइए।

A. डेटा संग्रह   **B.** डेटा उपयोग
C. डेटा स्टोरेज   **D.** ये सभी

Q.61 नर्स इंफॉर्मेटिक्स सूचना प्रणाली परियोजनाओं के लिए "विश्वसनीयता" प्रदान करते हैं। एक नर्स इंफॉर्मेटिक्स विशेषज्ञ की जिम्मेदारियां:

A. वित्तीय प्रबंधन   **B.** नर्स भाषा का एकीकरण
C. अभ्यास के मानक   **D.** ये सभी

Q.62 एचआईपीएए इसका पूर्ण रूप है:

A. हेल्थ इंश्योरेंस पोर्टेबिलिटी और अकाउंटेबिलिटी एक्ट
B. हेल्थ इंश्योरेंस पोर्टेबिलिटी और एक्सेसिबिलिटी एक्ट
C. हेल्थ इंसुलिन पोर्टेबिलिटी और एक्सेसिबिलिटी एक्ट
D. इनमें से कोई नहीं

Q.63 किस प्रकार का सॉफ्टवेयर डेटाबेस के लिए कंप्यूटर के सिस्टम संसाधनों का पर्यवेक्षण करता है?

A. नेटवर्क सॉफ्टवेयर   **B.** एप्लीकेशन सॉफ्टवेयर
C. ऑपरेटिंग सिस्टम   **D.** इंटरनेट सॉफ्टवेयर

Q.64 नर्सें कई तरह के कानूनों से बंधी होती हैं। एक प्रकार के कानून का कौन सा विवरण सही है?

A. वैधानिक कानून एक निर्वाचित विधायिका द्वारा बनाया जाता है, जैसे राज्य विधायिका जो नर्स प्रैक्टिस एक्ट (एनपीए) को परिभाषित करती है।
B. नियामक कानून में जनता के लिए नुकसान की रोकथाम और टूटे हुए कानूनों के लिए सजा शामिल है
C. सामान्य कानून निष्पक्ष और समान व्यवहार के लिए समाज के भीतर व्यक्ति के अधिकारों की रक्षा करता है
D. आपराधिक कानून ऐसे बोर्ड बनाता है जो समाज को नियंत्रित करने के लिए नियम और कानून पारित करते हैं

Q.65 अस्पताल में अधिकांश मुकदमे _________ से आते हैं।

A. दोपहर के भोजन पर जाने पर नर्स ग्राहकों को छोड़ देती है
B. नर्स एक आदेश का पालन कर रही है जो अधूरा या गलत है
C. गलती होने पर डॉक्टर पर आरोप लगाती नर्स
D. एक नए कर्मचारी को देखने वाला पर्यवेक्षक अपने कौशल स्तर की जाँच करता है

Q.66 दु: ख के माध्यम से किसी व्यक्ति की मदद करते समय नर्स _________ को जानती है।

A. अतीत में प्रभावी मुकाबला करने वाले तंत्र अक्सर नुकसान के दर्द के जवाब में अवहेलना करते हैं
B. किसी व्यक्ति की हानि की धारणा का शोक प्रक्रिया से बहुत कम लेना-देना है
C. दुःख के चरणों का क्रम इस क्रम में हो सकता है कि उन्हें छोड़ दिया जा सकता है, या वे पुनरावृत्ति कर सकते हैं
D. अधिकांश ग्राहक अकेले रहना चाहते हैं

Q.67 एक क्लाइंट के परिवार के सदस्य नर्स से कहते हैं, "डॉक्टर ने कहा कि वह उपशामक देखभाल प्रदान करेगा। इसका क्या मतलब है?" नर्स की सबसे अच्छी प्रतिक्रिया _________ है।

A. "उन लोगों को उपशामक देखभाल दी जाती है जिनके पास जीने के लिए 6 महीने से कम का समय होता है"
B. "उपशामक देखभाल का उद्देश्य किसी बीमारी के लक्षणों को कम करना है"
C. "उपशामक देखभाल का लक्ष्य एक गंभीर बीमारी या बीमारी के इलाज को प्रभावित करना है"
D. "उपशामक देखभाल का मतलब है कि क्लाइंट और परिवार अधिक निष्क्रिय भूमिका निभाते हैं और डॉक्टर क्लाइंट की शारीरिक जरूरतों पर ध्यान केंद्रित करते हैं। मृत्यु का स्थान अस्पताल की सेटिंग में होने की सबसे अधिक संभावना है"

Q.68 इलाज से इंकार करने का क्लाइंट का अधिकार _________ का एक उदाहरण है।

A. सांविधिक कानून   **B.** सामान्य कानून
C. नागरिक कानून   **D.** नर्स अभ्यास अधिनियम

Q.69 सैली नियमित प्रसवपूर्व अपॉइंटमेंट के लिए नैदानिक कार्यालय आती है। उसका चेहरा लाल हो जाता है और वह कहती है कि वह डर्ट खाने के

लिए तरस रही है। निम्नलिखित में से कौन नर्स की ओर से सबसे उपयुक्त प्रतिक्रिया है?

A. ''आप डर्ट क्यों खाओगे?''

B. ''आप जो डर्ट खा रहे हैं, वह आपको कहां से मिल रही है?''

C. ''क्या आपके पास मानसिक बीमारी का इतिहास है?''

D. ''आपको तुरंत रुक जाना चाहिए।''

Q.70 आपका रोगी 24 घंटे भ्रूण अवलोकन और निगरानी में है। भ्रूण की निगरानी पट्टी संकुचन के चरम के बाद शुरू होकर और देर से ठीक होने के बाद मंदी दिखाना शुरू कर देती है। निम्नलिखित में से कौन सा हस्तक्षेप नर्स को करने का अनुमान है?

A. ऑक्सीटोसिन की बढ़ती दर

B. दवा देना

C. ऑक्सीजन सप्लीमेंट को हटाना

D. माँ का स्थान बदलना

Q.71 नर्स भ्रूण निगरानी पट्टी की समीक्षा कर रही है। मंदी प्रत्येक संकुचन की शुरुआत के साथ शुरू होती है और प्रत्येक संकुचन के अंत में ठीक हो जाती है। यह किस प्रकार का मंदी है, और यह क्यों होता है?

A. परिवर्तनीय मंदी, गर्भनाल संपीडन

B. परिवर्तनीय मंदी, सिर का संपीडन

C. प्रारंभिक मंदी, गर्भाशय अपरा अपर्याप्तता

D. प्रारंभिक मंदी, सिर का संपीडन

Q.72 निम्नलिखित में से कौन श्रेणी ।। भ्रूण की हृदय गति (FHR) अनुरेखण का वर्णन करता है?

A. बेसलाइन FHR 90bpm; चिह्नित परिवर्तनशीलता; शून्य त्वरण; देर से मंदी

B. बेसलाइन FHR145 बीपीएम; मध्यम परिवर्तनशीलता; दो त्वरण; शून्य मंदी

C. बेसलाइन FHR170 बीपीएम; मध्यम परिवर्तनशीलता; दो त्वरण; शून्य मंदी

D. बेसलाइन FHR 100bpm; न्यूनतम परिवर्तनशीलता; शून्य त्वरण; परिवर्तनशील मंदी

Q.73 निम्नलिखित में से कौन गर्भकालीन मधुमेह के लिए जोखिम कारक नहीं है?

A. मोटापा

B. पिछला मैक्रोसोमिक शिशु

C. अल्प आहार

D. पिछला मृत जन्म

Q.74 एक जब्ती विकार और संभावित तनाव से संबंधित अपने बच्चे की अनूठी मनोवैज्ञानिक जरूरतों के बारे में माता-पिता को समझाने के बाद, उनके द्वारा बताए गए निम्नलिखित में से कौन सा हित आगे के शिक्षण को इंगित करेगा?

A. साथियों से अलग महसूस करना

B. खराब आत्म छवि

C. संज्ञानात्मक देरी

D. निर्भरता

Q.75 जबकि लॉरेंस का क्लिनिक में मूल्यांकन किया जा रहा था, नर्स रेचल ने देखा कि बच्चा छोटा प्रतीत होता है, एक अपरिपक्व चेहरा और गोल-मटोल शरीर के साथ। उसके माता-पिता ने कहा कि उनके बच्चे के शरीर के सभी अंगों की वृद्धि दर कुछ धीमी है, लेकिन उसका अनुपात और बुद्धि सामान्य बनी हुई है। एक जानकार नर्स के रूप में, आप जानते हैं कि बच्चे में निम्न में से किसकी कमी है?

A. एंटीडाययूरेटिक हार्मोन (एडीएच)

B. पैराथायरायड हार्मोन (पीटीएच)

C. ग्रोथ हार्मोन (जीएच)

D. मेलानोसाइट-स्टिमुलेटिंग हार्मोन (एमएसएच)

Q.76 बढ़ते बच्चों में, वृद्धि हार्मोन की कमी के परिणामस्वरूप छोटे कद और बहुत धीमी वृद्धि दर होती है। छोटा कद निम्नलिखित में से किसका परिणाम हो सकता है?

A. एंटीरियर पिट्यूटरी ग्लैंड हाइपोफंक्शन

B. पोस्टीरियर पिट्यूटरी ग्लैंड हाइपोफंक्शन

C. पैराथाइरॉइड ग्लैंड हाइपरफंक्शन

D. थाइरोइड ग्लैंड हाइपरफंक्शन

Q.77 डायबिटीज मेलिटस से पीड़ित एक बच्चे को प्रतिदिन इंसुलिन के इंजेक्शन से स्थिर किया गया है। एक नर्स इंसुलिन के संबंध में एक निर्वहन शिक्षण योजना तैयार करती है। शिक्षण योजना को निम्नलिखित में से किस अवधारणा को सुदृढ़ करना चाहिए?

A. इंसुलिन की शीशियों को हमेशा फ्रिज में रखें

B. व्यायाम से पहले इंसुलिन की मात्रा बढ़ाएं

C. यूरिन में केटोन्स कम इंसुलिन की आवश्यकता का संकेत देते हैं

D. इंजेक्शन साइटों को व्यवस्थित रूप से घुमाएं

Q.78 मिस्टर एंड मिसेज एंड्रूज के बच्चे को ड्यूचेन मस्कुलर डिस्ट्रॉफी का पता चला था; निम्नलिखित में से कौन सा आमतौर पर स्थिति का पहला संकेत है?

A. स्तनपान करने की असमर्थता

B. बच्चे के चलने में आलस्य

C. प्रीस्कूलर में चलने में कठिनाई

D. स्कूली उम्र के बच्चे में घट रहा समन्वय

Q.79 पशुओं का हृदय ___ कक्षों से बना होता है।

A. दो   B. तीन   C. चार   D. पांच

Q.80 ________ का आकलन करने के लिए मिडक्लेविकुलर लाइन को पल्पेट करना सही तकनीक है।

A. बेसलाइन महत्वपूर्ण संकेत

B. सिस्टोलिक रक्तचाप

C. श्वसन दर

D. एपिकल पल्स

Q.81 जब रोगी को अस्पताल में भर्ती कराया जाता है तो किस नाड़ी की अनुपस्थिति महत्वपूर्ण खोज नहीं हो सकती है?

A. शिखर-संबंधी   B. रेडियल

C. पेडल   D. और्विक

Q.82 नर्स इस बात से अवगत है कि एल्ब्यूमिन के अंतःसावी प्रशासन से जुड़े शरीर के तरल पदार्थ में बदलाव ______ की प्रक्रिया में होता है।

A. ऑस्मोसिस   B. विसरण

C. सक्रिय ट्रांसपोर्ट   D. छानने का काम

Q.83 निम्न में से कौन सा कथन डिस्पैगिया के रोगी के बारे में गलत है?

A. रोगी को कस्टर्ड जैसे शुद्ध या नरम खाद्य पदार्थ मिलेंगे, जो पानी की तुलना में निगलने में आसान होते हैं

B. फाउलर या सेमी फाउलर की स्थिति निगलने के दौरान आकांक्षा के जोखिम को कम करती है

C. रोगी को हमेशा खुद खाना चाहिए

D. नर्स को दूध पिलाने में सहायता करने से पहले ओरल स्वच्छता करनी चाहिए

Q.84 एक मरीज का दाहिना पैर क्षत-विक्षत होने से ठीक हो रहा है। एक नर्स रोगी को घाव भरने को बढ़ावा देने के लिए विटामिन सी में प्राकृतिक रूप से उच्च खाद्य पदार्थ खाने के लिए प्रोत्साहित करती है?

A. दूध   B. चिकन   C. केला   D. स्ट्रॉबेरीज

Q.85 निम्नलिखित में से कौन सा संवहनी तंत्र उम्र बढ़ने से परिणाम बदलता है?

A. रक्त वाहिकाओं के परिधीय प्रतिरोध में वृद्धि

B. रक्त प्रवाह में कमी

C. बाएं वेंट्रिकल का बढ़ा हुआ कार्यभार

D. उपरोक्त सभी

Q.86 बर्जर रोग के रोगी के लिए धूम्रपान बंद करना एक महत्वपूर्ण रणनीति है, नर्स का अनुमान है कि रोगी किस दवा के नुस्खे के साथ घर जाएगा?

A. पैरासिटामोल **B.** आइबुप्रोफ़ेन

C. नाइट्रोग्लिसरीन **D.** निकोटीन

Q.87 अस्पताल में मरीज की मृत्यु के बाद नर्स की सबसे महत्वपूर्ण कानूनी जिम्मेदारी _______ होती है।

A. एक शव परीक्षा की सहमति प्राप्त करना

B. कोरोनर या मेडिकल परीक्षक को सूचित करना

C. लाश को उचित रूप से लेबल करना

D. यह सुनिश्चित करना कि उपस्थित चिकित्सक मृत्यु प्रमाण पत्र जारी करता है

Q.88 कठोर मोर्टिस होने से पहले, नर्स _______ के लिए जिम्मेदार होती है।

A. पूर्ण स्नान और ड्रेसिंग परिवर्तन प्रदान करना

B. एक तकिया शरीर के सिर और कंधों के नीचे रखें

C. देह के वस्त्र उतार कर कफन में लपेट कर

D. शरीर को सामान्य रूप से आराम करने की अनुमति देना

Q.89 जब फेफड़े के कैंसर के अंतिम चरण में एक रोगी चेतना की हानि का प्रदर्शन करना शुरू कर देता है, तो एक प्रमुख नर्सिंग प्राथमिकता _______ होती है।

A. रोगी को चोट लगने से बचाएं

B. एक वायुमार्ग सम्मिलित करें

C. बिस्तर के सिर को ऊपर उठाएं

D. सभी दर्द निवारक दवाएं वापस ले लें

Q.90 गर्भावस्था के 27वें सप्ताह में 23 वर्षीय एक मरीज को 6 दिनों के लिए पूर्ण बेड रेस्ट पर अस्पताल में भर्ती कराया गया है। उसे सीने में दर्द के साथ अचानक सांस लेने में तकलीफ होती है। निम्नलिखित में से कौन सी स्थिति उसके लक्षणों का सबसे संभावित कारण है?

A. एथेरोस्क्लेरोसिस के इतिहास के कारण मायोकार्डियल रोधगलन

B. गहरी शिरा घनास्रता (DVT) के कारण फुफ्फुसीय अन्त: शल्यता

C. अपने बच्चे के स्वास्थ्य की चिंता के कारण चिंता का दौरा पड़ना

D. द्रव अधिभार के कारण हृदयाघात

Q.91 थ्रोम्बोलाइटिक थेरेपी का उपयोग अक्सर संदिग्ध स्ट्रोक के उपचार में किया जाता है। निम्नलिखित में से कौन थ्रोम्बोलाइटिक थेरेपी से जुड़ी एक महत्वपूर्ण जटिलता है?

A. एयर एम्बोलस **B.** मस्तिष्कीय रक्तस्राव

C. थक्के का विस्तार **D.** थक्के का संकल्प

Q.92 नर्स एक 13 वर्षीय महिला को कमर के बल आगे की ओर झुकने के लिए कहती है, जिसमें हाथ स्वतंत्र रूप से लटके हों। निम्नलिखित में से कौन-सा आकलन नर्स द्वारा किया जाएगा?

A. रीढ़ की हड्डी का लचीलापन

B. पैर की लंबाई असमानता

C. हाइपोस्टेटिक रक्तचाप

D. स्कोलियोसिस

Q.93 एक नर्स को बाल चिकित्सा रुमेटोलॉजी क्लिनिक को सौंपा गया है और वह उस बच्चे का आकलन कर रही है जिसमे अभी-अभी किशोर

अज्ञातहेतुक गठिया का पता चला है। रोग के बारे में निम्नलिखित में से कौन सा कथन सबसे सटीक है?

A. संयुक्त विकृति के बिना बच्चे के ठीक होने की संभावना कम होती है।

B. अधिकांश बच्चे वयस्क रूमेटोइड गठिया में प्रगति करते हैं।

C. स्टेरॉयडमुक्त प्रज्वलनरोधी दवाएं उपचार में पहला विकल्प है।

D. शारीरिक गतिविधि कम से कम करनी चाहिए।

Q.94 एक क्लाइंट एक पक्यूटीनियस ट्रांसल्यूमिनल कोरोनरी एंजियोप्लास्टी (पीटीसीए) के लिए निर्धारित है। नर्स जानती है कि एक पीटीसीए _______ है।

A. रोगग्रस्त कोरोनरी धमनी की सर्जिकल मरम्मत

B. एक स्वचालित आंतरिक कार्डियक डिफाइब्रिलेटर की नियुक्ति

C. रक्त प्रवाह में सुधार के लिए रोगग्रस्त कोरोनरी धमनी की दीवार के खिलाफ पट्टिका को संपीड़ित करने वाली प्रक्रिया

D. हृदय की गैर-आक्रामक रेडियोग्राफिक परीक्षा

Q.95 द्विध्रुवी विकार वाला रोगी उन्मत्त व्यवहार प्रदर्शित करता है। नर्सिंग निदान परेशान विचार प्रक्रिया है जो ध्यान केंद्रित करने में कठिनाई से संबंधित है, विचारों की उड़ान के लिए माध्यमिक है। निम्नलिखित में से कौन सा परिणाम मानदंड रोगी में सुधार का संकेत देगा?

A. उपचार के दौरान रोगी सीधे भावनाओं को व्यक्त करता है

B. रोगी एक सकारात्मक "स्वयं" कथन को मौखिक रूप से बताता है

C. रोगी सुसंगत वाक्यों में बोलता है

D. रोगी भावनाओं को शांत करता है

Q.96 हाल ही में सिज़ोफ्रेनिया से पीड़ित एक युवा वयस्क के परिवार के लिए प्रारंभिक शिक्षण सत्र में कौन सी जानकारी सबसे आवश्यक है?

A. इस रोग के लक्षण दिमाग में असंतुलन

B. आनुवंशिक इतिहास सिज़ोफ्रेनिया के विकास से संबंधित एक महत्वपूर्ण कारक है

C. सिज़ोफ्रेनिया एक गंभीर बीमारी है जो किसी व्यक्ति के कामकाज के हर पहलू को प्रभावित करती है

D. इस विकार के परेशान करने वाले लक्षण दवाओं के साथ उपचार के प्रति प्रतिक्रिया कर सकते हैं

Q.97 एक नर्स एक ऐसे मरीज के साथ काम कर रही है जिसे सिज़ोफ्रेनिया, पैरानॉयड टाइप का है। रोगी की भ्रमात्मक धारणाओं से संबंधित निम्नलिखित में से कौन सा परिणाम नर्स स्थापित करेगी?

A. रोगी यूनिट में दैनिक घटनाओं की यथार्थवादी व्याख्या प्रदर्शित करेगा

B. रोगी बिना सहायता के दैनिक स्वच्छता और संवारने का कार्य करेगा

C. रोगी बिना किसी कठिनाई के निर्धारित दवाएं लेगा

D. रोगी इकाई गतिविधियों में भाग लेगा

Q.98 द्विध्रुवी विकार वाला एक रोगी, उन्मत्त प्रकार, अत्यधिक उत्तेजना, भ्रमपूर्ण सोच और कमांड मतिभ्रम का प्रदर्शन करता है। निम्नलिखित में से कौन सा प्राथमिक नर्सिंग निदान है?

A. चिंता

B. बिगड़ा हुआ सामाजिक संपर्क

C. विक्षुब्ध संवेदी-अवधारणात्मक परिवर्तन (श्रवण)

D. अन्य निर्देशित हिंसा के लिए जोखिम

Q.99 आचरण विकार से पीड़ित एक 11 वर्षीय बच्चे को इलाज के लिए मनोरोग इकाई में भर्ती कराया गया है। नर्स निम्नलिखित में से किस व्यवहार का आकलन करेगी?

A. बेचैनी, कम ध्यान अवधि, अति सक्रियता

B. शारीरिक आक्रामकता, कम तनाव सहनशीलता, दूसरों के अधिकारों की अवहेलना

C. सामाजिक कामकाज में गिरावट, अत्यधिक चिंता और चिंता, विचित्र व्यवहार

D. उदासी, भूख न लगना और नींद न आना, गतिविधियों में रुचि की कमी

Q.100 जोस को एम्फैटेमिन मनोविकृति का पता चला और उसे आपातकालीन कक्ष में भर्ती कराया गया। नर्स निम्न में से कौन सी दवा देने की तैयारी करेगी?

A. लिब्रियम   **B.** वैलियम   **C.** एटिवन   **D.** हल्दोल

Q.101 एक गंभीर तनाव विकार वाली महिला रोगी की देखभाल की योजना विकसित करते समय जिसने एक कार दुर्घटना में अपनी बहन को खो दिया। नर्स निम्नलिखित में से किससे पहल करने की अपेक्षा करेगी?

A. दुर्घटना और उसके परिणामों की प्रगतिशील समीक्षा को सुगम बनाना

B. दुर्घटना की चर्चा को तब तक के लिए स्थगित करना जब तक कि रोगी उसे न उठा ले

C. रोगी को दुर्घटना के विवरण से बचने के लिए कहना

D. रोगी को उसकी बहन के व्यवहार का मूल्यांकन करने में मदद करना

Q.102 प्रमुख अवसाद के चिकित्सा निदान वाली महिला रोगी के लिए प्राथमिक नर्सिंग निदान _______ होगा।

A. बदली हुई भूमिका से संबंधित परिस्थितिजन्य निम्न आत्म-सम्मान

B. आदर्श स्व की हानि से संबंधित शक्तिहीनता

C. अवसाद से संबंधित आध्यात्मिक कष्ट

D. अवसाद से संबंधित बिगड़ा हुआ मौखिक संचार

Q.103 एक सुबह रोगी मनोरोग सेवा में एक महिला रोगी नर्स हेज़ल से शिकायत करती है कि वह एक घंटे से अधिक समय से किसी के साथ गतिविधियों में जाने के लिए प्रतीक्षा कर रही है। नर्स हेज़ल ने मरीज़ को जवाब दिया "हम अपना सर्वश्रेष्ठ कर रहे हैं। यूनिट में और भी बहुत से लोग हैं जिन पर भी ध्यान देने की जरूरत है।" यह कथन दर्शाता है कि नर्स द्वारा _______ का प्रयोग किया जाता है।

A. सुरक्षात्मक व्यवहार

B. वास्तविकता सुदृढीकरण

C. सीमा-निर्धारण व्यवहार

D. आवेग नियंत्रण

Q.104 एक 25-वर्षीय पुरुष अनुचित व्यवहार के कारण मानसिक स्वास्थ्य केंद्र में भर्ती है। रोगी आवाजें सुन रहा है, काल्पनिक साथियों को जवाब दे रहा है, और एक समय में कई दिनों तक अपने कमरे में वापस आ रहा है। नर्स समझती है कि वापसी रोगी के _______ के डर से बचाव है।

A. भय   **B.** शक्तिहीनता

C. दंड   **D.** अस्वीकृति

Q.105 एक मरीज नर्स से कहती है, "मुझे बुरा लगता है क्योंकि मेरी माँ नहीं चाहती कि मैं अस्पताल से निकलने के बाद घर वापस आऊँ।" कौन सी नर्सिंग संचार कौशल चिकित्सीय है?

A. "लंबे अस्पताल में भर्ती होने के बाद मरीज के लिए ऐसा महसूस करना काफी आम है।"

B. "आप अपनी माँ से बात क्यों नहीं करते? आपको पता चल सकता है कि उन्हें ऐसा नहीं लगता।"

C. "तुम्हारी माँ एक समझदार व्यक्ति लगती है। मैं उससे संपर्क करने में आपकी मदद करूँगा।"

D. "आपको लगता है कि आपकी मां नहीं चाहती कि आप घर वापस आएं?"

Q.106 एक मुवक्किल की छोटी बेटी कर्फ्यू की अनदेखी कर रही है। ग्राहक कहता है, 'मुझे डर है कि वह गर्भवती हो जाएगी।' नर्स ने जवाब दिया, 'वहां रुको। क्या आपको नहीं लगता कि उसे जीवन के बारे में बहुत कुछ सीखना है?' यह किस कम्युनिकेशन ब्लॉक का उदाहरण है?

A. स्पष्टीकरण का अनुरोध   **B.** ग्राहक को नीचा दिखाना

C. रूढ़िवादी टिप्पणी करना   **D.** जांच-पड़ताल

Q.107 कौन सा नर्सिंग स्टेटमेंट मान्यता देने की चिकित्सीय संचार तकनीक का एक अच्छा उदाहरण है?

A. "आप आज समूह में शामिल नहीं हुए। क्या हम इस बारे में बात कर सकते हैं?"

B. "मैं आपके साथ तब तक बैठूंगा जब तक आपके परिवार के सत्र का समय नहीं हो जाता।"

C. "मैंने देखा कि आपने एक नई पोशाक पहनी है और आपने अपने बाल धोए हैं।"

D. "मुझे खुशी है कि अब आप अपनी दवाएं ले रहे हैं। वे वास्तव में मदद करेंगी।"

Q.108 एक क्लाइंट किसी समस्या का पता लगाने और उसे हल करने के लिए संघर्ष कर रहा है। कौन सा नर्सिंग स्टेटमेंट क्लाइंट के कार्यों के निहितार्थ को स्पष्ट करेगा?

A. "ऐसा लगता है कि आप अपने व्यवहार को बदलने के लिए प्रेरित हैं।"

B. "ये परिवर्तन आपके पारिवारिक संबंधों को कैसे प्रभावित करेंगे?"

C. "आप उन व्यवहारों की सूची क्यों नहीं बनाते जिन्हें आपको बदलने की आवश्यकता है।"

D. "टीम अनुशंसा करती है कि आप एक समय में केवल एक व्यवहार परिवर्तन करें।"

Q.109 नर्स एक नए भर्ती हुए ग्राहक से पूछती है, "हम आपकी मदद के लिए क्या कर सकते हैं?" इस संचार तकनीक का उद्देश्य क्या है?

A. मानसिक स्वास्थ्य उपचार के बारे में ग्राहक के विचारों को फिर से परिभाषित करने के लिए।

B. ग्राहक को आराम से रखने के लिए।

C. किसी विषय, विचार, अनुभव या संबंध का पता लगाने के लिए।

D. संवाद करने के लिए कि नर्स बातचीत सुन रही है।

Q.110 एक छात्र नर्स प्रशिक्षक से कहती है, "मुझे चिंता है कि जब कोई ग्राहक मुझसे सलाह मांगेगा तो मेरे पास कोई अच्छा समाधान नहीं होगा।" नर्सिंग प्रशिक्षक की सबसे अच्छी प्रतिक्रिया कौन सी होनी चाहिए?

A. "एक ग्राहक द्वारा मौके पर महसूस करना डरावना है। नर्सों के पास हमेशा जवाब नहीं होता है।"

B. "याद रखें, ग्राहक, नर्स नहीं, अपनी पसंद और फैसलों के लिए खुद जिम्मेदार हैं।"

C. "बस ग्राहक के सर्वोत्तम हितों को ध्यान में रखें और वह सर्वोत्तम करें जो आप कर सकते हैं।"

D. "अपने अभ्यास के इस पहलू पर काम करना जारी रखने के लिए एक लक्ष्य निर्धारित करें।"

Q.111 एक छात्र नर्स मानसिक विकारों से पीड़ित ग्राहकों के साथ संवाद करते समय स्पर्श के उचित उपयोग के बारे में सीख रही है। प्रशिक्षक का कौन सा कथन चिकित्सीय संचार के इस पहलू के बारे में सर्वोत्तम जानकारी प्रदान करता है?

A. "स्पर्श अलग-अलग व्यक्तियों के लिए एक अलग अर्थ रखता है।"

B. "अक्सर अस्थिर ग्राहक स्थितियों को कम करते समय स्पर्श का उपयोग किया जाता है।"

C. "स्पर्श का उपयोग रुचि और गर्मजोशी को व्यक्त करने के लिए किया जाता है।"

D. "चिंतित ग्राहकों के साथ व्यवहार करते समय स्पर्श को सहानुभूति के साथ सबसे अच्छा जोड़ा जाता है।"

Q.112 कौन सा नर्सिंग स्टेटमेंट ध्यान केंद्रित करने की संचार तकनीक का एक अच्छा उदाहरण है?

A. "इस सप्ताह आपके साथ हुई सबसे अच्छी चीजों में से एक का वर्णन करें।"

B. "मुझे आपका मतलब समझने में मुश्किल हो रही है।"

C. "आपका परामर्श सत्र 30 मिनट में है। मैं तब तक आपके साथ रहूंगा।"

D. "आपने अपने पिता के साथ अपने रिश्ते का जिक्र किया। आइए उस पर आगे चर्चा करें।"

Q.113 रात 10 बजे से उपवास के बाद पिछली शाम, एक ग्राहक को पता चला कि रक्त परीक्षण रद्द कर दिया गया है। ग्राहक नर्स की कसम खाता है और कहता है, "आप अक्षम हैं!" नर्स की सबसे अच्छी प्रतिक्रिया कौन सी है?

A. "क्या आप मानते हैं कि आपके रक्त परीक्षण को रद्द करने का कारण मैं था?"

B. "मैं देख रहा हूं कि आप परेशान हैं, लेकिन जब आप मेरी कसम खाते हैं तो मैं असहज महसूस करता हूं।"

C. "क्या आपने कभी उचित तरीके से क्रोध व्यक्त करने के तरीकों के बारे में सोचा है?"

D. "मैं तुम्हें कुछ जगह दूंगा। अगर आपको कुछ चाहिए तो मुझे बताएं।"

Q.114 नर्स-क्लाइंट की बातचीत के दौरान, कौन-सा नर्सिंग स्टेटमेंट क्लाइंट की भावनाओं और चिंताओं को कम कर सकता है?

A. "चिंता मत करो। सब ठीक हो जाएगा।"

B. "आप चुस्त दिखते हैं।"

C. "मैंने देखा है कि आपने अपने नाखून जल्दी से काट लिए हैं।"

D. "आप निष्कर्ष पर जा रहे हैं।"

Q.115 एरिथ्रोपोएसिस में शुरू होता है:

A. प्लीहा
B. किडनी
C. यकृत
D. लाल अस्थि मज्जा

Q.116 कौन सी अंतःस्रावी ग्रंथि रक्त में निर्वहन से पहले अपने स्राव को बाह्य कोशिकीय स्थानों में संग्रहित करती है?

A. वृषण
B. अग्न्याशय
C. थायराइड
D. अधिवृक्क

Q.117 मस्तिष्क के निम्नलिखित में से कौन सा क्षेत्र अपने कार्य के साथ गलत तरीके से जोड़ा गया है?

A. सेरेब्रम - गणना और चिंतन
B. मेडुला ऑब्लोंगटा - होमोस्टैटिक नियंत्रण
C. सेरिबैलम - भाषा समझ
D. कॉर्पस कॉलोसम - बाएं और दाएं सेरेब्रल कॉर्टेक्स के बीच संचार

Q.118 मानव नेत्र में प्रकाश संवेदी यौगिक का बना होता है:

A. ग्वानोसिन और रेटिनोल
B. ऑप्सिन और रेटिनल
C. ऑप्सिन और रेटिनॉल
D. ट्रांसड्यूसिन और रेटिनिन

Q.119 माइलिन म्यान द्वारा निर्मित है:

A. श्वान कोशिकाएं और ओलिगोडेंड्रोसाइट्स
B. एस्ट्रोसाइट्स और श्वान कोशिकाएं
C. ओलिगोडेंड्रोसाइट्स और ओस्टियोक्लास्ट
D. ओस्टियोक्लास्ट और एस्ट्रोसाइट्स

Q.120 डिब्बाबंद खाद्य पदार्थों में निम्नलिखित में से कौन सा सूक्ष्मजीव समाप्त हो जाता है?

A. लैक्टोबेसिलस
B. क्लोस्ट्रीडियम बोटुलिनम
C. माइकोबैक्टीरियम ट्यूबरक्यूलोसिस
D. कॉक्सिएला बर्नेटी

Q.121 पेट्रोलियम उद्योग से हाइड्रोकार्बन कचरे पर पैदा होने वाली जीवाणु कोशिका का एक स्रोत है:

A. वसा
B. विटामिन
C. कार्बोहाइड्रेट
D. प्रोटीन

Q.122 निम्नलिखित में से कौन सा सूक्ष्मजीव डेक्स्ट्रान का उत्पादन करता है?

A. ल्यूकोनोस्टोक मेसेन्टेरोइड्स

B. स्ट्रेप्टोमाइसेस ओलिवेसीयस
C. बैसिलस थुरिंजिनिसिस
D. बेसिलस पॉलीमिक्सा

Q.123 दही के लिए प्रमुख सूक्ष्मजीव है:

A. ल्यूकोनोस्टोक साइट्रोवोरम
B. स्ट्रेप्टोकोकस लैक्टिस
C. स्ट्रेप्टोकोकस थर्मोफिलस
D. लेक्टोबेसिल्लस एसिडोफिलस

Q.124 निम्नलिखित में से किस यीस्ट का उपयोग सूक्ष्मजीवी प्रोटीन के उत्पादन के लिए किया जा सकता है?

A. एरेमोथेशियम एशबी
B. कैंडिडा उपयोगिता
C. सैक्रोमाइसेस सेरेविसिया
D. कैंडिडा मिलेरी

Q.125 एक्रिडीन ऑरेंज किस प्रकार का उत्परिवर्तजन है?

A. रासायनिक यौगिक
B. ट्रांसपोज़न
C. आधार अनुरूप
D. इंटरकैलेटिंग एजेंट

Q.126 कोशिका भित्ति में लिपोपॉलीसेकेराइड की विशेषता है:

A. शैवाल
B. कवक
C. ग्राम-नकारात्मक बैक्टीरिया
D. ग्राम पॉजिटिव बैक्टीरिया

Q.127 निम्नलिखित में से कौन टेकोइक एसिड में मौजूद हैं?

A. ग्लिसरॉल अवशेष
B. रिबिटोल अवशेष
C. ग्लूकोज अवशेष
D. रिबिटोल या ग्लिसरॉल अवशेष

Q.128 निम्नलिखित में से कौन साइटोप्लाज्मिक झिल्ली के लिए सही हैं?

A. प्रोटोमोटिव बल की पीढ़ी की साइट
B. हाइड्रोफिलिक बाधा
C. हाइड्रोफोबिक बाधा
D. हाइड्रोफोबिक बाधा और प्रोटोमोटिव बल की पीढ़ी की साइट

Q.129 डर्मेटोफाइटिक रोगों ने संक्रमण को जिम्मेदार ठहराया:

A. इंसान
B. कीड़े
C. बंदर
D. पक्षीयां

Q.130 "हेमलिच" प्रक्रिया का मुख्य उद्देश्य क्या है?

A. पीड़ितों के वायुमार्ग में रुकावट को दूर करने के लिए
B. सांस लेने वाले पीड़ितों की अनुपस्थिति का इलाज करने के लिए
C. अपर्याप्त सांस का इलाज करने के लिए
D. इनमें से कोई नहीं

Q.131 मानव शरीर द्वारा उत्पादित कार्बन डाइऑक्साइड (CO_2) के साथ क्या होता है?

A. यह शरीर की कोशिकाओं में रहता है।
B. इसे हृदय की मांसपेशी में स्थानांतरित किया जाता है।
C. यह रक्त और श्वास प्रणाली के माध्यम से समाप्त हो जाता है।
D. इसे मस्तिष्क की मांसपेशी में स्थानांतरित किया जाता है।

Q.132 एक व्यक्ति बेसुध की एक छोटी अवधि 'बेहोशी' का अनुभव करे तो इससे बचने के लिए आप क्या कर सकते हैं?

A. पीड़ित से बात करें और एक दर्द स्ट्रोक का प्रबंध करें
B. पीड़ित को उनकी कुर्सी पर रहने दें
C. ताजी हवा देना, पीड़ित को लेटने दें और पीड़ित को आश्वस्त करें

D. पीड़ित को CPR दें

Q.133 कम चेतना वाले पीड़ित पर क्या लागू होता है?
A. पीड़ित अभी भी बोलने में सक्षम है
B. सदमे में है पीड़ित
C. पीड़ित बोलने और कांपने पर प्रतिक्रिया नहीं करती
D. पीड़ित अब भी सतर्क

Q.134 आप नस से खून बहने की पहचान कैसे कर सकते हैं?
A. घाव से खून बराबर बहता है।
B. घाव से नाड़ी के साथ खून बहता है।
C. घाव से धीरे-धीरे खून बहता है।
D. इनमें से कोई नहीं

Q.135 व्यक्तित्व विकास का मनोसामाजिक सिद्धांत किसके द्वारा विकसित किया गया था?
A. एरिक ऐरिक्सन
B. सिगमंड फ्रॉयड
C. कार्ल रोजर
D. जीन पियाजे

Q.136 निम्नलिखित में से कौन व्यक्तित्व मूल्यांकन की वस्तुनिष्ठ तकनीक है?
A. जीवनी
B. रेटिंग स्केल
C. सोशियोमेट्री
D. उपरोक्त सभी

Q.137 मनुष्य का विकास इससे प्रभावित होता है:
A. माता-पिता और शिक्षक
B. मनोवैज्ञानिक और सांस्कृतिक कारक
C. माता-पिता और रिश्तेदार
D. आनुवंशिकता और पर्यावरण

Q.138 निम्नलिखित में से कौन सा जैविक कारक किसी के व्यक्तित्व का निर्धारण करने में सबसे महत्वपूर्ण है?
A. तंत्रिका तंत्र
B. अंत: स्रावी ग्रंथियां
C. ऊंचाई और वजन
D. शारीरिक संरचना

Q.139 प्रेरणा का अर्थ है:
A. उत्साह
B. बाह्य उत्साह
C. आंतरिक उत्साह
D. उपरोक्त में से कोई नहीं

Q.140 निम्नलिखित में से किस व्यक्तित्व मूल्यांकन परीक्षण में एक व्यक्ति को एक चित्र दिया जाता है और उसे चित्र के बारे में एक कहानी बनाने के लिए कहा जाता है?
A. प्रश्नावली विधि
B. रेटिंग पैमाना
C. प्रक्षेपी परीक्षण
D. साक्षात्कार विधि

Q.141 पर्सनालिटी (व्यक्तित्व) शब्द लैटिन शब्द 'पर्सोना' से लिया गया है जिसका अर्थ _____ है।
A. नाटक
B. मुखौटा
C. कपड़ा
D. चेहरा

Q.142 निम्नलिखित में से कौन सी सीखने की विशेषता है?
A. सीखना व्यवहार के संशोधन की एक प्रक्रिया है।
B. सीखना एक उद्देश्यपूर्ण और लक्ष्य-निर्देशित प्रक्रिया है।
C. सीखना एक स्व-सक्रिय प्रक्रिया है जो एक सामाजिक व्यवस्था या वातावरण में होती है।
D. उपरोक्त सभी

Q.143 सीखने का परीक्षण और त्रुटि सिद्धांत किसके द्वारा दिया गया था?
A. इवान पावलव
B. थार्नडाइक
C. स्किनर
D. कोहलर

Q.144 थार्नडाइक के अनुसार, निम्नलिखित में से कौन-सा अधिगम का नियम नहीं है?
A. तत्परता का नियम
B. कम व्यायाम या अभ्यास
C. प्रभाव का नियम
D. स्मृति का नियम

Q.145 क्या होता है जब अपशिष्ट (कचरा) खुले में फेंक दिया जाता है?
A. मृदा प्रदूषण
B. जल प्रदूषण
C. वायु प्रदूषण
D. उपरोक्त सभी

Q.146 प्रवाहमान धाराओं का स्वः-शुद्धिकरण किसके कारण हो सकता है?
A. विलयन, अवसादन, और ऑक्सीकरण
B. अवसादन, ऑक्सीकरण, और जमावट
C. विलयन, अवसादन, और जमावट
D. विलयन, ऑक्सीकरण, और जमावट

Q.147 नदी में गन्दे पानी के शुद्धीकरण के लिए कौन सा कारक उत्तरदायी होता है?
A. पानी में विघटित ऑक्सीजन
B. तापमान
C. विक्षोभ
D. उपरोक्त सभी

Q.148 गीले कचरे को खाद में बदलने की प्रक्रिया को _____ कहा जाता है।
[RRB (NTPC), 2017]
A. भस्मीकरण
B. संरक्षण
C. चयापचय
D. कम्पोस्टिंग

Q.149 निम्नलिखित में से, कौन परमाणु कचरे के डंपिंग के लिए बेहतर है?
A. नमक की खानें
B. रेगिस्तान
C. वन
D. महासागर

Q.150 डाइऑक्सिन एक _____ है।
A. कीटनाशक
B. भारी धातु
C. अपमिश्रक
D. पर्यावरण संदूषक

Q.151 खाद्य संदूषकों का अर्थ क्या है?
A. उन्हें स्वेच्छा से प्रसंस्करण के लिए भोजन में जोड़ा जाता है।
B. पदार्थ स्वेच्छा से भोजन में नहीं मिलाए जाते हैं लेकिन प्रसंस्करण/उपचार/पैकेजिंग आदि के कारण मौजूद होते हैं।
C. हानिकारक रसायनों और सूक्ष्म जीवों की उपस्थिति
D. इनमें से कोई भी नहीं

Q.152 अपशिष्ट जल उपचार के दौरान, प्लास्टिक की बोतलें, प्लास्टिक और डिब्बे जैसी बड़ी वस्तुओं को किसके द्वारा हटा दिया जाता है?
A. बार स्क्रीन
B. निस्यन्दन
C. वायु संचारण
D. क्लोरीनीकरण

Q.153 इंसुलिन क्या बढ़ाता है:
A. ग्लाइकोजेनोलिसिस
B. ग्लाइकोजेनोलिसिस
C. ग्लाइकोनोजेनेसिस
D. ग्लाइकोलिसिस

Q.154 निम्नलिखित में से कौन सा संगठन मानव स्वास्थ्य को पर्यावरणीय नुकसान से बचाने के लिए समर्पित है?
A. पर्यावरण और मानव स्वास्थ्य
B. पर्यावरण और वैज्ञानिक विज्ञान
C. पारिस्थितिक संरक्षण संगठन
D. पारिस्थितिक विज्ञान और समाधान

Q.155 निम्नलिखित में से किसे हाथ धोने का सबसे महत्वपूर्ण पहलू माना जाता है?
A. साबुन
B. पानी
C. टकराव
D. समय

Q.156 निम्नलिखित में से कौन स्वास्थ्य को बढ़ावा देने वाली जीवन शैली नहीं है?

A. प्रातः काल नियमित रूप से टहलना।

B. अत्यधिक वसायुक्त, मसालेदार और तैलीय व्यंजनों का सेवन।

C. नशीली दवाओं से परहेज।

D. व्यक्तिगत स्वच्छता का ध्यान रखना।

Q.157 यदि उचित स्वच्छता बनाए रखी जाए तो निम्नलिखित में से किस रोग से बचा जा सकता है?

A. एथलीट फुट और क्राशिरोरकर

B. दस्त और एनीमिया

C. एथलीट फुट और लाइस

D. दाद और अस्थमा

Q.158 स्वास्थ्य को व्यवस्थित रखने हेतु स्वच्छता के नियमों में क्या शामिल हैं?

A. व्यक्तिगत स्वच्छता   **B.** घरेलू स्वच्छता

C. वायुमंडलीय स्वच्छता   **D.** उपरोक्त सभी

Q.159 सूक्ष्मजीवों से उत्पन्न वह पदार्थ, जिसे जीवाणु को मारने या उसके गुणन को रोकने के लिए उपयोग में लिया जाता है, ______ कहलाता है।

A. प्रतिजैविक (एन्टीबायोटिक)

B. प्रतिजन (एन्टीजन)

C. हॉर्मोन

D. एंजाइम

Q.160 एक बैक्टीरियल न्यूमोनिया से ग्रस्त रोगी को एंटीबायोटिक का कोर्स (Course) शुरू करने से पहले कौन-सा परीक्षण करवाने का सुझाव दिया जाता है?

A. RBC परीक्षण

B. सीने का X-Ray

C. स्पुटम (Sputum) का संवर्धन

D. मूत्र का विश्लेषण

Q.161 एनाफिलेक्टिक-प्रकार की प्रतिक्रिया के लिए जिम्मेदार इम्युनोग्लोबुलिन की पहचान कीजिये।

A. I_gG **B.** I_gE **C.** I_gM **D.** I_gA

Q.162 निम्नलिखित में से कौन सा जीव जेनाइटल वार्ट्स के लिए जिम्मेदार है?

A. ट्रेपोनिमा पैलिडम

B. निसेरिया गोनोरिया

C. ट्राइकोमोनास वैजाइनलिस

D. ह्यूमन पेपिलोमावायरस

Q.163 निम्नलिखित में से एक ऑटोसोमल डोमिनेंट डिसऑर्डर की पहचान कीजिये।

A. टे साक्स रोग   **B.** सिस्टिक फिब्रोसिस

C. सिकल सेल एनीमिया   **D.** हनटिंग्टन रोग

Q.164 एक 60 वर्षीय रोगी तीव्र गाउटी गठिया (संधिशोथ) के साथ आपात स्थिति में अस्पताल आता है। तत्काल नर्सिंग हस्तक्षेप ______ होगा।

A. दर्द दूर करना

B. बैसाखी के सहारे चलने का प्रदर्शन करना

C. आहार परिवर्तन सिखाना

D. मूत्रवर्धक का प्रबंध करके मूत्र को बढ़ावा देना

Q.165 शराबी (ऐल्कोहॉलिक) मरीज को अचेत अवस्था में आपके सामने पेश किया गया है। आप उसे क्या देंगे?

A. 10% D/W

B. थायमिन के साथ 10% D/W

C. 25% D/W

D. मैनिटॉल

Q.166 निम्नलिखित में से किसके कार्य का आकलन करने के लिए एक सिस्टोमेट्रोग्राम किया जाता है?

A. प्रोस्टेट   **B.** फेफड़े   **C.** मूत्राशय   **D.** पित्ताशय

Q.167 स्पृश्यकंप (फ्रीमिटस) क्या है?

A. चौड़ा पर्शुक कोण

B. श्वसन के लिए सहायक पेशियों का उपयोग

C. रोगी के बोलने पर वक्षभित्ति के माध्यम से बोधगम्य कंपन का महसूस होना

D. श्वसन के दौरान वक्षीय डायाफ्राम की गति

Q.168 वाहिका स्फीति (टेलनजिक्टेशिया) क्या है?

A. घाव की सीमा से परे अतिवर्धित निशान

B. चकत्तों में होने वाली लालिमा

C. उपरिस्थ शिराओं का बढ़ा हुआ उभार

D. फैली हुई, सतही, त्वचीय छोटी रक्त वाहिकाएं

Q.169 वाहिनीहीन ग्रंथियां, जो अपने स्राव को सीधे रक्त में स्रावित करती हैं क्या कहलाती हैं?

A. अंतःस्रावी ग्रंथि   **B.** बहिःस्रावी ग्रंथि

C. पूर्ण स्रावी ग्रंथि   **D.** अंशस्रावी ग्रंथि

Q.170 अधिचर्म की उत्पत्ति भ्रूण की किस अवस्था से होती है?

A. मध्य त्वचा   **B.** बाह्यत्वचा

C. अंतस्त्वचा   **D.** इन सभी से

// स्मार्ट उत्तर पुस्तिका //

सही उत्तर — उन छात्रों का प्रतिशत जिन्होंने प्रश्नों का सही उत्तर दिया था।　　छोड़ दिया — उन छात्रों का प्रतिशत जिन्होंने प्रश्नों को छोड़ दिया था।

प्रश्न संख्या	उत्तर	सही उत्तर / छोड़ दिया	प्रश्न संख्या	उत्तर	सही उत्तर / छोड़ दिया	प्रश्न संख्या	उत्तर	सही उत्तर / छोड़ दिया	प्रश्न संख्या	उत्तर	सही उत्तर / छोड़ दिया	प्रश्न संख्या	उत्तर	सही उत्तर / छोड़ दिया	प्रश्न संख्या	उत्तर	सही उत्तर / छोड़ दिया
1	A	44.8% / 37.58%	22	D	64.36% / 32.96%	43	A	64.81% / 35.02%	64	A	83.65% / 15.2%	85	D	61.98% / 36.55%	106	C	60.96% / 35.05%
2	B	87.85% / 10.51%	23	B	55.31% / 31.81%	44	B	53.82% / 42.35%	65	B	54.68% / 38.59%	86	D	41.32% / 50.87%	107	C	48.03% / 32.8%
3	C	62.72% / 34.91%	24	D	55.38% / 31.92%	45	D	28.05% / 70.29%	66	C	55.95% / 31.91%	87	C	24.28% / 74.8%	108	A	19.04% / 67.47%
4	C	60.5% / 37.23%	25	A	56.95% / 37.11%	46	C	48.6% / 34.96%	67	B	42.2% / 50.21%	88	B	83.11% / 10.77%	109	C	60.23% / 36.58%
5	A	42.2% / 51.33%	26	C	61.49% / 30.14%	47	A	48.14% / 34.92%	68	B	67.15% / 30.63%	89	A	79.63% / 18.25%	110	B	68.36% / 31.55%
6	C	85.48% / 13.93%	27	D	63.93% / 33.51%	48	A	13.8% / 77.58%	69	B	54.51% / 35.58%	90	B	22.85% / 75.36%	111	A	20.42% / 76.25%
7	B	14.49% / 71.74%	28	D	49.04% / 36.71%	49	B	50.63% / 35.44%	70	D	23.02% / 74.89%	91	B	48.84% / 38.95%	112	D	61.69% / 35.86%
8	B	15.93% / 69.07%	29	C	49.78% / 40.69%	50	C	45.12% / 34.79%	71	D	53.92% / 44.28%	92	D	45.01% / 46.35%	113	B	51.72% / 38.73%
9	B	76.96% / 16.9%	30	D	45.05% / 47.55%	51	D	68.75% / 30.32%	72	D	19.14% / 67.88%	93	C	84.24% / 12.63%	114	A	77.56% / 14.11%
10	C	80.61% / 13.76%	31	D	79.39% / 14.59%	52	B	52.1% / 42.06%	73	C	67.51% / 30.6%	94	C	59.92% / 34.85%	115	D	64.72% / 35.19%
11	B	86.25% / 11.54%	32	C	30.85% / 69.14%	53	C	87.01% / 11.94%	74	C	40.41% / 33.64%	95	C	88.75% / 10.02%	116	C	87.54% / 12.35%
12	D	50.64% / 33.15%	33	A	24.45% / 72.07%	54	A	67.78% / 30.82%	75	C	24.59% / 67.14%	96	D	53.48% / 39.11%	117	D	11.84% / 79.61%
13	C	47.39% / 32.71%	34	B	67.35% / 30.12%	55	D	64.88% / 31.09%	76	A	49.33% / 46.9%	97	A	62.44% / 30.78%	118	B	51.28% / 43.06%
14	D	83.96% / 10.61%	35	D	41.85% / 30.34%	56	B	81.03% / 16.62%	77	D	62.82% / 30.78%	98	D	53.15% / 40.1%	119	A	46.22% / 42.18%
15	C	89.16% / 10.55%	36	B	76.55% / 10.75%	57	A	15.9% / 78.42%	78	C	53.89% / 33.76%	99	B	82.97% / 16.01%	120	B	51.2% / 45.93%
16	A	19.25% / 79.3%	37	C	79.83% / 19.19%	58	D	54.6% / 40.17%	79	C	77.16% / 11.57%	100	D	47.58% / 47.99%	121	D	62.64% / 32.64%
17	A	85.11% / 14.34%	38	A	79.77% / 18.58%	59	C	60.64% / 38.11%	80	D	57.52% / 38.25%	101	A	42.67% / 36.35%	122	A	58.66% / 32.44%
18	C	41.59% / 51.55%	39	D	61.31% / 30.25%	60	D	69.44% / 30.11%	81	C	40.24% / 59.02%	102	D	58.87% / 37.46%	123	C	81.42% / 17.81%
19	C	44.62% / 32.08%	40	D	68.43% / 30.83%	61	C	30.44% / 67.02%	82	A	43.19% / 38.37%	103	A	60.82% / 31.18%	124	B	52.25% / 37.28%
20	A	66.48% / 32.0%	41	A	82.69% / 10.4%	62	A	49.5% / 34.23%	83	C	47.97% / 31.55%	104	D	64.36% / 31.73%	125	D	78.68% / 20.86%
21	B	63.13% / 36.05%	42	D	66.52% / 31.02%	63	C	65.14% / 34.35%	84	D	47.9% / 41.57%	105	D	62.23% / 31.45%	126	C	63.1% / 34.14%

प्रश्न संख्या	उत्तर	सही उत्तर / छोड़ दिया	प्रश्न संख्या	उत्तर	सही उत्तर / छोड़ दिया	प्रश्न संख्या	उत्तर	सही उत्तर / छोड़ दिया	प्रश्न संख्या	उत्तर	सही उत्तर / छोड़ दिया	प्रश्न संख्या	उत्तर	सही उत्तर / छोड़ दिया	प्रश्न संख्या	उत्तर	सही उत्तर / छोड़ दिया	प्रश्न संख्या	उत्तर	सही उत्तर / छोड़ दिया
127	D	55.65 % / 34.37 %	135	A	44.45 % / 34.13 %	143	B	50.63 % / 36.61 %	151	B	57.02 % / 32.23 %	159	A	68.2 % / 31.45 %	167	C	45.6 % / 32.03 %
128	D	40.86 % / 51.02 %	136	D	65.55 % / 32.66 %	144	D	49.42 % / 34.85 %	152	A	63.72 % / 35.34 %	160	C	50.42 % / 44.25 %	168	D	49.34 % / 33.16 %
129	B	51.11 % / 44.3 %	137	D	55.03 % / 31.43 %	145	D	52.89 % / 37.76 %	153	B	56.16 % / 35.32 %	161	B	52.26 % / 30.69 %	169	A	42.45 % / 54.66 %
130	A	10.3 % / 87.46 %	138	D	58.99 % / 32.64 %	146	A	45.76 % / 45.99 %	154	A	49.78 % / 34.81 %	162	D	54.39 % / 38.37 %	170	B	65.72 % / 33.69 %
131	C	61.77 % / 31.15 %	139	C	80.84 % / 16.23 %	147	D	44.81 % / 51.32 %	155	C	58.56 % / 38.98 %	163	D	22.0 % / 69.05 %			
132	C	85.42 % / 12.07 %	140	C	27.44 % / 69.32 %	148	D	42.91 % / 46.3 %	156	B	67.84 % / 31.75 %	164	A	45.84 % / 48.54 %			
133	A	58.63 % / 35.54 %	141	B	76.42 % / 17.01 %	149	A	69.42 % / 30.06 %	157	C	54.77 % / 32.69 %	165	B	44.74 % / 30.64 %			
134	A	60.08 % / 38.33 %	142	D	20.51 % / 78.59 %	150	D	45.87 % / 40.37 %	158	D	49.67 % / 48.18 %	166	C	53.36 % / 46.36 %			

//संकेत और समाधान//

1. पायल जांगिड़ को बिल और मेलिंडा गेट्स फाउंडेशन द्वारा वर्ष 2019 के लिए 'चेंजमेकर पुरस्कार' से सम्मानित किया गया है।

बिल गेट्स और उनकी पत्नी मेलिंडा गेट्स द्वारा स्थापित यह संगठन लोगों को स्वस्थ, उत्पादक जीवन जीने में मदद करता है। विकासशील देशों में, संगठन लोगों के स्वास्थ्य में सुधार लाने और उन्हें खुद को भुखमरी और अत्यधिक गरीबी से बाहर निकालने का मौका प्रदान करने पर ध्यान केंद्रित करता है। इसका मुख्यालय वाशिंगटन, अमेरिका में है।

पायल जांगिड़ को गोलकीपर ग्लोबल गोल्स अवार्ड्स 2019 में 'चेंजमेकर अवार्ड' से सम्मानित किया गया। उन्हें उनके गाँव में बाल विवाह के उन्मूलन के लिए उनके काम के लिए सम्मानित किया गया था। उनके गुरु नोबेल शांति पुरस्कार विजेता कैलाश सत्यार्थी और बाल अधिकार कार्यकर्ता सुमेधा कैलाश थे।

अतः विकल्प (A) सही है।

2. भारतीय भाला फेंक खिलाड़ी, देवेंद्र झाझरिया ने मोरक्को में विश्व पैरा एथलेटिक्स ग्रां प्री 2022 में रजत पदक जीता है।

पैरालिंपिक के स्वर्ण पदक विजेता देवेंद्र झाझरिया ने रजत पर कब्जा करने के लिए 60.97 मीटर की दूरी तक भाला फेंका। वह तीन बार के पैरालिंपिक पदक विजेता हैं।

अतः विकल्प (B) सही है।

3. स्वतंत्र भारत का पहला "निवारक निरोध बिल" 1950 में सरदार पटेल द्वारा पेश किया गया था। पटेल ने कहा था कि विधेयक पेश करना जरूरी है या नहीं, यह तय करने से पहले उनकी कई रातों की नींद उड़ी हुई थी। नतीजतन, निवारक निरोध अधिनियम, 1950 को संसद द्वारा 26 फरवरी 1950 को अधिनियमित किया गया था।

अतः विकल्प (C) सही है।

4. भारतीय संविधान की चौथी अनुसूची हमें राज्यसभा सीटों के आवंटन के बारे में बताती है।

प्रत्येक राज्य/केंद्रशासित प्रदेश से चुने जाने वाले राज्य सभा के सदस्यों की संख्या संविधान की चौथी अनुसूची द्वारा तय की गई है।

भारत में, राज्यों/केंद्रशासित प्रदेशों की सीटें बड़ी आबादी पर निर्भर होती है जनसंख्या के छोटे राज्यों के साथ राज्यों की तुलना में अधिक प्रतिनिधि सीटें मिलती हैं।

अतः विकल्प (C) सही है।

5. संयुक्त राष्ट्र महासभा में वोटिंग शेयर सभी सदस्यों के समान वोट के आधार पर सदस्यों के बीच वितरित किए जाते हैं।

संयुक्त राष्ट्र महासभा: महत्वपूर्ण प्रश्नों पर सामान्य सभा में मतदान, अर्थात्, शांति और सुरक्षा, बजटीय चिंताओं और सदस्यों के चुनाव, प्रवेश, निलंबन या निष्कासन पर सिफारिशें - वर्तमान और मतदान के दो-तिहाई बहुमत से होती हैं। अन्य प्रश्न सीधे बहुमत से तय किए जाते हैं। प्रत्येक सदस्य देश का एक मत होता है। मूल्यांकन के पैमाने को अपनाने सहित, बजटीय मामलों के अनुमोदन के अलावा, विधानसभा के प्रस्ताव सदस्यों पर बाध्यकारी नहीं होते हैं। सुरक्षा परिषद के विचार के तहत शांति और सुरक्षा के मामलों को छोड़कर असेंबली संयुक्त राष्ट्र के दायरे में किसी भी मामले पर सिफारिशें दे सकती है। एक राज्य, एक वोट शक्ति संरचना संभावित रूप से राज्यों को दो-तिहाई वोट से एक प्रस्ताव पारित करने के लिए दुनिया की आबादी का सिर्फ पांच प्रतिशत शामिल है।

अतः विकल्प (A) सही है।

6. यह चकेशंग जनजाति द्वारा मनाया जाने वाला प्रमुख त्यौहारों में से एक है, जो मुख्य रूप से रजेबा क्षेत्र से पोमई चकेशेंग द्वारा मनाया जाता है।

मणिपुर में पोमई समुदाय के लिए, थूनी नई फसल का एक प्रमुख त्यौहार है। यह हर साल 5 जनवरी से मनाया जाता है और कई दिनों तक जारी रहता है। सबसे महत्वपूर्ण बात यह है कि थूनी समानता का त्यौहार है जब अमीर और गरीब दोनों; वृद्ध और युवा एक ही बैरल बीयर और एक ही भोजन खाते हैं।

अत: विकल्प (C) सही है।

7. एलएम सिंघवी समिति 1986 में राजीव गांधी द्वारा "लोकतंत्र और विकास के लिए पंचायती राज संस्थान के पुनरोद्धार" पर नियुक्त की गई थी।

समिति	वर्ष	अनुशंसा
एलएम सिंघवी समिति	1986	स्थानीय स्वशासन की संवैधानिक मान्यता। 1986 में राजीव गांधी द्वारा "लोकतंत्र और विकास के लिए पंचायती राज संस्थान के पुनरोद्धार" पर समिति नियुक्त की गई
जीवीके राव समिति	1985	जिला परिषद को भारत की पंचायती राज व्यवस्था में प्रमुख निकाय होना चाहिए।
अशोक मेहता समिति	1978	पंचायती राज संस्थाओं की (मंडल पंचायत और जिला परिषद) की दो स्तरीय प्रणाली।
बलवंत राय मेहता समिति	1957	पंचायती राज संस्थाओं की (ग्राम पंचायत, पंचायत समिति और जिला परिषद) की त्रिस्तरीय प्रणाली।

अतः विकल्प (B) सही है।

8. दिया है:

एक वस्तु के क्रय मूल्य का 10%, 1245.80 रुपये है

हानि $= 15\%$

यदि एक वस्तु के क्रय मूल्य का 10%, x है, तो पूरी वस्तु का क्रय मूल्य $10x$ होगा

हम जानते हैं कि:

हानि% = (हानि/क्र.मू.) $\times$ 100

वि.मू. = क्र.मू. - हानि

एक वस्तु के क्रय मूल्य का 10%, 1245.80 रुपये है

$\Rightarrow$ पूरी वस्तु का क्रय मूल्य $= 1245.80 \times 10 = 12458$

अब,

हानि को L द्वारा दर्शाया जाएगा

$$\Rightarrow \left(\frac{L}{12458}\right) \times 100 = 15$$

$$\Rightarrow L = \frac{(12458 \times 15)}{100}$$

$$\Rightarrow L = 1868.7$$

$\therefore$ वि.मू. $= 12458 - 1868.7 = 10589.3$

विक्रय मूल्य (रुपये के निकटतम मान तक) $= 10,589$

अतः विकल्प (B) सही है।

9. 'कृषि लागत एवं मूल्य आयोग' नई दिल्ली में स्थित है। यहाँ पर कृषि मंत्रालय के कृषि लागत एवं मूल्य आयोग के अंतर्गत विभिन्न कृषि उत्पादों के न्यूनतम समर्थन मूल्यों की जानकारी प्राप्त कर सकते हैं। आप विभिन्न फसलों जैसे धान, ज्वार, बाजरा, रागी, मूँग, उड़द, गेहूँ, चना, जूट, गन्ना इत्यादि के मूल्यों की जानकारी प्राप्त कर सकते हैं। विभिन्न कृषि उत्पादों के 2007-08 से 2013-14 तक के सिफारिस मूल्य एवं निश्चित मूल्य की भी जानकारी यहाँ दी गयी है।

अत: विकल्प (B) सही है।

10. रित क्रान्ति से आशय छठे दशक के अन्तिम दिनों में सम्पूर्ण विश्व में कृषि के उत्पादन में हुई उस अभूतपूर्व वृद्धि से है, जो कुछ थोड़े समय में उन्नतशील बीजों, रासायनिक खादों एवं नवीन तकनीकि के फलस्वरूप हुई। भारत में 'हरित क्रान्ति' की शुरुआत 1966-67 ई. में हुई।

अत: विकल्प (C) सही है।

11. विश्व में रेशम उत्पादन में अग्रणी राष्ट्र चीन है। चीन, विश्व को इसकी आपूर्ति करने में अग्रणी रहा है। रेशम के सर्वाधिक उत्पादन में भारत द्वितीय स्थान पर है, साथ ही विश्व में भारत रेशम का सबसे बड़ा उपभोक्ता भी है।

अत: विकल्प (B) सही है।

12. सिक्कों की संख्या का अनुपात;

$$= 13:11 \times 2 = 13:22$$

इसलिए, 1 रुपये के सिक्कों की संख्या;

$$= \frac{13 \times 300}{13 + 22}$$

$$= \frac{3900}{35}$$

$$= 111.43$$

एक रुपये के सिक्कों की संख्या लगभग 111 है।

अत: विकल्प (D) सही है।

13. 11 वर्षों का कुल राजस्व $= 11 \times 66$

$=$ रु. 726 लाख

पहले 6 वर्षों का कुल राजस्व $= 6 \times 611$

$=$ रु. 366 लाख

पिछले 6 वर्षों का कुल राजस्व $= 6 \times 73$

$=$ रु. 438 लाख

छठे वर्ष का राजस्व $=$ पहले 6 वर्षों और पिछले 6 वर्षों के राजस्व का योग - छठे वर्ष का राजस्व

$$= 366 + 438 - 726$$

$$=$$ रु. 78 लाख

अत: विकल्प (C) सही है।

14. वायुमंडल में वायु और अन्य बारीक कणों के अणुओं का आकार दृश्यमान प्रकाश की तरंगदैर्ध्य से छोटा होता है। ये लाल छोर पर लंबे तरंगदैर्घ्य के प्रकाश की तुलना में नीले सिरे पर छोटी तरंग दैर्ध्य के प्रकाश के विक्षेपण में अधिक प्रभावी होते हैं। लाल प्रकाश में नीली रोशनी से करीब 1.8 गुना अधिक तरंगदैर्ध्य होता है। इस प्रकार, जब सूरज की रोशनी वायुमंडल से गुजरती है, तो हवा में बारीक कण नीले रंग (छोटे तरंगदैर्ध्य) को लाल रंग की तुलना में अधिक दृढ़ता से विक्षेपित किया जाता है। बिखरी हुई नीली रोशनी हमारी आंखों में प्रवेश करती है। सूर्योदय के समय सूर्य का लाल रंग प्रकाश के विक्षेपण के कारण होता है।

अत: विकल्प (D) सही है।

15. गणना:

40 का वर्ग $= (40)^2$

$= 1600$

1600 के 40% का एक चौथाई $=$ 1600 के 40% का 25%

$$\left(\frac{1}{4}\right) \times \left(\frac{2}{5}\right) \times 1600$$

$$\Rightarrow 1600 \times \left(\frac{2}{20}\right)$$

$$\Rightarrow 160$$

∴ परिणाम 160 होगा।

अत: विकल्प (C) सही है।

16. भारतीय राष्ट्रीय कांग्रेस का सबसे महत्वपूर्ण उद्देश्य देश में जनमत को प्रशिक्षित और संगठित करना था।

भारतीय राष्ट्रीय कांग्रेस का उद्देश्य राष्ट्रीय एकता की भावना को बढ़ावा देना और मजबूत करना, लोकप्रिय मांगों को तैयार करना और उन्हें सरकार के सामने पेश करना, देश के विभिन्न हिस्सों के नेताओं को एक साथ लाना और देश में जनमत को प्रशिक्षित और व्यवस्थित करना था।

अत: विकल्प (A) सही है।

17. भारतीय राष्ट्रीय कांग्रेस का पहला अधिवेशन मुंबई में आयोजित किया गया था।

भारतीय राष्ट्रीय कांग्रेस ने अपना पहला सत्र 28 से 31 दिसंबर 1885 तक बॉम्बे में सेवानिवृत्त सिविल सेवा अधिकारी एलन ऑक्टेवियन ह्यूम की पहल पर आयोजित किया। ए.ओ. ह्यूम ने विभिन्न क्षेत्रों के भारतीयों को एक साथ लाने में भी भूमिका निभाई।

अत: विकल्प (A) सही है।

18. 'समानता के अधिकार' के अंतर्गत 3 लेख आते हैं। समानता का अधिकार प्रदान करता है:

- कानून के समक्ष सभी के समान व्यवहार के लिए
- विभिन्न आधारों पर भेदभाव को रोकें
- सार्वजनिक रोजगार के मामलों में सभी को समान मानता है
- अस्पृश्यता और उपाधियों का उन्मूलन

समानता के अधिकार के तहत उल्लिखित लेख

लेख	प्रावधान
अनुच्छेद - 14	राज्य धर्म या जाति, जाति, लिंग या जन्म स्थान के आधार पर कानून के समक्ष किसी व्यक्ति को या भारत के क्षेत्र के कानून के समान संरक्षण से इनकार नहीं करेगा।
अनुच्छेद - 15	राज्य केवल धर्म, जाति, जाति, लिंग, जन्म स्थान या उनमें से किसी के आधार पर किसी भी नागरिक के साथ भेदभाव नहीं करेगा।
अनुच्छेद - 16	राज्य के अंतर्गत किसी भी कार्यालय में रोजगार या नियुक्ति से संबंधित मामलों में सभी नागरिकों के लिए अवसर की समानता होगी।
अनुच्छेद - 17	अस्पृश्यता का उन्मूलन।
अनुच्छेद - 18	सैन्य और शैक्षणिक को छोड़कर सभी उपाधियों का उन्मूलन।

अत: विकल्प (A) सही है।

19. रूस के असलान करात्सेव ने जनवरी 2022 में सिडनी टेनिस क्लासिक का खिताब जीता। उन्होंने यूनाइटेड किंगडम के एंडी मरे को 6-3, 6-3 से हराया। यह उनका तीसरा ATP टूर खिताब था। महिला एकल खिताब स्पेन की पाउला बडोसा ने जीता, जिन्होंने अपने करियर का तीसरा खिताब जीतने के लिए बारबोरा क्रेजसिकोवा को 6-3 4-6 7-6(4) से हराया।

अत: विकल्प (C) सही है।

20. मीर बख्शी अकबर के अधीन सैन्य प्रशासन का प्रमुख था। वे खुफिया और सूचना एजेंसियों के प्रमुख भी थे। वे सेना के उचित रखरखाव की निगरानी करते थे। सम्राट द्वारा उनकी सिफारिशों पर सैन्य नियुक्तियां और पदोन्नति की गई थी। मुगलों का प्रशासन अत्यधिक केंद्रीकृत था। साम्राज्य जागीर, खालसा और इनाम में विभाजित था।

अत: विकल्प (A) सही है।

21. केरल भारत में रबर का सर्वाधिक उत्पादन करने वाला राज्य है। 2018-19 के आंकड़ों के अनुसार, केरल भारत में कुल प्राकृतिक रबड़ उत्पादन का लगभग 75-80% उत्पादन करता है।

भारत में प्राकृतिक रबर उत्पादन के मामले में त्रिपुरा दूसरे स्थान पर है। तमिलनाडु तीसरे स्थान पर है। रबर बोर्ड का मुख्यालय (वाणिज्य और उद्योग मंत्रालय के तहत रबर अधिनियम 1947 द्वारा एक सांविधिक निकाय) कोट्टायम केरल में है।

अत: विकल्प (B) सही है।

22. रोजगार का अधिकार (अनुच्छेद 41): प्रत्येक नागरिक को अपनी रुचि के क्षेत्र में काम करने और पैसा कमाने का अधिकार है।

आर्थिक अधिकार मानव अधिकारों का उल्लेख करते हैं जिसमें हम रहते हैं जो हमें गरिमा में जीने और उस समाज में भाग लेने में सक्षम बनाते हैं। जिनमें कार्यस्थल, सामाजिक सुरक्षा और आवास, भोजन, पानी, स्वास्थ्य देखभाल और शिक्षा तक पहुंच से संबंधित अधिकार आते हैं।

बेरोजगारी उन लोगों को संदर्भित करती है जो रोजगार योग्य होते हैं और नौकरी की तलाश में हैं लेकिन बेरोजगार हैं। यह इन दिनों की बुनियादी समस्या है। कार्यक्षम रोजगार राष्ट्र के उत्थान में मदद करता है। रोजगार का अधिकार एक महत्वपूर्ण आर्थिक अधिकार माना जाता है।

अतः विकल्प (D) सही है।

23. बैंकों को अपनी तरल संपत्ति (Liquid assets) और कुल जमा के बीच एक निश्चित अनुपात बनाए रखने की आवश्यकता होती है जिसे SLR (सांविधिक तरलता अनुपात) कहा जाता है।

वैधानिक तरलता अनुपात (SLR) बैंकों के समय (सावधि जमा) और मांग देनदारियों (बचत बैंक और चालू खातों) का हिस्सा है, जिसे उन्हें सरकारी प्रतिभूतियों, सोना और वॉल्ट कैश जैसी नामित तरल संपत्ति के रूप में रखना चाहिए। SLR का उद्देश्य यह सुनिश्चित करना है कि सरकारी धन की आवश्यकता आंशिक रूप से लेकिन निश्चित रूप से बैंकों द्वारा पूरी की जाए। भारतीय रिजर्व बैंक अधिनियम और बैंकिंग विनियमन अधिनियम के तहत अधिकतम सीमा 40% है।

अतः विकल्प (B) सही है।

24. वुलर झील भारत की सबसे बड़ी मीठे पानी की झील है और कश्मीर घाटी में स्थित है। वुलर झील एशिया की सबसे बड़ी मीठे पानी की झीलों में से एक है। यह भारत के जम्मू और कश्मीर में बांदीपोरा जिले में स्थित है।

अत: विकल्प (D) सही है।

25. भारत सात देशों के साथ अपनी सीमा साझा करता है।

- उत्तर-पश्चिम में अफगानिस्तान और पाकिस्तान
- उत्तर में चीन, भूटान और नेपाल
- म्यांमार सुदूर पूर्व तक और बांग्लादेश पूर्व में।

अत: विकल्प (A) सही है।

26. भारतीय संविधान के अनुच्छेद -124 (2) के तहत, भारत के राष्ट्रपति को भारत के मुख्य न्यायाधीश की नियुक्ति का अधिकार है। राष्ट्रपति राम नाथ कोविंद ने CJI शरद बोबडे के बाद न्यायमूर्ति एन. वी. रमना को भारत का 48वां मुख्य न्यायाधीश नियुक्त किया।

अत: विकल्प (C) सही है।

27. एक पाइरोमीटर एक ऐसा उपकरण है जिसका उपयोग बहुत अधिक तापमान मापने के लिए किया जाता है।

- पाइरोमीटर एक तरह का रिमोट-सेंसिंग थर्ममीटर है।
- यह वस्तु के विकिरण को मापकर काम करते हैं जिनका तापमान मापा जाना है।
- आधुनिक पाइरोमीटर का उपयोग ठंडी वस्तुओं के तापमान को मापने के लिए भी किया जाता है।
- पाइरोमीटर का आविष्कार जोशिया वेजवुड ने किया था।

अत: विकल्प (D) सही है।

28. पटाखों को हरा रंग देने के लिए बेरियम क्लोराइड का प्रयोग किया जाता है।

बेरियम क्लोराइड को अकार्बनिक यौगिक के रूप में जाना जाता है। बेरियम क्लोराइड का रासायनिक सूत्र $BaCl_2$ है। यह बेरियम केशनस और क्लोराइड आयनों से बना है।

अत: विकल्प (D) सही है।

29.

सूची - I	सूची - II
A. चौसा का युद्ध	2. 1539 ई.
B. घाघरा का युद्ध	4. 1529 ई.
C. कन्नौजो का युद्ध	1. 1540 ई.
D. हल्दीघाटी का युद्ध	3. 1576 ई.

चौसा की लड़ाई हुमायूँ और शेर शाह सूरी के बीच 26 जून 1539 को लड़ी गई थी।

घाघरा का युद्ध 1529 ई. में बाबर और सुल्तान नुसरत शाह के बीच लड़ा गया था।

कन्नौज की लड़ाई 17 मई 1540 को शेर शाह सूरी सूरी और हुमायूँ के बीच लड़ी गई थी

हल्दीघाटी की लड़ाई 18 जून 1576 को महाराणा प्रताप और मुगल सम्राट अकबर के बीच लड़ी गई थी।

अतः विकल्प (C) सही है।

30. तारककेंद्र प्राणी कोशिकाओं की विशेषता है। वह पौधों की कोशिकाओं में नहीं होती हैं।

- तारककेंद्र कोशिका घटक हैं जो कोशिका विभाजन चरणों के दौरान दिखाई देते हैं।
- तारककेंद्र कोशिका विभाजन में लगे हुए सूक्ष्म नलिका-उत्पादक अंगक हैं।
- तारककेंद्र का अग्र भीतरी भाग प्रोटीन का बना होता है जिसे धुरी कहते हैं यह परिधीय त्रिक के नलिका से प्रोटीन से बने अरीय दंड से जुड़े होते हैं।
- तारककेंद्र पक्ष्माभ या कशाभ के आधार पिंड और तर्कु तंतु का निर्माण करते हैं जो प्राणी कोशिकाओं में कोशिका विभाजन के दौरान तर्कु तंत्र को बनाते हैं।

अत: विकल्प (D) सही है।

31. विशेषण: जो शब्द संज्ञा या सर्वनाम की विशेषता बताते हैं, विशेषण कहलाते हैं।

संज्ञा	विशेषण
निंदा	निंदक

लोक	लौकिक
अर्थ	आर्थिक
अंश	आंशिक

अतः विकल्प (D) सही है।

32. 'तीक्ष्ण' शब्द 'गुणवाचक विशेषण' का उदाहरण है।

विशेषण	परिभाषा	उदाहरण
गुणवाचक विशेषण	वे शब्द जो संज्ञा या सर्वनाम के गुण, धर्म, स्वभाव आदि का बोध कराये।	बलशाली, पुराण, नया, कमजोर, मोटा, दुर्बल, पठारी आदि।

अतः विकल्प (C) सही है।

33. 'हर एक सैनिक भारत का रक्षक है।' वाक्य में 'संख्यावाचक विशेषण' है।

- इस वाक्य में 'हर एक' शब्द संख्यावाचक विशेषण है। इसलिए, इसे संख्यावाचक विशेषणयुक्त वाक्य माना गया है।
- ऐसे शब्द जो संज्ञा या सर्वनाम की संख्या का बोध कराते हैं, संख्या वाचक विशेषण कहलाते हैं।
- जैसे- दो, तीनों, चार गुना, प्रत्येक आदि।

अतः विकल्प (A) सही है।

34. 'अग्र' तत्सम शब्द है जिसका तद्भव शब्द 'आगे होता है। आँख, आग तथा आज यह तीनों तद्भव शब्द हैं।

संस्कृत भाषा के वे शब्द जो हिन्दी में अपने वास्तविक रूप में प्रयुक्त होते है, उन्हें तत्सम शब्द कहते है।

ऐसे शब्द, जो संस्कृत और प्राकृत से विकृत होकर हिंदी में आये है, तद्भव शब्द कहलाते है।

अतः विकल्प (B) सही है।

35. दिए गए विकल्पों में 'दातुन' शब्द तद्भव है जिसका तत्सम शब्द 'दंतधावन' है।

'दातुन' वृक्ष की पतली, नरम टहनी का छोटा टुकड़ा होता है। जैसे- नीम की दातुन आदि।

संस्कृत भाषा के वे शब्द जो हिन्दी में अपने वास्तविक रूप में प्रयुक्त होते है, उन्हें तत्सम शब्द कहते है।

ऐसे शब्द, जो संस्कृत और प्राकृत से विकृत होकर हिंदी में आये है, तद्भव शब्द कहलाते है।

अतः विकल्प (D) सही है।

36. 'बहिष्कार' शब्द की वर्तनी शुद्ध है। अन्य विकल्प त्रुटिपूर्ण हैं।

'बहिष्कार' का अर्थ अलग करना, बाहर करना होता है।

अतः विकल्प (B) सही है।

37. 'प्रसन्न' शब्द की वर्तनी शुद्ध है। अन्य विकल्प त्रुटिपूर्ण हैं।

'प्रसन्न' का अर्थ खुश, हर्षित होता है।

अतः विकल्प (C) सही है।

38. 'मासूमियत' शब्द की वर्तनी शुद्ध है। अन्य विकल्प त्रुटिपूर्ण हैं।

मासूमियत का अर्थ मासूम होने का भाव है।

अतः विकल्प (A) सही है।

39. रस का अर्थ- स्वाद, जलीय अंश।

रस के अनेकार्थी- सुख, स्वाद, जल, अमृत, सार।

धर्म, रस का अनेकार्थी नहीं है।

अतः विकल्प (D) सही है।

40. हंस का अर्थ- बत्तख के आकार का एक सफ़ेद जल पक्षी।

हंस के अनेकार्थी- प्राण, सूर्य, आत्मा, पक्षी।

रंग, हंस का अनेकार्थी नहीं है।

अतः विकल्प (D) सही है।

41. 'अग्नि' का पर्यायवाची शब्द 'पावक' है।

एक ही अर्थ में प्रयुक्त होने वाले शब्द जो बनावट में भले ही अलग हों, पर्यायवाची या समानार्थी शब्द कहलाते हैं।

'अग्नि' के अन्य पर्यायवाची शब्द 'अनल, दहन, ज्वलन, धूमकेतु, कृशानु, हुताशन, वैश्वानर, शुचि, ज्वाला, आग' आदि हैं।

अतः विकल्प (A) सही है।

42. 'पर्वत' शब्द का पर्यायवाची शब्द 'शैलजा' शब्द नहीं है। 'शैलजा' शब्द पार्वती का पर्यायवाची शब्द है।

एक ही अर्थ में प्रयुक्त होने वाले शब्द जो बनावट में भले ही अलग हों, पर्यायवाची या समानार्थी शब्द कहलाते हैं।

'पर्वत' के पर्यायवाची शब्द - नग, गिरि, अद्रि, नगपति, भूधर, तुंग, शिखर, धरणीधर आदि हैं।

अतः विकल्प (D) सही है।

43. 'समुद्र' का पर्यायवाची 'पारावार' है।

'समुद्र' के अन्य पर्यायवाची शब्द 'सागर, पयोधि, उदधि, पारावार, नदीश, नीरनिधि, अर्णव, पयोनिधि, अब्धि, वारीश, जलधाम, नीरधि, जलधि, सिंधु, रत्नाकर, वारिधि' आदि हैं।

अतः विकल्प (A) सही है।

44. 'संक्षेप' का विलोम शब्द 'विस्तार' होता है।

'संक्षेप' का अर्थ थोड़े में कुछ भी कहना या करना होता है।

'विस्तार' का अर्थ लम्बे और बड़े स्वरूप में कहना या करना होता है।

विपरीत (उल्टा) अर्थ बताने वाले शब्दों को विलोम शब्द कहते हैं। जैसे- रात - दिन, सुख - दुःख आदि।

अतः विकल्प (B) सही है।

45. 'निष्कर्म' का विलोम शब्द 'सकर्म' है।

'निष्कर्म' यानी कामना रहित काम।

'सकर्म' यानी कामना सहित काम।

विपरीत (उल्टा) अर्थ बताने वाले शब्दों को विलोम शब्द कहते हैं। जैसे- रात - दिन, सुख - दुःख आदि।

अतः विकल्प (D) सही है।

46. 'उद्यमी' का विलोम शब्द 'आलसी' है।

'उद्यमी' का अर्थ परिश्रमी है।

'आलसी' का अर्थ परिश्रमहीन है।

विपरीत (उल्टा) अर्थ बताने वाले शब्दों को विलोम शब्द कहते हैं। जैसे- रात - दिन, सुख - दुःख आदि।

अतः विकल्प (C) सही है।

47. 'अवनति' शब्द का विलोम 'उन्नति' है।

उत्तर : दक्षिण

गगन : धरा

बहिरंग : अन्तरंग

अतः विकल्प (A) सही है।

48. 'अल्पज्ञ' शब्द का विलोम 'बहुज्ञ' है।

अनाचार: आचार

निर्यात: आयात

अतः विकल्प (A) सही है।

49. 'साग' शब्द का तत्सम शब्द 'शाक' है।

अन्य विकल्प:

तत्सम शब्द	तद्भव शब्द
श्यालक	साला
सार्द्ध	साढ़े
सर्षप	सरसों

अतः विकल्प (B) सही है।

50. दर्रा - पद्धति, उपाय, व्यवहार। यह असंगत विकल्प है।

सही शब्द : ढर्रा है।

ढर्रा - पद्धति, उपाय, व्यवहार

अतः विकल्प (C) सही है।

51. प्लीहा के साइनस पानी से भर जाते हैं।

साइनसॉइड एक छोटी रक्त वाहिका है जो एक प्रकार की केशिका होती है। यह यकृत, अस्थि मज्जा, प्लीहा आदि में पाया जाता है। लाल गूदे में रक्त से भरे शिरापरक साइनस होते हैं और लिम्फोसाइट्स और मैक्रोफेज जैसे लसीका कोशिकाओं की डोरियां होती हैं। रक्त प्लीहा धमनी के माध्यम से प्लीहा में प्रवेश करता है, साइनस के माध्यम से चलता है जहां इसे फ़िल्टर किया जाता है, फिर प्लीहा शिरा के माध्यम से निकल जाता है।
अतः विकल्प (D) सही है।

52. मध्य और भीतरी कान के बीच की सीमा ओवल विंडो से बनती है।

ओवल विंडो झिल्ली दो झिल्लियों में से एक है जो मध्य कान के स्थान को आंतरिक कान से अलग करती है। दूसरी गोल विंडो की झिल्ली। यूस्टेशियन ट्यूब मध्य कान के स्थान को गले के ऊपरी भाग से जोड़ती है।
अतः विकल्प (B) सही है।

53. कोर्टी का अंग स्कैला मीडिया में मौजूद होता है।

कोर्टी का अंग वेस्टिबुलर डक्ट और टाइम्पेनिक डक्ट के बीच आंतरिक कान के कोक्लीआ के स्कैला मीडिया में स्थित होता है और यह मेकोनोसेंसरी कोशिकाओं से बना होता है, जिसे हेयर सेल के रूप में जाना जाता है।
अतः विकल्प (C) सही है।

54. एक प्रकार की नर्सिंग डॉक्यूमेंटेशन मेथड जो केवल ग्राहक की असामान्य स्थितियों का डॉक्यूमेंट्स करती है। नर्स को समीक्षा करने के लिए सामान्य मानक प्रदान किए जाते हैं और फिर नर्स उन शर्तों का डॉक्यूमेंटेशन करती है जो मानदंडों के अनुरूप नहीं हैं, एक्सपेशन द्वारा चार्टिंग है। एक्सपेशन बाय चार्टिंग (सीबीई) चिकित्सा संकेतन का एक मेथड है जिसमें नर्स केवल तभी नोट्स प्रदान करती हैं जब रोगी के मानदंड या बेसलाइन से डेविएशन हो।

अतः विकल्प (A) सही है।

55. क्लीनिकल इनफार्मेशन सिस्टम का उपयोग क्लाइंट डेटा तक पहुंचने के लिए किया जाता है जिसका उपयोग केयर की योजना बनाने, लागू करने और मूल्यांकन करने के लिए किया जाता है। एक क्लीनिकल इनफार्मेशन सिस्टम

(सीआईएस) एक इनफार्मेशन सिस्टम है जिसे विशेष रूप से महत्वपूर्ण देखभाल वातावरण में उपयोग के लिए डिज़ाइन किया गया है, जैसे कि इंटेंसिव केयर यूनिट (आईसीयू)। यह इन सभी सिस्टम से जानकारी को इलेक्ट्रॉनिक पेशेंट रिकॉर्ड में सुधारता है, जिसे चिकित्सक पेशेंट को बेड पर देख सकते हैं।

अतः विकल्प (D) सही है।

56. एक फ़िंगरप्रिंट रोगी के रिकॉर्ड में बायोमेट्रिक प्रमाणीकरण का एक उदाहरण है। बायोमेट्रिक प्रमाणीकरण का एक रूप, फ़िंगरप्रिंट प्रमाणीकरण उपयोगकर्ता की पहचान को मान्य करने के लिए स्वचालित रूप से उपयोगकर्ता के फ़िंगरप्रिंट की तुलना संग्रहीत फ़िंगरप्रिंट टेम्पलेट से करता है। फ़िंगरप्रिंट पहचान सबसे प्रसिद्ध और प्रचारित बायोमेट्रिक्स में से एक है।

अतः विकल्प (B) सही है।

57. मेटाडेटा डेटा का एक सेट है जो अस्पतालों में डेटा कैसे, कब और किसके द्वारा एकत्र, स्वरूपित और संग्रहीत किया जाता है, इस बारे में जानकारी प्रदान करता है। मेटाडेटा का स्वास्थ्य देखभाल में किसी भी बिंदु पर अनुप्रयोग होता है जहां वे स्वास्थ्य डेटा के किसी विशेष भाग के बारे में उपयोगी जानकारी प्रदान कर सकते हैं। इसमें भंडारण और पुनर्प्राप्ति के लिए अनुक्रमण जानकारी के साथ-साथ सुविधा दीवारों से परे इसे बदलते समय डेटा का वर्णन करना शामिल है।

अतः विकल्प (A) सही है।

58. स्वास्थ्य सूचना प्रणाली का चयन करते समय, कोई सही विकल्प नहीं होता है। लेकिन रणनीतिक योजना के साथ शुरुआत करने का सबसे अच्छा तरीका यह है कि यह लक्ष्य निर्धारित करता है और तकनीकी जरूरतों को निर्धारित करता है। एक सूचना प्रणाली के इस चयन और कार्यान्वयन की प्रक्रिया सिस्टम के जीवन चक्र की आवश्यकता मूल्यांकन, प्रणाली चयन, व्यवस्था को लागू करना और रखरखाव पर आधारित होनी चाहिए। जीवन चक्र एक समस्या-समाधान ढांचा है जिसे इलेक्ट्रॉनिक मेडिकल रिकॉर्ड से लेकर बाल चिकित्सा सुरक्षा उपकरण तक किसी भी तकनीक के साथ लागू किया जा सकता है। जीवन चक्र में नर्सिंग प्रक्रिया के समान तार्किक और लगातार चक्र चरणों की एक श्रृंखला शामिल है।

अतः विकल्प (D) सही है।

59. उपयोगकर्ता, मैनीपुलेटर करने वाले जो कंप्यूटर को काम करते हैं, वे पीपलवेयर हैं। डिजिटल स्वास्थ्य क्षेत्र में प्रशिक्षित पेशेवरों की बढ़ती आवश्यकता को स्वीकार करते हुए, एक्सेस हेल्थ डिजिटल ने हाल ही में एक्सेस हेल्थ डिजिटल अकादमी डिजिटल हेल्थ 101 लॉन्च की है, जो इस क्षेत्र में क्षमता निर्माण की दिशा में काम करेगी।

अतः विकल्प (C) सही है।

60. एक स्वास्थ्य सुविधा में सही डेटा प्रविष्टि का महत्व अत्यंत महत्वपूर्ण है। इनपुट त्रुटियाँ डेटा गुणवत्ता को कम करती हैं। गुडविल हेल्थकेयर सर्विसेज के नर्सिंग डायरेक्टर के रूप में, इस चिंता को दूर करने के लिए आपके द्वारा लागू की जाने वाली 4 योजनाएं बताइए इस प्रकार है:

1. डेटा संग्रह
2. डेटा उपयोग
3. डेटा स्टोरेज
4. डेटा का आदान प्रदान
5. डेटा की पुनःप्राप्ति

अतः विकल्प (D) सही है।

61. नर्स इंफॉर्मेटिक्स सूचना प्रणाली परियोजनाओं के लिए "विश्वसनीयता" प्रदान करते हैं। एक नर्स इंफॉर्मेटिक्स विशेषज्ञ की जिम्मेदारियां हैं:

- गुणवत्ता सुधार गतिविधियों, अनुसंधान, परियोजना प्रबंधन, सिस्टम डिजाइन और विकास सहित नर्सिंग अभ्यास के सभी क्षेत्रों का समर्थन करने के लिए इंफॉर्मेटिक्स अनुप्रयोगों के साथ प्रवीणता।

- राजकोषीय प्रबंधन।
- नर्स भाषा का एकीकरण।
- अभ्यास के मानक।
- महत्वपूर्ण सोच, डेटा प्रबंधन और प्रसंस्करण, निर्णय लेने, सिस्टम विकास में कौशल।
- निर्णय लेने के लिए डेटा की पहचान और प्रावधान।

अतः विकल्प (D) सही है।

62. एचआईपीएए का पूर्ण रूप हेल्थ इंश्योरेंस पोर्टेबिलिटी और अकाउंटेबिलिटी है। 1996 का त्थ इंश्योरेंस पोर्टेबिलिटी और अकाउंटेबिलिटी (एचआईपीएए) एक संघीय कानून है जिसके लिए रोगी की सहमति या ज्ञान के बिना संवेदनशील रोगी स्वास्थ्य जानकारी को प्रकट होने से बचाने के लिए राष्ट्रीय मानकों के निर्माण की आवश्यकता होती है।

अतः विकल्प (A) सही है।

63. ऑपरेटिंग सिस्टम एक प्रकार का सॉफ्टवेयर है जो डेटाबेस के लिए कंप्यूटर के सिस्टम संसाधनों का पर्यवेक्षण करता है। एक ऑपरेटिंग सिस्टम (ओएस) प्रोग्राम का एक सेट है जो कंप्यूटर हार्डवेयर और सॉफ्टवेयर को नियंत्रित और पर्यवेक्षण करता है। ओएस कंप्यूटर और उपयोगकर्ता के बीच एक इंटरफेस प्रदान करता है।

अतः विकल्प (C) सही है।

64. नर्सें कई तरह के कानूनों से बंधी होती हैं। वैधानिक कानून एक निर्वाचित विधायिका द्वारा बनाया जाता है, जैसे कि राज्य विधायिका जो नर्स प्रैक्टिस एक्ट (एनपीए) को परिभाषित करती है।

वैधानिक कानून विधायिका द्वारा बनाया जाता है। यह एनपीए जैसे क़ानून बनाता है, जो नर्स की भूमिका और किसी के कर्तव्यों के प्रदर्शन की अपेक्षाओं को परिभाषित करता है और बताता है कि उन नियमों के उल्लंघन के लिए दिशानिर्देशों के रूप में क्या निषेधात्मक है।

अतः विकल्प (A) सही है।

65. अस्पताल में ज्यादातर मुकदमे नर्स के उस आदेश के बाद आते हैं जो अधूरा या गलत होता है।

नर्स सभी आदेशों को स्पष्ट करने के लिए जिम्मेदार है जो अवैध, अनुचित, असुरक्षित या गलत हैं। एक आदेश के बारे में चिकित्सक से सवाल करने में नर्स की विफलता नर्स की ओर से दायित्व का एक क्षेत्र बनाती है क्योंकि इसे एक चिकित्सा कार्रवाई के रूप में माना जाता है, न कि आदेश लिखने के लिए नर्स की भूमिका। कुछ RN के पास उन्नत डिग्री और प्रमाण के आधार पर निर्देशात्मक विशेषाधिकार होते हैं। इसलिए नर्स जो आदेश को सही नहीं कर सकती है, उसे यह दस्तावेज़ करना चाहिए कि चिकित्सक को बुलाया गया था और चार्ट पर मौजूद अस्पष्ट या अवैध को ठीक करने के लिए स्पष्टीकरण या एक नया आदेश दिया गया था। अस्पताल नीति के अनुसार पालन की जा रही जिम्मेदारियों के प्रमाण के लिए स्टाफ़ चेन ऑफ़ कमांड का संपर्क भी विशेष रूप से बताया जाना चाहिए।

अतः विकल्प (B) सही है।

66. दुःख के काम के माध्यम से किसी व्यक्ति की मदद करते समय, नर्स जानती है कि दुःख के चरणों का क्रम हो सकता है ताकि उन्हें छोड़ दिया जा सके, या वे पुनरावृत्ति कर सकें।

दुःख विभिन्न तरीकों से प्रकट होता है जो किसी व्यक्ति के लिए अद्वितीय होते हैं और व्यक्तिगत अनुभवों, सांस्कृतिक अपेक्षाओं और आध्यात्मिक विश्वासों पर आधारित होते हैं। दुःख के चरणों या व्यवहारों का क्रम उस क्रम में हो सकता है जिस क्रम में उन्हें छोड़ दिया जा सकता है, या वे पुनरावृत्ति कर सकते हैं। दुःख को हल करने के लिए समय की मात्रा भी व्यक्तियों के बीच भिन्न होती है।

अतः विकल्प (C) सही है।

67. नर्स की सबसे अच्छी प्रतिक्रिया है "उपशामक देखभाल का उद्देश्य किसी बीमारी के लक्षणों को कम करना या कम करना है"।

उपशामक देखभाल का लक्ष्य उपचार को प्रभावित किए बिना रोग या विकारों के लक्षणों की रोकथाम, राहत, कमी या सुखदायक है। उपशामक देखभाल रोगियों और उनके परिवारों के जीवन की गुणवत्ता में सुधार करती है जो जीवन के लिए खतरनाक बीमारी से जुड़ी चुनौतियों का सामना कर रहे हैं, चाहे वह शारीरिक, मनोवैज्ञानिक, सामाजिक या आध्यात्मिक हो। देखभाल करने वालों के जीवन की गुणवत्ता में भी सुधार होता है।

अतः विकल्प (B) सही है।

68. इलाज से इंकार करने का क्लाइंट का अधिकार सामान्य कानून का एक उदाहरण है।

सामान्य कानून अदालतों में किए गए न्यायिक निर्णयों के परिणाम होते हैं जब व्यक्तिगत कानूनी मामलों का फैसला किया जाता है। सामान्य कानून के उदाहरणों में सूचित सहमति, उपचार से इंकार करने का रोगी का अधिकार, लापरवाही और कदाचार शामिल हैं।

अतः विकल्प (B) सही है।

69. "आप जो डर्ट खा रहे हैं, वह आपको कहां से मिल रही है?" नर्स से सबसे उपयुक्त प्रतिक्रिया है।

गर्भावस्था के दौरान, कई महिलाएं ऐसे पदार्थों के लिए तरसती हैं और खाती हैं जो वयस्क आमतौर पर नहीं खाते हैं। यह स्थिति सामान्य है और इसे पिका कहा जाता है। अक्सर, पदार्थों का उच्च पोषण मूल्य नहीं होता है। उदाहरण गंदगी, चाक, चट्टानें, टूथपेस्ट, टॉयलेट पेपर आदि। इन सामग्रियों के अंतर्ग्रहण से जुड़े जोखिमों को निर्धारित करना महत्वपूर्ण है। उदाहरण के लिए, नर्स को यह निर्धारित करना चाहिए कि एक महिला जो डर्ट खा रही है, वह उर्वरक और अन्य संभावित जहरीले रसायनों के साथ मिश्रित मिट्टी को नहीं निगलती है।

अत: विकल्प (B) सही है।

70. नर्स माँ का स्थान बदलने का अनुमान लगाती है।

देर से मंदी गर्भाशय अपरा अपर्याप्तता के कारण होती है। नर्स को गर्भाशय के रक्त प्रवाह को बढ़ावा देने के लिए कई हस्तक्षेपों का अनुमान लगाना चाहिए। प्रारंभ में, नर्स को ऑक्सीजन पूरकता लागू करनी चाहिए, ऑक्सीटोसिन जलसेक को रोकना चाहिए, माँ को बाईं ओर स्थानांतरित करना चाहिए, और लैक्टेटेड रिंगर सॉल्यूशन (LR) का एक द्रव बोल्ट देना चाहिए।

अत: विकल्प (D) सही है।

71. यह प्रारंभिक मंदी है। यह सिर के संपीड़न के कारण होता है।

प्रारंभिक मंदी संपीड़न के चरम से पहले शुरू होती है। प्रारंभिक मंदी तब हो सकती है जब बच्चे का सिर संपीड़ित हो। यह अक्सर प्रसव के बाद के चरणों के दौरान होता है क्योंकि बच्चा जन्म नहर से नीचे उतर रहा होता है। वे प्रारंभिक श्रम के दौरान भी हो सकते हैं यदि बच्चा समय से पहले या ब्रीच स्थिति में है।

अत: विकल्प (D) सही है।

72. बेसलाइन FHR 100bpm; न्यूनतम परिवर्तनशीलता; शून्य त्वरण; चर मंदी एक श्रेणी II भ्रूण हृदय गति (FHR) अनुरेखण का वर्णन करती है।

एक श्रेणी II भ्रूण हृदय गति अनुरेखण में सभी FHR अनुरेखण शामिल हैं जो श्रेणी I या श्रेणी III नहीं हैं। श्रेणी I FHR ट्रेसिंग इस प्रकार हैं: बेसलाइन 110-160bpm, मध्यम परिवर्तनशीलता, अनुपस्थित देर से या परिवर्तनशील मंदी, वर्तमान या अनुपस्थित प्रारंभिक मंदी, और वर्तमान या अनुपस्थित त्वरण। श्रेणी III FHR अनुरेखण इस प्रकार हैं: अनुपस्थित बेसलाइन FHR परिवर्तनशीलता, आवर्तक देर से मंदी, आवर्तक चर मंदी, ब्रैडीकार्डिया और साइनसोइडल पैटर्न।

अत: सही विकल्प (D) है।

73. गर्भकालीन मधुमेह के लिए अल्प आहार जोखिम कारक नहीं है।

गर्भकालीन मधुमेह के जोखिम कारकों में मोटापा, मधुमेह का पारिवारिक इतिहास, गर्भकालीन मधुमेह का इतिहास, उच्च रक्तचाप, प्री-एक्लेम्पसिया/एक्लम्पसिया, बार-बार मूत्र पथ के संक्रमण, योनिशोथ, पॉलीहाइड्रमनिओस, पिछले बड़े शिशु (9 पाउंड या 4000 ग्राम से अधिक), ग्लाइकोसुरिया या प्रोटीनूरिया शामिल हैं। दो या दो से अधिक अवसर। जबकि खराब आहार मधुमेह संबंधी चिंताओं में योगदान दे सकता है, यह सीधे तौर पर गर्भकालीन मधुमेह के उच्च जोखिम से जुड़ा नहीं है क्योंकि अन्य जोखिम कारक हैं। प्रसवपूर्व अवधि के दौरान, नर्सें अपने रोगियों को इन सभी जोखिम कारकों के साथ-साथ उचित प्रसवपूर्व आहार के बारे में शिक्षित करने के लिए जिम्मेदार होती हैं।

अत: सही विकल्प (C) है।

74. जब्ती विकारों वाले बच्चों में जरूरी नहीं कि संज्ञानात्मक देरी हो। मिर्गी सबसे गंभीर न्यूरोलॉजिकल स्थितियों में से एक है और इसका न केवल प्रभावित व्यक्ति पर बल्कि परिवार पर और अप्रत्यक्ष रूप से समुदाय पर भी प्रभाव पड़ता है। व्यक्ति के लिए एक वैश्विक दृष्टिकोण को संज्ञानात्मक समस्याओं, मानसिक सहवर्ती रोगों और सभी मनोसामाजिक जटिलताओं को ध्यान में रखना चाहिए जो अक्सर मिर्गी के साथ होती हैं।
अतः विकल्प (C) सही है।

75. जीएच प्रोटीन उपचय को उत्तेजित करता है, हड्डी और नरम-ऊतक विकास को बढ़ावा देता है। जीएच की कमी से सोमैटोमेडिन का संश्लेषण कम हो जाता है, जिसके परिणामस्वरूप रैखिक वृद्धि में कमी आती है और वसा मेटाबोलिज्म में कमी आती है और मांसपेशियों में ग्लूकोज की मात्रा बढ़ जाती है, जिसके परिणामस्वरूप अत्यधिक उपचर्म वसा हाइपोग्लाइसीमिया होता है।
अतः विकल्प (C) सही है।

76. छोटा कद आमतौर पर कम या कम वृद्धि हार्मोन के परिणामस्वरूप होता है, जो एंटीरियर पिट्यूटरी ग्लैंड से निकलता है। पूर्वकाल पिट्यूटरी से ग्रोथ हार्मोन का उत्पादन हाइपोथैलेमस के उत्तेजक और निरोधात्मक नियंत्रण द्वारा नियंत्रित होता है। हाइपोथैलेमस वृद्धि हार्मोन-विमोचन हार्मोन का उत्पादन करता है जो विकास हार्मोन को स्रावित करने के लिए पूर्वकाल पिट्यूटरी के सोमाटोट्रॉफ़ को उत्तेजित करता है।
अतः विकल्प (A) सही है।

77. इंजेक्शन साइटों को घुमाना आवश्यक है क्योंकि एक ही स्थान पर अधिक समय तक इंजेक्शन लगाने से कठोर गांठ या अतिरिक्त वसा जमा हो सकता है। अंतर्जत इंसुलिन शरीर क्रिया विज्ञान का अनुकरण करने के लिए इंसुलिन वितरण कई दैनिक इंजेक्शन (एमडीआई) या एक इंसुलिन पंप द्वारा होता है। कई दैनिक इंजेक्शन में बेसल इंसुलिन एक या दो बार दैनिक शामिल होता है और बोलस इंसुलिन आमतौर पर भोजन में तीन या अधिक बार दैनिक रूप से दिया जाता है और यह कार्बोहाइड्रेट सामग्री और वर्तमान रक्त ग्लूकोज पर आधारित होता है।
अतः विकल्प (D) सही है।

78. आमतौर पर, ड्यूचेन की मस्कुलर डिस्ट्रॉफी के संकेत और लक्षण 3 से 5 साल की उम्र तक नहीं देखे जाते हैं। आमतौर पर कमजोरी पेल्विक गर्डल से शुरू होती है जो प्रीस्कूलर में कठिनाई के रूप में उभर कर आती है। डचेन की मस्कुलर डिस्ट्रॉफी का आमतौर पर इन्फेंट या टोडलर पीरियड में दिएगनोसेड नहीं कि या जाता है।

अतः विकल्प (C) सही है।

79. पशुओं का हृदय चार कक्षों से बना होता है।

हृदय एक शंकु के आकार का, खोखला, पेशीय अंग जिसका आधार चौड़ा और शीर्ष नुकीला होता है। यह एक झिल्लीदार थैली से घिरा होता है जिसे पेरीकार्डियम कहते हैं। हृदय की दीवार में तीन परतें एपिकार्डियम (बाहरी), मायोकार्डियम (मध्य) और एंडोकार्डियम (आंतरिक) होती हैं। हृदय में चार कक्ष अर्थित दो अलिन्द (ऊपरी) और दो निलय (निचला) होते हैं। इंटरऑरिकुलर

सेप्टम द्वारा दो अलिंद एक दूसरे से अलग हो जाते हैं। निलय इंटरवेंट्रिकुलर सेप्टम द्वारा एक दूसरे से अलग होते हैं।

अतः विकल्प (C) सही है।

80. एपिकल पल्स का आकलन करने के लिए मिडक्लेविकुलर लाइन को पल्प करना सही तकनीक है।

एपिकल पल्स (हृदय के शीर्ष पर नाड़ी) चौथे, पांचवें या छठे इंटरकोस्टल स्पेस में मिडक्लेविकुलर लाइन पर स्थित है। नाड़ी की लय नियमित है या अनियमित है, इसका आकलन करना आवश्यक है। नाड़ी नियमित, अनियमित या अनियमित रूप से अनियमित हो सकती है। श्वसन में परिवर्तन के साथ-साथ नाड़ी की दर में परिवर्तन को साइनस अतालता कहा जाता है। साइनस अतालता में, प्रेरणा के दौरान नाड़ी की गति तेज हो जाती है और समाप्ति के दौरान धीमी हो जाती है। अनियमित रूप से अनियमित पैटर्न आमतौर पर अलिंद स्पंदन या अलिंद फिब्रिलेशन जैसी प्रक्रियाओं का संकेत है।

अतः विकल्प (D) सही है।

81. जब मरीज को अस्पताल में भर्ती कराया जाता है तो पेडल पल्स की अनुपस्थिति महत्वपूर्ण खोज नहीं हो सकती है।

चूंकि 10% से 20% आबादी में पेडल पल्स का पता नहीं लगाया जा सकता है, इसलिए इसका अभाव जरूरी नहीं कि एक महत्वपूर्ण खोज हो। हालांकि, प्रवेश पर पेडल पल्स की उपस्थिति या अनुपस्थिति का दस्तावेजीकरण किया जाना चाहिए ताकि अस्पताल में रहने के दौरान परिवर्तनों की पहचान की जा सके। अनुपस्थित परिधीय दालें परिधीय संवहनी रोग (पीवीडी) का संकेत हो सकती हैं। पीवीडी एथेरोस्क्लेरोसिस के कारण हो सकता है, जो एक अवरुद्ध थ्रोम्बस या एम्बोलस द्वारा जटिल हो सकता है। यह जीवन के लिए खतरा हो सकता है और एक अंग के नुकसान का कारण बन सकता है।

अतः विकल्प (C) सही है।

82. नर्स को पता है कि ऑस्मोसिस की प्रक्रिया में एल्ब्यूमिन के अंतःशिरा प्रशासन से जुड़े शरीर के तरल पदार्थ में बदलाव होता है।

ऑस्मोसिस कम विलेय सांद्रता वाले क्षेत्र से अधिक विलेय सांद्रता वाले क्षेत्र में द्रव की गति है। शरीर क्रिया विज्ञान में, ऑस्मोसिस एक अर्धपारगम्य झिल्ली में पानी की शुद्ध गति है। इस झिल्ली के पार, पानी उच्च सांद्रता वाले क्षेत्र से कम सांद्रता वाले क्षेत्र की ओर गति करेगा। इस बात पर जोर देना महत्वपूर्ण है कि आदर्श परासरण के लिए अर्धपारगम्य झिल्ली के आर-पार विलेय कणों की गति के बिना केवल झिल्ली के आर-पार शुद्ध पानी की आवाजाही की आवश्यकता होती है।

अतः विकल्प (A) सही है।

83. रोगी को हमेशा अपने आप को खिलाना चाहिए यह कथन डिस्फेगिया के रोगी के बारे में गलत है।

डिस्पैगिया (निगलने में कठिनाई) के रोगी को भोजन कराने में सहायता की आवश्यकता होती है। खुद को खिलाना एक लंबी दूरी की अपेक्षित परिणाम है। डिस्फेगिया को उद्देश्य हानि या निगलने में कठिनाई के रूप में परिभाषित किया गया है, जिसके परिणामस्वरूप एक तरल या ठोस बोलस के पारगमन में असामान्य देरी होती है। देरी ऑरोफरीन्जियल या निगलने के एसोफैगल चरण के दौरान हो सकती है।

अतः विकल्प (C) सही है।

84. खट्टे फल और जूस विशेष रूप से विटामिन सी से भरपूर होते हैं। स्ट्रॉबेरी विटामिन सी और मैंगनीज का एक उत्कृष्ट स्रोत है और इसमें फोलेट (विटामिन बी 9) और पोटेशियम की अच्छी मात्रा भी होती है। स्ट्रॉबेरी एंटीऑक्सिडेंट और पौधों के यौगिकों में बहुत समृद्ध हैं, जो हृदय स्वास्थ्य और रक्त शर्करा नियंत्रण के लिए लाभकारी हो सकते हैं।

अतः विकल्प (D) सही है।

85. 'रक्त वाहिकाओं के परिधीय प्रतिरोध में वृद्धि, रक्त प्रवाह में कमी और बाएं वेंट्रिकल का बढ़ा हुआ कार्यभार' संवहनी तंत्र में परिवर्तन उम्र बढ़ने के परिणामस्वरूप होता है।

उम्र बढ़ने से रक्त वाहिकाओं की लोच कम हो जाती है, जिससे परिधीय प्रतिरोध में वृद्धि होती है और रक्त प्रवाह में कमी आती है। ये परिवर्तन, बदले में, बाएं वेंट्रिकल के कार्यभार को बढ़ाते हैं। हृदय और रक्त वाहिकाओं में कुछ परिवर्तन सामान्य रूप से उम्र के साथ होते हैं। हालांकि, कई अन्य परिवर्तन जो उम्र बढ़ने के साथ आम हैं, परिवर्तनीय कारकों के कारण होते हैं। यदि इनका इलाज नहीं किया जाता है, तो ये हृदय रोग का कारण बन सकते हैं।

अतः विकल्प (D) सही है।

86. नर्स का अनुमान है कि रोगी निकोटीन के नुस्खे के साथ घर जाएगा।

निकोटीन निकासी सिंड्रोम के प्रबंधन के लिए निकोटिन (निकोट्रोल) नियंत्रित और घटती खुराक में दिया जाता है। निकोटीन रिप्लेसमेंट थेरेपी (एनआरटी) उन लोगों के लिए है जो धूम्रपान छोड़ना चाहते हैं, क्योंकि अचानक छोड़ने से निकासी और लालसा हो सकती है। सिगरेट पीने के अचानक बंद होने के बाद निकोटीन की निकासी होती है। एनआरटी का उपयोग सिगरेट पीने की प्रेरणा को कम करने में मदद करता है क्योंकि शरीर को अभी भी एक और सुरक्षित तरीके से निकोटीन मिलता है।

अतः विकल्प (D) सही है।

87. अस्पताल में मरीज की मौत के बाद नर्स की सबसे महत्वपूर्ण कानूनी जिम्मेदारी लाश पर उचित रूप से लेबल लगाना है।

अस्पताल में मृत्यु होने पर लाश पर लेबल लगाने के लिए नर्स कानूनी रूप से जिम्मेदार होती है। एक व्यक्ति की मृत्यु के बाद परिवार को वह समय देना महत्वपूर्ण है जो उन्हें शरीर के साथ चाहिए। सभी नैदानिक गतिविधियों को करने के बाद शरीर को अपने परिवारों को सौंपना नर्स का कर्तव्य है।

अतः विकल्प (C) सही है।

88. कठोर मोर्टिस होने से पहले, नर्स शरीर के सिर और कंधों के नीचे एक तकिया रखने के लिए जिम्मेदार होती है।

नर्स को मृत व्यक्ति के सिर और कंधों के नीचे एक तकिया रखना चाहिए ताकि खून चेहरे पर न जम जाए और उसका रंग खराब न हो जाए। मृत्यु के बाद शरीर में जटिल और जटिल परिवर्तन होते हैं। ये पोस्टमॉर्टम परिवर्तन विभिन्न प्रकार के चर पर निर्भर करते हैं। परिवेश का तापमान, मौसम, और भौगोलिक स्थिति जिस पर शरीर पाया जाता है, शरीर की वसा सामग्री, सेप्सिस/चोट, नशा, शरीर पर कपड़ों की उपस्थिति/इन्सुलेशन इत्यादि जैसे कारक उस दर को निर्धारित करते हैं जिस पर पोस्ट- शव में परिवर्तन होते हैं।

अतः विकल्प (B) सही है।

89. जब फेफड़े के कैंसर के अंतिम चरण में एक रोगी चेतना की हानि का प्रदर्शन करना शुरू कर देता है, तो एक प्रमुख नर्सिंग प्राथमिकता रोगी को चोट से बचाने के लिए होती है।

मरीज की सुरक्षा सुनिश्चित करना इस समय सबसे जरूरी कदम है। यह चरण प्रत्येक रोगी के लिए अलग होता है, और प्रत्येक रोगी और परिवार के लिए ज़रूरतें भिन्न हो सकती हैं, लेकिन स्वास्थ्य सेवा प्रदाताओं के लिए यह महत्वपूर्ण है कि वे रोगी की गरिमा और स्वायत्त इच्छाओं का सम्मान करते हुए देखभाल और सहायता प्रदान करें।

अतः विकल्प (A) सही है।

90. लंबे समय तक बिस्तर पर आराम करने वाले एक अस्पताल में भर्ती रोगी में, अचानक शुरू होने वाली सांस की तकलीफ और सीने में दर्द का सबसे संभावित कारण फुफ्फुसीय अन्त: शल्यता। गर्भावस्था और लंबे समय तक निष्क्रियता दोनों ही पैरों की गहरी नसों में थक्का बनने के जोखिम को बढ़ाते हैं। ये थक्के फिर ढीले हो सकते हैं और फेफड़ों तक जा सकते हैं।

अतः विकल्प (B) सही है।

91. एक संदिग्ध स्ट्रोक के उपचार के लिए थ्रोम्बोलाइटिक थेरेपी के साथ स्ट्रोक पीड़ित का इलाज करते समय, मस्तिष्क रक्तस्राव एक महत्वपूर्ण जोखिम है। उपचार की सफलता इस बात पर निर्भर करती है कि स्ट्रोक का कारण निर्धारित होने से पहले इसे जल्द से जल्द शुरू किया जाए।

अतः विकल्प (B) सही है।

92. स्कोलियोसिस की जांच, रीढ़ की पार्श्व वक्रता, नियमित किशोर परीक्षा का एक महत्वपूर्ण हिस्सा। पार्श्व वक्रता और असमान पसली के स्तर को देखते हुए, किशोरों के बाहों को साथ कमर पर मोड़कर इसका आकलन किया जाता है। महिला किशोरियों में स्कोलियोसिस अधिक आम है।

अतः विकल्प (D) सही है।

93. एक नर्स को बाल चिकित्सा रुमेटोलॉजी क्लिनिक को सौंपा गया है और वह एक ऐसे बच्चे का आकलन कर रही है जिसे अभी-अभी किशोर अज्ञातहेतुक गठिया का निदान किया गया है। स्टेरॉयडमुक्त प्रज्वलनरोधी दवाएं उपचार में पहला विकल्प है जो रोग के बारे में सबसे सटीक है।

स्टेरॉयडमुक्त प्रज्वलनरोधी दवाएं किशोर अज्ञातहेतुक गठिया (जिसे पहले किशोर संधिशोथ के रूप में जाना जाता था) के लिए एक महत्वपूर्ण प्रथम-पंक्ति उपचार। चिकित्सीय प्रज्वलनरोधी प्रभावों को महसूस करने के लिए NSAIDs को 3-4 सप्ताह की आवश्यकता होती है।

अतः विकल्प (C) सही है।

94. एक क्लाइंट को परक्यूटेनियस ट्रांसल्यूमिनल कोरोनरी एंजियोप्लास्टी (पीटीसीए) के लिए निर्धारित किया जाता है। नर्स जानती है कि पीटीसीए वह प्रक्रिया है जो रक्त प्रवाह को बेहतर बनाने के लिए रोगग्रस्त कोरोनरी धमनी की दीवार के खिलाफ पट्टिका को संकुचित करती है।

पीटीसीए एक रोगग्रस्त धमनी में कोरोनरी धमनी रक्त प्रवाह में सुधार करने के लिए किया जाता है। यह कार्डियक कैथीटेराइजेशन के दौरान किया जाता है। महाधमनी कोरोनरी बाईपास ग्राफ्ट एक रोगग्रस्त कोरोनरी धमनी की मरम्मत के लिए शल्य प्रक्रिया है।

अतः विकल्प (C) सही है।

95. विचारों की उड़ान का प्रदर्शन करने वाले रोगी में आम तौर पर निरंतर भाषण प्रवाह होता है और एक विषय से दूसरे विषय पर कूदता है। सुसंगत वाक्यों में बोलना इस बात का सूचक है कि रोगी की एकाग्रता में सुधार हुआ है और उसके विचारों में कोई हलचल नहीं है। उन्माद की परिभाषित विशेषताओं में वृद्धि हुई बातूनीपन, तेजी से भाषण, नींद की आवश्यकता में कमी (अवसाद या चिंता के विपरीत जिसमें नींद की आवश्यकता होती है, लेकिन सोने में असमर्थता होती है), रेसिंग विचार, विचलितता, लक्ष्य-निर्देशित गतिविधि में वृद्धि और साइकोमोटर उत्तेजना।

अतः विकल्प (C) सही है।

96. यह कथन "इस विकार के परेशान करने वाले लक्षण दवाओं के साथ उपचार के प्रति प्रतिक्रिया कर सकते हैं" स्किज़ोफ्रेनिक रोगी के परिवार के लिए सटीक जानकारी और आशा का एक तत्व प्रदान करता है। तीव्र मनोविकृति के प्रारंभिक उपचार के लिए, मौखिक दूसरी पीढ़ी के एंटीसाइकोटिक (SGA) जैसे कि एरीपिप्राज़ोल, ओलानज़ापिन, रिसपेरीडोन, केटियापाइन, एसेनापाइन, ल्यूरासिडोन, सर्टिंडोल, ज़िप्रासिडोन, ब्रेक्सपिप्राज़ोल, मोलिंडोन, इलोपेरिडोन, आदि शुरू करने की सिफारिश की जाती है। कभी-कभी यदि चिकित्सीय रूप से आवश्यक हो, तो व्यवहार संबंधी गड़बड़ी और गैर-तीव्र चिंता को नियंत्रित करने के लिए बेंजोडायजेपाइन जैसे डायजेपाम क्लोनाज़ेपम या लॉराज़ेपम के साथ। पहली पीढ़ी के एंटीसाइकोटिक्स (FGA) जैसे ट्राइफ्लुओपेराज़िन, फ्लुफेनाज़िन, हेलोपेरिडोल, पिमोज़ाइड, सल्पिराइड, फ्लुपेंटिक्सोल, क्लोरप्रोमाज़िन, आदि आमतौर पर पहली पंक्ति के रूप में उपयोग नहीं किए जाते हैं, लेकिन इनका उपयोग किया जा सकता है।

अतः विकल्प (D) सही है।

97. सिज़ोफ्रेनिया, पैरानॉयड प्रकार के रोगी की विकृत धारणाएं होती हैं और वह लोगों, संस्थानों और पर्यावरण के पहलुओं को अपने खिलाफ साजिश के रूप में देखता है। भ्रमपूर्ण धारणा वाले किसी व्यक्ति के लिए वांछित परिणाम दैनिक घटनाओं की यथार्थवादी व्याख्या करना होगा। DSM- 5 के विपरीत, ICD- 10 प्रमुख लक्षणों के आधार पर सिज़ोफ्रेनिया को उपश्रेणियों में विभाजित करता है जैसे कि पैरानॉइड सिज़ोफ्रेनिया, हेबेफ्रेनिक सिज़ोफ्रेनिया, कैटेटोनिक सिज़ोफ्रेनिया, अविभाजित सिज़ोफ्रेनिया, पोस्ट-स्किज़ोफ्रेनिक अवसाद, अवशिष्ट सिज़ोफ्रेनिया और सरल सिज़ोफ्रेनिया।

अतः विकल्प (A) सही है।

98. इन लक्षणों वाले रोगी का आवेग नियंत्रण खराब होगा और इसलिए वह ऐसे व्यवहार के लिए प्रवृत्त होगा जो स्वयं या दूसरों के लिए हानिकारक हो सकता है। शेष सभी नर्सिंग निदान उन्माद के रोगी पर लागू हो सकते हैं; हालांकि, प्राथमिकता निदान हिंसा के लिए जोखिम होगा। उन्माद, या एक उन्मत्त चरण, 1 सप्ताह या उससे अधिक की अवधि है जिसमें एक व्यक्ति सामान्य व्यवहार में बदलाव का अनुभव करता है जो उनके कामकाज को काफी प्रभावित करता है।

अतः विकल्प (D) सही है।

99. शारीरिक आक्रामकता, कम तनाव सहनशीलता, और दूसरों के अधिकारों की अवहेलना आचरण विकारों वाले मरीजों में सामान्य व्यवहार हैं। आचरण विकार (सीडी) को विघटनकारी व्यवहार विकारों के स्पेक्ट्रम में वर्गीकृत किया गया है जिसमें विपक्षी अवज्ञा विकार (ओडीडी) का निदान भी शामिल है। व्यवहार का एक पैटर्न प्रदर्शित करता है जो दूसरों के अधिकारों का उल्लंघन करता है और सामाजिक मानदंडों की अवहेलना करता है।

अतः विकल्प (B) सही है।

100. भ्रम, मतिभ्रम और संज्ञानात्मक हानि सहित और मानसिक लक्षणों को कम करने के लिए एम्फैटेमिन मनोविकृति का अनुभव करने वाले रोगी को नर्स एक एंटीसाइकोटिक दवा जैसे हल्दोल को प्रशासित करने के लिए तैयार करेगी। हेलोपरिडोल एक पहली पीढ़ी की (विशिष्ट) मनोविकार रोधी दवा है जो दुनिया भर में व्यापक रूप से उपयोग की जाती है।

फूड एंड ड्रग एडमिनिस्ट्रेशन (एफडीए) ने स्किज़ोफ्रेनिया, टौरेटे सिंड्रोम (वयस्कों और बच्चों में टीआईसी और मुखर उच्चारण का नियंत्रण), अति सक्रियता (जो आवेग के रूप में उपस्थित हो सकता है, ध्यान बनाए रखने में कठिनाई, गंभीर आक्रामकता, मनोदशा अस्थिरता, और निराशा असहिष्णुता), गंभीर बचपन की व्यवहार संबंधी समस्याएं (जैसे कि जुझारू, विस्फोटक हाइपरएक्टिबिलिटी), अट्रैक्टिव हिचकी। यह एक विशिष्ट एंटीसाइकोटिक है क्योंकि यह सिज़ोफ्रेनिया के सकारात्मक लक्षणों पर काम करता है, जैसे मतिभ्रम और भ्रम।

अतः विकल्प (D) सही है।

101. रोगी को भावनाओं और यादों को एकीकृत करने और शोक प्रक्रिया शुरू करने में मदद करने के लिए नर्स दुर्घटना और उसके परिणाम की प्रगतिशील समीक्षा की सुविधा प्रदान करेगी। रोगियों को किसी भी विनाशकारी संज्ञान को फिर से परिभाषित करने में मदद करें (उदाहरण के लिए, विश्वास है कि उन्होंने बहुत बुरा काम किया और भयानक लोग हैं या इतने व्याकुल होने के लिए कमजोर हैं, कि जीवन निराशाजनक या बेकार है, या यह कि दुनिया पूरी तरह से असुरक्षित है)।

अतः विकल्प (A) सही है।

102. मानसिक या शारीरिक ऊर्जा की कमी के कारण अवसादग्रस्त रोगी संचार में कमी प्रदर्शित करते हैं। सभी अवसादग्रस्तता विकारों की सामान्य विशेषताएं उदासी, खालीपन या चिड़चिड़ी मनोदशा हैं, साथ में दैहिक और संज्ञानात्मक परिवर्तन होते हैं जो व्यक्ति की कार्य करने की क्षमता को महत्वपूर्ण रूप से प्रभावित करते हैं। प्रारंभ में, ऐसी गतिविधियाँ प्रदान करें जिनमें न्यूनतम एकाग्रता की आवश्यकता हो (जैसे, ड्राइंग, साधारण बोर्ड गेम खेलना)। उदास लोगों में एकाग्रता और याददाश्त की कमी होती है। ऐसी

गतिविधियाँ जिनमें कोई "सही या गलत" या "विजेता या हारने वाला" नहीं है, रोगी के लिए खुद को नीचे रखने के अवसरों को कम करता है।

अतः विकल्प (D) सही है।

103. नर्स की प्रतिक्रिया चिकित्सीय नहीं है क्योंकि यह रोगी की जरूरतों को नहीं पहचानती है लेकिन रोगी को मांग करने के लिए दोषी महसूस कराने की कोशिश करती है। एक अन्य गैर-चिकित्सीय संचार तकनीक किसी व्यक्ति, स्थान या विचार को मौखिक हमले से बचाने या बचाने की कोशिश कर रही है। इसका एक उदाहरण एक मरीज हो सकता है जो डॉक्टर के बारे में कुछ नकारात्मक कह रहा हो और नर्स कह रही हो कि डॉक्टर केवल आपकी तलाश कर रहा है। यह मूल रूप से रोगी को बताता है कि उनकी आलोचना निराधार है और रोगी को अपनी भावनाओं या विचारों को व्यक्त नहीं करना चाहिए। बचाव केवल रोगी की राय को सुदृढ़ करने और आगे संचार को बंद करने का कार्य करता है।

अतः विकल्प (A) सही है।

104. एक अलग, अलग, वापस ले लिया मुद्रा एक सुरक्षित, भावनात्मक दूरी को वापस लेने और बनाए रखने के द्वारा स्वयं की रक्षा करने का एक साधन है। जब तनावपूर्ण घटनाओं का सामना करना पड़ता है, तो लोग कभी-कभी मुकाबला करने की रणनीतियों को छोड़ देते हैं और विकास में पहले इस्तेमाल किए गए व्यवहार के पैटर्न पर वापस आ जाते हैं।

अन्ना फ्रायड ने इस रक्षा तंत्र को प्रतिगमन कहा, यह सुझाव देते हुए कि लोग मनोवैज्ञानिक विकास के चरण से व्यवहार करते हैं जिसमें उन्हें ठीक किया जाता है। उदाहरण के लिए, एक व्यक्ति जो पहले विकास के चरण में ठीक हो गया था, अप्रिय समाचार सुनकर रो सकता है या चिल्ला सकता है।

अतः विकल्प (D) सही है।

105. "आपको लगता है कि आपकी मां नहीं चाहती कि आप घर वापस आएं?" नर्सिंग संचार कौशल चिकित्सीय है।

यह पुनर्कथन की चिकित्सीय संचार कौशल का एक उदाहरण है। पुनर्कथन मुख्य विचार की पुनरावृत्ति है जिसे मरीज ने मौखिक रूप से व्यक्त किया है। इससे मरीज को पता चलता है कि व्यक्त किए गए बयान को समझा गया है या नहीं और यदि आवश्यक हो तो उसे जारी रखने या स्पष्ट करने का मौका देता है।

अतः विकल्प (D) सही है।

106. यह रूढ़िबद्ध टिप्पणी करने के गैर-चिकित्सीय संचार खंड का एक उदाहरण है। चिकित्सीय नर्स-क्लाइंट संबंध में क्लिच और ट्राइट एक्सप्रेशन अर्थहीन हैं। नर्स-क्लाइंट के रिश्ते में इस तरह की टिप्पणियों का कोई महत्व नहीं है। किसी भी स्वचालित प्रतिक्रिया में नर्स के विचार या विचारशीलता की कमी होगी।

अतः विकल्प (C) सही है।

107. "मैंने देखा कि आपने एक नई पोशाक पहनी है और आपने अपने बाल धोए हैं।" यह मान्यता देने की चिकित्सीय संचार तकनीक का एक उदाहरण है। मान्यता देना जागरूकता को स्वीकार करता है और इंगित करता है। यह तकनीक क्लाइंट की तारीफ करने से ज्यादा उपयुक्त है जो नर्स के फैसले को दर्शाता है। यह दर्शाता है कि नर्स क्लाइंट को एक व्यक्ति के रूप में पहचानती है। इस तरह की मान्यता में मूल्य की धारणा नहीं होती है, अर्थात "अच्छा" या "बुरा" होना।

अतः विकल्प (C) सही है।

108. "ऐसा लगता है कि आप अपने व्यवहार को बदलने के लिए प्रेरित हैं।" नर्सिंग स्टेटमेंट क्लाइंट के कार्यों के निहितार्थ को स्पष्ट करेगा।

यह निहित को मौखिक रूप देने की चिकित्सीय संचार तकनीक का एक उदाहरण है। निहित शब्दों को शब्दों में बदलना क्लाइंट ने केवल अप्रत्यक्ष रूप से निहित या कहा है। नर्स को केवल वही व्यक्त करना चाहिए जो स्पष्ट रूप से

स्पष्ट हो; अन्यथा, नर्स निष्कर्ष पर पहुंच सकती है या क्लाइंट के संचार की व्याख्या कर सकती है।

अत: विकल्प (A) सही है।

109. किसी विषय, विचार, अनुभव या संबंध का पता लगाना इस संचार तकनीक का उद्देश्य है।

यह खोज की चिकित्सीय संचार तकनीक का एक उदाहरण है। खोज का उद्देश्य विषय, विचार, अनुभव या संबंध में और गहराई से जाना है। यह तकनीक उन ग्राहकों के लिए विशेष रूप से सहायक है जो संचार के सतही स्तर पर बने रहते हैं।

अत: विकल्प (C) सही है।

110. "याद रखें, ग्राहक, नर्स नहीं, अपनी पसंद और फैसलों के लिए खुद जिम्मेदार हैं।" नर्सिंग प्रशिक्षक की सर्वश्रेष्ठ प्रतिक्रिया होनी चाहिए।

सलाह देना ग्राहक को बताता है कि क्या करना है या कैसे व्यवहार करना है। इसका तात्पर्य यह है कि नर्स जानती है कि सबसे अच्छा क्या है और ग्राहक किसी भी आत्म-निर्देशन में असमर्थ है। यह स्वतंत्र सोच को हतोत्साहित करता है। इसका तात्पर्य है कि ग्राहक जीवन के निर्णयों को नहीं संभाल सकता है और केवल नर्स ही जानती है कि ग्राहक के लिए सबसे अच्छा क्या है।

अत: विकल्प (B) सही है।

111. "स्पर्श अलग-अलग व्यक्तियों के लिए एक अलग अर्थ रखता है।" प्रशिक्षक का कथन चिकित्सीय संचार के इस पहलू के बारे में सर्वोत्तम जानकारी प्रदान करता है।

स्पर्श शामिल लोगों और बातचीत की परिस्थितियों के आधार पर, नकारात्मक और सकारात्मक दोनों प्रतिक्रियाओं को प्राप्त कर सकता है। इंग्लैंड में हेल्थकेयर सपोर्ट वर्कर्स और एडल्ट सोशल केयर वर्कर्स के लिए आचार संहिता (स्किल्स फॉर केयर एंड स्किल्स फॉर हेल्थ, 2013) सेक्शन 1.6 में कहा गया है कि आपको अपने मरीजों के साथ उचित और स्पष्ट पेशेवर सीमाएं बनाए रखनी चाहिए। इसमें यह जानना शामिल है कि कब स्पर्श का उपयोग करना उचित नहीं है या कब उस स्पर्श को रोगी द्वारा गलत समझा जा सकता है।

अत: विकल्प (A) सही है।

112. "आपने अपने पिता के साथ अपने रिश्ते का जिक्र किया। आइए उस पर आगे चर्चा करें।' नर्सिंग स्टेटमेंट ध्यान केंद्रित करने की संचार तकनीक का एक अच्छा उदाहरण है।

यह ध्यान केंद्रित करने की संचार तकनीक का एक उदाहरण है। ध्यान केंद्रित करना एक विचार या एक शब्द पर भी ध्यान देता है और विशेष रूप से एक ग्राहक के साथ अच्छी तरह से काम करता है जो एक विचार से दूसरे विचार में तेजी से आगे बढ़ रहा है। नर्स ग्राहक को अपनी ऊर्जा को एक ही बिंदु पर केंद्रित करने के लिए प्रोत्साहित करती है, जो कई कारकों या समस्याओं को ग्राहक पर हावी होने से रोक सकता है।

अत: विकल्प (D) सही है।

113. "मैं देख रहा हूं कि आप परेशान हैं, लेकिन जब आप मेरी कसम खाते हैं तो मैं असहज महसूस करता हूं।" नर्स की सबसे अच्छी प्रतिक्रिया है।

यह फीडबैक के उचित उपयोग का एक उदाहरण है। फीडबैक को व्यवहार की ओर निर्देशित किया जाना चाहिए जिसे क्लाइंट में संशोधित करने की क्षमता है। नर्स को ऐसे रिश्ते की पेशकश करनी चाहिए जिसमें ग्राहक दूसरों के साथ रहने में समस्याओं की पहचान कर सके, भावनात्मक रूप से बढ़ सके और संतोषजनक संबंध बनाने की क्षमता में सुधार कर सके।

अत: विकल्प (B) सही है।

114. नर्स-क्लाइंट की बातचीत के दौरान, "चिंता मत करो। सब ठीक हो जाएगा।" नर्सिंग स्टेटमेंट क्लाइंट की भावनाओं और चिंताओं को कम कर सकता है।

यह नर्सिंग स्टेटमेंट कमजोर भावनाओं के गैर-चिकित्सीय संचार ब्लॉक का एक उदाहरण है। जब नर्स क्लाइंट की परेशानी की डिग्री को गलत तरीके से आंकती है तो विश्वास की भावनाएँ उत्पन्न होती हैं। इस प्रकार सहानुभूति और समझ की कमी को व्यक्त किया जा सकता है।

अत: विकल्प (A) सही है।

115. लाल अस्थि मज्जा में एरिथ्रोपोएसिस शुरू होता है।

एरिथ्रोपोइज़िस ग्रीक शब्द है, 'एरिथ्रो' का अर्थ है 'लाल' और 'पोइज़िस' का अर्थ है 'बनाना'। यह एक ऐसी प्रक्रिया है जो लाल रक्त कोशिकाओं का निर्माण करती है। यह परिसंचरण में कम ऑक्सीजन द्वारा उत्तेजित होता है और गुर्दे द्वारा पता लगाया जाता है, जो तब हार्मोन 'एरिथ्रोपोइटिन' का स्राव करता है। यह हार्मोन लाल रक्त कोशिका के अग्रदूतों को उत्तेजित करता है, जो तब अस्थि मज्जा में हेमोपोएटिक ऊतकों में लाल रक्त कोशिकाओं के उत्पादन को सक्रिय करता है।

अत: विकल्प (D) सही है।

116. थायराइड अंतःस्रावी ग्रंथि रक्त में निर्वहन से पहले अपने स्राव को बाह्य रिक्त स्थान में संग्रहीत करती है।

थायरॉयड ग्रंथि तीन हार्मोन स्रावित करती है: थायरोक्सिन या टेट्राआयोडोथायरोनिन, ट्राईआयोडोथायरोनिन और कैल्सीटोनिन। थायरोक्सिन और ट्राईआयोडोथायरोनिन अमीनो एसिड टायरोसिन के आयोडीनयुक्त रूप हैं। वे कोलाइड में संग्रहित होते हैं जो रोम को भरते हैं, और जरूरत पड़ने पर रक्त में छोड़े जाते हैं। भंडारण एक असामान्य जगह बाह्य कोलाइड में होता है।

अत: विकल्प (C) सही है।

117. *कॉर्पस कॉलोसम* - मस्तिष्क के बाएं और दाएं सेरेब्रल कॉर्टिस के बीच संचार गलत तरीके से इसके कार्य के साथ जोड़ा जाता है।

कॉर्पस कॉलोसम तंत्रिका तंतुओं का एक मोटा बैंड है। यह क्षेत्र दो गोलार्द्धों को जोड़ता है और दो गोलार्द्धों में संचार का आधार बनाता है। सेरेब्रम कई गतिविधियों के लिए जिम्मेदार है जो आमतौर पर गणना, चिंतन और स्मृति से जुड़ी होती हैं। मेडुला ऑबोंगटा मस्तिष्क के तने का हिस्सा है। कार्डियो-रेगुलेटरी सेंटर मेडुला ऑब्लॉन्गाटा में होता है जो बैरोरिसेप्टर्स द्वारा दिए गए सिग्नल के प्रति प्रतिक्रिया करता है। बैरोरिसेप्टर रक्तचाप के नियमन में शामिल होते हैं जो कि होमोस्टैटिक तंत्र है। सेरेब्रम भाषा के प्रसंस्करण और समझ में महत्वपूर्ण भूमिका निभाता है। ब्रोका का क्षेत्र भाषा प्रसंस्करण के लिए है और वर्निक्स क्षेत्र भाषा की समझ के लिए है।

अत: विकल्प (D) सही है।

118. मानव आँख में प्रकाश संवेदी यौगिक ऑप्सिन और रेटिनल से बना होता है।

दृष्टि में मौजूद प्रकाश संश्लेषक यौगिक को रोडोप्सिन कहा जाता है, जिसे दृश्य बैंगनी भी कहा जाता है जिसमें ऑप्सिन और रेटिनल नामक एक बड़ा प्रोटीन होता है। ऑप्सिन प्रकाश के प्रति संवेदनशील प्रोटीन का एक समूह है जो रेटिना के फोटोरिसेप्टर कोशिकाओं में पाया जाता है। ऑप्सिन के पांच शास्त्रीय समूह दृष्टि में शामिल हैं, जो प्रकाश के एक फोटॉन को विद्युत रासायनिक संकेत में परिवर्तित करते हैं, दृश्य पारगमन कैस्केड में पहला कदम है। रेटिना कुछ सूक्ष्मजीवों को प्रकाश को चयापचय ऊर्जा में परिवर्तित करने की अनुमति देता है।

अत: विकल्प (B) सही है।

119. माइलिन म्यान श्वान कोशिकाओं और ऑलिगोडेंड्रोसाइट्स द्वारा निर्मित होता है।

माइलिन म्यान को मेडुलरी म्यान के रूप में भी जाना जाता है। यह एक इन्सुलेट परत है जो अक्षतंतु को कवर करती है और एक निरंतर झिल्ली क्षमता को बनाए रखने में मदद करती है। यह परिधीय तंत्रिका तंत्र में और ओलिगोडेंड्रोग्लिया कोशिकाओं से श्वान कोशिकाओं द्वारा निर्मित होता है।

अतः विकल्प (A) सही है।

120. डिब्बाबंद खाद्य पदार्थों में क्लोस्ट्रीडियम बोटुलिनम सूक्ष्मजीव समाप्त हो जाता है। डिब्बाबंद खाद्य पदार्थों में समाप्त होने वाला सबसे महत्वपूर्ण जीव अवायवीय क्लोस्ट्रीडियम बोटुलिनम बनाने वाला बीजाणु है, जो एक बहुत शक्तिशाली घातक विष पैदा करने में सक्षम है।
अतः विकल्प (B) सही है।

121. सूक्ष्मजीवों की खेती औद्योगिक कचरे या उप-उत्पादों पर पोषक तत्वों के रूप में की जा सकती है और एक बड़ी सेल फसल पैदा कर सकती है जो प्रोटीन से भरपूर होती है। पेट्रोलियम उद्योग से हाइड्रोकार्बन कचरे पर उगाई जाने वाली जीवाणु कोशिका फ्रांस, जापान, ताइवान और भारत में प्रोटीन का एक स्रोत है।
अतः विकल्प (D) सही है।

122. ल्यूकोनोस्टोक मेसेन्टेरोइड्स डेक्सट्रान के लिए उत्पादक जीव है जो खाद्य उत्पादों में एक स्टेबलाइजर के रूप में और रक्त प्लाज्मा विकल्प के रूप में कार्य करता है। ल्यूकोनोस्टोक मेसेन्टेरोइड्स एक बाध्य हेटरोलैक्टिक किण्वक लैक्टिक एसिड जीवाणु (LAB) है जो ज्यादातर औद्योगिक डेयरी किण्वन में उपयोग किया जाता है, विभिन्न भूमिकाएँ निभाते हैं, जैसे कि डेक्सट्रान, गैस और स्वाद यौगिकों का उत्पादन।
अतः विकल्प (A) सही है।

123. दही के लिए प्रमुख सूक्ष्मजीव स्ट्रेप्टोकोकस थर्मोफिलस है। स्ट्रेप्टोकोकस थर्मोफिलस और लैक्टोबैसिलस बुल्गारिकस किण्वन द्वारा दही के उत्पादन के लिए जिम्मेदार प्रमुख सूक्ष्मजीवों में से हैं।
अतः विकल्प (C) सही है।

124. कैंडिडा यूटिलिस यीस्ट है जिसका उपयोग माइक्रोबियल प्रोटीन के उत्पादन के लिए किया जाता है जिसका उपयोग पेपर-पल्प कचरे से पशु भोजन पूरक (एकल-कोशिका प्रोटीन) के रूप में किया जाता है। खमीर कैंडिडा यूटिलिस का उपयोग खाद्य योज्य के रूप में और विभिन्न मेटाबोलाइट्स और प्रोटीन का उत्पादन करने के लिए विषम जीन अभिव्यक्ति के लिए एक मेजबान के रूप में किया जाता है।
अतः विकल्प (B) सही है।

125. एक्रिडीन ऑरेंज एक इंटरकैलेटिंग एजेंट है जो डीएनए हेलिक्स के केंद्रीय स्टैक में बेस जोड़े के बीच अंतर कर सकता है और संरचनाओं को विकृत कर सकता है और बाद में प्रतिकृति त्रुटियों का कारण बन सकता है।
अतः विकल्प (D) सही है।

126. सेल दीवारों में लिपोपॉलीसेकराइड की घटना ग्राम-नकारात्मक बैक्टीरिया की विशेषता है; जबकि ग्राम-पॉजिटिव बैक्टीरिया में कोशिका भित्ति होती है जिसमें टेकोइक एसिड होता है। कवक और शैवाल की कोशिका भित्ति, बैक्टीरिया की संरचना से बहुत भिन्न होती है।
अतः विकल्प (C) सही है।

127. टेकोइक एसिड पानी में घुलनशील पॉलिमर होते हैं, जिनमें रिबिटोल या ग्लिसरॉल अवशेष होते हैं जो फॉस्फोडाइस्टर लिंकेज के माध्यम से जुड़ते हैं। ग्लिसरॉल या राइबिटोल ग्लूकोज, गैलेक्टोज या एन-एसिटाइल ग्लूकोसामाइन जैसे शुगर अवशेषों से जुड़ जाता है।

अतः विकल्प (D) सही है।

128. साइटोप्लाज्मिक झिल्ली अधिकांश पानी में घुलनशील अणुओं द्वारा प्रवेश के लिए एक हाइड्रोफोबिक बाधा है। प्रोटॉन के लिए इसकी अभेद्यता के कारण, साइटोप्लाज्मिक झिल्ली प्रोटॉन प्रेरक बल की पीढ़ी का स्थल है।
अतः विकल्प (D) सही है।

129. डर्मेटोफाइटिक रोगों ने कीड़ों को संक्रमण के लिए जिम्मेदार ठहराया और इस प्रकार रोमनों ने इन संक्रमणों को टिनिया कहा, जिसका अर्थ है "छोटा कीट लार्वा"। डर्मेटोफाइट संक्रमण को संक्रमण की साइट के अनुसार वर्गीकृत किया जाता है, और इसमें टिनिया कॉर्पोरिस (दाद), टिनिया कैपिटिस (खोपड़ी का दाद), टिनिया अनगियम (नाखून का संक्रमण), और टिनिया पेडिस

(एथलीट फुट) शामिल हैं।
अतः विकल्प (B) सही है।

130. "हेमलिच" प्रक्रिया का मुख्य उद्देश्य पीड़ितों के वायुमार्ग में रुकावट को दूर करना है।

"हेमलिच" पैंतरेबाज़ी (पेट में जोर लगाना) किसी विदेशी वस्तु, विशेष रूप से भोजन या खिलौने द्वारा ऊपरी वायु मार्ग में रुकावट के कारण घुटन का इलाज करने के लिए एक त्वरित प्राथमिक चिकित्सा प्रक्रिया है। जरूरत पड़ने पर चेस्ट थ्रस्ट और बैक ब्लो का भी इस्तेमाल किया जा सकता है।

अतः विकल्प (A) सही है।

131. मानव शरीर द्वारा उत्पादित कार्बन डाइऑक्साइड (CO_2) रक्त और श्वास प्रणाली के माध्यम से समाप्त हो जाता है।

मानव शरीर में, कार्बन डाइऑक्साइड चयापचय के उपोत्पाद के रूप में इंट्रासेल्युलर रूप से बनता है। CO_2 को रक्तप्रवाह में फेफड़ों तक पहुँचाया जाता है जहाँ इसे अंततः श्वास छोड़ने के माध्यम से शरीर से निकाल दिया जाता है।

अतः विकल्प (C) सही है।

132. आप पीड़ित को ताजी हवा दे सकते हैं, पीड़ित को लेटने दे सकते हैं और पीड़ित को आश्वस्त कर सकते हैं कि कोई व्यक्ति बेहोशी की एक छोटी अवधि 'बेहोशी' का अनुभव न करे।

ताजी हवा मदद कर सकती है, खासकर अगर आप गर्म महसूस कर रहे हैं। यदि लेटना संभव न हो तो अपने सिर को जितना हो सके नीचे करें। यदि आप बेहोश हो जाते हैं, तो दस मिनट तक लेटे रहें। जब आपको उठने की आवश्यकता हो तो धीरे-धीरे बैठें।

अतः विकल्प (C) सही है।

133. पीड़ित अभी भी बोलने में सक्षम है कम चेतना वाले पीड़ित पर लागू होता है।

मस्तिष्क के रासायनिक वातावरण में परिवर्तन (जैसे जहर या नशीले पदार्थों के संपर्क में), मस्तिष्क में अपर्याप्त ऑक्सीजन या रक्त प्रवाह, और खोपड़ी के भीतर अत्यधिक दबाव सहित विभिन्न कारकों के परिणामस्वरूप चेतना का एक परिवर्तित स्तर हो सकता है।

अतः विकल्प (A) सही है।

134. एक नस में खून बह रहा है घाव से रक्त समान रूप से बहता है।

शिरापरक रक्तस्राव तब होता है जब एक नस फट जाती है या कट जाती है। खून गहरा लाल दिखाई देगा और शरीर से बाहर निकलेगा, लगातार और धीरे-धीरे आगे बढ़ेगा। यह धमनी रक्त की तरह बाहर नहीं निकलेगा। हालांकि शिरापरक रक्तस्राव अलग दिखता है, यह धमनी रक्तस्राव जितना ही गंभीर हो सकता है।

अतः विकल्प (A) सही है।

135. व्यक्तित्व विकास का मनोसामाजिक सिद्धांत एरिक ऐरिक्सन द्वारा विकसित किया गया था। सिद्धांत के अनुसार, प्रत्येक चरण के सफल समापन से एक स्वस्थ व्यक्तित्व और बुनियादी गुणों की प्राप्ति होती है। मूल गुण चारित्रिक शक्तियाँ हैं जिनका उपयोग अहंकार बाद के संकटों को हल करने के लिए कर सकता है। एरिक ऐरिक्सन ने कहा कि व्यक्तित्व एक पूर्व निर्धारित क्रम में मनोसामाजिक विकास के आठ चरणों के माध्यम से विकसित होता है, शैशवावस्था से वयस्कता तक। प्रत्येक चरण के दौरान, व्यक्ति एक मनोसामाजिक संकट का अनुभव करता है जिसका व्यक्तित्व विकास के लिए सकारात्मक या नकारात्मक परिणाम हो सकता है।

अतः विकल्प (A) सही है।

136. जीवनी, रेटिंग स्केल और सोशियोमेट्री व्यक्तित्व मूल्यांकन की वस्तुनिष्ठ तकनीक है। वस्तुनिष्ठ तकनीक अपने बारे में विषय के स्वयं के बयानों पर

निर्भर नहीं करती है, बल्कि उसके खुले व्यवहार पर निर्भर करती है जैसा कि पर्यविक्षकों, परीक्षकों या न्यायाधीशों के रूप में सेवा करने वाले अन्य लोगों के सामने प्रकट होता है।

अतः विकल्प (D) सही है।

137. मनुष्य का विकास आनुवंशिकता और पर्यावरण से प्रभावित होता है। मनुष्य की वृद्धि और विकास की विभिन्न विशेषताएं जैसे बुद्धि, योग्यता, शरीर की संरचना, ऊंचाई, वजन, बालों और आंखों का रंग आनुवंशिकता से अत्यधिक प्रभावित होते हैं। कुछ व्यवहार संबंधी लक्षण किसी के पर्यावरण, घर या संस्कृति पर निर्भर होते हैं, जैसे कि वह भाषा बोलता है, जिस धर्म का पालन करता है, और जिस राजनीतिक दल का समर्थन करता है।

अतः विकल्प (D) सही है।

138. किसी के व्यक्तित्व का निर्धारण करने में शारीरिक संरचना सबसे महत्वपूर्ण जैविक कारक है। एक व्यक्तित्व का विकास सामाजिक ढांचे के भीतर होता है, जैसे कई कारक इसके विकास में योगदान करते हैं। शारीरिक संरचना किसी व्यक्ति की अपेक्षाकृत स्थायी, जैविक संरचना और देनदारियों को संदर्भित करती है जो आनुवंशिक और पर्यावरणीय दोनों प्रभावों से उत्पन्न होती है जो उसकी प्रतिक्रियाशील क्षमता को निर्धारित करती है।

अतः विकल्प (D) सही है।

139. प्रेरणा का अर्थ आंतरिक उत्साह होता है। प्रेरणा आंतरिक (आंतरिक कारकों से उत्पन्न) या बाहरी (बाहरी कारकों से उत्पन्न) हो सकती है। आंतरिक रूप से प्रेरित व्यवहार व्यक्तिगत संतुष्टि की भावना से उत्पन्न होते हैं जो वे लाते हैं। वे उस कार्य में रुचि या आनंद से प्रेरित होते हैं जो व्यक्ति से आता है, समाज से नहीं।

अतः विकल्प (C) सही है।

140. व्यक्तित्व मूल्यांकन परीक्षण में एक व्यक्ति को एक चित्र दिया जाता है और उसे चित्र के बारे में एक कहानी बनाने के लिए कहा जाता है। प्रक्षेपी परीक्षण व्यक्तित्व मूल्यांकन के तरीके हैं जिसमें परीक्षण उत्तेजनाओं या निर्देशों में कुछ हद तक अस्पष्टता विषयों के लिए उनके व्यक्तिगत व्यक्तित्व विशेषताओं के संदर्भ में अपनी प्रतिक्रियाओं की संरचना करने के अवसर पैदा करती है, और इस तरह इन विशेषताओं की प्रकृति के बारे में जानकारी प्रदान करती है।

अतः विकल्प (C) सही है।

141. पर्सनालिटी (व्यक्तित्व) शब्द लैटिन शब्द 'पर्सोना' से लिया गया है जिसका अर्थ मुखौटा है। हम एक मुखौटा के बारे में सोचते हैं जो किसी की पहचान छुपाने के लिए पहना जाता है। नाटकीय मुखौटा मूल रूप से एक चरित्र के एक विशिष्ट व्यक्तित्व विशेषता का प्रतिनिधित्व या प्रोजेक्ट करने के लिए उपयोग किया जाता था। व्यक्तित्व लंबे समय से चले आ रहे लक्षणों और प्रतिमानों को संदर्भित करता है जो व्यक्तियों को विशिष्ट तरीकों से लगातार सोचने, महसूस करने और व्यवहार करने के लिए प्रेरित करते हैं। हमारा व्यक्तित्व ही हमें अद्वितीय व्यक्ति बनाता है।

अतः विकल्प (B) सही है।

142. सीखने की प्रक्रिया निरंतर चलती रहती है जो व्यक्ति के जन्म के समय से ही शुरू हो जाती है और मृत्यु तक चलती रहती है। सीखने की विशेषता है:

- सीखना एक अनुभव अधिग्रहण प्रक्रिया के रूप में वर्णित है।
- सीखना व्यवहार के संशोधन की एक प्रक्रिया है।
- सीखना एक उद्देश्यपूर्ण और लक्ष्य-निर्देशित प्रक्रिया है।
- सीखना एक स्व-सक्रिय प्रक्रिया है जो एक सामाजिक व्यवस्था या वातावरण में होती है।
- सीखने को अनुभव के अधिग्रहण, प्रतिधारण और संशोधन की प्रक्रिया के रूप में वर्णित किया जा सकता है।

- यह एक उत्तेजना और प्रतिक्रिया के बीच संबंध को फिर से स्थापित करता है।
- यह समस्या समाधान का एक तरीका है और पर्यावरण के साथ समायोजन करने से संबंधित है।
- इसमें गतिविधियों के वे सभी सरगम शामिल हैं जिनका व्यक्ति पर अपेक्षाकृत स्थायी प्रभाव हो सकता है।
- सीखने की प्रक्रिया अनुभव अधिग्रहण, अनुभवों को बनाए रखने और चरणबद्ध तरीके से अनुभव विकास, एक नया पैटर्न बनाने के लिए पुराने और नए दोनों अनुभवों के संश्लेषण के बारे में चिंतित है।

अतः विकल्प (D) सही है।

143. सीखने का परीक्षण और त्रुटि सिद्धांत थार्नडाइक द्वारा दिया गया था। परीक्षण और त्रुटि सीखने की एक विधि है जिसमें विभिन्न प्रतिक्रियाओं को अस्थायी रूप से आजमाया जाता है और कुछ को तब तक छोड़ दिया जाता है जब तक कि कोई समाधान प्राप्त नहीं हो जाता। थार्नडाइक (1874-1949) कनेक्शनवाद या परीक्षण और त्रुटि के सिद्धांत के प्रमुख प्रतिपादक थे। यह सिद्धांत एक या एक से अधिक तरीकों या साधनों की कोशिश करके और त्रुटियों या विफलता के कारणों को नोट करने और समाप्त करने के साथ-साथ कुछ सफल होने तक एक चीज या किसी अन्य की कोशिश करके वांछित परिणाम या सही समाधान तक पहुंचने के सर्वोत्तम तरीके की खोज है।

अतः विकल्प (B) सही है।

144. थार्नडाइक के अनुसार, स्मृति का नियम सीखने का नियम नहीं है। थार्नडाइक विलियम जेम्स के शिष्य, अमेरिकी मनोविज्ञान के प्रोफेसर थे, जिन्होंने परीक्षण और त्रुटि सीखने के बारे में कानूनों की एक श्रृंखला विकसित की। थार्नडाइक के सिद्धांतों को अमेरिकी व्यवहारवाद के अग्रदूत के रूप में माना जाता है जो कि इसके अधिकतम प्रतिपादक स्किनर, ऑपरेटिव कंडीशनिंग के पिता के रूप में पाएंगे। सीखने के नियम हैं:

- तैयारी का नियम
- व्यायाम का नियम
- प्रभाव का नियम

अतः विकल्प (D) सही है।

145. अपशिष्ट और इसके प्रकार:

- अपशिष्ट में विभिन्न प्रकार के गंदगी या डिस्पोजेबल पदार्थ शामिल हैं जो अब किसी विशेष रूप से व्यक्तिगत के लिए उपयोग में नहीं हैं।
- अपशिष्ट शामिल हैं:
  - भोजन की तरह जैव-अपघटनशील कचरे में बेकार कागज होते हैं जिन्हें सूक्ष्मजीव विघटित किया जा सकता है।
  - अजैव - अपघटनशील कचरे जैसे पॉलिथीन जो विघटित नहीं हो सकते हैं और पर्यावरण को नुकसान पहुंचाते हैं।
- अपशिष्ट को ठोस, तरल और गैसीय कचरे में भी वर्गीकृत किया जाता है।
  - ठोस कचरे में सामान्य रूप से घर का कचरा शामिल होता है।
  - तरल अपशिष्ट में कुछ प्रदूषक शामिल होते हैं जो गंदे नाले के माध्यम से नदियों में बह जाते हैं।
  - गैसीय कचरे में उद्योगों, वाहनों आदि से निकलने वाले प्रदूषक शामिल हैं।

वायु प्रदूषण:

- हवा में गैस की अधिकता की उपस्थिति वायु प्रदूषण का कारण बनती है।
- जहरीली गैसें वाहनों और उद्योगों द्वारा जारी की जाती हैं जो हवा को प्रदूषित करती हैं।

जल प्रदूषण:

- पानी में प्रदूषकों की उपस्थिति को जल प्रदूषण कहा जाता है जो जलीय पारिस्थितिकी तंत्र पर एक बड़ा प्रभाव बनाता है।
- जल प्रदूषण नदियों में जारी तरल मल अपशिष्ट के कारण होता है।

मृदा प्रदूषण:

- मृदा में अवांछित रसायनों की मौजूदगी मृदा को प्रदूषित करती है।
- ऐसे रसायनों को मृदा में घरेलू या औद्योगिक कचरे से प्राप्त रसायनों द्वारा प्रेरित किया जाता है।
- मृदा प्रदूषण मृदा की उर्वरता को नुकसान पहुंचाता है और कृषि उत्पादकता को प्रभावित करता है।

तो, उपरोक्त अवधारणाओं से, यह स्पष्ट है कि अपशिष्ट सभी तीन प्रकार के प्रदूषण के लिए जिम्मेदार है।

इसलिए, उपरोक्त सभी यहां सही विकल्प होगा।

अतः विकल्प (D) सही है।

146. प्रवाहमान धारा की स्वः-शुद्धिकरण:

जब मल का बहाव किसी नदी की धारा में निपटाया जाता है, तो यह निम्नलिखित प्राकृतिक प्रक्रिया द्वारा स्वः-शुद्धिकरण की प्रक्रिया से गुजरती है;

विलयन और फैलाव:

वास्तविक संदर्भों में यह स्वःशुद्धिकरण का तंत्र नहीं है, यह केवल नदी की धारा में मल के बहाव के संभावित ख़तरे को कम करता है।

अवसादन:

नदी की धारा में उपलब्ध विक्षोभ के अनुसार कार्बनिक निलंबित कण को इसमें जम जाते हैं जिससे यह नदी के पानी को स्वयं साफ़ होने में सहायता करती है।

सूर्य प्रकाश:

सूर्य प्रकाश की उपस्थिति में प्रकाश संश्लेषण प्रतिक्रिया होती है जिसके दौरान O_2 मुक्त होती है जिसका प्रयोग कार्बनिक पदार्थ के अपघटन के लिए सूक्ष्म जीव द्वारा किया जाता है जिससे नदी के पानी को स्वयं साद होने में सहायता होती है।

ऑक्सीकरण और कमी:

नदी के धारा की सतह पर सूक्ष्म-जिव की क्रिया और नदी की सतह पर अवायवीय सूक्ष्म-जिव द्वारा कार्बनिक पदार्थ का अपघटन संग्राहक रूप से नदी के पानी को स्वयं साफ़ होने में मदद करता है।

अतः विकल्प (A) सही है।

147. जब गन्दा पानी या सीवेज अपशिष्टों को नदी में बहा दिया जाता है, तो नदी अस्थायी प्रदूषित हो जाती है, लेकिन स्थितियां हमेशा के लिए नहीं रहती हैं, क्योंकि तनुकरण, अवसादन, ऑक्सीकरण, सूर्य के प्रकाश में कमी जैसे शुद्धि की प्राकृतिक शक्तियां प्रदूषकों पर कार्यरत होती रहती हैं और पानी को उसकी मूल स्थिति में वापस लाते हैं। इस प्रक्रिया को स्वतः शुद्धिकरण के रूप में जाना जाता है और इसके लिए उत्तरदायी विभिन्न बलों का वर्णन नीचे संक्षेप में किया गया है:

1. तनुकरण और परिक्षेपण: जब गन्दे पानी को बड़ी मात्रा में नदी के पानी में निस्सरित किया जाता है, तो यह तेजी से फैल जाता है और तनु हो जाता है। इससे सीवेज में कार्बनिक पदार्थों के जमाव में कमी आती है।

2. अवसादन: सीवेज में निलंबित ठोस गुरुत्वाकर्षण की क्रिया द्वारा नदी के तल में बैठ जाते हैं।

3. ऑक्सीकरण: सीवेज में मौजूद कार्बनिक पदार्थ सूक्ष्मजीवों द्वारा नदी में मौजूद विघटित ऑक्सीजन की सहायता से ऑक्सीकृत हो जाते हैं और परिणामस्वरूप स्थिर उत्पादों का निर्माण होता है।

4. न्यूनीकरण: यह कार्बनिक पदार्थों के जल-अपघटन के कारण होता है जो नदी के तल के नीचे रासायनिक या जैविक रूप से बैठ जाता है।

शुद्धिकरण की उपरोक्त प्राकृतिक शक्तियाँ विभिन्न कारकों पर निर्भर करती हैं जो निम्नानुसार हैं:

1. तापमान

2. विक्षोभ

3. नदी की धारा का वेग

4. विघटित ऑक्सीजन की उपलब्धता

5. उपस्थित कार्बनिक पदार्थों का प्रकार और मात्रा

6. पुनः वातन की दर

अतः विकल्प (D) सही है।

148. खाद की परिभाषा का अर्थ है सब्जियों और अन्य जैविक अपशिष्टों को एक साथ मिलाना और उन्हें सड़ने देना। कम्पोस्ट जैविक अवशेषों (खाद, पशु शव, पुआल, आदि) का एक मिश्रण है, जिसे ऊष्मपसंदी (उच्च ताप 113 से 160 डिग्री फ़ारेनहाइट) के अपघटन से गुजरने के लिए ढेर, मिश्रित, और सिक्त किया जाता है।

- यह प्रकाशन पशुओं की खाद बनाने से संबंधित है।

कम्पोस्ट, खाद और उर्वरक ऐसी सामग्री है जो मृदा को नाइट्रोजन, फास्फोरस और पोटेशियम और अन्य पोषक तत्वों के साथ समृद्ध करती है।

भस्मीकरण	<ul><li>भस्मीकरण कचरे के निपटान का एक लोकप्रिय तरीका है, दहन के उपयोग से उन वस्तुओं को भी जला दिया जाता है जिन्हें पुनर्नवीनीकरण या संकलित किया जा सकता था।</li><li>भस्मीकरण किए गए अपशिष्ट पदार्थों में से कई में विषाक्त पदार्थों जैसे पारा, डाइऑक्सिन, और फारेन होते हैं, जो जलने पर कार्बन डाइऑक्साइड और नाइट्रस ऑक्साइड का उत्पादन करते हैं।</li><li>इस उपचार का उपयोग अक्सर विद्युत के उत्पादन में किया जाता है क्योंकि यह कचरे के द्रव्यमान को 96 प्रतिशत तक कम कर देता है।</li></ul>
संरक्षण	<ul><li>संरक्षण इन संसाधनों की देखभाल और सुरक्षा है ताकि वे आने वाली पीढ़ियों के लिए बनी रह सकें।</li><li>संरक्षण, मनुष्यों द्वारा प्रकृति का संधारणीय उपयोग है, जैसे शिकार, प्रचालेखन या खनन जैसी गतिविधियां, जबकि परिरक्षण का अर्थ है मानव उपयोग के लिए प्रकृति की रक्षा करना।</li></ul>
चयापचय	<ul><li>चयापचय शरीर की कोशिकाओं में रासायनिक अभिक्रिया है जो भोजन को ऊर्जा में बदलता है।</li><li>इस जटिल जैव रासायनिक प्रक्रिया के दौरान, आपके शरीर को कार्य करने के लिए आवश्यक ऊर्जा उत्सर्जित करने के लिए भोजन और पेय पदार्थों में कैलोरी को ऑक्सीजन के साथ मिलाया जाता है।</li></ul>

अतः विकल्प (D) सही है।

149. परमाणु ऊर्जा बिजली उत्पादन के तरीकों में से एक है। यह उन परमाणुओं के मूल या नाभिक में आयोजित ऊर्जा को छोड़ने के लिए परमाणुओं को विभाजित करके उत्पन्न होता है। लेकिन हालांकि, परमाणु ऊर्जा उपयोगी

हो सकती है, लेकिन इससे उत्पन्न परमाणु अपशिष्ट इसके लाभों को पार कर जाते हैं।

परमाणु अपशिष्ट निपटान:

- परमाणु कचरा हज़ारों वर्षों तक खतरनाक होता है और इसके लिए दीर्घकालिक समाधान की आवश्यकता होती है जो इसे मानव और अन्य जीवित चीजों से अलग करता है।

- अधिकांश परमाणु अपशिष्ट परमाणु ऊर्जा संयंत्रों के साथ-साथ उद्योग, चिकित्सा, कृषि इत्यादि द्वारा उपयोग किए जाने वाले रेडियोधर्मी पदार्थों के अवशेषों से आते हैं।

- परमाणु कचरे का उनका संभावित खतरा इसके निपटान को मुश्किल बनाता है। अपशिष्ट उपचार की पसंद इसके रेडियोधर्मिता स्तर और क्षय समय से प्रभावित होती है।

- परमाणु क्षय छोटे कणों - प्रोटॉन, न्यूट्रॉन और इलेक्ट्रॉनों को छोड़ता है - जो ऊतक को छेदकर सकता है और आनुवंशिक सामग्री को नुकसान पहुंचा सकता है, जिससे कैंसर और जन्म दोष हो सकता है।

- इन प्रतिकूल प्रभावों के कारण, परमाणु कचरे का सावधानीपूर्वक उपचार किया जाना चाहिए। निम्न-स्तरीय अपशिष्ट (जैसे कि उपकरण जो विकिरण से दूषित हो गए हैं) विकिरण के बहुत कम स्तर का उत्सर्जन करते हैं जो उस विकिरण के बराबर होते हैं जो हम सूर्य से प्रतिदिन अवशोषित करते हैं।

- खर्च किए गए परमाणु ईंधन और उसके उपोत्पाद जैसे उच्च-स्तरीय कचरे को गर्म किया जाता है और रेडियोधर्मिता को रोकने के लिए ठंडा होने वाले मोटे धातु परिरक्षण के वर्षों की आवश्यकता होती है।

- सबसे होनहार परमाणु वाष्प निपटान विधियों में से एक भूवैज्ञानिक संरचनाओं या भूमिगत नमक जमा / खदानें हैं जो आवश्यक अलगाव प्रदान करके एक बाधा के रूप में कार्य करेंगे क्योंकि पानी इन जमाओं से नहीं गुज़र सकता है और इस प्रकार खतरनाक रसायनों को मानव संपर्क में जारी करता है।

- नमक संरचनाएँ कम छिद्र का प्रदर्शन करती हैं और गैसों और तरल पदार्थों के अभेद्य हैं। इसलिए, एक प्राकृतिक भूगर्भिक बाधा कार्य एक नमक की खान में बहुत लंबे समय से अधिक की गारंटी है।

नोट:

वन, महासागर और रेगिस्तान ऐसे पारिस्थितिक तंत्र हैं जिनके पास एक संवेदनशील प्राकृतिक संतुलन है और इसे रेडियोधर्मी परमाणु कचरे से परेशान नहीं किया जा सकता है जो दीर्घकालिक प्रतिकूल प्रभाव पैदा कर सकते हैं।

इसलिए, दिए गए बिंदुओं से यह स्पष्ट है कि परमाणु कचरे के डंपिंग के लिए नमक की खदानें बेहतर हैं।

अतः विकल्प (A) सही है।

150. पर्यावरण संदूषक ऐसे रसायन होते हैं जो गलती से या जानबूझकर पर्यावरण में प्रवेश कर जाते हैं।

उदाहरण:

- डाइऑक्साइन्स को लगातार कार्बनिक प्रदूषक (POPs) कहा जाता है।

- पर्यावरण में होने के बाद उन्हें टूटने में लंबा समय लगता है।

वसायुक्त खाद्य पदार्थ जैसे मांस, मुर्गी पालन, समुद्री भोजन, दूध, अंडा और उनके उत्पाद डाइऑक्सिन के प्रमुख आहार स्रोत हैं।बड़ी मात्रा में डाइऑक्सिन के आकस्मिक संपर्क के कारण हो सकता है- क्लोरैने का विकास, एक त्वचा की स्थिति, अत्यधिक शरीर के बाल, अन्य त्वचा के घाव जैसे त्वचा पर चकत्ते और त्वचा का मलिनकिरण।

कीटनाशक:

- कीटनाशकों कीड़े, चरस, कवक और अन्य कीटों के खिलाफ की रक्षा फसलों के लिए उपयोग किया जाता है।

- कीटनाशकों के छिड़काव वाले फल या सब्जियां खाने से निम्नलिखित लक्षण हो सकते हैं: पेट में ऐंठन, उल्टी आदि

भारी धातु:

- आर्सेनिक, सीसा, कैडमियम, पारा के रूप में धातु, और दूसरों को कुछ खाद्य पदार्थ में मौजूद हैं।

- ये तत्व हवा, पानी और मिट्टी में प्राकृतिक रूप से और पर्यावरण प्रदूषक के रूप में होते हैं और जब पौधे बढ़ते हैं तो ये खाद्य आपूर्ति में प्रवेश करते हैं।

अपमिश्रक:

- भोजन में मिलावट करने के लिए प्रयुक्त होने वाला पदार्थ।

- मैमेलामाइन को दूध और अन्य प्रोटीन युक्त खाद्य पदार्थों में जोड़ा गया है ताकि कच्चे प्रोटीन की मात्रा को बढ़ाया जा सके, अक्सर बीमारी या मृत्यु का खतरा होता है।

अतः विकल्प (D) सही है।

151. खाद्य संदूषक का अर्थ है वे पदार्थ जो स्वेच्छा से भोजन में नहीं डाले गए हैं, लेकिन प्रसंस्करण/उपचार/पैकेजिंग आदि के कारण मौजूद हैं।

FSS अधिनियम, 2006 के अनुसार, संदूषक पदार्थों का अर्थ है कोई भी पदार्थ, चाहे वह भोजन में मिलाया गया हो या नहीं, लेकिन जो उत्पादन (फसल पालन, पशुपालन, या पशु चिकित्सा में किए गए कार्यों सहित), निर्माण, प्रसंस्करण, तैयारी उपचार के परिणामस्वरूप ऐसे भोजन में मौजूद है। इस तरह के भोजन की पैकिंग, पैकेजिंग, परिवहन या धारण या पर्यावरण प्रदूषण के परिणामस्वरूप और इसमें कीट के टुकड़े, कृंतक बाल और अन्य बाहरी पदार्थ शामिल नहीं हैं। उदाहरण के लिए, जीवाणु विष, एफ्लाटॉक्सिन, फॉर्मेलिन, एंटीबायोटिक अवशेष आदि।

अतः विकल्प (B) सही है।

152. मलपरवह कारखाना में प्रवेश करने वाला अपशिष्ट जल पहले बार स्क्रीन से गुजरता है। बार स्क्रीन प्लास्टिक की बोतलें, सैनिटरी नैपकिन, डिब्बे, प्लास्टिक बैग, छड़ें आदि जैसी बड़े मलवे को हटा देती है।

अपशिष्ट प्रबंधन:

- अपशिष्ट जल उपचार एक प्रक्रिया है जिसका उपयोग दूषित पदार्थों को हटाने और पानी को उपयोगी बनाने के लिए किया जाता है।

- अपशिष्ट जल संग्रह

- स्क्रीनिंग

- प्राथमिक उपचार

- माध्यमिक उपचार

- अंतिम उपचार

- स्क्रीनिंग

स्क्रीनिंग अपशिष्ट जल के उपचार की प्रक्रिया के पहले चरणों में से एक है।

- इस प्रक्रिया में, बड़ी वस्तुओं को अपशिष्ट जल से निकाल दिया जाता है और फिर इसे ग्रिट और रेत हटाने वाले टैंक में स्थानांतरित कर दिया जाता है।

प्राथमिक उपचार:

- स्क्रीनिंग के बाद अपशिष्ट जल को प्राथमिक उपचार के लिए ले जाया जाता है जहां सभी कार्बनिक अपशिष्ट हटा दिए जाते हैं।

- प्राथमिक उपचार टैंकों की सतह पर जमने के लिए अपशिष्ट पदार्थ को बड़े टैंकों में डालकर किया जाता है।

द्वितीयक उपचार:

- प्राथमिक उपचार के बाद पानी को "वायु संचारण लेन" नामक एक टैंक से गुजरा जाता है, जहां हवा में एरोबिक बैक्टीरिया की वृद्धि को बढ़ाने के लिए पानी में टैप किया जाता है।
- बैक्टीरिया पंक के छोटे कणों को तोड़ते हैं जो प्राथमिक उपचार के बाद बच गए।

अंतिम उपचार:

- सक्रिय पंक को रेत सुखाने की मशीन के माध्यम से पारित किया जाता है जहां कीचड़ सूख जाता है और पानी को फ़िल्टर किया जाता है।
- पानी को एक दीवार पर प्रवाहित करने के लिए निर्देशित किया जाता है, जिसमें रेत के बिस्तर के माध्यम से फ़िल्टर किया जाता है ताकि अतिरिक्त कणों को समाप्त किया जा सके।

अतः विकल्प (A) सही है।

153. इंसुलिन ग्लाइकोजेनेसिस को बढ़ाता है।

इंसुलिन फॉस्फोरिलिकरण के माध्यम से ग्लाइकोजन सिंथेज़ किनेज (GSK) 3 को निष्क्रिय करके ग्लाइकोजन सिंथेज़ के डीफॉस्फोरिलिकरण और सक्रियण को बढ़ावा देता है। इंसुलिन ग्लूकोस के अंतर्ग्रहण और ग्लूकोस 6-फॉस्फेट के उत्पादन को भी बढ़ावा देता है, जो ग्लाइकोजन संश्लेषण को सक्रिय रूप से सक्रिय करता है।

अत: विकल्प (B) सही है।

154. पर्यावरण और मानव स्वास्थ्य (ईएचएचआई) शिक्षा, अनुसंधान और सार्वजनिक नीतियों के प्रचार के माध्यम से मानव स्वास्थ्य को पर्यावरणीय नुकसान से बचाने के लिए समर्पित है। पर्यावरण और मानव स्वास्थ्य स्वास्थ्य के खतरों के बारे में चिंतित है।

अत: विकल्प (A) सही है।

155. घर्षण हाथ धोने का सबसे महत्वपूर्ण पहलू है क्योंकि रगड़ने से घर्षण पैदा होता है, जो त्वचा से रोगजनकों को हटाने में मदद करता है, और लंबे समय तक स्क्रबिंग अधिक रोगजनकों को हटाता है।

हाथ धोने से कई महत्वपूर्ण स्वास्थ्य लाभ होते हैं, जिसमें इन्फ्लूएंजा, कोरोनावायरस और अन्य संक्रामक रोगों के प्रसार को कम करना, दस्त के संक्रामक कारणों को रोकना, श्वसन संक्रमण को कम करना और घर पर जन्म देते समय शिशु मृत्यु दर को कम करना शामिल है।

अत: विकल्प (C) सही है।

156. वसायुक्त भोजन (अत्यधिक वसायुक्त, मसालेदार और तैलीय व्यंजनों का सेवन) वजन, रक्तचाप और कोलेस्ट्रॉल पर उनके प्रभाव के कारण हृदय रोग और स्ट्रोक के जोखिम को बढ़ा सकता है।

स्वास्थ्य को बढ़ावा देने वाली जीवन शैली (HPL) जीवन शैली के माध्यम से जीवन को बढ़ावा देने पर केंद्रित है जिसमें "शारीरिक गतिविधि", "पोषण", "स्वास्थ्य जिम्मेदारी", "आध्यात्मिक विकास", "पारस्परिक संबंध" और "तनाव प्रबंधन" शामिल हैं।

अत: विकल्प (B) सही है।

157. एथलीट फुट और लाइस से बचा जा सकता है यदि उचित स्वच्छता बनाए रखी जाए।

एथलीट फुट:

- फंगल संक्रमण आमतौर पर पैर की उंगलियों के बीच शुरू होता है।

- एथलीट फुट आमतौर पर उन लोगों में होता है जिनके पैरों में टाइट-फिटिंग जूतों में कैद होने पर बहुत पसीना आता है।
- उचित स्वच्छता से बचा जा सकता है जैसे मोजे पहनना और साफ पैर।

अत: विकल्प (C) सही है।

158. स्वच्छता: स्थितियां और प्रथाएं जो स्वास्थ्य को बनाए रखने और बीमारी के प्रसार को रोकने में मदद करती हैं।

स्वच्छता के प्रकार:

व्यक्तिगत स्वच्छता: यह व्यक्तिगत स्वच्छता के मानकों को बढ़ावा देता है।

उदाहरण - नहाना, कपड़े धोना, हाथ धोना, दांतों और नाखूनों की देखभाल करना आदि।

पर्यावरण (वायुमंडलीय) स्वच्छता: इसे दो प्रकार की स्वच्छता में वर्गीकृत किया गया है।

घरेलू स्वच्छता: यह घरेलू स्वच्छता के मानकों को बढ़ावा देता है।

उदाहरण - भोजन के भंडारण में स्वच्छता, अपशिष्ट का निपटान, घरेलू कीटों, चूहों, कीड़ों आदि से बचाव।

सामुदायिक स्वच्छता: यह व्यक्तिगत स्वच्छता के मानकों को बढ़ावा देता है।

उदाहरण - वायु और जल प्रदूषण पर नियंत्रण, सुरक्षित निपटान, आदि।

अत: विकल्प (D) सही है।

159. प्रतिजैविक: वे पदार्थ जो किसी सूक्ष्मजीव से प्राप्त होते हैं या कृत्रिम रूप से उत्पादित होते हैं, जो किसी जीवित जीव के विकास को नष्ट या सीमित करते हैं, प्रतिजैविक कहलाते हैं।

प्रतिजन: एक पदार्थ है जो शरीर में रोग प्रतिकारक के उत्पादन को उत्तेजित करता है।

- बहिर्जात प्रतिजन: ये अंतःश्वसन, अंतर्ग्रहण या सूई के माध्यम से शरीर में बाहर से प्रवेश करते हैं। जैसे; प्रदूषक, सूक्ष्मजीव, और औषधियां, आदि।
- अंतर्जात प्रतिजन: जो सामान्य कोशिका चयापचय के परिणामस्वरूप या विषाणुज या अंतःकोशिकीय जीवाणु संक्रमण के कारण शरीर में उत्पन्न होते हैं।

हॉर्मोन: एक पदार्थ है जो एक ऊतक में छोड़ा जाता है और रक्त प्रवाह के माध्यम से लक्षित ऊतकों तक जाता है।

- शरीर में अपर्याप्त स्राव के मामले में अर्थात् प्रतिस्थापन चिकित्सा के रूप में हॉर्मोन का उपयोग औषधियों के रूप में किया जाता है। उदाहरण के लिए मधुमेह के मामले में इंसुलिन देना।

एंजाइम: वे प्रोटीन होते हैं जो जैविक उत्प्रेरक के रूप में कार्य करते हैं जो हमारे जीवन प्रणाली में लगभग सभी जैव रासायनिक अभिक्रियाओं में आवश्यक होते हैं।

- एंजाइमों का उपयोग उन औषधियों के रूप में भी किया जाता है जो पौधे और पशु स्रोतों लिए जाते हैं।

अत: विकल्प (A) सही है।

160. एक बैक्टीरियल न्यूमोनिया से ग्रस्त रोगी को एंटीबायोटिक का कोर्स (Course) शुरू करने से पहले स्पुटम (Sputum) का संवर्धन परीक्षण करवाने का सुझाव दिया जाता है।

बैक्टीरियल न्यूमोनिया: यह विभिन्न प्रकार के जीवाणु के कारण होने वाले फेफड़ों की सूजन की स्थिति है।

जीवाणु न्यूमोनिया के कारण:

- स्ट्रेप्टोकोकस न्यूमोनिया बैक्टीरिया जीवाणु न्यूमोनिया का सबसे आम कारण है।
- माइकोप्लाज्मा न्यूमोनिया भी न्यूमोनिया का कारण बन सकता है।
- कवक
- कुछ विषाणु जो सर्दी और फ्लू का कारण बनते हैं, न्यूमोनिया का कारण बन सकते हैं।

स्पूटम परीक्षण के लिए बलगम के एक नमूने की आवश्यकता होती है जिसे आप बाहर उगलते हैं जिसे स्पूटम के रूप में भी जाना जाता है।

- इसकी संस्कृति का उपयोग न्यूमोनिया पैदा करने वाले सूक्ष्म जीवों की पहचान करने के लिए किया जाता है और यह सर्वोत्तम प्रतिजैविक की पहचान करने में भी मदद कर सकता है।
- प्रतिजैविक चिकित्सा शुरू करने से पहले स्पूटम और संस्कृति का संवर्धन किया जाना चाहिए।

अतः विकल्प (C) सही है।

161. एंटीजन (एलर्जेन) के संपर्क में आने पर मास्ट कोशिकाओं और बेसोफिल से मध्यस्थों की रिहाई के कारण तत्काल हाइपरसेंसिटिविटी (एलर्जी) की मध्यस्थता करता है।

इम्युनोग्लोबुलिन एक एंटीजन की प्रतिक्रिया में प्लाज्मा कोशिकाओं द्वारा उत्पादित प्रोटीन का एक विशेष समूह है और जो एंटीबॉडी के रूप में कार्य करता है।

अतः विकल्प (B) सही है।

162. जेनाइटल वार्ट्स ह्यूमन पेपिलोमावायरस (HPV) के लिए जिम्मेदार एपिडर्मल अभिव्यक्तियाँ हैं।

ट्रेपोनिमा पैलिडम सबसे आम प्रेरक एजेंट है जो सिफलिस का कारण बनता है, जो एक यौन संचारित रोग है।

निसेरिया गोनोरिया को गोनोकोकस या गोनोकोकी के नाम से भी जाना जाता है। यह ग्राम-नेगेटिव बैक्टीरिया है जो गोनोरिया का कारण बनता है जो एक यौन संचारित रोग भी है।

ट्राइकोमोनास वैजाइनलिस एक एनारोबिक, फ्लैगेलेटेड प्रोटोजोन परजीवी है और ट्राइकोमोनिएसिस का प्रेरक एजेंट है, जो एक यौन संचारित रोग है।

अतः विकल्प (D) सही है।

163. ऑटोसोमल डोमिनेंट डिसऑर्डर तब होते हैं जब बीमारी पैदा करने के लिए ऑटोसोमल जीन की केवल एक दोषपूर्ण प्रतिलिपि की आवश्यकता होती है। नतीजतन, प्रभावित व्यक्तियों में एक सामान्य और एक उत्परिवर्तित जीन होता है।

हनटिंग्टन रोग (HD) एक वंशागत स्थिति है जो मस्तिष्क में न्यूरॉन्स के प्रगतिशील अध: पतन का कारण बनती है। नैदानिक अभिव्यक्तियाँ ज्यादातर 35 से 44 वर्ष की आयु के बीच दिखाई देती हैं।

- वंशागति: हनटिंग्टन रोग ऑटोसोमल डोमिनेंट मैनर से वंशागत है। इसका मतलब यह है कि HTT जीन की 2 प्रतियों में से केवल एक में परिवर्तन (म्यूटेशन) होना इस स्थिति का कारण बनने के लिए पर्याप्त है। जब HD वाले व्यक्ति के बच्चे होते हैं, तो प्रत्येक बच्चे के पास उत्परिवर्तित जीन को वंशानुक्रम से पाने और स्थिति विकसित करने का 50% (1 में 2) मौका होता है।

अतः विकल्प (D) सही है।

164. एक 60 वर्षीय रोगी तीव्र गाउटी गठिया (संधिशोथ) के साथ आपात स्थिति में अस्पताल आता है। तत्काल नर्सिंग हस्तक्षेप दर्द दूर करना होगा।

- गाउट (वात-रोग) आघात एक बेहद दर्दनाक स्थिति है।
- गाउट यूरिक अम्ल का जमाव है।

- दर्द जोड़ों में प्रकट होता है।
- इसलिए, दर्द को दूर करने और आघात की अवधि को कम करने के लिए दर्दनिवारक
- प्रदान करना तत्काल हस्तक्षेप है।

अतः विकल्प (A) सही है।

165. शराबी (ऐल्कोहॉलिक) मरीज को अचेत अवस्था में आपके सामने पेश किया गया है। आप उसे थायमिन के साथ 10% D/W देंगे।

- ग्लूकोज अंतःशिराभ द्रव को पहले नहीं दिया जाता है क्योंकि यह पर्याप्त रूप से काम नहीं करेगा।
- थायमिन का उपयोग मस्तिष्क में जैव रासायनिक अभिक्रियाओं में किया जाता है।
- थायमिन की कमी से अपरिवर्तनीय क्षति हो सकती है।
- ऐसी स्थिति में थायमिन 100 मिलीग्राम अंतःशिराभ (IV) प्रशासित किया जाता है।

अतः विकल्प (B) सही है।

166. सिस्टोमेट्रोग्राम: यह मूत्र की मात्रा में वृद्धि के संबंध में मूत्राशय में दबाव परिवर्तन की ग्राफिकल रिकॉर्डिंग है।

- सिस्टोमेट्री, या सिस्टोमेट्रोग्राम, दबाव-प्रवाह अध्ययन के साथ-साथ यूरोडायनामिक परीक्षण (या UDS) का हिस्सा है।
- ये परीक्षण मापते हैं कि मूत्राशय कितनी अच्छी तरह काम कर रहा है।
- वे मूत्र नियंत्रण से संबंधित समस्याओं का निदान करने में मदद करते हैं।

अतः विकल्प (C) सही है।

167. स्पृश्यकंप (फ्रीमिटस): यह स्पष्ट श्वासनलियों और फुप्फुसीय मृदुतक के माध्यम से वक्षभित्ति तक प्रेषित एक स्पष्ट कंपन है, जहां उन्हें कंपन के रूप में महसूस किया जा सकता है।

- व्यक्ति की पीठ पर किसी एक हाथ के अंतः प्रकोष्ठिका किनारे का करतलीय आधार रखें और निन्यानवे शब्द को दोहराने के लिए कहें। फेफड़ों के शिखर से शुरू करें और एक तरफ से दूसरी तरफ टटोलें।
- समरूपता सबसे महत्वपूर्ण होती है।
- आम तौर पर, स्कंधास्थि (स्कैपुला) के बीच स्पृश्यकंप सबसे प्रबल होता है और जैसे-जैसे आप नीचे जाते हैं, यह घटता जाता है।

अतः विकल्प (C) सही है।

168. वाहिका स्फीति त्वचा पर दिखाई देने वाली छोटी रैखिक लाल रक्त वाहिकाओं को संदर्भित करता है।

- शरीर में कहीं भी, त्वचा या श्लेष्मा झिल्ली पर फैली हुई छोटी रक्त वाहिकाएं।
- यह गुच्छों में होता है और इसे स्पाइडर वेन्स के नाम से जाना जाता है।
- शिराएँ फैली हुई होती हैं।
- होंठ, गाल, नाक और आंखें आम क्षेत्र हैं।
- वे 1-3 मिमी से कम चौड़ाई और कुछ सेंटीमीटर लंबाई के माप के होते हैं।

अतः विकल्प (D) सही है।

169. वाहिनीहीन ग्रंथियां, जो अपने स्राव को सीधे रक्त में स्रावित करती हैं अंतःस्रावी ग्रंथि कहलाती हैं।

ग्रंथियां: वह अंग जो रसायनों का स्राव करते है।

- बहिःस्रावी ग्रंथि: जो अपने रसायनों को नलिकाओं के माध्यम से लक्ष्य स्थल पर स्रावित करती है।

- अंतःस्रावी ग्रंथि: जो अपने रसायनों को रक्तप्रवाह में स्रावित करती है। (वाहिनीविहीन ग्रंथि)

अतः विकल्प (A) सही है।

170. अधिचर्म: कोशिकाओं की बाहरी परत जो त्वचा बनाती है।

- यह ज्यादातर चपटे, शल्क जैसी कोशिकाओं से बना होता है जिन्हें शल्की कोशिका कहा जाता है।

- अधिचर्म के सबसे गहरे भाग में मेलानोसाइट भी होते हैं।

- यह कोशिकाएं मेलेनिन का उत्पादन करती हैं।

बाह्यत्वचा: यह कोशिकाओं की प्राथमिक परतों में से एक है।

अतः विकल्प (B) सही है।

General Knowledge

Q.1 किस देश ने 2 अगस्त 2022 को बर्मिंघम में राष्ट्रमंडल खेलों में पुरुषों की टेबल टेनिस स्पर्धा में स्वर्ण पदक जीता है?

A. मलेशिया
B. कनाडा
C. भारत
D. दक्षिण अफ्रीका

Q.2 नई सौर ऊर्जा नीति 2021 की घोषणा निम्नलिखित में से किस राज्य द्वारा की गई है?

A. उत्तर प्रदेश
B. गुजरात
C. महाराष्ट्र
D. गोवा

Q.3 अक्टूबर 2022 में गेल (इंडिया) लिमिटेड के अध्यक्ष और प्रबंध निदेशक के रूप में किसने पदभार संभाला?

A. धर्मवीर सिंह
B. रवि कुमार पासवान
C. कृपा शंकर
D. संदीप कुमार गुप्ता

Q.4 एक व्यक्ति 30,000 रुपये का 10 प्रतिशत प्रति वर्ष SI के हिसाब से सावधि जमा (एफडी) में निवेश करता है लेकिन कुछ समस्या के कारण, उसे 3 वर्ष के बाद पूरे पैसे वापस लेने पड़े, जिसके लिए बैंक ने उसे ब्याज की कम दर की अनुमति दी। यदि उसे 5 वर्ष बाद मिलने वाली राशि से 7800 रुपये कम मिलते हैं तो बैंक द्वारा निवेश के बदले कितना फायदा मिला?

A. 2%
B. 5%
C. 4%
D. 8%

Q.5 केंद्रीय सूचना आयोग किस प्रकार का निकाय है?

A. संवैधानिक निकाय
B. अर्द्ध-न्यायिक निकाय
C. वैधानिक निकाय
D. कार्यकारिणी निकाय

Q.6 निर्देश: सतत् विकास लक्ष्यों (SDG) के बारे में निम्नलिखित युग्मों पर विचार कीजिये:

युग्म 1	युग्म 2
1.SDG 3	उत्तम स्वास्थ्य और खुशहाली
2.SDG 5	लैंगिक समानता
3.SDG 13	जलवायु कार्रवाई

उपर्युक्त युग्मों में से कौन-सा/से सही हुमेलित है/हैं?

A. केवल 1
B. केवल 1 और 2
C. केवल 2 और 3
D. 1, 2 और 3

Q.7 निम्नलिखित में से कौन अनुसूचित क्षेत्रों में पंचायत विस्तार (पेसा) अधिनियम, 1996 का उद्देश्य नहीं हैं?

A. आदिवासी आबादी को स्वशासन प्रदान करने के लिए
B. आदिवासी समुदायों की परंपराओं और रीति-रिवाजों को संरक्षित करने के लिए
C. जनजातीय क्षेत्रों में एक स्वायत्त परिषद की स्थापना करना
D. कुछ संशोधनों के साथ अनुसूची क्षेत्रों में भाग IX के प्रावधानों का विस्तार करने के लिए

Q.8 दो कार R और S एक ही समय पर A और B से शुरुआत करती हैं जो 240 किमी दूरी पर हैं। यदि दोनों कार विपरीत दिशा में यात्रा करती हैं, तो वे दोनों दो घंटे बाद मिलेंगी और यदि वे एक ही दिशा में यात्रा करती हैं, तो R 12 घंटे बाद S से मिलती है। कार R की गति ज्ञात कीजिये।

A. 50 किमी/घंटे
B. 70 किमी/घंटे
C. 120 किमी/घंटे
D. 100 किमी/घंटे

Q.9 निम्नलिखित में से कौन सा मौलिक अधिकार नहीं है?

A. संपत्ति का अधिकार
B. संवैधानिक उपचार का अधिकार
C. पूरे देश में स्वतंत्र रूप से घूमने का अधिकार
D. शांति से इकट्ठा होने का अधिकार

Q.10 एक पुरुष और एक महिला दोनों द्वारा एकसाथ 20 दिनों तक किये गए एक काम के वेतन के रूप से 1500 रुपये प्राप्त करते हैं। यदि पुरुष की दक्षता महिला से दोगुनी है, तो महिला का दैनिक वेतन ज्ञात कीजिये।

A. 25 रुपये
B. 50 रुपये
C. 500 रुपये
D. 100 रुपये

Q.11 निम्नलिखित में से कौन सा/से राज्य भारत में दालों का/के प्रमुख उत्पादक है/हैं?

1. उत्तराखंड
2. मिजोरम
3. मध्य प्रदेश
4. केरल

A. 1 और 3
B. केवल 3
C. 2 और 4
D. 1, 3 और 4

Q.12 भारत में निम्न राज्यों में से कौन सा चाय का सबसे बड़ा उत्पादक है?

A. असम
B. तमिलनाडु
C. अरुणाचल प्रदेश
D. पश्चिम बंगाल

Q.13 भारत में निम्न में से कौन सा राज्य तम्बाकू का सबसे बड़ा उत्पादक है?

A. असम
B. आंध्र प्रदेश
C. अरुणाचल प्रदेश
D. पश्चिम बंगाल

Q.14 छत्तीसगढ़ में कोरबा ______ के लिए जाना जाता है।

A. एल्युमीनियम उद्योग
B. तांबा
C. अभ्रक
D. स्टील

Q.15 हरित क्रांति का सबसे अधिक प्रभाव किस पर पड़ा?

A. चावल
B. मक्का
C. जौ
D. गेहूं

Q.16 किस स्थिति के तहत एक उम्मीदवार अपनी जमानत राशि है?

A. यदि वह चुनाव जीतने में विफल रहता है
B. यदि कोई उम्मीदवार अपने निर्वाचन क्षेत्र में डाले गए वैध मतों की कुल संख्या का दसवां हिस्सा प्राप्त करने में विफल रहता है
C. यदि कोई उम्मीदवार अपने निर्वाचन क्षेत्र में डाले गए वैध मतों की कुल संख्या का छठे से अधिक हिस्सा प्राप्त करने में विफल रहता है
D. इनमें से कोई नहीं

Q.17 खुदाई के साक्ष्य के अनुसार, जानवरों का पालन-पोषण शुरू हुआ-

A. लघु पुरापाषाण काल
B. मध्य पुरापाषाण काल
C. उच्च पुरापाषाण काल
D. मध्यपाषाण काल

Q.18 सूची। (प्राचील स्थल) का, सूची ॥ (पुरातात्तिक खोज) के साथ मिलान कीजिए और सूची के नीचे दिए गए कूट का उपयोग करके सही उत्तर का चयन कीजिए:

सूची-I (प्राचीन स्थल)	सूची-II (पुरातात्तिक खोज)
A. लोथल	1. जोता हुआ क्षेत्र

B. कालीबंगन	2. पोतगाह
C. धोलावीरा	3. एक हल की टेराकोटा प्रतिकृति
D. बनवाली	4. हड़प्पा लिपि के दस बड़े आकार के चिन्हों का एक शिलालेख

A. A-1, B-2, C-3, D-4
B. A-2, B-1, C-4, D-3
C. A-1, B-2, C-4, D-3
D. A-2, B-1, C-3, D-4

Q.19 स्वतंत्रता आंदोलन के किस चरमपंथी नेता को 1908 में 6 साल जेल की सजा दी गई थी?

[Uttarakhand Public Service Commission (UKPSC), 2011]

A. बिपिन चंद्र पाल
B. बालगंगाधर तिलक
C. लाला लाजपत राय
D. अरबिंद घोष

Q.20 भगत सिंह, सुखदेव और राजगुरु को मृत्युदंड दिया गया था:

[Uttarakhand Public Service Commission (UKPSC), 2011]

A. अलीपुर षड्यंत्र
B. लाहौर षड्यंत्र
C. काकोरी षड्यंत्र
D. कानपुर षड्यंत्र

Q.21 निम्नलिखित में से किसने फरवरी 2022 में मेक्सिको के अकापुल्को में आयोजित मैक्सिकन ओपन जीता है?

A. राफेल नडाल
B. नोवाक जोकोविच
C. रोजर फ़ेडर
D. अलेक्जेंडर ज्वेरेव

Q.22 दी गई आकृति में, $ABCD$ चक्रीय चतुर्भुज है, यदि AD और BC को बढ़ाया जाए तो यह बिंदु E पर काटते हैं। यदि $\angle ABC = 40°, \angle BCD = 110°$ है तो $\angle AEB$ का मान क्या है?

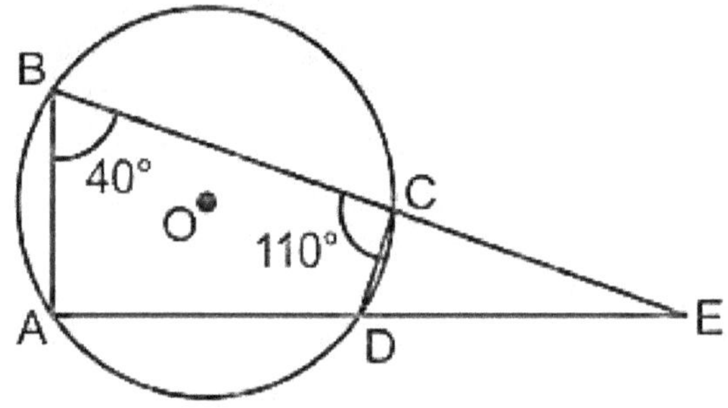

A. 65°
B. 75°
C. 70°
D. 80°

Q.23 उत्तल दर्पण द्वारा बनने वाला प्रतिबिंब कैसा होता है?
A. सीधा और छोटा
B. सीधा और आवर्धित
C. उल्टा और छोटा
D. उल्टा और आवर्धित

Q.24 सूर्य में निरंतर ऊर्जा का निर्माण किसके कारण होता है?
A. नाभिकीय संलयन
B. नाभिकीय विखंडन
C. रेडियोसक्रियता
D. कृत्रिम विकिरण

Q.25 सोडा वाटर में किस गैस का प्रयोग किया जाता है?
A. कार्बन मोनोऑक्साइड
B. कार्बन डाईऑक्साइड
C. ऑक्सीजन
D. मार्श गैस

Q.26 शर्करा के ऐल्कोहॉल में बदलने की प्रक्रिया कहलाती है:

[Sainik School Entrance Class IX, 2021]

A. नाइट्रोजन स्थिरीकरण
B. मोल्डिंग
C. किण्वन
D. संक्रमण

Q.27 UNDP (संयुक्त राष्ट्र विकास कार्यक्रम) सालाना कितने समग्र सूचकांकों के साथ HDR (मानव विकास रिपोर्ट) जारी करता है?

A. 5
B. 6
C. 7
D. 9

Q.28 समाजवादी आर्थिक व्यवस्था में:
A. निजी खिलाड़ी अपने लाभ कमाने के लिए आर्थिक व्यवस्था को नियंत्रित करते हैं।
B. वर्ग संघर्ष लगभग अनुपस्थित है।
C. कंपनियों के बीच प्राणघातक प्रतियोगिता प्रचलित है।
D. राज्य निजी कंपनियों को खुली छूट देता है।

Q.29 आर्थिक वृद्धि आमतौर पर साथ होती है:

[UPSC Prelims, 2011]

A. अपस्फीति
B. मुद्रास्फीति
C. मुद्रास्फीतिजनित मंदी
D. अति-स्फीति

Q.30 निम्नलिखित में से कौन सा क्षेत्र यूरेनियम और तांबे के भंडार के लिए प्रसिद्ध है?
A. कनाडा का शील्ड क्षेत्र
B. एपलाचियन क्षेत्र
C. छोटानागपुर-रानीगंज क्षेत्र
D. उपरोक्त में से कोई नहीं

General Hindi

Q.31 विशेषण शब्द पहचानिए।
A. लाल
B. पर्वत
C. लेकिन
D. ये

Q.32 किसी व्यक्ति, वस्तु आदि के गुण-दोषों की तुलना करें, वे ______ विशेषण होते हैं।
A. संख्यावाचक विशेषण
B. तुलनावाचक विशेषण
C. सार्वनामिक विशेषण
D. गुणवाचक विशेषण

Q.33 "मौसम आज कुछ सुहावना-सा है।" वाक्य में 'सुहावना' शब्द किसका परिचायक शब्द है?
A. विशेष्य
B. विशेषण
C. क्रियाविशेषण
D. संज्ञा

Q.34 निम्नलिखित में से शुद्ध वाक्य का चयन कीजिए।
A. गन्दा पानी उबालकर पियें।
B. पड़ोसी ने मुझे स्वतंत्रता दिवस की बधाई दिया।
C. यमुना का पानी गन्दा और प्रदुषित है।
D. बच्चा लोग क्रिकेट खेलता है।

Q.35 निम्नलिखित में से अशुद्ध वर्तनी वाले वाक्य का चयन कीजिए।
A. वरिष्ठ अधिकारी से सम्पर्क करो।
B. इस पुस्तक का नया संस्करण प्रकाशित हो रहा है।
C. ईश्वर सबका भाग्य-विधाता है।
D. आपका सामान सुरच्छित रहेगा।

Q.36 दिए गए वाक्य का शुद्ध रूप ज्ञात कीजिए।
रानी लक्ष्मीबाई एक महान वीर थी।
A. रानी लक्ष्मीबाई एक वीर थी।
B. रानी लक्ष्मीबाई वीर थी।
C. रानी लक्ष्मीबाई एक महान वीरांगना थी।
D. रानी लक्ष्मीबाई एक महान थी।

Q.37 निम्नलिखित तत्सम-तद्भव शब्दों का संगत युग्म है:
A. खर्पट - खोपड़ी
B. सक्तु - सत्य
C. पर्यंक-पलंग
D. घोटक - घड़ा

Q.38 निम्नलिखित में से एक 'तद्भव' शब्द है:

A. आँसू **B.** एकत्र **C.** वानर **D.** उच्च

Q.39 निम्नलिखित प्रश्न में, चार विकल्पों में से, उस विकल्प का चयन करें जो दिए गए शब्द का तत्सम रूप हो।

फंदा

A. पाश **B.** पर्पट **C.** पर्ण **D.** पक्क

Q.40 "रतिपति" शब्द का समानार्थक शब्द पहचानिए।

A. अलकापुरी **B.** निशाचर **C.** पंचशर **D.** जगदीश

Q.41 दिए गए विकल्पों में से "विपिन" शब्द का समानार्थक शब्द कौन सा है?

A. अमृत **B.** अनल **C.** कानन **D.** वाजि

Q.42 दिए गए विकल्पों में से "सरसिज" शब्द का पर्यायवाची शब्द निम्नलिखित में से कौन सा है?

A. नौकर **B.** नलिन **C.** आदेश **D.** द्रग

Q.43 दिए गए विकल्पों में से "ऋजु" शब्द का विलोम शब्द कौन सा है?

A. सरस **B.** वक्र **C.** मिथ्या **D.** सुर

Q.44 दिए गए विकल्पों में से 'उत्तम' शब्द का विलोम शब्द कौन सा है?

A. अधर **B.** अति **C.** बढ़िया **D.** अधम

Q.45 दिए गए विकल्पों में से 'हर्ष' शब्द का विलोम शब्द कौन सा है?

A. विषाद **B.** प्रहर्ष **C.** ख़ुशी **D.** नीरव

Q.46 'नौका' का पर्यायवाची नहीं है:-

A. तरिणी **B.** बेड़ा **C.** तरी **D.** तटिनी

Q.47 निम्नलिखित में कौन सा शब्द 'शशि' का पर्यायवाची शब्द है?

A. मधु **B.** चंद्रमा **C.** शाखी **D.** संध्या

Q.48 'जिसने प्रतिष्ठा पा ली हो' वाक्यांश के लिए एक शब्द होगा:

A. लब्धप्रतीष्ठ **B.** लब्धप्रतिष्ठवान
C. लब्धप्रतिष्ठ **D.** लब्धप्रतिष्ठित

Q.49 'जिसमें सहन शक्ति हो' वाक्यांश के लिए एक शब्द है:

A. असहिष्णु **B.** अधीर **C.** अकिंचन **D.** सहिष्णु

Q.50 'जो व्याकरण जानता है' वाक्यांश के लिए एक शब्द है:

[Super TET Paper - I, 2019]

A. वैज्ञानिक **B.** वैयाकरण **C.** बहुज्ञ **D.** शास्त्रज्ञ

Main Subject Nursing

Q.51 स्वच्छ भारत मिशन की शुरुआत कब हुई?

A. 14 अक्टूबर 2017 **B.** 12 दिसंबर 2011
C. 2 अक्टूबर 2014 **D.** इनमें से कोई नहीं

Q.52 कौन सा सतत विकास लक्ष्य स्वास्थ्य से संबंधित है?

A. SDG 4 **B.** SDG 3 **C.** SDG 8 **D.** SDG 9

Q.53 रोग संचरण चक्र को _______ द्वारा रोका जा सकता है।

A. नम स्वच्छता **B.** जल उपयोग
C. स्वच्छता प्रणाली **D.** विष्ठा

Q.54 स्केबीज, सरकोप्टूस स्केबी के कारण होने वाला त्वचा का संक्रमण, इसका एक उदाहरण है:

A. जल जनित रोग **B.** जल प्रक्षालित रोग
C. जल आधारित रोग **D.** जल से संबंधित रोग

Q.55 पानी के मल संदूषण का संकेत _______ को छोड़कर सभी की उपस्थिति के कारण होता है।

A. ई. कोली
B. कोलीफॉर्म
C. एंटरोकॉसी
D. क्लॉस्ट्रिडियम डिफिसाइल

Q.56 टेंडन _________ से जोड़ता है।

A. उपास्थि के साथ हड्डी **B.** हड्डी से हड्डी
C. हड्डी से पेशी **D.** पेशी से पेशी

Q.57 निम्नलिखित में से कौन न्यूरॉन का भाग नहीं है?

A. संग्रहण नलिका **B.** डेंड्राइट
C. कोशिका - पिण्ड **D.** नाभिक

Q.58 रक्त कोशिका और प्लाज्मा के विश्लेषण के लिए रोगी से निकाले गए रक्त के नमूने में जोड़ा जाने वाला पदार्थ है:

A. हेपरिन **B.** सोडियम ऑक्सालेट
C. आइस क्यूब **D.** कैल्शियम कार्बोनेट

Q.59 कौन सा हॉर्मोन पेट की कोशिकाओं को गैस्ट्रिक रस छोड़ने के लिए प्रेरित करता है?

A. रेनिन **B.** गैस्ट्रीन **C.** सीक्रेटिन **D.** पेप्सिन

Q.60 हृदय की पेशियों को रक्त की आपूर्ति किस रोग में प्रभावित होती है?

A. ऐंजाइना **B.** हृदपात (हार्ट फेलियर)
C. हृद धमनी रोग **D.** अति तनाव

Q.61 नर्सिंग देखभाल के किस पैटर्न में एक पेशेवर नर्स के नेतृत्व में पैराप्रोफेशनल श्रमिकों के एक समूह द्वारा दी जाने वाली देखभाल शामिल है जो एक ही बीमारी की स्थिति वाले रोगियों की देखभाल करती है और भौगोलिक रूप से एक दूसरे के पास स्थित है?

A. केस विधि **B.** मॉड्यूलर नर्सिंग
C. नर्सिंग केस प्रबंधन **D.** टीम नर्सिंग

Q.62 सेंट राफेल मेडिकल सेंटर ने अभी अपना नया प्रदर्शन सुधार विभाग खोला है। सुश्री वालेंसिया को गुणवत्ता नियंत्रण अधिकारी के रूप में नियुक्त किया गया है। वह अपनी नई भूमिका के लिए खुद को प्रतिबद्ध करती है और विभाग के लक्ष्यों और उद्देश्यों को साकार करने के लिए अपनी रणनीतियों की योजना बनाती है। निम्नलिखित में से कौन एक प्राथमिक कार्य है जो उन्हें एक प्रभावी नियंत्रण प्रणाली के लिए करना चाहिए?

A. ताकत और कमजोरियों के बारे में व्याख्या करें।
B. विभाग के मूल्यों की पहचान करें।
C. संरचना, प्रक्रिया, परिणाम मानकों और मानदंडों की पहचान करें।
D. वास्तविक प्रदर्शन को मापें।

Q.63 सुश्री वालेंसिया पालन किए जाने वाले मानकों को विकसित करती हैं। निम्नलिखित मानकों में से किसे संरचना मानक माना जाता है?

A. नर्सिंग देखभाल प्राप्त होने पर रोगियों ने संतुष्टि व्यक्त की।
B. सभी रोगी देखभाल कर्मियों के लिए हर चार सप्ताह में ड्यूटी का रोटेशन किया जाएगा।
C. सभी मरीजों का वजन रिकॉर्ड किया जाएगा।
D. डिस्चार्ज से पहले मरीजों को मूल्यांकन फॉर्म का जवाब देना होगा।

Q.64 जब कोई पालन की जाने वाली नर्सिंग प्रक्रियाओं को प्रस्तुत करता है, तो वह किस प्रकार के मानकों का उल्लेख करता है?

A. प्रक्रिया **B.** परिणाम **C.** संरचना **D.** मानदंड

Q.65 विभाग की नियंत्रण प्रक्रिया में निम्नलिखित बुनियादी कदम हैं। निम्नलिखित में से कौन शामिल नहीं है?

A. वास्तविक प्रदर्शन को मापें

B. नर्सिंग मानक और मानदंड निर्धारित करें
C. मानकों और उद्देश्यों के लिए प्रदर्शन के परिणामों की तुलना करें
D. कार्रवाई के संभावित पाठ्यक्रमों की पहचान करें

Q.66 एक 25 वर्षीय महिला प्रिमिग्रेविडा प्रसवपूर्व यात्रा के लिए क्लिनिक में प्रस्तुत करती है और हाल ही में देखे गए नए-शुरुआत त्वचा परिवर्तनों से चिंतित है। इस क्लाइंट की देखभाल करने वाली नर्स इस बात से अवगत है कि गर्भावस्था से जुड़े कई त्वचा परिवर्तन होते हैं।
निम्नलिखित में से _________ को छोड़कर गर्भावस्था से जुड़े सभी त्वचा परिवर्तन हैं।

A. लिनिया निग्रा
B. क्लोस्मा ग्रेविडेरियम
C. हेगर का संकेत
D. उपनैदानिक पीलिया

Q.67 नर्स हल्के प्री-एक्लेमप्सिया वाली महिला को _________ को छोड़कर निम्नलिखित सभी करने की सलाह देती है।

A. खुद को रोजाना तौलना
B. भ्रूण की गति पर नज़र रखें
C. उसके मूत्र में प्रोटीन को मापें
D. पानी का सेवन सीमित करें

Q.68 नर्स लेबर में एक "हाई रिस्क" महिला का आकलन कर रही है। उसने देखा कि 80 सेकंड की अवधि के लिए बच्चे की भ्रूण की हृदय गति घटकर 50 बीट प्रति मिनट हो रही है और आवर्ती हो रही है। नर्स को तुरंत _________ चाहिए।

A. माँ को दाहिनी ओर मोड़ें
B. माँ को पैर उठाने दो
C. मां को ट्राइपॉड पोजिशन में रखें
D. माँ को बायीं ओर मोड़ें

Q.69 निम्नलिखित में से कौन सा आकलन प्रसवोत्तर मूल्यांकन का केंद्र बिंदु नहीं है?

A. स्थिरता और रंग सहित मल का आकलन
B. संबंध, मातृ/भ्रूण और परिवार की गतिशीलता सहित
C. रक्तचाप और नाड़ी सहित महत्वपूर्ण संकेत
D. फंडस, ऊंचाई, स्थान और स्थिरता सहित

Q.70 निम्नलिखित में से किस जातीय समूह को थैलेसीमिया के लिए आनुवंशिक परामर्श पर विचार करना चाहिए?

A. भूमध्य वंश
B. अफ्रीकी अमेरिकी
C. उत्तरी यूरोपियन
D. यहूदी

Q.71 इनमें से कौन सा सियानोटिक हृदय रोग है?

A. ASD
B. VSD
C. TOF
D. PDA

Q.72 एन्यूरिज्म के कारणों में शामिल हो सकते हैं:

A. अतिरक्तदाब
B. अभिघात
C. आनुवंशिकी
D. उपरोक्त सभी

Q.73 परिशिष्ट _________ में स्थित है।

A. बायां एंटेक्यूबिटल फोसा
B. बायां इलियाक फोसा
C. दायां एंटेकब्युटल फोसा
D. दायां इलियाक फोसा

Q.74 हेमीकोलेक्टोमी का परिणाम होता है:

A. सभी कोलन को हटाना
B. कोलन के आधे हिस्से को हटाना
C. एक कोलोस्टॉमी का गठन
D. एक इलियोस्टॉमी का गठन

Q.75 हेपरिन का एक रूप है:

A. पीड़ाशून्यता
B. थक्कारोधी

C. एंटीबायोटिक
D. आक्षेपनाशक

Q.76 लकवाग्रस्त इलियस _________ का कारण बन सकता है।

A. डंपिंग सिंड्रोम
B. एलर्जी
C. उल्टी
D. संक्रमण

Q.77 बेरिएट्रिक सर्जरी में, गैस्ट्रिक उत्तेजना में शामिल हैं:

A. बाहरी पेट की मालिश
B. एक इन्फ्लेटेबल गैस्ट्रिक बैलून का सम्मिलन
C. पेसमेकर डिवाइस का सम्मिलन
D. TENS के अनुप्रयोग

Q.78 समायोज्य गैस्ट्रिक बैंडिंग में:

A. एक इन्फ्लेटेबल गैस्ट्रिक बैलून डाला जाता है
B. सर्जन गैस्ट्रो-एसोफेजियल जंक्शन के नीचे, पेट के चारों ओर एक सिकुड़ा हुआ वलय रखता है
C. सर्जन ऊपरी घुटकी के चारों ओर एक सिकुड़ा हुआ वलय रखता है
D. सर्जन ग्रहणी के चारों ओर एक संकुचित वलय रखता है

Q.79 क्रोहन रोग के रोगी के लिए, मेडिकल-सर्जिकल नर्स ऐसे आहार की सिफारिश करती है जो:

A. अधिक फाइबर, और कम प्रोटीन और कैलोरी
B. अधिक पोटैशियम
C. फाइबर में कम हो, और प्रोटीन और कैलोरी में उच्च हो।
D. कम पोटैशियम

Q.80 मास्टोइडेक्टोमी की जटिलताओं में शामिल हो सकते हैं:

A. चेहरे की तंत्रिका पक्षाघात और सेंसरिनुरल हियरिंग लॉस
B. स्वाद में बदलाव
C. चक्कर और टिनिटस
D. उपरोक्त सभी

Q.81 झिल्लीदार भूलभुलैया में शामिल हैं:

A. सिस्टोलिम्फ
B. ओटोलिम्फ
C. पेरिलिम्फ
D. एंडोलिम्फ

Q.82 निम्नलिखित में से कौन श्वेतपटल का कार्य है?

A. नेत्रगोलक को आकार देता है
B. इसे और कठोर बनाता है
C. आंतरिक भागों की रक्षा करता है
D. इनमे से सभी

Q.83 निम्नलिखित विकल्पों में से कौन-सा आंख की सहायक संरचना नहीं है?

A. पलकें
B. लैक्रिमल उपकरण
C. आंतरिक आंख की मांसपेशियां
D. भौहें

Q.84 रक्त _________ दाग से सना हुआ है।

A. मेथिलीन ब्लू
B. सैफरानीन
C. लीशमैन दाग
D. कार्बोल फुकसिन

Q.85 रक्त कणिकाओं के निर्माण की प्रक्रिया कहलाती है :

A. हेमोलिसिस
B. हीमोजोइन
C. हेमटोपोइजिस
D. हीमोटर

Q.86 एक प्रकार का सॉफ्टवेयर जो उपयोगकर्ता को सिंगुलर या मल्टीपल संबंधित विशिष्ट कार्यों को करने में मदद करने के लिए डिजाइन किया गया है:

A. नेटवर्क सॉफ्टवेयर	**B.** एप्लीकेशन सॉफ्टवेयर
C. ऑपरेटिंग सिस्टम	**D.** इंटरनेट सॉफ्टवेयर

Q.87 गोपनीयता के उल्लंघन को रोकने और संबोधित करने के लिए नर्सें किन स्ट्रैटेजी का उपयोग कर सकती हैं?

A. पासवर्ड शेयर न करें।
B. कंप्यूटर मत छोड़ो।
C. सोशल मीडिया साइट्स पर जानकारी पोस्ट न करें।
D. ये सभी

Q.88 पीएचआर के लिए करेंट फॉर्मेट का चयन करें:

A. पीसी आधारित	**B.** स्मार्टफोन आधारित
C. स्मार्ट कार्ड आधारित	**D.** ये सभी

Q.89 अधिकांश चिकित्सक मोबाइल प्रौद्योगिकी का उपयोग कर रहे हैं जो उद्यम सूचना प्रणाली के साथ एकीकृत है।

A. सत्य	**B.** असत्य
C. नहीं कह सकते	**D.** इनमें से कोई नहीं

Q.90 आपकी क्लिनिकल सेटिंग में स्वास्थ्य संबंधी इंफॉर्मेटिक्स सिस्टम के मोबाइल एक्सेस का किस प्रकार उपयोग किया जा सकता है?

A. ऑर्डर करने के लिए उचित स्कैन या परीक्षणों की पहचान करने में चिकित्सकों की सहायता करना।
B. अनावश्यक प्रक्रियाओं को कम करना और देखभाल की लागत को कम करना।
C. (A) और (B) दोनों
D. इनमें से कोई नहीं

Q.91 पीएचआर के प्रकार हैं:

A. इंस्टीट्यूशन-सेंटर्ड पीएचआर
B. सेल्फ-मैंटेनेड पीएचआर
C. लिंक्ड रिकॉर्ड
D. ये सभी

Q.92 एनएएचआईटी के अनुसार पीएचआर है:

A. पीएचआर "एक व्यक्ति पर स्वास्थ्य से संबंधित जानकारी का एक इलेक्ट्रॉनिक रिकॉर्ड है जो राष्ट्रीय स्तर पर मान्यता प्राप्त अंतर मानकों के अनुरूप है और जिसे व्यक्ति द्वारा प्रबंधित, साझा और नियंत्रित करते समय कई स्रोतों से खींचा जा सकता है"।
B. सेल्फ-मैंटेनेड, ऑनलाइन पीएचआर, जैसे संस्था-केंद्रित पीएचआर, उनकी सेवाओं और उनमें मौजूद जानकारी में भिन्न होते हैं।
C. (A) और (B) दोनों
D. इनमें से कोई नहीं

Q.93 निम्नलिखित में से किस संचार माध्यम को टेलीमेडिसिन माना जा सकता है?

A. सुरक्षित रोगी-चिकित्सक ई-मेल
B. चिकित्सक से मरीज के लिए फोन कॉल
C. ई-आईसीयू
D. ये सभी

Q.94 टेलीमेडिसिन के प्रकार है:

A. स्टोर-एंड-फॉरवर्ड
B. रिमोट मॉनिटरिंग
C. रीयल-टाइम इंटरैक्टिव सेवाएं
D. ये सभी

Q.95 ट्रेडिशनल टेलीमेडिसिन प्रोग्राम में कंटीन्यूइंग मेडिकल एजुकेशन शामिल है।

A. सही	**B.** गलत

C. कह नहीं सकते	**D.** इनमें से कोई नहीं

Q.96 आपने सीखा है कि कूल्हे (DDH) के विकासात्मक डिसप्लेसिया (अव्यवस्था) वाले शिशुओं और बच्चों में, कूल्हे का जोड़ सामान्य रूप से नहीं बनता है। निम्नलिखित में से कौन DDH का सबसे सामान्य रूप है?

A. एसिटाबुलर डिसप्लेसिया
B. अव्यवस्था
C. प्रीलक्सेशन
D. मोच

Q.97 नर्स क्रिस्टीन बच्चों में सिकल सेल रोग (SCD) के लिए एक ग्राहक शिक्षा कार्यक्रम की योजना बना रही है। निम्नलिखित में से कौन सा हस्तक्षेप देखभाल योजना में शामिल किया जाएगा?

A. बीमारी के संकट को कम करने में मदद करने के लिए स्वास्थ्य शिक्षण
B. ओपिओइड के प्रयोग से बचाव
C. बीमारी को रोकने के लिए एक थक्कारोधी का प्रशासन
D. लगाए गए द्रव प्रतिबंध का अवलोकन

Q.98 श्रीमती बेकर को नर्स द्वारा खाद्य पदार्थों पर निर्देश दिया गया था कि वे अपने बच्चे के आहार में आयरन की कमी वाले एनीमिया से संबंधित आहार को प्रोत्साहित करें। निम्नलिखित में से कौन सा यदि माँ द्वारा कहा जाए तो आगे के निर्देश की आवश्यकता को इंगित करेगा?

A. मछली	**B.** मांस के पतले टुकड़े
C. साबुत अनाज की ब्रेड	**D.** पीली सब्जियां

Q.99 आर्ची आयरन की कमी से होने वाले एनीमिया से पीड़ित एक बच्चा है। उसे तीन विभाजित खुराकों में 6 मिलीग्राम/किलोग्राम/दिन पर मौलिक लौह चिकित्सा प्राप्त करने की आवश्यकता है। उनका वजन 44 पाउंड है। उसे प्रति खुराक कितने मिलीग्राम आयरन मिलना चाहिए?

A. 20 मिलीग्राम/खुराक	**B.** 40 मिलीग्राम/खुराक
C. 60 मिलीग्राम/खुराक	**D.** 120 मिलीग्राम/खुराक

Q.100 मार्टिन सांचेज़ एक नौ (9) साल का बच्चा है, जिसे मिस्टर और मिसेज सांचेज़ के साथ एक मनोरोग उपचार इकाई में भर्ती कराया गया है। विश्वास और तटस्थता की स्थिति स्थापित करने के लिए नर्स कौन सी कार्रवाई करेगी?

A. मिस्टर और मिसेज सांचेज को मार्टिन के साक्षात्कार के दौरान जाने के लिए प्रोत्साहित करें।
B. उनकी बातचीत को देखते हुए, अपने माता-पिता के साथ मार्टिन का साक्षात्कार करें।
C. मार्टिन के लिए डायवर्जन प्रदान करें, और अकेले श्रीमान और श्रीमती सांचेज़ का साक्षात्कार करें।
D. श्रीमान और श्रीमती सांचेज़ का साक्षात्कार लेने से पहले नैदानिक रिकॉर्ड की समीक्षा करें।

Q.101 त्वचा की अखंडता को बनाए रखते हुए संक्रमण की वृत्ताकार श्रृंखला में से किस तत्व को समाप्त किया जा सकता है?

A. मेज़बान	**B.** जलाशय
C. संचरण की विधा	**D.** प्रविष्टि पोर्टल

Q.102 निम्नलिखित में से किसके परिणामस्वरूप श्वसन अलगाव के लिए जीवाणुरहित तकनीक में बाधा उत्पन्न हो सकती है?

A. रोगी की खिड़की को बाहरी वातावरण में खोलना
B. मरीज के रूम वेंटिलेटर को ऑन करना
C. अस्पताल के गलियारे में जाने वाले मरीज के कमरे का दरवाजा खोलना
D. बिस्तर पर स्नान करते समय दस्ताने पहनने में विफल

Q.103 नर्स एक बुजुर्ग महिला की देखभाल कर रही है, जिसके कूल्हे के फ्रैक्चर की मरम्मत की गई है। शल्य चिकित्सा की मरम्मत के बाद पहले

कुछ दिनों में, निम्नलिखित में से कौन सा नर्सिंग उपाय इस रोगी के लिए गतिविधियों को फिर से शुरू करने में सबसे अच्छी सुविधा प्रदान करेगा?

A. व्हीलचेयर की व्यवस्था
B. उसके परिवार से मिलने के लिए कह रहा है
C. एक कुर्सी पर बिस्तर से उठने में उसकी सहायता करना
D. ओवरहेड ट्रेपेज़ के उपयोग को प्रोत्साहित करना

Q.104 दूषित गाउन को हटाते समय, नर्स को सावधान रहना चाहिए कि वह जिस चीज को सबसे पहले छूती है वह __________ है।

A. गाउन के पीछे कमर टाई और नेकटाई
B. गाउन के सामने कमर टाई
C. गाउन के कफ
D. गाउन के भीतर

Q.105 नर्स के लिए कल्चर के लिए थूक का नमूना प्राप्त करने का सबसे उपयुक्त समय __________ है।

A. प्रातः काल
B. रोगी के हल्का नाश्ता करने के बाद
C. एरोसोल थेरेपी के बाद
D. चेस्ट फिजियोथेरेपी के बाद

Q.106 रोगी को बिस्तर से कुर्सी पर स्थानांतरित करते समय, पीठ की चोट से बचने के लिए नर्स को किन मांसपेशियों का उपयोग करना चाहिए?

A. पेट की मांसपेशियां
B. पीठ की मांसपेशियां
C. पैर की मांसपेशियां
D. ऊपरी बांह की मांसपेशियां

Q.107 4 महीने के बच्चे को मौखिक दवा देते समय कौन सा नर्सिंग दृष्टिकोण उपयोग करना सबसे उपयुक्त होगा?

A. दवा को 45cc के फार्मूले में रखें
B. दवा को खाली निप्पल में रखें
C. दवा को फार्मूले की पूरी बोतल में रखें
D. सुपाइन पोजीशन में रखें, एक प्लास्टिक सिरिंज का उपयोग करके दवा का प्रशासन करें

Q.108 सर्जरी के बाद 2 महीने के बच्चे की देखभाल के दौरान कौन सा नर्सिंग हस्तक्षेप प्राथमिकता होगी?

A. शिशु के लिए उत्तेजनाओं को कम करें
B. सभी छोरों को संयमित करें
C. शिशु के पथपाकर को प्रोत्साहित करें
D. मां को दिखाएं कि वह अपने शिशु की देखभाल में कैसे मदद कर सकती है

Q.109 निम्नलिखित में से कौन सा प्रमुख सिर के आघात वाले रोगी में सबसे महत्वपूर्ण नर्सिंग ऑर्डर है जो बोलस एंटरल फीडिंग प्राप्त करने वाला है?

A. सेवन और आउटपुट मापें
B. एल्बुमिन स्तर की जाँच करें
C. ग्लूकोज के स्तर पर नज़र रखें
D. एंटरल फीडिंग बढ़ाएं

Q.110 धमनी समारोह के लिए निचले छोरों का आकलन करते समय, नर्स को कौन सा हस्तक्षेप करना चाहिए?

A. एडिमा को खड़ा करने के लिए औसत दर्जे का मैलेओली का आकलन करना
B. एलन का परीक्षण करना
C. होमन्स के चिन्ह का आकलन
D. पेडल पल्सेस को पैल्पेट करना

Q.111 भारत में स्वास्थ्य की स्थिति का सर्वाधिक महत्वपूर्ण संकेतक है:

A. एमएमआर
B. आईएमआर
C. एनएमआर
D. पीएमआर

Q.112 निम्नलिखित में से कौन जिला स्तर पर ग्रामीण स्वास्थ्य सेवाओं के लिए समग्र रूप से जिम्मेदार है?

A. जिला स्वास्थ्य अधिकारी
B. चिकित्सा स्वास्थ्य अधिकारी
C. मुख्य चिकित्सा अधिकारी
D. उपरोक्त में से कोई नहीं

Q.113 एक 30 वर्षीय पुरुष के घुटने के ऊपर के विच्छेदन के बाद, रोगी को एम्स का पैर लगाया गया, यह है:

A. मौलिक रोकथाम
B. प्राथमिक रोकथाम
C. माध्यमिक रोकथाम
D. तृतीयक रोकथाम

Q.114 डिप्थीरिया के वाहकों को दी जाने वाली दवा का विकल्प है:

A. ऑग्मेंटिन
B. एरिथ्रोमाइसिन
C. एमोक्सिसिलिन
D. इनमें से कोई नहीं

Q.115 एक समुदाय में एक बच्चा है जिसके पैर में चोट है और वह हिल नहीं सकता। उस सामुदायिक क्षेत्र में चल रहे स्वास्थ्य देखभाल कार्यक्रम की सहायता करने वाली नर्स को निचले प्रभावित पैर में सूजन दिखाई देती है। निम्नलिखित में से किस पर नर्स को संदेह है कि यह बच्चे के लक्षणों का कारण है?

A. टिबिया का संभावित फ्रैक्चर
B. जठराग्नि की मांसपेशी का उखड़ना
C. पैर की त्रिज्या का संभावित फ्रैक्चर
D. इनमें से कोई नहीं

Q.116 जोस, जिसे सिज़ोफ्रेनिया के साथ अस्पताल में भर्ती कराया गया है, नर्स से कहता है, "मेरा दिल रुक गया है और मेरी नसें कांच की हो गई हैं!" नर्स जानती है कि यह __________ का उदाहरण है।

A. दैहिक भ्रम
B. अवैयक्तिकरण
C. रोगभ्रम
D. शब्दानुकरण

Q.117 एक पुरुष रोगी द्वारा प्रदर्शित सामान्य व्यवहारों को पहचानने में, जिसे सिज़ोफ्रेनिया का निदान है, नर्स जोसी __________ का अनुमान लगा सकती है।

A. झुकी हुई मुद्रा, निराशावादी दृष्टिकोण और विचारों की उड़ान
B. भव्यता, अहंकार, और ध्यान भंग
C. वापसी, प्रतिगामी व्यवहार और सामाजिक कौशल का अभाव
D. भटकाव, विस्मृति और चिंता

Q.118 नर्स ने देखा कि एक महिला मरीज कोने में अकेली बैठी मुस्कुरा रही है और खुद से बात कर रही है। यह महसूस करना कि रोगी मतिभ्रम कर रहा है। नर्स को __________ चाहिए।

A. रोगी को डे-रूम को सजाने में मदद करने के लिए आमंत्रित करें
B. रोगी को तब तक अकेला छोड़ दें जब तक कि वह बोलना बंद न कर दे
C. रोगी से पूछें कि वह क्यों मुस्कुरा रहा है और बात कर रहा है
D. रोगी को बताएं कि उसके लिए खुद से बात करना अच्छा नहीं है

Q.119 जब एक मानसिक स्वास्थ्य सुविधा में भर्ती कराया जाता है, तो एक युवा महिला वयस्क नर्स से कहती है कि वह जो आवाजें सुनती है वह उसे डराती है। नर्स समझती है कि रोगी को अधिक स्पष्ट रूप से मतिभ्रम __________ होता है।

A. टीवी देखने के दौरान
B. भोजन के दौरान
C. समूह गतिविधियों के दौरान
D. बिस्तर पर जाने के बाद

Q.120 पैरानॉयड आइडिएशन का उपयोग करते हुए एक पुरुष रोगी की देखभाल की योजना बनाते समय, नर्स को _______ के महत्व को समझना चाहिए।

A. रोगी को उत्तेजना प्रदान करने के लिए कठिन कार्य देना

B. रोगी को ऐसी गतिविधियाँ प्रदान करना जिनमें सफलता प्राप्त की जा सके

C. तनाव को दूर करना ताकि रोगी आराम कर सके

D. रोगी पर कोई मांग नहीं रखना

Q.121 जुनेल, जो उन्मत्त है, लेकिन अभी तक दवा पर नहीं है, दवा उपचार केंद्र में आता है। नर्स इस मरीज को समूह सत्र में शामिल नहीं होने देगी क्योंकि ___________।

A. रोगी विघ्न डालने वाला है

B. रोगी को सोने की जरूरत है

C. रोगी को पहले दवा लेने की जरूरत है

D. इनमें से कोई नहीं

Q.122 ऐरा ने एमिट्रिप्टिलाइन एचसीएल (एलाविल) को 3 दिनों के लिए लिया है, लेकिन अब शिकायत करती है कि यह "मदद नहीं करता" और इसे लेने से इंकार कर देता है। नर्स को क्या कहना चाहिए या क्या करना चाहिए?

A. दवा बंद करो

B. रोगी की प्रतिक्रिया दर्ज करें

C. डॉक्टर को बताने के लिए रोगी को प्रोत्साहित करें

D. सुझाव दें कि परिणाम देखने में कुछ समय लगता है

Q.123 नर्स इस बात से अवगत है कि द्विध्रुवी विकार के उन्मत्त चरण में एक रोगी के लिए आहार संबंधी प्रभाव _______ है।

A. रोगी को एक कटोरी सूप, मक्खनयुक्त फ्रेंच ब्रेड और सेब के स्लाइस परोसें

B. कैलोरी बढ़ाएं, वसा घटाएं और प्रोटीन कम करें

C. रोगी को कटे हुए स्टेक के टुकड़े, गाजर और एक सेब दें

D. कैलोरी, कार्बोहाइड्रेट और प्रोटीन बढ़ाएँ

Q.124 एक आउट पेशेंट मानसिक स्वास्थ्य क्लिनिक में मदद मांगने के बाद, रूबी जिसका अपने कुत्ते को टहलाने के दौरान बलात्कार किया गया था, को पोस्ट-ट्रॉमैटिक स्ट्रेस डिसऑर्डर (PTSD) का पता चला। तीन महीने बाद, रूबी क्लिनिक लौटती है, डर, नियंत्रण खोने और असहाय भावनाओं की शिकायत करती है। रूबी के लिए कौन सा नर्सिंग हस्तक्षेप सबसे उपयुक्त है?

A. उच्च प्रोटीन, कम वसा वाले आहार की सिफारिश करना

B. सामान्य नींद-जागने के चक्र को बहाल करने के लिए, निर्धारित अनुसार नींद की दवा देना

C. रोगी को ठीक होने का समय देना

D. रोगी के साथ दर्दनाक घटना का अर्थ तलाशना

Q.125 अल्फ्रेड को हाल ही में चिंता विकार का पता चला था। चिकित्सक ने बिसपिरोन (बूस्पार) निर्धारित किया। नर्स को इस बात की जानकारी है कि नए निर्धारित बिसपिरोन के शिक्षण निर्देशों में निम्नलिखित में से क्या शामिल होना चाहिए?

A. दवा के विलंबित चिकित्सीय प्रभाव के बारे में एक चेतावनी, जो 14 से 30 दिनों तक है

B. न्यूरोलेप्टिक मैलिग्नेंट सिंड्रोम (NMS) की घटनाओं के बारे में चेतावनी

C. दवा के रक्त स्तर की जांच करने के लिए 1 सप्ताह में रक्त कार्य निर्धारित करने की आवश्यकता का एक अनुस्मारक

D. एक चेतावनी कि नाड़ी में परिणामी गिरावट के साथ तत्काल बेहोशी हो सकती है

Q.126 निम्नलिखित में से किसे अस्पतालों में हैंड ऑफ पॉइंट माना जाएगा?

A. लंच टाइम

B. नर्सिंग शिफ्ट में बदलाव के दौरान रोगी की जानकारी और ज्ञान का हस्तांतरण

C. आपातकालीन विभाग से एक रोगी सेटिंग में स्थानांतरण

D. उपर्युक्त सभी

Q.127 सूचित सहमति है:
स्वैच्छिक अनुमति जो रोगी या रोगी का कानूनी प्रतिनिधि चिकित्सक या

A. अधिकृत स्वास्थ्य सेवा प्रदाता को प्रस्तावित परीक्षण, दवा या उपचार के जोखिमों, लाभों और विकल्पों से अवगत होने के बाद उस रोगी को या उसके लिए कुछ करने के लिए देता है।

B. सूचनाओं, विचारों या विचारों का आदान-प्रदान।

C. प्रभावी संचार के लिए एक बाधा।

D. एक एचआईपीएए उल्लंघन।

Q.128 संचार में ब्रेकडाउन निम्नलिखित को छोड़कर सभी का कारण बन सकता है:

A. उपकरण विफलता

B. चिकित्सा त्रुटियां

C. कदाचार के मुकदमे

D. एचआईपीएए उल्लंघन

Q.129 स्वास्थ्य शिक्षा किसके द्वारा की जाती है-

A. व्यक्तिगत दृष्टिकोण

B. समूह दृष्टिकोण

C. जन दृष्टिकोण

D. उपर्युक्त सभी

Q.130 इलेक्ट्रॉनिक मेडिकल रिकॉर्ड में HIPAA अनुपालन सुनिश्चित करना महत्वपूर्ण है क्योंकि:

A. विभिन्न तकनीकों के माध्यम से रोगी की जानकारी को इलेक्ट्रॉनिक रूप से संग्रहीत और आदान-प्रदान किया जाता है

B. सुरक्षा उल्लंघन होते हैं

C. संवेदनशील रोगी जानकारी सहित ई-मेल पते का अनजाने में वितरण हो सकता है

D. उपर्युक्त सभी

Q.131 एचआईपीएए प्रोटोकॉल का पालन करते समय याद रखने वाली एक महत्वपूर्ण बात है:

A. शालीनता से बचें

B. आपके द्वारा किए जाने से पहले स्वास्थ्य देखभाल पेशेवर का पालन करें

C. सार्वजनिक क्षेत्रों में रोगी का अंतिम नाम कहने से बचें, लेकिन पहला नाम ठीक है

D. मरीज की फाइल को हर समय दृश्यमान रखें

Q.132 एक मरीज का कहना है कि उसे बिल्कुल भी दर्द नहीं होता है, लेकिन जब भी आप उसकी बांह को छूते हैं तो वह मुस्कुराता है। आप जो देखते हैं उसकी सटीकता को कौन सी तकनीक मान्य कर सकती है?

A. अवलोकन बताते हुए

B. दवा की पेशकश

C. सवाल पूछ रहे हैं

D. सिर से पैर तक आकलन करना

Q.133 निर्णय लेने के लिए किस मॉडल का उपयोग किया जाता है?

A. स्वोट मॉडल

B. एमबीटीआई मॉडल

C. पावर मॉडल

D. जौहरी विंडो मॉडल

Q.134 श्रवण यंत्र के साथ एक वृद्ध रोगी से बात करते समय, संवाद करने का सबसे प्रभावी तरीका क्या होगा?

A. अपनी आवाज़ की मात्रा बढ़ाएँ।

B. रोगी जो कुछ भी कर रहा है बस वही बोलें जो आप कहना चाहते हैं।

C. बिना सुने अपनी आवाज को कान तक पहुंचाएं।

D. सुनिश्चित करें कि आपका चेहरा रोगी को दिखाई दे रहा है।

Q.135 बिगड़ा हुआ मौखिक संचार संदर्भित करता है:

A. प्रतीकों की एक प्रणाली को संसाधित करने और उपयोग करने की

क्षमता में कमी, विलंबित या अनुपस्थित क्षमता
B. मानसिक मंदता
C. अभिव्यंजक या ग्रहणशील वाचाघात
D. श्रवण अक्षमता

Q.136 निम्नलिखित में से कौन सी ध्वनि हमारे कानों को अच्छी लगती है?
A. भारी मशीनरी
B. परिवहन उपकरण
C. शोरगुल
D. संगीत

Q.137 निम्नलिखित में से कौन सा ठोस अपशिष्ट 'नगरपालिका ठोस अपशिष्ट' शब्द का वर्णन करता है?
A. विषैला
B. खतरनाक
C. गैर-विषाक्त
D. गैर खतरनाक

Q.138 निम्नलिखित में से क्या व्यक्तिगत स्तर पर किया जाता है?
A. जलता हुआ
B. निपटान
C. पुनर्चक्रण
D. स्रोत कमी

Q.139 प्लास्टिक को रिसाइकल करना मुश्किल क्यों है?
A. यह बहुत मुश्किल है
B. यह विभिन्न आकारों में आता है
C. यह चिपकने वाला है
D. इसमें विभिन्न प्रकार के बहुलक रेजिन होते हैं

Q.140 ठोस कचरे का कार्बनिक पदार्थ विघटित हो जाएगा:
A. पानी के बहाव से
B. मिट्टी के कणों से
C. सूक्ष्मजीवों की क्रिया द्वारा
D. ऑक्सीकरण द्वारा

Q.141 एक विशिष्ट भट्टी में उपयुक्त तापमान और परिस्थितियों में नगरपालिका के ठोस कचरे को जलाने की प्रक्रिया को _____ कहा जाता है।
A. लैंडफिल
B. भस्मीकरण
C. पुनर्चक्रण
D. कृमि खाद

Q.142 निम्नलिखित में से कौन वायु प्रदूषण संकेतक है?
A. कवक
B. लाल शैवाल
C. लाइकेंस
D. भूरा शैवाल

Q.143 एक स्क्रीनिंग टेस्ट द्वारा बीमार के रूप में पहचानी गई आबादी में वास्तव में बीमार व्यक्तियों के अनुपात की पहचान करने के लिए एक परीक्षण की संपत्ति:
A. संवेदनशीलता
B. विशेषता
C. सकारात्मक भविष्य कहनेवाला मूल्य
D. नकारात्मक भविष्य कहनेवाला मूल्य

Q.144 निम्नलिखित में से गैसों का कौन-सा समूह प्रकाश-रासायनिक स्मॉग का कारण बनता है?
A. O_3 PAN और CO
B. HC, NO और PAN
C. O_2, PAN और NO_2
D. O_2, PAN और NO_2

Q.145 जल प्रदूषण का जैविक उपचार किसके द्वारा किया जाता है:
A. कवक
B. लाइकेन
C. फाइटोप्लांकटन
D. दोनों (A) और (C)

Q.146 आंतरिक रक्तस्राव के कारण हो सकते हैं:
A. चोट
B. बीमारी
C. दवा
D. उपरोक्त सभी

Q.147 कैरोटिड धमनी कहाँ स्थित है?

A. कलाई के अंदर हाथ के ठीक ऊपर
B. श्वासनली के दाएँ या बाएँ गर्दन पर
C. घुटने के पीछे
D. कोहनी और कंधे के बीच बांह के अंदर

Q.148 एक शिशु पर, आप नाड़ी की जाँच कहाँ करेंगे?
A. कलाई के अंदर हाथ के ठीक ऊपर
B. गर्दन पर श्वासनली के दायीं या बायीं ओर
C. घुटने के पीछे
D. कोहनी और कंधे के बीच बांह के अंदर

Q.149 पहली डिग्री बर्न:
A. केवल त्वचा की ऊपरी परत शामिल होती है।
B. लाल और फफोला है।
C. त्वचा की सभी परतों को नष्ट कर देता है।
D. जलने में सबसे गंभीर है।

Q.150 प्राथमिक उपचार प्रत्युत्तरकर्ता को पीड़ित को तब स्थानांतरित करना चाहिए जब:
A. इससे प्राथमिक उपचार करना आसान हो जाएगा
B. पीड़ित एक खतरनाक स्थिति में है
C. कभी नहीं
D. दोनों (A) और (B)

Q.151
निम्न में से कौन से गैर-सहजीवी नाइट्रोजन को स्थिर करने के लिए स्वतंत्र रूप से मिट्टी में रहते हैं?
A. एजोटोबैक्टर
B. क्लोस्ट्रीडियम
C. बेजरिनकिया
D. उपर्युक्त में सभी

Q.152 निम्नलिखित में से कौन जीवाणु पैदा करने वाले जैव उर्वरक नहीं है?
A. नोस्टोक
B. अनाबेना
C. क्लोस्ट्रीडियम
D. A और B दोनों

Q.153 निम्नलिखित में से कौन सल्फर को सल्फेट में ऑक्सीकृत करने में सक्षम है?
A. थियोबैसिलस थियोऑक्सिडन्स
B. डेसल्फोटोमैकुलम
C. रोडोस्पाइरिलम
D. रोडोमाइक्रोबियम

Q.154
अधिकांश मृदा प्रोटोजोआ फ्लैगेलेट या अमीबा होते हैं, जिनमें नाइट्रोजन का प्रमुख तरीका होता है:
A. बैक्टीरिया का अंतर्ग्रहण
B. मोल्ड का अंतर्ग्रह
C. कवक का अंतर्ग्रहण
D. इनमे से सभी

Q.155
मिट्टी में शैवाल की आबादी बैक्टीरिया या कवक की तुलना में _______ है।
A. आम तौर से कम
B. आम तौर पर से अधिक
C. बराबर
D. इनमें से कोई नहीं

Q.156 बैक्टीरिया द्वारा उपयोग के लिए कवक द्वारा मिट्टी में जटिल अणुओं का क्षरण किस प्रकार के संघ का एक उदाहरण है?
A. न्यूट्रैलिस्म
B. मुटुअलिस्म
C. कमेंसालिस्म
D. अंटागोनिस्म

Q.157 स्टैफिलोकोकस ऑरियस और एस्परगिलस टेरीयस के बीच निम्नलिखित में से किस प्रकार का संघ मौजूद है?
A. अंटागोनिस्म
B. मुटुअलिस्म

C. परसिटिस्म   **D.** कमेंसालिस्म

Q.158 नष्ट करने वाले लिटिक एंज़ाइम निम्नलिखित में से किस सूक्ष्मजीव द्वारा स्रावित होते हैं?

A. कवक   **B.** शैवाल

C. स्टेफिलोकोकस   **D.** मायक्सोबैक्टीरिया

Q.159 कवक निम्नलिखित में से कौन सा निरोधात्मक विषाक्त उत्पाद उत्पन्न करता है?

A. साइनाइड   **B.** फैटी एसिड

C. मीथेन   **D.** सल्फाइड

Q.160 अधिकांश मिट्टी में प्रमुख खनिज कण यौगिक हैं:

A. सोडियम   **B.** पोटैशियम

C. मैगनीशियम   **D.** लोहा

Q.161 ए (एन) _______ किसी दिए गए न्यूरोट्रांसमीटर सिस्टम की गतिविधि की सुविधा या नकल करता है।

A. एक्सोन   **B.** एसएसआरआई

C. एगोनिस्ट   **D.** प्रतिपक्षी

Q.162 मल्टीपल स्केलेरोसिस में _______ का टूटना शामिल है।

A. सोम   **B.** माइलिन आवरण

C. सिनेप्टिक वेसिकल्स   **D.** डेन्ड्राइट

Q.163 डार्विन के _______ के सिद्धांत ने तर्क दिया कि शारीरिक विशेषताएं विकसित होती हैं क्योंकि वे जीव के लिए उपयोगी होती हैं।

A. अत्यधिक उपयोगिता   **B.** प्राकृतिक बंदोबस्ती

C. प्राकृतिक चयन   **D.** प्राकृतिक भलाई

Q.164 फ्रायड ने लोगों के व्यक्तित्व को आकार देने में _______ की भूमिका पर जोर दिया।

A. मुक्त इच्छा   **B.** समूह प्रभाव

C. हार्मोन   **D.** अचेतन इच्छाएं

Q.165 एक फोरेंसिक मनोवैज्ञानिक के अध्ययन की सबसे अधिक संभावना होगी:

A. प्रत्यक्षदर्शी स्मृति की सटीकता

B. खरीदारी के व्यवहार पर विज्ञापन का प्रभाव

C. निर्णय लेने पर हार्मोन का प्रभाव

D. सीखने की शैलियों में लिंग अंतर

Q.166 अनुरूपता पर अधिक भीड़ के प्रभाव का अध्ययन करने के लिए मनोविज्ञान के किस क्षेत्र में सबसे अधिक संभावना होगी?

A. व्यक्तित्व   **B.** संज्ञानात्मक

C. क्लीनिकल   **D.** सामाजिक

Q.167 मानवतावादी मनोवैज्ञानिकों ने इस विचार को अपनाया:

A. दमन   **B.** स्वतंत्र इच्छा

C. उनकंससियस ड्राइव   **D.** पहचान

Q.168 MMPI का उपयोग मापने के लिए किया जाता है:

A. बेहोश ड्राइव

B. बिग फाइव लक्षण

C. व्यक्तित्व और मनोवैज्ञानिक विकार

D. नेतृत्व क्षमता

Q.169 _______ बुनियादी जैविक इकाइयाँ हैं जो विशेषताओं को एक पीढ़ी से दूसरी पीढ़ी तक पहुँचाती हैं।

A. जीन   **B.** न्यूरॉन्स   **C.** ग्लिया   **D.** सहज ज्ञान

Q.170 एक व्यक्ति अपनी असफलताओं और सामाजिक रूप से अस्वीकार्य व्यवहार को झूठे लेकिन सामाजिक रूप से स्वीकार्य कारण बताकर सही ठहराता है, वह है:

A. विस्थापन   **B.** बौद्धिकता

C. युक्तिकरण   **D.** प्रतिक्रिया गठन

// स्मार्ट उत्तर पुस्तिका //

सही उत्तर — उन छात्रों का प्रतिशत जिन्होंने प्रश्नों का सही उत्तर दिया था। छोड़ दिया — उन छात्रों का प्रतिशत जिन्होंने प्रश्नों को छोड़ दिया था।

प्रश्न संख्या	उत्तर	सही उत्तर / छोड़ दिया	प्रश्न संख्या	उत्तर	सही उत्तर / छोड़ दिया	प्रश्न संख्या	उत्तर	सही उत्तर / छोड़ दिया	प्रश्न संख्या	उत्तर	सही उत्तर / छोड़ दिया	प्रश्न संख्या	उत्तर	सही उत्तर / छोड़ दिया	प्रश्न संख्या	उत्तर	सही उत्तर / छोड़ दिया	प्रश्न संख्या	उत्तर	सही उत्तर / छोड़ दिया
1	C	86.66 % / 10.34 %	22	C	44.23 % / 31.64 %	43	B	14.22 % / 67.08 %	64	A	84.83 % / 10.39 %	85	C	61.93 % / 36.28 %	106	C	68.84 % / 30.68 %
2	B	50.23 % / 43.29 %	23	A	77.3 % / 21.49 %	44	D	49.64 % / 37.43 %	65	D	45.06 % / 44.51 %	86	B	61.99 % / 36.86 %	107	B	87.65 % / 10.87 %
3	D	61.97 % / 34.83 %	24	A	61.47 % / 31.19 %	45	A	86.35 % / 10.52 %	66	C	43.58 % / 30.42 %	87	D	84.12 % / 11.21 %	108	C	41.03 % / 54.39 %
4	D	55.27 % / 33.51 %	25	B	82.71 % / 10.75 %	46	D	40.48 % / 55.43 %	67	D	18.03 % / 75.05 %	88	D	53.3 % / 38.29 %	109	A	77.22 % / 18.22 %
5	C	66.86 % / 32.59 %	26	C	51.33 % / 33.09 %	47	B	79.89 % / 14.06 %	68	D	62.99 % / 33.82 %	89	A	58.72 % / 30.73 %	110	D	55.18 % / 31.29 %
6	D	21.85 % / 74.85 %	27	A	69.26 % / 30.12 %	48	C	62.4 % / 33.03 %	69	A	50.37 % / 44.59 %	90	C	62.08 % / 34.95 %	111	B	48.7 % / 40.62 %
7	C	55.76 % / 41.93 %	28	B	50.34 % / 43.74 %	49	D	66.12 % / 32.86 %	70	A	56.36 % / 36.94 %	91	D	14.13 % / 72.85 %	112	C	61.76 % / 36.31 %
8	B	58.52 % / 38.01 %	29	B	54.38 % / 39.72 %	50	B	64.53 % / 30.9 %	71	C	86.9 % / 10.41 %	92	A	61.48 % / 36.09 %	113	D	69.81 % / 30.0 %
9	A	47.44 % / 40.74 %	30	A	46.15 % / 50.9 %	51	C	83.68 % / 14.33 %	72	D	86.95 % / 12.59 %	93	D	40.66 % / 45.07 %	114	B	16.58 % / 82.67 %
10	A	63.03 % / 31.48 %	31	A	50.68 % / 42.84 %	52	B	55.23 % / 40.62 %	73	D	49.54 % / 48.36 %	94	D	66.94 % / 32.82 %	115	A	41.29 % / 55.86 %
11	B	81.76 % / 11.25 %	32	B	48.53 % / 45.4 %	53	C	48.73 % / 44.5 %	74	B	40.18 % / 52.18 %	95	B	11.67 % / 80.02 %	116	A	83.35 % / 13.68 %
12	A	43.11 % / 53.45 %	33	B	76.57 % / 20.77 %	54	B	63.98 % / 35.07 %	75	B	53.38 % / 31.53 %	96	D	43.52 % / 31.08 %	117	C	61.55 % / 36.81 %
13	B	56.97 % / 40.52 %	34	A	77.96 % / 21.79 %	55	D	59.86 % / 36.08 %	76	C	52.75 % / 44.07 %	97	A	65.24 % / 30.28 %	118	B	77.04 % / 13.8 %
14	A	68.02 % / 31.3 %	35	D	52.81 % / 46.99 %	56	C	78.25 % / 20.54 %	77	C	46.34 % / 30.39 %	98	D	46.56 % / 41.69 %	119	D	50.76 % / 41.78 %
15	D	55.75 % / 33.87 %	36	C	69.0 % / 30.05 %	57	A	56.48 % / 40.57 %	78	B	62.95 % / 31.14 %	99	B	15.36 % / 75.8 %	120	D	80.64 % / 13.75 %
16	C	81.94 % / 14.59 %	37	C	66.3 % / 32.5 %	58	A	53.0 % / 35.86 %	79	C	87.22 % / 11.79 %	100	B	32.7 % / 67.29 %	121	A	83.84 % / 10.93 %
17	D	65.32 % / 33.32 %	38	A	76.97 % / 17.48 %	59	B	59.54 % / 34.44 %	80	D	49.69 % / 41.11 %	101	D	50.41 % / 33.75 %	122	D	77.86 % / 13.79 %
18	B	49.04 % / 50.19 %	39	A	21.57 % / 73.0 %	60	C	50.42 % / 43.35 %	81	D	42.6 % / 36.43 %	102	C	61.99 % / 30.74 %	123	D	81.45 % / 17.48 %
19	B	50.31 % / 48.57 %	40	C	44.14 % / 32.53 %	61	B	60.16 % / 31.36 %	82	D	57.92 % / 41.45 %	103	D	78.8 % / 16.9 %	124	D	47.82 % / 45.94 %
20	B	55.61 % / 36.77 %	41	C	50.62 % / 44.45 %	62	B	29.07 % / 67.62 %	83	C	83.24 % / 14.2 %	104	A	76.86 % / 14.65 %	125	A	28.01 % / 68.79 %
21	A	66.49 % / 30.83 %	42	B	69.03 % / 30.57 %	63	B	44.51 % / 31.67 %	84	C	55.14 % / 36.06 %	105	A	56.84 % / 33.08 %	126	B	28.56 % / 68.85 %

प्रश्न संख्या	उत्तर	सही उत्तर / छोड़ दिया	प्रश्न संख्या	उत्तर	सही उत्तर / छोड़ दिया	प्रश्न संख्या	उत्तर	सही उत्तर / छोड़ दिया	प्रश्न संख्या	उत्तर	सही उत्तर / छोड़ दिया	प्रश्न संख्या	उत्तर	सही उत्तर / छोड़ दिया	प्रश्न संख्या	उत्तर	सही उत्तर / छोड़ दिया	प्रश्न संख्या	उत्तर	सही उत्तर / छोड़ दिया
127	A	49.47 % / 44.28 %	135	A	66.47 % / 32.67 %	143	B	64.74 % / 32.49 %	151	D	58.23 % / 31.03 %	159	A	79.29 % / 17.68 %	167	B	64.81 % / 34.51 %
128	A	40.62 % / 39.32 %	136	D	40.82 % / 54.68 %	144	D	61.8 % / 36.11 %	152	C	58.11 % / 40.85 %	160	D	83.67 % / 12.07 %	168	C	89.49 % / 10.06 %
129	D	47.68 % / 33.81 %	137	D	53.2 % / 44.19 %	145	C	43.23 % / 30.23 %	153	A	43.13 % / 50.09 %	161	C	67.44 % / 32.46 %	169	A	86.29 % / 13.39 %
130	D	56.91 % / 30.78 %	138	D	40.31 % / 37.16 %	146	D	68.91 % / 30.09 %	154	A	51.31 % / 40.72 %	162	B	61.65 % / 38.25 %	170	C	43.14 % / 32.34 %
131	A	47.36 % / 41.26 %	139	D	42.05 % / 49.75 %	147	B	26.78 % / 72.19 %	155	A	23.04 % / 70.02 %	163	C	12.64 % / 73.46 %			
132	A	47.46 % / 51.83 %	140	C	57.44 % / 35.36 %	148	D	43.57 % / 50.76 %	156	C	48.98 % / 41.73 %	164	D	65.84 % / 33.38 %			
133	C	41.4 % / 41.94 %	141	B	63.36 % / 33.77 %	149	A	83.37 % / 10.2 %	157	A	50.41 % / 30.36 %	165	A	53.79 % / 30.83 %			
134	D	65.67 % / 31.52 %	142	C	64.07 % / 33.89 %	150	D	46.1 % / 30.84 %	158	D	49.27 % / 34.27 %	166	D	64.44 % / 32.75 %			

//संकेत और समाधान//

1. भारतीय पुरुष टेबल टेनिस टीम ने 2022 बर्मिंघम में 2 अगस्त 2022 राष्ट्रमंडल खेलों में स्वर्ण पदक जीता।

- भारत ने फाइनल में सिंगापुर को 3-1 से हराया।
- पुरुषों की टीम स्पर्धा में राष्ट्रमंडल खेलों में भारत का यह तीसरा स्वर्ण पदक है, जो इससे पहले 2010 और 2018 में जीता था।
- 2 अगस्त 2022 को, भारतीय महिला लॉन बॉल टीम ने भी राष्ट्रमंडल खेलों में अपना पहला स्वर्ण पदक जीता।

अतः विकल्प (C) सही है।

2. गुजरात राज्य ने नई सौर ऊर्जा नीति -2021 की घोषणा की है। राज्य ने 11,000 मेगा वाट उत्पादन क्षमता हासिल कर ली है और अब 2022 तक 30,000 मेगा वाट ग्रीन ऊर्जा उत्पादन का लक्ष्य रखा है जिसमें मुख्य रूप से सौर और पवन ऊर्जा शामिल होंगे। नई सौर ऊर्जा नीति 2021 में सौर ऊर्जा की खपत और उत्पादन में वृद्धि होगी और इस प्रकार उद्योगों के लिए उत्पादन लागत कम होगी और मेड इन गुजरात ब्रांड वैश्विक बाजारों में अपनी उपस्थिति बढ़ाने में मदद करेगा।

राज्य के ऊर्जा मंत्री सौरभ पटेल और प्रमुख सचिव (ऊर्जा और पेट्रोकेमिकल) सुनैना तोमर की उपस्थिति में गांधीनगर में प्रेस कॉन्फ्रेंस में यह घोषणा की गई। सिक्योरिटी डिपॉजिट 25 लाख रुपये प्रति मेगा वॉट से घटाकर 5 लाख रुपये प्रति मेगा वॉट हो जाता है।

अतः विकल्प (B) सही है।

3. अनुभवी वित्त पेशेवर संदीप कुमार गुप्ता ने 3 अक्टूबर 2022 को देश की सबसे बड़ी गैस उपयोगिता गेल (इंडिया) लिमिटेड के अध्यक्ष और प्रबंध निदेशक के रूप में पदभार ग्रहण किया। संदीप कुमार गुप्ता, जो पहले इंडियन ऑयल कॉर्पोरेशन में निदेशक (वित्त) थे, मनोज जैन की जगह लेंगे, जो 31 अगस्त 2022 को सेवानिवृत्त हुए। गुप्ता का कार्यकाल फरवरी 2026 तक होगा। गेल के प्राकृतिक गैस पाइपलाइन नेटवर्क में 21 राज्य शामिल हैं।

अतः विकल्प (D) सही है।

4. दिया हुआ है:

प्रिंसिपल $= $ रु 30000

दर $= 10\%$

समय $= 5$ वर्ष

मान लें की बैंक द्वारा निवेश के बदले फायेदा $r\%$ है

प्रश्न के अनुसार:

$$7800 = \left(\frac{30000 \times 10 \times 5}{100}\right) - \left(\frac{30000 \times r \times 3}{100}\right)$$

$$7800 = 15000 - 900r$$

$$r = 8\%$$

∴ बैंक द्वारा निवेश के बदले फायेदा 8% है

अतः विकल्प (D) सही है।

5. केंद्रीय सूचना आयोग सूचना का अधिकार अधिनियम 2005 के तहत गठित एक वैधानिक निकाय है।

केंद्रीय सूचना आयोग एक संवैधानिक निकाय नहीं है, बल्कि एक स्वतंत्र निकाय है, जो सरकार और केंद्र शासित प्रदेशों के तहत कार्यालयों, सार्वजनिक क्षेत्र के उपक्रमों, वित्तीय संस्थानों आदि से संबंधित शिकायतों और अपीलों को देखता है।

- स्थापना: 12 अक्टूबर 2005
- मुख्यालय: नई दिल्ली
- सीआईसी की नियुक्ति उसके कार्यालय में प्रवेश करने की तारीख से 5 वर्ष की अवधि के लिए की जाएगी या जब तक वह 65 वर्ष की आयु प्राप्त नहीं कर लेता, इनमें से जो भी पहले हो।

अतः विकल्प (C) सही है।

6. सतत विकास लक्ष (एसडीजी) जिन्हें वैश्विक लक्ष्यों के रूप में जाना जाता है, गरीबी को समाप्त करने, ग्रह की रक्षा करने और सभी लोगों को शांति और समृद्धि सुनिश्चित करने के लिए कार्रवाई के लिए एक सार्वभौमिक आह्वान है।

ये 17 लक्ष्य सहस्राब्दी विकास लक्ष्यों की सफलताओं पर आधारित हैं, जबकि अन्य प्राथमिकताओं में जलवायु परिवर्तन, आर्थिक असमानता, नवाचार, स्थायी उपभोग, शांति और न्याय जैसे नए क्षेत्रों को शामिल किया गया है। लक्ष्य आपस में जुड़े हुए हैं - अक्सर एक पर सफलता की कुंजी में दूसरे से जुड़े मुद्दों से निपटना शामिल होगा।

17 सतत विकास लक्ष्य इस प्रकार हैं:

- लक्ष्य 1: शून्य गरीबी
- लक्ष्य 2: शून्य भुखमरी
- लक्ष्य 3: उत्तम स्वास्थ्य और खुशहाली
- लक्ष्य 4: गुणवत्तापूर्ण शिक्षा
- लक्ष्य 5: लैंगिक समानता
- लक्ष्य 6: स्वच्छ जल और स्वच्छता
- लक्ष्य 7: सस्ती और स्वच्छ ऊर्जा
- लक्ष्य 8: उत्कृष्ट कार्य और आर्थिक वृद्धि
- लक्ष्य 9: उद्योग, नवाचार और बुनियादी सुविधाएँ
- लक्ष्य 10: असमानताओं में कमी
- लक्ष्य 11: संवहनीय शहर और समुदाय
- लक्ष्य 12: संवहनीय उपभोग एवं उत्पादन
- लक्ष्य 13: जलवायु कार्रवाई
- लक्ष्य 14: जलीय जीवों की सुरक्षा
- लक्ष्य 15: भूमि पर जीवन
- लक्ष्य 16: शांति न्याय और सशक्त संस्थाएँ
- लक्ष्य 17: लक्ष्य प्राप्त करने के लिये साझेदारी

अत: विकल्प (D) सही है।

7. "आदिवासी क्षेत्रों में एक स्वायत्त परिषद की स्थापना" अनुसूचित क्षेत्रों के लिए पंचायत विस्तार (पेसा) अधिनियम, 1996 के उद्देश्य नहीं हैं।

अधिनियम के उद्देश्य:

1. पंचायतों से संबंधित संविधान के भाग IX के प्रावधानों को कुछ संशोधनों के साथ अनुसूचित क्षेत्रों तक विस्तारित करना।
2. जनजातीय आबादी के बड़े हिस्से के लिए स्व-शासन प्रदान करना।
3. सहभागी लोकतंत्र के साथ ग्राम शासन करना।
4. पारंपरिक प्रथाओं के अनुरूप एक उपयुक्त प्रशासनिक ढांचा विकसित करना।
5. आदिवासी समुदायों की परंपराओं और रीति-रिवाजों की रक्षा और संरक्षण करना।
6. जनजातीय आवश्यकताओं के अनुकूल विशिष्ट शक्तियों के साथ पंचायतों को उपयुक्त स्तरों पर सशक्त बनाना।

7. उच्च स्तर पर पंचायतों को ग्राम सभा के निचले स्तर पर पंचायतों की शक्तियों और अधिकारों को ग्रहण करने से रोकना।

अतः विकल्प (C) सही है।

8. माना R और S की गति क्रमशः x किमी/घंटे और y किमी/घंटे है

यदि वे विपरीत दिशा में यात्रा करते हैं:

दूरी $= 240$ किमी

विपरीत दिशा में लिया गया समय $= 2$ घंटे

कुल गति $= (x + y)$ किमी/घंटे

$$t = \frac{d}{v}$$

$$\Rightarrow \frac{240}{(x+y)} = 2$$

$$\Rightarrow x + y = 120 \ldots(1)$$

इसके अलावा यदि वे एक ही दिशा में यात्रा करते हैं:

$\Rightarrow$ (R द्वारा 12 घंटे में तय की गई दूरी) -(S द्वारा 12 घंटे में तय की गई दूरी) $= 240$ किमी

$$\Rightarrow 12x - 12y = 240$$

$$\Rightarrow x - y = 20 \ldots(2)$$

समीकरण (1) और समीकरण (2) को जोड़ने पर, हम प्राप्त करते हैं

$$\Rightarrow 2x = 140$$

$$\Rightarrow x = 70 \text{ किमी/घंटे}$$

समीकरण (1) में $x = 70$ km/h प्रतिस्थापित करें, हम प्राप्त करते हैं

$$\Rightarrow y = 50 \text{ किमी/घंटे}$$

$\therefore$ R की गति $= 70$ किमी/घंटे

अतः विकल्प (B) सही है।

9. संपत्ति का अधिकार मौलिक अधिकार नहीं है। भारतीय संविधान का भाग III मौलिक अधिकारों से संबंधित है। वर्तमान में, भारतीय संविधान में मौलिक अधिकारों की छह श्रेणियां हैं:

- समानता का अधिकार
- स्वतंत्रता का अधिकार
- शोषण के खिलाफ अधिकार
- धर्म की स्वतंत्रता का अधिकार
- सांस्कृतिक और शैक्षिक अधिकार
- संवैधानिक उपचार का अधिकार

संपत्ति के अधिकार को 1978 में मौलिक अधिकारों की सूची से हटा दिया गया था। इसे भारतीय संविधान के 44वें संशोधन द्वारा हटा दिया गया था।

अतः विकल्प (A) सही है।

10. दिया हुआ,

1 पुरुष और 1 महिला का 20 दिनों का वेतन = 1500 रुपये

माना 1 महिला की दक्षता 1 इकाई/दिन है।

1 पुरुष की दक्षता = 2 इकाई/दिन

प्रश्नानुसार,

$2 + 1 = 3$ इकाई

$\Rightarrow 3$ इकाई $= 1500$

$\Rightarrow 1$ इकाई $= \frac{1500}{3} = 500$

1 महिला का 20 दिनों का वेतन = 500 रुपये

$\therefore$ 1 महिला का दैनिक वेतन $= \frac{500}{20} = 25$ रुपये

अतः विकल्प (A) सही है।

11. शायद ही कोई दालें उत्तराखंड, मिजोरम और अन्य पूर्वोत्तर राज्यों में उगाई जाती है (असम, केरल, हिमाचल प्रदेश और जम्मू-कश्मीर को छोड़कर)। मध्य प्रदेश महाराष्ट्र, उत्तर प्रदेश और राजस्थान के साथ दालों का एक प्रमुख उत्पादक है। इसलिए, कथन 1, 2 और 4 सही नहीं हैं और केवल 3 सही है। अन्य महत्वपूर्ण दलहन उत्पादक राज्य कर्नाटक और आंध्र प्रदेश हैं। अन्य सभी राज्यों में, दाल उत्पादन तुलनात्मक रूप से कम होता है।

अतः विकल्प (B) सही है।

12. भारत दुनिया में चाय के सबसे बड़े उत्पादकों में से एक है। भारत में उत्पादित कुल चाय का लगभग 52% असम राज्य से आता है।

अतः विकल्प (A) सही है।

13. वित्त वर्ष 2018 के अंत में, दक्षिण भारतीय राज्य आंध्र प्रदेश में तंबाकू का उत्पादन लगभग 133 मिलियन किलोग्राम था। उसी समय के दौरान आंध्र प्रदेश और कर्नाटक भारत के दो अग्रणी तम्बाकू उत्पादक राज्य थे।

अतः विकल्प (B) सही है।

14. कोरबा अपनी कोयला खदानों के लिए जाना जाता है जैसे गेवरा क्षेत्र (एशिया की सबसे बड़ी कोयला खानों में से एक), कुसमुंडा क्षेत्र और दीपका क्षेत्र, सभी कोरबा कोयला क्षेत्र में स्थित है। इसमें एनटीपीसी, सीएसईबी और भारत एल्युमिनियम कंपनी (बाल्को) जैसे बिजली संयंत्र भी हैं।

अतः विकल्प (A) सही है।

15. यह एक उल्लेखनीय वृद्धि थी। योजना का सबसे बड़ा लाभार्थी गेहूं अनाज था। प्रति एकड़ उपज में वृद्धि: हरित क्रांति ने न केवल कुल कृषि उत्पादन में वृद्धि की, बल्कि इससे प्रति हेक्टेयर उपज में भी वृद्धि हुई।

अतः विकल्प (D) सही है।

16. एक पराजित उम्मीदवार जो निर्वाचन क्षेत्र में मतदान किए गए वैध मतों के एक-छठे से अधिक को सुरक्षित करने में विफल रहता है, वह अपनी जमानत राशि खो देगा।

अतः विकल्प (C) सही है।

17. उत्खनित साक्ष्यों के अनुसार, पशुओं का पालन-पोषण मध्यपाषाण काल में शुरू हुआ। भारत में पशुओं के प्रभुत्व का सबसे पहला प्रमाण आदमगढ़ (होशंगाबाद, म.प्र.) और बागोर (भीलवाड़ा, राजस्थान) में पाया गया।

अतः विकल्प (D) सही है।

18.

सूची-I (प्राचीन स्थल)	सूची-II (पुरातात्तिक खोज)
A. लोथल	2. पोतगाह
B. कालीबंगन	1. जोता हुआ क्षेत्र
C. धोलावीरा	4. हड़प्पा लिपि के दस बड़े आकार के चिन्हों का एक शिलालेख
D. बनवाली	3. एक हल की टेराकोटा प्रतिकृति

अतः विकल्प (B) सही है।

19. स्वतंत्रता आंदोलन के चरमपंथी नेता बालगंगाधर तिलक को 1908 में 6 साल जेल की सजा दी गई थी

3 जुलाई, 1908 को, अंग्रेजों ने बाल गंगाधर तिलक को राजद्रोह के आरोप में गिरफ्तार कर लिया था। उन्होंने अपने मराठी अखबार केसरी में अंग्रेजों के खिलाफ उग्र लेख प्रकाशित किए। उन्हें बर्मा निर्वासित कर दिया गया और

लाला लाजपत राय और अन्य के साथ मांडले किले में रखा गया। जेल में रहते हुए, तिलक ने व्यापक रूप से पढ़ा और लिखा और भारतीय राष्ट्रवादी आंदोलन पर अपने विचारों को विकसित किया।

सजा के विरोध में बॉम्बे क्लॉथ मिल के मजदूरों द्वारा बॉम्बे में पहली राजनीतिक हड़ताल की गई। तिलक ने 'मांडले जेल' में कैद की अवधि के दौरान 'गीता रहस्य' पुस्तक लिखी।

अत: विकल्प (B) सही है।

20. लाहौर षड्यंत्र मामले में भगत सिंह, सुखदेव और राजगुरु को मौत की सजा सुनाई गई थी।

1915 लाहौर षडयंत्र केस ट्रायल या पहला लाहौर षडयंत्र केस, लाहौर में आयोजित परीक्षणों की एक श्रृंखला थी। कुल नौ मामले आए। यह मुकदमा भारत रक्षा अधिनियम 1915 के तहत गठित एक विशेष न्यायाधिकरण द्वारा आयोजित किया गया था।

भगत सिंह और बटुकेश्वर दत्त ने दिल्ली के विधानसभा भवन में पर्चे के साथ बम फेंककर अपनी क्रांति की ओर ध्यान आकर्षित करने की कोशिश की। उन्होंने भागने का प्रयास नहीं किया और उन्हें गिरफ्तार कर लिया गया और इस कृत्य के लिए जेल में डाल दिया गया। उनका इरादा किसी को ठेस पहुँचाना नहीं था बल्कि अपनी क्रांतिकारी गतिविधियों और दर्शन को लोकप्रिय बनाना था।

लाल लाजपत राय की हत्या का बदला लेने के लिए, भगत सिंह, राज गुरु, जय गोपाल और सुख देव ने पुलिस प्रमुख स्कॉट को मारने की साजिश रची। लेकिन उन्होंने डीएसपी जेपी सॉन्डर्स को गोली मार दी, जिसकी मौके पर ही मौत हो गई। भगत सिंह को एक ब्रिटिश पुलिस अधिकारी, जेपी सॉन्डर्स की हत्या के सिलसिले में फिर से गिरफ्तार किया गया था। इस केस को लाहौर षडयंत्र केस कहा गया।

अत: विकल्प (B) सही है।

21. ऑस्ट्रेलियन ओपन चैंपियन राफेल नडाल ने 26 फरवरी 2022 को अकापुल्को में अपना चौथा खिताब जीता। उन्होंने ATP 500 इवेंट के फाइनल में कैमरन नोरी को हराकर 6-4 6-4 से जीत हासिल की। नडाल ने पहली बार 2005 में खिताब जीता था और 2013 और 2020 में फिर से खिताब अपने नाम किया।

अत: विकल्प (A) सही है।

22. दी गई आकृति में, $ABCD$ चक्रीय चतुर्भुज है।

प्रयुक्त सूत्र:

सम्मुख कोणों के एक युग्म का योग $180°$ (संपूरक) होता है।

एक त्रिभुज के कोणों का योग $180°$ होता है।

$$\Rightarrow \angle BAD + \angle BCD = 180°$$

$$\Rightarrow \angle BAD + 110° = 180°$$

$$\Rightarrow \angle BAD = 180° - 110° = 70° \;....(1)$$

अब, $\triangle ABE$ एक त्रिभुज है,

$$\Rightarrow \angle BAD + \angle ABC + \angle AEB = 180°$$

$$\Rightarrow 70° + 40° + \angle AEB = 180° \;[\text{समीकरण (1) से}]$$

$$\Rightarrow 110° + \angle AEB = 180°$$

$$\Rightarrow \angle AEB = 180° - 110° = 70°$$

$$\therefore \angle AEB = 70°$$

अतः विकल्प (C) सही है।

23. उत्तल दर्पण द्वारा बबने वाला प्रतिबिंब सीधा और छोटा होता है।

उत्तल दर्पण एक वक्रित दर्पण है जहां परावर्तक पृष्ठ प्रकाश स्रोत की ओर उभरा होता है। यह उभरा हुआ पृष्ठ बाहर की ओर प्रकाश को परावर्तित करता है और इसका उपयोग प्रकाश को केंद्रित करने के लिए नहीं किया जाता है। यह दर्पण एक आभासी प्रतिबिंब बनाते हैं क्योंकि फोकस बिंदु (F) और वक्रता केंद्र (2F) दर्पण में काल्पनिक बिंदु होते हैं जिन तक नहीं पहुंचा जा सकता है।

अतः विकल्प (A) सही है।

24. सूर्य में नाभिकीय संलयन के कारण ऊर्जा का निरंतर निर्माण होता है।

नाभिकीय संलयन एक नाभिकीय अभिक्रिया है जिसमें दो या दो से अधिक परमाणु नाभिक एक साथ जुड़ते हैं या संलयित होते हैं और एक भारी नाभिक का निर्माण करते हैं। संलयन के दौरान, बड़ी मात्रा में ऊर्जा निकलती है। सूर्य के मुख्य घटक हाइड्रोजन और हीलियम है।

अतः विकल्प (A) सही है।

25. सोडा वाटर में कार्बन डाइऑक्साइड गैस का प्रयोग किया जाता है।

मीठे शीतल पेय में मुख्य घटक जल है; ये लगभग 90 प्रतिशत कार्बनीकृत जल हैं।कार्बनीकृत जल वह जल है जिसे दाब में कार्बन डाइऑक्साइड गैस से आधानित किया गया है।

अतः विकल्प (B) सही है।

26. शर्करा के ऐल्कोहॉल में बदलने की प्रक्रिया किण्वन कहलाती है।

जैविक प्रक्रिया, जिसमें शर्करा के अणुओं को यीस्ट और जीवाणु जैसे कुछ रोगाणुओं की मदद से एथिल ऐल्कोहॉल और कार्बन डाइऑक्साइड में परिवर्तित किया जाता है, ऐल्कोहॉल किण्वन कहलाता है। यह एक अवायवीय प्रक्रिया है। यानी यह ऑक्सीजन की अनुपस्थिति में होता है।

अतः विकल्प (C) सही है।

27. UNDP (संयुक्त राष्ट्र विकास कार्यक्रम) सालाना HDR (मानव विकास रिपोर्ट) जारी करता है। रिपोर्ट 5 समग्र सूचकांकों पर आधारित है अर्थित्:

- मानव विकास सूचकांक
- लिंग विकास सूचकांक
- बहुआयामी गरीबी सूचकांक
- लिंग असमानता सूचकांक
- असमानता-समायोजित मानव विकास सूचकांक

अतः विकल्प (A) सही है।

28. समाजवादी आर्थिक व्यवस्था में वर्ग संघर्ष लगभग अनुपस्थित है।

एक समाजवादी आर्थिक व्यवस्था में, अर्थव्यवस्था को सरकार द्वारा नियंत्रित और विनियमित किया जाता है ताकि समाज में लोगों के लिए कल्याण और समान अवसर सुनिश्चित किया जा सके। सैद्धांतिक रूप से, लोगों के बीच आर्थिक, सामाजिक और राजनीतिक समानता होती है जिसके परिणामस्वरूप वर्ग संघर्ष का अभाव होता है।

अतः विकल्प (B) सही है।

29. आर्थिक विकास आमतौर पर मुद्रास्फीति के साथ होती है।

मुद्रास्फीति उन वस्तुओं और सेवाओं की कीमतों के स्तर में वृद्धि है जो घर खरीदते हैं।यह उन कीमतों के परिवर्तन की दर के रूप में मापा जाता है। मुद्रास्फीति का प्रसिद्ध संकेतक उपभोक्ता मूल्य सूचकांक (सीपीआई) है, जो घरों द्वारा उपभोग की जाने वाली वस्तुओं और सेवाओं की टोकरी की कीमत में प्रतिशत परिवर्तन को मापता है।

अतः विकल्प (B) सही है।

30. कनाडा का शील्ड क्षेत्र, दुनिया के सबसे बड़े भूवैज्ञानिक महाद्वीपीय ढालों में से एक है।

यह हडसन की खाड़ी पर केंद्रित है और उत्तरी मिनेसोटा, विस्कॉन्सिन, मिशिगन, न्यूयॉर्क और यूएस में छोटे विस्तार के साथ, ग्रेट लेक्स से लेकर कनाडाई आर्कटिक और ग्रीनलैंड तक, पूर्वी, मध्य और उत्तर-पश्चिमी कनाडा में 8 मिलियन किमी (3 मिलियन वर्ग मील) तक फैला है।

अतः विकल्प (A) सही है।

31. 'लाल' शब्द 'विशेषण' शब्द है क्योंकि ये किसी व्यक्ति, वस्तु, या स्थान की विशेषता बताने के लिए प्रयुक्त किया जाता है।

- जो शब्द संज्ञा या सर्वनाम की विशेषता बताते हैं, विशेषण कहलाते हैं।
- जैसे- बड़ा, काला, लंबा आदि।

अतः विकल्प (A) सही है।

32. किसी व्यक्ति, वस्तु आदि के गुण-दोषों की तुलना करें, वे तुलनावाचक विशेषण होते हैं।

जैसे - तुम और मैं सूरज और चाँद के जैसे हैं।

अतः विकल्प (B) सही है।

33. जो शब्द संज्ञा या सर्वनाम शब्दों की विशेषता बताते हैं। विशेषण कहलाते है।

सुहावना शब्द विशेषण का परिचायक है क्योंकि वह मौसम की विशेषता बता रहा है।

लिंग	परिभाषा	उदाहरण
विशेष्य	जिसकी विशेषता बताई जाती है उसे विशेष्य कहते हैं।	खीरा (विशेष्य) कड़वा (विशेषण) है।
क्रियाविशेषण	जिन शब्दों से क्रिया की विशेषता का बोध होता है उन्हें क्रियाविशेषण कहते हैं। जैस - वह धीरे-धीरे चलता है।	वह धीरे-धीरे चलता है।
संज्ञा	किसी जाति, गुण, भाव, व्यक्ति, स्थान,और नाम को संज्ञा कहते है।	लखनऊ, रमेश, आम, सीता, आदि।

अतः विकल्प (B) सही है।

34. 'गन्दा पानी उबालकर पियें।' शुद्ध वाक्य है।

वाक्य-शुद्धि: विचारों की परस्पर भावाभिव्यक्ति का सबसे बड़ा साधन भाषा है। जिसमें वाक्य का स्थान सर्वाधिक महत्त्वपूर्ण होता है। किसी विचार अथवा भाव को स्पष्ट एवं पूर्णतः के साथ व्यक्त करने वाला पद समूह वाक्य कहा जाता है। प्रसिद्ध वैयाकरण पण्डित कामता प्रसाद गुरु के अनुसार ''एक पूर्ण विचार व्यक्त करने वाला शब्द समूह वाक्य कहलाता है।''

अतः विकल्प (A) सही है।

35. 'आपका सामान सुरच्छित रहेगा।' यह एक अशुद्ध वाक्य है।

इसका शुद्ध वाक्य होगा-आपका सामान सुरक्षित रहेगा।

लिखने की रीति को वर्तनी कहते हैं। 'वर्तनी' शब्द का अर्थ 'पीछे चलना' है। अर्थित उच्चारित होने वाले शब्द के लेखन में प्रयोग होने वाले लिपि चिह्नों के व्यवस्थित रूप को वर्तनी कहा जाता है।

अतः विकल्प (D) सही है।

36. प्रस्तुत विकल्प में शब्द के निर्माण संबंधी अशुद्धियाँ है। इसलिए, स्पष्ट है कि रानी लक्ष्मीबाई एक महान वीरांगना थी। वाक्य पूर्ण वाक्य है।

अतः विकल्प (C) सही है।

37. पर्यक - पलंग यहाँ तत्सम और तद्भव शब्दों का सही युग्म है। अन्य विकल्प असंगत है।

पर्यंक और पलंग दोनों एक ही अर्थ वाले शब्द है।

अतः विकल्प (C) सही है।

38. आँसू शब्द तद्भव शब्द है। अन्य सभी विकल्प असंगत है। आँसू का तत्सम रूप अश्रु होता है।

आँसू का अर्थ: दुख, ख़ुशी या कष्ट के क्षणों में आँखों से बहने वाला पानी जैसा तरल पदार्थ

अन्य शब्द:

- एकत्र - इकट्ठा
- वानर - बन्दर
- उच्च - उँचा

अतः विकल्प (A) सही है।

39. "फंदा" शब्द का तत्सम शब्द पाश है। क्योंकि यह संस्कृत से ज्यों के त्यों प्रयोग में लिया जा रहा है। अन्य विकल्प असंगत हैं।

फंदा का अर्थ: रस्सी में गाँठ लगाकर बनाया गया घेरा

अन्य शब्द:

- पर्पट - पराठा
- पर्ण - परा
- पक्क पक्का

अतः विकल्प (A) सही है।

40. 'रतिपति' शब्द का समानार्थी शब्द 'पंचशर' है।

पाँच बाणों वाले को पंचशर कहते है अर्थित कामदेव।

रतिपति के अन्य समानार्थी शब्द कामदेव, मनोज और कंदर्प हैं।

अतः विकल्प (C) सही है।

41. 'विपिन' शब्द का समानार्थी शब्द 'कानन' है।

विपिन का अर्थ जंगल है तथा कानन भी जंगल के लिए प्रयुक्त किया जाता है।

विपिन के अन्य समानार्थी शब्द जंगल, अरण्य और वन हैं।

अतः विकल्प (C) सही है।

42. 'सरसिज' शब्द का समानार्थी शब्द 'नलिन' है।

सरसिज तथा नलिन दोनों कमल के पर्यायवाची है।

कमल के अन्य पर्यायवाची जलज, पंकज, नीरज, सरोज, अंबुज, आदि है।

अतः विकल्प (B) सही है।

43. 'वक्र', यहाँ सही विकल्प है। अन्य विकल्प असंगत है।

'ऋजु' का अर्थ सीधा होता है जबकि 'वक्र' का अर्थ तिरछा या टेढ़ा है। ये परस्पर विरुद्धार्थी शब्द है।

जो शब्द ठीक किसी शब्द के विपरीत अर्थ वाली प्रवृति के होते है वह विलोम शब्द कहलाते है, इन्हें विपरीतार्थक शब्द भी कहते है। जैसे- दिन का विलोम शब्द रात, ऊपर का विलोम शब्द नीचे आदि।

अतः विकल्प (B) सही है।

44. 'उत्तम' का विलोम शब्द 'अधम' होता है।

उत्तम का अर्थ है "अच्छा"।

अधम का अर्थ है "नीच"।

अन्य विकल्प असंगत है।

अत: विकल्प (D) सही है।

45. 'हर्ष' शब्द का विलोम शब्द विषाद है।

हर्ष शब्द का अर्थ है खुशी, उत्साह।

विषाद शब्द का अर्थ है दु:ख, निराशा।

अन्य विकल्प असंगत है।

अत: विकल्प (A) सही है।

46. 'नौका' शब्द का पर्यायवाची शब्द 'तटिनी' नहीं है। तटिनी शब्द नदी का पर्यायवाची शब्द है।

इसलिए तटिनी संगत विकल्प होगा, अन्य सभी विकल्प असंगत है।

नदी : पयस्विनी, तरनी, स्रोतस्विनी, सरिता व तटिनी।

अतः विकल्प (D) सही है।

47. दिए गए विकल्पों में 'चंद्रमा' शब्द 'शशि' का पर्यायवाची शब्द है।

शशि - चंद्र, चाँद, चंद्रमा, सुधांशु इत्यादि।

अतः विकल्प (B) सही है।

48. 'जिसने प्रतिष्ठा पा ली हो' वाक्यांश के लिए एक शब्द होगा- 'लब्धप्रतिष्ठ'

भाषा को सुंदर, आकर्षक और प्रभावशाली बनाने के लिए अनेक शब्दों के स्थान पर एक शब्द का प्रयोग किया जाता है तो वह वाक्यांश के लिए एक शब्द कहलाता है।

अत: विकल्प (C) सही है।

49. 'जिसमें सहन शक्ति हो' वाक्यांश के लिए एक शब्द- 'सहिष्णु'

भाषा को सुंदर, आकर्षक और प्रभावशाली बनाने के लिए अनेक शब्दों के स्थान पर एक शब्द का प्रयोग किया जाता है तो वह वाक्यांश के लिए एक शब्द कहलाता है।

अतः विकल्प (D) सही है।

50. 'जो व्याकरण जानता है' वाक्यांश के लिए एक शब्द वैयाकरण है।

कम से कम शब्दों में अधिकाधिक अर्थ को प्रकट करना वाक्यांश कहलाता है।

वाक्यांश के प्रयोग से वाक्य रचना में संक्षिप्तता,सुन्दरता तथा गंभीरता आ जाती है।

जैसे-अण्डे से जन्म लेने वाला- अण्डज

अत: विकल्प (B) सही है।

51. स्वच्छ भारत मिशन 2 अक्टूबर 2014 को शुरू हुआ। स्वच्छ भारत अभियान भारत सरकार द्वारा देश भर में स्वच्छता सुनिश्चित करके भारत में स्वच्छता और अपशिष्ट प्रबंधन की समस्याओं को हल करने के लिए शुरू किया गया था। परियोजना का मुख्य उद्देश्य सभी के लिए स्वच्छता सुविधाओं का निर्माण करना और प्रत्येक ग्रामीण परिवार को शौचालय उपलब्ध कराना है।

अत: विकल्प (C) सही है।

52. सतत विकास लक्ष्य (SDG) 3 स्वास्थ्य से संबंधित है। सतत विकास लक्ष्य (SDG) 3 का उद्देश्य स्वस्थ जीवन सुनिश्चित करना और सभी उम्र में सभी के लिए कल्याण को बढ़ावा देना और स्वस्थ जीवन सुनिश्चित करना और सभी उम्र में कल्याण को बढ़ावा देना सतत विकास के लिए आवश्यक है।

अत: विकल्प (B) सही है।

53. स्वच्छता प्रणाली से रोग संचरण चक्र को रोका जा सकता है। स्वच्छता प्रणाली विभिन्न कार्यात्मक इकाइयों का एक संयोजन है जो लोगों और पर्यावरण की रक्षा के लिए घरों, संस्थानों, कृषि या उद्योगों से विभिन्न अपशिष्ट प्रवाह के प्रबंधन और पुन: उपयोग या निपटान की अनुमति देती है।

अत: विकल्प (C) सही है।

54. स्केबीज, सरकोप्टेस स्केबी के कारण होने वाला त्वचा का संक्रमण, जल प्रक्षालित रोग का एक उदाहरण है। जल प्रक्षालित रोग पानी के अस्वच्छ उपयोग के कारण फैलते हैं। जल प्रक्षालित रोग विशिष्ट रोग में शिगेला शामिल है, जो पेचिश, खुजली, ट्रेकोमा, जम्हाई, कुष्ठ रोग, नेत्रश्लेष्मलाशोथ, त्वचा संक्रमण और अल्सर का कारण बनती है।

अत: विकल्प (B) सही है।

55. पानी के मल संदूषण का संकेत क्लोस्ट्रीडियम डिफिसाइल को छोड़कर सभी की उपस्थिति के कारण होता है। ई. कोली, कोलीफॉर्म और एंटरोकॉसी आंतों के वनस्पति हैं। खतरनाक फेकल प्रदूषण की उपस्थिति का सुझाव देने के लिए फेकल कोलीफॉर्म एश्चेरिचिया कोलाई जैसे फेकल इंडिकेटर बैक्टीरिया (FIB) का उपयोग इसलिए पानी की गुणवत्ता का आकलन करने के लिए एक मूल्यवान उपकरण बना हुआ है।

अत: विकल्प (D) सही है।

56. टेंडन मांसपेशियों को हड्डी से जोड़ता है। टेंडन तनाव झेलने में सक्षम हो रहा है। यह रेशेदार संयोजी ऊतकों का एक बैंड है। टेंडन स्नायुबंधन की तरह ही कोलेजन से बना होता है। टेंडन में एक घना नियमित संयोजी ऊतक पाया जा रहा है। टेंडन का सेलुलर घटक विशेष फाइब्रोब्लास्ट है।

अत: विकल्प (C) सही है।

57. संग्रहण वाहिनी न्यूरॉन का भाग नहीं है।

यह वृक्क के पास स्थित है। नलिकाओं को इकट्ठा करने की प्रणाली नलिकाओं और नलिकाओं की श्रृंखला है जो शारीरिक रूप से नेफ्रॉन को एक मामूली पुष्पकोश या सीधे वृक्क श्रोणि से जोड़ती है। यह नेफ्रॉन से मूत्र एकत्र करता है (गुर्दे में कोशीय संरचनाएं जो रक्त को निस्पादन करती हैं और पेशाब बनाती है) और इसे गुर्दे की श्रोणि और गवीनी में ले जाती हैं।

अत: विकल्प (A) सही है।

58. रक्त कोशिका और प्लाज्मा के विश्लेषण के लिए रोगी से निकाले गए रक्त के नमूने में जोड़ा जाने वाला पदार्थ हेपरिन है।

हेपरिन सबसे शक्तिशाली थक्कारोधी है। यह रक्त प्लाज्मा में मौजूद एंटीथ्रोम्बिन III को सक्रिय करता है। एंटीथ्रॉम्बिन सीरम क्लोटिंग कारकों को बांधता है और निष्क्रिय करता है, यह रक्त के थक्के को रोकता है। इसके अलावा, हेपरिन इन-विवो और इन-विट्रो दोनों स्थितियों में काम करता है, इस प्रकार हेपरिन को रक्त के नमूने में रोगी के विश्लेषण के लिए जोड़ा जाता है।

अत: विकल्प (A) सही है।

59. गैस्ट्रिन हॉर्मोन पेट की कोशिकाओं को गैस्ट्रिक रस छोड़ने के लिए प्रेरित करता है।

गैस्ट्रिन पाचन हार्मोन के समूह का प्रतिनिधित्व करता है जो पाइलोरिक की दीवार में G कोशिकाओं द्वारा स्रावित होता है। पाइलोरिक आमाशय का अंतिम भाग है जो छोटी आंत में खुलता है। जब भोजन पेट में प्रवेश करता है, गैस्ट्रिन रक्त प्रवाह में निकल जाता है, फिर इसे आमाशय की दीवार में गैस्ट्रिक कोशिकाओं में ले जाया जाता है, जहां यह गैस्ट्रिक रस के स्राव को उत्तेजित करता है।

अत: विकल्प (B) सही है।

60. हृदय की पेशियों को रक्त की आपूर्ति हृद धमनी रोग में प्रभावित होती है।

हृद धमनी रोग, जिसे अक्सर ऐथिरोस्क्लेरोसिस कहा जाता है, जिसमें हृदय पेशियों को रक्त की आपूर्ति करने वाली वाहिकाओं को प्रभावित करता है। यह कैल्शियम, वसा, कोलेस्ट्रॉल और रेशेदार ऊतकों के जमा होने के कारण होता

है, जो धमनियों की अवकाशिका को संकरी बनाता है।
अतः विकल्प (C) सही है।

61. मॉड्यूलर नर्सिंग टीम नर्सिंग का एक प्रकार है। अंतर इस तथ्य में निहित है कि मॉड्यूलर नर्सिंग में सदस्य पैराप्रोफेशनल कर्मचारी हैं। मॉड्यूलर नर्सिंग टीम नर्सिंग का एक संशोधन है और स्टाफ असाइनमेंट के लिए रोगी की भौगोलिक स्थिति पर केंद्रित है; इकाई को मॉड्यूल के रूप में संदर्भित समूहों में विभाजित किया जाता है, जिन्हें डिस्ट्रिक्ट या पॉड भी कहा जाता है।

अतः विकल्प (B) सही है।

62. विभाग के मूल्यों की पहचान करना एक प्राथमिक कार्य है जिसे उन्हें प्रभावी नियंत्रण प्रणाली के लिए करना चाहिए।

विभाग के मूल्यों की पहचान कर मार्गदर्शक सिद्धांत स्थापित करेंगे जिसके अंतर्गत विभाग अपनी गतिविधियों का संचालन करेगा। कुछ नियंत्रण तकनीकों, जैसे कि मानक घंटे और लागत, बजट और विभिन्न वित्तीय अनुपात शामिल हैं, का विभिन्न स्थितियों में सामान्य अनुप्रयोग है।

अतः विकल्प (B) सही है।

63. सभी रोगी देखभाल कर्मियों के लिए हर चार सप्ताह में ड्यूटी का रोटेशन एक संरचना मानक के रूप में माना जाता है।

संरचना मानकों में प्रबंधन प्रणाली, सुविधाएं, उपकरण, रोगियों की देखभाल के लिए आवश्यक सामग्री शामिल हैं। ड्यूटी का रोटेशन एक प्रबंधन प्रणाली है। एक नर्सिंग देखभाल मानक वांछित गुणवत्ता का एक वर्णनात्मक विवरण है जिसके खिलाफ नर्सिंग देखभाल का मूल्यांकन करना है। यह एक दिशानिर्देश है। एक दिशानिर्देश सुरक्षित-आचरण के लिए एक अनुशंसित मार्ग है, जो पेशेवर प्रदर्शन में सहायता करता है।

अतः विकल्प (B) सही है।

64. प्रक्रिया मानकों में देखभाल योजनाएं, रोगियों की जरूरतों को पूरा करने के लिए की जाने वाली नर्सिंग प्रक्रियाएं शामिल हैं। प्रक्रिया मानक व्यवसायी और देखभाल प्रदान करने में की जाने वाली गतिविधियों पर ध्यान केंद्रित करते हैं। मानकों का विकास और संबंधित मानदंड उपायों को तब मूल सिद्धांतों द्वारा निर्देशित किया जाता है।

अतः विकल्प (A) सही है।

65. कार्रवाई के संभावित पाठ्यक्रमों की पहचान विभाग की नियंत्रण प्रक्रिया के बुनियादी चरणों में शामिल नहीं है।

यह गुणवत्ता नियंत्रण प्रक्रिया में एक कदम है और नियंत्रण प्रक्रिया में बुनियादी कदम नहीं है। नियंत्रण में यह सुनिश्चित करना शामिल है कि प्रदर्शन मानकों से विचलित नहीं होता है।

नियंत्रण में पाँच चरण होते हैं:

(1) मानक निर्धारित करें

(2) प्रदर्शन को मापें

(3) मानकों के साथ प्रदर्शन की तुलना करें

(4) विचलन के कारणों का निर्धारण

(5) आवश्यकतानुसार सुधारात्मक कार्रवाई करें

अतः विकल्प (D) सही है।

66. हेगर के संकेत को छोड़कर सभी गर्भावस्था से जुड़े त्वचा परिवर्तन हैं।

हेगर का संकेत गर्भाशय और गर्भाशय ग्रीवा के एक हिस्से के बीच गर्भाशय के हिस्से के नरम होने से संकेत मिलता है। शेष विकल्प आमतौर पर गर्भावस्था से जुड़े विभिन्न त्वचा मलिनकिरण के सभी उदाहरण हैं।

अतः विकल्प (C) सही है।

67. नर्स हल्के प्री-एक्लेम्पसिया वाली महिला को पानी की सीमित मात्रा को छोड़कर निम्नलिखित सभी करने की सलाह देती है।

प्री-एक्लेम्पसिया वाली महिलाओं में पानी का सेवन सीमित करना आवश्यक नहीं है। यह महत्वपूर्ण है कि प्री-एक्लेम्पसिया से पीड़ित महिलाएं प्रतिदिन कम से कम 8 गिलास पानी पीएं। पानी का अंतर्ग्रहण सूजन को कम करने में भी मदद कर सकता है। द्रव के स्तर पर नज़र रखने के लिए अक्सर रक्तचाप और शरीर के वजन की जाँच करना महत्वपूर्ण है। भ्रूण की गति पर नज़र रखना और आंदोलन में कमी होने पर तुरंत एक प्रदाता को सूचित करना भी महत्वपूर्ण है। जो महिलाएं प्रीक्लेम्पटिक हैं, वे गुर्दे की खराबी के परिणामस्वरूप अपने मूत्र में प्रोटीन फैला सकती हैं।

अत: विकल्प (D) सही है।

68. नर्स को तुरंत मां को बाई ओर घुमाना चाहिए।

मां को बाई ओर घुमाने से प्लेसेंटल रक्त प्रवाह बढ़ सकता है और बच्चे का ऑक्सीजनेशन बढ़ सकता है। माँ को अपने दाहिनी ओर, ट्रेंडेलेनबर्ग (सिर नीचे) में, तिपाई की स्थिति में (आगे बैठना, हाथों को घुटनों के बल), या अपने पैरों को हवा में रखना समान लाभ का नहीं है।

अत: विकल्प (D) सही है।

69. स्थिरता और रंग सहित मल मूल्यांकन, प्रसवोत्तर मूल्यांकन का केंद्र बिंदु नहीं है।

प्रसवोत्तर मूल्यांकन में महत्वपूर्ण संकेत (रक्तचाप, नाड़ी), फंडस (स्थान, ऊंचाई, स्थिरता), लोचिया (रंग, मात्रा), मूत्र उत्पादन (माप पहले शून्य), और मां और शिशु के बीच संबंध शामिल हैं। प्रसवोत्तर मूल्यांकन मूल्यवान है क्योंकि यह संक्रमण, रक्तस्राव और गर्भाशय के दर्द सहित प्रसवोत्तर जटिलताओं के चेतावनी संकेतों पर नर्सिंग हस्तक्षेप की अनुमति देता है। मल मूल्यांकन प्रसवोत्तर मूल्यांकन का एक महत्वपूर्ण हिस्सा नहीं है क्योंकि यह संभावित खतरे के संकेतों के आकलन के लिए जानकारी नहीं देता है।

अत: विकल्प (A) सही है।

70. भूमध्यसागरीय वंश के जातीय समूहों को थैलेसीमिया के लिए आनुवंशिक परामर्श पर विचार करना चाहिए।

थैलेसीमिया, एक विरासत में मिला ऑटोसोमल रिसेसिव ब्लड डिसऑर्डर, हीमोग्लोबिन के असामान्य रूप की विशेषता है। भूमध्य वंश के लोग रोग के वाहक हो सकते हैं और आनुवंशिक परामर्श की सिफारिश की जाती है। अफ्रीकी अमेरिकियों को सिकल सेल रोग के लिए जीन ले जाने का जोखिम है, एक और विरासत में मिला रक्त विकार जो हीमोग्लोबिन के रूप को बदल देता है। यहूदी वंश के उत्तरी यूरोपीय वंशजों को Tay-Sachs रोग, एक दुर्लभ, विरासत में मिला तंत्रिका तंत्र विकार होने का खतरा है। मूल अमेरिकियों को आनुवंशिक रूप से विरासत में मिली विकारों से गुजरने का जोखिम नहीं होता है।

अत: विकल्प (A) सही है।

71. TOF सियानोटिक हृदय रोग है। फैलोट ऑफ़ टेट्रालॉजी (TOF) सियानोटिक जन्मजात हृदय रोग का सबसे आम रूप है। सायनोसिस त्वचा का असामान्य नीला रंग है जो रक्त में ऑक्सीजन के संचार के निम्न स्तर के कारण होता है।

अतः विकल्प (C) सही है।

72. एन्यूरिज्म के कारणों में उपरोक्त सभी विकल्प शामिल हो सकते हैं। एक धमनीविस्फार एक धमनी की दीवार के कमजोर होने को संदर्भित करता है जो धमनी का एक उभार, या दूरी बनाता है। अधिकांश एन्यूरिज्म लक्षण नहीं दिखाते हैं और खतरनाक नहीं होते हैं। हालांकि, अपने सबसे गंभीर चरण में, कुछ टूट सकते हैं, जिससे जीवन के लिए खतरा आंतरिक रक्तस्राव हो सकता है।

अत: विकल्प (D) सही है।

73. परिशिष्ट दाहिने इलियाक फोसा में स्थित है। अपेंडिक्स एक संकीर्ण, उंगली के आकार का पाउच है जो कोलन से बाहर निकलता है। अपेंडिसाइटिस तब होता है जब अपेंडिक्स में सूजन आ जाती है और उसमें मवाद भर जाता है। अपेंडिसाइटिस अपेंडिक्स की सूजन है, एक उंगली के आकार की थैली जो आपके पेट के निचले दाहिने हिस्से में आपके बृहदान्त्र से निकलती है।

अत: विकल्प (D) सही है।

74. एक हेमीकोलेक्टॉमी के परिणामस्वरूप कोलन के आधे हिस्से को हटा दिया जाता है। हेमीकोलेक्टॉमी एक प्रकार की सर्जरी है जो आपकी बड़ी आंत के हिस्से को हटाने के लिए की जाती है जिसे आपका कोलन कहा जाता है। आपके पाचन तंत्र में काम करने के तरीके को प्रभावित किए बिना आपके बृहदान्त्र को आंशिक रूप से हटाया जा सकता है। एक बार प्रभावित हिस्से को हटा दिए जाने के बाद, शेष सिरे आपस में जुड़ जाते हैं और आपके पाचन पर लगभग कोई प्रभाव नहीं पड़ता है।

अत: विकल्प (B) सही है।

75. हेपरिन थक्कारोधी का एक रूप है। हेपरिन का उपयोग उन लोगों में रक्त के थक्कों को बनने से रोकने के लिए किया जाता है जिनकी कुछ चिकित्सीय स्थितियां हैं या जो कुछ चिकित्सीय प्रक्रियाओं से गुजर रहे हैं जिससे थक्के बनने की संभावना बढ़ जाती है।

अत: विकल्प (B) सही है।

76. लकवाग्रस्त इलियस उल्टी का कारण बन सकता है। पैरालिटिक इलियस आंतों के क्रमाकुंचन की एक अस्थायी गिरफ्तारी है। यह आमतौर पर पेट की सर्जरी के बाद होता है, खासकर जब आंतों में हेरफेर किया गया हो। लक्षण मतली, उल्टी, और अस्पष्ट पेट की परेशानी हैं।

लकवाग्रस्त इलियस के कारणों में शामिल हो सकते हैं:

- बैक्टीरिया या वायरस जो आंतों में संक्रमण का कारण बनते हैं (गैस्ट्रोएंटेराइटिस)
- रासायनिक, इलेक्ट्रोलाइट, या खनिज असंतुलन
- पेट की सर्जरी
- आंतों को रक्त की आपूर्ति में कमी
- पेट के अंदर संक्रमण, जैसे एपेंडिसाइटिस

अत: विकल्प (C) सही है।

77. बेरिएट्रिक सर्जरी में, गैस्ट्रिक उत्तेजना में पेसमेकर डिवाइस को शामिल किया जाता है। बेरिएट्रिक सर्जरी में, गैस्ट्रिक उत्तेजना में पेसमेकर डिवाइस को शामिल किया जाता है। इम्प्लांटेबल एंटरल गैस्ट्रिक इलेक्ट्रिकल स्टिमुलेशन डिवाइस पेट की नसों में कम ऊर्जा, उच्च आवृत्ति वाली विद्युत दालों को भेजकर काम करता है जिससे मतली और उल्टी के लक्षण कम हो जाते हैं।

अत: विकल्प (C) सही है।

78. समायोज्य गैस्ट्रिक बैंडिंग में, सर्जन गैस्ट्रो-ओसोफेगल जंक्शन के नीचे, पेट के चारों ओर एक सिकुड़ा हुआ वलय रखता है। लैप्रोस्कोपिक एडजस्टेबल गैस्ट्रिक बैंडिंग (LAGB) वजन घटाने की सर्जरी का एक प्रकार है। वजन घटाने की सर्जरी को बैरिएट्रिक सर्जरी भी कहा जाता है। यह एक लेप्रोस्कोपिक सर्जरी के रूप में किया जाता है, ऊपरी पेट में छोटे चीरों के साथ। सर्जन पेट के ऊपरी हिस्से के चारों ओर एक समायोज्य बैंड लगाता है।

अत: विकल्प (B) सही है।

79. क्रोहन रोग के रोगी के लिए, मेडिकल-सर्जिकल नर्स ऐसे आहार की सिफारिश करती है जो फाइबर में कम हो, और प्रोटीन और कैलोरी में उच्च हो। क्रोहन रोग का सटीक कारण ज्ञात नहीं है। हालांकि, रिसर्च के अनुसार, इसके पीछे कई कारक जिम्मेदार होते हैं। जैसे:

- आनुवंशिक - अपने माता-पिता से मिले जीन के कारण क्रोहन रोग विकसित होने का खतरा बढ़ सकता है

- प्रतिरक्षा प्रणाली - सूजन के कारण प्रतिरक्षा प्रणाली में समस्या हो सकती है; जिससे यह आंत में स्वस्थ बैक्टीरिया पर हमला कर सकती है
- पिछला संक्रमण - पिछले संक्रमण से प्रतिरक्षा प्रणाली असामान्य प्रतिक्रिया शुरू कर सकती है
- धूम्रपान - धूम्रपान करने वालों में सामान्य लोगों की अपेक्षा क्रोहन रोग के अधिक गंभीर लक्षण मौजूद हो सकते हैं
- परिवेश के कारक - पश्चिमी देशों जैसे यूके में क्रोहन रोग सबसे आम है, और और दुनिया के सबसे गरीब हिस्सों में जैसे कि अफ्रीका में सबसे काम। जिससे पता चलता है कि परिवेश के कारणों से ऐसा हो सकता है।

वर्तमान में क्रोहन रोग का कोई इलाज नहीं है। इसके इलाज का उद्देश्य आमतौर पर सूजन को बढ़ने से रोकना, लक्षणों को दूर करना और जहां तक संभव हो सर्जरी से बचना है। क्रोहन रोग के लक्षण इस बात पर निर्भर करते हैं कि आपके पाचन तंत्र के किस हिस्से में सूजन है।

सामान्य लक्षणों में शामिल है:

- अक्सर दस्त होना
- पेट में दर्द और ऐंठन, जो आमतौर पर खाने के बाद बदतर हो
- अधिक थकान
- बेवजह वजन कम होना
- मल में खून और म्यूकस आना

अत: विकल्प (C) सही है।

80. मास्टोइडेक्टोमी की जटिलताओं में चेहरे की तंत्रिका पक्षाघात और सेंसरिनुरल हियरिंग लॉस, स्वाद में बदलाव और चक्कर और टिनिटस शामिल हो सकते हैं। मास्टोइडेक्टोमी एक शल्य प्रक्रिया है जो रोगग्रस्त मास्टॉयड वायु कोशिकाओं को हटा देती है। मास्टॉयड आपके कान के पीछे स्थित आपकी खोपड़ी का हिस्सा है। यह हड्डी से बनी वायु कोशिकाओं से भरा होता है और शहद की कंघी जैसा दिखता है। रोगग्रस्त कोशिकाएं अक्सर एक कान के संक्रमण का परिणाम होती हैं जो आपकी खोपड़ी में फैल गई हैं।

अत: विकल्प (D) सही है।

81. झिल्लीदार भूलभुलैया में एंडोलिम्फ होता है।

झिल्लीदार भूलभुलैया में एंडोलिम्फ नामक द्रव होता है। वेस्टिबुल के भीतर, झिल्लीदार भूलभुलैया बोनी भूलभुलैया के रूप को पूरी तरह से संरक्षित नहीं करती है, लेकिन इसमें दो झिल्लीदार थैली, यूट्रिकल और सैक्यूल होते हैं।

अत: विकल्प (D) सही है।

82. इनमे से सभी श्वेतपटल के कार्य हैं।

श्वेतपटल आंख की अपारदर्शी, रेशेदार, सख्त, सुरक्षात्मक बाहरी परत ("आंख का सफेद") है जो सीधे सामने कॉर्निया के साथ और पीछे ऑप्टिक तंत्रिका को कवर करने वाली म्यान के साथ निरंतर होती है। श्वेतपटल सुरक्षा और रूप प्रदान करता है।

अतः विकल्प (D) सही है।

83. आंतरिक आंख की मांसपेशियां आंख की सहायक संरचना नहीं हैं। आंख के सहायक अंगों में ओकुलर मांसपेशियां, प्रावरणी, भौहें, पलकें, कंजाक्तिवा और लैक्रिमल उपकरण शामिल हैं।

अतः विकल्प (C) सही है।

84. लीशमैन के दाग से खून सना हुआ है।

लीशमैन दाग का उपयोग माइक्रोस्कोपी में रक्त स्मीयरों को धुंधला करने के लिए किया जाता है। यह आमतौर पर ल्यूकोसाइट्स मलेरिया परजीवी और ट्रिपैनोसोमा को अलग करने और पहचानने के लिए उपयोग किया जाता है।

लीशमैन दाग का नाम इसके आविष्कारक, स्कॉटिश रोगविज्ञानी विलियम बूग लीशमैन के नाम पर रखा गया है।

अतः विकल्प (C) सही है।

85. रक्त कणिकाओं के निर्माण की प्रक्रिया को हेमटोपोइजिस कहा जाता है।

रक्त कोशिकाओं के निर्माण की प्रक्रिया को हेमटोपोइजिस कहा जाता है। अस्थि मज्जा में रक्त कोशिकाएं बनती हैं। ये रक्त बनाने वाली स्टेम कोशिकाएँ सभी 3 प्रकार की रक्त कोशिकाओं में विकसित हो सकती हैं - लाल कोशिकाएँ, श्वेत कोशिकाएँ और प्लेटलेट्स।

अतः विकल्प (C) सही है।

86. एक प्रकार का सॉफ्टवेयर जिसे उपयोगकर्ता को सिंगुलर या मल्टीपल संबंधित विशिष्ट कार्यों को करने में मदद करने के लिए डिज़ाइन किया गया है, एप्लिकेशन सॉफ्टवेयर है। इसमें देखभाल के प्रत्यक्ष प्रावधान में, प्रभावी प्रशासनिक प्रणाली स्थापित करने में, शैक्षिक अनुभवों के प्रबंधन और वितरण में, आजीवन सीखने का समर्थन करने में, और नर्सिंग अनुसंधान का समर्थन करने में सूचना और प्रौद्योगिकी का उपयोग शामिल है।

अतः विकल्प (B) सही है।

87. गोपनीयता के उल्लंघन को रोकने और संबोधित करने के लिए नर्स जिन स्ट्रैटेजी का उपयोग कर सकती हैं वे हैं:

1. पासवर्ड शेयर न करें।
2. कंप्यूटर मत छोड़ो।
3. सोशल मीडिया साइट्स पर जानकारी पोस्ट न करें।
4. केवल रोगी के चार्ट तक पहुंचें।

अतः विकल्प (D) सही है।

88. एक व्यक्तिगत स्वास्थ्य रिकॉर्ड, या पीएचआर, एक इलेक्ट्रॉनिक एप्लिकेशन है जिसके माध्यम से रोगी एक निजी, सुरक्षित और गोपनीय वातावरण में अपनी स्वास्थ्य जानकारी (और अन्य जिनके लिए वे अधिकृत हैं) को बनाए और प्रबंधित कर सकते हैं। पीएचआर के लिए मौजूदा प्रारूप पीसी-आधारित, स्मार्टफोन-आधारित और स्मार्ट कार्ड-आधारित हैं।

अतः विकल्प (D) सही है।

89. कथन "अधिकांश चिकित्सक मोबाइल प्रौद्योगिकी का उपयोग कर रहे हैं जो उद्यम सूचना प्रणाली के साथ एकीकृत है।" सत्य है। चिकित्सक स्वास्थ्य सेवा पारिस्थितिकी तंत्र का एक अभिन्न अंग हैं। एक चिकित्सक का काम फायदेमंद है, निश्चित है, लेकिन यह एक उच्च तनाव वाला काम भी है। चिकित्सक इन मोबाइल उपकरणों का उपयोग कुशलतापूर्वक और न्यूनतम प्रयास के साथ रोगियों के बारे में डेटा रिकॉर्ड करने के लिए कर सकते हैं, जिससे उनका काम बहुत आसान हो सकता है।

अतः विकल्प (A) सही है।

90. डायग्नोसिस और ट्रीटमेंट के निर्णयों में सहायता के लिए क्लीनिकल सेटिंग्स में डेस्कटॉप कंप्यूटर पर स्थापित सीडीएसएस तक पहुंचने के लिए मोबाइल उपकरणों का भी उपयोग किया जा सकता है। मोबाइल ऐप भी चिकित्सकों को ऑर्डर करने के लिए उचित स्कैन या परीक्षणों की पहचान करने, अनावश्यक प्रक्रियाओं को कम करने और देखभाल की लागत को कम करने में मदद कर सकते हैं।

अतः विकल्प (C) सही है।

91. पीएचआर के प्रकार हैं:

1. इंस्टीट्यूशन-सपोर्टेड पीएचआर में, कंटेंट में परीक्षण के परिणाम और/या सेवाओं की पेशकश शामिल हो सकती है, जैसे कि प्रिस्क्रिप्शन को फिर से भरने या अपॉइंटमेंट लेने की क्षमता होती है।

2. सेल्फ-मैंटेनेड वाले पीएचआर में, उपभोक्ताओं की जिम्मेदारी है कि वे अपनी जानकारी दर्ज करें। जब उपभोक्ता अपना खुद का पेपर या कंप्यूटर-आधारित रिकॉर्ड बनाते हैं, तो इसमें शामिल कंटेंट, और उपभोक्ता या स्वास्थ्य सेवा प्रदाता के लिए इसकी उपयोगिता सीधे उपभोक्ता के ज्ञान स्तर पर निर्भर होती है। सेल्फ-मैंटेनेड, ऑनलाइन पीएचआर, जैसे इंस्टीट्यूशन-सेंटर पीएचआर, उनकी सेवाओं और उनमें मौजूद जानकारी में भिन्न होते हैं।

3. लिंक्ड रिकॉर्ड पेशेंट-मैंटेनेड को इंस्टीट्यूशनल मॉडल के साथ जोड़ता है और अक्सर अधिक कार्यक्षमता जोड़ता है। इस मॉडल के तहत उपभोक्ता खुद जानकारी दर्ज कर सकते हैं। हालांकि, जानकारी को अन्य स्रोतों से भी आयात किया जा सकता है, जैसे कि फार्मेसियों, स्वास्थ्य सेवा प्रदाताओं और यहां तक कि घरेलू ब्लड प्रेशर मॉनिटर जैसे उपकरणों से भी। गूगल हेल्थ और माइक्रोसॉफ्ट हेल्थ वॉल्ट, लिंक किए गए पीएचआर के उदाहरण हैं, हालांकि, वे भी, उनके द्वारा प्रदान की जाने वाली सेवाओं में भिन्न हैं।

अतः विकल्प (D) सही है।

92. एक पीएचआर की कई परिभाषाएँ हैं, राष्ट्रीय स्वास्थ्य सूचना प्रौद्योगिकी गठबंधन (एनएएचआईटी) द्वारा प्रदान की गई आधिकारिक परिभाषा, पीएचआर को "किसी व्यक्ति पर स्वास्थ्य संबंधी जानकारी का एक इलेक्ट्रॉनिक रिकॉर्ड जो राष्ट्रीय स्तर पर मान्यता प्राप्त अंतर-संचालन मानकों के अनुरूप है" के रूप में वर्णित करती है। व्यक्ति द्वारा प्रबंधित, साझा और नियंत्रित किए जाने के दौरान कई स्रोतों से प्राप्त किया जा सकता है।

अतः विकल्प (A) सही है।

93. जिन संचार साधनों को टेलीमेडिसिन माना जा सकता है, वे सुरक्षित रोगी-चिकित्सक ई-मेल, चिकित्सक से रोगी के लिए फोन कॉल और ई-आईसीयू हैं। टेलीमेडिसिन रोगियों को दूरस्थ नैदानिक सेवाएं प्रदान करने के लिए सूचना प्रौद्योगिकी और इलेक्ट्रॉनिक संचार के उपयोग को संदर्भित करता है। चिकित्सा इमेजिंग का डिजिटल प्रसारण, दूरस्थ चिकित्सा निदान और मूल्यांकन, और विशेषज्ञों के साथ वीडियो परामर्श टेलीमेडिसिन के सभी उदाहरण हैं।

अतः विकल्प (D) सही है।

94. टेलीमेडिसिन के तीन मुख्य प्रकार हैं, जिसमें स्टोर-एंड-फॉरवर्ड, रिमोट मॉनिटरिंग और रीयल-टाइम इंटरएक्टिव सेवाएं शामिल हैं। इनमें से प्रत्येक की समग्र स्वास्थ्य देखभाल में लाभकारी भूमिका होती है और जब इसका उचित उपयोग किया जाता है, तो यह स्वास्थ्य कर्मियों और रोगियों दोनों के लिए ठोस लाभ प्रदान कर सकता है। वीडियो कॉन्फ्रेंसिंग के माध्यम से रोगियों के साथ परामर्श, ई-स्वास्थ्य जिसमें रोगी पोर्टल, डिजिटल इमेज का इलेक्ट्रॉनिक प्रसारण, दूर से महत्वपूर्ण संकेतों की मॉनिटरिंग, उपभोक्ताओं के लिए वायरलेस एप्लिकेशन, कॉल सेंटर, निरंतर चिकित्सा शिक्षा और अन्य अनुप्रयोग शामिल हो सकते हैं।

अतः विकल्प (D) सही है।

95. ट्रेडिशनल टेलीमेडिसिन प्रोग्राम में कंटीन्यूइंग मेडिकल एजुकेशन शामिल नहीं है। व्यवहार में टेलीमेडिसिन में रोगी देखभाल की एक विस्तृत श्रृंखला शामिल है, जिसमें चिकित्सकों और रोगियों के बीच टेलीकंसल्टेशन शामिल हैं; इलेक्ट्रॉनिक संचार; सूचना की समकालिक और अतुल्यकालिक समीक्षा; महत्वपूर्ण संकेतों का दूरस्थ संचरण; कॉल सेंटर; और कुछ नाम रखने के लिए रोगी स्वास्थ्य अनुप्रयोग। टेलीमेडिसिन को देखभाल तक पहुंच बढ़ाने, चिकित्सकों को दूरस्थ सहयोगियों से मार्गदर्शन प्राप्त करने का अवसर प्रदान करने, रोगी यात्रा के समय को कम करने, पुरानी स्थितियों के प्रबंधन में सुधार करने और उपचार के लिए रोगी के पालन को बढ़ाने के लिए दिखाया गया है।

अतः विकल्प (B) सही है।

96. DDH कूल्हे के जोड़ों की जन्मजात असामान्यताओं का एक समूह है, जिसमें उदात्तता, अव्यवस्था और प्रीलक्सेशन शामिल हैं। जन्मजात कूल्हे की असामान्यताओं के प्रकारों में से, उदात्तता सबसे आम है। DDH के हल्के मामलों में, फीमर का सिर बस सॉकेट में ढीला होता है। एक शारीरिक परीक्षण

के दौरान, हड्डी को सॉकेट के भीतर ले जाया जा सकता है, लेकिन यह अव्यवस्थित नहीं होगा।

अतः विकल्प (D) सही है।

97. रोकथाम चिकित्सीय प्रबंधन के प्रमुख लक्ष्यों में से एक है क्योंकि सिकल सेल रोग का कोई इलाज नहीं है। नतीजतन, बीमारी के संकट को कम करने में मदद करने के लिए स्वास्थ्य शिक्षा महत्वपूर्ण है। वासो-ओक्लूसिव क्राइसिस, अप्लास्टिक क्राइसिस, सीक्रेस्ट्रेशन क्राइसिस और हेमोलिटिक संकट सहित कई गंभीर स्थितियों के लिए शीघ्र पता लगाने और उचित उपचार की तीव्र शुरुआत की आवश्यकता है। इन संकटों का यदि शीघ्र उपचार न किया गया तो मृत्यु हो सकती है।

अतः विकल्प (A) सही है।

98. यदि कोई अभिभावक कहता है कि उसे पीली सब्जियों के सेवन पर जोर देना चाहिए, तो उसे अतिरिक्त शिक्षण की आवश्यकता है क्योंकि पीली सब्जियां आयरन का अच्छा स्रोत नहीं हैं। पत्तेदार साग, विशेष रूप से गहरे रंग के, नॉनहेम आयरन के सर्वोत्तम स्रोतों में से हैं।

अतः विकल्प (D) सही है।

99. बच्चे का वजन 44 पौंड है, जो 20 किग्रा (1 किग्रा $= 2.2$ पाउंड; $44/2.2 = 20$ किग्रा) के बराबर है। एलिमेंटल आयरन थेरेपी को तीन खुराक में 6 मिलीग्राम/किग्रा/दिन देने का आदेश दिया गया है। इसलिए, बच्चे को 120 मिलीग्राम/दिन (6 मिलीग्राम/ 20 किग्रा/दिन $= 120$) प्राप्त होता है, जिसे तीन खुराक ($120/3$) में विभाजित किया जाता है, जो कि 40 मिलीग्राम / खुराक के बराबर होता है।

अतः विकल्प (B) सही है।

100. नर्स को एक तटस्थ व्यक्ति के रूप में देखा जाना महत्वपूर्ण है जो परिवार में एक अनुकूली कार्य इकाई के रूप में रुचि रखता है। माता-पिता और बच्चे के साथ एक साथ प्रवेश साक्षात्कार आयोजित करके, नर्स शुरू से ही इस तटस्थ भूमिका को स्थापित करती है। बच्चे और किशोर रोगियों के साथ संबंध वयस्क रोगियों से भिन्न होते हैं और नर्से वयस्कों के साथ अलग तरीके से संबंध बनाती हैं।

अतः विकल्प (B) सही है।

101. त्वचा की अखंडता को बनाए रखते हुए संक्रमण की वृत्ताकार श्रृंखला में प्रवेश के पोर्टल को समाप्त किया जा सकता है।

संक्रमण की वृत्ताकार श्रृंखला में, रोगजनकों को अपने जलाशय को छोड़ने में सक्षम होना चाहिए और प्रवेश के एक पोर्टल के माध्यम से एक अतिसंवेदनशील मेजबान को प्रेषित किया जाना चाहिए, जैसे कि टूटी हुई त्वचा। प्रवेश का पोर्टल उस तरीके को संदर्भित करता है जिसमें एक रोगजनक एक अतिसंवेदनशील मेजबान में प्रवेश करता है। प्रवेश के पोर्टल को उन ऊतकों तक पहुंच प्रदान करनी चाहिए जिनमें रोगजनक गुणा कर सकता है या एक विष कार्य कर सकता है। अक्सर, संक्रामक एजेंट नए होस्ट में प्रवेश करने के लिए उसी पोर्टल का उपयोग करते हैं जिसका उपयोग वे स्रोत होस्ट से बाहर निकलने के लिए करते थे।

अतः विकल्प (D) सही है।

102. अस्पताल के गलियारे की ओर जाने वाले रोगी के कमरे का दरवाजा खोलने से संभवतः श्वसन अलगाव के लिए बाँझ तकनीक में विराम लग जाएगा।

रेस्पिरेटरी आइसोलेशन, सख्त आइसोलेशन की तरह, यह आवश्यक है कि मरीज के कमरे का दरवाजा बंद रहे। उपयुक्त रोगी प्लेसमेंट अलगाव सावधानियों का एक महत्वपूर्ण घटक है। प्रत्यक्ष या अप्रत्यक्ष-संपर्क संचरण को रोकने के लिए एक निजी कमरा महत्वपूर्ण है जब स्रोत रोगी की खराब स्वच्छता संबंधी आदतें पर्यावरण को दूषित करती हैं, या सूक्ष्मजीवों के संचरण को सीमित करने के लिए संक्रमण नियंत्रण सावधानियों को बनाए रखने में सहायता की उम्मीद नहीं की जा सकती है।

अतः विकल्प (C) सही है।

103. व्यायाम जोड़ों और मांसपेशियों को काम करने और माध्यमिक जटिलताओं को रोकने के लिए महत्वपूर्ण है। ओवरहेड ट्रेपेज़ का उपयोग बिस्तर में गति की अनुमति देकर और महत्वाकांक्षा की तैयारी में ऊपरी छोरों को मजबूत करके गतिहीनता के खतरों को रोकता है। स्वच्छता या त्वचा देखभाल और लिनन परिवर्तन के दौरान आंदोलन की सुविधा प्रदान करता है; बिस्तर पर फ्लैट रहने की परेशानी को कम करता है। "पोस्ट पोजीशन" में ट्रेपेज़ को पकड़ते हुए और शरीर को बिस्तर से ऊपर उठाते हुए बिना चोट के पैर को घुटने के बल बिस्तर पर रखना शामिल है।

अतः विकल्प (D) सही है।

104. दूषित गाउन को हटाते समय, नर्स को इस बात का ध्यान रखना चाहिए कि वह पहली चीज जो छूती है वह है गाउन के पीछे कमर की टाई और नेकटाई।

गाउन का पिछला भाग साफ माना जाता है, सामने वाला दूषित होता है। इसलिए, दस्ताने उतारने और हाथ धोने के बाद, नर्स को गाउन के पिछले हिस्से को खोलना चाहिए; धीरे-धीरे गाउन से पीछे हटें, गाउन के अंदर पकड़ें और किनारों को फर्श से दूर रखें; गाउन को अंदर बाहर मोड़ो और इसे दूषित लिनन कंटेनर में फेंक दें, फिर उसके हाथ धो लो।

अतः विकल्प (A) सही है।

105. नर्स के लिए संस्कृति के लिए थूक का नमूना प्राप्त करने का सबसे उपयुक्त समय सुबह जल्दी होता है।

सुबह जल्दी थूक का नमूना प्राप्त करना संवर्धन के लिए बैक्टीरिया की पर्याप्त आपूर्ति सुनिश्चित करता है और भोजन या दवा से संदूषण के जोखिम को कम करता है। एक थूक संस्कृति बैक्टीरिया या कवक का पता लगाने और पहचानने के लिए एक परीक्षण है जो फेफड़ों या श्वास मार्ग को संक्रमित करता है। थूक फेफड़ों में और आस-पास के वायुमार्ग में उत्पादित एक मोटा तरल पदार्थ है। आम तौर पर, थूक की बैक्टीरियोलॉजिकल जांच के लिए सुबह के ताजा नमूने को प्राथमिकता दी जाती है।

अतः विकल्प (A) सही है।

106. रोगी को बिस्तर से कुर्सी पर स्थानांतरित करते समय, पीठ की चोट से बचने के लिए नर्स को पैर की मांसपेशियों का उपयोग करना चाहिए।

पैर की मांसपेशियां शरीर की सबसे मजबूत मांसपेशियां होती हैं और इन्हें उठाते समय सबसे ज्यादा तनाव सहन करना चाहिए। पेट, पीठ और ऊपरी बांहों की मांसपेशियां आसानी से घायल हो सकती हैं। समर्थन के लिए रोगी के बाहरी पैर (व्हीलचेयर से सबसे दूर) को घुटनों के बीच रखें। घुटनों को मोड़ें और पीठ को सीधा रखें। मरीजों को बिस्तर से ले जाते समय अक्सर मुख्य चिंता रोगी की सुरक्षा होती है। लेकिन याद रखें कि अपनी पीठ की कीमत पर न उठाएं। इस स्थानांतरण के लिए अक्सर रोगी की सहायता की आवश्यकता होती है, इसलिए स्पष्ट संचार आवश्यक है। यदि रोगी ज्यादा मदद नहीं कर सकता है, तो आपको दो लोगों या फुल बॉडी स्लिंग लिफ्ट की आवश्यकता होगी।

अतः विकल्प (C) सही है।

107. एक खाली निप्पल में दवा रखें यह नर्सिंग दृष्टिकोण एक -4 महीने के बच्चे को मौखिक दवा देते समय उपयोग करने के लिए सबसे उपयुक्त होगा।

यह एक शिशु को दवाएं देने का एक सुविधाजनक तरीका है। एक मौखिक सिरिंज (सुई के बिना एक सिरिंज) या एक खाली निप्पल में दवा की सही मात्रा बनाएं। शिशु को सिरिंज या खाली निप्पल से दवा चूसने दें। शिशु को दवा देते समय, जब भी संभव हो, उसकी प्राकृतिक सजगता (जैसे चूसना) का उपयोग करें।

अतः विकल्प (B) सही है।

108. शिशु के पथपाकर को प्रोत्साहित करें, सर्जरी के बाद 2 महीने के बच्चे की देखभाल के दौरान यह नर्सिंग हस्तक्षेप प्राथमिकता होगी।

शिशु के सामान्य भावनात्मक विकास के लिए स्पर्श उत्तेजना अनिवार्य है। सर्जरी के आघात के बाद, संवेदी अभाव पनपने में विफलता का कारण बन सकता है। एफटीटी वाले अधिकांश शिशुओं में कोई विशिष्ट अंतर्निहित बीमारी या चिकित्सीय स्थिति नहीं होती है जो उनके विकास की विफलता के कारण होती है। इसे गैर-जैविक एफटीटी कहा जाता है। FTT वाले सभी बच्चों में से 80% तक गैर-जैविक प्रकार FTT है। गैर-जैविक एफटीटी आमतौर पर तब होता है जब अपर्याप्त भोजन का सेवन होता है या पर्यावरणीय उत्तेजना की कमी होती है।

अतः विकल्प (C) सही है।

109. मेजर हेड ट्रॉमा वाले रोगी में जो बोलस एंटरल फीडिंग प्राप्त करने वाला है, उसके लिए उपाय सेवन और आउटपुट सबसे महत्वपूर्ण नर्सिंग ऑर्डर है।

सेवन और आउटपुट को मापना महत्वपूर्ण है, जो समान होना चाहिए। खिलाने से पहले दिया गया पानी हाइपरोस्मोटिक ड्यूरिसिस पेश करेगा। इनपुट और आउटपुट उपाय द्रव संतुलन का आकलन करते हैं। गुर्दे के छिड़काव की पर्याप्तता का आकलन करने के लिए एक मूत्र कैथेटर डाला जाता है। गुर्दे को 20 से 25 कार्डियक आउटपुट की आवश्यकता होती है; आमतौर पर, यह बिगड़ा हुआ छिड़काव या इंट्रावस्कुलर वॉल्यूम के प्रभाव दिखाने वाला पहला अंग है।

अतः विकल्प (A) सही है।

110. धमनी समारोह के लिए निचले छोरों का आकलन करते समय, नर्स को पेडल पल्स इंटरवेंशन को पैल्पेट करना चाहिए।

रोगी के पेडल पल्स को टटोलना यह निर्धारित करने में सहायता करता है कि निचले छोरों को धमनी रक्त की आपूर्ति पर्याप्त है या नहीं। पेडल पल्स ढूँढना आघात रोगी मूल्यांकन का हिस्सा है और निचले छोर के स्प्लिंट एप्लिकेशन के साथ-साथ लंबे बैकबोर्ड स्थिरीकरण से पहले और बाद में किया जाता है। एक पेडल पल्स का आकलन एक बैकबोर्ड या निचले छोर के स्प्लिंट पर एक रोगी के लिए चल रहे मूल्यांकन का हिस्सा है।

अतः विकल्प (D) सही है।

111. भारत में स्वास्थ्य स्थिति का सबसे महत्वपूर्ण संकेतक आईएमआर (शिशु मृत्यु दर) है। शिशु मृत्यु दर पांच वर्ष से कम आयु की मृत्यु दर का एक महत्वपूर्ण घटक है। पांच साल से कम उम्र की मृत्यु दर की तरह, शिशु मृत्यु दर भी बाल अस्तित्व को मापती है। वे सामाजिक, आर्थिक और पर्यावरणीय परिस्थितियों को भी दर्शाते हैं जिसमें बच्चे (और समाज में अन्य) रहते हैं, जिसमें उनकी स्वास्थ्य देखभाल भी शामिल है।

अतः विकल्प (B) सही है।

112. राज्य स्वास्थ्य मिशन की तर्ज पर जनता के स्वास्थ्य के लिए प्रत्येक जिले में मुख्य चिकित्सा अधिकारी की अध्यक्षता में एक जिला स्वास्थ्य मिशन चलाया जाता है। इसमें मिशन निदेशक के रूप में मुख्य चिकित्सा अधिकारी होते हैं। उस क्षेत्र के स्वास्थ्य के लिए मिशन निदेशक या सीएमओ जिम्मेदार होते हैं। उनकी देखरेख में कई स्वास्थ्य देखभाल कार्यक्रम चलाए जाते हैं।

अतः विकल्प (C) सही है।

113. एम्स फुट प्रत्यारोपण रोकथाम का एक तृतीयक स्तर है। तृतीयक स्तर की रोकथाम में तृतीयक रोकथाम उन लोगों पर केंद्रित है जो पहले से ही किसी बीमारी से प्रभावित हैं। लक्ष्य विकलांगता को कम करके, जटिलताओं को सीमित या विलंबित करके और कार्य को बहाल करके जीवन की गुणवत्ता में सुधार करना है। यह बीमारी का इलाज करके और पुनर्वास प्रदान करके किया जाता है।

अतः विकल्प (D) सही है।

114. एरिथ्रोमाइसिन डिप्थीरिया के वाहकों के लिए दवा का विकल्प है। डिप्थीरिया के इलाज के लिए एरिथ्रोमाइसिन और पेनिसिलिन दोनों की सलाह दी जाती है। अध्ययनों से पता चलता है कि वाहक अवस्था के उन्मूलन में एरिथ्रोमाइसिन बेहतर हो सकता है। घरेलू संपर्कों में पेनिसिलिन की सिफारिश

की जाती है जो एरिथ्रोमाइसिन उपचार की अवधि का अनुपालन नहीं कर सकते हैं।

अतः विकल्प (B) सही है।

115. उस सामुदायिक क्षेत्र में चल रहे स्वास्थ्य देखभाल कार्यक्रम की सहायता करने वाली नर्स को उस बच्चे के पैर के टिबिया के संभावित फ्रैक्चर का संदेह होगा।

बच्चे के चलने से इन्कार, अंग की सूजन के साथ, फ्रैक्चर के लिए संदिग्ध है। फ्रैक्चर की गंभीरता आमतौर पर उस बल पर निर्भर करती है जो ब्रेक का कारण बना। यदि हड्डी के टूटने का बिंदु पार हो गया है, तो हड्डी टूट सकती है। टिबिया फ्रैक्चर के बाद चलने से चोट और खराब हो सकती है और आसपास की मांसपेशियों, स्नायुबंधन और त्वचा को और नुकसान हो सकता है। टिबिया फ्रैक्चर की स्थिति में पर चलना भी बेहद दर्दनाक होता है।

अतः विकल्प (A) सही है।

116. दैहिक भ्रम किसी के शरीर के बारे में एक निश्चित गलत धारणा है। भ्रम के लक्षणों में, दैहिक भ्रम-जो शरीर से संबंधित हैं-बल्कि दुर्लभ हैं। दैहिक भ्रम को निश्चित झूठे विश्वासों के रूप में परिभाषित किया जाता है कि किसी का शारीरिक कार्य या उपस्थिति पूरी तरह से असामान्य है। वे एक खराब समझे जाने वाले मनोरोग लक्षण हैं और चिकित्सकों के लिए एक महत्वपूर्ण नैदानिक चुनौती प्रस्तुत करते हैं।

अतः विकल्प (A) सही है।

117. ये सिज़ोफ्रेनिया के निदान वाले रोगियों द्वारा प्रदर्शित क्लासिक व्यवहार हैं। परंपरागत रूप से, लक्षणों को दो मुख्य श्रेणियों में विभाजित किया गया है: सकारात्मक लक्षण जिनमें मतिभ्रम, भ्रम और औपचारिक विचार विकार शामिल हैं, और नकारात्मक लक्षण जैसे कि एनाडोनिया, भाषण की गरीबी और प्रेरणा की कमी।

अतः विकल्प (C) सही है।

118. यह एक उत्तेजना प्रदान करता है जो मतिभ्रम के साथ प्रतिस्पर्धा करता है और कम करता है। जब संभव हो पर्यावरणीय उत्तेजनाओं को कम करें (कम शोर, न्यूनतम गतिविधि)। चिंता की संभावना कम करें जो मतिभ्रम को ट्रिगर कर सकती है। रोगी को शांत करने में मदद करता है। बढ़ते भय, चिंता या आंदोलन के संकेतों के प्रति सतर्क रहें। हेराल्ड मतिभ्रम गतिविधि हो सकती है, जो रोगी के लिए बहुत भयावह हो सकती है, और रोगी कमांड मतिभ्रम (स्वयं या दूसरों को नुकसान) पर कार्य कर सकता है।

अतः विकल्प (B) सही है।

119. श्रवण मतिभ्रम सबसे अधिक परेशानी वाला होता है जब पर्यावरणीय उत्तेजना कम हो जाती है और कुछ प्रतिस्पर्धी विकर्षण होते हैं। बढ़ते भय, चिंता या आंदोलन के संकेतों के प्रति सतर्क रहें।

हेराल्ड मतिभ्रम गतिविधि हो सकती है, जो रोगी के लिए बहुत भयावह हो सकती है, और रोगी कमांड मतिभ्रम (स्वयं या दूसरों को नुकसान) पर कार्य कर सकता है। अन्वेषण करें कि रोगी द्वारा मतिभ्रम का अनुभव कैसे किया जाता है। मतिभ्रम की खोज और अनुभव साझा करने से व्यक्ति को शक्ति की भावना देने में मदद मिल सकती है कि वह मतिभ्रम की आवाजों को प्रबंधित करने में सक्षम हो सकता है।

अतः विकल्प (D) सही है।

120. यह रोगी को आत्म-सम्मान विकसित करने और पागल विचार के उपयोग को कम करने में मदद करेगा। जैसे-जैसे रोगी आगे बढ़ता है, रोगी को सहनशीलता के स्तर के अनुसार वर्गीकृत गतिविधियाँ प्रदान करें जैसे,

- एक "सुरक्षित" व्यक्ति के साथ साधारण खेल;
- धीरे-धीरे किसी तीसरे व्यक्ति को "सुरक्षित" में जोड़ें।

धीरे-धीरे रोगी बढ़ी हुई सामाजिक मांगों के साथ सुरक्षित और सक्षम महसूस करना सीखता है।

अतः विकल्प (B) सही है।

121. जुनेल, जो उन्मत्त है, लेकिन अभी तक दवा पर नहीं है, दवा उपचार केंद्र में आता है। नर्स इस मरीज को समूह सत्र में शामिल नहीं होने देगी क्योंकि रोगी विघ्न डालने वाला है।

समूह गतिविधि बहुत अधिक उत्तेजना प्रदान करती है, जिसे रोगी संभाल नहीं पाएगा और परिणामस्वरूप दूसरों के लिए विघटनकारी होगा। पर्यावरणीय उत्तेजनाओं को कम करें (उदाहरण के लिए, एक शांत वातावरण प्रदान करके या एक निजी कमरा आवंटित करके)। चिंता और उन्मत्त लक्षणों की वृद्धि को कम करने में मदद करता है।

अतः विकल्प (A) सही है।

122. रोगी को एक विशिष्ट प्रतिक्रिया की आवश्यकता होती है कि चिकित्सीय रक्त स्तर तक पहुंचने तक 2 से 3 सप्ताह (एक विलंबित प्रभाव) तक लग जाता है। एमिट्रिप्टिलाइन प्रशासन विभिन्न रूपों में आता है, सबसे आम मौखिक रूप है। अवसाद के लिए अनुशंसित प्रारंभिक खुराक 25 मिलीग्राम/दिन सोते समय है, क्योंकि यह बेहोश करने वाली हो सकती है। पुराने दर्द के लिए ऑफ-लेबल उपयोग के लिए, चिकित्सा 10 से 20 मिलीग्राम/दिन की बहुत कम खुराक पर शुरू हो सकती है। इसे 25 mg प्रत्येक 3 से 7 दिनों तक बढ़ाया जा सकता है, अधिकतम 150 से 300 mg/दिन तक।

अतः विकल्प (D) सही है।

123. इस रोगी ने ऊतक निर्माण के लिए प्रोटीन बढ़ाया और जो जल गया है उसे बदलने के लिए कैलोरी बढ़ा दी (आमतौर पर कार्बोहाइड्रेट के माध्यम से)। सुरक्षात्मक, पोषक तत्वों से भरपूर खाद्य पदार्थों का संतुलन बनाना। इन खाद्य पदार्थों में ताजे फल, सब्जियां, फलियां, साबुत अनाज, लीन मीट, ठंडे पानी की मछली, अंडे, कम वसा वाले डेयरी, सोया उत्पाद और नट और बीज शामिल हैं। ये खाद्य पदार्थ सामान्य रूप से अच्छे स्वास्थ्य को बनाए रखने और बीमारी को रोकने के लिए आवश्यक पोषक तत्वों के स्तर प्रदान करते हैं।

अतः विकल्प (D) सही है।

124. PTSD वाले रोगी को दर्दनाक घटना और परिणामी नुकसान के अर्थ की जांच करने और समझने के लिए प्रोत्साहन की आवश्यकता होती है। अन्यथा, लक्षण खराब हो सकते हैं और रोगी उदास हो सकता है या आत्म-विनाशकारी व्यवहार जैसे मादक द्रव्यों के सेवन में संलग्न हो सकता है।

PTSD उन घटनाओं से उत्पन्न होता है जो मध्यम से गंभीर तनाव प्रतिक्रियाओं का कारण बनती हैं जिन्हें डरावनी, असहायता, गंभीर चोट, या गंभीर चोट या मृत्यु के खतरे की भावना के रूप में अनुभव किया जा सकता है। सामान्य अवक्षेपण घटनाओं में युद्ध, प्राकृतिक और मानव निर्मित आपदाएँ, किसी प्रियजन की अचानक या अप्रत्याशित मृत्यु, आतंकवादी हमले, गंभीर दुर्घटनाएँ या बीमारियाँ, यौन या शारीरिक हमला और विभिन्न प्रकार के दुर्व्यवहार शामिल हैं।

अतः विकल्प (D) सही है।

125. रोगी को सूचित किया जाना चाहिए कि दवा का चिकित्सीय प्रभाव 14 से 30 दिनों तक नहीं पहुंच सकता है। रोगी को निर्देशानुसार दवा लेना जारी रखने का निर्देश दिया जाना चाहिए। बेंजोडायजेपाइन और बार्बिट्युरेट्स के विपरीत, GABA रिसेप्टर्स पर प्रभाव की कमी के कारण बस्पिरोन के उपयोग के साथ शारीरिक निर्भरता या वापसी का कोई जोखिम नहीं है।

हालांकि, एक तीव्र चिंताजनक के रूप में बस्पिरोन की बहुत कम प्रभावकारिता होती है क्योंकि नैदानिक प्रभाव को प्राप्त करने में आमतौर पर 2 से 4 सप्ताह लगते हैं। बस्पिरोन GAD के लघु और दीर्घकालिक उपचार के साथ-साथ चिंता की अल्पकालिक रोगसूचक राहत के लिए एफडीए द्वारा अनुमोदित है। यह GAD के लिए बेंजोडायजेपाइन उपचार जितना ही प्रभावी है।

अतः विकल्प (A) सही है।

126. अस्पतालों में, हैंडऑफ़ पॉइंट ऐसे एपिसोड होते हैं जिनमें एक रोगी का नियंत्रण, या जिम्मेदारी, एक स्वास्थ्य पेशेवर से दूसरे में जाता है, और जिसमें रोगी के बारे में महत्वपूर्ण जानकारी का आदान-प्रदान भी होता है।

एक हैंडऑफ़ को निरंतरता के दौरान देखभाल के संक्रमण के दौरान एक चिकित्सक या चिकित्सकों की टीम से दूसरे चिकित्सक या चिकित्सकों की टीम को अधिकार और जिम्मेदारी के साथ रोगी की जानकारी और ज्ञान के हस्तांतरण के रूप में वर्णित किया जा सकता है।

अत: विकल्प (B) सही है।

127. सूचित सहमति स्वैच्छिक अनुमति है जो एक रोगी या रोगी का कानूनी प्रतिनिधि चिकित्सक या अधिकृत स्वास्थ्य सेवा प्रदाता को प्रस्तावित परीक्षण, दवा या उपचार के जोखिमों, लाभों और विकल्पों से अवगत होने के बाद उस रोगी को या उसके लिए कुछ करने के लिए देता है। .

सूचित सहमति आपके और आपके स्वास्थ्य देखभाल प्रदाता के बीच संचार की एक प्रक्रिया है जो अक्सर देखभाल, उपचार या सेवाओं के लिए सहमति या अनुमति की ओर ले जाती है। प्रत्येक रोगी को प्रक्रियाओं और उपचारों से पहले जानकारी प्राप्त करने और प्रश्न पूछने का अधिकार है।

अत: विकल्प (A) सही है।

128. संचार में ब्रेकडाउन उपकरण विफलता को छोड़कर सभी विकल्पों का कारण बन सकता है।

एक उपकरण की विफलता मशीनरी के एक टुकड़े को कवर करती है जब यह आंतरिक खराबी या टूटे हुए हिस्से के कारण काम करना बंद कर देता है, उस उपकरण की मरम्मत या प्रतिस्थापन की आवश्यकता होती है।

अत: विकल्प (A) सही है।

129. स्वास्थ्य शिक्षा उपर्युक्त सभी के द्वारा की जाती है।

व्यक्तियों को सिखाने के लिए, हमें कौशल विकसित करना चाहिए और लोगों (शिक्षार्थियों) का विश्वास हासिल करने के लिए पर्याप्त ज्ञान होना चाहिए। सबसे पहले नर्स को स्वस्थ जीवन के सिद्धांतों का अभ्यास करके एक अच्छा उदाहरण स्थापित करना चाहिए। उदाहरण शिक्षण का एक अच्छा तरीका है।

समूह स्वास्थ्य शिक्षा समुदाय को शिक्षित करने का एक प्रभावी तरीका है। विषय का चुनाव बहुत महत्वपूर्ण है, इसका सीधा संबंध समूह स्वास्थ्य के हित से होना चाहिए।

आम जनता की शिक्षा के लिए, हम "संचार के जन दृष्टिकोण' - पोस्टर, स्वास्थ्य पत्रिकाएं, फिल्म, रेडियो, टेलीविजन, स्वास्थ्य प्रदर्शनियों और स्वास्थ्य संग्रहालयों को नियोजित करते हैं।

अत: विकल्प (D) सही है।

130. इलेक्ट्रॉनिक मेडिकल रिकॉर्ड में HIPAA अनुपालन सुनिश्चित करना महत्वपूर्ण है क्योंकि रोगी की जानकारी विभिन्न तकनीकों के माध्यम से इलेक्ट्रॉनिक रूप से संग्रहीत और आदान-प्रदान की जाती है, सुरक्षा उल्लंघन होते हैं, और संवेदनशील रोगी जानकारी सहित ई-मेल पते का अनजाने में वितरण हो सकता है।

HIPAA आज्ञाकारी रोगी संचार-

- मेल: डाक द्वारा पीएचआई भेजते समय, आपको या तो प्रमाणित मेल या ऐसी ही किसी अन्य सेवा का उपयोग करना चाहिए जिसमें हस्ताक्षर की आवश्यकता हो।

- फ़ोन: ईमेल के समान, फ़ोन पर PHI को संप्रेषित करने से पहले आपके पास रोगी से लिखित सहमति होनी चाहिए।

अत: विकल्प (D) सही है।

131. एचआईपीएए प्रोटोकॉल का पालन करते समय याद रखने वाली एक महत्वपूर्ण बात यह है कि शालीनता से बचें।

एचआईपीएए के चार प्रमुख पहलू हैं जो सीधे मरीजों से संबंधित हैं। वे स्वास्थ्य डेटा की गोपनीयता, स्वास्थ्य डेटा की सुरक्षा, स्वास्थ्य देखभाल डेटा उल्लंघनों की सूचनाएं, और अपने स्वयं के स्वास्थ्य डेटा पर रोगी के अधिकार हैं।

एचआईपीएए कहता है कि गोपनीयता नियम "आच्छादित स्वास्थ्य देखभाल प्रदाताओं को इलेक्ट्रॉनिक रूप से संवाद करने की इजाजत देता है, जैसे ईमेल के माध्यम से, अपने मरीजों के साथ, बशर्ते वे ऐसा करते समय उचित सुरक्षा उपायों को लागू करते हैं।"

अतः विकल्प (A) सही है।

132. अवलोकन तकनीक बताते हुए आप जो देखते हैं उसकी सटीकता को सत्यापित कर सकते हैं।

अवलोकन अनुसंधान एक गुणात्मक शोध तकनीक है जहां शोधकर्ता प्राकृतिक स्थिति में प्रतिभागियों के चल रहे व्यवहार का निरीक्षण करते हैं। दूसरे शब्दों में, शोधकर्ता डेटा पर कब्जा कर सकते हैं कि प्रतिभागी क्या कहते हैं, इसके विपरीत वे क्या करते हैं।

अतः विकल्प (A) सही है।

133. निर्णय लेने के लिए पावर मॉडल का उपयोग किया जाता है। पावर मॉडल को एक पार्टी की दूसरे पार्टी के व्यवहार, दृष्टिकोण, राय, उद्देश्यों, जरूरतों और मूल्यों को बदलने या नियंत्रित करने की क्षमता के रूप में परिभाषित किया जा सकता है।

संचार और निर्णय लेना एक संगठन के कामकाज के लिए आवश्यक गतिशील प्रक्रियाएं हैं। संचार में व्यक्तियों और उप-इकाइयों के बीच सूचना का प्रसारण शामिल है। निर्णय लेने में दिशा निर्धारित करने और समस्याओं को हल करने के लिए जानकारी का उपयोग होता है।

अत: विकल्प (C) सही है।

134. श्रवण यंत्र के साथ किसी वृद्ध रोगी से बात करते समय, सुनिश्चित करें कि रोगी को आपका चेहरा दिखाई दे रहा है, यह संवाद करने का सबसे प्रभावी तरीका होगा।

उस व्यक्ति के सामने चेहरा करे जिसको सुनने में हानि है। आँख से संपर्क करें। आपके चेहरे के भाव और हाव-भाव संदेश में महत्वपूर्ण जानकारी जोड़ते हैं। उदाहरण के लिए, आप चेहरे के भाव या शरीर की भाषा देखकर किसी व्यक्ति की उत्तेजना, खुशी, भ्रम या निराशा को "देख" सकते हैं।

अतः विकल्प (D) सही है।

135. बिगड़ा हुआ मौखिक संचार प्रतीकों की एक प्रणाली को संसाधित करने और उपयोग करने की कमी, विलंबित या अनुपस्थित क्षमता को संदर्भित करता है।

बिगड़ा हुआ मौखिक संचार को प्रतीकों की एक प्रणाली (एनआईएच) प्राप्त करने, संसाधित करने, संचारित करने और उपयोग करने की कमी, कम, विलंबित या अनुपस्थित क्षमता के रूप में वर्गीकृत किया गया है। प्रभावी ढंग से संवाद करने का तरीका सीखने की क्षमता न केवल बनने वाले शब्दों पर आधारित है, बल्कि सूचना भेजने और प्राप्त करने पर आधारित है।

अतः विकल्प (A) सही है।

136. संगीत हमारे कानों के लिए सुखद ध्वनि है। सुखद ध्वनि को संगीत कहा जाता है और यह तब उत्पन्न होता है जब कंपन एक नियमित पैटर्न में तरंगें उत्पन्न करते हैं। ध्वनि की तरह सुखद संगीत उत्पन्न करने के लिए कंपन की आवृत्ति और आयाम को नियंत्रित करने की आवश्यकता होती है जो श्रोता को बिना जलन के तरोताजा कर देता है।

अतः विकल्प (D) सही है।

137. गैर-खतरनाक ठोस अपशिष्ट 'नगरपालिका ठोस अपशिष्ट' शब्द का वर्णन करते हैं। गैर-खतरनाक कचरा किसी भी प्रकार का औद्योगिक कचरा है, जिसे नियमों के अनुसार डंपस्टर या सीवेज लाइन में नहीं जोड़ा जा सकता है।

गैर-खतरनाक कचरे के उदाहरण शर्करा, लैक्टिक एसिड, ब्रोमाइड या कार्बोनेट आदि होंगे।

अतः विकल्प (D) सही है।

138. स्रोत में कमी व्यक्तिगत स्तर पर की जाती है। स्रोत में कमी अपशिष्ट को कम करने के मूलभूत तरीकों में से एक है। व्यक्तिगत स्तर पर, हम खरीदारी करते समय अनावश्यक वस्तुओं के उपयोग को कम कर सकते हैं, डिस्पोजेबल वस्तुओं को खरीदने से बच सकते हैं और प्लास्टिक कैरी बैग के उपयोग से बच सकते हैं। स्रोत में कमी डिजाइन, उत्पादन, उपयोग, पुन: उपयोग, पुनर्चक्रण और पर्यावरणीय रूप से पसंदीदा खरीद (EPP) के माध्यम से सुधार के माध्यम से प्राप्त की जाती है। कई विकल्पों और विकल्पों में से चुनने में मदद करने के लिए एक जीवन-चक्र मूल्यांकन उपयोगी है।

अतः विकल्प (D) सही है।

139. प्लास्टिक को रिसाइकल करना मुश्किल है क्योंकि इसमें विभिन्न प्रकार के पॉलीमर रेजिन होते हैं। प्लास्टिक रिसाइकल करने के लिए सबसे कठिन ई-कचरा घटक है क्योंकि अधिकांश प्रकार के प्लास्टिक समान दिखते हैं, आम तौर पर मानव आंख और हाथ से एक दूसरे से अंतर करना मुश्किल होता है। ऐसे कई अन्य कारण भी हैं जिनकी वजह से इसे रिसाइकल करना मुश्किल होता है।

- इलेक्ट्रॉनिक्स में कई प्लास्टिक पॉलिमर हैं। चूंकि प्लास्टिक पॉलिमर का मूल्य कम होता है, इसलिए छँटाई के लिए बहुत अधिक श्रम का उपयोग करना आर्थिक रूप से व्यवहार्य नहीं है।

- पॉलिमर छँटाई के लिए मशीनरी के व्यवहार्य होने की आवश्यकता होती है लेकिन मशीनों के लिए पॉलिमर को छाँटना महंगा और कठिन होता है।

- पुनर्वीनीकरण पॉलिमर को एक उपयोगी उत्पाद में बदलने के लिए बहुत सारे संसाधन लगते हैं।

- पिछले साल तक जब उन्होंने रीसाइक्लिंग के लिए सामान स्वीकार करना बंद कर दिया था, चीन दुनिया के लिए प्रमुख प्लास्टिक रिसाइकलर था। इसलिए, विकसित देशों ने अपने स्वयं के प्लास्टिक रीसाइक्लिंग सिस्टम में निवेश करने की जहमत नहीं उठाई।

- अधिकांश पुराने प्लास्टिक ब्रोमिनेटेड फ्लेम रिटार्डेंट्स का उपयोग करके बनाए गए थे, जिन्हें स्वास्थ्य के लिए हानिकारक माना गया है। स्वास्थ्य के लिए खतरा होने के कारण इन प्लास्टिकों को नए प्लास्टिक में पुनर्वीनीकरण नहीं किया जा सकता है।

अतः विकल्प (D) सही है।

140. ठोस अपशिष्ट का कार्बनिक पदार्थ सूक्ष्मजीवों की क्रिया से विघटित हो जाएगा। सबसे पहले कचरा एरोबिक रूप से तब तक विघटित होता है जब तक कि ताजा रखे गए भराव में मौजूद ऑक्सीजन का उपयोग एरोबिक सूक्ष्मजीवों द्वारा नहीं किया जाता है। सबसे महत्वपूर्ण सूक्ष्म डीकंपोजर बैक्टीरिया हैं, जो खाद के ढेर में शेर के अपघटन का हिस्सा करते हैं। लेकिन अन्य सूक्ष्म जीव हैं जैसे एक्टिनोमाइसेट्स, कवक और प्रोटोजोआ, जो भी एक महत्वपूर्ण भूमिका निभाते हैं।

अतः विकल्प (C) सही है।

141. एक विशिष्ट भट्टी में उपयुक्त तापमान और परिस्थितियों में नगरपालिका के ठोस कचरे को जलाने की प्रक्रिया को भस्मीकरण कहा जाता है। भस्मीकरण कचरे का उच्च तापमान जलने (तेजी से ऑक्सीकरण) है। इसे नियंत्रित-लौ दहन या कैल्सीनेशन के रूप में भी जाना जाता है और यह एक ऐसी तकनीक है जो अपशिष्ट पदार्थों में कार्बनिक घटकों को नष्ट कर देती है। इस जलने की प्रक्रिया के लिए नई तकनीकों का विकास किया जाता है, जिनका उपयोग ऊर्जा पैदा करने वाली विधियों के रूप में किया जाता है।

अतः विकल्प (B) सही है।

142. लाइकेंस वायु प्रदूषण के प्रति संवेदनशील होते हैं क्योंकि शैवाल भागीदार वायु से अधिकांश पोषक तत्वों को अवशोषित करते हैं। यदि हवा में सल्फर डाइऑक्साइड की मात्रा बढ़ जाती है, तो लाइकेंस में एक जहरीला यौगिक बनता है जिसके परिणामस्वरूप उनकी मृत्यु हो जाती है।

अतः विकल्प (C) सही है।

143. जांच की गई आबादी में रोग मुक्त लोगों की सही पहचान करने के लिए परीक्षण की क्षमता के रूप में विशिष्टता को परिभाषित किया गया है। यह उन लोगों के अनुपात के रूप में व्यक्त किया जाता है जिन्हें एक नकारात्मक स्क्रीनिंग परीक्षा परिणाम द्वारा सही ढंग से पहचाना गया रोग नहीं है।

अतः विकल्प (B) सही है।

144. फोटोकैमिकल स्मॉग प्रदूषण संकेतक के रूप में कार्य कर सकता है। यह नाइट्रोजन ऑक्साइड और वाष्पशील काबनिक यौगिकों जैसे वायुजनित प्रदूषकों के साथ सौर विकिरण की क्रिया से बनता है। प्राथमिक प्रदूषकों को अक्सर ऑटोमोबाइल उत्सर्जन और औद्योगिक प्रक्रियाओं के माध्यम से वातावरण में पेश किया जाता है। पराबैंगनी प्रकाश नाइट्रोजन डाइऑक्साइड को नाइट्रिक ऑक्साइड और मोनोआटोमिक ऑक्सीजन में विभाजित कर सकता है; यह मोनोआटोमिक ऑक्सीजन तब ओजोन बनाने के लिए ऑक्सीजन गैस के साथ प्रतिक्रिया कर सकती है। ओजोन, एल्डिहाइड और पेरोक्सीएसिटाइल नाइट्रेट जैसे उत्पादों को द्वितीयक प्रदूषक कहा जाता है। इन प्राथमिक और द्वितीयक प्रदूषकों के मिश्रण से प्रकाश-रासायनिक स्मॉग बनता है।

अतः विकल्प (D) सही है।

145. जीवाणु कोशिकाएं और कवक तंतु संरचना बनाते हैं जिन्हें फ्लोक कहा जाता है। इन फ्लोक्स का उपयोग जैविक कचरे के उपचार के लिए किया जाता है।

पानी में फाइटोप्लांकटन की वृद्धि को जल प्रदूषण में एक संकेतक के रूप में माना जा सकता है। कई अलग-अलग शैवाल प्रजातियां जल प्रदूषण के संकेतक हैं। कुछ फाइटोप्लांकटन उन क्षेत्रों की पहचान करने में मदद करते हैं जहां पानी प्रदूषित है। इसलिए, उनका उपयोग जल प्रदूषण के जैविक उपचार में किया जाता है।

अतः विकल्प (C) सही है।

146. आंतरिक रक्तस्राव चोट, बीमारी और दवा के कारण हो सकता है। मांसपेशियों के फटने से छोटी रक्त वाहिकाओं को भी नुकसान हो सकता है, जिससे स्थानीय रक्तस्राव या चोट लग सकती है, और क्षेत्र में तंत्रिका अंत की जलन के कारण दर्द हो सकता है।

गैस्ट्रोइंटेस्टाइनल ट्रैक्ट में आंतरिक रक्तस्राव दवाओं (अक्सर गैर-स्टेरायडल विरोधी भड़काऊ दवाओं जैसे कि इबुप्रोफेन और एस्पिरिन से) और शराब के दुष्प्रभाव के कारण हो सकता है।

अतः विकल्प (D) सही है।

147. कैरोटिड धमनी श्वासनली के दाएं या बाएं गर्दन पर स्थित होती है।

कैरोटिड धमनियां आपकी गर्दन के दोनों किनारों पर स्थित रक्त वाहिकाओं की एक जोड़ी होती हैं जो आपके मस्तिष्क और सिर को रक्त पहुंचाती हैं। कैरोटिड धमनी रोग तब होता है जब फैटी जमा (सजीले टुकड़े) रक्त वाहिकाओं को रोकते हैं जो आपके मस्तिष्क और सिर को रक्त पहुंचाते हैं।

अतः विकल्प (B) सही है।

148. एक शिशु पर, आपको कोहनी और कंधे के बीच बांह के अंदर की नाड़ी की जांच करनी चाहिए। एक शिशु की नाड़ी की जाँच बाहु धमनी में की जाती है, जो कोहनी और कंधे के बीच, ऊपरी बांह के अंदर स्थित होती है। 3 से 5 सेकंड के लिए हल्का दबाव डालते हुए दो अंगुलियों को बाहु धमनी पर रखें।

अतः विकल्प (D) सही है।

149. पहली डिग्री बर्न में केवल त्वचा की ऊपरी परत शामिल होती है। फर्स्ट डिग्री बर्न्स बहुत आम हैं और अक्सर तब होते हैं जब कोई गलती से गर्म स्टोव, कर्लिंग आयरन या हेयर स्ट्रेटनर को छू लेता है। सनबर्न फर्स्ट-डिग्री बर्न भी हो सकता है। दूसरी या तीसरी डिग्री के जलने के विपरीत, जो अधिक गंभीर होते हैं, पहली डिग्री के जलने में केवल त्वचा की ऊपरी परत शामिल होती है।

अतः विकल्प (A) सही है।

150. प्राथमिक उपचार प्रत्युत्तरकर्ता को पीड़ित को तब स्थानांतरित करना चाहिए जब प्राथमिक चिकित्सा देना आसान हो जाए और पीड़ित खतरनाक स्थिति में हो।

तीन स्थितियां आपको पीड़ित को स्थानांतरित करने की अनुमति देती हैं, इसमें शामिल हो सकते हैं: जब उन्हें तत्काल खतरे का सामना करना पड़ता है, जैसे कि एक असुरक्षित दुर्घटना दृश्य या यातायात खतरे, आग, ऑक्सीजन की कमी, विस्फोट का जोखिम, या एक ढहने वाली संरचना। जब आपको किसी अन्य व्यक्ति के पास जाना होता है जिसे अधिक गंभीर चोट लग सकती है।

अतः विकल्प (D) सही है।

151. गैर-सहजीवी जीवाणु जो नाइट्रोजन को स्थिर करते हैं, स्वतंत्र रूप से मिट्टी में रहते हैं, एज़ोटोबैक्टर, क्लोस्ट्रिडियम हैं। पहले प्रकार, मुक्त-जीवित (नॉनसिम्बायोटिक) बैक्टीरिया में सायनोबैक्टीरिया (या नीला-हरा शैवाल) एनाबेना और नोस्टोक और जेनेरा जैसे एज़ोटोबैक्टर, बेजरिनकिया और क्लोस्ट्रिडियम शामिल हैं।

अतः विकल्प (D) सही है।

152. क्लोस्ट्रिडियम जीवाणु पैदा करने वाला जैव उर्वरक नहीं है।

जैव उर्वरक वे जीव हैं, जो फसल पौधों को पोषक तत्व उपलब्ध करा सकते हैं। जैव उर्वरकों के मुख्य स्रोत नाइट्रोजन स्थिरीकरण जीवाणु, नाइट्रोजन स्थिरीकरण सायनोबैक्टीरिया और माइकोरिजल कवक जैसे एज़ोटोबैक्टर, एजोला, क्लोस्ट्रिडियम आदि हैं।

अतः विकल्प (C) सही है।

153. थियोबैसिलस थियोऑक्सिडन्स सल्फर को सल्फेट्स में ऑक्सीकृत करने में सक्षम है।

आम सल्फर-ऑक्सीडाइजिंग जीवाणु थियोबैसिलस थियोऑक्सिडन्स एक कीमो-लिथोट्रॉफ़ है जो सल्प्यूरिक एसिड का उत्पादन करने के लिए ऊर्जा के स्रोत के रूप में थायोसल्फेट और सल्फाइड का उपयोग करता है। एरोबिक सल्फर बैक्टीरिया का यह व्यापक परिवार सल्फाइड या मौलिक सल्फर के ऑक्सीकरण से सल्फेट में ऊर्जा प्राप्त करता है।

अतः विकल्प (A) सही है।

154.

अधिकांश मृदा प्रोटोजोआ फ्लैगेलेट या अमीबा होते हैं, जिनमें बैक्टीरिया के अंतर्ग्रहण के रूप में नाइट्रोजन का प्रमुख तरीका होता है।

प्रोटोजोआ पोषक तत्वों को खनिज बनाने में महत्वपूर्ण भूमिका निभाते हैं, जिससे उन्हें पौधों और अन्य मिट्टी के जीवों द्वारा उपयोग के लिए उपलब्ध कराया जाता है। प्रोटोजोआ (और नेमाटोड) की कोशिकाओं में उनके द्वारा खाए जाने वाले बैक्टीरिया की तुलना में नाइट्रोजन की कम सांद्रता होती है।

अतः विकल्प (A) सही है।

155. मिट्टी में शैवाल की आबादी आमतौर पर बैक्टीरिया या कवक की तुलना में कम होती है।

शैवाल मिट्टी में बहुत कम बसते हैं और मिट्टी में उनकी उपस्थिति होती है और बैक्टीरिया या कवक की तुलना में इसकी गतिविधियां छोटी होती हैं। मिट्टी में शैवाल की आबादी आमतौर पर 100 से 10,000 संख्या प्रति ग्राम मिट्टी के बीच होती है।

अतः विकल्प (A) सही है।

156. जीवाणुओं द्वारा उपयोग के लिए कवक द्वारा मिट्टी में जटिल अणुओं का क्षरण सहभोजवाद प्रकार के संघ का एक उदाहरण है। कई बैक्टीरिया सेल्युलोज का उपयोग करने में असमर्थ होते हैं, लेकिन वे सेल्युलोज के फंगल ब्रेकडाउन उत्पादों जैसे ग्लूकोज और कार्बनिक अम्लों का उपयोग कर सकते हैं और कर सकते हैं। इस घटना को कमेंसालिस्म कहा जाता है।

अतः विकल्प (C) सही है।

157. स्टैफिलोकोकस ऑरियस और एस्परगिलस टेरियस के बीच प्रतिपक्षी मौजूद है। स्टैफिलोकोकस ऑरियस एक फैलने योग्य एंटिफंगल सामग्री का उत्पादन करता है जो एस्परगिलस टेरियस में विकृतियों और हाइपल सूजन का कारण बनता है। यह इन दो जीवों के बीच एक विरोधी संबंध है।

अतः विकल्प (A) सही है।

158. मायक्सोबैक्टीरिया (कीचड़ बैक्टीरिया) और स्ट्रेप्टोमाइसेट्स विरोधी हैं क्योंकि वे शक्तिशाली लिटिक एंजाइम का स्राव करते हैं जो उनकी कोशिका भित्ति या अन्य सुरक्षात्मक सतह परतों को पचाकर अन्य कोशिकाओं को नष्ट कर देते हैं।

अतः विकल्प (D) सही है।

159. अन्य सूक्ष्मजीवों के लिए विषाक्त सांद्रता में कुछ कवक द्वारा साइनाइड का उत्पादन किया जाता है।

कई सैकड़ों कवक प्रजातियां सायनोजेनिक हैं। अब तक पहचाने गए सबसे विपुल साइनाइड-उत्पादक कवक, और सबसे अच्छा अध्ययन किया गया, स्नो मोल्ड बेसिडिओमाइसीट है। क्रोमोबैक्टीरियम वायलेसियम और कई स्यूडोमोनास प्रजातियों में बैक्टीरियल साइनाइड उत्पादन देखा गया है।

अतः विकल्प (A) सही है।

160. अधिकांश मिट्टी में प्रमुख खनिज कण सिलिकॉन, एल्यूमीनियम, लोहा और कैल्शियम, मैग्नीशियम, पोटेशियम, सोडियम, नाइट्रोजन आदि सहित अन्य खनिजों की कम मात्रा के यौगिक हैं।

अतः विकल्प (D) सही है।

161. ए (एन) एगोनिस्ट किसी दिए गए न्यूरोट्रांसमीटर सिस्टम की गतिविधि की सुविधा देता है या उसकी नकल करता है।

एगोनिस्ट रसायन होते हैं जो रिसेप्टर साइट पर एक न्यूरोट्रांसमीटर की नकल करते हैं और इस प्रकार, इसके प्रभाव को मजबूत करते हैं। दूसरी ओर, एक प्रतिपक्षी, रिसेप्टर पर एक न्यूरोट्रांसमीटर की सामान्य गतिविधि को अवरुद्ध या बाधित करता है।

अतः विकल्प (C) सही है।

162. मल्टीपल स्केलेरोसिस में माइलिन म्यान का टूटना शामिल है।

मल्टीपल स्केलेरोसिस (एमएस) में एक प्रतिरक्षा-मध्यस्थता प्रक्रिया शामिल होती है जिसमें शरीर की प्रतिरक्षा प्रणाली की असामान्य प्रतिक्रिया केंद्रीय तंत्रिका तंत्र (सीएनएस) के खिलाफ निर्देशित होती है। सीएनएस मस्तिष्क, रीढ़ की हड्डी और ऑप्टिक नसों से बना होता है।

अतः विकल्प (B) सही है।

163. डार्विन के प्राकृतिक चयन के सिद्धांत ने तर्क दिया कि शारीरिक विशेषताएं विकसित होती हैं क्योंकि वे जीव के लिए उपयोगी होती हैं। डार्विन के सिद्धांत का तर्क है कि मानव सहित सभी जीवित प्रजातियां एक ऐतिहासिक प्रक्रिया के माध्यम से अपने वर्तमान जैविक रूप में पहुंचीं, जिसमें यादृच्छिक अंतर्निहित परिवर्तन शामिल थे।

अतः विकल्प (C) सही है।

164. फ्रायड ने लोगों के व्यक्तित्व को आकार देने में अचेतन इच्छाओं की भूमिका पर जोर दिया। फ्रायड ने व्यक्तित्व विकास के मनोविश्लेषणात्मक सिद्धांत को विकसित किया, जिसमें तर्क दिया गया कि व्यक्तित्व मानव मन की तीन मूलभूत संरचनाओं के बीच संघर्ष के माध्यम से बनता है: आईडी, अहंकार और महा अहंकार।

अतः विकल्प (D) सही है।

165. एक फोरेंसिक मनोवैज्ञानिक द्वारा प्रत्यक्षदर्शी स्मृति की सटीकता का अध्ययन करने की सबसे अधिक संभावना होगी। फोरेंसिक मनोविज्ञान के अभ्यास में जांच, शोध अध्ययन, आकलन, परामर्श, उपचार कार्यक्रमों के डिजाइन और कार्यान्वयन और विशेषज्ञ गवाह अदालत की गवाही शामिल है।

अतः विकल्प (A) सही है।

166. मनोविज्ञान के सामाजिक क्षेत्र में अनुरूपता पर अधिक भीड़ के प्रभाव का अध्ययन करने की सबसे अधिक संभावना होगी। सामाजिक मनोवैज्ञानिक उन सामाजिक सरोकारों पर ध्यान केंद्रित करते हैं जिनका व्यक्तिगत कल्याण के साथ-साथ समग्र रूप से समाज के स्वास्थ्य पर एक शक्तिशाली प्रभाव पड़ता है, जिसमें मादक द्रव्यों के सेवन, अपराध, पूर्वग्रह, घरेलू दुर्व्यवहार, सार्वजनिक स्वास्थ्य, बदमाशी और आक्रामकता जैसी समस्याएं शामिल हैं।

अतः विकल्प (D) सही है।

167. मानवतावादी मनोवैज्ञानिकों ने स्वतंत्र इच्छा के विचार को अपनाया। मानवतावादी मनोविज्ञान एक ऐसा दृष्टिकोण है जो संपूर्ण व्यक्ति को देखने पर जोर देता है और स्वतंत्र इच्छा, आत्म-प्रभावकारिता और आत्म-बोध जैसी अवधारणाओं पर जोर देता है। शिथिलता पर ध्यान केंद्रित करने के बजाय, मानवतावादी मनोविज्ञान लोगों को उनकी क्षमता को पूरा करने और उनकी भलाई को अधिकतम करने में मदद करने का प्रयास करता है।

अतः विकल्प (B) सही है।

168. MMPI का उपयोग व्यक्तित्व और मनोवैज्ञानिक विकारों को मापने के लिए किया जाता है।

MMPI एक अच्छी तरह से शोध और सम्मानित परीक्षण है जिसे मानसिक स्वास्थ्य पेशेवरों को मानसिक स्वास्थ्य विकारों और स्थितियों का निदान करने में मदद करने के लिए डिजाइन किया गया है। यह एक स्व-रिपोर्टिंग इन्वेंट्री है जो मूल्यांकन करती है कि आप विभिन्न मानसिक स्वास्थ्य विकारों से संबंधित 10 पैमानों पर कहां गिरते हैं।

अतः विकल्प (C) सही है।

169. जीन बुनियादी जैविक इकाइयाँ हैं जो विशेषताओं को एक पीढ़ी से दूसरी पीढ़ी तक पहुँचाती हैं।

मनोविज्ञान में, जीन भौतिक लक्षणों को निर्धारित करने में महत्वपूर्ण भूमिका निभाते हैं जैसे हम कैसे दिखते हैं और हमारे बारे में बहुत सी अन्य चीजें। वे ऐसी जानकारी रखते हैं जो आपको बनाती है कि आप कौन हैं और आप कैसे दिखते हैं: घुंघराले या सीधे बाल, लंबे या छोटे पैर, यहां तक कि आप कैसे मुस्कुरा सकते हैं या हंस सकते हैं। इनमें से कई चीजें एक परिवार में एक पीढ़ी से दूसरी पीढ़ी को जीन द्वारा पारित की जाती हैं।

अतः विकल्प (A) सही है।

170. एक व्यक्ति अपनी विफलताओं और सामाजिक रूप से अस्वीकार्य व्यवहार को झूठे लेकिन सामाजिक रूप से स्वीकार्य कारण बताकर उचित ठहराता है, युक्तिकरण है।

युक्तिकरण एक रक्षा तंत्र (अहंकार रक्षा) है जिसमें अचेतन सहज आवेगों से प्रेरित व्यवहार को सही ठहराने के लिए स्पष्ट तार्किक कारण दिए जाते हैं। यह विशेष रूप से स्वयं के व्यवहार के कारणों को खोजने का प्रयास है।

अतः विकल्प (C) सही है।

// टिप्पणियाँ //